珍藏本
纪念版

汉译世界学术名著丛书

哲学史讲演录

第四卷

〔德〕黑格尔 著

贺麟 王太庆 等译

2017 年 · 北京

目　　次

第三部　近代哲学

第三部

近 代 哲 学

〔引　　言〕*

真正说来，从宗教改革的时候起，我们就进入了**第三个时期**；265
至于布鲁诺、梵尼尼和拉梅可以撇开不管，因为他们虽说生活在较晚的年代，却仍然是属于中世纪的。〔历史〕* 已经踏上了一个转折点。过去，基督教曾把它的绝对至上的内容放到人们的心里，所以这个内容是封闭的，其中心是个人的；它是作为神圣的、超感性的内容，与世界隔绝的。在宗教生活的对面，矗立着一个外部世界，即自然界，人的心情、欲望和人性的世界，这个世界之所以有价值，〔在基督教看来〕*，就仅仅在于它是被克服的障碍物。这种两个世界的各不相涉和分离隔绝，是在中世纪搞出来的；中世纪在这种对立中纠缠挣扎，最后终于克服了对立。但是这一克服所采取的方式却是教会的腐化，宗教生活的世俗化。由于人与神圣生活的联系是存在于尘世上的，神圣生活就被人的各种欲望搞得世俗化了（肉欲的腐化作用）。在这种情况下，永恒的真理也被误放到枯燥的、形式的理智之中；因此可以说，彼岸与此岸的统一，是自在地、自发地实现的。可是这种结合方式未免太腐败，因而激起了人们高尚的心思，觉得非起来反对它不可。这样，就产生了宗教改革运动，这是与天主教教会的分裂，同时也是天主教教会内部的改 266

* 译者增补（下同）。

革。有人认为宗教改革仅仅是与天主教教会分裂,那是一种偏见,路德也大大地改革了天主教教会。我们从路德的文章里,从皇帝和帝国给教皇的报告里,看到了教会的腐化;〔如果还需要进一步的证据的话,〕*可以看一看天主教的主教和神父们在康士坦司宗教会议上、巴塞尔宗教会议上对天主教僧侣和罗马教廷的情况所作的陈述。

4

另一个自发地完成的项目是此岸与彼岸的和解。自我意识的分裂已经自发地消失,这就有了和解的可能。精神的内在和解原则本来是基督教的宗旨,可是现在又被人们背弃了,成了仅仅是外在的东西,实际上是破裂,并不是什么和解。我们看到,世界精神克服这种外在性的过程是很迂缓的。它挖掉内部的东西,仍然保留着外表、外形;等到最后这外形成了一个空壳,新的形态才迸发出来。在这以前,精神的发展一直走着蜗步,进而复退,迂回曲折,到这时才宛如穿上七里神靴,大步迈进。人获得了自信,信任自己的那种作为思维的思维,信任自己的感觉,信任自身以外的感性自然和自身以内的感性本性;人在技术中、自然中发现了从事发明的兴趣和乐趣。理智在现世的事物中发荣滋长;人意识到了自己的意志和成就,在自己栖身的地上、自己从事的行业中得到了乐趣,因为其中就有道理、有意义。随着火药的发明,个人私斗的怒火消失了。徒逞一时意气的浪漫冲动让位于另外一种冒险,这冒险并不是愤怒和报复的冒险,也不是所谓路见不平、拔刀相助的冒险,而是一种比较无害的冒险,如发现新大陆,发现通往东印度群岛的
267 航道。人发现了美洲,发现了那里的宝藏和人民,也就是发现了自

* 据米希勒本第二版英译本第三卷第158页增补。——译者(以下据英译本增补者均此)

然和自己。航海是较高级的商业浪漫活动。现实的世界又重新出现了，成为值得精神萦注的对象；思维的精神又可以有所作为了。这时候就必然要出现路德的宗教改革，——人们向 sensus communis〔良知〕呼吁，而不再诉诸教父和亚里士多德，诉诸权威；鼓舞着、激励着人们的，是内在的、自己的精神，而不再是功德*。这样一来，教会就失去了支配精神的权力，因为精神本身已经包含着教会的原则，不再有所欠缺了。有限的、现实的东西得到了精神的尊重；这是自我意识与现实的真正和解。从这种尊重中，就产生出各种科学的努力。

因此我们看到，有限的东西、内在的和外部的现实被人们用经验加以把握，并且通过理智提升到了普遍性。人们要求认识各种规律和力量，也就是说，要求把感觉中的个别的东西转化为普遍的形式。现世的东西要受到现世的裁判，裁判官就是思维的理智。另一方面，那永恒的东西，即自在自为的真理，也通过纯粹的心灵本身为人们所认识、所理解；个人的精神独立地使永恒的东西成为己有。这就是路德派的信仰，是不用任何别的附加物（即人们所谓功德）的。任何东西之所以具有价值，都仅仅在于它在心灵中被把握，并不在于它是物。内容不再是一件客观性的东西；因此神仅仅在精神之中，并不在彼岸，而是个人内心深处所固有的。纯粹的思维也是一种内在的东西；它也接近那自在自为的存在者**，并且发现自己有权利去把握那自在自为的存在者。

* 指外在的宗教活动、施舍等。

** 指神。

近代哲学的出发点，是古代哲学最后所达到的那个原则，即现
268 实自我意识的立场；总之，它是以呈现在自己面前的精神为原则的。中世纪的观点认为思想中的东西与实存的宇宙有**差异**，近代哲学则把这个差异发展成为对立，并且以消除这一对立作为自己的任务。因此主要的兴趣并不在于如实地思维各个对象，而在于思维那个对于这些对象的思维和理解，即思维这个统一本身；这个统一，就是某一假定客体的进入意识。〔我们在近代哲学中所看到的一般观点大体如下：〕*

第一：我们在这里应当考察近代哲学的具体形式，即自为思维的出现。这种思维的出现，主要是随同着人们对自在存在的反思，是一种主观的东西，因此它一般地与存在有一种对立。所以全部兴趣仅仅在于和解这一对立，把握住最高度的和解，也就是说，把握住最抽象的两极之间的和解。这种最高的**分裂**，就是**思维与存在的对立**，一种最抽象的对立；要掌握的就是思维与存在的和解。从这时起，一切哲学都对这个统一发生兴趣。因此思想是比较自由的。所以我们现在把思维与神学的统一抛开。思维与神学分开了，有如过去它在希腊人那里与神话、与民间宗教分开，最后到了亚历山大里亚派的时候，才重新找出那样一些形式，用思想的形式把神话观念充实起来。因此哲学与神学的联系始终存在，不过这种联系完全是潜在的。因为神学彻头彻尾无非就是哲学，哲学恰恰就是对于神学的思维。神学不应当攻击哲学，声称根本不愿意理会哲学，一遇到哲学理论就掉头不顾。那样做是没有好处的。

* 第160页。

神学应当时刻与思想打交道，它是与思想分不开的。它那些主观的观念、思想，它那种一家专用的、私有的形而上学，乃是一些当时流行的想法和意见。这些东西每每是一种完全无教养的看法，一种非批判的思想；它们虽然与某种特殊的主观信念结合在一起，而且这种信念据说足以确证〔基督教的内容〕* 有其独特的正确性， 269
可是这些提出判断、标准和论断的思想和观念，这些一般的观念，却只不过是一些街谈巷议，一些浮在时代表面上的东西。当思维独立地出现的时候，我们就与神学分开了；不过尽管如此，我们还会看到一种神学与哲学依然统一的现象，这就是雅各·波墨。

精神现在是在它自己的领域中活动，它的领域一方面是自然界、有限世界，另一方面是内心世界，这首先就是基督徒的信仰。首先要考察的是精神，是在具体世界这一专有领域中活动的精神，同时也是具体的认识方法。

真正说来，〔力求掌握〕** 真理本身的哲学，是在十六、十七世纪才重新出现的。在这以前，那种外骛的精神一方面要对宗教发生影响，另一方面又要对世俗生活发生影响，在一般看法、流俗思想和所谓通俗哲学中，我们就可以见到那种精神。哲学的真正出现，在于在思维中自由地把握自己和自然，从而思维和理解那合理的现实，即本质，亦即普遍规律本身。因为这是我们的东西，是主观性。主观性自由地、独立地思维着，是不承认任何权威的。排除那种形式的逻辑理智体系，以及其中所包含的大量材料，要比扩充这种材料更有必要。埋头钻研学问，是要掉进汪洋大海，陷入恶性

* 第 161 页。

** 第 161 页。

无限的。——因此，近代哲学的原则并不是淳朴的思维，而是面对着思维与自然的对立。精神与自然，思维与存在，乃是理念的两个无限的方面。当我们把这两个方面抽象地、总括地分别把握住的
270 时候，理念才能真正出现。柏拉图把理念了解为联系、界限和无限者，了解为一和多，了解为单纯者和殊异者，却没有把它了解成思维和存在。近代哲学并不是淳朴的，也就是说，它意识到了思维与存在的对立。必须通过思维去克服这一对立，这就意味着把握住统一。

这是近代哲学意识的一般观点，然而揭示、思维、理解这个统一的途径却有两条。这一时期的流派有二：第一派是经验派，第二派是从思维、从内心出发的哲学。因此哲学在消除对立的做法上分为两种主要形式：一种是实在论的哲学论证，一种是唯心论的哲
8 学论证；也就是说，一派认为思想的客观性和内容产生于感觉，另一派则从思维的独立性出发寻求真理。

甲、〔经验构成这两种方法的第一种，即实在论。〕* 这种哲学理论把自我思维和当前的东西当作它的主要规定，认为真理就在经验中，可以通过经验去认识；——凡是含有思辨意义的东西，都被再三刨平磨光，降低到经验的水平。这当前的东西就是现存的外部自然界，以及表现为政治风格、主观活动的精神活动。通往真理的道路应当从这个假定开端，但是不能停留在这个假定上，死守着外在的、孤立的现实，而应当把它引导到共相上去。

(一)这第一个派别的观察，最初是应用于物理自然界，从对自

---

* 第 162 页。

然的观察中引导出共相、规律，在这个基础上建立自己的学识。这条通过经验、观察的途径过去曾被称为哲学，现在也还有人称之为哲学。这就是各门有限科学所采用的那种通过观察和推断的方法，现在〔法国人〕还把这类科学称为 sciences exactes〔精确科学〕。271
这种个人的理智是与宗教虔诚对立的，因此在这个意义下，哲学又被称为世间智慧。在这里，被当作对象的、被认识的并不是具有无限性的理念本身，而是特定的内容；这内容被提高到了共相、规律——那种得自观察的具有理智规定的共相（如开普勒定律）。自然科学是仅仅达到反思阶段的。这类有限科学有时也被称为哲学，如牛顿的 Principia philosophiae naturalis〔《自然哲学原理》〕。观察物理学，实验物理学，都统统被称为 philosophia naturalis〔自然哲学〕。在经院哲学中则恰恰相反，是把人的眼睛剜掉了的〔根本不观察〕*，在那个时候，凡属关于自然界的争论，都是从一些莫名其妙的假定出发的。

（二）其次，人们观察了精神性的东西，因为精神在它的现实化过程中造成了一个精神世界，它形成了各个国家。因此人们就根据经验来研究个人对个人的权利，个人对君主的权利，以及国家对国家的权利。在过去，教皇膏沐册立国王，是根据《旧约》中国王为神所指派的教义；什一税是《旧约》中规定征收的；教皇禁止近亲通婚的敕令，是采自摩西的法律；教皇指定国王有什么权柄，可以做哪些事情，根据的是扫罗王和大卫王的历史；他指出祭司的权利何在，根据的是《撒母耳记》——总之，《旧约》是一切政法原则的来源，就在今天，教皇的一切谕旨也还具有法律效力。我们很容易设想到，有多少荒唐无稽的谬论，就是像这样酿成的。而现在，人们

则在人自己身上、在人的历史中寻求理由，说明在平时和战时什么是合法的。人们以这种方式编著了许多书籍，这些书现在还在英国国会里不断地被引证着。人们还进而观察了人应当在国家里面
272 得到满足的各种欲望，以及国家怎样能够满足这些欲望，以便从人自己身上，从过去的人和现在的人身上来认识权利。

乙、第二派一般地是从内心出发。第一派是实在论。第二派则是唯心论，认为一切都在思维中，精神本身就是全部内容。这一派是把理念本身当作对象，也就是说，对理念进行思维，以理念为出发点，然后推到特定的东西。前一派从经验中抽取出来的东西，这一派则是从先天的思维中抽绎出来的。换句话说，它虽然也是对特定的东西进行理解，但是并非仅仅把这种东西归结到共相，而是把它们归结到理念。——这两派也有碰头之处，因为经验也要求从它的各种观察中引导出普遍的规律，而另一方面，思维从抽象的普遍性出发，却应当给自己提供一个特定的内容。经验是从英国兴起的，现在还受到最高度的重视。德国则从具体的理念，从具体的、充满感情和精神的内心出发。在法国，抽象的普遍性受到更大的重视。

10

第二：近代哲学的问题是各种对立，这个时代所研究的**内容**如下：

甲、从思维推出神的存在。这一点我们在中世纪已经接触到了。我们看到，一方面是神，即纯粹的精神，另一方面则是神的存在；应当通过思维，把这两个方面理解成为自在自为地存在着的统一。——人们所关心的其他各种问题，也都联系到这两个普遍的规定上，即：要认识到对立的统一，同时也要在知识〔与它〕的客观

对象〔的对立〕* 中揭示出内在的和解。连最顽强的对立，也被理解为结合在单一的统一之中。第一组对立是神的理念与存在的对立。

乙、第二组对立是善与恶的对立：——一方面是正面的、普遍 273
的东西，善；另一方面是恶，即意志中那种与普遍者相反的自为存在。应当认识到恶的来源。神是全能的，智慧的，善的。恶则正好相反，是对神圣的神的否定。神同时也是绝对的权力，恶是与神的神圣性和权力相矛盾的。人们所追求的目标，就是和解这个矛盾。

丙、第三组对立是人的自由与必然性的对立。(1)人有自主权，是自己决定自己的，是决定的绝对开端。在我、自我之内，有一个绝对决定者，它并不是外来的，只是在自身内作决定的。这一点，与唯有神是绝对的决定者发生矛盾。人们把神的决定理解为神的先知，即天意，虽然要发生的事情是在将来的。神所知道的东西，同时也是**存在**的；神的知识并非仅仅是主观的。此外，人的自由也与神是唯一的绝对决定者相对立。(2)其次是人的自由与作为自然规定性的必然性相对立。(3)客观上，这种对立就是目的因与动力因的对立，就是必然性的作用与自由的作用的对立。

丁、第四，这种人的自由与自然必然性的对立(人以外的自然界和人内部的本性，就是与人的自由相对立的人的必然性，人是依赖于自然的)，还有一种进一步的形式，就是灵魂与肉体的交感(commercium animi cum corpore)。灵魂是单纯的，理念性的，自由的，——肉体则是多方面的，有形体的，物质性的，必然的。

* 第 164 页。

这些题材吸引了科学的兴趣，这是与古代哲学的兴趣完全不同的兴趣。其区别在于：近代哲学意识到了这种对立，这对立虽然
274 也包含在古代学者的科学对象中，却没有被他们所意识到。这种对于对立的意识，即堕落，本来是基督教观念中的主要之点。把信仰中的这种和解也在思维中找出来，是科学上普遍关心的问题。这种和解的找出是自发的，因为科学知识本来有能力在自身中认识到这种和解。所以说，各个哲学体系无非是那绝对合一性的不同表现方式，唯有这些对立的具体统一本身才是真理。

第三：哲学进展的**阶段**。我们要考察的头两种哲学学说，是培根和雅各·波墨；其次是笛卡尔和斯宾诺莎，以及马勒伯朗士；再次是洛克、莱布尼茨和沃尔夫，我们还要附带谈一谈苏格兰哲学和英格兰哲学的进一步发展，以及法国哲学的发展；最后要讲康德、费希特、耶可比和谢林。真正说来，从笛卡尔起才开始了近代哲学，开始了抽象的思维。我们有三个主要的区别标志：

甲、首先是预告〔上述各种对立的〕* 联合。这是一个尝试，采取的方式是独特的，但是还不确定，还不纯粹。在这里我们讲的是威鲁兰的培根和德国神智学家雅各·波墨。培根是从经验和归纳出发的，波墨是从神出发的（三位一体的泛神论）。

乙、〔第二是〕* 形而上学的联合。在这里才开始了真正的近代哲学；它是从笛卡尔开始的。(1)这是形而上学的观点。思维的理智试图找出这种联合；它用自己的纯粹思想范畴进行探索。我们应该对斯宾诺莎、洛克和莱布尼茨加以考察，他们完成了形而上

---

* 第 166 页。

学。笛卡尔和斯宾诺莎提出了思维和存在；洛克提出了经验，提出了形而上学的观念，并且论述了对立本身。莱布尼茨的单子，是集这类世界观之大成。(2)其次，我们要考察他们这种形而上学的 275
〔否定、〕* 没落。怀疑论是反对形而上学本身的，同时也反对经验论的共相。

丙、第三是那个应当找到的联合本身进入意识，成为研究对象。这个联合是唯一的原则，也是唯一的兴趣所在。这个作为原则的联合所采取的形式，是认识对内容的关系。思维怎样与内容同一？又怎样能够同一？内在的东西，即那种形而上学的基础，被自觉地提了出来，当作哲学的研究对象。这就把康德哲学和〔全部〕* 近代哲学包括进去了。

第四：在哲学家们的外在的**生平**事迹方面，我们将明显地看到，从这时起，连这种生活方面的状况，也显得与古代哲学家完全不一样。我们曾经看到，在古代，哲学家是一些特立独行之士。人们要求一位哲学家必须身体力行，拳拳服膺自己的学说，蔑视世俗，不参与世俗的联系。这一点，古代哲学家们是做到了的。在那个时代，哲学决定了个人的地位。那时候容许有，而且经常有一些人过着哲学家的生活，他们的内在目的和精神生活也决定了外在的关系；他们是一些具有鲜明突出的个性的人。他们的认识的目标，是对宇宙进行思维的考察。对于外在的世俗联系，他们退避三舍；一种联系，如果他们很不赞成，他们就拒不参与，哪怕这种联系是不依个人为转移的，是拥有支配个人的规矩和习惯性的，是人们为达到个人目的、获得荣誉、财富、威望、地位而不得不参与的。对 276
于当前的现实，对于外在的生活关系，他们无动于衷，不感兴趣；他

* 第 166 页。

们居留在理念之中。他们的思维所不感兴趣的东西，他们是不加理睬的。作为私人，他们有自己的独特的生活方式；我们可以把他们与僧侣相比，他们摒弃了世俗的福利。他们是独往独来，了无挂碍的。

在中世纪，研究哲学的，主要是教士们，神学博士们。在过渡时期，哲学家们是置身于斗争之中的，对内与自己作斗争，对外与环境作斗争；他们的生活是以粗犷的、动荡的方式度过的。

近代的情况则不同。我们再也看不到那样一种哲人，哲学家并不形成一个阶层。〔这时所有的差异都不见了，哲学家并不是僧侣，因为〕* 我们发现他们全都是一举一动无不与世界相联系，全都是在国家里面与其他的人处在相同的地位上；他们并不是特立独行的，并不是了无挂碍的。他们生活在公民关系中，也就是说，过着政治生活；换句话说，他们虽然也是私人，他们的生活却并不与其他关系隔绝。〔他们是包括在当前的条件中的，是包括在世间的工作和进展中的。这样，他们的哲学就仅仅是附带的，是一种奢侈品、一种饰物了。〕* 其所以有这种不同，原因就在于外在情况发生了改变。在近代，〔由于世俗原则与自身取得了和解，〕* 外部世界安宁了，有秩序了；各个社会阶层、各种生活方式确立了。我们看到了一种普遍的、理智的联系；这是世俗原则与自身取得和解的结果，这样，各种世俗关系就以合乎自然的、合理的方式结成了。随着内在世界、宗教的建成，以及外部世界与自身的和解，个性也获得了另外一种性质；它不是古代哲学家的那种鲜明突出的个性

* 第167—168页。

了。这个普遍的、理智的联系有极大的势力，使每个人都受它的支 277
配，但同时也能为自己建立一个内在世界。由于外在的东西与自身和解一致，内在的东西也就可以与外在的东西同时彼此独立，互不依赖，而个人在这种情况之下，则可以把自己的外在方面交给外在秩序去管。与此相反，在那些古代的独特人物身上，外在的东西是只能完全为内在的东西所决定的。现在则相反，个人有了更高级的内在力量，就可以把外在的事情委之于偶然——如穿衣戴帽可以听从时俗，不值得在这上头多费心思。他可以不管外在的事情，听任那个异物——所处环境中的秩序——去决定它。〔在真正的意义下，生活环境乃是私人的事情，是由外在的情况决定的，并不包含任何值得我们注意的东西。现在生活变成了有教养的、大体一致的、普通平常的事；它与各种外加的关系相联系，并不能代表或表现一种仅仅属于自己的形象。人不可独树一帜，赋予自己一个独立的形象，在自己所创造的世界里给自己规定一个地位。因为外在关系的客观势力是其大无穷的，我无可奈何地被放进了这些关系，所以，不管采取哪种方式把我放进去，对于我来说都是无所谓的；个性和个人生活，一般说来也同样是无所谓的。有人说，一个哲学家应当过着哲学家的生活，即置身于外在的世间关系之外，不为世事分心和烦恼。可是，人是处在各种生活必需的事情包围之中，特别是处在文化环境之中的，谁也不能自给自足，不假外求；他必须设法与别人联系起来活动。〕* 近代世界就是这样一种基本的联系力量；它包含着这样一层意思：个人绝对必须参与这

---

* 第 168—169 页。

个外在生活的联系。处在任何地位的人，都只能采取一种共同的生活方式；〔在这一方面，〕* 只有斯宾诺莎是一个〔孤芳自赏的〕* 例外。所以，在过去，勇敢是个人的勇敢，近代人的勇敢则不在于人人以各自的方式行事，而在于信仰那个与别人的联系——就是这种联系使人们立下了全部功勋。哲学家并没有像僧侣那样组成一个阶层。科学院士们是组成这样一个阶层的；但是，即便是这种院士地位——这种地位的取得，是外在条件所决定的——也沉没在通常社会关系的汪洋大海里了。最主要的事情是在于始终如一地忠于自己的目的〔，而不在于生活上独树一帜〕。*

第一篇

培根和波墨

培根和波墨代表两种完全不同的人物和哲学体系。〔但是两
人都同样承认，精神把它所认识的内容或对象当作自己的领域，而 278
且把这个领域看成具体的存在。在培根那里，这个领域就是有限的自然界；在波墨那里，这个领域就是内心的、神秘的、神圣的基督教生活和存在。因为前者从经验和归纳法出发，后者从神和三位一体的泛神论出发。〕* 培根的哲学，一般说来，是指那种基于对外在自然界或对人的精神本性（表现为人的爱好、欲望、理性特点、正义特点）的经验和观察的哲学体系。它以经验的观察为基础，从而作出推论，以这种方式找到这个领域** 内的普遍观念和规律。这种方式或方法首先出现在培根这里，不过还不很完善，虽说他被称为这种方法的鼻祖和经验哲学家的首领。

一、培 根

那远在彼岸的内容，由于它徒具形式，已经失掉了它的真理资

* 第 170 页。

** 指经验领域，或有限的自然界。

格，对于自我意识，对于意识的确认自己和确认现实，已经没有什么意义了。抛弃那种内容，在当时已是既成事实。我们看到，那位培根爵士、威鲁兰男爵、圣阿尔班伯爵就把这件事实有意识地宣布出来了。他是全部经验哲学的首领，在我们这里，人们现在还喜欢在著作中引用他的一些警句。培根在1561年生于伦敦；由于他的祖先和亲戚担任过政府要职，他本人也受了仕宦教育，一开头就进入仕途，历任显要的官职。他的父亲是伊丽莎白女王手下的掌玺大臣。培根早年就表现出巨大的才能，十九岁时，已经写了一本关于欧洲状况的书（*De statu Eurcpae*）。他在青年时就与伊丽莎白
279 的宠臣艾塞克斯伯爵结交，由于伯爵的扶植，虽非家庭中长子（他的长兄承袭了父亲的财产），却很快就青云直上，当了大官。但是由于当了大官，他竟对他的恩人犯了极端忘恩负义的罪过；人们责备他，说他受了伯爵的敌人的勾引，在伯爵下台之后当众控诉伯爵叛国。由于这种忘恩负义，培根玷辱了自己的名誉。①

詹姆斯一世在位时，培根献上自己的著作 *De augmentis scientiarum*〔《增进科学论》〕，借以自荐，获得了英国政府最显要的官职。（詹姆斯一世是软弱的人，他的儿子查理一世后来被砍了头。）培根同富室结婚，但不久就浪费尽所有的钱财，竟让自己参加政治阴谋、做不正当的事。他结交白金汉，成为英国的掌玺大臣、大法官、威鲁兰男爵。但是他在当大法官时竟犯了最荒唐的贪污罪。这样一来，他就引起人民和贵族的反感，因而被控告，案件提到了

① 布勒：《近代哲学史》，第二卷，第二篇，第950—952页；布鲁克尔：《批评的哲学史》，第四卷，第二部，第91—93页。

国会。他被判处罚款四千镑，姓名从上院贵族名单中勾销，送伦敦塔监禁。他在审判过程中，以及在监狱的时候，表现出极其软弱的性格。虽说他后来获释出狱，免予起诉，那是由于人们对白金汉内阁和国王有更大的愤恨，培根是在白金汉执政时担任那些官职的，似乎当了牺牲品，因为他倒台较早，是被他的同僚白金汉抛弃了、定了罪的；那些把他搞垮的人当了权，也同样地遭到了人们愤恨，——主要是由于这种情况，而不是由于他无罪，人们对他的愤怒和怨恨才减轻了一些。但是他前此的劣迹已经使他身败名裂，280
他再也不能恢复自己的自尊心，也不能重新赢得别人对他的尊敬了。于是他退隐了，过着贫困的生活，不得不恳求国王补助，以余生研究科学，1626 年死。①

在希腊人和罗马人那里，哲学家们是在一种与他们的学问相适应的外在环境中过着独立的生活。现在这种与世隔绝的生活没有了，哲学家并不是僧侣，而是担任着公职的人，与当前的实况、与世界和世界进程纠缠在一起；所以说，哲学是附带研究的，——当作一件奢侈品，一件额外的东西。

培根一直被赞扬为指出知识的真正来源是经验的人，被安放在经验主义认识论的顶峰。事实上，他确实是英国所谓哲学的首领和代表，英国人至今还没有越出那种哲学一步。因为英国人在欧洲似乎是一个局限于现实理智的民族，就像国内小商贩和手工业者阶层那样，注定老是沉陷在物质生活之中，以现实为对象，却

① 布勒：《近代哲学史》，第二卷，第二篇，第 952—954 页；布鲁克尔：《批判的哲学史》，第四卷，第二部，第 93—95 页。

不以理性为对象。人们把很大的功勋归给培根，因为他指出了外界和内心的自然现象如何应当受重视。其实他的名声大于可以直接归给他的功绩。从事实出发，并依据事实下判断，当时已经成为
281 时代的趋势，成为英国人说理的趋势。由于他把这个方向表达出来了，人们就归功于他，好像全然是他把这个方向给予了认识似的。

有很多有教养的人，对人们所关注的种种对象，如国事、人情、心灵、外界自然等等，曾经根据经验，根据一种有教养的阅历，发表过言论，进行过思考。培根也就是这样一个有教养的阅世甚深的人，他见过大世面，处理过国务，亲手对付过现实问题，观察过各种人物、各种环境、各种关系，曾经影响过那些有教养的、深思的甚至研究哲学的人。——在政治生涯结束之后，现在他也以同样的态度转向科学活动，因而以同样的方式，从实用出发，根据具体的经验和见解，对各种科学进行实际的考察和研究。这就是对当前的实况进行考察，尊重现象，承认现象；睁开眼睛观看存在的东西，并且尊重和承认这种直观。这就是理性以思维的态度对待自然、在自然中寻找出真理时，对自己信任，对自然信任，因为理性和自然本来是和谐的。培根完全抛弃了、拒绝了经院哲学的方法，即根据一些极其遥远的抽象概念进行推理，作出论断，建立哲学理论，而对摆在眼前的东西视而不见。这就是以有教养的人所见到的、所思索的那种感性现象为立足点，以实用等等为立足点，以尊重感性现象、承认感性现象为原则，把有限的、世间的东西当作一种有限的东西，就是说，从感性的角度来对待它。

培根以实践的方式研究科学，通过思考收集现象，把现象当作

第一手的东西加以考虑。他同时也对科学作方法上考察；他并不 282
是仅仅提出一些意见，发表一些感想，也不是仅仅对科学大放厥词，像贵族老爷似的发作一通，而是力求严密，并且提出了一种科学认识上的方法。他之所以值得我们注意，只是由于他所开创的这种考察方法，——也只是由于这一点，我们才必须把他写进科学史和哲学史；凭着这种认识方法上的原则，他也给他的时代带来了重大的影响，因为他促使他的时代注意到当时的科学既缺乏方法，也缺乏内容。培根被认为是经验哲学的首领；在这个意义上，他是万古留名的。他曾经提出了经验认识中普遍的方法原理。

依据经验的知识，依据经验的推理，是与依据概念、依据思辨的知识对立的。可是人们把这种对立似乎理解得太尖锐，以致依据概念的知识不齿于依据经验的知识，依据经验的知识又反对通过概念得来的知识。我们可以借用西塞罗形容苏格拉底的话来形容培根：他把哲学理论〔从天上〕带到了世间的事物里，带到了人们的家里。[①] 就这个意思说，那种依据概念、依据绝对的知识，可以高于经验知识；可是对于理念来说，内容的特殊性是必定要发挥出来的。概念是重要的一面，但是概念本身的有限性也同样重要。
精神化为现实，化为外在的存在；认识这个存在，认识世界的实况， 283
认识这现实的宇宙，即具有显现的、感性的广延的宇宙，这是一个方面。另一方面则是与理念的联系。自在自为的抽象概念必须得到规定，必须特殊化。理念是具体的，是自己规定自己的，是有发

① 参看本书第二卷，第 47 页（请注意，这是作者注，此处指本版的原书页码，即边码，下同。——译者）。

展的；完善的知识永远是进一步发展了的知识。要认识，从理念的角度看来，仅仅意味着发展得还不那么充分。我们要研究的就是这个发展。为了研究这个发展、从理念出发对特殊加以规定，为了使关于宇宙、关于自然的知识得到发展，是有必要认识特殊事物的。这种特殊性是一定要自觉地加以发展的；我们必须去认识经验的自然，即物理的自然和人的本性。近代的功绩就在于促进了或提供了这种认识；古代人虽然也曾从经验出发去求知识，但那是远远不够的。经验并不是单纯的看、听、摸等等，并非只是对于个别事物的知觉，主要是由此出发，找出类、共相、规律来。经验找出了这些东西，就碰到了概念的领域；它搞出了那样一种东西，那种东西是属于理念、概念领域的；它为概念准备下经验材料，然后概念才能安安稳稳地采用这份材料。

当科学臻于完备时，理念就必定从自身出发，科学就不再从经验材料开始了；但是为了使科学臻于完备、取得存在，必须经过从个别到一般、从特殊到普遍的过程，必须采取主动的行动，反作用于经验的东西、给予的材料，对它进行加工改造。（先天知识好像是理念自己构造出来的，其实同宗教感情一样，需要加工改造。）没
284 有经验科学的自觉发展，哲学就不能前进一步，胜过古代人。理念本身的全体，是完备的科学；完备科学的开端和发生进程，则是另一个东西。科学的这个发生进程之不同于科学本身（完备的科学）的进程，正如哲学的历史进程不同于哲学本身的进程一样。在任何一门科学里，都是从公理开始的，这些公理当初都是特殊事物的结果；等到科学完备了，就从公理开始了。哲学上的情形也是一样；经验方面的发展是理念的很重要的条件，随着经验的发

展，理念才能得到发展，得到规定。例如，近代哲学史之所以能够存在，是靠总的哲学史，靠几千年的哲学进程；精神必须走过这一漫长的道路，才能产生近代哲学。后来这种哲学在意识中采取过河拆桥的态度；它显得只是自由地沉潜在它自己的那种元气中，毫无阻力地在这种介质中发展着，没有什么反作用；可是，要赢得这种元气，赢得这种在元气中的发展，却是另外一回事。我们不应该忽视，如果没有这个进程，哲学是不会取得存在的；精神在本质上就是对另外一种东西的加工。——这就是培根哲学的精神。

1. 培根把经验当作认识的唯一真正来源，然后用思维对经验加以整理。培根以两部著作驰名。他的功绩**首先**在于他在《增进科学论》里提出了一部有系统的科学百科全书，——这是一个提纲，这提纲在当时人中间无疑地引起了重视。在大家眼前摆出这样一幅人们没有想到的有条有理的全图，是很重要的。这部百科全书列出了一个各门科学的总分类；分类的原则是根据不同的精 285
神能力制定的。他根据记忆、想象、理性来划分科学：(1)记忆的事情，(2)想象的事情，(3)理性的事情。于是他把历史安排给记忆，把诗(艺术)安排给想象，最后把哲学安排给理性。[①] 然后他按照流行的分类法，进一步把这三类再划分为子目，列入其余的学科，这种分法是不能令人满意的。属于历史的，有关于神的著作：神圣的历史，先知的历史，教会的历史；以及关于人的著作：历史，文学

① 《增进科学论》，第二篇，第一章(莱顿 1652 年 12 月版)，第 108—110 页(《全集》，莱比锡 1694 年版，第 43—44 页)。

史；然后是关于自然的著作等等。[①] 他又采取当时风行的手法，对这些项目一一加以评述，那种手法的一个主要方面，就是举例说明，例如举出《圣经》上的例子，把一件事说得似乎有理。[②] 当谈到国王、教皇等等的时候，就一定要举出亚哈、所罗门等名王。正如当时法律上、婚姻法上通行犹太惯例一样，在哲学上也还是有那一类的东西存在。在这本书里也出现了神学，并且出现了魔术。[③]〔但主要内容〕是知识和科学的一般方法论。

科学的分类是《增进科学论》这部著作中最不重要的部分。书中有价值的、产生影响的部分是他的批判和很多有教益的言论，像这样内容，在当时的各类知识和学科中是根本没有的，这主要是由于前此的研究方法有缺点，不合乎目的，把理智编织出来的经院亚
286 里士多德概念当成实在的东西。——这种分类法，正如它在经院哲学家和古代哲学家手里惯用的那样，现在仍然在各门科学里流行着，对知识的本性一无所知。这本书里预先假定了科学的概念，然后给这个概念搞来一个与它毫不相干的原则作为分类的原则，按照记忆、想象、理性的分别加以划分；其实真正的分别在于概念自身的一分为二，自行分化。认识中确实有自我意识这一环节，真实的自我意识也确实包括着记忆、想象、理性这三个环节，但是自我意识的这种分别并不是从自我意识的概念中取得的，而是从经验中取得的，是经验发现自我意识具有这三种能力的。

① 《增进科学论》，第二篇，第二章，第 111 页（《全集》，第 44 页）；第四章，第 123—124 页（《全集》，第 49 页）；第十一章，第 145—147 页（《全集》，第 57—58 页）。

② 参看下文第 290 页。

③ 参看下文第 289 页。

2. 培根的另一个显著的方面，就是他在第二部著作《新工具》中力求详尽地宣扬一种新的认识方法。在这一方面，他的名字更是常常受到人们赞扬。《新工具》这部书的要旨，是驳斥以往经院哲学所用的那种通过推论求知的方法，驳斥三段论法的格式。他把这种方法称为 anticipationes naturae〔对自然的预想〕。人们从一些前提、定义、假定的概念开始，从一种抽象概念、一种经院哲学的抽象概念开始，由此作出进一步的推理，却不顾实际存在的事实。例如人们就摘取一些关于神、关于神如何在世界上显灵、关于魔鬼等等的圣经词句（如“太阳停着不动”），从其中推出某些命题，某些形而上学命题，然后再从这些命题作出进一步的推论。培根的驳斥就是针对这种先天的搞法的；他反对这一类对自然的预想，建议大家对自然作出说明、解释。① 总的说来，他是反对推论的。287
事实上，那种亚里士多德式的推论，也并不是一种通过〔概念〕* 自身、依据〔概念〕* 内容的认识；它需要一种外来的共相作为根据。——可以说，正因为这样，这种推论在形式方面乃是偶然性的东西。内容与形式并不统一，所以这种形式本身就是偶然的。——这种推理，从它本身看来，是在一个外来的内容上进行的推理。大前提是独立存在的内容，小前提也同样是并非通过〔概念〕* 自身的内容，是钻牛角尖的，也就是说，它所具有的形式是并不在它自身之内的；——形式并不是内容。通过推论，总是可以同样地推出相反的命题来；因为对于这种形式来说，以哪种内容为根据是无所谓的。“辩证法无助于各种技艺的发明；许多技艺都是偶

① 《新工具》，第一篇，箴言 11—34（《全集》，第 280—282 页）。

然发明的。”①

其实培根并不是一般地反对这种推论，也就是说，他并不反对推论的概念（因为他并没有这个概念），他所反对的是当时流行的推论，即以某一假定内容（概念）为根据的经院哲学推论。他所倡导的，是以经验的内容为根据，进行归纳，因为他要求以对自然的观察和实验为根据，并且曾经指出某些对象，认为研究那些对象对人类社会的利益是非常重要的。由此出发，后来他就得出一种通过归纳和类比的推论。② ——事实上，培根不知不觉地迫切要求的，其实只是那种内容变换；因为真正说来，当他排斥一般的推论，
288 只承认那种通过归纳的推论时，他自己就是在不自觉地作了推论。（他把归纳法与三段论式对立起来；但是这种对立只是形式上的，任何归纳也都是一种推论，这一点是亚里士多德早就知道的。从一批事物可推导出一个普遍的命题来：第一个命题是‘这些物体具有这些属性’，第二个命题是‘这些物体全都属于一个类’，因此第三步就得出‘这个类具有这些属性’。这是一个完全的推论。）而且，培根以后的那些经验主义人物全都遵照着培根的要求进行工作，满以为根据观察、试验和经验就可以不折不扣地掌握事物的真相，其实他们既不能脱离推论，也不能脱离概念，却自以为用不着什么概念，因而只是胡乱理解，胡乱推论，根本不能摆脱推论，达到内在的真知识。

前面已经提到过，把知识引导到现实的内容、当前的内容上

① 《增进科学论》，第五篇，第二章，第 320—321 页（《全集》，第 122—123 页）。

② 《新工具》，第一篇，箴言 105，313；《增进科学论》，第五篇，第二章，第 326—327 页（《全集》，第 124—125 页）。

去，是非常重要的，因为理性知识一定要有客观的真理性。精神同
世界的和解，自然和现实的圣化，绝不能是在彼岸的，而是必须在
此时此地得到实现。此时此地这一环节，就是这一件事进入自我
意识的必经之路。但是，经验、试验和观察并不知道自己真正在做
什么，并不知道自己考察事物的唯一目的恰恰在于理性的内在的、
不自觉的确认，确认它在现实中发现了它自己。观察和试验如果
得到正确的处理，就正好证明只有概念才是客观的东西。感性的
个别事物，只要我们对它一试验，就立刻消逝，化为普遍的东西了。
最熟悉的例子就是阳电和阴电，因为电既是阳电，又是阴电。一切
经验主义者所共具的另一个典型缺点，就是他们只相信经验，墨守 289
经验，始终没有意识到自己采纳这些知觉的时候就在作形而上学
的思考。人并不是停留在个别的东西上的，也不能那样做。他寻
求共相；共相就是思想，虽然不是概念。最明显的一个思想形式就
是力；有电力、磁力、重力等。力是普遍的东西，并不是可以知觉到
的东西；经验主义者们就是完全无批判地、不自觉地接受这样一些
规定的。归纳法的意义就在于从事观察，进行试验，重视经验，从
个别的东西引导出普遍的规定。

3. 培根列举了哲学主要应当研究的**对象**。这些对象与我们得自知觉和经验的东西相比，有很大的不同。"在培根提出的主要哲学研究对象总纲中，有下列对象，我们现在挑选出他的著作中特别强调的那一些来谈谈。"在这些科学当中，他还列入了"延年益寿的办法，在一定程度上恢复青春的办法，延缓衰老的办法，改变身长的办法，改变容貌的办法，使某些物体化为其他物体的办法，创造新物种的办法，制服大气、激起风雨的办法，增进感官快乐的办

法。”他谈到炼金术。对这样一些对象他自己也从事研究，并且敦促人们注意能不能有办法达到这些目的；有了这样一些力量，就可以大大进步了。“他抱怨这类研究被某些人所忽视，把那些人称为 ignavi regionum exploratores〔探索者领域内的懦夫〕。他在《自然
290 史》中正式开列了炼金术和许多奇迹的完成术。”①培根还没有采取考察自然的理智观点，他的观点还带有十分粗陋的迷信和虚妄的魔术之类。

培根的这种看法，总的说来，是以理智的方式陈述的；他还保持着当时的流行观念。“把白银、水银或某种别的金属转化为黄金，是一件很难令人相信的事情。但是，一个人如果知道了重量、黄色、延展性、固态、挥发性的本性，并且用心思索过金属的原始种子及其溶剂，经过大量聪明的努力之后，是很可能制造出黄金来的，不过凭着几滴点金液却不能把其他金属化为黄金。所以，一个人如果知道了纯化、同化、营养的本性，就能通过饮食、沐浴等等延长寿命，或者在某种程度上恢复青春力量。”②这些话并不那么刺耳。在医学方面，他谈到了 malacissatio per exterius〔外力软化法〕③在 Cosmetica〔美容术〕方面，他谈到脂粉时说：“我觉得很奇怪，涂脂抹粉的恶习(pravam consuetudinem fucandi)居然没有被民法和教会法注意到；我们在《圣经》里明明看到，〔荡妇〕* 耶洗别

① 《评论季刊》，第十六卷，1817 年 4 月号，第 51—52 页；培根：《林中林或自然史》，第四部，第三二六至三二七节(《全集》，第 822—823 页)。

② 《增进科学论》，第三篇，第五章，第 245—246 页(《全集》，第 95 页)。〔黑格尔的译文比较简略，按培根原文整理。——译者〕

③ 同上，第四篇，第二章，第 293 页(《全集》，第 112 页)。

虽然施过脂粉,〔贤后〕* 以斯帖和〔女杰〕* 尤迪特却没有用过。”① 291
这里并没有什么严密的、科学的考察,只不过是一般有阅历的人发出的外在议论罢了。

培根的一个主要特点是注重考察的形式,“他说,自然哲学分两个部分:第一部分包括原因的考察,第二部分包括结果的产生。他把要研究的原因区分为目的因和形式因,以及质料因和作用因;前两种属于形而上学,后两种属于物理学。他把物理学看成哲学的一个分支,其地位和重要远逊于形而上学。促进形而上学的研究,就是他的《新工具》一书的目的。”②

〔另〕* 一个要点是培根反对对自然作目的论的考察,反对按照目的因来考察自然。〔他认为〕* 探索目的因是无用的,没有益处的;③从 causae efficientes〔作用因〕来考察才是主要的事情。按照目的因来考察的例子是:“我们之所以长睫毛,原因在于保护眼睛;动物之所以长厚皮,是为了防寒暑;树木之所以长叶子,是为了使果实不受日晒风吹”④;头上长头发,是为了保暖;雷电是神的惩
罚,或者是为了使土地长育万物的;土拨鼠冬眠,是因为找不到东 292
西吃;蜗牛有壳,蜜蜂有刺,是为了防侵害。人们按照这个意思作

① 《增进科学论》,第四篇,第二章,第 294—295 页(《全集》,第 113 页)。

② 《评论季刊》,第十六卷,1817 年 4 月,第 52—53 页;《增进科学论》,第三篇,第三至四章,第 200—206 页(《全集》,第 78—80 页)。——《新工具》,第二篇,箴言 2:“可以正确地肯定:真正的知识是通过原因获得的知识。原因又可以适当地分为四种,即质料因、形式因、作用因和目的因。”

③ 《新工具》,第二篇,箴言 2:“除了与人的行为有关的目的以外,目的因是败坏了科学的,而不是推进了科学。”——《评论季刊》,第十六卷,1817 年 4 月,第 52 页。

④ 《增进科学论》,第三篇,第四章,第 237 页(《全集》,第 92 页)。

了数不清的发挥。消极的、外在的实用方面被人们摆了出来，〔例如就有人说〕*，如果太阳或月亮昼夜不断地照耀，警察局就可以省下一大笔钱，给人们吃喝整整几个月。培根反对这类看法是很正确的，因为这里的目的是外在的东西。他把这种按照目的的考察排除出物理学之外，只有对原因的考察才属于物理学。他说，这两种考察可以并存。① 按照目的因的考察涉及的是外在的合目的性，这一分别康德已经很好地指出了。事实上，内在目的与外在目的相反，乃是事物本身的内在概念，这一点我们在亚里士多德那里早就看到了。有机体是目的，具有内在的合目的性，所以各个肢体也是外在地彼此合乎目的的。那些外在的目的则与内在目的不一样，与我们所考察的对象并没有联系。

然而，说自然的概念就在自然本身，却不能说因此目的就在自然本身；合目的性的概念是与自然不相干的东西。说自然本身就是目的，并不是说，自然就像个人那样本身是目的，所以我们要像尊重个人那样去尊重自然。应当尊重个人，这话只是对个人来说的，并不是对普遍者来说的。一个以普遍者的名义、以国家的名义行动的人，例如一位将军，就并不需要尊重个人；个人本身虽然是目的，却仍然是相对的。将军并不是互相排斥的、彼此对立的个
293 人，而是目的本身，因为他的本质是概念，是普遍性。个体动物本身是它的自保；但**它的**真正目的本身却是种。保种不是自保；保存个体自己是保种的反面，放弃个体自己才有种的繁衍。——培根把普遍者、把原则与作用因分开，从物理学中排除出来，赶进了形

① 《增进科学论》，第三篇，第四章，第 239 页（《全集》，第 92 页）。

而上学。换句话说，他把概念并不看作自然中的普遍者，却只看作必然性，就是说，〔他没有〕* 认识到诸环节的对立中所表现的共相，没有把诸环节结合成一个统一体，——〔只是〕* 从另外一个特定的东西来把握一个特定的东西，〔从第二个把握第一个，再从第三个把握第二个，〕* 以至于无穷，而不是从两者的概念去把握两者。

培根比较普遍地进行了作用因的探索，这一考察起了很大的作用。他这个观点抗击了轻率的迷信，在日耳曼各民族中，迷信的可怕程度和荒谬程度是远远超过古代世界的；在这一方面，它的功劳不亚于伊壁鸠鲁哲学反对迷信的斯多葛派、反对一般迷信的功劳。迷信把任何一个想象中的东西都当成原因（认为一个彼岸的东西可以以感性的方式存在，并且可以起原因的作用），甚至认为两个毫无关系的感性事物在互相影响。培根这种对鬼怪、占星术、魔术等等的攻击，①同他的其他思想一样，虽然不能认为是哲学，但至少对于文化是一项功绩。

〔培根认为〕* 我们应当把注意力放在形式因上，放在事物的
形式上。② “但是要揭明他所谓形式因究竟是指什么而言，那是很 294
困难的。这些形式因到底是什么，培根自己并没有弄明白。”③人们可以以为他是把事物的内在规定性或规律了解成形式因。他把这些普遍的规定性称为formas〔形式〕，敦促人们去发现和认识这

① 《增进科学论》，第一篇，第 46 页（《全集》，第 19 页）；第三篇，第四章，第 211—213 页（《全集》，第 82—83 页）；《新工具》，第一篇，箴言 85，第 304 页。

② 同上，第三篇，第四章，第 231—234 页（《全集》，第 89—90 页）。

③ 《评论季刊》，第十六卷，1817 年 4 月号，第 52 页。

些形式;这些形式无非就是普遍的规定性、种、规律。[1] 他说:“形式因的发现,是令人失望的。作用因和质料因(因为人们把这两种原因当作遥远的原因来追索和接受,不管它们通向形式因的潜伏过程),又是微不足道的,肤浅的,对真正的、积极的科学简直没有什么贡献。——虽然在自然中真正存在的只是那些作出纯属个别动作的个别物体,它们的动作却是按照规律的,在科学中,这种规律以及对规律的研究、发现和说明,乃是认识的基础,同时也是行动的基础。我们所说的形式,就是指这种规律及其陈述。[2] “……哲学与科学的真正区分是这样来的:……研究这些永恒不变的形式(即自然规律)的,就是形而上学;研究作用因、物质以及物质的潜在过程和潜在结构的,就是物理学。”[3]“谁认识了形式,就在形形色色的物质中掌握了自然的统一性。”[3] 他对此作了详细的讨论,并且举了许多例子,譬如说,他就举热为例。“精神必须从差别上升到类。太阳的热与火的热是不一样的(heterogenei)。我们看
295 到葡萄在太阳热暴晒下成熟了。为了弄清太阳热是不是特殊的,我们又去观察别的热,发现葡萄在温室中也成熟了;这就证明太阳热并不是特殊的。”[3]

“〔培根说:〕* ‘物理学引导(directs)我们走狭窄崎岖的小径,因为它是模仿通常自然界的途径的。——然而,谁理解了一个形式,就知道了使这个自然本性再现在(upon)各种对象上的最终可

---

① 《新工具》,第二篇,箴言 17,第 345—346 页。

② 同上,箴言 2,第 325—326 页(邓尼曼书,第十卷,第 35—36 页)。〔黑格尔的译文比较简略,按培根原文整理。——译者〕

③ 同上,箴言 9,3,第 326 页;箴言 35,第 366 页。

能性。'这就是说，像他解释的那样，把黄金的本性引进白银的本性"，也就是从黄金里造出白银来，"作出炼金术士们声称要作出的那一切奇迹。他们的错误仅仅在于希望以神话的、幻想的方式做到这一点"；现实的方式则是认识这些形式。"弄清形式因和逻辑规则，乃是 *Instauratio magna*〔《伟大的复兴》〕和 *Novum Organum*〔《新工具》〕的主题。"①这里有一些很好的规则，不过并不能达到他那个目的。

培根曾经置身于重大的社会关系之中，因而受到了掌握国家大权的人的那种腐化。尽管人格腐化，他仍然是一个有才智的人，看得很清楚；但是他缺乏依据普遍的思想、概念进行推理的能力。他拥有高度的阅历，"丰富的想象、有力的机智、透彻的智慧，他把这种智慧用在一切对象中最有趣的那个对象，即通常所谓**人世**上。在我们看来，这是培根的特色。他对**人**的研究要比对**物**的研究多得多；他研究哲学家的错误，要比研究哲学的错误多得多。事实 296
上，他并不喜爱**抽象的推理**"；抽象推理这种属于哲学思考的东西，我们在他那里很少见到。"他的著作虽然充满着最美妙、最聪明的言论，但是要理解其中的智慧，通常只需要付出很少的理性努力。"因此他的话常常被人拿来当作格言。但是"他的判断大都是 ex cathedra〔从讲坛上〕发出的，他试图加以解释的时候，多半是通过一些比喻、实例（illustration）和聪明的观察，很少通过直接的、恰当的论证。——**普遍的推理**是哲学思考的一个主要特点；缺乏这

① 《评论季刊》，第十六卷，1817 年 4 月号，第 52 页；《增进科学论》，第三篇，第四章，第 236 页（《全集》，第 91 页）。

种推理，在培根的哲学著作中是很显明的。”[①]他的实践著作特别有趣味，但是找不出人们所期望的那种伟大的程度。

我们需要用一个名字、一个人物作为首领、权威和鼻祖，来称呼一种作风，所以我们就用培根的名字来代表那种实验的哲学思考，这是当时的一般趋向。[②]

这就是我们所要讲的培根思想。——关于英国人的这种经验方法，在洛克那里还有更多的要谈。

二、雅各·波墨

另一个极端是 theosophus teutonicus〔条顿神智学家〕波墨[③]，
297 他正处在〔与培根〕相对立的地位。philosophia teutonica〔条顿哲学〕——早期的〔德国〕神秘主义就已经有这样的称号。[④] 现在我们要从那位英国大法官、外部感性哲学的领袖进到这位号称条顿哲学家、出生于劳西茨的德国鞋匠。[④]我们不应当为他感到羞愧。这位雅各·波墨久已被遗忘了，并且被斥为虔诚的梦想家，直到近代才恢复了名誉；莱布尼茨很尊重他。由于启蒙运动的影响，

① 《评论季刊》，第十六卷，1817 年 4 月号，第 53 页。

② 《增进科学论》，第五篇，第四章，第 358 页（《全集》，第 137 页）：“人们用同一种心灵活动对一件东西从事研究和发现，并且作出判断。这件事并不是间接完成的，而是在感觉中直接地以同一方式完成的。因为感官在它的直接对象上既摄取对象的现象，同时又承认对象的真实性。”（锐克斯纳：《哲学史手册》，第三卷，第 10 页）

③ 《雅各·波墨的生平和著作》（据《全集》，汉堡 1715 年第 4 版），第五号，第二节，第 54 页；并参看扉页。

④ 《雅各·波墨的生平和著作》，第一号，第五十七节，第 27—28 页；第十八节，第 11—12 页。

他的读者人数很有限；在近代，他的思思的深刻性重新得到了承认。他确实不应当受到启蒙时期的那种轻视，但是另一方面，他也不应该享受人们给予他的那种崇高荣誉。给他贴上一张梦想家的标签，并不能说明什么问题。因为只要我们愿意，我们可以给每一位哲学家都贴上这样的标签，甚至对伊壁鸠鲁和培根也可以如此；因为他们也都认为人除了饮食，除了砍柴、缝衣、做买卖或其他公私事务以外，还以某种别的东西作为他的真理。——波墨之所以享有很高的荣誉，主要是由于他的哲学采取了直觉和感情的形式；因为直觉和内心感情、祈祷和仰慕、思想的形象性和寓言等等，在一定程度上被他当成了哲学的主要形式。但是只有在概念中，在思维中，才能达到哲学的真理，才能把绝对表达出来，绝对才像它本来那样**存在着**。从这方面看，波墨却是一个十足的粗人；——一个在粗糙的表述中具有着一颗具体的、深刻的心的人。因为他的表述没有方法，没有条理，所以他的哲学是很难介绍的。 298

雅各·波墨于1575年生于上劳西茨地区戈尔利茨城附近的旧赛登贝格村，家庭贫穷，少年时在农村中当过牧童。① 他的著作集（阿姆斯特丹和汉堡出版）篇首载有一篇**传记**，是一位同他很熟的教士根据他的口述写成的。——他的著作特别受到荷兰人的注意，因此大部分是在荷兰出版的，后来才在汉堡重印。①——我们发现其中大量叙述了他如何获得深刻认识的过程。他是在路德教会中教养出来的，终身留在路德教会里。他一生中经历过许多次

① 《雅各·波墨的生平和著作》，第一号，第二至三节，第3页；第四号，第二至六节，第81—85页。

激动。他谈到自己当牧童的时候就见到过奇异的景象。第一次奇异的觉醒是他放牧时得到的；那时他就已经在灌木丛中看到了一个洞穴和一大桶黄金。他为这种灿烂的景象所震惊，心灵就从阴暗的鲁钝状态里觉醒了；这种景象他以后不再看到。① 后来他跟一个鞋匠学手艺去了。在走方缝鞋的旅途中，"他想到《圣经》上的一句话（《路加福音》，第十一章，第十三节）：'天父将把圣灵赐给那些向他祈求的人，'心中受到莫大的鼓舞，因此为了认识真理，他就专心致志，热忱地不断祈祷、探索和叩问，终于在一次伴同师傅走方的旅途中凭着圣父在圣子身上的指引，随着圣灵进入神圣的安息，灵魂得到愉快的宁静，他的祈求获准了；那时（根据他的自白）他为神圣的光明所围绕，处在至高无上的神圣静观和欢乐之中，达七天之久。"他的师傅把他打发走了，说是"不能同这样的家庭先
299 知"在一起。以后他住在戈尔利茨，1594 年当了师傅，结了婚。——后来，"在 1600 年他二十五岁的时候"，光明"再度"降临到他身上，他第二次看到这类景象。他说他看见一个擦得雪亮的锡器在房间里，"由于"这种金属的"令人喜悦的可爱形象突然出现在眼前"，他的心灵就闪闪发光，静观一切，进入禅悦境界，"洞察到神秘本性的中心"，神圣实体的光辉。"他走出大门跑到野外，想把这种幻觉赶出头脑"，可是心里"仍旧感觉到原来看到的那种景象，而且越来越清楚；因此他凭借心中形成的那些征象或形象、线条和色调，仿佛可以洞见一切创造物的核心和内在本性（在他所著的 *De signatura rerum*〔《论万物的征象》〕一书中，就充分推崇和描述了这种

① 《雅各·波墨的生平和著作》，第一号，第四节，第 3—4 页。

印在他心中的根据），这样，他就充满极大的喜悦，感谢上帝，安安静静地搞他的家务了。”①后来他写了好几部著作。他在戈尔利茨从事他的手工业，一直当鞋匠，1624年在那里以鞋匠师傅的身份去世。①

他的第一部**著作**叫 *Aurora*，即《曙光》，后来又写了多种著作；《论三个原则》和另一部《论人的三重生活》是他最值得注意的作品，——此外还有几部别的著作。他平生读过哪些书，我们不清楚。但他的著作中有许多地方足以表明他读过很多书，特别是显然读过神秘主义的、神智学的、炼金术的书籍，其中有一部分无疑是霍亨海姆的特奥弗拉斯特·**帕拉切尔斯**·波姆巴斯特的著 300
作；——帕拉切尔斯是一个与波墨同类型的哲学家，但是思想比较乱，没有波墨那样深邃的心灵。波墨著作中所用的术语，如神圣的硝石、水银等等，说明他的表达方式是粗糙的。他经常读《圣经》。他曾经受到僧侣们的多方迫害，②在德国反倒不如在荷兰和英国受人重视，他的著作曾在荷兰和英国多次出版。②人们称他为 philosophus teutonicus〔条顿哲学家〕；②事实上也是由于有了他，德国才出现了具有独特风格的哲学。我们读他的著作时感到惊异；一定要熟悉他的理念，才能在这种极其混乱的表达方式中发现真实的内容。

雅各·波墨是第一个德国哲学家；他的**哲学思想**的内容是真

---

① 《雅各·波墨的生平和著作》，第一号，第六至七节，第5页；第七至十一节，第7—8页；第二十八至二十九节，第17—18页。

② 同上，第十二至十七节，第8—11页；第六号，第七至八节，第85—87页；第一号，第十八节，第11—12页。

正德国气派的。波墨哲学中优秀的、值得注意的东西，就是上述的新教原则，即把灵明世界纳入自己固有的心灵，在自己的自我意识里直观、认识、感觉过去被放在彼岸的一切。波墨的一般思想表明：一方面，它是深刻的，有根据的；但是另一方面，他在发挥他那些对于宇宙的神圣直观时，尽管用尽全部力量寻求规定和区别，却
301 仍然没有做到清楚明白、有条有理。他的著作没有系统联系，在作出区别的时候弄得极其混乱，甚至在举出一、二、三列成表格时，①也是如此：

一

那在世界和创造物以外的神

二

分离性：	Mysterium magnum	第一原理：
爱中之神	〔伟大的神秘〕	怒中之神

三

爱和怒中之神

这并不是什么确定的划分，只是一种努力；一会儿这样分，一会儿又那样分；分开了又混到一起。

他的这种表达方式应该说是粗糙的。波墨把生命、绝对本体的运动放进了心灵，也同样地把各种概念看成实物；也就是说，把实物当成概念使用，——不用概念的规定，硬要用一些自然物和感性特质来表达他的理念。例如硫黄、水银等等在他那里就不是指我们所说的硫磺和水银，而是那些东西的本质；也就是说，概念采

① 《神智学通信集》，第四十七封（《全集》，汉堡 1715 年第 4 版），第 3879 页。

取了这种实物的形式。他对理念深感兴趣，为掌握理念反复斗争。他要想宣讲的那种思辨真理，本质上是需要用思想和思想的形式去掌握的。只有在思想中，才能掌握这种以他的精神为中心的统一；而思想的形式恰好是他所缺乏的。他所用的那些形式并不是思想的规定。一则，那些形式都是感性的规定，如酸、甜、苦、辣等性质，怒、爱等感情，以及色彩、闪电、香精、硝石、水银等等。这些感性规定在他那里并没有原来的感性意义；他利用它们来代替思想规定。一眼就可看出，这种表达方式当然显得十分牵强，因为只
有思想才能表达统一性。因此我们读到神的苦楚、震荡、闪电等等 302
时感到莫名其妙；一定要先有理念在心里，才能猜出它们是什么意思。

此外，波墨又把基督教的形式当作理念的形式使用；把感性的方式和表象宗教的方式、感性的形象和表象混合在一起。这种办法，一方面是很粗糙的，另一方面也具有当下直接性，是从万物的实际、从自己的心灵来谈一切；把天上发生的事情放在自己的心灵中，让它在心中回旋。汉斯·萨克斯曾经以他自己的独特风格把上帝、基督、圣灵同天使、长老一概表象成他自己那样的小市民，并不看成过去的、历史上的人物；波墨也是这样做的。

对于信仰来说，精神是有真理的，不过精神的真理中却缺乏自我确认这一环节。我们曾经看到，基督教的对象就是真理和精神；对于信仰来说，真理是直接的真理。信仰拥有真理，但却是无意识地拥有，并不认识，不知道真理就是它的自我意识；因为思维、概念本质上是在自我意识里，即布鲁诺所讲的对立面的统一，所以信仰所缺乏的主要就是这种统一。信仰的诸环节，特别是最高的环节，

分裂为一些特殊形态，如善和恶、神和魔之类。神存在，魔鬼也存在，彼此各自独立。神是绝对的本体。可是，这个不包含任何现实性，尤其不包含恶的本体，又是什么样的绝对本体呢？波墨的目标，一方面是把人的灵魂引导到生命上，使灵魂自身中产生出神圣的生命，直观灵魂自身中的冲突和斗争，把冲突斗争当成灵魂的辛勤劳动；然后是针对这个内容，力求解决如何在善中把握恶、如何
303 从神来把握魔鬼的问题。这是当代的一个问题。但由于波墨并无概念，这〔对立面的统一〕* 就被表象为可怕的、痛苦的斗争，给人一种挣扎之感。这是一种粗糙的表达形式，是他的心灵、意识与语言之间的斗争；斗争的内容是最深刻的理念，最深刻的理念才能把最绝对的对立面统一起来。（对于他来说，最接近的形态是基督和三位一体，然后是水银、硝、硫磺、涩、酸等化学形式。）我们在他那里看到艰苦的挣扎，竭力使这些对立物合而为一，把它们联结起来，但并不是为了思维的理性；这是一种极其粗野的内心努力，要把形态上彼此极不相干的东西捆绑在一起。他以坚强的精神把对立的双方面结合起来，并在这种精神中打破全部对立的意义，即双方所具有的现实性形态。但同时，由于他是在自身内、在内心中把握这一运动、把握精神的这一本质的，他对那些环节所作的规定也比较接近于自我意识的形式，即无形态的概念。总括起来说，就是他曾经努力在神的内部把握那消极方面的恶和魔鬼。

从一方面看，他这种表达方式是非常粗野的，令人无法卒读，抓不住他的思想（各式各样的性质、精气、天使令人头昏脑涨），而他那直率的心灵却确实有一股蛮劲，硬要把实物当作概念使用。但是骨子里是有思辨的思想的，不过没有得到恰当的表述。我们

绝不能指望在他那里看到系统的陈述，也不能指望他作出真正的详尽发挥。他也并不是停留在一种形式上，而是徘徊于多种形式之间，因为感性的形式也好，宗教的形式也好，都不能使他满意。304
他那种通俗的、直率的表象方式完全是信口而出，使人感到太浅薄。他同魔鬼打了很多交道；他常常向魔鬼喊话。他说："来！你这坏蛋！你打算干什么？我有办法对付你。"①莎士比亚剧本《暴风雨》②里的主角普洛斯佩罗恫吓精灵阿里尔，说要劈开一棵盘根错节的橡树，把他塞进去夹上一千年。波墨的伟大精神就是这样，是禁锢在感性事物这棵坚硬多节的橡树缝里，禁闭在多节的、坚硬的表象疙瘩里的。他无法做到对理念作出自由的表述。把消极的东西也放在神的理念中来把握，把神理解成绝对的，——这就是他那看来如此可怕的斗争，因为他在思想教养方面还十分落后。一方面是生硬粗糙的表达，另一方面我们也认识到那深刻的德国心灵，它在与最内在的东西交往，在那里发挥它的威力、它的力量。

我要先把波墨的主要思想扼要地讲一讲，然后把他反复使用的那些个别说法和形式讲一讲。他老是把同一个意思翻来覆去地说，而他的主要看法在不同的地方又采取着很不相同的形式，所以，我们如果想要给他的看法作出一番首尾一贯的陈述和发挥，是会弄错的，尤其在进一步加以引申的时候，错误更是在所难免。不采取波墨的表达方式，不采取他的形式，对他的思想就说不出多少话；因为不如此就不能把它表达出来，虽然形式根本不是概念。

① 《关于四种性态的慰安书》，第四十三至六十三节，第1602—1607页。

② 第一幕，第二场，第27—28页（希雷格尔译，柏林1818年版）。〔按莎士比亚原文只说把他夹上十二个冬天，黑格尔随意说成了一千年。——译者〕

他的根本思想，是努力使一切事物保持在一个绝对的统一体
305 中，这就是绝对的神圣的统一，一切对立在神中的联合。他的主要思想，甚至可以说，他的贯穿一切的唯一思想，就是在共相中把握神圣的三重性，在一切中把握神圣的三位一体，把万物看成神圣三位一体的显现和表露；这样，三位一体就是包罗一切、产生一切的原则；这样，万物就只是包含着这种三位一体，这并不是一种想象的三位一体，而是实在的三位一体——绝对理念。一切都被看成这种三位一体；**存在着的**一切都只是这种三位一体；这种三位一体乃是一切。① 他的表述有时很模糊，有时也比较清楚。他进一步讲的，是对三位一体的解释；他使用了一些不同的形式来表示三位一体中出现的差别。

在《曙光》（一名《哲学、星象学和神学的根本或母亲》）一书中，他提出了一种分类法，把这三门科学排列起来。

“（1）哲学所研究的，是神圣的力量，神的本质，自然、星辰和Elementa〔四大元素〕如何在神的本质中形成，万物从何而来，天地的构造如何，还有天使、人和魔鬼，天堂地狱，以及一切创造物，还有自然中的、得自正确根据的精神认识中的、神的意欲和激动中的两种性质。”②

“（2）星象学所研究的，是自然、星辰和四大元素的力量，一切创造物如何来自这些力量，善和恶如何通过这些力量对人和禽兽起作用。”③——这并不是什么明白的规定，不过是〔从哲学到神学

① 《论关于神圣洗礼的基督遗言》，第二篇，第一章，第四至五节，第2653—2654页。

② 《曙光》，序，第八十四节，第18页。

③ 同上，第八十五、八十八节，第18页。

的〕* 一个过渡而已。

“(3)神学所研究的，是基督的国度，这个国度的状况，以及它 306
如何与地狱国度相反，还有它如何在自然中与地狱国度作斗争。”①

波墨有一个主要的思想，认为宇宙是唯一的神圣生命，是神在万物中的显示；——确切地说，就是从神的唯一本质中，从一切力量和性质的总和中，永恒地降生出圣子，圣子在那些力量中照耀着。这个光明与各种力量的实体的内在统一，就是精神。

1. 第一位是圣父。这第一位同时又区分为二，是二者的统一。波墨说：“神是一切，他是黑暗和光明、爱和恨、火和光；但人们却单从光明和爱的一面称他为唯一的神。——黑暗与光明之间有一种永恒的 Contrarium〔对立〕：这一方并不包括那一方，那一方并不是这一方，双方都只是一个单一的东西，但是为 Qual〔痛苦〕所区分”(Qual〔痛苦〕就是 Quelle〔源泉〕、Qualität〔性质〕；他用 Qual 这个字来表示所谓绝对否定性，即自己否定自己的否定者，因而也就是绝对的肯定)，“也为意志所区分，但并不是可以割裂的东西。唯一的划分原则是：一方在对方中是无，却又是有；但这是按照一方的潜在特质说的，不是指它的明显特质。”②波墨的全部努力都集中到一点，就是绝对殊异者的统一。概念的原则在波墨那里是十分生动的，只不过他不能用思想的形式把它表述出来罢了。他说那单一的东西为 Qual〔痛苦〕所区分，意思就是说，Qual〔痛苦〕

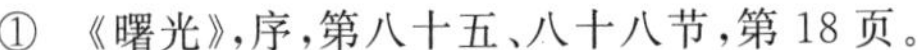

① 《曙光》，序，第八十五、八十八节，第 18 页。

② 《论真正的平静》，第二章，第九至十节，第 1673 页。

正是那个被意识到、被感觉到的否定性。关键就在于把否定物想
307 成单纯的，因为否定物同时又是一个对立物。所以，Qual〔痛苦〕就是那种内在的分裂；但它又是单纯的东西。他由此就推出了Quelle〔源泉〕的意思，——真是十足的文字游戏。Qual〔痛苦〕这一否定性进展到了生动性、能动性，于是他也把它与 Qualität〔性质〕联系起来，从而得出 Quallität〔涌流性〕。[①] 差别的绝对同一性在波墨那里是贯彻始终的。

甲、由此可见，波墨把神并不看成空洞的统一，而是看成对立物的那种分化统一。所以圣父是第一位。但是我们别指望在那里找到明确规定的分别。第一位或太一同时也具有一种非常自然的形态，即自然物的形态。因此他谈到单纯的本体，说神是单纯的本体，就像普罗克洛所说的那样。他把这单纯的本体称为潜藏者，又叫 Temperamentum〔调和者〕、殊异者的统一，——一切都在其中得到调和。[②] 我们看到他也把它叫做伟大的硝(Salitter)，有时叫神圣的硝，有时叫自然的硝，还叫硝盐(Salniter)。[③] 他大谈这伟大的硝时，就像谈一种大家熟知的东西一样，我们实在不能立刻知道所指的该是什么东西。其实这是皮匠行当里读的别字，把 sal nitri〔硝盐〕读成了 salniter 或 Salitter(现在奥地利话还把硝叫 salniter)，指的就是中性的东西，实际上就是普遍的东西。这是一

---

① 《论神圣实体的三个原则》，第十章，第四十二节，第 470 页。

② 《论天命》，第一章，第三至十节，第 2408—2410 页；第二章，第九节，第 2418 页；第十九至二十节，第 2420 页；《对一些最主要的论点和字句的诠释》，第二节，第 3668 页；第一四五至一四六节，第 3696—3697 页。

③ 《曙光》，第四章，第九至十一节，第 49—50 页；第十一章，第四十七节，第 126—127 页等处。

个神圣的大观园:在神中有一个壮丽的自然界,有树木,有花草等等。“在这神圣的大观园里,主要要看两样东西:一样是硝或神圣的力量,它产生出所有的果实;另外一样是水银或声音”①,——性 308
质、热、声。这伟大的硝就是那个潜藏的、没有显示出来本体,有如新柏拉图派的那个不自知的统一体一样,那统一体也同样是潜藏的、未知的。

乙、这实体就是圣父,——就是那最初的统一;它包含着尚未分开的一切**力量**和性质。然后这硝又显现为**神的肉身**,这肉身包含着一切性质和力量。“所以,人们考察星辰的全部 Curriculum〔行程〕或全部运转,就立刻发现,这硝是万物之母或化生万物的自然,万物都存在和生存于其中,一切都为它所推动;万物都由相同的力量造成,并且永远存留在那些力量之中。”②所以人们说,神是一切实在中的实在。波墨说:“但是你必须在圣灵中大大提高你的心智,必须看到,整个自然,以及自然中的一切力量,广度,深度,高度,天,地,地上的一切和天上的一切,都是神的肉身;星辰的各种力量,乃是这个世界里神的自然肉身上的**根本血脉**。”②

“你绝不要以为,整个恢弘的神圣三位一体,即圣父、圣子和圣灵,就在星辰的 Corpus〔团体〕里。——但是却不能把这个意思理解为神根本不在星辰的 Corpus〔团体〕和这个世界里。”② 这整体就是全部普遍的力量;这力量作为唯一的统一体圣父存在着,在

---

① 《曙光》,第四章,第十二至二十一节,第 50—51 页。

② 同上,第二章,第十五节,第 30 页;第十六章,第 30—31 页;第十七至十八节,第 31 页。

309 创造物中则作为全体星辰存在着。是整个神在如此众多的事物中把自己造成了创造物；在蕴蓄一切的圣父里，各种力量是聚合为一的。“现在问题是：天是从哪里取得那样大的力量，因而在自然中造成那样大的运动性的呢？在这里，你必须超出自然、在自然以外洞察到那光明神圣、雄壮恢弘的神力，洞察到那不变的、神圣的三位一体，这是一个恢弘的、苦恼的、运动的本体，一切力量都在其中，如同在自然中那样，——由这个本体形成了天、地、星辰、四大元素、魔鬼、天使、人、兽等等一切，一切都成立于其中。——所以，我们举出天、地、星辰、四大元素以及其中的一切和超出诸天之外的一切，也就举出了整个神，神在上述的这些”数不清的“事物中，在由他自身发出的力量里，就把自己造成了创造物”。①

“苦这种性质也在神中，但不是像胆汁在人体中那样，而是一种永远持续的力量，一种高超的、恢弘的愉快源泉。”①

波墨谈到圣父时说：“我们考察整个自然及其属性时，就看到了圣父；我们仰视苍天和星辰时，就看到了圣父的永恒的力量和智慧。所以说，天上有多少星辰——星辰是不可胜数的——，圣父就有多少力量和智慧。每一颗星都有它特有的性质。——你不要以为圣父那里的每一种力量都在圣父的某一特殊部分或处所，就像星辰在天上那样。不是的！正好相反。圣灵昭示我们，一切力量在圣父那里都是互相渗透的，有如一个力量。”——

---

① 《曙光》，第二章，第三十一至三十三节，第33—34页；第三十八至四十节，第34—35页。

他说："你"却"不要以为神站立或遨游在天上和天外，如同一种 310
毫无理性和知识的力量和性质似的，如同太阳那样循着轨道运行，放射出热和光，给大地或众生既带来害处，也带来利益。不是的！圣父不是那样，他是一个全知全能的、具有全部智慧的、无所不见的、无所不闻的、嗅到一切、触到一切的神，他自身是温和的、友善的、仁爱的、慈祥的、充满欢乐的，甚至是欢乐本身。"①——这就是把神区分为各种性质。他要想对这些性质作出规定，这是晦涩的表述。

丙、他的一个主要概念是**性质**。他在《曙光》中从性质讲起。波墨的第一个范畴，性质范畴，就是烦扰、痛苦、源泉。他在《曙光》中说："性质就是一件东西的运动、汹涌（源泉）或推动。"——后来他又把推动与痛苦连到一起。② "例如**热**焚烧、吞噬和推动一切变热的、不热的东西。热又照亮和烤热一切冷的、湿的、阴暗的东西，把软的东西烧硬。热还包含着**光明**和**猛烈**这两种 Species〔属性〕。光，这热的精髓，乃是一个可爱的、令人喜悦的景象，一种生命力，——天上欢乐国的一个片段或源泉；因为它在这个世界上使一切事物生动活泼。这个世界上的一切动物、树木和花草都靠着光的力量生长，都在光和善中获得其生命。热又有猛烈性"（否定
性），"它焚烧、吞噬和毁灭；就是这种猛烈性在光里面涌出、推进、 311
上升，使光运动：光在它的双重源泉中挣扎着，斗争着。光在神中是没有热的，但在自然中则不是如此；因为在自然中一切性质是互

① 《曙光》，第三章，第二、八至十一节，第 36—38 页（锐克斯纳：《哲学史手册》，第二卷，附录，第 106 页，第六节）。

② 参看上文第 306—307 页。

相渗透的，而神则是一切。神”（圣父）“是自然的心，”——在别处他又说圣子是神的心，[1]还把圣灵称为自然的心脏[2]——“或自然的源头；一切都出于神。在自然界的一切力量中，是热起着支配作用，它温暖一切，是一切的源泉。光则在热中把力量给予一切性质，使一切变得可爱、变得充满欢乐。”[2]

波墨列举了一系列的性质：冷、热、苦、甜、辣、涩、硬、粗、软以及声音等等。[3]“一切创造物全都由这些性质造成，全都来自这些性质，全都生存于其中，如同生存于母亲怀里似的。”[3]“星辰的各种力量就是自然。——这个世界上的一切，全都起源于星辰。我要给你证明这一点，这样，你就不是一个傻子，就有一点理性了。”[3]

他还把圣父称为一切力量——一切力量都在圣父中，“互相渗透，有如一个力量”——，[4]并且把这些力量再分为**七个根本元精**。[4]但是分得很混乱，没有确切的区别，说不出何以正好是七个，
312 没有思想的规定；像这样的确定性在他那里是找不到的。这七种性质也是在神的伟大的硝中运行的七个行星；“那七个行星意味着神的七个元精，管辖众天使的七个王侯。”[4]然而它们是一个统一体；这统一体本身就是一个源泉，一个酵母。“所有的元精都在神中欢腾着，有如一个元精，每一个元精都永远在抚爱着另一个元

[1] 《论人的三重生活》，第四章，第六十八节，第881页。

[2] 《曙光》，第二章，第十三节，第29页；第一章，第三至七、九节，第23—24页。

[3] 同上，第一章，第十至二十四节，第24—27页；第二章，第一节，第28页；第十四节，第30页；第八节，第29页。

[4] 同上，第四章，第五至六节，第48页；第八章，第十五节，第78页；第十一章，第四十六节，第126页；第三章，第十八节，第40页。

精，除了纯粹的愉快和欢乐之外别无他物。”[①]在神中，各种分别是合一的。“没有一个元精处在另一个元精之外，如同天上的星辰那样罗列着；这七个元精是互相渗透的，有如一个元精。”[①]“在神的七个元精当中，每一个元精都孕育着神的所有七个元精；所有的元精全都互相渗透，有如一个元精”，——所以，神本身中每一个元精都是全体。“每一个都在自身中通过自身产生着另一个”[①]，这就是所有各种性质所发出的生命闪光。[①]——所以他就力求在善中把握恶，在神中把握魔鬼。这一斗争是他的各种著作的全部特点，也是他的精神上的Qual〔痛苦〕。

2.既然第一位是一切力量、一切性质的源泉和胚胎，那么，第二位就是发扬。在波墨那里，**第二位原理**是一个主要概念，表现为很多的形态和形式，如圣言、分离者、痛苦、启示等等，总之就是个性，即一切分离、意志和自在存在的源泉；这个原理存在于自然物的各种力量内，当光在其中升起时，就把它引回到静止状态。

甲、作为单纯的绝对本体的神，并不是绝对的神；在神里面是什么都认识不到的。我们认识到的是某种别的东西；——这别的 313
东西正是包含在神本身之内的东西，就是神的直观和认识。波墨谈到第二位原理时说，必须有一个分离出现在这种调和中。他是这样说的：因为“如果没有**阻挡**，一件东西就不能向它自己显示出来；因为那样它就没有东西与它对抗，就一味独自往外跑，不再返回到自己身上了。它不再返回到自己身上，不再返回到它的原初

① 《曙光》，第十章，第五十四节，第115页；第四十节，第112页；第三十九节；第十一章，第七至十二节，第119—120页。

出发点，也就对它的原初状态一无所知了。”他用原初状态来表示实体；可惜这个术语和其他许多中肯的术语我们是不能用的。“如果没有阻挡，生命就没有敏感性，没有意欲，没有作用，就既没有理智，也没有科学了。——如果那潜藏的神，即唯一的本体和意志，并没有以他的意志从他自身展开，从 Temperamento〔调和〕中的永恒知识展开，进入意志的离异性，并把这离异性导入一种圈定性”(同一性)，“形成一种自然的、被创物的生活，而生活中的这种离异性并不是处在争斗之中，那么，那唯一的神的意志又怎样能向生活显示出来呢？那唯一的意志里又怎样可以有对它自己的认识呢？”① 我们看到，波墨要比那种对最高本体的空洞抽象看法不知高明多少倍。

乙、他说：“万有的开端是圣言*，即神的嘘气，神从来就是永恒的太一，也永远是永恒的太一。圣言是永恒的开端，并且万古如斯；因为圣言是永恒太一的启示，它使神圣的力量进入对某物的唯一知识。我们把圣言理解为显示出来的神意，而把神字理解为潜
314 藏的神，即永恒地涌出圣言的源泉。圣言”(即圣子)“是神圣太一的流溢，却也是作为神的启示的神自身。”(Λόγος 这个希腊字比德文的 Wort 更确切。它有很好的双重意义，既有道理的意思，又有语言的意思。因为语言是纯粹的精神存在物，这东西一被听到就返回到精神本身。)“那流出物就是智慧，即一切力量、颜色、德行、特质的开端和原因。”②

① 《论神圣的观照》，第一章，第八至十节，第 1739 页。

* “圣言”(Wort)就是“道”或“逻各斯”(λόγος)。

② 《论神圣的观照》，第一章，第一至三节，第 1755—1756 页。

宇宙不是别的，正是被创造过的神的本质性。① 因此，“当你观看高空、星辰、四大元素、大地”以及它们所产生的东西时，“你用你的眼睛掌握的”当然“并不是明朗清晰的神性，虽说神性”也“潜伏在其中。”你看见的只是它们被创造的表现。“可是，如果你提高你的思想、思维……那神圣地主宰这一切的神，你就冲出了天中之天，掌握到神的神圣核心了。”②——“天的各种力量经常在种种形象、草木、颜色中起作用，以显示那神圣的神，使我们在万物中认识神。”③

丙、这就是**圣子**。他说：“圣子是”属于圣父并“在圣父之内的，
是圣父的心或光；圣父从永恒到永恒，永远不断地在产生圣子。”依 315
此看来，“圣子”虽说“是异于圣父的另一位，却不是另一个神”，而是“与圣父为一体”，是圣父的映象。④“圣子是圣父内的心脏”和脉搏。“圣父内的一切力量都是属于圣父的东西。圣子是一切力量中的中心或核心；他是整个圣父中一切力量涌现欢乐的原因。”（第一位是硝盐、中和剂。）“从圣子升起永恒的天乐，涌现在天父的一切力量中，”④——“就像太阳是众星的中心一样。太阳恰好意味着圣子；太阳照耀着天宇、星辰和笼罩大地的苍穹，对这个世界上的万物起着作用。（星辰的运行意味着天父的众多力量。）太阳给予一切星辰以光和力，对它们的力量加以调和。（金星* 是

① 锐克斯纳：《哲学史手册》，第二卷，附录，第 108 页，第五节（据波墨《曙光》，第二章，第十六节，第 30—31 页；第三十三节，第 34 页）。

② 《曙光》，第二十三章，第十一至十二节，第 307—308 页（锐克斯纳：《哲学史手册》，第二卷，附录，第 108 页，第五节）。

③ 《神智学通信集》，第一卷，第五节，第 3710 页。

④ 《曙光》，第三章，第三十三至三十五节，第 44 页（锐克斯纳：《哲学史手册》，第二卷，附录，第 106 页，第七节）；第十五节，第 39 页。

* Lucifer，又当“魔王”讲。

七大元精之一。)神的圣子从他的圣父的一切力量中永恒地产生出来,正如太阳从星辰中产生出来一样,他不断地被产生出来,并不是被制造出来的,他是一切力量的中心,也是一切力量发出的光辉。他在圣父的一切力量中照耀着,他的力量是圣父的一切力量当中起推动作用的、涌流不息的欢乐;他在整个圣父内照耀着,正如太阳在整个世界里照耀着一样。因为圣子如果不在圣父内照耀,圣父就是一个黑暗的幽谷了。因为圣父的力量如果不永恒不息地升起,神圣的本体就不能存在了。"①圣子的这种生动活泼性,是主要之点。——关于圣子的出现和显现,波墨也提出了极其重要的规定。

丁、"永恒太一的意志是在各种力量的显示中观照它自己的;
316 从这样一种显示里,就流出了对于 Ichts〔**某物**〕的知识,因为永恒的意志在 Ichts〔某物〕中直观到了它自己。"(波墨在这里玩了一个文字游戏,从 Nichts〔无物〕造出 Ichts〔某物〕这个词来,因为 Ichts 正是否定物,但同时又是 Nichts 的反面,其中包含着自我意识的我〔Ich〕。)圣子、某物就是我、意识、自我意识;那抽象的中和者就是神,那自我集中到自为存在点上的就是神。神的对方就是神的**肖像**。这种肖似是 Mysterium magnum〔伟大的神秘〕,创造了万事万物、一切创造物;因为它在意志的流出过程中把全体分离开来,使永恒太一的意志可以分离,——意志的离异性是产生各种力量和特性的根源。"②这个 Separator〔分离者〕被他"奉为自然的长官,永恒的意志就是凭着它来支配、制造、构成、形成一切事物

① 《曙光》,第三章,第十八至二十二节,第 40—41 页。

② 《论神圣的观照》,第一章,第四至五节,第 1756 页;第十二节,第 1758 页。

的。”①这分离者就是作用者、自我区分者；他又把它——这个Ichts〔某物〕——称为 Lucifer〔金星或魔王〕，神的初生圣子，——即在创造过程中最初出生的天使。② 但是这个 Lucifer 陨落了，②——基督代替了它的地位。②

这就是魔鬼与神的联系。这是殊异的存在，又是自为的存在，为太一的存在，亦即异于太一的他物。这是神中之恶的来源，出于神的恶的来源。雅各·波墨思想的最深处就在于此。——这魔星陨落了。因为那 Ichts〔某物〕——即自己知道自己，即 Ichheit〔我性〕（这是在波墨那里出现的一个词）——就是把自己建立在自己 317
里面，把自己想象到自己里面，就是自为的存在，吞噬一切的火焰。这是分离者里面的否定环节，Qual〔痛苦〕，也就是神的**震怒**。这神的震怒是地狱和把自己想象到自己里面的魔鬼。这个想法非常勇敢，非常有思辨意义；所以波墨就力图从神自身去理解神的震怒。意志、Ichts〔某物〕也是**自身性**；它是 Ichts〔某物〕（即Ichheit〔我性〕）向 Nichts〔无物〕的过渡，是把自己想象到自己里面。③ 他

① 《论神圣的观照》，第一章，第四至五节，第 1756 页；第十二节，第 1758 页。

② 《曙光》，第十二章，第一〇一至一〇七节，第 149—150 页；第三章，第九十二至一〇四节，第 166—168 页；《论神圣本体的三个原则》，第四章，第六十九节，第 406 页。《曙光》，第十二章，第一〇〇节，第 149 页；第十三章，第三十一至五十一节，第 157—160 页；《论神圣本体的三个原则》，第十五章，第五节，第 543—544 页。《曙光》，第十二章，第九十九节，第 149 页；第十三章，第五十二节，第 160 页；第十四章，第三十六节，第 178 页。

③ 《曙光》，第十三章，第五十三至六十四节，第 160—162 页。《关于灵魂的十四个问题》，第十二章，第四节，第 1201 页；《论六个神智学论点》，五，第七、三节，第 1537 页；《论真正的宁静》，第一章，第一至七节，第 1661—1663 页；《论神圣的观照》，第一章，第二十三至二十六节，第 1742—1743 页；《论万有的诞生和表证》，第十六章，第四十九节，第 1696 页。

说："天堂和地狱的距离，正如白天和黑夜、某物和无物的距离一样。"①——事实上，波墨在这里攀登到了神圣本体的全部深刻内容。恶，物质，不管它叫什么名字，就是我＝我，就是自为的存在，——也就是真正的否定性。在此以前，这是 nonens〔非有〕，是黑暗；非有本身是肯定性的；真正的否定性是我。恶并不因为叫做恶就是坏东西；我们只有在精神中去把握恶的本来面目。——波墨又把恶称为自身性。例如他就说："如果神的意志在一物中意欲着，神就显示在那里；在这样的显示中也住着天使。如果神在一物中不是以该物的意志来意欲，神在那里就是自在的，并不是显示的，**只是**住在**他自身中**，没有得到该物的合作；"那样，"在该物中就含着神自己的意志，并且住着魔鬼，以及神以外的一切。"②

戊、波墨以他自己的那种方式，对这一开展过程的详情形象地
318 陈述道：这个"分离者"现在"从它自身发挥出各种特质，形成无穷的多样性，从而使永恒的太一成为可以感觉到的（成了为他物）"，"它所依据的并不是统一性，而是统一性的流出"。把自为存在与多样性绝对对立起来的概念，波墨是没有的，他把自为存在当作为他存在的另一面，也把为他存在当作自为存在的另一面。他反复地陷入显明的矛盾，不知道怎样办才好。"这一流出发展下去，直到**登峰造极**的地步，直到产生火的阶段"——无光的暗火、黑暗、潜藏的东西、自身性——，③而"在那个产生火的阶段"，由于那种火

① 《论超感性的生活》，第四十二节，第 1696 页。

② 同上，第四十一节，第 1696 页。

③ 《论耶稣基督化为人身》，第一部，第五章，第十四节，第 1323 页；《论神圣本体的三个原则》，第十章，第四十三节，第 470 页。

得到提高、达到顶点，“那永恒的太一就变得庄严宏大，成为**光明**了”。于是光明出现了；这光明是另一原则所达到的形式。这是复归于太一。“这样一来”（即通过火），“那永恒的力量就变得具有欲望、发生作用了”，（火）“是有感觉的”（即有感情的）“生命的原初状态”（本质），“因为在力量这个语词里就伏下了一个永恒的、有感觉的生命的根苗。生命如果没有感觉力，也就没有意志和作为了；唯有痛苦”——即苦恼、Qual——才“使它”（全部生命）“有作为、有意志。火所燃起的光使生命充满欢乐；因为光是使痛苦**神圣化的香膏**”。①

波墨以多种形式反复重申这个说法，来说明那 Ichts〔某物〕，即分离者，说明它如何从天父那里“崛起”②。各种性质是在那伟
大的硝里兴起的，它们运动着，踊跃着，互相“叱责着”。波墨认 319
为圣父中有**酸**的性质，然后把 Ichts〔某物〕的产生设想为一种变辣的作用，收敛的作用，设想为**电光一闪**。这种光就是 Luzifer〔金星或魔王〕。波墨把自为存在、自我觉察称为收敛到一个点上。这就是**酸**、**辣**、**刺**、**猛**；神的震怒就是这个。这里头有恶。他在此处把神的对方包括到神自身里面了。“这个根源可以被那种伟大的叱责和踊跃所点燃。通过收敛，就形成了被创造的东西，天的 Corpus〔形体〕也就”顺理成章地“构成了。如果它”（酸）“为踊跃所点燃（这件事只有那些用硝造成的创造物才能作），那它就是神的震怒的燃烧本源了。”③它在这里就是迸发的闪电。

① 《论神圣的观照》，第三章，第十一节，第 1757 页。

② 参看下文第 323 页。

③ 《曙光》，第八章，第十五至二十节，第 78—79 页。

“闪电是光明之母，因为闪电诞育出光明；闪电也是凶猛之父，因为猛烈存留在闪电中，有如父亲身上的一个精子。这闪电又诞育出**声音**或**音响**。”①——总之，闪电是绝对的诞育者。闪电还与痛苦相联系；光明是使人理解自己的东西。神圣的诞生①就是闪电的出现，就是一切性质的进入生命。①——这些思想就是《曙光》一书中的全部内容。

己、后来他在 *Quaestionibus theosophicis*〔《神智学问题》〕一书中，又使用了**是**与**否**的形式代替 Separator〔分离者〕，代替这种对立。他说：“读者应当知道，一切事物都包含着是与否两面，不管它是神圣的东西，邪恶的东西，凡俗的东西，还是什么可以说得出的东西。太一，作为‘是’，就是纯粹的力量和生命，就是神的真理或神自身。如果没有‘否’，神本身就会是不可知的，其中就会没有

320 欢乐或高尚之处，也没有感觉力”（生命）。“‘否’是对‘是’或真理的一种反击”（这种否定性是全部认识和理解的原则）：“有了‘否’，真理才显示出来，才有某物，其中才有一个 Contrarium〔对立〕，其中才有永恒的爱在起作用、在感觉、在意欲，并且有它所爱的东西。但是却不能说，‘是’与‘否’是割裂开的，是两个并立的东西；它们只是一个东西，但是分为两端，造成两个 Centra〔中心〕，各有各的作用，各有各的意愿。——没有这经常在冲突的两面，万物就成了虚无，就静止不动了。如果那永恒的意志不向外流出，使自己可以被接受，那就没有形象，无法分别，一切力量就只是一个力量了。

---

① 《曙光》，第十章，第三十八节，第 112 页；第十三章，第六十九至九十一节，第 162—166 页；第十一章，第五至十三节，第 119—120 页。

那样也就不会有什么理解，因为理解的根苗”（即实质）“就在于有多种特质可以分别开，某一特质看见、证明、意欲另一特质。——那流出的意志要求有不同性，好把自己与等同性分别开，使自己成为特有的某物，成为看到和感觉到那永恒的观看的某物。从特有的意志里就产生出‘否’，因为它带有独特性，带有可接受性。它要求成为某物，与统一性不同，因为统一性是一个向外流的‘是’，那个‘是’永远在自己的气息中，是感觉不到的东西。统一性没有什么东西使它可以感觉到它自己，只有在不同意志的可接受性中，只有在‘否’中，在那个对‘是’的反击中，‘是’才会显示出来，才会得到它可以意欲的东西。”①

“‘否’之所以叫做‘否’，就在于它是转而向内的欲望，包含着 321
否定价值。——那向外流出的有所欲求的意志，是向内牵引的，它自己把握自己；由此就产生了这样几种形象和特质：(1)辣；(2)动；(3)感觉；(4)第四个特质是火，即发光的闪电；火发端于伟大可怕的辣与统一性相聚合。——这聚合引起一种**震荡**，在震荡中激起了统一，统一变成了**闪电**或**光辉**，这是一种高尚的欢乐。”这就是统一的激发。“因为这样一来，就在黑暗中开始有了光明；因为统一变成了一种光，那欲求的意志纳入各种特质，就变成了一种精神的火，精神的火是以严酷的、冰冷的辣为来源的。——因此神是一个震怒的、嫉妒的神”，这里头就有恶。“(一)第一个向内牵引的特质是‘否’；(二)辣；(三)硬；(四)感觉；(五)火的来源，即地狱或深渊、

① 《关于神圣启示的一百七十七个问题》，第三章，第二至五节，第3591—3592页。

潜藏性。(5)第五个特质，即爱，它在火里，即在痛苦里，造成另一个 Principium〔原则〕，即伟大的爱火。”①——这就是第二个原则的主要规定。波墨反复挣扎，达到了这个深度，因为他缺乏概念，只有一些宗教形式和化学形式；他勉强应用这些形式来表达他的思想，因此晦涩难懂，而且用语粗糙。

庚、“从感觉力的这一永恒作用里，产生出**可见的世界**。世界就是那向外流出的、引入各种特质的圣言，因为独特的意志是在各种特质里产生出来的。——那 Separator〔分离者〕就是以这样的形式使圣言变成了独特的意志。”②

322 3.最后，第三位就是那三重性的形式，即光、分离者和力的统一。——这就是**圣灵**。这个第三位，即圣灵，已经部分地包含在前面的环节里。“所有的星辰都意味着圣父的力，太阳是来自星辰的”(星辰形成了对于统一的反击)。“从一切星辰中发出每一星辰的力；太阳的力、热、光辉也返回到那深处”，返回到众星辰，返回到〔圣父的〕* 力。“在那深处，一切星辰的力与太阳的光辉和热是同一个东西”(光是使痛苦的东西神圣化的香膏，欢乐是痛苦的东西的可爱之处)；——这是“一种运动着的沸腾，类似精神的激昂。——现在，在圣子以外，在圣父的整个深处，除了圣父的多不可测的力和圣子的光以外，没有别的东西；这圣父深处的圣子之光，是一个生动活泼的、无所不能的、无所不知的、无所不闻的、无

① 《关于神圣启示的一百七十七个问题》，第三章，第十至十六节，第 3593—3595 页。

② 《论神圣的观照》，第三章，第十二、十四节，第 1757、1758 页。

* 第 221 页。

所不见的、无所不嗅的、无所不尝的、无所不触的圣灵，在这个圣灵中，如同在圣父和圣子中一样，有全部力量、光辉和智慧。”①这就是来自光明、来自圣子的一切力量中最柔和的力量，就是爱。我们看到，这是非常感性的说法。

波墨的主要看法是：“所以，神的本质”（出自永恒深处的世界）“并不是什么占有特殊地点或场所的杳远的东西；因为自然和创造物的”本质或“渊薮就是神本身。”②——“你不要以为天上有一个Corpus〔形体〕”，不要以为七大元精诞育出这个Corpus〔形体〕，这个心，③——“对于其他一切东西来说，这就叫神。不是这样，正好相反，全部神力本身就是天，就是天中之天，是诞生出来的，称为圣
父，从圣父永恒地诞生出神的一切天使，也诞生出人的精神。—— 323
无论在天上还是在这个世界上，你都不能指出一个地方，说那里没有神圣的诞生。——神圣三重性的诞生也出现在你的心里；圣父、圣子和圣灵这三位都是在你的心里诞生的。——在神力中，到处都是神圣诞生的源泉；那里已经有神的全部七个元精，你画出一个空间性的、被创造的圆圈时，其中就有神性。”④任何精神里都包含着一切。

这个三位一体，波墨认为就是普遍的生命，就是每一事物、每一个体中的全部普遍生命；这生命是绝对的实体。他说：“这个世界上的一切事物，都是按照这个三位一体的肖像生成的。你们这

① 《曙光》，第三章，第二十九至三十节，第43页。

② 《论神圣的观照》，第三章，第十三节，第1758页。

③ 《曙光》，第十三章，第四节，第118页。

④ 同上，第十章，第五十五、六十、五十八节，第115、116页。

些盲目的犹太人、土耳其人和异教徒呵！睁开灵眼吧。我要向你们指出，在你们的身体和一切自然物上面，在人、动物、鸟、虫以及木、石、花草上面，都有神的神圣三位一体的肖像。你们说，神只有一个唯一的本质，神是没有儿子的。你们睁开眼睛看看自己吧！人是按照三位一体的神的肖像由神力造成的。看一看你的内在的人，你就会清楚明白地看到这一点，就不是傻子和无理性的动物了。这样，你就觉察到，你的心脏、血管和脑子里有你的精神；你的生命寄托在心脏、血管和脑子上，其中活动的一切力量都体现着圣父。从这力量里迸出了(诞生了)你的光，你就凭着这个力量看到、理解到、认识到你应该做的事情；因为这光在你的整个身体里闪烁，整个身体凭着力量和认识而活动；——这就是你心中诞生的圣
324 子。这光、这看、这理解是第二个规定，这就是自己与自己的关系。从你的光中，凭着同样的力量，产生出理性、理智、才能、智慧，来管理整个身体，并分别身体以外的一切。身体和体外之物在你的心灵管理下是一个东西，即**你的精神**；这就体现着神，体现着圣灵。神发出的圣灵统率着你身上的这个精神，你是光明的产儿，不是黑暗的产儿。"[①]——"请注意：在一块木头、石头或一棵草里有三样东西，这三样东西在一件事物中只要缺少一样，就不能有什么诞生或成长。头一样是使一个形体得以生成的力，不管这形体是木头，石头，还是草。第二样是该"物"中的一种液汁，这种液汁是一件事物的核心。第三样是其中的一股源源不竭的力量、气味或味道，这就是一件事物赖以生长和增长的精神。这三样东西缺少了一样，

---

① 《曙光》，第三章，第三十六至三十八节，第44—45页；第四十七节，第46页。

事物就不能存在。”①——所以，波墨是把一切都看成了这种三位一体。

我们看到，波墨进而谈到个别情节时，就说得含糊起来了。从他的特殊说明里是得不到多少东西的。例如(这一点说明了他对自然物的理解方式)他在进一步追索自然的存在，认为是一种对神圣知识的反击时，②就把我们称为事物的东西当作概念使用。他就说，被创造的事物具有着“三种力，即处于同一 Corpore〔物体〕中不同 Centris〔中心〕的 Spiritus〔精气〕。(甲)第一种外在的精气是粗糙的硫黄、盐和 Mercurius〔水银〕，这是四大元素”(火、水、 325
土、气)“或星辰的本质。这种外在的精气按照星座的布局，或者按照行星的特质，以及正在燃烧的元素的特质，本着 Spiritus mundi〔宇宙精气〕的最大的力量，构成可以看见的 Corpus〔形体〕。那 Separator〔分离者〕则造成征象或标志”，——即自我性。“盐和硝大体上是中和者；水银(Merk 或 Mark)是对营养起搅扰作用的东西；这种粗糙的硫黄，乃是否定的统一体。(乙)另外一种 Spiritus〔精气〕是在硫磺油里，这是第五种香精，是四大元素的根子。这是粗糙的、痛苦的硫黄的柔和化，也是它的欢乐，是发荣滋长的生命的真正原因，是自然的一种欢乐，有如太阳在四大元素中那样”，③——是直接的生命原则。“在那种粗糙硫黄的根据里，我们

① 《曙光》，第三章，第三十六至三十八节，第 44—45 页；第四十七节，第 46 页。

② 《论神圣的观照》，第一章，第三十三节，第 1745 页；第二章，第二十九节，第 1754 页；第三章，第十五节，第 1758 页。

③ 同上，第三章，第十三至二十一节，第 1759—1760 页；第二十七节，第 1761 页；第二十四节，第 1760—1761 页。

看到一个十分清晰的 Corpus〔形体〕，其中显示着想象的自然之光，一种来自神圣流出的光。"①——那外在的 Separator〔分离者〕给摄入的东西打上的标记，是吸收粗糙养料的植物所具有的结构和形式。①——"(丙)第三种精气是**酒精**，一种精神性的火和光。这是最高的根据，它使这个世界的本质中的各种特性发生最初的分化，"——Fiat〔遵行〕是每一件东西的圣言，②——"分化永远是事物本身的特性。它的根源是神的神圣力量。"③——"气味就是这种酒精发出的可以感觉到的性质。"③——"四大元素只不过是
326 内在力量的寓所，对内在力量的反击，酒精运动的原因。"③——〔在波墨的这些说法里面，〕* 感性事物完全失掉了这种感性概念的力量，并不把它们当作感性事物，〔而把它们当作思维规定来用。〕* 这是波墨的表达方式的生硬粗糙之处，——不过同时也表明了与无限本体的现实性、当下性的统一。

〔波墨〕把创世过程中的对立描述如下：* 既然自然界是 Separator〔分离者〕的最初流出物，那就应当在对神圣本体的反击里理解到两种生命：除了那暂时的生命之外，还有一种永恒的、具有神圣理智的生命，存在于永恒精神世界的根据里，存在于神圣反击(我性)的Mysteriummagnum〔伟大神秘〕里，——这是神圣意志

① 《论神圣的观照》，第三章，第十三至二十一节，第 1759—1760 页；第二十七节，第 1761 页；第二十四节，第 1760—1761 页。

② 《论神圣本体的三个原则》，第八章，第五节，第 433 页；《伟大的神秘，或摩西第一经〔即《创世记》〕解说》，第十九章，第二十八节，第 2830—2831 页。

③ 《论神圣的观照》，第三章，第二十二至二十三节，第 1760 页；第二十九节，第 1761 页；第二十七节，第 1761 页。

* 第 215 页。

的寓所，神圣意志通过它显现其自身，并不显现为特殊意志的特殊性。人正是在这个中心上一身兼有两种生命，——他既是暂时的，又有永恒性。① （甲）他在“那唯一的善良意志的永恒理智中，那唯一的善良意志是一个调和者”——普遍者——；（乙）他又是“自然界的最初意志，自然界是可以圈定众多 Centra〔中心〕的，其中的每一个 Centrum〔中心〕都分别封闭在一处，成为我性和自我意志，成为一个独特的 Mysterium〔神秘〕或心灵。（甲）前一种意志只要求一个对它的肖像的反击；（乙）后一种意志，即处在带有阴暗印象的我性之中的自发意志、自然意志，还要求一个肖像，作为它自己的圈定性的反击；由于这种圈定，它所要求的无非只是它的形体性，只是一种自然性的根据。”①——这个自我，这阴暗物、Qual〔痛苦〕、火、神的震怒、自在存在、自我圈定、艰苦等等，现在在再生过
程中被打破了；自我被打得粉碎，痛苦带来了真正的安宁，——正 327
如阴暗的火放出光明一样。①

这些就是波墨的主要思想。波墨的深刻思想是：（甲）光明、圣子从各种性质里产生出来，——这是最生动的辩证法。（乙）神的自身离异。他的表述的粗糙是不可否认的，为了把思想用语言表达出来，他勉强使用了一些感性的表象，如硝、酒精、香精、痛苦、震荡等等。但同样不可否认的是他摸索到了最大的深度，使最绝对

① 《论神圣的观照》，第一章，第二十八至三十一节，第 1743—1744 页；第二十三节，第 1742 页。第二章，第一至三节，第 1747—1748 页；第十五至二十一节，第 1751—1752 页；第二十八至二十九节，第 1751 页。第一章，第二十五至二十七节，第 1743 页；第二十四节，第 1742 页；第三十二至三十九节，第 1744—1746 页。第二章，第四至十三节，第 1748—1750 页；第二十二至三十节，第 1752—1754 页。

的对立得到了统一；他以最生硬、最粗糙的方式理解到各种对立，但他并未因为这些对立的顽强而不去设定它们的统一。这种深刻思想生硬粗糙、缺乏概念，是一种顿悟，一种发自内心的说法，——在内心中掌握一切，认知一切。此外还应当提到他的虔诚真挚，一字一句无不发自肺腑。这是最高度的深刻，最高度的推心置腹。只要通晓了他那些形式，就会发现这种深刻、这种推心置腹。不过这是一种使人们无法谅解的形式，它不容许人们对细节得到确定的观念。这个人怀着一种对于思辨内容的极其深刻的要求，则是大家不会否认的。

第二篇 328

思维理智时期

我们现在才真正讲到了新世界的哲学,这种哲学是从笛卡尔开始的。从笛卡尔起,我们踏进了一种独立的哲学。这种哲学明白:它自己是独立地从理性而来的,自我意识是真理的主要环节。〔哲学在它自己的土地上与哲理神学分了家,按照它自己的原则,把神学撇到完全另外的一边。〕* 在这里,我们可以说到了自己的家园,可以像一个在惊涛骇浪中长期漂泊之后的船夫一样,高呼“陆地”。笛卡尔是那些将一切从头做起的人们中间的一个;近代 65
的文化,近代哲学的思维,是从他开始的。(长期以来,人们一直是在走老路。德国人有一个特点,在这方面越恭顺,在那方面就越放肆;谨小慎微和飞扬跋扈、别出心裁,可说是魔王派出的使者,拳打脚踢,把我们揍得好苦。)

在这个新的时期,哲学的原则是从自身出发的思维,是内在性,这种内在性一般地表现在基督教里,是新教的原则。现在的一般原则是坚持内在性本身,抛弃僵死的外在性和权威,认为站不住脚。按照这个内在性原则,思维,独立的思维,最内在的东西,最纯粹的内在顶峰,就是现在自觉地提出的这种内在性。这个原则是

* 第217页。

从笛卡尔开始的。那独立自由的思维应当发挥作用,应当得到承认。这一点,只有通过我的自由思索,才能在我心中证实,才能向我证实。也就是说,这种思维是全世界每一个人的共同事业、共同
329 原则;凡是应当在世界上起作用的、得到确认的东西,人一定要通过自己的思想去洞察;凡是应当被认为确实可靠的东西,一定要通过思维去证实。〔这样,哲学就成了大家普遍关心的东西,人人都可以在这方面独立地作出判断,因为每一个人都生来就是思维者。〕*

自从新柏拉图派以及一切与之相联系的学派以来,我们现在才步入真正的哲学;这是哲学的重新开始。所以,我们在十七世纪所写的那些旧哲学史里,也只看到希腊人和罗马人的哲学,写到基督教就结束了;可见哲学在基督教时期,在那个时期开始以来,就已经不复存在,因为已经不需要了,——例如在斯丹雷的哲学史里就是如此。中世纪的哲理神学并没有把从自身出发的思维当作原则;这种思维现在却是原则了。但是这时我们还不能指望发现一种按照一定方法从思想中推演出来的哲学原则。思维是原则;我们应当承认的东西,只是通过思维得到承认的。有一种古老的成见,认为人只有通过反思才能达到真理;反思当然是基本条件。但这还不是从思维推演出万象,推演出世界观,还不是指出神的规定、现象世界的规定必然从思维中派生出来。我们所具有的只是思维,只是关于那种通过表象、观察、经验获得的内容的思维。

一方面是一种**形而上学**,另一方面是各种特殊科学;一方面是

* 第218页。

抽象思维本身，另一方面是来自经验的思维内容。这两条路线抽象地对立着，但划分得还不那么鲜明。我们确实将会遇到一种对立：一方面是先天的思维，认为各种应当得到思维承认的规定都应当取自思维自身；另一方面则是这样一个规定，认为我们必须从经验开始，从经验去推演，从经验去思维等等。这就是理性主义与经验主义的对立，不过这是一种次等的对立，因为即便那种只肯承认 330
内在思想可靠的哲学理论，也并没有取得按一定方法从思维的必然性中推演出来的东西，而是仍旧从内在的或外在的经验中取得其内容〔然后通过反省和沉思使之抽象化〕*；形而上学的方面也同样采取经验主义的做法。通过思维首先产生出来的哲学派别是形而上学的派别，思维理智的派别；第二个哲学派别则是既反对形而上学本身，也反对一般经验主义的怀疑主义和批判主义。第一个时期，即形而上学时期，主要的代表人物是笛卡尔、斯宾诺莎、洛克、莱布尼茨等人，——还有法国唯物论者们。另外一方面则是对这种形而上学的批判、否定，对认识本身进行考察的尝试，认为各种规定是从认识本身中派生出来的，要考察从认识中发展出哪一些规定。〔我们在这里要谈到苏格兰哲学、德国哲学和法国哲学的代表人物们；至于法国唯物论者则是重新回到了形而上学。〕*

* 第 219 页。

第一章

理智的形而上学时期

在形而上学本身中，我们看到实体性与个体性的对立。首先是朴素的、非批判的形而上学，——笛卡尔的 ideae innatae〔天赋观念〕；主要的东西是一贯性、方法。其次是洛克的思想起源说，他对此作了论证，还没有提出思想是否绝对真实的问题。实体说是自然主义、斯宾诺莎主义；斯宾诺莎的实体说是与法国唯物论平行
331 的。在这里，实体这个范畴是理智从经验主义出发进行抽象的结果；——我们在斯宾诺莎那里看到了这个范畴。法国形而上学也是与德国沃尔夫派形而上学平行的。总的说来，有共同之处，都是先天的东西与后天的东西混在一起；后天的东西通过反思被抽象化了。形而上学倾向于实体说，它坚持唯一的思维、唯一的统一，反对二元论，正如古代哲学家坚持存在一样。哲学站在它自己的固有立场上，根据原则，把神学完全抛弃了。哲学宣称思维的原则就是世界的原则，世界上的一切都受思维的制约。新教的原则是：在基督教里，大家普遍地意识到内在的东西是思维，是人人有份的东西；思维确实是每一个人的义务，一切都以思维为基础。哲学是大家的共同事业，人人都能对它作出判断；每一个人都是生来就能

思维的。〔第三是莱布尼茨的单子说——把世界看成一个总和。〕*

一、第一阶段

〔我们在这里首先遇到的是笛卡尔的天赋观念说。其次是与笛卡尔哲学相联系的斯宾诺莎哲学，后者只是前者的必然发展；方法是它的一个重要部分。第三，有一种方法与斯宾诺莎主义并行，也同样是笛卡尔主义的进一步发展，这就是马勒伯朗士所代表的那种哲学。〕**

1. 笛卡尔

勒内·**笛卡尔**事实上是近代哲学真正的创始人，因为近代哲学是以思维为原则的。独立的思维在这里与进行哲学论证的神学分开了，把它放到另外的一边去了。思维是一个新的基础。这个人对他的时代以及对近代的影响，我们绝不能以为已经得到了充分的发挥。他是一个彻底从头做起、带头重建哲学的基础的英雄人物，哲学在奔波了一千年之后，现在才回到这个基础上面。笛卡尔对他的时代以及整个哲学文化所起的作用，主要在于他以一种自由、简捷而又通俗方式，撇开一切假定，从通俗的思想本身出发，
从一些十分简单的命题开始，把内容引到思想和广延（即存在）上， 332
给思想树立了它的这个对立面。他曾经抛开一切假定，毅然从思维开始；这种思维带着明白确定的理智的形式，是不能称为思辨的思维、思辨的理性的。他用来当作出发点的是一些确定不移的规

---

* 第 220 页。

** 第 220 页。

定，但这些规定只是思想的规定；这是他的时代的方式。法国人所谓精确科学，即确定理智的科学，是从这个时候开始的。当时哲学与精确科学不分，后来两者才分开。

他的**生平**：笛卡尔1596年生于都棱省的拉·爱伊，出身旧贵族家庭。他在一所耶稣会学校里受了普通教育，成绩优异，天资颖悟，而且好学不倦，涉猎颇广，博览各种学说，除了古代典籍以外，还研习了哲学、数学、化学、物理学、天文学等等。但是，他早年在耶稣会学校中的学习，以及后来的进一步学习，在他努力研究各种科学之后，促使他对书本的学习发生了强烈的反感；他离开了这所学校。他感到困惑，怀着得不到满足的渴望；但是这只有使他对科学的热忱变得越来越强烈。①

在十八岁的时候，青年的笛卡尔到了巴黎，生活在大世界里。但他在这里也没有得到满足，不久就离开了社交界，又重新研究学
333 问。他 incognito〔隐姓埋名〕退居巴黎郊区，在那里避开世务，专心研究数学，不让任何以前的熟人知道他在哪里，直到两年之后，才终于被老友们发现，被拉了出来，重进大世界。——这时他又完全抛弃了书本，投入世界，投入现实。后来他到荷兰参加了军队；以后不久，在1619年，即三十年战争的第一年，他以志愿兵身份加入巴伐利亚军，在梯黎将军的部队里参加了好多次战役。（他感到科学有很多不能令人满意之处，于是投笔从戎，——但这并不是因为他觉得科学太少，而是由于他感到科学太多、太高深了。）他随军

① 布鲁克尔：《批评的哲学史》，第四册，第二部，第203—207页；笛卡尔：《方法谈》，第一部（阿姆斯特丹1672年4月版），第2—4页（古桑本《笛卡尔全集》，第一册，第125—130页）。

住在冬季驻地时，曾经下过一番钻研的苦功，例如在乌尔姆他就结识了一位精通数学的市民。他在多瑙河边的诺易堡冬季驻地下的钻研工夫更深，再次感到迫切要求在哲学上开拓一条新路，来彻底改造哲学。他向圣母许愿，如果圣母允许他完成这一计划，如果他终于达到了心安理得的地步，他将前往洛勒托圣地去朝拜。——在布拉格战役中，他也是这样专心地在从事钻研；选帝侯腓特烈就是在这次战役中失去波希米亚王位的。笛卡尔目击这次野蛮的厮杀，心里更加不安；1621 年他辞去军职，在日耳曼的其他地区做了很多次旅行，后来又到过波兰、普鲁士、瑞士、意大利、法国。[①]

他后来鉴于荷兰比较自由，于是退居荷兰，在那里实行他的计
划。他在荷兰安安静静地从 1629 年住到 1644 年，——在这个时 334
期他安心著述，发表了他的大多数著作，并且为这些著作进行辩护，反击了各色各样的攻讦，特别是僧侣的攻讦。最后，瑞典女王克利斯丁娜把他召请到斯德哥尔摩的宫廷里，这是当时最著名的学者云集的地方；1650 年他在斯德哥尔摩去世。[②]

笛卡尔不但对哲学有新发展，对数学也有新发展。他发明了许多重要的方法，在这些方法的基础上，后来建立了高等数学上各种最光辉的成就。直到今天，他的方法还是数学上一个重要的基础。笛卡尔是解析几何学的发明者，因此也是在这一方面为近世数学指出道路的人。他对物理学、光学、天文学也有研究，并且在

① 布鲁克尔：《批评的哲学史》，第四册，第二部，第 207—217 页；笛卡尔：《方法谈》，第一、二部，第 6—7 页（《全集》，第一册，第 130—133 页）；托马斯著《笛卡尔赞》的注释（古桑本《笛卡尔全集》，第一册），第 83 页以下。

② 邓尼曼书，第十册，第 210—216 页。

这些方面有极大的发现。不过我们所要讲的不是这些方面。〔他也曾把形而上学应用到教会事务和清规上，对这一点我们也同样地没有兴趣。〕*〔巴黎的古桑教授编辑出版了一部新版《笛卡尔全集》，八开本十一巨册。这个版本里大部分是关于自然现象的文章。〕*

1. 在**哲学**上，笛卡尔开创了一个全新的方向：从他起，开始了哲学上的新时代；从此哲学文化改弦更张，可以在思想中以普遍性的形式把握它的高级精神原则，就像波墨在直观中以感性形式把握这个原则那样。笛卡尔的哲学著作，尤其是那些陈述**基本原理**的作品，写得非常通俗，平易近人，使初学的人很容易掌握。他的文章开门见山，十分坦率，把他的思想过程一一叙述出来。笛卡尔的出发点是：必须抛开一切假设，思想应当从它自己开始；以往的一切哲学理论，特别是从教会权威出发的理论，都被他抛开了。但
335 是真正说来，他还只是把思维理解成抽象的理智，因此确定的观念、内容并不是他从理智中推演出来的，而是以经验的方式取得的。——我们要分清笛卡尔哲学中哪些东西对我们有普遍的意义，哪些东西没有这种意义。在他的哲学中，我们也必须把他的思想本身的过程与他用来推演和证明这些思想的方式区别开来。为了公平对待笛卡尔的思想，我们必须认识和承认这些思想的出现有其必然性。至于他用来建立这些思想、推出这些思想的那种方法，对于我们是没有什么特殊意义的。——整个说来，这种方法并不能说明他的哲学。

---

* 第223页。

甲、他首先从思维本身开始，这是一个绝对的开端。他认为我们必须从思维开始，因而声称我们必须怀疑一切。笛卡尔主张哲学的第一要义是必须**怀疑一切**，即抛弃一切假设。De omnibus dubitandum est〔怀疑一切〕，抛弃一切假设和规定，是笛卡尔的**第一个命题**。但这个命题并没有怀疑论的意义；怀疑论是为怀疑而怀疑，以怀疑为目的，认为人的精神应当始终不作决定，认为精神的自由就在于此。与此相反，笛卡尔的命题却包含着这样的意思：我们必须抛开一切成见，即一切被直接认为真实的假设，而从思维开始，才能从思维出发达到确实可靠的东西，得到一个纯洁的开端。在怀疑论者那里情形并非如此，他们是以怀疑为结局的。[1]笛 336
卡尔的怀疑，他的不作任何假定，是因为没有一件东西确实可靠；他的怀疑并不是为了自由本身，认为自由之外别无有价值的东西，认为假设和外物的性质、形式虚妄无实。我可以对一切进行抽象，也就是说，我能思维，就这一点而论，一切都是不可靠的；对一切进行抽象，恰恰就是纯粹的思维。事实上，自由的要求是基础，在意识中起支配作用的，却是达到可靠的、客观的东西这一目的，——这是客观的环节，不是主观的环节，并不是我所设定、我所认识、我所证明的东西；而我的兴趣所贯注的却是客观的东西，〔主观的东西是伴随客观的东西到来的，〕* 因为我要从我的思维出发达到客观的东西。——我们绝不能把笛卡尔的论证过程看成证明方法上首尾一贯；这是深刻的、内在的进程，虽然

① 斯宾诺莎：《笛卡尔哲学原理》(《斯宾诺莎全集》，保卢斯编，耶拿 1802 年版，第一册)，第 2 页。

* 第 225 页。

表现得很朴素。笛卡尔哲学的精神是认识，是思想，是思维与存在的统一。

因此，第一件事是不要作任何假定；这是一条伟大的、极其重要的原则。笛卡尔以他自己的方式建立了这条原则的根据；在他所提出的那些命题里面，他有一套朴素的、经验的理论。这就是：

“因为我们生下来的时候是儿童，早在能够充分运用理性之前，已经对感性事物作了各色各样的判断，所以有许多成见在那里作梗，使我们不能认识真理。看来我们只有一种办法摆脱这些成见，就是在一生中有那么一次把我们稍稍感到可疑的东西一律加以怀疑。”

“的确，如果把我们所怀疑的东西统统认为虚假，那也不无益处，因为这样一来，我们就可以更加明白地发现那种最可靠、最明了的东西了。”

“不过这种怀疑只能用来考察真理。因为在 usus vitae〔日常
337 生活〕方面，每每在我们解除怀疑之前，行动的机会就错过了，所以我们不得不选择或然性较大的东西。”

“然而，我们现在从事的只是寻求真理，所以我们首先就要怀疑感性的东西和想象的东西是否存在。这首先是因为我们发现感官常常欺骗我们，对曾经骗过我们一次的东西不加信任，是合乎审慎之道的。其次是因为我们每天都在梦中自以为感觉到或想象到无数的东西，而那些东西根本就不存在；对于怀疑的人来说，是没有什么标志可以使他把睡眠与清醒分清的。”

“因此我们也可以怀疑其他的一切，甚至怀疑数学命题。这一

则是因为我们见到过有些人在我们认为最确实可靠的事情上也犯错误，把我们觉得虚假的东西认为真实；一则是因为我们听说过有一位神存在，他创造了我们，他是全能的，因此他也许是把我们创造得会犯错误。——如果我们把自己的存在想象成并非来自神，而是来自某种别的东西，来自我们自己，那就越发显得我们是很不完善的，非犯错误不可了。”

“我们有丰富的经验证明，我们拥有一种自由，永远可以把那些并非十分确实、并无充分根据的东西放弃掉。”①

笛卡尔的这些理由从根本上提出了一个要求：思维应当从它自己开始。因为假设的东西并不是思维所设定的，而是一种异于思维的东西，思维并不能在其中伸展自如。近代的所谓当下直观 338
和内心启示也属于思维，是应当从思维开始的。自由是根本，凡属被认为真实的东西，都应当以包含我们的自由为条件，以我们的思维为条件。不过在笛卡尔这里的说法中，并没有提出自由原则本身，而是说出了一些比较通俗的理由：因为我们可以犯错误等等，所以我们不应当作出任何假定。

乙、**确定的东西**。笛卡尔所寻求的是本身既确定又真实的东西。这种东西与信仰的对象不同，并不是仅仅真实而无从认识的东西，同时也不是仅仅具有感性的、可疑的确定性而无真实性可言的东西。以往的全部哲学都不免把某种东西假定为真实，有时像

① 《哲学原理》，第一部，第一至六节（阿姆斯特丹 1672 年第 4 版），第 1—2 页（《全集》，第三册，第 63—66 页）；参看《关于第一哲学的沉思》，第一篇（阿姆斯特丹 1685 年第 4 版），第 5—8 页（《全集》，第一册，第 235—245 页）；《方法谈》，第四篇，第 20 页（《全集》，第一册，第 156—158 页）。

新柏拉图派哲学那样,不把科学的形式给予科学的实质,有时则不把这种实质的各个环节区别开来。〔可是在笛卡尔看来,〕* 凡属真实的东西,都一定要在意识中得到内在的明证,或者明白确凿地为理性所认识,绝对不可能怀疑。因此他的哲学的**第二个命题**就是思维的直接确认。我们必须寻求确定的东西;确定的东西就是确认,就是一贯的、纯粹的认识本身。这就是思维;然后那笨拙的理智就按照思维的要求向前推进。从笛卡尔起,哲学一下转入了一个完全不同的范围,一个完全不同的观点,也就是转入主观性的领域,转入确定的东西。宗教所假定的东西被抛弃了,人们寻求的只是证明,不是内容。这是无限的抽象主观性;绝对的内容不见了。〔在笛卡尔那里,〕* 也同样有一种欲望,要从强烈的感情、从通常的眼光来说话,正如布鲁诺和许多别
339 的人一样,每个人都以个人身份用各自的方式发表自己独特的世界观。

“既然我们像这样抛弃了我们可以稍加怀疑的一切,或者把它们说成虚假的,那我们就很容易作出一种假定,认为既没有神,也没有天,也没有形体,但是我们并不能就此说进行这项思维的我们不存在。因为设想思维的东西不存在,是矛盾的”(repugnat,——悖谬的)。“因此,‘**我思维,所以我存在**’这一认识,是第一号最确定的认识,任何一个有条有理地进行哲学推理的人都会明白见到的。”①

* 第 227、228 页。

① 《哲学原理》,第一部,第七节,第 2 页(《全集》,第 66—67 页)。

因此笛卡尔同费希特一样，出发点是绝对确定的“我”；我知道
这个“我”呈现在我心中。于是哲学得到了一个完全不同的基地。
考察内容本身并不是第一件事；只有“我”是确定的、直接的。我可
以把我的一切观念都抽掉，〔但是抽不掉“我”〕。* 思维是第一件
事；随之而来的下一个规定是与思维直接联系着的，即存在的规
定。我思维，这个思维就直接包含着我的存在；他说，这是一切哲
学的绝对基础。存在的规定是在我的‘我’中；这个结合本身是第
一要义。作为存在的思维，以及作为思维的存在，就是我的确认，
就是“我”。这就是著名的 Cogito，ergo sum〔我思故我在〕；思维和
存在在这里不可分割地结合在一起。有人从一方面把这个命题看
成推论：从思维推出存在。康德特别反对这种看法，认为思维中并
不包含存在，存在是异于思维的。这一点很重要，然而它们是不可
分的，也就是说，它们构成了一种同一性；不可分的东西还是不同 340
的，但这种不同并不妨害同一性，它们是统一的。然而，这个关于
纯粹抽象确定性的论断，这种包罗一切的普遍总体性，却是不能加
以证明的；① 我们绝不能把这个命题化为一个推论，“这根本不是
什么推论。因为推论必须有一个大前提：凡思维者均存在”，——
然后根据小前提“现在我思维”** 作出推论。这样一来，这个命题
所包含的直接性就没有了。“可是那个大前提”根本就没有先提出

* 第 228 页。

① 《方法谈》，第四篇，第 21 页（《全集》，第 159 页）；《书信》，第一册，第一一八封（阿姆斯特丹 1682 年第 4 版），第 379 页（《全集》，第九册，第 442—443 页）。

** 按内容校改。原文作“im Untersatze：Nun aber bin ich”〔小前提：现在我存在〕，英译本也译作“in the minor promise ‘now I am’”，都是明显的错误。小前提不应当是“我存在”，应当是“Nun aber denke ich”〔现在我思维〕。“我存在”应当是结论。

来，而“反倒是从‘我思故我在’这个命题里引申出来的一个命题”。①一个推论需要三项，这里要有一个第三项，作为思维与存在的中介；可是并没有这么一项，——“我思维，所以我存在”并不是推论。这里的“所以”并不是推论的“所以”；这只是思维与存在的直接联系。〔这种确定性是在先的；〕* 其他的命题都在后。作为主体的思维就是思维者，这就是“我”；思维就是内在地与我在一起，直接与我在一起，——也就是单纯的认识本身。而这个直接的东西恰恰就是所谓存在。〔这种同一性是一目了然的。〕* 笛卡尔当然没有像这样论证，他仅仅诉诸意识。后来费希特又重新从这个绝对确定性、从‘我’开始，但他更进一步，由这个顶点发展出一切规定。所以说，这种确定性是 prius〔在先的〕。我们虽然可以思
341 维这件和那件东西，但是，我们可以把这件和那件东西抽掉，却不能把“我”抽掉。有人说，我们之所以思维这件和那件东西，是因为东西存在；这种说法是惯常的狡辩，其实文不对题；殊不知说有某种内容存在这话正是值得怀疑的，——其实并没有什么可靠的东西。

“这是认识心灵的本性及其与身体的区别的最好方法。因为当我们追问我们自己究竟是什么的时候，我们既然可以把一切与我们有区别的东西都认为不真实，那就很明白地看出，涉及我们的本性的，并不是广延，也不是形状，也不是位置的移动，也不是什么属于身体的东西，而仅仅是思维；因此我们认识思维要比认识任何

---

① 《对第二组非难的答复》，《关于第一哲学的沉思》，附录，第 74 页（《全集》，第 427 页）；斯宾诺莎：《笛卡尔哲学原理》，第 4—5 页。

* 第 229 页。

有形体的东西更在先(prius),更确定。"①

人们提出了另外一些命题来反对笛卡尔。伽桑狄②就反驳说,那样就也可以说 Ludificor,ergo sum:我受了意识的愚弄,所以我存在;——其实应当是:所以我受了愚弄。笛卡尔本人也知道这个反驳颇有分量,但是他在这里又驳斥了这个反驳,因为应当抓住的只是"我",并不是别的内容。存在只是与纯粹的思维同一,不管内容如何;"我"就等于思维。他说:"我把思维了解为出现在我们意识中的一切,了解为我们所意识到的东西;因此意志、想象(表象)、感觉也都是思维,"这一切都包括在思维中。"因为当我说'我看',或者'我散步','所以我存在',并且把用身体来完成的看和走了解为思维的时候,结论就不是绝对确定的"(因为我所说的是具体的我),"因为我在梦中就常常可以自以为在看、在走,虽然我并没有睁开眼,并没有移动位置,说不定我即便没有身体,也仍然可 342
以这样想。可是,当我把思维了解为对于看或走的"(主观)"感觉或意识本身时,因为它"(感觉和意识)"那时与心灵(mentem)相连,只有心灵才能感觉到或思维到自己在看或走,这个结论也就完全确定了。"③

"在梦中"是经验的推理方式;不能仅仅说这是"因为我能抽象",而应当说因为"'我'正是这个单纯的、自身同一的东西"。我看、我走等等,是因为看、走等规定中有"我";而我在其中也是思维

① 《哲学原理》,第一部,第八节,第 2 页(《全集》,第 67 页)。

② 《沉思》的附录,《对第五组反驳的答复》,第 4 页(《全集》,第二册,第 92—93 页)。

③ 《哲学原理》,第一部,第九节,第 2—3 页(《全集》,第 67—68 页)。

的。在要、看、听等等里面虽然也有思维，但是如果以为灵魂专门有一个口袋装着思维，而在另一些口袋中装着看、要等等，那却是荒谬的。当我说‘我’看、‘我’走时，其中一方面有我的意识，有‘我’，因而有思维，但另一方面也有要、看、听、走在其中，因而还有一种进一步的内容变相。（思维是在先者，是完全普遍者；思维就是‘我’，作为思维者的思维就是‘我’：‘我’是普遍者，它也在要、感觉、走等等里面。）由于有这种〔内容的〕* 变相，我就不能说：‘我走路，所以我存在’；因为我可以把这一变相抽掉，它就不再是普遍的思维了。因此我们应当仅仅着眼于包含在这个具体的‘我’中的纯粹意识。只有当我强调指出我在其中思维的时候，其中才包含着纯粹的存在；存在仅仅与普遍的东西相结合。这种同一性是显而易见的。思维是完全普遍的东西，并不是特殊的东西；在一切特殊
343 的东西里面也有普遍的东西。思维是自身联系，是普遍者，是纯粹的自身联系，是纯粹的自身同一。现在问题是：存在是什么？我们不能把它设想成具有某种具体内容的东西。因此存在无非就是单纯的直接性，纯粹的自身联系、自身同一；所以存在就是直接性，直接性也就是思维。思维就是这种直接性，但同时也是自身的中介，这个中介又否定其自身，因而也是直接性。直接性是一个片面的规定；思维包含直接性，但并非只包含直接性，它还包含自身中介这一规定，由于中介同时就是中介的扬弃，所以思维是直接性。因此思维中有存在；存在是一个贫乏的规定，是一个抽掉了具体思维内容的东西。

笛卡尔说：“这就意味着思维（mens）对于我来说要比形体更确定。根据我摸到或看到的，我就作出判断说地存在，其实我更应

当根据这个判断作出判断说：我的思维（mens）存在。因为纵然地实际上不存在，我还是有可能作出判断说地存在；然而我既然作出了这个判断，作出这个判断的我的心灵（mens）就不能不存在。”[1]这就是说，凡是对我显现的东西，我都可以认定它不存在；可是当我认定我自己不存在的时候，我却认定了我自己，换句话说，这就是我的判断。因为我不能否认我在作判断，虽然我可以把我所判断的内容抽掉。这样，哲学就恢复了它的固有基地，即：思维的出发点是确认自己的思维，并不是什么外在的东西，给予的东西，某一个权威；它是彻底从“我思维”中包含的这种自由出发的。

我可以怀疑其他的一切，怀疑有形体的事物的存在，怀疑我自 344
己的身体；也就是说，这种确定性并不包含直接性。因为“我”正是确定性本身，对其他的一切来说确定性则是谓语；我的身体虽然的确属于我，却并不是这种确定性本身。[2] 为了说明具有身体这件事并无确定性，笛卡尔举出一种经验现象说，我们常常听到有人感到他早已失去的肢体疼痛。[3] 凡是实在的东西，就是一种实体，——灵魂是思维着的实体；[4]它是自为的，是与一切外在的物质性事物不同的，独立的。[5] 它是思维的，这一点是自明的；即使

① 《哲学原理》，第一部，第十一节，第 3 页（《全集》，第 69—70 页）。

② 《对第二组反驳的答复：以几何学方式提出的一些推理》，公设，第 86 页（《全集》，第 454—455 页）；斯宾诺莎：《笛卡尔哲学原理》，第 13 页。

③ 《哲学原理》，第四部，第一九六节，第 215—216 页（《全集》，第 507—509 页）；《沉思》，第六篇，第 38 页（《全集》，第 329—330 页）；斯宾诺莎：《笛卡尔哲学原理》，第 2—3 页。

④ 《对第一组反驳的答复：以几何学方式提出的一些推理》，公理五至六，第 86 页（《全集》，第 453 页）。

⑤ 同上，命题四，第 91 页（《全集》，第 464—465 页）。

没有任何物质性的事物存在，它仍然会思维和存在。因此灵魂可以比它的身体更容易认识到。①

其余一切我们可以认为真实的东西，都是以这种确定性为根据的；要有明确性，才能被认为真实。凡是没有意识中的内在明确性的，都不是真实的。"一切事物的明确性就在于我们清楚明白地见到它，如同见到那种确定性一样，同时它也完全依靠这个原则，与这个原则完全吻合，以至于我们如果想怀疑它，就必须也要怀疑这个原则"（怀疑我们的"我"）。②

丙、第三是这种确定性过渡到**真理**，过渡到规定了的东西；笛
345 卡尔是以朴素的方式完成这一过渡的。这种知识本身是十分明确、十分确定的，然而还不就是真理；——如果我们把那个存在当作真理，那就是一种空洞的内容，内容是我们所要研究的。现在首先要考察笛卡尔的**形而上学**。在笛卡尔的形而上学中，存在与思维的统一是第一要义，他在那里把思维看成纯粹的思维。但是笛卡尔并没有给这个命题作出证明。思维和存在是不同的规定，——必须指出它们的不同来；对于它们的同一性，笛卡尔并没有作出证明。这一问题现在提上了日程，这就是近代最感兴趣的那个观念问题，笛卡尔第一个提出了它。——意识是自身确定的；我思维，这样也就设定了存在。现在进了一步，产生了一种兴趣，要求说明这种抽象统一的进一步情况；这件工作笛卡尔是以一种外在的、反省的方式进行的。"意识原来只确知自己存在，现在则

① 《沉思》，第二篇，第 9—14 页（《全集》，第 246—262 页）。

② 《方法谈》，第四篇，第 21 页（《全集》，第 158—159 页）；斯宾诺莎：《笛卡尔哲学原理》，第 14 页。

设法扩大自己的知识，发现自己具有许多事物的观念；它只要不肯定或否定在它以外有某种相似的东西与这些观念相符合，它是不会在这些观念上欺骗自己的。”只有联系到外界的存在上，我们的观念才有欺骗我们的问题。“意识也发现了一些普遍的概念，并且从其作出了一些明显的证明。例如，三角形的三内角之和等于两直角，这个几何学命题，就是从其他观念中毫无冲突地推出的一个观念。可是只要一考虑到实际上有没有这样的事物，就产生怀疑了。”①有没有三角形，的确是并不确定的。

广延是并不包含在对我自己的直接确定认识之内的。② 灵魂 346
可以没有形体，形体也可以没有灵魂；它们实际上是不同的，是可以分别加以思维的。③ 灵魂思维和认识别的东西，并不像认识它自己的确定性那样明白。④ 这种对他物的认识的真理性，要以对神的存在的证明为基础。灵魂是一种不完满的实体，但是它包含着完满性的观念，——一个绝对完满的本体的观念；这个观念并不是在灵魂自身中产生出来的，因为灵魂是不完满的实体，所以，这个观念是天赋的。⑤ 对这一点的意识，在笛卡尔那里是这样表达的：只要我们还没有证明和看清神的存在，我们就仍然有欺骗自

① 《哲学原理》，第一部，第十三节，第 3—4 页(《全集》，第 71—72 页)。

② 参看《对第三组反驳的答复：以几何学方式作出的一些推理》，定义二，第 85 页(《全集》，第 451—452 页)。

③ 同上，命题四，第 91 页(《全集》，第 464—465 页)。

④ 《沉思》，第三篇，第 15—17 页(《全集》，第 263—268 页)。

⑤ 《哲学原理》，第一部，第二十节，第 6 页(《全集》，第 76—77 页)；《沉思》，第三篇，第 17—25 页(《全集》，第 268—292 页)；《方法谈》，第四篇，第 21—22 页(《全集》，第 159—162 页)。

己的可能性，因为我们无法知道自己是不是具有一种会弄错的本性。① 这个说法有点偏颇，它仅仅表达出自我意识与对他物的意识、对客观事物的意识的对立；而应当研究的是这两者的统一，——思维中的东西是否也有客观性。这个统一是在神里面，或者就是神本身。

我现在用笛卡尔的方式来讲一讲这个意思。“在我们所具有的那些不同的观念当中，也有关于一个全知全能、绝对完满的本体的观念；这是一切观念中最完美的观念”，——包罗一切的、普遍的观念。(1)有一些观念，它们是否存在是不确定的。(2)有一个观
347 念是完善的，其中并没有这种不确定性。它的特点就是：“我们在这个观念中，并不像在其他我们清楚地感觉到的观念里那样，把存在认作一种仅属可能的、偶然的存在，而是认作一个绝对必然的、永恒的规定。例如，心灵见到三角形概念中包含着三内角之和等于二直角，因此三角形有两个直角；同样情形，由于心灵见到最完满的本体的概念中必然地、永恒地包含着存在，它就不能不由此作出结论说，最完满的本体是存在的。”②因为存在这个规定也属于完满性；因为关于一个不存在的东西的观念是比较不完满的。这样，就得到了思维与存在的统一，得到了对神的存在的本体论证明；这个证明我们以前已经在安瑟尔谟那里见到过了。② 安瑟尔谟是这样说的：我们称为神的普遍者是最完满的。这就发生一个问题；最完满者也在存在中吗？最完满者的观念也包含存在这一规

① 斯宾诺莎：《笛卡尔哲学原理》，第 10 页；参看上文第 337 页。

② 《哲学原理》，第一部，第十四节，第 4 页(《全集》，第 72—73 页)；第 164 页以下。

定，否则它就不是最完满者了。

笛卡尔朝这个方向更进了一步。他提出了这样的公理：(1)“有不同程度的实在性或实有性：因为实体具有的实在性多于偶性或样式所具有的，——无限实体具有的又比有限实体更多。”①这是笛卡尔的一条公理，一种直接的确定性；但是这些区别并不在“我思维”里面，——这是以经验命题的方式提出来的。

(2)“在一件东西的概念中就包含着存在，可以是仅属可能的存在，也可以是必然的存在”②，——这是他物、对立物的直接确定 348
性，这就是一个“非我”与“我”相对立，在“我思维”(概念)中就包含着存在。

(3)“任何一件东西，或者一件东西的任何一种现实地(actu)存在着的完满性，都不能以‘无’为它的存在的原因。”③这是与“我思维”同样明显的。“因为如果‘无’可以作为某物的宾词，那它就同样可以作为思维的宾词；那么我就可以说：我是‘无’，因为我思维。”④直接的认识、感性的确定性是没有任何必然性的。在这里，笛卡尔转入了一个分界线，转入了一种未知的关系；这里加上了原因概念，这个概念虽然是一种思维，却是一种特定的思维。斯宾诺莎在他的诠释中说：“其所以各种表象都或多或少地包含着实在

① 《对第二组反驳的答复》，公理六，第 88 页(《全集》，第 459 页)。

② 斯宾诺莎：《笛卡尔哲学原理》，公理六，第 16 页；参看笛卡尔：《对第二组反驳的答复》，公理十，第 89 页(《全集》，第 460 页)。

③ 《对第二组反驳的答复》，公理三，第 78 页(《全集》，第 458 页)。

④ 斯宾诺莎：《笛卡尔哲学原理》，第 15 页。

性，而且那些环节都具有与思维本身同样多的明确性，那是因为它们不仅说明了我们在思维，而且说明了我们**怎样**思维。”①可是需要证明：这些特定的方式正是思维的单纯性中的差异。斯宾诺莎又对这个转折作出补充说：“我们在各种观念里觉察到不同程度的实在性。这些观念的实在性程度有所不同，并不是仅仅由于我们把这些观念看成不同的思维方式，而是因为其中的一个表象着一个实体，另一个仅仅表象着实体的一种样式，——换句话说，是由于我们把它们看成不同的东西的表象。”②

(4)“概念的客观实在性”（即所表象的东西在概念中的实
349 有性）“要求有一个原因”（事物本身），“在这个原因里面，不仅客观地”（意即在概念中），“而且形式地或 eminenter〔卓越地〕包含着这种实在性。”——形式地，就是同样完满的意思；卓越地，就是更加完满的意思。因为它在原因里必须同在结果里一样多。③

(5)“神的存在是直接”——先天地——“从考察神的本性认识到的。说一件东西的本性或概念中包含着某某，就等于说某某是真的。存在是直接包含在神的概念中的，所以，说神有一种必然的存在，就等于说它是真的。”④在每一件东西的概念中，都是或者包含着一种可能的存在，或者包含着一种必然的存在；在神这一绝对完满的本体的概念中，就包含着一种必然的存在，因为否则就把神

① 斯宾诺莎：《笛卡尔哲学原理》，第 15 页。

② 同上，第 14、17 页。

③ 《对第二组反驳的答复》，公理四至五，第 88 页（《全集》，第 458—459 页）。

④ 同上，命题一，第 89 页（《全集》，第 460—461 页）。

理解成不完满的了。”①

笛卡尔又转了这样一个弯：“命题六。后天地根据我们心中的单纯概念证明神的存在。一个概念的客观实在性要求有一个原因，在这个原因里面不仅客观地”（即在有限物中）、“而且形式地”（自由地，纯粹自为地，在我们以外）“或卓越地”（并且原始地）“包含着这种实在性。”（公理八：“实在性形式地或卓越地在原因本身中。”）“而我们有一个关于神的概念，其客观实在性既不是形式地，也不是卓越地包含在我们心中，因此只能在神本身中。”①

我们看到，神的观念是一个设定的前提。现在有人说：我们在 350
自己心里发现了神的观念；有这么一个观念，这是最高的观念。这就设定了前提。如果我们问这个观念是否存在，说的就恰好是这个观念，这一问也就肯定了这个观念的存在。假如有人说这个观念仅仅是表象，这话就与该表象的内容发生矛盾了。可是，这种说法是不能令人满意的。它根据我们具有关于神的表象，就把这个表象拿来当作前提；而且也并没有根据这个表象的内容指出：这个内容必定具有思维与存在的统一性。这里的这个采取神的形式的表象，是同 Cogito，ergo sum〔我思故我在〕中的表象一样的，——存在与思维不可分地结合在一起；这里说我们具有一个表象，其实这就是我心里的表象。这个表象的全部内容，如全知、全能等等，是后来才加上去的宾词；内容本身是观念的内容，与存在、与实在结合在一起。因此我们看到，思维与存在这两个规定，是以一种经

① 斯宾诺莎：《笛卡尔哲学原理》，公理六，第 16 页；命题六，第 20 页，以及公理八，第 16 页；笛卡尔：《对第二组反驳的答复》，命题二，第 89 页（《全集》，第 460—461 页），以及公理五，第 88 页（《全集》，第 458 页）。

验的、并非哲学证明的方式互相推出来的，——在一般的先天形而上学中，是以表象为前提，对表象进行思维，如同经验研究中以观察、经验为前提一样。

然后笛卡尔说："心灵对这一点是十分相信的，"对这个统一是坚信不疑的，"因为它注意到，它在自身中发现的其他东西的表象，都不是必然包含着存在。它将由此见到，那个关于最高本
351 体的观念并不是它自己捏造出来的，也不是什么幻想的东西，而是真实不变的天理，是不能不存在的，因为其中包含着必然存在。——我们的成见使我们不容易抓住这一点，因为我们习惯于在其他的一切东西里把本质"（即概念）"与存在分开。"①人们认为思维与存在并不是不可分的，有句老话说："如果心里想的东西都存在，那就要天翻地覆了。"可是人们这样说的时候却没有考虑到，那种东西永远是某一特殊内容，其中包含的正是事物的有限性的本质，概念和存在是可以分开的。我们怎么能从有限的事物推出无限者呢？

笛卡尔又接着说："而且这个概念并不是我们造的。"我们在自己心里发现了这个表象；这是一个永恒的表象，一个永恒的真理，——这就等于说，这是启示于我们心中的。"我们并没有在自身中发现这个表象中的那些完满性。因此我们确知：有一个包含一切完满性的原因，即实际存在的神，把这个表象给予了我们；因为我们确知无中是不能生有的"（按照波墨的说法，是神从自身取

① 《哲学原理》，第一部，第十五至十六节，第 4—5 页（《全集》，第 73—74 页）；第十八节，第 5 页（《全集》，第 74—75 页）。

得了世界的质料)，“完满的东西不可能是不完满的东西所产生的结果。”①笛卡尔是根据神的观念证明神的存在的：因为这个概念包含着存在，所以这种存在是真的。“在真正的科学中，我们必须从神的存在引导出一切创造物。”②

有了对于神的存在的证明，同时也就有了根据说明一切真理的来源和有效性。作为原因的神是自为的实在，这个实在并不是
思维中的那种实有、存在。这样一种存在，即原因(不是一般事 352
物)，是在非我的概念里，并不属于任何特定的概念，——因为特定的存在都是否定，——而仅仅属于纯粹的存在或完满的原因。它是各种观念的真理性的原因，因为它正是各种观念的存在方面。

丁、现在讲到第四方面。笛卡尔说：“凡是神启示我们的，我们就必须相信，不管我们是不是理解。这并没有什么奇怪，因为我们是有限的，神的本性中的那种不可思议的无限内容是超出我们的理解能力的。”妄想理解它，是吃了一种习惯看法的亏。“因为这个缘故，我们不能把气力耗费在对无限者的研究上；因为我们既然是有限的，那就不配对无限者作出某种规定。”③例如意志自由和神的预知就是这样，——两者都是我们确认的；笛卡尔并不踌躇两者怎么能统一起来。③这一点我们现在放过不谈。——波墨就说过，三位一体的神秘永远是诞生在我们心里的。④

---

① 《哲学原理》，第一部，第十五至十六节，第 4—5 页(《全集》，第 73—74 页)；第十八节，第 5 页(《全集》，第 74—75 页)。

② 同上，第十八节，第 5 页(《全集》，第 74—75 页)。

③ 《哲学原理》，第一部，第二十四至二十六节，第 7 页(《全集》，第 79—80 页)；第三十九至四十一节，第 10—11 页(《全集》，第 86—88 页)。

④ 参看上文第 323 页。

“神的第一个属性”，即包含这种统一的属性，“就是：神是真实的，是一切光明的授予者；说神欺骗我们，那是违背神的本性的。因此，神授予我们的自然光明或认识能力不可能接触到不真实的对象，因为对象是它（认识能力）所接触到的，也就是说，是它清楚明白地洞察到的。”我们把**真实性**归之于神。于是笛卡尔由此推出了认识与我们所认识的东西的真实性、客观性之间的纽带。认识有对象，有一个被认识的内容；这种联系就叫真理。神的真实性正
353 是这种联系，正是被思维者与存在者的统一。这样，就消除了那种以为我们十分明显地见到的东西可能不真实的疑虑。于是我们对于数学真理就不必再质疑了。同样地，我们如果十分小心地对我们醒时或梦中的感性对象进行清楚明白的分辨，那就很容易在每一件事物中认识到其中的真东西了。”①

“确实，由于有神的真实性的缘故，我们的知觉能力，以及那种通过意志表示同意（assentiendi）的能力，如果只用在明白地知觉到的东西上面，就不可能陷入错误（tendere in falsum）。虽然这是完全不能证明的，但是人人都自然而然地肯定，凡是我们清楚地知觉到某物的时候，我们都是自发地（sponte）对它表示同意的，根本不可能怀疑它是假的。”②这一切都是十分天真淳朴地说出来的，但是不确定；这些话仍然是形式的，没有深度，——**就是**这样〔说不出所以然〕*。神的真实性是我们明白洞察的东西与外界实在

① 《哲学原理》，第一部，第二十九至三十节，第 8 页（《全集》，第 81—83 页）；《沉思》，第四篇，第 25 页（《全集》，第 293—294 页）。

② 同上，第四十三节，第 11 页（《全集》，第 89 页）。

* 第 240 页。

之间的绝对纽带。在笛卡尔那里，认识过程就是清明理智的认识过程。确定性是第一位的；从确定性并不能必然地推出内容，既不能推出一般的内容，也不能推出那种异于“我”的内容的主观性的客观性。可是他却说，我们在自己心中发现了最完满者的观念；在这里，他是把心里发现的表象设定为前提。他拿那种关于神的单纯表象、即不包含存在的表象来与此比较，发现没有存在的观念就是不完满的。神本身、神的观念与神的存在的统一性，当然是真实性；根据这种真实性，我们也同样有理由把那种我们觉得与我们自身的真理性同样确定的东西当作真的。

我们正确而明白地思维到的，就是真的。因此他宣布：人通过 354
思维，经验到实际存在于事物中的东西。错误的来源是在我们本性的有限性中。[1]在进一步的发挥中，笛卡尔依据的是一般被思维的东西，这只是因为它是一个被思维的东西、普遍的东西，具有真理性。这样，神的真实性就被设定为绝对认识与被绝对认识者的实在性之间的绝对纽带。有一个马勒伯朗士，如果可以的话，我们也把他称为笛卡尔主义者，我们在这里马上就要讲他；* 我们将会看到，他在他的 Recherche de la vérité〔《真理的探求》〕中，更加确定地表明了神的这个第一种属性是清楚明白的主观思维与客观性之间的纽带，讲得更加紧凑集中。——我们在这里见到了这一对立，即主观认识与客观实在的对立。笛卡尔在一处说，这二者不

① 《哲学原理》，第一部，第三十五至三十六节，第 9—10 页（《全集》，第 84—85、86 页）；《沉思》，第四篇，第 25—26 页（《全集》，第 295—297 页）。

* 在 1829—1830 年度的讲演中，马勒伯朗士的哲学是马上就插在这里讲的。

可分地结合在一起,思维就是存在。在另一处他又把它们看成不同的;于是就产生了沟通它们的必要。对这一统一的证明,是建立在沟通的中介上面的。他提出我们的认识,而把实在放在另一方面,把神的真实性设定为沟通的中介。神的这种真实性或真理性就是:神的观念中包含着实在性;概念加上实在性就叫真理。——基本规定就是这些。

这种形而上学里的基本思想是:(甲)从自身的确定性进到真
355 理性,在思维的概念中认识存在。在"我思维"的那个思维中,我是个人;思维作为一种主观的东西浮现出来,在思维这一概念本身中并未显示出存在,进而达到的是一般的二者分离。(乙)存在这一否定面也同样在自我意识面前浮现出来,这个与肯定的"我"结合在一起的否定面,被设定为自在地结合在一个第三者神里面。在神里面思维与存在是统一的;正是在这个否定面中,在概念中,被思维的存在就是存在。

(甲)有一种已经很古老的反驳,也是康德派的反驳,认为从最完满的本体的概念只能推出:存在与最完满的本体是结合在思想里面,而不是结合在思想外面。可是存在的概念恰恰是自我意识的否定面,并不在思想外面,而是对于思想外面的东西的思想。(乙)神——前此是可能性,不是矛盾——对自我意识具有对象的形式,是全部实在,因为实在是肯定的,也就是说,实在就是存在,就是思维与存在的统一,就是最完满的本体。笛卡尔是以完全肯定的意义了解存在的,并没有理解到存在恰恰是自我意识的否定面。

2.笛卡尔是把单纯的存在设定为自我意识的否定面,这就是

广延；因此他否认神有广延，①他始终停留在这种分离上，在这个意义下把宇宙、物质与神结合起来，即认为神是创世主，是宇宙的原因。② 他有一个正确的思想，认为保存是一种继续创造，③因为他把创造活动设定为分离的：——但他并未以真实的方式把广延归结到思维。

神是宇宙的原因。物质——即广延实体——与单纯的思维 356
实体相对立。宇宙既然是神创造的，那就不能像它的原因那样完满。（结果不如原因完满，是被建立的存在，如果固守着原因的理智概念的话；广延虽然是比较不完满的东西，却并不是推演出来的。）广延实体既然不完满，那就不能凭着它们自身或它们的概念而存在；因此它们时时刻刻需要神帮助它们保存下去，没有神的帮助，它们立刻就会重新化为乌有。保存就是不断的再造。④

笛卡尔接着提出了一些进一步的规定，他这样说："我们把进入我们意识的东西要么看成事物或事物的特性，要么看成并不存在于我们思维以外的永恒真理。"⑤——这些永恒真理是并不属于这个或那个时间、这个或那个地点的。他把它们称为我们天赋的

① 《哲学原理》，第一部，第二十三节，第 6—7 页（《全集》，第 78 页）；斯宾诺莎：《笛卡尔哲学原理》，命题十六，第 36—37 页；命题二十一，第 38 页。

② 《哲学原理》，第一部，第二十二节，第 6 页（《全集》，第 77—78 页）；斯宾诺莎：《笛卡尔哲学原理》，绎理二，第 30—31 页。

③ 《对第四组反驳的答复》，第 133 页（《全集》，第 70 页）；斯宾诺莎：《笛卡尔哲学原理》，绎理一，第 30 页。

④ 布勒：《近代哲学史》，第三册，第一篇，第 17—18 页。

⑤ 《哲学原理》，第一部，第四十八节，第 12 页（《全集》，第 92 页）。

东西，那些天赋的东西并不是我们自己造出来的，并不是得自感觉的，[①]乃是精神自身的永恒概念，精神的自由规定、自发规定。由此就产生了一个问题：观念究竟是不是天赋的（innatae ideae）？西塞罗就说，自然把观念种植在我们心里。永恒真理这个名词直到现代还十分流行。永恒真理是普遍的规定，十分普遍的规定，十分普遍的联系，笛卡尔就此想到它们是我们天赋的。天赋是一个不好的名词，因为它表示一种自然的方式；这个名词对精神不适合，
357 因为它意味着自然的出生。我们也可以说，这是植根于我们精神的本性、本质中的。精神是主动的，它的活动是以特定的方式进行的；这种方式不能有别的基础，只能以精神的自由为基础。要说明这种情形，还不只是说说的事；必须推演出这是精神的必然产物。这些永恒真理是自为的。例如"无中不能生有"、"一物不能同时既存在又不存在"等逻辑规律就是如此。[②] 这都是意识的事实，也都是道德原则。笛卡尔立刻把这些又抛开了；它们只是在思维中作为主观的东西，他还没有追问它们的内容。

笛卡尔进而考察的那些东西，即这些永恒真理的反面，就是事物的各种普遍规定，如实体、绵延、秩序等等。[③] 他给这些规定下了定义。他拿这些定义当作基础，我们不能再作任何假定；他把他进而讨论的这些表象当作一种在我们意识中发现的东西采纳下来。他给它们下定义；他同亚里士多德一样，搜寻各种普遍的思想、范畴。他给实体下的定义是："我把实体理解为一种不需要任

---

① 《沉思》，第三篇，第 17 页（《全集》，第 268—269 页）。

② 《哲学原理》，第一部，第四十九节，第 13 页（《全集》，第 93 页）。

③ 同上，第四十八节，第 12 页（《全集》，第 92 页）。

何别的东西作依靠而存在的东西(rem)；这样一种不需要别的东西的实体，我们只能看到唯一的一个，就是神。”这就是斯宾诺莎所说的话；我们可以说，这也是一个真实的定义，即观念与实在的统一。这样的实体就是神；其他被我们称为实体的东西并不是自为地存在的，它们的存在并不在概念本身中。“其他的一切”(事物)都只能靠一种 Concursus Dei〔神的协助〕“而存在”。灵魂与肉体 358
的结合是神造成的。我们把这种说法称为神助说。神是概念与实在的绝对结合者；其他各种有界限、有依赖的有限物则需要另外一种东西；神就是普遍的结合。“因此，如果我们把其他事物也叫实体，这个名词是不能像经院中所说的那样，univoce〔一致地〕适合于那些事物和神的；也就是说，不能表达出这个词的特定含义，即神与创造物所共有的那种意义。”①

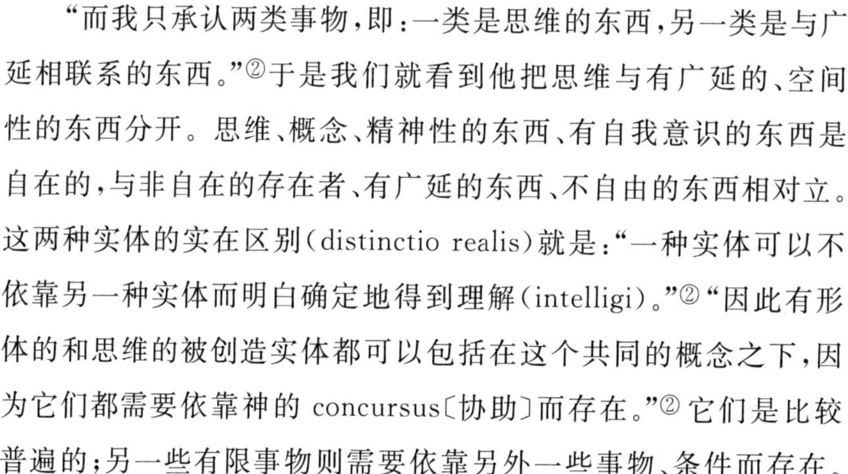

“而我只承认两类事物，即：一类是思维的东西，另一类是与广延相联系的东西。”②于是我们就看到他把思维与有广延的、空间性的东西分开。思维、概念、精神性的东西、有自我意识的东西是自在的，与非自在的存在者、有广延的东西、不自由的东西相对立。这两种实体的实在区别(distinctio realis)就是：“一种实体可以不依靠另一种实体而明白确定地得到理解(intelligi)。”②“因此有形体的和思维的被创造实体都可以包括在这个共同的概念之下，因为它们都需要依靠神的 concursus〔协助〕而存在。”②它们是比较普遍的；另一些有限事物则需要依靠另外一些事物、条件而存在。

①　《哲学原理》，第一部，第五十一节，第 14 页(《全集》，第 95 页)。

②　同上，第四十八节，第 12—13 页(《全集》，第 92 页)；第六十节，第 16 页(《全集》，第 101 页)；第五十二节，第 14 页(《全集》，第 95 页)。

但是有广延的实体即自然界与精神实体却互不需要。[①] 我们可以
359 把它们都称为实体,因为这两种实体是各有完整的范围,自成一个总体的;两种中间的每一种,每一个方面的全体,都可以不依靠另一种而得到理解。这两种实体都只需要神的协助;也就是说,思维界是一个自在的总体,自然界也同样是一个完整的体系。因此,它们也是(据斯宾诺莎的推论)自在地同一的,与神这一绝对实体绝对同一的;对于思维的精神来说,这个自在者就是神,换句话说,它们的区别是观念上的。——笛卡尔是从神的概念进到创造物、思维和广延,再由此进到特殊事物。

"这两种实体有若干属性,没有这些属性,它们是不能得到理解的,"——这就是它们的规定性;"每一种实体都有那样一种特点构成它的本性和本质,"——这是单纯的、普遍的规定性,"其他一切性质都联系在这上面。因此思维构成了精神的绝对属性,"思维是精神的性质;"广延是"形体性的基本规定,只有广延才是"形体的真正本性。其他的一切都只是一种样式,如广延物中的形状、运动,思维物中的想象力、感觉、意志。[②] ——神是非创造的思维实体。"[②]

现在笛卡尔进而论述个别事物。在广延方面又有两个规定:物质和运动。他追究有广延的东西,达到了物质、静止、运动。——笛卡尔的一个主要思想是关于物质的;他把形体的本质只理解为广延。按照笛卡尔的说法,形体的本性是由它的广延性

① 《对第二组反驳的答复》,命题十,第 86 页(《全集》,第 454 页)。

② 《哲学原理》,第一部,第五十三节,第 14 页(《全集》,第 96—97 页);第五十四节,第 14 页(《全集》,第 97 页)。

完成的；形体之所以是形体，是由于它有广延，而不是由于它具有别的性质。其他一切被我们认为是形体的性质的，只不过是第二位的性质，只不过是样式之类；它们是可以除去的，可以通过思维 360
去掉的。我们说：形体也产生阻力，具有气味、滋味、颜色；没有这些也就没有形体。物质、形体性、广延对于思想来说（按照笛卡尔的说法）完全是一回事。形体世界可以被思维，而它只有广延这一点可以被思维所采纳；这个对思维存在的东西就是形体世界的本质。广延物的各种进一步规定都保持在这个范围内：广延的量，静止，运动，惯性。形体的这些其他特性都是纯粹感性的东西，笛卡尔一一指出这些东西，如同怀疑论者早已指出的一样。①

广延当然是抽象的概念，也可以说是纯粹的本质；但是否定性、差异性恰恰必然属于形体，或者必然归入纯粹的本质。笛卡尔指出广延是形体的本质，认为形体的一切规定（除广延外），如颜色、透明、硬度等等，都是不能成为形体的绝对宾词的；物质与广延则是同一的。——他用下列理由来支持这个说法：我们通过一个物体对我们触觉起反作用的阻力推知物质具有体积、硬度（自为的存在），并且依靠触觉以求判定形体的位置。而我们认为，物质当我们摸它的时候总是和空间一样往后躲，所以我们没有理由说它有体积。气味、颜色、滋味都只是感性的特性；只有我们清楚地洞察到的东西才是真的。一个形体裂成碎片的时候也变软，却并不失去它的本性；因此阻力并不是本质的。② 然而这种自为的存在

① 《哲学原理》，第一部，第六十六至七十四节，第 19—22 页（《全集》，第 107—117 页）。

② 同上，第二部，第四节，第 25 页（《全集》，第 123—124 页）。

只不过是为量较小的阻力；阻力始终是存在的。笛卡尔却只要思
361 维；对于阻力、颜色等等他并不思维，认为只是感性的。他说，必须把这一切都归结到广延，作为广延的特殊变相。笛卡尔仅仅把被思维者当作真的，这种看法给笛卡尔增光。——的确，思维的否定运动正是那种扬弃；形体的本质是受这个思维制约的，也就是说，它并不是真正的本质。

笛卡尔从广延概念进而讨论运动规律，认为运动规律就是对于有形体的东西的自在本质的普遍认识：（甲）Vakuum〔真空〕是没有的，一个没有有形实体的广延，就是没有形体的形体；①（乙）没有原子（没有自为的存在、个体性），根据同样理由，形体的本质就是广延；②（丙）而且，他还认为形体孤立地保持着静止状态，被它以外的东西所推动，在运动状态中也同样要被另一个在它以外的东西拉向静止（惯性）。②——这是一些什么都没有说明的命题，恰恰是一种抓住简单的静止和运动的对立不放的抽象看法。

广延和运动是机械论物理学的基本概念；它们是形体世界的真理。观念性在笛卡尔面前浮现出来了；他大大超过了感性特性的实在性，但是没有进入这种观念性的详情。——因此他仍然停留在地道的机械论中。笛卡尔以机械论的口吻说：如果你给我物质（广延物）和运动，我就给你建造世界。③ 他认为空间和时间是

---

① 《哲学原理》，第二部，第十六节，第 29—30 页（《全集》，第 133—134 页）。

② 同上，第二十节，第 31 页（《全集》，第 137—138 页）；第三十七至三十八节，第 38—39 页（《全集》，第 152—154 页）。

③ 布勒：《近代哲学史》，第三册，第一篇，第 19 页；参看《哲学原理》，第三部，第四十六至四十七节，第 65 页（《全集》，第 210—212 页）。

物质宇宙的唯一规定。这里就包含着考察自然的机械论方法，也 362
就是说，笛卡尔的**自然哲学**纯粹是机械论的；[①]所以他把一切关系都归结到静止和运动，把颜色、滋味等一切物质差异性都归结到机械作用，即微粒子的运动。因此，物质的变化仅仅是运动；因此他必须把一切形体特性和动物现象统统归结到机械作用。在生物身上，消化等等都是这样的机械作用，其原则就是静止和运动。所以说，我们在这里见到了机械论哲学的根据和起源；机械论是由笛卡尔发展起来的。可是有一种更进一步的见解认为机械论不能令人满意，——物质和运动是不足以说明生物的。重大的关节则在于：思维向它的各种规定继续深入，使这些思想规定成为自然的真理。

笛卡尔由此转而论述**机械学**；他考察了世界体系、天体运动。他讲述了运动和静止、地球、太阳等等，[②]并由此进而论述他那种关于天体做**旋涡**式循环运动的看法，论述那些关于微粒子在孔隙中流出流入、穿过和互撞的思考和形而上学假设，[②]最后还论述了硝石和火药。[②]——首先应当使我们感兴趣的，是那些普遍的思想；其次值得注意的，是他发挥到特殊事物时的思想。往后他就进而论述特定的东西。他在一种物理学里讲到了这种特定的、物理
的东西，这种物理学是观察和经验的结果。在进一步的发挥中，笛 363

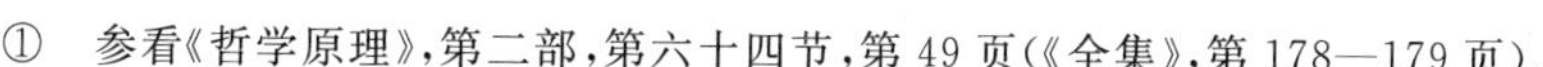

① 参看《哲学原理》，第二部，第六十四节，第49页（《全集》，第178—179页）。

② 《哲学原理》，第三部，第五至四十二节，第51—63页（《全集》，第183—208页）；第四十六节以下，第65页以下（《全集》，第210页以下）；第四部，第一节以下，第137页以下（《全集》，第330页以下）；第四部，第六十九、一〇九至一一五节，第166、178—180页（《全集》，第388、420—425页）。

卡尔完全是以理智的方式进行的。笛卡尔把很多的观察与这样一种形而上学搅混在一起；因此在我们看来是模模糊糊的。——巴黎的古桑教授曾经出版了新版笛卡尔全集，八开本，共十一册；绝大部分是由讨论物理学问题的书信组成的。

在这种哲学里，主要是以思维的方式论述经验的东西；这个时代的研究就是以这种方式进行的。哲学在笛卡尔等人那里还具有着比较不确定的意义，即通过思维、反思、推理进行认识。思辨的认识，根据概念的推演，概念的自由独立的发展，是由费希特创始的。所以，我们今天所谓的哲学认识，在笛卡尔那里是与当时所谓的科学认识没有分开的。因此当时把人类的全部科学都算作哲学；在笛卡尔的形而上学里，我们看到开始以最淳朴的方式根据原因、经验、事实、现象进行十足的经验推理。在那时，科学的认识就是比较密切地、比较严格地采取几何学中早已使用的那种证明方法，采取形式逻辑推论的通常形式。

因此就出现了那种集各种科学之大成的哲学体系，从逻辑和形而上学开始，然后第二部分是一种通常的物理学、数学，当然是与形而上学思辨混在一起的，第三部分则是伦理学，研究人的本性、人的义务、国家和公民。笛卡尔就是这样。*Principia philosophiae*〔《哲学原理》〕的第一部分讲 De principiis cognitionis humanae〔人类认识的原理〕，第二部分讲 De principiis rerum materialium〔物
364 质事物的原理〕。① 而这种研究广延的哲学（自然哲学）无非就是

① 参看《哲学原理》的索引。

当时的一种十分流行的物理学、机械学，并且还完全是假设性的。我们现在是把经验物理学与自然哲学严格分开，前者也是思维式的；在英国人那里，自然哲学的意思始终与我们所谓的物理学（牛顿的）是一回事。

3.此外是**精神哲学**，一部分是形而上学的，但其余的也是经验的。笛卡尔特别发展了物理学。他没有进展到第三部分，即伦理学部分；他并没有大讲**伦理学**，只写了一部 De passionibus〔《论心灵的感情》〕。斯宾诺莎则相反，他的主要哲学著作是《伦理学》。这部著作里第一部分也是一般的形而上学；第二部分，即自然哲学，他根本没有讲，讲的只是一种伦理学，即精神哲学。至于认识问题、灵明的精神，是放在第一部分人类认识的原理里讲的。霍布斯也是先讲逻辑，然后讲一种十分流行的物理学：Sectio I，*De corpore*〔第一组，《论形体》〕：Pars I，Logica s. Computatio〔第一部分，逻辑或计算〕；Pars II，Philosophia prima〔第二部分，第一哲学〕，本体论，形而上学；Pars III〔第三部分〕，机械学，物理学，人的器官。Sectio II〔第二组〕该讲人的本性，即伦理学；他没有对精神性的东西作出完备的发挥，只写了一本 *De cive*〔《论公民》〕。笛卡尔的形而上学里，使人感到完全是淳朴的，根本不是思辨的。——笛卡尔的原则虽然是思维，但这种思维还是抽象的、单纯的思维；具体的东西仍然在彼岸，这种思维首先是从经验取得具体内容的。他还没有感到需要从思维中发展出特定的东西。

笛卡尔也讨论到**思维**的另一方面；他谈了人的**自由**。他这样 365
证明自由：灵魂是思维的，意志是不受限制的，这就构成了人的完

满性。[①] 这是完全正确的。在自由这个方面，他遇到了一个困难：人既是自由的，就可以去做并非神预先安排的事，——这就与神的全知全能发生冲突；但如果一切都是神安排的，那又取消了人的自由。[①]——这两个规定互相矛盾，解决不了："人的精神是有限的，神的能力和预先规定是无限的；我们不能判明人类灵魂的自由与神的全知全能之间究竟是什么关系；但是我们在自我意识中却确定地见到自由是一件事实。而我们只能坚持确定的东西。[②] 此外，他似乎觉得有很多东西无法说明；我们看到他固执、任性，在最好的情况下也只是停顿不进。笛卡尔所提出的认识方法也具有理智推理的形态，所以没有什么特殊趣味。

笛卡尔哲学体系的主要环节就是这些。我们还要举出几个特别使他闻名的论断，——一些特殊的形式，这些形式过去是在形而上学里考察的，在沃尔夫的形而上学里也考察了。例如我们就可以指出：（甲）笛卡尔把有机体、动物看成机器，认为它们是被别的
366 东西推动的，并不包含主动的思维原则，[③]——这是一种机械生理学，一种特定的理智思想，毫无杰出之处。在思维与广延的尖锐对立中，他并不把思维看成感觉，所以他可以把广延孤立起来。有机体既然是形体，就必须把它归结到广延。其他的说法都是依这些基本规定为转移的。

（乙）他把永恒真理称为天赋观念；洛克和莱布尼茨在这个问

---

① 《哲学原理》，第一部，第三十七、三十九节，第 10 页（《全集》，第 85—87 页）；第四十节，第 11 页（《全集》，第 87 页）。

② 同上，第四十一节，第 11 页（《全集》，第 87—88 页）。

③ 《方法谈》，第五篇，第 35—36 页（《全集》，第 185—189 页）。

题上发生了争执。这是一个粗糙的名词，并不像柏拉图和以后各种哲学里所说的观念那样是普遍的，而是带有明确性、带有直接确定性的；众多的思想，杂多的概念，带着存在的形态，同感情一样，自然地牢牢种植在心里，——一种建立在思维本身中的直接众多性。

（丙）灵魂与形体（〔思想〕* 建立其自身于他物中、物质中）之间的关系，现在是主要问题，——对象返回自身的问题。形而上学中有许多体系讨论这个问题。有一种 influxus physicus〔肉体影响〕的说法，认为精神是以肉体的方式起作用的，对象对精神发生关系，就像形体与形体发生关系一样。这种看法很粗糙。——笛卡尔是怎样理解灵魂与肉体的统一呢？灵魂属于思维，肉体属于广延，二者都是实体，哪一个都不需要另一个的概念，因此是彼此独立的。它们并不能直接相互影响。灵魂只有在需要肉体的情况下才发生影响、发生作用，肉体只有在需要灵魂的情况下才发生影响、发生作用；就是说，它们只有在彼此有本质联系的情况下才互相影响。可是，它们既然各自成为一个总体，那就哪一个都不需要另一个，彼此之间也没有什么实在的联系。因此笛卡尔彻底否定了灵魂与肉体之间的肉体影响；这是二者的机械联系。笛卡尔紧紧抓住精神性的东西、灵明的东西。在他的 cogito〔我思故我在〕 367
里，我首先确知的只是我自己，我可以抽掉一切。他是把自为精神的存在建立在这上面的。现在要提出一个中介物，即抽象的东西与外在的、个别的东西的联系。他是怎样办的：在两者之间放一个

* 第 250 页。

构成它们各种变化的根据的东西，以神作为联系的中间环节。[1]它们的各种变化是彼此相应的：我有欲望、意图的时候，这意图就变成肉体的东西；这种相应是神造成的。（人们把这种说法称为systema assistentiae〔神助说〕，这是超神论的，神是它们相互变化的形而上学根据，在灵魂不能凭自己的自由来实现的事情上，神就向灵魂提供帮助。后来马勒伯朗士更加发展了这一点。这里有取得一个中介物的需要；神就被当成了这样的中介物。）因为我们在上面[2]已经看到，笛卡尔谈到神，神正是表象的真理。只要我的思想正确、不矛盾，就有实物与它相应，它们的联系是神。神是两个对立物的完满同一，因为他是观念、概念与实物的统一。（后来在斯宾诺莎的理念里还提出了这一点的更进一步的环节。）这是正确的；在有限事物里，这种同一是不完满的。可是在笛卡尔那里这种形式并不适合：（甲）因为有两样东西，思维（灵魂）和形体；（乙）神显得是第三样东西，在两者之外，并不是统一的概念，那两个环节本身也不是概念。但是我们不要忘记，笛卡尔说，前面那两样东西是被创造的实体。这种说法是属于表象的；创造并不是确定的思想。这件归结到思想的工作后来由斯宾诺莎做了。

2. 斯宾诺莎

368 笛卡尔的哲学采取了很多非思辨的说法；斯宾诺莎紧接着笛卡尔，做到了彻底的一贯性。他深入地钻研了笛卡尔的哲学，用笛

---

① 《方法谈》，第五篇，第29页（《全集》，第173—174页）。

② 参看上文第352—353页。

卡尔的术语讲哲学。斯宾诺莎的第一部著作就是《笛卡尔哲学原理》。斯宾诺莎哲学与笛卡尔哲学的关系，仅仅在于斯宾诺莎一贯地、彻底地发挥了笛卡尔的原则。——在他那里，灵魂与肉体、思维与存在不再是特殊的东西，不再是任何一种自为地存在着的事物。斯宾诺莎作为一个犹太人，完全抛弃了存在于笛卡尔体系中的二元论。他的哲学在欧洲说出了这种深刻的统一性。这种统一性，精神，无限者与有限者在神中合一，而并不把神看成一个第三者，乃是东方的流风余韵。东方的绝对同一观被他采取和纳入了欧洲的思想方式，特别是欧洲的哲学，尤其是直接纳入了笛卡尔哲学。

首先还是要讲一讲斯宾诺莎的**生平**。他出身于一个葡萄牙犹太家庭，1632 年生于阿姆斯特丹，名字叫巴鲁赫，他自己却把巴鲁赫改成了贝内狄克特。他青年时期受学于犹太教士。但是他很早就与自己所属的犹太寺院的教士们发生争执；教士们大为头疼，因为他公然反对犹太教法典中的那些梦呓。他的言行常常越出犹太教会的范围。教士们害怕别人会以他为榜样，产生不良后果，于是答应每年送他金币一千盾，要他安分守己地和他们在一起。他拒绝了。因此教士们对他大肆迫害，甚至考虑到用暗杀手段把他除掉；他几乎难逃他们向他拔出的利刃。于是他正式退出了犹太人 369
的团体，但是并未改信基督教。这时他专心学习拉丁语，研究笛卡尔，并且写了一部阐述笛卡尔体系的书，是“按照几何学方法证明”的。后来他又写了他的 *Tractatus theologico-politicus*〔《神学政治论》〕，并由于这部书获得盛名。[①] 这部书里包含着灵感说，对摩

① 《斯宾诺莎生平事迹集录》(《全集》，附录，保卢斯编，耶拿 1802—1803 年版，第二册)，第 593—604、632—640 页。

西五经之类的书作了批判的处理，特别是认为摩西的法律仅仅局限于犹太人，这是它的基本观点。关于这个问题，后来的基督教神学家们写过许多评论文章，通常总是指出，这几卷书编成于较晚的时代，有一部分要晚于“巴比伦的囚禁”，——新教神学家认为最主要的一章；新出经书与旧有的相比，以这一章最出色，有许多华丽的辞藻，等等，——这一切在斯宾诺莎的这部书里已经有了。

后来斯宾诺莎到了来顿附近的莱茵堡，受到许多朋友的尊敬，但是过着平静的生活；从 1664 年起，他先住在海牙附近的一个小村福尔堡，后来住在海牙，以磨制光学镜片为生。他从事光学研究。他生活很困难；他有朋友，也有有势力的保护人；他多次地谢绝了有钱的朋友（还有将军）送给他的大笔馈赠。西蒙·封·伏里斯打算指定他为财产继承人，他谢绝了，只收了他一笔三百弗洛林的年金；他把父亲的遗产让给了他的姊妹们。有一位并无当时的偏见的最高级贵族巴拉丁选帝侯卡尔·路德维希，也曾敦请他到
370 海得堡大学去当教授，允许他自由讲学，自由著述，因为“侯爵相信他不会滥用这种自由去触犯大家所信奉的宗教”。但是斯宾诺莎（在他那些已经刊印出来的信里）怀着很有理由的顾虑谢绝了这项邀请，因为“他不知道应当把那种哲学自由限制到多大的限度之内，才不至于被认为触犯大家所信奉的宗教”。① 他留在荷兰，这是一个对一般文化最感兴趣的国家，在欧洲最先作出了普遍宽容

① 《事迹集录》，第 612—628 页；《斯宾诺莎书信》第五十三、五十四封（保卢斯编《全集》，第一册），第 638—640 页。

的榜样，为许多个人提供了思想自由的庇护所。虽然当地的神学家们也曾对贝克尔[①]这样的人深恶痛绝，伏爱特就大骂过笛卡尔的哲学，[②]但是这并没有产生一个别的国家所会产生的后果。

斯宾诺莎1677年2月21日死于肺结核宿疾，享年四十四岁，[③]——像他的学说所主张的那样：一切特殊性和个别性都归于唯一的实体。——他的主要著作《伦理学》，在他死后才由一位医生卢德维希·迈尔出版，迈尔是斯宾诺莎的挚友。这部书分为五部：第一部讨论神(De Deo)，第二部讨论精神的本性和起源(De natura et origine mentis)。他并不讨论自然，——即广延和运动，而是从神立刻过渡到精神，进到伦理学方面。第三部讨论感情和
情绪(De origine et natura affectuum)，第四部讨论感情的力量或 371
人的束缚(De servitute humana sive de affectuum viribus)，最后第五卷讨论理智的力量、思维或人的自由(De potentia intellectus sive de libertate humana)。[④] 教会顾问保卢斯教授在耶拿出版了他的全集；我现在也采用这个版本，参照法文翻译本。斯宾诺莎惹起了犹太教士们很大的仇恨，基督教神学家们对他的仇恨更大，尤其是新教的神学家；这首先是他的《神学政治论》一书引起的，但主要是他的哲学引起的，我们现在要详细地考察他的哲学。有一个新教教士柯勒鲁斯写了一本斯宾诺莎的传记；他虽然非常恨斯宾

① 布鲁克尔：《批评的哲学史》，第四册，第二部，第719—720页。

② 参看笛卡尔的《沉思》，附录，给吉斯贝特·伏爱特的信(第十一卷，第3页以下)。

③ 《事迹集录》，第665页。

④ 《斯宾诺莎全集》，第二册，第1页，注3；《事迹集录》，第640—641页。

诺莎，却对斯宾诺莎的情况作了非常确切的、善意的报道：例如他只遗下银币二百塔勒，是为了还债的，等等。在清理财产的时候，理发匠还要求偿还“好心的”斯宾诺莎先生欠下的账。这位教士对这件事大为愤慨，给它作了一条按语说：“要是理发匠知道斯宾诺莎是什么样的人，他一定不会称他为好心的人。”[①]这位教士在斯宾诺莎的画像下面题道：Signum reprobationis in vultu gerens〔面带愁容的受谴责的形象〕；[②]——这是一位深刻的思想家的忧郁相貌，而且温和、善良；他诚然 reprobationis〔受谴责〕，——但并不是受一种消极的非难，而是受舆论的积极非难，这种非难是出于人们的错误和毫无头脑的激情。

至于他的学说体系，那是很简单的，大体上是很容易掌握的。
372 唯一的困难部分在于方法，在于他用来表达思想的那种错综复杂的方法，在于他对主要观点、主要问题每每只是一瞥即过，讲得不够充分。

斯宾诺莎的**哲学**，是笛卡尔哲学的客观化，采取着绝对真理的形式。斯宾诺莎主义的唯心论的简单思想就是：只有唯一的实体是真的，实体的属性是思维和广延（自然）；只有这个绝对的统一是实在的，是实在性，——只有它是神。这就是笛卡尔那里的思维与存在的统一，也就是那种本身包含着自己的存在的概念的东西。笛卡尔的实体、观念虽然在它的概念中也具有存在本身，但这种存

---

① 《事迹集录》，第 642—665 页。

② 布勒：《近代哲学史》，第三册，第二部，第 515 页注（参看保卢斯编《斯宾诺莎全集》，第二册，序，第十六页）。

在只是作为抽象存在的存在，并不是作为实际存在或广延的存在，而是形体性，是与实体不同的东西，并不是实体的样式。在笛卡尔那里，自我、思维者本身也同样是一种独立的东西。斯宾诺莎主义扬弃了两个极端的这种独立性，两个极端都变成了唯一的绝对本质的环节。——我们看到，这个意思可以用一句话来表示：把存在理解为对立面的统一。主要的兴趣在于不抛弃对立；再不能把对立放在一边了，——主要的事情是调和对立，解除对立。对立并不是在有限者与无限者、界限与无界限者的抽象中建立的，而是思维与广延。我们不说"存在"，因为这是抽象，抽象只是在思维中。思维是返回自身，是简单的自身同一；然而这是一般的存在，——因此指出它们的统一是并不困难的。确切地说来，存在就是广延。

对斯宾诺莎哲学的**评判**。(甲)人们斥责斯宾诺莎主义，说它
是无神论：神与自然(世界)是一回事，不把两者分开；他把自然当 373
作现实的神，或者把神当成自然，于是神就不见了，只有自然被肯定下来。斯宾诺莎倒是并没有把神与自然对立起来，而是把思维与广延对立起来；神是统一，是绝对的实体，世界、自然倒是没入、消失于神之中的。斯宾诺莎的反对者们做得好像自己是为了神似的，好像就该他们为神说话似的。但是那些反对斯宾诺莎的人并不是为了神，倒是为了有限的东西，为了他们自己。关于神和有限事物(我们)，是有三种看法的：(1)有限的东西存在，也只有我们存在，神不存在；这是无神论。这是把有限的东西看成绝对的，有限的东西是实体性的东西，神并不是。(2)只有神存在，有限的东西不真实，只是现象、假象。(3)神存在，我们也存在；这是恶劣的综合拼凑，是廉价的对比。每一个方面都和另一个方面同样是实体

性的，这是表象的方式：神有光荣，高高在上；有限的事物也同样有存在。理性不能停留在这种“也”上，停留在这种皂白不分上。因此哲学的要求是掌握各种区别的统一，使区别不是被抛在一边不问，而是永远不断地从实体中产生出来，而又不被僵化成为二元论。斯宾诺莎超出了这种二元论，宗教也可以超出二元论，如果我们把表象变成思想的话。在前两种看法中间，第一种是无神论，如果人们把意志的任性、自己的虚荣和有限的自然物当成最后的东西的话。这不是斯宾诺莎的观点。只有神是唯一的实体；自然、世界用斯宾诺莎的话来说只不过是实体的变相、样式，并不是实体性的东西。
374 因此斯宾诺莎主义是无世界论。世界、有限本质、宇宙、有限性并不是实体性的东西，——只有神才是。那些说他是无神论、申斥他是无神论的人所说的话的反面倒是真的；他那里大大地有神。“如果神是精神与自然的统一，自然、个人就是神了。”完全正确！可是他们忘记了自己正是在神中扬弃了的；可不能忘记自己是虚无的呀。因此，那些给斯宾诺莎抹黑的人并不是愿意维护神，而是企图维护有限的东西、世界；他们不乐意斯宾诺莎说不能把有限的东西看成实体；——实际上，他们是不乐意他们自己作为有限东西会遭到毁灭。

（乙）第二：证明的方法。这种方法属于理智认识的方式。这是几何学的方法，它包含公理，说明，定理，定义。在近代，有人（耶可比）提出说，一切证明、科学认识都引导到斯宾诺莎主义，唯有斯宾诺莎主义是一贯的思维方式；由于一切证明必定引导到斯宾诺莎主义，因此证明是根本不中用的，只有直接的知识才可靠。耶可比也认为斯宾诺莎主义是无神论，因为他着眼于不把神与世界分开这一点。[①] 如果这么说，世界就永远在表象中了；可是在斯宾诺莎那里并没有把世界永恒化。如果把证明只了解为理智认识的方式，我们是可以承认证明引导到斯宾诺莎主义的。斯宾诺莎是近代哲学的重点：要么是斯宾诺莎主义，要么不是哲学。斯宾诺莎有一个伟大的命题：一切规定都是一种否定。[②] 确定的东西就是有限的东西：对于任何东西，包括思维（与广延相对立）在内，都可以说，这是一个确定的东西，所以自身中包含着否定；它的本质是建 375
立在否定上的。因为只有神是积极的、肯定的，所以，其他的一切都只是变相，并不是自在自为的存在者；所以，只有神是实体。所以，耶可比说得不错。简单的决定、规定或否定属于形式，是不同于绝对的规定性、否定性、形式的。真正的肯定是对形式的否定；这是绝对的形式。斯宾诺莎的进程是正确的，但是个别的命题却是错误的，因为它只表达了否定的一个方面。从另一方面说，否定就是否定的否定，因而是肯定。

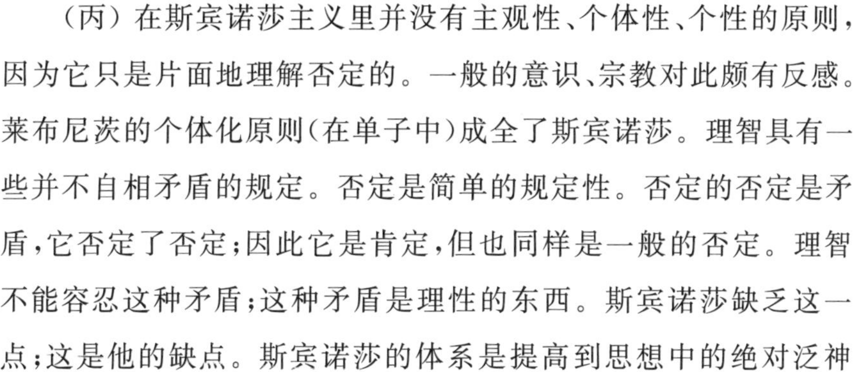

（丙）在斯宾诺莎主义里并没有主观性、个体性、个性的原则，因为它只是片面地理解否定的。一般的意识、宗教对此颇有反感。莱布尼茨的个体化原则（在单子中）成全了斯宾诺莎。理智具有一些并不自相矛盾的规定。否定是简单的规定性。否定的否定是矛盾，它否定了否定；因此它是肯定，但也同样是一般的否定。理智不能容忍这种矛盾；这种矛盾是理性的东西。斯宾诺莎缺乏这一点；这是他的缺点。斯宾诺莎的体系是提高到思想中的绝对泛神

---

① 《耶可比全集》，第四册，第一部，第 55、90、216—223 页。

② 《斯宾诺莎书信》，第五十封（第一卷），第 634 页。

论和一神论。斯宾诺莎的绝对实体根本不是有限的东西，不是自然世界。这个思想、这个观点是最后的根据，是广延与思想的同一。我们面前有两种规定，一是普遍者、自在自为的存在者，一是特殊者和个别者的规定、个体性。至于特殊的、个别的东西，我们不难指出，它总是受限制的东西，它的概念总要依赖他物，它是有
376 待的，不是真正独立存在的，因而不是真正实在的。因此斯宾诺莎从确定的东西着眼，提出了 Omnis determinatio est negatio〔一切规定都是否定〕这个命题；因此只有未特殊化的、普遍的东西是真正实在的，只有它是实体性的。灵魂、精神是个别的东西，本身是有限制的；使精神成为个别的东西的，是一个否定，所以精神并没有真正的实在性。斯宾诺莎把思维在自身中的单纯统一说成了绝对的实体。

大体说来，这就是斯宾诺莎主义的理念。这同爱利亚派的 ὄν〔有〕是一回事。① 这是东方的观点，随着斯宾诺莎第一次在欧洲被说了出来。一般地应当指出，必须把思维放在斯宾诺莎主义的观点上；这是一切哲学研究的重要开端。② 要开始研究哲学，就必须首先做一个斯宾诺莎主义者。灵魂必须在唯一实体的这种元气里洗个澡，一切被认为真实的东西都是沉没在这个实体之中的。这种对一切特殊物的否定，是每一个哲学家都必须达到的；这是精神的解放，也是它的绝对基础。与爱利亚派哲学不同的只是：通过基督教，在近代世界里，精神里面彻底出现了具体的个体性。但是

① 参看本书第一卷第 324、336 页。

② 同上第 181 页。

在这个追求完全具体的东西的无限过程中，现在却并没有把实体规定为自身具体的。因为具体的东西并不在实体的内容中，所以它只是落在反思的思维中；只有从思维的无限对立中才能产生出那种统一。关于实体本身，再不能说什么话；所能讲的只是对实体的哲学论证，以及在实体中扬弃了的那些对立。区别仅仅在于其 377
中所扬弃的那些对立属于哪一类。这一点斯宾诺莎证明得很不够，远不如古代哲学家们曾经努力做过的那么多。

应当承认斯宾诺莎主义的这个理念是真实的，有根据的。绝对的实体是真的东西，但还不是完全真的东西；还必须把它了解成自身活动的、活生生的，并从而把它规定为精神。斯宾诺莎主义的实体是普遍的实体，因而是抽象的规定；我们可以说，这是精神的基础，但并不是绝对地常存在底下的根据，而是抽象的统一，这种统一就是在自身之内的精神。如果老是停留在这种实体那里，那就达不到任何发展、任何精神性、能动性了。他的哲学讲的只是死板的实体，还不是精神；我们在其中并不感到自如。神在这里并不是精神，因为他不是三位一体的神。实体仍然处在死板的、僵化的状态中，缺少波墨的源泉。理智规定式的个别规定并不是波墨的那些源源不竭的元精，那些元精是互相作用、互相转化的。[①] 事物和意识的一切差别和规定全都只是回到唯一的实体里面，所以可以说，在斯宾诺莎的体系里，一切都只是被投进了这个毁灭的深渊。但是没有任何东西跑出来；他所说的特殊的东西只是从表象里找出来、拾起来的，并没有得到论证。如果得到论证的话，斯宾

① 参看本书第47—49页。

诺莎就必须把它从他的实体中推演出来，引申出来了；实体并不能展开自身，那是生命、精神的事。这种特殊的东西只是被他看成绝
378 对实体的变相，本身并没有什么实在的东西；对它做出的事情只是剥掉它的规定和特殊性，把它抛回到唯一的实体里面去。这是斯宾诺莎不能令人满意的地方。区别是外在地摆在那里，始终是外在的，人们不能对它有任何理解。在莱布尼茨那里，我们将看到把相反的一面、个体性当成了原则；所以说，斯宾诺莎的体系是被莱布尼茨以如此外在的方式成全了。斯宾诺莎的思想的伟大之处，在于能够舍弃一切确定的、特殊的东西，仅仅以唯一的实体为归依，仅仅崇尚唯一的实体；这是一种宏大的思想，但只能是一切真正的见解的基础。因为这是一种死板的、没有运动的看法，其唯一的活动只是把一切投入实体的深渊，一切都萎谢于实体之中，一切生命都凋零于自身之内；斯宾诺莎本人就死于痨病。——这是普遍的〔命运〕*。

我们还要讲一讲若干进一步的规定。斯宾诺莎用来表达他的哲学的方法，同笛卡尔一样，是几何学方法，欧几里得的方法。由于数学具有明确性，所以人们把这种方法看成非常美妙的方法，但是这种方法并不适用于思辨的内容，只有在有限的理智科学中才能运用自如。这一点看起来好像是外在形式方面的缺点，但却是主要的缺点。斯宾诺莎的数学证明方法从定义出发，定义是涉及一般规定的。而这些定义又是直接提出、直接假定的，并不是推演出来的；他并不知道自己怎样得到了这些定义。在定义所设定的东西里面已经包括了他的体系的各个主要环节，一切进一步的证明都只不过是回溯到定义。可是那些在这里作为定义出现的范畴

又是从哪里来的呢？是我们在自己心里、在科学教养中发现的。因此并不是从无限的实体中发挥，得出结论说有理智、意志、广延，而是在这些规定中直接说出来的。这是十分自然的事；因为这是 379
唯一的实体，一切都投入其中，在其中消失不见，而没有任何东西从其中跑出来。

1. 斯宾诺莎从**定义**开始；下面的若干条就是从定义里取出来的：

甲、斯宾诺莎的**第一条**定义是**自因**。他说："我把自因（causam sui）理解为这样的东西：它的本质"（即概念）"就包含着存在，也就是说，只能把它设想为存在着。"①

思想与存在的统一是一开头就立刻提出来了（本质是普遍的，是思想）；这个统一永远是最重要的中心。Causa sui〔自因〕是一个重要的名词。结果与原因对立。自因是产生作用、分离出一个他物的原因；而它所产生出来的东西就是它自身。在产生当中它同时扬弃了差别；它把自身设定为一个他物，这是一种堕落，而同时又是对这种损失的否定。这是一个完全具有思辨性的概念。我们的表象总以为原因产生出某种东西，结果是一种与原因不同的东西。这里正好相反，外因直接被扬弃了，自因只是产生出自身；这是一切思辨概念中的一个根本概念。这是无限的原因，在无限的原因里面原因与结果合一了。如果斯宾诺莎进一步发展了causa sui〔自因〕里面所包含的东西，他的实体就不是死板的东西了。

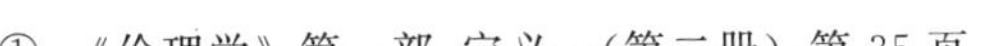

① 《伦理学》，第一部，定义一（第二册），第35页。

乙、**第二条**定义是**有限者**的定义。“有限者就是受一个与它同类的他物限制的东西。”因为它以他物为终点，它不在那里；在那里的是一个他物。但是这个他物必须与它同类。因为两个要想互相
380 限制的东西必须彼此间有一个界限，因而有接触、有联系，亦即属于同一个类，建立在同样的基础上，具有一个共同的领域，才能互相限制。这是界限的肯定方面。“因此思想”只“被另一个思想所限制，形体则被另一个形体所限制；然而思想”却“不被形体所限制，”反过来，“形体也不被思想所限制。”①这一点我们在笛卡尔那里已经看到了：思想是独立的总体，广延也是一样，它们彼此毫不相涉；它们并不互相限制，每一个都是封闭在自身之内的。界限就是与他物的联系。

丙、**第三条**定义是**实体**的定义。“实体就是在自身内并通过自身而被理解的东西，也就是说，要领会它的概念(a quo formari debeat)，是不需要借助他物的概念的，”②——并不需要另一个东西；否则它就是有限的、偶然的。需要有另一个东西才能被理解到的东西，就不是独立的，而是依赖这个他物的。

丁、**第四条**定义。**实体**的下面是**属性**；属性属于实体。“我所谓属性，就是理智认为构成实体的本质的那种东西”③，只有这句话在斯宾诺莎那里是真的。这是伟大的规定；属性虽然是规定性，却是总体。他只有两个属性，即思维和广延。理智认为它们是实体的本质；本质并不高于实体，然而实体在理智看来只是本质。这

① 《伦理学》，第一部，定义二，第 35 页。

② 同上，定义三。

③ 同上，定义四。

是在实体以外看的；对实体可以用两种方式去看；或者把它看作广延，或者把它看作思维。这两者当中，每一个都是总体，都是实体的整个内容，但只是在一种方式下看到的；正因为如此，这两个方 381
面是自在地同一的、无限的。这是真正的完成。理智在属性中看到整个实体。但是实体在何处过渡到属性，他并没有说。

戊、第五条定义。第三是样式。“我所谓样式，就是实体的变相，也就是那种在他物内并通过他物而被理解的东西。”①——因此实体是凭自身而被理解的；属性不是凭自身而形成的，而是与理解的理智有一种联系，但是理智却在属性中理解到本质；样式是有限的，并不被理解为本质，而是凭借他物并在他物中的。——上面这三个规定特别重要；它们相应于我们以更确定的方式作出的那种区别，即普遍者、特殊者和个别者。但是我们不能把它们当成形式的，必须从它们的具体的、真正的意义去了解它们。具体的普遍者是实体；具体的特殊者是具体的种。圣父和圣子是特殊的，但他们各自包含着神的整个本性（只是在一个特殊形式下）。样式是个别者，是与他物发生外在联系的有限者本身。因此斯宾诺莎是往下降的；样式是干瘪的东西。斯宾诺莎的缺点就在于把第三个只理解为样式，理解为恶劣的个别性。真正的个别性、个体性、真正的主观性并非只是远离普遍性的绝对特定者，而是绝对特定的自为存在者，是仅仅由自己规定自己的。所以主观的东西也同样是返回到普遍者；个别的东西是在自身内的存在者，因而是普遍者。这个返回的意思就是说，个别者本身就是普遍者；斯宾没有进而达 382

① 《伦理学》，第一部，定义五，第35页。

到这种返回。在斯宾诺莎那里，最后的东西是死板的实体性，并不是无限的形式；他不知道这种形式。他那里始终是这个看不到规定性的思维。

己、**第六**，**无限者**的定义也还是很重要的。无限者有歧义性，不管把它当作无限多的东西，还是当作自在自为的无限者。“那种仅在本类中无限（in suo genere infinitum）的东西，我们可以否定它具有无限个属性。绝对无限者的本质则具有一切表现一种本质而不包含任何否定的东西。”①神是绝对无限者；无限者是对自身的肯定。

然后斯宾诺莎把想象的无限者（infinitum imaginationis）与思维的无限者（infinitum intellectus，infinitum actu）分开。大多数人只达到了前者；当人们说“如此以至无穷”时，这就是恶劣的无限性，例如被人们看得很崇高的星辰之间的空间的无限性就是如此，时间方面的无限性也是一样。数学上的无穷系列，即数的系列，也是这种恶劣的无限。有一种分数被称为十进位分数，就是恶劣的无限；1/7 是真正的无限者，是没有缺点的。无穷的系列是不完满的；内容总是有限制的。这种无限性是一种常见的无限性，当人们说到无限性时，心目中就是指这种无限性；这种无限性尽管可以被人们看得很崇高，却不是现实的东西，它总是往否定的方面跑，并不是 actu〔现实的〕。哲学上的无限性，即现实的无限者，是对自身的肯定；斯宾诺莎把理智的无限者称为绝对的肯定。完全正确！
383 不过可以更好地表达成：“这是否定的否定。”——斯宾诺莎在这里

① 《伦理学》，第一部，定义六，说明，第 36 页。

还举出几何学的例子来说明无限性的概念；例如，在他的《遗著》里，就举一个图形为例来表示这种无限性（还在他的《伦理学》之前）。* 他说有两个圆，互相重叠，但是并不同心。这两个圆之间的面积是无法确定的，不能用一种确定的比例来表示的，是不可通约的；如果我要想确定它，我就必须一直走到无穷，——这是一个无穷系列。这是往外跑的做法，始终是有缺点的，带着否定的；可是这种恶劣的无限者也是有限制的，——即肯定的，现实存在于这块面积中的。所以肯定的东西是否定的否定；duplex negatio affirmat〔双重否定即肯定〕，这是大家都知道的语法规则。这两个圆之间的空间是一个完备的空间，它是实在的，不是片面的；但是这个空间的规定却不能用数目精确地表示出来。规定不能穷尽这个空间本身，可是这个空间却是现实存在的。我们也可以举一条线为例，一条有穷的线是由无穷多的点组成的，可是它却是现实存在的、确定的。① 我们应当把无限者看成现实存在的东西。自因这个概念就是真正的无限性。只要原因一与他物相对，即与结果相对，就立刻出现了有限性；但是在这里这个他物消失了，它就是原因自身。

庚、第七条定义。所以，“神是绝对无限的本体或由无限个属性构成的实体，其中每一个属性都表现着一种永恒无限的本质（essentiam）。”① 无限者是无定者、无穷多者、数目无定者；这以后在斯宾诺莎那里只讲两个属性。——

*　这个例子见斯宾诺莎的《笛卡尔哲学原理》第二部命题九的补题。那里说的是半圆，但情形是一样的。附图如右：

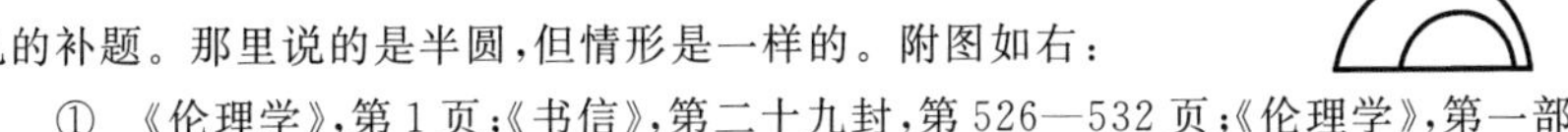

①　《伦理学》，第1页；《书信》，第二十九封，第526—532页；《伦理学》，第一部，定义六，第35页。

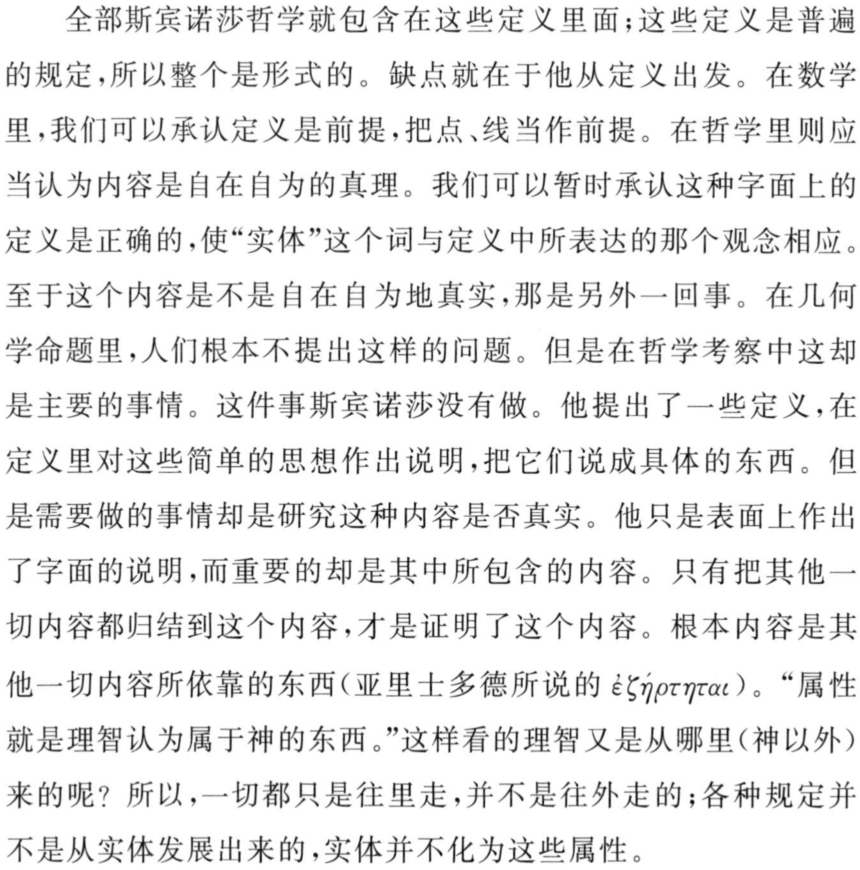

384 全部斯宾诺莎哲学就包含在这些定义里面；这些定义是普遍的规定，所以整个是形式的。缺点就在于他从定义出发。在数学里，我们可以承认定义是前提，把点、线当作前提。在哲学里则应当认为内容是自在自为的真理。我们可以暂时承认这种字面上的定义是正确的，使“实体”这个词与定义中所表达的那个观念相应。至于这个内容是不是自在自为地真实，那是另外一回事。在几何学命题里，人们根本不提出这样的问题。但是在哲学考察中这却是主要的事情。这件事斯宾诺莎没有做。他提出了一些定义，在定义里对这些简单的思想作出说明，把它们说成具体的东西。但是需要做的事情却是研究这种内容是否真实。他只是表面上作出了字面的说明，而重要的却是其中所包含的内容。只有把其他一切内容都归结到这个内容，才是证明了这个内容。根本内容是其他一切内容所依靠的东西（亚里士多德所说的 ἐξήρτηται）。“属性就是理智认为属于神的东西。”这样看的理智又是从哪里（神以外）来的呢？所以，一切都只是往里走，并不是往外走的；各种规定并不是从实体发展出来的，实体并不化为这些属性。

2. 在这些定义以后，进一步推出来的是定理、命题。他作了许许多多的证明。主要是斯宾诺莎根据这些概念指出，只有一个实体，就是神。这是简单的过程，非常形式的证明。

甲、“第五条命题：不能有两个或多个具有相同的本性或属性

385 的实体。”这个意思已经见于定义中了。他的证明是很麻烦的，无用的麻烦。“如果有多个”（具有同样属性的实体），“它们之所以相异，就必定或者是由于属性不同，或者是由于变相”（样式）“不同”。因为(1)属性正是被理智理解为本质的东西；这个属性的概念正是

一种本质。“如果它们的差异是由于属性不同，那就是承认只有一个具有相同属性的实体。”因为实体正是这个属性的本质、概念，是在自身内的，不是他物所决定的。(2)“如果它们的差异是由于样式不同，那么，既然实体在本性上先于(prior est natura)它的变相，我们撇开它的变相(depositis ergo affectionibus)，考察它自身，即真正地考察它(in se，h. e. vere considerata)，那就无法看出它有什么差异了(non poterit concipi ab alia distingui)。”①

乙、“第八条命题：每个(omnis)**实体**都必然是**无限的**。——因为否则它就必定为另一个具有相同本性的实体所限制，这样就会有两个具有相同属性的实体了，这是违背第五条命题的。”②

“每一个属性都必定是凭自身被理解的，”——这是返回自身的规定性。——“因为属性就是理智从实体上理解到是构成实体的本质的东西；所以它必定是凭自身被理解的。”因为实体是凭自身被理解的东西(参看第三条定义)。——“因此我们不能根据属性是多数的，推论出实体是多数的；因为每一个属性都是凭自身而被理解的，并不过渡到另一个，”③——并不为另一个所限制。

丙、“实体是**不可分的**。——(1)如果部分保持着实体的本性， 386
那就会有若干个具有同样本性的实体；这是违背第五个命题的。(2)如果不是如此，无限的实体就不能存在；这是荒谬的。”③

丁、“第十四条命题：除了**神**以外，不能有任何实体，也不能设想任何实体。——既然神是绝对无限的本体，其中的任何一个表

① 《伦理学》，第一部，命题五，第37—38页。

② 同上，命题八，第38—39页。

③ 《伦理学》，第一部，命题十，以及附释，第41—42页。命题十三，第45页。

现实体的本质的属性都是不能被否定的，并且神是必然存在的，那么，如果在神以外有某个实体，这个实体就应当是凭神的某个属性而得到说明”(理解)“的”。因此这个实体并没有它自己的本质性，而是具有着神的本质性，所以它就不是实体。如果它竟是实体，“那就会有两个具有相同属性的实体存在了；按照命题五，这是荒谬的。——由此可以推出，广延的东西(res extensa)和思维的东西(res cogitans)”并不是实体，而是“神的属性或神的属性的变相。”①——这一类的证明是没有多大用处的。

“第十五条命题：一切存在的东西，都存在于神之内，没有神就不能有任何东西存在，也不能理解任何东西。”①

“第十六条命题：从神的本性的必然性必定可以用无限多的方式推出无限多的东西，即一切能够被无限的理智所认识的东西。——所以神是一切的原因。”①——这些都已经包含在定义里了。只要有了这个作基础，就必然推出那一切。——在斯宾诺莎
387 那里，最困难的是在他所作出的那些区别中、在确定的东西中抓住这种确定的东西与神的联系，使它可以保持下去。②

他说，神、实体是由无限属性构成的。这是主要之点。说到这种方法，人们可以把神的无限属性首先理解成无限多的。但是并非如此；斯宾诺莎所认识的、所讲到的倒是只有两个属性。“绝对无限”，按照斯宾诺莎的说法就是积极的，——正如一个圆包含着

---

① 《伦理学》，第一部，命题十四，以及绎理二，第 46 页；命题十五，第 46 页；命题十六，以及绎理一，第 51 页。〔按绎理一斯宾诺莎的原文应译为“神是一切能够被无限的理智所认识的东西的动力因”。——译者〕

② 参看下文第 391 页以下。

完备的、现实的无限性那样。思维和广延就是神所具有的这两个属性:“神是一个思维的东西(res cogitans),因为一切个别的思想都是以一种特定的、一定的方式表现神的本性的样式。所以神具有这样一个属性,一切个别的思想都包含着这个属性的概念,都是凭这个属性而得到理解的。——由于同样的理由,神也是一个广延的东西。”①

这两个属性是怎样从唯一的实体中产生出来的,斯宾诺莎却没有指出,他也没有证明为什么只能有两个。这两个属性和笛卡 388
尔那里一样,就是思维和广延。他还表明这两个属性中的每一个都单独成为完整的总体,所以两个属性所包含的是同样的东西,只不过一次采取着思维的形式,又一次采取着广延的形式。理智理解这两个属性,把它们理解为两个总体;它们是理智据以理解神的两种形式。——广延和思维却并不是真正分开的,而只是外表上分开,因为它们都是整体。属性就是理智在实体的本质上理解到的东西;但是斯宾诺莎却把理智仅仅列入变相。② 这两个名词本身已经包含着整个本质;它们的区别仅仅出现在理智中,作为样式的理智是没有真理性的。——只有一个实体,这个意思已经包含在实体的定义中了;那些证明只不过是一些形式的麻烦话,只能使我们难以理解斯宾诺莎。

关于思维和存在的关系,他是这样说的:这是同一个内容,一次采取着思维的形式,又一次采取着存在的形式。每一个都表现

① 《伦理学》,第二部,命题一至二,第 78—79 页。

② 同上,第一部,命题三十一,证明,第 82 页。

着同一个内容，只不过采取着理智所带来的、属于理智的形式；本质是神，这两个属性是同一个总体。也就是说，同一个实体，从思维属性去看，就是灵明世界，从广延属性去看，则是自然；自然和思维，两者都表现着神的同一本质。这也就像他所说的那样："自然事物的秩序或体系（ordo rerum）是与思想的秩序（idearum）相同的。"[1]——它们并不互相决定，都是有限的：形体并不决定思想，思想也不决定形体。思维实体和广延实体只是同一个实体，有时在这个宾词下被理解，有时在那个宾词下被理解；这是同一个体系。"例如，一个存在于自然界的圆形，与也在神之内的这一存在着的圆形的观念，就是同一的东西"（是同一内容），只不过是"从不同的属性去说明的（explicatur）。因此，我们不管在广延属性下，还是在思维属性下，还是在某个别的属性下去认识自然，都会发现同样的因果联系，即同样的事物系列。圆形观念的形式存在，只有凭借另一个作为最近因的思想样式，才能被认知，而这个思想样式又只能凭借另外一个思想样式才能被认知，如此以至于无穷；所以，*
我们必须仅仅从思想属性去说明整个自然界的秩序或因果联系；
389 如果把事物看成广延的样式，就必须仅仅从广延属性去说明整个自然界的秩序了，——这话也同样适用于其他原因。"[2]这是实体的唯一绝对的发展，一次表现为自然，然后又以思维的形式表现。

---

[1] 《伦理学》，第二部，命题七，第 82 页。

* 黑格尔在此处删去了一句话，依原文应译作："在把事物看成思想的样式的时候"。

[2] 《伦理学》，第二部，命题七，附释，第 82—83 页。〔按最后一句话斯宾诺莎的原文应译作："对于其他的属性我也是这样理解的。"——译者〕

他又以下面的说法重提了这个意思：思维的世界和形体的世界**本来**是同一的，只是采取着不同的形式。但是现在要问：理智是怎么样跑来把这些形式应用到绝对实体上的呢？这两种形式又是从哪里来的呢？——因此他在这里设定了存在与思维的统一，以及存在与广延的统一，于是思维的宇宙本身就是整个绝对的神圣总体，而形体的宇宙也同样是这个总体。所以我们有两个总体；这两个总体本来是同一的，其区别仅仅是不同的属性或不同的理智规定。这就是他的总看法：属性并不是自在的东西，并不是自在的区别。——我们站在更高处说：自然和精神都是理性的；理性并不是一句空话，而是在自身内发展的总体。

思维和广延只不过是这个唯一实体上的两种属性。根据思维与存在本来同一这一点，有人打算立刻引导出无神论来；既然精神性的东西与有形体的东西没有分别，神就被贬低为自然了。但是斯宾诺莎根本没有说神与自然同一，而是说思维与自然同一。而神正是思维与存在的统一；神是统一本身，并不是两者之一。在这
个统一中，思维的主观性的局限性和自然性的局限性都消失了；只 390
有神存在，一切世间的东西都没有真理性。因此我们可以把他的学说体系称为无世界论，这样更合适一些。

没有神就什么都不能存在。斯宾诺莎宣布神具有自由和必然性，他说："神是绝对自由的原因，是不为任何他物所决定的；因为神只是由于他的本性的必然性而存在。除了神的本性的完满性以外，根本没有任何外部或内部的原因驱使他行动。神的那种出于他的本性的规律的威力是必然的、永恒的；凡是出于神的本性、出于神的属性的东西都是永恒的，正如从三角形的本性永远可以推

出三角形的三内角之和等于两直角一样。”神的本质就是神的绝对权力；现实与潜能，思维与存在，都是同一的。神没有他所不能创造的其他思想。“神的本质和神的存在是同一的，——都是真理。”他始终守着这个总的看法：神是不为目的所决定的；各种特殊的目的、思想都在存在物之类的东西〔按指实体〕* 前面消失了。① ——“意志并不是自由的原因，而只是一种必然的原因，只是一种样式；所以它为另一个东西所决定。”①——“神并不按照任何目的因(sub ratione boni)行动。那些主张神按照目的因行动的人，似乎是在神以外设定了一个不依靠神的、神在行动时必须加以注意的东西作为目的。如果这样说，神就不是自由的原因，而是服从命运的了。同样不能容许的是认为一切都服从武断，即神的一种漠不

391 关心的意志。”① 神只为他的本性所决定。所以神的威力就是神的力量(potentia)，这就是必然性。神是绝对的力量，与智慧相对立，智慧是决定目的的，因而也是设定限制的。斯宾诺莎说，每一个规定都是一个否定；我们应当指出，这句话是非常独特的。如果神是世界的原因，那就是说，神也是有限的东西，因为在这里是把世界设定为神以外的他物了。

“神是内在的原因，不是暂时的(transiens)原因”②，即外因。——“一个被决定去做某事的东西，是由神必然地这样决定了

① 《伦理学》，第一部，命题十七，绎理一—二，以及附释，第 51—54 页；命题二十，以及绎理一，第 55—56 页；命题二十一，第 56—57 页；命题三十二，第 63 页。命题三十三，附释二，第 67—68 页。

② 同上，命题十八，第 54 页；命题二十六、二十七，第 59 页；命题二十九，第 61 页。

的,因为神是原因;——这件东西被这样决定了,就无法使自己变成不被决定的。”①——“自然中根本没有偶然的东西。”①

戊、斯宾诺莎进而论述**个别事物**,特别是论述自我意识、“我”的自由。他没有根据绝对实体的概念作出任何证明。关于个体,斯宾诺莎是这样讲的,他把一切事物和局限性都归结到实体,而不止是紧紧抓住个别的东西,——那是否定性。属性不是自为的,而只是理智理解实体的不同方式。第三是样式或变相。事物的**差异**仅仅在于 Modos〔样式〕。关于这些样式,斯宾诺莎说:每一个属性各有两个样式;广延中的样式是**静止**和**运动**,思维中的样式是**理智**和**意志**(intellectus et voluntas)。② 个别的东西本身就系于这些样式;是这些样式把我们所谓个别的东西区别开来。这只是一些变相;与这种区别相联系,因而被特别设定的这种东西,并不是自在的东西。任何变相都只是对我们的,在神以外的;它并不是自 392
在自为的。

最后的这种东西,即样式、变相,斯宾诺莎是把它们包括在 natura naturata〔被动的自然〕项下的。“natura naturans〔能动的自然〕是从自由原因这个角度看的神,因为神是在自身内并凭自身而被理解的;同时也是实体的那些表现无限、永恒的本质性(essentiam)的属性。我把 natura naturata〔被动的自然〕理解为一切出于神的本性的必然性的,或者出于神的任何一个属性的东西,即神的属性的一切样式,这是就样式被看成事物而言,事物是在神

---

① 《伦理学》,第一部,命题十八,第 54 页;命题二十六、二十七,第 59 页;命题二十九,第 61 页。

② 同上,命题三十二,证明与绎理二,第 63 页。

中、没有神就既不能存在，也不能被理解的。”①并没有什么东西出于神，而是一切事物都仅仅返回到神，如果从事物出发的话。

这些就是斯宾诺莎的一般形式、主要理念。我们还要讲几个比较特殊的形式。他给样式、理智、意志①、情感①、快乐、忧愁①下了字面的定义。我们看到他对**意识**作了详细的考察。他的过程是极其简单的，简直可以说根本没有过程；他是径直从 mens〔心灵〕开始的。

“**人**的本质是由神的属性的某些样式构成的（essentia hominis constituitur）。”这些样式是与我们的理智相联系的东西。“所以，当我们说**人的心灵**觉察到这个或那个东西的时候，意思无非是说，神具有这个或那个观念，这并不是就神是无限的而言，而是就神通
393 过人的心灵的观念而表现出来而言*。当我们说，神具有这个或那个观念，这不仅是就神构成人的心灵的观念**而言，而是就神与人的心灵同时具有另外一件东西的观念而言，那时我们就是说，人的心灵是部分地或不恰当地觉察到这件东西。”②真理是恰当的东西。②当内容以人的心灵的形式确立起来的时候，这个内容就是人的知觉，人的知觉是神的变相；凡是被我们视为存在、加以区别的东西，都只是样式。一切特殊的东西都是外在理智所理解的东西。——贝尔嘲笑这一点，由此推出土耳其人是神的变相，奥地利

---

① 《伦理学》，第一部，命题二十九，附释，第 61—62 页；命题三十一三十二，第 62—63 页；第三部，定义三，第 132 页；命题十一，附释，第 141 页。

* 斯宾诺莎原文多一句：“或者就神构成人的心灵的本质而言。”

** 黑格尔把原文 naturam（本性）译成了 Idee（观念）。

② 《伦理学》，第二部，命题十一，证明和绎理，第 86—87 页；定义四，第 77—78 页。

人打内战也是神的变相。①

“凡在构成人心灵的观念以之为对象的东西里发生(contingit)的事情,都必定被人的心灵觉察到,也就是说,在心灵里面必然有一个关于这件事情的观念。换句话说,如果构成人心灵的观念以之为对象的东西是一个**形体**,这个形体中就不能发生任何不被心灵觉察到的事情。”②

他在人的意识中是这样考察思维与广延的关系的:“构成人心灵的观念以之为对象的东西”——说得更清楚一点就是客观的东西——“是形体,或广延的一种特殊存在方式(certus modus)。——否则,那些关于形体的感受的观念就不因为神构成我们的心灵而在神之内,而是另外一种东西的观念了;这样,关于我们身体的各种感受的观念就也不在我们的心灵中了。”③使我们难以理解斯宾

诺莎学说的混乱之处就在于:(1)思维与存在的绝对同一;(2)它们 394

彼此之间绝对不相干,因为它们各自表现神的整个本质。形体与意识的统一是这样一种统一,即它们是同一个实体;作为个人,乃是一种特殊的存在样式。实体是绝对的实体;个人是实体的一个样式,个人的意识是对形体的各种规定的表象,正如身体为外物所激动一样。④“心灵只有凭着知觉到关于身体的各种感受的观念,才能认识自己,”④——它所拥有的只是关于其身体的各种感受的

① 《历史的和批判的词典》(1740年版,第四册),“斯宾诺莎”条,第261页,注N,第四。

② 《伦理学》,第二部,命题十二,第97—98页。

③ 同上,命题十三,第88页。

④ 同上,附释,第89页;以及命题十四,第95页;命题二十三,第102页;命题五,第80—81页。〔按斯宾诺莎的原文,“或事物”应为“或被知觉的事物”。——译者〕

观念；这观念就是那种结合，这一点我们马上就会看到。——“无论关于神的各种属性的观念，还是关于个别事物的观念，都不承认被表象的东西本身或事物是它们的动力因，而承认作为思维者的神本身是它们的动力因。”①“广延是与思维不可分地结合在一起；所以，凡是出现在广延中的东西，必定也出现在意识中。”②我们在这里看到了一种分辨；单纯的同一，即绝对中的毫无区别，是他所不能满意的。

关于**个体**，即个别性本身，斯宾诺莎是这样规定的，他认为个体是这样一回事：“如果有一些形体”——规定就是否定——，“具有同样的或不同的大小，受到了限制”（或压制），“因而互相挤在一起，或者是它们以同样的或不同的速度运动，因而以某种方式把它们的运动互相传递，那我们就说，那些形体彼此合而为一了，全都
395 合起来构成一个形体或个体了，通过若干形体的这一结合，这个个体就与其余的个体区别开来了。”③

在这里，我们已经到了斯宾诺莎学说的边界上；他的缺点在这里向我们显示了出来。个体化，单一，是一个单纯的结合，是波墨的我性（Ichts）的反面：④只是普遍性、思维，不是自我意识。如果

① 《伦理学》，第二部，附释，第 89 页；以及命题十四，第 95 页；命题二十三，第 102 页；命题五，第 80—81 页。〔按斯宾诺莎的原文，“或事物”应为“或被知觉的事物”。——译者〕

② 布勒：《近代哲学史》，第三册，第二篇，第 524 页。

③ 《伦理学》，第二部，定义，第 92 页。〔按斯宾诺莎的原文译出应为：“定义七：我把个体事物理解为有限的、并且具有一种特定的存在的事物。如果有若干个体协同做出一个动作，因而同时都是同一个结果的原因，那么，从这一点来看，我就把这些个体合起来看成一个个体事物。”——译者〕

④ 参看上文第 315—317 页。

我们在从全体去考察以前，先从另一个方面，即理智那一方面去看，那么，全部区别就落在理智中，并不是推演出来的，而是本来如此。所以像我们已经看到的那样，“现实的理智(intellectus actu)，也和意志、欲望、爱一样，是属于被动的自然，并不属于能动的自然的。——因为不消说，我们并不把理智理解为绝对的思维，而是只把它理解为思维的一种特定方式，即一个样式，这个样式与其他的样式如欲望、爱等等是有区别的，因此必定要凭借绝对的思维才能被理解，亦即必定要凭借神的一个属性，这个属性是表现一种永恒、无限的思维本质性(essentiam)的；所以，理智是不能凭自身存在，也不能凭自身被理解的，思维的其他各种样式也是一样”，①——如意志、欲望等等。——斯宾诺莎不知道有一种形式的无限性，与僵硬的实体的无限性不同。需要的是把神认作本质的本质，认作普遍的实体、同一，而又把差异维持住。

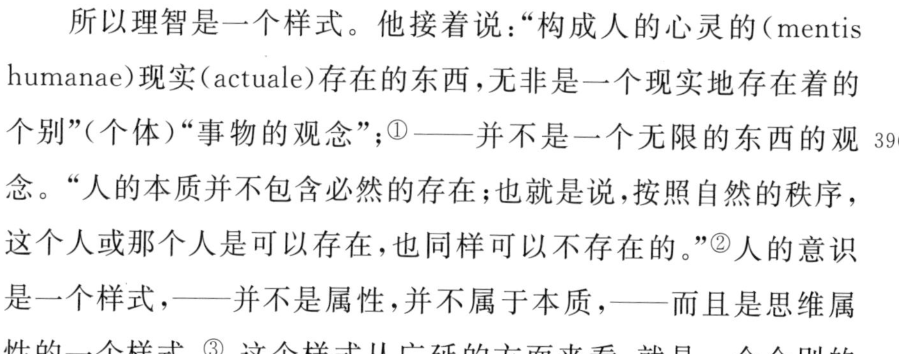

所以理智是一个样式。他接着说：“构成人的心灵的(mentis humanae)现实(actuale)存在的东西，无非是一个现实地存在着的个别”(个体)“事物的观念”；①——并不是一个无限的东西的观 396
念。“人的本质并不包含必然的存在；也就是说，按照自然的秩序，这个人或那个人是可以存在，也同样可以不存在的。”②人的意识是一个样式，——并不是属性，并不属于本质，——而且是思维属性的一个样式。③ 这个样式从广延的方面来看，就是一个个别的

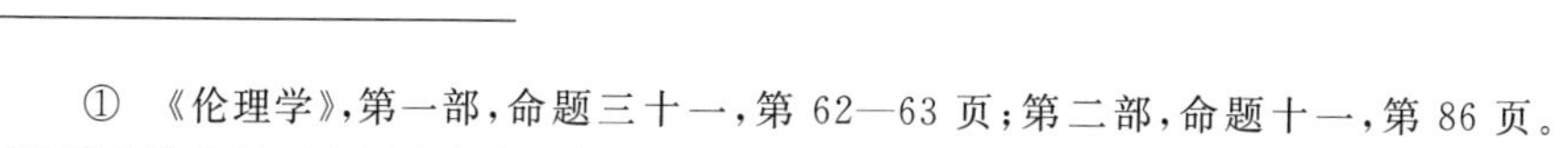

① 《伦理学》，第一部，命题三十一，第62—63页；第二部，命题十一，第86页。〔按斯宾诺莎的原文译出应为：“构成人的心灵的现实存在的最初成分……”——译者〕

② 《伦理学》，第二部，公理一，第78页。

③ 同上，命题十一，证明，第86—87页；命题十，第85页；命题六，第81页；第三部，命题二，第133—134页。

形体，它是个体，也就是说，是由许多东西结合起来的。这两者是同一个同一性。但是，形体并不是意识的原因，意识也不是形体的原因，在这里，有限的原因只是同类的东西之间的联系；形体为形体所决定，观念为观念所决定。[①] 凡在意识中的东西，也在广延（形体）中；凡在广延中的东西，也在意识中。“身体既不能决定心灵去思维，心灵也不能决定身体去运动、静止或做别的事情。——因为思维的一切样式都以神为原因，这是就神是一个 res cogitans〔思维的东西〕而言，并不是就神通过另一个属性表现出来而言。因此，决定心灵去思维的东西是思维的一个样式，并不是广延的一个样式。形体的运动和静止必定是来自另外一个形体的。”[①]

布勒给斯宾诺莎的观点作了一个撮要：“灵魂在肉体中感知一切它发觉在它的肉体以外的**他物**；它只有通过肉体对他物感到的那些性质的概念，才能发觉他物。因此，肉体所不能感知的事物的
397 性质，也是灵魂所不能发觉的。另一方面，灵魂也不能发觉它自己的肉体；它不知道肉体存在，它也不能以别的方式认识它自己，只能凭借肉体所感知的身外物的性质，并凭借这些性质的概念。因为肉体是一个以某种方式被规定的个别事物，这个事物只能跟随着、伴同着、依附着另一些个别事物而达到存在，也只能跟随着、伴同着、依附着这些事物而保持其存在”，——永无止境，并不能凭自身而被理解。

“灵魂的意识表现着一个概念的”（ideae）“某一特定形式”

① 《伦理学》，第二部，命题十一，证明，第 86—87 页；命题十，第 85 页；命题六，第 81 页；第三部，命题二，第 133—134 页。

(modus),“正如概念本身表现着一个个别事物的一种特定形式一样。而个别事物及其概念以及这个概念的概念完完全全是同一个ens〔存在物〕,只是从不同的属性来看的。”

“因为灵魂无非是肉体的直接概念,与肉体是同一个东西,所以灵魂的优越性绝不能是别的优越性,只能是肉体的优越性。理智的各种能力无非是身体的表象能力,意志的决定也同样无非是身体的规定。”

“个别事物是以一种永恒的、无限的”方式——同时而且一次地——,“而不是以一种暂时的、有限的、临时的方式从神中发生的。它们只是此由彼生、彼由此生,因为它们是互相产生、互相消灭的;它们在**永恒**的存在中,始终不变地坚持着。”

“一切个别事物都是互为前提的,这一个没有那一个就不能被思维到;也就是说,它们合起来构成一个不可分割的整体;它们是在一个绝对不可分的、无限的东西里,而且不以任何别的方式共同存在在那里。”①——

斯宾诺莎从普遍者实体往下降,通过特殊者、思维和广延,达 398
到个别者(modificatio〔变相〕)。他有三个环节,也就是说,这三个环节对于他来说是基本环节。但是他并不把个别性所寄托的样式看成本质的东西,他的样式在本质中并不是本质本身的一环;而是消失在本质中了,也就是说,他并没有把样式提高到概念。思维只有普遍者的意义,没有自我意识的意义。他在本质中去掉了自我意识这一环节。这一个**缺点**,一方面,引起了人们对斯宾诺莎体系

① 布勒:《近代哲学史》,第三册,第二篇,第525—528页。

的激烈反对，因为它取消了人的自我意识的自为存在，即所谓自由，也就是说，正好取消了自为存在这一空洞的抽象物，这样一来，也就把与自然和人的意识相区别的神取消了，把自在的、处在绝对状态中的神取消了；但另一方面，在哲学上也有不能令人满足之处，这就是说，斯宾诺莎正好没有真正认识到否定的东西。思维是绝对抽象的东西，正因为如此，乃是绝对否定的东西；它本来是这样的，但是斯宾诺莎却没有把它当成绝对否定的东西。

在现代，人们也是把区别放在绝对本质以外。有人说“这样来看的、从这个方面来看的绝对”；——这就是把“方面”放在绝对以外了。只从某个方面来看，不看自在的东西，这也是反思的观点。这个缺点看来是这样的：从有差别的各个方面来看，否定的东西乃是必然性；概念本来是否定的，乃是它的统一性的否定面，它的一分为二。这样，从单纯的普遍者就认识到了实在的东西，即分裂为二的东西、对立的东西本身；然而在斯宾诺莎那里正好找不到这个必然性。斯宾诺莎是把绝对实体、属性、样式当作一个跟着一个的定义，把它们当作现成的东西，而不是让属性从实体里产生出来，
399 样式从属性里产生出来。特别是在属性方面没有必然性，属性恰恰就是思维和广延。我们已经指出过，斯宾诺莎是把属性当作现成的东西；实体具有无限的属性。是无限多吗？“形体的观念里只包含这两个属性，并不表现其他的属性。它所表象的形体是在广延属性下被考察的；这个观念本身就是 modus cogitandi〔思维的样式〕。”①我们看到这两个属性现成地摆在那里。

① 《书信》，第六十六封，第 673 页。

斯宾诺莎在无限者中详细地描述了概念的概念，比别处更详细。他认为无限者并不是这个设定，也不是越出这个设定，即感性的无限性，而是绝对无限性，是肯定的东西，它当下此刻就在自身中完成了一种绝对的众多性。例如线由无穷多的点构成；它是无限的，——它又是一条有限长的线，是肯定的，在这里的，没有彼岸的，现实的。无穷多的点是没有完成的，有彼岸的，那彼岸在这条线里完成了；它被召回到统一里了。他的那些定义里也同样包含着无限者，例如“自因”就被定义为“在它的概念中包含着存在的东西”。概念和存在是彼此互为对方；但是自因、这个“包含”却正好把这一对方纳回到统一里。又如：“实体就是在自身内并且凭自身而被理解的东西”，情形也是一样。概念和存在是在统一中；它既在自身内，又在自身内具有自己的概念：它的概念就是它的存在，它的存在就是它的概念。这是真正的无限性；无限性就出现在这里。但是斯宾诺莎并没有意识到这一点，并没有把这个概念看成绝对概念，并没有宣布它是本质本身的一个环节，而是把它放在本质以外，放到关于本质的思维里去了。

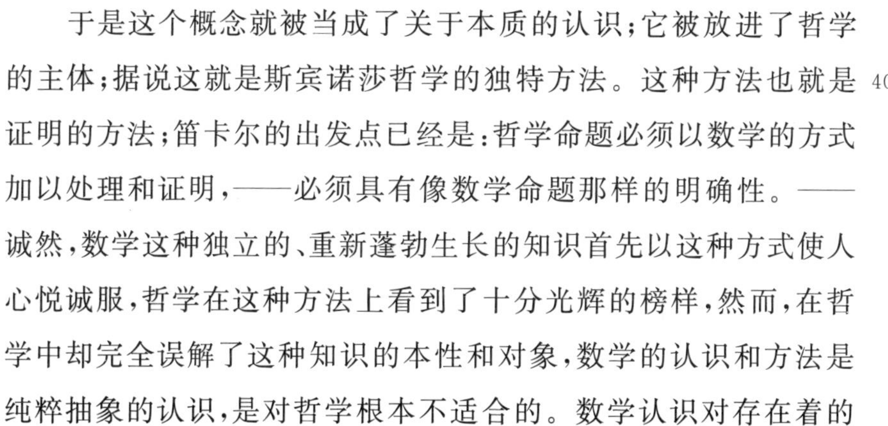

于是这个概念就被当成了关于本质的认识；它被放进了哲学的主体；据说这就是斯宾诺莎哲学的独特方法。这种方法也就是 400
证明的方法；笛卡尔的出发点已经是：哲学命题必须以数学的方式加以处理和证明，——必须具有像数学命题那样的明确性。——诚然，数学这种独立的、重新蓬勃生长的知识首先以这种方式使人心悦诚服，哲学在这种方法上看到了十分光辉的榜样，然而，在哲学中却完全误解了这种知识的本性和对象，数学的认识和方法是纯粹抽象的认识，是对哲学根本不适合的。数学认识对存在着的

对象本身提出证明，它的对象根本不是概念性的东西；数学根本没有概念，而哲学的内容却是概念和概念性的东西。关于这种证明的方式，我们已经看到了一些例子：(1)他从一系列的定义开始，如自因、有限者、实体、属性、样式等等，——和数学里一样，例如几何学里就是从线、三角形等等开始的，——而并不证明这些个别规定的必然性。(2)然后是一些公理。“存在的东西是要么在自身内，要么在他物内。”[1]甲、“在自身内”和“在他物内”这两个规定的必然性，他并没有指出来；乙、他也同样没有指出这个选言判断的必然性，而只是把它假定了下来。(3)他那些命题，作为命题，是具有着一个不相等的主项和宾项的。如果宾项为主项所证明，必然与主项相结合，这就保持着不相等的情况，因为把一个普遍的东西联系到另一个特殊的东西上去了；所以，尽管对这个联系、结合作出
401 了证明，却同时也存在着次要的联系。数学在关于一个整体的真命题中，辅之以对命题的反证，从而排除命题的特定性，因为它给予每个部分两个命题：甲、真命题可以当作定义看待；乙、反命题则是习惯说法的证明。

然而这种辅助办法真正说来哲学是不能使用的，因为哲学上证明为某物的那个主项本身只是概念或普遍者，所以命题的形式完全是多余的，因而是不妥的。具有主项形式的东西，是以一个存在者的形式与普遍者(即命题的内容)对立的。存在者具有表象的意义，——我们对于日常生活中的用语具有一种无概念的表象。一个反命题无非意味着：概念是这种表象的东西，也就是说，名称

① 《伦理学》，第一部，公理一。

是对的，——习惯的说法表明，我们在日常生活中对此是这样了解的。这并没有什么哲学意义。如果命题不是一个这样的命题，而是一句通常的话，宾项不是概念，而是某个一般的普遍者，是主项的一个宾项，那么，下面这样的命题真正说来就不是哲学命题，例如：实体是一个、并非多个，而仅仅是实体性与唯一性统一的东西。这就是说，提出这两个环节统一的那个证明，所要证明的恰恰就是这个统一；这个统一是概念、本质。因为命题里包括了这个概念，所以这个概念必定是从一个先行的命题里拿来的；因此我们看到，通常的证明都是从某处取来一个中介概念、一种联系，就像进行分类时要从某处取来一个划分的根据那样。所以看起好像命题是主要的东西、是真理似的。我们必须追问这个命题是不是真的；在证明中，只是从别处寻求根据。

如果在这种所谓命题里面，主项和宾项由于一个是个别者，另一个是普遍者，实际上是不相等的，那么，它们的联系就是本质的， 402
就是它们合而为一的根据。(1)证明有一个错误的提法，好像那主项是自在的似的，主项和宾项本身是消融在根据里的环节；在“神是唯一的”这个判断中主项本身是普遍的，那个主项消融在唯一性中了。(2)有了这个错误提法，证明就是从别处取来根据，就像数学上从一个先行的命题取来根据那样，命题就不是凭自身而被理解的；它仿佛是次等的东西似的。作为命题的结论应当是真理，然而只是认识。(3)作为证明的认识活动被放在应当是真理的命题以外。

这个否定的自我意识的环节——即在这个被思维的东西上进行的认识活动——是这个内容所没有的东西，是内容以外的东西，是在自我意识范围内的。换句话说，这个内容是思想，但不是自我意识到的思想、概念；这内容虽具有着思维的意义，但这种思维是纯粹的、抽象的自我意识，是脱离个别者的、没有理性的认识；它并没有自我的意义。——所以情形和数学里一样；斯宾诺莎虽然对此作出了证明，人们不能不信服，但是人们并不理解其实质。这种证明的必然性里缺少自我意识的环节，是一种凝固的必然性；自我消失了，在证明中完全放弃了自身，耗尽了自身，正如斯宾诺莎本人在证明中耗尽了精力而死于痨病一样。

3. 我们现在还应当谈谈斯宾诺莎的道德学；掌握伦理的东西，是一件主要的事情。他的主要著作叫《伦理学》；其中有一部分论述伦理和道德。（他从关于神的命题开始，并不像笛卡尔那样接着讲自然，而是立刻过渡到人和伦理。）道德的原则无非就是：有限的

403 精神在道德中拥有自己的真理，因而只要它的认识和意愿以神为归依，只要它获得了真观念，他就是道德的，因为唯有真观念才是神的知识。我们可以说，没有比这更崇高的道德学了，因为唯有这种道德学要求对神具有一个明晰的观念。

他谈到了各种**情感**。理智和意志是样式，是有限的东西。——“关于自由的看法，是建立在这样的基础上，即人们并不认识那些决定自己的行为的原因。”①“意志（volitio）的规定和观念是同一的东西。”①——“任何东西都努力保持自己的存在。这种努力就是

① 《伦理学》，第一部，附录，第69页；第三部，命题二，附释，第136页；第二部，命题四十九，第123页；第三部，命题六—八，第139—140页。

存在本身；它只表现在一段不确定的时间里。”①“〔这种努力如果单独与心灵相联系，就是意志；〕* 这种努力如果同时与心灵和身体相联系，就是 appetitus〔欲望〕。”②——“情感是一个混淆的观念；因此我们越认识情感，也就越能克制情感。”②——情感是混淆的、局限的（不正确的）观念，它对人的行为的影响造成了人的**被奴役状态**；③被动的情感中最主要的就是**快乐**和**忧愁**。③只要我们自己是〔自然的〕一部分，我们就处在烦恼和不自由的状态中。③

“我们的**幸福**和**自由**寄托在一种对于神的持久的、永恒的爱上；”④“它出于心灵的本性，因为心灵的本性是通过神的本性而被 404
看成永恒真理的。”④——“人越是认识神的本质，越是爱神，就越不受恶劣情感的困扰，越不怕死。”⑤——斯宾诺莎为此要求人们采用真正的认识方式，sub specie aeterni〔在永恒的形式下〕、以绝对正确的概念亦即在神中去思维一切。人应当把一切归结到神，神是一切中的一；**所以**斯宾诺莎主义是无世界论。没有比斯宾诺莎的道德学更纯洁、更崇高的道德学了；人在自己的行为中只是以

---

① 《伦理学》，第一部，附录，第 69 页；第三部，命题二，附释，第 136 页；第二部，命题四十九，第 123 页；第三部，命题六—八，第 139—140 页。

* 第 275 页。

② 《伦理学》，第三部，命题九，附释，第 140 页；第五部，命题三，以及绎理，第 272—273 页；布勒：《近代哲学史》，第三册，第二篇，第 553 页。

③ 同上，命题一，第 132 页；命题三，第 138 页；第四部，序，第 199 页；第三部，命题十一，附释，第 141—142 页；第四部，命题二，第 205 页；第三部，命题三，附释，第 138 页。〔“自然的”三字据斯宾诺莎《伦理学》原文增补。——译者〕

④ 同上，第五部，命题三十六，附释，第 293 页；命题三十七，证明，第 294 页。

⑤ 同上，命题三十八，以及附释，第 294—295 页；命题十四，第 280 页。

永恒的真理为目的。“心灵可以使自己把身体的一切感受和关于事物的一切表象都归结到神”；①因为“一切存在的东西，都存在于神中，没有神就什么都不能存在，也不能被认识”。② ——“心灵只要把万物都看成必然的，就有了克制情感的更大力量”，②情感是任意的、偶然的。这就是**心灵返回到神**；这就是人的自由。“一切观念，只要与神相联系，就是真的。”③

有**三种**认识方式：“(1)通过感官以一种支离破碎、毫无条理的方式从个别事物取得的认识，以及从符号、表象、回忆获得的认识，——就是意见和想象；(2)普遍的概念和对于事物特性的正确观念；(3)scientia intuitiva〔直观认识〕，从关于神的某些属性的形式本质的正确观念进而达到对事物本质的正确认识。”④——“理
405 性的本性就在于把事物并不看成偶然的，而看成必然的，也就是说，sub specie aeterni〔在永恒的形式下〕考察事物。因为事物的必然性就是神的永恒本性的必然性。”④——“一个个别事物的每一个观念都必然包含着神的永恒无限的本质。因为个别事物是神的一个属性的样式，所以它们必定包含着神的永恒本质。”④只有神的永恒本质存在；心灵并没有自由，因为它是样式，是他物所决定的。

“从第三种认识方式中产生出**心灵的宁静**；精神的至善就是认

① 《伦理学》，第五部，命题三十八，以及附释，第294—295页；命题十四，第280页。

② 同上，第一部，命题十五，第46页；第五部，命题六，第275页。

③ 同上，第二部，命题三十二，第107页。

④ 同上，命题四十，附释二，第113—114页；命题四十四，以及绎理二，第117—118页；命题四十五，第119页。

识神，这就是它的最高**美德**”，①它的目的。“我们的心灵在永恒的形式下认识自己和形体的时候，必然具有着对神的认识，并且知道自己是在神中，是凭借神而被理解的。”①这并不是哲学知识；这只是对于一个真实的东西的认识。“从这种认识里必然产生出**对于神的理智的爱**；因为伴随着原因或神的观念必然产生一种愉悦之感，——这就是对于神的理智的爱。”①——“神以一种无限的理智的爱爱他自身。”①因为神只能以自身为目的、为原因；主观精神的使命就是向往神。——这是最高的道德学，也是普遍的道德学。

斯宾诺莎在第三十六封信里谈论**恶**。有人主张，神既然是一和一切的创造者，就也是恶的创造者，甚至是恶的；在这个同一中，一切是一，善与恶本来是同一的，在神的实体中善恶的区别消失了。斯宾诺莎说，“我断言，神绝对是、真正是（作为自因）一切包含 406
一种本质（即积极的实在性）的、肯定的东西的原因，他愿意是什么，就可以是什么。如果你能够向我证明，恶、错误、罪等等是表现一种本质的东西，我愿意向你完全承认，神是罪、恶、错误等等的创造者。可是我已经充分指出过，恶的形式并不能存在于表现一种本质的东西里面，因此不能说，神是恶的原因。”恶只是否定、欠缺、局限、有限性、样式，——并不是本身真实的实在物。“尼禄弑母这件事，就其包含某种积极性来说，并不是犯罪。因为俄累斯特曾经做出过同样的外在行为，同时抱着同样的意图弑母，却并没有被控”，等等。尼禄的意志、观点、行为是肯定的东西。“那么尼禄的

① 《伦理学》，第五部，命题二十七，第287—288页；命题三十，第289页；命题三十二，绎理，第291页；命题三十五，第292页。

罪行何在呢？无非在于他被证实为忘恩负义、残酷无情、桀骜不驯。可是这一切确实并不表现任何本质，所以神并不是这些事情的原因，虽然他是尼禄的那种行为和意图的原因。”[①]那是积极的东西，并不造成犯罪行为；那种消极的东西（残酷无情等等）则造成犯罪行为。

恶之类的东西只是欠缺性的东西。“我们知道，每件东西，就它本身来看，不顾及他物，都包含着一种完满性，一件东西的完满性有多大，这件东西的本质就有多大；因为本质即完满性，并非他物。”[①]“因为神并不抽象地考察事物，也不抽象地制定普遍的定
407 义”（即事物**应当**是什么），“神授予事物的实在性，并不多于神的理智和力量已经授予和实际授予事物的，由此可见，这样一种欠缺的存在完全只是就我们的理智来说，而不是就神来说的”；[①]因为神是绝对实在的。这话虽然说得很好，却不能使人满足。这样，神和我们的理智就是不同的。它们的统一在哪里？怎样理解这个统一？

斯宾诺莎的普遍实体违背了主体的自由的观念；因为“我”是主体、精神等等，——而斯宾诺莎认为特定的东西只不过是样式。这种违背包含在斯宾诺莎体系的内部，引起了人们对这个体系的不满；因为人意识到自己是自由的，是作为肉体的否定物的精神性的东西，是与自己所固有的肉体本来处在对立状态中的。这一点曾经为神学和常识所坚持；这种对立首先就在于像人们所说那样，

---

① 《书信》，第三十六封，第 581—582 页；第三十二封，第 544 页；第三十二封，第 543 页。

自由是实在的，罪恶是存在的。但是不能把罪恶解释成样式；因为否定性的环节是这个凝固的唯一实体所缺乏、所欠缺的。因此这种对立就在于像人们所说那样，与肉体有区别的精神是实体性的、实在的、存在的，并非仅仅是否定；自由也是一样，它并非仅仅是欠缺性的东西。人们用这种现实性来对抗斯宾诺莎主义；这一点在形式的思维中是正确的。这种现实性，从一方面说，是以感情为基础，但是更进一步说，却在于理念本质上就包含着运动、活跃，即自由的原则，因而包含着精神活动的原则，一方面，斯宾诺莎的缺点
被理解为不符合现实，但是另一方面，却应当用更高的方式来理解 408
它，看清斯宾诺莎的实体只是完全抽象的观念，并不是生动活泼的。——我可以再从斯宾诺莎那里举出许多特殊的命题来；这些命题是非常形式的，老是重复着同样的东西，缺乏无限的形式、精神性和自由。我在前面[①]已经指出过，鲁路斯和布鲁诺曾经企图建立一个形式的体系，来说明那个把自己组织成宇宙的唯一实体；斯宾诺莎放弃了这个意图。

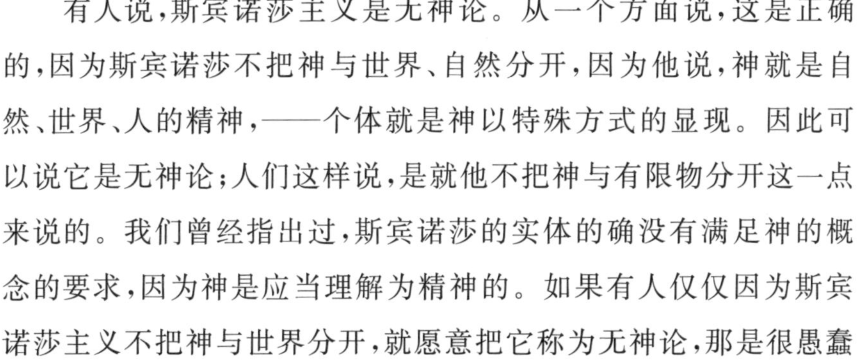

有人说，斯宾诺莎主义是无神论。从一个方面说，这是正确的，因为斯宾诺莎不把神与世界、自然分开，因为他说，神就是自然、世界、人的精神，——个体就是神以特殊方式的显现。因此可以说它是无神论；人们这样说，是就他不把神与有限物分开这一点来说的。我们曾经指出过，斯宾诺莎的实体的确没有满足神的概念的要求，因为神是应当理解为精神的。如果有人仅仅因为斯宾诺莎主义不把神与世界分开，就愿意把它称为无神论，那是很愚蠢

① 参看上文第197—198、235—244页。

的，我们倒是也同样可以把他称为无世界论者。斯宾诺莎主张，我们所谓的世界是根本没有的；世界只不过是神的一个形式而已，并不是自在自为的东西。世界并没有真正的实在性，而是一切都被投进了唯一的同一性这个深渊。所以并没有什么东西具有着有限的实在性，有限的实在性是没有真理性的；在斯宾诺莎看来，只有神才是存在的东西。斯宾诺莎主义是与通常意义下的无神论相去甚远的，但是在不把神理解为精神这个意义下，它却是无神论。然
409 而，有许多神学家也是无神论者，他们只把神称为全能的、最高的本体等等，却不肯认识神，而承认有限的东西是真实的；这种人更坏。

“虽然正直的人（即具有一个明晰的神的观念、一切行为和思想都朝着神的观念的人）所做的事情，和恶人（即没有神的观念、只有世俗事物的观念”——即个别的、个人的兴趣和意见——“行为和思想朝着这些观念的人）所做的事情，以及一切存在的东西，全都是由神的永恒法则和意旨必然产生出来的，并且都继续依靠神来维持，但是这些东西彼此之间的差别却不是程度上的，而是本质上的；例如，小老鼠、天使、忧愁、快乐全都依靠神，但是小老鼠却不能与天使和忧愁是一类”，①——它们是在本质上不同的。

有人谴责斯宾诺莎的哲学扼杀了道德，这是无稽之谈；我们确实从这种哲学里得到了一个崇高的结论，即一切感性的东西都只是限制，只有唯一的真实实体是存在的，人的自由就在于向往这个唯一的实体，并在思想和意愿方面以这个永恒的太一为归依。不

① 《书信》，第三十六封，第582页。

过，这种哲学只把神看成实体，而不看成精神，不看成具体的，倒是确实应当受到责备。因为这样一来也就否定了人的灵魂的独立性，而基督教却认为每一个个人都是注定要享天福的。与此相反，在斯宾诺莎的哲学里，精神性的个体却只是一个样式、一种偶性，而不是一个实体性的东西。另一个形式方面的缺点前面已经指出了。

否定和欠缺是与实体不同的；因为斯宾诺莎虽然设定了个别 410
的规定，却并不是把它们从实体推演出来。否定的东西是(1)作为虚无而出现(绝对中并无样式)；哲学是在永恒的形式下考察它，也就是说，是真实地、in se〔在本身中〕、在实体中考察它；这就是说，在实体中根本没有它，只有它的消解、它的返回，并没有它的运动、变化和存在。(2)否定的东西正是被理解为消逝的东西，并非自在的东西，只是被理解为个别的自我意识，并不是被理解为波墨的Separator〔分离者〕。[①] 自我意识只是从这个汪洋大海里诞生的，从这个大海往下滴，也就是说，绝不能达到我性；心、自为的存在被滴穿了——缺少的是火。(斯宾诺莎的纯粹思维并不是柏拉图的素朴的共相，而是与概念和存在的绝对对立一同为大家所知悉的。)

这个缺少的东西必须补上。它就是自我意识的环节：(1)作为意识，它有一个对方，——即实在；(2)自为的存在。它有这两个方面：(1)客观的方面，绝对本质在自身内保有着一种意识对象的方式，也就是说，被斯宾诺莎理解为样式的存在物本身，上升为客观实在而作为绝对自身的绝对环节；(2)自我意识，个别性，自为的存

① 参看上文第315—317页。

在。前者落到了一个英国人手里，后者落到了一个德国人莱布尼茨手里，——那个英国人并没有把前者看成环节，莱布尼茨也没有把后者看成绝对概念；那个英国人就是约翰·洛克。我们看到，这个特殊者在洛克和莱布尼茨那里出头露面，大显身手。——斯宾诺莎只考察这些表象，这些表象的顶峰就是没入唯一的实体之中，洛克则研究这些表象的发生。反之，莱布尼茨则与斯宾诺莎相反，
411 提出了个体的无限众多，虽然那些单子都是以一个太上单子为根本*的。因此他们两人都是以与斯宾诺莎的上述片面性对立的姿态出现的。

3. 马勒伯朗士

斯宾诺莎主义是笛卡尔主义的完成。**马勒伯朗士**介绍笛卡尔哲学时所采取的形式，是一种与斯宾诺莎主义站在一边的形式，也是笛卡尔哲学的一种完备的发展；这是另外一种虔诚的神学形式的斯宾诺莎主义。由于采取了这种形式，他的哲学并没碰到斯宾诺莎所遭受的那种攻击；因此马勒伯朗士也没有被斥为无神论。

尼克拉·马勒伯朗士 1638 年生于巴黎。他体弱多病，身体发育不良，因此受教育时是娇生惯养的。他生性畏怯，喜爱孤独；22 岁时参加一个僧团，叫做 congrégation de l'oratoire〔讲坛会〕，献身于科学。他在经过一家书店的时候，偶然看到了笛卡尔的著作 *De homine*〔《论人》〕；他读了这本书，很感兴趣，读时心跳不已，不得不中止阅读。这件事起了决定性的作用；它在他的心里唤起了

---

* Grundwesen/the basis of their Being.

对于哲学的最坚决的喜爱。他是一个具有最高尚、最温和的性格和最纯洁、最坚定的信仰的人。1715 年他死于巴黎，享年 77 岁。①

他的主要著作题为 *De la recherche de la vérité*〔《真理的探求》〕。这部书中有一部分完全是形而上学的；更大的部分却完全是经验的，例如他就从逻辑和心理学的角度讨论了视觉、听觉、想 412
象力和理智中的各种错误；②最重要的是他关于我们知识起源的看法。

他说："灵魂的本质在思维中，就像物质的本质在广延中一样。其余的东西，如感觉、想象和意志，都是思维的变相。"② 他从二开始，这是两者之间的绝对鸿沟。他把笛卡尔关于神在认识中进行帮助的观念加以细致的发挥。他的主要思想是："灵魂不能从外界的事物得到它的各种表象和概念。"因为只要自我和事物一旦绝对彼此独立，没有任何共同之点，它们就绝不能彼此发生关系，因而也就不能是彼此互为对象。"形体是不可入的；它们的各种形象在形成器官的过程中会互相摧毁。"③思维是怎样与有广延的东西结合到一起的呢？这永远是一个主要问题。有广延的、多数的东西既然是单纯的精神的对立物，是与精神互相外在的，又是怎样到精神里来的呢？但是此外"灵魂也不能由自身产生出观念"，④"观念也不能是天赋的；"⑤"奥古斯丁说过：'你们不要说，你们自身就是

① 布勒：《近代哲学史》，第三册，第二篇，第 430—431 页。

② 《真理的探求》（巴黎 1736 年版），第一—三卷；第二册，第三卷，第一部，第一章，第 4—6 页；第一册，第一卷，第一章，第 6—7 页。

③ 《真理的探求》，第二册，第三卷，第二部，第二章，第 66—68 页。

④ 同上，第三章，第 72 页。

⑤ 同上，第四章，第 84 页。

你们自己的明灯。'"①

而他的结论则是我们仅仅在神中认识一切外物："我们在神中看一切事物"，——神本身是我们与事物之间的联系；神是事物与思维的统一。"神对一切具有观念，因为他创造了一切。神通过他的全在与众多的精神极其紧密地结合在一起。所以神是众多精神的所在地"，是精神的普遍者，"正如空间"是普遍者、"是形体的所
413 在地一样。因此灵魂是在神中认识到在神里面的东西"，即形体，"这是就神创造了"（即表象了）"创造物而言，因为这个一切是精神性的、灵明的、呈现在灵魂面前的"。② 在神中事物是灵明的、精神性的，而我们也是灵明的；因此我们是在神中直观事物，因为事物是在神中作为灵明的东西而存在的。——如果对这一点作进一步的分析，就可以看出，这与斯宾诺莎主义并没有分别。马勒伯朗士以通俗的方式让灵魂和事物也作为独立的东西存在着。但是如果我们进一步抓住他的基本原则，这种独立的东西就烟消云散了。"神是全在的"；如果我们把这个全在加以发展，那它就要走上斯宾诺莎主义，而神学家们却是反对同一哲学的。

此外还应当指出，马勒伯朗士也把普遍者、一般思维当成本质的东西。(1)普遍者先于特殊者。"灵魂具有无限者和普遍者的概念；灵魂只是通过它对无限者所具有的观念才能有所认识。因此这个观念必须先行"；普遍者是第一位的。"普遍者并非只是一个混乱的表象，并不是许多个别观念混合在一起。"③在洛克那里，个

① 《真理的探求》，第二册，第三卷，第二部，第五章，第 92 页。

② 同上，第六章，第 95—96 页。

③ 同上，第六章，第 101—102、100—101 页。

别者是第一位的，普遍者是由个别者形成的；在马勒伯朗士那里，普遍者是人心中的第一个观念。“当我们要想到某件特殊的东西的时候，我们就预先想到普遍者”；普遍者是特殊者的基础，就像空间之于事物那样。一切本质的东西都先于我们的特殊表象，这种 414
本质的东西是第一位的。“一切本质”（essences）“都先于我们的表象；只有因为神照临于精神之中，本质才能先于我们的表象；精神就是在其单纯的本性中包罗万物的神。如果精神不是在那包罗一切的唯一者中看万物，看来它是不能表象种和属等等概念的。”普遍者是自在自为的，并不是由特殊者产生出来的。“因为每个存在着的事物都是一个特殊者，所以我们不能说，我们看到一个普遍的三角形的时候，是看到了某种创造物。”①

（2）我们是通过神、通过这一众多精神的所在地来看这个普遍者的；在这一点上，神学家们对泛神论大肆叫嚣。“除了通过神的照临，我们是不能说明精神如何认识抽象的、一般的真理的；神能够以无限的方式照亮精神”，——神是自在自为的普遍者。“我们对于神”这个最普遍者“有一个明晰的观念”。“我们只有通过与神的**结合**，才能有这个观念；因为这个观念并不是创造物”，它是自在自为的。这同斯宾诺莎的说法一样：唯一的普遍者是神，它在被规定的范围内则是特殊者；我们只是在普遍者中看到这个特殊者，就像在空间里看形体一样。“当我们设想存在的时候，不管这个存在是有限的还是无限的，我们都已经设想了无限的存在。为了认识一个有限的东西，我们必须对无限者加以限制；因此这个无限者必

① 《真理的探求》，第二册，第三卷，第二部，第六章，第101—102、100—101页。

须先行。所以精神是在无限者中认识一切的；如果以为无限者是许多特殊事物的一个混乱表象，那是大错特错，毋宁说一切特殊表
415 象都只是分有着无限者的普遍观念，正如神并不是从'有限的'创造物取得他的存在，而是'正好相反'，一切创造物都只是由于神而存在那样。"[①]所以有限者并不是第一位的，无限者并不是从有限的事物得到它的存在；无限者是 prius〔第一位的〕，我们要思维某个特殊的东西的时候，必须有无限者先行。

(3)灵魂向往着神。他所说的，也同斯宾诺莎在伦理方面所说过的一样。"神除了他自身以外，不可能有其他目的（《圣经》使我们对这一点深信不疑）"；神的意志只能以善、以绝对普遍者为目的。"因此不仅我们的自然的爱这样一种由神在我们精神中引起的运动必然追求着神"——"一般意志就是对神的爱"——，"而且神给予我们精神的知识和灵明也不可能使我们认识在神以外的别的东西；因为"思维只存在于与神的统一里。"如果神造了一个精神，并且给予它以太阳作为它认识的观念或直接对象，那么，神造这个精神和这个精神的观念是为了太阳，并不是为了精神本身的。"一切自然的爱，还有对真理的认识和要求，都是以神为目的的。"意志的一切为创造物而进行的活动，都只不过是那种为创世主而进行的活动的各种规定而已。"[②]

他引证奥古斯丁的话说："我们有生以来(dès cette vie)就凭着我们对于永恒真理所具有的知识来看神。真理是非创造的、不

---

① 《真理的探求》，第二册，第三卷，第二部，第六章，第 101—102 页。

② 同上，第 103—105 页。

变的、无量的、永远超过一切事物的。它是由于它自身而真的。它并不从任何事物取得它的完满性。它使创造物更加臻于完满，一 416
切精神都自然而然地企图认识它。除了神以外，任何东西都没有这些完满性。所以真理就是神。我们直观这些不变的永恒真理；所以我们直观神。"①"神虽然看见，但是并不感觉到感性事物。当我们看到某个感性事物的时候，我们的意识中就有感觉和纯粹的思想。感觉是我们的精神的一种变相。神造成了这种变相，因为他知道我们的灵魂是能够承受这种变相的。与感觉相结合的观念是在神中；我们看到观念……"①

"我们的精神与 Verbe de Dieu〔神的圣言〕的这种联系，我们的意志与对神的爱的这种结合，就在于我们是仿照**神的肖像**和模样造出来的。"②因此**对神的爱**就在于把自己的情感和神的观念联系起来；谁认识自己，并且清晰地思维着自己的情感，谁就是在爱神。——可见在这个高尚的灵魂里有与斯宾诺莎完全一样的内容，只不过采取着一种更虔诚的形式。——此外还有另一些关于神的冗长废话，一种为八岁儿童写的关于善、正义、全在、道德世界秩序的教理问答；神学家是不能超出他们的全部生活的。

以上所讲的是马勒伯朗士的主要思想；其余的有一部分是形式逻辑，有一部分是经验心理学。——马勒伯朗士进而讨论各种错误，论述错误是怎样产生的，感官、想象力和理智是怎样欺骗我

① 《真理的探求》，第二册，第三卷，第二部，第六章，第 106—107、109 页。

② 同上，第 110—111 页。

们的，以及我们必须怎样办，才能解救理智。然后马勒伯朗士接着
417 讲各种认识真理的规则和法则。[①] 这就是形式逻辑和心理学；在这里，这已经是根据形式逻辑和外部事实对特殊对象进行反省的办法。有人就把这个叫做哲学。

二、第二阶段

1. 洛克

洛克对于整个经验主义思维方式作了系统的表述，因为他曾经对培根的思想加以进一步的发挥。如果说培根指出了感性存在是真理，那么洛克就证明了共相、思想一般地包含在感性存在之内，或者说，他表明了我们是从经验获得共相、真理的。这种看法的意思是指概念对意识说来具有客观实在性。经验诚然是全体中的一个必要的环节。但是这一思想在洛克那里显得只意味着我们从经验、感性存在或知觉里取得真理或者抽出真理，这就是最浅薄、最错误的思想，因为这样就不把经验看成全体中的一个环节，而是把它看成真理的本质了。

当时有一种要求，反对认为理念(der ldee)具有内在直接性的假定，反对用定义和公则来阐述理念的方法，反对绝对的实体，而主张把观念(die Ideén)表述为结果，并且维护个体性和自我意识的权利。这些要求或需要在洛克和莱布尼茨哲学里被表达出来

① 《真理的探求》，第三册，第四卷，第一部，第一章，第1—3页。

了，虽然表达得不很完全。因此，这个原则出现在哲学里同〔斯宾诺莎的实体的〕* 那种无差别的同一性正相反对，洛克甚至认为直接的现实是实在和真理，他否定了哲学的兴趣在于认识自在自为的真理，而仅仅从事于描写思想以什么方式接受被给予的材料。

洛克与莱布尼茨两人是彼此独立、互相反对的哲学家。他们 418
两人的共同之点，在于与斯宾诺莎和马勒伯朗士相对立，而认特殊的东西、有限的规定性和个别的东西为原则。在洛克那里，特别着重的是认识共相、普遍观念、一般表象是什么，以及它们的本源是什么。在斯宾诺莎和马勒伯朗士那里，实体或共相被认作真理、自在自为的、没有本源的、永恒的东西，而把特殊的东西只认作实体的变形。与此相反，洛克认为有限的东西和有限的认识、意识是第一位的东西，而共相乃是从它们那里派生出来的。莱布尼茨同样把单子、个别、个体，即在斯宾诺莎看来只是一种变灭的形式的东西，当作原则；就是从这一点来看，我才把他们两人相提并论。

洛克形成了与斯宾诺莎相对立的一种特殊形式。在后者那里，实体是绝对、唯一真实存在的东西、永恒的东西；任何事物，只有与实体相联系，只有通过实体而得到理解，才是某种东西。洛克形成了斯宾诺莎的对立面，他提出了一个相反的观点。与斯宾诺莎的实体的凝固统一性相反，洛克坚持着意识的差别：一方面，他坚持意识自身，把意识看成本身自由的东西，以与存在——自然、神——相对立，以便把存在规定为意识的对象；另一方面，从这个对立出发去产生出统一，并把意识提高到这种统一。肯定对立、区

---

* 第 296 页。

别，并且在对立或区别里和从对立或区别里去认识统一，这是〔当时的〕* 普遍的趋势。但是代表这种趋势的人们自己还不很了解这个趋势所取的道路，他们还没有意识到这个趋势的任务，也还没有意识到实现这个任务和要求的方法。首先，在洛克那里，那另一方面，即有限制的、有限的、感性的、直接存在着的、否定的一面是主要的事情；这就是那外部的和内部的可感知的东西。斯宾诺莎对于否定的一面太忽视了；因此否定的一面没有得到任何内在的
419 规定，一切被规定的东西都趋于毁灭。在洛克那里，有限的东西是第一位的，是根本；从有限的东西可以过渡到上帝。洛克完全停留在通常意识的阶段，认为对象是在我们之外，从对象导向主体，并且把知觉中的个别东西提高到共相。这是一种从个别中推演出普遍概念的尝试；他放弃了人们过去所采用的那种从定义开始的道路。在别的场合在洛克那里，普遍概念，自身同一的东西，例如实体，是从对象里主观地产生出来的。有限的东西并没有被理解为带有无限性的绝对否定性；这一点我们在第三节里谈莱布尼茨时就可以看到。莱布尼茨在较高的意义下，把个体、差别设定为独立存在着的、虽说是无对象的，却是真实的存在，——这就是说，他把个体或差别只设定为全体，不是作为有限的东西，而是作为有差别的东西，所以每一事物本身即是一全体。

洛克完全不把自在自为的真理放在眼里。他的兴趣不复在于认识自在自为的真理；反之，其兴趣只是主观的、想要知道在我们的认识过程里知识是如何形成的，我们是如何得到这些表象的，特别要知道如何获得我们的普遍表象或洛克所谓观念。他预先假定了那些规定直接地就是真的；在他那里，实在具有很坏的意义，被

看成某种存在于我们外面的东西。洛克描述了普遍思想如何出现在意识内的道路，——这是一个现象的道路。因此，从现在起，或者从他这一方面来说，哲学研究的观点整个改变了；兴趣只限于客观过渡到主观的形式，或者感觉过渡到表象的形式。在斯宾诺莎和马勒伯朗士那里，我们都曾看见，主要的规定是认识思维与广延的联系，这就是说，认识外在思维与广延关系中、处在相对关系中的东西，——他们也提出了这个问题：思维与广延两者是怎样联系起来的？但是，他们是在这样的意义下理解并答复这个问题的，即 420
只是这种联系本身构成主要的兴趣，并且认为这种联系本身就是同一性、真理、上帝。作为绝对实体（而不是处于联系中的东西），兴趣不是落在相联系的东西上；存在、前提和坚实长存的东西不是相联系的东西，——相联系的东西只是偶然的。在〔洛克〕这里，相联系的东西——事物和主体是有效准的，是被假定为有效准的。

看来〔洛克的〕这种兴趣与表现在马勒伯朗士的《真理的探求》中的兴趣正相同。在马勒伯朗士那里，也掺杂有心理学的东西；不过只是较晚期才这样。绝对统一性是主要的兴趣；它被当作基础。马勒伯朗士问：我们的表象是怎样得来的？他的答复是：第一，我们在上帝中看见一切；第二，因此共相、无限者纯全是认识个别事物的第一位的东西和前提。洛克则从个别的知觉开始。我们是怎样得到普遍表象的？——洛克答道，我们是从个别知觉中抽象出它们的，这就是说，个别知觉是第一位的东西，共相是后起的，是我们造成的，只是属于思维的主观的东西。双方都把片面性的东西当成有效准、能长存。真正讲来，这只是一种心理学的兴趣，企图考察个别感觉变成普遍表象的道路。无疑地，感觉是精神的最低

级的属于动物性的一种方式；思维着的精神想要按照它自己的方式去改变感觉。康德很正确地斥责了洛克说，普遍观念的源泉，不是个别的东西，而是知性。但是主要的事情乃是内容本身的性质。不论你说这内容是起源于知性或者是起源于经验，都没有多少帮助；问题在于这个内容本身是不是真实的。在洛克那里，真理的意
421 义只在于我们的观念与事物的一致；这里所谈的只是关系，内容乃是一个客观事物或观念的内容。但对于内容本身加以研究乃是另外一回事。我们用不着对于观念的来源大事争论。在洛克的观点里，对于自在自为的内容的兴趣完全消失了。

从洛克出发，产生一个广泛的文化，这个文化采取了另外一些形式，但就原则来说，完全是一样的。这个文化已经成为一个普遍的观念形态，并且也被当作是哲学，虽说其中并未谈及哲学的对象。

洛克的**生活情况**真可以说纯是一些私人事情，是为外部情况所决定的；没有包含什么值得注意的东西。他的生活是博学的、单调的、平常的，是与外部给予的环境相联系的，是不能当作一种特殊的形态来称道的。环境的力量已经成为无限的重大，因为有更合理的客观性和现实性出现了；个人和个人的生活就成为比较无足轻重了。人们说，一个哲学家也应该像哲学家那样生活，亦即独立于世间的外部环境，不要忙于事物、太为世物操心。但是像这样自身封闭，脱离一切需要，特别是脱离文化教养，没有人会获得生活手段，反之，他必须在同他人的联系中寻求生活手段。正因为如此，我生活于其中的外部环境和方式是必要的，但对我也是无足轻重的。我们不应把自己的品格建立在外部环境上面，也不应表示

自己是独立于环境之外的形象，而必须为自己在世界中找到一个由自己创造出来的地位。

约翰·洛克1632年生于英国的润格屯。他在牛津大学学习时，自学了笛卡尔哲学；他对于当时还在学校讲授的经院哲学不予理会。他专门研究医学，不过由于健康不佳，实际上从来没有开业 422
行医。1664年，他随一位英国大使到柏林住了一年。回到英国之后，他认识了当时富于才智的莎甫茨伯利伯爵，并担任他的医药顾问，他住在伯爵家里，无须开业行医。莎甫茨伯利后来当了英国大法官，洛克从他那里获得一个官职；但是由于政局发生变化，莎甫茨伯利下台，洛克很快也就失掉了职位。由于忧虑自己的肺结核病，他于1675年移居蒙特贝里尔，以求恢复健康。当莎甫茨伯利再度任大臣时，虽说他也再度获得了职位，但后来由于这位大臣又倒台，他也重又丢掉了职位，并且被迫逃离英国。他到了荷兰。当时荷兰这个国家，所有因受到压迫，无论政治上的或者宗教上的压迫，而必须逃亡的人都可以得到保护，并且在那里当时许多最著名的、最有自由思想的人都聚集在一起。他是被牛津大学驱逐出去的。[①] 宫廷派迫害了他；根据国王的命令，要把他逮捕起来，押解回英。因此他不得不在朋友家里躲藏起来。后来由于1688年革命的胜利，奥林奇的威廉登上王位，他才随着新王又返回到英国。

① 《评论季刊》，1817年4月，第70—71页："把洛克从牛津大学驱逐出去的法令"（他在牛津担任什么职务没有说明），"并不是出于牛津大学当局，而是出于詹姆斯二世，由于他的公开的命令和以基督教会监督的身份发出的书面诏令的专断权威，洛克的被驱逐才得到执行。从他的通信中可以表明，大学当局违反自己意志，屈从于这个措施，他不能抗拒命令而不损害到大学成员们的和平和安宁"。——参看：《约翰·洛克著作集》，伦敦，1812年，第一卷，《著者生平》，第XXVI—XXVIII页。

423 他被任命为商业和殖民事务委员，发表了他的名著《人类理解论》，最后由于健康不佳，辞去公职，退居英国贵族的乡村别墅；他于1704年10月28日逝世，享年七十三岁。①

洛克的哲学是很受重视的，总的讲来，它现在还是英国人和法国人的哲学，并且在一定意义下，也还是德国人的哲学。洛克的哲学思想简单讲来是这样的：

（甲）他认为真理、知识建立在经验上面。一方面，经验和观察，另一方面从其中分析出和细绎出普遍规定被预定为寻求知识的进程；这是一种形而上学化的经验主义，这也是一般科学所采取的途径。就方法看来，洛克采取的道路与斯宾诺莎正相反对。后者首先提出许多界说；与此相反，洛克竭力指出，普遍的观念出于经验。在斯宾诺莎和笛卡尔的方法里，我们找不到关于观念的起源的陈述，普遍的观念，例如实体、无限等等一开始就被肯定了。不过还需要指出这些观念、思想是从哪里来的，它们的根据是什么，它们的真理性怎样可以得到证实。所以当洛克努力去指出这些普遍观念的起源和根据时，他是在力求满足一种真实的需要。但是，他只是在经验的起源方面去寻找根据，这就是说，只是在我们的意识，于发展其自身时，采取什么样的途径方面去寻找根据。

424 每个人都知道，他是从经验、感觉、十分具体的情况开始，而按照时间来说是后来才有普遍观念的；普遍观念与感觉的具体事物是有联系的，普遍观念是包含在感觉的具体事物之中的。譬如说，空间

① 布勒：《近代哲学史》，第四卷，第一篇，第238—241页；《约翰·洛克著作集》，第一卷，《著者的生平》，第XIX—XXXIX页。

之进入意识是后于空间性的东西，类后于个别事物；并且那只是由于我的意识的活动才把普遍观念从表象、感觉等等特殊东西分离开的。

（乙）所以洛克所采取的进程是完全正确的，但并不是辩证的，而只是从经验的具体事物中分析出普遍来。对于经验的辩证考察是完全被他抛弃了的，一般讲来，这也就抛弃了真理。——另一个问题是：这些普遍的规定本身是不是真的？它们是从哪里来的？它们不只是从我的意志、我的知性中来，而乃是从事物本身来的吗？空间、原因、结果等等都是范畴。这些范畴是怎样进入特殊东西的？普遍的空间是怎样被规定为普遍的？这种观点，对于无限、实体等等规定本身是否真的这一问题，他完全没有看见。柏拉图研究了无限、存在、有限和规定等范畴，认为没有一个方面本身就是真的；只有当两者被设定为同一时才是真理，不论内容的真理性是从哪里来的。但是，洛克却完全抹杀了自在自为的真理。

（丙）既然思维始终是具体的，思维或共相与广延或有形体的东西是同一的，那么提出思维与广延二者的关系问题就是没有意义、不可理解的，因为这两者都是思维设定的并由思维分开的。思维怎样去克服它自己所引起来的困难呢？在洛克这里，什么困难也没有产生和引起。在统一或和解的需要得到满足以前，必须激动起分裂（Entzweiung）的痛苦。

说到洛克进一步的思想，那是非常简单的。洛克考察了知性怎样仅仅是意识，并仅仅就知性是某种在意识内的东西这一点来 425
考察知性，同时他也就自在之物在意识内这一点来认识自在之物。

（甲）洛克的哲学特别是针锋相对地反对笛卡尔；后者提出了

天赋观念的说法。因此，洛克驳斥了所谓天赋观念，驳斥了理论方面的和实践方面的天赋观念；这就是说，一种普遍的、自在自为的观念，这些观念被认作以天然的方式属于心灵本身。洛克理解到所谓天赋观念并不是人的本质规定，而乃是出现并存在于我们心内的概念，——就像我们身体上有手和脚，饮食的本能人人都有那样，——同样，意识就具有观念，而这就是说，观念是在意识本身之内。因此，在洛克那里，心灵被看成一块没有内容的白版（tabula rasa），这个白版以后逐渐为我们所叫做的经验所填满[1]。“天赋原则”这一名词在当时是很流行的；不过关于天赋原则有时人们未免说得太粗笨了。天赋原则的真正意义在于它们是潜在的，是思维本性的本质环节、是还没有取得存在的幼芽的各种特质。从这方面看来，洛克的说法是包含着重要意义的；作为不同的、本质的、特定的概念，这些天赋原则的合法性只在于被揭示出来，它们是包含在思维的本质中。但是，像那些当作公理而有效准的命题和在界说内直接受的特定的概念，它们无疑地具有当前的、天赋的观念的形式。这样看来，它们应该自在自为地有效准；不过这只是一种单
426 纯的断言。从另一方面看来，它们从哪里来的这一问题是毫无意义的。无疑地，心灵是本身具有规定的，因为它就是自身存在着的概念；心灵的发展即是进入意识的过程。心灵从它自身发挥出来的各种规定，是不能叫做天赋观念的。这种发展是由一个外部的东西所引起的，心灵的活动首先是一种反作用；只有这样，心灵才会意识到它自己的本质。

① 《人类理解论》，第一篇，第三章，第二十二节，第51页。

洛克对于天赋观念的驳斥是从经验出发的。他的理由可列举如下："人们依据道德情感和逻辑命题方面的普遍一致，认为除了说它们是天赋的之外，没有别的办法可以解释。但是事实上并找不到这种一致性。例如这个命题：凡是存在的，就是存在的，同一事物不可同时既存在又不存在，——这些命题人们现在还可以当作是天赋的。"但是，这个问题对概念说来是没有效准的，因为不论在天上或地上，没有一件东西不是包含着存在和非存在的。洛克说："有许多人，如儿童和白痴，对于这些命题就没有任何知识。人们不能断言，有某种东西印在灵魂深处，从而使得灵魂具有知识。"①洛克继续说："于是人们通常答复道，当人们开始运用理性时，他们就知道并一致同意这些原则。……但既然由于运用理性的帮助才发现这些原则，这正足以证明它们不是天赋的。理性据说是由已知的原则去推出**未知的**真理的活动，那么为了发现那些

假想的天赋原则，又有什么必要去运用理性呢？"②这条反对的理 427
由是很薄弱的；因为它假定，人们所理解的天赋观念，是人在意识中立刻完全现成地具有的。但是，观念在意识中的发展是不同于潜在于意识中的理性规定的；所以天赋观念这一名词无疑是不恰当的。"在儿童和没有受过教育的人那里，因为他们很少受到外来意见的影响，即使最清楚明晰的观念，大部分还必须予以指明。"他还提出很多类似的理由，特别是关于实践方面的理由，如道德判断的多种多样，恶人、残忍的人没有良心等等。洛克还讨论了

① 《人类理解论》，第一篇，第二章，第二—五节，第 13—16 页。

② 同上，第六—九节，第 16—17 页。

“赫伯特勋爵在《论真理》(*De veritate*)一书所提出的天赋印象(notiones communes in foro interiori descriptae)”——他反对柏拉图的理念，认为普遍的概念是后起的(反之，在马勒伯朗士那里则认它们是先在的)，是先由特殊的东西形成的。在《人类理解论》的**第一篇**里，他接触到这点。他认为，我们先达到我们所叫做观念的东西。

(乙)于是，洛克进一步在**第二篇**里过渡到**观念的起源**问题，并且力求指出观念是由经验形成的。他反对从内心出发来推出观念，他的这个积极观点，也同样是错误的，因为他从外面接受观念，只是坚持为他物的存在，完全忽视了自在的存在。他说：“既然每个人都自己意识到他在思维，并且在思维时，他的心灵所运用的是观念；毫无疑问，人们在他们的心灵中具有各式各样的观念，有如这些名词所表达的：白色、坚硬、柔软、思维、运动、人、大象、军队、

428 沉醉以及其他观念。”这里所谓观念即是表象；我们所了解的观念〔即理念〕，意义与此不同。“于是我们首先必须探讨：人是怎样获得这些观念的？天赋观念业已被驳斥了。让我们假定心灵为一张白纸，空无一切特性、没有任何观念，那么，它的内容是从哪里来的？对于这个问题我只消用一个名词来答复：即从**经验**来的。我们一切知识都建筑在经验上面。”①不错，人之获得思想，是从经验开始。一切都必须通过经验，不仅是感性的东西，而且举凡决定和激动我的心灵的东西也必须通过经验。这就是说，〔我、我的意识无疑地必须从经验中、在经验内获得一切观念。因此经验意味着

① 《人类理解论》，第二篇，第一章，论一般观念及其起源，第一—二节，第 77 页。

直接知识、知觉。〕* 我自己必定有某种东西，必定是某种东西，而对于我所有和所是的东西的意识，就是经验。如果说，我知道某物，而这物又不在经验中，这是荒谬的。例如，根据经验，无疑地我知道人，我无须看见所有的人。因为我是人，关于我的经验和别人的经验，我有了活动、意志和意识；这一切无疑地都是经验。但是这只涉及对于心灵的心理学的考察。关于我们经验内的东西是否真的这个问题，乃完全是另外一回事。关于来源的考察并不能充分解答这个问题。

一切概念奠基在经验上面，而知性（思维）只是对于经验所接受的东西加以联结、比较和区别。① 在洛克看来，思维本身并不是心灵的本质，只不过是心灵的力量和表现之一。他同样坚持思维是存在于意识内的东西，是有意识的思维，因此他指出这样的经验，即我们并不总是在思维。经验昭示出，当人熟睡时，只是有睡眠而没有梦。洛克举出这样一个人作为例子，这人直到25岁时还记不起他曾做过任何梦。这正如席勒的讽刺短诗中所说： 429

我早已存在，但真正讲来，

我对于任何东西也没有思考过。

这就是说，我的对象并不是思想。但是，直观、记忆就是思维，思维就是真理。洛克的论证是很薄弱的；他只是坚持现象、坚持存在着东西，而抓不住真的东西。他完全抛弃了哲学的目的和兴趣。

他喜欢称之为观念的那种东西，一方面具有表象的意义，一方

---

* 第303页。

① 《人类理解论》，第二篇，第十二章，第一节，第143页。

面具有思想的意义，据他说，是起源于经验：一部分起源于外在经验，一部分起源于内心经验，例如，视觉、颜色和光等等表象起源于外在经验，信仰、疑惑、判断、推理等等起源于内心经验。这是很平常的列举。洛克说，经验首先是**感觉**；其次是对于感觉的**反省**。现在就头一点关于感觉的内容实质本身来说，说来说去，还是一样，即意识所具有的一切表象、概念无疑地都是出于经验并在经验内；这一切都只关涉到人们所了解的经验。通常当人们这样说时，所了解的与此很不相同。人们说到经验，通常总是把它了解为某些熟知的东西。但是，在洛克这里，经验不外是对象性的形式；经验是某种在意识内的东西，这就是说，对意识说来，经验具有对象性的形式，或者说，意识经验到经验，意识把经验看成一种对象性的东西，——一种直接的认识、知觉。这里完全没有涉及我们知道的是什么、我们必定经验到的是什么样的东西这一问题；而这是包含在内容实质的概念之内的。理性的东西**存在着**，这就是说，理性的东西对意识说来是一种存在着的东西，换言之，意识经验到理性的东西；理性的东西作为世界现象存在在那里或者曾经存在在那里，而世界现象是普遍的东西与客观的东西的结合体，所以理性的东
430 西必定是看得见、听得到的。但这并不是唯一的形式；自在存在的形式同样是绝对的和本质的，——换言之，对经验事物的把握、对〔理性东西之〕异在的假象的扬弃和通过内容自身对于内容或事情的必然性的认识才是主要的。对于这个内容实质，不论你把它当作某种经验的东西，如果可以那样说的话，当作一系列的经验概念，或表象，或者把这同一系列当作一系列的思想、自在存在，这都是无关紧要的。

洛克的主要努力在于指出，形而上学的概念怎样起源于经验，不过他做得并不完善并且只是经验地对待这个问题：空间、不可入性、形状、运动、静止和类似的观念出于外感觉；思维、意志等等出于内感觉；——普遍的概念、存在、统一、能力等等观念出于两者的结合。

（丙）因此洛克的出发点，即：一切都是经验；我们就从这种经验抽象出关于对象及其性质的普遍表象。于是洛克对于**外在的性质**作出一种区别，这种区别早已在亚里士多德那里出现过，而且我们也曾在笛卡尔那里看见过。他区别开**第一**性质和**第二**性质：第一性质真正地属于对象本身；第二性质不是真实的性质，而是基于感官的本性的东西。第一性质是机械的，如广延、坚硬、形状、运动、静止；这是物体方面的性质，正如思维是精神的性质一样。我们的特殊感觉和各种规定，如颜色、声音、香臭、味道等等却不是第一性质。这种区别在笛卡尔那里也有，只不过形式不同。笛卡尔 431
把第二性质规定为不构成物体的本质的性质：洛克则认为它们是与感觉相对的，或者是属于为意识而存在的性质；洛克诚然也把形状等等算作物质的本质。与感觉相对的性质，按照亚里士多德说来，是固体性①；但是，这种说法，关于物体的本质一点也没有搞清楚。——在洛克这里甚至也作出了自在存在和为他存在的区别，按照这种区别，他宣称为他物而存在这一环节是非本质的，——然而他却看到，一切真理只在于为他物而存在。

（丁）当他假定了经验之后，他进一步指出，**知性**或理解力（in-

① 参看亚里士多德：《论灵魂》，II，11。

tellectus)是发现和创造共相的能力。伍斯特的主教曾提出这样的反驳说:“如果实体的观念是依据清楚明晰的理由而来,则它就既不是出于感觉,也不是出于反省。”洛克答道:“普遍的观念不是从感觉或反省进入心灵的,而是知性的产物或创造物。心灵是依据它从感觉和反省”(内心的意识或内心的规定),“所获得的观念而形成普遍观念的”。知性的工作现在就在于,从这些所谓观念里,产生出一大堆新的观念,通过加工、通过把许多简单的观念联合为一个观念、通过比较和区别、最后通过分离或抽象,这样一来
432 普遍概念就起源了;——像空间、时间、统一和杂多、原因和结果、力量、自由、必然就是这样产生的。“所以知性是能动的”,不过“它的能动性”只在于对普遍观念的“联系和结合”上面。洛克认为知性的本质在于从知觉得来的简单观念通过比较和结合以形成新的规定的形式活动。他说道:“知性就它的简单形态(modes)看来”——如力量、数、无限性等简单规定——“完全是被动的,它从事物的存在和运行里接受它们,像感觉把它们提供给它那样,它并不能够造成任何一个观念。”知性是对包含在各个对象中的抽象感觉的把握。因此它也能作出简单形式与混合形式的区别。因此因果等观念乃是一种混合的形态;试看他怎样描述这个观念的起源。

就指出复杂的观念起源于简单的观念来看,洛克具有摆脱了单纯的下定义的方法的优点。这个方法告诉人:实体是这样、样式是这样、广延是这样等等,这样就构成一整套连贯的命题。现在知
433 性怎样从具体的观念里获得普遍的观念的方法成为主要的事情。洛克特别发挥了这种从经验派生出普遍观念的方式。不过,他进

行这种推演的方法，却完全没有意义，——只有形式，是一种空洞的同语反复；他的这种说明是非常琐屑的、令人厌倦的，而且冗长之极，例如，我们通过视觉和触觉，从对物体的距离的知觉中形成**空间**的普遍观念。换言之，他的意思是说：我们感知到了一特定的空间、加以抽象，于是我们就有了一般的空间概念。对于距离的知觉提供我们关于空间的诸表象；这里并没有什么推演，而乃只是排除掉一些别的规定。须知，距离本身即已是空间性；因此知性只是从空间性中形成空间性的规定。——同样，通过在清醒时刻中诸表象的不间断的连续，我们得到**时间**的概念；这就是说，通过特定的时间，我们感知到普遍的时间。许多表象一个跟一个地相连续；我们只消把特殊的表象排除开，于是我们就获得一般的时间观念。

实体照洛克看来是一个复杂的观念，它起源于我们常常感知许多简单观念（如蓝、重等等）彼此联在一起。我们把这种联在一起表象为某种支持这些观念的东西，并且认为这些观念都存在于这种东西之中。同样，**能力**等等观念也是这样得来的。这是令人厌倦的。洛克并以同样的方式推演出自由和必然、原因和结果等规定。“**原因和结果**。当我们的感官觉察到事物经常变化，我们不 434
能不观察到，不同的特殊事物，特质和实体两方面”——在纯全斯宾诺莎意义下——“开始存在；而且它们所以获得这种存在是由于某些其他事物一定的作用和效果。从这种观察，我们就获得我们关于原因和结果的观念；例如，蜡遇着火就会熔化。这也是令人厌倦的。洛克还继续说道：“我想，每一个人在他自身内都发现有一种力量，能够开始或中止、继续或完结他自身内的各种动作。由于观察心灵的力量对于人的动作的限度，就产生出**自由**和**必然**的观

念。"我们可以说，实在没有比这种观念的派生更为肤浅的了。重要的是观念的内容实质，——他这里完全没有接触到。洛克这种说法，只是突出地使人注意于包含在具体关系中的一个规定；因此知性只是〔一方面〕* 在抽象，另一方面在下固定的结论。这种看法的基础只包含在把特定的表象转变成普遍性的形式。但是我们需要说明其所以然的，也正是这个根本性的本质。这里，洛克自己也承认，例如对于空间，他是不知道其自在自为的本质的。

洛克这种对于复杂的观念的所谓分析以及对于这些观念的所谓解释，由于非常清楚明晰，曾受到普遍的欢迎。因为，说由于我们感知时间，所以我们具有时间的概念，——实在没有比这更清楚的了。如果我们没有真正看见空间，怎么会有空间概念？现在我们既有空间概念，故我们必定看见空间。——这也再清楚没有了。

435 所以法国人特别采纳了这种说法，并加以进一步的发挥；他们所谓 Idéologie（观念学）所包含的不外是这种东西。

（戊）"共相本身、**类概念**的形成是由于我们把特殊的存在或特质从它们的时间、地点等等具体情况分离开。"现在人们所谓种或类，只不过是我们的知性的一种产物，这种产物是与外部客体相关联的。照洛克看来，共相本身是我们心灵的产物；共相并不是客观的东西，只是与客体有联系罢了。当然类表达了某种在对象内的东西；但类并不创造对象。因此洛克把本质区别为真实本质与**唯名**本质，两者中前者表达出事物的真本质；于是类便只是唯名本质了。"这些名称有助于区别开我们的知识的种类；不过我们不知道

* 第 307 页。

自然的真实本质。”对于类本身是空无、不在自然之内、不是绝对规定了的东西，洛克提出了一些很好的理由，他举出畸形怪物作为例子。——假如类是绝对的，那就不会有畸形怪物了。但是，他忽视了，既然类本质上就是存在的；那么，它里面就可以包含别的规定。这些规定可以互相区别；在这个范围内，个别事物互相影响，因而可以妨害类的存在〔而形成畸形怪物〕。洛克的说法无异于这样的论证：善没有自身存在，因为有了恶人；或者说，圆没有自在自为的本性，因为譬如说一棵树木的躯干呈现出不规则的圆形，或者我画 436
出一个很坏的圆圈。自然本身是不能够完全正确地符合于概念的；概念只是在精神中有其真实的存在。再则，说类本身是空无，说共相不是自然的本质，自然的自在本性不是思维的对象，这无异于说，我们不认识真实本质，——这就令我忆起那一直经常重复、使人厌烦的祷词：

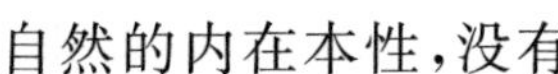

自然的内在本性，没有
任何被创造的心灵能够认识。

这就会导致认为为他物而存在、知觉没有自在存在的观点，这种观点还没有达到认自在存在是共相那种积极的观点。在认识的性质这个问题上，由于坚持为他物而存在，洛克落后得很远，至少落后于柏拉图。

更值得注意的是：洛克从健全的理智出发，抨击那些普遍的原则、公理，即 A＝A，如果某物是 A，则它就不能是 B。这些原则是多余的，至多只有很小的用处，或者根本就没有用。谁也不曾在矛盾律的基础上建立起一种科学。根据这些原则，既可以对真的东西作出证明，也同样可以对假的东西作出证明；它们乃是同语反复。

这就是洛克的哲学。洛克其他方面有关教育、容忍、自然法或者一般国家法所取得的成就不属于这里讨论的范围，而属于文化教育领域。——**贝尔**的哲学，表现在他的《**辞典**》里面，一点玄思的气味也没有，洛克也同样缺乏玄思。还有一个重要之点必须提到的，就是洛克要求对特定的对象加以论证和理性思考，——主要是指，例如摩尼教人，用理性、用哲学家的名义，来攻击神学和天启的
437 教义，这些攻击的理由，曾被认为是通过理性自身，无法反驳的。与此相反，前此的神学也断言，它是完全符合理性的，并且认为理性只有一种形式的任务，即对神学的内容，不经过自己的思考，加以论证，使之可以理解。——〔这都是洛克要求自由的理性的思考所要反对的〕。

认识真理是哲学的目的，在洛克这里却需用经验的方法来达到这个目的。经验方法有助于促使人注意到普遍的规定。但是这种哲学思想不仅只是通常意识的观点，在通常意识看来，其思维的一切规定都是外面给予的，它谦逊到这样一种程度以致忘记了它自己的能动性；而且在这种经验的推演和心理的起源里，对于哲学的唯一责任，即探求这些思想和关系是否具有自在自为的真理性的观点，一点也找不到。

洛克的哲学可以说是一种形而上学；它研究普遍规定、普遍思想；而这种普遍却是从经验、从观察派生出来的。洛克的哲学解释了普遍观念，由于它是把普遍从具体的知觉中抽象出来的。这种抽象的办法是支离琐碎的。人们可以（像沃尔夫所做的那样）说，从具体的表象开始乃是武断的做法。从蓝的花、蓝的天产生有同一性的蓝的观念。原因和结果也以同样方式产生。我们也可以直

接从普遍的观念开始。我们在我们的意识内发现时间、原因的观念；这些观念乃是意识中较后起的事实。这个方法以推理作为基础，只是在这里还必须区别成各种不同的表象，而这些表象必须看成主要的东西；在洛克那里，完全没有考虑到这种区别。——另一方面，这是一个实践的方法，这个方法以同样的方式对待对象，即思想应用其自身于对象，或者说，从诸多对象里抽引出它们的思想来，促使人注意到内在于对象中的本质上普遍的东西。我们具有 438
公民社会、国家；这是一个很大的复合体：统治者的意志、臣民、他们的目的、个人福利。这里，我们是投身在具体事物之中的。当我们拥有这些对象在我们前面时，则我们就能够抽引出普遍的观念。但是，我们必须区别开，哪一个观念是主导的观念，在这个观念面前，别的观念必须让步。——

洛克的哲学无疑是一种很易了解的、平凡的哲学，正因为如此，也是一种通俗的哲学，对于这个哲学，整个英国的哲学直至今天还同它有着密切的联系。洛克哲学是通常叫做“哲学”的这种思维活动的一般方式。他的这种理论，也是从我们直接遇到的和接触到的知觉和经验出发；这些规定是基础，是本质的东西。他的这种理论是从人们当前的心灵、从自己内心的和外部的经验出发。这个形式是从当时产生的科学导引进来的。因此，牛顿在英国被公认为卓越的哲学家。这种形而上学化了的经验主义一般在英国和欧洲都认为是最好的考察和认识的方式。总的讲来，科学，特别是经验科学必须承认它们是起源于这种经验的进程的。从观察中引申出经验，在他们那里就叫做哲学。牛顿从经验中抽引出他的理智的命题，也算是这样一种哲学；但是，在物理学和颜色学方面，

他有了坏的观察，并且还作出坏的推论。他是从经验达到普遍的观点，又以普遍观点为基础，从而构造成个别事物。这就是他的理论。观察事物并认识事物的内在规律和内在共相成为哲学的目的。人们抛弃了从原则、从定义出发的经院哲学方法。实践的哲
439 学、论辩思维的哲学现在已广泛流行，这样一来，心灵的地位就经历了整个革命。共相是规律、力、普遍的物质；这些东西用定义、公理的方式表达出来。这比斯宾诺莎走远了一步，斯宾诺莎也同样从定义开始，这是被认为不正确的。现在，共相是派生出来的，不复是神谕式地设定起来的。唯一重要之点是洛克提出的问题：那些观念是从哪里来的。因此经验的分析是主要的事情。近代科学、自然科学、数学和英国人的国家学等等是从哪里起源的。英国人首先提出了关于国家的思想，从这方面看来，必须举出霍布斯作为例证。

2. 胡果·格老秀斯

胡果·格老秀斯曾经与洛克同时考察了各国的法律。前面所提到的方法也就是格老秀斯所运用的方法。他曾经片面地运用那个方法来考察物理的和政治法律的对象。他也认为经验是一切有效准的东西的基础；这是当时文化的一个主要环节。

胡果·凡·格老秀斯 1583 年生于荷兰的德尔福特，是一个法学家、辩护士和法律顾问。但是，在 1619 年，他却牵连在巴恩威尔德案件中，被迫逃离本国，长时期居住在法国，1634 年，他去瑞典，在瑞典女王克利斯丁娜朝中任职。1635 年他担任瑞典驻巴黎的大使。

1645 年在从斯德哥尔摩往荷兰的旅途中死在德国的罗斯托克。①

他的主要著作是《论战时与平时的法律》，1625 年；这书现在 440
已经没有人读了，但它却发生了很大的影响。格老秀斯曾经用历史的方式，并且部分地根据《旧约》，陈述了各个国家在战争时期与和平时期的不同情况下彼此如何对待对方，——亦即寻求在各个国家中都通行有效的东西。他完全陷于经验的抽象推论和事实之堆在一起。把各个国家间相互的关系加以经验地排列在一起，再兼之以经验的抽象推论，——譬如说：不应该杀害俘虏，因为战争的目的是解除敌人武装，这个目的既已达到，故应不为已甚等等，②——用这种经验方式来综论事实具有使普遍原则、理智的和合理的原则为人所意识到、为人所承认，并使其或多或少可以为人所接受。我们看见，他列举了许多例如关于辩护王权的普遍原则、规律；思维被应用了来考虑一切事情。我们是不能够满足于这类的证明和演绎的；但是我们不应该忽视这种做法所取得的成就：这就是建立普遍原则，这些原则以对象本身为其最后的根据，并且在精神、思想中找到根据，得到证明。

3. 托马斯·霍布斯

国家内部政治法律的关系在英国特别得到发挥，因为英国人的特殊法制足以引导人们对这个对象加以反思。霍布斯以见解的
独创性擅长、著名，曾任德旺郡伯爵的家庭教师。他于 1588 年生 441

① 布鲁克尔：《批评的哲学史》，第四卷，第二部，第 731—736、743—745 页。

② 参考《论战时与平时的法律》，第三卷，第十一章，第十三—十六节（莱比锡，1758 年 8 月格罗诺沃版），第 900—905 页；第四章，第十节，第 792—793 页。

于马尔麦斯伯利；死于 1679 年。他是克伦威尔同时代的人，他在时代的事变里、在英国革命里找到了机会对国家和法律的原则加以反思；并且事实上他在这些问题上充满了自己独到的见解。他写了很多东西，也有关于一般哲学的著作：《哲学的要素》。这书的第一部分《论物体》，1655 年在伦敦出版；在这一部分里，他首先考察了逻辑学，其次论第一哲学，即本体论，再次论运动和体积的关系，这是一个力学的体系和通俗的物理学体系。第二部分是《论人》。第三部分是《论国家》。他在序言中说："哥白尼开创了天文学，伽利略开创了物理学；以前在这两门科学里并没有什么确定的东西。哈维发挥出人体的科学，开普勒发展了天文学和普通物理学。"根据前面所讲过的观点来看，所有这些都算是哲学；因为反思的理智都想要在它们里面去认识普遍。他又说，"就关于国家和法律的哲学而论，没有更早于他的《论国家》一书的"。[1] 这书（巴黎，1642 年）[2]以及他的《利维坦》都是遭到大声反对的著作；后一种著作被禁止发行，因此极为罕见。两书均包含着关于社会和政府的本性的思想，这些思想较之许多现在流行的著作更为健全。在他看来，社会、国家是至高无上的东西，社会、国家对于法律和传统宗教以及它们外在活动具有绝对的决定力量；并且由于他把法律和
442 宗教从属于国家，所以他的学说人们当然视为畏途了。但是他的学说中也同样没有什么玄思的东西、真正哲学的东西，在格老秀斯思想中就更少了。

---

① 霍布斯：《致读者书》（霍布斯哲学著作集，拉丁文本，阿姆斯特丹，1668 年 4 月），第 1—2 页。

② 参考布鲁克尔：《批评的哲学史》，第四卷，第 2、154 页。

在此以前，人们提出了理想，或者尊崇《圣经》，或者崇奉传统法律作为权威。与此相反，霍布斯试图把维系国家统一的力量、国家权力的本性回溯到内在于我们自身的原则，亦即我们承认为我们自己所有的原则。这样就发生了两个相反的原则：第一为臣民对统治者的权威的被动服从；统治者的意志就是绝对法律，而且被抬高到超出一切别的法律之上。所有类似这样的权威都被表明为与宗教有密切的联系，并且从《旧约》举一些例子如扫罗和大卫的故事来作证明。第二，在为克伦威尔所利用的运动中，产生出一种宗教狂热，这种狂热情绪从《圣经》中得出了与前一种正相反对的原则，即财产平等一类的原则。按照前一种态度，刑法、婚姻法均远从摩西法典袭取其规定；或者一般说来，这些法律都是从彼岸世界取得条款，并且被认作为显明的神圣命令所规定并保证其有效的。与此相反，出现了理智论证，遇事都要问个理由，这里面包含着我们自己的规定；这个东西人们叫做健全理性。霍布斯也主张被动的服从，并拥护国王权力的绝对任意性。但同时他又试图从普遍的规定推论出国家权力、君主权力等等原则。他的见解是肤浅的、经验的；不过他论证这些见解的理由和命题是有独创性的，它们是从自然的需要提出来的。

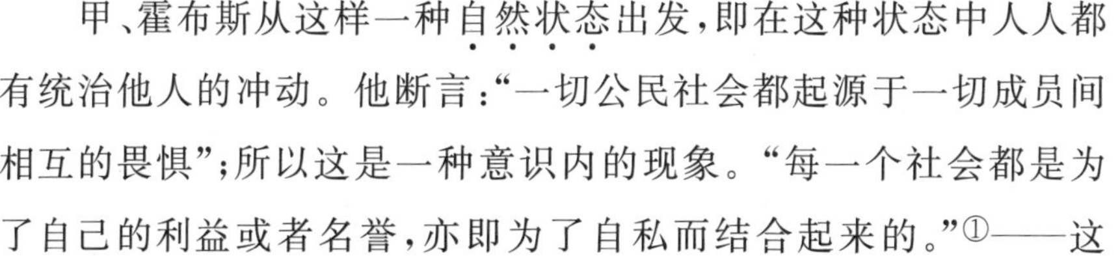

甲、霍布斯从这样一种**自然状态**出发，即在这种状态中人人都有统治他人的冲动。他断言："一切公民社会都起源于一切成员间相互的畏惧"；所以这是一种意识内的现象。"每一个社会都是为了自己的利益或者名誉，亦即为了自私而结合起来的。"[①]——这 443

① 《论国家》（哲学著作集，阿姆斯特丹，1668年），第一章，第二节，第3—4页。

就是说，为了保证自己的生命、财产和享受；所有这些都不是彼岸世界的东西。

乙、"尽管人人强力极不平等，但都具有一种自然的平等"；他用一种特殊的理由来证明这点，他说即因为"每一个人都能够杀死他人"，这就是说，每一个人都拥有制伏他人的最后权力。"每一个人都是至高无上者。"①所以他们的平等不是出于最大的强力，也不是像最近时期那样，奠基在精神的自由、同等的尊严、独立自主上面，而是奠基在人人的同等软弱上面；每一个人对另一个人来说都是一个弱者。

丙、"在自然状态中，所有的人都有伤害他人的意志"，都有对他人施行暴力的意志；因此每一个人都畏惧别的人。霍布斯所了解的自然状态是就其真实意义而言，他所指的，并不是关于一个什么天真的善良的自然状态的空谈；这乃是动物的状态，一种具有不屈不挠的自己意志的动物状态。因此，所有的人都想要伤害他人，并且想要"保证自己不受他人的侵犯，自己获得优势和较大的权力。不同的意见、宗教、欲求引起争斗；强有力者在争斗中取得了胜利。"②

丁、"因此自然状态是一个一切人不相信一切人的状态；在自然状态里存在着一切人反对一切人的战争（bellum omnium in omnes）"，并且存在着人人竞相胜过对方的企图。自然这一名词具有双关意义，一方面人的本性（natur）指他的精神性、合理性而

① 《论国家》，第一章，第三节，第 4 页。

② 《论国家》（同上，拉丁文本，1668 年），第四—六节，第 4—5 页。

言；另一方面，他的自然状态则指人按照他的自然性而行动的状态而言。在自然状态中，他按照他的欲望、嗜好等等而行动；人的理性的一面就是对他的自然性一面的直接征服。“在自然状态里，某 444
种不可抗拒的力量赋予人以权力去统治那些不能抗拒的人；说一个人会容许在他的暴力支配下的人恢复自由，并重新变成强大，那是荒谬的”。由此他现在就得出这样的结论：“人必须超出自然状态。”[①]这是很正确的。自然状态并不是应然的状态；它必须被抛弃掉。

戊、于是霍布斯进而讨论足以保持和平的理性**规律**。这个规律要使私人意志从属于普遍意志；自然的、特殊的意志必须从属于普遍意志、理性规律。但是这种普遍意志并不是所有的个人的意志，而乃是统治者的意志，因此统治者的意志并不对个人负责，而毋宁是反对这种个人意志的；一切个人必须服从它。[②]这样，问题的内容实质现在就完全放在另外一个观点之下了。于是，从这样一个正确的观点，即普遍意志必须安置在唯一的、君主的意志之内的观点出发，就出现了一个绝对统治、完全专政的状态。但是这种法律的状态并不是某种别的东西，而只是一个绝对法律的意志；因而这种普遍意志并不是独裁，而乃是理性的意志，是用法律形式宣告出来并且系统地规定了的意志。

① 《论国家》，第一章，第十二—十四节，第 6—8 页；《利维坦》，第十三章（拉丁文本著作），第 63—66 页。

② 同上，第五章，第六—十二节，第 37—38 页；第六章，第十二—十四节，第 44—46 页。

锐克斯纳说："在霍布斯看来，法律不是别的，只是通过铁的纪律从人类的原始恶性里强迫压制出来的和平的条件"①，——也就是在"一切人反对一切人的战争"里寻求和平的条件。——在霍
445 布斯的学说里，至少存在着这样一个特点，即在人性、人的欲求、嗜好等等的基础上设定了国家的本性和机体。英国人对这个被动服从的原则谈论得很多，按照这个原则，他们说，国王的权力是出于神授。就一方面看来，这是很正确的；但是这不应该理解为国王没有责任，人民必须服从国王的盲目任意和单纯的主观意志。

4. 库得华斯

库得华斯想要在英国复兴柏拉图，但是他采取了笛卡尔式的证明方式和一种烦琐枯燥的理智形而上学。他写了一册有名的著作《真正理智的宇宙体系》；但是他有时以拙劣的形式表述柏拉图的理念，并且夹杂进去一些关于上帝、天使的基督教观念，把它们全部当作特殊的存在物。在柏拉图那里是神话式的东西，在他这里成为具有存在物形式的真实东西；他对于神话的东西加以煞有介事的论证，就像我们对于通常事物加以推论那样，例如推论法国军队企图在英国登陆是否可能，如果可能，是否可以成功。基督教的理智的世界完全被降低成为通常现实性，因而也就被他破坏了。

① 锐克斯纳：《哲学史手册》，第三卷，第 30 页。

5. 普芬多夫

为了在国家本身内确立一个公正的关系，并奠定一个合法的制度的斗争中，反思的作用显得重要，而且反思也对此最为关切和感兴趣。并且像在胡果·格老秀斯那里所做的那样，也同样在普芬多夫这里发生，即把人的艺术冲动、本能、社交冲动等等当作原则。在这里，他虽说仍然承认国王的神圣权利，根据这种权力只有国王才对上帝负责，不过也有义务听取教会的意见。但是现在他 446
也考虑到人类所具有的冲动和需要。人的冲动和需要被看成私法和公法的基础，并且又从其中派生出对于政府和统治者的义务，从而人的自由也随之得到保证。

撒缪尔·封·普芬多夫 1632 年生于德国的撕克逊；在莱比锡和耶拿大学学习民法、哲学和数学；1661 年任海德堡大学教授时，第一次创设自然法和国家法一科作为学院学习的课程；1668 年在瑞典任职，后来又改在布兰登堡任职，1694 年以枢密顾问之职卒于柏林。他写了多种关于政治、法律和历史的著作；特别值得注意的是他的著作：《论自然法和国家法》，共八卷，伦敦 1672 年；此外还有一本《论人的义务》的纲要，出版地同上，1673 年 8 月，和《普遍法学要素》。[①] 他认为，国家的基础是社会交往的本能：国家的最高目的在于通过把内在的良心义务转化为外在的强制义务来保

① 布勒：《近代哲学史》，第四卷，第二篇，第 519—523 页；锐克斯纳：《哲学史手册》，第三卷，第 29 页。

证社会生活的和平和安全。[1]

6. 牛　顿

另一方面就是，思想同样集中在对自然的研究上；在这方面，伊沙克·牛顿以他的数学上的发现和物理学上的贡献而著名。他
447 在 1642 年生于剑桥。他特别研究了数学，并且成为剑桥大学的数学教授。后来他成为伦敦皇家学会的主席，卒于 1727 年。

对于洛克哲学，或者一般英国哲学学风的传播，并且特别把它应用在物理科学方面，牛顿无可争辩地作出了最多的贡献。“物理学，要谨防形而上学呵”就是他的口号[2]，因此这无异于说，科学，谨防**思维**呵！他和当时的一切物理科学家一样，直到今天，一直忠实遵守他的口号，不许自己对物理学的各种概念予以〔批判的〕考察或者对思想加以思维。可是物理学没有思维就会一事无成；物理学只有通过思维才能获得它的范畴和规律，——没有思维，它再也不能前进。不过牛顿的主要贡献在把力的反思范畴导入物理学；他曾经把这门科学提到反思的观点，提出力的规律以代替现象的规律。这样一来，牛顿对于概念完全是一个陌生人，正如另外一位英国人对他所感到的那样，这位英国人，当他得知他整个一生都说的是散文式的话时，感到不胜惊喜，由于他从来没有意识到他对

---

① 锐克斯纳：《哲学史手册》，第三卷，第 31 页；参看普芬多夫：《论自然法和国家法》，第二卷，第二章，第五—七节（美因河畔法兰克福 1706 年 4 月），第 157—161 页；第七卷，第一章，第 900—909 页。

② 布勒：《近代哲学史》，第四卷，第一篇，第 115 页；参看：《牛顿光学》，第三部分（伦敦，1706 年 4 月），第 314 页。

散文有那样高的成就；——牛顿就没有得知他自己的情况，当他自以为他是在同物理的事物打交道时，他没有意识到他拥有概念，他是在同概念打交道；在这里牛顿恰好形成了波墨的对立面，波墨把感性事物当成概念来对待，由于精神的力量，他完全掌握了它们（诸概念）的现实性，并且控制了它们；与此相反，牛顿把概念当成感性事物来对待，并且经常以像人们处理石头和木头的方式来处理概念。

甚至现在情形也还是这样。在物理科学的开端，我们读到，例 448
如，惯性力、加速力、分子力、向心力、离心力就被看成固定的规定，——因为这里有着这些规定；本来是反思的结果的东西，却被表述为最初的根据。人们试问这些科学所以没有取得进步的原因，这答案只能是，因为人们不知道，他们需同概念打交道，并且下定决心，不要带着意义和知性去接受这些规定。因此，譬如，在牛顿的光学里，就有许多从他的经验派生出来的结论，是那样地不可靠、那样地缺乏概念，以致虽说这些结论是被提出作为最良好的例证，以表明人们如何根据实验和实验的结论以便认识自然界，但又可以作为例证以表明，我们既不需实验，也不需从实验得出结论，而且一般讲来，什么也不能认识。经验的这种贫困状态为自然自身所驳倒了或否定了；因为自然较优于它表现在这种贫困经验中的状态，——自然本身和向前进展的经验驳倒了那原来的经验。因此，即在牛顿的那些**宏伟**的光学发现中，最多余不过的一项乃是把光分为七色，因为一方面，这达到了全体与部分的概念，另一方面，由于它闭着眼睛坚决不管对立的方面。

从这时以来，实验科学在英国人那里就叫做哲学；数学和物理

学就叫做牛顿哲学。政治经济学的规律，如有关自由贸易的一些一般原则，现在在他们那里也叫做哲学原则，也叫做哲学。化学、物理学、理性国家学，建筑在思维经验上的普遍原则，以及在被表明为有必要的和有用的东西这个范围内的任何知识，在英国人那里，随处都被叫做哲学。从哲学中的这种经验方法——洛克就是这种经验哲学的形而上学——现在我们就过渡到莱布尼茨。

449 三、第三阶段

1. 莱布尼茨

第三是莱布尼茨和沃尔夫的哲学。**莱布尼茨**在其他方面是反对牛顿的，在哲学方面也坚决反对洛克及其经验论，同时又反对斯宾诺莎。他主张思维，反对英国式的感觉，反对感性的存在，主张思维对象是真理的本质，如同早先波墨主张自在的存在一样。斯宾诺莎是主张普遍的唯一实体的。在洛克那里，我们已经看到，是以有限的规定为基础。莱布尼茨的基本原则却是个体。他所重视的与斯宾诺莎相反，是个体性，是自为的存在，是单子，——但他并没有把思维对象看成“我”，看成绝对概念。这些互相对立的原则是背道而驰的，却又是相辅相成的。

哥特弗里特·威廉·莱布尼茨（男爵）1646 年生于莱比锡，父亲是莱比锡大学哲学教授。他原来专攻法学，后来按照当时的习惯，首先研究了哲学，而且下了很大的工夫。他首先在莱比锡大学获得了非常广博的知识，然后到耶拿大学跟随数学家兼神智学家维格尔研究哲学和数学，并在莱比锡大学获得哲学硕士学位。他也曾在莱比锡大学参加哲学博士学位考试，作了哲学论题答辩，其中有几个论题现在还保存在他的全集里。① 他取得哲学博士学位的第一篇论文是 *De principio individui*〔《论个体原则》〕，——这 450
是他的全部哲学的抽象原则，与斯宾诺莎针锋相对。他在获得优异的学识之后，又想考法学博士学位。可是他遇到一件今天很难遇见的事情，就是莱比锡大学法学院说他年龄太小，取消了他的博士资格（尽管如此，他还是官居帝国朝廷参议，直到逝世）；这可能是由于他的哲学见解太多，人们看到他大力研究哲学，心里很不乐意。于是他离开莱比锡前往阿尔特多夫，在那里顺利地通过了博士学位考试。以后不久，他在纽伦堡认识了一个炼金术士团体，被拉进团体担任职务，作了一些炼金术著作的提要，深入地研究了这门难懂的学问。②

他的学术活动涉及历史、外交、数学、哲学诸方面的研究。——后来他在马因兹任职，当了法院参议。1672 年他受聘担任美因茨选帝侯相国博因堡男爵的一个儿子的教师，曾经陪同这个年轻人旅居巴黎。他在巴黎住了四年，与大数学家惠更斯结识，经惠更斯介绍，开始进入数学界。在弟子学业结束、东家博因堡男爵逝世后，他独自前往伦敦，认识了牛顿和另外一些学者；他们的首领是奥尔登堡，斯宾诺莎也与此人有联系。美因茨选帝侯逝世后，莱布尼茨失去俸禄。于是他离开英国，返回法国，后来受不伦瑞克-吕南 451

① 《莱布尼茨全集》，杜腾版，第二册，第一部分，第 400 页。

② 若古尔爵士先生著：《莱布尼茨先生传》（见《神正论》，阿姆斯特丹 1747 年版，第一册），第 1—25 页；布鲁克尔：《批评的哲学史》，第四册，第二部分，第 335—343 页。

博格公爵聘请，担任公爵府参议和汉诺威图书馆长，得到特许，可以在外国爱住多久就住多久，因此他又在法国、英国、荷兰侨居了一个时期。1677 年他在汉诺威住了下来，忙于政务，特别是研究历史问题。他曾经在哈兹山安装机械，排除危害矿山的洪水。就在 1677 年，他在百忙之中发明了微分学；在这件事情上，他与牛顿发生了争执，这是牛顿和伦敦科学会十分卑鄙地挑起的。① 那些英国人把一切都归给自己，不以公道对待别人，宣称牛顿是微分学的真正发明人。其实牛顿的 *Principia*〔《原理》〕问世较晚，该书的第一版里还有一个注赞扬莱布尼茨，这个注后来不见了。

他从汉诺威出发，多次旅行德国各地，而且受公爵委派，专程前往意大利，搜集艾斯特家族的史料，以便进一步证明这个世家与不伦瑞克-吕南博格公室的血统关系。他在历史方面做了很多工作。由于他同普鲁士王腓特烈一世的夫人汉诺威郡主索菲娅·夏洛特稔熟，他也在柏林住了很久，促成了柏林科学院的建立。在维也纳他又结识了欧根亲王，因此他最后当了帝国宫廷参议。他这番旅行的结果，是发表了一些非常重要的历史著作。1716 年他死于汉诺威，享寿七十岁。②

452 莱布尼茨不仅在哲学方面，而且在很多科学部门做了大量工作，精心钻研，并且开辟了道路，特别是在数学方面；他是微积分方法的发明人。他在数学和物理学方面的伟大贡献，我们现在不去管

---

① 《莱布尼茨先生传》，第 25—28、45、59—62、66—71 页；布鲁克尔：《批评的哲学史》，第四册，第二部分，第 343—353 页。

② 《莱布尼茨全集》，第二册，第一部分，第 45—46 页；《莱布尼茨生先传》，第 77—80、87—92、110—116、148—151 页；布鲁克尔：《批评的哲学史》，第 353—368 页。

它，在这里我们只考察他的哲学。我们可以把他的作品看成他的哲学的完备体系。他那部在人类理智问题方面反对洛克的著作（*Nouveaux essais sur l'entendement humain*〔《人类理智新论》〕）篇幅较大，〔但〕这部书只是他对别人的驳斥。因此他的哲学完全分散在一些小册子、书信和答辩中；我们根本找不到任何他所写出的完整系统著作。他的 *Théodicée*〔《神正论》〕在读者中间最著名，看起来好像是完整的系统著作，其实是一部通俗著作，是他为索菲娅·夏洛特王后写的，目的在于反对贝尔，他在这部书里是竭力不用思辨的方式论述问题的。有一个武腾堡的神学家僧侣名叫普法夫（Pfaff）者，和另一些与莱布尼茨有通信关系、并且很懂得他的哲学的人，曾经指出这一点责问莱布尼茨，莱布尼茨坦率地承认了，说这部书本来是用通俗的方式写的。[①] 后来他们又取笑沃尔夫，因为沃尔夫认为这部书写得十分严肃认真，他认为，莱布尼茨即使不是以这种意义下的严肃态度写《神正论》的，却也不知不觉地在其中写下了他的最好的思想。贝尔是一个敏锐的辩证法家，他在所有的地方都采取了我们在梵尼尼[②]那里提到过的那种态度；因为他反对宗教教条，他说，教条是不能用理性来证明的，我们不能通过理性认识教条是真理，服从教条的是信仰。莱布尼茨的《神正论》对于我们来说已经不再是完全可以接受的了；这是一种在尘世的罪恶方面为 453
神所作的辩护。其结论是一种以偏颇的思想为依据的乐观主义，认为神要使一个世界产生的时候，就在许多可能的世界里面挑选

① 《莱布尼茨先生传》，第 134—143 页；布鲁克尔：《批评的哲学史》，第四册，第二部分，第 385、389 页；邓尼曼书，第十一册，第 181—182 页。

② 参看上文第 246—248 页。

了尽可能最好的——最完满的世界，因为这个世界在它所包含的有限物方面可以是完满的。[①] 这话虽然一般地可以说，但是这种完满性并不是确定的思想；有限物的本性并不是确定的。

正如我们说过的那样，莱布尼茨的哲学分散在许多为了不同的目的而写的文章、书信等等里面，这些东西是由于要答复别人的反驳，必须对一些个别的方面进一步发挥而写出的。所以他是个别进行答复；真正说来，他既没有对自己的哲学作过全盘的概观，也没有把它全盘地阐述出来。他的真正的哲学思想的大部分集中讲述在一篇关于神恩的原理的论文中，即 *Principes de la Nature et de la Grâce*〔《自然的原理和神恩的原理》〕[②]，特别是讲述在那篇给萨伏依亲王欧根写的论文里。[③] 布勒[④]说："他的哲学并不是一种自由独立的独创思辨的产物，而是各种经过检验的旧学说体系"和新学说体系"的结果，是一种折中主义；莱布尼茨曾经以一种独特的方式试图补救这种折中主义的缺点。这是一种在书信中进行的散漫的哲学探讨。"

大体说来，莱布尼茨在他的哲学中的做法，就好像物理学家们制定一个假设时的做法一样。有一些与件存在着，要对这些与件作出解释。要找出一个普遍的观念，从其中能够推演出特殊的东西来；在这里，由于有一些与件存在着，必须设置一个确定的普遍

---

① 《神正论》，第一册，第一部，第七—八节，第 83—85 页；《自然的原理和神恩的原理》（《全集》，第二册，第一部分），第十节，第 36 页。

② 《莱布尼茨全集》，第二册，第一部分，第 32—39 页。

③ 同上，《哲学原理》，第 20—31 页。

④ 《近代哲学史》，第四册，第一篇，第 131 页。

观念，例如关于力或物质的反思规定，使它与这些与件相适合。因 454
此莱布尼茨的哲学看起来不大像一个哲学体系，倒是像一种假设，也就说，像一些关于世界本质的思想，根据一些被假定为有效的形而上学的规定、表象的与件和前提来规定世界的本质。① 莱布尼茨对于观念、本质的那些看法，像他所想的和规定的那样，乃是适应着与件而设置起来的，——他以一种说故事的方式讲出这些思想，并没有概念在全体中的一贯性。莱布尼茨的思想，就其本身来说，在联系方面是没有必然性的；他的哲学看起来好像是一些他所作出的一个跟着一个的论断。他的这些论断看起来好像是一些任意的看法，一篇形而上学的小说；当我们看出他要想以此避免什么困难的时候，我们才懂得重视这些看法。真正说来，他是使用了较多的外在根据来建立各种关系："因为这样一些关系并不能实际出现，所以没有别的办法，只有这样规定下来。"如果我们不知道这些根据，那就会觉得这种论证进程似乎是任意的。

1. 莱布尼茨的哲学是一种唯心论、一种理智主义。莱布尼茨认为宇宙具有理智性，这个观念一方面与洛克对立，另一方面也与斯宾诺莎的实体相对立。这个观念一方面进一步表明了差异者和个体性自在自为地存在于众多单子之中，另一方面则拆散联系，把斯宾诺莎的观念性、把全部差别的非自在自为存在宣布为想象的唯心论。

甲、莱布尼茨的哲学是形而上学，是与斯宾诺莎主义根本地、尖锐地对立着的；斯宾诺莎主张一个唯一的实体，认为在这个实体 455

① 参看《神正论》，第一册，第一部，第十节，第 86 页。

中一切确定的东西都是暂时的东西。莱布尼茨与斯宾诺莎的单纯普遍的实体相对立，以绝对的众多性、个体的实体为基础，他依照古代哲学家们的先例，把这种个体的实体称为单子，——一个已经由毕泰戈拉派使用过的名称。“实体是一个能够活动的东西；它或者是复合的，或者是单纯的，没有单纯的实体，就不能有复合的实体。这些单子就是单纯的实体。”①他证明单子是宇宙万物的真相，他的证明是非常简单的；这是一种肤浅的反思。他的一个命题就是：“因为有复合的事物，所以它们的原则必定是单纯的东西；因为复合的东西是由单纯的东西组成的。”②这个证明是够坏的了；这是以一种任意的方式从某个特定的复合物出发，然后回溯到单纯的东西。这是完全正确的，但真正说来却是一种同语反复。事实上，如果有复合物，就也有单纯物；因为复合物就是一个包含多方面的东西，它的联系或统一是外在的。因此从这个非常浅薄的复合物范畴很容易推出单纯的东西来。这是从与件出发的推论；但是问题却在于与件是否真实。

但这些单子并不是一种抽象的单纯物本身，——即伊壁鸠鲁的空洞的原子；那种原子是本身无规定的东西，在伊壁鸠鲁那里，一切规定都来自原子的积聚。相反地，单子是一些实体性的形
456 式，③——这是从经院哲学家们那里借来的一个恰当名词——也

① 《自然的原理和神恩的原理》，第一节，第32页（由岱梅索根据不同的片段辑成的汇编，第二册，第485页）。

② 《哲学原理》，第一——二节（《全集》，第二册，第一部分），第20页。

③ 《论自然本身或论寓于创造物的活动中的力》（《全集》，第二册，第二部分），第十一节，第55页。

就是亚历山大里亚派的形而上学的点；单子就是被理解为纯粹活动的亚里士多德的*隐德来希*，①它们本身就是形式。“这些单子并不是物质的或有广延的，它们并不产生，也不以一种自然的方式消灭；相反地，它们只能通过神的一种创造而开端，也只能通过毁灭而终结。”①这样，单子就和同样被看成原则的原子区别开来了。创造这个名词是我们在宗教里熟知的；但这只不过是一个空洞的名词，是从想象中取来的；它要成为思想、具有哲学意义，还必须得到很多进一步的规定。

乙、“由于单纯的缘故，单子是不被另一个单子改变其内在本质的；在单子与单子之间并没有任何因果关系。”②每一个单子对于其他单子来说都是不相干的、独立的东西；否则它就不是隐德来希了。每一个单子都是自为的，所以它的一切规定和变相都完全是仅仅在它以内进行的，并没有任何外来的规定。莱布尼茨说：“实体有三种联系方式：(1)因果关系，即影响；(2)协助关系；(3)和谐关系。影响关系是庸俗哲学的一种关系。因为我们无法理解，唯一实体的物质微粒或非物质性质怎样能够过渡到别的微粒或性质里面去，所以我们必须放弃这样一种想法。”③如果我们假定了众多是实在的，那就根本不能有什么过渡了；每一个都是最后的东西、绝对独立的东西。“协助说”，按照笛卡尔的说法，“是一种多余

① 《哲学原理》，第十八节，第 22 页；第三—六节，第 20—21 页；《自然的原理和神恩的原理》，第二节，第 32 页。

② 《哲学原理》，第七节，第 21 页。

③ 《对实体交通说的第三篇说明》(《全集》，第二册，第一部分)，第 73 页(《汇编》，第二册，第 402 页)。

457 的东西，是 Deus ex machina〔急中求神〕，因为人们总是不断地在自然事物中假定奇迹。”如果我们像笛卡尔那样假定一些独立的实体，那就无法设想任何因果联系了，因为这种联系要以一物对他物的影响、联系为前提，这样，那个他物就不是实体了。“所以只剩下和谐，即自在地存在着的统一。”“因此单子是单纯地封闭在自身之内的，并不能被他物所规定；这个他物并不能被放进单子。单子既不能越出自身的范围，他物也不能进入单子。”[①]这也是斯宾诺莎的看法：每一个属性都独立地表现神的本质，广延和思维之间并没有相互作用。

丙、第三，“这些单子必须同时具有某些性质、某些固有的规定、某些内在的活动，使它们与其他单子区别开来。——不能有两件同样的东西；因为否则它们就不是两个，就没有区别，而是同一个东西了。”[②]这里说到的是莱布尼茨的不可区别原则。本来没有区别的东西，就是没有区别的。这一点可以被浅薄地了解成：没有
458 两个个体是彼此一样的。对于感性事物来说，这句话并没有什么意思：乍看起来，究竟有没有两件东西彼此一样或不一样，是没有什么关系的；反正总有空间的区别。这是一种肤浅的见解，与我们无干。深入的见解则是：每一件东西本身都是一个特定的东西，一

---

① 《哲学原理》，第七节，第 21 页。

② 同上，第八—九节，第 21 页；《全集》，第二册，第一部分，第四—五节，第 128—129 页：“没有两个区别不开的个体。我的朋友，一位聪明的绅士，有一次当着选帝侯夫人的面在赫伦豪森花园里同我谈话。他认为他完全可以找到两片完全相似的叶子。选帝侯夫人不相信他的话，他就跑来跑去地找了很久，结果白费气力。两滴水或两滴牛奶用显微镜去看就可以发现是区别得开的。这是一个反对原子的论据。”（《汇编》，第一册，第 50 页）——参看《黑格尔全集》，第四册，第 45 页。

个与别的东西本身有区别的东西。是不是有两件东西一样或不一样，这只是我们所作的一个比较，是在我们的范围内的。更深刻的东西却是它们本身固有的特定区别。区别必须是本身固有的区别，并不是相对于我们的比较，相反地，主体必须本身具有这种固有的规定；规定必须是内在于个体中。不仅是我们通过动物的爪子来区别动物，而是动物通过爪子从本质上把自己区别开来，把自己武装起来，使自己保存下来。如果两件东西之所以有区别仅仅是由于它们是两个，那它们每一个就都是一；二，本身并不构成任何关系，构成关系的是特定的区别本身，这是主要的东西。

丁、第四，“规定性和由规定性造成的变化，则是一种内在的、自在地存在着的原则；它具有众多的变相和对周围事物的关系，不过这个众多却始终是包含在单纯性中的众多之中，”①——一种自己反映自己的、自己保持自己的规定性。单纯的东西变化，却又始终是单纯的。众单子是自在的，因此是通过自身中的各种变形(Modifikationen)相区别的，并不是通过外在的规定。“这样一种保持和发生于本质自身中的规定性和变化，就是一种**知觉**”，——我们也可以称之为**表象**；因此莱布尼茨说，一切单子都在表象着，但并不因此就都有意识。② 换句话说，单子本身是普遍的；这种普 459
遍性正是众多性中的普遍性或单纯性，这种单纯性同时也是众多性的运动、变化。这是一个非常重要的规定；在实体本身中设定了否定性、规定性，而并不抛弃它的单纯性和自在性。这一点也同样

① 《哲学原理》，第十一十三节，第21页。

② 同上，第十四节，第21—22页。

适用于物质的东西；物质的东西就是众多的单子。因此莱布尼茨的体系是一种理智主义的体系：一切物质的东西都是能表象、能知觉的东西。自己包含自己的表象、规定，是主要的东西。绝对的差别就是所谓概念；在单纯的表象中分开的东西被结合到一起了。详细说来，这种唯心论就包含在这一点上，即单纯的东西是一个本身有差别的东西，但是它尽管本身有差异性，却是单一的东西，始终保持着单纯性：例如“我”、我的精神。我有很多表象，有丰富的思想在我心里；但是，尽管有这种差异性，我却只是一个我。“我”就是这种能把有差别的东西一起扬弃并规定为一个的观念性。这些规定，这些包含在单子里面的表象，是以一种观念的方式存在于单子中的。单子中的这种观念性本身是一个整体，所以这些差别都只是表象。这就是莱布尼茨哲学中使人感兴趣的东西。

所以单子是一种能表象、能知觉的东西；所以他说，单子是能动的。因为活动就是单一中的差别；这是真正的差别。单子不仅能表象，而且包含着变化；它在自身中变化，却又仍然绝对是它自己。这种变化的基础是活动。“内在原则的这种使它从一个知觉
460 进到另一个知觉的活动，就是欲望(appetitus)。”①表象中的变化就是欲望。这是单子的自发性；一切都只是属于单子自身，影响是没有的。实际上，一切事物的这种理智性是莱布尼茨的一个伟大思想。“一切众多性都包含在单一性中”，②——规定性并不是一

---

① 《哲学原理》，第十五节，第22页；《自然的原理和神恩的原理》，第二节，第32页。

② 同上，第十六节，第22页。

种与他物相对立的差别，而是自己反映自己的。这是一个方面；但是事情并非全部如此，它也同样是与他物有差别的。

戊、这些表象并不是必然意识到的表象。**意识**诚然本身是知觉，但却是一种更高级的知觉；莱布尼茨把意识的知觉称为**摄觉**。至于单纯能表象的单子与自觉的单子之间的差别，莱布尼茨认为在于**明晰**程度的差别。不过表象这个名词无论如何总有些不适当，因为我们总是习惯于把它只是归给意识，归给有意识的东西本身；而莱布尼茨却也假定了无意识的表象。当莱布尼茨举例说明无意识的表象时，他所根据的是昏迷、熟睡的状态，在这种状态中，我们是**单纯的**单子；无意识的表象就存在于这种状态中。他的证明是根据我们刚从睡眠中醒来时具有知觉；所以睡着时必定有过另一些知觉，因为一个知觉只是从另一个知觉产生出来的。① 这是一种无足轻重的经验证明。

己、这些单子构成了一切存在物的原则。**物质**无非是单子的被动能力。这种被动的能力恰恰构成了表象的**模糊性**，或一种不 461
能作出区别、欲求或活动的麻木状态。② 这是对于那种表象的一个正确规定；在单纯性这一环节后面，它就是存在、物质。物质本来就是活动；如果用较好的名词来说，这就是无规定的单纯自为存在。他用昏厥来证明从模糊到明白的过渡。

庚、**形体**作为形体，是单子的积聚；这些单子堆是不能称为实

① 《哲学原理》，第十九—二十三节，第 22—23 页；《自然的原理和神恩的原理》，第四节，第 33—34 页；《人类理智新论》（拉斯普编《莱布尼茨哲学著作集》），第二卷，第九章，第四节，第 90 页。

② 《论动物的灵魂》（《全集》，第二册，第一部分），第二—四节，第 230—231 页。

体的，正如不能把实体这个名称用于羊群一样。[1] 单子的连续性是一种秩序或广延，空间并不是自在的东西；[2]空间只是在另外一个东西里面，只是我们的理智给予那个积聚物的一种统一性。[3]

2.莱布尼茨以下列方式对无机的、有机的和有意识的单子作了详细的规定和区别：

甲、那些没有内在统一性、各个环节只是通过空间或外在地结合起来的形体，是**无机的**形体；它们并没有一个隐德来希或一个单子统治着其余的单子。[4] ——连续性只不过是空间；它是单纯的
462 外在联系，并没有这些单子本身固有的等同性的概念。实际上应当把连续性规定为单子本身固有的一种秩序、等同性。因此莱布尼茨把单子的运动规定为彼此相同的，规定为单子的一种和谐一致；[5]——但这种等同性又不是单子本身所固有的。实际上，连续性构成了无机物的基本规定。但是不能把连续性径直了解为外在的东西或等同性，而必须把它了解为贯穿的或被贯穿的统一性，这种统一性把个别性消解于其中了，——是一种流动性。但是莱布

① 《全集》，第二册，第一部分，第三节，第 214—215 页；《论自然本身或论寓于其中的力》，第十一节；《关于自然和实体交通的新系统》（《全集》，第二册，第一部分），第 50、53 页。

② 《全集》，第二册，第一部分，第 79、121、234—237、280、295 页；《人类理智新论》，第二卷，第十三章，第十五、十七节，第 106—107 页。

③ 《人类理智新论》，第二卷，第十二章，第七节，第 102—103 页；第二十一章，第七十二节，第 170 页；第二十四章，第一节，第 185 页。

④ 《全集》，第二册，第一部分，第 39 页；《新论》，第三卷，第六章，第二十四节，第 278 页；第三十九节，第 290 页。

⑤ 《全集》，第二册，第二部分，第 60 页；《新论》，第二卷，第二十三章，第二十三节，第 181 页。

尼茨并没有达到这一点，因为在他看来单子是绝对的原则，个别性是扬弃自身的东西。

乙、有生命、有灵魂的形体是一个更高的存在等级，在这些形体里面有一个单子支配着其余的单子。这一个单子就是与它结合在一起的那个形体的隐德来希、灵魂，人们把这个形体与它的灵魂一道称为一个生物、一个动物。——这样一个隐德来希统治着其他的单子，但并不是实在地统治着，而是形式地统治着；这个动物的各个肢体本身又是这样一些有灵魂的东西，每一个肢体又包含着一个统治着的隐德来希。① 不过统治这个名词在这里并不是用它的本来意义。这种统治并不是对其他单子的统治，因为所有的单子都是独立的；所以这只是一个形式的名词。如果莱布尼茨没有使用统治这个词，而对此作出进一步的发挥的话，这个干涉其他单子的单子就把其他单子扬弃了、否定了；其他单子的自在存在就消失了，就不是这些点或个体的绝对存在的原则了。——不过单子之间的这种联系我们要在以后再讲。

丙、有意识的单子与赤裸裸的（物质的）单子的区别就在于表 463
象的明晰性。不过这当然只是一句不确定的话，一种形式的区别；它暗示着意识恰恰构成了无区别者的区别，区别构成了意识的规定性。莱布尼茨更加确定地规定了人的区别之点，认为“人是能够认识必然而且永恒的真理的”，——也就是说，人一方面表象着普遍的东西，另一方面又表象着联系的东西；自我意识的本性和本质

① 《哲学原理》，第六十五—七十一节，第 28 页；《自然的原理和神恩的原理》，第三—四节；第 32—33 页。

就寓于概念的普遍性中。“这些永恒的真理以两个根本原则为基础，一个是**矛盾**原则，一个是**充足理由**原则。”前者以无用的方式把统一表达成为原则，亦即不能区别者的区别，A＝A；这个原则是思维的定义，但并不是一个包含着以真理为内容的原则，也就是说，并不能表达区别的概念本身。另一个重要原则却是：凡在思想中无区别的，就是无区别的。“充足理由原则就是：一切均有其理由”，①——特殊者以普遍者为本质。必然的真理必定要具有自身固有的充足理由，因此可以通过分析，亦即通过那条同一原则，把这个理由找出来。分析就是一般所谓分解成为简单的概念和命题的意思，——也就是这样一种分解，它取消掉概念的联系，因而实际上造成了一种向对立面的过渡，而自己并不意识到这一点，因此也就排除了概念。——充足理由似乎是同语反复；莱布尼茨把它
464 理解为目的因、目的（causae finales）。这里所讲的是作用因与目的因的区别。② ——所以这是主要的环节。

3. 这个普遍者本身，即绝对本质——因为这毕竟是与那些单子不同的东西——在莱布尼茨那里也分成两个方面，即普遍的存在和作为对立统一的存在。

甲、那个普遍者就是**神**。上述的充足理由原则当然造成了向对于神的意识的过渡，神是作为世界的原因的。由这些永恒真理推出的一个结果就是神的存在：永恒真理就是对于自在自为的普遍者和绝对者的意识；这个普遍者、自在自为的绝对者就是神，就

---

① 《哲学原理》，第二十九—三十一节，第 24 页；《自然的原理和神恩的原理》，第五节，第 34 页；《神正论》，第一册，第一部，第四十四节，第 115 页。

② 《自然的原理和神恩的原理》，第七节，第 35 页。

是自身同一的单元，就是众多单子的单子，就是绝对的单元。——永恒的真理、自然的规律必定要有一个充足的理由；普遍的充足理由被规定为神。这里又来了对神的存在的单调无味的证明；神是永恒的真理和概念的来源，如果没有神，就任何可能性都不会有现实性。神有一种优胜之处，就是同时既是可能的又是存在的；[①]——这是可能性与现实性的统一，不过采取着非概念的方式。凡是具有必然性却不被理解的东西，都被放在神那里；神不止是普遍者，而是在对立面的联系那个方面的。

乙、第二个方面是对立面的绝对联系。这个联系首先以思想的绝对对立面善与恶的形式出现。“神是世界的创立者”，这立刻与恶发生联系。——这个联系是哲学上的努力所围绕的轴心，但是哲学并没有掌握到它的统一。哲学要理解世界上的恶，但是并没有越出固定的对立的范围之外。莱布尼茨有一种单调无味的想法，认为神在无穷个可能的世界里挑选了这个最好的世界，——乐观主义。[②] 这是一种恶劣的通俗说法，一种夸夸之谈，空吹着表象或想象中的可能性；伏尔泰曾经痛快地讽刺了他一番。因为据他说，世界是一切有限物的总汇，所以恶不能与世界分开，因为恶是否定性、有限性。[③] 在这里，实在性和否定性仍然和以前一样对立着。这是《神正论》里面的主要看法。——这是我们在日常生活方

① 《自然的原理和神恩的原理》，第八节，第 35 页；《哲学原理》，第四十三—四十六节，第 25 页。

② 参看本书第 185 页。

③ 《神正论》，第一册，第一部，第二十节，第 96、97 页；第三十二—三十三节，第 106—107 页；第二册，第二部，第一五三节，第 57—58 页；第三七八节，第 256—257 页。

面所能说的话。如果我让人到一个城市里的市场上买来一件东西，并且说，这件东西虽然不是十全十美的，却是能买到的最好的，那么，这就是我装着满意的一个十分好的理由。但是理解却是完全另外一回事。这无非就是说，世界是好的，但也包含着恶；——以前如此，以后也仍然如此。"因为世界始终该是有限的"，——只不过是基于神的武断的选择。为什么在绝对者及其决心中包含着有限性？又是怎样包含的？从有限性这个规定去推，当然可以推出恶来了。

"神并不要恶；恶只是间接地出现在结果中的"（盲目地），"因为**有时候**如果没有恶存在就不能达到更大的善。所以恶是达到善的目的的手段。"神为什么不使用另外一种手段呢？手段永远是外在的，并不是自在自为的。"但是我们却不能把道德上的恶看成手

466 段，也不能（像使徒* 所说的那样）为了善而行恶；但是恶却常常具有着作为善的 conditio sine qua non〔必要条件〕的情况。恶在神心里只是一种容许性意志的（voluntatis permissivae）对象"，① ——总之，一切坏的东西都是如此。"善是目的，而任何一件东西，包括

---

*　两处典故都出于《新约全书》。第一处见《使徒保罗致罗马人书》第三章："若上帝的真实因我的虚谎而充溢流露他的荣耀来，为什么我还受审判为罪人呢？我们为什么不作恶使善来到呢？"（这是我们所受的毁谤，并且有人说我们说了这话）……〔吕振中译：吕（译）新约初稿，第 282 页〕

第二处见《马太福音》第十八章："因了绊跌的事，世界有祸啊！绊跌的事是必须来的；但绊跌的事是从他来的，那人有祸啊！"（前引书第 35 页）中华圣经会《新旧约全书》的译文：这世界有祸了。因为将人绊倒，绊倒人的事是免不了的，但那绊倒人的有祸了。

①　《神的正直给神作了辩护》（《神正论》，第二册），第三十四—三十八节，第 385—386 页。

次等的，即无所谓好坏的东西在内，以及恶，全都是手段；然而恶却只是一个必要的条件，基督＊就是在这个意义上说：必须有犯罪存在。”①

“根据神的智慧，我们必须认定自然的规律是最好的。”人们一般地满足这种说法；但是这个答复对于特定的问题来说理由却不充足。人们要想认识**这种**规律的善。这一点并没有做到。“比方说，落体定律就是最好的：时间与空间的平方关系就是最好的。”人们也可以在数学上使用任何一种别的乘方。莱布尼茨的回答是“神创造了这个”；这不是什么答复。我们要想知道的是这个规律的特定的根据；这样一些普遍的规定听起来倒很虔诚，但是并不能使人满足。

丙、他进一步把充足理由与关于单子的想法联系起来。单子是万物的本原，每一个单子都是自为的，彼此之间没有相互作用，同时在世界上存在着一种和谐。那个 Monas monadum〔众单子的太上单子〕，即神，如果是绝对的实体，那么，个别的单子就没有实体性了。这是一个本身没有得到解决的矛盾：那具有实体性的唯一单子和众多的个别单子，据说都是独立的， 467
其根据是它们彼此之间并无联系；这就是一个没有解决的矛盾。据说，它们是神创造的，也就是说，它们是被神的意志规定成为单子的。

灵魂和**形体**这两个对立的存在物的统一，应当理解得比单子与单子的关系更普遍。莱布尼茨把这种统一设想成一种并无区别

① 《神的正直给神作了辩护》(《神正论》，第二册)，第三十九节，第 386 页。

的联系，一种非概念的联系，也就是说，设想成一种**预定的和谐**。[①] ——莱布尼茨举两座钟为例，说是这两座钟被拨在同一个钟点上，以同样的方式走着；[②]这样，思维界的运动就按照规定向目的进行着，而形体界的进程也按照着普遍的因果联系与思维界的运动吻合一致。[③] ——这和斯宾诺莎的说法是一模一样的，即宇宙的这两个方面彼此并无联系，并不互相影响，而是彼此完全不相干的，总之，缺乏概念的差异关系。在无概念的抽象思维中，每一种规定性都带着单纯性、自在、与他物不相干的形式（绝对的红就被看成与蓝等等不相干），——这是一种无运动的反思。——在这里，也和前面一样，莱布尼茨放弃了他的个体化原则；这个原则只有排斥他物的一的意义，并不是凌驾他物的一；只是想象的一，
468 并不是一的概念。所以灵魂具有一系列由它的内部发展出来的表象，这一系列表象原来在创造的时候就被放进了灵魂，也就是说，直接就是如此：它们是这样一种自在的规定性、存在着的规定性；然而规定性却不是自在的，这种规定性在表象中反映的表现乃是它的客观存在。伴随着这一系列不同的表象的是形体的一系列运动，这一系列运动是与那些表象平行，或者说，是存在于它们以外的东西。[④] 这两者都是实在的基本环节；它们彼此互不相涉，但是却也同样具有着本质上的差异关系。

---

① 《自然的原理和神恩的原理》，第三节，第 33 页；《对实体交通说的第一篇说明》，第 70 页。

② 《对实体交通说的第二篇和第三篇说明》，第 71—73 页。

③ 《哲学原理》，第八十二节，第 30 页；《自然的原理和神恩的原理》，第十一节，第 36 页。

④ 《关于自然和实体交通的新体系》，第 54—55 页。

这就是灵魂、思维者；另一方面则是有形体的东西、运动。每一个单子都是封闭在自身之内的，并不对其他形体发生作用；每一个形体都是无穷多的原子的积聚，但是这些原子却吻合一致。Monas monadum〔众单子的太上单子〕的状态和活动的进一步规定是：它是众多单子的种种变化中的预定和谐；莱布尼茨把这种和谐放在神那里。[①] 神是这种吻合一致的充足理由；神对这些原子群作了这样一种安排，使那些在一个单子内部发展着的原始变化与其他单子的变化吻合一致。这就是预定的和谐。当一条狗挨了棍子的时候，痛苦在狗身上发展着，棍子也在发展着，打狗的人也同样在发展着；狗、棍子、打狗者的各种规定都彼此吻合，但是这并不是通过这些规定的客观联系，它们每一个都是独立的。[②] 它们并没有单子与单子之间的联系。所以这个协调的原则是在它们以外，在神那里，所以神是众单子的太上单子，是绝对的统一；神是吻合的原因。

我们一开头就看到了莱布尼茨是怎样达到这种看法的。每一 469
个单子都是能表象的，同时也是宇宙的表象。每一个单子全都本身就是一个总体，本身就是一个完整的世界。不过这种表象还不是一个意识到的表象；那些赤裸裸的单子本身也同样是宇宙，区别就在于这个宇宙或总体在单子内部的发展。[③] 在单子中发展着的

① 《哲学原理》，第九十节，第 31 页；《自然的原理和神恩的原理》，第十二—十三节，第 36—37 页；第十五节，第 37—38 页。

② 《全集》，第二册，第一部分，第 75—76 页。

③ 《哲学原理》，第五十八—六十二节，第 27 页；《全集》，第二册，第一部分，第 46—47 页。

东西，同时也与其他一切发展处在和谐中；这是唯一的和谐。“在宇宙中一切都极其紧密地结合在一起，打成一片，好像一个海洋：连最微末的运动也把它的后果一直传播到一切遥远的地方去。”①如果我们完全认识了一粒沙，就可以从这粒沙里理解到全宇宙的发展。这些话表面上似乎很漂亮，其实并没有什么意义；因为宇宙的其余部分要多于并且异于我们所认识的这一粒沙。说这粒沙的本质就是宇宙，乃是一种空洞的夸夸之谈；因为作为本质的宇宙恰好不是宇宙。必须在这粒沙上再添加上某些不在其中的东西；因为思想加上了比沙子的存在更多的东西，这样当然就能理解到宇宙及其发展了。这样一来，每一个单子就都有或都是整个宇宙的表象，也就是说，它就是表象一般，不过同时也是一个使它成为这一单子的特定表象，即根据它的特殊状况和处境而定的表象。②

单子是能动的、能表象的、能知觉的；这些构成它的宇宙的知
470 觉在它内部按照活动的规律发展着。它的外部世界的运动是怎样按照形体的规律发展的，它内部的表象、精神性的东西就也是这样按照欲望的规律发展着。自由就是自发性，就是说，在每一个单子内部发展的东西，就是它的内在的发展；自由只不过是被意识到的自发性。③ 磁针具有自发性。他说，磁针的本性就是指北；如果它有意识，它就会想到这是它的自决性，——这样它就有了按照自己

① 《神正论》，第一册，第一部，第九节，第85—86页。

② 《自然的原理和神恩的原理》，第十二—十三节，第36—37页；《全集》，第二册，第一部分，第337页。

③ 《神正论》，第二册，第三部，第二九一节，第184—185页。

的本性行动的意志。[①] 因为每一件东西都有按照自己固有的本性行动的 appetitus〔欲望〕。因为单子都是封闭的，各自在自身之内发展着，所以这种发展又必须在和谐中。一个有机整体、一个人就是自发地规定目的的；不过这个有机整体或人是在他的概念中向着一个他物发展的。他表象或知觉这个或那个，要求这个或那个；他的活动就朝着这一点进行，并且造成一些变化。他的内心规定于是就变成了身体的规定，然后造成外界的变化；他似乎是原因的样子，对其他单子起着作用。然而这只是一个假象。就这个单子规定和否定他物这一点来说，这个他物是现实的东西；然而单子本身就是这个被动的东西，所有的环节都包含在单子本身之内。正因为如此，它并不需要其他的单子〔，只需要单子自身的规律〕。* 如果这种相互作用是一个假象，这种自为存在就也同样是假象，因为自为的存在只有与相互作用联系起来才有意义；需要的并不是什么相互作用的规律，而是那些单子本身的规律。

这种理智性是莱布尼茨的伟大处，但是莱布尼茨并不懂得详尽发挥这种看法，这样，这种理智性就同时又是无限的众多性。这
种众多性是绝对的，单子是独立的；这种众多性并不能克服单一。471
他使在概念中的这种分离竟达到了脱离本身，达到了彼此不同的独立状态的假象，而不懂得把这种分离总括到统一里去。表象过程和外部事物的过程这两个环节的协调，是作为原因和结果出现的，莱布尼茨不懂得把它们自在自为地联系起来，因而让它们分立

① 《神正论》，第一册，第一部，第五十节，第 119 页。

* 第 346 页。

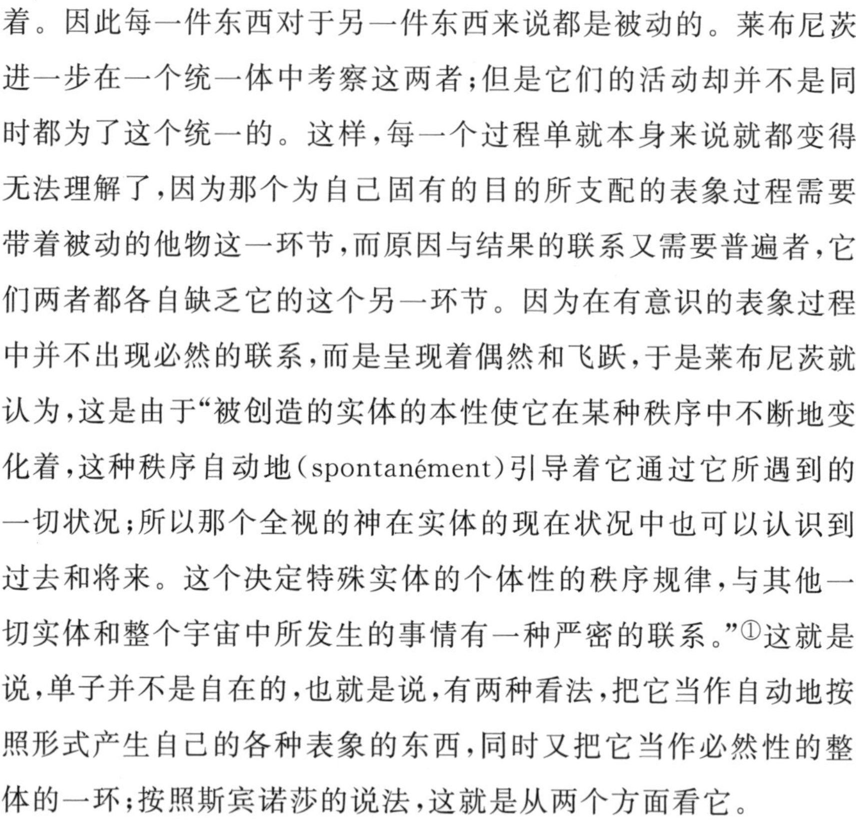

着。因此每一件东西对于另一件东西来说都是被动的。莱布尼茨进一步在一个统一体中考察这两者；但是它们的活动却并不是同时都为了这个统一的。这样，每一个过程单就本身来说就都变得无法理解了，因为那个为自己固有的目的所支配的表象过程需要带着被动的他物这一环节，而原因与结果的联系又需要普遍者，它们两者都各自缺乏它的这个另一环节。因为在有意识的表象过程中并不出现必然的联系，而是呈现着偶然和飞跃，于是莱布尼茨就认为，这是由于“被创造的实体的本性使它在某种秩序中不断地变化着，这种秩序自动地（spontanément）引导着它通过它所遇到的一切状况；所以那个全视的神在实体的现在状况中也可以认识到过去和将来。这个决定特殊实体的个体性的秩序规律，与其他一切实体和整个宇宙中所发生的事情有一种严密的联系。”①这就是说，单子并不是自在的，也就是说，有两种看法，把它当作自动地按照形式产生自己的各种表象的东西，同时又把它当作必然性的整体的一环；按照斯宾诺莎的说法，这就是从两个方面看它。

472 人的意志的规定与人以为由意志造成的变化协调一致，这种统一是由另外一个东西造成的，并不是外来的；这个另外的他物就是神，神预定了这一和谐，——这就是大家所熟知的预定和谐。当一个单子发生变化的时候，在另一个单子里也发生与此相吻合的变化；这种吻合就是和谐，是由神规定的。这个绝对统一被放在神那里；神是众单子的太上单子。众单子在神的面前不是独立的；它们是吸收在神中的，是观念性的。这样，现在就发生了一种要求，

① 《全集》，第二册，第一部分，第 75 页。

要在神那里去理解以前分立着的东西的那种统一；只有神拥有一种特权，担负着理解不可理解的东西的重任。所以神这个字只不过是救急的东西，它所带来的统一只不过是徒托空言的统一；莱布尼茨并没有指出众多的事物如何从这个统一里产生出来。

由此可见，神在近代哲学中所起的作用，要比古代哲学中大得多。在近代哲学中，理解占支配地位的（思维与存在的绝对对立是主要的要求）。〔在莱布尼茨看来，〕* 思想前进到什么地步，宇宙就前进到什么地步；理解在什么地方停止了，宇宙就在那里停止了，神就在那里开始了；因而后来有人甚至于认为理解是对神不好的东西，神由于被理解，便往下拉到有限性里去了。——理解是从特定的东西出发的：这个和那个东西是必要的，但是我们并不理解这些环节的统一；于是这个统一就落到了神身上。因此神就仿佛是一条大阴沟，所有的矛盾都汇集于其中。这样一个通俗观点的总汇就是莱布尼茨的《神正论》。在这部书里总是可以搜索出形形色色逃避矛盾的遁词：当神的正直与善发生矛盾时，就设法把这两者调节一下；对于神的预知和人的自由如何相容这个问题，就想出形形色色的综合来，这些综合根本没有深入到根据，也没有指出这 473
两者都是环节。

这些就是莱布尼茨哲学的主要环节。这是一种从一个有局限性的理智规定出发的形而上学；这个规定就是绝对的众多，因此他只能把联系理解为连续。这样，绝对的统一就被他抛弃了，但是他却以这个统一为前提；他只有用这样一种方式来说明个体与个体

* 第 348 页。

之间的沟通，即认为神规定了各个个体的种种变化中的和谐。这是一个人为的体系，是建立在众多性的绝对存在、抽象的单一性这两个理智范畴上面的。莱布尼茨哲学中重要的东西是两条原则，即个体性原则和不可分割性原则。

2. 沃尔夫

沃尔夫的哲学与莱布尼茨直接连接在一起；因为这种哲学真正说来乃是莱布尼茨哲学的一种系统化，因而也被称为莱布尼茨—沃尔夫哲学。——这里对沃尔夫的一般哲学内容作一个系统阐述。沃尔夫为德国人的理智教育作出了伟大的贡献、不朽的贡献。他不仅第一个在德国使哲学成为公共财产，而且第一个使思想以思想的形式成为公共财产，并且以思想代替了出于感情、出于表象中的感性知觉的言论。这正如大家所说的那样，是教育的方面；这种教育真正说来对我们现在并没有什么关系，这只是就这种思想形式被当作哲学这一点而言。这种哲学变成了一般的教养；其基本原则是确定的、理智式的思维；这种思维越出了现存事物的
474 整个范围。精神性的、更高级的、实体性的哲学，即我们在波墨那里看到的那种以固有的粗野形式出现的思辨兴趣，已经完全瓦解了，毫无作用地在德国消失了，连他的语言也被忘记了。

在克里斯提安·沃尔夫的生平事迹中，最值得指出的是：他1679年生于布累斯劳，是一个面包师傅的儿子，开始学神学，后来学哲学，1707年当了哈勒大学的数学兼哲学教授。在哈勒，那些伪善的神学家们，特别是朗格，以最卑鄙的手段对待他。虔诚的信心不信任这种理智；信心如果是真实的，那它就走上一种具有思辨

性质的内容，越出理智的范围。他的敌手们由于不能以文章占到上风，于是采取阴谋。他们向腓特烈二世的父亲腓特烈·威廉一世那个粗野的黩武国王告密，说按照沃尔夫的决定论，人是没有自由意志的，因此军人也没有自由意志可言，而是由神的一种特殊安排（预定的和谐）规定了的；——这种学说如果在军队里传播开了，将有极大的危险性。这位国王对此大为震怒，立刻下了一道谕旨，命令沃尔夫必须于四十八小时以内离开哈勒和普鲁士邦，否则处以绞刑。于是沃尔夫于 1723 年 11 月 23 日离开了哈勒。神学家们又进一步加以诽谤，他们对沃尔夫及其哲学大肆诋毁，那个虔诚的弗兰克竟在教堂里跪着为沃尔夫的放逐向神谢恩。然而这阵高兴并没有保持多久。沃尔夫到卡塞尔去了，立刻被任命为马堡大学哲学院首席教授，并且在这个时期被伦敦、巴黎、斯德哥尔摩的科学院聘为院士，被沙皇彼得一世委派为他新建的彼得堡科学院的副院长。沙皇也曾召他前往俄国，但是他谢绝了，不过接受了一 475
份恩俸，同时由巴伐利亚选帝侯封为男爵，总之外在的荣誉接踵而来，这些荣誉在一般的公众眼中是十分了不起的，太伟大了，特别是在当时，在今天也还是如此，因此在柏林也不能不受到极大的重视。——后来在柏林成立了一个委员会，负责对沃尔夫的哲学作出鉴定（因为这种哲学是驱逐不了的）；这个委员会说沃尔夫哲学对国家和宗教毫无危险，宣布它是无害的，封住了神学家们的口，并且禁止争论。腓特烈二世于 1740 年加冕后立即把沃尔夫优礼召回（朗格已死），这时他接受了召命。腓特烈·威廉早就向他发出了很尊敬的召回书，但是他对奉召一事表示踌躇；他不信任。他当了柏林大学的副校长；不过他名过其实，他的讲堂最后完全是空

的。他死于1754年。①

沃尔夫把全部知识都纳入学究式的系统形式。他在数学方面曾经搞得很出名，也同样以他的哲学著名，他的哲学在德国长期占据统治地位。但是这种哲学一般说来应当称为理智哲学，包罗着一切落入知识范围的对象；它虽然是以莱布尼茨哲学为基础的，思辨的东西却在其中完全消失了。沃尔夫曾经在哲学方面，特别是在德国的一般文化方面作出了贡献；我们
476 首先应当把他称作德国人的教师。我们可以说，沃尔夫第一个使哲学成了德国本地的东西。**契尔恩豪森**和**托马秀斯**也同时分担了这种贡献，——他们用德文写哲学书，从而获得了一种不朽的贡献。

沃尔夫的一大部分**著作**也是用他的祖国语言写的；这一点很重要。这些用德文写的哲学著作的题目是：《关于人类各种理智能力及其在认识真理时的正确应用的一些理性思想》，1712年哈勒版，共八篇；《关于神、世界、人的灵魂以及一切事物的一些理性思想》，1719年法兰克福、莱比锡版；《论人们的为与不为》，1720年哈勒版；《论社会生活》，1721年哈勒版；《论自然的各种作用》，1723年哈勒版，等等。沃尔夫是用德文写作的；契尔恩豪森和托马秀斯也分享了这个荣誉。与此相反，莱布尼茨是只用拉丁文或法文写作的。但是，正如上面已经提到过的那样，②只有当一个民族用自

① 布勒：《近代哲学史》，第四册，第二篇，第571—582页；提德曼：《思辨哲学的精神》，第六册，第511—518页；锐克斯纳：《哲学史手册》，第三册，第七十九节，第195—196页。

② 参看第257页。

己的语言掌握了一门科学的时候，我们才能说这门科学属于这个民族了；这一点，对于哲学来说最有必要。因为思想恰恰具有这样一个环节，即应当属于自我意识，也就是说，应当是自己固有的东西；思想应当用自己的语言表达出来，比方说，用 Bestimmtheit〔规定，德语固有词〕代替 Determination〔规定，借自拉丁语词 determinatio〕，用 Wesen〔本质，德语固有词〕代替 Essenz〔本质，借自拉丁语词 essentia〕，等等，这样对于意识来说是直接的，这些概念是它自己固有的东西，它是在同自己的东西打交道，不是同一个外来的东西打交道。拉丁语有一套措辞法，有一个特定的表象范围或界域：一旦承认了这个范围，用拉丁文写作的时候，就必定写得平平板板；人们冒昧地用拉丁语表达的东西，是不可能明白可诵或流畅自如的。

沃尔夫对哲学的各个部分，一直到经济学为止，写了许多 477
德文的和拉丁文的四开本书，拉丁文的有 23 厚册，还有约 40 209
个四开本。他的数学著作还构成另外的许多四开本。他特别使莱布尼茨的微积分得到了普遍的应用。——关于契尔恩豪森和托马秀斯的哲学，在内容方面却没有多少可讲的；这是所谓健全理性，虽说是从思维开始的，却到处都是浮表性和空洞的普遍性。思想的普遍性是满足了的，因为其中什么都有，犹如一种格言，但是这种带普遍性的格言却恰恰没有确定的内容。

沃尔夫的**哲学**，从内容上说，大体上就是莱布尼茨的哲学，只是他把它系统化了。这种哲学仅仅与《单子论》和《神正论》的那些主要规定相联系，他是始终忠于《单子论》和《神正论》的。德国的理智教养，现在完全独立地、与过去的深刻的形而上学直观毫无联系地兴起了。但是沃尔夫对这种理智教养所作出的那些伟大贡献，却与哲学所陷入的干枯空洞成正比：他把哲学划分成一些呆板形式的学科，以学究的方式应用几何学方法把哲学演绎成一些理智规定，同时同英国哲学家一样，把理智形而上学的独断主义捧成了普遍的基调。这种独断主义，是用一些互相排斥的理智规定和关系，如一和多，或简单和复合、有限和无限、因果关系等等，来规定绝对和理性的东西的。沃尔夫十分彻底地排除了经院式的亚里
478 士多德哲学，使哲学成了普遍的、属于德意志民族的科学。此外他又给哲学作了有系统的、适当的分门别类，这种分类直到现代还被大家认为是一种权威。

（一）理论哲学。他首先论述的是（1）清除了经院作风的逻辑，这是经过沃尔夫系统化的理智逻辑；其次是（2）形而上学，其中包括：甲、本体论，论述各种关于“有”（ὄν）的抽象的、完全普遍的哲学范畴，认为‘有’是唯一的、善的；其中出现了唯一者、偶性、实体[①]、因果[②]、现象等范畴；这是抽象的形而上学。乙、次一部分学说是宇宙论；这是关于形体、关于世界的普遍学说。这是一些关于世界的抽象形而上学命题，认为没有偶然，[③]自然中没有飞跃，[④]——论证了连续性的规律。他排斥博物学和自然史。丙、然后是理性灵

---

① 《关于神、世界和人类灵魂的一些理性思维》，第一部，第二章，第一一四节，第59—60页（哈勒1741年版）。

② 同上，第一二〇节，第62—63页。

③ 同上，第四章，第五七五—五八一节，第352—359页。

④ 同上，第六八六节，第425页。

魂学，即心灵学、灵魂哲学，论述了灵魂的单纯性、不死性、非物质性。① 丁、**自然神学**，对神的存在作出证明。② 其中夹进了经验灵魂学。③ 这是理论哲学。（二）**实践**哲学是：（1）**自然法**，（2）**道德学**，（3）国际法或**政治学**，（4）**经济学**。

全部学说是以严格的几何学形式如公理、定理、附理、绎理等等陈述出来的。沃尔夫一方面探讨了一个巨大的、十分普遍
的范围，另方面又在论述各个命题及其证明时采用了严格的方 479
法。哲学方面的内容有一部分是从莱布尼茨那里取来的，也有以经验的方式从我们的感觉和心理倾向中采取来的；笛卡尔等人对普遍概念所作出的那些规定，他都完全采纳了，他给他们为这些规定所下的定义、所提出的命题作出了证明。——这种认识在方式上和斯宾诺莎是一样的，不过更加死板、更加笨重。沃尔夫的办法是这样的：下定义，定义是基础；这些定义大体上是建立在我们的表象上面的，这是一些有名无实的定义。他使我们的表象转化成理智规定；定义如果与这种表象相吻合，那就是正确的。

他为德国（也是比较普遍地）规定了意识的世界，就像亚里士多德那样，对于亚里士多德我们也可以这样说。他说明了人类表象的整个范围，这对于一般的教育是极为重要的。内容是由一些抽象命题及其证明构成的混合物，还夹杂着一些经验，他对

① 《关于神、世界和人类灵魂的一些理性思维》，第一部，第五章，第七四二节，第463页；第九二六节，第573页。

② 同上，第六章，第九二八节，第574页以下。

③ 同上，第三章。

这些经验的真理性不加怀疑，把他的大部分命题建立在这种真理性上面；如果真有一种内容从其中产生出来的话，那当然必须把命题建立于其上，并且从其中找出根据。（在斯宾诺莎那里，除了绝对实体和经常返回绝对实体以外，是别无内容的。）沃尔夫把这种内容理解成思想的形式，理解为属于思想本身的普遍规定，或思想形式方面的普遍规定。这是一个伟大的贡献。他与亚里士多德的不同，就在于他仅仅采取理智的态度，而亚里士多德却以思辨的方式论述了对象。理智的论述就是孤立地抓住每一个思想规定；与比相反，怀疑论则是把这些固定的思想规定混淆起来。

沃尔夫遵循几何学方法。数学是理智适用的场所；三角形必
480 须永远是三角形。沃尔夫是德国人中间的理智教师。斯宾诺莎已经应用了几何学方法；沃尔夫把它同样地应用到一切纯属经验的东西上，例如就应用在他的所谓应用数学中，他把许多有用的技术放进了这种数学，使一些最普通的思想和意思带上了几何学的形式；这种做法使他的陈述具有一种学究式的外观，尤其是当内容本来浅近，不用这种形式，单凭表象即可说明的时候，他的讲法更显得学究气十足。

方法的严格，当然也有一部分变成了学究气。推论是主要的形式；这常常是一种粗野的学究作风，给他带来了十足的呆板。沃尔夫在数学中（四小册）也讲了建筑术和战术。例如在建筑术中就有这样一个规条：窗子必须是给两个人用的。① 造一间厕所，是被

① 《一切数理科学初阶》，第一部：建筑术初阶，第一部分，规条八，第 414 页。

他当作课题和解决提出来讲的。① ——次一个好例子是出于战术中的："规条四。敌人向要塞走得越近，就必定越难靠拢要塞。"他不说因为危险越大，却不厌其烦地这样说："证明。敌人向要塞走得越近，危险就越大。而危险越大，人们就必定越能抵抗他，使他的进攻粉碎，摆脱自己的危险，这是非常可能的。因此，敌人向要塞走得越近，就必定越难靠拢要塞。证讫。"②——他把因为"危险越大"当作理由提出来，这样，也就全盘错误了，我们就可以作出正好相反的结论了。因为人们一开始对敌人进行一切可能的抵抗， 481
敌人就不能向要塞走得更近，于是危险就并不变得更大了。更大的抵抗有一个原因，但并不是这个愚蠢的理由；那是因为守卫部队现在离得比较近，因而在一个狭窄的战场上作战，可以进行更大的抵抗。

沃尔夫就是以这种十分烦琐的方式来对待一切可能的内容。一切思辨的东西都离他很远；我们看到他把一切可能的内容都放进了这种论述方式。作为这种内容的基础的，是我们的表象。只有当我们把自己的表象归结到它们的单纯思想时，我们才知道定义是不是正确。这样，我们的通常表象就转化成空洞的思想形式了。——这种学究作风的粗野性，或这种粗野性的学究作风，在他那里十分详细地、充分地表现了出来，必然使他丧失一切信任。他并没有明确地意识到，为什么几何学方法并不是唯一的、最后的认识方法。由于人们本能地直接意识到了这样一些应用几何学方法

---

① 《一切数理科学初阶》，课题二十二，第 452—453 页。

② 《一切数理科学初阶》，第二部：结构初阶，第一部分，第 570 页。

的实例太愚蠢，这种方法已经不时兴了。

3. 通俗哲学

沃尔夫哲学所需要的，只不过是摆脱它的死板的形式，至于内容，就是以后的通俗哲学。它迎合我们的通常意识，把通常意识当作最后的标准。在斯宾诺莎那里，我们也看到从定义开始，定义也被当作前提。但是在斯宾诺莎那里内容具有深刻的思辨性质，并不是从通常意识中取来的。在斯宾诺莎那里，思维并不仅仅是形式，内容是属于思维本身的；这是思想本身的内容。在思辨的内容
482 里，思维是满足于自身的，内容立刻由思维本身得到证明；它本身就是总体，所以它能满足理性的本能。内容如果是有限的，那就意味着需要一种根据。在斯宾诺莎那里，内容是没有根据的，没有任何外在的根据；它本身就是根据。至于有限的内容，我们要求它有一个不同于这一有限物的根据；思辨的内容本身就是完整的。——因此从内容上说，沃尔夫哲学已经是通俗哲学，虽然它在形式上承认思维的有效性。沃尔夫哲学在康德以前一直占据统治地位。鲍姆加滕、克卢秀斯、门德尔松是沃尔夫哲学的个别加工者。门德尔松曾经以一种更通俗、更有风趣的方式讲哲学。

我们考察过的那些哲学形态，都带着这样一种性质：它们都是形而上学，都是从普遍的理智规定出发，把它们与经验、观察结合起来，总之是与经验的方式结合起来。在这种形而上学里，只有一个方面，就是使我们意识到思想的种种对立，并致力于解除矛盾。思维与存在(广延)、神与世界、善与恶、神的全能和前知与世界上的罪恶以及人的自由的矛盾，灵魂与精神、表象中的东西与物质的

东西的对立，以及它们之间的相互关系，乃是注意的中心。这些对立和矛盾的解除，乃是要做的工作；这种解除是被放在神身上的；因此神就是使这一切对立得到解除的东西。从主要的方面说，这就是这一切哲学的共同之点。在这里必须指出，这些对立本身并没有得到解除，也就是说，并没有指出前提本身就是子虚乌有的，因此并没有作出一种真正具体的解决。尽管神被认作解除一切矛盾的东西，神和那些矛盾的解除却是口头上说说的，并不是把握 483
到、理解到的。如果按照神的各种特性如前知、全在、全知等等去理解神，如果把神的各种特性如权能、智慧、善良、公正等等看成神本身的特性，这些特性就把它们自己引进种种矛盾了；莱布尼茨曾经试图取消这些矛盾，他说，这些矛盾是互相制约的，——它们合拢来就互相抵消了。——但是这并不是对这样一些矛盾的〔真正〕把握。

这种形而上学与古代哲学、与柏拉图和亚里士多德形成鲜明的对比。我们可以再三地回到古代哲学，赞许古代哲学；它在当时的发展阶段上是令人满意的，——是一个具体的中心点，正如人们所理解的那样，充分地完成了思维的任务。在这种近代的形而上学里面，各种对立发展成了绝对的矛盾。神虽然被提出来当作这些矛盾的绝对解决，这种解决却仍然是抽象的、彼岸的。所有的矛盾都仍然存在于此岸，从内容上说，仍然没有得到解决。神并没有被理解为使矛盾永远解决的神；神并没有被理解为精神，理解为三位一体的精神。只有在作为精神、作为三位一体的精神的神之中，才包含着这种神本身及其对方圣子的对立，因而包含着这一对立的解除。作为理性的神这一具体的理念，还没有被采取到哲学中；

对各种矛盾的解决，只不过是一种彼岸的解决。——

现在为了对其他民族在哲学上的努力作一番回顾，我们来看一看哲学的**进程**。我们又像以前一样，看到这种枯燥的理智哲学碰到了怀疑论，不过这种怀疑论真正说来是采取着唯心论的形式，也就是说，认为各种规定都是自我意识的主观规定。——我们曾
484 经看到过思维，现在我们看到概念出现了。思维是不动的单纯性形式。在斯多葛派那里，是把规定性当成被思维的东西。现在我们在近代也看到同样的现象，只是这时浮现了总体性的图像或内在意识，即绝对精神，认为世界是以绝对精神为基础的，并且向绝对精神的概念迈进；——这是精神的另一个内在基础，另一个潜在本性，精神从自身内独立地努力把它产生出来；所以这是精神对自身的一种把握，或者换句话说，精神确信，理性就是全部实在。在古代哲学家那里，理性（逻各斯）被看成意识的自在自为的本体，而语言只被当作一种虚浮的形式的存在；但是现在却把理性的确定性看作存在着的实体，因此在笛卡尔那里有着概念和存在的统一，在斯宾诺莎那里也同样有着普遍的实在。——现在出现了固定的思想向自身运动的概念，这就是说，运动本来只是作为方法，处在对象以外的，现在来到了对象自己身上了，也就是说，自我意识来到思想里面了。思想是具有自在存在而没有自为存在的东西，是与感性事物不相同的一种客观的方式，但又与自我意识的实在性不相同。

我们现在看到概念进入了思想，这个概念有三种形式：(1)作为个别的自我意识，一般的形式表象；(2)作为普遍的自我意识，这种自我意识是面对一切对象的，不管是被思维的东西，确定的概

念，还是具有现实性形式的对象，——不管是一般在思想中确定的
东西，是被认作彼岸物的灵明世界及其丰富的规定，还是灵明世界
的现实化，即此岸世界；(3)同时采取这两种方式的只是现实的概
念，并不是退回到思想中的概念，也不是自己思维自己的概念。前
者是一种概念式的思维，概念本身把这种思维认作本质，——这是 485
唯心论。这三个方面，到现在为止，又分别属于现今文明世界内三
个仅有的民族。属于英国人的，是那种经验的、完全有限的概念；
属于法国人的，是那种作为对一切进行尝试的、肯定自己的实在性
的、扬弃一切规定的、因而具有普遍性的无限纯粹自我意识的概
念；属于德国人的，则是这种内在的东西的深入自身，即绝对概念
的思维。

第二章

过 渡 时 期

在康德哲学以前，有一种思想衰落的情况。那时有一种思想，可以称之为一般通俗哲学、反思哲学、反思的经验主义，起来反对理智的形而上学。正如理智形而上学由于向特殊科学发展而变成了经验主义一样，反过来，这种经验主义本身也或多或少地变成了形而上学。为了对付上述的那些矛盾，有些人提出了一个或一些内在于精神、人心的固定原则。与我们仅仅在彼岸的神身上找到那些矛盾的解决相反，这些固定的原则是一种此岸的和解，具有着此岸的独立性。这些原则反对彼岸的形而上学，反对形而上学的人为拼凑，反对神的协助、预定和谐、最好的世界等等，——反对这种纯属人为的理智。它们是一种此岸的理智根据，是从通常所谓健全理智、健全理性中找出来的。这些此岸的具体原则是存在于
486 有教养的人心里的一些充满固定内容的原则，是他们心里所感到、所见到、所尊重的东西。如果人的感情、直观、心灵、理智是有教养的，这样一些规定的确可以是好的，可以被认为有效。如果是人的心灵受过道德教育，人的精神受过理智教育，能够从事思维和反思，那么，在人身上起支配作用的，可以是一些比较优良的、美好的感情、感觉和欲望，这些原则所表现的，可以是一种比较普遍的内

容。可是，如果把我们所谓的健全理智、健全理性，把那种植根于自然人的心灵中的东西当作内容和原则，所谓健全理智就无非是一种自然的感情、自然的认识了。崇拜牝牛、抛弃或杀死婴儿、什么残忍的事都做的印度人，向鸟和圣牛等等祈祷的埃及人，以及土耳其人，也同样有这样一种健全理智。野蛮的土耳其人的健全理智和自然感情如果被当作准则，就会产生一些骇人听闻的原则了。但是当**我们**说到健全理智、说到自然感情的时候，心里所想的始终是一个有教养的精神。那些把自己身上的健全理性、自然认识、直接感情、直接启示当成规范和准则的人却不知道，当宗教、伦理、法律作为人心中的内容出现时，是要归功于文化教育的，只有文化教育才使这样一些原则成为自然的感情。在这里所要讲的那一类哲学中，就是像这样把自然感情、把健全理智当成原则；其中也有许多可以承认的东西。

十八世纪哲学就是这个样子。属于这一类哲学的，有一部分是法国哲学，有一部分是苏格兰哲学，有一部分是德国哲学。这种德国哲学，由于它不是沃尔夫的形而上学，也被称为启蒙哲学。我 487
们在这里要一般地考察三个方面：(1)休谟本人；(2)苏格兰哲学；(3)法国哲学。休谟是怀疑论者。苏格兰哲学构成休谟怀疑论的一个对立面。法国哲学是第三种；德国启蒙哲学则是一个附属品，一种比较软弱无力的形态。人们没有能够由形而上学的神向前更进一步，也就是说，没有能够达到具体的内容。洛克把他的内容放在经验的基础上，经验主义的立场是不能把思维引导到稳固的立足点上的；休谟全盘否定了一切普遍的东西；苏格兰哲学家们提出了普遍的命题和真理，却并不是通过思维，——他们不得不在经验

的东西里去找稳固的立足点；法国人在现实（réalité）中发现普遍者，却并不是在思维中、从思维中发现普遍者的内容，而是把有生命的实体、自然、物质当成普遍者。这一切都是反思的经验主义的进一步发展。现在我们要提出几点进一步的规定。

一、唯心论和怀疑论

一般的思维本是单纯的、普遍的自身等同者。因此它在本质上是否定的运动。由于这种运动，就形成了这种自身等同性，就扬弃了确定的东西。这种自为存在的运动，现在是思维本身的主要环节；在这时以前，它是在思维之外的。思维把自己像这样理解为在自身内的运动时，就是自我意识，起初它是形式的，是个别的自我意识。——在**怀疑论**中，思维具有着个别自我意识的形式，但是〔与古代怀疑论〕* 有所不同，现在是以确信现实为基础的。〔在古代则相反，〕* 怀疑论是返回到个别意识的，因而在它看来，个别意识并不是真理，换句话说，它并没有宣布它所得出的结论，并没有获得一种积极的意义。但是在近代，由于把这种绝对的实体性、这
488 种自在物与自我意识的统一当作基础，由于有这种对于一般现实的信仰，怀疑论就具有着这样一种形式：它是**唯心论**，它把自我意识或对自己的确认宣布为全部实在和真理。最坏的一种唯心论则是抓住个别的或形式的自我意识，除了宣称“一切对象都是我们的观念”外，并没有前进一步。我们在巴克莱那里碰到了这种主观唯

* 第 363 页。

心论，在休谟那里碰到了这种主观唯心论的另一变种。休谟是一个苏格兰人。这样的英国哲学家也有不少；但是我们可以把他们撇在一边。库得华斯以其 systema intellectuale〔理智的体系〕著名，克拉克以其对神的存在的证明著名。

1．巴克莱*

〔在这种唯心论里，外界现实全部消失了。〕** 这种唯心论是以洛克的观点为先驱，直接从洛克出发的。在洛克那里，我们就已经看到，真理的来源，他认为是经验或被知觉到的存在。这种感性的存在，作为存在，是具有着为意识存在的特性的，所以我们看到，由于这个缘故，必然会至少有某些东西，被洛克那样一规定，就不是自在的，而只是为他物存在的了，如颜色、形状等等，其根据就只是在主体中，在主体的特殊结构中。然而洛克并没有把这种为他物存在的东西当成概念，而是把它说成进入了自我意识的范围；他所说的自我意识并不是普遍的自我意识，并不是精神，而是与自在相对立的东西。

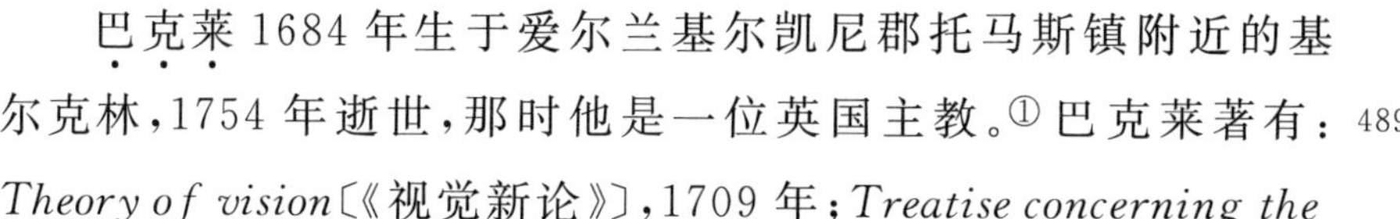

巴克莱 1684 年生于爱尔兰基尔凯尼郡托马斯镇附近的基尔克林，1754 年逝世，那时他是一位英国主教。① 巴克莱著有： 489
Theory of vision〔《视觉新论》〕，1709 年；*Treatise concerning the*

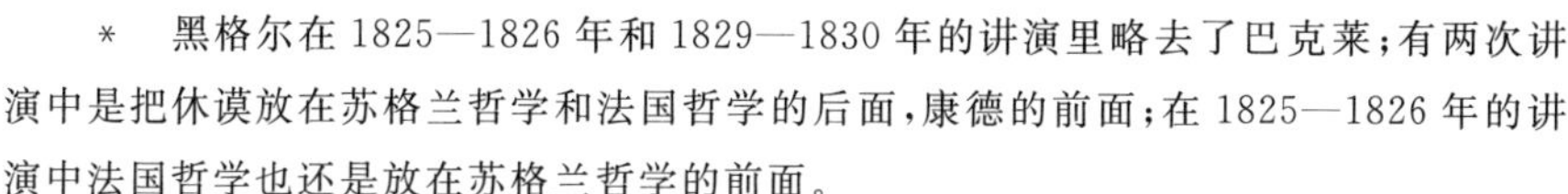

* 黑格尔在 1825—1826 年和 1829—1830 年的讲演里略去了巴克莱；有两次讲演中是把休谟放在苏格兰哲学和法国哲学的后面，康德的前面；在 1825—1826 年的讲演中法国哲学也还是放在苏格兰哲学的前面。

** 第 364 页。

① 《关于巴克莱主教生平著作的报道》(载《乔治・巴克莱哲学著作集》第一部，莱比锡 1781 年版)，第 1、45 页；布勒：《近代哲学史》，第五册，第一部分，第 86—90 页。

principles of human knowledge〔《人类知识原理》〕，1710 年；*Three Dialogue between Hylas and Philonous*〔《海拉斯和菲洛诺斯的三篇对话》〕，1713 年；*The Works of George Berkeley*〔《乔治·巴克莱全集》〕，1784 年伦敦版，四开本，共二卷。

巴克莱提出了一种唯心论，与马勒伯朗士的很相近。与理智的形而上学相反，他提出一种看法，认为一切存在物及其各种规定都是被感觉的东西，都是自我意识所造成的东西。他的独创的主要思想是："凡属我们称之为物的东西，它的存在就是它的被感知。"我们所认识的东西，就是我们的规定。巴克莱和洛克一样说："凡属人类认识的对象都是观念，这些观念或者是从外部感官的印象发生的，或者是从内心状态的知觉和精神的活动产生的，或者是借助记忆和想象把前两种观念分离改组而造成的。各色各样的感官感觉结合在一起，在我们看起来就是一个特殊的物，例如颜色、滋味、气味、形状等等的感觉。"①

这是认识的材料、对象。认识者是知觉者、活动者、"我"，"我"是在想象、记忆、意欲等不同的活动中与那些感觉连在一起表现出来的。巴克莱承认自为存在与外在存在的区别，但〔认为〕这一区
490 别本身是在"我"的范围之内。〔他认为：〕在活动者所处理的这种材料中间，人们虽然承认有一部分并不存在于精神之外，如我们的思想、内在感觉、心理状态和想象力的产物之类；但是，各种各样的感性表象和感觉，也同样是只能存在于一个精神之内的。颜色、气味和声音，总是被人们了解为仅仅是被感觉的东西。② 人们所谈

① 布勒：《近代哲学史》，第五册，第一部分，第 90—91 页。《乔治·巴克莱哲学著作集》(包括《海拉斯和菲洛诺斯的对话》)，第 82 页以下。

② 同上，第 91 页；《巴克莱哲学著作集》，第 97 页以下。

到的，仅仅是物与意识的关系，物是摆脱不了这种关系的；它被人们说成存在着的东西，其实仅仅是被知觉的东西。

由此可知，物仅仅属于自我意识。因为不在一个表象者之内的知觉是乌有的、直接矛盾的。不可能有一种实体，并非表象者，亦非知觉者，却是知觉和表象所寄托的基质。——如果有人认为在意识之外有某种东西与表象相似，那也同样是矛盾的，因为表象只能与表象相似，观念只能与观念相似。①

例如，洛克曾经把广延和运动区别开来，认为它们是基本性质，是属于对象本身的性质。巴克莱就很中肯地指出，洛克这种看法，是与他把大和小、快和慢看成相对的东西的看法相抵触的；如果广延和运动是自在的，它们就既不能是大的，也不能是小的，既不能是快的，也不能是慢的，也就是说，根本不能存在；因为大小快慢等规定是包括在广延和运动的概念里面的。②——洛克所达到的最后的东西，是抽象的实体，一般的存在，具有着作为诸多偶性所寄托的基质的现实规定。巴克莱则宣布这种实体是世界上最不 491
可理解的东西；不过这种不可理解性并没有使它成为一种绝对乌有或本身不可理解的东西。③

这样，从一方面说，外在的现实就消失了。这是唯心论。巴克莱提出存在与精神的关系不可理解，来驳斥外界对象的存在，——〔这种不可理解性在概念中被扬弃了，〕* 他说的并不是存在与概

① 布勒：《近代哲学史》，第五册，第一部分，第 91—92 页；《哲学著作集》，第 147—149、185 页。

② 同上，第 92—93 页；《哲学著作集》，第 123—132 页。

③ 同上，第 93—94 页；《哲学著作集》，第 154—162 页。

* 第 366 页。

念的关系，因为概念是否定性的东西，就是这一点促使巴克莱和莱布尼茨把这两个方面封闭在自身之内。然而，他物与我们的关系却是存在的；这些感觉并不像莱布尼茨所设想的那样，是从我们发展出来的，而是被他物所决定的。莱布尼茨谈论单子内部的发展时，是一派空谈；因为单子的系列并不包含任何内在联系。所以每一个体都是被一个他物所决定，并不是被我们所决定；这个外在的东西是什么，是无关紧要的，这是一种偶然性。在谈到莱布尼茨的那个彼此漠不相干的两方面时，巴克莱说，这样一种他物完全是多余的。巴克莱把他物称为对象。但是，这些对象却不能是我们所谓物质性的东西，精神与物质是不能融合在一起的。[①]

表象的必然性与表象者的这种在自身内存在是直接矛盾的；因为在自身内存在乃是表象者的自由，而表象者并不能自由地制造出表象，相反地，对于表象者来说，表象是具有着一个异于它的他物的形象和特性的。巴克莱也并不接受那种主观意义的唯心论，而只是承认有一些彼此沟通的精神（他物本身也是表象者），因而认为只有神才创造出这些表象；这样，由我们以自己的活动制造出来的那些
492 想象或表象，就仍然有别于神所创造的那些表象[②]——自在者。这一看法表明巴克莱见到在这个问题上发生了一些困难，他要想以一种独出心裁的方式加以补救。这一体系中的不一贯性，又必须用神这条大阴沟来排除。我们把它交给神去办吧。

总之，在这种唯心论里，对全部经验存在所持的看法仍然同过

① 布勒：《近代哲学史》，第五册，第一部分，第94—95页；《哲学著作集》，第210、275页。

② 参看《哲学著作集》，第259—262页。

去完全一样，即把现实看成个别的东西。它对宇宙所持的感性看法和各种表象，以及由毫无概念的思想和判断构成的体系，都仍然同过去一模一样。在内容上毫无改变，所不同的只是在形式上提出了它那个抽象的公式：一切都仅仅是知觉。① 那个公式对于内容是毫无认识、毫无理解的；换句话说，在这种形式的唯心论里，理性是没有独特的内容的。自我意识仍然同以前一样，是一种充满着有限性的东西；它以通常的方式摄取内容，而内容也仍然是通常性质的东西。这种看法并不是一种关于事物的看法，而是一种关于表象的看法，而且仍然是一种同以前一样平庸的看法。这种唯心论仅仅涉及意识与它的对象的对立，除此以外根本没有接触到表象的广大范围，没有接触到各式各样经验内容中的种种对立。如果我们像以前追问事物的真相是什么那样，追问这些知觉和表象的真相是什么，那是得不到答复的。抱着一个老在经验里绕圈子的自我意识，对世界完全持庸俗的看法，并不去认识那个内容，这是一种完全不相干的搞法；那种自我意识仍然具有着十足的个别性，对内容毫无认识。

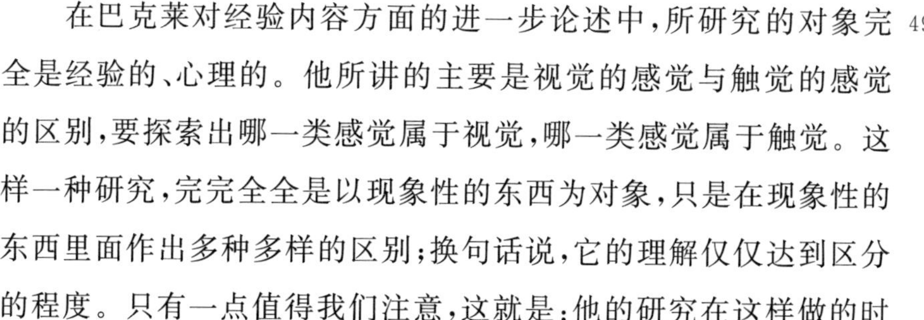

在巴克莱对经验内容方面的进一步论述中，所研究的对象完 493
全是经验的、心理的。他所讲的主要是视觉的感觉与触觉的感觉的区别，要探索出哪一类感觉属于视觉，哪一类感觉属于触觉。这样一种研究，完完全全是以现象性的东西为对象，只是在现象性的东西里面作出多种多样的区别；换句话说，它的理解仅仅达到区分的程度。只有一点值得我们注意，这就是：他的研究在这样做的时

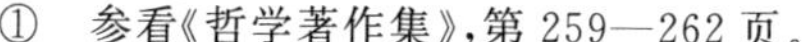

① 参看《哲学著作集》，第259—262页。

候，主要是探讨空间，它反复地争辩着，我们的那种关于距离的表象，以及各种与空间有关的表象，究竟是通过视觉获得的，还是通过触觉获得的。——空间恰恰是那种感性的普遍物，那种具有地道的个别性的普遍物，我们对经验界的分散对象进行经验考察时，它就诱导我们去思维（因为它本身就是思想），一思维，这种感性知觉和对于知觉的推理就在思维活动中纠缠不清了。由于这种对感性知觉的推理这时拥有一个客观的思想，它确乎可以被诱导去思维或掌握一个思想，但是它并不能真正把握住思想，因为它的对象并不是思想或概念，它根本不能达到对本质的意识；它并不把任何东西当作一个思想去思维，而是当作一个外在的、异于思想的东西。

2. 休　谟

这里要接着谈一谈休谟的怀疑论。这种怀疑论在历史上所受到的重视，有过于它本身的价值。它的历史意义就在于：真正说来，康德哲学是以它为出发点的。

大卫·休谟 1711 年生于爱丁堡，1776 年在伦敦去世。他在外交界度过了很长的时间。他以哲学上的 Essays〔试论〕闻名，但
494 更以历史家闻名。他在爱丁堡时任图书馆长，后在巴黎任大使馆秘书。他在巴黎结识了让·雅克·卢梭，曾经邀请卢梭到英国；由于卢梭生性极端多疑，二人终于分手。①

休谟著有：*A Treatise of human nature*〔《人性论》〕，共三卷，1739 年出版，雅各译为德文，1790 年哈勒版，八开本。——*Essays*

① 布勒：《近代哲学史》，第五册，第一部分，第 193—200 页。

and Treatises on several subjects〔《关于若干题目的试论和论著》〕,共二卷(第一卷包括 *Essays moral, political and literary*〔《道德、政治和文学方面的试论》〕,1742 年爱丁堡初版;第二卷包括 *An Enquiry concerning human understanding*〔《人类理智探究》〕,这是《人性论》的改作,1748 年伦敦初版单行本,八开本)。

休谟的**哲学**从经验的观点出发,认为我们的概念是从经验取得的。他的 Essays 使他在哲学方面享有最大的声望;他在其中讨论了一些哲学问题,讨论的方式并不是系统的,而是像一位有教养的、阅世甚深的思想家那样,并没有一个完整的联系,也不是把他的思想实际上能够取得、能够掌握的东西全盘托出;毋宁说他在一些论文中只是提出某几个特殊的方面来加以讨论。

我们把主要的内容简略地讲一讲。休谟的出发点是洛克和培根的哲学观点,即经验哲学。这种哲学所抓住的,是外部直观或内心感受所提供的材料;法律、伦理、宗教方面的东西都属于这个范围。休谟抛弃了天赋观念。[①] 经验是由知觉组成的。“我们的全部表象,一部分是印象、感官感觉,一部分是概念或观念”,即各种理智范畴;“后一部分的内容与前一部分相同,只是强度和生动性 495
较差。——全部理性对象,要么是概念的关系,如数学命题,要么是经验事实。”[②]其内容大抵如此。

---

① 《关于若干题目的试论和论著》,第三卷,《人类理智探究》(伦敦 1770 年版),注 A,第 283—284 页。

② 邓尼曼:《哲学史纲要》〔文德摘要本〕(莱比锡 1829 年版),第三七〇节,第 439—440 页;《关于若干题目的试论和论著》,第三卷,第二编,第 21—22 页;第四编,第一部分,第 42 页;邓尼曼原书,第十一卷,第 433—434 页。

休谟在详细考察那些被归入经验项下的东西时，找到了一些进一步的规定，特别是普遍者和普遍必然性这两个规定；休谟考察得最多的是因果范畴。——休谟的怀疑论直接以洛克的哲学为对象，同时也以巴克莱的唯心论为对象。思想方面的发展过程是这样：巴克莱把一切观念等量齐观；休谟则明确了感性物与普遍者的对立，并且把它清楚明白地说了出来，——把感性物定义为没有普遍性。巴克莱并未作出这一区别，他没有弄清他那些感觉中间有没有必然的联系。在休谟以前，经验是两者的混合物。

休谟完成了洛克主义，因为他始终一贯地指明，如果我们持这种观点，那么，经验固然是我们所认识的东西的基础，知觉本身包罗万象，可是在经验中却并不包含普遍性和必然性，经验并不向我们提供这两个规定。休谟在因果联系中设定了理性的东西，这种联系是仅仅来自经验的；它只有作为这样一种联系在经验中出现时，才是有效的，——在经验中我们却看不到必然性。“我们对于
496 一件事实的确信，是建立在感觉、记忆以及一些根据因果联系或因果关系作出的推论上面的。我们对于这种因果结合的知识，并不是出于先天的推论，而只是出于经验的。我们期待相似的原因产生相似的后果时，是根据一条**习惯**原则进行推论，即某些不同的现象总是结合在一起，某些观念总是联系在一起。因此经验以外的知识是不存在的，形而上学是不存在的。”①

① 邓尼曼：《哲学史纲要》〔文德摘要本〕，第三七〇节，第 440 页；《关于若干题目的试论和论著》，第三卷，第四编，第一部分，第 43—45 页；第五编，第 66—67 页；布勒：《近代哲学史》，第五册，第一部分，第 204—205 页；邓尼曼原书，第十一卷，第 435—436 页。

这种简单的思想本来就是洛克的思想。按照洛克的看法，经验是知觉的来源，我们是从经验中获得因果的概念以及必然联系的概念的。可是作为感性知觉的经验并不包含必然性，并不包含因果联系。必然性特别包含在因果关系当中。可是在被我们定义为经验的那种东西里，我们真正知觉到的只不过是现在有某物出现，然后随之有某物出现。直接的知觉所涉及的内容，只不过是一些同时并列和先后相继的状态或事物在时间上的连续状况，它并不涉及我们所谓原因和结果，并不涉及因果联系；在时间上的连续中是没有因果联系，因而也没有必然性的。① 当我们说水的压力是这所房子倒塌的原因时，那并不是什么纯粹的经验。那时我们所看到的只是水向这所房子冲击或流来，然后房子倒塌了，等等。所以， 497
必然性并不是经验所证明的，而是我们把它带到经验里去的；它是我们偶然地制造出来的，仅仅是主观的。我们把普遍性与必然性结合到一起，这一种普遍性其实不过是习惯。因为我们经常看到某些后果，于是我们就养成了一种习惯，把这种联系看成一种必然的联系。因此，所谓必然性乃是一种偶然的联想，是习惯养成的。

至于**普遍性**，情形也是一样。我们知觉到的，是一些个别的现象、感觉。知觉瞬息万变，此时是这样，以后就是另一样。我们虽然可以屡次地、多次地知觉到同一个规定，可是那始终还是离开普遍性很远；普遍性是一个不能由经验提供给我们的规定。——如果我们把经验理解成外在的经验，那就可以说，休谟的这种说法是一种

① 《关于若干题目的试论和论著》，第三卷，第七编，第一部分，第 102—103 页；第二部分，第 108—109 页；第八编，第 118—119 页。

完全正确的说法。经验感觉到某物存在，可是尽管如此，普遍物仍然不在经验中。事实上，感性存在本身正是那种被认为浑然的、与他物没有区别的东西，可是，感性存在同时又是自在的普遍物，也就是说，它的这种浑然无别性并不是它的唯一的规定性。——休谟把必然性、把对立面的统一十分主观地看成了习惯；他无法在思维中更深入一步。(1)习惯是意识中的一种必然的习惯，就这一点而论，我们在其中看到了这种唯心论的一般原则；(2)但是必然性却被他设想成一种完全偶然的、毫无思想、毫无概念的东西。

这种习惯既存在于我们对感性自然的看法中，也存在于我们对法律和道德的看法中。法律概念和道德概念也是建立在一种**本**
498 **能**上，建立在一种主观的、同时又多方面受幻觉支配的道德感上的。[①] 用怀疑论的方式，可以举出正好相反的例子来。休谟从这个方面考察了法律、伦理和各种宗教规定，驳斥了它们的绝对有效性。就是说，如果假定了我们的认识是来自经验的，我们只能把得自经验的东西当作真的，那么，我们的确可以在我们的感情中发现这样一种心情，例如认为凶手和窃贼必须受罚，而别的人也有这种心情，于是这一点就变成了普遍有效的。可是休谟和古代怀疑论者一样，求助于各个民族的意见不同：在不同的民族、不同的时代，被视为正当的事情是不同的。[②] 就有那么一些人，在这种场合，并

---

① 《关于若干题目的试论和论著》，第四卷，包括一篇《道德原则探究》，第一节，第 4 页，附录一，第 170 页。

② 布勒：《近代哲学史》，第五册，第一部分，第 230—231 页；参看休谟：《关于若干题目的试论和论著》，第三卷，第十二编，第二部分，第 221 页；第四卷，《道德原则探究》，第四编，第 62—65 页；《一篇对话》；第 235—236 页等处。

不感到偷窃是不正当的，例如拉栖代孟人，或者南洋群岛的那些所谓淳朴居民，就是这样。一个民族认为不道德、可耻、违反宗教的事情，别的民族并不认为如此。由于这样的事情是以经验为基础的，所以一个主体形成这种经验，在自己心里发现这种感情，在自己的宗教感情中发现神具有这种形象、这种规定，另一个主体则对此形成另一些经验。因此，如果真理是建立在经验上的，普遍性、自在自为的有效性等规定就是来自别处，就不是经验所能证明的。所以休谟把这种普遍性和必然性仅仅解释成主观的，并不说成客观存在的。这样一种主观的普遍性就是习惯；我们养成了一种习
惯，把这件事认为正当的、道德的；这件事对我们有一种普遍性，不 499
过只是主观的普遍性，——另一些人则有另一些习惯。——对于主张认识起源于经验的学说来说，这是一个重要的、敏锐的说法；康德的思考就是从这一点出发的。

然后休谟又把他的怀疑论进一步推广到关于自由和必然的概念、学说上，[①]推广到对于神的存在的证明上；[②]事实上，怀疑论在这个领域内是大可施展的。人们以某些思想和可能性为依据，作出这样一种推理；人们也同样可以再提出另外一种推理来与它针锋相对。这两种推理，谁也不比谁更高明。人们对于灵魂不灭、神、自然等问题所坚持的看法，并没有那样一个真正的根据，像他们所说的那样，作为自己的依据；因为他们用来进行证明的那些推论都是主观地形成的概念。这些概念也有一种普遍性，但是这种

① 《关于若干题目的试论和论著》，第三卷，第三编。

② 同上书，第十一编。

普遍性并不是实际存在的普遍性，而只是一种主观的必然性，即习惯。休谟由此得到的结论，必然是一种对于人类认识状况的诧异，一种普遍的不信任，一种存疑的不作决定；这当然不算过分。休谟对于他感到诧异的人类认识状况作了进一步的规定，认为其中包含着一种理性与本能的冲突。这本能包括很多种能力、倾向等等，它以种种方式欺骗我们，理性则揭示出这一点。但是另一方面，理性是空虚的，并没有内容和自己特有的原则；在应付一种内容时，它就不得不依靠那些倾向了，因为它是没有自己的内容的。因此
500 理性本身并没有一个标准来解决个别欲望之间的冲突，解决它自己与各种欲望之间的冲突。① 所以一切都以非理性的、毫无思想的存在的形式出现；自在的真理和正义并不是在思想中，而是采取着一种欲望、一种倾向的形式。

休谟接受了洛克的经验原则，而把它进一步贯彻到底。休谟抛弃了各种思想规定的客观性，抛弃了它们的自在自为的存在。

二、苏格兰哲学

在**苏格兰**发展出了另外一种哲学流派。休谟的反对者首先是一些苏格兰哲学家。在德国哲学里，我们必须认识到康德是休谟的另一个反对者。有许多哲学家都属于苏格兰哲学流派。那时英国的哲学活动主要限于苏格兰的爱丁堡和格拉斯哥，在这些大学

---

① 《关于若干题目的试论和论著》，第三卷，第十二编，第一部分，第 217—218 页，注 N，第 296—297 页；布勒：《近代哲学史》，第五册，第一部分，第 210 页。

里一个接着一个地出现了一批教授。他们提出了关于宗教真理和伦理真理的一个内心独立的源泉来反对休谟的怀疑论。这种思想与康德不谋而合，因为康德提出了一个内心的源泉与外在的知觉相反对；不过，所谓内心源泉，在康德那里，具有完全不同于在苏格兰哲学家那里的形式。在苏格兰哲学家看来，这种内心的独立源泉不是思维、理性本身，而是一种从内心里产生出来的具体东西，其本身也要求具有经验的外在材料。这种内心源泉乃是一些具体的、常识的原则，这些原则一方面与知识源泉的外在性相反对，另一方面又与形而上学本身（与单纯抽象的思维或形式推论）相反对。

这种抽象论证的理智的**第二**方面便是注意伦理、政治的研究， 501
对于这一方面的研究，德国、法国，特别是苏格兰的哲学家是很擅长的。关于英国哲学，这里没有更多的可说。克拉克、沃拉斯顿等等在极其通常的理智形而上学的形式下绕圈子。* 于是我们就看到，在英国，各式各样的道德哲学都为这种精神观点所笼罩。在他们看来，精神的自在本性表现在自然存在形式，如倾向、情感里面。他们的原则就是道德感、善意的倾向、同情心等等。只有这一形式特别值得注意，即一方面他们把义务表述为不是外来的、被给予的、被命令的，而是纯全为自我意识所特有的；而另一方面，又把财产看成是一种自然的东西、一种无意识、无精神、非理性的存在。他们认为，冲动是盲目的，同思维着的自我意识一样，是一种不能

---

* 按从这一句起至本段末止，据德文本第二版的英文译本，是移置在“理智形而上学”的第二篇第四节库得渥尔斯后面，节题是：库得渥尔斯、克拉克、沃拉斯顿。

超出自身的固定的东西。冲动无疑地须认为与纯粹活动、思维以及内容简直是一个东西；冲动也具有内容在它自身内，而这个内容并不是死的、静止的，而乃是自身运动着的：运动过程（即超出自身）和内容两者是同一的东西。不过，这种统一具有直接性的形式，只是作为存在着的统一：第一，它不是一种认识，它是没有必然性的，而只是从内部知觉得来的东西；第二，它是自己不能扬弃自己、不能超出自己的一种特定的有限的东西，而不是一种普遍的东西。固定的力量和冲动并不是无限的东西。冲动的规定性是从经验得来的；冲动的形式作为一种力量给人以一种必然性的假象。〔苏格兰哲学家的〕那种形式论证从经验出发，把冲动的必然性说成是一种内在的东西、一种力量。譬如，喜爱社交是在经验内找到的一个环节，因为人在社会交往里获得各式各样的好处。如
502 果问：社会的必然性的基础何在？他们便答道：在爱好社交的本能里。社交本能就是原因，正如在自然界的解释里也总是有这种形式说法的翻版。人们说，一种存在的必然性，例如：电的现象的存在的必然性，便以电力为基础，电力产生出电的现象；这仅仅是一种回溯的推论形式，从外推论到内，从一个存在着的东西推论到一个在思想中的东西，而这个在思想中的东西也同样被表象为存在着的东西。可是他们并没有关于这种抽象形式的意识。为了说明外在表现，就设定力是必要的，并从前者推出后者：用力来说明力的表现，因为力是力的表现的原因；在那里把力说成是基础、根据，在这里把力说成是原因。但是，这种种说法都没有意识到：就形式看来，这乃是一种由概念过渡到存在，倒转来又由存在过渡到概念的抽象形式，而且就内容看来，这完

全是一种偶然性的现象。人们以看待电力的办法，来看待人的内心生活，认为人由于具有同情心、社交本能等等就被迫而喜爱社会交往。

苏格兰哲学家特别着重发挥了道德学和政治学；他们以有教养的人的身份考察了道德学，并且试图用一个原则来说明各种道德义务。他们的许多著作都已经译成德文；他们是以西塞罗式的作风来谈道德问题的。——这里提出来的道德感和人的常识，此后在英国人那里，特别是在苏格兰人托马斯·锐德、柏阿蒂、奥斯瓦德等人那里，变成了普遍的原则；因而思辨哲学在他们那里完全消失了。特别是在这些苏格兰哲学家那里出现了第三个特点，即他们也曾经试图对认识的原则加以明确的规定；但是总的讲来，他们据以出发的原则也同样是在德国所接受的原则。一大批苏格兰
哲学家特别在这一方面常常发出了一些聪敏的言论。他们提出了 503
所谓健全的理性或者人的常识（sensus communis）作为真理的根据。以下是这个学派中的主要人物，各人都有自己特点。

1. 托马斯·锐德

托马斯·锐德生于1710年，死于1796年，他是格拉斯哥大学教授。[①] 他提出了常识的原则。他研究了什么是认识的原则；他的看法是这样的："（甲）有某些未经证明并且不可证明的基本真理，这些真理是由常识产生的，并且被承认为无可争辩的和有决定意义的。"这就是直接知识；在这里面他就设定了一个内心的独立

① 邓尼曼：《哲学史纲要》〔文德摘要本〕，第三七一节，第442页。

的源泉，这是与天启的宗教正相反对的。“（乙）这些直接的真理不需要任何人为的科学的支持，也不受到科学的批判。”这就是说，它们不能接受哲学的批判。“（丙）哲学本身除了以一个直接的、自身明白的真理为根源外，没有任何别的根源；凡是违反这些直接真理的东西本身就是错误的、矛盾的和可笑的。”这个原则既适用于知识，也适用于“（丁）伦理。个人的行为是道德的，如果他遵照整体的完善性的理智原则并且遵照他自己认识到的义务办事”。[①] 这就是锐德的观点。

2. 詹姆斯·柏阿蒂

詹姆斯·**柏阿蒂**生于 1735 年，是爱丁堡和阿伯尔丁大学的道
504 德学教授，死于 1803 年。他也是把常识当作一切知识的源泉：“人类朴素理智的常识是一切伦理、一切宗教和一切确定性的源泉。有了外部感官的见证还必须辅之以常识的确证。真理就是我的本能的性质迫使我相信的东西。就确定的真理来说，**信仰**是一种确信，就或然的真理来说，信仰是一种同意。认识确定的真理必须通过直观，认识或然的真理必须通过证明。”[②]这些十分确定的确信就是行为的基础。

① 锐克斯纳：《哲学史手册》，第三卷，第 119、259 页；参看托马斯·锐德：《对人心中常识原则的探讨》（爱丁堡，1810 年），第一章，第四节，第 19—20 页（德文译本，莱比锡，1782 年，第 17—18 页）；第六章，第二十节，第 372—375 页（德文译本，第 310—311 页）等等。

② 锐克斯纳：《哲学史手册》，第三卷，第一二〇节，第 261—262 页；参看柏阿蒂：《关于真理的性质和不变性的论文》（爱丁堡，1776 年），第一部分，第一章，第 18—31 页（德文译本，哥本哈根和莱比锡，1772 年，第 24—42 页）；第二章；第二节，第 37—42 页（德文译本，第 49—55 页）等等。

3. 詹姆斯·奥斯瓦德

詹姆斯·奥斯瓦德是一个苏格兰的牧师。他运用了一个术语来表明，我们上面所提到的那些原则是作为事实在我们心中找到。[①] “神圣本质的存在（据他看来）完全是事实，完全超出了任何论辩和任何怀疑，并且对道德常识来说是当下确定的。”[②] 这与当时在德国也把一种内心启示，关于良心、定理、内容的知识，特别是关于上帝及其存在的知识，当作根本原则的说法，是相同的。

4. 杜格尔德·斯图尔特

属于苏格兰学派的人还有杜格尔德·斯图尔特、爱德华·塞奇、弗格森、哈奇森。他们大半都著有关于道德学的书。在这个意义下，政治经济学家亚当·斯密（也是一个哲学家。这种苏格兰哲 505
学现在在德国是被当作某种新事物而宣扬的）。加尔韦曾经把他们的多种有关道德学的著作译成了德文。同样他也翻译了西塞罗的《论义务》一书，西塞罗在同一意义下宣称：lnsitum est a natura〔本性是天赋的〕。这样一来，一切思辨的哲学研究都停止了。这是一种通俗哲学，这种哲学一方面有很大的优点，它试图在人内、在人的意识内去寻求人认为一般地是真的东西和人认为有价值的

① 参看奥斯瓦德：《为了宗教的利益诉诸常识》（爱丁堡，1772 年），第一卷，第一篇，导言，第 12 页（魏尔姆森的德文译本，莱比锡，1774 年，第 11 页）。

② 锐克斯纳，同上书，第一二一节，第二六二页；参看奥斯瓦德，同上书，第二卷，第二篇，第一章，第 50—51 页（德译本，第 54—55 页）。

东西的内在性的源泉。这种内容同时是具体的内容;这内容在一定意义下,是真正的形而上学,是与徘徊于抽象的知性规定的方式正相反对的。——在这些苏格兰人当中,亚当·斯密是最著名的;杜格尔德·斯图尔特看来是最末一个并且是最不重要的,他现在还活着。[①] 整个讲来,他们都是站立在同一基地上,在同样的反思圈子里旋转。他们寻求一种先天的哲学,但没有采取思辨的方法。作为他们的原则的普遍观念是人的健康常识;在这个原则之外,他们又加上善意的倾向、同情心、道德感,并且从这些根据出发,他们写出了很多优美的道德著作。——看了大略地知道,到了某个阶段的文化,有些什么普遍的思想,并对这些思想加以历史的简述,举出一些例证来说明它们,这当然是很好的〔不过并没有得到进一步的发挥〕。*

最近期间,这种苏格兰哲学已经传播到了法国。罗伊尔-柯拉尔德(现在是法国下议院的议长[②])以及他的学生约佛罗伊,即追随苏格兰哲学,从意识的事实出发,通过有教养的论辩和经验,予以进一步的发展。

法国人所谓观念学(Idéologie)便与这一派的思想有联系。它是一种抽象的形而上学,是对于最简单的思维规定的一种列举和分析。这些思维规定并没有得到辩证的考察,反之它们的材料是从我们的反思和思想里取得的,而包含在这种材料中的各种规定又必须在材料中得到证明。

---

① 这话是在1825—1826年的讲演中说的。——原编者

* 第379页。

② 这话是在1829—1830年的讲演中说的。——原编者

三、法国哲学

我们现在转到法国哲学上。法国哲学与形而上学的关系是：506
作为形而上学家的人与门外汉相对立，法国哲学则取消了政治上、宗教上、哲学上的门外汉身份。在英国人那里，我们只看到了这样的唯心论：(1)要么只是形式地、一般地把存在转化为一种为他的存在，认为存在就是被知觉；(2)要么认为那造成这种被知觉状态的自在者是一些本能、欲望、习惯等等盲目的、一定的力量，——这就是返回到自我意识里，而把自我意识当作自然物。在前一种唯心论里，整个有限界，现象与感觉的罗列，以及各种思想与固定概念的罗列，仍旧同非哲学的意识里一模一样。休谟的怀疑论让全部普遍的东西统统沉没到习惯和本能里，也就是对现象界作了一个更简单的总括；而这种更简单的东西，即那些本能、冲动和力量，也同样是自我意识的一种毫无精神的、不动的一定存在。

法国哲学比较生动、比较活泼、比较富于机智，简直就是聪明机智本身。它是绝对的概念，反对一切现存观念和固定思想，摧毁一切固定的东西，自命为纯粹自由的意识。这种理想主义活动的基础是一种确信，认为凡是存在的东西，凡是被当成自在的东西，全都是属于自我意识的东西，那些关于善和恶、关于权力和财富的
概念(支配现实自我意识的个别概念)，以及那些关于对神的信仰、507
关于神与世界的关系、关于神的统治、关于自我意识对神的义务等等的固定观念，全都不是什么在自我意识以外的真理(不是自在的)。这样，这一切形式，以及现实世界的实在本体，超感性世界的

本体，就在这种自觉的精神里面被扬弃了。人们承认那些固定观念是万古不变的真理，把它们当作不依赖自我意识的东西崇拜。这种自觉的精神并不是以一本正经的态度向人们讲话，并不是以那种方式对待人们，而是采取一种机智的方式，就是说，让自我意识通过自己的活动从那些观念里引出另外一个意义，与人们给予那些观念的意义正好相反。对于精神，只有用机智的办法，通过它的自我意识的作用和活动，才是有效的，才是它感兴趣的。这是具有现实性的概念所具有的特点；凡是被这个洞察一切、理解一切的自我意识认作本质的，就是有效的。

现在要来看看，在这个绝对从事理解的自我意识看来，本质是怎样的。首先，本质这个概念被认定为只是否定性的概念运动；肯定性的东西、单纯的东西或本质是落在这种运动以外的。在本质里并没有区分，并没有内容；因为全部特定的内容都消失在否定性中了。这个空洞的本质对我们说来就是纯粹的思维，就是 être suprême〔最高本体〕；或者被客观化了，被表象为存在着的、与一般意识相对立的东西，即物质。

我们在这里看到所谓**唯物论**和**无神论**公然出现了，这是纯粹从事理解的自我意识的必然结果。一方面，在这个否定性的运动中，一切把精神设想为自我意识的彼岸的规定都消失了，尤其是各
508 种对于精神的规定，以及那些把精神陈述为精神的规定，主要是信仰精神、认为精神存在于自我意识本身以外的各种想法，以及一切传统的东西、由权威强加于人的东西，全都消失了。剩下的只是当前的、现实的东西；因为自我意识认为自在的，仅仅是那种为自我意识本身而存在的东西，那种使自我意识认识到自己实在的东西，

这就是物质，就是能动的、在杂多中展开和实现的物质，即自然。我是在当前现实中意识到我的实在性的；于是自我意识就很顺当地发现它自己是物质，——灵魂是物质性的，观念是外界感觉印象在脑子这个内部器官中所引起的运动和变化。

另外一派启蒙思想则相反，虽然把绝对本体说成自我意识的彼岸，却认为绝对本体本身是我们根本不认识的。绝对本体挂着神这个空名。由于神是可以随心所欲地受**规定**的，我们对他也就不能作任何**规定**；神等于 X，即绝对不知道的东西。这种说法并不就是无神论，因为：(1)它还使用着神这个并不表示任何东西的空名，(2)它把自我意识的各种必然关系，如各种义务之类，并不说成自在自为地具有必然性，而说成通过与另一个东西，即那个不知道的东西相联系而具有必然性——虽说与那个不知道的东西并无积极关系，只不过是把自己当作个别事物加以扬弃。然而这个不知道的东西并不是物质，因为那单纯、空洞的东西是得到否定性的规定，被规定为并不对自我意识存在的。可是那还是一样，因为物质是普遍的东西，是被设想为扬弃掉了的自为存在。我们对那个不知道的东西进行真正的反思，就正好看到：对于自我意识来说，那不知道的东西正是自然意识的否定面，也就是物质、现实和当前的东西；那不知道的东西对于我来说就是这个否定物，这是否定物的概念。——区别就在于一派以为他们设想的那个东西是个十足的 509
他物，一派认为不能那样说。其区别的根据是在于这个最后的抽象上面。

他们把绝对本体规定为物质，规定为空洞的对象性，是由于他们的概念摧毁一切内容和规定，仅仅以那普遍的东西为对象。这

种概念只知道一棍打个稀巴烂，不知道再从物质里、从纯粹思维里、从纯粹实体性里重新发展出来。思维是物质的一种存在方式。——真正说来，法国哲学是在这个主题上完成了斯宾诺莎的实体。

这个空洞方面的另一面却是充实的方面。因为概念是仅仅以消极的形式存在着，所以积极的发挥是仍然没有概念的；它采取着自然的形式、存在物的形式，无论在物理方面，或是在伦理方面，都是这样。——自然的知识始终是通常的知识、非思辨的科学知识，在本质上，就其作为哲学而言，始终是一种一般的讲法，翻来覆去地说着“力量、关系、多种多样的结合”这几个名词，却并没有说出任何确定的东西。——在精神性的东西方面，这种精神的形而上学也同样是这样一种形而上学，它正是一种特殊的组织，那些称为感觉、知觉等等的力量，就是通过这个组织跑出来的；——这是一种单调的空谈，并不能使任何东西得到理解，它接受各种现象和知觉，对这些东西进行形式的推理，但是也同样把它们的本体当成某些特定的力量、规定，这些力量和规定的内部究竟如何，我们无法进一步知道。伦理方面的规定和认识也同样在于把人归结为人的各种自然欲望和倾向。本体具有着一种自然物的形式，这种自然
510 物就是爱己、利己或社会倾向；我们应当过顺应自然的生活。对这个自然，始终是用一些普通的说法和描述来说明——例如卢梭的自然状态就是如此。所谓观念的形而上学，就是洛克的经验主义，它企图在作为个别意识的意识中指出观念的起源和发生；个别的意识从无意识状态中产生出来，诞生在世界上，作为感性意识学习着。他们把这种外在的起源和发生与事物的生成和概念混淆起来

了。如果有人泛泛地问:水的起源和生成是什么?并且答道,水是从山上来的或从下雨来的,那么,这就是一个符合这种哲学的精神的答案。总之,我们只对那个否定的方面感兴趣;对于这种肯定的法国哲学我们是无话可说的。

这个否定的方面,真正说来是文化的产物;启蒙思想与我们德国不相干。法国哲学著作在启蒙思想中占重要地位,这些著作中值得佩服的是那种反对现状、反对信仰、反对数千年来的一切权威势力的惊人魄力。值得注意的是这样一个特点,即反对一切有势力的东西、与自我意识格格不入的东西、不愿与自我意识共存的东西、自我意识在其中找不到自己的东西的那种深恶痛绝的感情;——这是一种对于理性真理的确信,这种理性真理与全部遥远的灵明世界较量,并且确信可以把它摧毁掉。它把各种成见统统打碎了,并且取得了对这些成见的胜利。——肯定的东西就是健全常识的那些所谓直接明了的真理,——常识所包含的,仅仅是这种真理以及发现自己的要求,它始终采取着这种形式。

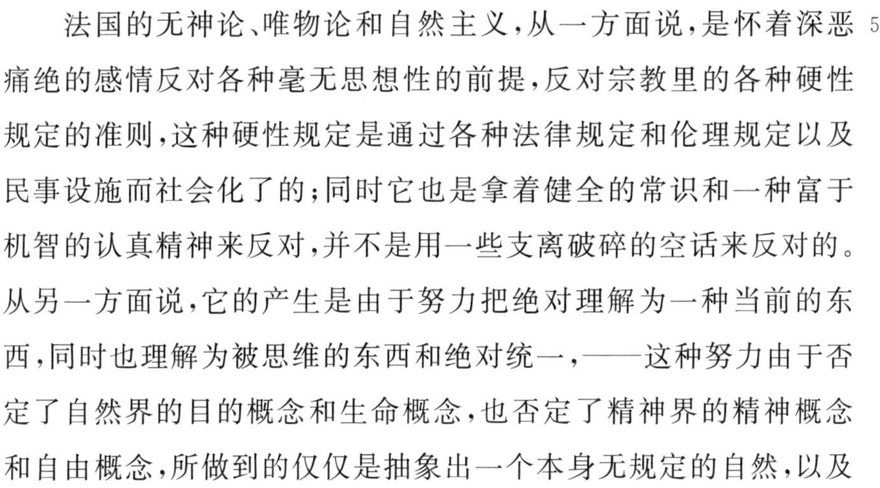

法国的无神论、唯物论和自然主义,从一方面说,是怀着深恶 511
痛绝的感情反对各种毫无思想性的前提,反对宗教里的各种硬性规定的准则,这种硬性规定是通过各种法律规定和伦理规定以及民事设施而社会化了的;同时它也是拿着健全的常识和一种富于机智的认真精神来反对,并不是用一些支离破碎的空话来反对的。从另一方面说,它的产生是由于努力把绝对理解为一种当前的东西,同时也理解为被思维的东西和绝对统一,——这种努力由于否定了自然界的目的概念和生命概念,也否定了精神界的精神概念和自由概念,所做到的仅仅是抽象出一个本身无规定的自然,以及

感觉、机械作用、自利和效用。——法国人在国家法制方面是从抽象出发，是从一些否定现实的普遍思想出发的；英国人则恰好相反，是从具体现实出发，从他们的不成文的宪法出发的，英国作者们也没有上升到普遍的原则。

我们应当提出两种形态，这两种形态在文化、法国哲学和**启蒙思想**方面是特别重要的。路德所开创的那种东西只是心情中、感情中的东西，这是没有意识到自己的单纯根源，没有把握到自身的精神自由，——这就是普遍的东西本身；全部内容都在思想中消失了，思想是用自己来充实自己的。——法国人提出了各种普遍的规定、思想，并且加以坚持；这是普遍的原则，而且是个人对自己的信念。自由变成了世界状态，与世界史结合起来，变成了世界史上的一个时代：这是具体的精神自由，具体的普遍性；笛卡尔哲学是抽象的形而上学，现在我们有了关于具体物的原则。我们在德国
512 人那里听到了一种呻吟；他们也愿意说明这个具体物，他们带来了一种悲惨的现象和个别性。法国人是从普遍性的思维出发，德国人的良心自由是从良心出发，用良心说明一切、考验一切。他们相遇了，也就是说，走的是同一条路：只是法国仿佛没有良心，把一切都搞垮了，并且有系统地坚持了一种特定的思想，即重农主义学说；德国人愿意留一条后路，他们从良心出发去研究自己是不是也该这样做。法国人用精神向思辨的概念作斗争，德国人则用理智来斗争。我们发现法国人有一种深刻的、无所不包的哲学要求，与英国人和苏格兰人完全两样，甚至与德国人也不一样，他们是十分生动活泼的：这是一种对于一切事物的普遍的、具体的观点，完全不依靠任何权威，也不依靠任何抽象的形而上学。他们的方法是

从表象、从心情去发挥；这是一种伟大的看法，永远着眼于全体，并且力求保持和获得全体。

这种健全的常识，健全的理性，曾经以那种从人心、从自然取得的感情的内容来反对宗教方面，而且在各个不同的环节上下手，首先反对的是正统的宗教，是迷信和教阶制度的桎梏。这是一个方面。另一方面，德国的启蒙运动则反对新教，因为它拥有一个内容，这个内容是它从启示、从全部教会的规定中得来的。一个是反对一切权威的形式，另一个是反对内容。内容垮了，这种思维形式也就可以随着很容易地完蛋，因为这种形式并不是我们所了解的理性，而是应当称之为理智的东西；对于理智来说，指出与那种只能用思辨去把握的东西的最后基础相矛盾，是很容易的事。理智 513
曾经把它的尺度放在宗教的内容上，指出了其中的矛盾，把它说得一文不值；理智也是以这种方式来对付一种特定的哲学的。现在德国哲学也和法国哲学一样做了这件事，一个反对路德教，另一个反对天主教。

现在剩下来的是所谓**有神论**，即一般信仰；这是现在还十分普遍地留在很多神学家心中的内容，——这就是那种也可以在伊斯兰教中找到的内容。在以推理的理智反对宗教的同时，也向唯物论、无神论迈进了。与无神论的各种定义打交道，可不是一件容易事；因为你向一个人斥责一种无宗教的态度或无神论，而他对于神的看法又与另一些人对神的看法大相径庭。这里是法国哲学向无神论迈进的场合，它把应当理解为最后本体、能动者、作用者的东西规定成了物质、自然等等；可以说，这大体上就是斯宾诺莎主义，斯宾诺莎主义是把实体这个唯一的东西当作最后本体提出的。法

国人所做的尤其是这样。不过有几个人不能算在内，例如卢梭，他有一篇文章叫《一个副主教的表白》①，其中就完完全全包含着我们可以在德国哲学家们那里找到的那种有神论。另一些人则公开地向自然主义迈进了；这里要特别提到米拉波的 *Système de la Nature*〔《自然体系》〕。其中的思想是十分肤浅的：le grand tout
514 de la nature〔自然这个大全体〕就是最后的东西；他以一般的方式翻来覆去地说着全体，文章写得平板无力。

人们称为法国哲学的那种东西，即伏尔泰、孟德斯鸠、达朗贝、狄德罗，以及后来在德国作为启蒙思想出现的那种东西，也是被斥为无神论的，——我们可以把它分成三个方面：(1)它的消极的方面，这一方面是最受责备的；(2)积极的方面；(3)哲学的、形而上学的方面。

1. 否定的方面

法国哲学有一个反对一切正面东西的否定方面；它是破坏性的，反对正面的现存事物，反对宗教、习俗、道德、舆论，反对法定的社会状况、国家制度、司法、政体、政治权威、法学权威、宪法，也反对艺术。这种思想在德国是以软弱无力的姿态作为启蒙思想出现的。这个方面，和所有的东西一样，也有它的道理。它的实质就在于从理性的本能出发，攻击一种腐化变质的状态，攻击那些普遍的、彻底的谎言，例如攻击僵化了的宗教所肯定的东西。我们所说

① 《爱弥尔论教育》，第二册(巴黎 1813 年版影印本)，第四卷，《萨伏依副主教的表白》，第 215 页以下。

的宗教，是指对于神的坚定的信仰或信心，不管这信仰是不是对于那种颇有伸缩余地的基督教教义的信仰。宗教所肯定的东西，乃是理性所否定的东西。我们应当把宗教状况与它的势力和权威、与道德的腐化、贪婪、好名、淫逸放在一起来考察，不过需要以严肃的态度。当时的法定宗教，也和人们的社会关系、法制、政权一样，陷入了一种极为可怕的形式主义，陷于僵死状态。——法国哲学也同样反对国家。它们攻击了各种成见和迷信，特别是市民社会、 515
宫廷风气和政府机关的腐化，看清并且揭露了恶劣的、可笑的、下流的事实，使全部伪善以及不义的势力受到了嘲笑、蔑视和憎恨，使人们的精神和感情不顾世间的种种偶像，并且对它们发生愤怒。

我们必须认识现实中存在的矛盾。各种陈旧的制度，在已经发达了的自觉的自由感和人道感面前，已经没有地位了；那些从前以人们的相互感情、以意识的浑厚无私为依据的制度，已经不符合当初建立它们的精神了，但它们却要透过新兴的科学文化，仍旧在理性面前充当神圣不可侵犯的律令，——这就是法国哲学家们所打倒的那种形式主义。我们必须留意这些作家所表现的情感；我们要看一看他们对于不道德所表示的愤怒。他们的攻击有的是用说理的方式写出来的，有的是用机智的方式写出来的，有的是用常识的方式写出来的，所反对的并不是我们所说的那种宗教。他们并没有使它受到损害，倒是用最美好的辞令推荐了它。

这个否定的方面以破坏的方式对待了本身已经破坏的东西。我们好心地责备法国人攻击宗教和国家。可是我们必须对法国那个可怕的社会状态、贫困状况、下流景象心中有数，才能认识这些攻击的功劳。那些假冒为善的人、冒充虔诚的人、唯恐自己的赃物

被剥夺的暴虐之徒可以说，他们攻击了宗教、国家和道德。他们攻击的是什么宗教！并不是路德改革过的宗教，——而是最无耻的
516 迷信，教权，愚蠢，出卖良心，特别是在大家贫困的时候浪费和贪图世间的财物。他们攻击的是什么国家！是大臣和他们的宠姬仆妇的最盲目的统治；于是就有一大群小霸王和游手好闲之辈把掠夺国家的进项和人民的血汗看成一项神圣的权利。无耻和不义达到了不可思议的地步；道德是只适合于违法乱纪的。我们看到个人在法律上、政治上毫无权利，在良心上、思想上也是同样地毫无权利。

在国家方面，他们根本没有想到过革命，他们所希望的、所要求的是改良，不过主要是主观的要求，——希望政府革除弊政，任用能从事改良的正直人员；他们认为应当出现的积极的事情是这样一些：君主应当受良好教育，大臣应当是正直的人，王公应当俭朴，等等。法国革命是由各种成见的顽梗不化，主要是傲慢、十足的轻率、贪婪逼出来的。他们只能提出一些普遍的思想，对应当怎样办提出一个抽象的观念、想法，——并不能提出实施的办法。但是政府的事务却是发布具体的命令，采取具体的措施，进行具体的改良；这一点他们是没有了解的。

他们针对着这种可怕的混乱所提出的主张，总的说来是认为人人都不应当是门外汉，——不应当是宗教上的门外汉，也不应当是法律上的门外汉；这样，在宗教上就没有一个教阶，一群与众不同的、选拔出来的教士，在法律上就也没有一个与众不同的等级和
517 社会（也没有一个法官阶层），唯有他们认识永恒、神圣、真实、正确的东西，能够命令和支使其他的人；相反地，人们的常识就有权表

示自己的赞同，作出自己的判断了。把野蛮人当门外汉看待，是正当的，——野蛮人正是门外汉；把能思维的人当门外汉对待，是最残酷的。那些人用自己的天才、热情、聪明、勇敢英勇地争取到了这种从事主观认识、洞察、信服的伟大人权。——这是抽象思想的狂热。我们德国人对现存的东西首先是被动的，我们容忍了它；其次，当它被推倒时，我们也同样是被动的：它是被别人推倒了，我们就听它离开我们这里，我们听之任之。

腓特烈二世也曾在德国追随这种文化，这在当时是一个罕见的例子。在德国，虽然流行着法国的宫廷风气、歌剧、饮馔、服装，哲学却没有得到传播；不过法国哲学的许多成分却以聪明的、机智的方式打进了这个上层社会，许多恶劣的、野蛮的事情被抛弃了。腓特烈二世并没有学过那些悱恻的诗篇，并没有每天背熟它几句，并不懂沃尔夫的那种粗野的形而上学和逻辑，（他在德国除了格勒特以外能找到什么别的人呢？）但是他懂得那些伟大的、虽然很形式、很抽象的宗教原则和政治原则，并且在情况容许时按照这些原则统治。他的人民并没有什么别的需要；人们不能要求他成为德意志民族的改革者、革命者，因为并没有人要求召开等级会议、要求举行公开审判。他实行了人们所需要的事情，如宗教宽容，立法，司法改良，节约国帑；再也没有什么牛鬼蛇神在鄙陋的德国法律里留下了。他提出了国家的目的，因而废止了所有的特权，废止 518
了德国的各种特殊法律，废止了国内的单纯强制法律。如果假充虔诚的人和假冒德意志精神的人要想中伤他，要想蔑视这种有无限效果的伟大现象，甚至把它贬低为浮夸和恶行，那是愚蠢的；应当是德意志精神的东西，必定是一种合理的东西。

2. 肯定的方面

这种哲学思想的**肯定的**内容，当然并没有满足彻底性的要求。在他们的学说中，和在苏格兰哲学家们那里以及我们这里一样，有一个主要的规定，就是假定了人心中的正义感、善意、社会性倾向；这些东西是应当加以发扬的。——他们把一般知识和正义知识的来源放在人们的常识中，并不把人的普通意识、人的健全常识放进概念的形式里。他们以普通思想的形式表达出一些真理，这当然是值得我们钦佩的；十分重要的是他们认为这些真理是人的固有见解，认为人心中具有着正义感和爱人之心，宗教和信仰并不是勉强的，功劳、才干、美德是真正高贵的东西，等等。——他们有一个观点，在德国人中间特别流行，就是把人的天职看成精神的本性。我们当然应当越过精神现象回溯到精神的本性。但是他们为了找出这种精神本性、这种人的天职，却回溯到感觉、观察、经验，认为人们有一些这样那样的欲望。他们从这些欲望中推出社会和国家是必然的，因为我们有一种合群的欲望。社会和国家是我们本身固有的规定，只不过我们没有认识到它们的必然性。然而这种欲
519 望却被他们当成了自然的东西，因此在法国哲学里，欲望是本身无规定的，它的局限性仅仅在于作为整体的一环。

在认识方面，我们可以发现有一些非常普遍的肤浅思想、抽象思想，——可以说跟我们的一样好，而且比我们的聪明，——这些思想在内容上应当是具体的，也的确是具体的，但是却被理解得非常肤浅，因此不足以推出更多的东西来。例如他们就认为：自然是一个整体，一切都取决于规律，取决于各种运动的汇合，取决于因

果联系等等；事物的不同的特性、质料、组合造成了一切。这是一些可以写满许多本书的一般口头禅；这些口头禅也立刻表现出是非常不够的。

甲、自然体系

Système de la Nature〔《自然体系》〕就属于这样的书。这是一位德国人霍尔巴赫男爵在巴黎写的主要著作，他是那些哲学家们的核心。孟德斯鸠、达朗贝、卢梭都有一段时间在他的集团里面；他们都是反对现状的，可是除了这一点以外他们彼此之间却有很大的分歧。我们马上就会发现《自然体系》是很单调的，因为它老是在一些一般的观念中兜圈子；这不是法国书，缺乏生动性。

（一）"宇宙所展示出的，只不过是**物质**和**运动**的一个无限的集合（笛卡尔），一条连续不断的因果锁链，其中有些原因是我们的感官直接接触到的，另外一些则是我们所不知道的，因为它们的那些被我们感觉到的结果与它们的原因相隔很远。那些物质的不同的特性，它们的多种多样的组合，以及由此产生的各种结果，对于我们来说就构成了各种本质（essences）。从这些本质的殊异中产生出各种事物所占据的不同的等级、类别和体系，以及它们的总 520
和——le grand tout〔大全〕——这就是我们所谓自然。"①这就是

① 布勒：《哲学史教程》，第八部，第 62—63 页；米拉波〔这是当时假托的名字。——译者〕的《自然体系》（伦敦 1770 年版），第一卷，第一章，第 10 页；第二章，第 28 页。〔按黑格尔所引布勒译文与霍尔巴赫的原文有出入，请参看《十八世纪法国哲学》，商务印书馆 1963 年版，第 575—581 页。——译者〕

亚里士多德谈到克塞诺芬尼的时候所说的：他观看到整个天空，那就是存在。①

（二）一切都是运动，物质自己运动着：啤酒在发酵，心情在运动（各种情绪）。②

（三）“各种自然现象的多样性及其不断的生灭，是以运动及其物质的多样性为唯一的根据的。”③通过不同的组合、变动、排列，就产生出另一个东西。——“各种物质是或者倾向于互相结合，或者不能结合起来的。就是以此为根据，物理学家们提出了吸引和排斥、结合和抗拒、亲和力或联系，道德学家们提出了恨和爱、友和敌。”④——精神，无形体的东西，是与运动、与一个形体在空间中的各种关系的变化相矛盾的。⑤

乙、罗比耐

另一部主要著作更加危险，这就是罗比耐的 *De la Nature*
521 〔《论自然》〕。这部书里弥漫着一种完全不同的、彻底的精神；我们经常体会到这个人身上所表现的那种高度的认真。

---

① 见本书第一卷第310页。

② 布勒：《哲学史教程》，第八部，第63—64页；《自然体系》，第一卷，第二章，第18、16、21、15页。〔可参看《十八世纪法国哲学》，商务印书馆1963年版，第577、579、581、582页。——译者〕

③ 同上，第64—65页；《自然体系》，第一卷，第二章，第30—31页；第三章，第39—40页。

④ 同上，第65页；《自然体系》，第一卷，第四章，第45—46页。〔可参看《十八世纪法国哲学》，第592页。——译者〕

⑤ 同上，第70页；《自然体系》，第一卷，第七章，第90—91页。〔可参看《十八世纪法国哲学》，第622页。——译者〕

他是这样开始的："有一个神，也就是说，有一个造成我们称为自然的那个总体的各种现象的原因。神是谁？我们不知道，也注定永远不会知道。我们无法认识他，因为我们没有认识他的手段。我们可以在庙宇上写着：'献给不知道的神。'"①这就等于我们今天所说的：不能有从有限到无限的过渡。"在宇宙间起支配作用的秩序并不是神的智慧的可见的样本，正如我们的愚昧并不是神的睿智的肖像一样。"②——但是神这个第一原因是起作用的，他创造了自然；唯一可能的认识是对于自然的认识。自然的活动也是唯一的活动，正如神是唯一的一样。他所理解的活动，就在于一切事物中都有胚芽；一切事物都是自行产生的有机物。任何东西都不是个别的，一切东西都是结合的、联系的，都在和谐中。③

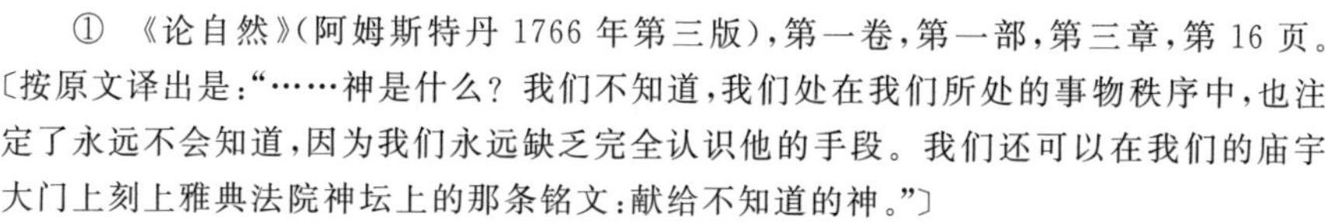

① 《论自然》（阿姆斯特丹1766年第三版），第一卷，第一部，第三章，第16页。〔按原文译出是："……神是什么？我们不知道，我们处在我们所处的事物秩序中，也注定了永远不会知道，因为我们永远缺乏完全认识他的手段。我们还可以在我们的庙宇大门上刻上雅典法院神坛上的那条铭文：献给不知道的神。"〕

② 《论自然》，第一卷，第一部，第三章，第16页。

③ 《论自然》，第四章，第16—17页："我们将会看到，原因只有一个。——这个永恒的原因，可以说，曾经使各个事件一环套着一环，好叫它们按照着它的意旨万无一失地一个接着一个相继出现。在一开始的时候，它接触到的是那条硕大无朋的事物锁链上的第一环。通过它这永恒的一压，宇宙就活了，就动了，就永远存在下去了。由原因的统一产生出活动的统一，活动是不会多一点也不会少一点的。有了这唯一的活动，一切就动作起来了。——自从人们研究自然以来，人们还从未发觉脱离独立的真理的现象。根本就没有这种现象，也绝不会有这种现象。全体是依靠它的各个部分彼此相应来维持的。"——同上，第二部，第二章，第156—157页："珊瑚的例子也可以用来推知各个最小的有机部分都具有动物性；因为珊瑚是一组珊瑚虫集合起来构成的，这些珊瑚虫也和它一样是真正的珊瑚。这就证明了：从这个观点看来，生物只能由一些生物组成，动物只能由一些小动物组成，某一类动物只能由一些具有同一种动物性的某一类小动物组成，狗只能由一些细小的狗芽组成，人只能由一些细小的人芽组成。"

罗比耐巡视了各种植物、动物以及金属、原素；他企图由这些东
522 西指出，正如生物有胚芽那样，金属本身也是有组织的，因为我们发现金属有内在的结构。空气应当也同样有胚芽，这个胚芽得到了水、火等等的哺育，就开始进入现实状态。① 罗比耐把简单的自在形式、实体性的形式、概念称为胚芽。他虽然极力企图在感性的事物中证明这一点，实际上却是从自在的具体原则、从形式本身出发的。

罗比耐也讲到世界上的恶和善。考察的结果是：善和恶彼此维
523 持着平衡；这种平衡构成了世界的美。② 为了驳斥认为世界上优秀的东西较多的看法，他说，凡是我们归结为善的东西，都只是寓于一种满足、舒适、一种享受之中。满足之前必定要先有一种需要、缺乏、痛苦，痛苦的扬弃就是享受。③ 这不仅是一种在经验上正确的思想，而且暗示了更深刻的思想，即一切活动都只有通过矛盾。

3. 关于具体的普遍统一的观念

法国哲学的成果，就在于它力求保持一种普遍的统一，但不

---

① 《论自然》，第一卷，第二部，第七章，综述，第 166、168 页："1)动物的精液繁殖出一些精虫式的动物；2)严格意义下的每一个世代都是由两性合作造成的"，——也就是说，每一个个体在内部都是双胞胎，在各个外部器官里面也是双胞胎。——同上，第九—十四章。——同上，第十五章，第 202—203 页："我们遇到的形体都是具有这样一种结构的，承认这些形体真正说来乃是组织起来的形体，难道有什么勉强？这种结构绝对需要一种精液，一些种子，一些胚芽，才能发展出形体来。"——同上，第十九章："从各种原素，从空气、从火、从水等等……"第 217 页："空气原素只会是空气的胚芽；它得到水和火的不同程度的哺育，就依次通过各个发育阶段；它将首先是胚胎，然后才成为十足的空气。"

② 《论自然》，第一卷，第一部，第二十八章，第 138 页。

③ 同上，第十三章，第 70 页。

是一种抽象的统一，而是一种具体的统一。例如罗比耐就设定了普遍的有机生命力、一律的发生方式。他们把这个具体的东西称为自然。在自然之上虽然设定了神，但却是作为不可认识的东西；一切被用来述说神的宾词，全都包含着不切合处。我们应当承认，有一些关于具体统一的伟大的想法出现了，与各种抽象的形而上学理智规定相对立，——这就是自然的丰富性。从另一方面说，那种有效的东西应当具有当前性，而不应当是一种彼岸的权威。在所有的哲学里面都有两个规定，即理念的具体化，以及精神在其中的呈现。但是，这种要求达到当前现实的生命力的努力，却采取了一些片面的方式，走入了歧途。在这种要求达到统一、达到具体的统一的努力中，也存在着内容方面的多种多样。

在法国哲学的**理论**方面，法国人是向唯物论或自然主义迈进的。因为理智的需要，抽象的思维，即那种可以从一个坚持到底的原则推出最可怕的结论的东西，曾经驱使他们把一个唯一的原则当作最后的东西，而这样一个原则却同时具有着当前性，而且是与 524
经验十分靠近的。因此他们就把感觉和物质看成唯一真实的东西，把一切思维、一切道德方面的东西全都归结为感觉和物质，认为只是感觉的变相。

㈠　感觉和思想的对立

他们以这种片面的方式来处理 sentir〔感觉〕与 penser〔思维〕的对立，处理这种对立的同一性，因而把后者只看作前者的结果，而并不像斯宾诺莎和马勒伯朗士那样，以思辨的方式把这个对立在神中结合起来。法国人所提出的那些统一是片面的。把一切思维都归结为感觉的说法，变成了一种广泛流行的理论，例如从某一方面说，在洛克那里情形就是这样的。——罗比耐也进而讲到思维与感觉的对立，并且主张精神与形体不可分，但是他无法说明统一的方式如何。① ——《自然体系》的特点是把思维归结为感觉；这部书特别平淡。主要的思想是：“抽象思想只不过是关于对象的知觉的应用。”②于是哲学就过渡到了唯物论；例如在拉·梅特里那里就是：L' homme machine〔人是机器〕。一切思想，一切观念，都只有在被理解为物质性的时候，才有意义；只有物质存在。

㈡　孟德斯鸠

当时有些伟大的思想家曾经把心中的感情、自保欲、彼此间的
525 善意倾向、合群欲与**思想**对立起来，普芬多夫也曾把合群欲当做他的法学体系的基础。——由此出发，他们说出了很多出色的见解。例如**孟德斯鸠**就写了一部美妙的著作：*L'esprit des lois*〔《论法的精神》〕，伏尔泰曾说这是一种 esprit sur les lois〔关于法的精神〕，这部书中就曾经以这种伟大的见解考察各种法制，认为法制、宗教以及一个国家里面的一切构成了一个整体。

---

①　《论自然》，第一卷，第四部，第三章，第 257—259 页。

②　《自然体系》，第一卷，第十章，第 177 页：“各种抽象思想只不过是我们的内感官用来察看它自己的各种变相的方式。——善、美、秩序、睿智、美德等词，如果我们不把它们联系到、应用到我们的感官向我们指出可以具有这些性质的对象上面，或者联系到、应用到我们所知道的存在方式或作用方式上面，那就对我们毫无意义。”

㊂　爱尔维修

这种把思想归结为感觉的做法，在爱尔维修那里采取的是这样一种形式：当人们在作为道德主体的人身上寻找一个唯一的东西的时候，他就把这个唯一的东西称为爱己，并且努力表明，凡是我们称为美德的东西，总之一切行动、法律、正义，全都是仅仅以爱己、利己为基础的，并且是消融于其中的。[①] 这个原则是片面的，虽然自我是一个重要环节。我所要求的东西，最高贵、最神圣的东西，是我的目的。我必须在那里面，我必须认可它，我必须发现它是好的。任何一项牺牲，都总是伴同着一种享受，伴同着一种自我发现。这个自我环节，即主观自由，永远必须在那里面。如果对此作片面的了解，那就可以从其中作出一些推翻一切神圣的东西的结论；但是神圣的东西也同样出现在一种高尚的道德中，这种道德只能是唯一的道德。爱尔维修力求通过聪明的分析，从爱己中建立起一切美德；我们看到了分析的兴趣。

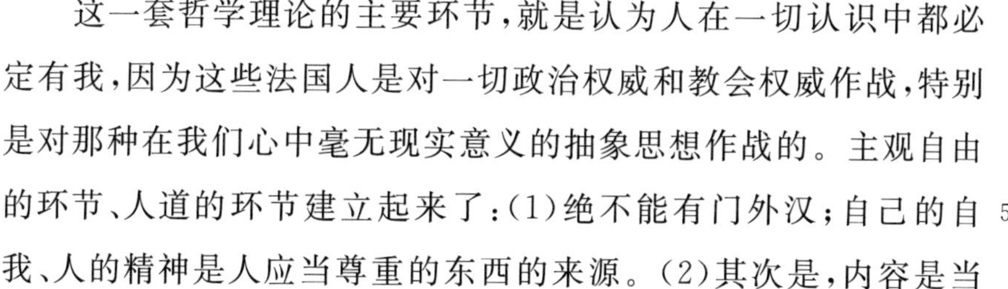

这一套哲学理论的主要环节，就是认为人在一切认识中都必定有我，因为这些法国人是对一切政治权威和教会权威作战，特别是对那种在我们心中毫无现实意义的抽象思想作战的。主观自由的环节、人道的环节建立起来了：(1)绝不能有门外汉；自己的自 526
我、人的精神是人应当尊重的东西的来源。(2)其次是，内容是当

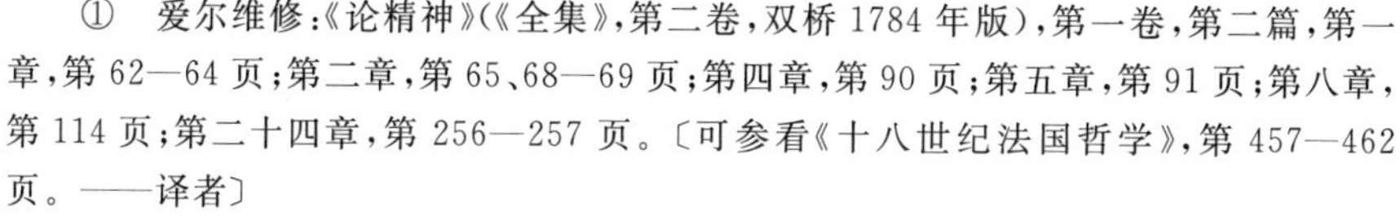

① 爱尔维修：《论精神》（《全集》，第二卷，双桥 1784 年版），第一卷，第二篇，第一章，第 62—64 页；第二章，第 65、68—69 页；第四章，第 90 页；第五章，第 91 页；第八章，第 114 页；第二十四章，第 256—257 页。〔可参看《十八世纪法国哲学》，第 457—462 页。——译者〕

前的，**我的**内容必须是具体的，是一种当前现实的东西。这个具体的东西被称为**理性**，这批人当中的高尚人士们以极大的热忱捍卫了理性。思想被抬高为人民的旗帜，这就是我们心中的信仰自由、良心自由。他们曾经向人说："你将在这个标志下获得胜利"，因为他们所注意的只是人们把那些在十字架标志下所做的事情弄成了信仰、弄成了法律、弄成了宗教，——因为他们看到了十字架标志受到何等的轻蔑。因为在十字架标志下谎言和欺诈得到了胜利，在这个印记下各种制度都僵化成为卑鄙龌龊的东西；这个标志被设想成为一切罪恶的总汇和根源。他们以另一种形式实行了路德的改革。——这个具体的东西有多种形式：实践范围内的社会欲，理论范围内的自然律。这是一种在自身内，亦即在人的精神中、内心中找出可靠的指针的绝对欲望。当人的精神在自身中的时候，至少当它自由地在自己的世界中的时候，它是迫切需要得到这样一个牢固的据点的。

㊃　卢　梭

第三，在实践方面，还要指出一个特殊之点，即：在把正义感当成原则的时候，具体的实践精神，亦即人道、幸福这一原则，在一般的理解中虽然具有着思想的形式，思想本身却不是内容。一种具体的内容，例如虔诚心的内容，或善意倾向的内容，社会性的内容，是不能具有着思想的形式的；就内容出自我们的欲望和内在直观
527 来说，它并不是思想。但是也出现过这样的事情，就是把纯粹的思维当作原则、当作内容提出来，虽然这个内容又是缺少真正的形式，缺少对它的固有形式的意识的；因为人们没有认识到这个原则

是思维。我们看到思维在意志的、实践的、法律的领域内出现了，并且得到了这样的理解，于是人的最内在的东西，即自身统一性被当作基础提了出来，被意识到了，这样，人就在自身中得到了一种无限的力量。**卢梭**从单方面讨论国家的时候所说的，就是这个。他追问的是国家的绝对根据：什么是国家的基础？人们是凭着什么权利役属和兼并、保持秩序、统治和被统治、服从权威的？他从单方面去理解这种权利，认为这是通过历史建立在暴力、强迫、掠夺和私有财产等等上面的。①

（一）但是他却拿**自由意志**当作说明这种权利的原则。他并没有考虑到国家的积极权利，而对上述问题作出这样的回答：人是有自由意志的，因为“自由是人的品德。放弃自己的自由，就是放弃做人。放弃自由，就是放弃一切义务和权利”②。奴隶是既无权利亦无义务的。

（二）“因此**基本课题**就是：要找出这样一种联合形式，这种联合形式是以全部共同的力量捍卫和保障每一个人的人身和财产的，而通过这种形式，每一个人在参加这种联合的时候，只是服从自己，因而还是同以前一样自由。社会契约提供了解答”；③它就 528

① 《论社会契约》（里昂 1790 年版），第一卷，第三章，第 8—9 页；第四章，第 10—11、13—16 页。〔可参看《十八世纪法国哲学》，第 165—169 页。——译者〕

② 同上，第四章，第 12 页：“放弃自己的自由，就是放弃自己做人的资格，放弃人的权利，甚至于放弃自己的义务。”〔可参看《十八世纪法国哲学》，第 168 页。——译者〕

③ 同上，第六章，第 21 页：“‘要找出这样一种联合形式，这种联合形式是以全部共同的力量来捍卫和保障每一个联合者的人身和财产的，而且通过这种形式，每一个人在与所有的人相联合的时候，却只是服从自己，并且仍然同以前一样自由。’这就是社会契约所解决的基本问题。”〔可参看《十八世纪法国哲学》，第 171 页。——译者〕

是这个人人在其中都有自己的意志的联合。这些原则表达得很抽象，我们必须把它们正确地找出来；可是歧义立即就发生了。人是自由的，这当然是人的实质本性；这种本性在国家里不但没有被扬弃，事实上倒是开始被建立起来了。本性的自由、自由的禀赋并不是现实的；因为国家才是自由的实现。

（三）对**普遍的意志**的误解，是开始于这个地方，即自由的概念不可在每个人的偶然任性的意义下去理解，而必须在理性的意志、自在自为的意志这个意义下去理解。绝不能把普遍的意志看成由一些表现出来的个别意志组成的，那样，个别的意志就仍然是绝对的了。凡是少数人必须服从多数人的地方，就没有自由。但是，尽管人们不自觉，普遍的意志却必须是理性的意志。国家并不是那样一种包括个人任性的联合。对那些原则的歪曲理解，是与我们无干的。与我们有关的是：这样一来就意识到了，人在自己的精神中具有着自由作为至高无上的绝对的东西，自由意志是人的概念。自由恰恰就是思维本身；要是抛开思维来谈自由，就不知道自己说的是什么东西。思维的自身统一性就是自由，就是自由意志，——即有所意欲的思维，也就是抛弃自己的主观性的欲望，与存在的联
529 系，自我实现，因为我是愿意把作为存在者的我与作为思维者的我等同起来的。意志只有作为思维的意志才是自由的。现在自由的原则〔在卢梭这里〕[①]出现了，它把这种无限的力量给予了把自己理解为无限者的人。——这个原则提供了向康德哲学的过渡，康德哲学在理论方面是以这个原则为基础的。认识向它的自由前进

① 第402页。

了，而且是向一种具体的内容、一种它在自己的意识中所具有的内容前进了。

4. 〔德国〕启蒙思想

德国哲学。在这个时期，德国人是静静地在他们的莱布尼茨-
沃尔夫哲学里面徘徊，在他们的定义、公理、证明里面徘徊，后来他
们逐渐地受到外国精神的熏陶，于是熟悉哲学在外国的各种发展，
欢迎洛克的经验主义，同时在另一方面也把形而上学的研究放在
一边，关心着那些颇能为健全的常识所理解的真理，——投身于**启**
蒙思想，从事考察一切事物的效用，这个观点是他们从法国人那里
采纳来的。把效用当作存在物的本质，就在于把存在物规定为不
是自在的，而是对他物存在的，——这是一个必要的环节，但不是
唯一的环节。关于这一点的那些哲学研究，是沉没到一种没有生
气的通俗性的状态中去了，通俗的东西是深刻不了的。这是一种
呆板的学究气和严格性。德国人是对所有的民族都一视同仁的蜜
蜂，是认为什么都好、不管什么货物都贩卖的老实旧货商。这一切
都是从外国取来的，已经失掉了那种聪明的生动性、活跃性、独创
性，就是这种东西在法国人那里造成只顾形式忘掉内容的结果的。
德国人喜欢以老老实实的态度把事情做得很踏实，喜欢以说理代 530
替机智和生动，而机智和生动当然是没有证明的，所以他们以这种
方式弄到手的是一种非常空洞的内容，没有比这些踏实的论述更
单调的了；例如在**艾伯哈特**、**特腾斯**等人那里就是如此。

尼可拉、门德尔松、苏尔策等人也主要是对鉴赏和美术作哲学讨论；因为德国人也要有一种文学和艺术。然而他们在这一方面

也只是提出了一些极其贫乏的美学理论——莱辛曾经把这种美学理论称为肤浅的空谈——；[①]而整个说来，格勒特、魏瑟、莱辛的诗也是不相上下地陷于诗中的极度贫乏。讲得最多的，是舒服与不舒服的感觉。关于这种哲学，我想举出一个样本来，这是尼可拉所提供的。——问题是关于陈述悲剧中悲惨对象的乐趣的。

摩西先生：那种喜爱完满的东西、回避不完满的东西的能力，是一种实际存在的能力。因此这种能力的发挥就带来一种乐趣，但是这种乐趣在本性上比较起来要小于那种由观察对象而产生的不快。

我：可是，当感情的激烈使我们发生不舒服的感觉的时候，它所带来的那种**运动**(这种运动岂不就是那种喜爱完满的东西等等的能

531 力吗?)对于我们来说还是有些愉快的。——我们喜爱的是运动的力量，哪怕是那些与感情的舒服发生冲突、总之获得胜利的痛苦感觉。——结论也是一样的。

摩西先生：在模仿中则相反，由于不完善的对象不出现，愉快必定占上风，并且掩蔽了轻度的不愉快。

我：那么，一种不留下这些不愉快的后果的感情，就必定是十分舒服的了。那些对于悲剧所产生的感情的模仿，就是属于这一类的，[②]——

---

① 《莱辛全集》，第二十九卷(柏林、斯退丁 1828 年版)，第 111—112 页。

② 《莱辛全集》，第二十九卷，第 122—123 页。

他们就是用这样一些无内容的、苍白的废话在转圈子。此外，地狱的永罚，异教徒的天福，正直和虔诚的反面，就是他们大研究特研究的哲学题材了；法国人是不在这些东西上烦心的。他们把有限的规定捧出来反对无限的东西：反对三位一体，一不能是三；反对原罪，每个人都必须自己承担自己的责任，为自己的行为负责，这些行为是自己做出来的；也同样反对拯救，别人是不能代担罪责的；反对恕罪，已有的事情不能化为无；归根到底，人的本性是与神的本性不相容的。

德国的启蒙思想不要精神，单用理智的严格性和效用的原则来攻击理念，它首先抹掉了沃尔夫哲学的方式，但是保留了这种哲学的内容所占的位置，并且使形而上学也降低到极其空洞的地步，直到耶可比才出乎意料地重新回想起一种完全不同的哲学内容， 532
首先是回想起斯宾诺莎主义；他把对于外在的、有限的事物以及对于神圣事物的信仰亦即纯粹直接的确信与中介认识绝对对立起来，而把对于神圣事物的信仰称为理性，把中介认识理解为单纯的理智，——直到康德才给予了在欧洲其余地区已经衰落的哲学一个新的生机。

我们看到一方面是健全的常识、经验、意识的事实，另一方面是一种形而上学，即应用枯燥、僵死的理智的德国沃尔夫形而上学。我们看到门德尔松以健全常识为目标，把它当作规范。当时的权威已经达到了纹丝不动、稳如泰山的地步，根本梦想不到任何别的东西；推了这个权威一把的是门德尔松与耶可比的争论，首先是争论莱辛是不是一个斯宾诺莎主义者，然后又争论到斯宾诺莎的学说本身。——在这一事件中显示出：斯宾诺莎基本上已经被

人们忘掉了，而且斯宾诺莎主义被人们看成了一种非常可怕的怪物。

向德国过渡。休谟和卢梭是德国哲学的两个出发点。笛卡尔把广延与同它绝对同一的思维对立起来。人们把二元论归咎于他。但是，他也同斯宾诺莎和莱布尼茨一样，扬弃了这两个方面的独立性，而把它们的统一（神）当成最高的东西。作为这个统一的神，首先是第三者，而且是自己规定自己的，根本不能把任何规定加到神身上。沃尔夫对有限事物的理解，总之即学院形而上学和理智科学、观察自然时的空论，在他的规律性中、他的有限认识中
533 得到了加强，转而反对无限，反对具体的宗教规定，在他的《自然神学》中始终与各种抽象伴随在一起；然而这种理解的领域却是特定的东西、发展出来的东西。

从这时起出现了一种完全不同的观点。无限被挪到了抽象或不可思议的范围内。真是一种不可思议的遁词！在今天，是把无限看成最虔诚、最正当的东西的。我们看到那个第三者，即差别的统一，被规定成一种不可思议、不可认识的东西；换句话说，在这一观点看来，这种统一乃是无思想的统一。因为它在一切思维之上，神并不是思维本身；它被规定为绝对具体的东西（思维与存在的统一）。现在我们已经达到这样的程度了：认识到这种统一是完全在思维中的东西，属于意识的东西，——即思维的客观性、理性是一和一切。法国人仿佛看到了这一点。最高的本质、无规定的东西也可以浮现在自然之上，也就是说，自然、物质可以是最高的统一，一种具体物的设定总是存在的，这种具体物也同时属于思维。既

然把人的自由当作最后的东西提出来，那也就是把思维本身当作原则提出来了。自由的原则不仅在思维中，而且在思维的根源中；这个自由原则也是一个本身具体的东西，在原则上是本身具体的。

一般教养和哲学教养已经大大地进步了。既然可认识的东西已经被完全放在意识的范围内，精神的自由已经被理解为一种绝对的东西，那我们就可以把这一点理解为：认识已经完全进入了有限的东西。有限事物的观点也同时被认作一种最后的东西，神则被当成一个处在思维之外的彼岸物。各种权利、义务以及对自然的认识都是有限的。人的理性越在自身中把握到了自己，就越离开了神，而有限事物的范围便扩充了。于是问题就在于：怎样把那 534
个在过去以及这个时期之初被认作唯一真实的神再搬出来？人自己创造了一个真理的王国，神被放在这个王国以外；所以这个王国乃是有限真理的王国。在这里，可以把有限性的形式称为主观的形式；被认作绝对的那种精神的自由、自我性，本质上是主观的，——事实上是思维的主观性。理性是一和一切，这个一切同时就是全体有限事物；这种理性活动乃是有限的认识，也是对有限事物的认识。问题就在于：既然肯定了这个具体的东西（不是形而上学的抽象），那么，这个具体的东西怎样在自身中发展？然后怎样回到客观性，或扬弃自己的主观性？也就是说，思维怎样回到神？这个问题我们要在下一个时期来考察，那就是：康德、费希特、谢林。

第 三 篇

最近德国哲学

在康德、费希特、谢林的哲学里，精神最近时期在德国向前进展所达到的革命是通过思想的形式概括出来了、表达出来了。他们的哲学发展的次序包含着思维所采取的进程。世界历史上这一个伟大的时代（其最内在的本质将在世界历史*里得到理解），只有两个民族，即日耳曼民族和法兰西民族参加了，尽管它们是互相反对的，或正因为它们是互相反对的。别的国家并没有参加到里
266 535 面来，虽说它们的政府以及它们的人民在政治上参加了，但不是在内在精神上参加了。这个原则在德国是作为思想、精神、概念，在法国是在现实界中汹涌出来。这个原则出现在德国现实生活中，显得是一种外部环境的暴力和对于这种暴力的反动。

哲学给自身规定了这样的任务：即把哲学的基本观念、思维与存在的统一作为对象，并加以掌握，这就是说，对必然性的最内在意义、概念加以理解。**康德的**哲学首先从形式方面提出了这个任务，但其结果只得到理性在自我意识中的抽象的绝对性，一方面，在他的批判的、消极的态度里总带有一种空疏性和软弱性，把意识的事实和主观的揣测当成某种积极的东西，这就放弃了思想而退

---

* 原文作“世界历史”，英译本第 409 页作“历史哲学”。

回到感觉；另一方面，从这里发展出**费希特**的哲学，它把自我意识的本质思辨地理解为具体的自我，但他却没有超出绝对者的这种主观的形式。**谢林**的哲学是从费希特哲学出发，后来又把它抛弃，并且提出了绝对者的理念、自在自为的真理。

一、耶可比

和康德相联系，我们这里还必须首先谈一谈耶可比。耶可比的哲学是和康德的哲学同时的。两者的结果大体上是相同的，只是出发点和进展的过程有些地方彼此不相同。耶可比的外在的出发点大半是法国哲学（和德国形而上学），他是受到法国哲学的启发的。康德是较多从英国方面，从休谟的怀疑主义开始的。耶可比所着眼的和考察的大半是认识方式的客观方面，他同康德一样采取消极的态度，因为他宣称知识按它的内容说是不能够认识绝对的。康德没有考察内容，他认为认识是主观的，因而宣称不能够 536
认识自在自为的存在。——什么是真理？真理必须是具体的、当前的，但又不是有限的。——这是一种进步，超出了前一个时期。

菲特力·亨利·耶可比于1743年生于都塞尔多夫，曾先后在贝尔格及巴伐利亚任职。他曾经在日内瓦和巴黎受过教育：在日内瓦从波涅（Bonnet）、在巴黎从狄德罗学习。在都塞尔多夫，他担任了一个公职（关于经济和财政部门的行政工作）。法国革命的发生使得他脱离了公职活动。作为一个巴威利亚的官员，他去到慕尼黑，在那里1804年他成为科学院的院长，但他于1812年辞去了这个职务。因为在拿破仑统治时期新教徒被宣称为革命煽动者。

直到他死时止他都居住在巴黎。他卒于1819年3月10日。[①] 耶可比是一个有高贵品格和深刻教养的人，他在国家的事务中生活得很久，并且对于法国哲学很熟悉。

1785年他发表了他于1783年写成的关于斯宾诺莎的书信。这些书信是由于外在的机缘而发表的。他没有系统地作哲学研究，而只是用书信的方式讨论哲学。与想要给莱辛作传的门德尔松一个偶然的争论引起了耶可比把他的见解发挥出来。耶可比问门德尔松是否知道“莱辛曾经是一个斯宾诺莎主义者”[②]，门德尔松为这个问题所激怒，这样就引起两人通信辩论。在这场争论的
537 过程中表明了那些自认为专家、哲学专家，并且自认为可以包办同莱辛的友谊的人，如尼古拉、门德尔松之流，对于斯宾诺莎主义毫无所知；这还表明了他们不唯哲学见解浅薄，而且竟是对哲学完全没有知识。他们继承着沃尔夫的哲学，但放弃了他的学究的形式，因而不能再前进一步。门德尔松自认为，而且也被认为是最伟大的哲学家，并且被他的朋友赞扬着。他的《清晨的时候》一书乃是干燥的沃尔夫哲学，尽管这些先生们也还曾努力想给他们的毫无生气的抽象陈述披上柏拉图式的爽朗的形式。他们研究愉快的和不愉快的感觉、完善、什么是可能思维的和什么是不可能思维的等等。形而上学被看成是朦胧虚幻的东西；认为它一直没有固定的线索。在这些通信里立刻可以看出斯宾诺莎是如何地被忘记了。

① 邓尼曼：《哲学史纲要》〔文德摘要本〕(Grundriss von Wendt)，第四〇六节，第531页；锐克斯纳(Rixner)：《哲学史教本》，第三卷，第一四五节，第317页；《耶可比集》，第四卷，第一部，第3页。

② 《耶可比集》，第四卷，第一部，第391页。

门德尔松表现出甚至对于斯宾诺莎哲学的外在的历史材料都毫无所知，更说不上关于他的内在实质了。[①] 当耶可比宣称莱辛是一个斯宾诺莎主义者并抬高法国人的地位时，这种严肃主张对于这些先生们就好像晴天的霹雳。他们这些自满的、自信的、自命高人一等的人感到十分惊讶，耶可比对于像斯宾诺莎那样的“死狗”也竟会自诩知道某些东西。[②] 在这种情形下，耶可比必须加以解释，于解释时他便进一步发挥了他自己的哲学见解。

门德尔松和耶可比正相反对，因为门德尔松坚持认识的立足点，认为真理和本质直接地展现在思维和概念里，并且断言：“凡是我不能认为是真的东西，不会使得我怀疑、引起我不安。一个我所不了解的问题，我就不能答复，它对于我就等于是没有问题。”[③]于 538
是他就老是围绕着这点辩论。同样，他对于上帝存在的证明也包含着这种思维的必然性，即，现实性一定必须是被思维的，并须假定有一个思维者，换言之，现实事物之所以可能，是依靠一个能思维者。“凡是能思维的存在认为不可能的东西，也就是不可能的；凡是能思维的存在在思想上认为不真实的东西，事实上也就是不真实的。”“如果我们取消了一个能思维的存在对于任何一个东西的概念，即取消了对那个东西的可能性和真实性的概念，那么那个东西本身的存在也就被取消了。”〔关于事物的〕概念便被他认作事物的本质。“没有有限的存在能够把一个东西的现实性最完善地

① 《耶可比集》，第四卷，第一部，第 91 页。

② 同上，第 68 页。

③ 《关于斯宾诺莎学说的书信》（1789 年第二版），第 85—86 页（《全集》第四卷，第一部分，第 110 页）。

思维成现实的，它更不能认识到一切当前事物的可能性和现实性。”“因此必定有一个能思维的存在或〔一个〕理智，它能够最完善地把一切可能性的全部内容思维成可能的，并且把一切现实性的全部内容思维成现实的；这就是说，必定有一个无限的理智，而这无限的理智就是上帝。”[①]我们看见（一）思维与存在的统一，（二）绝对的统一被认作无限的理智，至于思维与存在的统一，却仅仅被理解为有限的自我意识。现实性亦即存在以思维为它的可能性，换句话说，它的可能性就是思维；思维并不是由超出可能性以达到现实性的发展过程。

耶可比反对对于思维的这种要求说：“思维不是实体的源泉，反之实体才是思维的源泉。因此我们必须承认在思维之先有某种非思维的东西作为第一性；某种东西虽说不完全在现实性中，但按
539 照表象、本质、内在本性看来，却必须被认作最先的东西。”——关于这点门德尔松说道：“您似乎在这里想要思维某种不是思想的东西；想要跃进到空虚之中，进到那没有理性可以遵循的地方。您想要思维某种在一切思维之先的东西，这东西因此也不是那最完善的理智本身所能思维的。”[②]

一、耶可比的主要思想一方面是这样的：“每一种论证的方法都会导致宿命论”[③]、无神论、斯宾诺莎主义。[④]——因为这就会

① 布勒（Buhle）：《哲学史教科书》，第八卷，第386—387页；门德尔松：《清晨的时候》（1786年第二版），第293—296页。

② 《关于斯宾诺莎学说的书信》，第36—37、88—89页；第四命题，第225、223页。

③ 同上。

④ 同上，第223页（216页）。

认为上帝是一个派生的东西，是以某种东西为根据的东西；理解一个东西即是指出它的依赖性。我们指出某种东西的原因，这东西复有一个有限的结果；一般的**间接的知识**就是这样。他断言，整个讲来，认识只能认识那有限的东西。这完全和康德的结论相同，即我们只能认识现象。现象这个名词表示主观的形式。

就耶可比关于**认识**的见解而论，他曾经提出这样的看法说：“理性”——对于理性他后来有不同的定义，区别了理性与理智，关于这点下面再说，[①]后来他不说理性，而说**理智**[②]——“永远只能说明有限事物的条件、自然的法则、机械的因果关系。我们理解一件事情，即在于把它的最近原因推究出来”，而不是推究它的深远的原因；那最深远的原因永远是上帝。对象最近的特定的原因是可以认识的；上帝完全是一般的原因。“或者说”，我们认识一件事情，即在于“按照一系列的次序看见了形成它的那些直接条件”。540
无疑地这只是有限的认识；每一个条件之前又有另一个条件。“同样，例如我们了解一个圆圈，这就是说，我们明白地认识了它产生的机械关系和它的物理结构，又如我们了解一个三段论法的公式，也就是说，我们真正地认识到了人的理智于判断和推理时所遵循的规律，和人的认识作用的物理的和机械的关系。因此，我们对于各种质本身就没有概念，只有直观。即使对于我们自己的存在我们也只有感觉，没有概念。我们只是对于形状、数目、地位、运动和

① 参看上文第 275 和 279 页。

② 《全集》，第二卷，第 7 页以下；第 221 页的附注。

思维形式才有真正的概念；至于对各种质，只有当它们被归结到上述这些概念，并在客观上被取消时，才算是被认识了、被理解了。”①这就是一般的认识：对于某种特定的东西揭示其条件，并指出它是被制约的、为别的东西所影响的、为一个原因所产生出来的。

“理性一般的职务是作不断向前的联系：理性的思辨的职务是按照必然性，亦即同一性的已知的规律去联系。——凡是理性通过分析、联系、判断、推论和反思”（它的活动）“所能产生的，必纯全是自然的事物”（有限的事物）；“理性，作为一个被限制的东西，本身也同属于这种有限事物之列。但是整个自然、一切有条件的”（有限的）“东西的总内容对于那钻研的理智，除了包括在自然内的东西之外，是不能更显示什么东西的。而包括在自然内的东西不外是：杂多的特定存在、变化的事物、一系列的”（有限的）“形式，内中并没有包括任何真实的开始”（宇宙的开始），“也没有包括任何客观存在的实在原则”。认识就是认识特定的条件；而这个条件又是有限的。**另一方面**，耶可比说：“如果我们把理性了解为一般认

541 识的原则，那么理性就是构成人的整个有生命的本性的精神；人是为理性所构成的，人是理性所采取的一种形式。”②

他对于想要认识无限者的企图的见解是和他上面这种看法密切联系着的：“就整个人来说，我发现人的意识是由两个原始的观念，**有条件者**和**无条件者**的观念结合而成的。两个观念是相互不

① 《关于斯宾诺莎学说的书信》，附录七，第419—420页，和附注（《全集》，第四卷，第二部分，第148—150页）。

② 《关于斯宾诺莎学说的书信》，第421—423页。

可分离地联系在一起的，不过有条件的观念须以无条件的观念为前提，前者只能从后者中派生出来，”——这就是说，有条件者的观念只能通过无条件者的观念才得到理解。“我们对于无条件者的存在比起我们对于我们自己的有条件的存在，具有同样的，甚至更大的确定性。”

“由于我们的有条件的存在”和认识现在“建筑在无限的**间接关系**上面，这就为我们的研究开辟了广大的园地，我们即使为了自我保存起见”（为了实践的目的），“也就不得不对他加以研究”。但是要求认识无限者其目的却完全不同。“要想发现无条件者的条件，寻找并认识那绝对必然的存在之可能性，以便予以把握，——这乃是当我们从事于把自然当作可把握的东西，亦即当作单纯的自然存在去了解，并把机械原则的机械性加以说明时所须做的工作。因为如果一切事物都应该在我们所能把握的方式下发生和出现，都必然在有条件的方式下发生或出现，那么只要我们在认识的时候，我们便老停留在一连串的有条件的条件之中。哪里没有这一连串的条件，那里我们就没有认识，那里也就没有我们叫做自然 542 的那种联系的本身。因此自然存在的可能性这一概念就会是自然的绝对开始或起源的概念；它也就会是无限者自身的概念，只要它并不是按照自然的规律联系着的，亦即对于我们是没有联系的，这就是说，它就会是自然的无条件的条件。假如这样一种无条件者和无联系者的概念——因而也是外在于自然的——是可能的，那么无条件者就会停止其为无条件者，它本身必然会具有一些条件；而那绝对必然者必定开始变成可能的东西，从而它才可以被认识到。”这是矛盾的。这就是耶可比的思想。

“无条件者又叫做超**自然者**”，不可捉摸者；自然也属于这个范围。“既然举凡一切存在于有条件的事物的联系和自然的间接关系之外的东西，也同时是存在于我们明晰的认识范围以外，并且是不可能通过概念而得到理解的，那么那超自然者就不可能在其他方式下为我们所承认，除非它是作为**事实**直接给予我们的。——**它存在**！”——它是直接的东西。而“这个超自然者”、无限者、“这个一切本质之本质”、存在者，“世界各民族的语言都叫**上帝**”。①

那无条件者因此没有条件，不能被认识，对于我们只是在直接方式下，不是在间接方式下的事实。——耶可比的见解和康德的见解有如下的区别：在康德那里范畴一点用处都没有，认识只是对于现象的认识，不是对于事物本身的认识；其所以如此，是因为范

543 畴只是主观的，而不是因为范畴本身有局限性、有限，反之，主要之点却在于永远认范畴为主观的。与此正相反，在耶可比那里，主要之点在于认范畴不仅是主观的，而且认范畴为条件和有条件的条件；而理解事物即在于通过范畴，亦即通过有条件的条件建立起联系。这是一个本质上的区别；但两人的结论却是一致的。

二、因此按照他的**第二个主要原则**，那超自然的东西只能叫做事实；它存在，一切语言都叫它为上帝。耶可比现在便叫这种**直接知识**为**信仰**。② 他回返到自我意识，在他那里，我们看见思维在其主观态度中。上帝、绝对、无条件者是不能证明的。因为对于一个东西加以证明、理解，就是寻求条件，根据条件把它推论出来。但

---

① 《关于斯宾诺莎学说的书信》，第423—427页。

② 《全集》，第二卷，第3—4页。

是一个被推论出来的绝对、上帝等等，便已不是一个绝对、一个无条件者、一个上帝了。[①] 现在在我们意识中有一个对于上帝的意识，而其性质是这样的，即上帝的存在是和我们对它的思想直接地联系着的。依耶可比看来，这种知识是不能从证明得来的。因此它不是间接得来的知识，而是直接的知识，关于这种知识我们可以诉诸人〔的良知〕。人在他关于自然和有限事物的表象、思维里超出了有限性，进展到一个超自然、超感性的领域；而这超自然者的存在，对于它是如此确定，正如他确知他自己一样。这种对上帝存在的确知和他的自我意识是同一的。我这样确知我存在，也这样确知上帝存在。[①]这里这种对上帝的直接知识就是耶可比的哲学所坚持之点；他也叫这种直接知识为信仰。康德的信仰和耶可比
的信仰是有差别的。在康德那里信仰是理性的一个公设，是企图 544
解除世界和幸福的矛盾的一种要求；在耶可比那里信仰本身是一种直接知识，并且也被了解为一种直接知识。

自从耶可比以后，凡是哲学家（如弗里斯）和神学家所写的关于上帝的著作，都建筑在直接知识、良知的知识这个观念上面；人们也称这种知识为**天启**，但这是不同于神学的另一种意义的天启。作为直接知识的天启是在我们自身内，而教会却把天启认作一个从外面昭示的东西。[②] 神学意义的信仰是信仰某种由教义所给予的东西。如果把这里所说的信仰和天启了解为神学意义的信仰和天启，这似乎是一种概念的偷换，因为这里所应该有的哲学的含

① 《全集》，第三卷，第 7、35 页。

② 参看《全集》，第三卷，第 277 页。

义，与虔诚信仰的人对这字的用法是大不相同的。这就是耶可比的观点；他的观点很受欢迎并得到广泛的传播，虽说许多哲学家和神学家对于他所说的话提出了反对的意见。在耶可比的思想中哪里也找不出他的直接知识与哲学认识、理性相反对的地方。人们谈论理性、哲学等等就好像盲人在谈论颜色。诚然人人都承认，一个人如果不是鞋匠，就不能做鞋子，虽说他有尺子、有脚并且也有手。但关于哲学，大家就以为直接知识是这样的意思，即每一个人只要他能吃饭走路，就是一个哲学家，他可以在哲学上随便说话，并自以为很懂哲学。

545 人们一方面把理性了解为间接知识，但另一方面理性恰好正是理智的直观本身。说理性是对自在自为的存在的认识和启示，一方面这是很对的，因为理智是对有限事物的启示。[①] 但是信仰、直接知识又被用来了解每一个另外的内容，或者像耶可比那样，把信仰了解为类似这样的确知一切存在的直接性：如直接确知："我有一个身体"，这里有一张纸，"或感知到别的现实的东西，而我们感知这些东西的确定性，与我们感知到我们自己有同等的确定性。——我们通过我们所感受到的事物的特质，获得一切表象，此外没有获得真实知识的其他的途径；因为理性如果自己产生一些对象的话，那就是些脑子空想出来的东西。因此，我们就有了一种对于自然的启示"。[②] 凡是我所直接知道的都是信仰。所以在宗教上有很高价值的信仰这一名词，便被应用来表示任何一种内容；

---

① 《全集》，第二卷，第 8—14、101 页。

② 《关于斯宾诺莎学说的书信》，第 216—217 页。

这是我们这个时代的最一般的观点。

耶可比在这里似乎使信仰与思维对立起来了。我们试把两者相互比较一下，看一看两者是否有天渊之别，像有些人以为它们是如此正相反对那样。第一，绝对本质是直接地启示于信仰中；信仰意识感觉到自身为这绝对本质所浸透，就像为它自己的本质所浸透那样：这绝对本质就是信仰意识的生命，这信仰意识建立了它自身和这绝对本质的直接统一。思维思维着这绝对本质；绝对本质就是绝对思维、绝对理智、纯粹思维，但同时它也同样直接地是它自己。第二，绝对本质的直接性对于信仰同时具有存在的意义；它存在着，作为自我的对方存在着。绝对本质的直接性对于思维者也同样具有存在的意义。它对于思维者是绝对的存在，是本身真实的东西，并且也是自我意识或所谓作为有限理智的思维的对方。

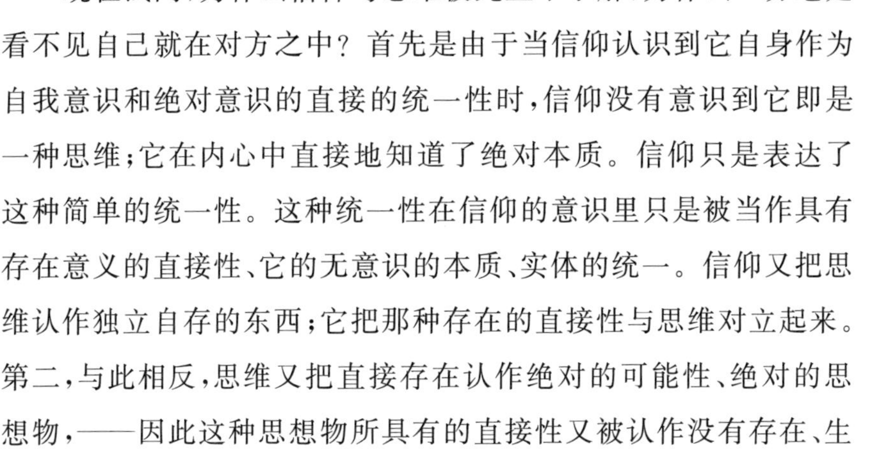

现在试问，为什么信仰与思维彼此互不了解，为什么一方老是 546
看不见自己就在对方之中？首先是由于当信仰认识到它自身作为自我意识和绝对意识的直接的统一性时，信仰没有意识到它即是一种思维；它在内心中直接地知道了绝对本质。信仰只是表达了这种简单的统一性。这种统一性在信仰的意识里只是被当作具有存在意义的直接性、它的无意识的本质、实体的统一。信仰又把思维认作独立自存的东西；它把那种存在的直接性与思维对立起来。第二，与此相反，思维又把直接存在认作绝对的可能性、绝对的思想物，——因此这种思想物所具有的直接性又被认作没有存在、生命的规定性。——在这种高度抽象的看法里，信仰与思维便相互对立起来，像启蒙运动的思想家把绝对本质认作独立于自我意识

之外的东西，而唯物主义又把它认作当前的物质那样。[①] 一方面〔在耶可比那里〕绝对本质是在信仰和思维中作为肯定的存在和思维，另一方面，绝对本质被认作没有自我意识的东西，或者〔如启蒙派〕把它仅仅规定为否定的东西、在自我意识的彼岸，或者〔如唯物论〕把它认作对自我意识而存在的〔物质〕。

直接知识是这样一种规定，我们可以把它叫做信仰、知识等等。这是**第一点**。如果我们要问它的内容，那么它就是被意识到的上帝或上帝的存在。这种直接知识是每一个个人所同有的；它是属于每个人本人所确知的个别的东西。上帝在这里是被认作具有一般的精神属性的，如全能、全知等等。整个一般的认识我们叫做思维，特殊的认识我们叫做直观；对外在规定的内在理解我们叫做理智。人所具有的一般认识就是思维，例如在宗教情绪中即包含着一般的认识。禽兽没有宗教情绪，因为这乃是一种人所特有
547 的情绪。就其为宗教情绪来说，它乃是一个能思维的人的情绪，情绪的特性不是一种自然冲动等等的特性，而是思维的特性。因此上帝就是抽象地看起来的普遍的东西，虽说上帝只是单纯地被感到、被信仰的，但他仍旧是纯全抽象的，甚至上帝的人格也是绝对普遍的人格。主要的我们必须注意，凡是在直接认识中启示出来的，乃是普遍的东西。但直接认识是自然的、感性的认识；如果人们已经认识到上帝，把他当作精神的唯一对象，那么这种结果就是通过教义的媒介、通过长期不断的教养才达到的。埃及人也同样直接地知道上帝是一条牛、一只猫；印度人直到现在还具有更多类

① 参看上文第 241 页。

似这样的知识。只有由于缺乏简单的思考才会不知道，普遍的原则并不在直接的认识中，而是文化、教育、人类的启示的成果。——如果人们认直接认识为有效准，则每个人都只是和他自己打交道；这样就任何东西都可以承认是正确的。这人知道这事，那人知道那事；一切东西，甚至最坏的、最不虔敬的东西都可以得到承认。直接认识是自然的认识；因此认识精神性的上帝，本质上乃是通过间接过程、通过教育的后果。

第二，现在直接认识又与间接认识相反对；于是这里又碰到直接性与间接性的对立。“我们坚持必须承认人有两种不同的认识能力：一是通过可见的和可捉摸的，亦即肉体的认识工具而来的认识能力；另外一种能力是基于不可见的、外部感官所无法把握的器官，这种器官的存在只有通过**情感**才能揭示给我们，它是认识精神对象的精神眼睛，是人类一般叫做**理性**的”[①]。它〔理性〕说出了关 548
于普遍地、自在自为地存在着的真理的事实。这种承认，承认普遍者**存在**、承认上帝是真理，就是直接的认识。耶可比把它叫做内心的启示、信仰。他说：“对于这样一个人，如果美和善、敬佩和爱慕、尊敬和敬畏的纯洁情感不能使他相信，在这些情感内或当他具有这些情感之时，他会察觉到某种东西亲临在他面前，这东西是独立于这些情感之外，非外部感官亦非专门直观这些情感的那种理智所能达到，——对于这样的人是不能同他辩论的。”[②]

耶可比认为：“思想达到了对上帝的情感后根本就不能更进一

① 《全集》，第二卷，第 74 页。

② 同上，第 76 页。

步。”他的这种哲学，从实用的观点上得到广泛的接受，而且比起康德来还更容易为人们所接受。但是，真正的认识是不同于耶可比所说的这种认识的，他的论证只有在反对有限的认识时，是完全正确的。直接的认识并不是〔真正的〕认识、理解；因为所谓认识或理解，它的内容是在自身内被规定了的，并被具体理解了的。直接认识的情形却不同，主体仅仅知道上帝是存在的。如果要他说出上帝的规定，那么，照耶可比看来，这些规定只能被理解为有限的；而这种认识必会又是一种由有限推有限的进程。这样，所剩下的便只是关于上帝的模糊的观念，——只是一个“**高居我们上面**”、毫无规定性的彼岸。所以其结果和启蒙思想关于最高本体的看法是相同的，譬如法国哲学就是这样。这种结论乃是启蒙思想的结论，康德的结论也是如此，只是在康德这里，还有这样的意见，即把这种空洞的说法俨然当成最高的哲学。

549　这乃是一种非常空疏的看法。如果哲学的使命是建立在这上面，并从这里出发，那么哲学就会极其贫乏，这些看法只是一些本身没有什么真理的形式。那最后的形式，即认直接性为无上绝对的东西，表明其缺乏任何批判、任何逻辑。康德的哲学是批判的哲学，但是从他的结论中，人们忘记了那一条真理，即人不能用有限范畴构成无限。至于进一步说到直接性与间接性的对立，我们可以说：一切认识都是直接的，但是一切直接的认识本身又都是间接的。这种认识我们可以在我们意识内看见，也可以在最普通的现象中看见。譬如，我直接地知道美国，但我对美国这种知识又是很间接的。如果我要站在美国并看见美国的土地，那么我首先须旅行到那里，哥伦布必须首先发现了美洲，还必须制造出船舶等等，

所有这些想法都属于间接知识。所以凡是我们现在直接知道的东西，都是无限多的间接过程的结果。同样，当我看见一个直角三角形时，我知道勾股的平方之和等于弦的平方。我直接知道这点，但我却是从学习得来的，而且是通过证明的间接过程才相信这个事实的。因此直接知识无论何处都是有间接性的。同样很容易看见，那被肯定为关于上帝的直接知识也是一种间接知识。一个直接性的人是一个自然的人，凭着他的自然状态和自然欲望，他是不知道普遍原则的。婴孩、爱斯基摩人等等对于上帝便一无所知，而自然人所知道的上帝也不是应有的那样。人通过提高的过程：从自然的状况提高到意识，以达到对共相、对较高存在的认识，都是属于间接认识的过程。我思维、我直接知道共相，但这种思维本身 550
就是一个过程——运动、有生命的活动。一切有生命的活动本身都是过程，都是间接性的，精神的活动尤其是这样。精神的活动是由一方到他方的过渡，从单纯自然的感性的东西到精神的东西的过渡。由此足见，直接知识与间接知识的对立完全是空虚的，把这样的东西认作真正的对立，实在是一个极端肤浅的看法。那以为直接性是独立自存的、本身不包含任何间接过程的看法，乃是最干燥空疏的理智看法。哲学的工作不外乎使人意识到这种直接性与间接性的统一。哲学指出那按实质说存在于宗教等等之内的间接性。

如果说每一个观点都有其正确的一面，那么认为人的精神直接知道上帝这个观点的伟大之处即在于承认人的精神的自由。在人的精神的自由中包含着〔直接〕认识上帝的源泉；在这个自由原则里，一切外在性、一切权威都被取消了。我们时代的伟大在于承

认了自由、精神的财富、精神本身是自由的，并且承认精神本身便具有这种自由的意识。但是这个自由的原则只是抽象的。因为更重要的是：使自由的原则重新达到纯粹的客观性，并不是一切我所偶然想到的东西，临时冒出来的东西，都算是启示给我的，因而也就都是真的。反之，这种自由的原则还须加以纯化，并获得其真实的客观性。这个原则只有通过思想把特殊的、偶然的东西抛弃掉，才能获得一个独立于单纯的主观性之外而自在自为地存在着的客观性，这样精神自由的原则才会得到尊重。必须通过个人自己的精神才能证明上帝是精神。精神必须给精神作证，精神的内容必须是真的内容。但这个内容并不因为它已经启示给我了并使我确
551 信了，而就保证是真的。这就是耶可比的观点，这样我们便看见了他这观点的缺点和里面所包含的原则的伟大的地方。

二、康　　德

康德哲学的出现是和耶可比的哲学同时的；对于康德哲学我们将加以较详细的考察。

康德转回到苏格拉底的观点、转回到思维，但是这种思维具有要求具体内容的无限使命，并使内容遵循完满性的规范。笛卡尔认确定性为思维与存在的统一。现在我们意识到了思维的主观性一面：这就是说，第一，意识到思维是与客观性相反对的规定性；第二，意识到思维是有限性，是借有限的规定进行思考的。我们看见了主体的自由，像在苏格拉底和斯多葛派那里那样，不过就内容来看，康德哲学所提出的任务要高一些。它要求

内容为完满的理念所充实,亦即要求内容本身为概念和实在的统一。

抽象的思维作为自己的确信是固定的架格,填满这些抽象架
格的内容是经验,而所采用的把握经验的方法仍然是形式的思维
和推论。耶可比认为:(一)这种思维、证明不能超出那有限的、有
条件的东西;(二)即使对于上帝这个有着形而上的存在的对象,这
种论证也会把它弄成有限的、有条件的了;(三)我们所直接地确知
的那个无限或绝对只是在信仰中、在直接的确认中,——是一个主
观的固定的东西,但却是不可知的东西,亦即未规定的、不可规定
的,因而是不能产生成果的东西。在康德哲学里,这种思维必须
作为有决定性的东西来理解。康德在有限中并和有限相联系提
出了一个绝对的观点,这个绝对的观点作为媒介的中项,把有限
的东西结合起来并且引导到无限。——两人的哲学都是主观性
的哲学。上帝在康德看来是(一)在经验中找不到的:既在外部
世界中找不到,正如拉朗德所说,他曾经向整个天空去搜寻,却
找不到上帝;也不能在内心世界中找到上帝,虽说神秘主义者、
梦呓者自诩,他们在他们自身内就能够经验到各式各样的东西,
同样也能经验到上帝或无限者。(二)康德也曾论证有上帝,他认 552
为上帝是解释世界所必须的一种假设,——这就是实践理性的公
设。[①] 但是关于这点,一个法国的天文学家曾这样答复了法皇拿
破仑的问题:“我没有对于这种假设的需要”(je n'ai pas eu besoin
de cette hypothèse)。

① 《实践理性批判》(里加 1797 年第四版),第 226—227 页。

康德哲学的观点首先是这样：思维通过它的推理作用达到了自己认识到自己本身是绝对的、具体的、自由的、至高无上的。思维认识到自己是一切的一切。除了思维的权威之外更没有外在的权威；一切权威只有通过思维才有效准。所以思维是自己规定自己的，是具体的。其次这种本身具体的思维被他理解为某种主观的东西；这主观性的一面就是形式，而这种形式在耶可比看来是处于主导地位的。说上帝**存在**，这并不是自在自为的真理；它的自在自为的存在必须基于认识，但上帝据说又是不能被认识的。上帝独立于我的意识而存在，乃是我自己的意识中的一个事实。但这个事实本身又是通过我的意识设定起来的，所以在耶可比那里主观的一面是主要的环节。至于思维是具体的这个见解却大半被耶可比抛在一边去了。由于思维是主观的，所以必然会否认思维有认识自在自为的存在的能力。

康德哲学所包含的真理在于把思维理解为本身具体的，自己规定自己的东西；因而它承认了自由。卢梭已经把自由提出来当作绝对的东西了。康德提出了同样的原则，不过主要是从理论方面提出来的；法国则从意志方面来掌握这个原则。法国人常说：
553 “他头脑发热”(Il a la tête près du bonnet)；意思是说，法国人具有现实感、实践的意志、把事情办成的决心，——在他们那里观念立刻就能转变成行动。因此人们都很实际地注重现实世界的事务。尽管自由本身是具体的，但自由在被他们应用到现实世界时却仍是未经发展的、带着抽象性的。要想把抽象的观念生硬地应用于现实，那就是破坏了现实。人民群众把自由抓到手里，所表现出来的狂诞情形实在可怕。在德国，同一个自由原则占据了意识的兴趣；但只是在理论方面得到了发挥。**我们**在头脑里面和头脑上面* 发生了各式各样的骚动；但是德国人的头脑，却仍然可以很安静地戴着睡帽，坐在那里，让思维自由地在内部进行活动。康德哲学的最后结果是启蒙思想；思维并不是偶然地用来作抽象论证的东西，而是具体的了。

伊曼努尔·康德1724年生于哥尼斯堡，起初在那里的大学里研究神学，于1755年开始做大学讲师，1770年任逻辑学的教授，1804年2月12日死于哥尼斯堡，活了差不多八十岁。① 他从来没有离开过哥尼斯堡。

在德国，〔在沃尔夫那里〕** 思维本身只是肯定的自我同一者，并且也被了解为这样的自我同一者，而在法国我们便看见否定的自身运动的思维、绝对概念正在施展其威力，而法国的这种绝对概念又在启蒙运动中过渡到德国，使我们也认为一切事物、一切存在、一切要做与不做的事都应该是一种有用的东西，这就恰好取消了事物的自在性，而认为事物只应该为他物而存在。而一切事物都应该为之而存在的就是人、自我意识，但却是作为一般的人。对于这种行为的意识，在抽象方式下，就是康德哲学。我看见现在在德国出现的就是这样的一种自己思维的、自己深入自身的绝对概念，即认一切本质性（Wesenheit）都归入自我意识，——这是一种 554
唯心主义，这种唯心主义把自在存在的一切环节都归属在自我意识里，不过这自我意识的本身最初还带着一个对立，它和这种自在

* im kopfe und auf dem kopfe/within us and around us。

① 邓尼曼：《哲学史纲要》〔文德摘要本〕，第三八〇节，第465—466页。

** 第426页。

存在还是分离的。换言之，康德的哲学把本质性导回到自我意识，但是康德又不能赋予自我意识的本质或纯自我意识以实在性，不能在自我意识中揭示其存在。他认识到简单的思维在自身内具有区别，但是还没有认识到一切实在性正包含在这个区别里：他不知道如何去克服自我意识的个别性，他对于理性描写得很好，但却在无思想性的、经验的方式下去描写理性，这反而剥夺了理性本身的真理性。

康德哲学是在理论方面对启蒙运动的系统陈述，认为可以知道的只是现象，此外没有什么真实的东西。他把知识归入意识和自我意识，但坚持这种观点，认知识只是主观的和有限的认识。当康德接触到概念和无限的理念、揭示它的形式的范畴并进入到它的具体的要求时，他又否认这无限的理念为真理，把它认作一个仅仅主观的东西，因为他业已把有限的认识认作固定的、最后的观点了。康德这种哲学使得那作为客观的独断主义的理智形而上学寿终正寝，但事实上只不过把它转变成为一个主观的独断主义，这就是说，把它转移到包含着同样的有限的理智范畴的意识里面，而放弃了追问什么是自在自为的真理的问题。

555 我们愿意追踪康德思想的进程。康德哲学和上面所讲过的休谟的哲学有着直接的关系。康德哲学的一般意义在于指出了普遍性和必然性那样的范畴，像休谟〔提到洛克时〕曾经指出那样，是不能在知觉中找到的；这些范畴在知觉之外有着另一个源泉，而这个源泉就是主体——在我的自我意识中的自我。①

① 《纯粹理性批判》(莱比锡 1818 年第六版)，第 314 页。

这就是康德哲学中的主要原则。他的哲学又叫做**批判的**哲学，因为它的目的，有如康德所说，首先是对于认识能力的批判。① 在认识之前，我们必须考察一下认识的能力。② 这种说法对于健康常识似乎是很可取的，而且是一个新发现。认识被他了解为我们如何掌握真理的一个工具、方法或手段。因此在人能够进入真理本身之前，首先必须知道他的工具的性质和功能。它是能动的；我们要看一看，它是否能够完成所要求于它的任务——抓住对象。我们应该知道，它对于对象作了些什么样的改变，不要把这些改变与对象本身的特性搞混了。③——这就好像人们可以带着刀剑棍棒去寻求真理似的。在寻得真理之前认识能力认识不到任何真的东西。认识能力就像犹太人一样，圣灵浸透在他们中间〔，但他们自己不知道〕*。考察认识能力就意味着认识这种能力。因此这种要求等于是这样的：在人认识之前，他应该认识那认识能力。这和一个人在跳下水游泳之前，就想要先学习游泳是同样的〔可笑〕。
考察认识能力本身就是一种认识，它不能达到目的，因为它本身就 556
是这目的，——它不能达到它自身，因为它原来就在自身之内。

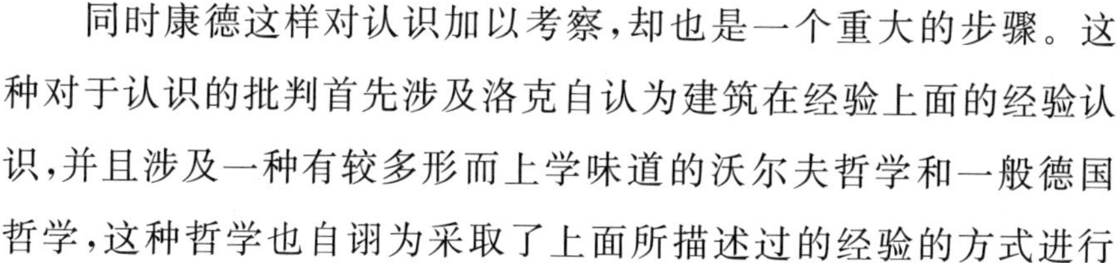
同时康德这样对认识加以考察，却也是一个重大的步骤。这种对于认识的批判首先涉及洛克自认为建筑在经验上面的经验认识，并且涉及一种有较多形而上学味道的沃尔夫哲学和一般德国哲学，这种哲学也自诩为采取了上面所描述过的经验的方式进行

① 《纯粹理性批判》(莱比锡 1818 年第六版)，序言，第 XVIII—XIX 页。

② 同上，第 5—8 页。

③ 同上，第 1 页。

* 第 429 页。

研究。在实践方面那时盛行着所谓快乐说，把道德建筑在欲望上面；人的概念〔即本质〕和人应该用什么方法实现他的概念均被了解为寻求快乐、满足欲望。康德正确地指出了这乃是受外界的支配，而不是理性的自主，是为自然所决定，因而没有什么自由。但是因为康德的理性原则纯然是形式的，他的追随者从理性出发，不能有进一步的发展，而道德又必须具有内容，因此弗里斯等人又成为快乐主义者，虽说他们避免快乐主义者的名称。——一方面我们看见人的健康常识、经验、意识的事实，但是另一方面沃尔夫的形而上学思维也还很流行，例如在门德尔松那里。这种形而上学思维是被认作和单纯的经验方法有区别的。然而它的主要活动乃在于使思想规定，例如可能性、现实性、上帝等均以理智规定为根据，从而进行抽象的论证。康德的哲学首先针对着两方面加以反对。(休谟反对这些规定的普遍性和必然性，耶可比反对它们的有限性，康德反对它们的客观性，虽说就它们具有普遍性和必然性这个意义讲来，它们是客观的。)康德哲学的主要命题就是前面已经

557 提到过的那个简单的命题。对于康德哲学的研究，由于它的表达形式之散漫、冗长和特有的术语而加重了困难。同时他的表达的散漫也有一个优点：同一个道理常常重复多遍，所以我们可以抓住他的主要命题，而不容易忘记掉。——我愿意简短地举出康德哲学中的主要环节。

第一和最一般性之点是这样的。康德从休谟出发。休谟与洛克相反，指出在知觉中找不到必然性和普遍性。洛克认为人的心灵如一块白板，我们可以通过经验获得必然性和普遍性。康德立刻完全同意在知觉中，亦即在外界事物中，没有必然性和普遍性这

种说法，但是同时承认存在着必然性和普遍性，以数学和自然科学作为例证。[①] 现在问题是：哪里去寻找必然性和普遍性？我们要求普遍性和必然性，首先认为它们是构成客观性的，这个事实康德表示承认。但是跟着他就反对休谟，由于必然性和普遍性既然不在外界事物内，则它们必然是先天的，这就是说，存在于理性本身内，存在于作为自我意识到的理性那样的理性之内；换言之，它们是属于思维的。另一方面康德又反对沃尔夫的形而上学，去掉了他的形而上学范畴的客观意义，并且指出这些范畴如何只应该划给主观的思维。——同时耶可比也宣称反对这种形而上学。但由于他特别是从法国人和德国人出发，所以他的观点也就不同，认为我们的有限思维只能够建立有限的规定，因而也只能按照有限的关系去考察上帝、精神。

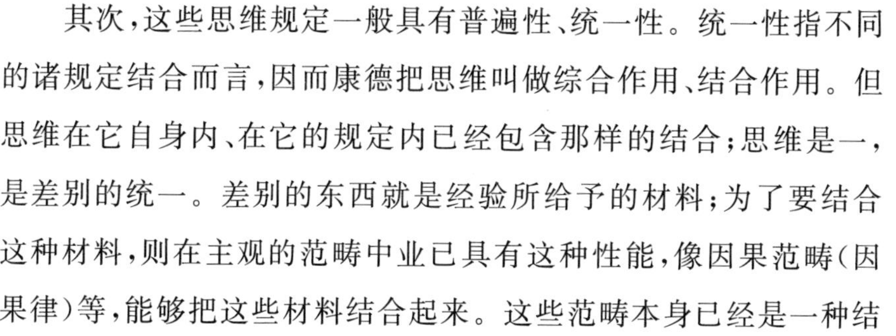

其次，这些思维规定一般具有普遍性、统一性。统一性指不同 558
的诸规定结合而言，因而康德把思维叫做综合作用、结合作用。但思维在它自身内、在它的规定内已经包含那样的结合；思维是一，是差别的统一。差别的东西就是经验所给予的材料；为了要结合这种材料，则在主观的范畴中业已具有这种性能，像因果范畴（因果律）等，能够把这些材料结合起来。这些范畴本身已经是一种结合了。[②]

于是康德又这样提出哲学的问题：“**先天综合判断何以可能**？”[②] 判断就是思想规定的结合，如主词与宾词的结合。综合就

① 《纯粹理性批判》，第 4、11、13 页。

② 同上，第 819、75—77、15 页。

是结合。先天综合判断不外是相反者通过其自身而达到的联系，或绝对的概念，亦即不同的规定的联系，非由经验所给予的联系，如因果等等，这些就是思维规定。休谟已经指出，这些规定是不在经验之中。此外空间和时间也是联结者；因此它们也是先天的，即在自我意识之内的。这是康德哲学的伟大的一面。康德指出，思维本身是具体的，具有着先天综合判断，而这种判断并不是从知觉中创造出来的。这里面所包含的思想是伟大的；但是，另一方面，他对于这个思想的发挥却停留在十分普通的、粗糙的、经验的观点之内，不能说是有什么科学性。这个思想只具有极其普通的意义。在阐述方面缺乏哲学的抽象，只是用极其平常的方式说了出来。
559 除了他的生硬的术语不用说之外，康德老是被关闭在心理学的观点和经验的方法之内。

因而康德便叫他的哲学为**先验哲学**（这个名词是很生硬的），这就是说，一个纯粹理性原则的体系，这体系揭示出自我意识的知性*中普遍的和必然的成分，而不去处理对象，①也不去研究什么是普遍性和必然性；这种研究就会是**超越的**。必须区别开超越的与先验的。超越的数学是这样的数学，在其中无限性这一范畴被广泛地运用。在数学的范围内我们说，例如，圆是无限多的直线段所构成；圆被表象为直的，并且由于曲线这样被表象为许多直线段，这就超出了几何学规定的范围，因而便是超越的。——康德认为先验哲学不是一种凭着范畴超出它自己的范围的哲学，而是揭

* 又译理智，下同。

① 《纯粹理性批判》，第19页。

示出什么会成为超越的东西的源泉的哲学，这哲学只是指出那些规定之所以成为超越的，其源泉是在意识里，在主观思想里。如果把普遍性、因果等规定拿去指谓客体，那么这种思维就会是超越的；这样我们就会超越主观范围而进入另一个范围。我们是没有权利越入那另一个范围的，无论按结果说，甚至从开始说，我们都不能这样做，因为我们只能在思维的范围之内考察思维。我们不愿意承认范畴的客观意义，因为思维是那些综合关系的源泉。先验哲学就在于在主观思维内揭示出那些范畴。在这里，必然性和 560
普遍性之所获得意义，乃基于人的认识能力。但是康德又把人的这种认识能力同自在存在或自在之物区别开。所以普遍性和必然性同时却只是认识的主观条件，那具有普遍性和必然性的理性却不能达到对真理的知识。[①] 因为理性作为主观性要获得知识，还需要直观和经验，一个由经验给予的素材。[①] 如果理性想要独立起来，单凭它自身并且单从它自身就想要创造真理，那么它就变成超越的了，它就飞越出经验了，因为它缺少那另一个组成部分，便只会产生出一些仅仅从脑子里空想出来的东西。因此理性在认识中不是构成性的，而只是规范性的；理性对感性的杂多材料给予统一和规则。但是这个统一本身是无条件者，这个无条件者一超出经验只有陷于矛盾。只有在实践范围内，理性才是构成性的。理性批判的任务不在于认识对象，而在于寻求关于认识的原则，认识的限度和范围的知识，这样认识才不致超越范围。[②] ——这只是一

① 《纯粹理性批判》，第 255—256、107 页。

② 同上，第 497—498 页；《实践理性批判》，第 254 页；《判断力批判》（柏林 1799 年第三版），序言，第 5 页。

个概要，现在我们就要进一步考察它的个别部分。

详细点说，康德采取如下的途径：（一）他考察了理论的理性，考察了与外界对象相关联的知识。（二）他研究了作为自我实现的
561 意志。（三）他研究了判断力，对一般与个别的统一作了特殊的考察。他的成就有多少，我们也同样可以看见。不过对于认识能力的批判是主要的事情。

（一）理论的理性。在这里康德采取心理学的方式，亦即历史地进行工作；他把理论意识的主要形态列举出来。第一是直观、感性，第二是知性，第三是理性。对于这些形态，他就只是这样加以叙述，完全经验地予以接受，而不是根据概念〔或按照逻辑必然性〕* 去发展它们。

1. 感性。感性的先天成分、感性的形式，形成了这个先天哲学或先验哲学的起点。获得经验就意味着我们通过外在的表象有了感性的感受。在直观里有着各式各样的内容。于是他首先区别开外在的感觉，如红、颜色、坚硬，和正义感、愤怒、爱情、恐惧、舒适、宗教情绪等内在的感觉。这样的内容构成那属于感觉内容的唯一组成部分；这完全是主观的，并且仅仅是主观的。但是在这种感性成分中还包含着一种普遍的感性成分本身。感性材料中的这另一方面就是空间和时间的规定，空间和时间是空的。空间的东西是在我们外面，单就空间本身说来，它是没有内容的。感性材料如有颜色、有软硬等等的东西使得它有内容。时间同样也是空的。同样，某种暂时性的感性材料，或者别的内容，特别是内在的感觉，就

* 第 433 页。

是使得时间这一规定有内容的东西。空间和时间是纯粹的直观，也就是抽象的直观，——在感觉和直观的，我们把感觉〔的个别内容〕放在我们外面，或者放在时间内作为流动的东西，或者放在空间内作为彼此相近而分离的东西。感觉内容或者是彼此相近，或者是彼此相续；我们把这种相近或相续加以孤立或抽象，于是我们就得到空间和时间。这种纯直观就是直观的形式。现在有人把所有的东西，包括思维和意识，都叫做直观；甚至把那只应属于思想的上帝也叫做直观，即所谓直接的意识。因此空间和时间是感性 562
事物本身的共相，照康德说来，是感性的先天形式。空间和时间就它们的直接的性质说，并不属于感觉本身。我有这个或那个感觉，这感觉永远是个别的；作为共相的空间和时间只属于先天的感性。——他把这种批判的研究叫做**先验的直观学**。直观学（Aesthetik）这个名词现在专用来指美学。在康德这里，这名词表示关于直观的学说，它研究直观中的普遍成分，即存在于主体之中、属于主体的成分，亦即空间和时间。坚硬是我的感觉；所谓直观，就是我感觉到某种坚硬的东西，将这坚硬的东西摆在空间里面。这就划分出主观性和客观性的区别。在空间里感性的内容是彼此外在，并且是在我之外的；而把感性的内容放在外面去的，乃是先天感性的活动或动作，这就是空间。如果一个先天感性的活动，把一个暂时性的感性内容放在相续的次序中，这就是时间。①

康德进一步指出，第一："空间不是从外在经验中抽引出来的经验概念。"（说空间和时间不是经验的概念，其实概念本来也就不

---

①　《纯粹理性批判》，第25—27页。

是经验的，而康德总是经常用这样的生硬形式来说话。)“因为当我把我的感觉同某种外在于我的东西相联系时，我便预先假定了空间。当某种外在的东西被表象为在不同的地方或时间时，空间和时间的观念必定已经先在了。换句话说，它们不是从外在的经验中派生出来的，反之，必须首先通过这些先在的时空观念，那外在的经验，才可能有。”这就是说，时间和空间是感性经验的普遍物；它们是直观，不过是先天的直观。这种纯时间空间的内容无疑地
563 是主观的，属于感觉。那表现出来的客观的成分——空间和时间——却不是经验的，而意识在它自身内原先就具有着空间和时间。它们首先使得特殊的东西——内容——进入时空里面成为可能。第二，“空间是一个必然的观念，它是一切外在直观的基础。空间和时间是先天的观念，因为没有空间和时间我们便不能表象事物。它们必然是外在现象的基础。”作为先天的空间和时间是普遍的和必然的，因为我们发现它们是这样。但是由此不能推论说它们作为观念原先就在那里。它们诚然是基础，但同样是外在的共相。康德是这样来看这件事的：在外面有所谓物自体，却没有时空；现在出现了意识，这意识原先便具有时空在它里面，作为经验的可能性。这正如说，为了吃饭，我们首先须有口和牙齿作为吃饭的条件。那被吃的东西却没有口和牙齿，所以空间和时间对于事物的关系也正如吃对于食物的关系一样。正如食物被放进口齿之中，事物也被放进时空之中。第三，“空间和时间不是事物关系的普遍的”(抽象的)“概念，而是直观。因为我们只能设想空间为一个单一的东西；它没有组成部分”。但是抽象的概念(一般的表象)，例如树的概念，实际上是许多个别的分离的树的集合体。但空间却不是

那类特殊的东西，也不是部分所组成，而永远是一个连续体。因此空间是抽象物。〔感性的〕直观、知觉永远只有某些个别的东西在它前面；而空间、时间却永远只是一〔个空间时间〕，它们是先天的。不过〔我们可以回答康德说，空间和时间无疑地是抽象的共相〕*。同样，蓝色也只是一个蓝色。空间和时间不是思想的规定，——特 564
别是当我们没有对它形成思想的时候。空间和时间绝不是个别的，而乃是普遍的、抽象的，——空间和时间的性质就是这样。但当我们对于空间和时间一形成概念时，它们就是概念。第四，“空间是一个无限的量，不是概念，概念虽可以概括无限多的观念，但却不包含一个无限的量的观念。因此空间是一个直观。”①

在**先验阐述**里康德还说出了这个观点，认为空间和时间的观念包含着先天综合的命题，这些命题是与对于它们的必然性的意识相联系的。如下的命题就是那样的综合命题，例如：空间有三向度②，或直线的定义为两点之间最短的距离，同样 5＋7＝12③ 也是综合命题。（最后这一命题是分析命题，正如其他的命题也是分析命题。）第一，这些命题不是出于经验，——其实最好说，不是出于个别的偶然的知觉；这是不错的，这些命题是普遍的和必然的。其次，这种命题是出于直观，我们正是从直观里得到这种命题，不是通过知性和概念。但是康德不能把直观和知性结合起来。这种命题在直观中是具有直接确定性的。——我们有着各式各样的感

* 第 435 页。

① 《纯粹理性批判》，第 29—30、34—36 页。

② 同上，第 30—31、41 页。

③ 同上，第 13、12、150 页。

觉，这些感觉"构成真正的素材"，这些感觉从外面和里面"占据我们的心灵"：而心灵具有"这样一种形式的条件"在它里面，"像我们放在我们心灵里的那样"，这就是空间和时间。① 至于何以心灵恰好具有这些形式，什么是时间和空间的本性，康德哲学却完全没有想到去追问一下。当他谈到空间和时间本身是什么的时候，并不是问：什么是它们的概念？而只是问：它们是外在的事物呢，还是某种在心灵内的东西？

565　2. 第二种认识能力，正如第一种是一般感性那样，就是**知性**。知性是与感性完全不同的一种能力。他只是列举了各种认识的能力，像在经验的心理学里那样，却缺乏对于认识进程的必然性的阐述。感性是感受性。康德把知性叫做思维的能动性（Spontaneität）。能动性这个名词是从莱布尼茨哲学里取来的。知性是能动的思维、是我自身。知性是"思维感性直观的对象的能力"。但是知性只有思想没有内容："思想没有内容是空的，直观没有概念是盲的。"因此知性从感性那里获得素材，获得经验的和先天的素材时间和空间。它思维这个素材，但是它的思想是和这个素材完全不同的东西。或者说，知性是另外一种特殊的能力；只有当两方面都具备了，感性供给了材料，知性把它的思想与这材料相结合，这样才产生出知识。②

康德的逻辑作为**先验的逻辑**同样陈述了知性自身内先天地具有的概念，"根据这些概念知性完全先天地思维对象"③。知性具

① 《纯粹理性批判》，第 49 页。

② 同上，第 54—55 页。

③ 同上，第 59 页。

有思想，但作为知性它只有被限制的思想、对有限事物的思想。思想具有给杂多的材料带来统一的形式。这种统一就是“我”，自我意识的**摄觉**。“我”应当“伴随着”我的一切概念。这是一个笨拙的说法。我是自我意识即完全空洞的、抽象的自我，这就是摄觉，摄觉是一般的规定。知觉大半指感觉、表象而言；摄觉则大半指一种活动能力，通过它可以把某种东西摄进我的意识里。我是那极其普遍的、完全无规定性的、最抽象的东西。当我行使摄觉的作用， 566
把一个经验的内容放进我的意识之内时，那么这个内容必须是在这简单的自我之内。当这个内容进入* 这个单一的、简单的自我里面时，则它本身也就被简单化了，感染着这种单纯性了。一个内容在意识内就成为这样一种内容、就成为我的内容了。我是我，我是这个一，于是内容也就放在这统一性中，因而也就成为一了。而且这种杂多材料的统一性是通过我的能动性而建立起来的。这种能动性就是一般的思维，就是对杂多材料的综合作用。这是一个伟大的意识，一个重要的知识。不过，关于我是一、关于我作为思维者是能动的、是建立统一性的等等，在康德那里却没有加以确切地分析。凡是思维所产生的都是统一性；所以思维产生它自身，因为它是一。(统一性也可以叫做联系，就它假定有一个杂多的东西，并且从一方面，杂多的东西仍保持其为杂多的东西说来，那么统一性就是一种联系作用。)这就是**先验的摄觉**。自我意识的纯粹摄觉是一种综合的功能。自我是能把捉者；凡是自我所接触的东西我必定要迫使它进入这个统一性的形式。①

* “进入”德文原本作 hineinkann，这是没有的字，可能是 hineinkommt 一字之误，兹译作“进入”，英译本第三卷，第 437 页作 enter。

① 《纯粹理性批判》，第 97—103 页。

这种单纯性有许多不同的方式。这些联系作用得到了进一步的规定。这种综合作用的特定的形式就是范畴，普遍的思维规定。照康德说，共有十二个基本范畴，这些范畴被分为四类。值得注意的，并且是一个优点的，是每一类又为三个范畴所构成。这种三一的方式，这个毕泰戈拉派、新柏拉图派和基督教的古老的形式，在这里又出现了，不过是极其表面的。(一)第一类是量的范畴：单一
567 性、杂多性、全体性。多是一的否定，差别是多。第三个范畴是前两个范畴之合而为一，对多加以统贯，就是全体。全体就是多之被设定为一；多是不确定的，多被结合为一就是全体。全体是被总括起来的多。(二)第二类是质的范畴：实在性、否定性、限制性。限制同样是实在的、肯定的，但也同样是否定的。(三)第三类为关系或联系的范畴：实体性的关系，实体和偶性；因果性的关系，原因和作用的关系；第三为交互作用。(四)第四类为样式的范畴，这指对像对我们的思维的关系：可能性、特定存在(现实性)和必然性。可能性应该列为第二个范畴，但按照抽象思维，空洞的观念〔可能性〕却被认作第一范畴了。伟大的〔辩证法〕概念的本能使得康德说：第一个范畴是肯定的，第二个范畴是第一个范畴的否定，第三个范畴是前两者的综合。三一的形式，在这里虽只是公式，在自身内却潜藏着绝对形式、概念。康德并没有〔辩证地〕推演这些范畴，他感觉到它们是不完备的，不过他说，其他的范畴应该从它们推演出来。①

康德是以如下的方式达到这些统一性的类别的，他从普通逻

① 《纯粹理性批判》，第75—76、78—82页。

辑学里拾取了这些范畴。他说，在一般的逻辑学里，特殊类别的判断被列举出来，判断被认作一种联系；因而也就揭示出不同种类的简单性、思维。这就是：全称的、特称的、单一的判断；肯定的、否定的、无限的判断；直言的、假言的、选言的判断；确然的、或然的、自明的判断。我们注意到，确实是有这些判断的类别、思维的功能和联系的特殊方式；一般讲来，简单的思维在它里面确实包含有差 568
别，而自我是能作出规定、作出差别者。由于这个特点，康德得出了它的范畴。就这些特殊的联系方式被突出地提示出来而言，它们就是范畴。康德只是经验地接受这些范畴，他没有认识到它们的必然性。他没有考虑到建立统一性，并从统一性发展出差别来。他更是完全没有想到用这种方式去推演空间和时间。反之，那些范畴乃是按照它们在逻辑里面的次序，从经验里接受过来的。这些范畴是知性的形式，或者是联结多样性的材料的方式。①

这些范畴的先验性质在于认自我为联结诸多表象和经验材料的统一性。这种自我意识的统一就是先验的统一，在这种先验的统一里就有着摄觉的作用。经验材料在自我意识中被联结的特殊方式就是个别的范畴，例如因果范畴，或作为一般的统一性。② 康德进一步说：在知觉中我们是不能遇见这些范畴的，洛克肯定了、休谟否定了在知觉中能遇见范畴的说法。③ 因此能思维的知性才是范畴、一般的思维规定的源泉。单就这些范畴本身来说，它们是空的、无内容的、属于思维本身的。因此要充实这些范畴，还需要

① 《纯粹理性批判》，第70、77页。

② 同上，第105—106页。

③ 同上，第93页。

材料。它们只有通过给予的多样性的直观材料才有内容。它们是一种联系作用，是使多样性的材料得到统一的作用，只有和这些材
569 料结合起来它们才有意义。内容是从感性、知觉、直观、感觉等给予我们的。这个内容作为多样性的材料按照知性自己的方式得到联结，通过自我的先验摄觉得到综合。这就是知识，这就是**经验**。对知觉、直观材料的这样的联结或范畴现在就是经验的实质。知觉还不是经验。经验是被知觉、被感觉的东西之从属于范畴的规定。这些范畴是空的、抽象的、相对地空的。因此经验或知识一般乃是多样性的材料的综合；那具有摄觉能力的自我是能综合的作用。① 于是就发生这样的问题：有内容的感性较高呢，还是概念较高。经验是被知觉到的，在经验中有着属于感觉、直观的材料。但是材料并不是按照它的个别性、直接性被接受过来，而是通过范畴、通过因果律、通过自然规律、一般的规定、类被联结起来。——这些范畴、规律等并不是直接的知觉。我们不能直接地知觉天体运行的规律，而只能知觉各星球位置的变动。但这样被知觉的东西被固定下来，使从属于普遍的法则，就是经验。所以在经验中是有着一般的思想规定的。凡是经验就应该是普遍的，在一切时间内都有效准的。

但是范畴到经验材料的过渡是以如下的方式造成的。“纯知性概念和经验的（甚至一般感性的）直观是性质完全不相同的。”因此必须“指出纯知性概念如何可以应用到现象的可能性”。这就是**先验的判断力**所研究的问题。因此在心灵中、在自我意识中有着

① 《纯粹理性批判》，第108—110页。

纯知性概念和纯直观。对两者起联系作用的是纯知性的**图式**、先 570
验的**想象力**，它规定纯直观使其遵循范畴、纯知性概念，这样就形成了到经验的过渡。[①] ——这种联结作用也是康德哲学中最美丽的方面之一。通过这个联结作用，纯感性与纯知性这两个前此被说成绝对相反的不同的东西就联系起来了。它是一个直观的、直觉的知性，或知性的直观；可是康德并没有看见、了解到这点，他没有把这些思想结合起来：他没有理解到，他在这里是把两种认识结合一起，表达了两者的自在存在。思维、知性仍保持其为一个特殊的东西，感性也仍然是一个特殊的东西，两者只是在外在的、表面的方式下联合着，就像一根绳子把一块木头缠在腿上那样。——譬如说，实体这个概念在图式中就成为在时间上有永久性的东西了，[②]这就是说，把纯知性概念、纯范畴和纯直观的形式放在一起了。——在我里面的表象被认作偶然的东西，同样也可以被认作结果，那就必须以物自体、原因、杂多性、单一性为前提；这样我们就有了整个的知性形而上学。

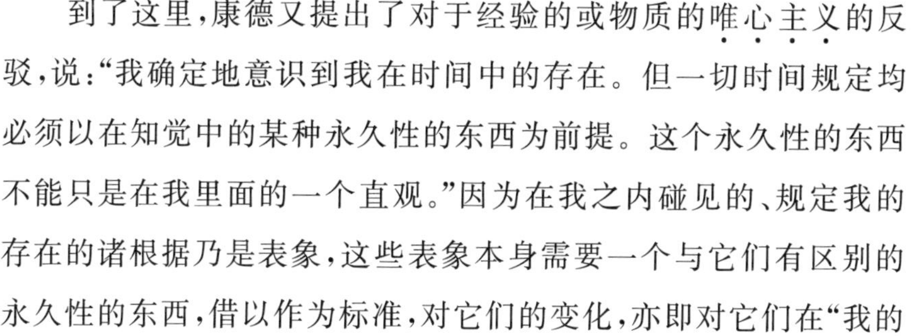

到了这里，康德又提出了对于经验的或物质的**唯心主义**的反驳，说："我确定地意识到我在时间中的存在。但一切时间规定均必须以在知觉中的某种永久性的东西为前提。这个永久性的东西不能只是在我里面的一个直观。"因为在我之内碰见的、规定我的存在的诸根据乃是表象，这些表象本身需要一个与它们有区别的
永久性的东西，借以作为标准，对它们的变化，亦即对它们在"我的 571

---

① 《纯粹理性批判》，第 129—132 页。

② 同上，第 134 页。

在时间中的存在”所发生的变化“方可加以规定”。换句话说，我意识到我的存在是一个经验意识，这个经验的意识只有依靠某种在我之外的东西才可予以规定，这就是说，我意识到某种东西外在于我。[①] 倒转过来我们可以这样说：我意识到外在于我的事物在时间中是特定的和变化着的事物。因此这些变化着的事物就必须以某种不在它们里面，而是在它们外面的永久性的东西为前提。而这个前提就是自我，就是它们的普遍性和必然性以及自在存在的先验根据，即自我意识的统一性。在另外的地方，康德是这样来看这个问题的。[②] 这些环节引起紊乱，因为那永久性的东西本身正是一个范畴。这种意义下的唯心主义，认为在我的个别的自我意识之外没有任何个别的东西，对这种唯心主义的反驳则认为在我的自我意识之外存在着个别事物，这两种看法都是同样的坏。前者是巴克莱的唯心主义，其中所说及的只是个别的自我意识，换言之，它把自我意识的世界认作一堆有限的、感性的、个别的表象，这些东西虽说被叫做事物，但同样是没有真理性的。而对象的真理性或无真理性并不在于它们是事物或是表象，而在于它们的局限性和偶然性，不论它们是表象或是事物。对巴克莱这种唯心主义的反驳，其意义不外使人注意到，这种经验意识不是自在存在的，但这种经验的事物也同样不是自在存在的。不过康德的自我还没有达到真正的理性，而是停留在与普遍意识相反对的个别意识本身上。

① 《纯粹理性批判》，第 200—201 页。

② 同上，第 101 页。

这样，自我便被归结为知觉的先验统一，归结为纯直观和纯概念双方的统一。据康德看来，经验里面有两个组成部分：一方面为经验的部分、知觉，另一方面即第二个环节为范畴、因果、实体和偶性、类、共相。这是一个极其正确的分析，在经验内我们的确发现有这两方面的规定。但是康德把这种分析和物自体不可知的说法联系在一起，他认为经验只能掌握现象，我们通过经验所获得的知识不能认识事物的本来面目。因为知识的两个成分：（一）感觉，这无论如何只是主观的；（二）范畴，这只是我们的知性的规定，而真正的内容、材料是感觉，是知识的另一成分。无论范畴也好，感觉也好，都不是某种自在的东西，两者的结合，认识，也不是自在的东西，而它所认识的只是现象，——这是一个非常奇特的矛盾。事实上认识就是两者的统一；但是在谈到认识时，康德总是把那能认识的主体了解为个别的主体。认识本身就已经是那两个环节的真理性；于是被认识者只是现象，认识便又落到主体方面了。主体的这种认识作用因此只包含现象，不包含自在存在，因为它所包含的事物只是在直观和感性的形式内。① 572

事实上，我们看见，康德所描写的只是经验的、有限的自我意识，这样的自我意识才需要一种外在于它的材料，换句话说，这乃是一个个别的、有局限性的自我意识。他并没有问，这些知识按其内容说自在自为地是真的或是不真的。全部知识老是停留在主观性之内，在主观性之外便是外在的物自体。这个主观性本身却是 573
具体的，特定的思维、知性（范畴）。这些范畴已经是具体的了，而

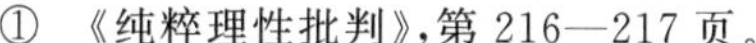

① 《纯粹理性批判》，第216—217页。

经验、感觉和范畴的综合就更是具体的了。康德把普遍的、必然的东西叫做客观的东西。通过普遍性和必然性，经验就成为客观的。被知觉的东西不是客观的。经验中的知觉康德叫做主观的、偶然的东西。反之，那对材料加以联系的范畴，思维所带来的统一性，则是经验中的客观成分、规律、共相。① 另一方面，这种直观范围内的材料一般地是主观的，这就是说，材料只是像它在我的感觉中所感到的那样：我所知道的只是感觉，不是事情本身。这当然是主观的。但与此对立的那一面，即客观的东西，本身也同样是主观的，虽然不属于我的感觉，但总仍然封闭在主体的范围内，封闭在自我意识的纯自我内，封闭在能思的知性范围内。一方面我有感觉内容，另一方面我又是能动的，不让感觉内容保持其偶然的特性，我要使它成为普遍的。但是这种活动也是主观的，因此我们不能认识事情〔内容实质〕的本身。一方面是和我们的机体相联系的感觉规定，另一方面是在自我之内的思维规定。因此我们所认识的、所规定的都只是现象。在这个意义下康德哲学被叫做唯心主义：我们只是与我们的规定打交道，不能达到自在存在；我们不能达到真正的客观事物。②

574 3.第三种认识能力在康德那里就是**理性**。第二种认识能力为知性、思维的规定作用。康德同样按心理学的方式由知性进展到理性。他在灵魂的口袋里尽量去摸索里面还有什么认识能力没有；碰巧他发现还有理性，——即使不能再发现什么能力也同样无碍于

① 《纯粹理性批判》，第100—105页。

② 在1825—1826年的演讲录内，这里立刻就插入费希特哲学的理论方面，而它的实践方面却于阐述了《实践理性批判》之后方才简短地提到。——原编者

事，正如物理学家碰巧发现磁力一样，不论磁力存在或不存在都没有多大差别。“我们的一切知识从感觉开始，从感觉那里进到知性，并终结在理性那里，在理性之上我们没有更碰到任何较高的东西足以加工于直观的材料，使其从属于思维的最高的统一性。”①理性是根据**原则**来认识的能力，通过概念在普遍中认识特殊。知性便不是这样，知性是通过直观而认识到特殊的②，——而范畴本身就是某种特殊的东西。理性原则一般是共相、思维，这是就它以**无条件者**和无限者作为它的对象来说。③ 理性的产物是**理念**，康德把理念了解为无条件者、无限者。④ 这乃是抽象的共相，不确定的东西。自此以后，哲学的用语上便习于把知性和理性区别开。反之，在古代哲学家中这个区别是没有的。知性是在有限关系中的思维，理性照康德说来，乃是以无条件者、无限者为对象的思维。这种无条件者他叫做理念，一个从柏拉图那里取来的术语。⑤

这个无条件者现在必须加以具体地了解。而主要的困难也就 575
在这里。理性的任务在于认识无条件者、无限者。这是什么意思呢？认识无条件者意味着规定无条件者，把无条件者的规定推出来。这叫做认识，或者也应该这样说。关于知识、认识等等写了不少、说了不少，但是没有给它下一个定义。但是哲学的任务在于将人们假定为**熟知**的东西加以真正**认识**，因此哲学在这里所要做的

① 《纯粹理性批判》，第 257 页。

② 同上，第 258—259 页。

③ 同上，第 264 页。

④ 同上，第 267、273 页。

⑤ 同上，第 268 页。

就是对无条件者得到真知。现在理性有了认识无限者的要求，但理性又没有能力达到这点。康德所提出的理由，一方面认为无限者没有在经验中被给予，认为没有心理的、感性的直观或知觉与无限者相对应，认为无限者没有在外在的或内心的经验里被给予。——“在感性世界里没有与理念相对应的对象”①。这要看我们如何去看这世界。但康德所谓经验、世界的考察，不外是这里有一支蜡烛，那里有一个烟盒。这无疑是对的，无限者是没有在世界中、感性知觉中给予的。并且假定我们所知道的是经验，是思想和感觉材料的综合，那么无疑，无限者是不能在像我们获得一个感性知觉那样的意义下被认识的。但是我们也不要求用感性的知觉来证明无限者的真理性；精神只是作为精神认识的对象而存在的。

另一方面，如果无限者是被认识了的，那么它就是被规定了

576 的。但为了要规定无限者，理性除了具有我们所谓范畴的那些思维形式外，什么东西也没有，范畴虽能给我们以康德所谓客观的规定，但它们本身却仍然是一种主观的东西。但如果我们把这些只能应用于感性直观的范畴应用去规定无限者，那么我们就会纠缠在错误的推论（背谬论证 Paralogismen）和矛盾（widersprüche）（二律背反 antinomien）之中。这是康德哲学中重要的一面，即指出只要通过范畴去规定无限者，这个规定就会陷于矛盾。他说，这些矛盾是必然的；在矛盾中理性是超越经验的。理性本身又有这样的要求，即要求把知觉、经验、知性的知识追溯到无限者。② 这

① 《纯粹理性批判》，第 278 页。

② 同上，第 277—278、288—289 页。

种无限者与知性知识或知觉的结合将会是最高的具体概念。说理性产生理念，这是一种伟大的说法；但在康德那里这只是一个抽象。只有无条件者与有条件者的结合才是理性的具体概念。

有各种不同的无条件者，它们都是由理性产生的、独特的对象，先验的理念；因此它们本身就是一种特殊的东西。至于康德何以会得到这几种的理念，现在他又须从经验、从形式逻辑去加以说明，因为按照形式逻辑有不同种类的理性推论。康德从三段论法的形式推演出理念来。有多种的推论：(甲)直言的推论、(乙)假言的推论、(丙)选言的推论。因此无条件者也有三种：(一)作为“在一个主体内的直言综合的无条件者”。综合是具体的概念，但它的意义却是两歧的。因为它可能指对独立的东西的外在结合。当我们设想自己为思维的主体时，我们便做出这种联结。(二)作为“在
一系列环节中的假设的综合的无条件者”。(三)作为“在一个系统 577
中诸部分的选择的综合的无条件者”。① 第一种综合被说成是理性的对象、先验的理念，当我们设想自己为“思维的主体”时，我们便作出这种综合。第二个理念是“一切现象的总和、世界”。第三个理念“包含着一切事物的可能性之最高条件那样的东西，一切本质的本质”——这就是上帝。② 现在问题是：这些对象是否具有实在性？理性是否能给予它们以现实性？就是说，它们是否仍然被关闭在主观的思维里？这是最后必须追问的问题。现在理性是不能

①　《纯粹理性批判》，第261—262、274—275页。

②　同上，第284页。

给予它的理念以实在性的，不然它就会成为超越的，超出经验的了。反之，理性只能产生悖谬的论证、矛盾和没有现实性的理想。①

甲、“**背谬的论证**是一种形式上错误的理性推论”。由于理性把在一个主体内拼成直言综合的那种无条件者或思维的主体设想成为实在的东西，因而把它叫做实体，这就形成了悖谬的论证。自我、思维者是不是一个实体呢？一个灵魂是不是一个灵魂实体呢？进一步还要问：这种思维的自我、灵魂是不是永久性的、非物质的、不朽的、有人格的，是不是和肉体有实际的共同性呢？——推论的错误在于把先验主体的统一性这一必然的理性理念认为是一个事物或实体。在我的思想里我发现我是有永久性的，那有永久性的
578 东西就是实体。自我是我的思想之空虚的先验主体，但它只有通过它的思想才被认识；至于它本身是什么样子，对于这，我们一点观念也没有。（一个可怕的区别！须知思想就是本身自在的东西了。）对于它〔即自我〕我们不能肯定说它存在，因为思维、自我意识是一个单纯的形式，我们对于能思维的自我不能通过外在的经验去认识，只有通过自我意识才对它有一个观念，这就是说，因为我们不能把自我拿在手上，不能看见它、不能嗅着它等等。其实如果自我是一个普通的事物，则它就也会被经验到。我们诚然知道，自我是主体；但如果我们超出了自我意识，并且声称它是实体，那么我们就超越了我们所应有的界限。我们不能赋予主体以任何实在性。②

① 《纯粹理性批判》，第288—289页。

② 同上，第289—299页。

这里我们看见，康德陷于矛盾，在他所驳斥的观念之生硬性和停留在他所驳斥的观念之内的他自己的观念之生硬性，其间就存在着矛盾。第一，当康德肯定说，我不是一个感性的事物、不是一个僵硬的不变的东西、不是一个有感性的特定存在的灵魂实体，他完全是正确的。第二，他所肯定的反面却不是说，作为普遍的、能思维的自我本身具有本质和真正的实在性，具有他所要求的客观方式的现实性的环节。反之，他停留在这种实在性和存在的观念之内，即他认为实在性只是在于具有感性的特定存在。康德不能够跳出这种观念。他总以为，因为我没有感性的特定存在，我没有在外在的经验里被给予我们，所以它就不是实在的。因为自我意识、我的本身不是实在性；它只是我们的思维，换言之，康德把实在性*仅了解为纯全是感性的东西。——存在、事物、实体在康德看来似乎远比主体还要高，主体不配具有这些规定。但是毋宁应该说，那些规定太贫乏了，有生命者不是事物，灵魂、精神更不是事物。事物、实体反而是太低劣了，不能说明自我，因为它们只是些知性的范畴。同样，存在是我们对于精神所能说的最少的东西了，存在只是精神的、抽象的、直接的自身同一性。存在是属于精神的，但必须认为，我们不值得费力气应用存在这个规定去说明精神。 579

乙、第二，二律背反是把无条件者的理性理念应用到世界上而引起的矛盾，即把世界看成一切有条件者的全部总和，或

* “实在性”原本作“自我意识”，可能有误，因为与上文所说“他认为实在性只在于具有感性的特定存在”的话不连贯，兹改成实在性。

把世界本身认作无条件者、无限者而引起的矛盾。这就是说，世界里有了某些现象，理性就要求这些现象之所以可能的全部条件，就这些条件构成一个系列来说，理性就要求一个绝对完满的综合。如果把这全部条件的综合说成是存在着的，那么这就只表明其自身为一个二律背反，并表明理性只是辩证的。并且在这个对象里从各方面看来都存在着完全的矛盾。① 现象只是有限的内容；理性规定则被认作是无条件者、无限者。世界是有限者的结合；如果我们用理性去思维这个内容、〔世界〕，使它从属于无限者，那么我们就会得到两个规定，有限者与无限者，两者互相矛盾。理性要求绝对完备的综合，在现象界我们有一系列的因果关系，但理性要求一个完备的系列，亦即要求一个开端。康德指出了四个矛盾；①这未免太少了，因为什么东西都有矛盾。在每一个概念里都很容易指出矛盾来。因为概念是具体的，因而不是简单的规定。所以每一个概念包含着许多规定，这些规定都是正相反
580 对的；这些矛盾康德叫做二律背反。这是很重要的，但与康德的原意相反。

子、这些二律背反包含着这样一种矛盾，例如我们可以证明一个规定，**有限性**与另一个规定，**无限性**同样正确。按照时间和空间在进程中的综合的完成是时间和空间的最初开始。正题："世界在时间上有一个开始"和终结，"并且它是在一个有限的空间之内"。反题："世界在时间上没有开始"和终结，并且"在空间内也没有限度"。正面和反面都同样可很好地加以证明。他所提出的证明却

① 《纯粹理性批判》，第 312—314、320 页。

不是“律师的证明”，他是用间接的方式去论证的。① 他想要知道，世界是否有起始和终结，世界在空间和时间中是否有限。但是世界就是这个宇宙、全体；所以它是一个普遍的东西、一个理念，而这个理念可以被规定为有限或无限。如果我们应用这些范畴去说明世界，那就会陷于矛盾〔，因为这些范畴是不能应用于物自体的〕*。

丑、第二个二律背反：实体是由**简单**的部分**集合**而成，人们可以必然地设定有简单的部分存在，或者说，简单性是可以被证明的。但同样也可以证明无穷的分割，分割永远不能完成。正题：“每一个集合起来的实体都是简单的部分”、原子“所构成”。反题：“没有简单的东西存在”②。原子也是一种限度、物质性的自为存在。同样也可以说，点是封闭着的面。原子的反面是无限的分割性。

寅、第三个二律背反是**自由**与**必然性**的对立。前者是自身决定的原则，它属于无限性一面。它认为遵循自由律的因果关系是唯一的因果关系。后者只承认决定论有效。它认为，每一个事物 581
都是为一个原因或根据所决定。③

卯、第四个二律背反：从另一方面看来，我们可以说，全体完成于一种作为行动之最初开始的自由中，换言之，全体完成其自身于一种作为世界原因的绝对的**必然本质**中，——这样，世界的进程就打断了。但是，同样可以说，与这种自由正相反，世界进程是按照

① 《纯粹理性批判》，第 317—318、328—329、332 页。

* 第 449 页。

② 同上，第 318、336、337 页。

③ 同上，第 319、346—347 页。

因果条件的必然性，并且与必然的本质相反，一切都是偶然的。正题："这世界有一个绝对必然的本质"、绝对实体、有条件的世界的绝对必然性。反题："在世界之内、在世界之外都没有绝对必然的本质存在"。①

这些对立中每一个都有同样的必然性。在这里详细发挥这点未免是多余的。这些矛盾的必然性是康德所提到意识前面的很有趣味的一面。人们按照普通的形而上学思想，总以为一面必定是正确的，另一面必定应该推翻。但是指出这类的矛盾出现的必然性正是很有趣味的。②

康德也解除了这些矛盾，不过是按照先验唯心主义的独特方式去解除的。先验唯心主义不怀疑或者不否认外界事物的存在，反而"承认事物在时空中是可以感知的"。（这种承认其实是不需要的）：但是从先验唯心主义看来，"空间和时间本身并不是事物"，因此"在我们心灵之外便没有存在"，这样，无论有条件或无条件都不能用来说明物自体。③ 这就是说，所有这些关于时间和起始等
582 等规定都不属于事物本身或物自体，而物自体是独立存在于我们的主观思维之外的。如果这些规定属于世界、上帝、自由，那么就会出现客观的矛盾。这个矛盾并不是自在自为地存在于那里的，而是仅仅属于我们的主观思维，并以我们的主观思维为其根源。换言之，这种先验唯心主义让矛盾保持着，只是认为事物本身并不是那样矛盾着的，而认为矛盾仅仅出现在我们心灵内。于是同样

① 《纯粹理性批判》，第 319、354—355 页。

② 同上，第 324 页。

③ 同上，第 385—386 页。

的矛盾就停留在我们心灵内。正如从前认为上帝是接受一切矛盾在自身内的存在，现在便认为自我意识是这样的东西。但是康德哲学没有抓住“不是事物本身矛盾而是自我意识矛盾”这一论点，予以进一步的挖掘。经验教导我们，自我并不因为有了矛盾而解体；我们知道，自我继续生存下去。因此我们用不着为了我们的矛盾而苦恼，因为矛盾并不能使自我解体，自我能够忍受矛盾。——但这样说来，矛盾并没有解除，在过去以及在今后它仍然保持着。而康德未免对于事物太姑息了，认为事物有了矛盾是不幸之事。但须知，精神（最高的东西）就是矛盾，这绝不应该是什么不幸的事。由此足见，先验唯心主义丝毫没有解除矛盾。如果认为现象世界有一个物自体，这个物自体没有矛盾，它是不同于精神东西的，并且认为有矛盾的东西就会毁灭自己。那么，精神一有了矛盾就会陷于混乱、发狂。真正的解决在于认识到这样的道理：范畴本身没有真理性，理性的无条件者也同样没有真理性，只有两者的具体的统一才有真理性。

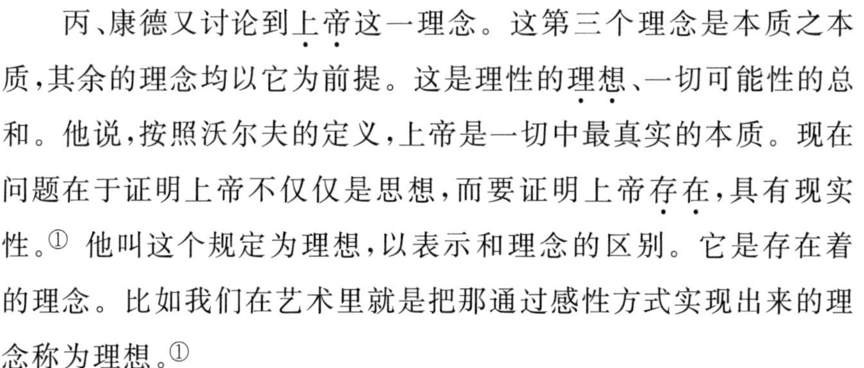

丙、康德又讨论到**上帝**这一理念。这第三个理念是本质之本质，其余的理念均以它为前提。这是理性的**理想**、一切可能性的总和。他说，按照沃尔夫的定义，上帝是一切中最真实的本质。现在问题在于证明上帝不仅仅是思想，而要证明上帝**存在**，具有现实 583
性。① 他叫这个规定为理想，以表示和理念的区别。它是存在着的理念。比如我们在艺术里就是把那通过感性方式实现出来的理念称为理想。①

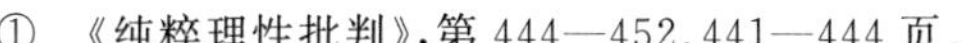

① 《纯粹理性批判》，第444—452、441—444页。

于是康德进而考察上帝存在的证明，追问，这个理想是否可以具有实在性。**本体论的证明**从绝对概念出发，由概念推存在，它想要做出一个〔由概念〕到存在的过渡。[①] 在安瑟伦、笛卡尔、斯宾诺莎那里都是如此。他们全都承认存在和思维的统一。但是康德说，这样一点也不能赋予这个理性的理想以实在性；并没有从概念到存在的过渡，从概念里是推不出存在来的。“存在不是一个实在的谓语”，像别的谓语那样，“存在不像一个关于某种事物的概念那样可以添加在那个事物的概念里面。一百元现实的钱并不比一百元可能的钱多一分一毫”，它们具有同一内容，亦即同一概念；它们都是一百。前者是概念（表象），后者是对象。存在并不是一个添加进对象里去的新的概念。否则我关于一百元真实的钱的概念所包含的内容将不同于一百元真实的钱。但是“真实的对象并不仅仅包含在我的概念里；换言之，一百元真正的钱是综合地加进我的概念里”。因此从概念里不能推出存在来，因为存在并不包含在概念之内，而是加给概念的。“为了达到存在，我们必须超出概念。纯粹思维的诸客体是没有手段可以认识
584 它们自己的客观存在的，因为它们必须先天地被认识；而我们对于一切存在的认识都纯全是属于经验范围的。[②] 这无异于说，概念与存在的综合，换句话说，理解存在、把存在设定为概念，正是康德所并未达到的。存在在他那里仍然是完全外在于概念的东西，但我们却认为存在是概念的外在化。在存在中和在概念中，内容是

① 《纯粹理性批判》，第 458—462 页。

② 同上，第 462—466 页。

同一的。存在既然不包含在概念里，那么从概念推存在的努力也是徒劳的。

诚然，存在的规定并不是肯定地包含在概念里面的。概念是客观性、实在性以外的别的东西。概念的对方并不是现成地包含在它里面的；如果我们单是停留在概念上，则我们便会老是停留在作为概念对方的存在上。那么我们就只有观念，完全没有存在；这正是因为我们固执着两者的分离。想象中的一百元可能的钱，不同于一百元真实的钱，这是一个很普通的看法，说不能从概念过渡到存在，是最容易被人们接受的了。当我想象我有一百元钱时，事实上我还没有一百元钱。但同样人们也通常这样说：我们必须丢掉想象。

第一，一个单纯的表象，亦即一个单纯的想象的东西是不真的；一百元想象的钱是而且永远是想象中的钱。但是老停留在想象中的钱上也不是健康常识，一点用处也没有。一个老在这种想象和愿望中兜圈子的人，必定是一个无用的人。如果一个人有了足够的勇气要获得一百元钱，他志在获得一百元钱，那么他必定要动手去工作，以便获得这一百元钱。这就是说，我们必须超出想象，不可老停留在想象里。这种主观性并不是最后的、绝对的；真理不是一个仅仅主观的东西。如果我占有了一百元钱，则我便实 585
际占有一百元钱，并且同时也具有一百元钱的观念。照康德的看法，便老是停留在观念与存在的区别里，二元论成了最后的东西。每一面都被单独认作某种绝对的东西。这里所谓绝对者和最后者可以说是最坏的东西。健康常识所走的方向却正与此相反；每一个普通常识都超出了这种看法，每一个行为都要扬弃一个观念（主

观的东西）而把它转变成为客观的东西。没有人会愚蠢到像康德哲学那样。当他感到饥饿时，他不会去想象食物，而是去使自己吃饱。一切行动都是一个还没有存在的观念，但是这个观念的主观性正在被扬弃中。同样，通过外部的条件，想象中的一百元钱会变成现实的东西，而现实的东西会成为我们的观念。——这是通常的经验，这是事物的命运。一百元钱是否成为我的财产，这完全依靠外部的条件。

第二，诚然，观念是不中用的，如果我死硬地老是停留在想象里；我能想象我所愿望的任何东西，但这并不能使它存在。问题只在于我所想象的是什么：我是否思维到或理解到主观的东西和存在，如果做到了这点，那么两者就可以互相转化。

笛卡尔明白地只是肯定在上帝的概念里思维与存在是统一的（上帝之所以是上帝，正由于有了这种统一），他并没有谈到一百元钱。一百元钱的概念本身并不包含存在。同样在一百元钱那里，观念与存在的对立的绝对性也是要被扬弃的，这就是说，凡是有限的东西都要消逝的。只有在有限性的哲学里，有限才被认作绝对。思维、概念必然地不会停留在主观性里，而是要扬弃它的主观性并表示自身为客观的东西。当存在还没有通过概念加以理解时，则它就是无概念的、感性的知觉。无概念的东西当然没有概念，——至于感觉，当然随手可以拾取。这种感性的存在诚然是绝对者，〔不过〕没有本质*。换句话说，那样的存在是没有真理性的，它只

* 按这句话与英译本第三卷第454页略有出入，按照英译本应作："这种感性存在当然不是绝对者，没有真实本质。"

是一个消逝着的环节。——这种普通逻辑中毫无内容的空论，也 586
叫做哲学研究。这就像那个坚强的驴子伊沙夏尔，一步也推它不动。[①] 这正如说，我们一点用处没有，因为我们一点用处没有，我们这样没有用，正因为我们不愿意有用。这乃是一个很错误的基督教的卑谦和谦逊的观念，认为通过卑贱可以达到优胜，——这种自认卑贱无用正是一种内心的骄傲和自我夸大。但是为了尊敬真正的谦逊，我们不应该老停留在可悲悯的地位，而应该通过对于神圣的东西的掌握，提高我们自己超出可悲悯的地位。

康德所坚持的原则是：从概念里不能挖掘出存在来。[②] 由此得出结论，认为理性是具有无限者、无规定者的思想的东西，并且认为理性的理念一般是和规定性分离的，确切点说，是和存在这个规定分离的。理性的理念是不能从经验予以证明的，亦不能从经验里得到证实的。如果用范畴去规定理性的理念，那就会产生矛盾。如果把一般的理念仅仅规定为存在着的，那么这种理念也仅仅是一个概念。这种概念仍然永远是和事物的存在区别开的。这个从知性知识看来极其重要的结果，康德却没有从理性的观点予以进一步的发挥，而只是说，理性本身除了是使知性知识得到方法的系统化的形式统一外，没有别的。他所坚持的乃是纯全抽象的思维、纯粹的自我同一性。据他说，知性只能带给事物以秩序，不过这种秩序并不是自在自为的，而仅仅是主观的。所以理性除了只是它自己的〔纯粹〕* 同一性、统一性的形式外，什么也没有；而

① 《创世记》，49：14。

② 《纯粹理性批判》，第 467 页。

* 第 455 页。

587 这种形式也只能达到对各式各样的知性规律和知性关系的系统化罢了。知性发现了种、类、规律，理性便加以整理，力求使其得到统一。① ——在《纯粹理性批判》里，我们看到对诸阶段的描述：自我作为理性、表象，而事物便在外面；两者彼此外在，互相反对。这就是康德最后的观点。动物并不是老停留在这个观点上面，它通过实践达到两者的统一。康德的理论理性就是如此。②

这是康德哲学的先天方面，它对理性本身作出一些规定和区别，它没有对理性作出个别性的规定性。

还必须提到康德的积极哲学或他的形而上学，这个形而上学是康德先天地提出来的关于客观的存在、关于经验对象的内容、关于自然的学说，——这是他的自然哲学。不过一方面就内容说是极其空疏的，包含着物质的一些一般的质和概念；另一方面就科学的或康德所谓先天的形式看来，同样是一种完全不能令人满意的东西。因为康德只是假定了物质有运动，③并且有引力和抗力④种种概念，但他没有表明它们的必然性。——他的《自然科学的基本原理》是有其重大功绩的，它促使人于开始研究自然哲学时注意到物理学曾应用了许多思想规定（这些思想规定构成了物理学的主要基本原理），而没有对它们作进一步的研究。例如密度在物理学

588 中被看成空间中不均匀的量（限量）；与此相反，康德断言密度是一种空间的充实程度、能、行动的深度。他想要从力、活动、能里构造

① 《纯粹理性批判》，第497—498页。

② 在1825—1826年的讲演中这里插入了耶可比哲学有关这方面的看法。

③ 《自然科学的形而上学原理》（莱比锡1800年第三版），第1页。

④ 同上，第27页。

出物质，而不从原子。① 谢林完全停滞在这个学说里。这是一种关于自然的形而上学、关于自然的一般概念的陈述。陈述的范围非常狭窄，只限于物质和运动。这乃是去思维，或者说，去揭示思想规定的一种尝试，像物质这样的观念就是这种尝试的产物。他曾经试图规定这门科学的基本概念和基本原则，并给予所谓动的自然观以最初的冲激。

“单纯理性范围内的宗教”也像在自然方面那样阐明了关于信仰的学说，作为理性的一个方面。康德提到，在那已经为启蒙运动（也可说是清除运动）所摒弃了的宗教中的传统信条里含有理性的理念：他要寻求人们在宗教中所谓信条，例如原始罪恶，有什么理性的（首先是道德的）意义。② 他比起那羞于说到原始罪恶的清除运动更为合理。——这就是康德哲学中理论部分的主要之点。

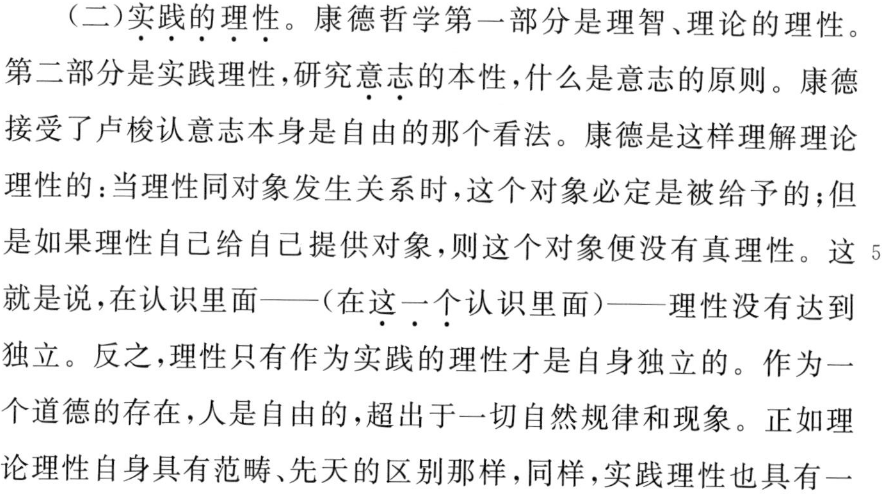

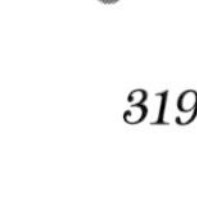

（二）实践的理性。康德哲学第一部分是理智、理论的理性。第二部分是实践理性，研究意志的本性，什么是意志的原则。康德接受了卢梭认意志本身是自由的那个看法。康德是这样理解理论理性的：当理性同对象发生关系时，这个对象必定是被给予的；但是如果理性自己给自己提供对象，则这个对象便没有真理性。这 589
就是说，在认识里面——（在这一个认识里面）——理性没有达到独立。反之，理性只有作为实践的理性才是自身独立的。作为一个道德的存在，人是自由的，超出于一切自然规律和现象。正如理论理性自身具有范畴、先天的区别那样，同样，实践理性也具有一

① 《自然科学的形而上学原理》（莱比锡 1800 年第三版），第 65—68 页。

② 《单纯理性范围内的宗教》（哥尼斯堡 1794 年第三版），第 20—48 页。

般的道德律、义务和权利、应该与不应该等概念构成了道德律的进一步的规定。这里理性可以轻蔑理论理性所必然地给予的一切材料。意志是自己决定自己的，一切正义的和道德的行为均建筑在自由上面；在自由里人有了他的绝对的自我意识。① 在实践理性这一方面，自我意识本身就是本质，而理论理性却有一个〔外在的〕对方。第一，自我在它的个体性里即是直接的本质、普遍性、客观性。其次，主观性努力追求实在性，但不是像从前那样追求感性的实在性；因为在这里，理性本身被当作现实的东西。在这里，概念已经意识到它自己的缺点；因为理论理性所有的却不是应该有的，——概念只能是概念。第三，这是一个绝对性的观点；一个无限的东西展开在人的胸膛中。这是康德哲学中令人满意的方面，真理至少是放在心灵中了。我只承认那符合于我的使命的东西。

甲、康德把意志分为卑下的和高尚的欲求能力。这个名词是不恰当的。卑下的欲求能力为欲望、嗜好等等。高尚的欲求能力为意志本身，这种意志没有外在的、个别的目的，只有普遍的目
590 的。② 现在问题是：什么是意志的原则？什么应该是决定人的行为的原则？人们已经提出了各式各样的原则如善意、幸福等等。行为的物质的原则完全可以归结为冲动、快乐。③ 但理性的原则本身是纯粹形式的，并且包含着凡是应该被当作规定的，必定可以设想为有普遍效准的定律，而不至于被扬弃。③ 行为的一切道德价值建筑在这样一个信念上，即这个行为之产生，是由于具有定律的

① 《实践理性批判》(里加 1797 年第四版)，第 3—11 页。

② 同上，第 41 页。

③ 同上，第 40、56 页。

意识，是由于为了这定律而行为，并由于**尊重**这定律和它自身而行为，并不考虑到什么东西可以使人快乐。[①] 作为一个道德的存在，人自身即具有**道德律**，意志的自由和**自主**就是道德律的原则。康德说，从嗜欲得来的那些规定，对意志说来乃是不自主的原则，或者说，如果意志采取那些规定作为目的的话，它就是**不自主的**。因为它是从某种别的东西得到它的规定的。但当意志自己决定自己时，它便是自由的。它是自主的、它是绝对自发性、自由的原则。意志的本质是自己决定自己。它只能以它自己的自由作为它的目的。只有当实践理性自己给自己制定规律时，康德才说它是自主的。经验的意志是不自主的，它是为欲望、冲动所决定的。[②] 它属于我们的本性，不属于自由的范围。[②]

把定律、自在存在认作自我意识的本质，并把它引回到自我意识，这乃是康德哲学中一个大的高度重要的特色。人按照他自己 591
对世界、对历史的评价而追求这个或那个目的，但当他这样做的时候，他应该以什么为最后目的呢？但是对于意志说来，除了由它自身创造出来的、它自己的自由外，没有别的目的。这个原则的建立乃是一个很大的进步，即认自由为人所赖以旋转的枢纽，并认自由为最后的顶点，再也不能强加任何东西在它上面。所以人不能承认任何违反他的自由的东西，他不能承认任何权威。康德哲学曾经由于下列这一方面而获得广泛的传播和接受，即认为人在他自身中即可发现一个纯全固定的、不可动摇的东西、一个坚实的重

① 《实践理性批判》(里加 1797 年第四版)，第 126—135 页。

② 同上，第 58、38、77 页。

点，因此只要人的自由没有受到尊重，他就不承担任何义务。这就是他的原则，但这个原则却老是停滞不前。

实践理性立即被理解为具体的。理论理性的最后的顶点为抽象的同一性。它只能提供抽象条理的规则和准则。[①] 只有实践理性才是有立法作用的，才是具体的。它为它自己建立的规律就是道德律。康德明白说出了实践理性本身是具体的。不过进一步便可看见，这种自由首先是空的，它是一切别的东西的否定；没有约束力，自我没有承受一切别的东西的义务。所以它是不确定的；它是意志和它自身的同一性，即意志在它自身中。但什么是这个道德律的内容呢？这里我们所看见的又是空无内容。因为所谓道德律除了只是同一性、自我一致性、普遍性之外不是任何别的东西。形式的立法原则在这种孤立的境地里不能获得任何内容、任何规定。这个原则所具有的唯一形式就是自己与自己的同一。这种普

592 遍原则、这种自身不矛盾性乃是一种空的东西，这种空的原则不论在实践方面或理论方面都不能达到实在性。康德是这样表述普遍的道德律的（人们一直就愿意建立这样的普遍形式，这也是抽象理智的要求）：“根据**通则**来行动”（规律也应该是我自己特殊的规律），“这些通则能够成为普遍的规律”。[②] 因此这个规定乃只是抽象的同一性。

这样，康德对于**义务**的定义（因为抽象的问题是：对自由意志说来什么是义务）除了同一性、自身不矛盾的形式外（而这种形式

① 《纯粹理性批判》，第62、500页。

② 《实践理性批判》，第54、58(35)页。

乃是抽象理智的法则)，什么东西也没有。保卫祖国、为他人谋幸福之所以是义务，并不是由于它们的内容，而只是因为那是义务。这正如在斯多葛派那里那样，被思维的东西是真的，其所以是真的，即因为它是被思维的。[①] 仁慈是道德的规律，“施舍你的财物给穷人”。但假如你把你所有的一切，全部施舍给人，这样一来，仁慈便被取消了。凭借抽象的同一性说，上帝就是上帝，我们一步也不能前进；每一个内容，放在这种抽象的形式里，自身是没有矛盾的。但是不放进这种抽象形式里，那内容还不是一样。譬如就财产来说，在我的行为里，他人的财产应得到尊重。但是这个原则也完全可以取消，如果没有财产，这个原则便完全失效了。关于财产的道德规律是：应该尊重财产，因为这个教训的反面不可能是一个普遍的规律。这是不错的。但财产是一个前提：如果没有财产，那么也就可以不尊重财产。有财产，所以才尊重财产。如果我不以有财产为前提，则在偷窃行为里就不存在着矛盾。那乃是一个极其形式的原则。这就是康德、费希特道德原则的缺点，它纯全是形 593
式的。冷冰冰的义务是天启给予理性的胃肠中最后的没有消化的硬块。

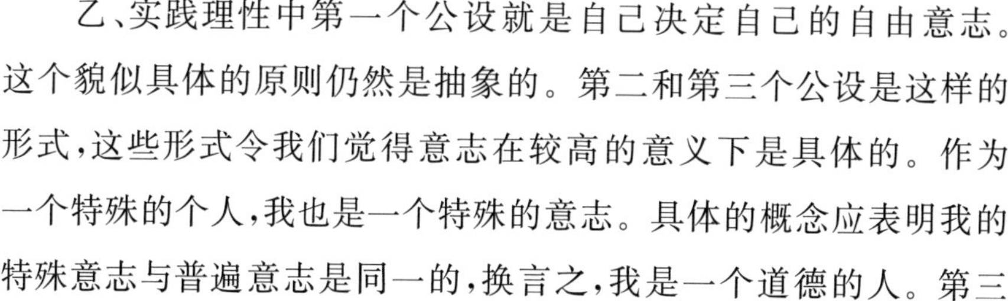

乙、实践理性中第一个公设就是自己决定自己的自由意志。这个貌似具体的原则仍然是抽象的。第二和第三个公设是这样的形式，这些形式令我们觉得意志在较高的意义下是具体的。作为一个特殊的个人，我也是一个特殊的意志。具体的概念应表明我的特殊意志与普遍意志是同一的，换言之，我是一个道德的人。第三

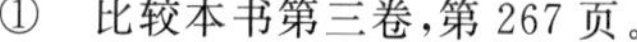

① 比较本书第三卷，第 267 页。

个公设是最高的具体概念，自由的概念，把一切人当作自由的；自然、世界也应该与自由的概念谐和一致。——第二个公设涉及意志的概念和特殊的意志的关系。这里各个公设便开始了。特殊意志应该遵循普遍的意志，两者的统一性是被设定了。人应该是有道德的，这仍然停留在应该上面。其结果是，这个目的只有在无穷的进展中可以达到。因此这仍然停留在谈说道德上面。但是什么是道德的内容，或者什么是自我实现的精神的体系，却没有被考虑到。反之，正如理论理性同客观的感性材料相对立，同样，实践理性也和实践的感性、冲动、嗜好等相对立。完善的道德只能在彼岸，因为道德假定特殊意志和普遍意志的差别。道德是根据普遍规律对于感性情欲的斗争和规定。这种斗争只有当感性意志还不符合于普遍意志时才存在。因此道德的意志只是一个"应该"；就在这个基础上面康德建立了他的灵魂不灭的公设。① 无疑，特殊意志是
594 不同于普遍意志的，但是它不是最后的，不是绝对有永久性的。

丙、另一个公设是关于上帝的公设。意志以全世界、全部感性世界同上帝相反对。而理性便寻求两方面的统一，认为自然、世界应该与理性意志、善谐和一致。道德律的理念是以善作为世界的最终目的。由于道德律是形式的，本身没有内容，它便与主观的冲动和嗜好相对立，并与外界的独立的自然相对立。康德力求在至善这个思想里调解两者的矛盾，在至善里自然便与理性相一致，②——这种谐和一致其实是和道德不相干的，虽说这里面包含

---

① 《实践理性批判》，第219—223页。

② 同上，第198—200、205—209页。

着实践的实在性。因为幸福只是感性的自我感觉或作为这个个人的直接的现实性，并不是自在的普遍的实在性。因此刚才提到的那种结合本身仍然只是一个彼岸，一个思想。康德完全赞同一种流行的说法，说什么在这个世界里，好人总是受苦，恶人反而很快乐等等，①因而设定了上帝的存在，作为这样一个本质、一种动因，通过它可以带来这种谐和，这既可以表明道德律的神圣性，也可以表明自然中的理性目的，当然这种理性目的只有通过无穷的进展过程才能实现。同样，灵魂不灭也表明主体在它的道德生活中的无穷进展，因为道德本身是一种不完善的东西，它必须无穷无尽地向前进展。这样一种公设仍然让矛盾原样持续存在着，只提出了一种抽象的“应该”以求解除矛盾。因此上帝被当作一种设定的东西；理性并不能认识它。谐和并没有出现，不是现实的；它只是应该存在。公设本身永远在那里；善则是一个与自然 595
相对立的彼岸，两者被设置在这种二元论中。当自然与善的概念相适合时，自然已不复是自然。于是两者停留在高度的矛盾中，不能得到结合。必然性的规律与自由的规律互相乖异。同样有必要对两者加以统一，但这种统一性却不是现实的。反之，两者的分离却被设定了。康德采用通俗的说法道：恶应该加以克服，但又同样必定不能克服掉。这样上帝只是一个公设，只是一个**信仰**、一个假想，这只是主观的，不是自在自为的真的。② 这个结论也是很普通的。

① 《实践理性批判》，第198—200、205—209页。

② 同上，第223—227页。

这些公设所表示的不外是处处自相矛盾的不同环节之无思想性的综合。它们是各式各样的矛盾的“巢穴”。[①] 例如，他之所以提出灵魂不灭这个公设，是为了不完善的道德，亦即因为道德为感性所感染。但是感性成分又是道德的自我意识的条件；目的完善地达到又会取消掉道德的本身。——正如那另一个目的感性与理性的谐和同样会取消道德，因为道德正包含在理性对感性的对立里。因此，那创造谐和的上帝的现实性、存在，正是这样的一种东西，这种东西，意识同时也知道它不是现实性，不是存在；意识承认上帝是为了寻求谐和，这正如儿童任意制成一个稻草人，并且彼此相约他们要装作对这个稻草人表示恐惧。承认上帝存在的理由在于有了神圣的立法者这个观念，可以使道德律赢得更多的尊重，但
596 是这个理由和道德在于纯粹为了道德本身而尊重道德律的看法正相矛盾。[②]

因此在实践理性里自我意识被当作自在存在，反之在理论理性里客观的本质被当作自在存在，但两者均同样没有达到统一性和现实性本身。它使得人很难相信理性是现实的。但须知，除了理性外更没有什么现实的东西，理性是绝对的力量。人们的虚骄心理总愿意在头脑中空悬一个理想，以便对任何东西都可加以非难：我们是有智慧的人，智慧就在我们内部，但是它却没有出现。这是最后的观点；这无疑是很高的观点，但是它却不能达到真理。绝对的善只是停留在“应该”里，没有客观性，那么它就只得老是停

① 比较《纯粹理性批判》，第 471 页。

② 《实践理性批判》，第 146 页。

留在那里。

（三）《**判断力批判**》。还剩下康德哲学中的第三方面，在这里也提出了对于具体的要求，在这里统一性的理念已不是一个彼岸，而是被设定为一个当前的东西，——这是判断力的理念。它的对象一方面为美，一方面为有机的生命；而后者是特别的重要。康德说，我们有知性，它在理论方面是立法者，创立各个规定、范畴。但是这些知性的范畴只是一般的规定，在它们外面存在着特殊的东西（这是属于每个特殊知识的另一种成分）；两者对于知性而言是彼此不同的。但知性是一面，特殊者是另一面。因为知性所作的区别本身仍然是停在一般性中。在实践里，理性是自在的东西，但理性的自由的独立自主和理性（在较高形式中）立法的自由，便与在自由中的自然或自然自己的规律相对立：

“知性”与（实践的）理性“具有两种不同的立法”——（“在理论 597
理性里，理性只能凭借知性从给予的规律通过推论作出结论，但这些结论永远只限于在自然中有效准；只有在实践理性里，理性自身才是立法者”）——“在一个并且同一个经验的基地上，彼此不互相侵犯。因为自然概念对自由概念的立法没有任何影响，同样自由概念也不扰乱自然的立法。——这两种立法及其所属的能力有同时并存的可能性，在《纯粹理性批判》中已经作了证明。”（！？）

“这两个不同的领域并不构成一个统一体，虽说在它们的立法里两者并不互相限制，但是这些立法在感性世界所发生的效果却不断地互相限制”（这是说，当它们碰在一起的时候），“这乃是由于，自然概念虽说能够在直观中认识它的对象，但不是作为物自体而是作为单纯现象，反之自由概念虽然能够认识它的对象作为物自体，但却不能在直观中予以认识，因此两者都不能对它的对象（甚至对那能思维的主体）获得作为物自体的理论知识，而物自体据说是超感官的，——它对于我们全部认识能力是一个无限的和无法进入的领域。"

"现在虽说在作为感性世界的自然概念领域与作为超感性世界的自由概念领域之间确立了一个不可忽视的鸿沟，从而由此一个领域不可能过渡到另一个领域，就好像是两个极其不同的世界，其中第一个世界对于第二个世界不能有影响：但是后者对于前者却**应该**有影响，这就是说，自由概念应该使由自由规律所提出的目
598 的能够在感性世界中得到实现。所以自然必须设想为这样：它的形式的合规律性至少有可能与按照自由规律在自然中实现的目的的可能性相适应。因此必须有一个作为自然世界的基础的超感性世界和自由概念在实践方面所包含的内容的统一性作为根据；关于这种统一性的根据的概念，虽说在理论方面和实践方面都不能达到对于它的知识，因而它也就没有独特的领域，但它却能够使得按照这一原则的思维方式过渡到按照另一原则的思维方式成为可能。"①

"在知性与理性之间现在有了判断力，正如在认识能力与欲求能力之间有着快感与非快感那样；在这个能力里必然存在着由各个自然概念的领域到自由概念的领域的过渡。"②现在有两种产物：艺术作品和有机自然的作品都昭示给我们自然概念和自由概

① 《判断力批判》（柏林 1799 年第三版），导言，第 XVII—XX 页。

② 同上，第 XXIV—XXV 页。

念的统一。对这些作品的观察使我们看见知性与特殊事物的统一;不过这种观察方式乃只是主观的。我们只是按照统一的原则去观察那些东西,但它们本身并不是那样;至于它们本身是什么样子并非知识所能达到。康德于是便谈到一种直观的知性,这是一个深刻的规定。直观的知性提出普遍的规律,但又能规定特殊的事物。适应目的的事物属于这个范围,目的是普遍的规定;适应目的的事物是特殊的现实,只是为普遍目的所规定的东西。知性是这种多样性的统一的基础。特殊的东西为普遍的东西所规定,感性的东西为超感性的东西所规定。这个理念不是那些产品的真理,而只是我们表象这些产品的一个方式。康德叫这种能力为判 599
断力,这是特殊与普遍的结合。判断力的理念结合了两方面,——它是具有特殊在自身内的普遍。在直接的判断力里,类包含着特殊(当然也有没有为类所规定的特殊);因此特殊就不属于反思的判断力内。**反思的**判断力以理智的抽象普遍性和特殊性的统一为原则,这原则是一种符合规律的必然,同时又是一种自由,或者说,是一种和它的内容直接地相一致的自由。判断力在这里不是按照普遍规律**规定着**的,而乃是反思着的,因为“特殊是被给予的,它只是为特殊寻找普遍。”①

“现在,这个原则只能是这样的,即既然自然的普遍规律以我们的知性为基础,而知性却只是按照自然的普遍概念给自然制定规律,那么那些特殊的、经验的规律,就它们没有被普遍规律所规定那方面来说,也必须看作包含有这样一种统一性,好像有某种

① 《判断力批判》,导言,第 XXV—XXVI 页。

理智（这种理智当然不同于我们的理智）为了我们认识能力的方便而给予它们这种统一性那样，以便使符合特殊自然规律的经验体系成为可能。这倒并不是说实际上必须假定那样一个理智（因为这个〔统一性的〕理念只是为反思的判断力提供一个原则），而乃是说，这种能力只是给自己建立规律，并不是给自然建立规律。”

“因为，一个客体的概念（就这概念同时包含这个客体的现实
600 性的根据而言），就叫做**目的**，而一物与只有按照目的才可能的他物的性质相一致，就叫做这些事物的形式的**合目的性**，所以判断力的原则就自然事物的形式符合于一般经验的原则说来，就是多样性的**自然**的**合目的性**。这就是说，通过合目的性这一概念，自然就可以被看成好像有一个理智包含着自然的多样性的经验规律的统一性的根据似的。”①

亚里士多德已经把自然本身看成有目的的，看成具有理性（νοῦς）、理智、共相在自身之内，所以在自然中一个环节与另一个环节是在不可分割的统一性里。② 目的是一个概念，而概念是内在于特殊中的共相，它不是与一个蕴藏在后面作为根据的质料相反对的外在的形式和抽象的东西，而是浸透在特殊之中的，所以一切特殊事物都是为这个共相所规定的。据康德看来，这个共相就是知性。知性在知识中本身所具有的理智规律对于对象还没有加以确定的规定；但是由于这多样性的〔对象〕本身必定在自身内具

---

① 《判断力批判》，导言，第 XXVII—XXVIII 页。

② 参看本书第二卷，第 324—334 页。

有一种联系，这联系虽说对人的识见说来是偶然的，“但判断力于发挥它的作用时必须把这种联系当作一个〔先天〕原则，它虽说对我们说来是偶然的，甚至是不可知的，但是却包含着一个可设想的统一性，这统一性把多样性联结成为一个潜在地可能的经验”①。这一原则立刻又退回到思想的主观性，它只是一个主观的通则，通过这样的主观通则，关于对象的客观本性什么东西也没有说出来。② 因为一下子把自在存在固定在自我意识的外边，而知性又仅仅被认作在自我意识的形式之内，不被认作在向对方转化的过程中。

于是反思的判断力的这个原则本身就具有双重的合目的性 601
〔形式的合目的性和质料的合目的性〕，因而判断力就或者是**审美的**或者是**目的论的**。前者是**主观的**合目的性，后者是**客观的、逻辑的**合目的性。③

甲、判断力的一个方式是审美的判断力，关于**优美**的判断。它的内容是这样的：“快感和非快感是一种主观的东西，它是不能成为知识的一部分的。一个对象只有当它的观念直接同快乐的感情相结合时，它才是合目的的；而这就是一个审美的观念。——反思的判断力如果不对诸形式加以比较（即使是无意地），至少，如果它不凭它的能力对直观和概念的关系加以比较，则诸形式绝不能为想象力所掌握。现在如果在比较时，想象力（作为形成先天直观的能力？）通过一个特定的表象”（某种美的东西），“无意间使得它与

① 《判断力批判》，导言，第 XVI、XXXIII 页。
② 同上，第 XLVIII—L 页。
③ 同上，第 XXXIV 页。

知性（作为形成概念的能力）谐和一致，因而唤起了一种快乐的感情，那么这个对象就必定被认作对于反思的判断力说来是合目的的。像这样的关于客体之合目的性的判断——这种判断既不建立在当前对象的概念基础上，而且又不能提供关于对象的任何概念——这样的判断就是审美的判断。一个对象是美的，如果它的形式（不是指它的表象的材料——感觉）被判定为我们表象这一对象时所感到的快乐的根据。”①——这是关于美所说过的第一句合理性的话，因为感性的东西是美的一个环节；同时它必须表示精神的东西、概念。

“美就是这样一种东西，它不涉及”主观的“**利益**，亦即不含有概念”（反思的规定）“而被认为足以引起普遍**乐趣**的客体。美与嗜
602 欲没有任何关系，因此在美中主体感觉到极其自由。美并不是**对我**是美的”——并非由于概念、反思、法则②而是美的。“目的是概念的对象，就概念之被看成对象的原因而言；而概念与它的客体的因果性，就是合目的性。”②“理性的理念”属于**理想**〔的范围〕，“它把那不能感性地被表象的人类目的当作判定一个形象时采用的原则；通过这个形象，这些人类目的便显示其自身作为它们在现象界中的效果。”②“人们只能期望理想显示其自身在人的形象里。”②**崇高**是对一个理念加以感性的表现的努力，在这里同时也表明了用感性以表现理念之不适合和理念的不可把捉性。②

这里，在《判断力批判》里，我们就看见普遍与特殊的直接统

① 《判断力批判》，导言，第 XLIII—XLV 页。

② 同上，正文第 16—19、32、56、59、77 页。

一；因为美恰好是这种无概念的直接统一。康德把这种直接统一放在主体里面；它是一种主观的东西，或者更切当地说，一种有局限的东西：并且作为审美的统一，它的地位也就要低一些，因为它不是被概念把握了的统一。

乙、达到谐和的另一个方式，就是在客观的和物质的合目的性里对于自然进行目的论的考察，即在**有机的**自然产物里，概念与实在的直接的统一被看成客观的统一——这客观的统一就是自然的目的，在它的普遍性里包含着特殊的东西，在它的特殊性里包含着类〔或普遍性〕。我们按照目的论来考察自然产物，不是外在地而是按照内在目的性来考察自然产物。按照外在目的性来看，某种东西的目的是在他物里，例如："下雪可以保护寒冷地方所播下的种子免受霜冻，并且通过滑雪可以便利人们的来往。"[1]但是于考 603
察**生物**时我们却不能老停留在这种方式里，即按照这种方式，我们有一个感性的东西在我们前面，我们按照知性的范畴从一方面去考察它；反之，我们要把它看成自己的原因，看成自己产生自己的东西。这就是生物的自我保存，作为个体它无疑地是要消逝的；但是当它生存时，它自己产生自己，虽说这样做它需要某些条件。[1]此外自然目的又是材料，就这材料是有机化的而言，它就是内在的有机化的自然产物，"在这种自然产物里面，一切都是目的，并且一切又相互地都是手段"[2]。它的一切成分都是手段，而同时都是目的；它本身同时是目的和手段，它是自身目的。它的目的不在它自

① 《判断力批判》，第 279—285，286—288 页。

② 同上，第 292—296 页。

身之外;而所谓内在目的性即是一物本身是目的又是手段。这是一个亚里士多德的概念;它是无限的、自己回归到自己的概念,亦即理念。

于是康德就达到如下的看法:“我们将不会在**自然的机械结构**与**自然的技术**之间,亦即自然的目的联系之间,找不到任何差别,如果不是由于我们的知性具有这样的性质的话:我们的知性习于从普遍推特殊,并且我们的判断力如果不先有一个普遍的规律,然后把特定的判断从属于那规律之下,就不能作出特定的判断。现在由普遍看来,那特殊的东西本身就包含着某些偶然的东西,但是,理性于联结自然界中诸特殊规律时,也同样要求统一,因而也就要求规律性,而在偶然东西中发现的规律性就叫做目的性:并且从普遍中引申出特殊规律,就这些特殊规律包含有偶然东西在内

604 看来,先天地通过概念去规定客体是不可能的;所以自然的目的性这个概念在自然产物里对人的判断力来说将是一个必要的概念,但它并不涉及客体本身的规定的概念,因而乃是一个主观的原则”①,并且也只是对判断力的一个指导的思想,因而对于自在的存在并不能说出什么东西。

何以这个真的观念竟会不是真理,原因就在于知性的空的抽象观念(知性把它自身保持在抽象普遍中)和另一个与它对立的个别性的感性材料的抽象观念都被假定为真理了。康德显明地接近于达到了一个**直观知性**的观念。因为“一种直观也是一种认识,而一种完全直观的自发性将会是一种”特别“不同于并且独立于感性

① 《判断力批判》,第343—344页。

直观的认识能力，因而将会是具有最普遍意义的知性：所以人们也可以设想一种直观的知性，这种知性不从普遍推到特殊，并从而通过概念推到个别，——在这种知性里，我们遇不到自然产品按照知性的特殊规律的谐和一致的偶然性，这种偶然性使得我们的知性如此难于把自然界的多样性与知识的统一性'结合'在一起"①。但是认这种"最高类型的知性"① 为知性的真观念，这却是康德所没有达到的；相反地，他认为我们的知性是这样的性质，"即它从分析的普遍进展到特殊"②，它是一个与感性有特殊区别的东西，并且是一种完全独立于感性的认识能力。 605

奇怪的是，第一，康德有了直观和知性的观念，他不知道为什么这个观念会没有真理性，他只是说这是因为我们的知性具有另外的性质，"即它从分析的普遍进展到特殊"；但是，第二，我们已经看见，那绝对理性和自在存在着的知性〔在康德看来〕具有这样的性质，即它们本身没有实在性：知性需要一种材料才能进行活动，理论的理性可以由脑子凭空创造，实践的理性必须依据公设才能行使。尽管它们是被直接地和确定地宣称为没有绝对性，但它们却被认为是真的认识，而概念和直观在其中得到统一的直观知性却仅仅被认作我们给我们自己造成的一种思想。

一个有机体是自然的机械性与目的（灵魂、共相）的统一。③我们把它认作是一个内在于感性事物中的概念，这概念使得那特殊的东西遵照它〔的规定〕；这样我们就是按照一个直观知性的方

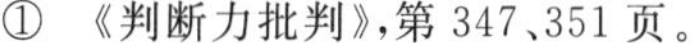

① 《判断力批判》，第347、351页。

② 同上，第348页。

③ 同上，第354页。

式来考察有机体。伟大的东西就是理念，就是真正的具体的东西，亦即通过内在的概念规定了的实在；这就是斯宾诺莎所说的正确观念。在有机的自然产物里，我们具有对于概念和实在的直接统一的直观；生命、灵魂、共相、存在和特殊化是同一的，是被看做在一个统一体中的，但在无机自然中情形就不一样。这样，具体东西的观念就进入了康德哲学，即概念、共相规定着特殊。

康德自己又把这些观念仅仅理解为主观的规定；它们仅仅是
606 考察的方式，不是客观的规定。康德虽说提出了统一性，但他却又强调了主观的一面，强调了概念。这就是康德哲学中经常的矛盾；他曾经揭示了最高的对立，并且说出了这些对立的解除。他说出了这些对立的片面性，也同样说出了它们的统一。理性设定了这种统一，我们在判断力里获得这种统一。同时康德却说，这只是我们反思的判断力的一种方式，生命本身并不如此，但我们却习惯于那样去考察生命；那只是我们的反思的通则。① 在艺术里那提供我们以理念的表象的，无疑地是感性的方式本身；实在性与理想性是那样直接地结合为一。同样，当他已经到了快要超出片面性的瞬间，而他却说，我们必须停留在片面性里面。客观的东西在康德看来，只是自在存在；一切丰富的东西、一切充实的内容都被放在表象、思维、公设里面。所有这一切都是主观的；我们不知道，这些自在之物是什么东西。但自在存在只不过是死躯壳，是对于他物的僵死的抽象，是空洞的、不确定的彼岸。思想的丰富内容只是在主观形式中展示出来；但是在他肯定这主观思想的局限的瞬间，他

① 《判断力批判》，第 355—363 页。

却又不愿意取消这种局限。

丙、具体东西的观念进入康德哲学的另一个形式是这样的：实
践理性有一个目的；这个目的，就它的整个普遍性看来，就是善。
这种善是一个理念，是我的思想；但是这里又存在着一个绝对的要
求，要求这个善也能够在世界中得到实现，要求自然的必然性能符
合于自由的规律、思想的规律，但不是作为外在自然的必然性，而
是通过世界一般通过法权的、伦理的生活，通过人群的生活，通过
国家的生活〔所表现的必然性〕，换句话说，要求世界是善的。善与
实在的这种同一性就是理性的要求；但是主观的理性不能实现这 607
种同一性。在每一个善的行为里，人都完成了某种善的事情。但
是这只是有限制的；普遍的**善**、普遍的终极目的作为**世界的终极目**
的只能通过一个第三者才能达到。而这个统治世界的力量，这个
以世界中之善为其终极目的的力量就是上帝。①〔于是《判断力批
判》也以设定上帝的存在而结束*。〕

所以实践理性中所设定的上帝，〔在《判断力批判》中〕也必须**信仰**。自然界有其特殊的规律；这些独立的、个别的关系或规律与善没有什么关系。但是理性的本性在于渴求统一，并且以获得统一、欲求统一当作本质的和实体性的东西。善与世界的对立和矛盾是和这种同一性正相反对的；因此理性要求必须把这个矛盾扬弃，并且要求一个本身至善并统治这世界的力量。这就是上帝；这就是上帝在康德哲学中所占的地位。要证明上帝的存在是不可能

① 《判断力批判》，第423—424页。

* 第474页。

的。但人们却有上帝存在的要求。我们有两个方面：世界与善。德性或道德只有当它在斗争中才是善的；它发现这个对立就这样被设定了，而另一方面又有必要去寻求两者的谐和。说上帝不能被证明，其缺陷在于：按照康德的二元论，确实无法指出那作为抽象理念本身的善如何能够扬弃它的理念的抽象性；并且无法表明世界本身如何会扬弃它自己不同于善的外在性和差异性，——并且无法指出两者（善与世界）的真理性就是在它们看来是第三者，但同时又被规定为最初者〔或第一者〕的那个东西。因此，照康德
608 看来，人们只能信仰上帝。[①] 我们试把这种说法与耶可比所谓信仰联系起来看，就可以看出，康德在这里正与耶可比相一致。[②]

现在如果按照康德和耶可比的观点来信仰上帝，我们暂时可以承认，这个观点无疑地是一种向绝对者的回归。但问题仍然存在：什么是上帝？说上帝是超感官的并没有多少意义；说上帝是普遍者、抽象者、自在自为地存在者也同样很少意义。究竟什么是上帝的规定？如果我们进而追问绝对者的规定，而抱着这样的观点，以为我们要进而追求知识，就会产生不良的后果。因为这就意味着寻求关于一个本身具体而有规定性的对象的知识。但是在这里仅仅达到这么多，即上帝一般地存在，上帝具有无限、普遍、无规定性等规定性。这样的上帝是不能被认识的；因为为了可以被认识，他必须是具体的，因此至少必须包含两个规定。这样一来就会有一个中介过程；因为对于一个具体东西的知识立即是一个间接的

① 《判断力批判》，第 460—461 页。

② 这里谈到耶可比哲学一段是在 1825—1826 年的演讲中才增补进去的。——原编者

知识或认识。但是这个观点缺乏中介性，所以老是停留在无规定的〔直接性〕那里。当保罗对雅典人说话时，他向着祭坛呼吁，这祭坛是他们用来崇拜一个他们所不知道的神的，并向他们宣说，上帝是什么；但是这里所提到的观点又把我们带回到那不知道的神。——一切自然以及精神的生命力都是自身中介；而现在谢林的哲学已过渡到这种中介性。

康德的哲学产生出来一个具有思维规定的感性的东西，但这个东西却不是事情自身：例如我感觉到某种坚硬的东西，我感觉到那坚硬性，但我却感觉不到某种东西自身。康德的哲学归结到二元论，归结到一个单纯本质的“应当”，归结到一个没有解除的矛盾。耶可比的信仰却与此不同；他找到一个作为直接存在的上帝 609
的观念，一切中介〔在他看来〕都是不真的。因此在康德那里结论是：“我们只认识现象”；另一方面在耶可比那里结论是：“我们只认识有限的东西和有条件的东西。”

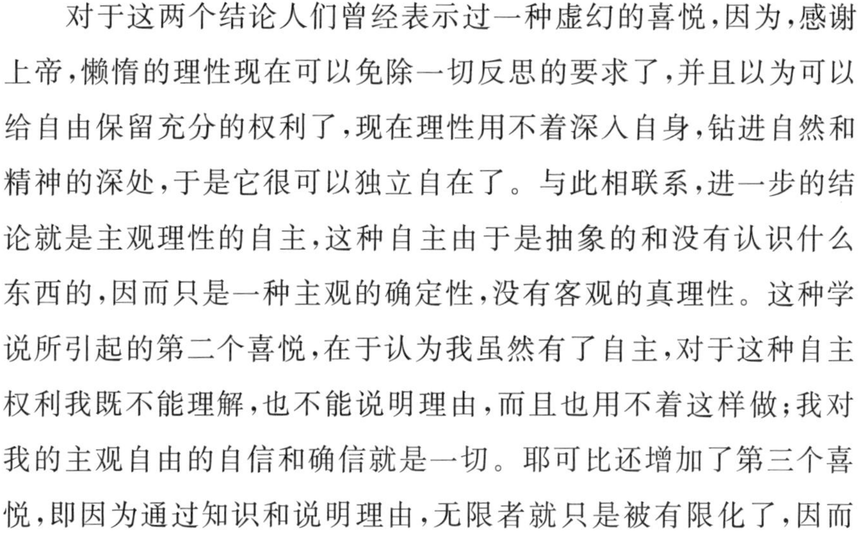

对于这两个结论人们曾经表示过一种虚幻的喜悦，因为，感谢上帝，懒惰的理性现在可以免除一切反思的要求了，并且以为可以给自由保留充分的权利了，现在理性用不着深入自身，钻进自然和精神的深处，于是它很可以独立自在了。与此相联系，进一步的结论就是主观理性的自主，这种自主由于是抽象的和没有认识什么东西的，因而只是一种主观的确定性，没有客观的真理性。这种学说所引起的第二个喜悦，在于认为我虽然有了自主，对于这种自主权利我既不能理解，也不能说明理由，而且也用不着这样做；我对我的主观自由的自信和确信就是一切。耶可比还增加了第三个喜悦，即因为通过知识和说明理由，无限者就只是被有限化了，因而

在他看来，认识真理的意愿甚至是一种罪恶。这样一种时代对于真理是没有什么可以安慰的，在这种时代里一切形而上学、一切哲学都完蛋了，——只有那不是哲学的东西才被当做哲学！

如果我们对康德哲学的整体加以总结，则我们随处都看见思维的理念，这理念是绝对概念的自身，具有差别和实在性在它自身内：但是在理论理性和实践理性里，它（理念）只有抽象的差别；在判断力里，康德还进而把差别认作现实的，换言之，他不仅认特殊性，并且还认个别性为现实的。他曾经正确地并确定地对全体作出了区别。但是无疑地这种世俗的观念是从我们的、人的认识能力出发的：所以这种能力只有在它的经验形式内对于人才有效准，

610 虽然他也曾宣称它是不能认识真理的，并且宣称他也描述过的他所认识的真观念仅仅是我们〔主观上〕具有的一个思想。于是现实性被当作这种感性的、经验的东西，要掌握这些东西，康德采取知性的范畴；并且他承认这些范畴有效准，像它们在日常生活中有效准那样。

这完全是知性哲学，它否认了理性；它赢得了那样多的朋友，这完全由于它的消极的一面，即它曾经一度使得他们从旧的形而上学里解放出来。——这种极其粗糙的经验的和极端庸俗的观念，和这种观念的完全非科学性，早已经提到过了。——但是除了先天综合判断的普遍观念外，对于那个在自身之内具有差别的普遍，康德曾经本能地在整个安排中（根据这种安排他到处把整体加以分裂），按照那个极其没有精神性的三分格式予以发挥，分成（一）理论的理性，（二）实践的理性，（三）两者的统一，判断力；在其他许多进一步的部门如范畴、理性理念里也一样：他把知识的节

奏、科学运动的节奏都描绘为一个普遍的图式：并且到处都展示为正题、反题和综合的图式，这种图式是精神自身区别出来的诸方式。精神作为自身意识着的精神就是按这些方式区分其自身的。第一题是存在，但它是意识的对方；因为凡仅仅是存在的东西，就是对象。第二题是自为存在，亦即固有的现实性；在这里，作为自在存在之否定面的自我意识本身也是存在，——出现了一种相反的关系。第三者是前两者的统一；那自为存在着的、自我意识着的现实性才是一切真的现实性，客观的存在以及自为存在最后都被吸收到并返回到这种现实性里。——康德曾经对于整体的各个环节给予了历史的阐述；这是很好的哲学导论。康德哲学的缺点在于绝对形式的各个环节彼此外在；或者从另一方面看来，我们的知性、我们的认识对自在存在形成一个对立：它缺少了否定的东西， 611
那被扬弃的“应当”没有被掌握住。

但是思想和思维一下就成为一个绝对的、不能再抛在一边的需要了。因此第一，这乃是一贯的理论所应有的要求，即特殊的思想似乎应该是按照必然性从那个最初的统一里产生出来，像从自我的统一性里出现并且通过自我的统一性而得到证明那样。但是其次，思想曾经散布其自身于整个世界里，它附着于一切事物上面，它考察一切事物，它把它的诸形式带进一切事物里，它系统化一切事物；所以无论何事都应该按照思维的规定进行，但不是按照单纯的情感、按照生活的惯例，或按照实际常识以及按照所谓实行家极端缺乏头脑的实际感来办事。因此在神学里、在政府及政府的立法里、在国家的目的上、在商业和技术方面也一样，永远都只应该按照普遍的规定合理地进行工作（人们甚至谈到合理的酿酒、

合理的烧砖瓦等等)。这是对于一种具体思维的需要,而在康德关于现象的结论里却只有一种空洞的思想。而天启宗教的本质尤其是在于知道什么是上帝。因此这里出现了一种渴求丰富的内容、渴求真理的愿望,因为人既已不再退回到野蛮生活,并且更不能下降到只采取感觉的形式,所以这种渴求高尚东西的愿望对于他应该是唯一有效准的东西。这第一种要求,按照理论的一贯说,就是费希特所要求得满足的。

三、费希特

费希特的哲学是康德哲学的完成,〔我们必须特别指出,他的哲学是以较逻辑的方式阐发出来的。他并没有超出康德哲学的基本观点,最初他把他的哲学看成不过是康德哲学的系统发挥罢了。[①]〕在康德、费希特以及谢林的哲学之外,没有别的哲学。其他的哲学都是从这些哲学剽窃一些东西,而关于这些剽窃来的东西,
612 他们又彼此互相攻击和争吵。Ils se sont battus les flancs,pour être de grands hommes.〔他们为了当大人物而互相攻击。〕〔因为在当时的德国曾有过许多哲学体系,〕例如赖因霍尔德、克鲁格、布特尔威克、福锐斯、〔舒尔茨〕等人。但是他们自诩为伟大的观点是极肤浅的。

约翰·哥特里布·费希特,1762 年 5 月 19 日生于上劳西茨区比肖福斯魏尔达城附近的拉门脑,曾在耶拿大学学习,并在瑞士

① 费希特:《全部知识学基础》(莱比锡,1794 年),序,第 XII 页。

做过家庭教师。他写过一本关于宗教的书[①]；这书充满了康德的术语，所以当时，人们误当作康德的著作。1793 年，歌德聘请他到耶拿大学任哲学教授。1799 年，他为了他的一篇论文《论我们信仰一个神圣的世界主宰的根据》引起纠纷而去职。他在耶拿刊行了一种杂志，杂志上所发表的另一个人的文章被认为有无神论嫌疑。费希特本来是可以保持沉默的。由于政府要追究，费希特写了一封包含着一些威胁语句的信。歌德说，政府是不能让人威胁的。于是费希特便有一段期间在柏林做私人教学，1805 年又被聘为爱尔朗根大学教授，1809 年又任柏林大学教授，直至 1814 年 1 月 27 日逝世。关于他的特殊的生活经历，这里就不能详细地讲述了。

费希特哲学有两个方面必须区别开：一是他的真正的思辨哲学，这是经过严格一贯的论证的，他这一方面的哲学是很少人知道 613
的；一是他的通俗哲学，他在柏林对各色听众的讲演，以及他的著作《到幸福生活之路》，都是属于这个方面的。后一方面的著作具有不少感动人的有教导性的东西，而许多自称为费希特派的人常常只知道他的哲学中通俗的这一面。这些著作对某些有教养的富于宗教情绪的人是深入感人的讲演。虽说它们的内容有很大的价值，但在哲学史里却不能予以重视。哲学的内容必须得到思辨的发展，而这种发展只有在他早期的哲学著作里才有。

1. 费希特哲学的基本原理

康德哲学中缺乏思想性和一贯性的地方使得他的整个系统缺

① 《天启批判试探》。

乏思辨的统一性，这一缺点为费希特所克服了。费希特掌握的是绝对的形式，换言之，绝对形式就是绝对的自为存在，绝对的否定性，它不是个别性，而是个别性的概念，因而也就是现实性的概念。费希特的哲学是形式在自身内的发展（是理性在自身内得到综合、是概念和现实性的综合），特别是康德哲学的一贯的发挥。它没有超出康德哲学的基本内容，他特别称他的哲学为**知识学**。[①] 他的初期著作完全是康德派的。费希特最初也只不过把自己的哲学看成康德哲学的一个贯通的和系统的完成罢了。[②] 他把自我当作绝
614 对原则，因而必须表明宇宙的一切内容都是自我的产物，而自我同时即是它自身的直接确定性。不过他同样只是对这个原则加以片面性的发挥：自我自始至终是主观的，受一个对立物牵制着的。而自我的实现只是以有限性的方式向前迈进，只是对先行的东西的回顾。

哲学的要求提高到了：（一）不复把绝对本质理解为不把区别、实在、现实性包含在自身内的直接的实体。一方面，自我意识总是尽力反对这种实体，因为它在这种实体里找不到它的自为存在，因而得不到自由。另一方面，它要求这个被表象为客体的本质是一个有自我意识、有人格的本质，亦即有生命、有自我意识的现实的本质，而不仅仅是关闭在抽象的形而上学思想里的东西。（二）同自我意识一样，意识有一个对方或他物。意识又要求它的对方是客观现实性的环节，是思想必须向其过渡的存在本身，是在客观存

① 《论知识学的概念》（魏玛，1794 年），第 18 页。

② 《全部知识学基础》（莱比锡，1794 年），序，第 XII 页。

在中的真理，——这种外在现实性的环节，我们在英国哲学家那里尤其常常看到。这种概念直接就是现实性，而这种现实性直接就是现实性的概念，而且，这并不是一种作为第三者的高于这个统一性的思想，也不是不具有区别、分离于其中的直接的统一性，——这就是自我。自我在自身内就包含着自身区别，包含着对立物。这样一来，自我就把自己与思维的简单性区别开，而这个区别开来的对方，也同样是直接为它而存在的、与它同一的或者与它没有区别的。① 所以自我是纯思维，换句话说，自我是真正的先天综合判断，像康德所说的那样。

这个原则是通过概念把握住的现实性；因为现实性正是被把握住了的对意识而存在的他物，从而自我意识也就返回到了自身。615
概念的概念就是从这一方面被发现的，即在那经过概念把握住的东西里，自我意识便确认到自己；那么经概念把握住的东西，对自我意识说来就是异己的东西。——这种绝对概念，或者这个自在自为地存在着的无限性，现在就是哲学所要发挥的东西，而且还必须从它自身论证出，它的差别就是宇宙内一切差别的根源；并且在它的差别或分化过程中，它必须仍然返回到它自己，保持其同一的绝对性。——除了自我之外，更无任何别的东西存在；自我存在于那里，因为它在那里存在着。凡是存在在那里的东西，只是存在于自我之内并为自我而存在。② 费希特只是提出了这一概念；不过他还没有使这个概念达到科学的体系，得到自身的实现。因为在

① 《全部知识学基础》，第 10—12 页。

② 同上，第 13—14 页。

他看来，这个概念把自己固定为这个概念；他之所以认为这个概念有绝对性，只是因为它是一个没有实现的概念，因而它自身与实在又处于对立的地位。所以费希特还未曾找到现实化的本性和科学本身。

费希特哲学的最大优点和重要之点，在于指出了哲学必须是从最高原则出发，从必然性推演出一切规定的科学。其伟大之处在于指出原则的统一性，并试图从其中把意识的整个内容一贯地、科学地发展出来，或者像人们所说的那样，构造整个世界。[①] 到这里，他就停住了。[②] 而哲学的要求却在于包含一个活生生的理念。世界是一朵花，这花永恒地从那唯一的种子里生长出来。

616 像康德提出认识那样，费希特提出**知识**〔作为考察的对象〕。费希特宣称哲学的任务是研究关于知识的学说。意识能认知事物，认知就是意识的本性。哲学的认识就是对于这种知识的知识。对于整个世界的知识的范围（凡不是为我们，对我们而存在的东西，都与我们不相干）都必须发展出来。而且这种知识还必须是范畴〔或规定〕按照〔逻辑〕次序的发展。哲学的对象是知识；它同样是出发点、普遍的知识。普遍的知识就是自我。自我就是意识。自我是根据、出发点。不过费希特没有把这个原则理解为理念，而仍然把它理解为我们在寻求知识的活动中的意识，因此他仍然停留在〔自我这一原则的〕主观性形式上。——“科学是通过一个最高原则来表达知识的内容和形式的认识体系。知识学是关于知识

① 《论知识学的概念》，第 12 页。

② 《全部知识学基础》，序，第 X—XI 页。

的科学，这门科学阐明一切知识的可能性和有效性，并且按照知识的形式和内容指出根本原则的可能性，根本原则本身，并从而指出人的一切知识的内在联系。这门科学必须有一个既不能由这门科学来证明，也不能由另一门科学来证明的原理；因为它是最高的原理。有了知识学，也就有了一个体系；有了一个体系，也就有了一种知识学和一个绝对的、第一性的根本原理，——通过一个不可避免的圆圈。”①

（甲）费希特在他的论述中达到最高的规定性时，他从我们前面②所提到过的自我意识的先验统一性开始；在这里自我是一，这个自我，这种统一性在费希特那里是同一的，并且是第一性的。他的哲学的出发点是：哲学必须从一个**绝对无条件**的确定的**根本原** 617
理开始，从普遍知识里的某种绝无可疑的确定的东西开始。“这个根本原理是不允许证明，不允许规定的，因为它应当是绝对的第一性的根本原理。”③而这种知识的简单的基础就是对我自己的确认；这种确认就是我自己对我自己的联系：从笛卡尔 Cogito，ergo sum〔我思故我在〕开始。自我的存在不是〔抽象的〕僵死的存在，而是具体的存在、最高存在、思维。思维是活动；这种思维的活动被理解为一，理解为自为的存在，这就是自我。自我是抽象的知识、知识一般。在最初，我们只有一般的知识。这种一般知识具有绝对确定性，我们从一种确定的东西、从自我开始，其出发点与笛

① 《邓尼曼哲学史纲要》，Wendt 编，第三九三节，第 494—495 页；参看《论知识学的概念》，第 13—17、19—39、50—52 页。

② 参看本书第 296—297、299 页。

③ 《全部知识学基础》，第 3 页。

卡尔相同，不过具有一些完全不同的需要和要求。因为不仅要求从这个自我推出存在，而且要求进一步发挥出思维的体系。笛卡尔从自我开始，然后我们发现还有别的思想在我们里面，即关于上帝的思想，然后他又进到自然等等。费希特试图建立一种完整一套的〔理性〕哲学，一种不包含任何从外面接收进来的经验材料的哲学。——这样他就立刻采取了一个偏颇的观点；于是这种思想就陷于科学上的旧观念，即从一些这种形式的原则开始，并从它们出发；这样从这个根本原则推演出来的实在就会同它对立，因而事实上是某种别的东西，不是派生出来的了。换言之，正因为如此，那个根本原则所表明的就只是对它自身的绝对确信，并没有真理性。

最高原则是直接的，不是派生出来的。它应该是自身确信的，
618 这只能是自我。我可以怀疑一切，抽掉一切。我只是不能抽掉自我。[①] 自我只是一种确信，但哲学却要求达到真理。确信的东西是喜爱的东西，但据说又永远是基础。这样进一步推出的东西就也是主观的，这种〔主观的〕形式便无法排除掉了。我们在康德那里也看到了这种自我，叫做先验的摄觉：自我是理念和范畴的源泉，它是联结者。一切表象、思想都是这样的综合，——杂多性的材料通过思维被综合起来。费希特不像康德那样做了一些列举〔范畴〕的工作，因为他从自我开始；这是他的伟大之处。一切都应该从自我推演出来，列举范畴的做法应该取消。——凡是在我里面的东西，我是知道的；这就是纯粹的、抽象的知识，这就是自我本

① 《全部知识学基础》，第 4 页。

身。费希特就从这里开始。康德采取经验的方式把纯粹知识的规定、范畴从逻辑里搬过来，——这实在是一种极其非哲学的、不正当的做法。费希特前进了一步，这是他的大功绩。他要求从自我中推出、构成各种思维规定，并且试图完成这项工作。自我是能思维的，是能动的，它产生出它的各种规定。但是自我如何产生它的规定？它能产生出哪些规定呢？自我是意识，但是我产生出这些规定（如因果等）的必然性都超出我的意识之外；而我是在不断超出我的意识，所以我是本身地在产生范畴。

于是费希特把哲学定义为人工的意识、对于意识的意识，所以我对于我的意识活动具有意识。[①] 有人曾经说，我们不能够进入意识的后面：我具有意识，我发现这个和那个，我发现因果等规定在意识之内，我发现这些规定所产生出来的东西；但是意识究竟如何产生这些规定，我却不能进入那后面。然而当我对于我的意识 619
加以哲学考察时，当我知道我的自我的活动时，我已经走进我的通常意识的后面了。当我作哲学考察时，我一方面是意识，一方面又是意识的对象；我把我的通常意识当作对象。而通常意识是不把通常意识当作对象的。它只是忙于认识别的对象和有兴趣的东西，而不把它自己的意识作为对象。例如当我们对存在、原因、结果等加以哲学考察时，我们就把存在、因果等当成意识的对象。这样，我就使一个纯范畴成为我的意识的对象，也就是使我的意识成为意识的对象，于是我就走进我的通常意识后面了。费希特就是这样地首先使人意识到关于知识的知识的。

---

① 《全部知识学基础》，第184—185页。

因此费希特进一步认为哲学的意识、哲学的目的在于寻求知识的知识。因而他把他的哲学叫做知识学或关于知识的科学。知识在这里是活动，是关于范畴的知识；费希特考察了、构造了范畴。费希特说，在知识学里，自我是事实、是最初的东西。自我还不是一个命题〔Satz，或原则〕。作为一个命题或基本命题〔Grundsatz，或根本原则〕的自我，绝不能说是枯燥的自我、是一。命题必定包含有综合。——费希特把自我分析为**三个基本命题**〔或原则〕，整个知识学都应该从这三个基本命题发展出来。

(1)第**一个**命题必须是简单的，其中的宾词和主词必须是等同的。如果两者不相等同，则首先必须证明那〔把两者结合起来的〕联结者。主、宾词有了差别，它们的规定就不是直接同一的，而必须通过一个第三者对它们予以证明。所以第一原则必须是同一的。
620 更进一步说，这个第一原则，作为原则，就可以区别开形式和内容。但这第一原则既然自身直接是真的，所以它的形式和内容又必须是同一的，并且从各方面说，它都是无条件的。① 这个原则就是 A＝A，抽象的**同一性**。① 费希特甚至令人回想起“我思故我在”。“思维并不是本质，而只是存在的一个特殊规定：除了思维之外，我们的存在还有许多别的规定。”①——“我还要指出，如果我们超出‘**我在**’〔或自我存在〕，必然就会走到斯宾诺莎主义。自我的统一性既是某种应该由我们产生，但我们人不**能够**产生的东西，则这个统一性就不是某种存在的东西。”①

① 《全部知识学基础》，第 23、5、15、17 页。

第一个命题是这样的：我与我自身同一，**自我＝自我**，[①]——这是无规定性的同一性。主词和宾词是这个命题的内容，而两者的联系也同样是自我；它的形式是这种联系，它的内容是主、宾两方面。联系者和被联系者必须是同一的；因此第一个原则是自我＝自我，这无疑地就是对于自我的定义。自我是简单的；自我除了是自我与自我的联系外，不是任何别的东西。我知道我自己；就我是意识而言，我知道一个对象：那么，我就知道它是我的对象，——这对象也是我的对象。从抽象的形式来说，自我＝自我，这个命题是同一性一般，是自我与它自身的联系；联系中有两项，但这两项在这里是同一的。自我与它的差别相同一，但是这样一来，有差别的东西就直接是同一的，而同一的东西也同样是有差别的；这是无差别的差别。自我意识既不是僵死的同一性，也不是非存在，而是与自我相同的对象。自我是主词、宾词和〔两者的〕联 621
系。这个A＝A、这个矛盾原则是抽象的。A 是一个无差别的内容；自我＝自我是两者的统一，自我本身。自我本身是直接地确定的，一切别的东西对于自我也必定成为确定的；它应该是我对我自己的联系。这内容在自我内应该有所转变，〔转变成属于自我的〕，以致在其中我只具有我的规定。

在这个根本命题里，第一，还没有表达出任何差别。这里虽然有主词和宾词〔的差别〕，但这只是对我们而言，当我们反思这命题、区别这命题时，对我们说才有主、宾的差别，——这命题本身是没有差别，也没有真实内容的。第二，这个根本命

① 《全部知识学基础》，第 6、8 页。

题诚然是直接得到确认的，是自我意识的确认，然而自我意识也同样是意识，它也同样确定地知道其中有他物存在，——它与他物相对立。第三，正因为这个根本命题的确定性本身没有客观性，并没有有差别的内容的形式，也就是说，它与一个他物的意识相对立，所以它本身没有真理性。——这个根本命题是抽象的，它不包含差别在它里面。它只是形式地具有一个内容：它是有缺点的，因为它应该包含内容。但是内容这一规定又是怎样进入的呢？

(2)因此费希特有必要设定**第二个**原则；这个原则应该提供内容和差别。这一原则就形式说是无条件的；但其内容是有条件的，它不属于自我。① 这第二个原则是在第一个原则之下提出来的，① 就是："自我设定一个**非我**与自我相对立"②；这里面就设定了某种不同于绝对自我意识的他物。这条原则里也具有形式、联系；但是它的内容是非我、与自我不同的他物。这条原则之所以是独立的，乃因为作为内容的非我是独立于自我的；或者反过来说，
622 由于它具有不能从第一原则里推演出来的**对立**的形式。因为这里已经与推演无关。我设定一个他物与自我相对立，〔这无异于说，〕设定自我同时又取消对自我的设定。这个非我是一般的客体、对象、与自我相反对的东西、自我的否定物。这个他物是自我的他物、自我的否定者；所以当费希特把它称为非我时，他找到了一个很好的、适合的一贯的术语。

① 《全部知识学基础》，第 17、22、19—20 页。

② 同上，第 21 页。

人们曾说过许多嘲笑自我和非我的话；这是一个新的名词，因而我们德国人立刻就对它感到奇怪。法国人也说 Moi〔我〕和 Non-Moi〔非我〕，却并不觉得可笑。在这个原则里，〔对非我的〕设定是属于自我〔的活动〕；非我是独立于自我的。于是我们就有了两方面：自我（自我意识），以及我在其中与之相联系的一个他物。对立的形式是不能从第一个原则推演出来的，虽说这种推演仍然是必要的。因此这第二个原则说：自我设定自我作为受限制的，作为非我。费希特说，这第二个原则也与前一原则一样是绝对的，就一方面说，诚然受第一个原则的制约，即非我被接纳在自我之内，自我使非我与自己相对立，非我是我的对方；但是，这个原则中所包含的否定物仍然是某种绝对的东西。这第二个原则一方面是有条件的，因为自我已经在第一个原则里〔被设定〕了。但非我却是自我以外的新东西。所以说，我们前面就先有了一个仅仅为自我所占领的范围；然后我面前才有非我作为对象。

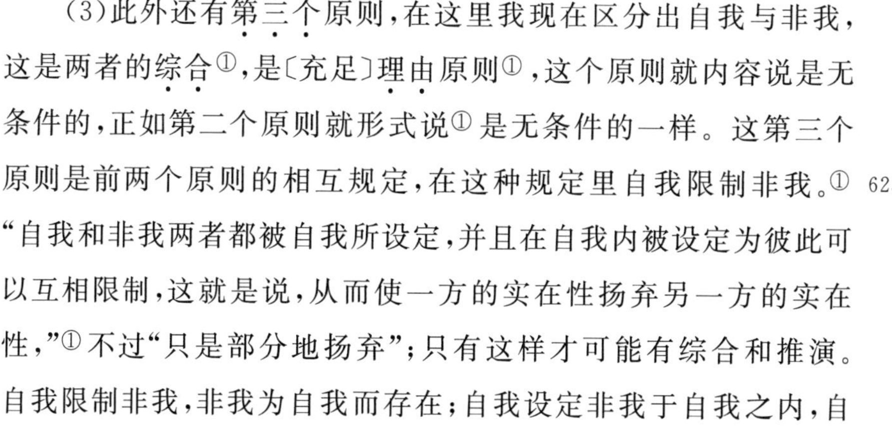

（3）此外还有**第三个**原则，在这里我现在区分出自我与非我，这是两者的**综合**[①]，是〔充足〕**理由**原则[①]，这个原则就内容说是无条件的，正如第二个原则就形式说[①]是无条件的一样。这第三个原则是前两个原则的相互规定，在这种规定里自我限制非我。[①] 623
"自我和非我两者都被自我所设定，并且在自我内被设定为彼此可以互相限制，这就是说，从而使一方的实在性扬弃另一方的实在性，"[①]不过"只是部分地扬弃"；只有这样才可能有综合和推演。自我限制非我，非我为自我而存在；自我设定非我于自我之内，自

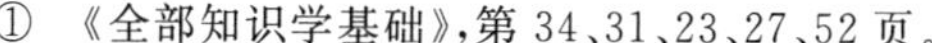

① 《全部知识学基础》，第 34、31、23、27、52 页。

我设定非我与自我相同一。这样自我就取消了非我的不同一性，取消了非我的非我性，这就是说，自我限制了非我。这种对于非我的限制，费希特是这样表达的："我在自我之内设定一个部分的非我与一个部分的自我相对立；"一方可以受到另一方的限制。① 我所掌握的整个领域不是一，而是二。这整个领域应该是自我，不过我设定这领域是可分的，因为其中存在着非我。同时我也取消了非我（按照第二个原则）的整个领域，并且把非我设定为可分的。这就是"〔充足〕理由原则"，或者**实在性**与**否定性**的联系——**限制性**；这是综合原则，它包含为非我所限制的自我，为自我所限制的非我。② 真正讲来，在前面两个原则里还没有包含这种综合。所以在这里也和在康德那里一样，存在着同样的二元论，虽说这只是〔同一〕自我的两个行动，虽说我们仍然完全站立在自我之内。于是自我与非我之间的多种多样的关系就提供出各种范畴，如实体性③、因果性④等。——这三个原则一提出，就已经取消了知识的
624 内在性。

这种限制对我来说可以有两种方式。在限制里两者都受到否定。有时其一是被动的，有时其他是被动的。在这个限制过程里，(a)有时自我把非我设定为能限制者，而把自身设定为被限制者，在这里自我把自身设定为必然具有一个对象：我知道我是我，不过被一个非我所决定；在这里非我是能动的，自我是被动的。其次

① 《全部知识学基础》，第 28—30 页。

② 同上，第 14、23、48、76 页。

③ 同上，第 76 页。

④ 同上，第 65 页。

(b)与此相反:我是能限制者、能扬弃对方者,非我是被限制者。我知道自己是完全能决定非我者,自我是非我本身的绝对原因。前一方式是理论理性、理智的原则,后一方式是实践理性、意志的原则。[①] 所谓意志就是我意识到自己是对象的限制者,所以我在这里对于对象采取能动的态度。理论的原则是说,对我说来,是对象,所以我被非我所限制。在这里我们说:这对象在我前面,它决定我。在自我与非我之间有一种相互决定、限制的关系。有时我限制非我,有时我又为非我所限制,——这就是理论的原则,当我进行直观时,自我是一个内容;并且我是这样被决定,恰好要把这个存在于我外面的内容接纳在我之内。大体讲来这正是康德所说的经验,无论叫做自我也好,叫做〔感觉〕材料、内容也好。在费希特这里就是非我,这个非我使自我受到决定。有时自我是被决定者,但有时,由于自己保持自己,自我又是能决定者,因为它是能思维者。[②]

一直到这里都讲得很出色,于是人们不禁期待费希特进一步指出对方〔非我〕如何返回到绝对的自我意识。但是,一经承认对方为无条件的、自在的东西,这种返回就不能实现了。自我的彼岸被他规定为属于实践的自我〔的范围〕。于是非我便只落得作为自 625
我的阻力。于是那无限前进的活动就遇到了阻力,就为阻力抵挡回去,然后它又对那阻力起反作用。由于自我设定非我,肯定的自我就必须限制其自身。尽管费希特力图解除这个矛盾,但是他仍

① 《全部知识学基础》,第 52—56 页。

② 同上,第 74 页。

然没有免除二元论的基本缺点。因此矛盾并没有得到解除，而那最后的东西只是一个应当、努力、展望。当时人们*曾经把这种无限的仰望看成美和宗教情感里的至高无上的东西，在本书前面①曾提到过的那种讽刺就是与此相联系的。——自我的这种返回只不过是一种〔主观的〕仰望和努力。自我这方面是固定了的，它的努力是不能实现的。它诚然决定对方，但它同对方的统一纯全是一种有限的统一。非我立刻就又逃掉自我的决定，并脱离这种〔有限的〕统一。——现在出现的局面只是自我意识与关于对方的意识互相交替，以及这种交替的无穷进展，而这种进展是没有止境的。②

（乙）在**理论的**意识里，我知道我是为对象所决定的；自我一般讲来是设定者，自我发现自己为非我所限制。但自我是自身等同的，所以它的无限的活动目的在于不断地扬弃非我，产生它自身。自我设定其自身的那些方式，也就是它的活动的不同方式。我们必须认识这些方式的必然性。这就是哲学认识；这样，我所认识的永远只是知识，只是自我的行为。这是在诉诸意识：设定抽象的自我和非我。但哲学的认识则考察意识本身。我们光在意识中发现
626 意识是不够的，意识的意识乃是凭借意识产生出活动，通常意识也可以产生出活动，不过并不知道自己在产生活动。在通常意识里，我不知道我〔在认识过程里〕是能动的、是能决定的。这一点只有

* “人们”是指弗·封·希雷格尔等浪漫主义者，费希特也包括在内。参看本书中译本第二卷，第55—57页。

① 本书第二卷，第58—60页。

② 《全部知识学基础》，第79页。

哲学意识才知道。譬如，一个对象是方的，我把它表象为大的等等。这些规定是给予我的通常意识的，我接纳这些规定，它们进入我这里，于是我们说，这对象**存在**。但是呈现在我前面的东西是我自己的行动的产物。这是通常意识所不知道的，而哲学意识却知道。当我看见一面墙时，我想到的不是看见，而只是那墙。但是看见却是我的活动。我感觉到，看见只是一个由我设定的东西，我在哲学意识里认识到这个设定，因此这些规定是由我设定的。——理论的自我是能动的，不过在这里它把自己设定为受限制的，对象对我有影响；费希特把这个叫做哲学的意识。哲学意识知道自我是设定者，它在这里设定着：非我是在我里面被设置起来的某种东西。自我设定自身为非我所限制，但是自我使这种限制作用成为属于自我的。所以限制是在我之内为我而存在；自我的这种被动性本身就是自我的主动性。

〔自我与非我〕双方的这种限制现在得到了发挥。理论的方面是这样的自我：这个自我产生了表象和思维的一切规定，但是自己并没有意识到。受限制的观念只是浮在通常意识前面，只有哲学意识才认识到受限制原来是自我设定的。自我把自身设定为受限制，换言之，限制乃是自我本身的一个规定。这就是说，那呈现在自我面前作为对象的全部实在，都是自我的一个规定。① ——就像康德那里的范畴和其他规定一样。理论理性的发展就是这种限 627
制的发展；这种活动就是范畴。费希特要想考察这种限制的各种形式，他由此发展出对象的各种规定，这些规定他叫做范畴。于是

① 《全部知识学基础》，第 60 页。

他进一步力求从其中推演出特殊的范畴。这种推演自亚里士多德以来没有人想到过要做:揭示出各种思维规定的必然性,它们的推演,它们的结构。——而费希特试图做了这件事。但是他对于范畴的阐述,自始至终受一个对立物的牵制,像在康德那里一样:自我与表象对立,然后与物自体〔对立〕;在费希特这里则是自我与非我〔的对立〕。非我是一个阻力。这阻力表现在我面前的一切形式,如客体是实体等,是由自我设定的,像第三个原则所表明的**相互决定**那样。"由于规定了自我的实在性或否定性,同时也就规定了非我的否定性或实在性。"两方面结合在一起就是相互决定〔或相互规定〕。① "一方的能动的程度与另一方的被动程度相等,就是因果关系。"① 自我与非我是有联系的,并且是彼此相互限制的。只要某物在一定程度上被认作非我的实在性,自我便在同等程度上被认作被动的。反过来说,只要自我是真实的、能动的,客体是被动的,就出现了相反的关系。客体的被动性等于自我的能动性或实在性,反之,客体的能动性或实在性等于自我的被动性,那就是因果关系的概念。这是限制的方式,也可以说是关联方式。"自我在自身内设定了多少部分的否定性,那么它就在非我内设定了多少部分的实在性。因此自我设定自己为能决定者,即因为它是被决定的,自我设定自己为被决定者,即因为它是自身决定者〔或
628 能决定者〕。"②这是世界上推演范畴的第一次理性尝试。这种从一个规定到另一个规定的进展,是从意识的观点出发作出的分析,

① 《全部知识学基础》,第 60、67 页。

② 同上,第 121—122 页。

并不是自在自为的东西。

这样，自我就是对象的一切表象的**理想根据**；对象的一切特定的存在都是自我的一个规定。但是一个对象要成为对象，必须与自我相对立，这就是说，由自我所设定的诸规定，必须成为一个与自我相对立的他物——非我。对象〔对主体〕的这种对立就是一切表象的**实在根据**，而自我又是对象的实在根据。因为非我之所以作为与自我相对立的客体也同样是由自我所规定的。表象的实在根据和理想根据二者是同一的东西。在前一意义下，自我是能动的，非我是纯粹被动的；从另一方面说，则自我是被动的，对象是能动的、起作用的。但是在非哲学的意识里，自我在表象对象时没有意识到它自己的能动性，而是把自己固有的能动性想象为非我的能动性。——这里我们就看到对立采取了多样的形式：自我与非我；设定自身与设定对立面；双重的能动性；把非我，把基于我自己的能动性而设定的对立面想象为一个异己的东西。

现在自我应当是理想原则，非我应当是实在原则，关于这点克鲁格曾经说了很多空话。因为那时德国是曾经有过许多哲学的，如克鲁格哲学、福锐斯哲学、布特尔威克哲学、舒尔茨哲学等等——这是一批杂凑起来的东西，由一些随便拾取来的思想、观念和在自己内心找到的〔心理〕事实混合而成。但他们的这些思想，如果可以说他们的哲学里面有思想的话，全是从费希特、康德和谢林那里抄袭来的。他们要么作了一些小小的改变，而这些改变大部分又只是使得伟大原则成为空疏无味，把其中的有生命处弄得 629
僵死了。要么他们对次要的形式加以改变，而提出一个据说是另外的原则，可是仔细一看，才发现这里提出的原则原来不过是前面

那些哲学中某一体系已有的原则。这也可以作为一个理由，说明我为什么对所有这些哲学没有多加论述。因为对于它们的任何论述都不外是证明它们里面每一件东西都是从康德、费希特或谢林那里摭拾来的，而形式上的某些改变也只是改变的假象，真正讲来乃是康德等人的哲学原则的倒退或歪曲。

按照费希特哲学的理想原则的说法，自我就是规定者，设定者。但是在这种规定作用里，也包含有否定的一面。我发现自我是被规定的，自我是自身等同的，是无限的，这就是说，自我与自己是同一的。所谓人类理性的界限乃是一种毫无意义的说法。使主体的理性有限制，这是不言而喻的；但是当我们说到思维时，就会见到，所谓无限性不外是指它自己与自身相关联，并不是与它的界限相关联。人之所以无限，正在于思维。当然也有很抽象的无限性，但抽象的无限性也仍然是有限的。但是尽管这样，〔真的〕无限性专保持在自身中。现在费希特说，自我是无限的，是能思维的，但却发现自己与一个非我相联系。这是一个矛盾。〔这个矛盾费希特诚然努力想予以解除，但他仍然没有动摇这种二元论的错误基础。费希特所达到的至高无上的东西只是一个“应该”，并不能解决这矛盾。〕* 应该是绝对自在、绝对自由的自我，现在据称却又在他物里。解除这个矛盾的要求，在费希特那里所占的地位也仅只是一个被要求的解除，即我必须永远不断地扬弃那限制，永远无穷地向前超出那限制，因而陷于恶的无限性，并且永远不断地发现新的界限。永远是扬弃了一个界限，又不断出现一个新的界限，这

* 第 494 页。

是一个否定与肯定的连续不断的交替，是一种自身同一性，这同一 630
性又陷于否定，又从否定中不断恢复自己的同一性。这就是费希特的理论知识学方面的观点。

现在费希特也同样地进行推演**表象**。我是能动的，我可以超出自身。但是自我发现自己在活动里受到阻碍，发现一个界限，于是又回到自身。从超出自身和从非我转回是两个相反的方向，两个方向都在我自身内。自我摇摆于两者之间，想把它们联结起来，这样的自我就是**想象力**。① 为了让规定、界限在两者之间稳定下来，我必须使那个界限成为**固定**的，这就是**知性**。② 知性的诸规定，客体的诸规定（范畴）和表象的诸规定都是综合的方式。但是每一个综合又是一个新的矛盾。因而它们又需要有新的中介。新的中介就是新的规定。

费希特这样说：我可以永远不断地规定非我，使它成为我的表象，这就是说，接纳它对于自我的否定；我所涉及的只是我自己的能动性。但是在其中老是不断地有外在性出现。外在性老是在那里，不是我的能动性可以解释的。这个彼岸，费希特叫做无限的**阻力**。③ “自我本身的性质被认作同时既是能决定的又是被决定的。如果考虑到绝对确定的能决定者必定是一个绝对的不被决定的东西，再考虑到自我与非我是绝对地彼此对立的：那么在一种情形下自我就是不被决定者，在另一种情形下，非我就是不被决定者。”④

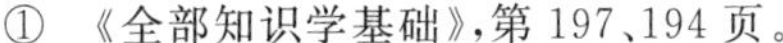

① 《全部知识学基础》，第 197、194 页。

② 同上，第 204 页。

③ 同上，第 195—196 页。

④ 同上，第 221—222 页。

自我使客体成为自己的表象而否定了它。所以这种哲学是**唯心主义**,〔在它看来〕对象的一切规定都是观念性的。自我所具有的一切确定的东西,都是通过它的设定而具有的。我做了一件衣服、一
631 双靴子本身,是因为我穿上了它们。在这里剩下的只是空虚的阻力,这就是康德式的物自体。自我,理论的理性不断地、无穷地设定着它的规定。但是“自我”永远仍然是作为一般的理智,独立于一个无规定性的非我;也只有通过这样一个非我,它才是理智。①这样,那理论的理性就是依存性的。

费希特的表述形式也有其不方便之处。自我在设定着,所以我眼前老是有个自我。于是我的经验自我老是出现在我面前;这是不通的。理论活动是不自觉的;只有在哲学的认识里,它才表现为自觉的。在通常意识里,我总觉得,我的产物是外界给予的东西。所以在这里自我又是一个笨拙的、多余的、足以使观点歪曲的形式。我的表象作用,当然是我的活动。但是内容是主要的东西;重要的是设定的内容,以及内容由其自身而具有的必然联系。如果人们只管内容,就会忽视了主观性这一形式,而这个形式又是起支配作用的。主观的形式在对立中永远存在。自我总是有个物自体永远与它对立。于是这个二元论就不能得到解除。人们所认识的并不是自在自为的真理,而乃是有对待的东西,因为自我是有限制的,并不是绝对,像自我的概念所要求的那样。在这里理智并没有被看成精神,精神是自由的。自我并不能前进多远,因为它永远必须对付那同样的无穷的阻力。

---

① 《全部知识学基础》,第228页。

（丙）第二是**实践**理性。实践理性据说就是上述的对立可以得到解决的地方。实践自我的态度是："自我设定自身为决定非我者。"①——自我在非我之中就是在自己之中。自我是无限的活动，自我＝自我是绝对的。①——这些说法当然是抽象的。不过为 632
了要有一个规定，却必须有一个非我存在。自我是非我的推动者、原因、设定者，并且是自我与非我的对立的扬弃者。——但是正如在康德那里感性与理性老是对立的，同样的对立也出现在这里，只是在较抽象的形式下，而不是在康德的粗糙的经验形式下。费希特在这里转弯抹角地变了许多花样，或者说，他以许多不同的形式来表述这个对立；最坏的形式是把自我设定为原因，因为在这种形式下自我必须有一个他物作为活动的对象。现在"绝对的自我因此就应该是非我的原因，这就是说，只是抽掉一切可以证明的表象的形式以后还剩下的那个东西的原因，或者只是具有能激起自我的无止境的向外活动的阻力的那个东西的原因。因为按照表象作用必然规律，理智的自我乃是被表象之物本身的特殊规定的原因。这在理论的知识学中已经阐述过了。"②理智的限制〔在实践理性里〕应该打破，自我应该是唯一能动者。对方、无穷的阻力应该被扬弃；自我应该得到解放。

按照我们的前提，自我现在应当无条件地、无任何根据地设定一个非我，这就是说，"自我应当无条件地、无任何根据地限制它自己，部分地不设定自己。"这看来诚然是很有道理的，"因此自我不

① 《全部知识学基础》，第225、229页。

② 同上，第232页。

设定自己的根据必定"只"存在于自身内"。但是自我是等同于自我。自我设定自我,——因此"自我必定在自身内就具有设定自己,又不设定自己的原则。因此自我按照它的本质就是自相矛盾的,自身对立的,在自我内将会有二重性的,互相反对的原则;这个
633 假定是自相矛盾的,因为这样一来在自我内就根本没有原则了"。从而"自我也就会不存在了,因为它自己取消了自己"[①]。"通过对于各矛盾的命题的进一步规定,一切矛盾都可得到调解。在一种意义下,自我必须设定为无限的,在另一意义下,必须设定为有限的。如果在一个并且同一个意义下把自我设定为既是无限的又是有限的,则那个矛盾就不可能解决;自我将不会是一个而是两个。——就自我设定自身为无限的而言,它的活动只关涉到自我自身,而不关涉到自我以外的别的东西。就自我设定限制,并设定自我在这限制之内而言,它的活动并不直接地关涉到自己,而是关涉到一个与自身相对立的非我",一个他物,一个实体,则它的活动"就是实现的活动"。[②] 这样,费希特就停留在对立中只是把对立的形式看成自我中的两个方向,据说这两个倾向都是自我的同一种活动。我必须按照我的自由去规定那对立者、非我。但是在自我的规定以外,同一的非我永远重新出现。自我永远不断地设定对象设定极限;但界限究竟在哪里,这又是不确定的。我不以无穷地向外推移扩大我的规定的范围,但是永远存在着一个达不到的彼岸。

① 《全部知识学基础》,第 233 页。

② 同上,第 238—239 页。

从实践的范围看来,终极的东西在于自我的活动是一种仰望、努力,——这与康德所谓“应当”是同样的东西。费希特以啰唆的长篇大论去处理这个问题。费希特哲学与康德哲学有同样的观点。终极的东西永远是主观性,主观性被认作自在自为地存在着的东西。仰望被看成神圣的,在仰望中我并没有忘记自己,因为自我有这种优异的性质,所以仰望是一个非常舒适的境界。努力是 634
一个未完成的行动,或本身受到限制的行动。实践本身是受到一种对立物牵制的东西,是对他物或对方的否定。自我的活动所指向的这个非我,诚然具有一切由于自我的活动而来的规定,但是仍然给自我留下一个纯粹的彼岸,这是一个无穷的阻力:它只有非我的意义,没有积极的自在的规定。

最后的结果是一个永不能打破的“循环”,即“有限的精神必然要设定某种绝对的东西(物自体)于自身的外面,而另一方面又必须承认,这个绝对者只是对它而存在在那里(一个必然的本体界)。”①换句话说,我们看到,自我只是纯全在对立中受到规定,自我只是作为意识和自我意识,而自我意识并没有超出意识,更没有达到精神。自我是一个绝对概念,这个绝对概念并没有达到思维的统一性,没有回到思维的简单性,或者说,自我在差别中不具有简单性,在运动中不包含静止,——自我的设定、纯粹的活动和对立物的设定并没有被理解为同一之物。也可以说,自我并没有把握住那无穷的阻力、非我。自我决定非我,但非我老是一个彼岸,——这个作为非我的彼岸,自我意识并不懂得如何把它与自己

① 《全部知识学基础》,第 273 页。

合而为一。

1. 因此〔费希特哲学的缺点〕* 首先在于自我一直保有一个别的、现实的自我意识的意义，与共相、绝对或精神（自我本身只是其中的一个环节）相反对，因为个别的自我意识正是这个对他物始终采取旁观态度的东西。因此如果把自我称为绝对本质，就会引起极大的非难，因为事实上自我确定只是在与共相相反的个别的自我意识或主体的意义下出现的。

635 2. 其次，费希特没有达到理性的理念，也就是没有达到主体与客体或自我与非我之完备的、真实的统一；他的这种统一，像在康德那里那样，只是一个应当、一个目标、一个信仰，①（这信仰认应当与目标两者本来是一回事），而一个目标之达到，像在康德那里那样，同是一个矛盾，并不具有当前的现实性。费希特老是停留在应当上。但他却与康德一样，提出了在信仰中把两者结合起来的思想，所以费希特也归结到信仰。这一点他曾在他的通俗著作里予以发挥。——因为自我被固定为与非我相对立，并且只是作为对立物而存在，于是自我就消失在那种统一中了；——因此目的的达到也就推迟到恶的、感性的无限中去了，这正是一个本身没有现存性，没有现实性的〔无限〕前进，因为自我只有在它的对立里才具有一切现实性。——费希特的哲学只认识到有限的精神，不认识无限的精神，不认识作为普遍思维的精神，正如康德哲学只认识到不真的一面那样；换言之，费希特的哲学是形式的。关于绝对统一

* 第 499 页。

① 《全部知识学基础》，第 301 页。

的知识被他理解为对于一个**道德世界秩序**的信仰。道德世界秩序是绝对的前提；对我们所做的每一件事情，我们都具有信仰，相信每一个道德行为都会有良好的后果。[①] 这个理念，正如在康德那里一样，是一个共相、一个思想物。“总的讲来，某种东西只要被概念所把握，则它便停止其为神了。任何一个提出来的关于神的概念，都必然是一个偶像的概念。——宗教就是对于道德世界秩序（神）的一种实践信仰。”——按照我们的哲学看来，对超感官世界的信仰属于当下直接的真理。[②] 于是费希特归结到最高的理念、 636
自由与自然的结合，不过这种结合不是直接认识到的；两者的对立只存在于意识内。这种在信仰中的结合，他也可以在对上帝的爱中得到。这种形式的结合，由于是信仰上的和感觉上的结合，所以是属于宗教信仰，而不属于哲学范围。只有在哲学中对这种结合加以理解，才对我们有兴趣。

费希特那里还有一个完全不能令人满足的外在性〔的论证方式〕，即以一种非理念的〔非辩证的〕方式为根据，由一个规定性是必然的而推出另一个规定性也是必然的。把自我与一个他物相联系，而他物又与一个他物相联系，如此递进，以至无穷。“知识学是**实在论的**，它指出：对有限自然事物的意识将是无法解释的，如果不假定有一个独立于它们并与它们完全相对立的力量，而这种力量又为它们的经验存在所依存。但知识学所肯定的也不外是一种这样的对立的力量，这个力量只是为有限存在所单纯地**感觉到**，但

① 《论信仰一个神圣的世界秩序的根据》（《费希特的生平》，第二部分），第111页。

② 《对无神论控告的答辩》，第51、53页。

不为它所认识到。对于这个力量或这个非我的一切可能的规定，亦即可以无限多地出现在我们意识前面的规定，知识学保证要把它们从自我的规定能力中推演出来，而且一个名实相符的知识学也就必须能够实际上把它们推演出来。”——但是这门科学却不是超越的，而是先验的。“知识学虽然根据一个独立于一切意识的现存的东西来解释一切意识；不过它并没有忘记：那个独立存在的东西原来是它自己的思维力量的产物，因此也就是依存于自我的东西，因为它是为自我而存在的。”——一切存在从理想性来说都依存于自我，但是自我从实在性来说是自身依存的。有限精神〔所设定〕的这种必然外在的东西，这种只是为它而存在的东西，就是精
637 神可以无止境地加以扩大，但是又永远不能越出的圈子[①]。

自我就是思维，自在地规定着客体；自我规定客体的进展过程就是思维。自我作为意识的主体，就是思维。客体的进一步的逻辑规定，是主体和客体中的同一的东西，是本质的联系，也是使客观对象成为自我的所有物的东西。但是费希特的知识学却把自我对客体的斗争理解为自我对客体的进一步规定的斗争；但没有讲到静静地自身发展着的概念的同一性。

3. 第三，由于自我是这样牢牢地固定在一个方面的，所以知识学的内容的全部进程是从自我这一极端出发，费希特哲学的推演、认识，就内容和形式两方面来说，都是由一些规定性到另一些规定性的进展，而这些规定性不能返回到统一，换言之，只是通过一系列的有限物向前推演，而这些有限物并不包含绝对在它们里面。

---

① 《全部知识学基础》，第 272—294 页。

这种推演既缺乏绝对的观点，也同样缺乏绝对的内容。例如，他对于自然的看法就是把自然看成从一个他物派生出来的纯粹有限的东西。譬如有机的身体就被理解为这样："意识需要一个特有的范围作为它的活动场所。这个范围是为自我的一个原始的、必然的活动所设定的，在这个活动中自我并不知道自己是自由的。自我的这种活动是一个直观、是画出几条线；通过这种活动，这个范围就被直观为一个在空间内有广延的东西。而空间又被设定为静止着的、有持久性的，却又是不断变化着的，或者被设定为物质。——物质是许多部分所构成的，因此它是有肢体的。——因为一个人只有由于把身体设定为受另一个人的影响时，他才承认自己有一个身体。但是有同样的必要认为：自我是能够阻止这种影响的，并且也同样可以认为外在物质能抗拒自我对它的影响，这
就是说，把它认作坚固顽强的物质。"①这些坚固的物质必须进一 638
步加以分开，——不同的个人是不能粘在一起成为一个面团的。因为"我的身体就是我的身体，不是别人的身体。别人也可以进行活动、发生作用，而不必通过它使我行动。只有通过别人的影响，我自己才能够有活动，并且表现为可以受到他人尊敬的有理性的存在。在我做出行动以前，他人可以直接地把我当作理性的存在来对待，我，在他看来，可以是一个有理性的存在。这就是说，我的形象必须凭它在空间中的单纯存在而起作用，而无须我做出行动，这就是说，我的形象必须是可以看得见的。有理性存在之间不须彼此做出行动即可以发生相互影响。这样就必须设定有精微的物

① 《自然法的基础》(耶拿和莱比锡，1796 年)，第一部分，第 55—71 页。

质，来接受单纯的、静止的形态的影响。于是**光**以及**空气**就推演出来了。”①

这种推演仅只是从一个规定到另一个规定的外在进展，近似按照普通目的论的考察方式，说植物和动物之所以存在是为了滋养人。这种想法是这样表述的：人必须吃，因此必须有可以吃的东西存在，——这样就推演出植物和动物了。而植物必须生长在某种东西里，——这样就推演出土了。这里完全不是就对象本身是什么来考察，而只是就对象与他物的关系去考察。因此动物的机体就成了一种坚固耐久的、分成一节一节的、可以接受影响的物质；光就成了传达单纯的存在的精微的物质，等等，——正如在别的地方植物和动物只是可以吃的东西那样。这里面一点也说不上哲学的考察。

639 就内容看来也还是这样。费希特也写了一些关于**道德**和**自然法**的著作；但他只是把它们看成理智的科学。譬如费希特的自然法提出了**国家**的组织。这个组织也正如这种对自然事物的推演那样，并正如我们近来所看到的许多种法国宪法那样，是一种缺乏精神性的东西，——是一种形式的、外在的结合和联系，在其中个人本身被认作绝对，换言之，法就是最高的原则。普遍物不是精神，不是全体的实体，而是压制个人的外在的、抽象理智的、否定性的权力。他并没有就国家的本质加以理解，而只是把国家理解为法权状态，亦即理解为有限者与有限者的一种外在关系。费希特对法律和道德概念的推演同样停留在自我意识和生硬理智的限制

① 《自然法的基础》（耶拿和莱比锡，1796年），第一部分，第78—82页。

内，这与费希特关于宗教和伦理的通俗论述显得不一致。康德曾经开始把法建立在**自由**的基础上，而费希特也以自由作为自然法的原则；但是他们所说的自由，像在卢梭那里一样，乃是个别的个人形式下的自由。这诚然是一个伟大的开端；但是为了达到特殊，他们必须提出或者接受一些前提。有众多的个人；因此国家的整个制度必须以个人自由受到普遍自由的限制为其主要规定。① 个人与个人之间永远是冷冰冰的、消极的。禁锢愈来愈严，束缚愈来愈多，而国家并没有被理解为自由的实现。这种说法是依据褊狭的理智发展出来的，自然法尤其是不成功；只要他需要自然，他也就推演出自然，——这是缺乏理念的推演进程。

2. 费希特新改造的体系 640

在他的晚期通俗著作里，费希特提出了信仰、爱、希望、宗教，没有什么哲学兴趣，只是为了一般的公众，也可以说是一种为了开明的犹太人和犹太女人，为了参议员们和信教的人们〔和科采布〕讲的哲学。费希特完成了康德主义，给了他的时代以一个很大的激动。他用通俗的方式说："全部哲学的基础并不是有限的自我，而是神圣的理念。凡是由人自己做出来的东西都是虚幻的。一切存在都是活生生的，在自身内活动的：除了存在之外没有别的生命，除了神之外没有别的存在，因此神是绝对的存在和生命。神圣的本质也从自身表现出来，启示自身，表现自身，——这就是世界。"②

---

① 《自然法的基础》，第二部分，第 21 页。

② 锐克斯纳：《哲学史手册》，第三卷，第一九二节，第 416 页；费希特：《论学者的本质》（柏林，1806 年），第 4、5、15、25—27 页。

费希特的这种哲学并不包含什么思辨的东西，但是它要求思辨的东西。正如康德哲学要求在至善的理念里对立统一起来那样，费希特的哲学也要求在自我里、在信仰本身里统一对立，认为在信仰本身里自我意识的一切行为皆从信念出发，所以它的行为自在地达到了最高目的，并实现了善。在费希特哲学里除了自我意识、自觉的自在存在这一环节外，什么也找不到，正如在英国哲学里一样，只是片面地把为他的存在这一环节或者意识这一环节并不说成环节，而宣称为真理的原则；这两种哲学里都没有两者的统一、没有精神。

641 费希特的哲学在哲学的外部现象里构成了一个重要的阶段。从他和他的方法里出现了抽象思维、推演和构造。费希特哲学曾经在德国造成了一个革命。康德哲学出现以前，公众还是跟得上的；康德哲学，哲学还唤起了一种普遍的兴趣；哲学的大门是敞开的，人们对于哲学有了探讨的热情，哲学是属于一般有教养的人的。从前商人、政治家都喜欢从事哲学的探讨；但现在，碰到了康德的哲学，他们学习哲学的翅膀就不能展开了。到了费希特的思辨哲学他们也就跟上了，对于思辨倾向深厚的地方他们也就立刻告别了。特别是自费希特以后，很少人从事于思辨哲学的研究了。通过康德和耶可比的哲学，公众的意见在这一点上又得到加强，即对于神的知识是直接的，人们自始就认识神而无须进行研究。

时代号召人追求生命、追求精神。现在精神已经返回到自我意识，但是只返回到一个作为空虚的自我的自我意识，这种自我只是充满了有限性、个别性、非自在自为的内容，所以下一阶段就在于知道自我意识的这种具体的内涵本身，知道这个内容自身，——

这内容为精神所浸透，是一个自觉的、精神性的内容，也就是充满了内容的精神。这是自觉的自我与它的内容的统一，也就是仅仅直观其自觉的生命和直接知道这种统一即是真理的精神。这种统一或精神后来在各种诗意的和预言式的、仰望式的倾向里，以夸大的形式表现出来。这些倾向都是从费希特的哲学里引申出来的。

3. 几种与费希特哲学相联系的主要形式

一方面，就费希特的自我在他的哲学里所赢得的内容看来，其 642
完全缺乏精神，其枯燥乏味，简言之，其十分笨拙，是异常显著，因而使人无法停留在他那里，——此外我们的哲学见解也可以看出他的根本原则和他的内容的必然性所表现出来的片面性和缺点。但是，另一方面，在他的哲学里，自我意识、自我被设定为本质，并不是一个异己的、外在的自我意识，而是自我，——一切事物的标志，并且在一切事物的现实性里回响着。

㈠　弗里德里希·封·希雷格尔

费希特的主观性观点带着以非哲学的方式发挥出来的倾向，所以这个观点的完成依靠着一些属于感觉的形式，而这些形式有时也力求超出主观性，虽然它又不能够超出主观性。——自我是费希特的原则，它停留在主观的形式里；然而它又要求打破这种限制。在费希特那里，限制〔或阻力〕不断地产生出来。自我对这限制起反作用，企图使自己得到安静；安静应该是具体的，但它只是一种消极的安静。这种形式——讽刺（Ironie）——以弗里德里希·封·希雷格尔为倡导人。主体知道自己在自身内是绝对的，一切别的东西在主体看来都是虚幻的、由主体自己对正义、善等所作出的种种规定，它也善于对这些规定又去一个一个加以摧毁。主体可以嘲笑自己，但它只是虚幻的、伪善的和厚颜无耻的。讽刺善于掌握一切可能的内容；它并不严肃对待任何东西，而只是对一切形式开玩笑。

㈡　施莱艾尔马赫

自我在**特有的世界观**的主观性、个别性里，找到了它的最高的虚幻性——**宗教**。各式各样的个别性里面都包含着神。为了提高自己和保持自己，**辩证法**是至高无上的。

如果把这种看法说成哲学的自我意识，那么对一般**教养**来说，那异己的理智世界便失掉一切意义和真理了。这个理智世界是三
643 个因素所组成：首先是一种在时间上已经过去、在空间和存在上已经个别化了的神性，其次是一个处在自我意识的现实性的彼岸的世界，最后是一个行将到来的、自我意识行将在其中达到它的本质的世界。教养的精神已经放弃了这个理智世界，不复承认任何异于自我意识的东西了。于是按照这个原则，那活生生的精神本质已被移植到自我意识之内了，而自我意识想要直接地从自身内认识精神的统一性，并且想要以诗的，或至少以预言式的方式在这种直接性里认识这种统一性。所谓诗的方式，是通过直观，而不是通过概念直接地认识绝对者的生命和人格的方式，它以为如果不用诗的语言来表达，就会丧失掉作为自身浸透的统一性的全体本身。而它用诗的方式所表达的乃只是对自我意识固有的生命的直观。——但是真理是绝对的运动，由于真理是诸多〔精神〕形态的

运动，**宇宙**是诸多精神的王国，所以这种运动的本质是概念，每一个别形态的运动的本质也同样是概念；概念就是它们的理想形式，并不是各个形态的现实。在现实形态里必然性便不见了，留下的只是自己独特的行动、生命和自我感。而这种诗是摇摆于概念的普遍性和现实形态〔或形象〕的规定性和无差别性之间的，它既不是鱼，也不是肉*；既不是诗，也不是哲学。

那用预言方式表述的、自命为哲学的真理，实际上是属于信仰的范围，——属于自我意识，这个自我意识诚然在自身内直观到绝对精神，但是却没有把自己理解为自我意识，而是把绝对本质放到认识之外，放到自觉的理性的彼岸去了。埃申迈尔、耶可比就是这样。——这种缺乏概念的、预言式的**讲演**用神谕的方式肯定绝对本质是这样，是那样，并且要求每个人都可以直接从自己的内心里找到绝对本质。关于绝对本质的知识成了一件内心的事情，有一
群所谓灵感的代言人，全都用**独白**的方式说话，他们除了在与人握 644
手时和在默默无言的情感中以外，对于他人实在毫无所知。他们所说的都是些琐屑不足道的东西，如果单就他们所说的来了解他们的话。使人感到他们说的话有意义的，首先是情感、姿态和满腔热情，就本身来说，他们没有说出更多的东西。他们以想象力的偶然奇想和想望仰慕的诗意竞相夸耀。但是在真理面前，狂妄的空谈就失掉光彩了，就恶意地冷笑着爬回去了。——不要问真理的标准，只需问真理本身的概念；把你的目光凝注在真理的概念上吧。

---

* 原文 weder Fleisch nech Fisch 是德文中的成语，有中文成语“不伦不类”之意。

第二种形式是主观性投入了宗教的主观性，由于对思维、真理、自在自为地存在着的客观性的绝望，不能够提供坚定不移性和自动性，便使得一个有高尚情操的人陷于个人的情感里，并且在宗教里去寻求安身立命之所。这个稳定的安身立命之所，这种内心的满足，一般讲来就是宗教情绪。——这种寻找安身立命之所的迫切要求，曾经使别的人投身于权威宗教信仰、天主教、迷信、奇迹中，去寻求稳定，因为内心的主观性使一切都摇摆不定。这种主观性想以它的心情的全部力量转向权威的东西，向权威的东西低头，张开双臂去拥抱外在的东西，并在那里面去寻求内心的需要。

㊂　诺瓦利斯

丙、主观性是有缺陷的，它急迫地要求一个稳定的东西，因而老是在想望仰慕之中。在诺瓦利斯的著作里表达了一个美的灵魂的这种想望仰慕之忱。这种主观性只停留在想望仰慕的阶段，没有达到实体性的东西，这种主观性的火焰在自身内就熄灭了，并且坚持这种观点，——在自身内纺纱织布；这是一种内心生活和一切
645 真理的体察。——主观性强调过了头每每会到发狂的程度。如果这种过度的主观性是停留在思维里，那么，它便被束缚在反思的理智里绕圈子，而理智是永远对自己采取否定态度的。

㊃　福锐斯，布特尔威克，克鲁格

丁、主观性的另一种形式是任性、无知的主观性。它认为最高的认识方式是直接知识、是意识的事实；这是不错的。费希特的抽象思想和他的生硬的理智对思维来说曾起了吓唬作用。懒惰的理

性只是被动地接受〔康德和耶可比的哲学〕* 所告诉给它的东西，根本不进行任何一贯的思维和任何〔逻辑的〕构造。这种任意性容许自己对于一切信口开河，像在咖啡馆里似的，以诗的方式、预言的方式高谈阔论。后来它也变成比较冷静、比较平淡了。它重新带来了旧的逻辑和形而上学，只是附加上一个转语，说它们是意识的事实。福锐斯就是这样。他想要改进纯粹理性批判，因为他把范畴理解为意识的事实。任何材料都可以采纳到意识里面，〔作为事实〕。——从哲学思考方面看来，〔他对康德的这种改进〕是名誉扫地的；因为他首先假定了思想、原则、科学性的要求，甚至意见之间有其共同性。但是他也把一切都放在特殊的主观性上面；每一个人都是骄傲的，并轻视别人的。——独立思维的观念是与这种看法联系在一起的。人不能为别人而思维；独立思维就是证明。我们必须在思维中排除掉**特有的**特殊性，要不然，就不算是独立思维。恶劣的图画就是画家只是在其中表现他自己的那种图画。独创性就在于产生出某种极其普遍的东西。独立思维的笑柄是：每一个人各说一番蠢话，说得一个比一个更蠢。

布特尔威克谈到“**德性**、生命力，即把主体与客体看成是同一的，亦即看成绝对的德性。——有了这种绝对德性，我们就有了全 646
部存在和行动，亦即永恒的、绝对的和纯粹的统一，简言之，我们就在我们之内掌握了世界，在世界之内掌握了我们，这当然不是通过概念和推理，而是通过那种本身**直接**构成我们的存在、构成我们的理性本性的力量。——不过要认识大全，或者认识上帝，对每个有

* 第 242 页。

死的人来说，是不可能的”。[①]

克鲁格写道：“根本的哲学”提出了“先验的综合论，——即先验的实在论和先验的唯心论在不可分的结合中”。“在现实的东西与理想的东西之间，思维的主体与同它相对立的外部世界之间，是有一种原始的综合的。”这个先验的综合必须“得到承认和坚持，而不必加以解释”。[②] ——福锐斯在直接的基本理性判断的形式下[③]、在隐晦的、不可言说的表象[④]形式下，退回到了耶可比式的信仰。

四、谢　林

那最有意义的，或者从哲学看来唯一有意义的超出费希特哲学的工作，最后由谢林完成了。谢林的哲学是与费希特相联系的较高的纯正的形式。

647 弗里德里希·威廉·约瑟夫·谢林于1775年1月27日诞生于符腾堡邦的恩多夫，曾在莱比锡大学和耶拿大学学习，在耶拿同费希特有了比较密切的联系。1807年后他担任了慕尼黑艺术科学院的秘书。现在还不能很充分适当地谈他的生平，因为他还活着。

---

① 锐克斯纳：《哲学史手册》，第三卷，第一五六节，第347—348页；参看布特尔威克的《确然真理》（1799年），第二部分，第206—212页。

② 克鲁格：《哲学的一个新工具草案》（梅森，1801年），第75—76页；锐克斯纳：《哲学史手册》，第三卷，第一五七节，第349页。

③ 锐克斯纳：《哲学史手册》，第三卷，第一五八节，第350页；福锐斯：《新理性批判》（海得堡1807年第一版），第75、281、284、343页。

④ 锐克斯纳，同上书，第351页；福锐斯，同上书，第206页。

现在，谢林的哲学首先过渡到对上帝的认识。而它是从康德哲学以及费希特哲学出发的。谢林以耶可比的思维和存在统一的原则为基础，不过他开始对这原则作了进一步的规定。[1] 在他看来，在具体的统一里，有限的东西并不比无限的东西更真实，主观的理念也并不比客观性更真实，而且这两种不真实东西的独立的、彼此外在的结合也只不过是不真实的东西的结合。具体的统一只能说是一种过程，是一个命题里的有生命的运动。这种不可分离性只存在于上帝那里；反之，有限的东西就是包含这种可分离性在内的东西。有限的东西只要是真实的，它也就具有这种统一性，不过只是在一个有限制的范围内具有统一性，正因为如此，也可以说是在两个环节的分离性中具有统一性。

谢林是在公众面前发挥出他的哲学的。他的哲学**著作**的序列同时就是他的哲学形成的历史，并且表达了他逐渐从他所据以开始的费希特原则和康德的内容中超拔出来的过程。这些著作的序列并不包含他的哲学（体系）各个部门依次发挥出来的次序，而是包含着他的哲学形成的诸阶段的次序。如果要我寻找一本最后的
著作，在其中他的哲学得到最确定的发挥，这样的著作是举不出来 648
的。谢林的初期著作完全是费希特的气味，以后他才逐渐从费希特的形式中解脱出来。费希特提出的这种自我就有着模糊的意义，它既是绝对自我、上帝，又是具有个人的特殊性的自我[2]；这一点给予谢林的（最初的）刺激。他的第一篇很短的在图宾根大学发

① 《谢林的哲学著作》（朗兹沪，1809 年，第一卷，《论自我作为哲学的原则》，第 1—114 页），第 3—4 页（图宾根 1795 年第一版，第 4—7 页）。

② 《谢林的哲学著作：论自我作为哲学的原则》，第 99 页以下（第 178 页以下）。

表的著作(1795 年)叫做《论一种哲学形式的可能性》(四印张),其中只包含着费希特哲学的原则。同样地,次一著作《论自我作为哲学的原则或者人的认识中的无条件者》(图宾根,1795 年)甚至费希特的味道更浓厚,不过这里已经有了进一步的较普遍的见解。自我已经被肯定为原始的同一性。① 但是我们仍然可以找到费希特的原则和说法的逐字逐句的接受:“只有设定某种东西原始地与自我相对立,把自我本身设定为(在时间上的)复多,自我才有可能超出单纯地在其中被设定的东西的那种统一性,譬如说,它可以许多次设定那同一个被设定的内容。”②

后来他进而讨论自然哲学,从康德的《自然形而上学》接受了康德的诸形式和诸反思规定,如引力和斥力等,并且以康德的术语去说明完全属于经验的现象。关于这方面的,他的初期著作还有:《有关自然哲学的一些观念》,1797 年;《关于世界灵魂》,1798 年,这书的第二版载有一个意见与原来不很一致的附录。后来他读到了赫德尔和基尔迈尔的著作,——这些著作里提出了敏感、反感和
649 生殖等说法,如说到敏感越大则反感越小等等,又如埃申迈尔关于潜力的说法,——那时他就根据思想范畴去理解自然了,并试图对自然作出一般的更确切的科学发挥(因此他出现〔在哲学界〕很早)。由于他按照康德的原理来阐述道德和国家学说,所以他在《先验唯心主义》里是按照费希特的观点写的,但是,符合康德的《论永久和平》的精神。

---

① 谢林的哲学著作:《论自我作为哲学的原则》,第 23—24 页(第 38—42 页)。

② 《论自我作为哲学的原则》(图宾根,1795 年),第 150 页(《哲学著作》,第 83 页)。

在他后来的论著里，每一部著作总是重新开始（从来没有一个贯彻到底的完整的全体），因为我们看到，前此写出的著作不能令他满意，所以他不得不以不同的形式和术语另起炉灶。他总是在不断地寻求新的形式：《自然哲学体系草案》，1799 年；《先验唯心主义体系》，1800 年；《布鲁诺，关于事物的神圣原则和自然原则的一篇对话》，1802 年；《思辨物理学杂志》，第二卷第二期，1801 年；《新思辨物理学杂志》，1802 年以下。他的《先验哲学》是他发挥得最充分的著作之一。后来，在他的《思辨物理学杂志》里他给整个体系的论述作了个开端。在这里谢林在一定程度内还是不自觉地从费希特的构造形式出发；不过这里已经包含着认为自然同知识一样都是一个理性的体系的思想。

这里即使时间容许要详细地进入所谓谢林**哲学**的论述，那也是有困难的。因为他的哲学还不是一个把各部门都有机地组织了起来的科学整体，而只是包含一些有普遍性的、始终如一的环节。必须认为这种哲学还在演进的过程中，还没有获得成熟的成果。① 650
因此我们在这里只能提示一些一般的观念。

哲学的一般要求。在笛卡尔和斯宾诺莎那里，我们曾经看见思维和广延作为两个方面：笛卡尔在上帝那里把它们联合起来，但是却以一种不可理解的方式去做的，斯宾诺莎也是在上帝那里把它们联合起来，但是他把上帝理解为没有运动的实体，——自然和人都是这个实体的发展，但是他只是停留在实体这个名词里，以后我们看到这个形式得到了发展，一方面是在各门科学里发展的，另

① 这是 1805—1806 年讲演录里面的话。

一方面是在康德哲学里发展的。最后在费希特哲学里这个形式单独地被当作主观性的规定；一切规定据说都是从主观性里发展出来的。现在的要求是把这消亡在讽刺和任意性里的主观性、无限的形式从它的片面性里解救出来，以便与客观性、实体性相结合。换句话说，斯宾诺莎的实体不应该被理解为无运动的东西，而应该理解为理智，理解为按照内在必然性自身能动的形式，因此这实体既是自然的创造力量，但又同样是知识和认识。这样，它就成为哲学研究的对象了。它既不是斯宾诺莎的形式的联合，也不是费希特那里的主观的全体，而是具有无限的形式的全体；我们看见这个观点在谢林的哲学里出现了。

谢林在他的一种早期著作里曾把先验哲学和自然哲学看成科学的两个方面，稍后他就单把自然哲学当作科学，甚至把它理解为普遍的哲学。他又曾称他的哲学为自然哲学。

651 1. 在《先验唯心主义体系》一书里，他解释了先验哲学和自然哲学两者的性质。如果我们先考察他的先验唯心主义体系，就可看到，它是以费希特哲学为出发点；他自命为一个费希特派。“一切知识都建立在一个客观的东西与一个主观的东西的谐和一致上面”。在常识上，人们承认这一点，认为这是概念与实在的统一。存在和概念没有差别的绝对统一，这种完满的理念，就是绝对，也只能是上帝。任何别的东西都有主观与客观不谐和一致的一面。“我们知识中一切客观的东西的全部内容可以叫做自然。反之，一切主观东西的全部内容则叫做自我或理智”。它们本身是同一的，并且被设定为同一的。自然与理智的关系他是这样表述的：“如果一切知识都具有互为前提、互相需求的两极，那就必定有两门基本

科学，而且从一极出发必定不可能不被迫走到另一极。”于是自然就被迫走向精神，精神就被迫走向自然。每一方都可以看成第一位，并且两者都是必定要向对方过渡。自我以及自然都可以看成第一位。

(1)“如果把客观的东西看成第一位”，我们就是从自然科学开
始，而“一切**自然科学**的必然倾向”或目的“就是从自然向着理智进
展。这就是使自然现象得到理论说明的努力。使自然科学得到最
高度的完善，将会使一切自然规律赋有完善的精神意义，成为直观
和思维的规律。现象(物质的方面)必定完全消逝，只有规律(形式 652
的方面)存留着。因此，在自然本身内，那符合规定的东西越是实
现出来，自然的外壳就越是消逝，现象本身就越成为精神性的东
西，最后停止其为现象。——完善的自然理论应该是这样一种理
论，凭借这种理论的解释，整个自然可以归结到理智。——那死气
沉沉的、没有意识的自然产物，只不过是自然企图反映自身的一种
遭到失败的尝试，而所谓死气沉沉的自然，一般讲来乃是一种未成
熟的理智”，僵化了的、顽冥不灵的理智；它只是潜在的理智，仍然
停留在外在性里：“因此在自然的现象里”，即使“还没有意识，但已
经闪烁着理智的性格了。——自然”(其实不应称为自然，而应称
为自然的概念或理念)“要达到它的最高目的，使自己成为客体”，
“只有通过最高、最后的反思，——亦即通过人，或者一般讲来，通
过理性——才能实现，只有通过人或理性的活动，自然才能充分地
返回到它自身，这样一来，才显示出自然本来是与被认作在我们之
内的理智和意识内容相同一的。——通过这种使自然赋有理智的
倾向，自然科学就成为自然哲学”。自然的理智性格被谢林说成是

科学的要求。

还需进一步指出，谢林在近代成了自然哲学的创始人。自然哲学并不是一门新的科学，我们老早在亚里士多德等人那里就有了自然哲学。英国哲学也只是在思想中把握自然事物；自然力量、自然规律是基本范畴。物理学与自然哲学的对立，也并不是对自然不进行思维与对自然进行思维的对立。物理学里面的思想只是
653 形式的理智思想；其进一步的内容、物质是不能够由思想本身来规定，而必须从经验中取来的。只有具体的思想才包含着物质的规定、内容在自身内；只有现象的外在方式才属于感官的对象。物理学家不知道，他们是在思维，就像那个英国人只满足于他能作散文而不知道散文中所包含的思想那样。——谢林的功绩并不在于他用思想去把握自然，而在于他改变了关于自然的思维的范畴；他运用概念、理性的形式来说明自然，例如他就用〔理性的〕推论形式来说明磁力。他不仅揭示出这些形式，而且还企图构造自然、根据原则来发挥出自然。

(2)其次是另一个规定："或者把主观的东西看成第一位。"所以这里的"任务在于说明：一个客观的东西如何会附加上来而又能与主观相一致"？这就是真正的**先验哲学**的课题。"把主观的东西当作第一位的和绝对的，从它出发，并让客观的东西从它产生出来"，这是一个相反的进程，对这个进程加以考察，就是先验哲学的内容，"这是哲学的另一个必然的基本科学。"①先验哲学的工具是主观的东西、内心行为的产生作用。这种产生作用和对这种产生

① 《先验唯心主义体系》，第5—7页。

作用的反思、无意识的活动和有意识的活动结合为一，就是想象力的审美的活动。[①]

甲、在以**自我**为先验哲学的基础（他当时曾经这样称呼它）这一点上，谢林是和费希特一样进行工作的。在这里，他从知识的事实、知识的原则开始，“在知识的事实或原则里，内容受到形式的制约，形式受到内容的制约”，这就是 A＝A 的公式。但是 A 存在 654
吗？自我是“主体与客体直接结合为一的点”；这就是**自我意识**的行为。至于自我与外在客体的关系如何，这一问题正是在以后的发展过程中必须解决的。现在必须抓紧的只是自我这一概念。“自我这一概念就是一般思维借以转化为客体的那种活动，和自我本身（客体）是绝对同一的；离开这个活动就根本没有自我。”[②]正是凭借这种活动，思维使自身成为客观的东西，就是在这种活动中，自我被设定为与客观的东西、思想相一致。必须从这个观点出发，去证明自我如何向客观的东西进展。

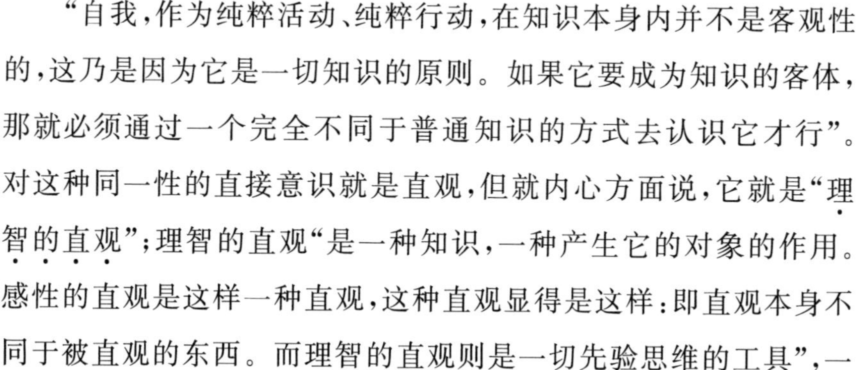

“自我，作为纯粹活动、纯粹行动，在知识本身内并不是客观性的，这乃是因为它是一切知识的原则。如果它要成为知识的客体，那就必须通过一个完全不同于普通知识的方式去认识它才行”。对这种同一性的直接意识就是直观，但就内心方面说，它就是“**理智的直观**”；理智的直观“是一种知识，一种产生它的对象的作用。感性的直观是这样一种直观，这种直观显得是这样：即直观本身不同于被直观的东西。而理智的直观则是一切先验思维的工具”，一

① 《先验唯心主义体系》，第 17—21 页。

② 同上，第 24—46 页。

般讲来是纯粹自我意识的活动："自我不是别的东西，只是使自身成为客体的产生作用罢了。"[①]谢林一方面从费希特哲学出发，另一方面像耶可比那样，以直接知识为原则——以人必定具有，特别是哲学家必定具有的理智直观为原则。这种理智直观的内容或对
655 象，现在仍然是绝对、上帝、自在自为地存在者，但是被表述为具体的、自身中介的，表述为主观与客观的统一，或者表述为主观与客观的绝对无差别。

因此谢林的哲学是从直接知识、理智的直观开始；但是第二步，它的内容已不复是不确定的东西、本质的本质，而是具体的绝对了。就理智直观的形式而论，前面已经谈到过，它是以最方便不过的方式来设定知识——把知识设定在任何偶然碰巧想到的东西上。而关于精神性的上帝的直接知识，则认为只是基督教民族有之，而在别的民族或别的民族的意识中是没有的。这种直接知识作为对具体事物的理智直观，或者作为主观性与客观性的同一，尤其显得是偶然的。既然哲学是以个人具有关于主观与客观同一性的直接直观为前提，所以从谢林的哲学看来，似乎只有有艺术才能的个人、天才，或少数特殊幸运的人，才会享有这种直观。但是，哲学按照它的本性来说应是能够具有普遍性的，因为它的基础是思维；正因为有了思维，人才是人。因此哲学的原则纯全是普遍的；如果它要求一个特定的直观、意识，如主客同一的直观或意识，这就是一个特定的、特殊的思维的要求了。

但是，在这种对于具体的绝对者的知识形式里，质言之，在主

① 《先验唯心主义体系》，第49—52页。

观与客观统一的形式里，哲学便与表象、通常表象意识及其反思方式分离开了。在康德（他的紊乱的唯心主义）那里已经造成了哲学与意识的通常〔表象〕方式分离的开端。只要一般地作出了“绝对 656
者不能被认识”的结论，并且从实用出发接受了这个结论，那么，哲学研究就成为多余的事了。在费希特哲学里，通常意识与哲学分隔得尤其厉害。费希特的自我不仅是经验意识中的自我，而且它又可以认识、意识到那些不落入通常意识之内的、普遍的思想范畴。谢林哲学，就其本身来说，同通常表象意识分隔得特别厉害。费希特虽说特别有通俗化的倾向，他的晚期著作是特别为了这个目的而写的，譬如说，试图“**迫使**读者理解”；但是他并没有达到这种通俗性。在谢林那里更不是这样。因为他所谓具体的东西，按照它的本性说，同样是思辨性的。具体的内容、上帝、生命或者具体内容所采取的任何特殊形式，诚然是通常意识的内容，但是困难在于使包含在具体内容里面的东西成为思想，使思想成为具体的、使有差别的诸规定成为思想。把各种思想区别开，指出它们相互对立——这是理智的观点。哲学思考的要求则在于把这些区别开来的思想结合起来。自然意识无疑地是以具体的东西为对象的，但是理智却把它二元化、区别开，并且坚执著有限的思想规定，而困难在于抓住并坚执其统一性。人们总是把有限与无限、原因与结果、肯定与否定分裂开。思维也就从这里开始。这是属于反思式的意识的范围，这也是旧式形而上学意识所共有的思维方式。但是思辨的思维必须既具有这种对立，又要解除这种对立。

所以在谢林这里思辨的形式又占了上风，因而哲学也就又具 657
有自己的独特性；哲学的原则、思维、自在的思维、理性的思维又取

得了思维的形式。所以在谢林哲学里，内容、真理又重新成为主要的事情，与此相反，在康德哲学里，曾特别明白宣称哲学的主要兴趣在于研究知识、认识、主观的认识。这种看法似乎很可取，因为它主张人们应该首先考察工具、认识。这令人想起一个学究(σχολαστικός)的故事，据说这个学究在学会游泳以前，不愿意先下水。所谓研究认识，就是对认识进行认识。但是不管一个人如何愿意认识，如果不去认识，那就没话可说。——一般讲来这就是谢林哲学的观点。

谢林承认他与费希特哲学的联系，而他是这样表述这种联系的：自我立刻就是自我＝自我。我就是我的自我意识；所以自我是主体与客体的同一。“科学不能从任何客观的东西出发”，而必须从“非客观的东西出发，这种非客观的东西自身变成客体”，作为“原始的二重性”。① 我是对我而存在，我是我自己的对象。两者的关系：作为主体的自我与作为客体的自我，只是自我，——自我只是两者的统一，是主体-客体。在自我意识里，我就是在我自身中的客体性，这里并不存在客体与自我的区别。那区别开的两方面是直接同一的，还没有任何东西与这个自我意识相对立。——“唯心主义就是客观世界从精神活动的内在原则里产生出来的一套理论。”②

658 乙、由于主体与客体的区别出现了，并得到承认了，于是就产生了自我与它的对方的关系；这是费希特的第二条原则。对这条

① 《先验唯心主义体系》，第55—58页。

② 同上，第63—65页。

原则的进一步分析，就是自我对于自己的限制。自我给自己设定一个对立面；这个对立者就是非我，因为它把自身设定为有条件的。这就是无穷的阻力；因为这个有条件的东西就是自我自身。第一，“自我作为自我是无限制的”，自我是现实的，“只有在一种情形下它是受限制的”，即与非我相联系。只有这样才有意识；自我意识是一个空的规定。自我通过它的自我直观而成为有限的，“这个矛盾只有在如下的情况下才能得到解除：即自我在这种有限性里成为无限的，这就是说，自我通过直观把自己看作一个无限的生成过程”。自我与自身的关系和自我与无穷的阻力的关系是分不开的。——第二，“自我只有当它”超出它的限制时，“当它无限制时，它才是受到限制的”。所以这种限制是必要的。这种存在着的矛盾总会持续着，即使自我永远不断地限制着非我。“这两种活动：那无限地超出的、可以限制的、实在的、客观的活动和能限制的、理想的活动是彼此互为前提的。唯心主义只反映了一种活动，实在主义反映了另一种活动，先验唯心主义反映了两种活动。”①这可以说是极其混乱的抽象。

丙、“自我达到自我意识，既不是通过能限制的活动，也不是通过被限制的活动。因而就有由两者结合起来的第三种活动，通过这一活动就产生了具有自我意识的自我。”那经常出现的分离只有在第三者中才得到解除。“这第三者是摇摆于两个”对立面“之间的东西，——是两个倾向的斗争”。② 它只是本质的联系，相对的

① 《先验唯心主义体系》，第72—79页。

② 同上，第85—86、89、98页。

同一性；其中仍然老是存留着差别。这个第三者必须占有突出的
659 地位。“这个斗争不可能在一个单一的行动里，而只有在无限系列的行动里才能得到调解。”①这种互相对立的倾向的斗争，亦即自我向内和向外的倾向的斗争，如果只是在无限进展的系列中才得到解除，则只能是表面的解除。为了要〔使得对立倾向的调解〕完备，整个内部的自然和外部的自然及其一切细节必须得到阐述。哲学只能够揭示其主要的阶段。“如果感觉的一切中间环节都须陈述，那我们就必须对自然内一切的质作一个推演，这是不可能的。”①这个直接包含着对立倾向的结合的第三者，乃是一个思想，在这思想中已经包含着特殊性了。这就是康德式的直观的理智或理智的直观，直观着的理智。这个第三者，即矛盾的绝对统一，谢林也叫做理智的直观。

丁、自我在这里并不是片面地与对方对立：它是无意识和有意识的同一，不过它不是那样一种以自我本身为根据的同一。② 这个自我必须是绝对的原则。“整个哲学是从一个原则出发，这个原则作为绝对同一的东西，是非客观性的。”因为如果它是客观性的，那么它立刻就被设定为可以分离的，就有一个他物与它相对立。但是〔绝对〕原则就是这种对立的消除；因此它本身就是非客观性的。“如果这样的原则是理解整个哲学的条件，那就有必要问：这样的原则如何可以在意识内被唤起并得到理解？这个原则是既不能通过概念去理解，也不能通过概念去表达的，这是不需要证明

① 《先验唯心主义体系》，第85—86、89、98页。

② 同上，第442—444页。

的。”概念被谢林称做普通的范畴；但是概念是具体的，它是自身无 660
限的思维。“现在剩下的唯一办法就是用一个直接的直观去表达这个原则。如果有这样一种直观，认绝对同一者、那本身既非主观的也非客观的东西为客体，而人们自身却又能够在直接**经验**里唤起那种只能是理智的直观”，那么就会引起这样的问题：“如果在那种直观里找不到一个普遍的、为一切人所共同承认的客观性，人们又如何能够使得这种直观成为客观的呢？这就是说，如何可以使人不致怀疑，它是建立在主观的幻想上面呢？”这个理智原则为了可以在意识里被唤起，它本身就应该在经验里被给予。“理智直观的客观化就是**艺术**。只有艺术品能反映给我任何别的东西所不能反映的那种东西、那种在自我本身内已经分离开了的绝对同一。”[①]同一性的客观化和对同一性的知识就是艺术。在同一个直观里，自我意识到它自身，但又是不自觉的。这种客观化的理智直观就是客观的感性直观；——另一种客观化就是概念、洞见到了的必然性。

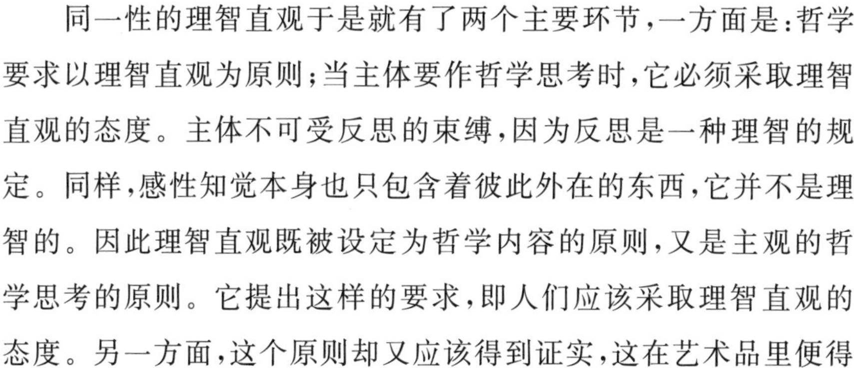

同一性的理智直观于是就有了两个主要环节，一方面是：哲学要求以理智直观为原则；当主体要作哲学思考时，它必须采取理智直观的态度。主体不可受反思的束缚，因为反思是一种理智的规定。同样，感性知觉本身也只包含着彼此外在的东西，它并不是理智的。因此理智直观既被设定为哲学内容的原则，又是主观的哲学思考的原则。它提出这样的要求，即人们应该采取理智直观的态度。另一方面，这个原则却又应该得到证实，这在艺术品里便得 661

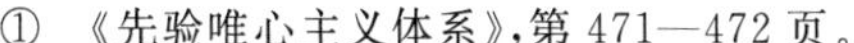

① 《先验唯心主义体系》，第 471—472 页。

到了这种证实。艺术品是理性客观化的最高方式，因为在艺术品里感性的表象与理智性合而为一了。感性的存在只是精神性的表现。自我、主体所能达到的最高的客观性、主观和客观的最高的同一，就是谢林所说的**想象力**。客体和对客体的理智直观，就是艺术。于是艺术被理解为最内在的、最高的东西能够把理智和现实结合为一的东西，而哲学思考就被当作这种艺术的**天才**。——但是艺术和想象力并不是至高无上的东西。因为理念、精神不能以艺术表现其理念的那种方式得到真正的表现。艺术永远采取直观的方式；由于采取这种存在方式、这种感性方式，艺术品是和精神不相符合的。因为像这样把最高点说成是想象力、说成是艺术，而想象力和艺术本身在主体内却只是一个次要的观点；所以这个〔最高〕点本身并不是主观与客观的绝对同一。

人们所要求于主观思维的，应该是提高到理性的、思辨的思维。如果理性的、思辨的思维在你看来是谬误的，那就没有别的可说，只能说：你没有理智的直观。但理智的直观是费希特的想象力，是一种摇摆于两个方向间的东西。对某种东西予以〔逻辑的〕证明，加以概念式的把握，并不是直观或想象力范围内的事。直接的要求应该是对于一物的正确的理解。——另一方面，只要把理念宣称为原则，就应该把它确定地建立起来。绝对是主观与客观的绝对同一，是现实与理想、形式与本质、一般与特殊的绝对无差别；在同一性里两者既非其一，也非其他。但是同一性也不是抽象的、空洞的、枯燥的统一。这乃是〔形式的〕逻辑的同一性、按照共
662 同之点的分类；而区别却仍然存在于同一之外。〔真正的〕同一性是具体的，既是主观性也是客观性；主观性、客观性皆作为被扬弃

了的、理想的环节包含在其中。这种同一性是很容易用表象来说明的。譬如，表象是主观的，它同时具有彼此相互外在的特定的内容。但另一方面表象又是简单的，——它是一个行动、一个统一性。——谢林哲学的缺点在于一开始就提出来主观和客观的无差别点，这种同一性只是绝对地〔抽象地〕陈述出来的，并没有证明它是真理。谢林常常是用斯宾诺莎的形式，提出一些公理。在哲学研究里，人们要求对于所要树立的观点加以证明。但是如果从理智的直观开始，那我们就会满足于断言、神谕，因为所要求于我们的只是作理智的直观。

一般讲来，两个进程是很确定地表达出来了。一方面是把自然彻底地引导到主体，另一方面是把自我彻底地引导到客体。但是真正的彻底引导或推演只能采取逻辑的方式。因为逻辑方式包含着纯粹思想。但逻辑的考察却是谢林在他的哲学阐述、发挥中所没有达到的。对主客同一的真理性的真正证明毋宁只在于这样进行，即对每一方的自身，就它的逻辑规定亦即它的本质的规定加以考察，从而可以得出这样的结论：主观是这样的东西，它自身必然要向客观转化；而客观是这样的东西，即它不能老停留在客观上面，它必然要使自身成为主观的东西。我们必须揭示出有限的东西本身即包含有矛盾在自身内，使自身成为无限的东西。这样我们就有了有限和无限的统一。通过这种步骤，就不会只是假定对
立面的统一，而是在对立面自身内指出它们的真理是它们的统一， 663
每一方单独看来都是片面的；它们的区别使得双方相互过渡，回转到统一。而在理智看来，它们的区别是固定不移的。所以思维的考察的结果将会是每一方不知不觉地使得自己变成它自己的对立

面，而认识到只有两者的统一才是真理。无疑地，理智会把这种转化说成是诡辩、欺骗、胡说等等。这种同一性按照耶可比说来，将会被当作有条件的、被派生的东西。但是必须指出，这种发挥、这种结果诚然包含着片面性，因此这个间接性本身必须予以再扬弃，并设定为直接的；对立统一；同样是一个包含着间接性在自身内的过程。谢林诚然一般地具有这个观念，但是他没有把这个观念按一定的逻辑方式加以彻底论证；在谢林那里对立统一是直接的真理。

这就是谢林哲学里面的主要困难。于是人们对他的哲学有了误解，并且失掉了兴趣。要指出主观与客观有差别，那是很容易的。如果主观与客观没有差别，那么它们就会与 A＝A 一样，没有什么意义。但是它们乃是相反的一。在一切有限事物里都有同一性存在，只有同一性是现实的；但是有限事物除了具有同一性外，还包含主观性与客观性的不一致、概念与实在的不一致，——这就是有限性的特征。谢林的同一性原则缺乏形式、缺乏证明；他只是初步提出这个原则罢了。

2. 下面的阐述里也表明了证明的需要。但是就他已经一度采取的方式来说，他的证明也只是反思，——这种反思的证明仍然只是形式的。谢林由于在他的阐述中感到证明的需要，曾试图从作
664 为**主观和客观的同一性**的绝对者的理念开始去证明这个理念，这个证明是在《新思辨物理学杂志》里作出的，但是这些证明是极其形式地进行的，所以它们事实上老是预先假定了所要证明的东西。在公理里预先接受了主要的事实，于是一切都顺着推出来了。譬如，“绝对者的本质或内在本质只能被设想为绝对的、纯粹无疵的

同一性。——因为绝对者只是绝对的，在绝对者这一概念里所设想到的据说是必然地、永远地是同一的东西，亦即必然地、永远地是绝对的东西。假如绝对者的理念是一个普遍的概念”（或表象），“那并无碍于在这里面遇见差异，尽管它具有绝对的统一性，因为不同的事物在概念里总是同一的，正如正方形、多角形和圆形都同是图形。一切事物的差异的可能性及其在概念中的完全的统一性之所以不矛盾，是基于事物的特殊性如何与普遍性相联系的方式。在绝对者内完全没有这种情况，因为这乃是基于绝对者的理念，在绝对里特殊的又是普遍的，普遍的又是特殊的，而且通过这种统一，在它里面形式和本质也是同一的。因此从绝对者的本性看来，立刻就可以推出，它是绝对的，而且它又从它的本质内排除了一切差别。”①

这种同一性又在他的另一本书里称之为主观与客观的绝对无别：因而两者在其中都具有它们的真正的规定。但是无别这个名词是意思欠明白的，它是对于两方面取中立态度。所以它会引起这样一种错觉，好像那无差别的内容，由于它是具体的，所以就是 665
中立的。谢林又说过：无别就是本质与形式、无限与有限、肯定与否定的同一性。人们可以运用所有这些对立面；不过它们只是抽象的，它们与逻辑的东西本身的不同发展阶段相联系。现在谢林就从这种绝对同一性出发。他的哲学的一个很充分的发挥就包含在《思辨物理学杂志》里。在这里他像斯宾诺莎那样应用了**几何学方法**：先列举公理，然后提出命题，进行证明，然后又有推演出来的

① 《新思辨物理学杂志》，第一卷，第一期，第52—53页。

命题。但是这个方法在哲学上并没有真正的用处。在这里他又假定了一些有区别的形式，他把这些形式叫做**因次***（Potenzen），这个术语是从曾经先用它的埃申迈尔那里借来的。[①] 这都是一些现成的区别，而谢林加以利用罢了。

甲、首先，谢林又把斯宾诺莎的实体、简单的绝对本质重新提出来。[②] 并且又重新给予先验唯心主义以绝对唯心主义的意义。[③] 不过在他这里这个本质直接在自身内就是绝对的形式，或者绝对的认识，一个有自我意识的本质，而在斯宾诺莎那里，则具有一个客观性的或被思维的本质的形式。按照这种说法，思辨哲学不是自为的，而是它的纯粹的组织；认识即在**绝对**之内。[④] 本质与形式的这种统一就是绝对，换言之，如果我们把本质当作普遍、把形式当作特殊来考察，则绝对就是普遍与特殊或者存在与认识的绝对统一。单就其本身来看，形式就是特殊的东西或者差异的出现（主
666 观性）。不过有差别的东西、主体与客体或者普遍与特殊只是观念中的对立；在绝对中它们纯全是同一的。为了把握这个统一，必须在思维的意义下，或者在自觉的认识的意义下来理解这形式。作为统一的这种形式或知识就是直观，直观绝对地把思维和存在认作等同的，并且由于直观形式地表述了绝对，也就同时成为绝对的本质和存在的表现。[⑤] ——这个直观是理智的，因为它是理性的

* 按“因次”（Potenz）是数学名词，亦叫乘方，谢林借用来解释他所谓主客同一中量的差别的层次或环节。

① 《思辨物理学杂志》，第二卷，第二期，前言，第 XIII 页。

② 第四十四节，附注，第 28 页。

③ 同上，前言，第 VI—VII 页。

④ 第七节，第 5 页。

⑤ 第十七至十九节，第 11—12 页。

直观，并且同时作为知识又和知识的对象绝对同一。

正如费希特从自我＝自我开始，谢林也同样从绝对直观出发，把它作为命题或定义来表述，就是：“**理性是主体与客体的绝对无别**”。所以它既不是其一，也不是其他，而是在其中一切对立都完全消除了的东西。因此这个直接的理智直观或者对绝对者的这个定义就是前提，要求每一个作哲学思考的人都要具有这种直观。① 谁没有表象这种**统一性**的想象力，谁就缺乏研究哲学的工具。② ——这种直观本身就是认识，但它还不是被认识的东西；它是一个未经中介的、被要求的东西。人们必须拥有这样一种直接的东西；它是这样一种东西，人们可以拥有它，也可以不拥有它。——因此这种直接的要求使人感到，谢林的哲学看起来好像要求特殊的才能、天才或精神状态作为条件，总之，是要求一种偶然性的东西作为条件。因为直接的、被直观的东西具有存在着的 667
或偶然性的东西的形式，不是必然性的东西；那不理解它的人，一定会以为自己没有这种直观。换言之，为了理解这直观，人们必须付出劳力去取得理智的直观；但是，究竟我们拥有直观与否，我们是不知道的，——这并不是由于我们理解它，因为我们只能以为我们理解它。

谢林认为理智的直观或理性的概念是一个〔未经证明的〕前提，它的必然性是未经阐明的，——这乃是它的一个缺点，由于有了这个缺点，它才具有这种形态。谢林看来与柏拉图，以及新柏拉

① 《思辨物理学杂志》，第二卷，第二期，第一节，第 1—2 页。

② 同上，第二至三节，第 2—4 页。

图主义者有共同之处，即把知识放在对永恒理念的内心直观里，在这种直观里面，知识是无中介性地、直接地存在于绝对里。但是当柏拉图说到灵魂的直观，说到灵魂从一切有限的、经验的或反思的知识摆脱出来时，当新柏拉图主义者说到思想的禅悦境界、说到在此境界中知识就是对于绝对的直接知识时，这里必须指出这样一点主要区别，即在柏拉图关于共相的知识里或在他的理智性里，一切现实性的对立是被扬弃了的，是和辩证法有联系的，这就是说，这些对立的扬弃的必然性是得到概念的把握的，——所以柏拉图并不是从那里开始；这些对立是被扬弃了的，所以在柏拉图那里，这些对立是在运动中被扬弃的。绝对本身就应该理解为这种自身扬弃的运动。所以自身扬弃的运动就是现实的知识和关于绝对者的知识。

甲、谢林把绝对定义为主观与客观、有限与无限，或者时而
668 偶然在这一形式下的对立与时而偶然在另一形式下的对立之绝对同一或者绝对无别，A＝A。[①] 这个理念现在不以使对立的双方过渡到它们的统一的辩证法为它的规定，而以理智的直观为它的保证，同时理念的进展也不是从思辨理念的内在发展出发，而是按照外在反思的方式进行。——“在主体与客体之间，不可能存在**量的差别**以外的任何差别。因为两方面都不可能设想存在着质的差别。”因此只有量的差别。因此**对立**就出现在这个绝对里，并且只是被认作一种相对的、量的或者非本质的对立[②]

---

① 《思辨物理学杂志》，第二卷，第二期，第四节，第 4 页；第二十三节，说明，第 15 页。

② 同上，第二十三节，第 13—14 页。

（事实上对立倒是应该被理解为质的〔差别〕，并且应该被指出是一个自己扬弃自己的差别）。因而每一方面都是一个相对的全体，[1]并且同时在一方面这一成分占优势，在那一方面那一成分占优势，A＝B，但两者永远保持绝对的同一性。[2] ——这是不够的，还有别的规定；差别无疑地是质的差别，不过质的差别并不是绝对的规定。量的差异并不是真正的差别；量的关系完全是外在的。主观和客观的优势或偏重也不是思想规定，而只是感性的规定。

谢林认为，这种量的差别是现实性的形式。就差别的设定方面而言，绝对是主观与客观的量的无差别。[3] "就绝对同一性而言，是不可能设想有量的差别的。量的差别只有在绝对同一性和绝对全体性之外才是可能的。"[4]"没有什么东西自在地在全体性 669
之外，只有由于把个别从全体中任意分离出来，个别才会在全体性之外。"[5]"绝对同一性只存在于主体与客体之量的无差别的形式下。"在绝对同一性和全体性之外（见上文）的量的差别，看来就是绝对同一性本身，只是在量的无差别的形式之下罢了。[6] "主观与客观的量的差别是一切有限性的根据。"[7]这样一种量的差别谢林叫做因次。"每一个特定的因次标志着一个特定的主观与客

① 《思辨物理学杂志》，第二卷，第二期，第四十二节，第 26 页。

② 同上，第二十三节，说明，第 14—15 页。

③ 同上，第二十四节，第 15 页；第三十节，第 17 页。

④ 同上，第二十五节及其附注；第二十六节，附注，第 15—16 页。

⑤ 同上，第二十八节，注释，第 16 页。

⑥ 同上，第三十一、三十节，第 17—19 页。

⑦ 同上，第三十七节，第 22 页。

观之量的差别。”①——“这种对立完全不会自在地发生，换言之，从思辨的观点看来，也没有这种对立。从思辨的观点看来，A 存在和 B 存在是一样的；因为 A 和 B 处于完全的绝对同一性中，而绝对同一性只是在两个形式下，并且同时在两个形式下存在。”② $A=B$是相对的全体性。“绝对的全体就是宇宙本身。”③用线来比拟，可以图解如下：

$$\begin{array}{ccc} + & \qquad\qquad & + \\ A=B & & A=B \\ \hline & A=A & \end{array}$$

“在这个图式里，在每一个方向都有同样的同一性，但是在相反的方向则或者 A 占优势或者 B 占优势。”④

乙、那个开端的更进一步的主要环节如下：

1）绝对者的第一个量的差别，或者“第一个相对的全体性”

400 670 （同一性），“就是**物质**”，——**第一因次**。“证明：$A=B$ 无论作为相对的同一性或者作为相对的**二重性**，都不是实在的东西。——$A=B$作为同一性无论在个别中还是在全体中都只能用**线**来表明”，——第一**度**。“但是在那条线内始终是被设定为存在着的。”A 不是自在的，而只是作为 $A=A$。* “因此这条线始终先设定 $A=B$是相对的全体；因此相对的全体性是**第一个在先设定者**，如

① 《思辨物理学杂志》，第二卷，第二期，第四十二节，说明二，第 26 页。

② 同上，第四十四节，注释，第 27—28 页。

③ 同上，第三十二节，第 19 页。

④ 同上，第四十六节，附释，第 29 页。

* 按“只是作为 $A=A$”，意思不清楚，似是 $A=B$ 之误；照英译本应作：“它是同时与 B 相关联的”（第三卷，第 532 页）。

果相对的同一性存在，则它只有通过相对的全体性而存在”，——二重性，第二度。“相对的二重性也同样以相对的同一性为前提。——相对的同一性和相对的二重性诚然不是现实地，但却是潜在地包含在相对的全体性中。”①

“绝对的同一性作为 A 与 B 在物质里的实在性的直接根据，就是**重力**。”②“如果 A 占优势，就有了**引力**，如果 B 占优势，就有了**张力**。”③“引力和张力的量的建立可以进展至无穷。它们的平衡存在于全体里，不存在于个别里。”④

2）这种同一性本身被设定为存在着的，就是光：“A^2 就是光”，**第二因次**。只要 $A=B$ 被设定了，则 A^2 也就被设定了。⑤ 同样的同一性“在相对的同一性的形式下”，在出现着的**两极性** A 与 B 的形式下，“被设定，就是**内聚力**”。能动的内聚力就是磁力，而物质的宇宙是一个无限的磁体。⑥ ——在那里物体、行星、金属等

等形成的系列特别表现了内聚力的关系。⑦ 磁的过程是无差别中 671
的差别，差别中的无差别，⑧就是绝对同一性本身。无差别点乃是既非这个，也非那个；既是这个，也是那个。两极潜在地是同一的存在，只是被设定为相反的成分罢了。——两极的差别“只在于＋

---

① 《思辨物理学杂志》，第二卷，第二期，第五十一节，第 35—36 页。

② 同上，第五十四节，第 40 页。

③ 同上，第五十六节，附释二，第 42 页。

④ 同上，第五十七节和说明，第 43—44 页。

⑤ 同上，第六十二至六十四节，第 47—48 页；第九十二至九十三节，第 59—60 页。

⑥ 同上，第六十七至六十九节，第 49—50 页。

⑦ 同上，第一卷，第二期，第 98 页。

⑧ 同上，第 92—93 页；《自然哲学体系第一草案》，第 297 页。

或者一占优势，①并不是纯粹抽象的东西。”“在整个磁体里经验的磁体是无差别点。经验的磁体就是**铁**。”②“所有的物体都是铁的变形，——都潜在地包含在铁里面。”③“每两个不同的物体相互接触，相互在每一个物体里引起内聚力的相对减低或增高。这种由于两个不同物体的接触而引起的内聚力的相互变化——**氧**和**氢**——就是电。”④

3）“动力过程的全体只可用**化学**过程来表明”，化学过程的总结果，重力通过作为根据的光下降为绝对同一性的存在的单纯形式，**有机体**（A^3），这是**第三因次**。⑤

丙、这是极大的形式主义。这些因次表现为**南北两极性**和**东西两极性**以及它们的进一步发展为西北、东南等。水星、金星、地
672 球等属于后者。⑥ “内聚力是自身”（光）“或自在物质内的印象，由于这样，物质才从普遍的同一性里超拔出来成为特殊的东西，并把自身提高到形式的王国。”⑦行星和金属在动力的内聚力形式之下形成了一个系列，在那里一方面收缩占优势，另一方面扩张占优势。⑧ “在无差别点之外的内聚力我叫做被动的内聚力。向着否

---

① 《思辨物理学杂志》，第二卷，第二期，第九十五节，第 64—66 页；《新思辨物理学杂志》，同上，第 118—119 页。

② 同上，第七十六节及说明，第 53 页。

③ 同上，第七十八节，附释；第七十七节，第 53 页。

④ 同上，第八十三节及附释，第 54 页；第一〇三节，注释，第 76 页。

⑤ 同上，第一一二节，第 84 页；第一三六至一三七节，第 109—110 页；第一四一节，附释一，第 112 页。

⑥ 《新思辨物理学杂志》，第一卷，第二期，第 117—118 页。

⑦ 同上，第 93 页。

⑧ 《思辨物理学杂志》，第二卷，第二期，第九十五节，第 64—66 页；《新思辨物理学杂志》，同上，第 118—119 页。

定的一边”(极)“有一些接近铁的金属，即所谓贵金属，此后就有”**金刚石**，最后为**碳**，最大的被动的**内聚力**。肯定的一边(极)也有一些金属，由于它们的作用，“铁便失掉其内聚力了”，接近于消解，最后“消失在**氮**里”。[①]

把一切安排成系列，只有肤浅的规定，没有必然性，——这乃是形式主义；没有概念，我们所找到的只是公式。他表现了辉煌的想象力，像在格雷斯那里那样。谢林想要提出一个**构造**，因而省略了许多个别细节。——在这个论述里，他阐述发展过程却只讲到有机体为止；至于精神方面，他在他的早期著作“先验唯心主义体系”里已经极其详尽地讨论过了。就实践方面来看，他却没有比康德论永久和平的著作前进得更远。他的一篇关于自由的论文是具有较深刻的思辨意义的，但它只涉及这一点。

谢林是近代自然哲学的创始人。总的讲来自然哲学不外是对 673 403
自然加以思维的考察。这点普通物理学也还是在做；因为它的规定如力、规律等都是思想。差别只在于当哲学超出了理智的形式并且掌握了思辨的概念时，它必须对关于自然的思维规定和知性范畴加以变换。关于这一点康德已经作了个开端，谢林也试图把握自然的概念以代替通常的自然形而上学。谢林称自然为死的、僵化的理智；所以自然不是别的，只是思想形式系统的外在存在方式，正如精神乃是同一思想形式系统采取意识形式的存在。谢林的一大功绩是：曾经把概念和概念的形式引进自然，曾经提出概念以代替通常的理智形而上学。

① 《思辨物理学杂志》，第二卷，第二期，第九十五节，第67—68页。

〔谢林所采取的〕主要形式是康德重新提醒人注意的三重形式，即第一、第二和第三因次的形式。他从物质开始，所以他说，那最初的带直接性的无差别性就是物质，然后由此过渡到进一步的规定。不过这进程看来大半是一种从外面带来的图式，它缺乏逻辑的东西的内在发展。因此他给自然哲学特别招致了恶评，因为自然哲学完全是按照外在方式进行论述的，是以一个现成的图式为根据，从而引出其自然观的。这些形式谢林叫做因次。不过人们也可以不采用那样的数学形式或思想的类型，而以感性的形式为根据，如波墨的硫黄和水银。譬如说，有人把自然中的磁、电、化学性认作三个因次；例如也有人在有机体里，把生殖叫做化学性，
674 把反感叫做电，把敏感叫做磁。① 这种形式的歪曲，从自然这一范围的一套形式搬来应用到自然的另一个范围里，这未免走得太远了。例如奥肯把木头的纤维叫做植物的神经和脑髓。这简直成了随便玩弄类比，殊不知哲学所注重的乃是思想。神经并不是思想，同样还有许多名词如收缩极、扩张极、阳性的、阴性的等等也不是思想，这种把一个外在图式应用到所要考察的自然范围内的形式主义，是自然哲学的外在的工作；它是从幻想中制造出这种图式的。他们所有这些做法，不过是为了逃避思想。而思想才是自然哲学所应研究的最后的简单规定。

乙、在最近的论述里谢林曾经选取了另外的一些形式。谢林由于形式的欠成熟和缺乏辩证法，而改换不同的形式，因为他找不到满意的。——在对立方面，理念的实现开始于普遍与特殊、有限

① 参看:《自然哲学体系初稿》,第 297 页。

与无限的对立，而不在于将对立本身加以把握，或者说，也不在于使对立出现在形式里。他不谈优势，而说本质和形式；他对两者加以区别。但另一方面，当他真正地设定主体与客体的实在性时，实在性只是被设定为并不具有主体反对客体的规定性那样的主体，像在费希特哲学里那样作为自在存在着的主体，而是被设定为主体-客体，为两者的同一；客体也同样不按照它的理想的规定性被设定为客体，而是把它本身设定为绝对的，或者主观与客观的同一。——在其他论述里，谢林运用彼此相互进入或过渡的形式，认 675
为一方面，有限的东西进入到无限里，另一方面，无限的东西又进入到有限里：前者（无限）代表理想的一面，后者（有限）代表自然，实在的一面。

于是这里面就包含着一切东西与每一东西的真实绝对性，即它（真实绝对性）本身不是普遍的东西和特殊的东西，而是具有普遍与特殊统一的规定性的普遍性，同样特殊的东西也被认作普遍与特殊两者的统一。这一构造包含有这样的意义，即每一个特殊的或特定的东西都可以回溯到绝对，或者可以把它放在绝对统一性里来考察；它的规定性只是它的理想的环节，但它的真理性正是它在绝对中的存在。这三个环节（因次*）：本质进入到形式和形式进入到本质，这两者都是相对的统一，以及第三者，绝对的统一，又回复到每一个别性。所以自然〔其实在的一面〕被设想为由本质进入到特殊本身，又具有这三个统一体在自身内，同样，自然的理

---

* 注意“因次”可以理解为“环节”或“层次”，则这个生疏的术语就不致太妨碍对整个意思的理解了。

想的一面〔由形式进入到本质或者由特殊进入到普遍〕也有三个统一体，——每一个因次就自身来说，又是绝对的。这就是对于宇宙的科学构造的普遍理念：这是一种三重性〔或三一性〕，它表示全体的图式，并且同样在每一个别性里得到复现，从而表明了一切事物的统一性，并且从而可以对一切事物在它们的绝对本质中予以考察，并显示出它们全都表现同样的统一性。①

〔谢林的〕进一步说明是极其形式的：第一，"本质之进入到形式〔因为形式单就本身说来是特殊的、有限的〕，是由于无限附加到有限，统一性被接纳进杂多性，无差别性被接纳进差别性。"第二，
676 另一个规定是："形式之进入到本质，是由于有限的东西被接纳进无限，差别性被接纳进无差别性。""进入"、"接纳"都是些感性的名词。

"用另外一个方式来表达：特殊变成绝对形式，是由于普遍与它合而为一；普遍变成绝对本质，是由于特殊与它合而为一。但这两种统一体在绝对里并不是彼此外在的，而是相互在对方之内的，因而绝对就是形式与本质的绝对无差别。"这种差别将不断地在绝对里得到消除。

"由这两种统一体就规定了两种不同的因次，但是两者自在地是绝对者的完全相等的根源。"这就是于每一区别之后又不断回返到统一的保证。

甲、"关于那第一种绝对的统一〔即由本质进入到形式而得到的统一〕，在现象界的自然里有许多模本，因此自然就它本身看来，

① 《新思辨物理学杂志》，第一卷，第二期，第 34—38 页。

不是别的东西，只是那种在绝对中的（与对方不分离的）统一。因为这样一来，无限就进入有限，本质就进入形式了。既然形式只有通过本质才能具有实在性，所以本质（因为它曾进到与形式统一，但是据假定又没有同样地由形式进到与本质统一）只可以表述为可能性或者实在性的根据，而不可以表述为可能性与现实性的无差别。但正由于这种情况，即作为本质它只是实在性的根据，因而只是由本质进到形式，而没有由形式再进到本质，所以它就被表述为自然。”①

乙、“本质映现到形式里，但形式又反过来映现到本质里。这是另一种统一性”，——这就是精神性的东西。

“这种统一性是由有限的东西被接纳进无限而建立起来的。677
于是形式作为特殊的东西投进本质而自身成为绝对的东西。那进入到本质的形式被表述为绝对的活动性和实在性的肯定的原因，这形式与**本质相对立**，这本质进入到形式并且只表现为根据。——这种绝对形式进入到本质，就是我们所理解的**上帝**，这种绝对形式与本质的统一的模本是在**理想的世界**里，因此这个理想的世界自在地就是另一个统一性。”②

丙、在这两个因次、两个范围里，现在就有了这种双重的形成为一。但绝对本身、上帝就是“形式与本质的绝对统一，作为两种不同的形成为一”的统一。在这两个“形成为一”〔非统一〕里，又在每一种“形成为一”里，出现三种“形成为一”。两种“形成为一”中

---

①　《新思辨物理学杂志》，第一卷，第二期，第39—40页。

②　同上，第41页。

每一种都是一个完整的全体性，不过并没有明确设定，并没有表现为完整的全体性，而是以一个因素或以另一个因素占优势。① ——两方面中的每一面现在在它自身内又有这些区别：

1）根据，仅仅作为根据〔或基础〕的自然，就是**物质**、重力；但第二个因次“在**实在世界**里就是光，光是在黑暗中发亮，这就是进入到本质的形式”。形式之进入到本质，在实在世界里，就是普遍的**机械**性、必然性。“在实在世界里两种统一性绝对地形成为一，所以物质完全是形式，形式完全是物质，这就是**有机体**，这是自然的最高表现，像它在上帝里那样，也是上帝的最高表现，像它在自然里，在有限事物里那样。”

2）在**理想的方面**，“**知识**就是在形式的阳光下形成的绝对者的
678 本质：**行为**就是作为特殊的东西的形式进入到绝对者的本质。正如在实在世界里那与本质相同一的形式表现为光那样，在理想世界里，上帝本身便表现为特有的形态，作为贯穿在形式与本质相同一的活生生的形式，因此无论从哪方面看来，理想世界与实在世界是处在类似和象征的关系中。”在理想世界里两种统一性绝对形成为一，致使质料完全是形式，形式完全是质料，这就是**艺术品**，而那个潜藏在绝对里的秘密（这秘密乃是一切实在的根源），就作为**想象力**而出现在这个反映的世界本身里，出现在上帝与自然的最高因次和最高结合里。由于具有这种相互浸透，故在谢林那里，艺术和诗就被认作最高的东西。但是艺术只是在感性形式内的绝对。哪里会有并且如何会有与精神、理念相符合的艺术品呢？

① 《新思辨物理学杂志》，第一卷，第二期，第 41—45 页。

3)“**宇宙**在绝对中被形成为最完满的有机体和最完满的艺术品:理性在宇宙中认识到绝对,对于理性来说,它(宇宙)具有绝对**真理性**;想象力在宇宙中表述绝对,对于想象力来说,它具有绝对的**美**。它们之中的每一个只是从不同方面”看来,“表示了同样的统一性;两者都落在绝对的无差别点上,对于这个无差别点的认识,同时就是科学的开始和目的。”①他对这个最高的理念和这些差别都只有很形式的理解。

4)**自然对精神和上帝、绝对的关系**。人们也曾经称谢林的哲学为自然哲学;但是自然哲学只是全体的一个部分。谢林曾经是自然哲学的创始人,他在他的哲学里给予自然哲学这个名词以这 679
样的意义,即他把上帝的本质规定为自然,——就上帝本身以无限直观为根据而言,——而自然又是上帝中的否定的环节,因为理智和思维之所以存在,只是由于它与一个存在相对立。在较狭的意义内,一般讲来,谢林曾经是自然哲学的创始人,因为他曾经开始指出自然是直观,或开始指出概念这一术语的性质和它的诸规定。不过他关于自然哲学的阐述,一方面没有完成,一方面主要停留在自在存在里,并且按照一个假定的图式而夹杂进去一种外在构造的形式主义。

在别的地方,在他稍后的著作里,谢林曾顺便于反对耶可比时,说明了上帝的本性和上帝与自然的关系:“上帝,或者严格点说,那个叫做上帝的本质,是**根据**。一方面,作为伦理的本质,它是自己本身的根据。但另一方面,他又使它自身成为〔他物的〕根

① 《新思辨物理学杂志》,第一卷,第二期,第45—50页,散见各处。

据”——而不是〔他物的〕原因。必然有某种先于理智(Intelligenz)的东西,①这就是存在,“因为思维是存在的直接对立物。凡处于一个理智的开端的东西,必定不能又是理智的,不然就会没有区别了。但它也不能纯全是非理智的,正因为它是一个理智的可能性。因此它将是一个中介者,这就是说,它包含着智慧在起作用,但好像是具有天赋的、本能式的、盲目的,还没有意识到的智慧在起作用。这就像我们常常看见一些有灵感的人那样,他们能说出很有见解的话,但是他们对所说的话的意义缺乏理解,而是由于在灵感的鼓舞之下而说出的。”②——因此上帝作为这种自身的根据,就是自然,亦即上帝中的自然。在他的自然哲学里,对于自然的看法
680 就是这样。③ ——但是绝对必须扬弃这种根据,并使得自己成为理智。

按照这种构造的观念,谢林曾经多次开始阐述自然的宇宙。他排除了所有这些空洞的一般的名词,如完善性、智慧、外在目的等;换句话说,他放弃了康德的公式:〔事物之所以是如此,是由于〕我们的认识能力看来它们是如此,而转变为这样的公式:〔事物之所以如此,是由于〕自然的结构如此。继康德以薄弱的努力开始揭示自然中的精神性之后,他主要地重新开始这样的自然考察,力求在对象性的本质中认识到在理想世界中所具有的同样的图式、同样的节奏。所以他就把自然表述为不是外在于精神的东西,而是

---

① 《关于神圣事物的著作的纪念物》,第 94 页。

② 同上,第 85—86 页。

③ 《关于人的自由的本质的哲学研究》(哲学著作,第一卷,兰茨胡特,1809 年),第 429 页;《关于神圣事物的著作的纪念物》,第 89—93 页。

精神一般在客观的方式下的一种投射。

这里不打算缕述谢林哲学的细节，也不想指出谢林前此的论述不甚令人满意的那些方面。就他的论述的别的方面来说，特别是精神哲学方面，他还没有来得及发挥。谢林的哲学还必须从它的发展过程来理解。[①] 最重要的是必须把他本人的哲学与他的仿效者区别开，因为那些模仿者一方面抛进了一大堆毫无精神性的关于绝对的浮词滥调，另一方面，又由于这些模仿者误解了理智的直观，从而放弃了概念的把握，放弃了认识的主要环节，这些人根据所谓直观说话，亦即只消对事物略加观望，就对它们作出一些肤浅的类比和规定，从而就自以为说出了事物的本性，但事实上却排
斥了一切科学性。——这整个倾向首先与反思的思维或者与用固 681
定的、静止的概念进行思维处于相反对的地位。但是他们不保持在概念里并把概念认作非静止的自我，反而陷于相反的极端，即陷于静止的直观、直接的存在、固定的自在存在；他们以为可以通过直觉的观望来弥补固定概念的缺点，并且从而可以使得这种观望成为理智的直观，然后再通过某种固定的概念来加以规定；或者他们使得那被直观到的东西处于运动中，譬如他们说，鸵鸟是鸟类中的鱼，因为它有一个长颈子，于是鱼在他们那里就成为一种一般性的名词，而不是一个概念。

强加于自然历史、自然学说以至医学里的这一整套想法是一种如此贫困的形式主义，如此缺乏思想性的一种庸俗的经验与肤浅的理想的规定的混合物，像这样坏的形式主义还从来没有过。

---

① 这是1805—1806年的讲演。

洛克的哲学思想并不这样坏；前者无论就内容或形式说都不比洛克好一些，只不过多了一点拙劣的妄自夸大罢了。这样一来，哲学便堕落到遭受普遍的轻视和蔑视的境地，那些自命为包办哲学研究的人对此要负大部分责任。放弃了概念的严肃性和思想的清醒性，而代之以无聊的幻想，并把这些无聊的幻想当作深刻的直觉、高远的预见，并当作美的诗。他们自以为他们正处在中心，其实他们却只在表面上。——在二十五年以前，[①]同样的情况曾发生在诗歌的艺术里，天才主义支配着诗界，人们在诗的灵感中盲目地写出诗歌，就像从手枪里发射出子弹一样。这样的产物或者是狂诞
682 的呓语，或者如果不是狂诞的呓语，那就是平庸的散文，其内容简直糟糕得与散文不相称。——后来哲学的情况也与此相同。如果不是毫无思想性的关于无差别点和两极性以及关于氧、圣洁者、永恒者等等的空谈，那就是一些那样琐屑的思想，以致使人不禁怀疑，我们是否正确地理解了他们，因为第一，他们以那样无耻的自负神气在吹嘘；第二，我们总相信他们不会写出那样琐屑无聊的东西。

正如他们在自然哲学里忘记了概念，并且以完全非精神性的态度去对待它一样。他们也完全忘记了精神。他们走入了歧途，虽说按照原则，概念和直观是有统一性的，但是事实上这个统一性，这个精神果然直接地出现了，但出现在直观里，而不是出现在概念里。

谢林对自然哲学，特别对有机体发挥得较多。他利用了因次

① 这是1805—1806年的讲演。

这一形式；这个术语他是从埃申迈尔那里采取来的。哲学必须不要从另外的科学（如数学）那里借用形式。精神的方面，谢林曾经在先验唯心主义里加以阐述。他停留在康德的思想里（在康德的法哲学和永久和平里）。谢林曾写过一本关于自由的论著，为人所熟知，这是一本有较深刻的思辨方式的书。但这书只是单独孤立地在那里，而在哲学里是没有单独孤立的东西可以被发展出来的。

谢林的哲学可以说是我们需要考察的最后的、有趣的、真正的哲学形态了。在谢林那里着重提出来的是理念本身，即真理是具体的，是客观和主观的统一。每一阶段在体系里都有自己的形式；最后的阶段就是各个形式的全体。谢林的第二个优点就是在自然哲学里，他曾经指出了自然里的精神形式：电、磁都被他看成只是理念、概念的外在方式。谢林哲学的主要之点在于它所涉及的是 683 内容是真理，而真理是被了解为具体的。谢林哲学具有一个深刻的思辨的内容，这内容，作为内容来说，也是整个哲学史所从事探讨的内容。思维本身是自由的，但不是抽象的，而是本身具体的：思维把握住自己在自身内作为一个世界，但不是作为理智的世界，而是作为既是理智的，又是现实的世界。自然的真理性、自在的自然是理智的世界。谢林曾经抓住了这个具体的内容。

缺点在于这个理念一般以及这个理念的规定和这些规定的全体（这些是理想的和自然的世界所给予的）并没有通过概念自身予以必然性的揭示和发展。它缺乏逻辑发展的形式和进展的必然性。理念就是真理，一切真的东西都是理念。这必须予以证明，而且理念之系统化为世界，或者世界作为理念的揭示和启示，必须得到证明。由于谢林没有掌握住这一方面，所以就丢掉了逻辑的东

西和思维。因此理智的直观、想象力、艺术品便被理解为表达理念的方式:“艺术品是最高的和唯一的方式,在其中理念成为精神的对象。”但是理念的最高的方式乃是它自己的因素;思维被概念把握着的理念是高于艺术品的。而谢林的形式较多地成为一个外在的图式;他的方法成为附属于这个图式的外在的对象。因而自然哲学就为形式主义所浸透。而在奥肯那里几乎濒于发狂的程度。这样,哲学研究就成为单纯的类比式的反思;这乃是最坏的〔思维〕方式。谢林已经部分地轻用了这种方式,而别的人更是完全滥用了这种方式。

五、结　论

684

一、哲学到**现在**为止达到的**观点**就在于:认识到理念在它的必然性里,认识到理念分裂出来的两个方面,自然和精神,每一方面都表现理念的全体,不仅本身是同一的,而且从自身内产生出这唯一的同一性,并从而认识到这个同一性是必然的。哲学的**最后的目的**和**兴趣**就在于使思想、概念与现实得到和解。哲学是真正的神正论,不同于艺术和宗教以及两者所唤起的感情,——它是一种精神的和解,并且是这样一种精神的和解,这精神在它的自由里和在它的丰富内容里把握住了自己的现实性。在别的较低级的观点那里,在直观的方式或感情的方式那里去寻求满足,是很容易的。精神越是深入自身,就越会发生强烈的对立:精神的深度是以对立和需要的大小来衡量的。精神在自然内越深,则它向外面探索和发现自己的需要也就越深,它向外面寻求它自己的财富也就越广。

作为现实的自然而存在着的东西，乃是神圣理性的肖像。自觉的理性的形式，也就是自然的形式。自然与精神世界、历史是两个现实性。我们看见那自己理解自己的思想出现了；它努力使自己在自身内成为具体的。它的最初活动是形式的；亚里士多德第一次说出，νοῦς 是思维的思维。其**成果**就是思想，它是在自身内的，它又同时包括宇宙于其中，并把它转变成理智的世界。在概念式的思维里，精神宇宙与自然宇宙互相浸透成为**一个**谐和的宇宙，这宇宙深入于自身之内，绝对在它的各方面发展成为全体，正是这样，绝对才在各个方面的统一里、在思想里被意识到了。

到了现在，世界精神到达了。那最后的哲学是一切较早的哲 685
学的成果；没有任何东西失掉，一切原则都是保存着的。这个具体的理念是差不多二千五百年来（泰勒斯生于公元前 640 年）**精神的劳动**的成果，——它是精神为了使自己客观化、为了认识自己而做的**最严肃认真的劳动**的成果。

Tantae molis erat, se ipsam cognoscere mentem. *

所以我们时代的哲学的产生也费了如此长的时间。精神工作得如此迟钝，如此缓慢地达到这个目标。我们在记忆中可以在短时间内概观一遍的东西，在现实界里却需要这样长的时间来展开。因为在这段长时间里，精神的概念自身配备着自己整个具体的发展，财富和外在的持续存在，努力完成自己、发展自己并且由自身中前进。它永远向前迈进，因为只有精神是前进的。精神似乎常常忘记了自己，失掉了自己；但是它在内部自相对立，也就是它在

* “认识自己的心灵是那样费力的事。”

内部向前工作,——像哈姆雷特对他父亲的鬼魂所说的那样,“你工作得很好,勇敢的老田鼠”*,——直到它自身变得坚强起来,它就会打破那把它和它的太阳,它的概念分隔开的地壳,使得地球分裂。在这样的时代,它就会穿上七里靴快速前进,这时那旧躯壳就像一个没有灵魂的腐朽了的建筑物,整个塌台,它将以新的青年的姿态出现。精神的这种认识自己,寻求自己的工作,这种活动,就是精神自身,就是精神生活。它的成果就是它认识到自己的概念;哲学的历史就是精神在它的历史中。所要达到的目的之明白的启示。人类精神在内心思维里的这种工作,是和现实世界的一切阶段相平行的。没有一种哲学能够超出它的时代。哲学
686 的历史是世界的历史的最内在的核心。至于思想的规定所具有重要性,这乃是不属于哲学史的另一种知识。这些概念乃是世界精神最简单的启示:它们表现在它们的较具体的形态里,就是历史。

因此第一,绝不要低估精神迄今所赢得的收获。对于古代的哲学必须尊重它〔发生〕的必然性,尊重它是这个神圣链条中的一个环节,但也只是一个环节。现在才是最高的阶段。其次,各种特定的哲学并不是时髦的哲学或类似的东西,它们不是偶然的产物,不是一根草燃烧起来的火所发出来的闪光,也不是这里那里随意冒出来的东西,而是精神的、理性的向前进展,是**唯一的哲学**按照必然性在发展,是**上帝的显示**,像上帝知道他自身那样。当几种哲

* 见莎士比亚著:《哈姆雷特》第一幕,第五场。黑格尔引用时略有改变。照莎士比亚原文译出,应为“你说得好,老田鼠!你怎能在地下工作那样快?”

学同时出现时，它们乃是以一个全体为根据，并构成这个全体的不同的方面或片面性的原则；〔由于它们的片面性〕*，我们看到一种哲学被另一种哲学所推翻。第三，这里也没有微小的、薄弱的努力去建立或者去批评这一个或那一个个别的论点，〔反之，每一哲学都必有其自己的新的原则，而〕* 这个原则是必须予以承认的。

二、试概观整个哲学史的**主要时代**，把握主要环节的**必然发展阶段**，就可以看见，在东方的主观性的思想起伏——这些思想既没达到〔科学的〕理解，因而也没有持久性——此后，思想之光在希腊人那里拂晓了。哲学史上的诸阶段代表着不同的理念。古代的哲学就曾对绝对理念加以思考，而绝对理念的实现或实在，就在于把握那当前现在的世界，并且把这世界如它本身那样加以考察。

(1)这个哲学不从理念本身出发，而从客观的、作为给予的东西出发，并把这客观的东西转变成理念；——这是〔巴门尼德的〕**有**或**存在**。

(2)抽象的思想，γοῦς，被认作普遍的**本质**，不把**思想**当作主观 687
的思维；——这是柏拉图的**共相**。

(3)在亚里士多德那里**概念**出现了，自由的朴素的、概念式的思想浸透着、精神化着宇宙内的一切形态。

(4)概念被认作**主体**，强调主体的独立性，自在存在，**抽象的**分离，代表者为斯多葛派、伊壁鸠鲁派和怀疑主义：这里还没有自由的、具体的形式，而只有抽象的、纯属形式的普遍性。

(5)**全体性**的思想、灵明的世界、作为思想世界的世界，就是我

---

* 第 279 页。

们在新柏拉图派那里所看见的具体的理念。这个原则是一般地内在于一切实在性中的理想性，是作为全体性的理念，但不是自己知道自己的理念，——这样的理念直到主观性、个体性的原则在理念中有其地位、上帝作为精神在自我意识里成为现实时才达到了。

(6)但是把这个理念理解为精神，理解为自己知道自己的理念，乃是近代的工作。为了从能知的理念进展到自知的理念，必须有无限的对立，即理念达到了意识到它自身的绝对的分裂(Entzweiung)。由于精神以客观的本质为思维的对象，于是哲学便完成了世界的可理解性，并且创造出这个精神性的世界，作为一个存在于当前的现实世界之彼岸的对象，像自然界——精神的第一个产物——那样。精神的劳作即在于把这个彼岸导回到现实，导回到自我意识。要做到这一点，就在于自我意识自身在思维，并且把绝对本质认作自身思维着的自我意识。——在笛卡尔那里纯粹思维曾经作出了这种分裂或分而为二(Entgweiung)。自我意识首先把自己想成意识；在意识里面包含着一切客观的现实和它的现
688 实性与它的对方的肯定的、直观着的关系。思维与现在在斯宾诺莎那里既是相反的又是同一的；他对于实体有一种直观的认识，不过他这种认识是外在的。其次我们就有了从思维本身开始的和解原则，扬弃了思维的主观性，这就是莱布尼茨具有表象力的单子。

(7)其次，自我意识意识到自己是自我意识，由于意识到自己，它就是独立自为的，但还只是对于对方采取否定态度的独立自为。这就是〔无限的〕* 主观性最初〔在康德那里〕作为思维的批判，另

* 第280—281页。

外〔在费希特那里〕作为寻求具体者的倾向或冲动。那绝对的纯粹无限的形式被表达出来了——这就是自我意识、自我。

(8)这个闪光照耀到精神的实体里，导致了这样的看法：绝对的内容和绝对的形式是同一的，——实体本身与认识是同一的。第三，自我意识认识到它的肯定关系就是它的否定关系，它的否定关系就是它的肯定关系，换言之，这些相反的活动是相同的，这就是说，它认识到纯粹思维或存在是自我等同性的，而自我等同性又是〔自我的〕分而为二。这就是理智的直观。但是如果理智的直观真正是理智的，那就要求它不仅仅是像人们所说的那种对永恒事物和神圣事物的直接的直观，而应是绝对的知识。这种还不能认识自身的直观〔只〕是一个开端，但却被当作据以出发的绝对前提。它本身只是直观着的直接的认识，而不是自我意识。或者也可以说，它什么也没有认识，它所直观到的东西并不是一个被认识的对象，而乃是——最多可以说——美的思想，但不是知识。

而理智的直观是被认识到的，首先由于对立的东西，尽管每一面是从另一面分离开的，一切外部的现实是被认识到作为内在的。如果每一个〔外在对立中的〕东西是按照它的本质像它本身那样被认识到，那就会表明它是没有持久存在的，它的本质就是向对方过渡的运动，这一认无物静止的赫拉克利特或怀疑论的原则应该表明为对每一事物都是适用的。所以在这一意识里——即认每一事物的本质是为它的对立面所规定，——就出现了一物与它的对立 689
面的概念式的统一了。其次，这个统一真正同样可以在它的本质内认识到；它的本质作为这个统一性，同样过渡到它的反面或者实现其自身于它的反面里。自身成为他物，从而它里面所包含的对

立就通过自身而出现了。第三，当然又可以说，这对立是不在绝对之中；绝对是本质、永恒的等等。不过这本身就是一种抽象看法，只是片面地去看绝对，而对立也只被看成观念性的〔抽象的〕东西。真正讲来，对立是绝对的形式，是绝对运动的本质环节。绝对并不是在静止中，对立也不是不安息的概念；而是在它的不安息中，却又是静止的、自身满足的。——纯粹思维已经进展到主观与客观的对立；对立的真正和解在于达到这样一个见解，即见到对立推到极端，就会消解其自身，正像谢林所说那样，对立的东西是同一的，而永恒的生命即是永恒地产生对立并且永恒地调解对立的生命。——在统一中认识对立，在对立中认识统一，这就是绝对知识，而科学就是在它的整个发展中通过它自身认识这统一。

三、这就是一切时代和一切哲学的要求。一个新的时代在世界里产生了。看来世界精神现在已经成功地排除了一切异己的、对象性的本质，最后把自己理解为绝对精神，并且任何对于它是对象性的东西都是从自身创造出来，从而以安静的态度把它保持在自身权力支配之下。有限的自我意识同绝对的自我意识的斗争，即由于后者好像是在前者之外而引起斗争就停止了。于是那有限
690 的自我意识也不再是有限的了，而另一方面绝对意识也获得它前此所没有的现实性了。一般讲来，这就是前此的整个世界历史所达到的目标，特殊讲来，这就是整个哲学史所达到的目标，而历史的唯一工作就在于阐述这个斗争。现在看来它似乎达到它的目标了，因为绝对自我意识（历史具有绝对自我意识的观念）已不再是异己的东西，而精神也成为现实的精神了。因为只有当精神知道自身是绝对精神时，它才是现实的精神，并且在科学里知道自己是

绝对精神。精神实现其自身为自然、国家。自然乃是精神的不自觉的行动的产物，在自然中，精神是它自身的他物，而不是作为精神而出现。但是〔在国家里〕，在历史上的行为和生活里，以及在艺术里，精神以自觉的方式实现自己，在多样性的形态下知道它的现实性，但也只是知道它的现实性的诸形态。但是只有在科学里，它才知道自己是绝对精神，而且也只有这种知识或者精神，才是它的真正存在。

这就是当前的时代所达到的观点，而这一系列的精神形态就现在说来就算告一段落。至此这部哲学史也宣告**结束**。我希望，你们可以由此看到，哲学的历史不是一些偶然幻想的盲目聚集，也不是一个偶然的进程。我毋宁曾试图指出它们一个接着一个地必然出现，因而一种哲学必然以先行的哲学为前提。哲学史一般的结论是：(1)在一切时代里只存在着一个哲学，它的同时代的不同表现构成一个原则的诸必然方面。(2)哲学体系的递相接连的次序不是偶然的，而是表明了这门科学发展阶段的次序。(3)一个时代的最后一种哲学是哲学发展的成果，是精神的自我意识可
以提供的最高形态的真理。因此那最后的哲学包含着前此的哲 691
学、包括所有前此各阶段在自身内，是一切先行的哲学的产物和成果。我们现在已不复能做柏拉图主义者了。我们必须首先超出琐屑的个别意见、思想、反对意见和困难，其次超出自己的虚骄之气，好像我们作为个人曾经想出了什么了不起的东西似的。因为把握住内在的实体性的精神，这乃是**个人的观点**；作为全体中的部分，个人就像瞎子一样，他乃是各全体的内在精神驱使着前进的。

因此我们现在的观点是对于理念的认识、认识到理念就是精神，就是绝对精神，于是这个绝对精神就与另一种精神、有限的精神相对立，而有限精神的原则便在于认识绝对精神，使绝对精神可以成为有限精神的对象。我曾经试图发展出一系列的哲学精神形态的进展过程，并指出它们之间的联系，提供你们思索参考。这个系列是真正的精神王国——存在着的唯一的精神王国。这一系列并不是纷然杂陈，也不是停留在一系列只按时间次序的外在罗列，而是正由于在自我认识的过程中使其成为一个精神的不同环节，成为同一的现在的精神。这一长系列的精神形态乃是在精神的生命过程中跳动着的个别的脉搏。它们是我们的实体的有机体。我们必须听取它向前推进的呼声，——就像那内心中的老田鼠不断向前冲进，——并且使它得到实现。它们纯粹是必然性的前进系列，这个前进过程所表达的不是别的东西，只是那在我们全体中生活着的精神自身的本性。我希望这部哲学史对于你们意味着一个号召，号召你们去把握那自然地存在于我们之中的时代精神，并且把时代精神从它的自然状态，亦即从它的闭塞境况和缺乏生命力中带到光天化日之下，并且每个人从自己的地位出发，把它提到意识的光天化日之下。

我必须感谢你们对于我在作这个尝试的过程中所表现的注意和关心，同样，我的努力之所以获得较大的满足，也应当归功于你们。并且，曾经同你们一起度过的这一段精神上的共同生活，对我来说，也是一种极大的愉快。我必须说这不是已经过去的事，因为我希望我们彼此之间所结上的精神纽带是有持久性的。祝愿诸君身体健康。

（这一系列的哲学史讲演的最末一讲的日期是:1817 年 3 月 24 日;1818 年 3 月 14 日;1819 年 8 月 12 日;1821 年 3 月 23 日;1824 年 3 月 30 日;1828 年 3 月 28 日;1830 年 3 月 26 日。）

译者后记

这一册是根据格洛克纳 1928 年重新刊行的德文本《黑格尔全集》第十九卷译出的。格洛克纳本这一卷是根据 1833 年出版的米希勒本第十五卷重印的。

本卷是由贺麟、王太庆合译的。贺麟共翻译：第一篇；第二篇，第一章，第二阶段；第二章，二；第三篇。王太庆翻译：引言；第二篇，第一章，第一阶段和第三阶段；第二章，三。此外，第二篇，第二章，一，是贺麟根据薛华同志译稿修改而成的。

翻译过程中，我们参考了霍尔丹根据德文第二版译的英文本，两种本子有出入的地方，有助于了解第一版德文本原意的地方，我们都斟酌摘译过来，作了补充，用〔 〕号标出，并注英译本页码。为了便于查对德文本，本卷一仍前例，于书页外侧注明所据格洛克纳本（德文花体字）第十九卷页码，并加注莫尔登豪尔和米歇尔（Eva Moldenhauer und Karl Markus Michel）所编《黑格尔著作集》（德文拉丁体）第 20 卷页码。

本卷“最近德国哲学：一、耶可比，二、康德”，最初由贺麟译出，曾于 1962 年由商务印书馆以《康德哲学论述》书名出版过单行本。原稿曾由王玖兴同志校阅一遍。这次收入重印，译者作了修订。

全部译稿，于 1966 年交稿前，我们曾互相校阅过。王太庆并于 1977 年付印前将全稿再校了一遍。对其中许多疑难之处，由贺麟和商务印书馆编辑部陈兆福同志多次商酌定稿。

术语(部分)主题索引*

A

B

---

* 请注意:条目开头所附列外文,有德文和英文,以斜线隔开。条目所开列的出处页码,指格洛克纳本第三卷页码,附于本书切口处。

C

D

G

H

J

K

L

O

P

Q

R

T

W

X

Y

Z

* * *

其他

* * *

人名索引

（人名后附又译，以斜线隔开，又译出处见条目末。生卒年代两侧是生卒地点。索引中数码为英译本页码，本书边码。）

A

B

C

D

F

G

H

J

K

N

Q

T

W

X

Z

图书在版编目(CIP)数据

哲学史讲演录(全四卷)/(德)黑格尔著;贺麟等译.—
北京:商务印书馆,2017
(汉译世界学术名著丛书:120年纪念版:珍藏本)
ISBN 978-7-100-14711-8

Ⅰ.①哲… Ⅱ.①黑… ②贺… Ⅲ.①哲学史—
世界 Ⅳ.①B1

中国版本图书馆CIP数据核字(2017)第159813号

汉译世界学术名著丛书
(120年纪念版·珍藏本)
哲 学 史 讲 演 录
(全四卷)
〔德〕黑格尔 著
贺 麟 王太庆 等译

商 务 印 书 馆 出 版
(北京王府井大街36号 邮政编码100710)
商 务 印 书 馆 发 行
北京市松源印刷有限公司印刷
ISBN 978-7-100-14711-8

2017年12月第1版 开本710×1000 1/16
2017年12月北京第1次印刷 印张112
定价:520.00元

珍藏本

纪念版

汉译世界学术名著丛书

哲学史讲演录

第三卷

〔德〕黑格尔 著

贺麟 王太庆 等译

2017年·北京

目　　次

第一部　希腊哲学(续)

第 二 篇

第 三 篇

第二部　中世纪哲学

第一篇

第二篇

第三篇

第一部

希 腊 哲 学（续）

第 二 篇 XIV 423

第二期:独断主义和怀疑主义

在亚历山大里亚哲学之前的这第二个时期里,我们要考察**独断主义**和**怀疑主义**。独断主义分为斯多葛和伊壁鸠鲁两派哲学;第三派是怀疑主义,和前两派有其一致之处而又与它们不同。我们省略不谈亚里士多德的门徒及逍遥派哲学的传播,虽然像德奥弗拉斯特、斯特拉陀这些有名的人物也都不讲了。这派哲学对于我们不复有什么兴趣,而且后来也大半变成了一种通俗的哲学;这也是因为这种本来是思辨的哲学必然要在最大的范围内与现实相结合。柏拉图的承继者学园派,我们将和怀疑主义在一起讨论。

在上一时期的结尾,我们看到了对于理念或共相的意识,这本身就是目的,——意识到一个普遍的,但同时又是自身规定的原则,因而能够以这个原则统摄特殊,并应用到特殊上去。这种把共 424
相应用到特殊上去的关系,在这里是主导的东西;因为从共相本身发展出全体的特殊化,这种思想,这时还没有出现。但是在这种关系里正包含着对于系统和系统化的要求,也就是说,必须以一个原则贯彻到底,应用到特殊上去,使一切特殊的东西的真理都可以按照这一个原则得到认知。这就产生了所谓独断主义。而现在,主要的问题是寻求一个**标准**。柏拉图和亚里士多德的思辨的卓越性

已经没有了;这乃是一种理智的哲学思考。这个原则是抽象的,因此是理智的原则。由于这种关系,哲学的任务便被规定为寻求一个真理的标准——因为真理是思想与实在的一致,或作为主观的东西的概念与客观的东西的同一——,也就是说寻求一个判断这种思想与实在的一致的标准。这个问题和寻求一个原则的问题,其意义是相同的。真理是具体的,不是抽象的。我们凭什么去认识真理,判断真理是真的呢?标准和原则,因此是同一的东西。但是对这个问题人们只是形式地、独断地加以解答的。因此怀疑主义的辩证法便立刻出现了,——这是一种认识,见到这种原则的片面性,并从而一般地认为原则就是一个独断的东西。在所有这许多发展出来的苏格拉底学派中,有两个概念具有主要的意义;**第一个**概念就是据以规定一切、评判一切的标准、原则,——这一个原则本身是普遍的,而同时又是规定特殊事物的原则。在早期,我们已经有过这样一种抽象的原则:例如,“纯有”,——就是说,“纯有”

4

425 只是“有”,而从否定性开始的、和他物有区别的特殊者是不存在的,是被设定为不存在的。与此相反,那种要求却导致一个共相,这个共相同时也是对于特殊的规定,是在特殊之中;所以特殊并不是被放在一边,而是被当作由共相所规定的特殊。

这种哲学思想还有一个结果,就是:它的原则,由于是形式的,所以是主观的;因此它具有**自我意识**的主观性这一重要意义。由于这样形式地、外在地去处理一般杂多的材料,因此思想以最确定的方式把握自己的最高点,就是自我意识。自我意识对于自身的纯粹关系,就是所有这几派哲学的原则。理念只有在自我意识中才得到满足;正如现时所谓哲学思想的那种理智的形式主义反而在主观心情中、在内心的情感和信仰内去求得它的满足和具体内容。自然界和政治活动当然是具体的，但只是外在的具体的东西；而那真正具体的东西却不是在特定的普遍观念里，而只是在自我意识和个人人格里。**第二个**占统治地位的概念就是**哲人**的概念。他们的首要问题是：什么样的人是哲人？哲人做些什么？不仅理性，举凡一切事物，都必须认作被思维的东西，也就是认作主观的**我的**思想。一个东西如何才是一个被思维的东西呢？——他们答道：要采取自我意识与自己形式上同一的方式。什么东西自在地就是那样的被思维的东西，亦即本身就是那样的客观的东西呢？——他们答道：思想。对于标准的思想，对于唯一原则的思想，在作为直接现实性时，就是主体自身；思想和思想者直接地结合在一起。这种哲学的原则不是客观的，而是独断的，是建立在自我意识自求满足的要求上面的。这样主体就成为应该被关心的东西。主体为自己寻求一个自由的原则、不动心的原则，它应该遵照
这个标准，亦即遵照这个完全一般性的原则，——它应该把自己提 426
高到这种抽象的自由和独立性。这种自我意识生活在自己的思想之孤寂中，而在这种孤寂生活中得到满足。这就是下面这几派哲学的基本兴趣、基本特征。以下就要阐述它们的主要原则，但深入细节是既不需要，也没有趣味的。

5

这样哲学就转入了罗马世界。虽然这几派哲学还是属于希腊人的，它们的伟大导师也都是希腊人（它们是在希腊本土兴起的），在罗马统治时期，这些体系却特别构成了**罗马世界的哲学**；但是这种哲学与罗马世界相反对，并不适合于〔罗马人〕那种理性的实践的自我意识，因而被迫从外面的现实世界退回到自身，只是在自身

内、为着自己个人而寻求合理性,——只关心自己,正如抽象的基督徒只关心自己灵魂的拯救一样。在光辉的希腊世界里,主体和它的国家、它的世界有较多的联系,比较更现实地存在在世界里。在现实世界的悲苦中,人退回到了自身,并在那里去寻求现实世界中已经再也找不到的谐和。罗马世界是一个抽象的世界,在那里是一个〔冷酷的〕统治、一个霸主支配着文明的世界。各族人民的个性被压抑着;一个异己的权力、一个抽象的共相沉重地压在每个人头上。在这样沉重痛苦的境地中,便有了寻求和获得满足的要求。由于有权力的乃是一个抽象的意志,所以世界的统治者的个人意志也是抽象的东西:那思想的内在原则也必定是一个抽象的东西,这个抽象的原则只能带来形式的、主观的和解。罗马只有抽象统治的原则;罗马精神只适合于一种建立在一个原则上面的独
427 断主义,这个原则是通过理智的形式而建立起来并取得有效性的。
6 因此哲学和世间观念如此紧密地结合在一起。那个扼杀了各族人民的活生生的个性的罗马世界诚然也产生了一种形式的爱国主义,一种与之相适应的道德以及一个相当发展的法律体系,但从这种死气沉沉的世界中不可能产生出思辨的哲学,——所有的只是一些长于辞令、善于辩护的律师和塔西佗式的世俗道德。这些哲学的出现在罗马人中也正好和他们的古老迷信相对立;〔正如现在〕①哲学代替了宗教的地位。

这里要考察的是三派哲学:**斯多葛主义**、**伊壁鸠鲁主义**和**怀疑主义**。柏拉图的哲学当然还纯粹地保持着,特别是在老学园派里;

① 据米希勒本,第二版,英译本,第二卷,第二三五页增补。——译者

新学园派便完全转变成怀疑主义了。西塞罗时代以前的逍遥派也是这样；这种后期的逍遥派哲学已不复是亚里士多德的哲学，而变成通俗的哲学，像我们在西塞罗那里所看见的那样。亚里士多德采取了经验的出发点和推理的途径。但是亚里士多德在概念这个焦点上对推理作了综合的了解，所以他是思辨的。思辨是他的精神所特有的，但他还不能把它发展成为方法；思辨还没有被自由地、单独地提出来，它还不能成为原则。

独断哲学是这样一种哲学，它树立一个特定的原则，一个标准，并且只树立这样一个原则。这样就有三个原则是必然的：(一)思维的原则，即普遍性本身的原则，而这个普遍性本身是确定的；思维是真理的标准，是规定真理的东西。(二)与思维对立的一方是特定的东西本身，是个别性的原则，也就是一般的感觉、知觉、直观。
以上就是斯多葛派哲学和伊壁鸠鲁派哲学的原则。这两个原则都 428
是片面的，如果把它们绝对化了，就成了理智的知识。抽象的思维在它本身并不是具体的。特殊性是在思维之外的，必须就它本身去把握，把它当成一个原则；因为特殊性有绝对的权利对抗抽象的思维。这是关于一般与个别〔的对立〕。(三)在斯多葛主义和伊壁鸠鲁主义以外，存在着第三者，怀疑主义，这是前面两种片面性的否定。前面两派都是片面的，这种片面性是必然会被意识到、被认识到的；因此这第三个原则就是对任何标准的否定，对一切确定的原则的否定，不管是什么样的原则：感性的、反省的或思维的表象、知识。斯多葛派哲学把抽象思维当成原则，伊壁鸠鲁派把感觉当成原则；而怀疑主义则是对于一切原则持否定态度，而且是行动性的否定。其结果首先就是原则不可能被认识。前面我们也看到过这些原则表现为犬儒派和居勒尼派的哲学。而当我们在西塞罗那里看到这些原则时,我们感到要把斯多葛派的原则和犬儒派的原则,以及和逍遥学派的道德的原则区别开来,是极其困难的。

因此一方面是原则、标准;另一方面是主体使自己遵循这原则,因而赢得了精神的自由和**独立**。这是主体本身的内心的自由;这种精神的自由、这种不动心、这种漠不关心、宁静不摇、平静不扰、精神上的等视一切,不受外物干扰,不受外物牵连,乃是所有这几派哲学的**共同目的**,——所以不论人们以为怀疑主义是如何悲观绝望,以为伊壁鸠鲁派是如何卑鄙下流,它们却都是哲学。个人得到了满足,保持着不动心,他既非快乐、亦非痛苦、亦非另外的束

429 缚所能左右;真正的伊壁鸠鲁派也同样是超出一切特殊的束缚之外的。认为精神的满足仅在于超出一切、对一切漠不关心,是所有这几派哲学的共同观点。它们诚然是希腊哲学,但却转移到罗马世界了。像柏拉图那里的那种具体的伦理生活,以及那种通过法制把原则贯彻到世界里面的要求,像在亚里士多德那里的那种具体科学,在这里却看不见了;在罗马世界的悲苦中,精神个性的一切美好、高尚的品质都被冷酷、粗暴的手扫荡净尽了。在这种抽象的世界里,个人不得不用抽象的方式在他的内心中寻求现实世界中找不到的满足;他不得不逃避到思想的抽象中去,并把这种抽象当作实存的主体,——这就是说,逃避到主体本身的内心自由中去。这样的哲学是和罗马世界的精神非常适合的。

甲、斯多葛派哲学

我们必须概括地指出:斯多葛派与伊壁鸠鲁派哲学分别代替

了犬儒派和居勒尼派哲学（正如怀疑主义代替了学园派一样），或者可以说，它们采取了犬儒主义和居勒尼主义，不过把它们的原则更提高到了科学思维的形式。不过由于在前者和后者里面，内容都是一个固定的、确定的东西，都是把自我意识孤立地放在一边，所以这种情况的确扼杀了思辨，因为思辨是不承认这种固定的东西的，它毋宁要加以废除，并且将它的对象当作绝对概念，当作在它的差别中之不可分的整体。因此事实上在斯多葛派和伊壁鸠鲁派哲学里，我们只看见片面的有限的原则之应用，而遇不到真正的思辨思维。在亚里士多德那里，作为根本的绝对理念是无限的，并 430
不被设定为在一个规定性中，具有一个差异性。他的缺点只是在实现过程中的缺点，即没有和一个概念相结合。在斯多葛派这里，将唯一的概念设定为本质，并且将一切东西都**归结**到它，这是表现了**所要求的**联系；但是那个**在其中**一切是一的本质，却并不是真实的东西。在亚里士多德那里，每一个概念都是在其规定性里以绝对的方式予以考察、予以分别研究的。而在斯多葛派哲学里，概念与个体的关系并不是绝对地、自在自为地予以考察的。因为个别并没有得到绝对的考察，而只是相对地考察的，所以事实上对于整体的发挥就没有什么意义了；个别与全体的关系只是一种外在的关系。在亚里士多德那里诚然个别是被接受了，不过这种对于个别的接受通过思辨的考察又被取消了。但在斯多葛派这里，个别只是被接受了，而对于个别的处理却是外在的。当有了某种东西，要对它的本性本身加以考察时，我们所得到的，每每正是这种外在的联系。这种考察没有抓住自在自为的本质，只是根据一些不确定的原则，或者只是根据一些顺便拾取的原则予以形式的推论。

对于这两个学派,我们想只限于对它们的原则作一般性的考察,首先提出的斯多葛派几个著名人物来讲讲。

关于斯多葛派哲学的历史　斯多葛学派的创立人**芝诺**(是栖提雍人芝诺,不是爱利亚人芝诺),生于塞浦路斯岛上的一个城邦栖提雍,大约在第一〇九届奥林比亚赛会时。他的父亲是一个商人,经商到了雅典。雅典在当时和相当长时间内还是哲学和一大批哲学家的中心,他从那里给他的儿子带回许多书籍,特别是苏格拉底学派的书籍,因此便引起他对于哲学的渴求和爱好。芝诺本
431 人也曾旅行到雅典。[①] 据说他因为在那次旅行中船沉了,丧失了所有的财物,反而更加强了他为哲学而生活的信念。[②] ——他没有丧失的,是他精神上受过教养的高尚品质和他对于理性知识的爱好。芝诺访问了好几类的苏格拉底学派中人,特别是克塞诺格拉底,[③]这是一个属于柏拉图学派的人,由于他的道德的谨严和态度的真诚而很著名。据说他也像阿西西的圣佛兰西斯一样,[④]遭受过类似的考验,[⑤]而没有屈服。当时在雅典,不经过宣誓,是不发给居留证的,而对他却免除了宣誓。——因为单凭他的话就取得了信任。据说他的老师柏拉图常常向他说,他应当为美神献牺

① “第欧根尼·拉尔修”,第七卷,第一、一二、三一——三二节;邓尼曼:第四册,第四页;第二册,第五三二页。

② “第欧根尼·拉尔修”,第七卷、第五节;布鲁克尔:“批评的哲学史”,第一册,第八九五页。

③ “第欧根尼·拉尔修”,第七卷,第二节。

④ 这是一八〇五——一八〇六年的讲演。

⑤ “第欧根尼·拉尔修”,第四卷,第七节。

牲。[①] 以后芝诺又访问了一个麦加拉人斯底尔波，这人我们已经讲到过。他在斯底尔波那里学习了辩证法十年。[②] 哲学一般被他认作终身的事业，他并不像那样一种匆匆浏览一下哲学讲义、便慌忙转到别的东西上面的人。虽说芝诺主要地是研究辩证法和实践哲学，他也像别的苏格拉底派一样，并不忽视自然哲学，而且特别学习了赫拉克利特关于自然的著作，[③]最后他本人作了一个独立的教师，在一个叫做画廊（στο ά ποικίλη）的大厅里讲学，这大厅是用波吕格诺特的绘画加以装饰的；因此他的学派得到“斯多葛”这一名称。[④] 他像亚里士多德一样，主要的出发点是把哲学综合成一 432
个整体。正如他的方法特别以辩证法的技巧和教养以及敏锐的论证著称，同样地，他的人格也以接近犬儒派的严肃的道德著称，不过他不像犬儒们那样故意吸引别人的注意。他没有虚荣心，对满足必要的需求的节制力是很大的。他只靠（清水）、面包、无花果、蜂蜜生活。[⑤] 所以他在与他同时代的人中获得了普遍的尊敬；甚至马其顿的国王安提贡也常常拜访他并和他共餐。据第欧根尼所引证的一封信说，国王曾邀请过他到他那里去，他回信拒绝这个邀请说，他已经八十岁了。[⑥] 至于他所获得的公众的信任，从以下的

---

① “第欧根尼・拉尔修”，第七卷，第六节。

② 同上书，第七卷，第二节。

③ 布鲁克尔：“批评的哲学史”，第一册，第八九九页；参看法布里修：“希腊丛书”，第二册，第四一三页。

④ “第欧根尼・拉尔修”，第七卷，第五节。［按 στοάά的发音是“斯多亚”——译者］

⑤ 布鲁克尔：“批评的哲学史”，第一册，第八九七—八九八页；“第欧根尼・拉尔修”，第七卷，第一、第一三节。

⑥ “第欧根尼・拉尔修”，第七卷，第七—九节。

情况即可说明，即雅典人曾把他们的城堡的钥匙托付给他，据第欧根尼说，雅典人民曾作出如下的决议："因为谟纳塞阿的儿子芝诺，作为一个哲学家在我们的城市中居住了许多年，表明了他自己是一个善良的人，使得和他接近的少年人走上道德和节制的正轨，而且以他自己最好的范例作为他们的先导：所以公民们为了他的德行和节制，决定给予他一种公开的表扬，赠给他一个金冠。此外他将被公葬在克拉米科。为了金冠和坟墓的建筑，应推出一个五人委员会来主持。"①芝诺的全盛年约在第一二〇届奥林比亚赛会时(约纪元前三百年)，和伊壁鸠鲁、新学园派的阿尔克西劳等人同时。他死在很高的年纪(约七十二或九十八岁)，约在第一二九届
433 奥林比亚赛会时(亚里士多德则死于第一一四届奥林比亚赛会第三年)，由于对于生命的厌倦，他乃自缢而死，一说他是绝食而死，——因为他摔破了足趾。②

在继起的斯多葛派中，**克雷安特**特别有名。他是芝诺的学生和廊下讲学的继承者，是一首著名的颂神诗的作者，这篇颂神诗曾由斯托拜欧给我们保存下来。他并且由于这个轶事而闻名：据说他曾依法被传至雅典法庭中，要他叙述他维持自己的生活的方法。于是他指出，他晚上为园丁打水，由于这个职业，他赚得足够的钱，因而可以在白天参加芝诺的团体学习。很难设想，在这样的情形下如何去研究哲学，由于这样，人们曾经决议从国库中拨出一份津贴来赠送给他，在芝诺的指示下，他拒绝接受。同他的老师一样，

---

① "第欧根尼·拉尔修"，第六、一〇——一一节。

② 同上书，第二八—二九节；布鲁克尔："批评的哲学史"，第一册，第八九八页，第九〇一页；邓尼曼：第二册，第五三四页。

克雷安特也于八十一岁时由绝食而自愿地死去。[①]（在以后的斯多葛派中还可以举出许多著名的人。）

在科学方面比较杰出的还有**克吕西波**。他是西里西亚人，生于第一二五届奥林比亚赛会的第一年（罗马建城后四七四年；耶稣降生前二八〇年），是克雷安特的学生，也同样住在雅典。他特别致力于斯多葛派哲学的多方面的发挥和扩充。他的逻辑学和辩证法使得他最著名。所以有人说过，如果诸神要应用辩证法的话，他们也不会运用克吕西波的辩证法以外的东西。他在著述方面的勤劳也同样是令人惊异的。据第欧根尼·拉尔修告诉我们，他的著作的数目多至七〇五种（提德曼说有五千种）。据说他每天要写五 434
百行。但由他著书的方式看来，他的著作大部分都是些编纂和重复，这就减低了我们对于他写作的敏捷的惊赞。他所写的常常是关于同一件事情。偶然想起的东西，他也全把它写在纸上，援引大堆的例证。所以他几乎把别人的书整本地照抄，因此有人甚至相信，假如从他的著作中把属于别人的东西拿走，那么所剩下的将会只是一些白纸。当然不会像这样的坏，因为我们从全部引自斯多葛派的话里可以看见克吕西波总是被放在首位的，他的规定和阐述是主要被引用的。至少可以正确地说：他特别发挥了斯多葛派的逻辑学。第欧根尼·拉尔修曾列举了一长串他的著作目录，但是这些著作已全部散失了。如果有人感到遗憾，说他的一些最好的著作没有保存下来，那么，也许一切东西都不全部保存下来倒是一件幸事。——这是很难抉择的。他死于第一四三届奥林比亚赛

① “第欧根尼·拉尔修”，第七卷，第一六八——六九页，第一七六节。

会时(公元前二一二年)。[①]

在往后的时期中,巴比伦的塞路西亚的第欧根尼是一个杰出人物,据说著名的学园派卡尔内亚德曾从他学习过辩证法,他又因如下的事值得注意,即他同著名的学园派卡尔内亚德和一个逍遥派思想家克里托劳于罗马建城后五九八年(第一五六届奥林比亚赛会第二年)奉派到罗马作雅典的使节,——第一个让罗马人认识希腊哲学、辩证法和修辞学的使者。[②] 此外有巴奈修,因为是西塞罗的老师而著名,西塞罗模仿他的老师的著作,写出了他的"论义
435 务"一书。[③] 最后还有波西顿纽,也是一个有名的教师,在西塞罗的时代也在罗马居住很久。[④]

稍晚我们又可看到斯多葛派哲学传播到罗马人那里;这就是说,它变成了许多罗马人的哲学,虽说斯多葛派哲学并没有因此便获得多少科学性。正相反,像在塞内卡和晚期的斯多葛派爱比克泰德、安托宁等人那里,真正的思辨兴趣完全失掉了,大半采取一种修辞学的和劝谕的色彩,这类的东西正如我们牧师的说教一样,在哲学史里面是用不着提说的。爱比克泰德是佛吕吉亚的希罗波利人,生于公元第一世纪末,最初是爱巴佛罗底特的奴隶,后来获得自由,于是他便来到罗马。当多米提安皇帝驱逐哲学家、毒害

---

① "第欧根尼·拉尔修",第七卷,第一七九——八一节,一八四节,一八九—二〇二节;邓尼曼:第四册,第四四三页。

② 同上书:第六卷,第八一节;西塞罗:"学园问题",第四卷,三〇;"论演说",第二卷,三七—三八;"论选择",第七章;邓尼曼:第四册,第四四四页。

③ 西塞罗:"论义务",第三卷,二。

④ 西塞罗:"论神的本性",第一卷,第三章;苏以达:"波西顿纽传",第三册,第一五九页。

者、数学家出罗马的时候（公元九四年），他到了爱彼鲁的尼可波利，在那里公开讲学。阿里安根据他的讲义编撰了多卷的“爱比克泰德言论集”（Dissertationes Epicteteae ），这书我们还保有着，也是斯多葛主义的纲要。[①] 哲学家马可·奥勒留·安托宁皇帝最初从公元一六一到一六九年和鲁修·奥勒留·未鲁斯共同执政，然后从一六九到一八〇年独自统治；他领导过对玛可曼人的战争。我们现在还保有着他的“沉思录”（十二卷）（Meditatianes ad se ipsum）；在“沉思录”中，他老是自己对自己谈话。这些思想却并不是思辨性的，而只是教人如何从事一切道德修养。

我们没有早期斯多葛派的别的原著。关于斯多葛派哲学我们本来以为可以得到的原始材料是断绝了。同时，我们可借以寻求 436
关于斯多葛派哲学的知识的**资料**是大家所熟知的。那就是**西塞罗**，他本人是一个斯多葛派；特别是**塞克斯都·恩披里可**（怀疑主义特别和斯多葛主义有密切关系），他对于斯多葛派哲学的阐述大半涉及理论方面，因此从哲学观点看来是很重要的。此外主要必须参考的是**塞内卡、安托宁、阿里安、爱比克泰德**的“纲要”和**第欧根尼·拉尔修**。

斯多葛主义最初表现为犬儒主义的模仿和完成。犬儒主义把直接的自然意识当作意识的本质。它的单纯性是单纯的自然性、个人的直接性，它认为个人有其单独的存在，认为个人许许多多的意欲、享乐、意见的多样性活动是本质的东西，也把个人行为的多样性

① 奥拉·格利乌：“雅典纪事”第一卷，第二章，格罗诺维对该书的注；第二卷，第一八章；第一五卷，第一一章；第一九卷，第一章。

活动当作本质的东西，而主要地保持着外在的简单的生活。斯多葛主义把这种单纯性提高到思想；它不以直接的自然性为意识的真实存在的内容和形式，而以通过思想把握自然的合理性为意识的本质，——因为这种合理性在思想的单纯性中是真的或善的。

就哲学本身而论，斯多葛派明确地把它分成三个部分，这在前面我们已经见过，并且一般讲来，哲学总是可以分为这样三部分的，即：(一)物理学或自然哲学；(二)逻辑学；(三)道德学即特别关于实践方面的精神哲学。他们的哲学的内容没有多少独特的、有创造性的东西。

16

一　物理学

首先就他们的物理学而论，其中并没有包含许多独到的东西。
437 它大半是从古代自然哲学家综合得来的、按照赫拉克利特的物理学构成的一个体系。我们现在讨论到的三个学派中，每一个学派都各有一套很特殊的一定的术语，这一点，对于柏拉图和亚里士多德的哲学我们就没有什么可以说的；因此对于他们的特殊名词及其意义我们现在必须搞清楚。我们必须进一步考察他们的物理学的基本原理。主要的思想是这样的：逻各斯、规定着的理性，是主宰的、统治的、产生的、弥漫一切的、作为一切自然形态——自然形态被认作逻各斯的产物——的本源的实体和动力。就这个实体之为理性的推动活动而言，他们称它为神。它是一个理智的世界灵魂。就他们称它为神看来，这种学说便是泛神论；其实一切哲学都是泛神论，因为它们都认为概念、理性是在世界之中。克雷安特的颂神诗就包含有这种意思："啊，神呀！要是没有你，无论在地上、在天上、在海洋里，就都不会有事物发生，除了恶人由于自身的愚蠢而做出的事情。可是你知道如何使歪曲变为正直，使紊乱的东西有秩序，并且你能够化敌为友。因为你将万物结合为一体，把善的和恶的统一起来；这样只有一个永存不朽的理性（逻各斯）贯穿在万物之中，在有死的众生中只有那些恶人才逃避理性。那些永远企求获得幸福、还没有看见或没有听从神的普遍规律的人，是如何的不幸啊！可是如果他们能够依照理性听从神的规律，他们就会获得一个善良幸福的生活！”[①]因此斯多葛派认为对于自然的研究是重要的而且是有益的，因为由此我们可以认识自然的普遍规律、普遍理性，并且借此复可以认识我们的职责和人们的法律，并且按照逻各斯、按照自然规律来生活，使得我们同那个普遍规律谐和一致。他们并不是为了理性（逻各斯）而认识理性。自然只是一个共同的规律之表现或显示。 438

进一步指出斯多葛派物理学的一些观念。他们把有形体的世界分为“能动的环节”（能动的“逻各斯”，斯宾诺莎所谓能动的自然）和“被动的环节”（被动的逻各斯，被动的自然）。后者是物质，没有质的实体（*τὸ ποιόν* 是希腊文的质，质[beschaffenheit]出于创造[schaffen]，质是被建立的、被造成的，是否定的环节）。质，一般说来，形式、“能动的东西，乃是物质中的联系（逻各斯）；这就是神”，是造作者或赋予事物以质者，亦即把一般物质造成某种特殊事物者。[②]

① 斯托拜欧：“自然的牧歌”，第一卷，第三二页。

② “第欧根尼·拉尔修”，第七卷，第一三四节。

关于自然的较详的形式、关于自然的普遍规律，他们主要地采取了赫拉克利特的思想；芝诺特别对于他作了很多研究。所以他们把火当作根本原则，当作真实的逻各斯。“世界是这样起源的，即：自身独立存在的神推动着整个实体(一切物质)使其〔由火〕①变成空气，由空气变成水；正如在一切产生里，那包围着种子的”湿润是最先的东西(ὥσπερ ἐν τῇ γονῇ τὸ σπέρμα περιέχεται，当然是较后的)、是一切个别事物之产生者：“同样逻各斯就其为种子产生者说来，存在于水中，它并且作用于物质，于是引起其余一切事物的兴起。那在先的东西就是这些元素：火、水、空气、土。”②他们并且还进一步以赫拉克利特的方式这样说：“实体”亦即一般的物质，一
439 般的不确定的存在，“从火，通过空气，转变成湿润。物质中的重浊部分凝聚起来便成为土；清轻的部分成为空气，空气再经过稀薄化就成为火。由于这些元素的混合就产生了植物、动物和别的族类。”③能思维的“灵魂”也是一种火性的东西；并且举凡人们的“灵魂”、生命性的动物原则，以及植物都是世界灵魂的各个部分，亦即普遍的逻各斯、普遍的火的各个部分；这是统治一切、推动一切的中心。或者说：“灵魂是一种火的嘘气(πνεῦμα，呼吸)。”④“视觉是统治着的”逻各斯的“嘘气之被传达到眼睛里；同样听觉是一种扩张的、深入的嘘气，由统治着的逻各斯传达到耳朵里”。⑤

① 据米希勒本，第二版，英译本，第二卷，第二四五页增补。——译者

② “第欧根尼·拉尔修”，第七卷，第一三六节。

③ 同上，第一四二节。

④ 同上，第一五六——五七节。

⑤ 普鲁泰克：“哲学家纪事”，第四卷，第二一章。

关于自然运动的**过程**还可作如下的说明："火被斯多葛派称为基本的元素，因为从那作为最初者的火中，别的一切都通过转化过程而发生，而且一切又消解于这作为最后者的火中。"[①]这样，赫拉克利特和斯多葛主义正确地理解了普遍的永恒的自然过程。这个思想已经被西塞罗作了肤浅的错误的理解，他竟在这个思想中看出了在时间中的世界大燃烧和世界的末日——这完全是另外一回事。在"论神的性质"一书中他让一个斯多葛派这样说："到了最后一切都会为火所吞噬；因为如果一切水汽皆消耗净尽时，土既不能得到滋养，空气也不复能存在。这样除了只剩下火外，便没有任何东西，通过火的重新唤起世界的生命，通过神，世界将可以更新，同
一的秩序将可以回复。"[②]这是用表象的方式在说话。因此在斯多 440
葛派看来，一切事物都只是在生成中。火在这里被认作能动的原则。由于火把不确定的物质转变成确定的元素，所以植物、动物都是这些元素的混合；这种说法是有缺点的。但是神一般是自然、火的一切活动，因此是世界灵魂。这样斯多葛派的自然观就是完全的泛神论。神、世界灵魂是火性的，同时是逻各斯，——是自然的合理的秩序和活动。这个逻各斯、这个秩序的规定者他们便叫做神，也叫做自然、命运、自然性、物质世界的推动力量；作为一个能产生的逻各斯，它又是预见。这些都是同义的。[③] 逻辑的东西产生一切；推动的力量被比作种子。他们说："一个能产生合理的东

① 斯托拜欧："自然的牧歌"，第一卷，第三一二页。

② 西塞罗："论神的性质"，第二卷，第四六章。

③ 同上，第一卷，第一四章；"第欧根尼·拉尔修"，第七卷，第一三五节；斯托拜欧："自然的牧歌"，第一卷，第一七八页。

西的种子,本身就是合理的。世界产生合理的东西的种子,因此这世界本身即是合理的”,就全体一般来说,或就每一个特殊的存在形态来说,都是这样。“在任何一个自然和灵魂里,一切运动的开始皆起源于一个统治着(领导着)的原则,并且一切能达到全体中每一个别部分的力量,都是从这个统治着的原则分发出来的,如像从一个源泉流出一样;这样,每一个在部分(官能)中的力量也是在
441 全体中,因为这个力量是从全体中的统治着的原则分发出来的。全体围绕着合理的有生命的东西的种子”,——即一切特殊原则;“全体是一个合理的东西”。[①] 这种物理学是赫拉克利特的,而逻辑思想却完全和亚里士多德相一致;因而我们也可以认为他们是这样的。

对于神和神灵,他们也是以通常表象的方式来说话的:“神是整个秩序和体系的不被产生的、永不消逝的工程师,它时常又把整个实体吞没在它自身之内,然后又从它自身重新把它产生出来。”[②]这里他们并没有达到明确的见解。有时他们谈到世界的形成,谈到四个元素,部分地是依照赫拉克利特,认为火为诸元素中的能动者,火过渡到别的元素,而以它们作为火的不同形式,诸如此类,所采取的方式一点哲学兴趣也没有。关于神、绝对形式和物质的联系,他们也没有明晰的发挥。有时认为宇宙是形式和质料的统一,神是世界的灵魂,——有时[③]宇宙又被认作自然、被形成

① 塞克斯都·恩披里可:“反数学家”,第九卷,第一〇一——〇三节。

② “第欧根尼·拉尔修”,第七卷,第一三七节。

③ 关于有意识的灵魂是如此说的,依据塞克斯都:“反逻辑家”,第一卷,第二三四节。

的物质的存在，世界灵魂与它正相反对，神的作用在于使物质的原始形式具有秩序。① 但却缺乏最主要的东西，即这个对立的联合与分离的过程。一般讲来，只有在早期斯多葛派的哲学中，才有物理学的方面。晚期的斯多葛派完全忽视了物理学，仅从事于逻辑学和道德的研究。

这就是斯多葛派的一般表象。斯多葛派总是停留在一般表象 442
里。这是一般的目的：每个个体是根据一个概念去加以理解，而这个概念又根据一个普遍的概念去加以理解，这个普遍的概念就是宇宙本身。由于斯多葛派把逻辑的概念认作一般自然的能动原则，因此他们把自然现象中的个别事物当作神的表现。于是他们的泛神论便与一般群众关于神灵的观念，以及与此连在一起的迷信，对奇迹的信仰，和对占卜的寻求相结合了。即认为：在自然中有种种所谓顶兆，人们必须用祈祷和礼拜来对待这些预兆。伊壁鸠鲁派即旨在把人们从迷信中解放出来。反之，斯多葛派是非常迷信的。所以西塞罗的“论占卜”一书里，大部分材料是从斯多葛派那里采取来的，他并且明白指出有许多东西是斯多葛派的论证。西塞罗曾说到人事方面的预兆，所有这些都是同斯多葛派哲学相适合的。譬如，一只老鹰向着右边飞，他们便认作神意的表示；并因而相信那是对于人的预兆，暗示他在某种情形下他最合宜于做什么。正如我们看见，斯多葛派把神说成是具有普遍的必然性，对于特殊的神灵他们也是那样说。神作为逻各斯与人及其目的也有

① 参看“第欧根尼·拉尔修”，第七卷，第一三八——四〇，一四七——四八节。

着联系,就这方面说来,神就是**天意**,于是他们就达到特殊神灵的观念。西塞罗①说过:"克吕西波、第欧根尼和别的斯多葛派是这
443 样推论的:如果有神灵,而神灵又不能预先暗示将来要发生的事情,则它们便不爱人们;或者它们自己就不能预知未来;或者它们以为未来的事,不论人知道或不知道,是无关紧要的;或者它们认为作出那样的启示有失它们的尊严;或者它们不能够使人们了解未来的事。"所以这些可能的设想,他们都根据"没有任何东西超出神灵的仁惠"的理由,尽皆加以驳斥。于是他们作出结论道:"神灵使人们知道未来";——这种推论包含着神灵对于人的所有特殊目的都感到兴趣。时而神灵让人知道未来,干预人间的事情,时而又不,——这是不一贯的地方,也是很难理解的地方。但是这种不可理解性、这种暧昧难知性正是迷信、宗教取得胜利的关键。这样,整个罗马的宗教迷信在斯多葛派这里得到强有力的支持;一切外在的、认为神灵有目的的迷信,皆在斯多葛派这里得到保护和辩护。由于斯多葛派从主张理性是神出发(理性诚然是神圣的,不过理性并不能穷尽神性),于是他们立刻一跃便由一般转到特殊。无疑地,真正的理性事物是作为神的法则启示给人的;但是那适合于个别目的的、有用的东西,却不是在真正的神意里面启示出来。而斯多葛派却一跃认为对于个别目的有用的东西也可以得到神的启示。

二　逻辑学

第二:**斯多葛派哲学的精神方面**。我们必须进一步考察斯多

① "论占卜",第二卷,第四九章。

葛派在回答“什么是真理和理性？”这一问题时所持的原则。就当时哲学上感兴趣的关于真理或标准的**认识源泉**而论，斯多葛派认为知识的原则是**被思维的表象**；被思维的表象是真和善。或者真 444
和善是洞见到的、合于理性的东西；——不过合于理性也正是被思维、被把握。因为真理和善被设定为一种内容、一种存在；理性只是单纯的形式，并不是内容本身的区别。这就是“理性的真理”（ὀρθὸς λόγος），芝诺又把它叫做标准。①

这种“**被理解**的表象”（φαντασία καταληπτική），是斯多葛派有名的真理的**标准**，②像当时他们开始以此称谓、并加以讨论的那样，——这就是判断一切真理的标准和根据。这些说法无疑地都是很形式的。他们是想建立一个理解的思维和存在的统一，没有其一也就没有其他，——他们所着重的不是感性的表象本身，而是要回复到思想，回复到意识所特有的东西。“单纯的表象（φαντασία）本身就是想象（τύποσις），克吕西波用‘变化’（ἑτεροίωσις）这个名词去表示它”。③ 因此要使表象成为真理，必须加以理解、把握。表象从感觉开始；其次就是把握。[在表象里]别的东西的模型被带进我们的意识；其次，我们必须把它转变成我们所有的东西：这只有通过思维才做得到。“芝诺对于认识的这个据为己有的环节，曾经很形象化地用一只手的运动来表明：当他指着那张开的手时，他便说，这是一个感性直观”——看见、知觉、直接的意识；“当他把手

① “第欧根尼·拉尔修”，第七卷，第五四节。

② 塞克斯都·恩披里可：“反数学家”，第七卷，第二二七节；“第欧根尼·拉尔修”，第七卷，第四六节。

③ 塞克斯都·恩披里可：“反数学家”，第二二八、二三九节。

指略微弯曲时,他又说,这是心灵方面的一种承诺,"这样,这个表象就可以说是我的了;"当他把手指完全捏成一团,形成一个拳头时,他说,这就是把握(κατάληψις),"正如在德文里,当我们用同样
445 的方式接触感性事物时,我们也用"把握"(begreifen)这个字;"接着当他又伸出左手,并用力紧紧地和右手的拳头捏在一起时,他说道,这就是科学知识,除了哲人外,没有人可以享有这种知识",——我重复地握紧我的手,我意识到思维和内容的同一性,这就是证明,那被把握着的东西也还和另一只手紧握在一起。"但是谁是哲人,或谁曾经是哲人,这一点斯多葛派却从来没有说过,"西塞罗①于报道给我们这个轶事时,又补充说:关于这一点,以后还要讨论到。其实单凭芝诺这种手势并没有把事情说明白。那第一只张开的手是表示感性认识,直接的看见或听见;右手的第一次运动是表示一般的自发的接受或承诺。这种第一次的接受就是愚人也会做;这种认识是薄弱的,而且可能错误。更进一步的环节是握紧拳头,把握、融会。这就形成了由表象到真理,这样表象便可以和思维同一了。这样一来,我和这个规定的同一性诚然建立起来了,但这还不是科学知识,而乃是通过理性或思维、通过灵魂的统治的和主导的部分而得到的一种固定的、确定的、不变的认识。在科学知识和愚昧之间,存在着真的概念;不过这真的概念,作为被把握的表象,本身还不是科学知识。在真的概念里思维对存在的事物表示同意,并认识了它自己;因为同意正是事物和它自身的一致。但是在知识里包含着对于根据的认识和通过思维对于对象的

① "学园问题",第四卷,第四七章。

确定的认识。那被把握的表象是思维；而科学知识是对于思维的意识、对于思维与对象的一致的认识。

斯多葛派的这些规定以及他们对于认识的阶段的看法，我们 446
可以表示赞同。单单思维本身并不是真理，换句话说，真理本身并不在思维内（思维只是对于真理的理性意识）；反之，真理的标准是一个中间的东西，被把握的表象，或我们所同意或承诺的表象。我们看见，在这里，关于真理的一般有名的定义"真理是对象和意识的一致"，是被他们提出来了。——但同时必须指出，简单说来，所谓对象与意识的一致，意思并不是说，意识具有着一个表象，而另一边又有一个对象在那里，这两个东西彼此相一致，因而便必须有一个第三者，去对这两方面加以比较。须知这第三者就是意识本身；而那能够作比较的主体仍不外是意识自己的表象，而且——不是同对象——是同它自己的表象相比较。这是因为意识接受了对象的表象；这种接受、这种同意也就是表象之所以获得真理性的主要的凭借，——这是精神对于客观的逻各斯和世界的合理性的证验。这并不是通常所表象的那样，认为这里有一个圆球被印在蜡块上，另外有一个第三者来比较圆球的形式和蜡块的形式，因而发现两者是相同的，这个模印是正确的，表象同事物是一致的。反之，思维的活动乃在于思维必须自在自为地给予同意，认识到那对象与自身相适合；真理的力量就在这里，——或者也可以说，这种同意正是表达了、判断了这种一致。斯多葛派说，真理就包含在这里面。它是一个对象，同时也是被思维的对象，因而思维给予了它的同意；它是主体与对象的一致——内容与思维的一致——，因而思维统治着。

447 说某物存在或有真理性，并不是因为它存在(因为存在这个环节只是表象)；而是因为它存在、它在意识的同意中得到它自己的力量。但是单单意识本身并不就是真理或概念，还需要有对象。对象的真实性在于对象符合思维，不在于思维符合对象；因为对象可能是感性的、变化的、错误的、偶然的。斯多葛派的主要思想就是如此。我们看到的斯多葛派的思辨学说，多半是从他们的反对者方面，很少是从他们的创始人和辩护人方面得来。但无论如何，这种统一的观念是由他们提出来的；虽说这个统一的两个方面彼此是互相反对的，两方面都是必要的，不过思维才是本质。塞克斯都·恩披里可[①]是这样了解这点的："在可感觉的和被思维的东西中，只有一些东西是真的，但并非直接地就是真的；反之，被感觉的东西只有通过它和与它相符合的思想的关系，才是真的。"由此足见直接的思维也不是真理，只有当它与理性(逻各斯)相符合、通过理性的发挥而被认识到，并且作为与理性思维相符合的东西时，它才是真理。[斯多葛派的逻辑思想]大体就是这样。

这个思想是斯多葛派学说中唯一有兴趣的东西；不过这里面也有其局限性。他们只是把真理认作潜存在对象中的被思维的东西。这种意义的真理仍然还是形式的，也可以说，并不是本身真实的理念。在这个原则本身内即已经包含着它的形式主义。说某物是真的，是因为它被思维着，说它被思维着，是因为它是某种东西。

448 这样互相推论。[②] 这意思是说，思维需要一个对象作为外在者，并

① "反数学家"，第八卷，第一〇节。

② 塞克斯都·恩披里可："反伦理学家"，第一八三节。

对它给予自己的同意。这并不是说，在这种批判里，好像意味着思维的意识、精神为了取得存在，为了成为意识，并不需要对象；这是包含在它的概念之内的。但是意识需要一个对象作为外在者，这只是认识的一个环节，不是唯一的或主要的环节。对于对象的意识，乃是精神的表现，而精神之所以**存在**，只有当它表现的时候。这个过程必须出现在精神里，拥有一个对象作为外在者，并且对它给予自己的同意，——这就是说，精神必须从这种关系中回复到自己，并在这种关系中认识到自己的统一：但是，同样地，精神一回复到自己之后，它就从自身之内产生它的对象，给予自己自身以内容，——它从它自身涌现出内容。斯多葛主义就仅仅是这种精神回复到自身，建立它自身和它的对象的统一，认识这种一致性：但是却没有重新从自身向外走出，达到展开科学知识的内容。我们看见，斯多葛派不能向前再进一步了，而老是停留在那里；对于这种统一的意识，也必须当作对象来把握，并对这种统一加以发展，但是这一点我们在斯多葛派那里找不着。

27

当然，斯多葛派的这种学说始终是形式的，因而也是有缺点的。因为最高的概念是作为思维的思维。它给予对象以同意，把对象融会成自己的内容，转变成共相，使其中也有规定和内容。但是这些规定是被给予的。最后的标准只是思维的形式的同一性，即思维找到了一致性。但必须问：与什么东西一致？因为从思维本身是不能产生绝对的自身规定和内容的。这一点，斯多葛派是正确地看见了的；但是他们的标准是形式的，只是基于矛盾律的。在绝对本质里当然是没有矛盾的；因为绝对本质是自身等同的；但 449
是因而也就是空洞的。一致性必须是一个较高者。真正的一致必须是在自己的对方里、在内容里、在规定性里达到的自己和自己的一致，——这就是和一致相一致。说一个内容是真的，由于它与思维相符合，这乃是一个很形式的看法。因为即使思维是主导的，它却始终只是一般的形式。除了一般性和自身同一性的形式外，思维再不能提供什么了；因此一切都可以同我的思想相一致。

正如上面已经指出的，斯多葛派还进一步从事于逻辑规定的研究。由于他们把思维当作原则，他们便发挥了**形式逻辑**。必须按照对于他们的原则的这种认识来评判他们的逻辑学和道德学。其一正如其他，皆没有达到内在的自由的科学。他们的逻辑学是这样意义的逻辑学，即把理智的活动表明为意识着的理智；已不复像在亚里士多德那里那样，至少就范畴来说，对究竟理智的形式是否同时即是事物的本质这一问题是不作决定了。他们已把思维的形式设定为独立自存的了。这样一来，于是那关于思维与对象一致的一般的问题又出现了，也可以说，要求揭示出思维特有的内容的问题便提出来了。一切给予的内容皆可被接受、被设定在思想之内，作为一个被思维着的东西。不过在思想之内，这内容便当作一个特定的内容。内容在它的特殊性里便和思想的单纯性相矛盾，不能忍受思想的单纯性。因此，思想之接受内容，对思想并没有什么帮助。因为思想也可以接受与此相反的内容，并把它设定为被思维者。这个对立现在只是以不同的形式重新出现：从前外部的感觉由于不属于思维［按即不与思维相一致——译者］，所以是不真的，——而现在这个外部的感觉属于思维了，但是由于它的
450 特殊性，又不与思维相一致；因为思维是单纯的东西。从前从单纯的概念中排斥出去的东西，现在又走进来了；这里便造成了理智活

动和对象的分裂，但是对于被思维着，并且仅仅被思维着的对象，也同样必须指出它的统一性。

怀疑主义特别谴责斯多葛派的正是这种对立，而在斯多葛派人自己当中，也被迫不断地改进他们的概念。塞克斯都·恩披里可也用种种方式同他们争论。最中肯的一点和下面所说的有关：斯多葛派没有明确了解到，他们应该把想象、表象规定为印象、变化或别的东西。[①] 如果这种表象被接受在灵魂的主导方面，在纯意识中，则思维抽象地说来就是这种单纯者，“它是非物质性的；它既不被动，也不主动”，是自身等同的。“那么，又如何可以使它接受印象、发生变化呢？现在思维形式本身是非物质性的。但是依斯多葛派看来，只有物质性的东西才可以给予印象、引起变化。”[②] 这就是说，(甲)物质性不能影响非物质性的东西，和它不相同，不能同它成为一体；(乙)非物质性的思维形式不能够发生变化，只有物质性的东西才能发生变化，——这就是说，非物质性的思维形式不是内容。如果事实上思维形式获得了某种形态的内容，则这种形态的内容将会是思维本身的内容。

所以这些思维形式便仅被当作**思维的规律**。[③] 诚然斯多葛派曾经列举了思维的诸内在规定，并且实际上有许多成就；特别是克 451
吕西波发挥了逻辑学的这一方面，并且曾当作大师被引证着。不

① 塞克斯都·恩披里可：“反逻辑学家”，第一卷，第二二八节以下。

② 同上书，第二卷，第四〇三节以下，参看塞内卡：“书信集”一〇七：只有物体能动，声音是物体。

③ “第欧根尼·拉尔修”，第七卷，第六三节；塞克斯都·恩披里可：“反数学家”，第七卷，第七〇节。

过这种发挥都是从形式出发的。有几种普通的熟知的**推论**形式,“有的人说多些,有的人说少些,而克吕西波认为有五种。”如:“假如是白天,则天就是明亮的:但现在是夜晚,所以天不是明亮的”,——这是通过排除的假言推论,诸如此类。“这种逻辑形式被认作未经证明的,不需要证明的”;[①]不过这些推论也只是很形式的形式,不能规定任何内容。斯多葛派曾这样说过,“哲人主要地掌握了**辩证法**;因为一切事物,不论物理的或道德的事物,都可通过逻辑知识而被认识。”[②]但是他们却把这种认识归给一个主体,而没有指明,谁是这个哲人。由于这种说法同时缺乏客观的规定的根据,所以对于真理的规定便落在主体上,必须依靠主体作最后的决定。这种关于哲人的说法,除了根据他们所说的那种标准的无确定性以外,是没有什么别的根据的,从它出发我们是无法进行对于内容的规定的。

关于他们的逻辑学以及关于他们的**判断**论是无需再多说的,他们的判断论一部分即是逻辑学,一部是文法学和修辞学。因此这是没有什么特别的科学内容的。不过这种逻辑学并不像柏拉图的辩证法是关于绝对理念的思辨科学,而乃是像我们在上面所看见的形式逻辑,——一种对于理由或根据的固定的、确定的、不变的了解或认识,并且停留在这种认识上。在这种逻辑里,占上风的乃是这样的逻辑成分,即其本质主要地在于只寻求表象的单纯性、
452 寻求那自身没有对立面、不陷于矛盾的东西。这种自身内不包含

---

① “第欧根尼·拉尔修”,第七卷,第七九—八〇节。

② 同上,第八三节。

否定性、不包含内容的单纯性，需要一个外面给予的、为它所不能扬弃的内容，——因此它也不能够通过自身达到一个真正的对方。

斯多葛派常常以极其个别或琐碎的方式发挥他们的逻辑学。主要的事情是对象符合于思维。对于这种思维他们曾作过详细的研究；但结果表明，这只是一个极其形式的原则。说共相是真理，说思维有一个内容、一个对象，而这个内容是和思维相符合的，——大体说来，这都是很正确的。这是很正确的，而且也是具体的；不过这仍然是一种形式的规定性；规定性是应该有的，不过总失之太形式了。塞克斯都·恩披里可也是从这一方面来斥责斯多葛派。斯多葛派说，某个东西是不存在的，因为只有通过思维，它才存在。不过意识之所以取得存在，有需要一个对方。思维本身只是抽象的、片面的。揭示出这个主要困难，如何从一般演绎出特殊、规定，一般如何自身发挥成为特殊，同时并在特殊中达到自身同一，这在怀疑派那里已经被意识到了。在斯多葛派这里，基本 31
上在某一意义下是很正确的，不过同时又是很形式的；这就是斯多葛派哲学的主要观点。同样的原则在他们的物理学中也充分表现其形式主义。

三　道德学

［斯多葛派］精神的**理论**及认识的理论在于寻求一个标准，前面已经说过了。而斯多葛派的**道德学说**是最为著名的。然而他们的伦理学也同样没有超出形式主义。虽说不容否认，他们对于伦理学的阐述曾采取了对于表象似乎很可取的途程，但事实上仍然 453
大半是外在的和经验的。

甲、**道德的概念**　关于一般实践，第欧根尼·拉尔修①详尽地引证了克吕西波的一些很好的阐述，——[也可说是]**心理学的**发挥；克吕西波坚持他和他自身的形式的一致。他们这样说："动物最初的欲望趋向于**自我保存**，依照它固有的"(内在的)"原始的特定的本性。"它通过调协的过程(ἡγεμονικόν)而达到这点。"那最初的本性"(这种冲动的主要特性、它的目的)因此"就是动物和它自己的谐和，以及对于这种谐和的意识，自己不异化自己的自我感。由于这种自我感，动物排斥开对它有害的东西，采纳对它有利的东西。"这正是亚里士多德关于自然、关于适应目的的概念，——这是一个能动性的原则，这原则包含着对立和对立的扬弃。"快乐不是第一性的，反之快乐"(满足的情绪)"只有当"一个动物的"那种通过自己寻求自己的本性把那和它自身相一致的东西采纳进它自身时，才附加上去的。"——同样值得赞许的是：自我意识、快乐正是这种自身回复和对这种统一的意识，即在我享受某种东西之时，作为个别的自我在这个客观成分中获得我的统一。就人来说，情形也是一样。他的天职是保存自己，不过具有意识到的目的、具有思虑、遵循理性罢了。"在植物里是自然起着作用，没有冲动和欲望；但是冲动和欲望是与动物分不开的，虽说如此，在我们人里面，也有一些东西是按照植物的方式而活动的。"在植物里面也有作为种子的理性，潜在的理性(λόγος σπερματικός)，——不过在植物那里，
454 理性并不是作为目的而出现，理性也不是植物的对象；植物对于理性是毫无所知的。"在动物里便有了冲动；在动物里，是自然使按

① "第欧根尼·拉尔修"，第七卷，第八五—八六节。

照冲动而活动的行为符合于原始的本性。”——这就是说，冲动的目的正是它自己的原始本性，它企求它的自我保存。“但是理性的动物也同样以本性为目的；在人里面有着理性，他以理性的东西作为他的目的。而理性之在人里面就成为［陶铸］冲动的艺术家”，理性把人里面仅仅是冲动的东西予以加工，形成艺术品。（这种说法看起来好像是斯多葛派所开的药方，他们似乎发现了道德的推动原则。）

因此斯多葛派的原则一般讲来是这样的：“人必须依照本性而生活，这就是说，依照道德而生活；因为（理性的）本性引导我们走向道德。”这就是最高的善、一切活动的目的；依照本性而生活即是过理性的生活。但是就在这里我们也立刻看得出，他们只是在那里形式地绕圈子。道德就在于依照本性而生活，依照本性的东西就是道德。据说思维应该规定什么是依照本性的东西；但依照本性的东西只是为理性所规定的东西。这完全是形式的。因为，什么是依照本性的东西？——理性。什么是理性？——依照本性的东西就是理性。他们进一步规定什么是依照理性的东西，说“这是经验和识见所教导给我们的关于一般自然和我们的本性的规律”。“这个本性是普遍的规律、是浸透一切的正确的理性”——我们的正确理性和普遍规律——“在宙斯、在整个事物体系的统治者那里是同一的东西。幸福的人的德性在于每个人按照他的天才（δαίμονος）所做的一切能够和全体秩序的意志相一致”。① 所有这些话 455
仍然是停留在一般性的形式主义里面。

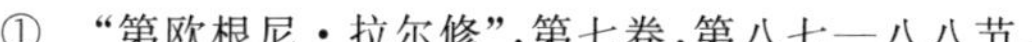

① “第欧根尼·拉尔修”，第七卷，第八七—八八节。

由于道德一般是适合于事物的本质或规律的东西，所以斯多葛派认为在一般意义下，每一行职业中都有适合于该职业的规律的道德。因此他们说到“逻辑的、物理的道德”；①他们的这种伦理学阐述了个别的义务，详细研究了人的个别的自然的关系，并揭示出这些关系中的合理成分，——不过采取的是抽象推理、寻求形式理由的途径，像我们在西塞罗那里所看见的那样。

道德在于遵循思想，亦即遵循普遍的法则、正确的理性。一件事情只有在其中实现了并且表明了一个普遍的使命，才是道德的和正当的。普遍的使命是本质的东西，是一个关系的本性；这才是实质。这是只在思想之中的。行为中的共相必须是最后的使命；这是正确的。这个共相不是抽象的共相，而是在这个关系中的共相。譬如，在财产里特殊便被抛在一边。因此人必须作为一个有思想的、有教养的人而行动。他必须依照他的见解而行动，并使冲动、嗜欲从属于共相；因为冲动、嗜欲乃是个别的东西。人的每一个行为中都有个别的东西，行为是特殊的；不过这里有一种分别：究竟坚持特殊本身，或是在特殊之中坚持共相。斯多葛哲学中的推动力量是在于坚持共相。

但是这个共相仍然没有内容，是无确定性的；因此他们的道德
456 学说是有缺陷的、空洞的、令人厌烦的。他们诚然曾经有力地、活跃地、使人感动地宣扬了道德，但是这个普遍的法则、道德究竟是什么，却缺乏明确的规定。

乙、善的**另一**方面是外部的存在，以及环境、外部自然与人的

① “第欧根尼·拉尔修”，第七卷，第九二节。

目的的调协。他们把善说成是意志对于规律的遵循；善被认作实践的对象。但同时他们又把善定义为**有用的**对象：“不是自在自为地直接地有用，就是距有用不远。”所以一般讲来，有用似乎是道德的一个偶性。“本身善的东西即按照理性的本性是完善的东西”（满足他的目的的东西）“——即是道德；快乐、享乐等等都是附加上去的东西。”——只有道德才是个人的目的、才是他自身的满足。他们又区别多方面的善为“灵魂的善和外在的善；前者指道德和道德的行为，后者指例如属于一个光荣的祖国，拥有有品德的朋友等等。［第三种善］[①]既不是外在的，也不仅仅在自我意识之内，而是指一个人既是道德的又是幸福的。”[②]这些见解是很好的。就有用性而论，道德用不着对它太冷淡；因为每一个好的行为事实上都是有用的，这就是说，这个行为有其现实性，能够带来一些好的东西。一个没有用的好的行为就不是行为，就没有现实性。说善里面包含本身没有用的成分，乃是对于善的一种抽象、一种非现实性。人不仅必需而且应该具有有用性的意识；因为这是一条真理：知道善是有用的。有用性不外是知道我们所做的事，对于我们的行为具有意识。如果这个关于有用性的意识应受谴责的话，那么关于行 457
为的善的知识应同样受到更多的谴责，因为它没有在必然性的形式内去考察行为。这种**道德和幸福的统一**，这种中道，［被斯多葛派正确地］[③]认作完善的东西，它既不仅仅属于自我意识，亦不仅仅属于外部的存在。道德与幸福的结合在近代也被看作一个大问

① 据英译本第二卷，第二六一页；俄译本第二卷，第三四七页增补。——译者

② “第欧根尼·拉尔修”，第七卷，第九四—九五页。

③ 据英译本第二卷，第二六一页；俄译本第二卷，第三四八页增补。——译者

题：道德本身是否能给予自在自为的幸福，或者幸福的概念是否被包含在道德的概念之内。

(1)**对这个问题的一般回答**。我们记得，上面所说的自我保存原则，认为道德和理性的本性不可分。人的目的的实现就是幸福，因为在实现目的的过程中人看见自己得到了实现，并且认识到、感觉到他自己作为一个外在的东西，——这是他的概念、他的天才与他的存在、他的现实性相一致。这种一致性，我们已经看见，就是幸福。现在道德与幸福是否一致这个问题也就是：道德行为是不是能够自在自为地实现其自身？在道德行为中人自己是不是直接地成为自己的对象？他是不是会认识到他自己作为一个客观的东西，或者认识到客观的东西作为他自己？——这包含在行为的概念里，特别是在善的行为的概念里。因为恶的行为摧毁人的本质，是和自我保存相违反的。善的行为正是导致自我保存，并且促成自我保存的。这样就得到对于这个问题的一般回答：好的目的就是那在行为中得到实现的目的。不过像这样看，真正讲来，那自身存在的目的的意识既不确切地具有道德的意义，从这目的产生的行为也不确切地具有道德行为的意义，——而且这种目的所达到的实在性也没有幸福的意义。其所以如此，区别在于斯多葛派仅
458 仅停留在这种一般的概念里，而把一般的概念直接地当作现实；而在他们所假想的这种现实性里，也只表明了道德行为的概念，没有表明这个概念的实在性。斯多葛派就停留在这种道德行为的一般概念里。

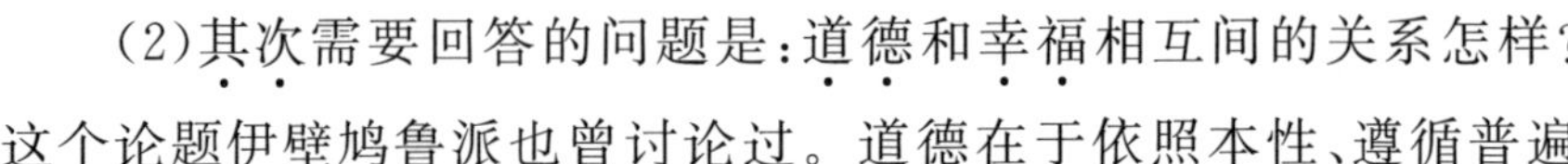

(2)**其次**需要回答的问题是：**道德**和**幸福**相互间的关系怎样？这个论题伊壁鸠鲁派也曾讨论过。道德在于依照本性、遵循普遍

法则而生活。但主体本身在其特殊性中的满足却与这种道德和实现这种道德的意志正相反对。[首先，]我只是形式的性格，实现共相的力量；我只是法则的形式的能动性。我是作为能思维者、作为共相的追求者而和我一致。其次，我又是一个特殊的个人，我要和前者一致。这样我就是抽象的这个人。这种特殊性多方面地存在在我之中。在个别里是以特定的冲动为前提。我的定在与我的特殊性的要求是一致的，这是第二点。快感、享乐便属于这方面。现在两方面彼此发生冲突；并且当我寻求这一个或那一个满足时，我便和我自己在冲突中，因为我又是一个个人。斯多葛派说，本身的善、依照本性的完善是道德。快感、享乐可以附加上去，不过即使没有快感和享乐，也是无关紧要的。因为这种满足并不是目的，同样可以有痛苦与之相随。这个对立在西塞罗那里叫做“德与用”(honestum et utile)的对立，他曾经讨论了两者的结合。[①] 斯多葛派说：只应该追求道德，单在道德本身便可获得幸福，道德本身就可以给人以幸福。即使人处于不幸情况中，这种幸福也是真实的、 459
不可动摇的。[②]

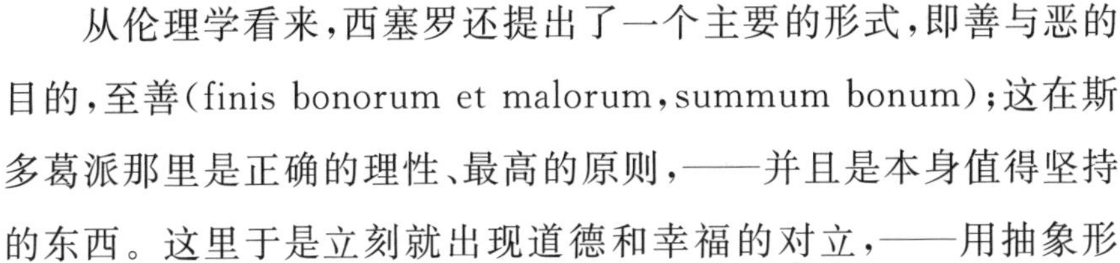
从伦理学看来，西塞罗还提出了一个主要的形式，即善与恶的目的，至善(finis bonorum et malorum，summum bonum)；这在斯多葛派那里是正确的理性、最高的原则，——并且是本身值得坚持的东西。这里于是立刻就出现**道德**和**幸福**的**对立**，——用抽象形

① 西塞罗：“论义务”，第一卷，第三章；“第欧根尼·拉尔修”，第七卷，第九八—九九节。

② “第欧根尼·拉尔修”，第七卷，第一二七—一二八节；西塞罗：“疑难”，第二章。

式讲来,这就是思维(λόγος)和思维的规定的对立。我们在斯多葛派那里所看见的和他们所擅长的,就是人或哲人只是按照理性做事。这种按照理性本身做事的原则进一步包含着把人自身加以抽象化孤立化,把人向内集中到自身。因此它起了一种消极逃避的作用,对于一切东西、一切直接的欲望、感情等等一概漠不关心。在这个极其抽象的原则里,在这种单纯的自我集中里,在这种只是在思维中保持自己与自己的纯粹一致里,包含着摒弃一切、对一切特殊的享乐、爱好、情欲、兴趣漠不关心。这里又包含着斯多葛派哲学家所特有的力量、内心的独立和性格的自由。现在我们进一步要多说一点在何处去寻求幸福和享乐。除了和自己一致的感情外,无所谓一般的幸福。在感性享乐方面,舒适的东西使得我们适意,在这里面就包含着和我们自己的一致性;反之,那乖戾的、不舒适的东西是一种否定,和我们的意愿不相适合。斯多葛

460 葛派所设定为本质的东西正是这种内心中的和自己相一致,并且以对这种一致性的意识或一致感为快乐。不过在斯多葛派那里这种一致性主要地仅被设定为内心中和自己的一致;所以像这样的快乐便被认作包含在道德之内。不过这种快乐他们却认为是次要的东西、一种从属的东西,并不当作目的,而只是被认作一种附加。斯多葛派的这种学说认为人只应该寻求道德,人必须变成、保持自己和自己相同一,并获得自由,——这是他们学说中的优秀成分。至于这种学说与形式主义是联系着的,前面已经提到过了。

因此斯多葛派道德学的原则是精神和自身的一致;不过应该努力,不要让这个原则老是形式的。因为这里立刻就产生自身的

一致与那被排斥在外、不复在这种一致之中的东西的对立。〔不要让那些不在这一致性之中的东西老被排斥在外。〕①人们说，人是自由的，——而他和他的对方是有联系的；不过这样他便不自由了，而有所依赖了，——而幸福正是落在这一方面。我的独立性只是一方面，我的另一方面，我的生存的特殊的一方面还不能和我的独立性那一方面相适合。所以在这个时期出现的仍然是道德和幸福相谐和的老问题。我们说道德而不说伦理，因为在伦理里，我的行为所遵循的，乃是基于风俗习惯，而不是依照我的意志所应该做的；道德主要地包含着我的主观反省、我的信念，我所作的遵循普遍的理性的意志决定，或普遍的义务。这个问题是一个必要的问题，也是在康德的时代我们曾进行研究过的问题。必须予以解决的关键之点在于如何去理解幸福。关于这点我们可以听见许多琐屑无聊的东西：譬如说，有道德的人往往得坏结果、而荒淫的人反而很好，很快乐等等。这样他们把一切外在的情况都包括在幸福里面，整个讲来幸福的内容是庸俗的： 461
它是普通的目的、愿望、利益的获得等所构成的。不过类似这样的愿望和利益只表明是偶然的、外在的；人们很快就可以超出这种接近问题的观点，而认为外在的享乐、财产、出身高贵等等并不是真正的道德、幸福。于是问题就归结到：如何去理解幸福。但无论如何人必须立刻从被奴役于外在情境和偶然性中解放出来。

斯多葛派曾经说过，幸福是对一致性的享乐或感觉，不过这只

① 据英译本第二卷，第二六五页；俄译本第二卷，第三五一页增补。——译者

是一种内心的自由、内心的必然性、自己和自己的内心的一致性。斯多葛派曾由于说过痛苦并不是恶而受到嘲笑。[①] 在这个问题里面所说的并不是牙齿疼之类的痛苦。必须知道:人必须撇开这类的东西。这样的痛苦和人生的不幸完全是两回事。这个问题必须完全这样理解,即必须在理性的意志与外在的实在之间求得一种和谐。当然特殊的定在、主观性、个人的、特殊的利益都属于外部实在的范围。但是在这些利益中也只有共相才真正属于实在性。因为只有有普遍性的东西才能够和意志的合理性相谐和。斯多葛派说:痛苦、灾难不是恶;这话是很对的。因为它并不能够摧毁我和我自己的一致、我的自由。它不能使我在我自己里面二元化。我和我自己相结合便超出了这类恶的东西:我当然可以感受到恶,不过它不能使我二元化。体验到和我自己的这种内心的统一就是
462 40 幸福;而这种幸福是不能为外在的恶所摧毁的。斯多葛派哲学的伟大处即在于当意志在自身内坚强集中时,没有东西能够打得进去,它能把一切别的东西挡在外面,因为即使痛苦的消除也不能被当作目的。

(3)**另外一个对立是在道德本身之内的**。由于正确的理性独自便是行为的决定者,因此真正讲来就不复有固定的使命了。普遍的法则应该被当作一个轮廓。一切义务永远是特别的内容,它们诚然可以在普遍的形式内得到理解,但这并不与内容相干。关于什么是善的最后的决定性的标准是无法被提示出来的。每一个根本原则都同时是一个特殊的东西;只要这个根本原则是没有规

---

① 西塞罗:“论目的”,第三卷,第一三章;“杜斯古里问题”,第二卷,第二五章。

定性的，即仍必须依靠主体来作最后的决定。正如在早期人们依靠神谕来作决定，所以在这个深刻的内在性的开始时期，主体便被当作正当与否的决定者。在雅典凭借礼俗来规定什么是正当的、合乎伦理的；礼俗自苏格拉底以来已停止作为决定是非善恶的最后标准了。在斯多葛派这里一切外在的规定都被废除了；作最后决定的力量只能是一个主观的东西，这个主观的东西作为最后的关头（良心）依靠它自身来作决定。

只有**一个道德**；[①]哲人是有道德的人。我们又可以看见最高的规定是放在主体本身里面。虽说他们在这个基础上面建筑起来许多崇高的和有教益的东西因而总缺乏一种现实的规定。但是斯多葛主义的长处和力量即在于主张：意识向内去求真理，并且遵循它的理性的规定。这种遵循理性是和享乐相违反的。因此他们认
为人除了依照他的理性、自己在自身中寻求他的目的或满足外，不 463
应该在任何东西里面去寻求，特别不应该在某些外在的有条件的 41
东西里面去求满足。虽说这种自由和独立性只是形式的，但我们却必须承认这个原则的伟大。

关于**情欲**是一种矛盾的东西这个论点，斯多葛派曾作了许多论证。塞内卡和安托宁的著作中包有许多真的东西。对于那些还没有达到较高的自信心的人他们的著作也许可以很有教益地予以支持。我们可以承认塞内卡的才能，但也必须相信，那是很不够的。安托宁[②]从心理方面指出快感、享乐不是善。“后悔是一种对

① 普鲁泰克：“关于斯多葛的论辩”，第一〇三四页（克须兰本）；斯托拜欧：“伦理的牧歌”，第二部，第一一〇页；“第欧根尼·拉尔修”，第七卷，第一二五节。

② “安托宁”，第八卷，第七节。

自己的责备,因为人贻误了某种有用的东西;善必定是某种有用的东西,一个美的和善的人必定要把捉住有用的东西”(使之对他有利)。“但是没有一个美的和善的人会感到失悔,说他曾贻误了(放过了,没有把捉住)任何享乐;因此享乐并不是有用的东西,也不是善。”——“一个渴求死后声名的人没有仔细想一想,每一个记起他的人本身也都要死的,再则,那些继此而来的人也是要死的,直到一切回忆都随这些赞颂他的人和死去的人而全归消灭。”

丙、斯多葛派又喜欢展示出一个**哲人的理想**;这个理想不外是主体的意志,这个意志只是以自己为对象,老停留在关于善的思想,因为关于善的思想就是善的,坚决保持自身使不为别的事物、欲望、痛苦等所动摇,只是要求它自己的自由,而准备放弃一切别的东西,——而且当它感受到外在的痛苦和不幸时,它又把这种痛苦和不幸同它自己的内心意识分割开。

464 现在**问题**是为什么斯多葛派用哲人的理想这样的形式来表达道德。这由于在他们看来,那追求自在的目的的道德意识和行为的单纯概念是个人意识,是伦理的实在性的要素,因此我们看见在斯多葛派那里,实在的伦理被说成是哲人的理想。如果斯多葛派超出了追求自在目的的行为的单纯的概念,达到了对于内容的知识,则他们就没有必要把它说成是一个主体。在他们看来,道德是理性的自我保存。如果试问:理性的保存会产生什么样的结果呢?——他们答道,其结果正是理性的自我保存。这还是一个绕圈子的形式的说法。伦理的实在并没有被表明为一个常住的、被产生的、同时又永远能产生的**事业**。伦理的实在正是这样的存在。正如自然界是一个常住的实存的体系,同样精神的实在本身也应

该是客观的世界。斯多葛派却没有达到这样的实在。或者我们也可以这样来理解这个问题：他们的伦理的实在只是哲人、理想，而不是实在。——这个理想事实上只是单纯的概念，它的实在性并没有被发挥出来。

这种主观性已经表现在这个事实里，即伦理的实在性既被说成是道德，因而形式上立刻就会以为它仅仅是指**个人**的德性，——个人的品质而言。像这样意义的道德当然绝不能达到自在自为的幸福。不过幸福就其是一种实现来说，也只是个人的实现。因为幸福正是个人的享受、生存的谐和、存在与作为个人的个人的一致；但是幸福与作为个人的个人是不能一致的，而只能与普遍的人相一致。因此作为个别的人，人绝不能想望幸福会与他一致：反之他必须对他的存在的个别性采取漠不关心的态度，甚至对于幸福与个人一致或不一致，均同样抱漠不关心的态度，他必须能够没有 465
幸福，或拥有幸福而不为它所束缚地同样生活下去。换言之，这就是他与作为普遍的人的他自己的一致。这里所包含的也只是伦理的概念，或主观的伦理。但虽说是主观的，它却表明了伦理的真性质。它是自在自依、独立于对象而享受着的意识的自由；这是斯多葛派伦理学的优点和伟大之处。我们还可以把这种幸福和别的幸福区别开，而称之为真正的幸福，但一般讲来幸福仍然是一个不恰当的名词。理性意识的自我享受是一个如此直接的共相；它是通过幸福这一概念而被表象出来的一种存在。因为即在幸福这一概念里便包含着自我意识作为个体性那一环节。不过这种有区别性的意识并不包含在那种自我享受里，反之在那种自由境界里个人享受其自身作为一个共相，或者自己感觉到他的共性。对于幸福、

对于精神享乐的追求，和侈谈科学、艺术的享乐如何美妙，都是很浅薄的；因为进行科学、艺术活动所涉及的内容实质已不复具有享乐的形式，换言之，它正是扬弃了享乐这个观念。——事实上这种关于享乐的侈谈业已过去了，现在已不复有任何兴趣了。真正的精神，其特征在于所关心的是内容实质，不是快乐，这就是说，不是那不断地考虑自己作为个人，反之，所关心的是内容实质，是本身具有普遍性的东西。人必须努力，使得他作为个人不要受苦；他的生活愈快乐，那就愈好。不过关于这点不可说得太多、吹嘘得太厉害，仿佛这里面包含着好多合理的和重要的东西似的。

466 斯多葛派的自我意识也没有采取认真对待个体性的形式。反之，它只是自己意识到自己的自由。但是斯多葛派的意识仅停留在概念里，没有达到对于内容的认识，而认识内容才是它所应该完成的工作。而内容对于这作为个人的意识说来，对于它的个体性又并不相干。因此它却并不能超出这个个体性，并不能达到共相的实在性，只是采取这样的形式，把真实者说成是一个个人，哲人。在哲人这个概念里恰好包含着这样一种自由，即从生存中抽离出来的一个否定的环节；一种足以扬弃一切事物的独立性，这种独立性并不是一种空虚的被动性、一种无我的状态，因而可以采纳一切到它里面，而乃是一种它可以自由放弃而又不致失掉其本质的独立性，——而它的本质正是它的单纯的合理性，它自己的纯粹思想。这里理性达到了它自己，作为对象，这就是说，纯粹的意识本身就是对象；因为对于它只有这单纯的对象是本质，因此这对象便消除了一切存在或一切生存的方式，本身成为无物，而只是以一个被扬弃了的形式存在于意识里。——这就是亚里士多德的最高概

念、对于思维的思维。斯多葛主义中也有这个概念。不过亚里士多德的最高概念并不是像它仿佛那样个别地存在着，有别的东西与它并列，而乃是唯一的实在。

一切回复到这里，概念与一切事物的关系的单纯性便被设定了，换言之，概念的纯粹否定性便被设定了。但是缺乏真正的实现和客观的存在方式。为了深入下去，斯多葛主义还需要把内容发挥出来。

关于哲人的理想他们也曾特别作了一些很雄辩的描绘，说哲人是如何完全地自足和自立。凡是哲人所做的，都是对的。斯多 467
葛派对于**理想的描写**是很富于辞藻的，也可说是一般性的，甚至是毫无兴趣的；在这些描写中，值得注意的是否定的一面。“哲人即使在锁链中也是自由的；因为他是完全由自身而行动，不为恐惧或情欲所左右。”凡是属于情欲和恐惧的东西，他不计算在他自身之内，给予它一个反对自己的异己者的地位，因为任何特殊的存在在他看来都是不坚固的。“唯有哲人才是国王；因为唯有他不为法律所束缚，唯有他没有义务对任何人说明理由。”①对于特定的法律哲人又有自主和独裁之权，他仅仅遵循理性，对于一切规定的法律他是没有遵守的义务的，法律在他们看来其本身是说不出什么理性的理由的，或者似乎只是建筑在一种自然的恐惧或本能上面的。即就实际行为说来，规定的法律对于他是没有真正的实在性的，至少似乎也只是属于自然范围的。例如：“禁止血族通婚，禁止男性

① “第欧根尼·拉尔修”，第七卷，第一二一节，第一一六——一一七节，第一二二节。

与男性同居;但照理性看来,其一和其他都同样是正当的。同样哲人也可以吃人肉”等等。[①] 但是一般的理由是极其模糊的东西。于制定法律时斯多葛派仍然停留在抽象理智里,并且容许他们的国王做许多不道德的事。一方面例如血族通婚、男色、吃人肉固然显得为自然本能所禁止,但须知另一方面即在理性的裁判前面也还是站不住的。因此在这个意义下哲人也可以说是**开明的**,即对于纯粹自然的东西,即当他知道他对于自然的本能不能给予理性
468 根据的形式时——他便对自然的东西加以践踏。因此在斯多葛这里所谓自然律或自然本能便和他们所设定的直接的、普遍的合理的东西正相反对。譬如上面所提到的那些行为似乎是建筑在自然的情绪上面,而情绪不是被思维之物,反之财产却是一种被思维之物,是得到公认的个人的所有权,是一种本身有普遍性的东西,因而是属于理智的范围。哲人之所以不应该受那些行为的束缚,是因为它们不是直接的被思维之物,——但是这只是无知的缺点。正如我们上面已看见过那样,在真理的理论范围内,被思维的、简单的东西可以采取各式各样的内容;同样在实践范围内,善、被思维的东西亦可以采取各式各样的内容,——而本身没有〔任何确定的内容〕。[②] 为这种内容说出一个理由加以辩护,就混淆了对个别事物的见解和对全部实在的见解。这种见解是浅薄的,它不承认某种东西,即是因为它在这一或那一观点下不认识那种东西。但是正由于它只是去寻求并认识最切近的理由,因而不知道是否还

① 塞克都斯·恩披里可:“反数学家”,第九卷,第一九〇——一九四节;“第欧根尼·拉尔修”,第七卷,第一二九、一二一节。

② 根据俄译本,第二卷,第三五七页增补。——译者

有别的方面、别的理由。类似这样的理由可以找出来赞成一切和反对一切：一方面，对某种东西的关系被认作必要的，同样其必要性也可以被取消；或者，另一方面，对某种东西的一个否定的关系，一种被看作无必要的东西的也同样可以被看作有价值的，或停止其为无价值的东西。

斯多葛派虽说把道德放在思维中，认为善（即理性的遵循）是被思维者（共相）；但就其为一个被思维者而言，却找不出具体的原则，——而只是**形式的**、抽象的原则，——找不出理性的自我决定的原则，没有一个从其中可以推演出或发展出规定性、差别性的原则。

所以他们有这样的特点：（甲）依据一些**理由**来作形式的推论；
他们要为道德寻出理由。根据某种情况、联系、后果，他们推出矛 469
盾或发现对立。这样安托宁、塞内卡以很大的机智说了不少有教益的话。不过理由乃是一个蜡制的假鼻，对于任何东西都可以说出好的理由；例如“这种冲动是天性生就的”，“生命是短促的”等等理由。什么理由应算作好的理由须视目的、利益为转移。目的、利益是在先的东西，能够给予理由以力量。因此理由乃是一般的主观的东西。对于我应该做的事加以这种方式的反思或抽象推论，足以导致由于机智而给予自己的目的以散漫的思虑和烦冗的意识；而我也就是一个善于说出一些聪明的、好的理由的人。这些好的理由却并不是实质、客观事物的本身，而只是属于我的任性、任意的事情，琐屑无聊的事情；凭借这些理由我就可以长篇大论地欺骗自己，以为我具有高尚的意向。这正是忘怀自我投身于事情本身的反面。在塞内卡那里我们看见很多愤世嫉俗的浮夸的道德思

虑,他好像是真正地练达人情的样子。一方面,他的财富、他的生活的豪华奢侈却正与他的道德说教相反对。——他曾经让尼禄赠送给他无限量的财富;[①]另一方面,我们可以把他和他的学生尼禄并列起来看,尼禄曾经发表了一篇模仿塞内卡而写成的演说。[②]这篇演说的论证是光辉的,常常富于雄辩,像塞内卡的那样。人们可以被激动,但常常不会感到满足。我们可以叫这种东西为诡辩;必须承认其机智和公正的意见,但却缺乏足以引起信心的最后基础。

(乙)同时在斯多葛派观点中包含着一个较高的、虽说消极的、形式的原则,即唯有被思维的东西才是目的和善,因此人必须单独

470 在这种没有别的内容的抽象形式里(像康德的纯义务原则)去建立并巩固他的自我意识的基础——在思想的形式里,亦即在它自身、在它的抽象里去求归宿,而对于它本身的任何内容均不予注意、不去追寻。[③] 孤立于一切事物的精神的形式的固执,并不给我们阐明客观原理的发展,而只是一个主体保持其自身于——不是愚笨的而是意愿的——漠视一切、始终不变的状态中;这就是他们所谓自我意识的*无限性*。

由于斯多葛派的伦理原则停留在这种形式主义里面,因此他们所有的演说和议论均封闭在形式主义的圈子里。他们的思想正是意识:不断地回复到同它自身的统一。他们这种蔑视存在的力

① 塔西佗:“编年史”,第一四卷,第五三章;第一三卷,第四二章。

② 同上书,第一三卷,第三章。

③ 参考塞内卡:“论幸福生活”第五章中所说:“故幸福的生活是在正确和确定的判断中,是稳定的和不变的。”

量是很大的，他们这种否定态度的强度是崇高的。斯多葛派的原则是绝对意识的理念中一个必然的环节；它也是一个必然的时间上的现象。因为像罗马世界那样，当世界的实在性趋于丧失的时候，实在的精神、生活就消失在抽象的共相里：那已经破坏了真实的共性的意识必会退回到它的个体性，在它的思想里力图保持它自身。

这里面便包含着抽象自由和抽象独立的规定。如果自由的意识是我的目的，则在这个一般的目的里一切特殊的规定均消失了。而自由的这些特殊规定构成了义务、法律；它们作为特殊的规定消失在自由的共性里、在我的自我独立的纯粹意识里。这样我们就看见了他们这种意志的坚强性，他们不把特殊的东西算在意志的本质里，而使自身从特殊中逃避出来。我们看见，一方面这是一个真实的原则，但另一方仍然是很抽象的。这原则包含着这样的思想：即世界的情况并不是合理的、正当的；不过只是主体本身应该坚持它的自由。因此举凡一切来自外面的东西、世界、情况等等，在这里获得一个可以被扬弃者的地位。所以它所要求的不是一般的合理性与生存、定在的和谐，——换言之，它所包含的不是我们可以叫做客观的伦理、客观的正当事情的东西。柏拉图曾经提出了一个共和国的理想，这就是说，一个人类的合理的情况。人类在国家中的这种情况、这种法律、伦理、风俗习惯的有效性，构成了理性的现实的一面。只有通过世界的这样的合理的情况，那外部世界与内心相适合的原则才具体地发挥出来。于是这种和谐才在这种具体意义下达到了。为了道德修养、善良意志的坚强性、自我沉思起见，读一读马尔克·安托宁所写的东西实在是再好不过的了。

471

他是那时全部著名的文明世界的皇帝，就他私人而论，他的行为也是高尚的、正直的。不过罗马帝国的情况却没有通过这个哲学的皇帝得到改变。他的继承者性格与他不同，不受任何东西的约束，他的主观任性和邪恶心情，更无法阻止那些坏情况不出现。那乃是一个异常之高的、内在的精神原则，理性意志的原则，这原则实现其自身，从而可以形成一种合理的法制情况，一种有教养的、有秩序的情况来。只有通过这样的合理性的客观性，那些集中在哲人理想中的诸规定才可以巩固起来。这样，就会有一个伦理关系的体系，伦理关系即是义务，各个义务形成一个体系。如是则每一
472 个规定都有它一定的地位，这一个从属于另一个，而较高的规定则统治着。这样一来，良心(这比起斯多葛派的自由还更高)就有了约束，各个规定在精神中巩固起来，我们叫做义务的客观关系也按照正当情况的方式得到坚持，而且这些义务也可以在良心中具有固定的规定的效力。从良心看来，这些义务不仅仅显得有效而已，还必须确定地对于我有效，必须在我之内具有共相的性格，必须为我的内心所承认。这就是合理的意志与现实性的谐和。这一方面是伦理的——法律的、正当的情况，客观的自由、作为必然性而存在着的自由的体系；另一方面，由于良心出现了，所以合理的东西在我的内心中成为现实的。斯多葛派的原则还没有达到这样一种具体的东西，一方面作为一个抽象的伦理性，另一方面作为在我之内的良心。自我意识本身的自由是基本原则，不过还没有达到它的具体形态，而那足以造成幸福的关系又仅仅被规定为不相干的、偶然的东西，必须予以放弃的东西。在理性的具体原则里，世界的情况和良心的情况都不是不相干的。

这就是斯多葛派哲学的大概。对于我们最至关重要的是知道他们的观点、知道他们的〔思想与当时的时代的〕[①]主要联系。在罗马世界中，意识倾向于斯多葛派哲学是完全可以理解的，并且和当时的情况相适合的；因此在罗马世界里，斯多葛派哲学特别投合。那些高贵的罗马人在他们自己的生活里仅表明了那否定的一面，即对生活、对一切外界事物的漠不关心。他们只是在主观的或消极的方式下，就私人生活的方式而论，可以说是伟大。再则罗马的法律学者据说都是斯多葛派哲学家；不过一方面我们发现，我们 473
的罗马法教师们对于哲学大说其坏话，另一方面他们又陷于不一贯，因为他们称赞罗马的法律学者，说他们曾经是哲学家。就我所了解的一点法律而言，我在罗马人那里找不到思想、哲学、概念。如果把理智的一贯、一贯思维叫做逻辑的思维的话，则我们也很可以把他们叫做哲学家；胡果先生的情形就是如此，不过他却似乎没有自诩为一个哲学家。理智的一贯和哲学的概念完全是两回事。在塞内卡那里我们找到许多有教益的东西，足以唤醒并加强人的心情的东西，和富于机智的辩驳、修辞学、敏锐的区别。但是在阅读这些道德的演说时，我们同时感觉到冷淡无情、令人厌倦。

现在我们过渡到斯多葛派哲学的对立面、伊壁鸠鲁派。

乙、伊壁鸠鲁哲学

伊壁鸠鲁派哲学和斯多葛派哲学是同样地流行，或者可以说

---

① 根据俄文译本，第二册，第三六一页增补。——译者

还要更加流行。因为希腊的政治生活和伦理风俗已经没落，而后来罗马帝国治下的世界对当时的现实也不能满意，于是人们便回到自己的内心，在那里寻找道义和伦理生活，寻找一般生活中已经不复存在的那些东西。伊壁鸠鲁的哲学是斯多葛主义的反面：斯多葛派把作为思维对象的存在——概念——看作真实的东西；伊壁鸠鲁并不把存在看作一般的存在，而看作感觉到的东西，把以个体的形式出现的意识看作本质的东西，——从而赋予居勒尼派的学说以较多的科学性。这样也就很明显：既然把被感觉到的存在认作真实的东西，那么概念的必要性也就根本被取消了，一切便分
474 崩离析而失去了思辨的意义，而是肯定了对于事物的一般流俗的观点；这样，事实上它并未超出一般普通人的常识，或者毋宁说是把一切都降低到一般普通人的常识观点。前此作为特殊的学派出现的，如犬儒学派和居勒尼学派，现在前者转为斯多葛学派，后者转为伊壁鸠鲁学派：斯多葛学派和伊壁鸠鲁学派是科学化了的犬儒学派和居勒尼学派。犬儒学派同样曾经说过，人应当把自己限制于单纯的本性；他们曾经在生活必需的范围内寻找这个东西。但是斯多葛派则把这个东西安放在普遍的理性里面；他们把犬儒学派的原则提高为思想。同样，伊壁鸠鲁也把“享乐即是目的”这个原则提高成为思想：快乐要通过思想去求得，要在一个由思想所规定的普遍的东西里去寻找。如果说在斯多葛学派的哲学里面，原则在于对于“逻各斯”、对于“普遍”的思维，以及对此的坚持，那么在伊壁鸠鲁的哲学里则正相反，原则是感觉，是直接的个体的东西。但是在考察这种哲学的时候，我们必须把一切关于伊壁鸠鲁学派的流行观念抛开。

生平：伊壁鸠鲁学派的创立者伊壁鸠鲁，生于第一〇九届奥林比亚赛会的第三年（公元前三四二年）；因此是生于亚里士多德逝世（第一一四届奥林比亚赛会第三年）之前。他是雅典地区的伽格特村人。[①] 他的对手们，特别是斯多葛派，说了他不知多少坏话，给他捏造了不知多少可鄙的逸事。他的父母贫穷，他的父亲奈奥克勒是一个乡村教师，他的母亲凯勒丝特拉妲是一个女巫，就是说，她和色雷斯、帖撒利的妇女们一样，为人画符念咒，取得钱财，这在当时是非常普通的事。[②] 他的父亲——带着伊壁鸠鲁——随同一个雅典殖民团体到了萨摩斯，在萨摩斯，他的父亲仍然必须教 475
授儿童，因为他拥有的那块土地不足以养家活口。[③] 十八岁时，（大约）当亚里士多德正住在加尔西斯的时候，伊壁鸠鲁重返雅典。他在萨摩斯时已经特别研究了德谟克里特的哲学，现在在雅典更作进一步的研究；此外他还与许多当时的哲学家往还，如柏拉图派的克塞诺格拉底，亚里士多德的学生德奥弗拉斯特。伊壁鸠鲁十二岁时，曾经与他的教师诵读赫西阿德关于产生万物的混沌的诗章。[④] 此外，他也曾自称为自学者（αὐτοδίδακτος），[⑤]意思是说，他的哲学完全是他自己创立的；不过这并不意味着他没有听过别的

① “第欧根尼·拉尔修”，第一〇卷，第一四节，第一节。

② 同上书，第一〇卷，第三一八节。

③ 同上书，第一〇卷，第一节；西塞罗：“论神灵的性质”，卷一，第二六章。

④ 同上书，第一〇卷，第一、一二——一三、二节；布鲁克尔：“批评的哲学史”，第一册，第一二三〇——一二三一页；塞克斯都·恩披里可：“反数学家”，第一〇卷，第一八节。

⑤ 塞克斯都·恩披里可：“反数学家”，第一卷，第三节；“第欧根尼·拉尔修”，第一〇卷，第一三节。

哲学家讲学，没有读过别人的著作。这一点也不能了解为他的哲学在内容方面完全是独创的；因为特别他的自然哲学就是留基波和德谟克里特的，这一点以后将要提到。他首先在米底勒尼的雷斯博，然后在小亚细亚的兰普萨克讲授一种独特的哲学，但是听众并不很多，他在那里流浪了好多年。后来他在约三十六岁时回到了雅典这一个真正的哲学中心，在一段时间后买了一座花园，和他的朋友们住在园中，并在那里讲学。他身体很坏，有好多年不能离开圈椅站起来，但是他生活得非常有规律，并且非常节俭，他全心
476 全意地从事学术工作，不做他事。[①] 甚至于西塞罗这个对他尽说无聊话的人，也给他作证明，说他是一个热忱的朋友；并且说没有人能否认他是一个善良、友爱、仁厚、温和的(bonum，comem et humanum)人。[②] 第欧根尼・拉尔修特别称赞他的温和，对长辈的尊敬，对兄弟的慷慨，以及对所有的人的仁厚。他七十一岁时死于结石症；临死之前他洗了一个热水浴，喝了一盅酒，并且嘱咐他的朋友们谨记他的学说。[③]

没有一个教师像伊壁鸠鲁那样，受到他的**学生们**那么多的爱戴和尊敬。他们彼此推心置腹，因而决意把财产合并在一起，继续生活在一个永久性的团体里面，就像一种毕泰戈拉派的盟会一样。但是伊壁鸠鲁本人禁止他们这样做，因为这样做本身就表明一种对于彼此互相帮助的不信任；而在这样一些不能互相信任的人之间，是不会有友谊、团结、忠诚的。[④] ——他死后一直受到他的学

① “第欧根尼・拉尔修”，第一〇卷，第一五、二、七、十一一一节；布鲁克尔，前引书，第一册，第一二三三，一二三六页。

② 西塞罗，“论目的”，第二卷，第二五章。

③ “第欧根尼・拉尔修”，第一〇卷，第一〇、一五节。

④ 同上书，第一〇卷，第一一节。

生们的高度尊敬和怀念；他们到处都带着刻有他的肖像的指环和
杯子，并且始终忠于他的学说，甚至稍稍改变他的学说在他们便认
为是一种罪过（斯多葛派哲学与此相反，是继续向前发展的），他的
学派在学说方面很像一个固定的，闭关自守的国家。[①] 其所以如
此，我们将可以看到，在他的体系中有其根源。因此我们提不出一
个伊壁鸠鲁派的著名门徒在学术方面有进一步的贡献；他的哲学
没有进步，也没有发展，自然也没有退化。有一句赞扬伊壁鸠鲁派 477
哲学的话："只有一个唯一的伊壁鸠鲁的学生梅特罗多罗，曾经转
而投到卡尔内亚德门下；除此以外，伊壁鸠鲁派哲学由于它在学说
上和授受上的一脉相传，可以说胜过了一切哲学，因为其他的哲学
都终结了，中断了。"[②]当有人提醒卡尔内亚德注意这种对伊壁鸠
鲁的忠诚时，他说："一个男人诚然可以变成太监，可是一个太监却
决不会重新变成男人。"[③]伊壁鸠鲁没有什么著名的弟子以独特的
方式研讨和发展过他的学说；只有某一个梅特罗多罗，据说曾在某
些方面有过一些发展。[④]

伊壁鸠鲁本人在活着的时候写下了大量的**著作**，因此，如果我们把克吕西波所编纂的别人和自己的著作除开不算，伊壁鸠鲁和克吕西波相比是一个大得多的多产作家。他的著作的总量据说达到三百种（克吕西波真正说来乃是为了与伊壁鸠鲁比赛而写作的）；[⑤]这些著作都没有传下来，我们对于这些著作的散佚实在不

① 西塞罗："论目的"，第五卷，第一章；欧瑟比："福音的准备"，第一四卷，第五章。

② "第欧根尼・拉尔修"，第一〇卷，第九节。

③ 同上书，第四卷，第四三节。

④ 同上书，第一〇卷，第二四节。

⑤ 同上，第二六节。

必过于惋惜。感谢上苍,这些著作已经不存在了！否则文字训诂学家又要花费很大的气力。

第欧根尼·拉尔修(第一〇卷)是主要的**史料来源**,不过颇为干燥无味;如果我们有伊壁鸠鲁本人的著作,当然更好,但是我们对他的了解已经足以对他有一个全盘的估价。若干年前在赫尔古朗发现了他的一部著作的残篇,并且印出来了(Epicuri Fragmenta libri II et XI de Natura,illustr. Orellius,Lipsiae,1818[伊壁鸠鲁论自然卷二及卷十一残篇,奥勒利印,莱比锡一八一八年版];翻印
478 拿玻里版);但是这里面并没有多少可学习的东西,只是使我们徒然对它的残缺不全惋惜而已。关于伊壁鸠鲁的哲学,我们通过西塞罗、塞克斯都·恩披里可、塞内卡和第欧根尼·拉尔修(他用整整一卷书对他写得非常详细),已经知道得够多了,而且都陈述得如此清楚,因此对于我们说来,那在赫尔古朗发现的、由奥勒利翻印的伊壁鸠鲁本人的著作,并没有提供我们什么新的说明,也没有丰富我们的知识。

至于伊壁鸠鲁派的哲学,事实上我们绝不可以把它看成是主张一个概念系统的,正好相反,它乃是主张表象,主张被了解为感性存在的感性存在,主张平常的看法的。与斯多葛派哲学相反,伊壁鸠鲁把感性存在、感觉当作真理的基础和准则。进一步规定感觉怎样是真理的准则,他在他的所谓"**准则学**"中有所说明。正如在斯多葛派那里一样,我们首先要讲伊壁鸠鲁怎样规定真理的标准;**其次**讲到他的**自然哲学**,最后,**第三**要讲到他的**道德学**。

一　准则学

所谓标准，真正说来，就是伊壁鸠鲁的逻辑学，他曾经称他的逻辑学为准则学；其内容在于规定、辨明那些构成检验真理的尺度的环节。在知识方面，他提出了**三个阶段**，“真理的标准应当凭这三个阶段来规定：这些阶段就是一般的感觉，其次是各种预想（προλήψεις），”——这是在理论的方面；——“然后是感情”，冲动和欲念，——这是实践的方面。①

甲、依照伊壁鸠鲁的说法，标准共有三个环节。知识的三个阶 479
段乃是：第一，感觉，［这是外在的方面；］第二，πρόληψις（预想）、表象，［这是内在的方面；］第三，意见（δόξα）。［这是二者的结合。］②

（一）**外在的方面**。“**感觉**是非理性的，没有理由的，”——它是自在自为的存在，只是一种被给予的东西。“因为它既不是自己推动自己的，也不是为另一个东西所推动的，它也不能”从它之为它“去掉一些什么或添上一些什么；”相反地，它就是它那个样子。“也不能有什么东西评判它或摈斥（ἐλέγξαι）它。因为相似的感觉不能判断相似的感觉”（形状相同）；“因为两者的力量相等，”因此两者有效的程度相等。因此每一个自为的感觉必须承认任何一个别的感觉的有效性。“不相似的感觉也不能判断不相似的感觉；因为二者各自是一个不同的东西（οὐ τῶν αὐτῶν κριτικαί），”——［例如］红色和蓝色［就各自是一个不同的东西］。③ 每个东西是一个

① “第欧根尼·拉尔修”，第一〇卷，第三一节。

② 以上三处根据第二版，英译本，第二八一页增补。——译者

③ 根据同上书，第二八三页增补。——译者

个别的东西,这是不错的。而感觉也确乎就是这样,每一个感觉都是一个自为的感觉;任何一个感觉都不能是另一个感觉的准则、不能是评判另一个感觉的标准。不相似的感觉没有权利反对另一个感觉;因为它们全都是自为的感觉。“一个相异的感觉不能判断另一个相异的感觉;因为我们对它们的注意相等。同样,思维也不能评判感觉;因为一切思维本身都依据感觉,”——感觉是思维的内容。但是感觉可能错误。“被感觉到的东西的真理性,只有凭以下的条件才得到证实,就是:那感觉持续地存在,”——那感觉变成了一个固定的基础,它在不断的重复出现中证实并继续证实它自身。“视觉和听觉,就和痛觉一样,是一种持续存在的东西。”这个持续存在、重复出现的东西是一个固定的、确定的东西;这是一切我们认为真实的东西的基础。现在,这个持续地存在的感觉被我们所表象;这就是 πρόληψις(预想)。“因此那未知的(τά ἄδηλα,未显现的,未被感觉到的)东西也可以通过显现出来的东西(感觉)而得到
480 表达;”——也就是说,一个未知的东西可以按照已知感觉的方式来予以表象。至于那不是可以直接感觉的东西,——这一点以后着重在物理学中去讲。“一切”不被认识的、不可能被感觉的“思想,都是产生于感觉的(由感觉转变来的),或者是依据感觉突然产生的那种偶然状态,或者是依据感觉之间的关系、相似和联结;而在这一过程中,思维也起一定的作用。(精神错乱的人或梦中的那些想象,也都是真的;因为它们是动的,而不存在的东西是不动的。)”固定、确实的是感觉;未知的东西,必须由已知的感觉来加以规定和理解。每一个感觉都是自为的,每一个感觉都是固定、确实

的；只要它表现为一个固定、确实的东西，它就是一个真实的感觉。[①] 我们听伊壁鸠鲁说的话，正如我们在日常生活中所听到的一样：在凡是我所见所闻的东西中，或者一般地说，在我的感性直观中，都包含着存在；每一件这样被感性直观到的东西，都是自为的东西。这个红的就是这个红的，那个蓝的就是那个蓝的；这一个并不摈斥、否定另一个：一切都是平等地有效的，都是同等的，一个和另一个同样有效。这些被感觉到的东西是思维本身的材料和内容；思维本身永远利用着这些图像。同样，在联结这些表象上，思维也起着作用；思维是这些表象的形式的联结。

（二）**内在的方面**。“预想差不多也就是概念”（内在的东西），“或正确的意见，或思想，或普遍的内涵的思维；也就是对于经常出现的东西的回忆，”——即图像。“例如，当我说这是一个人时，我就通过预想，立刻认识到他的形象，因为在先已经有过种种感觉了。”通过这样的反复出现，预想在我之中就变成了一个固定的表象；这些表象是我们之中的某种确定的、普遍的东西。当然伊壁鸠 481
鲁派并没有把普遍性提高到思维的形式，他们只是说，普遍性的产生，是因为有某种东西经常出现。这个东西后来通过名称而被固定下来，于是这个在我们之中像这样产生的图像，便取得了一个名称。“每一个事物都是凭借第一次加在它身上的那个名称而得到它的明确性、明晰性、明了性的。”[②]名称是对于同一性、对于“一个”东西的确认和设定。而明确性，伊壁鸠鲁称之为 ἐνάργεια 的，

① “第欧根尼·拉尔修”，第一〇卷，第三一——三二节。

② 同上，第三三节。

就正是这样一种——通过把感性事物归纳在已经掌握的、凭借名称而固定了的表象之下——对感性事物的再认识。所谓一个表象的明确性,就是我们肯定某一感性事物和那图像相符。这就是赞同,这种赞同,我们曾经在斯多葛派那里看到,是作为思维的同意的,这种同意提供出一个内容:思维把事物认作它自己的东西,把它采纳到自己里面;——在斯多葛派这还只是形式的。在伊壁鸠鲁这里,对象的表象的自身同一性,也是作为一种意识中的回忆,不过这个回忆是从感性事物出发的;图像、表象乃是同意一个感觉的东西。对于对象的再度认识就是理解;不过不是作为被思维的,而是作为被表象的东西。理解属于回忆、记忆。最高的观念性的东西是名称。名称是一种普遍的东西,它属于思维,它使杂多的东西成为单纯的东西;不过是这样的:名称的意义和内容是感性的东西,而且这个意义和内容之所以有效,并非由于它是这个单纯的东西,而是由于它是感性的东西。像这样一来,[在伊壁鸠鲁的哲学中,]所建立的就并不是认识,而是意见了。

(三)最后,**意见**不是别的,就是我们把我们心中所具有的那个一般的表象(和那个图像)联系到一个对象(一个感觉或直观)上
482 去;——判断。因为在 πρόληψις(预想)中我们已经设想过那个在直观中出现的东西;并且根据这个设想,我们说某物是一个人,一棵树,或者不是。“意见依据于一个在先的明晰的东西,当我们问我们何以知道这是一个人或者不是一个人时,我们就把一个东西联系到这个在先的明晰的东西上去了。这种概括 δόξα(意见)或 ὑπόληψις(概念),可以是真的,也可以是假的:直观如果借助那个证据”(预想)“而得到肯定,或者和这个证据不矛盾,便是真的;否则

便是假的。”①也就是说，意见是一个表象，把这个表象，一个事先具有的表象、范型应用在一个当前对象上，然后再查究这个对象，看关于它的表象是否与它相符。如果它的表象得到证实是和范型相符的，意见就是真的。意见的标准在于感觉，要看感觉重复出现时是否始终如一。这正好完全是常识的看法：当我们具有一个表象时，便必须有某种证据来证明我们看见过这个东西或我们现在看见这个东西。

这是三个非常简单的环节。从感觉形成一个图像；图像是普遍方式的感觉；它在预想之中进行概括，便产生出一个意见，一个δόξα。我们有许多感觉，例如蓝、酸、甜等等；由这些感觉形成一些普遍的表象，我们具有这些普遍的表象；而如果又有一个对象重新出现于我们之前，于是我们就认识这个图像是符合于这个对象的。这就是全部的标准。这是一个很琐屑肤浅的过程；因为它只是停

留在感性意识的最初阶段上，停留在对一个对象的直观、直接的直 483
观的阶段上。其次的一个阶段无疑是：最初的直观形成一个图像，一个普遍的东西，——然后是把某一当前呈现的对象归属于这个普遍的图像之下。因此在这里，是从外在的感觉开始的；——情绪，内在的感觉则与这种对存在着的、外在的东西的感觉不同。

乙、“**情绪**”、**内在的感觉**提供**实践生活**的标准。“它们分为两类”，有惬意的，有不惬意的，有“快乐”（满足）“和痛苦；快乐是为感觉者所固有的，”是积极的，“痛苦则是感觉者以外的，”是消极的。它们是决定我们行为的东西。这些感觉乃是一些材料，由这些材

---

① “第欧根尼・拉尔修”，第一〇卷，第三三—三四节。

料形成关于那使我痛苦或快乐的东西的普遍表象(这些普遍表象又同样是持续存在的预想,意见也同样是表象之联系到感觉上);我便是根据这些普遍表象来判断对象、喜好、欲望等等。然后凭着这个意见,作出“做什么和避免什么的决定”。① 这就组成了伊壁鸠鲁的全部准则学,——普遍的真理标准。它是非常简单的,不可能有比它更简单的了,——它是抽象的,同时又很琐屑;它或多或少是在那开始去进行反思的通常意识之内的。这是一些普通的心理表象;它们是完全正确的。我们由感觉造成种种表象,作为普遍的东西;这样它就成为持久的东西。表象本身(在意见中)受感觉的检验,证明它们是不是持续存在的、重复出现的东西。这些,总的说来是正确的,但是非常肤浅;这是第一步的开端,是对于那些
484 最初的知觉所进行的表象作用的机械说明。而在这以上,还有另一个完全不同的范围、完全不同的领域,在这个领域中包含着种种规定;这些规定乃是伊壁鸠鲁所发挥的这个领域的标准。现在即使怀疑论者们也高谈意识;这些说法根本没有超出伊壁鸠鲁的这个准则学的范围。

二　形而上学

第二是**形而上学**。我们感觉到事物,这些事物给予我们图像;这些图像不是我们的概念,而是表象。我们把这些表象联系或应用到事物上去,如果这些事物的感觉与事物相合,那么这些表象就是真的;否则便是假的。如果感性事物的证据与它们不矛盾,则它

① “第欧根尼·拉尔修”,第一〇卷,第三四节。

们也是真的；关于那种看不见的事物，它们的表象所具有的便是后面的这一类真理性。例如理解天文现象就是如此：天文现象我们是不能作比较靠近的观察的，我们只能看见**某一些**，但是并不能得到这些现象的**全部**感性知觉。因此我们把在其他情形下从另外一些感觉所认识的东西应用到这些现象上去，因为在这些现象中所呈现的一种情况，也出现在这种感觉、表象之中。我们是如何达到那种不被感觉的事物表象的呢？看来这是由于思维活动所造成的，这种思维活动从另一个东西引申出这一个东西；下面我们就可以进一步看到，灵魂是怎样做到这一点的。同时我们把感觉和直观看作一种我们和外物之间的关系，并且把它们分别开来，感觉和直观是我之中，而有一个对象则是在我之外。现在**问题**成了：**我们是怎样取得这个表象的**；——换句话说，感觉并不就等于表象，它们需要有一个外在的对象。关于那个在我们以外的东西如何达到我们之内的一般客观方式，——我们自身和对象的关系，由这种关系而产生出表象，——关于这一个方面，伊壁鸠鲁提出了如下的形 485
而上学：

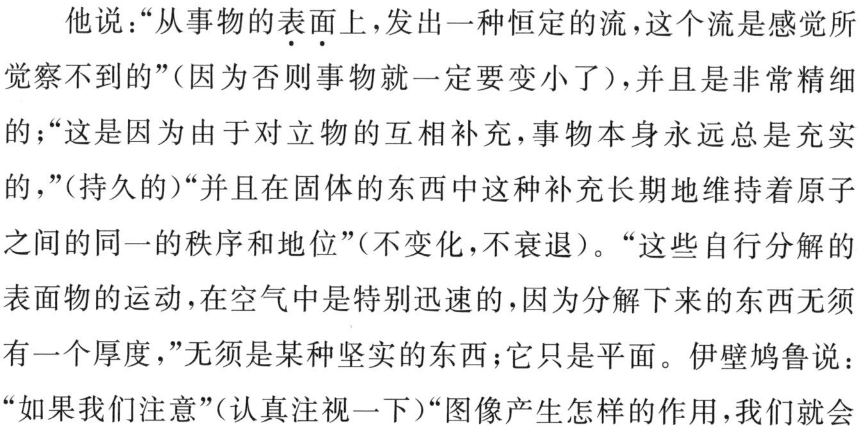

他说："从事物的**表面**上，发出一种恒定的流，这个流是感觉所觉察不到的"（因为否则事物就一定要变小了），并且是非常精细的；"这是因为由于对立物的互相补充，事物本身永远总是充实的，"（持久的）"并且在固体的东西中这种补充长期地维持着原子之间的同一的秩序和地位"（不变化，不衰退）。"这些自行分解的表面物的运动，在空气中是特别迅速的，因为分解下来的东西无须有一个厚度，"无须是某种坚实的东西；它只是平面。伊壁鸠鲁说："如果我们注意"（认真注视一下）"图像产生怎样的作用，我们就会

看到感觉与这样一个表象是不矛盾的;图像把一种符合一致、一种同感从那个外在的东西带给我们。因此是从外物传进来一个东西,”(精细的东西)“因而在我们之内有一个东西,和外面的那个东西一样。”因此这个东西是以思想的方式(通过表面)而进入我们之内的。“正是由于有一个流进入我们之内,所以我们认识到一个感觉中的那个固定的东西,那个固定的东西存在于对象之中,并以这种方式流入我们之内。”①这样去设想感觉,乃是一种非常琐屑浮浅的方式。关于不被看见的东西,伊壁鸠鲁所采取的真理标准,是一个极轻率而现在也是很习见的标准,即:与所见、所闻的东西不矛盾。因为这样一些思想中的东西,如原子、表面的分解物,诸如此类,事实上我们并不能看到。诚然我们可以看到和听到某种别的东西;但是那被看到的东西,——和那被表象、被想象的东西,两
486 者之间是有距离的。既然把两者分开,那就不会有矛盾了;因为矛盾要在关系中才发生。

伊壁鸠鲁进而说:“**错误**的产生,是由于通过我们自身之中作用于被引起的表象的运动,发生了这样一种变化,以致”感觉成为不纯粹的感觉,因而“表象不能再成为感觉的证据。例如,我们在看图画的时候,在做梦的时候,或者在任何其他并无可供我们知觉的事物存在的情况之下,所得到那些表象就既没有什么真理性,也没有什么相似性可言。如果不是我们在自身之中感觉到另一个运动,而这个运动虽然和那个表象进入我们之内是相应的,并且是相适合的,但是同时却包含着一个**中断**,那么,也就没有什么非真理

① “第欧根尼·拉尔修”,第一〇卷,第四八—四九节。

性可言。”错误不是别的，只是我们之中的图像的颠倒错乱。“错误不是产生于运动，而是产生于我们在运动中造成了一个中断，表象受到一个中断。”[①]因此，他讲到一种运动，这种运动是我们在自身之中开始的，同时也是表象的流入的一个中断。这一种独特的运动，伊壁鸠鲁称之为一种中断；至于这个运动是怎样来的，下面将详细地讲到。**伊壁鸠鲁的认识论**归结起来便只是这样一些十分贫乏的章节；其中有些部分讲得很晦涩，也可能是第欧根尼·拉尔修摘录得不很高明；不可能有比这更贫乏的认识论了。认识，从思维方面说，只是某一种造成一种中断的、独特的运动。上面我们曾经把事物称为充实的东西，这种充实的事物，伊壁鸠鲁把它看作一堆原子。和原子相对的另一个环节是虚空，中断，孔隙，——否定的东西也是肯定的，灵魂；当原子的流为虚空所中断时，才有可能阻

断这个流。伊壁鸠鲁只是达到了这种否定性；我们看到一个东西， 487
又从这个东西看出去，——就是说，我们打断了那个流。至于这个 65
起中断作用的运动本身是什么，伊壁鸠鲁就无所知了。这个中断（通过我们、思维而造成的）是和伊壁鸠鲁的那些其他的学说相联系的。要更详细地说明这种独特的运动，这种中断，必须更进一步回溯到伊壁鸠鲁体系本身，或者说他的体系的基础。

普遍的形而上学。伊壁鸠鲁进一步说明原子本身；但是他的学说并没有超出留基波和德谟克里特的范围。伊壁鸠鲁的本质，事物的真理，和留基波与德谟克里特一样，乃是**原子与虚空**。原子是有形体的自在之物；虚空是运动的原则，一般说来是他的否定原

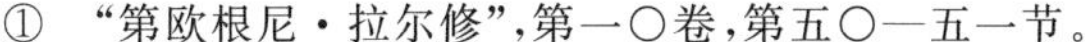

① “第欧根尼·拉尔修”，第一〇卷，第五〇—五一节。

则,这个否定原则在他的学说中是必须出现的。“原子除了形象、重量和大小外,没有任何属性。”原子作为原子,必须永远是无规定的;可是原子论者们却不得不陷入矛盾,给予原子以各种属性,量的方面如大小和形象,质的方面如重量。重量还可以是抽象的、自为的东西;但是形象、大小却不再是原子。那本身绝不可分的东西既不能有形象,也不能有大小;甚至重量、引向另一个东西的倾向性,也是和原子的斥力相反的。“凡是属性都可以变化;但是原子是不变化的。在各种结合物的分解中,必定有一个固定的、不分解的东西存留着,这个东西,任何变化都不能使它化为乌有,也不能使它从无变为有。这个不变的东西具有若干体积和形象。而属性
488 则是原子与原子之间的某种一定的关系。”[①]可触性,我们在亚里士多德[②]那里已经看到被当作各种属性的基础;——有一种区别,过去以各种不同的方式被作出过,并且将来还会一直作下去,——乃是一种惯常会出现的区别,即:基本属性——重量、形象、大小——与派生的或感性的属性之间的对立,后者只是就它与我们的关系说的。这一点常常被了解为:好像重量是在事物之中,而其他的属性则只是存在在我们的感官里;但是,一般说来,前者乃是自在的东西的环节,或者说是它的抽象的本质,——而后者却是它的具体的本质,表明它和另一个东西的关系。

现在主要的问题是要指出本质、**原子**和感性现象的**关系**。但是在这一点上,伊壁鸠鲁漂泊在一些什么也不能说明的不定的说

① “第欧根尼·拉尔修”,第一〇卷,第五四—五五节。

② 见本书第二卷,第 332 页(原版 366—367 页)。

法中。在这里有一个冲击，必须让那抽象的自在之物过渡到现象中，必须让本质过渡到否定的方面去；关于这一点，伊壁鸠鲁和其他自然哲学家一样，我们在他那里看不到别的，只看到他把概念、抽象和实在毫无意识地纷然杂陈在一起。一切特殊的形象，一切事物，对象，光，颜色等等，甚至灵魂，都不是别的，只是这些原子的某种一定的安排、排列。这一点洛克也是这样说的。作为基础的东西是分子（molécules），分子排列在空间中。这些都是空话。属性，照这样的说法，乃是原子与原子之间的某些特定的关系；因此，现在也就当然可以说：一个结晶体是部分之间的某一特定的排列，这个排列提供了这样一个形象。关于这种原子之间的关系，我们不值得花费力气去讲它；这是一种完全形式的说法。伊壁鸠鲁[①]把形象和大小归之于原子，但是又认为"形象和大小，就其属于原子而言，不同于它们在事物之中所表现的。——二者并不是完全
不相似；而是其中之一，即自在地存在的大小，和那表现出来的大 489
小有某种共同之处。后者是在转化消逝中的，变化着的；前者没有互相断隔的部分，"——没有否定性的东西。

这种中断是和原子相对的另一面，**虚空**。上面我们看到：思维的运动是这样一种运动，它具有中断（思维在人之中，正如原子和虚空之在事物里一样，是人的内在的东西）；也就是说，原子和虚空同样属于思维的运动，或者说，原子和虚空之于思维运动，就像自在的东西一样。因此思维的运动是灵魂的原子固有的；因此在思维运动中会发生一种中断，以对抗那从外面流进来的原子。因此

① "第欧根尼·拉尔修"，第一〇卷，第五五—五八节。

在这里面，除掉那一般的肯定与否定的原则以外，并看不到什么别的东西；所以思维也就同样具有着一个否定的原则，即中断的环节。这个伊壁鸠鲁体系的基本原则，再进一步应用和发挥到事物的区别上，就成为人们所能想象出来的最任意，因而也最无聊的东西。

原子有不同的形象，不同的**运动**；从这些原始的不同更产生出各种派生的不同，后者称为属性。至于原始的形象和大小，或者说，原子的形象和大小究竟如何产生的，他的说法只是一种任意的虚构。由于重量，原子也具有一种运动；但是这种运动的方向稍稍离开直线。伊壁鸠鲁认为原子有曲线运动，因此它们可以相撞，等等①。这样一来，便产生了特殊的集合、组成；这就是事物。不同
490 的物理属性，味道，香气，以分子的不同排列为基础。但是在后者与前者之间并没有一座桥梁；或者可以说，有的只是一句重复的空话：各部分的安排和结合正是这样，就像所必需的那样，所以它们的现象成为**这样的**现象。但是对如此构造起来的那些原子的所作的规定，却是一种极端任意的虚构。至于向具体现象、具体物体的过渡，伊壁鸠鲁或者根本不讲，或者讲到一些十分空疏、贫乏的东西。我们听人说到伊壁鸠鲁的哲学时，在别的方面尚不无好评；因此我们有必要再对它作进一步的考察。

既然这种分崩离析的东西和虚空是本质，那就可以直接得出结论：伊壁鸠鲁否认原子的统一和联系在普遍的目的意义下自在

① “第欧根尼·拉尔修”，第一〇卷，第四三—四四、六〇—六一节；西塞罗：“论命运”，第一〇章；“论目的”，第一卷，第六章；普鲁泰克：“论灵魂的产生及‘蒂迈欧’篇”，第一〇一五页。

地存在着。一切我们称之为形构和组织（有机体）的，或者一般说，那自然目的的统一，在伊壁鸠鲁看来都属于属性，都属于原子的结合，因此这种结合只是偶然的，是通过原子的偶然运动而产生的。伊壁鸠鲁以重量为原子的基本性质，但是他不让原子做直线的运动，而是使它沿着一种从直线稍稍偏出的曲线而运动；这样原子便在曲线上相撞，并造成一种只是表面的、对于原子来说并不是本质的统一。换句话说，伊壁鸠鲁一般地否认概念和普遍的东西是本质。一切产生都是偶然的结合，这些结合又都偶然地分解。因为那被分割开的东西是第一性的、真实地存在的东西；而偶然性则是这种结合的法则。而偶然既是支配一切的东西，因此一切目的性以至世界的整个最终目的也就一起消失了。伊壁鸠鲁举一个极不相干的例子来证明这一点，说例如蠕虫等等就是通过太阳的温暖而从泥土中偶然生出的。把蠕虫作为一个整体看，就它对他物的 491
关系说，诚然很可以说它是偶然的；但是它的自在之物、概念、本 *69*
质现在却是一个有机的东西，——问题就在于理解这个有机的东西。伊壁鸠鲁不承认思想是一个自在的存在，他没有想到他的原子本身便具有这种思想的东西的性质，——它是这样一种存在，不是直接的，而是本质上通过中介的，否定的，或者说普遍的；这是伊壁鸠鲁的根本的和唯一的矛盾，——也是经验主义者的全部矛盾。相反，斯多葛派把被思维的东西，把普遍的东西当作本质，但是也同样不能达到存在和内容；而是以更矛盾的方式去处理这个问题。

这就是伊壁鸠鲁的形而上学；他的形而上学的其他方面并没有什么意义。

三　物理学

自然哲学是建立在这个基础上的;不过这里面有一个有趣的方面,因为真正说来它今天依然还是我们的方法。伊壁鸠鲁之所以反对世界有一个普遍的目的,否定有机体本身有任何目的关系、目的性,更否认那些认为世界之中存在着一位创世主的智慧,否认创世主统治世界等等目的论的观念,——这是很容易理解的,因为他取消了统一,不管对这个统一是怎样了解的,把它了解成一个存在于自然自身之内的目的也好,或把它了解成一个存在于另一个东西里面对自然起作用的目的也好。世界的最终目的,创世主的智慧,是斯多葛派所接受的,目的论的看法,在斯多葛派中间是很发达的,而这些在伊壁鸠鲁那里都不存在;一切都是通过原子种种形象的偶然的、外在的凑合而产生的事项。一切相互关系的结合的原则乃是**偶然性**,乃是外在的必然性。

492 他关于自然界各个**个别方面**的那些思想,本身很可怜,是一种各式各样的观念的无思想的混合,因此完全是一些可有可无的思想。伊壁鸠鲁的**自然观**的详细**原则**,就在我们上面已经看到过的那些学说里面。这就是许多知觉相互结合而成为一个固定的想象:通过感觉,我们具有若干普遍的表象、图像、关于相互结合的表象;意见就是把这样一些知觉联系到这样一些已有的图像上去。伊壁鸠鲁然后更进一步说明,人们如何必须在表象中处理我们所不能直接感觉的东西。我们已经具有的这些表象、预想,我们把它们应用到某个东西上去,这个东西我们对它是不能有精确的感觉的,但是它与那些表象、预想有某种共同之处。这样,我们就有可能根据这样一些图像去把握未知的、不能直接被感觉的东西：也就是说，我们从已知的东西推到未知的东西。这就是说，伊壁鸠鲁[1]把**类比法**当作自然观的原则，——或者说把所谓**说明**当作自然观的原则；这个原则甚至今天在自然科学里还在继续使用。我们具有某些特定的表象，不是由感觉得来的东西，我们便通过这些表象加以规定；这是近代物理学的一般原则。人们有所经验、有所观察；这些是感觉，这些感觉我们就轻轻带过去了，因为我们立即就讲到从那些感觉所产生的表象。这样我们就进到普遍的表象；这就是各种规律、力量、存在方式。因此电、磁等等是以经验、感觉为基础的；然后我们又把这些普遍的表象应用到那些本身不能直接 493
被感觉的对象和作用上去。因此我们是根据类比来判断这些对象和作用的。例如，我们知道神经以及它和脑的联系；我们说，为了感觉，从指尖到大脑有一种传播作用。可是我们应怎样去设想这个作用呢？我们并不能观察它。通过解剖我们诚然可以揭示出神经，但是并不能揭示出神经的那种活动方式；这种活动的方式我们是根据类比、根据类似的传播现象去设想的，例如一根绳索的振动，这种振动振荡神经直达大脑。又如一种大家熟知的，特别表现在一串弹子上的现象，当我们把许多弹子紧密排成一行并打击第一颗弹子时，最后一颗弹子便滚开去，而中间的那些弹子这时很少表现运动：由此我们设想，神经是由一些很小的小球组成的，这些小球即使用最强的放大镜也看不见，而每当被触及或受其他作用的时候，最后的一颗小球便立即跃出去碰击灵魂。因此我们把光

① “第欧根尼·拉尔修”，第一〇卷，第七二节。

设想成线、射线,或者设想成以太的波动,或者设想成有冲击力的以太小球。这完全是伊壁鸠鲁的类比法的方式。或者我们说:闪电是一种电的现象。在电气中我们看到一种火花,闪电也是一种火花;通过这二者的共同点,我们推断到二者的类似。

而关于这一点,伊壁鸠鲁是颇不严格的。他说:"我们不能亲身观察的东西,我们就根据类比来把握;但是这种东西可以和许多别的表象有共同之点。因此可以有各种不同的表象——当然是任意地——应用到这种东西之上;不可以断定某一种方式,是可以有各种不同的方式的。"[1]伊壁鸠鲁说:例如,月亮发光,因此我们看
494 见它;但是我们对它不能有更贴近的经验。"月亮可以具有它本身的光,也可以是具有从太阳借来的光;因为同样在地上我们也可以看到许多东西,是'凭本身的光(火焰)'自己发光的,也有许多东西,是'借分得的光,'被其他东西所照耀的。因此并不妨碍我们可以根据许多不同的回忆来考察天体,并按照这些不同的回忆来作出假设和寻找原因。"我们看到伊壁鸠鲁处处使用了他所喜爱的类比方法;回忆就是预想,就是我们所经验到的东西的表象,这些表象我们又在类似的现象中重新予以应用。"因此月亮的下弦和上弦同样是"我们不能直接观察的;而根据类比,这可以是"由于这一星体的运行而产生的,或者是由于"每当云气发生不同的变化以后,"空气的不同形构而造成的","或者是由于增加和减少而造成的,总而言之,凡是在我们这里呈现的东西,都可以用一切方式表现出这样一些形象,"在地上我们便看到大的东西会变小等等。

① "第欧根尼·拉尔修",第一〇卷,第七八—八〇、八六—八七节。

“因为我们可以选择其中的一种方式而放弃其他的方式；”这里伊壁鸠鲁表现得很公平、很宽容。伊壁鸠鲁在这里，把凡是我们在感性对象的关系中所见到的一切表象，都加以应用了；他在这一方面说了一堆冗长的空洞的话，这些空话炫人耳目，但是认真去考察一下，便消失不见了。因此在他那里就可以看到摩擦、相撞之类的玩意儿。例如闪电便可以比附我们平常所见的火的产生来加以判断。——“因此闪电就可以通过一大堆可能的表象而得到说明；例如由于云的摩擦和相撞而从其中迸出火的形构来，于是产生闪电；”闪电是一系列的原子。我们同样说：摩擦生火、生火花；——
这个道理我们也把它应用在云上。“或者，闪电的产生也可以是由 495
于一种由风状物体从云里冲出，是这种风状物体造成闪电，——是由于云层相压或被风力所压时所发生的一种挤出作用”，等等。顺便说一下，在斯多葛学派那里，情形也并不好多少。感性表象的应用，根据类比所作的假想，等等，往往被称为理解或说明；事实上，在这样的做法里，并没有丝毫思想或理解的气息。——“因此一个人也可能在这些方式中选择了某一种而放弃了其他的方式，却并没有去考虑什么是人所可能认识的，而什么是人所不可能认识的，从而力图去认识那不可能的东西。”①

这正是和我们的物理学相同的类比方法：也就是说感性图像在类似的东西上的应用、推移，并且就把这当作是理由，当作是对于原因的认识，因为感性图像在这样一种对象上的应用，并不能通过证据而得到证实，我们不可能拥有直接的感觉。因此就只能像

① “第欧根尼·拉尔修”，第一〇卷，第九三—九六，一〇一，九七节。

谚语所说的那样:可以是这样,也可以是那样。斯多葛派的那种从思想中推出原因的方法,始终受到排斥。在有机体的物理学中就是这样。一切都依靠神经。在一些紧张的弦索上,我们看到,当我们敲击一根弦索时,振动便传到所有的弦索上去,因此神经也可能是许多紧张的弦索;——或是许多弹子,一个弹子被打击,它便打击在它以后整个一行中的其他弹子。因此一个人如果是物理学家,就大可不必对伊壁鸠鲁的观点板起面孔。有一种情况,也许使我们一见之下吃惊的,就是他对于物体之间的相互关系缺乏观察,缺乏经验;不过他的要点、原则和我们一般自然科学的原则并无二致。人们曾对伊壁鸠鲁的这种方法多所攻击,表示轻蔑不满;但是
496 从这一方面说,人们并不应当对它引以为耻,因为它一直还是我们近代自然科学以之为根据的方法。伊壁鸠鲁所说的,并不比近代人所说的更坏些:例如由于云的摩擦而产生电,就像玻璃与丝绢摩擦时那样;因为云既并不是什么坚硬的物体,而电也毋宁为湿气所散发。因此在这里,我们的观念和伊壁鸠鲁的一样空洞。

在伊壁鸠鲁那里①,主要之点在于他强调:正是因为缺乏证据,因此我们不应该执著于某一个类比;重视这一点用意还是好的。而在其他方面,伊壁鸠鲁的态度就更是不认真了:如果一个人采取这一种可能,另一个人采取另一种可能,他便称赞第二个人聪明;——这里似乎没有任何必然性。这种方法是毫无概念的方法,它所达到的只是一些普遍的表象。伊壁鸠鲁的说明方式,从这一方面起,是与斯多葛派完全对立的。我们常常听说伊壁鸠鲁的物

① “第欧根尼·拉尔修”,第一〇卷,第一一三——一一四节。

理学有它的优点。如果物理学被认为是这样一种学问，一方面关
系到直接的经验，另一方面，在不能直接经验的东西方面，关系到
如何根据未经验和已经验的东西之间的相似（类比），而应用直接
经验于不能直接经验的东西，那么，事实上伊壁鸠鲁如果不是创始
者的话，可以被认为是这种方法的主要宣扬者，并且无疑是这样一
个人，他断言这种方法也就是知识。关于（伊壁鸠鲁哲学的）这一
种方法，一般地应当说，它也同样具有一个方面，使它具有一定的
价值。亚里士多德和古代的哲学家们，在自然哲学中是先验地从
普遍的思想出发的，并从思想中发展出概念来；这是一个方面。而
另外还有一个必要的方面，则是使经验上升而成为普遍，找出各种 497
规律；这也就是说，从抽象的理念中得出的东西，与那由经验和观
察所准备起来的普遍的表象相会合。例如先验的成分，在亚里士
多德那里就是非常出色的，但是并不充分，因为在亚里士多德那里
就缺少与经验、观察相结合、联系的这一方面。这个从特殊到普遍
的回溯，也就是去发现种种规律、自然力等等的过程。因此我们可
以说，伊壁鸠鲁是经验自然科学、经验心理学的创始人。和斯多葛
派所谓的目的、理智的概念等等相反的是经验，是感性的现实。在
斯多葛派那里是抽象的、局限的理智，本身并没有真理，因此也没
有自然的现实性和真实性；在伊壁鸠鲁这里——则是比那些假设
更为真实的自然的感觉。

伊壁鸠鲁的哲学，就它被用来反对任意地捏造事物的原因这一点说，它在它的时代起了自然法则等等知识的兴起在近代世界所起的同一的作用。在后世，人们越是认识各种自然法则，迷信、奇迹、占星术等等也就越是销声匿迹；所有这一切都由于自然法则

的认识而黯然失色了。在伊壁鸠鲁那里,采取的方法主要具有反对占星术等等无思想的迷信的倾向,——这种思想方法也同样不是理性的,并不是在思想中,而是也同样在表象中的,不过干脆是虚构,或者可以说,是说谎。与此相反,伊壁鸠鲁的那种方法,如果就表象而不就思维来说,是合乎真理的,它只依据那些看见的、听见的、呈现于精神之前、而对精神不陌生的东西,而不谈那种据说应当如此、据说应当被看见、被听见,但是却并不能被看见并不能
498 被听见的东西,因为这些东西只是虚构的。因此,伊壁鸠鲁哲学对它的时代所产生的影响是:它反对了希腊、罗马人的各种迷信,使人们超出了这一类迷信。[①] 所有这一类的胡说八道,像鸟向左或向右飞,兔子横穿道路,根据动物的脏腑,或是根据鸡是否活泼决定人的行动等等——这一切迷信都被伊壁鸠鲁的哲学所粉碎,因为它只承认那种根据预想通过感觉而证实的东西;尤其是那些完全否定超感性事物的思想,是从伊壁鸠鲁哲学而来的。

他的物理学以驱除占星术的迷信和对神灵的恐惧而闻名;它启发了对于物理的东西的开明的解释。迷信是从直接的现象立即过渡到神、天使、精灵;也就是说,它期待有限的事物产生异于环境所许可的结果,期待发生一种更高的方式下的事项。这种看法是伊壁鸠鲁的物理学所根本反对的,因为在有限事物的范围内它谨守有限事物;它只接受有限的原因。始终不逾越有限事物的范围,这就是所谓的开明的解释。它在另一个有限的东西中,在各种条件中寻求联系,而这些条件本身又是有条件的(迷信则正确或不正

① 西塞罗:“论神灵的本性”,第一卷,第三十节。

确地一下就过渡到更高的东西上去)；但是，这种方式尽管在有条件的事物的范围内是正确的，在其他的范围中却不是这样。如果我说电是从上帝那里来的，我说的就既是正确而又不正确。我询问一个和这有限事物同一范围之内的原因。如果我说出上帝来作为答复，这样就是说得太多。上帝是一切东西的原因，而我要知道的是这一个现象的特定的原因和特定的联系；上帝这个答复适合于一切东西。而另一方面，在前一个范围内，即使概念，也已经是 499
一种过高的东西；因此，我们在哲学家们那里见到的那种高一层的考察方式，也就完全被砍掉。迷信是破除了，但是一种植根于其自身之内的联系以及那理想的世界也就一同被去掉了。

属于他的自然哲学的还有他的**灵魂**的学说。说到灵魂的本性，伊壁鸠鲁同样把灵魂看作一个东西，正如我们现代的假设把它看作神经纤维、绷紧的弦子或者一串小球一样。“灵魂由一些最精致、最浑圆的原子构成，不过与火还是完全不同，”——“它是一种精致的精神，这种精神分布在身体的整个积聚物中，并且分享着体温。”(伊壁鸠鲁因此只建立一种量的区别：这些最精致的原子为一批较粗糙的原子所包围，并且通过这一个更大的积聚物扩展着。)——“不具理性的部分”(生命原则)“分布在躯体中，自觉的部分(τὸ λογικον)则分布在胸膛里，这一点从喜乐和忧愁就可以觉察得出来。”——“灵魂由于它的部分的精微性，在它之中有许多变化，这些部分可以很快地运动；它与这一积聚物的其余部分有所感应(συμπαθὶs)，这是我们从思想、情绪等等中可以看到的：我们的灵魂被剥夺，我们就死亡。但是灵魂从它这一面说，也同样在感觉中起着极大的作用；但是灵魂不能产生感觉，如果它不被这个积聚物

的其他部分”(其他身体部分)“在以某种方式所覆盖的话,”——这是完全没有思想的说法。“因此,为灵魂提供〔感觉〕原则的这个积聚物的其余部分,在它那一方面,也分享这种状态,”(感觉)“但并
500 不是分享灵魂所具有的一切;因此,当灵魂逃走的时候,它也就没有感觉。积聚物本身并不具有这种力量,而是那另一个和它结合在一起的东西给它这种力量;而感觉的运动是通过那共同的流和共同的感应而产生的。”①对于这样一些看法没有什么可说。外在的东西的图像与我们的感官的会合的中断,上面说过是错误的根源,这种中断的根据就在于灵魂是由独特的原子构成的,而原子与原子之间又为虚空所分隔。我们不想再纠缠在这些无谓的东西上了;这是些空话。对于伊壁鸠鲁的哲学思想我们不能有什么敬意,毋宁说这些根本不是什么思想。

四　道德学

精神哲学　伊壁鸠鲁的道德学是他的学说中最受人非难(因而最有兴趣)的部分;不过也可以说,这是他的学说中的最好的部分。诚然他描述了灵魂、精神,但是这些并没有很大意义;这是用类比法推论出来而和他的原子的形而上学结合在一起的。我们的灵魂的理性部分是一堆精致的原子的积聚,这些原子在这个积聚中只有通过感觉才获得一种力量、一种活动性,也就是说只有通过相互感应、通过那种由外在原子流入这个积聚而产生的共同性才获得的;这是一个浅薄的、无意义的学说,它不足以引起我们多加

① “第欧根尼·拉尔修”,第一〇卷,第六三、六四—六六节。

注意。伊壁鸠鲁的**实践**哲学的目的，和斯多葛派哲学一样，在于自我意识的个别性；因此他的道德学也是怀着同一目的，就是精神的安然不动，说得更确切一点，就是一种圆满无亏的、纯粹的自我享受。

如果我们考察伊壁鸠鲁道德学的**抽象原则**，我们的判断只能说它很不高明。如果感觉、愉快和不愉快可以作为衡量正义、善 501
良、真实的标准，可以作为衡量什么应当是人生的目的的标准，那么，真正说来，道德学就被取消，或者说，道德的原则事实上也就成了一个不道德的原则了；——我们相信，如果这样，一切任意妄为将都可以通行无阻。如果说现在有人肯定感觉是行为的根据（"因为我觉得我心里有这个冲动，所以这个冲动是正当的"），这就正是伊壁鸠鲁主义。每个人都可以有不同的感觉，同是一个人，在不同的时候也可以有不同的感觉；因此在伊壁鸠鲁那里，个体的行为完全可以听从他的主观来自由决定。但是有一点很重要，必须加以注意：如果说伊壁鸠鲁把目的定为快乐，那这只是就享受这个快乐乃是哲学的后果而言。如果一个人只是一个没有思想的、放荡的人，只是毫无理智地沉溺在享乐之中，过着放纵的生活，绝不可以说他是一个伊壁鸠鲁的信徒，也不可以设想伊壁鸠鲁的生活目的在这里就已经得到了实现。前面我们曾经指出，尽管一方面感觉被当成原则，但是仍然与 *λόγος*、理性、理智、思想结合在一起，——所有这些名称现在还用不着加以区别。在伊壁鸠鲁[①]就有这样一种情形，就是：一方面他把善的标准规定为快乐，同时他要求一种

① "第欧根尼·拉尔修"，第一〇卷，第一四四节。

思维的涵养(一种具有高度修养的自觉),用以考量快乐,看它是否和更大的不愉快结合在一起,并以此为根据,对它作出正确的判
502 断。由于λόγος,由于思维的涵养,由于理性的考虑,由于考量快乐的后果,于是开始反省到:有些东西虽然当下是令人愉快的,可是却会产生恶劣的后果①;正是这种反省曾使人们放弃了很多种享乐。只有从全体来看个别的快乐:"谨慎是最高的善",这种善只有通过哲学才能得到;——谨慎恰恰不是直接的,而是在对全体的关系中。"没有谨慎、美德和正义,我们就不可能幸福地生活。"②但是另一方面,伊壁鸠鲁派既把享受当作原则,同时也把福祉、把精神的欢畅当作原则;因此这种福祉就应当以这样一种方式去寻求,使它成为一个摆脱了外在的偶然性、摆脱了感觉的偶然性的独立的东西。所以,伊壁鸠鲁派的目的和斯多葛派是相同的。伊壁鸠鲁又以一种哲人境界、一种ἀταραξία(不动心)、一种摆脱了恐惧和欲望的精神的自持和平静为目的。因此伊壁鸠鲁③为了这一点(为了摆脱迷信),也特别需要物理科学,以求摆脱一切使人极度地不安的意见:如关于神灵、神灵的惩罚,特别是关于死亡的意见④,死亡并不是什么坏事,因为它只是一种单纯的欠缺,并不是什么正面的东西。人们以为自己的本质在某种特定的东西之中,怀着种种恐惧和想象,哲人则摆脱了这一切恐惧和想象,仅仅追求作为普遍的东西的快乐,仅仅把这种快乐看作正面的东西;这里,普遍与

① "第欧根尼·拉尔修",第一〇卷,第一四一节。

② 同上,第一三二节。

③ 同上,第一四二——一四三节。

④ 同上,第一二五节。

特殊相会合；或者说，特殊被提高成为普遍，特殊只是在整体中被
考察的特殊。因此才有这样的情形——由于伊壁鸠鲁物质的方式 503
（或者说在内容上）把个别当成原则，相反地他就在另一方面要求思维的普遍——从而他的哲学与斯多葛派哲学相一致。伊壁鸠鲁用来刻画哲人的那些特性（都是一些消极的），和斯多葛派正是一样的。

如果我们抽象地去考察原则，那么，一方面是普遍的东西，思维，另一方面是个别的东西，感觉；这两个原则是绝对地互相对立的。但是，感觉并不是伊壁鸠鲁派的全部原则，他们的原则是通过理性而取得，并且只有通过理性去取得的**福祉**；所以这两个原则具有同一的目的。第欧根尼·拉尔修[①]讲到这个观点时引证说："宁可有理性而不幸，不愿无理性而幸运。因为我们在行动中宁可失去幸福的宠遇，但不能不正确地判断事物"——也就是说，在行动中正确地判断，要胜过受幸福的偏爱；也就是说，正确的判断乃是首要的东西。"日夜记挂在心的是："——遵从理性，正确地判断。"不要因为任何东西而让你失去灵魂的安宁，这样你就会像一个神一样生活在人间；因为生活在不死的（不朽的）善里面的人和一个有死的生物没有丝毫共同之处。"

塞内卡是以一个坚决、褊狭的斯多葛派著称的；他也站到伊壁鸠鲁派这一边来说话。在塞内卡那里，有一条无可争辩的关于伊壁鸠鲁道德学的**证据**。塞内卡在他的作品"论幸福的生活"中说：
"然而我的见解是（并且我的说法和我的许多同乡正相反）：伊壁鸠 504

① "第欧根尼·拉尔修"，第一〇卷，第一三五节。

鲁的道德诫命规定了一种神圣而又严正的生活，并且，如果仔细加以考察的话，甚至可以说是一种悲哀的生活。因为那样的享乐只适合于某一点极有限、极贫乏的东西。我们为德行所制定的那个法则，他把它说成是快乐。他要求它顺乎自然；但是由自然享受的却只有极少的一点点快乐。”一个伊壁鸠鲁主义者，如果他恪守伊壁鸠鲁的告诫，和一个斯多葛主义者的生活方式没有什么两样。“如果一个人过一种懒惰、饕餮、淫荡的生活，却把这种生活称为幸福”，并且把它称为伊壁鸠鲁主义(从而以伊壁鸠鲁为自己的护符)，“那他只是为一件坏事寻找一个好的权威，并不是追求一种他从伊壁鸠鲁听来的快乐，而是追求某些他自己提出来的东西。”①“这样的一些人只是企图把自己的坏事掩盖在哲学的外衣之下；因为伊壁鸠鲁的快乐是有节制的、淡泊的。”并且，被加在一件坏事上的也正是这个“名字”(因为有很多人是“凭着这个名字去做那坏事的”)。“他们只是为自己的放荡寻找一个借口、一种托词、一个名义，”如果他们把这种生活称之为伊壁鸠鲁的哲学的话。② 因此如
505 果把快乐当成原则，理性和涵养就必须时刻保持警觉；并且，凡是有快乐的地方就会有一种考量，例如考量一种快乐是否与危险、恐怖、忧愁等等不快乐的东西结合在一起。这样一来，能够产生纯粹的、干净的快乐的东西就变得很少了。保持心境宁静，这是伊壁鸠鲁的原则；这条原则也正包含着：放弃那种以及那许许多多种一方面使人快乐，但是另一方面支配着人的东西，——自由、轻快、恬

① 塞内卡：“论幸福的生活”，第一三章。

② 同上书，第一二章。

静、没有不安、没有欲望地生活着。

居勒尼派比较把快乐看作一个个别的东西，而伊壁鸠鲁则把它当成一种方法：“**没有痛苦**就是快乐”；——没有中间状态。[①] 起先我们也许以为，居勒尼派所抱持的原则，与伊壁鸠鲁派是一样的。但是第欧根尼·拉尔修提出这样的**区别**：“居勒尼派并不认为**安静中的快乐**（τὴν ἡδονήν，τὴν καταστηματικήν，constitutivam）也是快乐，而只承认运动中的快乐，”或者说认为快乐是一种积极的东西，也就是说，在享受一种快乐中，必须有一种令人愉快的东西；“与此相反，伊壁鸠鲁两种都承认，既承认肉体的快乐，也承认心灵 506
的快乐。”伊壁鸠鲁一方面也同样把积极的享乐方式与使人愉快的感觉联系在一起，但是另一方面在他的原则中也有安静中的快乐；这种快乐是消极的快乐，是一种内在的满足，精神的安于自身。“伊壁鸠鲁说：脱离恐惧和欲望（ἀταραξία），不感到沉重（ἀπονία），乃是最高的快乐（καταστηματικαὶ ἡδοναί），”——摆脱忧虑和辛劳，无所记挂，不执著于任何事情，丢掉我们可能遭遇的危险。感官的享受，“愉快，喜悦”（χαρὰ δὲ εὐφροσύνη，laetitia）、激情“乃是仅仅追求运动的快乐（κατὰ κίνησιν ἐνεργείᾳ βλέπονται）；”[②]居勒尼派正是把他们的原则建立在这上面。伊壁鸠鲁把两种都建立为原则，但是把前一种看成主要的。“此外，居勒尼派把肉体的痛苦看成比灵魂的痛苦更坏；但是伊壁鸠鲁的看法则相反。”[③]

① “第欧根尼·拉尔修”，第一〇卷，第一三九节。

② 同上，第一三六节。

③ 同上，第一三七节。

伊壁鸠鲁关于道德方面的主要学说包含在一封给美诺寇的信里，这封信由第欧根尼·拉尔修保存下来了。他在一些地方以以下的方式表示："既不应当在年轻的时候耽搁(μελλέτω，延迟)哲学研究，也不应当在年老的时候对它厌倦。因为一个人要使自己的精神健康，绝不会有时机未到(ἄωρος)或时机已过(πάρωροδ)——既不会有过早，也不会有过晚——的问题。应当努力去寻求生活幸福之道，"——这是要通过思想、通过哲学去认识，去体验的。"下面是他的要点："①

"首先，要肯定神是一个不灭的(ἄφθαρτον)和幸福的生物，像一般关于神的信仰所承认的那样；并且要肯定神不缺乏永恒性和幸福。而神灵是存在的，关于神灵的知识是明白的(ἐναργής)。无神的人(ἀσεβής)并不是否认或抛弃多数人(τῶν πολλῶν)的神灵的人，而是以多数人的意见加之于神灵的人"：无神的人是接受群氓关于

507 神灵的俗见的人。② 这种神性所指的不是什么别的，就是一般的普遍性。一三九节一开头就说："幸福的和永恒的东西，本身既没有烦劳，也不使别人烦劳。因此它既不会有愤怒，也不会有宠爱的干扰；因为这一类的事只有在弱者才会发生。在别处他又说，神灵可以通过理性去认识。"伊壁鸠鲁说，"神灵有一部分(有一些)在于数目，"——像数目，是数目；也就是说，完全抽离了感性的、可见的东西，——是感性的东西里的抽象的东西。当我们说最高的实体时，我们以为大大地超过了伊壁鸠鲁的哲学，可是事实上并没有超

① "第欧根尼·拉尔修"，第一〇卷，第一二二——一二三节。

② 同上，第一二三节。

过多少。因此神灵有一部分像数目，“有一部分（另外一些）则是达于完善之境的人形的东西”（以人的方式达于完善之境的），“它的产生，是由于那些相似的图像连续地汇流在同一个东西上，造成了图像的相似”，我们接受了这些图像——我们心中的完全普遍的图像。这些东西就是神灵；他们在我们的睡梦中个别地落到我们身上。① 这一个普遍的图像，一个具体的，并且表现为人形的东西，也就是我们所谓的理想；只是在这里，它的起源被解释为由于许多图像的重合。

我们还需要再讲一讲**伊壁鸠鲁派的神灵**，因为这些神灵表现了他的哲学中的一个思想；与此相反，斯多葛派比较不脱离常识的看法，对于神的本质没有这么许多的想法；在伊壁鸠鲁派，神灵毋宁是表明一个直接的系统观念。在伊壁鸠鲁看来，神灵乃是**幸福生活的理想**。因为自我享受的结果就是无所作为，这是因为在行为中总包含有一种异己的东西，包含着自己的对立
面，一种现实；在行为中，劳动、辛苦总毋宁是对于对立面的一种 508
意识，而不是对于已经实现的东西的意识。神灵就是纯粹的、无所作为的自我享受的东西。神灵也是存在着的东西，由最精致的原子构成；他们是纯粹的灵魂，不与粗糙的原子混合在一起，因此完全不受劳动、辛苦和烦恼的影响。他们自我享受着，并不关心世界和人的事情。② 伊壁鸠鲁接着说：这种幸福的、普遍的东西，具体形象中的普遍的东西，人形的东西，本身是既无工作

① 西塞罗：“论神灵的本性”，第一卷，第一八、三八章。

② 同上，第一九—二〇章。

(πράγματα),也没有不安,也不与别人为难的;它并不发怒,也不为敬礼和献祭所动。人应该向神灵致敬,这是由于神灵的本性卓越,由于神灵的幸福,而不是为了从神灵那里得点特别的东西,不是为了这种或那种好处。[①]

伊壁鸠鲁把神灵说成有形体的、像人的实体,对于这种说法,人们的嘲笑是很多的。西塞罗拿伊壁鸠鲁来开玩笑,说:神灵只有好像身体的身体、好像血的血、好像肉的肉(quasi sanguinem,carnem)等等。[②] 但是,也由此可见,神灵只是好像自在的东西,就像我们在灵魂和感性的东西上也看到这样一种好像自在之物那样;——感性知觉的对象是真实的东西,但是,在它们之后还有一个自在之物。关于属性,我们的说法也并不好些。公正和善应当in seusu eminentiori(就更高一层的意义)来讲,而不是像我们这样,说些好像公正等等。

伊壁鸠鲁[③]让神灵住在空的空间里,住在世界的隙缝(思想)
509 里,他们在那个地方不受风霜雨雪等等的吹打;住在隙缝里,这是因为虚空是原子的运动原则,自在的原子是在虚空中。显现出来的东西是充实的、连续的;但是它的内部这样或那样地联系着。所以诸多的世界都是这样一些原子的凝结,不过这些凝结只是外在的关系。在它们之间作为虚空的东西中,也有这种自在之物,也有这样一些实体,尽管它们本身也是原子的凝结,但是它们仍是自在的东西。(如果进一步去追问的话,在这里就要搞糊涂了;因为凝

① 西塞罗:“论神灵的本性”,第一卷,第一七章。

② 同上,第一八章。

③ 西塞罗:“论迷信”,第二卷,第一七章;“论神灵的本性”,第一卷,第八章。

结造成感性的东西。而如果说神灵也是一些凝结，他们却并不是这样一些一般的现实的东西。这个普遍的东西正是以无思想的方式提升出来的，这个从现实中提升出来的自在的东西并不被看作原子，而是本身被看作又是这些原子的一种结合；因此这个结合本身不是感性的东西。）这些说法看起来令人好笑，但却是与所谓中断，与虚空对充实、对原子的关系联系在一起的。在这个意义下，因此神灵属于与感性的东西对立的否定的方面；而这个否定的东西就是思维。以上伊壁鸠鲁关于神灵所说的这些话，有一部分还是可以说的。诚然，属于神的性质的还该有更多的客观性，但是说神是这样一种幸福的东西，是只能就其本身而加以尊敬的，这话却是完全正确的。伊壁鸠鲁把认识神是普遍的等等看作自明的、有力的认识。——因此首要的是尊敬神灵，而不是出于恐惧或希冀。

在伊壁鸠鲁那里，**第二点**是考察死亡、考察对生存、对人的自我感的否定；对于死亡必须有一个正确的看法，因为否则它就会扰乱我们的安宁。他说："因此你要经常熟悉这样一个思想："否定的东西、"**死**与我们毫无关系。因为一切善和恶都在感觉中："如果有"不动心"、"无痛苦"等等的话，那也还是属于感觉；"但是死是感觉 510
的一种剥夺，"一种无有，一种停止（οτέρσις）。"因此这个正确的思想：死与我们无关，就使我们得以充分享受（ἀπολαυστόν）有限的生命——死亡，这个否定的表象不再来干预我们的生活——，"这个思想"（在表象中）"不想去增添无限长的时光，它取消了对长生不老的渴望。死啊，我为什么要在你面前惧怕呢？死与我们毫无关系。因为当我们存在的时候，死亡并不在；而当死亡在这里的时

候,我们就不在。因此死亡与我们完全无关。”①对于当下直接的东西来说,这是正确的;这是一种聪明的思想,它祛除了恐惧。不应当把否定的、消极的东西带进生命里来,不应当在生命里执著这些东西,生命是积极的;因此不应当以此来使自己痛苦。“一般地说来,未来的东西既不是我们的,也并非不是我们的;我们既不该把它当作一种将要来的东西而期待,也不该绝望,似乎它是不会来的。”②不论它存在,或是它不存在,都与我们无关;我们不可以因此而有丝毫不安。这是对于未来的正确思想。

然后伊壁鸠鲁转到欲望上面。他说:“其次应当有这样一个思想:在欲望(ἐπιθυμιῶν)中有一些是自然的,但是另外有一些只是空虚的;在自然的欲望中有一些是必要的,而另外一些则仅仅是自然的。必要的欲望有一部分是为了福祉,有一部分关于身体的安适,”以便不使身体引起我们任何愤怒、厌烦,“又有一部分是有关一般的生命的。”③

511 “正确无误的理论”(伊壁鸠鲁哲学)“教人挑选那些适宜于身体的健康和灵魂的宁静的东西,或者抛弃阻碍它们的事物,因为幸福生活的目的就是”身体健康,灵魂没有不安,沉着安详。“我们”(伊壁鸠鲁派)“的一切活动,是为了使我们没有痛苦,也不要在精神上引起不安。我们一旦做到了这一点时,灵魂的全部风波就都平息了,因为生命再不用去追求某一个它所需要的东西,也不用去

① “第欧根尼·拉尔修”,第一〇卷,第一二四——二五节。

② 同上,第一二七节。

③ 同上。

寻找另一个东西，凭借这个东西来实现灵魂和身体的善”（心灵和身体的目的）。[①]

“但是，即使**快乐**是基本的、天赋的（σὐμφυτον）善，我们也并不因此就把所有的快乐都挑出来；反之，我们放弃很多快乐，如果有更多的痛苦随之而来的话；我们宁愿接受许多**痛苦**，如果有更大的快乐从而产生的话。——适度（αὐτάρκειαν，知足）我们认为是一种善，并不是为了像犬儒派那样，[②]极度（πάντως），克减自己的享用，而是为了使我们在得不到许多东西的时候知道满足；——要知道，那些不要求富裕的人，是充分地享受了富裕（πολυτελείας）的人，”（**那些**不要求财富的人，就是富人）：“而且，自然的东西是容易得到的，空虚的东西却很难得到，——〔我们只需要〕简单的食品。所以，如果我们把快乐当作目的，那么，就不可以像一般误解的那样，把快乐当作享受珍馐，而是既没有身体上的不安适，也没有精神上 512

的烦扰，”[③]而是要使精神保持安定。

“只有清醒的”（正确的、冷静的）“理性（νήφων λογιομός）才能使我们得到这种幸福的生活（ἡδὺν βίον），它考查一切挑选和抛弃（φυγῆs）的理由，”（根据）“驱除 θόρυβos（众人的呼喊）最能持以蛊惑灵魂的那些意见”。宁可有理性而不幸，不愿无理性而幸运；因为宁可在行动中判断得正确，而不要仅仅生活得幸运。这样，你就在人中间像一个神一样活着，因为**那种**生活在像精神安宁这样一

① “第欧根尼·拉尔修”，第一〇卷，第一二八节。

② 同上，第一一九节。

③ 同上，第一二九——三一节。

些善之中的人，和有死的人是毫无共同之处的。“在这一切之中，善的开端，最大的善，是**合乎理性**(φρόνησις)，它是哲学里最优越的部分，其他的**美德**都是由此产生的。因为它们表明，如果我们没有合理性，不是美的(καλῶs)和公正的(δικαίοs)，我们就不能幸福地生活；而如果没有使人快乐的东西(τοῦ ἡδέωs)，我们也不能是合理的、美的和公正的，”①——一边是快感，一边是无痛苦；只有通过合理性，才能产生快乐。因此不论初看起来如何难以袒护伊壁鸠鲁的原则，但是通过把合理的思想当作指导，这条原则就一转入于斯多葛主义了，塞内卡本人也承认了这一点。

因此，真正说来，就得出了与斯多葛派同一的结果；至少伊壁鸠鲁派为他们的**哲人**作了和斯多葛派同样美好的描写。在斯多葛派，本质是普遍的东西，而不是快乐，不是个人之为个人的自我意

513 识；但是，这种自我意识的现实正是一种使人快乐的东西。在伊壁鸠鲁派，快乐是本质的东西，但是要去寻求、要去尝味的：要是纯粹的、不混杂的、理智的、不会引起更大的灾祸而损害自己的，——要在全体中去考察，也就是说，本身要被看成普遍的东西。只是伊壁鸠鲁派所理想的哲人②性格更加温和些，他比较尊重现行的法律；斯多葛派的哲人与此相反，是不理会这些的。伊壁鸠鲁派的哲人没有斯多葛派的哲人那么倔强，因为斯多葛派的哲人从独立性这个思想出发，这种独立性一方面自我否定，一方面积极行动；伊壁鸠鲁派相反，从存在这个思想出发，这种思想比较易于迁就，并不

① “第欧根尼·拉尔修”，第一〇卷，第一三二节。

② 同上，第一一七——二一节。

像那样追求向外活动，而是追求安静。它的目的是精神的ἀταραξία（不动心），一种安宁，但是这种安宁不是通过鲁钝，而是通过最高的精神修养而获得的。伊壁鸠鲁派哲学的内容，就它的整体、就它的目的说，是很高的，因此是和斯多葛派哲学的目的完全平行的。

我们还记得，伊壁鸠鲁的**学生们**是不出色的；因为要出色就必须超过伊壁鸠鲁。超过伊壁鸠鲁，就正是陷入概念的理解，而这样只会混乱了伊壁鸠鲁的系统；因为那无思想的东西通过概念就弄乱了，而这种无思想性正是被当作为原则的。这种无思想性本身并非无思想，而正是应用了思想来限止思想，思想对自己采取否定态度；这就是伊壁鸠鲁的哲学活动，也就是说，由那种使感性的东西发生混乱的概念出发，来确立和巩固感性的东西。

斯多葛派的系统与伊壁鸠鲁的系统是对立的，但是每一个系
统都是片面的，因此这两种独断主义都由于概念的必然性而陷于 514
矛盾，也就是说，各自采取了与它自己相反的原则。（1）斯多葛派从存在、从感性事物取得他们的思维的内容，要求思维是对一种存在物的思维。（2）相反地，伊壁鸠鲁派把他们的存在的个别性一直推广到原子，而原子只是思想上的东西，并且推广到快乐上，而快乐被当作一种普遍的东西；——但是根据这两派的确定的原则，他们知道他们是坚定地互相对立的。和这些片面的原则相对立的，有一个作为它们的否定的中介概念，它扬弃了这样一些一成不变的规定，扬弃了这种规定的极端性，并且把这些东西仅仅作为对立物置于运动和消解中。

这种概念的运动，这种辩证法的复兴——反对抽象的思维与感觉这两个片面的原则——，现在我们看到，首先作为一种否定，一方面在新学园派，一方面在怀疑派里出现了。斯多葛派，由于把思维作为他们的原则，已经发展了辩证法，但是，像我们所见到的那样，是作为一种普通的逻辑，对于这样一种逻辑来说，单纯性被看成是概念，然而并不是这样一种表露它自身的否定方面、并把那个单纯性中所包含的各种规定消解掉的概念。这是辩证法的概念的一种更高的表现，辩证法不仅及于感性的存在，而且及于特定的概念，并且把概念与存在的对立作为思维与存在的对立带进意识里来；而且并不是把共相宣布为一种简单的理念、一种普遍性，相反地，在其中一切都作为本质的环节返回到意识之中。

我想把新学园派哲学与怀疑论结合在一起讲。在怀疑论里面，我们看到上述两种片面性的扬弃，但是这个否定性的东西仅只是否定，并不能转化为肯定的东西。此外我们还要讲到两种特别
515 和斯多葛派对立的形式，这两种形式特别是从学园派里面产生的。

丙、新学园派哲学

与斯多葛派和伊壁鸠鲁派的独断论相对立的，首先是**新学园派**。新学园派是柏拉图的学园的一个继续。人们①把柏拉图的后继者们分为老学园派、中学园派和新学园派，还有分出第四学园派以至第五(最新)学园派的。最值得注意的人物是**阿尔克西劳**和**卡尔内亚德**。中学园派被归之于阿尔克西劳，新学园派则包括卡尔内亚德的思想。我发现有些人把卡尔内亚德说成新学园派的创立

① 塞克斯都·恩披里可："皮罗学说要旨"，第一卷，第三三章，第二二〇节。

人，把阿尔克西劳说成中学园派的创立人，这种分别是毫无意义的。这两派都与怀疑论有密切的关系，怀疑派要把怀疑论与学园派的原则区别开来，常常很费气力。怀疑派固然把这两派都当作怀疑论者看待，然而与纯粹的怀疑派还是有一种区别，这种区别当然是很形式的，并且也没有什么意义，可是那些如此细致的怀疑论者们却确实认为有这种区别。这种区别常常只是在名词的定义上，只是在一些完全外在的分别上。

学园派的**一般主张**，就在于他们把真理说成自我意识的一种
主观信念；这是与近代的主观唯心论相一致的。真理由于只是一
种主观信念，所以新学园派只是称之为**或然性**。他们是柏拉图的
继续，所以是柏拉图派。但是他们并没有停留在柏拉图的观点上，
他们也不能这样做。像我们在前面所看到的那样，柏拉图是停留 516

在抽象的理念里面：哲学上的大事仅仅在于把无限和有限结合起
来。柏拉图的理念是由于理性的需要，由于对真理的热望而设想
出来的；但是理念本身是没有运动的、普遍的东西。亚里士多德则
要求隐德来希，要求自身规定的活动性。为了要求所建立的根据
具有科学性，就必然要超出柏拉图的这种方式。学园派反对斯多
葛派和伊壁鸠鲁派，这两派正是要求建立柏拉图还不知道的这种
科学，即给予理念的共相以内容，掌握一定的确定性。例如柏拉图
在“蒂迈欧”篇里曾进而达到了确定的事物，达到了有机生命，但是
他却变得无限琐屑，完全缺乏思辨，——亚里士多德则完全不同。
柏拉图的理念或共相通过思维被拉出了它的静止状态，——拉出
了这种普遍性，在这种静止和普遍性中，思维是并没有把自己认作
自我意识的。自我意识带着更大的要求与理念相对立，一般的现

实性则扩张自己的势力以对抗普遍性;于是理念的静止就必须过渡到思维的运动中去了。

如果我们想起在柏拉图那里,理念——普遍性的理念——乃是原则,那么我们就很容易就这一点看出〔学园派〕与柏拉图哲学的联系了。柏拉图的后继者们特别坚持这个普遍性,并且还把柏拉图的辩证法与这种普遍性结合起来,——这种辩证法已经进而认为共相是实有的,把特定的、特殊的事物指为虚无。这样一种辩证法除了抽象的普遍性以外,是没有留下任何东西的。对于具体概念的发展,在柏拉图那里,有时是进行得很不够的;他的辩证法常常只得到一种消极的结果,通过这种消极的结果,只是把各种规定性扬弃了,——整个说来他的理念大半是停留在普遍性的形式
517 上。新学园派一般地是采取这样的态度,就是:以辩证的方式反对斯多葛派和伊壁鸠鲁派的确定性;并且因而在说到真理的时候,他们只是承认或然性和主观信念。我们曾经看到过,斯多葛派和伊壁鸠鲁派的哲学都是进而把一种确定的东西当作原则,当作真理的标准的;所以这个标准应当是一个具体的东西。在斯多葛派那里,存在着有思维性的想象,存在着一种表象,一种一定的内容;不过这个内容也是思维到、理解到的,也是一种同时充满着内容的思想。这就是具体概念,就是内容与思想的结合,不过这个结合本身还是形式的。现在新学园派的辩证法就是反对这个具体概念。

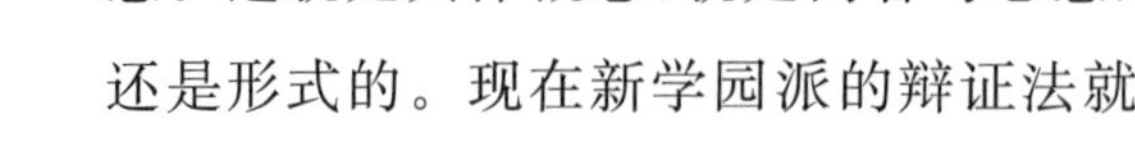

一　阿尔克西劳

阿尔克西劳坚持着理念的抽象性以反对标准。在柏拉图的理念中,亦即在“蒂迈欧”篇及其辩证法中,存在着关于具体概念的一

个完全不同的来源；但是这个来源到了新柏拉图派才被采纳了。阿尔克西劳则是坚持着抽象概念，——这个时代有一道鸿沟。阿尔克西劳与独断论者的对立并不是由怀疑派的辩证法而来，而是由坚持抽象性而来的。

所以阿尔克西劳是中学园派的创立人；他是爱奥利亚的毕大尼人，生于第一一六届奥林比亚赛会时（纪元前三一八年），是伊壁鸠鲁和芝诺同时代的人。[①] 他本来属于学园派；但是时代的精神和哲学的进一步发展不再容许保持单纯的柏拉图方式了。他具有出色的才干，[②]并且完全献身于一个高尚的希腊人的教养所需要 518
的那些研究，如雄辩术、诗学、音乐、数学等等；——尤其是雄辩术。他来到雅典，特别是为了练习雄辩，他在雅典认识了哲学，从此就只是为哲学而生活了；他与德奥弗拉斯特和芝诺等人交游，——至于他是否也听过皮罗讲学，则是人们争论的问题。[③] 阿尔克西劳熟悉当时的全部哲学，被与他同时的人们一般地称颂为既是一个高尚的人，又是一个优秀并且智慧的哲学家，——他并不骄傲，承认别人的功绩。[④] 他生活在雅典；他（以及新学园派的人们）反对斯多葛派和伊壁鸠鲁派，他们给这两派找了许多麻烦。当时针对的问题是：检验真理的标准是什么？学园派尤其反对斯多葛派，特别是阿尔克西劳。他担任了学园里的讲席，因此是柏拉图的一个

① “第欧根尼·拉尔修”，第四卷，第二八节；布鲁克尔：“批评的哲学史”，第一册，第七四六页；“邓尼曼”，第一册，第四四三页。

② “第欧根尼·拉尔修”，第四卷，第三八节。

③ 同上，第二九—三三节；布鲁克尔：“批评的哲学史”，第一册，第七四六页。

④ “第欧根尼·拉尔修”，第四卷，第三七、四二、四四节。

后继者。在克拉底(斯彪西波的后继者)死后,索西格拉底取得了学园中的讲席,然而索西格拉底有鉴于阿尔克西劳在才能和哲学上的优长,所以自愿地把位置让给了他。[①] 他担任教职一直到身故,卓有声誉。(他的教学方式是辩论法。)[②]他死于第一三四届奥林比亚赛会后第四年(纪元前二四四年),享寿七十四岁。[③] 至于这一次让位于他人的详情,我们是不知道的。"传说他作过一次很
519 漂亮的回答,说是有人问他:为什么有那么多的人离开别的哲学家而投奔伊壁鸠鲁派,而从未听到一个人离开伊壁鸠鲁派投奔另一个哲学家?阿尔克西劳答道:男人诚然可以变成太监,太监却不会再变成男人。"[④]

他的哲学的主要环节是特别由西塞罗在"学园问题"中给我们保存下来的,不过塞克斯都·恩披里可对于我们更可以当作史料来源看待;塞克斯都·恩披里可要比较透辟、确定,哲学意义较多,并且比较有系统。

甲、他的哲学特别以反对斯多葛派而为我们熟知,阿尔克西劳的哲学的结论,亦即他的**主要原则**,可以表述如下:"智慧的人必须保留自己的赞成和同意",[⑤](ἐποχή)。这个原则和怀疑派的原则是相同的;另一方面,这个原则与斯多葛派有如下的联系。这个说法似乎首先是根据斯多葛派的哲学而发的,斯多葛派哲学认为真

① "第欧根尼·拉尔修",第四卷,第三二节。

② 同上,第二八、三六节;西塞罗:"论目的",第二卷,第一章。

③ "第欧根尼·拉尔修",第四卷,第四四节;"邓尼曼",第四册,第四四三页。

④ "第欧根尼·拉尔修",第四卷,第四三节。

⑤ 塞克斯都·恩披里可:"皮罗学说要旨",第一卷,第三三章,第二三二节——"论一切目的";"第欧根尼·拉尔修",第四卷,第三二节。

理之所以存在，就在于思维对某一存在物表示赞同，或者把这个存在物变成一个被思维的东西。它的原则就是：真理是思维表示同意的一个观念，一个内容；有思维性的想象就是内容与思维的结合，思维宣布这个内容是它自己的东西。新学园派所特别反对的，就是这个具体思维。我们的观念、原则、思想确乎有这样一种性质：它们具有一个内容，借这个内容而得以存在，同时这个内容也采取着思维的形式；内容表现为不同于思维的内容，而〔两者的〕结合则造成思想、具体思维。由此得出的结论便是：任何一个**一** 520
定的内容都被采纳进了思维，并且这个内容被宣布为真理。只有阿尔克西劳看出了这个结论；他那个“必须保留赞成”的说法，就有这样多的意义：通过这个“采纳”并不产生任何真理，——这是正确的，——这是现象，并不是作为存在的事实。斯多葛派在有思维性的想象中建立了他们的原则；阿尔克西劳则正好相反，他要求人们把表象与思想分开，不要把它们合并起来。说这个意识的内容是这样一个具体的东西，这一点阿尔克西劳是承认的，这一点没有问题；可是他说，从这里面并不产生任何真理，这个结合只是提供出一些好的根据，而没有提供他称之为真理的东西。由此建立的，只是对于一个好的根据的一种见识。阿尔克西劳其余的看法是：只有对一个好的根据的见识是可能的，这种见识可以用“或然性”这个名词来表达，不过并不完全合适，——所想的东西通过思维的形式乃是一个共相，因此只是形式的共相，并不是绝对真理。塞克斯都[①]很确定地对这一点表述道：“阿尔克西劳把涉及部分的保留赞

① “皮罗学说要旨”，第一卷，第三三章，第二三三节。

成说成是一件好事,而把对于部分的同意说成是一件坏事”,——因为这种同意只涉及部分。

但是这个原则与柏拉图的学说是怎样联系的呢?这个原则可能与柏拉图的辩证法相近似,是一种辩证的态度,这种态度绝不进而作出任何肯定,而是像柏拉图的许多对话里一样,只是把目的搞得混乱起来。不过在柏拉图那里肯定的方面还是主要的,所以从辩证法本身中得出了肯定的东西;而这一点也不是阿尔克西劳那
521 个原则的出发点。我们在柏拉图那里还发现了理念、类、共相。但是现在在这整个时代里方向是朝着抽象的理解;正如这一点表现在斯多葛派和伊壁鸠鲁派的哲学里一样,它也扩展到了柏拉图的理念上面,所以理念也被降低为理智的形式。至于具体思维之重新为柏拉图掌握到,这一点我们以后在新柏拉图派那里将可以看到,柏拉图的原则和亚里士多德的原则的统一基本上是为新柏拉图派认识到了。斯多葛派现在诚然把思维当成了原则,但是思维应当成为标准,就是说,应当成为一个特定的原则;所以思维应当采纳一个观念、一个固有的内容于自身之中。可是如果坚持思维是一个共相,思维就不能成为一个标准了,这就是阿尔克西劳的看法;哲人必须停留在共相上,而不可以进到特定的东西上去,以致这个特定的东西成为真理。

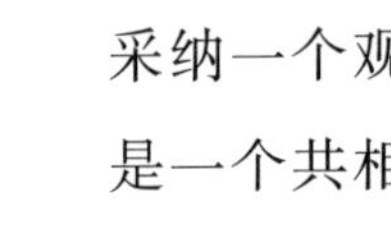

关于与斯多葛派的对立,塞克斯都①给我们保存下来了更确定的发展情况,他说:“他反对斯多葛派,主张一切都是不可理解的(ἀκατάληπτα)”;——反对斯多葛派通过思维的理解、了解。在斯

① “反数学家”,第七卷,第一五〇节以下。

多葛派那里，概念、表象、有思维性的想象乃是主要的东西；阿尔克西劳就攻击这些东西。那种在思维中把握的表象、思维性的想象，在斯多葛派看来就是具体的真理。阿尔克西劳更进一步攻击斯多葛派说：可是“他们自己说：有思维性的表象（*καταληπτικὴφαντασία*）”正“是一个中介，这个中介可能同等地接近单纯的意见和知识、哲人；它是作为真理的，意见与知识即由这个真理而得到区别”，——内容是同一的，形式造成一切区别。
因为知识应当是从一般根据而来的一种发展了的意识；但是这 522
些根据本身只不过是这样一种在思维中把握到的存在，——所以对于哲人和愚人是一样的，而另外的一种基础却是没有的：换句话说，那个中介正是单纯的意见与知识之间的判别者，正是直接知识、感觉与抽象思维之间的标准。阿尔克西劳是这样驳辩的：

（一）“那么它是既在哲人心中，也在愚人心中，在哲人心中是知识，在愚人心中则是意见；如果它在这两种人心中是共同的东西，那么它除了是空洞的名词以外，就不是别的东西了。”它在这两种人心中是同一的，然而就其为真理说，却应当把哲人与非哲的人区别开来。换句话说，两种人都有思想，就其为思想说，其中存在着真理；但是哲人应当有某种有区别的东西，而他的根据却又正是这种思想，和愚人所具有的一样。哲人并没有任何独特的特殊真理。哲人把思想到的东西与并非思想到的东西区别了开来：真理是存在的，因为它是被思想到的。意见对于这种区别毫无意识，所以没有任何标准，两者混杂在一起；被思想到的东西是可以当作真的看待，也同样可以当作想象的东西看待的，换句话说，也是可以当作不真的东西看待的。[①] 还不止此。阿尔克西劳说,如果这个观念对于愚人和对于哲人一样,都是真理,那么它就不是真理了。斯多葛派说:想象之为真,是由于根据。阿尔克西劳说:可是那些根据本身就是直觉的想象;想象被提出来作为判别意见和知识的东西,然而它却是这两者所共具的。哲人和愚人都有观念;他们应当有某种区别,——可是哲人的根据是这样一些思想,而非哲人也有这种思想。这个中介同样地属于愚人和哲人,它可以同样是错
523 误而又是真理。知识、发展了的思维意识只是一个由根据而来的意识;因此斯多葛派把真正的科学放在有思维性的想象以上。阿尔克西劳则说,这些根据、这种有思维性的想象本身就是一种观念,一种原则,一种一般的内容;这个内容是由科学发展出来的,所以它之被设想到,是通过另一个东西为中介,这就是它的根据。但是这些根据只不过是这样一种有思维性的想象,因此也就是一种通过思维而把握到的内容。然而这个中介始终是理性与意见的判别者;所以哲人并没有任何东西作标准,正和愚人一模一样。

(二)阿尔克西劳进一步认为区别是有效的,并且以区别为立足点,这些区别在近代是特别被强调的。“理解(思维的把握)更应当是被理解的表象中的概念环节;如果表象是这样一种同意,那它就是不存在的。”

“因为(1)”哲人的“同意并不是用在表象($\phi\alpha\nu\tau\alpha\sigma\acute{\iota}\alpha$)、形象上的,而是”应当“用在一个根据”本身上的。而这样一个绝对的根据

① 参看:西塞罗:“学园问题”,第四卷,第二四节:“如果真的和假的是一样的话,那么假的既不能被认知,真的也不能被认知。”

只是一个公理；“因为只有对于公理才有这种”思维的“同意存在”。
这是好的；在这里面存在着与近代世界的对立。——进一步的发
展便是：公理是纯粹的思想。思维是主观的。思维作出同意。思
维对什么东西同意呢？思维乃是对一个存在物（表象物——这是
一回事）的同意者。具体思维、有思维性的想象应当是一个表象，
思维对于这个表象是同意的。这就涉及一个思想了，具体思维只
是一个思想，它是适合着思想而存在着；只有一个普遍的公理才能
够作出这种同意——也就是说，一般地它又是一个思想——，同意
存在于思想之中。那么我们就只有这思想，而没有有确定的内容
的思维了；这个内容是一个存在物，是一个本身还不是思想、还没 524
有被采纳进思维的内容。但是思维不能对想象作出同意。因为这
个存在物、表象物或形象乃是感性的，乃是一种异于思维的东西，
一种与思维迥异的东西；因此它不能对思维同意。而公理只是抽
象的；所以只有对一个公理、原则，对一个共相，思维才能同意，也
就是说，思维只能对直接纯粹的思想本身作出同意。想象、个体是
与思维不同的。思维不能对与它不同的东西作出同意；相反地，思
维与这种东西各不相谋；因为这种东西是迥异于它的。——这是
一个抓住事物内在本质的思想。阿尔克西劳在这里作出了这个有
名的区别，这个区别在近代又重新带着那么大的重要性出现，即是
思维与存在的对立，理想性与实在性的对立，主观与客观的对立。
事物是与我不相同的。我怎样能达到事物呢？思维是一个作为共
相的内容的自动规定；而一个特定的内容则是个别的，对这样一个
东西是不能作出同意的。一个是在这里，另一个是在彼岸，——主
观与客观，是不能互相达到对方的。有很长一个时期，近代哲学的

整个文化就是环绕着这一点。对这个区别有所意识,并且强调这个意识来反对斯多葛派的原则,是很重要的。关于思想与实在的统一,斯多葛派是应当加以阐明的;这一点他们没有做,这一点在古代一般地是没有做到的。因为他们没有指出,思维的主观与客观在它们的区别中本质上是这样:它们互相过渡,建立起它们的同一性;这一点在柏拉图那里已经以抽象的方式出现萌芽了。思维与想象的统一正是困难的问题;如果作为思维的思维是原则,那么
525 思维就是抽象的。斯多葛派的逻辑还依然是纯粹抽象的;还没有能够指出来,思维如何达到一种内容。更进一步将涉及证明,要证明这种客观内容与主观思维是同一的,并且这个同一性就是客观内容与主观思维的真理。但是思维与存在本身是这样一些抽象的东西,人们在这一方面可以徘徊很久,而没有达到一个确定的见解。因此这个普遍与特殊的统一不能作为标准。在斯多葛派那里,出现了有思维性的想象,被认为是直接的东西;这是一种具体思维,但是他们没有指出具体思维是这些不同的东西的真理。反对这个直接采取的具体思维,因而坚持〔主观与客观〕两者的差别,是很自然的。这种思想形式与我们今天还找得到的思想形式是相同的。

被理解的表象应当是真理。但是阿尔克西劳说:“(2)没有一个被理解的表象不同时是假的,因为从许多不同的方面都得到了证实”,——正如斯多葛派自己所说的那样,有思维性的想象可以是真的,也可以是假的。一般说来,一定的内容是有一个一定的内容与它对立的,而这一个一定的内容也同样必须是被思维的真实内容;这就把自己毁了。在这里面存在着一种无意识的彷徨,彷徨

于这样一些思想、根据之中，这些思想和根据并没有被理解为理念，理解为对立面的统一，而是主张对立面中的一面，而相反的一面也同样得到主张。他反对斯多葛派，认为被思想的表象、原则既可以是真的，也同样可以是假的，并且本身之中包含着矛盾，即是：观念应当是对另一个东西的思维，而思维却只能思维其自身。世界的真理正好是另一回事，乃是 νοῦς（心灵）、法则、共相、思想所固有的东西。阿尔克西劳说，我们意识的主要内容是这样一些根据，但是这样一些根据却并不是真理；它们是具体的，是起支配作用的，但是并没有证明它们是真理。因为这样一些表象既接近愚人， 526
也接近哲人，也就是说，既接近知识，也接近意见，也就是说，既可以是真理，也可以是非真理。有一些根据，这些根据相对于一个内容说是最后的，但是并不是绝对最后的。这些根据可以被看成良好的根据，被看成或然性，像学园派所表述的那样；但是它们并不是真正最后的东西。这是一个伟大的认识，阿尔克西劳达到了这个认识。但是因为这样一来便不能从其中产生出统一来，所以他便正好从这一点得出以下的结论：“由此可见，哲人必须保留自己的同意”，——这就是说，并不是说哲人不应当思想，而是说哲人不可因此便将所想到的东西看作真的；“只要他像斯多葛派那样理解，由于这是一个被思维的东西便把它当作真的，那他就是陷于意见了。”我们现在还可以听到这样的话：人们思维，可是并不能借此达到真理；真理始终在彼岸。

乙、阿尔克西劳[1]在论到**实践**时说，我们并没有由于“如果不

① 塞克斯都·恩披里可：“反数学家”，第七卷，第一五八节。

确定某件事的真或假,就不可能有行为的规范”,因而抛弃行为的规范,——不承认某件事是正当的等等;“生活的目的,幸福,只是通过规定,通过这样一些根据而得到确定。一个保留自己的赞成的人,在决定做什么事情、不做什么事情的时候,是依据那(或然的事),依据那具有良好理由的事(εὔλογον)”,——作为主观确信的观念,“来指导生活的。”说良好的理由不够真理的资格,这是正确的。“幸福是通过谨慎(通过理智、理性)而产生的,合理的态度活动于
527 允当的、正当的行为之中(κατορθώμασι);做得正当的事,乃是可以说得出良好的根据的事”,因此这事看起来好像就是真理。“一个人如果尊重有良好根据的事,就会行为正当,就会得到幸福”;不过此外还要加上教养和理智的思维。他一直停留在这种不定的看法上:信念的主观性、或然性借良好的理由而得到辩解。因此我们见到,在现实生活方面,阿尔克西劳一般说来并没有超过斯多葛派多少;至于形式则不相同。阿尔克西劳所说的和斯多葛派是相同的,只是斯多葛派称之为真理的,阿尔克西劳则称之为有良好的根据。整个说来,他有一种比斯多葛派为高的认识:任何一件有根据的事都不能有自在的存在物的意义,而只是在意识之中,并非自在,——其中只包括一种相对的真理,意识的环节对于它则具有绝对本质的意义。

二　卡尔内亚德

卡尔内亚德也是同样有名的,他是阿尔克西劳在学园中的后继者之一,不过生活的时期要晚得多。他在第一四一届奥林比亚赛会后第三年(纪元前二一七年)生于居勒尼,死于第一六二届奥

林比亚赛会后第四年（纪元前一三二年），享年八十五岁[①]，——或九十岁。[②] 他生活在雅典，其所以在历史上闻名，据说是由于他和另外两个哲学家奉雅典人之命出使罗马。在老伽图的时代，雅典曾派学园派的卡尔内亚德、斯多葛派的第欧根尼、逍遥派的克里托劳于罗马建城五九八周年（纪元前一五六年）来到罗马。当时罗马人已经在罗马本地知道了希腊哲学；这三位哲学家都在罗马作了演讲。卡尔内亚德的智慧、辩才和证明的力量，以及他的巨大的声名，曾在罗马引起了很多的注意和很大的赞许。他在罗马以学园 528
派的方式作了两次论公正的演说：一次是拥护公正的，一次是反对公正的。这两个演讲的一般的根据，是很容易阐明的：在对公正的辩护中，他以共相为原则；而在对公正的驳斥中，他则强调个别性的原则、自利的原则。年轻的罗马人对概念的对立知道得很少，这种说法对他们是很新鲜的：他们没有想到过这一类思想的转折，他们大为这些方法所吸引，马上就把它采纳了；卡尔内亚德的演讲招引了许许多多的人。然而老年的罗马人，特别是那时还活着的老伽图（监察官），对这种情况是很不乐意的，于是愤然大加反对，因为这样一来，青年就被引诱得离开罗马传统的固定观念和道德了。由于灾祸流行，于是阿其留在元老院中提出建议，要把所有的哲学家驱逐出境，自然不用说也包括那三位使节在内。老伽图怂恿元老院尽速结束了对使节的事务，——让他们好离开，让他们回到他

① “第欧根尼·拉尔修”，第四卷，第六二、六五节；“邓尼曼”，第四册，第三三四、四四三—四四四页。

② 西塞罗：“学园问题”，第二卷，第六章；“伐勒留·马克西谟”，第七卷，第七章，附五。

们的学校里去,以后只教希腊人的儿子,而罗马青年则和从前一样,服从他们的法律和官长,从与元老们的交游中学得智慧。[①] 但是这种堕落——对知识的欲望——是无法避免的,正如〔亚当〕在天堂里的堕落之不可避免一样。知识是各个民族文化中的必要环节,竟然表现为败坏、表现为堕落了。这样一个思想转折的时代,
529 是一定要来到一个民族的文化中的;这种转折对于古老的法制、古老的固定性说来,是被看成灾祸的。但是这种思想的灾祸不能用法律等等来防止;这种灾祸只有通过思维自身才能治好,也一定能够治好,如果思维通过思维自身以真正的方式得到了完成的话。

甲、关于卡尔内亚德的哲学,我们在塞克斯都·恩披里可那里得到了一个陈述。至于卡尔内亚德的其他学说,也同样是反对斯多葛派和伊壁鸠鲁派的独断论的。他特别重视意识的本性,这一个方面使他的那些命题富有兴趣。在阿尔克西劳那里我们看到了良好的根据。卡尔内亚德所主张的原则,则可以表述如下:"绝对没有真理的标准,既没有感觉,也没有表象,也没有思维,更没有任何这一类的东西。第一:这一切——λόγος(理性)、φαντασία(想象)、ἀίσθησις(感觉)——都联合起来欺骗我们";[②]——这个普遍的命题是一直流行的,这是经验论。

"第二",他进一步从根据来作证明。在进一步的发展中,我们将看到意识的本性,——一般地可以较确切地说明如下:"他指出,

① 普鲁泰克:"老伽图",第二二章;格利乌:"雅典纪事",第七卷,第一四章;西塞罗:"演说",第二卷,第三七—三八节;爱利安:"史话",第三卷,第一七章;布鲁克尔:"批评的哲学史",第一册,第七六三页。

② 塞克斯都·恩披里可:"反数学家",第七卷,第一五九节。

如果有这样一个标准，它也不能不带着意识的感受性（πάθος 被动性）而存在，这种感受性是由知觉而来的。”①一般地说这就是他的主要思想，即认为任何一个标准都必定是这样建立起来的：它有两个环节，一个是客观的、存在的、直接决定的，——另一个环节则是一种感受性、一种活动性，乃是意识的规定，并且属于感觉的、表象的、思维的主体；这样，一个确定的东西，如感觉、表象、思维的东西便不能作为标准了。意识的这个活动性就在于它会改变对象，所 530
以本来面目的对象是不能直接达到我们的。在这里也和在前面一样，假定着同样的分离，同样的状况：理智被看成最后的和绝对的状况。塞克斯都以最确切的方式给我们传下了他的思想。

（一）他反对伊壁鸠鲁派，持以下的主张：“因为活的东西与死的东西的区别在于**感性**活动，所以活的东西是凭借感性而把握自身与外物的”，它是双重的、两面的；它不仅是这个外物，而且是它自身。“但是这个感性”，像伊壁鸠鲁所想的那样，“是保持不动的、无感觉的、不变的”（据说是如此），并不凭借意识的活动性而受到任何感动，“它既不是感性，也把握不了什么东西。只有在由于实物侵入而被改变和规定的时候，感性才表示事物。”②伊壁鸠鲁的感性是一个存在物，但不是一个能作判断的东西；每一个感觉都是自为地存在着，因此其中并无作判断的原则。但是感觉必须加以分析，一方面，灵魂在其中被规定，而另一方面，规定者同时又为主体、意识的能力所规定。当我作为一个活的东西、有意识的东西而

① 塞克斯都·恩披里可：“反数学家”，第七卷，第一六〇节。

② 同上，第一六〇—一六一节。

感觉时，便有一种变化在那里进行着；感觉并不是不变的。意识中的一切，都根据外界和内部的情况而包含着一种变化，一种被规定的过程。因此标准便不能是单纯的规定性，而毋宁是一种与自身的关系，——感觉与思维这两个环节是必须区别开的。

531 (二)"因此应当在灵魂受实物(作用)规定的过程(感受)中去寻找标准"：另一方面则是灵魂的作用；标准只能落在这个范围里。这样的内容、感觉、意识的规定物(这个规定物同时又为意识所规定)、意识的这种被动性与能动性、这个第三者，他称之为**表象**。在斯多葛派那里，表象构成了思维的内容。他说："但是这个规定过程必须既是它自身的表征，又是作用于它的呈现者或事物的表征；这个 πάθος(感受性)不是别的，就是表象。"表象一方面是主观的认识，另一方面又有一个内容，这个内容就是客观的东西，就是呈现者。"因此表象是生命体中的某种东西，它表现着(παραστατικόν)自身和对方；"而对方只存在于意识的规定性之中。"如果我们看见某物，就是视觉有了一个感受；而这个某物的构造已经和被看见以前有所不同。通过这样一种变化，在我们之内便产生了两个方面：一方面是变化本身，即是表象"，亦即主观方面；"另一方面是由变化所引起的东西"，客观，"所看见的东西。"(莱茵霍德曾经发挥了这一点。)意识是一个分为两部分的东西；卡尔内亚德说，感觉只是第一个部分。他说："正如光表现其自身，而一切都在光中，同样地，表象作用是动物中间意识和意志的首脑(ἀρχηγος)，必须揭示其自身，并且表现那作用于它的现实(ἐναργές)"(即规定意识的东西)。这是对于意识的完全正确的观点，是很明白的；不过这只是
532 呈现出来的精神。哲学文化曾经停留在这个观点上。在近代也是

如此。表象作用就是这个在自身之中作区别的作用：表现自身，又表现对方。卡尔内亚德接着又说，但是表象作用乃一个共同的东西，它包括感觉和直觉的想象，它是一个中点；“不过这一点它并不是经常按照真理而表现的。”我们现在要期待这种对立的进一步发展，但是他过渡到了经验事物，并没有提供出对立的进一步发展。“正如不好的报信人一样，表象作用常常说谎，不符合它所通报的事情；由此可见，并不是每一个表象都可以作为真理的标准，而只有真实的表象才能作为标准。”（我确信这就是**我的**表象，——永远只是**我的**表象；这些表象以为说出了**某种东西**，以致**它们**具有这种确信。见识、客观的科学知识**只**不过是别人的确信；——而内容就其本性说来却是普遍的。）“但是正因为任何一个表象都可以也是假的，所以表象可以同样是真理和虚妄的共同标准；或者表象根本就不是标准。”①通俗的说法则是：也有对于非真理的表象。卡尔内亚德的根据是：“一个表象也可以是对某种不存在的东西而发的。然而斯多葛派却说：被思维的东西就是一个**存在物**，它是我们对客观的东西的理解；——然而被理解的东西也可以是假的。”②

109

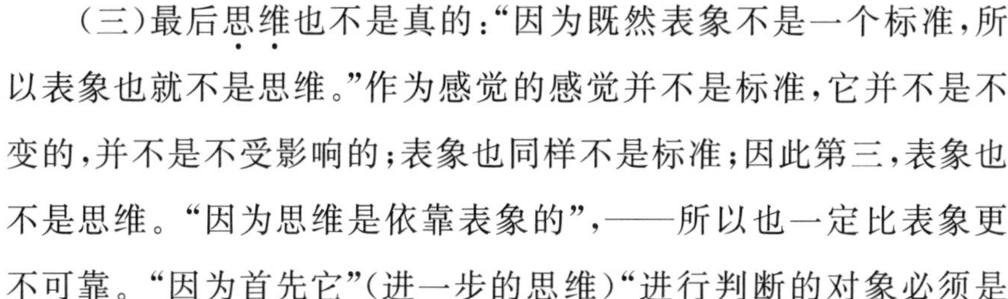

（三）最后**思维**也不是真的：“因为既然表象不是一个标准，所以表象也就不是思维。”作为感觉的感觉并不是标准，它并不是不变的，并不是不受影响的；表象也同样不是标准；因此第三，表象也不是思维。“因为思维是依靠表象的”，——所以也一定比表象更不可靠。“因为首先它”（进一步的思维）“进行判断的对象必须是 533

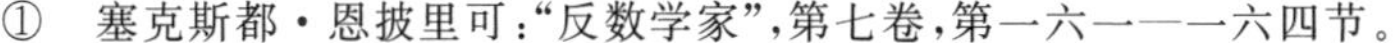

① 塞克斯都·恩披里可：“反数学家”，第七卷，第一六一——一六四节。

② 同上，第四〇二节。

表象”，表象是必须先有的；“但是如果没有那无思想的感觉，表象也不能存在”，——而感觉却可以是真的，也可以是假的。[①] ——学园派哲学的基本特色是：一方面把思维与存在区别开来；然后认为表象是这二者的统一，——但是并不是这个自在自为的统一。

乙、卡尔内亚德对标准的肯定的说法是在下面这些话里：诚然我们应当寻找标准，“确立标准，以便指导生活和取得幸福”；——但是不应当在对自在自为者的思辨静观中去找，——而应当过渡到心理方面，过渡到意识的有限形式里去。因此这个标准也并不是对于真理的标准，而是主观的习惯；——主观的真理，理智的意识。这个标准所能应用的范围是有限的内容，以及对有限内容的正确认识。这个标准只是为主体而设的，——只是对个体的关系。具体的目的是永远不变的，就是：人应当怎样指导他的生活呢？个人必须寻找这种目的。卡尔内亚德所规定的指导原则和阿尔克西劳差不多，——一般说来，所取的形式是一般的“使人确信的表象”；也就是说，必须把表象认作某种主观的东西。“表象是：(1)一个使人确信的表象，而同时是(2)从各方面都将自身规定了的固定的表象，并且是(3)发展了的表象”，[②]如果表象是一个生活的标准的话。这些分别整个说来是一种正确的分析。这种分析在形式逻辑里也以相似的方式出现；在这里，是和在乌尔夫那里处在相同的阶段，在乌尔夫那里，分别是出现在明白、清楚和恰当的观念中的。

534 “分别。表象是它从而产生的东西”(对象)“与它在其中产生

① 塞克斯都·恩披里可：“反数学家”，第七卷，第一六五节。

② 同上，第一六六节。

的东西"（主体）"的表象"；"它从而产生的东西，是外部的被感觉的东西，它在其中产生的东西，是人这样的东西"，——这种区分是毫无趣味的。"表象以这种方式具有两个关系，一方面是根据对象说的，另一方面是对于表象者（主体）说的。(1)根据对象说，表象可以是真的，也可以是假的：如果它与所表象者（对象）符合，那就是真的；如果不符合，那就是假的。"但是在这里所注意的完全不是这个方面，因为对于这种符合所作的判断正是与所表象的事情不能分开的事情。(2)"根据对表象者的关系，一种被表象者表现为真，另一种被表象者不表现为真。"只有这一点才是学园派所注意的，即是对表象者的关系；——前一种关系我们知道，并不是他们所注意的。"表象之被表象为真者，学园派称之为'强调'（ἔμφασις）、信念、使人深信的表象"；这样的意识中的表象、信念，学园派称之为强调的表象。"表象之不被表象为真者，则称为'非强调'（ἀπέμφασις）、非信念、不使人深信的表象。因为或者是通过其自身而被表象为不真的，或者是真的，而我们没有表象它，它没有使我们深信"（无表象的真理）。[①] 信念分为三等：

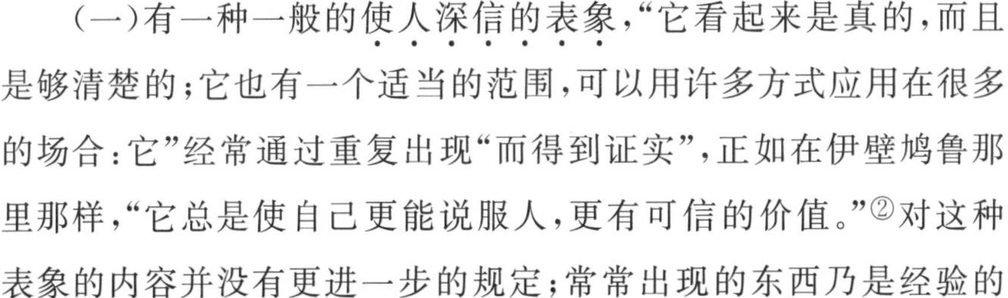

（一）有一种一般的使人深信的表象，"它看起来是真的，而且是够清楚的；它也有一个适当的范围，可以用许多方式应用在很多的场合：它"经常通过重复出现"而得到证实"，正如在伊壁鸠鲁那里那样，"它总是使自己更能说服人，更有可信的价值。"[②]对这种表象的内容并没有更进一步的规定；常常出现的东西乃是经验的 535

① 塞克斯都·恩披里可："反数学家"，第七卷，第一六七——一六九节。

② 同上，第一七三节。

普遍性。但是这只是一种个别的表象,一般地说是一种直接的表象,绝对单纯的表象。

(二)"可是因为一个表象并不只是自为的,而是像一个链条一样,一环依靠另一环,所以又有第二个标准,就是:表象同时既是使人深信的,又是牢固的",联系的,因为它有抽象的确定性;而且它在各方面都是规定了的,是不变化的,是不能来回地拉的(ἀπερίσπασις),并且别的表象是与它不矛盾的,因为它是与其他表象联系在一起被认知的。这是一个完全正确的规定,这个规定一般地说是到处呈现的。没有一件东西是单独地被看见或说出的,而是还有许许多多的情况,这些情况是与它联系着的。"例如,在一个人的表象中有许多的东西产生,既有与这个人本身有关的,也有他周围的事物:前者如颜色、六小、形象、运动、衣服等,后者如空气、光、朋友之类。如果这些情况中没有一个使我们感到不确定,或者致使我们把它们看作假的,如果所有的情况都一致相吻合的话,那么,这个表象就是非常令人信服的了。"①一个表象,如果与它所处的繁复的周围情况相吻合,那它就是可靠的。我们可以把一根绳子当作是一条蛇,可是周围的一切情况却并不是看起来都像那个样子的。②

(三)最后表象还应当是发展了的。是这样讲的:"此外,正如在判断一种疾病的时候,要考虑到所有的症状,——如果所有的情况都吻合了,一个表象就有了说服力;所以又加上了第三个环节,

① 塞克斯都·恩披里可:"反数学家",第七卷,第一七六——一七七节。

② 同上,第一八七——一八九节。

这个环节可以使说服力加强，如果这个表象的所有的**部分**和环节 536
都一一得到了充分的**研究**的话”；这些部分和环节是不能予以直接假定的。“第二个环节只是各种情况直接自然的吻合；第三个环节所涉及的，则是对于这些与表象联系在一起的情况本身的研究，注意的是这几个环节：判断者，被判断者，以及判断的途径。”一个人要作判断，就要确证。“正如我们在判断一件不重要的事情的时候，一个证人就足够了，在判断一件比较重要的事情的时候，就需要有更多的证人，在判断一件更加必要的事情的时候，就要通过比较各种证词，研究各个证人本身”；（证人们的资格）“所以，在判断微小的事情时，一个一般的令人信服的表象就够了；在判断有点重要性的事情的时候，就要有一个可靠的表象，一个不会在各种情况中造成摇摆不定的表象，而在判断那些涉及公正而幸福的生活的事情时，则要有一个研究过它的各个部分的表象”，①——这就是充分的表象，这个表象是可以引导我们指导生活的。——我们看到（与那些把真理放在直接的东西中的人相反，尤其与近代的直观相反），直接的认识，内在的启示或外在的知觉，——这一种确定性，在卡尔内亚德那里，是有理由占据最低级的地位的；发展了的表象是必然的表象，然而这种表象却只是以一种形式的方式表现的。事实上，真理只是在认识中，——认识的本性是不可穷尽的；可是认识的主要环节却是发展，以及各个环节的判断活动。

我们看到，在新学园派中，是说出了信念的主观方面，换句

① 塞克斯都·恩披里可：“反数学家”，第七卷，第一七九——一八四节。

话说,真理并不是作为意识中的真理,而是呈现于意识的现象,
537 或者对于意识说基本上如此,亦即意识中的表象。因此要求的只是信念,只是主观的确定性;真理是不谈的,要求的只是相对于意识的东西。学园派的原则把自己严格地局限在信念的表象上面,走向表象的主观方面。真正说来,斯多葛派也是把自在者放在思维里,伊壁鸠鲁则把自在者放在感觉中;可是他们却把这个叫做真理。学园派把自在者与真理对立起来,宣布真理并不是存在者本身。真理是一种意识,自在者本质上便具有着对于自在者的意识这个环节,没有这意识它就不存在;这个看法是早先的哲学家们也有的,不过他们自己并没有意识到。自在者与意识有本质的联系;自在者还是与真理相对立的,还不就是作为自在自为者。自为者的环节是意识;自在者是处在意识的后面,还在意识之先,但是却把自为者作为本质环节牵引来与自在者对立。

推到极端,于是便产生了这样的看法,认为归根结底**一切都是相对于意识的**,认为一个一般的**存在**的形式也作为形式而整个消灭。如果说,学园派还宁取一个信念、一个被假想为真实的东西,以为胜于存在,仿佛其中有一个目的存在着,有一个关于自在的真理的目标浮现着,那么,这个单纯的立定仍然还是处在无分别的一般的被假想为真实的东西之中,换句话说,一切事物只是以同样的方式与意识发生关联,只是被看作一般的现象。——学园派并没有很牢固地持续下去,真正说来,它从此就已经过渡到怀疑派去了,怀疑派是只主张有现象,只主张有主观地被假想为真实的东西,可是这样一来,一般的客观真理就被否定了。

丁、怀疑派哲学 538

怀疑论完成了一切认识皆属主观的看法，将认识中的存在都普遍地用**显现**这个名词来代替了。怀疑论是最后的一个顶峰：存在物的形式，以及对存在物的认识的形式，都完全被取消了。怀疑论是这样的一种哲学，它不能说是体系，却又愿意是体系。在怀疑论的面前，人们是怀着很大的敬意的。

这种怀疑论确乎显得是一种非常使人敬佩的东西。自古以来，直到如今，怀疑论都被认为是哲学的最可怕的敌人，并且被认为是不可克服的，因为怀疑论是这样的一种艺术，它把一切确定的东西都消解了，指出了确定的东西是虚妄无实的。因此几乎成了这样的局面，仿佛怀疑论**本身就是不可克服的**，仿佛分别只在于看个人究竟是决意信从怀疑论，还是决意信从一种积极的、独断的哲学。怀疑论的结果无疑地是否定，是消解确定的东西，消解真理和一切内容。怀疑论的不可克服性无疑地是必须承认的，不过这只是就相对于个人的主观意义而言；个人可以采取这样一种态度，对哲学不加理睬，可以采取这样一个立场，只提出否定的主张。可是这只是主观的不可克服性。怀疑论看来是一种为人们委身信从的东西；我们有一种想法，认为一个人如果投入了怀疑论的怀抱，便无法与他接近了；而另一个人却只是安守着自己的哲学，因为他对怀疑论是不加理睬的，——真正说来，他应当这样做，因为真正说来，对怀疑论是无法反驳的。当我们避免了怀疑论的时候，怀疑论并没有被克服，它依然站在它的那一方面，并且拥有着权威。因为

539 积极的哲学是容许怀疑论与它**并存**的;而怀疑论则相反。它要侵袭积极的哲学,它有法克服积极的哲学,积极的哲学却无法克服它。

事实上,如果一个人真正愿意做一个怀疑论者,那他就是无法说服的,也就是说,根本不能使他变成一个抱持积极的哲学的人,——正如一个四肢麻木不仁的人是无法使他站起来的一样。怀疑论实际上就是这样的一种麻木不仁,就是一种对于真理的无能为力,只能做到确认其自身,而不能做到确认普遍的东西,只是停留在否定的方面,停留在个人的自我意识上。保持自己的个别性,正是一个个人的意志;谁也不能阻止他这样做,可是这样一来,一个人就不能单独存在了。当然我们是无法把任何一个人从虚无中赶出来的。但是**思维的**怀疑论却是另外一回事,它是要从一切确定的和有限的东西中进行证明,指出它们的不稳定来的。积极的哲学可以对怀疑论具有这样一种认识,就是:积极的哲学本身之中便具有着怀疑论的否定方面,怀疑论并不是与它对立的,并不是在它之外的,而是它自身的一个环节,然而是它的真理性中的否定方面,而这是怀疑论所没有的。

其次要说到怀疑论**对哲学**的进一步的**关系**,这就是:怀疑论是一切确定的东西的辩证法。在一切对于真理的观念中,我们可以指出有限性来,因为它们之中包含着一种否定,因而也就包含着一种矛盾。通常的普遍、无限并不比个别、有限为高;因为与特殊相对立的普遍,与确定相对立的不定,与有限相对立的无限,也都正好只是确定的,——它只是一个片面,本身是确定的。所以怀疑论是反对理智思维的,因为理智思维把确定的区别当作最后的、存在

着的区别看待。逻辑的概念本身同时也就是这种辩证法；因为对于理念的真正的认识就是这种否定性，而这种否定性同时也是怀 540
疑论所固有的。区别只在于怀疑论者停留在作为一个否定方面的结果上，说：这个和这个本身之中包含着一个矛盾，所以就消解了，就不存在了。这个结果是否定的；但是否定本身又是一个与肯定相对立的片面的规定性，换句话说，怀疑论只是一个理智的东西。怀疑论不知道这个否定同时也就是肯定，也就是一个本身有定的内容；因为这就是否定的否定，也就是无限的肯定，自己关涉到自己的否定性。很抽象地来说，这就是哲学对怀疑论的关系。哲学是辩证的，这个辩证法就是变化：作为抽象理念的理念是惰性的、存在的，但是理念之为真实，只是当它理解到自己是活生生的东西的时候；这也就是说，理念本身是辩证的，这样才能够扬弃那种静止，那种惰性。所以哲学的理念本身是辩证的，并且不是偶然如此的；然而怀疑论却相反，它只是偶然地运用它的辩证法，当材料和内容出现在它面前时，它才指出内容本身是否定的。

我们必须把**古代的**怀疑论与**近代的**怀疑论分开，并且只讨论古代的怀疑论；因为古代的怀疑论具有真实的、深刻的性质。近代的怀疑论可以说和伊壁鸠鲁主义相近；这就是指葛廷根大学的舒尔茨以及另一些人所奠定的怀疑论。［他写了一本叫做“爱讷西德谟”的书，来比较他自己与那位怀疑论者的异同；在另外一些著作里，他也拿出怀疑论来反对莱布尼茨和康德。可是尽管如此，他对于上面刚刚描述过的怀疑论的真正地位却茫然无知，舒尔茨并没有陈述出他的怀疑论与古代怀疑论的不同，他只是承认有独断论和怀疑论，根本不承认有第三种哲学。舒尔茨等人所定下的基本

原则是:]①我们必须把感性的存在,把感性意识所给予我们的东西当成真实的;但是对于其他的一切我们必须怀疑;我们所指谓的东西,是最后的东西,乃是意识的事实。[古代的怀疑论者们诚然承认人必须根据这个最后的东西来指导自己的行为,但是他们并不肯定这个东西是真理。近代的怀疑论只是反对思想,反对概念和理念,因而反对具有较高的哲学意义的东西;因此它把事物的实在性完全抛开不讨论,而仅仅肯定从事物的实在性中根本论证不出什么关于思想的东西。但是这却并不是一种乡下佬的哲学,因为他们知道一切地上的事物都是变灭的,因而它们的存在与不存在是一样的。近代的怀疑论]②乃是主观性,——现在已经不是怀疑论了,——乃是意识的虚骄;这种东西当然是无法克服的,[然而这种虚骄]③并不是基于科学、真理的,而是基于自己,基于主观性的。因为他们总是说:这个对于我是真的,我的感觉、我的心对于我乃是最后的东西。这里说的只是确定性,不是真理性。对于这
541 个个别的主体的信念什么也没有说出,但是却把它说得高不可攀。[因为一方面说真理只不过是别人的信念,另一方面又把个人的信念放得高不可攀,而这个人信念又是一个"只不过",所以我们必须把这个主体抛开,首先是因为它的傲慢,其次是因为它的卑下。古代的]④怀疑论的结果也只是认识的主观性;不过这个主观性的基础乃是一种发展了的思维,亦即用思维取消一切被认为真实和存

① 据米希勒本,第二版,英译本,第二册,第三三一页增补。——译者

② 据同上书,第三三一—三三二页增补。——译者

③ 据同上处增补。——译者

④ 据同上书,第三三二页整理文句。——译者

在的东西，——因而一切变灭无常。

现在首先要考察的，是怀疑论的外在历史。怀疑论的**发生**是很早的，如果我们就它的极其不确定的一般意义说的话。感性事物的不确定性，乃是一种古老的信念，不研究哲学的一般群众是这样看的，从来的哲学家们也是这样看的。怀疑论者也曾根据历史提出这个说法。一般意义的怀疑论，就是像人们所说的那样：事物是变化的，它们是存在的，但是它们的存在不是真实的，它们的存在也同样包含着它们的不存在。例如今天是今天，今天也是明天，诸如此类；现在是白天，但是现在也是夜晚，诸如此类。对于我们认为确定的东西，我们也能说出它的反面来。如果我们说，一切事物都是变化的，那么事物首先就有改变的可能，但是又不只是可能。万物都是变化的，这一句话的意思，就一般的了解来说，就是：事物都不是自在的，它的本质是要扬弃自己的；——万物都是变化的，这就是它们的必然性。现在它们是这样的，在另一个时候它们就是别的样子了；而这个时候，现在，当我说到它的时候，本身就已经不复存在了，——时间本身就不是固定的，也不能使任何东西固定。这种对一切规定的否定，就是怀疑论的特点。但是，作为一种哲学认识的怀疑论，却是比较晚出的。怀疑论是指一种**有教养的** 542
意识，在这种意识看来，不仅不能把感性存在当作真实的东西，而且也不能把思维中的存在当作真实的东西；然后更进而有意识地辨明这个被认为真实的东西其实是虚妄无实的；最后则以普遍的方式，不仅否定了这个或那个感性事物或思维对象，而且有教养地认识到一切都不是真的。

人们不正确地把怀疑论这件事说成一种**怀疑**的学说。怀疑只

是不确定,乃是一种与确认相对立的思想,——一种举棋不定,一种悬而不决。怀疑包含着心灵和精神的一种分裂,它使人惶惶不安;这是人心中徘徊于二者之间的状态,它给人带来不幸。在我们的诗歌中,怀疑者的处境乃是主要的环节。[在"弥赛亚"中,就为我们描绘出了怀疑的不幸。][①]它的前提乃是对于内容的深切兴趣,乃是精神的一种期望,要求这个内容或者确立在精神之内,或者不如此:若不如此,便当如彼。怀疑是一种趑趄不前的疏懒状态;据说怀疑便表示是一个细致的、智慧的思想家,不过这是一种浮夸、一种空谈。现在怀疑论已经进入生活里面了,这就是普遍的否定。古代的怀疑论并不怀疑,它对于非真理是确知的;它并不只是徘徊不定,心里存着一些思想,认为有可能有些东西或许还是真的,它是十分确定地证明一切非真。换句话说,怀疑对于它乃是确定的,并没有期望得到真理的打算,它并不是悬而不决的,而是斩钉截铁的,完全确定的;不过这个决定对于它并不是一个真理,而是它自身的确定性。这个决定乃是精神自身的安宁和稳定,不带一点悲愁。

543 **现在来讲怀疑论的历史**。本来意义的怀疑论的历史,通常是认为从皮罗开始的;因此也就得到了皮罗主义的名称。[②] 我们已经提到过,怀疑论在某种意义下是比较早的。怀疑论者本身,例如塞克斯都·恩披里可,也说到过它是很古的。塞克斯都·恩披里可这个论述怀疑论的主要著作家,是从怀疑论的历史开始讲的。

① 据米希勒本,第二版,英译本,第二册,第三三三页增补。——译者

② 塞克斯都·恩披里可:"皮罗学说要旨",第一卷,第三章,第七节。

在某个意义之下，怀疑论者就宣称“荷马已经是一个怀疑论者，因为他曾经从对立的方面讲同一的事物”。他们又把比亚士也算作怀疑论者，因为他有一句格言说：不要担保（这句话的一般意义是：不要执著地把某物当作某物，不要执著于自己一心专注的任何事物，不应当相信任何一种情况，不应当相信对象是固定不变的）；塞诺芬尼和巴门尼德的哲学的否定方面也是如此；赫拉克利特所抱持的原则是：一切皆流，因而一切都是矛盾的和变灭的；柏拉图和学园派［也是怀疑的］[①]，不过在他们那里还没有把怀疑论很明确地表达出来[②]。所有的这些都可以部分地被了解为是认为万物都不确定的怀疑论。但是他们并不属于怀疑论。这些人的看法并不是这种有意识的和普遍的否定，并不是这种有意识的亦即进行证明的否定，并不是这种普遍的亦即把客观事物非真的看法推广到一切的否定，并不是这样一种否定，即确定地说一切均非自在，而只是对自我意识而存在，并且把一切都归结到自己本身的确定性。此外新学园派距离怀疑论是很近的，因而怀疑论者们花费了很多的气力来说明自己与新学园派不同，在怀疑派内部也曾有过长期的重大争执，争论柏拉图以及新学园派究竟是否属于怀疑论。[③]
怀疑论者们是十分小心地要把自己与其他的哲学系统分开来的； 544
例如他们与学园派的不同，便有过详尽的论述。至于与新学园派的不同，则讲得更详细。

① 据米希勒本，第二版，英译本，第二册，第三三四页增补。——译者

② “第欧根尼·拉尔修”，第九卷，第七一—七三节；参看本书第一卷第185页（原版第一卷第184—185页）。

③ 塞克斯都·恩披里可：“皮罗学说要旨”，第一卷，第三三章。

皮罗被认为是真正的怀疑论的开山祖。塞克斯都·恩披里可[①]论到他时说:“他以具体的方式”,(即实质的、完备的方式)“更加明确地走到了怀疑”,他具有确定的意识,并且用了确定的话语。他比上面已经考察过的许多人还要早。不过既然我们应当把整个怀疑论总起来加以理解,[就要先谈到他,]那种比较更反对思维内容的更精致的怀疑论,是要晚一些的。这种怀疑论一旦使人发生了真正的景仰,就属于思维的范围了。皮罗的怀疑论既反对感性事物的直接真理性,也反对伦理生活的直接真理性,但不是反对作为思想内容的直接真理性,像以后进一步发展出来的那样。

至于他的生平事迹,[②]看起来也和他的学说一样具有怀疑的性质;关于他的生平,我们所知道的是不很确实的。皮罗生活在亚里士多德的时代,生于爱利斯。我不想举出他的老师们的名字来;其中特别要提到的是阿那克萨尔科,这人是德谟克里特的一个学生。他究竟实际上住在什么地方,甚至大部分时间住在什么地方,我们都是无法确定的。他的生平事迹是不连贯的。为了证明他在世的时候如何受人尊敬,传说他的母邦曾经推选他做祭司长,并且雅典城还曾经授予他雅典公民权。最后据说他曾经跟随亚历山大大帝到亚洲作过旅行;他在亚洲与波斯僧侣和婆罗门曾有过密切的交往。人们说亚历山大把他处死了,因为据说他想谋杀一个波
545 斯州牧;他遭遇这个噩运时是九十岁。如果这一切都是有根据的话,那么,亚历山大既然在亚洲度过了十二—十四年,皮罗就至早

① “皮罗学说要旨”,第一卷,第三章,第七节。

② “第欧根尼·拉尔修”,第九卷,第五八节;第六一—六五节;“布鲁克尔”,第一册,第一三二〇—一三二三页。

要在七十八岁时才到亚洲去旅行。皮罗并没有作为公众教师出现，而只是留下了个别的几个受过他教育的朋友。怀疑论者因为他而被称为皮罗派，[①]不过这并不是因为他创立了一个学派；按照怀疑论的方式和精神，也是不能建立一个真正的学派的。塞克斯都[②]说：怀疑论并不是对于教条的选择，而只是一种引导，一种广义的外在的选择；它是指点人正确地生活、正确地思维的引导，——并不是推崇某某教条，——引导人达到怀疑论。关于他个人的怀疑态度的逸事，在传说中比他的生平事迹还要多，在这些逸事中，他的行动是被引为笑柄的；其中怀疑论的普遍原则总是与一个特殊情况发生抵触，因而荒谬的事情便好像自动地长入那些看来首尾一贯无懈可击的关系中去了，——于是那举动本身便显得十分荒谬。因为他宣称感性事物的实在性是没有真理性的，所以人们便说，他在走路的时候，总是不走那没有东西、没有车马迎面而来的道路，又说他正对着一堵墙一直跑过去，完全不相信感性知觉的确实性，诸如此类；而且总是说他周围的朋友们把他拉开，将他救出了这一类的险境。但是当他九十岁到亚洲去的时候，这种
情形就不发生了；这一类的逸事是很笨拙的，因为他这个样子能够 546
跟随亚历山大是不可想象的事。但是一方面我们也可以很清楚地看出，这一类的逸事只不过是捏造出来讽刺他的哲学的：这些故事的目的，就是指出怀疑原则的极端和后果来取笑怀疑论。怀疑论者们当然是承认感性存在的，不过他们是把感性存在当作现象来

① “第欧根尼·拉尔修”，第九卷，第六九—七〇节。

② “皮罗学说要旨”，第一卷，第八章。

作为生活中的行动依据，而不是把它当作真理。塞克斯都·恩披里可说到新学园派时，曾说他们的学说之一便是：人在生活中的行动不仅要依据谨慎的规则，而且要依据感性现象的规律。

在皮罗之后，讽刺诗作者弗里亚西亚人**蒂孟**[①]变得特别有名。在他的讽刺诗亦即对一切哲学家进行猛烈攻击的诗句中，有许多曾为古代人所引用。这些诗句诚然很辛辣，骂得很凶，但是其中也有许多并不很幽默，并不值得保存。保尔教授曾经把这些诗句集录在一篇论文里，可是其中有许多是毫无意义的。歌德和席勒的同类作品当然有意思得多。

以后**皮罗派**就消失不见了，他们一般说来似乎多多少少只是孤立地存在着。我们在历史上有很长一个时期只看见学园派与逍遥派、斯多葛派以及伊壁鸠鲁派相对立，间或有几个早期的怀疑派可以提一提。

第一个复兴怀疑论的是**爱纳西德谟**，他是一个克里特岛的诺萨斯人，在西塞罗的时代生活于亚历山大里亚，[②]这个地方很快地就开始与雅典竞争哲学中心与科学中心的地位了。在以后的年代中，学园派消失而归入怀疑派，学园派本来就是与怀疑派只隔一层
547 薄薄的墙的；于是我们看到怀疑论兴盛了，代表着否定的方面。皮罗的怀疑论还没有显示出很多的教养，还没有表现出引向思想的倾向，它只是反对感性的东西；这样一种怀疑论，对于斯多葛派、伊壁鸠鲁派、柏拉图派等等的哲学教养是不能有兴趣的。怀疑论要

① "第欧根尼·拉尔修"，第一〇卷，第一〇九节。

② 同上书，第九卷，第一一六节；"布鲁克尔"，第一册，第一三二八页。

进而具有哲学所应有的资格，就必须在哲学的方面加以发展；爱讷西德谟便做了这种工作。

在最有名的怀疑论者中间，有一个人，他的著作大部分保存了下来，同时他对我们也极其重要；这个人就是塞克斯都·恩披里可，但是他的生平我们可惜差不多完全不知道。他名叫恩披里可[译者按：Empiricus 一字的意思就是“经验者”。]，因为他是一个医生。他的名字告诉我们：他是一个经验派的医生，不根据理论行事，而根据现象行事。我们从他那里得到了这种哲学观点的详细阐述。他生活和讲学的时间，大约在纪元后二世纪中叶。① 他的著作分为两个部分：（一）他的三卷“皮罗学说要旨”（Hypotyposes Pyrrhonianae）为我们一般地叙述了整个怀疑论；（二）他的“反数学家”（Adversus Mathematicos），是反对整个科学的，特别反对几何、算术、文法家、音乐家、逻辑、物理学和伦理学，——一共十一卷，其中有六卷是真正反对数学家的，其余五卷则是反对哲学家的。

在构成怀疑论者们的哲学或毋宁说方式的成分中，属于皮罗和**早期**怀疑论者们的怀疑论的成分，是与**晚期**怀疑论者们加进这种方式的成分有分别的，这一点我们在进一步的考察中便可以看出。

学园派与怀疑派之间的区别，是早就被提到了的，——这是怀 548
疑论者们讨论得很多的一个问题。怀疑论的一个主要命题就是：不要表示同意。新学园派的不同之点只是在表达的方式上。这种

① “布鲁克尔”，第二册，第六三一——六三六页。

不同之点并没有多大来头，一般地说，它的根据只是怀疑论者们的一种毛病：他们要斩除和避免一切肯定的(独断的)说法，要在他们讲述怀疑论的话语中根本不出现存在这个字眼，根本不出现一句涉及存在的话；例如，他们在一句话中，就总是用“显得”(φαίνεσθαι)来代替“是”。① 他们说：“没有任何确定的东西(οὐδὲν ὁρίζειν)；一切都是虚假的”，或者“没有任何东西是真的”；“ούδὲν μᾶλλον”(不过如此而已)，——这些话，怀疑论者也并不把它看成真的，这也是不言而喻的。② 卡尔内亚德的新学园派不把任何东西说成真实的和存
549 在的，或者思维所能同意的东西。所以怀疑派与学园派是很接近的。纯粹的怀疑论对学园派只有这样的指摘：学园派还不纯粹，因为它说，这样的同意是一件坏事，持保留意见的态度则是一件好

① 塞克斯都·恩披里可：“皮罗学说要旨”，第一卷，第七章，第一三节：怀疑论者承认感觉，感觉乃是感官印象的必然结果。例如，当他感觉到冷或热时，他就不会说“我相信我不冷或不热”。第一〇章，第一九节：说“怀疑论者废弃现象”的人，我认为是不明了我们学派的宗旨。因为，像上面所说过的那样，我们并不推翻那些有实效的感官印象，这些印象使我们不由自主地要加以承认；而这些印象就是“现象”。当我们问那实存的对象是否像它显现的那样时，我们承认“它显现”这一事实，我们的怀疑并不涉及现象本身，而只涉及对这个现象所作的估量，这与问现象本身是什么是不同的。第一〇章，第二〇节：蜜对我们显得甜(我们承认这一点，因为我们通过感官知觉到甜)，但是它本质上是不是甜的，我们认为是一件可疑的事，因为这不是一个现象，而是一个对现象的判断。而且，即令我们真是作出了否认现象的论证，我们也不是因为存心要废弃现象，才作出这种论证，而是借此指出独断论者的轻率。

② 塞克斯都·恩披里可：“皮罗学说要旨”，第一卷，第七章，第一四节：……怀疑论者并不在任何绝对意义下建立这个公式；因为他知道，正如“一切都是假的”这个公式肯定了它自身与其他的东西同样虚假一样，“没有任何东西是真的”这个公式也是如此，因此，“不过如此而已”这个公式也肯定它自身和其余的一切一样“不过如此而已”，这样便把自己与其余的东西等同起来了。第二八章，第二〇六节：对于所有的怀疑派说法，我们必须首先抓住一件事实。

事，——因为他们说“这是”而不说“这显得”；因此他们没有突出地显示出怀疑的纯粹性来。但是这无非是一种单纯的形式；因为内容立刻扬弃了形式方面的东西，扬弃了貌似肯定的东西。当我们说，“某事是一件好事，思维同意它”，并且问：“可是什么是好，什么是思维加以同意、以之为真实的东西呢？”这个时候，内容是这样的：思维不应该同意；所以，形式是：“这是一件好事”，——而内容却是说，我们不应该把某物当作好的，当作真的看待。怀疑论者也这样指摘学园派，说他们在说到真理时，教人承认一个表象比其他的表象更有或然性，好像某一表象具有较多或较少的真理性，或者或然性使某一表象比其他表象更可取似的。与此相反，怀疑论者则不说出那个“是”字来（他们也不愿把“是”字转而了解为“显得”），在说到根据、真理时，他们也不把某一个表象与其他表象分别开来。他们认为每一个表象都是一样的，——一个表象和其他表象完全一样，都同样不能说成是真的。“宁取其一不取其他”乃是怀疑论者所攻击的形式之一；这样一些表达的语词是把话说得太肯定了[①]。这是他们争持不下的一场论争。

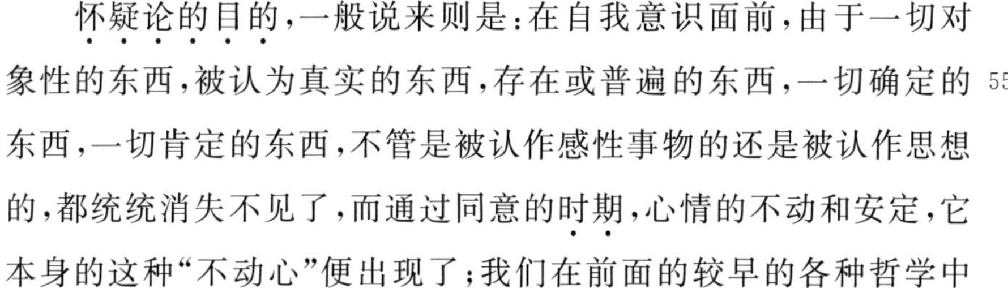

怀疑论的目的，一般说来则是：在自我意识面前，由于一切对象性的东西，被认为真实的东西，存在或普遍的东西，一切确定的 550
东西，一切肯定的东西，不管是被认作感性事物的还是被认作思想的，都统统消失不见了，而通过同意的时期，心情的不动和安定，它本身的这种“不动心”便出现了；我们在前面的较早的各种哲学中

① 塞克斯都·恩披里可：“皮罗学说要旨”，第一卷，第三三章，第二二六—二三三节。

所看到的也就是这样的结论。然而只要在自我意识面前有某物被认作真理,不管它是感性的存在或思维的存在,这个东西就与自我意识结合在一起,它对于自我意识说就是本质,——就是一个普遍的东西,超过自我意识的东西,对于它说,自我意识是个不足道的东西;而当这个固定的东西消失不见时,自我意识便失去自身,——失去了它的支柱。它的安宁就是它的存在和真理的实存。但是这个外在的确定的真理并不是自在的存在,它是要动摇和软化它的必然性的;于是自我意识便失去了它的平衡,便陷入不安、恐惧和烦闷了。而怀疑派的自我意识则正是一种解脱,它摆脱了这种存在的全部真理,摆脱了把自己的本质放在这一类东西里的做法;怀疑的目的,就在于不把一切确定的东西和有限的东西认作真理。自我意识漠然不动,有了自由,便不会失去它的平衡了;因为执著在某物之上便使它陷于不安。因为没有任何东西是固定的,每一个对象都是变迁的、不安定的;这样自我意识本身便进入不安了。所以怀疑的目的就在于扬弃这种无意识的成见,扬弃这种执著于自然的自我意识的成见,教人不要役属于这样一种东西;当思想把自己固着在一种内容上的时候,便要救治思想,使它摆脱这种执著在思想中的内容。自我意识一任这一类的存在归于消失,从一切有限物、一切客观物的动摇中,便出现了它的解放,它的
551 单纯的自我同一性;——一种“不动心”,这是通过理性而获得的,也只有通过理性才能获得。反思就是反省我们未意识到的东西,思想就是把由于各种倾向、习惯等等而潜伏在人心中的东西带进意识,把人之所以为人带进意识,——但是这个东西立刻就消解了,因为它是自相矛盾的;思想把这个矛盾带进了意识。“于是便

产生了'不动心'，这种状态是随着一切有限事物的动摇而来的，有如影之随形"；这种平等、独立，这种安宁，是由那种动摇中随着思想而自行转入意识的。塞克斯都·恩披里可对这种"不动心"作了这样的比喻："正像阿培里[①]一样，他画一匹马，可是无论如何画不出马吐的泡沫来，最后恼怒了，把他擦画笔的那块混合着各种颜色的海绵往画上一丢，这样竟造成了一个酷肖泡沫的形象。怀疑论者也是在各种存在物和各种思想的混合里面找到自我意识的自我同一、安宁、真实、不动心的。"[②]——这种漠然不动的状态，在禽兽是生而具有的，在人是通过理性而获得的，这便把人与禽兽区别开来了。"有一次皮罗坐在船上，一阵风浪使同船的人惊慌失措，而一只猪却漠然不动，安安稳稳地仍旧在那里继续吃东西，于是他便

指着猪说：哲人也应当像这样不动心"；[③]——但是哲人却不应该 552
像猪一样，而应当出于理性。

所以构成怀疑论的本性的，就是这种由存在和思想中返璞归真的自我意识。凡是被视为存在和思想的，他们因而都仅仅视为一种现象或一种表象；但是被他们视为这样一种表象的东西，怀疑论者在有所举动、作为和有所不为时却以之为指导。上面所引的那些关于皮罗的逸事，是与怀疑论者们的说法违反的。他们用来指导行为的，确乎是他们所见所闻的东西，是正义和通行的法律，

① 阿培里是一个希腊画家的名字。——译者

② 塞克斯都·恩披里可："皮罗学说要旨"，第一卷，第六章，第一二节；第一二章，第二五—三〇节。

③ "第欧根尼·拉尔修"，第九卷，第六八节。

是深谋远虑所要求的东西;①但是这对于他们并没有一种真理的意义,而只有一种确认,一种主观信念的意义,主观信念是没有一种自在自为的存在的价值的。

怀疑论也叫**皮罗派**哲学,而**研求的**怀疑是从 σκέπτειν 这个词来的,意思是寻求,研究。② 我们不可把 σκέψις 译成怀疑的学说或多疑。怀疑论并不是一种怀疑。怀疑是安宁的反面,安宁则是怀疑论的结果。"怀疑"(zweifel)由"二"(zwei)这个词而来,是一种反复游移于二者或多者之间的状态;人们既不安于此,也不安于彼,——然而我们却应当**或者**安于此,**或者**安于彼。例如,关于灵魂不死、上帝存在的怀疑,在四十年前③人们写到的很多,在"弥赛
553 亚"中便造成了一些关于怀疑的不幸的描写,所以人们是愿意或者安于此,或者安于彼的。怀疑论则相反,无论对于此或对于彼,都一律漠然视之;这就是怀疑论的"不动心"的立场。

怀疑论反对一切具有共相形式和存在形式的东西,以否定态度对待:——作为斯多葛派的思维对象的共相,确定的概念,具有单纯的思想形式的内容;——它反对一般感性确认的存在,感性的确认是把存在天真地认作真实的,它也反对伊壁鸠鲁派,伊壁鸠鲁派是有意识地主张存在是真实的。(由于怀疑派把自己局限在这一点上,所以它是**哲学**本身的一个环节,哲学本身对这两个方面正是持否定态度,只是把存在物当作一个被扬弃了的东西而认为真

① 塞克斯都·恩披里可:"皮罗学说要旨",第一卷,第八章,第一七节。

② 同上,第三章,第七节。

③ 黑格尔讲这句话时是一八二五一六年。

实。然而怀疑论却以为自己前进得更远；它有一种企图，要想对理念大胆尝试一下，要想克服思辨的理念。可是思辨的理念把怀疑论本身包含在自身之内作为一个环节，又超过了怀疑论。）它当然可以战胜那两个方面；但是理念却既不是这一方面，又不是那一方面，怀疑论根本没有接触到理性的东西。对于那些不认识理念的本性的人，这是对怀疑论的一个永远的误解：他们以为真理必定是或者落于这一形式，或者落于那一形式，——或者是一个确定的概念，或者是一个确定的存在。怀疑论并不反对作为概念的概念、绝对的概念；绝对概念倒毋宁说是它的武器，只是它对这一点并没有意识到。——一方面，我们将会看到那种武器反对有限物，另一方面，我们将会看到怀疑论如何探索理性的东西。

所以进一步说来，怀疑论的**一般方式**，正像塞克斯都所说的那样，乃是"用尽**力量**以任何一种方式使**感觉到的东西**和**思维到的东西**对立起来"（感觉到的东西是按照伊壁鸠鲁派的方式，思维到的 554
东西是按照斯多葛派的方式，亦即直接的意识和思维的意识，——这两个类包括了一切在任何方式下对立起来的东西）："要使感觉到的东西与感觉到的东西对立，思维到的东西与思维到的东西对立，或者感觉到的东西与思维到的东西对立，思维到的东西与感觉到的东西对立"，——这就是说，指出二者之间的一种相互矛盾，或者指出在一切确定的东西中"任何一个都和与它相反的东西具有同样多的价值和效力"，换句话说，都同样地可以相信和不相信；因此最后的结论便是：两个都一样，每一个都只是一个现象，——"这样一来，便产生了一个时代"（保留意见不同意以某物为真），"便产

生了摆脱一切心情波动的自由。”①所以怀疑论一贯表示：只是显得如此。但是怀疑论者们比现代纯粹形式的唯心论的信徒们走得更远；他们对付的是内容，指的是全部内容，不管是感觉的内容还是思维的内容，认为都有一个与它相反的东西。他们指出同一个东西里面的矛盾，认为一切被设定的东西都也是相反的东西；这是怀疑论所谓假象的客观方面，——不是主观唯心论。“于是感性的东西便与感性的东西相对立，因为我们记得，同一个塔在近处看是四方的，在远处看则是圆的”；这样说也可以，那样说也同样可以。这诚然是一个琐屑的例子，不过问题却在于其中的思想。“或者是
555 把思维到的东西与思维到的东西对立起来。人们认为有一种天命”，在赏善罚恶，“因而人们向天体的体系呼吁；这与有一件事相反，就是善人常常倒霉，恶人却很幸运，因此我们指出，并没有什么天命。”——前面所肯定的与后面所说的“没有什么天命”相反。在说到“思维到的东西与感觉到的东西对立时”，引用了阿那克萨戈拉的规定，他说雪虽然显得是白的，从根据、从思想说，它却是黑的，因为“雪是冻结的水，水却”没有颜色，所以“是黑的，因此雪应当是黑的”。②

现在我们要来考察怀疑派的论证方式的进一步情况。一般地是：他们使每一种确定的、肯定的、思维到的东西与它的反面相对立；这一点他们是以一定的形式提出来了。从怀疑论的本性来说，我们不能要求它有命题的体系；所指出的只是揭示对立的一些普

① 塞克斯都·恩披里可：“皮罗学说要旨”，第一卷，第四章，第八—一〇节；第六章，第一二节；第四章，第一〇节。

② 同上，第一三章，第三二—三三节。

遍的形式和方法。因为作为思想出现的东西是偶然的，所以加以抨击的方式和方法也是偶然的，——一般的方式就是如此；矛盾在一件事中间这样表现，在另一件事中间那样表现。

再则，怀疑派应用来作为揭示对立的**确定方式**的，并不是命题，而是一些**比方**、借喻，借以达成保留意见的态度。他们应用到一切思维到和感觉到的东西上的，乃是一些地道的比方、形式，为的是指出：它并不是**自在的**，而只是在一种对他物的关系中如此，所以它本身表现出另一个东西，而这另一个东西又表现出它来，所以一般地说，存在的东西只是显现；——它是直接出于事物本身，并不是出于另一个东西，是作为真正的被设定者。例如，人们说，556
经验科学没有真理性，因为真理只是在理性里面，这样就只是假定了相反的方面了；理性的真理性也是在真理本身上得到证明的，并不是一个反驳：因为理性的真理性与经验科学的真理性都有同等的权利寄托在真理本身上面和里面。怀疑派的学说就在于这些显示出技巧、矛盾的比方。这些比方，我们只需要说明一下。

怀疑论者们自己（塞克斯都）把这些比方分成**老的**和**新的**，有十个属于老怀疑派，有五个（或六个）属于新怀疑派。[①] 这一点可以由它们的主张得到证明：那些老的反对一般的通常意识，属于一种没有什么教养的思维，——一种首先看感性存在的意识。它们反对我们所谓对事物的直接真理性的通常信仰，以同样直接的方式加以驳斥，并不是通过概念，而是通过对立的存在。它们在列举

① 塞克斯都·恩披里可："皮罗学说要旨"，第一卷，第一四章，第三六节；第一五章，第一六四节；第一六章，第一七八节。

中也有这种无概念性。五种晚期的则有较大的兴趣。它们反对那种对涉及发展了的理智的意识的反思,反对科学范畴,——反对感性事物的思维存在,反对通过概念对感性事物加以规定。例如,前者反对一个“**是**”字:这**是**一个四角的东西;后者则反对这个东西是**一个**。要是前者大部分在我们看来是极为琐屑的,我们就应该大加赞许,因为它们是历史性的,并且本质上是反对“这是”这个形式
557 的。这无疑是一种高级的抽象意识,这种意识是以“这是”这个抽象形式为对象而加以抨击的。这些比方看起来很琐屑普通,可是更琐屑普通的是所谓外在对象的实在性,是直接的认识:“有蓝色,这是黄色”;如果对所说的话如此好奇,就根本不必去谈哲学。怀疑论主要是绝不把直接确认的事物当作真的。在近代,葛廷根大学的舒尔茨大吹大擂地讲他的怀疑论;他还写了一本“爱纳西德谟”,还在另一些著作中为怀疑论作了注解,来反对莱布尼茨和康德。在这种近代的怀疑论里面,承认了凡是在我们直接意识中的东西,凡是感性的东西,都是真的。〔古代〕怀疑论者承认我们必须遵照这种东西行动,但是把一件东西当作真的提出,在他们看来却是办不到的。近代怀疑论只反对思想、概念和理念,所以是反对高级的哲学理论;它因此听任事物的实在性毫无怀疑地存在,只是宣称从这里面绝不能推出思想来。不过这并不是一种农民的哲学;因为农民认为一切世间事物都是变灭无常的,它们的存在与非存在也都是如此。我们现在所考察的老派怀疑论则相反,它正是反对事物的实在性。现在要详细地讲述它的说法。

(一)在那些**较早的比方**中,我们甚至看到缺乏抽象,不能以较为简单的普遍观点统括它们的差异性;其中有一部分是以一个简

单的概念包括一切，有一部分是在它们的差异中又建立若干必然的简单规定。塞克斯都·恩披里可①便指出，“三个方式包括了一切：一个是判断的主体，另一个是所判断的东西，第三个是包括这两方面的东西”，——主体与对象的关系。如果思维进一步发展了，就把事物统括在这三个普遍的规定中。我们现在应当对这些方式作简短的引证；在较老的比方中应当认识到缺乏抽象。从这些比方中可以说明直接认识的不可靠。关于直接认识的不可靠，我们对“这是”所说的，就是： 558

甲、“第一个比方是动物机体的差异性，即不同的生物对同一对象产生不同的表象和感觉。这一点怀疑论者们是由动物的出生方式不同推来的，有些通过交配，有些不通过交配”，由一种单体生殖“产生；有些由卵中生，有些直接生下地来，等等。它们的出生方式不同，因此有许多东西对于它们是不一样的；它们有不同的结构，不同的体质，同一的东西在不同的生物看来是不同的，产生一种不同的表象。”对象因机体而异，“例如颜色之于害黄疸病的人：表现为白的东西，黄疸病人看成黄的”，别人看来是蓝的东西，他看成绿的；一个人这样感觉的东西，另一个人那样感觉。“例如在动物中，不同的种类眼睛构造不同，有着不同的颜色，白的，灰的，红的；因此其中所产生的感觉也一定不同。”②——这种主体的差异性当然造成了一种感觉的差异性，换句话说，就是造成了某物对于主体说是怎样的，而这一种表象的差异性，换句话说，也就是好像 559

① 塞克斯都·恩披里可：“皮罗学说要旨”，第一卷，第一一章，第三八节。

② 同上，第一四章，第四〇—四四节。

某物具有某种性质;感觉决定了对于性质的表象,因此性质的表象因感觉的差异性而不同。可是,如果我们说"这是",这就是某种固定的东西,就是在整个环境中自我保存着的东西了;与此相反,怀疑派则指出,一切都是变动的。这样一来,等同性、同一性就被扬弃了;只有在这种感性的同一性、这种普遍性被扬弃了的时候,另一方面便进来了。但是普遍性或存在的基础,却正是我们知道事物像这样显现于黄疸病人(这是一个古老的例子),或者认识到感觉发生变化时所遵守的规律。所以这是一种感性的普遍性;这种普遍性变化了,黄疸病人便看见不同的颜色:所以又存在着一种普遍性、规律,——这就是黄疸病人与他的感觉的关系:这是一种必然性。可是那种感性的普遍性当然不是真正的普遍性,因为它是直接的普遍性,而不是理解了的普遍性;这种普遍性是感性的普遍性,是感性的存在,对于它,非普遍性也就有同等的权利从它自身之内被指出来,——而规律的必然性乃是另一种普遍性。"这是蓝的,因为我看见它是这样"这个说法无异于说"因为我看见它,所以断定它是蓝的",对于这个说法,我们也可以同样有权利指出另一个直接被看见的东西,而这个东西直接看来却并不是蓝的。

乙、"第二个比方是人们"在感觉和身体状况方面"的差异性",这一点总起来说是归结到第一点的。"关于身体的差异",怀疑论者们涌起了各式各样的"神经过敏"。例如,他们反对阴影是冷的这个命题,便引证"有一个人在太阳下面发抖,在阴处却暖和了"。毒人参是有毒的,然而却"有另外一个人能够重重地服下一剂毒人
560 参而不受损害";因此"有毒"这个宾词并不是客观的,对一个人是这样,对另一个人不是这样,——一个人这样感觉,另一个人那样

感觉。“因此,因为人们一定也有一种精神的差异性,并且说出极
为矛盾的判断,所以我们无法知道应当相信哪一个。相信大多数
人是无用的,因为我们不能去问所有的人。”[①]这个比方又涉及直
接的知识;如果问题到手,只是相信别人的说法,那么,〔众说纷
纭,〕自然只有发生矛盾了。可是,这样一种只愿意相信别人的人,
是不能够听取别人所说的话的;这种信仰乃是对一个直接命题的
一种直接了解。因为它不要根据。根据首先是中介,是直接命题
的语词的意义。人们的差异性,一般地说,乃是某种现在也以别种
方式出现的东西。人们说,人们在趣味、宗教等等方面是各不相同
的;宗教必须让每一个人自己做主,每一个人都是在自己的立场上
形成他的宗教和世界观。由此得出的结论是:在宗教方面,并没有
什么客观的、真实的东西,一切都归结于主观性,于是反对全部真
理的漠然态度便产生了。既然不复有教会,每一个人就有自己的
教会、自己独有的祈祷仪式,每个人就有自己特有的宗教了。——
在这里可以再补充一点:在这里,怀疑派特别发挥各种哲学的差异
性,正如各个时代的那些以任便一种借口来节省哲学研究的气力
并且为这种省力的办法作辩护的人一样。这一点塞克斯都·恩披
里可说得很详细。如果斯多葛派的原则就其直接性说是说得过去
的话,那么伊壁鸠鲁派的相反的原则也有同样多的真理性,也同样 561
说得过去。事实上,这种对立面的简单的存在方式,乃是人类自然
文化中的一个环节。这是在他的城市、他的国家里流行的东西;他

① 塞克斯都·恩披里可:“皮罗学说要旨”,第一卷,第一四章,第七九—八〇、八一—八二、八五—八九节。

完全不自觉地生活在这种方式中,遵守这种风习,并没有想到他有这种风习。他来到一个外国,大吃一惊,通过对立才经验到他有这种习惯,同时立刻就拿不稳主意,不知究竟是自己的不对还是相反的东西不对。因为那与他本国流行的东西相反的东西也同样地流行,他就没有进一步的根据了;——这是光秃秃的差异性范畴。如果按照着这种方式说话,这一种哲学的命题、主张就是这样:最大的差异发生的情形就是如此。于是就有人说出这样的空话:因为各个时代最大的思想家的想法各不相同,不能取得一致,所以相信自己能做到他们没有做到的事,乃是妄自尊大;对知识的恐惧使他们以理性的懈怠来换取美德。似乎差异并不能说是假的,这是事实;泰利士、柏拉图、亚里士多德所讲的哲学各不相同,——我们看起来他们的哲学似乎不仅各不相同,而且互相排斥。——然而如果要想在这样一些命题里去认识各种哲学,这种方式,却正表示对哲学无知:这样一些命题并不是哲学,也不表现哲学。哲学正好不是一个命题的这种直接的东西,不是本质上正要抛开的那种认识;这些人是在一种哲学中看一切,但是他们都没有看见同一的哲学。如果各种哲学系统竟是如此不同,那并不是像白与甜、绿与糙那样不同,而是在有一点上一致,就是它们都是哲学,这就是他们所没

562 有看见的那个东西。说到各种哲学的差异,在这里应当注意这种直接的看法,注意这种以直接方式说出哲学的本质的形式。这一种情况当然也反对"是"字,所有的情况都反对"是"字;可是真实的东西并不是这个枯燥的"是"字,主要的却是过程。各种哲学的相对差异——位置的差异(第五个比方)——永远是作为一种联系的,因此并不是"是"字。

丙、“第三个比方是各种感觉器官之间构造上的差异”（真正说来这是一个附属的比方）；“例如在一幅画上有些东西眼睛看起来突出，摸起来却不突出”①（平滑），等等。——事实上这样一个规定并没有通过任何感官揭示出事物的真理来，并没有揭示出事物的本来面目。必然会意识到，无思想地一一列举“有蓝的、方的等等”是不能揭示事物的存在的；这些乃是宾词，并不述说作为主体的事物。重要的是注意各种感官的对立；它们是互相矛盾的，不同的感官是以不同的方式感知同一事物的。

丁、“第四个比方是主体因自身内部的不同状态和变化而产生的情况的差异，这种差异使人必须对事物保留判断不作主张。同一事物在同一个人看来可以不同，依情况而定，例如在静止中或运动中，以及在梦中或醒时”，在心情安定或激动时，在有烦恼时，“恨或爱时，清醒或酒醉时，年轻或年老时，等等。在这些不同的情况中，常常会对同一对象作出很不相同的判断；因此只有把事物当作现象来表达。”②

戊、“第五个比方涉及不同的位置、距离和地点；事物从各个不 563
同的立场看来是不同的。”位置：“一条”很长的“大路，在一个站在前端（一头）的人看来，后端（另一头）是缩成一点的，可是如果这人跑到那一头去，后端就与他在前端看到的同样地宽了。距离”真正说来“就是对象的大和小的差异。地点：灯笼里的光在太阳光下很弱，在黑暗中却放光明”；因此就不能说光是亮的。“鸽子的脖子站

① 塞克斯都·恩披里可：“皮罗学说要旨”，第一卷，第一四章，第九一—九二节。

② 同上，第一〇〇节以下，第一一二节。

在不同的地点看时现出不同的颜色”；从这里看是蓝的，从那里看是黄的。[①] 特别是对于运动有许多不同的见解。最著名的对立是太阳绕地球还是地球绕太阳的对立(应当是地球绕太阳，看起来却好像太阳绕地球)。可是后一种说法是有根据的，前一种则不然，因为一种感性知觉与另一种感性知觉相矛盾，其中并不表现存在。

己、“**第六个**比方是由**混杂**得来的，因为没有任何东西是单独地、孤立地进入感官，都是与别的东西混杂在一起的；事物与别的东西混杂在一起就改变了。”例如一种气味在空气中是与这种或那种温度结合在一起；“气味在阳光下面要比在冷空气中强烈些，等等。此外，由于主体本身，也产生出这样一种混杂。眼睛由各种不同的皮膜和液体构成，耳朵有各种不同的管道，等等；因此感官不能让感觉——光、声——纯粹地为我们所接受，感性的东西首先是与这些皮膜混合在一起而达到我们的眼睛，与耳朵的管道混合在一起达到耳朵。”[②]——也同样可以(正是以这种方式说)说，感官中的感性的东西正是提炼过的：例如声音来自一个灵魂而具体化，理解的耳朵又把它加以提炼净化。

564 一起达到耳朵。

庚、“**第七个**比方是结合(凝聚)，大量或大堆的事物通过结合便表现出不同。例如冰是透明的；可是如果把冰压碎，结合便改变了，冰便失去它的透明性了。刮下来的羊角屑呈白色，可是在整个羊角上却是黑的；磨成粉末的卡拉拉大理石呈白色，可是整块的却

① 塞克斯都·恩披里可：“皮罗学说要旨”，第一卷，第一四章，第一一八——一二〇节。

② 同上，第一二四——一二六节。

是黄的。”大量也同样不是实体：“适量的酒可以使人强壮和爽快，大量的酒则使身体伤损；药品也是一样。”[①]认为量和结合对于质和分解没有关系，乃是一种抽象的看法，量的变化也能使质发生变化。

辛、“**第八个**比方”（关系，这是一种普遍的比方）“来自**事物的相对性**”（一切存在和思想的相对性是一种更加内在、更加重要的规定性，真正说来，以上的那些比方都当然归结到相对性上面），“由此我们得出结论：由于一切都与某物有关系”（只是表现得与某个确定的东西有关系），“所以我们必须对那种是独立的、本来”（实体）“的东西保留判断，不加同意。必须指出，我们在这里用了‘**是**’字，但是意思只是指‘**显得**’。关系可以分两个方面来说：一、在主体、判断者方面，这种差异性我在上面那些情况中已经见到了；二、

在对象、待判断者方面，则如左与右。”[②]塞克斯都“是这样论证的： 565

141

被认为独立而且不同于他物的东西，与单纯的相对的东西有什么分别呢？它是与相对者相异，还是相同？（1）如果它与相对物相同，那么它本身就是一个相对物。（2）如果它与它相异，那么它又是一个相对物了。因为凡是与某物相异的东西，就是与某物有关系；因为它是处在与同它有别的东西的关系中。一般的相对性是在被说成绝对的东西中”；但是关系本身却是一种与自身的关系，而不是与他物的关系。关系包含着对立：与他物有关的东西，一方面是独立的，而另一方面，由于它在关系中，也不是独立的。如果

---

① 塞克斯都·恩披里可：“皮罗学说要旨”，第一卷，第一四章，第一二九——一三一节，第一三三节。

② 同上，第一三五——一三六节。

某物与另一物有关,则另一物也与此物有关,所以它不是独立的。可是如果一物的反面与此物有关,则此物的非存在也与此物有关;这是一个矛盾,如果没有反面,自己就立刻不存在。“因为我们不能把相对物与它的反面分开,所以我们也不知道独立、本来的东西,因此我们必须保留判断,不加同意”。①

壬、“**第九个**比方是事物的**罕见**或**常见**;这也同样改变对事物的判断。罕见的东西比常见的东西受到更大的珍视;习惯使这个人对一件事作这样的判断,使那个人对此作那样的判断。因此习惯是一种状况,它也容许我们说,事物在我们看来是这样,并不是普遍地、一般地说,事物是这样的。”②如果有人说,这是这样的,别

566 人就也能指出一个情况,在这个情况中,可以对这件事加上相反的宾词。那么在人的抽象中,是不是主要地要有一个君主呢?——并不。——等级呢?——并不。——共和国呢?——并不;诸如此类。因为这些东西在这里有,在那里并没有。

癸、“**第十个**比方特别关系到**伦理**,涉及风俗、习惯和法律。”合乎风俗、合乎道德的事情也不是一样的;这个地方认为公正的事,别的地方认为不公正。对于这一点,怀疑论的态度是:“指出公认的法律的反面也被人所公认。”在一般人对于肯定某一件事的普遍了解中,最后的根据是说这是法律或习惯,例如儿子应当为父亲还债,——唯一的根据是法律有此规定,因为直接看来是如此。与此相反,怀疑派却指出与此相反的事情也为人所认可。“儿子承担父

① 塞克斯都·恩披里可:“皮罗学说要旨”,第一卷,第一四章,第一三七、一四〇节。

② 同上,第一四一——一四四节。

亲的债务，这是罗得斯的法律。”怀疑派指出，“在罗马，儿子如果完全放弃了父亲的财产，就不承担父亲的债务。”①在存在方面，如果因为某物存在而认为某物真实，便可以指出相反的东西来，这个东西也是存在的；法律也是一样，如果因为它被人认可而说它有根据，那么与它相反的法律也是如此的。既然都一样，就都无效了。

现在我们来看这十个比方，真正说来，都不是逻辑的说法，并不归到概念，而是以经验的方式，——直接反对经验的东西。从直接的确认提出某物是真的，再以同样的方式指出此物的反面也同样确实，因而认为它的反面是有效的，——而以任何一种别的观点也可以指出它无效。一个东西的反面，说它有效，是牵连到不同的 567
情况上，这十个比方就包含着这些情况。像上面所陈述过的，呈现物的不一样的情形，有的是归到作判断的主体；——前四个比方就属于这一类：判断者或者是动物，或者是人，或者是人的一种官能，或者是人身上的一些特殊情态。有的是归到对象，——第七和第十个属于这一类：数量使一件事物变成完全不同的东西，道德因地点不同而异，却都被认为唯一绝对必须遵守、不许违反的东西。第五、第七、第八、第九个比方则涉及主体和对象二者的联系，也就是说，二者都包含着关系；——指出了事物并不是单独出现的，而是在与他物的关系中。

我们从内容和形式来看这些比方的更早的起源。内容应当只关及存在，从内容看，只是揭示出变化，或者找出事物现象的反面，

① 塞克斯都·恩披里可：“皮罗学说要旨”，第一卷，第一四章，第一四五、一四八——一四九节。

找出它的不稳性，并没有指出事物的自身矛盾，亦即没有指出事物的概念。从形式看，这些比方表现出一种不熟练的思维，这种思维还不是在普遍的观点下提出这一堆比方，塞克斯都就是这样做的，要么就是把普遍的东西、相对性同他的特殊方式并列着提出来。——这些比方看起来一方面是很琐屑、平板的，我们不习惯于在这种方式上放下很大的重量，站立在上面。但是事实上它们反对普通常识的独断主义却完全中肯。独断论者正是说：这个是这样的，因为它正是这样；这是从经验中采取的一个方面。怀疑论向他指出，他所采取的东西本身就带有各种偶然性和差异性，使事物在他看来一会儿这样，一会儿那样，使他注意到，他自己或者别的主体也同样可以用直接的方式，以同样的根据，亦即并无根据地
568 说，这不是这样，而倒是与此相反。——这些比方的意义还是永远有它的价值。如果信仰、正义是感情所建立的，那么这个感情就在我心中；别人也可以说，这是在我心中。价值应当在于发现，因为并未发现而进行指点是不难的；因此存在便被贬抑而为现象，每一个肯定都可以有一个相反的肯定与它同样有效。

(二)怀疑论的另外五个比方具有一种完全不同的性质；这些比方比较属于思维的反思，包含着确定概念本身的辩证法。这些比方看起来要好些，显然来源比较晚。同时也显然可见，这些比方描述了一种完全不同的哲学思维的立场和修养。他们特别反对概念的各种思想形式和规定性。塞克斯都·恩披里可[①]论述了这些

① 塞克斯都·恩披里可:“皮罗学说要旨”，第一卷，第一五章，第一六四——一六九节。(“第欧根尼·拉尔修”，第九卷，第八八—八九节。)

情况。

甲、“第一个比方是意见的差异性”，这里指的确乎不是动物和人，而是“哲学家们”，这一点上面已经讲到了。塞克斯都（和西塞罗所讲的一个伊壁鸠鲁派门徒）引证“人们据以推出结论的学说的繁多，每一个都有人主张”。哲学家们和其他的人们现在还常常利用这个比方；怀疑论的这个比方是很受人喜爱的。哲学意见的差异性应当是用来反对哲学的无敌的武器。在开头我们已经说过，对于这种差异性应当怎样理解。哲学的理念是唯一并且同一的，虽然哲学家们本身并没有意识到这一点；可是那些对这种差异性说得那么多的人，对哲学的理念也是同样的无知。真正的差异并 569
不是实质的，而是不同发展阶段中的差异。差异性也可以包含片面性，如斯多葛派、伊壁鸠鲁和怀疑论；全体才是真理。每一个哲学都是哲学；这与水果和樱桃的关系是一样的。

乙、“陷于无限”（无穷递进），——一个很重要的比方。“怀疑派指出，为了某项主张而提出的根据，本身又需要有根据，根据的根据又要有根据，如是直到无穷”（这样就达不到任何根据，因为总归要停止的）；由此可见，也就必须保留判断，不加同意，因为可以作为出发点的肯定是没有的。由此可知，固定的根据是无法指出的，每一个根据总是还要有它的根据。在近代，有许多人对此加以夸大；这是一个反对理智、反对所谓理性推论的很正确的比方。人们有前提；从根据进行推论应当是一种认识的力量，——然而人们却有着无根据的东西或前提。

丙、“关系的比方（各个规定的相对性）已经见于上面：我们所断言的东西，看起来一方面表现在对作判断的主体的关系中，一方面表现在对别的东西的关系中，并不是独立的、本来的。”

丁、“假设的比方。当独断论者们发现自己要追溯到无穷时，他们就提出一个东西作为原则，这个原则他们不加证明，是要简单地、无证明地”(直接地)“予以承认的，——就是一个公理。”独断论者有权利假定一个公理为不加证明的东西，怀疑论者也有同样的权利，或者——如果愿意这样说的话——也有同样的不正当的权利把反面假定为不加证明的东西，这两个假定都同样有效。因此
570 一切定义都是假设。斯宾诺莎作了这样的假设：假定了无限、实体、属性；然后前后一贯地推出其余的东西。今天人们则提出种种肯定，谈论意识的事实。

戊、是“相互性的比方，即 Diallelus 或循环论证。所讲到的东西以某物为根据，但是此物本身又要以另一物为根据；这样就需要那应当以此物自身为根据的东西，——每一个都以对方为根据”。若要在证明时不陷于无限而又不假定任何东西，根据本身就要以拿它作为根据的东西作为根据。人们说：现象的根据是什么呢？——是力量。可是力量本身却只是从现象的各个环节中引申出来的。

怀疑论一般说来并不是一种反对由根据而来的事物的推理，这些根据是会出现的，智慧会在特殊的对象上把它们揭露出来；怀疑论乃是一些比方，乃是对于各种范畴的意识，——高级的意识。全部形而上学——理智的形而上学——的缺点是：(1)一方面证明陷于无限；(2)另一方面假定直接的认识。

“怀疑派的全部考察(σκέψις)或‘研求’——ζήτησις，因为他们

也自称 ζητητικοί（研究派）①——“都归结到这五个一般的比方上”，这一点塞克斯都②指出如下：

（1）“我们面前的对象，或者是被感觉到的东西”（伊壁鸠鲁），“或者是被思维的东西”（斯多葛派）。“由于对象也可以用不同的方式加以规定，所以对于对象就不断地发生**意见的差异**”，尤其是 571
哲学意见的差异。（这就是第一个**比方**。）“因为有些人认为感觉到的东西是真的，也有些人认为只有思维到的东西才是真的”（标准）；“又有些人则认为有些感觉到的东西和有些思维到的东西是真的。”所以这是一个矛盾。这也是近代为人喜爱的比方，即借口各种哲学的差异性而不承认哲学中的任何东西；人们指出，另一些哲学所主张的正好相反。我们是不能得到真理的；因为人们对真理的想法太不一致了。塞克斯都进一步说，“究竟是否应当使这个矛盾统一起来呢？如果不应当，我们就应该保留判断，不加同意。可是如果这矛盾应当解决，那么问题就是：应该用什么办法来予以解决？”标准、尺度、自在者应当包含在什么东西里面？“感觉到的东西究竟应当由感觉到的东西来判断，还是由思维到的东西来判断？”

（2）每一个方面都各自进展到**无限**；——这是一个描述，应当单独加以证明。“如果感觉到的东西应当由感觉到的东西来判断，那就要承认（因为所说的正是感觉到的东西），这个感觉到的东西

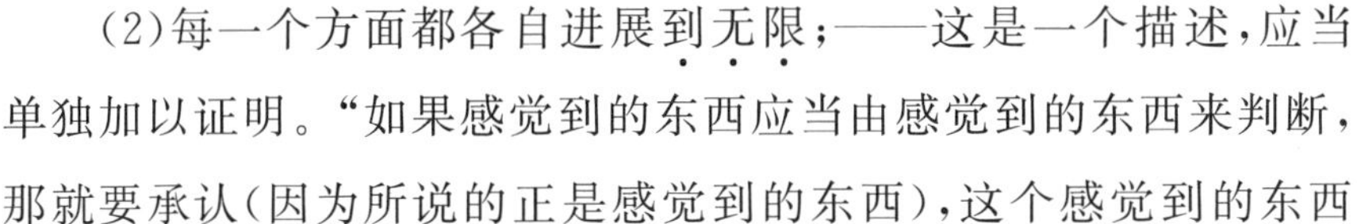

① 塞克斯都·恩披里可：“皮罗学说要旨”，第一卷，第三章，第七节；“第欧根尼·拉尔修”，第九卷，第六九—七〇节。

② 同上，第一五章，第一六九——七七节。

需要另一个感觉到的东西作为根据”;因为要对这一点信服,并不是没有矛盾的。“既然作为根据的东西又是一个感觉到的东西,那么它就需要有拿来作为根据的东西,它也同样需要有根据;这样,就进于无限了”(第二个比方)。如果拿思维到的东西作为标准,情形也是一样。“如果拿思维到的东西作为感觉到的东西的判断者”,或者把自在的存在放在思维到的东西里,“那么,这个思维到的东西也同样需要有另一个东西作为根据,因为它本身并不是一个为大家一致同意的东西。”所以思维到的东西也同样必须有所根
572 据。“可是作为根据的同样是思维到的东西,也是又需要有根据的;这样就也同样陷于无限”,这是按照第二个比方。——事实上,一个被称为命题的东西,——哲学就是被了解为具有一个最高的命题,具有一个简单地表达出来的真理、自在者:绝对就是这个,——是绝对需要凭借的(命题是直接的),也就是说,需要有一个根据。因为命题是一个确定的东西,它有另一个东西与它对立,——自在者或者是存在,或者是思维。但是作为它的根据的另一个命题又具有同样的性质。作为命题,它是两个环节的结合,而这两个环节是相异的;这两个不同的东西的结合必须有一个凭借。——这里就是因果关系。我们从结果上溯到原因,可是原因也并不是最初的东西,本身乃是一个结果;这样也就同样陷于无限了。但是如果陷入了无限的进程,也就得不到任何根据了,因为拿来当作原因的,本身只是结果。这样就只有一直下去,处在永无止境的状况中,而陷于无限,也就是说,得不到任何原因、任何根据。有一种错误的意见,把这一进程看成好像是一个真正的范畴似的;在康德和费希特那里,也有这种错误的意见;然而却并没有真正最

后的东西，并没有自身同一的东西、最初的东西。理智把无限的推进说成某种了不起的东西，可是，理智说到一个原因，而又表明这只是一个结果，这却是矛盾的。这样只有陷于矛盾，不断地重复同样的东西，而不能解决问题，得到真正的在先者；因此把无限推进看成真实的东西，乃是一个错误的意见。

(3)通过对立截断陷于无限的寻找根据的进程。可是更进一步，这种无限的进程(亦即得不到任何根据)应当是不够的，这一点 573
怀疑派也见到了，——这种无限进程应当予以截断，所以便出现了下列的事情："在思想中去找存在或感觉到的东西的根据"，——对思想与感觉的对立作如此了解，以致反过来"为了给思想找根据，就必须把感性事物或感觉到的东西拿出来"；为了给思想找根据(如果不愿意进到无限的话)，余下来的就只有感性事物，没有别的东西。这样就每一个都有了根据，就不会进到无限了；作为根据的也就是以之为根据的东西，只是从一个到另一个。所以自在者乃是一面。"所以这就落入**相互性**的**比方**了。"可是这样也同样没有建立根据；每一个都是凭借另一个，——没有一个是真正自在自为的，——只有**对于**另外的东西的自在者。这样，自在者就被扬弃了。

(4)"可是如果通过一个不加证明的公理"，把它当作一个自在的、"最初的东西，当作绝对的根据，从而避免了陷于无限，那么，这个论证就落入**假设**的比方，——落入**第四个比方**了"，这是上面已经提到过的。"如果可以承认这一个，那么就同样可以承认相反的那一个。"——这样，绝对的主张、绝对者就是我了，——这是唯心论；相反地，也正好有同样的权利主张绝对者是存在。前者在直接

确认其自身时说,我对于我是绝对的;后者在确认其自身时也同样说,事物存在对于我是绝对确切的。唯心论并没有证明前者,扬弃后者,而是站在前者一边,从它的原则出发作出主张;然而一切都归结到:因为我是绝对的,**所以**非我不能是绝对的。反过来是:因
574 为事物是绝对的,所以我不是绝对的。——“如果可以直接假定某物为不加证明的东西,那么,假定另一个东西来证明此物,就是不合理的,因为这是为此物而假定的;我们只要认定所提到的东西为自在的东西就是了。可是这样做不合理,不这样做也不合理。”人们在有限科学中也是这样办的。如果有权利像独断派那样假定某个东西,别人就也同样有权利假定某个东西。这样就出现了近代的主体的直接启示。每一个人所做的事,无非是肯定在自己意识中发现上帝存在;而每一个人也有权利说,在自己的意识中发现上帝不存在。在近代,人们以这种直接认识并没有走到古人那么远,——可以说并未超过古人。

(5)“**此外**一切感觉到的东西更与另外的东西发生一种**关系**,与感觉者发生关系”;它的概念正是对另一个东西存在。“思维到的东西也是一样;思维到的东西乃是思维的普遍对象,它也具有对另一个东西存在这一形式。”

总括起来说,确定的东西,不管它是存在的东西还是思维到的东西,(1)本质上乃是作为确定的东西,作为另一个东西的否定方面,也就是说,它是关系到另一个东西,对另一个东西存在,——**关系**;在这里面,真正说来已经穷尽了一切。(2)这种对另一个东西的关系,如果被认作确定物的普遍性,那么另一个东西就是此物的根据;可是这个根据与以之为根据的东西相对立,——它本身乃是

一个确定物，首先在以之为根据的东西（存在物）中具有它的实在
性，与普遍者相对立。而这个普遍者又被看成一个一般的普遍者，
也是有条件的，也和前面的一样，——陷于无限。（3）一物作为确
定的东西，有另外的东西对它存在，则它在这另外的东西中具有其
实在性；如在意识中便有另外的东西对它存在。要一物存在，就必 575
须有这另外的东西存在，——这个对象是对他物存在的；二者互为
条件，互为凭借，但是没有一个是自在的。这个根据在存在物中有
其实在性，这个存在物又在普遍者中有其实在性，——相互性；这
乃是自身对立，互为根据。（4）凡是自在的东西，便不是以另一物
为凭借的东西，它是直接的东西，它存在，是因为它存在，——因此
它便是一个被预先假定了的东西。它是这样一种根据，可以从其
中产生出别的东西来；人们每每存着一种虚妄的观念，以为认识好
像具有这样一种性质，因而从一个原则中可以派生出其他的一切。
可是，这个原则、最初的东西，作为原则来看，本身乃是一个确定的
东西；派生出来的东西是与它不同的另一个东西，是与它对立的。
人们以为，因为原则是普遍的，所以无所不包。诚然。然而原则是
普遍的这一点，同时却正是它的规定性；而这个派生的、特殊的东
西却又是一个异于它的另一规定性。（5）如果把这个确定的东西
拿来作如此假定，那么就也可以把别的确定的东西拿来作如此
假定。

这些怀疑派的比方所指斥的，事实上就是一种独断论哲学（独断论从本性上说是必须辗转于这一切形式之中的），但不是就独断论哲学具有一种积极内容而言，而是就其断言某种确定物为绝对而言。独断论哲学的概念，在怀疑论者一般是指断言某物，将某物

认定为自在者;——与唯心论相反,独断论哲学是断言一种存在为绝对。可是有一种误解或形式的了解,以为反过来一种哲学只要不是怀疑论,就是独断论。照怀疑派所说的,断言某物的独断论事实上只是这样一种学说,它把一个确定物,例如我或存在,思想或
576 感性事物,断言为真实的东西。然而哲学、思辨哲学虽然有所断言,却并不像那样断言一个确定物,也不以一个命题的形式来说出它的真理,它并没有原则;换句话说,因为原则也可以得到一个命题的形式,所以属于命题本身的东西对于理念并不重要,内容的性质就在于扬弃这个存在,这个直接物本身(在学园派就是这样的)。独断论与唯心论是对立的,所以必须清除这许多误用、误解和空谈。批判论一般地不知道什么自在的、绝对的东西,认为一切对自在的存在本身的知识都是独断论,因为它是最厉害的独断论,因为它坚持自我、自我意识的统一与存在相反,乃是自在自为的,并且产生出自在物来,认为自我意识与存在二者是不能结合起来的。唯心论也认为这种学说是独断论,例如在柏拉图和斯宾诺莎那里,便是把自我意识和存在的统一说成绝对,而不把与存在对立的自我意识说成绝对。

怀疑派的比方反对这一切独断论哲学、这种批判论和唯心论,具有否定的力量,指出它们断言为自在的东西都不是自在的。因为这种自在的东西是确定的东西,抵抗不了否定性,抵抗不了对它的扬弃。怀疑论对否定方面有了这种意识,如此确定地想到了否定的形式,是值得尊敬的。怀疑派的举动,并不是像人们所说的那样,使人提出一种异议,指出把事物想成别样的可能性,作出随便反对这种断言的认识的任何一种攻击。这并不是经验的做法,而

是包含着科学的规定。这些比方归结到概念，归结到规定性的本
质，并且详尽无遗地反对确定的东西。怀疑论者要想在这些环节 577
中维护他个人的想象中的伟大。这些比方证明了怀疑派在论证进
展中的高级意识的出现，——这是一种高于通常逻辑、高于斯多葛
派的逻辑和伊壁鸠鲁的准则的意识。这些比方乃是理智所陷入的
必然对立。在这些比方中囊括了一切理智形而上学的缺陷。无穷
推进和假设（直接的认识）在现在还是屡见不鲜地被人提出的。这
些比方指斥独断论的哲学，这种哲学的方式就是在一个确定的命
题中提出一个原则作为规定性。这样的原则始终是有条件的，因
此便具有毁灭其自身的辩证法于自身之中。这些比方乃是反对理
智哲学的强有力的武器。怀疑论者用他们这些比方一方面反对通
常意识，一方面以伟大的智慧反对哲学反思的原则。

这就是怀疑论的一般，就是怀疑派的意识；他们的做法具有极
大的重要性，即指出一切被直接接受的东西中并无固定的东西，并
无自在自为的东西。怀疑派拿出各种个别科学的一切特殊规定，
指出它们都不是固定的东西。这种办法**应用于不同**科学的详细情
况，我们在这里不讲。怀疑派对此表现出一种具有极高修养的辩
证意识。这些否定的规定或对立的规定，我们如果要在各种具体
材料、各种思想去认识它们，就需要有一种明晰的抽象力量从这种
确定的东西里面找出它的规定性来。在这种怀疑派的教养中有两
个形式的环节。(1)乃是意识由自身向后退的力量[按即自己反
省]，把存在的全体以及自身都包括进去，——意识的做法就是把 578
自身当作对象。(2)我们说一个命题，是专注于命题的内容，这个
内容是在我们的意识中以任何一种方式思想到的。由此，无教养

的意识便养成习惯,不去认识存在于内容以外的东西,——包含着内容的形式。例如,一般在判断“这个东西是一个”时,注意的只是“一”和“东西”,而不注意在这里一件事物、确定的事物是关联到“一”上面。但是这个关联乃是本质的东西,乃是确定的事物的形式;通过它,这所房屋,这个个别的东西,才与异于它的共相结合在一起。这个逻辑范畴,亦即那个本质的东西,就是怀疑论带进意识的东西,它就是依附在这上面:假定的东西,例如数、一等等算术的基础。它并不辩驳事物是这样或不是这样,而是掌握所说出的东西的本质,抓住所断言的东西的整个原则;——并不提出事物是这样或不是这样,而提出事物本身是不是某物。例如说到神是否具有某种性质时[①],他们便抓住最内在的东西,攻击这个表象的东西、这个作为根据的东西,而问:它是否有实在性?说到认识时,——我们只是不认识物自身,我是绝对的确实,是绝对真理,——则问:这个认识是否某物?——这样便深入到了本质。

塞克斯都花了许多抽象力量具体地抨击各种个别科学。例如他就使几何学的各个规定对立起来,并且不是外在的对立,而是内
579 在的对立。在数学方面,塞克斯都所攻击的,是人们说有点、空间、线、面、一等等。他抨击各种科学的一切规定,在这些规定中揭示出它们自身的对方来。例如点和空间我们便是朴素地认定的。点是一个空间,而且是空间中的一个单纯物,它并没有度量;如果点没有度量,那它就不在空间之内。就一具有空间性而言,我们称它

---

① 塞克斯都·恩披里可:“皮罗学说要旨”,第三卷,第三章,第四节:“所以当我们不知道神的实质时,我们也就不能知道神的性质。”因此在前几卷里(第二卷,第四章以次)ἀλήθεια(真理)、ἀλήθεια 的标准是为理智而定的。

为一个点；可是如果这是有意义的话，一便应当是有空间性的，并且作为一个空间性的东西而具有度量，——可是这样它就不再是点了。点是空间的否定，就其为空间的极限而言，它是接触到空间；这个否定对空间也分有一份，本身是空间性的，——所以是一个本身虚无的东西，但是因此也是一个本身辩证的东西。

怀疑论也曾研讨过真正思辨的理念，并且指出了理念的重要性；指出有限事物中的矛盾，乃是思辨哲学方法的一个重要之点。怀疑论确是以这种方式发现它的反对有限事物的办法的。但是它的消极辩证法的这些环节反对真正独断论的理智意识是很有力的，**反对思辨的东西则很无力**。因为说到思辨理念本身，却并不是一个确定的事物，并没有命题中存在的那种片面性，并不是有限的；它本身具有绝对的否定方面，本身之中具有对立：它本身是圆的，包含着确定的事物和它的对立物在自身之内，自身中包含着这种同一性。就这个理念从外面看又是一个确定事物而言，它是暴露在否定的威力面前的；但是它的本性和实在性正在于立即推动自身，使它作为确定事物又与对立的确定事物统一，组成全体，这个全体的出发点与终止点又合而为一。这一点怀疑论无须再做 580
了。在思辨的东西中本身已经包含了对方。这种同一是异于理智的同一的。对象本身是具体的，是自身对立的。但是这个对立本身的消解也是同样出现的。所以思辨的东西不能表达为命题。

对于真正思辨的东西，怀疑论也敢于冒犯；但是作为理念的思辨它却不能加害，对真正的无限者它是没有资格攻击的；因为他所能做的，只不过是在思辨的东西本身上面添加点东西。理性知道并且促使怀疑论所要做的事反对确定的事物。这些比方有力量指

出确定的存在或思想是一个有限的东西,因而并不是自在自为的、真实的东西,——但是反对思辨的理念却没有效果,因为思辨理念具有辩证性以及有限事物的扬弃于自身之内。怀疑论在这里是一般地反对理性的东西,它把理性的东西当成一个确定的东西,总是把一个思想范畴或关系概念、一个有限的规定首先带进理性的东西里去,站在有限规定上面来反对理性的东西,可是有限规定却并不在无限者之中,——也就是说,怀疑论是误解理性的东西而加以这样的驳斥。换句话说,怀疑论是为了挑理性的东西的刺,就先给它撒上一把刺。在这一点上,近代的怀疑论特别值得注意,在理解的粗率和凭空捏造这一点上,古代的怀疑论还比不上近代的怀疑论。因此思辨的东西现在也被改成了粗糙的东西。人们可以不改字句,可是实质是改变了,因为人们把思辨的东西说成等于确定的东西。

显得最天真不过的是去寻找思辨哲学的原则是什么;好像这
581 样就说出思辨哲学的本质来了,对于思辨哲学便不会有所捏造、有所增添、有所改变了。(非思辨的科学的观念是:原则或者是不加证明的假设,或者需要加以证明,所以证明包含着根据。)证明为这个假设所需要;但是证明本身已经假定了别的东西,假定了证明的逻辑规则。但是这些逻辑规则本身乃是这样一些命题,这些命题又必须加以证明;这样就陷于无限了,——换句话说,陷于一个可以有另一命题与之对立的绝对假定。然而依下面这个方式,这些形式正是在这一点上不属于思辨的东西:这里有命题,并且有与命题分开的证明;——可是证明却仍然算是命题。概念就是这个自身运动,而不是像在一个命题中那样的要求静止;也不是像证明那样带来另一个根据，另一个中介的概念，另一个运动，而是自身具有运动的。

（这种怀疑论是属于哲学和世界的衰落时期的。塞克斯都①分别了三种哲学。对于柏拉图，他不知道如何着手。）

例如塞克斯都·恩披里可②就也达到了对于心智的思辨理念，即心智作为思维的自我思维认识其自身：思维是思维的思维，绝对的思维，"或者理性理解自身"，在自身中有自由。这是我们在亚里士多德那里见到过的。为了驳斥这些理念，塞克斯都·恩披里可是以下列方式论证的："进行理解的理性或者是全体，或者只 582
是一个部分。"（这种关系我们在这里不讲。属于思辨认识的是：除了"非此即彼"以外，还有"亦此亦彼"和"非此非彼"。）"如果作为理解者的理性是全体"（整个理性），"那么就没有任何东西留下来给被理解者"、对象、内容了。"可是如果"主观的"进行理解的理性只是一个部分，这个部分"并不理解另一个部分（这样，别的东西便不被理解了），而是"理解自己，那么这个作为理解者的部分就又是全体（作为从另一方面了解的全体），——于是同样的论证又来了："没有什么东西留下来给被理解者"，等等。"或者是，如果理解者是一个部分，因而被理解者是另一个部分；那么，理解者便不理解

① 塞克斯都·恩披里可："皮罗学说要旨"，第一卷，第一章，第一—四节：任何一种研讨所产生的自然结果都是：研求者或者发现了研究的对象，或者否定研究对象可以发现，承认研究对象无法得知，或者继续研究下去。——相信自己发现了研究对象的那些人（第一种人）是独断论者，特别得到这个称号的是亚里士多德、伊壁鸠鲁、斯多葛派和某些别的人；克雷多马科、卡尔内亚德等学园派则认为研究对象无法得知；怀疑派则继续研求。……主要的哲学类型有三种。

② "反数学家"，第七卷，第三一〇—三一二节。

自己了,”思维便不思维自己,而思维另一部分了;这两部分是彼此不同的。——可是很明显,(1)在这个论证里表现的,无非是怀疑论在这里首先把全体与部分的关系(非常肤浅的范畴)按照通常的理智规定放进了思维的自身思维这个关系,这种全体与部分的关系是不存在于理念中的,虽然即使在有限事物中也是全体由一切部分构成,一切部分构成全体,因而全体与部分同一。但是理性对其自身的关系却不是全体与部分;这种关系是太低级了,完全不适合于把它带进思辨的理念。然后是(2)它把这种感觉中的关系直接当成了真实的东西,就像在通常的虚幻观念中一样(反思也在这一种关系中而无害于这种关系)说:一个全体;于是在它以外便没
583 有任何东西剩下来。可是全体正是自己和自己对立的:作为全体,也就是部分,作为部分,也就是全体;部分合成全体。理性的自我理解,正如全体及其一切部分,——如果是从它的正确思辨意义了解的话。正如塞克斯都所说的:全体以外别无所有;——诚然:全体本身就是作为它的部分的繁多性。这假定了二者都是作为对方而坚持互相对立;在思辨的东西中二者是对方,但也同样不是对方,对方是观念性的。他们的这种论证的基础是:首先在理念中放进一个外来的规定,然后对它进行驳辩,然后加以污蔑。全体与部分的关系是不属于理念的;怀疑论是为了片面地使理念孤立而在理念中放进一个规定,却不把理念的规定的另一环节放进去。当人们说:“客观性与主观性是不同的,所从无法表达二者的统一时”,情形也是一样的。人们说是谨守着字句,可是规定得如此片面,——另一方面则是:这种差异性并不是有效的东西,应当予以扬弃。

关于怀疑论的科学本质,说这么多已经够了;我们到这里已经结束了希腊哲学的第二部分。舒尔茨对怀疑论的这种地位完全无知。舒尔茨把他的怀疑论与古代的怀疑分开。真正的分别在于舒尔茨除了(1)独断论和(2)怀疑论之外不知道第三种哲学。

这第二个时期中**自我意识的普遍立场**,亦即通过思维获得自我意识的自由,是这些哲学所共有的。我们现在在怀疑论中看到了理性所获得的成就:一切客观的东西,不论是属于存在的还是属 584
于共相的,都对自我意识消灭不见了。纯粹思维的自我意识的深渊吞噬了一切,把思维的基地完全扫干净了,——自我意识不仅理解到思维以及思维之外的一个充实的宇宙,而且积极地说,得到了一个结论:自我意识本身乃是本质。外在的客观性并不是作为客观的存在,也不是作为普遍的思想,而是作为**个别的**意识,而**个别的**意识便被认作**普遍的**。如果个别意识对于我们说是对象,则对象对于个别意识说就不是它的对象;反之,个别意识却因而获得了对象的形式。怀疑论不作结论,也不把它的否定表达成积极的东西。然而积极的东西不是别的,只不过是单纯的东西;如果说怀疑论进而取消一切普遍的东西,那么它的不动心的状况事实上本身就是这个普遍的、单纯的、自身同一的东西,——然而是一种普遍性或存在,是个别意识的普遍性。怀疑派的自我意识乃是这种分裂了的意识,这种意识一方面说就是运动、就是意识内容的混乱;正是在这种取消一切的运动中,意识对完全偶然地出现在它面前的东西,对向它呈现的东西,都一律漠然视之。至于法则,它并不把它当作真的;法则被看成一种完全属于经验的东西。从另一方面说,怀疑派的单纯思维乃是自身同一化的不动心;不过这种思维

的实在性是完全偶然的、混乱的，——它的自身统一是完全空洞的东西，实际上可以塞进各种内容——任便哪一种内容。这种思维事实上乃是完全扬弃自己的矛盾，——乃是单纯性和纯粹的混乱。

精神所达到的，是向自己的内心深入，是把自身理解为思维者、最后的东西，理解为无限者。这就是精神本身的无限性的意
585 识。这些怀疑派的哲学兴盛于罗马世界，在罗马，精神是从这个外在的、僵死的世界，从罗马原则的抽象(共和政体和帝王专制)逃回到自身，——从一个不能给它任何解脱的现实中逃回到心灵。这是**世界**本身的十足的**不幸**和分裂。精神只能在自身中找到安慰。精神自身的这种寂寞无聊同时也表现在哲学里面。思维是作为凝固的东西抽象地守着自身，对外界是被动的；但是它也在自身之内运动，注视着一切区别。快乐只是在内心中追求；这是一种有教养的思维的立场。个人只是照顾自身，在自身中寻求满足。世界的全部目的就在于此；善只是作为个人的事情在各种个别情况之下被提出来。在外在的现实界中没有找出理性的世界来。在罗马皇帝中间我们看到有一些著名的人物，尤其是斯多葛派，例如安托宁等人；但是他们把思维看作自己个人的满足，——他们并没有想到通过制度、法律、宪章而提供出现实界的合理性。

自我意识所达到的**次一个阶段**，就是自我意识对自己所变成的东西保持着一种意识，换句话说，就是把自己的本质当作对象。自我意识本身是单纯的本质；对于自我意识，除了作为自我意识的那种本质性以外，再没有别的本质性。在怀疑论中，这种本质性还不是自我意识的对象，自我意识的对象只是混乱。作为意识的东西，是对自我意识而存在；在这个对立中，对怀疑派的自我意识而

存在的，只是在消失中的内容，这个消失中的内容并没有在自我意识的单纯不变中加以掌握。但是意识的真理却在于意识整个沉没到自我意识中，在于自我意识自身转化为对象，因此本质虽然具有 586
一种存在的共相的形式或思维中的共相的形式，但是在这种看法里面，对于意识说，它的自我意识本质上并不是一个外来的东西，像在怀疑论中那样。同时(1)自我意识并不是直接地仅只存在的单纯的东西，并不是完全另外的东西，就像人们说灵魂是单纯的那样，我们以为灵魂是存在的、直接的单纯的东西；可是灵魂却是单纯的否定的东西，它由运动、由对方折回到自身，——它乃是共相。(2)“我保持在我自身内”这种威力，以及这个共相，本身也同样具有存在的意义，具有客观的本质，——一种自身不变性，并不是消失的，像在怀疑论者那里那样；相反地，理性知道只有在共相中获得自己，发现自己。精神保持在自身内，这是一种内在性，这种内在性在本身内部建立了一个理想世界，奠定了**心智世界**的基础和基地，一个天国，——从这里下降到现实界，与现实取得统一；这就是**亚历山大里亚派哲学**的立场。

*　　　*　　　*

第 三 篇

XV 3 第三期：新柏拉图学派

怀疑论是各种确定原则的取消。在斯多葛派和伊壁鸠鲁派那里，我们看到，确定的原则是在它们的普遍性中被理解的；唯一的对立是一切对立的来源、根源。怀疑论是这些被提高为绝对的对立的取消；所以它是统一，在这个统一中，对立都是作为观念性的规定。现在，理念应当作为本身具体的东西进入意识了。

现在，这个第三者，作为第三者，乃是全部过去的东西的结果。这个第三者是具体的东西，从这个第三者起，开始了一个完全不同的时代。一个完全不同的基地出现了：摒弃标准，摒弃主观认识，一般地摒弃有限的原则；因为标准的兴趣是在有限的原则上面。这个第三者，是与基督教、与世界上所发生的这个革命有密切联系的哲学形式。我们所达到的最后阶段，是自我意识回到自身，是这种没有客观性的无限主观性，是怀疑论这种纯粹否定的态度，否定一切外界的存在、知识，否定一切确定的、有效的、固定的、真实的东西。这种回到主观意识，是一种满足于自身，然而是一种通过放
4 弃一切确定的东西、通过逃进纯粹无限的抽象本身而得到的满足。这种放弃一切客观事物，乃是最后的立场；这是绝对缺乏一切内容，完全抽空一切内容，内容应当是一种固定的、真实的东西。现在搞清楚了，斯多葛派和伊壁鸠鲁派的系统有着同样的结果和目

标;但是在怀疑论里完成了这种对一切确定事物的摒弃,因而建立了返回内心和内在化的过程。

哲学达到了这样一个立场,即自我意识在自己的思维中意识到自己是绝对;但是哲学后来又否定了自我意识的主观的、有限的地位,否定了它与一个(无意义的)外部对象的分别,在自身中理解区别,把真理化为一个可知的世界。这样得来的意识,亦即表现在世界精神中的意识,现在构成了哲学的对象。这主要是由于运用和根据柏拉图以及亚里士多德和毕泰戈拉的概念和说法。

来到人间的这个理念,一下就改变了世界的整个面貌,摧毁了过去的一切,给世界造成了一个新生。这个理念就是:绝对的本质对于自我意识并不是生疏的东西,一件东西里面如果没有直接的自我意识,它对于自我意识就不是本质,——我们把这个原则看成世界精神的普遍原则,看成全人类的普遍的信仰和认识。这种认识的诸多形态和形式,并不属于哲学史的范围,而是属于意识和文化的历史的范围。这个原则乃是法律的一般原则:个别的人是由于他的存在而成为大家所承认的实体,成为自在自为的普遍的。

至于外在的、政治上的事物,那是罗马世界里的哲学形式。罗马世界的特点是抽象的普遍性,这种普遍性作为权力,就是那种冷 5
冰冰的统治,在这种统治之下,一切特殊的个性,一切个别的民族精神都消灭了,所有的美都摧毁了。我们看到毫无生气;罗马文化本身就是毫无生气的,一点也没有意识到生动活泼的内在性。诗的艺术不是固有的,——是借来的;哲学也是这样。哲学是理智的哲学,西塞罗的哲学就是如此;他和少数的哲学家一样,对本国的状况的本性是完全莫名其妙。罗马的权力是地道的怀疑论。世界

在存在方面分为两个方面，一方面是原子，是私人，另一方面是把它们束在一起的外在纽带；这个仅仅是外在的纽带就是权威，就是暴力，并且寄托在一个人的专制上，寄托在皇帝身上。这是完全专制的时代，人民生活、一切外在生活衰退的时代；这是回到私人生活、私人目的、私人利益里去。所以这是建立私人权利、建立个人所有权的时代。抽象普遍性的这种与原子论的个体化直接结合的特点，我们看见也在思维的领域里完成了；两者是完完全全互相适应的。

就是从这里起，精神向前进了一步，在自己身上造成了一种破
裂，又摆脱了它的主观性而进到客观的东西，但是同时也进到一种
理智的客观性，进到一种存在于精神和真理里面的客观性，这种客
观性不在个别对象的外在形式中，不在义务和个别道德的形式中，
而是绝对的客观性，这种客观性据说是从精神和真正的真理里面
生出来的。换句话说，一方面，这是回到上帝；另一方面，这是上帝
6 对于人的关系、显现和显示，上帝是自在自为地存在于他的真理之
中，他是为精神而存在。客观的东西、精神的恢复，仅仅对自己作
主观理解的思维的客观性的客观化，乃是一个转变。

在罗马世界里，变得愈来愈迫切需要从恶劣的现实回到精神，在精神里寻找现实中不再存在的东西。在希腊世界里，特别是那种精神活力的愉快已经消失了，对于这种破裂的痛苦已经产生了，回到了自身。所以，这几派哲学不但是理性发展的环节，而且是整个人类发展的环节；它们是世界的整个状况通过思维而表达的形式。无神的、不义的、不道德的世界逼迫精神回到自身。各种神秘教派都传入了罗马；但是精神的真正解放表现在基督教里面；在基督教里,精神回到了自身,回到了自己的本质。

但是在另外一些形式中,这里又部分地出现了对于自然的轻视,认为自然不再是自为的,它的力量是为人服务的,人可以像一个巫师一样,使自然服从自己,为自己的愿望服务。(以前神谶是凭借树木和禽兽发出的,那时候,认识永恒事物的神圣认识与对于偶然事物的认识是没有分开的)到这时是信仰奇迹的时代,不是上帝行奇迹,而是蔑视自然的人在自然中造出一种与自然冲突的东西。不相信当前的自然,也就不相信过去的事(历史),不相信过去的事是发生过的。罗马人、希腊人、印度人的全部历史,他们的神话和实际的历史,甚至于个别的语词和字母,都包含着另外一种意义;它们是一种内部破碎的东西,它们有一种内在的意义,这就是 7
它们的本质,它们有一个空洞的字母,这就是它们的实际。处在实际中间的人们在这里完全忘记了看和听,总之忘记了对于当前的现实的感觉。感性的真理对于他们已经不再有意义,他们不断地向一个人说谎;因为他们无力理解一件实在的东西,因为对于他们的精神说来,一切意义都已失去。另外一些人则放弃世界,因为他们再不能在世界中发现任何东西,而只是在自身中发现实在的东西。既然所有的神灵都聚集在一座万神庙里,所有的宗教也就汇合成为一个宗教,所有的表象方式也就凝聚成为一种表象方式。这种表象方式就是:自我意识——一个实际的人——是绝对的本质。什么是绝对的本质,人现在已经得到了启发:这就是一个人,却不是一般的人或自我意识。

因此,这个原则的唯一的形式,就是自我意识自身的无限性。这就是一般的精神的形式。精神只有作为自己决定自己的思维,

才有意义。这就是思维的纯粹同一性,思维认识自己,与自己相区别,并且根据这种区别的方面决定自己,但是在这种区别中仍然保持着一望而知的统一性。这就是具体。现在已经在自我意识的方式下认识了绝对,因此已经在各种方式下发展了各种规定,这是一种实际的自我意识。这不属于这里讨论的范围。这是宗教的范围,宗教是在这一个人身上认识神圣的东西。

这就是说:自我意识是绝对本质,或者绝对本质是自我意识,这种认识,现在就是世界精神。世界精神是这种认识,但是并不认识这种认识;它只是直观这种认识,换句话说,它只是直接地认识这种认识,而不是在思想中认识这种认识。它直接认识这种认识,也就是说,这个本质对于它来说是完全绝对的自我意识,不过就直
8 接的存在说,却是一个个别的人。这个生活在一定时间和一定地点的个别的人,对于世界精神来说,就是这个绝对精神,但却不是自我意识的概念;换句话说,自我意识还没有被认识。绝对本质是作为被思维到的直接性,作为思想的直接性,直接地存在于自我意识之中,或者是作为内心的直观,——这一种直观,就像我们在心中见到图像时那样。

另外一种形式是以抽象的方式、在思想中把握具体的东西。因为思想是抽象的,对于它说来,还缺乏那种属于具体事物的自我观点。精神既然在各方面都是完备的,就应当也有自然的方面;在这种形式的哲学里,还缺乏这个方面。自然的方面,乃是精神在它的自我意识中所作出的一个进步;这个进步是并不仅仅局限于哲学发展的范围内的。它也是世界史在神秘中、在内心中的变迁;在哲学中,也同样地必然有这种进步随之而来。

这个自然的方面，正如绝对本质在思维中、在概念中被宣布为精神那样，却也部分地在自我意识中作为绝对本质直接存在着，于是进入了哲学。但是，那种把本质看成精神的认识，就其没有被认识、没有被理解而言，真正说来，并不属于哲学，而是属于宗教，因为它在宗教里是直接直观到的。在基督教里面，绝对本质就是像这样被表象的，但是却没有被理解；实际上，哲学所做的事情不是别的，就是理解基督教的这个理念。

绝对精神是这样的东西：它是永恒的自身同一的实体，它化为另外一个东西，并且把这东西看成它自己：不变的东西之所以是不变的东西，就在于它经常从它自己的另外的存在回到它自身；——这就是意识的一种怀疑论的运动，不过意思是这样的：在消逝中的 9
客观因素同时也是不变的，或者说在它的不变中具有自我意识的意义。在基督教里面，对这个精神实体首先是这样表象的：永恒的实体化为另外一个东西，创造出世界；世界被看成纯粹是一个另外的东西。然后再加上这个环节：这个另外的东西本身并不是永恒实体的一个另外的东西，而是永恒实体显现在自己身上。第三步就是另外的东西与永恒实体的同一，就是精神，就是另外的东西返回到原来的东西，而且这个另外的东西并不是永恒实体显现时的那个意义之下的，而是作为共相的另外的东西。世界在这个显现出来的绝对本质上认识它自身；于是它回到了本质，精神乃是普遍的精神。

这个精神的理念，我们已经说过，对于基督徒首先显现在上帝这个单纯的表象形式之中；而这个上帝也是犹太人的简单的实体，他在自我意识以外（他思维，但是并不是思维），在现实的彼岸，是

感觉直观到的世界的另外的存在，是世界与本质的统一的环节。与此相对立的，也同样有一个个别的人和精神，以及这种统一的普遍性，从一方面说，这是作为一个信仰团体，只是在表象中把握这个统一，但是却在对未来的希望中把握这种统一的现实性、实在性。

纯粹思想中的理念认为，上帝并不做这种事情，并不是一个人，上帝是这样一种运动，它使这一切并不作为上帝的一个决心和决定而出现，好像上帝想到就做似的，这种运动是作为上帝的本质，是作为上帝本身的永恒的必然性，也就是说，这是上帝的必然因素，它并不落入事件的条件中，并不外在地做这种事情，而是这
10 个显现其自身的环节，——我们发现在犹太哲学家或某一些柏拉图派的犹太人中间，就是这样讲的。

观念产生的地方，是东方和西方搏斗的地方。思想就是东方的自由的普遍性加上欧洲的确定性。在斯多葛派那里也有思维的普遍性；但是它与感觉、与外在的有限存在相对立。东方的普遍性则是完全自由的；西方的思维是被当作特殊的东西的普遍性原则。这两个原则交叉的地方，就是产生这种观点的地方。特别在亚历山大里亚，酿成了这种形态的哲学，但是同时也要回顾一下早一个时期的东西。在毕泰戈拉派哲学里，我们已经看见过区别，看见过三元。在柏拉图那里，我们看到了精神的单纯的理念：单纯的不可分的实体，“一”的本性；可分的实体，另外的存在；以及由两者混合起来的第三者，返回到统一。这就是具体的东西，但是只不过在简单的状态中，不是在概括的方式下，亦即另外的存在一般就是自然和意识的全部实在性，并且所返回的统一本身就是自我意识，——

不仅是一个思想，而且是活生生的上帝。在亚里士多德那里，作为自己思维自己的思维的 ἐνέργεια，是具体的东西。这种具体的东西的思想的发展，是紧接着早一个时期的思想发展的，在那时的思想里，已经潜伏了今天成为主要思想的东西的看不见的萌芽。这种哲学称为新毕泰戈拉派哲学或**新柏拉图派**哲学，但是我们也可以称它为新亚里士多德派哲学；他们也和研究柏拉图一样研究亚里士多德，并且作出很高的评价。

在斯多葛派那里，我们特别看到了自我意识的这种返回自身，精神通过思维，并且通过思维的纯粹性而成为自由的、独立的、无所依赖的。同时我们也在那里看到一种客观性：在斯多葛派那里，11
λόγος、νοῦς 是贯穿整个世界的东西，是整个世界的基础、实质；我们也在早一个时期的哲学中看见，νοῦς 是世界的本质。——但是这种观点与现在的观点之间的分别，应当予以仔细把握。我们在亚里士多德那里看见，他掌握了、理解了有生命的事物和精神性事物的整个系列，并且承认概念是这些事物的真理。在斯多葛派那里，这种统一、这种系统已经向最确定的东西推进，而亚里士多德则是比较追随个别的东西。在斯多葛主义中，思想的这种统一性主要成了基础。我们必须抓住这个基础，亦即逻各斯，他曾经为自己下定义，认为它只是实体；也就是说，斯多葛派的 νοῦς、λόγος 表现了一种泛神论。但是必须把这种泛神论与哲学、与思想、与精神的意识分开来。这是人们所想到的第二步，如果人们把共相规定为真理的话，以后就会把真理看成泛神论。这是精神上升的开始，一切都生活在世界上，这是一种生命和一个理念；但是这种实质的形式在斯多葛主义中已经有了这种统一性，亦即泛神论的形式。

如果自我意识离开它自己，离开它的有限性，离开它的自我思维，进到确定的东西，进到特殊事物、义务、关系，或者思维这种普遍实体、这个 νοῦς 的思想离开了这个普遍实体，进到了特殊的东西，进到天、星辰、人等等，那么，它就从普遍的东西直接下降到特殊的东西，或者直接下降到有限的东西了；因为这些东西都是有限的形象。但是，具体的东西却是共相，这种共相特殊化了，然而在这种
12 殊相中，在这种有限化的状态中，却仍然保持其无限。在泛神论中则相反，有一种有限化了，因而下降了的普遍基础、普遍实体。这是一种流溢的方式：普遍的东西由于特殊化了，上帝由于创造了世界，于是就通过特殊的东西而恶化了，给自己立下一重界限，有限化了；并且这种有限化是不返回到自身的。这种情形也出现在希腊人和罗马人的神话中；这是一个上帝，一个具体的上帝，而不是一个单纯的抽象物，——上帝的一种形象化。但是这种规定只是上帝的一种有限化，上帝只是向美的上帝、向艺术品前进；然而美本身仍然是有限的形象，它并没有被搞得与自由的理念相合。规定、特殊化、客观性的实在性，现在应当属于这样的一类，亦即适合于自在自为地存在的共相；这种适合并没有神的形态，也没有称为义务的形态，以及自然的形态。

因此现在需要的是：返回到自身的精神，认识客观化，回到它的对象，精神与它放弃了的世界取得和解，——它的对象就是与精神有别、然而与它相适合的世界。这种具体的立场既是世界的立场，也是哲学的立场，它变成了精神出现的立场；因为精神要站在这个立场上，就要不仅是纯粹的思维，而且是使自己对象化的思维，要保持自己于对象之中，与对象相适合。在较早的时期中，思

想的客观化只是一种进入规定性，进入有限性，而不是进入一个本身与自在自为的存在相适合的世界。这是一个普遍的立场，它从丧失世界中产生出一个世界，这个世界同时既有外在性，也保持其为内在世界，因而是一个调和的世界；因此这一个精神性的世界、 13
这个世界在这里开始了。

我们看到，在这个时期里，出现了柏拉图的哲学，但是被认为与亚里士多德的哲学是一回事。这种新毕泰戈拉派的——也是新柏拉图派或亚历山大里亚派的——哲学的基本观念是：自己思维自己的思维，以自己为对象的 νοῦς。因此首先是思维，其次思维有一个 νοητόν（所思）：第三这两者是同一的，思维在自己的对象把握了自己。一共有三个，一个和另一个以及两者的统一。这个具体的理念又出来了，在基督教的发展中，它是以三位一体为人所知，思维在基督教里也是兴起的；这个理念乃是自在自为的本质。

这个理念的发展，从柏拉图和亚里士多德开始，并不是直接进行的，而是绕过独断主义。在较早的思想家们那里，理念诚然是直接作为最高的东西出现，但是此外还出现了别的内容，出现了精神和自然的思想财富，并且也得到了这样的理解。但是，为了使理念表现为囊括一切、包容一切的真理，需要把这个有限的东西、把各种规定的进一步内容放在它的有限的方式下，放在一种普遍的对立中来理解。亚里士多德对自然界是这样理解的，在柏拉图那里，发展中、概念中的东西，是以一种松弛的杂乱的方式来表象的。这个内容首先应当以单纯的形式来加以概括，但是却以一种有限的形式概括了。这是独断主义的职能，独断主义后来被怀疑主义取消了。取消一切特殊的和有限的东西，乃是怀疑主义的本质，这

个,柏拉图和亚里士多德是没有提出来的,因此理念也没有被他们
14 看成包容一切的东西。现在对立是取消了,精神达到了它的否定性的静止状态。相反地,肯定性的东西却是精神本身的静止;精神现在正从各种特殊事物向这种自由前进。这就是认识到,精神通过取消一切有限性而取得调解以后,它本身是什么东西。精神本身的这种永恒的静止,现在构成了精神的对象;它认识到这一点,并且努力用思想来加以进一步确定和发展。这里面也包含着演进和自由发展的原则;精神以外的别的一切,都只是有限的、自己取消自己的东西。当精神向特殊事物前进时,这个特殊的东西是被规定为绝对包含在这种理想性之中,精神认识到这个东西是有条件的,并且也这样看待它。这就是怀疑主义哲学的积极性的结果。

很明显,在这个立场上,是会以完全不同的方式说话的。现在对象是上帝,是自在自为的精神,是绝对的纯粹精神自身,是精神的活动本身。但是上帝现在已经不再被认作抽象的东西,而是被认作本身具体的东西;而这个具体的东西正是精神。上帝本身是生动的、活动的,是这一个和另一个以及不同的规定的统一;因为抽象的东西只是简单的东西,生动的东西则在自身之内有区别,而又在自身中谐和一致。

此外,下列的几点特别要求精神加以注意:首先,是这个变成主观的意识把作为真理的绝对当作对象,把这个自在自为的东西放到自身以外;或者是它达到了对上帝的信仰(这个自在自为的、完全普遍的,同时又客观的东西,就是上帝),上帝现在显现了,表现为现象了,也就是说,他为意识而存在了。这样一来,就出现了
15 人与他的这个对象、与绝对真理的关系了。这个从现在起具有绝

对意义的新立场,并不是对于外在事物、义务、理念的关系;这些东西都是一种规定的东西、一种有限制的东西,并不是包罗万象的规定,像上面所说的那种东西那样。在这种关系里面,扬弃了主体的那种单纯的转向自身,也扬弃了哲人所说的这种话;两者都是根据其片面性而扬弃的。伊壁鸠鲁派、斯多葛派和怀疑派的目的,都是同样的自由、幸福、坚定不摇。这个目的,主体也是要达到的,不过要通过上帝,通过对自在自为的真理的注意,不是通过逃避客观的东西,而主要是通过转向客观的东西;因此主体获得自由、幸福,是通过客观的东西。这就是敬畏上帝的立场,就是人转向上帝的立场:所以人的目的只有通过这个转向才能达到,——只有在自由地、牢固地站在对面的对象上,主体才能获得自己的自由。

这里面还包含着一些对立,调解这些对立是很要紧的。如果采取了那种片面的立场,上帝就处在彼岸,人就自由地处在此岸,把自己与客观的东西对立起来理解成无限的;——人的这种自由,这种纯粹的内在性,本身是绝对的,不过只有形式的绝对性。人本身的自由,因为人被看成仅仅思维的自我意识,因而被说成是纯粹的对于自身的关系,以及对于绝对的这种关系,不过只是形式的,不是具体的。这种对立现在出来了,并且一定要求精神加以注意。由于人的意志被规定为消极地对待客观的东西,于是产生出坏事、 16
罪恶,与绝对肯定的东西对立。

其次的一个要紧的环节,是现在一般地必须拿来理解上帝的那个规定、那种形式。上帝现在主要地必须规定为自在自为的东西,不过要规定为具体的;这是属于精神的概念的东西。不可避免的,是要把上帝放在对于世界、对于人的关系中来思考,因为上帝是一个活生生的上帝；这种对于世界的关系，也是一种对另一个东西的关系，因此也被当作分别、规定。对世界的关系首先表现为对另外一个在上帝以外的东西的关系；但是因为这种关系是上帝的关系，是上帝的活动，所以在自身中具有关系，乃是上帝本身的一个环节。上帝与世界的联系，是上帝自身中的规定；也就是说，“一”的另外的存在，二元，否定性的东西，一般的规定，主要地是应该想成在上帝里面的环节，——换句话说，上帝是在自身中具体的，是在自身中显示的，因而在自身中树立各种不同的规定。就是在自身中的区别这一点上，自在自为的东西与人、与世间的东西联系起来。我们说，上帝创造了人，创造了世界；这是一种在自身中的规定，这个规定首先就是一种在自身中对于自身的规定，这个规定就是有限事物开始的一点。在自身中作区别这一点，就是使自己与有限的、世间的东西调和的一点；有限事物就是在这一点上开始于自在自为的存在之中。有限事物的根源，就在于上帝在自身上作分别，——就在于上帝的具体本性。

像这样，各种规定、各种特殊化，从一方面说，就是上帝在自身之中的规定、理念，就是上帝在自身之中的产物：因此，以后表现为
17 有限的东西，也还是在上帝自身之中，世界在上帝自身中，是神圣的世界；在这个世界上，上帝开始区别其自身，也是在这个世界上，与有限的、暂时的世界相联系。由于上帝被表象为具体的，我们就直接在上帝自身之中得到一个神圣的世界。罗马世界的不幸，就在于这种抽象上，——就在于人不在过去的东西里面取得他的满足：但是那种满足是产生在那种泛神论中的，即认为自然事物、空气、火、水等等以及国家、政治生活是这样一种东西，人在其中满足

自己，得到自己的真理，自己的最高的东西；——现在刚好相反，在世界对于它的现状的悲痛中，产生了怀疑，产生了对这些形象、对自然的有限世界、对构成道德世界的国家生活的不相信。对于外在的和道德的本性的这种形态的现实，人变得不忠实了。人们曾经说，人的生活与自然处在统一之中，人见到自然同时就见到上帝，因为人在这种状况中得到满足；现在这种状况不存在了。自然方面和政治方面的这些种形态的真理和神圣的东西，已经与真理分开了；暂时的世界对于人已经显得是否定性的东西、不真实的东西了。人把它与真理、与上帝分开，因而在精神中认识上帝；人认识到自然事物和国家并不是上帝的存在方式，而是存在于上帝本身之中的方式，是一个可知的世界。人与世界的统一打破了，因而以更高的方式重建起世界，把在上帝之中的世界了解为可知的世界。上帝的自身规定在这里构成了兴趣的中心。

人与上帝的关系，现在被规定为拯救和崇拜的关系，但是也特
别规定为哲学，很明显地意识到，目的在于归附这个可知的世界， 18
在于个人能够使自己适合这个可知的世界。

人思维自己对上帝的关系的方式，特别为人思维上帝的方式所决定。现在虽然有人说，不需要认识上帝，也还能认识这种关系，这话却是不对的。因为上帝是第一性的，所以他决定着关系；因此为了认识关系的真相，必须认识上帝。

因此思维一直前进到否定自然事物；现在寻求真理不应当以一种存在的方式，而应当再从内心中出发，进到一种客观的东西，一种真实的东西，这种东西并不像在神话中那样，以自然的方式得到规定，或者看成义务，而是从自身中、从自己的本性中得到规定的东西。这些就是现在这个立场的主要环节;新柏拉图派的思想就属于这个立场。但是在开始讲以前,还要谈一谈犹太人费洛,并且说一说教会史中出现的几个环节。

甲、费　洛

费洛是亚历山大里亚的一位犹太学者,生活在基督降生前后几个初期罗马皇帝在位的时候;就是说,他生得比基督早二十年,但是死得比基督要晚些。① 在他那里,我们第一次看到一般的意识转化为哲学意识。加里古拉在位的时候,犹太人受过阿比恩极其残酷的虐待,曾经派遣费洛做了多年犹太驻罗马的使节,以便使
19 罗马人对犹太人采取比较好一点的看法。传说他在克劳第皇帝在位的时候也到过罗马,并且在那里认识了使徒彼得。② 他写了整整一系列的著作,现在还有许多篇存在,例如:“论世界的创造”(*De mundi opificio*),“论赏罚”(*De praemiis et poenis*),“论牺牲献祭”(*De victimas offerentibus*),“譬喻法则”(*Lex allegoriarum*),“论梦”(*De somniis*),“上帝是永恒的”(*Quod Deus sit immutabilis*)。这些著作一六九一年(以对开本)在弗朗克福出版;以后裴斐尔又在爱尔朗根出版过。费洛以学问渊博出名,对各派希

① 布鲁克尔:“批评的哲学史”,第二册,第七九七页及注释。

② 费洛:“出使罗马记”,第九九二页(弗朗克福一六九一年版);约瑟夫:“犹太古经”,第一八卷,第一〇章,第六四九页;布鲁克尔,前引书,第七九九页及注释;欧瑟比:“教会史”,第二卷,第一八章;参看法布里丘:“希腊文库”,第三册,第一五五页(汉堡一七〇八年版)。

腊哲学非常熟悉。

他特别擅长柏拉图派的哲学，此外他更以引证犹太圣书并加以思辨的说明出名。他把犹太族的历史当作基础，加以注解。但是历史上的传说和叙述，在他眼睛里都失去了直接的现实意义，他甚至从字句里找出一种神秘的、寓言式的意义加到历史上去，在摩西身上他找到了柏拉图；——他的这些努力，与亚历山大里亚派在希腊神话中认识哲学原理的那种努力是相同的。因此他的一些著作只是一些寓言式的神秘解释，例如关于创世史的解释。但是他的思想中包含着精神的本性，这种精神的本性虽然并没有得到思维的把握，却已经表现出来了；——这种表现是混杂的同时也是极其不纯粹的，以多种多样的方式与各种想象的形式搅混在一起。由于有了哲学的精神，犹太人不得不在他们的圣书里去找更深刻的意义，正如异教徒在荷马史诗和民间宗教里寻找深意一样，并且 20
把他们的宗教作品说成一个完满的神圣智慧的系统。这是时代的特点；观念里的理智成分再也支持不下去了。

主要的一点是：一方面，关于现实的观念仍然与这些形式相结合；而另一方面，这些形式仅仅直接表现的东西是再也不够的了；这样就产生了更深刻地去理解这些形式的努力。我们是把犹太教、异教这种外在的历史看成权威，看成真理的出发点；但是我们也理解到一种思想，知道真理不能是外加的。所以，我们或者是把深刻的思想解释到历史事件里面去，像一般人所说的那样，或者是从历史里面解释出深刻的思想；而后面一种是更加真实的看法。我们不能说，圣书（它的作者是圣灵）里面是没有精神的。问题只在于这种精神性是比较深刻的呢，还是比较肤浅的；一个人写了这

书,他并没这些思想,但是在内在的关系中已经自然地包含了这些思想了。一般说来,包含在里面的东西与表现出来的东西之间,是有很大的区别的。在整个历史、艺术、哲学等等之中,主要的却是包含在内的也表现在外;精神的全部工作,仅仅在于把包含在内的东西带到意识中来。只要认识这一点,就意识到了内在的东西;所以这种带进意识的作用是非常重要的。另一方面,虽然没有从一种形式、宗教里面把包含在内的东西带到意识面前,我们却不能说,这个内在的东西不在其中,不在人的精神里面;它不在意识中,也不在表象中,但是却在精神之中。从一方面说,把思想带进一定
21 的意识,是一种灌输;但是从另一方面说,从实质上来说,这并不是一种灌输。费洛所采取的方式,主要的是具有这个方面。平凡的东西消失了,所以在以后几个时期的著作家那里,奇迹是家常便饭;外在的东西不是按照它的必然性来理解的,外在的联系不再为人需要了。

费洛的基本看法(我们必须注意的只是这几点)大致如下:

1. 主要之点是**认识上帝**。首先:上帝只有通过灵魂的眼睛才能直观到,只有通过 ὅρασις 才行。① 他把这个称为禅悦、出神,与上帝契合为一;②这是我们现在常常见到的。要达到这种境界,灵魂必须摆脱肉体的羁绊,抛弃感性的存在,上升到纯粹的思想对

① “论语言的混乱”,第三五八页;“论特殊的法律”,第二册,第八〇六—八〇七页。

② “论世界的创造”,第一五页;“论亚伯拉罕的移居”,第三九三页;“谁是神圣事物的继承者”,第五一八页。

象，在那里接近上帝，直观上帝。[①] 我们可以把这种情形称为心灵的直观。而另一方面却是：上帝并不能为灵魂的眼睛所认识；它只能知道上帝存在，并不能知道上帝是什么。上帝的本质是无上光明；[②]——这完全是东方的味道。光明自然是单纯的东西；相反地，认识的意思则是把一定的东西认作自身具体的东西。因此只要坚持单纯这个规定，这种无上光明就怎样也不会让人知道。费洛既然说，“这个太一就是上帝本身”，我们也就无法知道上帝是什么。在基督教里，相反地，单纯只是一个环节，整体是上帝圣灵。

其次：“上帝的肖像和映象就是逻各斯，就是思维的理性，就是 22
支配和统治世界的初生圣子。”这真是一个矛盾；因为映象只能表现实物，所以如果映象是具体的，就必须把原来的东西也了解为具体的。“这个逻各斯是一切理念的总体。”[③]相反地，作为太一的、本然的上帝只是 ὄν（有），[④]只是纯粹的存在（根据柏拉图）。无上光明不能被认识，只有圣子才能被认识。费洛把上帝这个名称仅仅限制在实体、纯粹的存在上面。上帝本身不是别的，就是这个存在；因此灵魂并不能认识上帝是什么，而只能知道上帝是存在的，亦即只能认识上帝是存在。换句话说，作为这个存在的上帝只是抽象的东西；存在是上帝的理念。上帝也者，只是作为精神，也就

① “论亚伯拉罕的移居”，第四一七—四一八页。

② “上帝是永恒的”，第三〇一—三〇二页；“论君主国”，第一册，第八一六页；“论名称的变化”，第一〇四五页；“论小天使”，第一二四页；“论梦”，第五七六页。

③ “论世界的创造”，第四一六页；“论农业”，第一九五页；“论梦”，第五九七页。

④ “论梦”，第五九九页。

是说,正因为逻各斯、上帝的圣子被认作上帝的真正本质,所以不把上帝的名称加在那个存在上,而只把它加在这些环节的统一上;这个统一包含着上帝的本质。在基督教里,这个名称并不仅限于存在,上帝乃是精神;圣子本身是对上帝的规定。说作为存在的上帝不能被认识,是完全正确的;因为存在是空洞的抽象物。认识是对具体规定的认知;被认识的东西应当是自身具体的。所能认识的,是"纯粹的存在仅仅是一个空洞的抽象物"这一点,——所以是虚幻的东西,并不是真正的上帝。因此,对于存在,这是认识的另一个环节。存在也是抽象的,因为我们说"上帝圣父",亦即尚未创世的上帝时,这个太一、这个本身无规定的东西是并没有说明白
23 的;另一方面则是上帝本身的规定、创造。这个创造物是上帝的另一方面,同时也在上帝之内,属于上帝,是上帝本身的一个环节,如果我们把上帝想成具体的话。"一"这个规定是最初的,但它是有缺陷的;上帝是具体的,活的,也就是说,他在自身中分别自己,规定自己:这也是属于上帝的,在这里称为逻各斯。因此,作为太一的上帝可以说是不能认识的,我们只见到他是存在的。认识是对于规定了的上帝的认知,是对于上帝的自身规定和他的生动的认知。

因此,最初的东西、实体本身乃是无上光明;"它是宇宙的空间,空间包围宇宙,充满宇宙。"①我们根据直观把大全看成空间;大全是空的。上帝包围着这个大全;"这个实体本身是位置,并且是被自身充满了的。"为什么上帝必须自己充满自己呢?正是由于

① "论梦",第五七四—五七五页。

主观的、抽象的东西也需要有一个对象。充满是具体的东西;我们有充满者和被充满者,以及由两者构成的一个第三者。“上帝是自身满足的;其他的一切都是有缺陷的、空洞的。他充满着这一切,把一切联系起来,而不为任何东西所包括;他是太一和一切,”①是绝对的充满。大全如同巴门尼德所说的那样,是抽象的东西,它只是实体;它尽管充满,却仍然是空的,具体的是逻各斯。上帝既然是宇宙的空间,所以“他存在于时间的原型里,”②存在于 αἰών(永恒)里,也就是存在于时间的纯粹概念里。

2. 上帝的各种区别或者理念,则构成了理智。这个理智
(λόγος)是天使长(ἀρχάγγελος),是规定者,是包含一定的存在的 24
东西,是一个思想的领域;它是原始的人,它才是活动的,ὄν(存在)还不是活动的。这是作为天人的人;它更以智慧、亚当·卡德孟、太阳的上升等名称出现,——被看成神人,看成行动的上帝。这个理智现在分为理念,费洛也把这些理念称为天使(ἄγγελοι 使者)。③ 这种理解方式还不属于纯粹思想,其中还交织着想象力的形象。

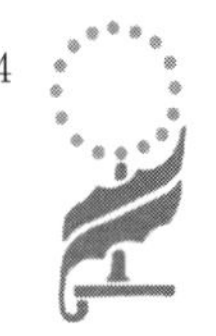

这个逻各斯是最初的静止的思想世界,虽然已经分化了。但是另外一个逻各斯则是能生产的、行动的逻各斯(λόγος

① “譬喻法则”,第一卷,第四八页。

② “上帝是永恒的”,第二九八页。

③ “譬喻法则”,第一卷,第四六页,第二卷,第九三页;“论所得者恒寡”,第一六五页;“论醉”,第二四四页;“论梦”,第五七八页,第五八六页,第五八八页;“论语言的混乱”,第三四一页,第三四五页;欧瑟比:“福音的准备”,第七卷,第一四章。

προφορικός),就是语言。这就是世界的效果和创造,因为逻各斯是世界的保存,是世界的不变的理智。① 语言总是被看成上帝的显现,语言是没有形体的,作为声音,它是有时间性的,并且是消逝的,所以它的存在是非物质的。"上帝一说话就创造了,并不在语言与创造之间放进任何东西";所创造出来的东西和语言一样,仍旧是思想性的东西。"如果要想提出一种更真实的说法,那么,逻各斯就是上帝的作品。"②这个逻各斯对于自我意识来说,同时也是智慧的导师。自然事物只是保存在它们的规律中,而自我意识连这些规律也知道,这就是智慧。逻各斯是祭司长,是上帝和人的
25 中介,是教导人类的神性精神,③也就是上帝自觉地回到自身,回到最初的统一,回到无上光明。这是真理本身的纯粹灵明世界,真理不是别的,就是上帝的圣言。④

3. 思想达到了消极性。**感性的**、存在的世界与这个理想的世界对立了起来。感性的世界的根源,在费洛那里,和在柏拉图那里是一样的,乃是 *οὐκ ὄν*(非存在)、物质、消极的东西;⑤上帝既是存在,感性世界的本质也就是非存在。并不是我们说上帝从无中创造世界时的那个无,而是非存在,存在的反面,它本身是一个积极的东西,和存在一样。非存在是存在的,因为其中加入了本身真实的东西的肖像。费洛有一个正确的看法,认为存在的反面和存在

---

① "摩西传",第三卷,第六七二页。

② "论亚伯尔的献祭",第一四〇页。

③ 布勒:"哲学史教程",第四部,第一二四页。

④ "论世界的创造",第五页。

⑤ "论世界的创造",第四页;"论牺牲献祭",第八五七页;布勒:"哲学史教程",第一二五页。

一样积极。如果谁觉得这是不通的，他只要回想一下：当我们肯定存在时，存在的无有就是思维，这就是一个很积极的东西。可是更进一步，亦即这种对立的概念，以及从存在到非存在的过渡，在费洛那里是没有的。一般地说，这种哲学并不是概念或思维的形而上学，只为精神只是显现在纯粹的思维中，并不像这里这样采取表象的方式，而且概念、理念被表象为独立的形式。

“太初上帝的圣言创造了天堂，天堂由最纯粹的存在构成，是最纯洁的天使的府邸，天使们并不显现，用感官不能认识他们，”①只有思想才能认识他们；他们就是 ἰδέαι（理念）。“造物主在创造
灵明世界之前，首先创造了无形体的天堂和不可感觉的世界，以及 26
气和虚空的理念，接着又创造了水的无形体的本质（οὐσία）和一种无形体的光，以及太阳和一切星辰的不可感觉的原型（ἀρχέτυπος）”；②可感觉的世界就是上面这个世界的摹本。费洛是根据摩西的文献进行研究的。在“旧约”的“创世记”中，是在第三天创造了草、菜、树，在第四天在天宇上造了光、太阳和月亮。费洛说，在第四天，有一个数目装饰了天空，就是四、四元、最完满的数③等等。——这些就是费洛的哲学的主要环节。

乙、卡巴拉派和诺斯替派

卡巴拉派的哲学和诺斯替派[按又译知神派]的神学，都有着

① “论世界的创造”，第五页。

② 同上，第六页；布鲁克尔：“批评的哲学史”，第二册，第八〇二—八〇三页。

③ 论世界的创造，第九—一〇页。

费洛所具有的那些看法。第一者是存在的、抽象的、未知的、无名的东西。第二者是显现的、具体的东西；具体的东西是流溢出来的。有一部分人认为又回到统一，特别是基督教的哲学家们持这种看法；这种回到统一被认为是第三者，这个第三者属于逻各斯。所以，在费洛那里，智慧、导师、祭司长乃是使第三者回到第一者的东西；所以存在于对上帝的 ὅρασις(景仰)之中。

一　卡巴拉派哲学

卡巴拉就是犹太人的秘密智慧。关于它的起源，有许多虚构的传说；其中有许多暧昧的成分。据说这种智慧包含在两部书里，

27 就是“耶齐拉”(创造)和“索哈尔”(光明)。这两部书中主要的一部“耶齐拉”，是一位犹太教士**阿其巴**所写的，迈尔先生将在弗朗克福为它出一个比较完全的版本。这部书中的思想有一部分和费洛相似，不过有一部分是很暧昧的，是写得充满幻想的。不过，这部书并没有那些崇拜卡巴拉的人所说的那样古老；他们说，这部天书是在亚当犯罪以后赐给他作安慰的。这书是天文学、医学、魔术、预言的混合物，从一些历史迹象看来，这些东西是在埃及人中间研究过的。阿其巴生活在耶路撒冷毁灭后不久。犹太人曾经聚集了二十万人反叛哈德良皇帝，在起义中犹太教士很积极；巴尔·科赫巴斯被拥为弥赛亚，这位犹太教士后来被活活地剥了皮。① 第二部书据说是他的弟子犹太教士**西墨恩**·本·约海所著；他称之为伟

① 布鲁克尔：“批评的哲学史”，第二册，第八三四—八三八页；第九二四—九二七页。

大的光明、摩西的火花。[①] 这两部书都在十七世纪译成了拉丁文。有一个从事思辨的以色列人犹太教士亚伯拉罕·科亨·**伊里拉**也写了一部书，叫做“天门”(Porta coelorum)；这书比较晚，是十五世纪的作品，包含了一些与阿拉伯人和经院哲学家有关的材料。这些就是崇高的卡巴拉智慧的史料来源。这是一堆暧昧的混合物，不过那部书是有普遍性的基础的。书中所包含的较好的东西，是与费洛相似的一些看法。在这两部书里，有一些很有趣的基本规定，不过从这些规定出发却走到暧昧的幻想中去了。

在较早的时候，犹太人中间并没有想到上帝是一个光明的实体，也没有想到光明的对立面，即黑暗以及与光明斗争的罪恶，也没有想到善的天使和恶的天使，以及恶人的堕落、遭谴、下地狱，和对于善人和恶人的未来大审判，以及肉体的败坏。犹太人从这时 28
起，才将自己的思想解脱出来，超过他们的现实，倾心于一个精神的世界，至少也是倾心于一个众多精神的世界，因为在这以前，他们这些犹太人眼睛里只有自己，沉溺在污秽里，一味妄自尊大，只知道保全自己的民族和宗族。

至于卡巴拉的详细内容，是下面这样的：太一被宣布为万物的始基，同时也是一切数目的来源。正如数目的统一不是一切数目中的任何一个数目，同样情形，只有上帝才是万物的根基(En-soph)。[①] 与此相联系的流溢乃是最初的原因所产生的结果，由限制那最初的无限者而来；它是最初者的极限(ὅρος)。[②] 在这最初的

① 伊里拉：“天门”，第一篇，第四章；提德曼：“思辨哲学的精神”，第三部，第一四九——五〇页；布勒：“哲学史教程”，第四部，第一五六页。

② 伊里拉：“天门”第六章，第一三节；第七章，第二节。

唯一原因里面,是隐伏地(eminenter)包含着一切,并不是形式地(formaliter)包含着一切,而是作为原因(causaliter)包含着一切。[①] 第二个主要环节是亚当·卡德孟,第一个人,是克特尔;第一个发生物,是最高的王冠,小宇宙、大宇宙,[②]流溢出来的世界就像光的流出一样与这个环节联系着。通过更进一步的流溢,便发生了世界的其他各个范围;这种流溢被说成了光明之流。首先流出十道光明之流,这些流(Sephiroth)造成纯净的阿齐鲁世界,这个世界里是没有任何变化的;其次流出布里亚特世界,是有变化的;再次流出成形的耶齐拉世界,——这是被放在物质中的纯粹精神,是星辰的灵魂(纯粹的精神是更进一步的区别,在这些区别里
29 还继续着这种暧昧的方式);更次流出的是造就了的世界,阿西亚世界:这是最低的、滋长着的、有感觉的世界。[③]

二　诺斯替派

在诺斯替派那里,有相似的规定构成了基础。内安德教授先生曾经很渊博地把它们搜集起来,并且详细地加以整理;有一些形式与我们上面举出过的那些形式相合。最出色的一个诺斯替派学者是巴西利德。在他那里,最初者也是不可言说的上帝,——也就是卡巴拉的 Ensoph;上帝是作为 τό ὄν,ὁ ὤν,(存在),是无名的

① 伊里拉:"天门",第四篇,第四章以下;提德曼:"思辨哲学的精神",第三部,第一五六页;布勒:"哲学史教程",第四部,第一六二页。

② 伊里拉,同上书,第二篇,第一章;布勒,同上书,第一六〇页。

③ 伊里拉,同上书,第五篇,第七—八章;提德曼,同上书,第一五六—一五七页;布勒,同上书,第一五七页。

（ἀνωνόμαστος），直接的，和在费洛那里一样。[①] 第二者是 νοῦς（心灵），长子，λόγος（逻各斯），σοφία（智慧），活力（δύναμις），更确切一点说，是公正（δικαιοσύνη）与和平（εἰρήνη）。这以后跟着某些原则，巴西利德称这些原则为执政官，也就是精神王国的首脑。这里面主要之点还是那个回转，那个醇化灵魂的过程，那种净化的处理法；灵魂必须从 ὕλη（物质）回到智慧，回到和平。那最初的本体本身中包含着圆满性，不过只是作为 potentia（潜能）；精神（νοῦς）、长子才是潜伏者的第一次显露。一切创造物只有与上帝相结合，才能分享公正与来自上帝的和平。[②]

诺斯替派学者如马尔柯也称最初者为不可思议者（ἀνεννόητος），甚至于称之为不存在者（ἀνούσιος），不向规定性前进者， 30
μονότης（孤独者）。他们也称它为纯粹的静止（σιγή）；其他的则是理念、天使、永恒者。这些乃是那特殊的充满物的根源、种子；每一个永恒者本身中都带着自己的世界。[③]

另一些诺斯替派学者如伐仑丁则称最初者为永恒者或深不可测者，无上根本，绝对深渊（βύθος），在其中一切都消失了：或者称之为 προάρχη，亦即在始基之先者，προπάτωρ，亦即在太初之先者，更在天父之先者。这就是活动者。太一的过渡、分化是 διάθεσις（安排），这个进一步的发展也被称为不可理解者化为可以理解者，

① 内安德："最高尚的诺斯替派系统的发展"，第一〇页；费洛："论名称的变化"，第一〇四六页。

② 同上，第三三—三四页。

③ 同上，第一六八、一七〇—一七一页。

这一步我们看见在斯多葛派那里称为 κατάληψις(把握)。这些概念就是永恒者、特殊的安排:永恒世界也称为充实(πλήρωμα)。第二者也称为限定(ὅρος);进一步在对立中来理解生命的发展,就可以看出这个发展包含在两个原则中,亦即具有男性和女性的形式。这一个是那一个的充实;从它们的结合(συζυγία)中出现了一些充实物,这些东西才是实在的。每一个实在的东西都有它的配偶(σύζυγος),这些充实物的总体就是整个永恒世界,就是深渊的普遍充实。因此那个深渊也称为“黑梅斯-阿芙罗狄”,“雌雄同体”(ἀρρενόθηλυς)。①

托勒密说深渊有两个配偶,两种安排,都是一切存在的前提,
31 即意志与感觉。② 在这里出现了纷乱、混杂的形式。基本规定是一样的;深渊与充实是主要的东西。启示、从天而降的东西也是上帝的尊荣(δόξα,schechinah),天上的智慧(它本身就是对上帝的景仰),理念,逻各斯;或者说得更清楚一点,就是上帝的名称,就是这位造物主;这就是上帝的显现,规定。③ ——这一切形式都陷于暧昧。整个说来,基础都是那些同样的规定。一般的欠缺正是把自在自为的东西规定和了解为具体的东西。我们之所以要提起这些形式,只是为了要找出它们与普遍者的联系。在这里根本问题在于缺乏具体的理性。

教会抛弃了诺斯替派的学说,因它有几分执著于普遍者,或者

① 内安德:“最高尚的诺斯替派系统的发展”,第九四—九七页。

② 同上,第一六〇页。

③ 同上,第一〇一—一三页;费洛:“上帝是永恒的”,第三〇四页。

以想象力的方式来理解观念,并且把这个观念与现实的自我意识对立起来,与肉身基督(*Χριστὸς ἐν σαρκί*)对立起来。[①] 因为这些基督幻影论者就曾经说过,基督只有虚幻的身体、虚幻的生命;思想只是背景。教会与此相反,坚持基督有一定的人格形象;它坚持具体现实的原则。

丙、亚历山大里亚派哲学

自我意识与存在的统一,在亚历山大里亚学派里面,以更有哲学意义、更有概念意义的方式出现了;这个统一是主要的形式,是真正的哲学。亚历山大里亚从很早的时候起,尤其是在托勒密朝
的时候,曾经是学术重镇。这座城市是各种科学的中心点,东方和 32
西方各个民族的宗教与神话,以及他们的历史,都在这里交流混合,——这种结合,从宗教方面说,是采取多方面的形式的。在这个地方,各个宗教都互相比较,在每一个部分里寻找和收集别的宗教所包含的东西,但是特别给予了各种宗教的各种观念一个更深刻的意义作为基础,而且是一种普遍的、譬喻的意义。这一种努力,的确产生了许多含糊暧昧的东西;比较纯粹的产物,就是亚历山大里亚学派哲学。把各种哲学系统联合起来,所得到的成就,应该比一种对自己还不了解的理性所产生的那些含混暧昧的东西要好些。因为哲学里面事实上有一个理念,所以哲学也就通过自身扬弃了它所采取的那些特殊形式,扬弃了它所表现的那种片面性。

① 内安德:“最高尚的诺斯替派系统的发展”,第四三页。

在怀疑论里面,曾经达到了这样一种消极的地步:把用来建立绝对的那些确定的存在方式都看成被扬弃了。

在亚历山大里亚发生过一种哲学,并不依傍某一特定的古代哲学派别,而是把一些不同的哲学系统结合起来,特别是结合毕泰戈拉派、柏拉图派、亚里士多德派的哲学,并且阐述这些派别的哲学,所以这种哲学常常被称为折中主义。如果折中主义的意思是无一贯原则地从这种哲学里取一点,从那种哲学里取一点,拼拼凑凑,——好像一件用许多不同颜色、不同材料的布匹拼起来的衣服似的——那就是一种很坏的东西。上面已经指出过,一种折中主义所提供的东西,不过是一种肤浅的堆积物。这些折中派的学者中间,有一部分是一般没有教养的人,他们的脑子里并存着许多极

33 其矛盾的观念,从来不想把自己的思想贯穿起来,也从来没有意识到它们的这些矛盾。也有一些折中派是聪明人,思想和行为都是有意识的,因此他们要最好的东西,当他们像他们所说的那样,从每一个系统里采取了好的东西,从许多不同的思想里作出了一个总计的时候,那里面一定是什么好东西都有,只是没有思想的联系,也就是根本没有思想。折中派的哲学正是毫无根据、毫无一贯性的东西;这种哲学并不是亚历山大里亚派的哲学。在法国,人们还是这样叫这一派哲学的;在那个地方,système[按即法文“系统”一词]这个词与片面性意思是一样的,一个人只要有一点系统,或者有一点可疑,就一定会有一天被加上一个一定的名目,也不管他是否受得住。

亚历山大里亚派拿柏拉图哲学当作基础,但是却利用了整个哲学的发展,这个发展,他们是在柏拉图之后通过亚里士多德和以

后的各种（斯多葛派）哲学而获得的；换句话说，他们以一种更高的文化把这些哲学系统重新武装了起来，——在柏罗丁那里，我们并找不到反驳。在这种更高的文化里，特别有一个更深刻的原则，就是认为绝对本质应该是自我意识，认为自我意识正是绝对本质的本质，因此自我意识也就在个别的意识里面。这个意识我们不能像一般人所说的那样去了解，认为上帝是一个存在于世界之外、自我意识之外的精神，而要把作为上帝的自觉精神的那种上帝的存在视为真正的自我意识本身。存在于思想中的柏拉图的共相，因此获得这样一个意义：它本身就是绝对的本质。——他们是较好的意义之下的折中派哲学家；或者也可以说，给他们一个名称，根本是一件多余的事。但是在更高的意义之下，有一个对于理念的更进一步的观点，就是把以前的那些个别的、片面的，仅仅包含理念的环节的原则结合起来，——以一个更具体、更深刻的理念把这 34
些环节结合为一。因此柏拉图也是折中派，他结合了毕泰戈拉、赫拉克里特、巴门尼德；因此亚历山大里亚派也是折中派，不过这话的意思永远是上述的意思。

然而，布鲁克尔也曾用过的这个名称，从实质上说，是不恰当的，与历史不符的。亚历山大里亚学派惯常被人用折中派这个名称来称呼。我发现布鲁克尔[①]最先用这个名称；他这样做，是因为第欧根尼·拉尔修[②]给他造了机会。因为第欧根尼·拉尔修曾经说到某个亚历山大里亚人波大谟，说这个人不久以前（πρὸ ὀλίγου）

① “批评的哲学史”，第二卷，第一九三页。

② “引言”，第二一节。

从许多不同的哲学里选取了主要原则和最好的东西。第欧根尼引用了这个人好多句话，说他已经建立了一种折中的哲学。这些话是从亚里士多德、柏拉图、斯多葛派的著作里选出来的，不过并无重要意义，并且亚历山大里亚派的特色在这里面也看不出来，第欧根尼是比亚历山大里亚派还要早的人；而根据苏以达的说法[①]，波大谟是奥古斯都的养子的教师，折中派的思想，对于一位太傅是最合适不过的。因为这个缘故，由于这个波大谟是亚历山大里亚人，布鲁克尔就把第欧根尼书中的折中派这个名称用到亚历山大里亚派哲学身上去了。不过，亚历山大里亚学派并不是折中派。因为结合过去的一些哲学系统正就是更深刻地认识了哲学理念，这种认识是具体的，所以在更深刻的理念形式中包含了那些抽象的原则。这种综合工作应当时时进行；在过去的分歧后面，应
35 该承认有一种自在的同一性，因此区别只是形式。亚历山大里亚派有更深刻的观点，他们既是毕泰戈拉派，也是柏拉图派和亚里士多德派；过去的一切哲学系统，都可以在他们的系统里找到它们的地位。

托勒密朝诸王曾经在亚历山大里亚奖励学术，罗致学者，这一方面是由于国王们自己对学术有兴趣，另一方面也是由于有十分适合的条件。他们建立了著名的大图书馆，并且把旧约圣经翻成希腊文藏在馆内；恺撒毁灭了这图书馆，但是以后又重建了。那里还有一座博物院，也就是我们今天所谓的科学院，当时有许多哲学家和专门学者住在里面，领着薪俸，除了研究学问以外没有别的职

---

① 见“波大谟”，第三卷，第一六一页。

责。以后,这一类的学术机关在雅典也设立了,每一个哲学派别都有它自己的公开的会所,不分轩轾。[①]

新柏拉图派哲学有一部分是与其他学派一同兴起的,有一部分则是建立在其他学派的废墟上,使其他学派黯然失色。一切较早的哲学系统都消失在新柏拉图派哲学里面。新柏拉图派与以前的各个学派不同,并没有建立起这样的一个自己的学派;它只是把一切哲学在自身中结合起来,以研究柏拉图、亚里士多德和毕泰戈拉派为他们的主要特色。与这种研究相结合的,是对各种著作的考释,其目的是把它们的哲学思想结合起来,指出它们的统一。新柏拉图派的哲学大师们所做的工作多是讲解各种不同的哲学著作,特别是柏拉图和亚里士多德的著作。

一　安莫纽·萨卡斯 36

安莫纽·萨卡斯(负囊者)据说是这个学派最初或最出名的教师之一;他死于基督降生后二四三年。[②] 可是他没有任何著作流传下来;也没有任何关于他的哲学的传说流传下来。——这时哲学工作最主要的方式是在于注解柏拉图和亚里士多德的著作或对这些哲学作摘要。古代哲学家著作的注解,不是口述的,就是笔录的;我们现在还保存着许多这一类的注解,这些东西里面有一部分是很出色的。注解亚里士多德著作的是阿芙罗狄的亚历山大,罗得斯的安德罗尼柯,大马士革的尼古劳,还有波尔费留。柏拉图的

---

① 参看布勒:"哲学史教程",第四部,第一九五—二〇〇页。

② 布鲁克尔:"批评的哲学史",第二册,第二〇五页、二一三—二一四页。

注解者是努美纽,底尔的马克西谟。另外还有一些亚历山大里亚学派的学者详细地注解了柏拉图,因而同时也认识了另一些学派的哲学,并且对理念的各种不同的方式的统一之点也了解得非常清楚。最好的注解都出于这个时代;普罗克洛最大部分的著作是对柏拉图的个别对话等等著作的注解。这个学派更特别具有这样一个特点,就是他们把思辨说成现实的神圣存在和生命,因此使思辨显得有些神秘意味和魔术意味。

在安莫纽众多的学生中,有许多人在其他科学部门中甚为有名,例如朗儿诺以及奥利振便是;后者是否就是那个有名的教父,还不能确定。在哲学上,他的最出名的弟子是柏罗丁,从他现在还保存着的著作中,我们认识了新柏拉图派哲学最大部分的内容。这种哲学的整个系统,他的后人们认为是他所建立的,并且说这种哲学是他的哲学。

37 二　柏罗丁

因为安莫纽的学生们曾经约定依照他们的老师的愿望,不把他的哲学写下来[①],所以柏罗丁也很晚才写书,或者毋宁说,他的保存下来的著作是他死后才由他的一个有名的学生波尔费留发表的。他的**生平事迹**,我们是从波尔费留得知的。波尔费留所写的"柏罗丁传"中显著的一点,是真实的生活事迹和大批奇怪的事情夹杂在一起。这是一个重视异行奇迹的时代。但是我们如果认识

① 波尔费留:"柏罗丁传"(一五八〇年巴锡尔版"柏罗丁九章集"的卷首),第三页。

了纯粹的哲学论证，认识了这样一个人的纯粹的意义，我们就不会对这一类的故事惊奇了。

柏罗丁是一个埃及人，大约在基督降生后二〇五年塞普底缪·塞未罗皇帝在位的时候生于吕科波里。他听了许多哲学教师的演讲之后，变得很忧郁沉默；他二十八岁时，来到安莫纽那里，终于对他感到满意信服，跟他学了十一年之久。因为那个时候对于印度和婆罗门智慧的重视开始流行，所以柏罗丁到戈尔地安皇帝的军队中服役，到了波斯；但是战争不幸惨败，柏罗丁没有达到他的目的，费尽气力才逃得活命。① 他四十岁时到了罗马，在那里住了二十六年，一直到死。② 他在罗马的生活方式是很特别的，遵守着古代毕泰戈拉派的习惯，不吃荤，常常斋戒；还穿着古代毕泰戈拉式的服装。③ 他被各个阶层尊为公众的教师。④ 38

柏罗丁曾经受过当时的皇帝伽利安和他的皇后的宠遇，据说皇帝交给他康巴尼亚地方的一个城，柏罗丁曾想在那里实现柏拉图的理想国。但是大臣们阻止这个计划的实行；⑤他们这件事是做得很聪明的。因为这时是在罗马帝国这样一些外在情况之下，而且从柏拉图的时代以来，人们的精神已经起了很大的变化；这时应当使另一个精神原则成为普遍原则，所以现在这一个壮举远不

---

① 波尔费留：“柏罗丁传”，第二页；布鲁克尔：“批评的哲学史”，第二一八—二二一页。

② 波尔费留，同上书，第二—三页，以及第七页。

③ 提得曼：“思辨哲学的精神”，第三卷，第二七二页；布勒：“哲学史教程”，第四部，第三〇六页；波尔费留，同上书，第六页。

④ 波尔费留，同上书，第五—七页。

⑤ 同上书，第八页。

如在柏拉图的时代可以增进柏拉图理想国的光荣。单单说柏罗丁有过这种思想，是不能使人尊敬柏罗丁的见解的；可是我们还不能确切地知道他的计划究竟是仅限于柏拉图式的国家，还是加了一点扩充或修正。一个真正的柏拉图式的国家，在罗马帝国的环境中是无法存在的。柏罗丁于基督降生后二七〇年死于罗马，享年六十六岁。①

柏罗丁的**著作**，大部分原来是对他的听众所提出的问题的解答；他在最后的十六年中把它写了下来，若干年后，波尔费留才把它编纂成书。他在他的演讲里，像上面说过的那样，采用的办法是注解各种古代哲学著作。柏罗丁的著作叫"九章集"，一共六集，每
39 一集包含九篇个别的论文，因此有五十四篇论文，这些论文又分为许多章，——这是一部庞大的著作。这些书并没有构成一个有联系的整体；事实上却是每一卷都提出了特殊的题材，作了哲学的讨论；把全书整个研究一番，是一件很厌烦的事。第一个"九章"大部分带有道德性：第一篇是：什么是动物，什么是人；第二篇：论德行；第三篇：论辩证法；第四篇：论幸福(περὶ εὐδαιμονίας)；第五篇：论幸福是否存在于时间范围内(παρατάσει χρόνου)；第六篇：论美；第七篇：论至善(πρώτου)及其他诸善；第八篇：论恶从何处来；第九篇：论生活中一种理性的出路。其余的那些"九章"是形而上学的性质。波尔费留说它们是长短不一的。当柏罗丁五十九岁时，亦即波尔费留来到他的门下以前，他已经写了二十一篇了；在这一年和以后五年中，即波尔费留当了他的学生的时候，他又根据以前所发

① 波尔费留："柏罗丁传"，第二页。

生的那些问题加写了二十四篇。当波尔费留在西西里时，他在逝世以前最后几年又写了九篇。这最后九篇比较软弱。[①] 克罗依采尔正预备出版柏罗丁的著作。

叙述柏罗丁是很困难的，其困难绝不下于作一个有系统的发挥。整个说来，柏罗丁的办法是经常把每一个特殊论点都归结到完全普遍的论点上去。柏罗丁的精神总是不离开每一个个别的题材，有条理地、辩证地加以讨论，而将它归结到唯一的理念上去。因为这个缘故，有些主要思想常常是翻来覆去地说个不停。读他的著作是有一点令人不耐烦的，因为他从特殊的开始，说来说去总是不断地回到同一的根本观念。所以我们只消读柏罗丁的某几卷书，就不难很好地掌握住他的思想，用不着再读他其余的书 40
了。柏拉图的思想和语言对柏罗丁是特别有支配力的。不过亚里士多德的思想对他也同等有力；我们可以说柏罗丁是一个新柏拉图派，也同样可以说他是新亚里士多德派。他的书里有很多表现方法完全是亚里士多德式的。亚里士多德所用的名词像“可能性”、“现实性”等等，在柏罗丁的著作里也同样占重要地位。这些东西的关系是他所研究的主要对象。主要的是我们不能认为他与柏拉图和亚里士多德对立；甚至于斯多葛派的思维、逻各斯他也采用了。

给他的**哲学**作一个叙述是非常困难的。柏罗丁的目的和亚里士多德不同，他并不从对象的特性去了解对象，而是把对象归结到统一上去，同时强调实体，贬抑现象。柏罗丁最主要、最具特色的

① 波尔费留：“柏罗丁传”，第三—五页，第九页，第一七——九页。

一点，是他那高尚纯洁的热忱：要把精神提升到善，提升到真，提升到自在自为的东西上去。他依靠认识，依靠纯粹思想，依靠理智的思想，和斯多葛派一样，这个思想本身就是生命，——而并不是呆板枯燥的。他的整个哲学从一方面说是形而上学，然而并不是有一个冲动、有一个趋势在其中支配着，要求说明，要求解释(推演出罪恶和物质的性质)；而是灵魂从特殊的对象回到对于太一的直观：直观真实与永恒的东西，反思真理，——使灵魂达到这种考察和这种内心生活的幸福。因此他所取的方向并不是怎样费心耗神去理解并推究沉重迫人的现实，而只是把这些个别的对象当作起点(就是对于一般意见和哲学理论加以引导，但是进一步又把这些见解予以否定)：他揭示个别对象的地位及
41 其发生的情形，把精神与这些外在的东西分开；在单纯而明白的理念中，给精神应有的地位。他的哲学思想的整个基调，是引入道德、引入对于永恒与太一的理智考察——这考察便是道德的来源。他便是这样进入道德的堂奥，为的是净化灵魂，使灵魂脱离情欲，脱离罪恶、命运以及无信、迷信、星相、魔术等不纯粹不真实的观念。他是引回到实体，而不是在实体的特有范畴中发挥实体。

因此，柏罗丁不能不去理会诺斯替派；他讨论他们，并且非难他们，说"他们根本没有说到道德与善，根本没有说到道德与善是怎样得来的，也没有说到应该怎样去培养与净化灵魂。因为我们说景仰上帝，本是不假外求的事；不过我们还要指出，这件事是怎样做的，以及人是怎样达到这样一个境地的。有一种道德，它趋赴着一个最后的目的，并与智慧同在灵魂之中；这样的道德便足以表

明上帝。”[①]他崇拜异教的神灵，因为他给他们加上了一层深刻的意义和一种深刻的效能。他说一个人如果爱某种东西，也就爱一切与它亲近的东西。譬如与父亲亲近的便是孩子们。然而灵魂在世界上是与最高的东西亲近的。那么它怎么能与这最高的东西分离呢？[②] 这大约就是柏罗丁所取的一般的方向。

假如我们现在更详细地去研究柏罗丁的哲学，我们便可以发 42
现在他的哲学里没有一句话讨论到标准，像斯多葛派与伊壁鸠鲁那样，——这是不必讨论的；他所讲的，是要钻进中心点，钻进纯粹的直观，钻进纯粹的思维，——灵魂在宁静中的那一种自身契合是他的出发点。斯多葛派及伊壁鸠鲁派拿来当作目的的东西，在这里成了出发点，要通过这出发点来达到这样一个境界，就是在内心激起一种欢悦，柏罗丁称之为狂喜。

一般人谈起这一派哲学时，总说它是一种狂想。我们常常听见人说它是狂想，但是柏罗丁却认为真理只存在于理性和理智中：这是很矛盾的。狂想把真理放在实际与概念之间的一种东西里，这种东西既不是实际，也不是概念，而是一种想象出来的东西。但是柏罗丁完全不是这样的。他之所以被人称为狂想，有一部分是因为人们常常把超出感性意识、超出确定的理智概念——理智概念只能用在有限事物上——的东西称为狂想；另一部分是因为柏罗丁一般地说到概念和精神环节本身时，论证的方式很特别，把概念和精神环节说得好像都是实质的东西似的，——把感觉的方式、

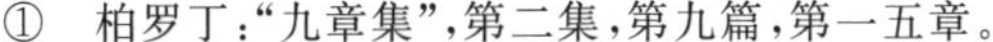

① 柏罗丁：“九章集”，第二集，第九篇，第一五章。

② 同上，第一六章。

想象的方式带进了概念的世界；还有一部分也是因为他把理念弄到感觉范围里去了，例如他便应用一切事物之间的必然关系来耍
43 魔术。因为魔术家所做的事情正是赋予一切话语、符号、感性事物、个别事物以一种普遍的力量，企图用祷告之类的办法把它们想象成普遍的东西，——不过这只是一种外加的普遍者，并不是自在的，也不是基于本性的；换句话说，思想中的普遍者还没有给予它自己一种普遍的实在性。因为英雄的思想只是一个思想，英雄的行为才是真实的普遍的东西；同样情形，效果与方法才是伟大的普遍的东西。

因此，在某种意义之下，人们谴责柏罗丁和新柏拉图学派狂想也是应当的。因为在这个派别的大师柏罗丁、波尔费留、扬布里可的传记里，我们确实找着许多说到制造奇迹的话。因为他们相信异教的神灵；至于神像的崇拜，他们说是因为这些神像里充满着神圣的力量，神灵就在神像里。一般说来，亚历山大里亚学派是没有摆脱奇迹信仰的束缚的。① 不过我们也听到人说起这些人和毕泰戈拉一样做了许多魔术，这一类的故事与其说是在古代产生的，不如说是在这个时期产生的；因为在世界史的整整这一段时期中，不管在基督徒那里，还是在异教徒那里，都流行着对奇迹的信仰；因为专注意自身的精神，对于内心生活的无限力量及崇高充满着惊奇，因而不注意事物的自然联系，于是很容易想到有一个最高的力量在干涉。但是这是与哲学理论完完全全不相干的。除了以上所

① 参看“九章集”，第一集，第六篇，第七章；第四集，第四篇，第三九—四三章；普罗克洛：“柏拉图神学”，第一卷，第二九章，第六九—七〇页(汉堡一六一八年颇尔图斯版)。

说到的关于神像的理论外,柏罗丁的著作里一点也没有包含上面所论到的那些意思。如果把狂想这个名称加给追求超感性的东西 44
的一切精神努力,加给人对于道德、高尚、神圣、永恒的一切信仰,加给各种宗教的皈依,那么,当然也可以认为新柏拉图派是狂想;但是,即令在这种情形之下,狂想仍旧是一个空洞的名词,只能在单纯的理智的嘴里才会说出,只能在怀疑一切高尚事物的思想中才会出现。如果我们说,努力追求与理智范畴矛盾的思辨真理就叫狂想,那么,亚历山大里亚学派实在该受这种谴责,可是用同样的理由,也可以说柏拉图和亚里士多德哲学是一种狂想。因为柏罗丁确实提到通过狂喜将精神提升到思想;甚至于可以说,提高到思想活动的境界,乃是真正的、柏拉图式的狂喜。

此外柏罗丁之所以得到狂想之名,也是因为他把个体意识与绝对本质的认识之间的关系规定或描写成下面这个样子:认为灵魂从肉体回到自身时,除了纯粹本质的观念以外,要把一切观念都丢掉,使自己接近神。[①] 柏罗丁的哲学原理是自在自为的理性。总之,柏罗丁曾经说过,真正的存在只能通过"出神"而被认识;但是我们绝不能把这种出神说成狂想的状态。柏罗丁说出神是一种灵魂的单纯化,通过这种单纯化,灵魂才进入幸福的安宁境界,因为灵魂的对象本身就是单纯的和安静的。[②] 这种境界,也就是灵魂摆脱了肉体,是通过纯粹思想而产生的。思维是活动,也是对象。因此这种出神是安宁的状态,丝毫不带任何心血来潮或胡思 45

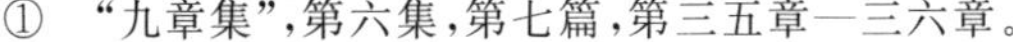

① "九章集",第六集,第七篇,第三五章—三六章。

② 柏罗丁:"九章集",第六集,第九篇,第一一章。

乱想的意味。出神的确不只是感性和幻想的喜悦，而是一个超脱感性意识内容的过程；它是一种纯粹思维，这种纯粹思维安宁自在，以自身为对象。柏罗丁常常以下面这种方式说到这个境界，他说："我常常离开自己的肉体而醒悟回到自身，处在别的东西(外物)之外，进入内心深处，得到一种奇妙的直观和一种神圣的生活。"[①]不过他在这种出神里所意识到的东西就是哲学思想，就是思辨的概念和理念。

人们之所以说柏罗丁狂想的道理，一方面在于他用出神这个名词，另一方面也是在于出神的实质。(一)名词方面：因为人们说柏罗丁狂想时，心里所想到的不是别的，就是疯狂的印度人、婆罗门、和尚、尼姑们所达到的一种境界，这些人为了彻底回到内心深处，企图把一切关于现实的观念和知觉都从心里扫除出去；因此这种境界一方面是一种持久的状态，而另一方面在这种洞见一切皆空的禅定中，它又表现为光明或黑暗，它不是运动，不是分别，总之，不是思想。(二)实质方面：凡是相信思维中的绝对本性不是思维本身的人，常常会说，上帝是意识所达不到的，上帝的思维乃是关于上帝的概念，不过它的存在或实在还是完全另外一个东西；譬如说当我们思维或想象一个动物或石头的时候，我们对于这个动物的概念或观念是一个与这动物本身完全不相同的东西，——好
46 像动物本身才是真理似的。不过这里所说的并不是这个可以感觉的动物，而是动物的本质；这就是动物的概念。动物的本质在可以感觉到的动物身上并不表现为本质，而是表现为有客观个体性的

① 柏罗丁："九章集"，第四集，第八篇，第一章；参看同篇，第四—七章。

"一",表现为那个普遍者的一种形态;其所以是本质,是因为它是我们的概念,而事实上只有这个概念是真的,——感觉所及的东西是消极的。因此,如果我们对于绝对本质所存的概念就是绝对本质自身的概念,不是任何别的东西,那么它就是本质自身了。但是上帝似乎并非仅限于这个本质;因为上帝不仅是本质,不仅是本质的概念,而是本质的存在。作为纯粹本质的上帝的存在,乃是我们对于上帝的思维;但是上帝的真正的存在却是自然。在这个真正的存在里面,自我是个别的思维者;自我附属于这个存在,作为这个存在的环节,但是并不构成这个存在。必须从作为本质的本质存在〔按即纯粹思维〕,过渡到作为真实存在的存在〔按即自然〕;就上帝之作为自然而言,无疑地是个别自我意识所达不到的彼岸:(1)认上帝为个别自我意识或纯粹思维所达不到的彼岸的那种客观的思想方式,是必须克服的。(2)作为个别实在物的上帝,就是自然。思维所达不到的上帝只是实在、自然,不过即便是自然也回到本质,换句话说,自我意识的个别性也要加以克服。

柏罗丁之所以被称为狂想,是因为他有这样一种思想:他认为上帝的本质就是思维本身,并且就呈现在思维里面。基督徒们曾经说过,上帝在一定的时候、一定的地方一度以一种感性的方式呈现,而且和他的人民同居,构成他们的精神,同样地,柏罗丁也说,绝对本质呈现于自我意识的思维中,作为本质存在于思维里,换句话说,思想本身就是神圣的东西。——但是在这种单纯化自我意识的过程中,一点也没有狂想的成分。这一点可以从以下一点证
明:即令这种对上帝的直接认知就是一种对上帝的思维与了解,这 47
也不是一个空洞的感觉,换句话说,并不是一个同样空洞的直观。

柏罗丁的思想是很接近这一方面的;他所用的那种譬喻式的表现方法,尤其使他的思想与一部分混乱的神秘观念有别。柏罗丁的哲学理念是理智主义,也就是说,是一种高级的唯心论,不过从概念方面说,究竟还不是一种完备的唯心论。

至于柏罗丁的确定的主要思想,亦即那种客观的东西,那种在这出神状态中、在这思维的存在中回到自身的内容,我们已经就其一般的主要环节讲过了。

(一)始基、绝对、基础在这里同费洛所说的一样,是纯粹的存在、不变者,是一切显现出来的存在的基础与原因,它的可能性与现实性是分不开的,它就是它自身的绝对现实。它是最根本的统一,这个统一是一切本质的本质。原则、真理并不是有限事物的杂多罗列,也不是一物借以与他物分离的那种通常的实质性,总之,事物的统一乃是事物的本质[①]。这个统一真正说来并不是全体;因为全体是一切个体的凑合,也就是一切个体的总括;这个凑合的全体虽然好像是各个个体的本质、基础,但却是各个个体颇感生疏的外在的统一性。统一也不在全体之先;它与存在着的全体不是分开的,不然它就又会只是一个空想出来的东西了。[②] 柏罗丁所提出的,是一种更新的统一,这种统一是理性所规划的,有主观原则的作用。这就是柏罗丁所建立的最高的客观性或存在。在这种统一里面没有多,换句话说,多并不是自在的。

48 这里所说的统一,只是像巴门尼德和芝诺所讲的绝对的纯粹

① 柏罗丁:"九章集",第三集,第六篇,第六章;第六集,第九篇,第一—二章。

② 同上,第八篇,第八章。

的存在一样;或者说,统一就是指绝对的善,这种意义的绝对,也就是柏拉图尤其是亚里士多德的著作中所讲到的绝对。首先,什么是善呢?“善就是一切所依赖的那个东西”,这也是按照亚里士多德的说法,也是“一切所仰慕的东西”;一切都以它作为原则,一切都需要它,而它自己则毫无需要,它自身是自足的,它是一切事物的尺度与限度,它自身生出 νοῦς(理智)和实体(οὐσία),生出灵魂和生命,生出 νοῦς 的活动。到此为止,一切是美的,不过它比美更美,比善更善——ὑπεράγαθον(过分好)[①]——,它是在自由地统治着,在思想王国中有最高统治权[②],因为当你说这绝对的善的时候,除它以外,你是什么也不能再增加,什么也不能更多想的。当你扬弃了存在自身,而认取了这绝对的存在或善的时候,你会感觉到惊奇;如果你把它当作你追求的目的而安于它,你就会从它所派生出的东西来理解它和它的伟大。当你像这样面对着存在,从它的纯粹本质去考察它时,你将会感觉到惊奇的。[③]

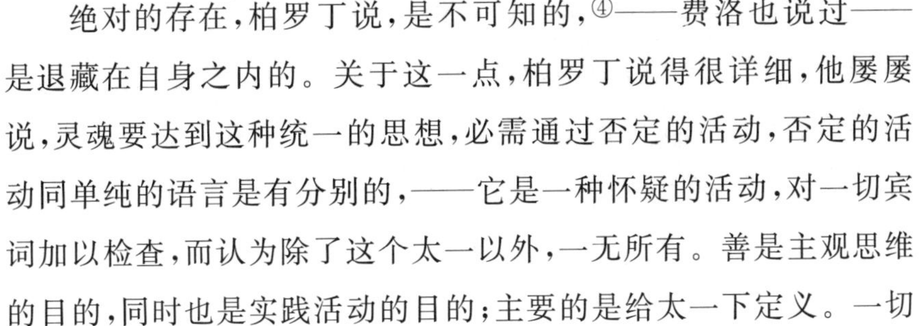

绝对的存在,柏罗丁说,是不可知的,[④]——费洛也说过——是退藏在自身之内的。关于这一点,柏罗丁说得很详细,他屡屡说,灵魂要达到这种统一的思想,必需通过否定的活动,否定的活动同单纯的语言是有分别的,——它是一种怀疑的活动,对一切宾词加以检查,而认为除了这个太一以外,一无所有。善是主观思维 49
的目的,同时也是实践活动的目的;主要的是给太一下定义。一切

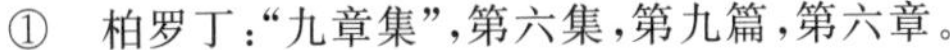

① 柏罗丁:“九章集”,第六集,第九篇,第六章。

② 同上,第一集,第八篇,第二章。

③ 同上,第三集,第八篇,第九——一〇章。

④ 同上,第五集,第三篇,第一三——一四章。

一般的宾词，譬如存在、实体，在柏罗丁的见解中是不适合于太一的，因为它们表现着某种特性。[①] 太一没有感觉，没有思想，没有意识；因为在这一切里都有着分别。[②] 虽然善是绝对的自由[③]，但是它没有决定、没有意志；因为意志本身是与善有区别的。[④]

这样的存在就是上帝，而且永远是上帝，它不在上帝之外，而是与上帝一体，与上帝同一的。“绝对的统一支持着事物，使事物不彼此分离；它是统一万物的坚固纽带，它渗透一切有分离成对立物的危险的事物，把它们结合起来，化为一体；我们把这个绝对的统一称为太一，称之为善。它不是某个东西，不是任何一个东西，而是超乎一切的。这一切范畴都完全被否定了；它没有体积，它也不是无限的。它是宇宙万物的中心点，它是道德的永恒泉源，它是神圣的爱的根源，——一切都围绕着它转动，一切都以它为目的。νοῦς(理智)及自我意识永远在它里面有其起始和归宿。”[⑤]

柏罗丁把一切都引回到这个实体上；唯有它是真实的，它在一切之中永远是自身同一的。一切都出于这个始基，都是这个太一的显现(在它里面创造者与被创造者结合为一)。但是，如果绝对
50 是一个抽象的、特定的东西，如果不把它了解成自身能动的太一，那么就无法了解这个绝对的创造力了。这个从第一者到第二者的

① 柏罗丁：“九章集”，第五集，第二篇，第一章；第六集，第二篇，第九——〇章；第八篇，第八—九章；第九篇，第三章。

② 同上，第六集，第九篇，第六章。

③ 同上，第六集，第八篇，第七章。

④ 同上，第六集，第九篇，第六章(参看第八篇，第一三章和二一章)。

⑤ 史太因哈特：“论柏罗丁的辩证法问题”，第二一页；柏罗丁：“九章集”，第六集，第九篇，第一—九章，随处可见。

过渡,柏罗丁并没有加以哲学的和辩证的处理,而只是用想象的和形象化的方式表现出这种必然性。他对于 νοῦς(理智),对于这个第二者,对于从潜藏到显现的这个进程,作了以下的说明:“这一个绝对的善是一个源泉,这源泉别无其他原则,本身就是一切的流的原则,所以它并不为这些流所耗尽,而是永远如一的源泉。”它与这些流连成一体,所以这些流都包含在它里面;因此它们“从这里流出,流向四方,然而却又没有流出去,它们知道应当从哪里流来,往哪里流去。”[①]这种分别是柏罗丁常常归结到的一点;这是太一规定或实现其自身的进程,这也是万物产生的进程,——这是主要的一点。

(二)这个统一第一次生的儿子是**理智**(νοῦς),是第二个神圣的实体,是另一个原则。[②] 在这里我们遇到了一个主要的困难,就是去了解何以太一会决定要实现它自己这个问题。这永远是主要的兴趣。古代哲学家没有像我们这样用这种一定的形式提出这个问题;但是他们却对它下过工夫。Νοῦς 就是自我的自身发现。——它是 δυάς(“二”),是纯粹的二,它是它自己和它的对象;它包括一切思想,它就是这个区别,不过是纯粹的区别,是永远与自身同一的区别。单纯的统一是第一者。[③] 在这里柏罗丁用一切想象的方式表明:“这个产生的过程是怎样完成的,怎样从统一产
生出‘二’和一般的‘多’来,——这是一个从古以来熟知的现成的 51

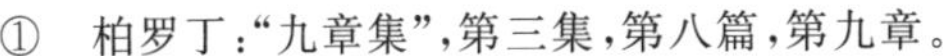

① 柏罗丁:“九章集”,第三集,第八篇,第九章。

② 同上,第三集,第八篇,第一〇章末。

③ 同上,第五集,第一篇,第四—五章、第七章;第四篇,第二章;第五篇,第一章。

问题,假如我们要想知道怎样答复这个问题,我们就必需求助于上帝,不是用可以听到的声音,而是用向他祈祷的时候所发出的心声。我们要做这件事,只有一心向往唯一的上帝才行。静观的人应当退隐到心灵深处,如同退隐到一座庙里一样,安静地留在那里,超脱一切事物,一直静观到毫无变化发生。"[①]这永远是思维的灵魂的心境。柏罗丁勉励人达到这种心境,并且把一切都引到这种心境上面。在这种纯粹思维(静观)里,νοῦς 是真实的;这种纯粹思维就是神圣的活动。

"这产生并不是一种运动,也不是一种变化";变化造成另一个存在,并且过渡到另一个东西。"变化以及因变化而起的东西、可变的东西才是第三者";νοῦς 还是保留在自身之内的静观。"由于理性由绝对实体而生,并没有变化,所以它是绝对实体的直接反映;它并不为一个意志或决心所决定。"而作为太一、作为善的"上帝是不动的;产生是从他、从永恒不变的他所发出来的一种光。太一向四周放射光芒(περίλαμψιν);理智是由他流出来的,正如光芒从太阳射出一样。一切"(实体性的)"不变的东西,都从它们的实体放射出一种依赖它的东西";或者正如柏罗丁所说,实体与它所发出的东西是一个东西。"像火放射热,雪放射冷,而尤其像物体发出香气一样",νοῦς 也放射出存在。"那达到了完满状态的东西进而流溢,——进而光芒四射——"[②],向四周发出香味。[③] ——对

① 柏罗丁:"九章集",第五集,第一篇,第六章。

② 同上,第四集,第三篇,第一七章。

③ 同上,第五集,第一篇,第六章。

于这个发生或产生，柏罗丁也引用流溢作比喻，但是太一在流溢 52
时，仍旧永远是太一。“因为太一自身是圆满的，是没有缺点的；因此它向外流溢；这种流溢出来的流，就是产出物。然而产出物又回到自身”，永远要“回到太一”，回到善；太一是它的对象、内容和完成，——它是由上帝来完成的东西，它渴求上帝。“这就是理智”，——总之这就是产生出来的东西复归于原始的统一。“原始的静止的存在，就是绝对的本质，理智是这本质的直观”；①换句话说，理智的产生，是由于原始本质返回自身、观照自身，它乃是一个能看的看。这向周围放射的光是太一的直观；这种自己回到自己（ἐπίστρεφειν，ἐπιστροφή）就是思维，换句话说，νοῦς 就是这种循环运动。②

这些就是柏罗丁的主要原则；这种对于理念的性质的规定，对于理念的一切环节都是正确的，其中只有一个困难，这个困难是值得我们考虑的，那就是关于这种**产生**的问题。我们是可以用各种不同的方式去设想这个无限显现其自身的情形的。——近代人对于上帝产生出万物这一点讨论得很多，但是这种产生仍旧是一个感性的表象，或一种直接的东西。自身显示的必然性，并没有因此弄明白，只不过是假定了一些现象的发生而已。说圣父生出永恒的圣子，这固然能满足想象；但是这种规定的形式，这种运动的直接性的形式，对于概念说，是不够的。因此理念在内容方面，是完全正确地被了解为**三位一体**，这是极值得注意的；这些规定虽然是

① 柏罗丁：“九章集”，第五集，第二篇，第一章。

② 同上书，第五集，第一篇，第七章；第六集，第九篇，第二章。

真的,但是并不能令人满意。单纯的统一及其变易乃是一切宾词
53 的扬弃——绝对的否定性;产生正是这种否定性本身,它并不是从一元开始过渡到二元。——我们可以从柏罗丁那里再引许多美丽的话,但是在他的著作里,每每重复着同一的思想;“返回到普遍”的话一再出现,其中却根本没有说到真正的**进展**。

这个理智只是各式各样的理念的内容。理智之为理智,理智的对象之为理智的对象,对于理智绝对不是一个外表的东西,也不与它对立。因此上帝是分别和扩展,但同样也是回复于自身,这个二元就在一元中,二元的对象就是统一。所思物并不在 νοῦς 之外,而在思想中,νοῦς 本身只是一个能思者。思想回复到思想的对象是绝对统一,这种统一是无法钻研的,是不受决定的,而永远是不可知的。思维既然是这个样子,既然以自身为对象,那么它便有一个包含媒介物和活动性的对象,总而言之,里面包含着 δυάς(二元)。这就是作为对思维的思维的思维〔按即反思〕。[①] 换句话说,思想既是它自己的对象,在发展这个绝对思想的时候,对于柏罗丁就有了一个原始真实的理智世界,理智世界与感性世界是有关的,不过这个关系是:后者只是前者的一个相去很远的摹本,而那被视为存在于这个绝对思维之内的东西,乃是感性事物的 λόγοι(定义),乃是它们的概念和本质;这些东西乃是感性事物的模型(柏拉图也曾这样说过),有如上面关于源泉的例子所表明的那样。[②]

① 柏罗丁:“九章集”,第五集,第三篇,第五章;第六集,第二篇,第八章。

② 同上书,第二集,第四篇,第四章;第六集,第四篇,第二章;第五集,第九篇,第八—九章。

思维的本性就是思维思维自身，这是一个很有亚里士多德意味的定义。但是在柏罗丁和亚历山大里亚派那里，也同样用了这 54
个亚里士多德式的定义，认为所思的东西、为思想所产生的东西，乃是真实的宇宙、理智的世界；柏拉图所谓的理念就是这里的理智，就是进行构造、进行产生的理智与心智，理智与心智在这种被产生的东西里面是现实的，是以自身为对象的，是思维它自己的。

柏罗丁也以毕泰戈拉式的方式说，作为数的万物存在于这种逻各斯里，“但是数并不是最原始的，统一并不是数。最原始的数是二，不过是不确定的二元；一是二的规定者。二也是灵魂。数是密度；感觉认为存在的东西，乃是较后的东西。”①

关于这许多概念如何存在于理智中的问题，柏罗丁认为那是和一些元素结合在一个物体中的情形相同的，因此和彼此不相干的类之间的情形不同，概念是彼此相异的，但又形成一个完整的概念，——它们之间的不同，并不是由空间上的不同造成的，而是由一种内在的区别使它们彼此相异，也就是说，它们彼此之间的关系，并不像存在着的部分之间的关系那样。② 因此理智被宣布成否定的统一。原素构成一个物体的情形，绝不同于部分构成全体的情形（部分是彼此不相干的，各自独立的）——譬如水和石英等结合在一个结晶体里的时候水还是水，石英还是石英。水和石英的存在是中立性的存在，在这种中立性的存在里，水和石英都被当作不相干的、存在的东西而被取消了；它们的统一是否定的统一，

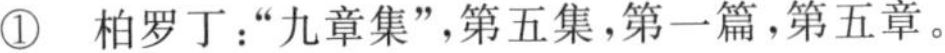

① 柏罗丁：“九章集”，第五集，第一篇，第五章。

② 同上书，第四集，第二篇，第二章；第五集，第九篇，第八章。

自身之中包含着不同的内在本质,它包含着不同的个性原则。

55 (三)有**变化**的世界是可以分别的,这些形式的多,是潜在地存在于理智中,不过不仅在理智中,而且是为理智而存在——即是作为理智的对象而存在。再者,理智具有三种思维的形式:甲、不变者,统一;理智把它的统一作为对象而思维。乙、理智思维它自己与它的本质的区别;它的对象是区别,或者是存在物的多。理智活动的过程就是世界创造的过程;在它之内,一切都彼此分别,各有各的特性(形式),这便造成了事物的实体。丙、思维活动中的实质的、不变的成分乃是规定或范畴;因此从它产生出和流溢出万物的情形是这样的:它保持着充满一切,同样也直接吸引着一切。它是这一切区别的取消,或者是从一个到另一个的过渡;它正是这样思想它自己的,它自己就是自己的对象。这就是变化。当 νοῦς 思维着自己在变化中,而在变化之中仍保持其自身的单纯性时,它所思维的对象就是一般的**生命**。当理智把自己作为对象,把它自己的各个环节认为存在时,这便是生动的真实的宇宙。这种从自身流出而又返回自身,这种对自己的思维,便是柏罗丁所了解的世界的永恒的创造。①

很明显地,在柏罗丁的这种思想中,首先取消了外物;存在的事物本身只是概念。神圣的理智就是概念的思维,概念在神圣的理智中被思维,也就是概念的存在;它们的存在不是别的,就是这种被思维。它们是思想的环节,同样也就是存在的环节。——

---

① 柏罗丁:“九章集”,第四集,第三篇,第七章;第二篇,第一、二章;第六篇,第四章;第六集,第二篇,第二二章。

δύναμις（潜在）与 ἐνέργεια（实在）在柏罗丁也是屡次提到的，这是他的主要范畴；他对于这两个范畴，有许多很详细的解说。所以他把 56
νοῦς（理智）分成思维（νοῦς）、所思物（νοητόν）与思想（νόησις），因此 νοῦς 是一，同时也是一切；但是 νόησις（思想）是分别者的统一。①思想并不只是统一，而且是产生物；思想是向上帝飞跃的，——思想，也就是主体。思维与外在的上帝的对立这种区别被取消了；因此人们诋毁新柏拉图派为狂想，其实他们也的确想出了不少奇异的东西。

再考察他所提出的三种思维方式，亦即单纯的、区别的、变化的三种方式，于是思维就有了下面三个原则：那第一种方式是对它的对象自身作单纯的无分别的直观，换句话说，这就是光。它不是物质，而是纯粹的形式、实效性。空间便是这种实效性的抽象而单纯的连续性，并不是实效性自身，而是它的连续性的形式。而那第二种思维方式，作为对这种光的思想的理智，本身就是光，但却是绝对真实的光，换句话说，是光中之光。②

甲、这三个原则是太一、νοῦς、灵魂。“Νοῦς 按其本性说是永远在活动中。向它与围绕它的运动就是灵魂的活动。从理智到灵魂的过渡使灵魂具有思想的力量，在它们之间没有插入任何东西。思维（νοῦς）并不是一个多数的东西；思维是单纯的，思维之所以为思维就在于它思维。真正的 νοῦς（并不是我们在欲望中的理智）在

---

① 柏罗丁：“九章集”，第五集，第三篇，第五章：“一切事物可分为三种：理智，思想，所思物。”

② 同上书，第四集，第三篇，第十七章。

思想中思维，它的所思对象不在它之外；它自己就是它所思的对象，必然在思想中有着它自己，并且见到自己，——见到自己并不
57 是不思维，而是思维。——我们的灵魂有一部分是在永恒”(光)“中，是普遍灵魂的一部分；普遍灵魂有一部分在永恒中，从永恒流出来，始终存在于它自身的直观中，并不是出于谋划，”等等。全体雍容盛装，把它按它的本性所能发出的东西给予一切有形体的事物，正如一团放在中间的火向四周发出热一样。①

“太一不应当是孤立的——因为如果太一是孤立的，一切将要隐藏不见，就会表现不出任何形象。如果太一是孤立的，一切存在物就会不存在；如果那些达到灵魂阶段的事物没有获得继续产生(πρόοδον)的话，也就不会有大群从太一产生出的存在物了——：同样地，各个灵魂也不能单独存在，否则由它们产生的东西便不会出现了。因为灵魂存在于每一个自然物内，从它产生出某些事物并且把它显露出来，正如种子从一个不可分的萌芽中产生出与表现出一些事物一样。根本没有什么东西阻碍万物分享善的本性。”②柏罗丁把有形体的事物和感性的事物丢在一边不管，他毫无兴趣去解释这些东西，只是一味要想摆脱这些东西，好挽救普遍的灵魂和我们的灵魂于危殆之中。

乙、柏罗丁谈到感性世界的根源，谈到罪恶的来源。感性世界以**物质**为其根源；柏罗丁对于这个物质作了许多哲学上的讨论，并且结合着物质的性质讨论了罪恶。物质是带着存在物的形象的不

---

① 柏罗丁：“九章集”，第二集，第九篇，第一—三章。

② 同上书，第四集，第九篇，第六章。

存在的东西（οὐκ ὄν）。事物由于它们的纯粹的形式、由于使它相异的区别而彼此不同；区别的共相便是否定，这就是物质。因为存在 58
是原始的绝对统一，所以这种客观事物的统一乃是否定；绝对的统一没有任何宾词、特性、形象之类。因此它自身是一个思想或纯粹概念，而且是纯粹的非决定性的概念；换句话说，它是没有现实性的普遍可能性。柏罗丁把这种纯粹可能性叙述得很详细，将它规定为否定的原则。① 关于这种可能性，柏罗丁说得很多：

“黄铜只是一个可能的铜像；在不保持前后同一的事物方面，可能者是完全另外一个东西。当一个按可能性说是文法家的人变成了现实的文法家时，可能者与现实者是同一的。无知的人偶然也会变成一个文法家，但是其所以如此并不是因为他无知，而是因为他是一个可能的有知者。灵魂本身便具有着它可能具有的性质，也是在可能性中有知的。现实性就其在现实中而不在可能性中说，我们把它称为形式或理念（εἶδος）是并无不合的：它并不是一般的（ὁπλῶς）现实性，而是某一个确定的现实性（τοῦ καὶ ἐνέργειαν，sed potius *hujus* actus——据费其诺的翻译）。因为我们把它叫做另一个现实性，也许是更为恰当（κυριώτερον），这种现实性与那引向现实性的可能性是对立的。因为可能者有变成另一个在现实中的东西的可能性。但是可能者凭借着可能性在自身内也有着现实

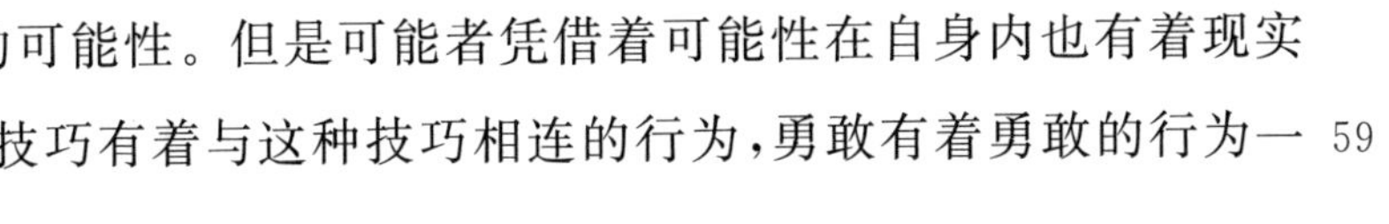

性，正如技巧有着与这种技巧相连的行为，勇敢有着勇敢的行为一 59
样。”②

① 柏罗丁：“九章集”，第二集，第四篇，第四章，第一〇——一五章。

② 同上书，第二集，第五篇，第二章。

“如果在所思物里面”(在“灵明世界”里是一种不正确的说法；并不是什么世界，而是 ἐν τοῖς νοητοῖς〔在所思物里〕)“并没有物质，因为物质乃是在可能性中的东西(ὕλη εν ᾗ τὸ δυνάμει)，不能变成”(utpote〔不能〕，不是 quam〔仅仅〕)“这样一种还不存在的东西，也不是一种变化为他物的东西，也不是自身不变而产生他物，或者自己离开让位给他物的东西：那么，在有存在的场合”(不是在领域中，不是 in regno)“——存在是有永恒性而无时间的——，就没有任何单纯在可能性中的东西。在这种场合，物质应当作为一种形式(εἶδος)，正如灵魂这个形式对于他物(πρὸς ἕτερον)是物质那样。”①(这一段讲得很不清楚)。——一般说来，物质并不是 actus(现实性)。② “它是在可能性中存在的东西。它的存在只是一个预示生成变化的东西：所以它的存在转化而为将要存在的东西(ὃ ἔσται)。那存在于可能性中的，并不是某一个东西，而是一切”；现实者才是一定的东西。“物质永远依赖别的东西，它是将来的东西的可能性。它被放在后面，如同一个暗淡的、阴暗的(暧昧的)、不可名状的影像(εἴδωλον)一般。它是不是现实的影像呢？它是否
60 因此是现实的虚妄呢？这根本是一个真正的虚妄(ἀληθινὸν ψεῦδος)，这根本是一个真正的不存在(ὄντος μὴ ὄν)；”物质是一种在现实中不真实的东西。“因此它在现实中不是一个存在物，它的真理”，它的实质，“是在非存在(μὴ ὄντι)中”；事实上它是不存在的，“它的存在是在非存在里。”非存在表达了物质的本性；

① 柏罗丁：“九章集”，第二集，第五篇，第三章。

② 同上，第四章。

非存在便是它的特质，它是纯粹的否定。“如果从错误中拿去了它的错误，也就拿去了它所具有的全部本质。同样情形，如果你把现实性加到那种在可能性中具有其存在和本质的东西上面，你就把它的实体的原因毁灭了，因为它的存在正是由可能性构成的。因此假如我们要想使物质不受损害，我们就应当始终把它当作物质；因此似乎应当说它只是在可能性中，才能使它保持原状。”①

丙、与善相对立的恶，现在也开始成为研究的对象，因为罪恶来源的问题，是人类的意识普遍感兴趣的。这些亚历山大里亚派学者，曾经把思想的否定当作物质，自从具体的精神进入意识之后，抽象的否定也就在这种具体的形式下被了解为存在于精神自身之内，因此被了解为精神的否定。柏罗丁从许多方面考察这个罪恶；但是对于这一点，思维的考察并没有多大进展。大体上在他的思想中占统治地位的是以下这些观念：灵魂的行为就是引向太一的运动，灵魂与逻各斯之间并没有别的东西；因为思想只是以自 61
身为对象，只是把自己看成在思维的东西。② 善是一切存在所依靠的，是自身满足的，是一切的尺度、原则与限度，是给予灵魂和生命的东西，不但是美的，而是超乎一切最好的东西之上的，在思想中统治着、支配着。③ “善是 νοῦς，不过并不是我们所常用的那种意义下的理智，那种意义下的理智是从一种假定中（ἐκ προτάσεως）满

① 柏罗丁：“九章集”，第二集，第五篇，第五章。

② 参看本书第 213 页（原版第 56 页）。

③ 参看本书第 205 页（原版第 48 页）。

足自己，并且了解对它所说的话，它作出一个结论，并且从结论所生出的东西里引申出一种理论，而从结果中认识到它原先所没有的东西，因为在这以前，虽然它是理智，它的知识却是空的。但是这个 νοῦς、心智却具有着一切，它就是一切，却又在自身之中”；它自身之中包含着一切；“当它没有一切时，它便有着一切，”因为一切对于它乃是思想上、心智上的东西。可是它的具有一切，和我们具有与我们相异或在我们之外的事物意义是不同的，它所具有的并不是异于它的东西，因为它就是每一个事物，也就是一切事物，它不是混杂的，而是自在自为的。

分有 νοῦς 者并不同时分有一切事物，而只不过分有它所能分有的事物。它(即 νοῦς)是有限的 νοῦς 的“最初的现实性”，——亦即它的现实是最初的现实——“它是最初的实体，因为理智(即有限理智)存在于其中。它围绕着有限理智在活动，亦即围绕着有限理智在生活(?)。在外面围绕着有限理智运动的”(χωρεύσασα，circa hunc se versans. 是不是 χωρεύσασα?)“灵魂，观察理智、洞见理智的灵魂便凭借理智而直观上帝，这便是毫无罪恶的幸福的神的生活。”心智便是活动，但是这样它就从自身流出，流溢出来；因此它
62 是进行分别的心智，不过因为它在它的区别中只是对它自己活动，所以它永远在它的神圣统一中，并且过着一种毫无罪恶的生活。“假如一直保持着这种生活，那就没有罪恶了”。但是围绕着万有之王还有第一级、第二级、第三级的善；第一级的善(ἐκεῖνο)是一切善的创始者，一切都属于它；“不过其中也包含着区分的环节——，第二级的善围绕着(περὶ)第二级的东西，第三级的善围绕着第三

级的东西。”①

“假如这是存在的和高于存在的东西，那么罪恶就不在存在物里，更不在高于存在物的东西里；因为这就是善。因此只能说，假如还有罪恶存在，那它只能是在无有中，它只是一个不存在的形式——不过不存在者并不是完全不存在，而只是存在物的对方。”罪恶并不是独立于上帝的绝对原则，如同诺斯替派、摩尼教徒所认为的那样。“罪恶并不是一种不存在的东西，正如动和静是存在的东西一样，而是有如存在物的一个影像，真正说来”（严格说来）“是不存在的。它是感性的宇宙。”②罪恶的根源是在非存在里。

在第一个九章的第八篇里，柏罗丁说：“罪恶怎样才能被认识 63
呢？当思维离开自身时，物质就发生了。只有抽掉对方，才有物质存在。当我们把理念取去之后，所剩下的东西，我们便说它是物质，”是罪恶。“因此思想变成了另外一个东西，变成了非思想，因为它敢于超出自己的范围去活动”；那不是它自己的东西便是物质，便是罪恶。“正如眼睛为了要看它所看不见的黑暗而抛开光明——这个看就是不看——：同样情形，思想为了看与它相反的东西，也就忍受着与它矛盾对立的东西。”③这种抽象的对方，也就是罪恶。看渺茫无定准的东西就等于不看。“从对于定准”——ὅρος，νοῦς（观看，心智）——“的关系看来，感性事物就是在限度（πέρας）方面无定准的、无限的”、无限度的东西，就是无定、不定、不圆满的东西，就是绝对贫乏的东西。这对于感性事物并不是偶

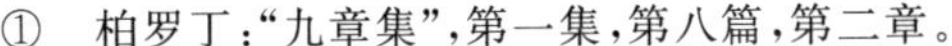

① 柏罗丁：“九章集”，第一集，第八篇，第二章。

② 同上，第三章。

③ 同上，第九章。

性（συμβεβηκότα），而是它的实体（οὐσία）。”它的目的永远是生成变化；我们不能说它存在，而只能说它永远是将要存在。——“以νοῦς为目的（νεύουσα 倾向）的灵魂是纯洁的，是离开物质、离开一切无定与无定准的东西的。”①

“但是为什么有善的地方也就必然有恶呢？因为全体里面必定有物质；因为全体必然由对立面构成。假如物质不存在，全体也就不存在了；世界的本质是由 νοῦς 与必然性混合而成的。与神灵
64 同在，就等于说在思想中；因为神灵是不朽的。我们也可以这样去了解罪恶的必然性。因为善不能**单独**存在，物质是善的对立面，是必然要产生的。”所谓 πρόοδος、产生就是一种行为，就是一种自反的活动，因此其中包含着区分与对立。在善的产生中物质是必需的，为了产生善，便要有物质来作对立面。或者我们也可以说，罪恶是由不断堕落而降到一个再也不能下降的极端的东西；不过最初者必须要有些东西跟在后面，所以极端也是必需的。这就是物质，物质本身不复具有任何善的因素；这就是罪恶的必要性。②

“物质确实是不存在的，是一种扬弃自己的运动，是绝对的不静止，然而它又在静止中——这是自己与自己对立；它是小的大，大的小，少的多，多的少。用一种形式去规定它时，它就更加是一种对立；这就是说，当考察它、固定它时，它就不固定而逃跑了，而当它未被固定时，它却固定了。——简直是个幻觉。”③因此物质

① 柏罗丁：“九章集”，第一集，第八篇，第三章和第四章。

② 同上，第七章。

③ 同上书，第三集，第六篇，第七章。

自身是不灭的，它不能变成任何东西；①变化的理念自身是不灭的，但是含蕴在这个理念之内的东西却是可变的。这种物质绝不是没有形式的；我们已经见到了理智对于它的对象有一个第三种 65
关系，就是区分的关系。这种关系、过渡、变化乃是宇宙的生命，乃是宇宙的普遍灵魂。同样情形，它的存在不是在理智中所进行的变化，而是它的存在通过理智成为它的思想的直接对象。

在柏罗丁那里和在毕泰戈拉那里一样，主要的方面是 ἀγωγή（引导）灵魂到道德。上面已经说过，柏罗丁曾经屡次讲到诺斯替派；特别是在第二个九章的第九篇里。诺斯替派把精神、心智当作真实的东西；他们就是由 γνώσις（认识）一词而得名的。不过他们把圣书里的一切都变成了精神性的东西，他们把存在的形式，把构成基督的一个重要环节的那个实在性的形式，都化为一个普遍的思想。柏罗丁表示反对诺斯替派，坚决主张思想物与实在物之间的联系是重要的。他说“我们要达到善，并不是凭借蔑视世界和世界中的神灵以及其他各种美。罪恶的人轻视神灵，而且只要当他做到完全的蔑视时，他就完全是罪恶的了。他给予可知的神灵的尊荣是完全不恰当的。”诺斯替派对思想中的神灵予以最高的尊敬；但是如果我们只是一味思想的话，在思想与实际世界之间是得不到任何和谐的。“实际世界中的灵魂比我们的灵魂更接近天国，这个实际的世界怎样能与天国分开呢？对接近天国（ἐκείνοις）表示轻视的人，只不过在口头上（λόγῳ，费其诺译为 verbis）认识天国。如果说天意（πρόνοια）”、神圣的东西“达不到尘世（εἰς τά τῆδε，现 66

① 柏罗丁：“九章集”，第三集，第八章。

世),怎能算是虔信呢?为什么上帝不在这里?为什么他会知道他们在这里呢?"(——以前只是 πρόνοια〔天意〕,不是 θέος〔神〕——他们指人)"因此,他无所不在,也在这个世界内,不管采取什么方式,所以世界也分有他。如果他在世界之外,离我们很远,你就不能对他或他所产生出来的东西说什么话了。这个世界也分有他,是不会被他放弃的,也是永远不会的。因为全体分有神的天意比部分多,而那个世界灵魂分有的更多。世界的存在与世界之为理性存在便证明了这一点。"①

柏罗丁很明确地表示反对诺斯替派,反对单纯的理智。诺斯替派与西方教会是对立的,西方教会对它们多方攻击;在基督教初起的几个世纪里,是把他们当作异端看待的,因为他们否认或取消了基督存在的观点。他们说,基督的存在只不过是一个虚假的肉体。摩尼教徒的说法和他们完全一样,认为上帝,善显现出来,照耀一切,因此产生出一个灵明世界。第三者是回头的 νοῦς、精神,第二者与第一者是产生一切的太一,是感摄的太一;这种感摄便是
67 爱。这一派异端对于这个观念认识得很清楚,不过他们把个体化的实在的形式抛弃了,基督教是在这种形式中表现这个观念的。基督上十字架因此显得只是一个现象,只被当成一个譬喻,影射着一个关于被囚禁的灵魂的实际烦恼的图像。因此发生一个观念,认为基督在全世界上被钉十字架,在灵魂中受难,认为这是一种神秘的上十字架。由于滋长作用,光明的部分被束缚了,这种光明部

① 柏罗丁:"九章集",第二集,第九篇,第一六章。

分被束缚，便形成了植物。① 这个观念被他们看成普遍的理念，这理念在关于自然中的一切事物方面，在植物与动物以至灵魂的本性方面，被反复地说了又说。因此，对于这些诺斯替派学者，柏罗丁曾经表示反对。教会也曾同样地特别主张神性与人性的统一。这种看法曾经在基督教里深入人心，所以人性被认为是实在的，是具体的，而不是仅仅具有譬喻或哲学的意义。

这样便构成了柏罗丁的理智主义与唯心论的基本观念，也就是他的那些普遍观念。他把特殊事物引回到这些普遍观念上，不过论证常常是作得很形象化的。他的思想中所缺乏的是：(一)上面所指出的概念。分化、流溢、放射或产生、显现、发生也是近代人所常提到的名词，但是事实上这些名词并没有说出什么东西来。怀疑论和独断论以及意识、认识造成了主观性与客观性的对立。柏罗丁取消了这种对立，高飞到最高的境界，没入亚里士多德的“思维的思维”这个观点；他和亚里士多德的类似之处，多于他和柏拉图的类似之处。他的思想是不辩证的，既不是由自身出发的，也不像意识那样从自身出发又回到自身。

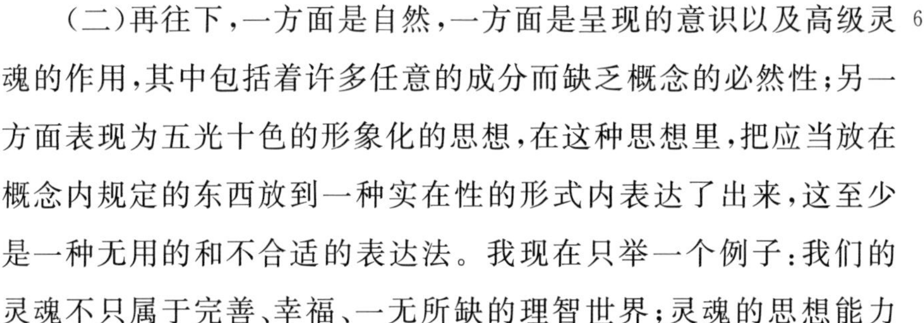

(二)再往下，一方面是自然，一方面是呈现的意识以及高级灵 68
魂的作用，其中包括着许多任意的成分而缺乏概念的必然性；另一方面表现为五光十色的形象化的思想，在这种思想里，把应当放在概念内规定的东西放到一种实在性的形式内表达了出来，这至少是一种无用的和不合适的表达法。我现在只举一个例子：我们的灵魂不只属于完善、幸福、一无所缺的理智世界；灵魂的思想能力

① 内安德：“最高尚的诺斯替派系统的发展”，第九〇页。

只是属于最初的理智。灵魂的运动能力,作为生命的灵魂,是从理智性的世界灵魂中流出来的,而感觉则是从感觉的世界灵魂流出来的。这就是说,柏罗丁把最初的世界灵魂当作理智的直接活动,——理智就是自身的对象;世界灵魂是超出凡尘的纯净灵魂,它住在恒星的高天上。这种世界灵魂有创造的能力;从它又流出一个完整的感觉的灵魂。个人以及与整体分离的特殊心灵的愿望给予它一个身体;它在高高的天界里接受这个身体。它凭借着这个身体得到了想象力和记忆力。最后它转化为感性世界的灵魂;在感性世界得到了欲望以及在自然中生长的生命。①

这种堕落,这种灵魂化为肉体的步骤,被柏罗丁的继承者们描写得好像是灵魂从银河和黄道带降落到位置很低的行星里面来了,在每个行星里它接收一些新的力量,在每个行星里它也开始使用这些力量。灵魂第一次在土星上得到对于事物作推论的力量;在木星上得到使意志产生效果的力量;在火星上得到情感和欲望;
69 在太阳上得到感觉、意见和想象;在金星上得到对特殊事物的欲望;最后在月亮上得到生殖的力量。②

柏罗丁一方面规定了灵明的实体,另一方面又以同样的方式为精神性的东西制造了一种现实的存在、特殊的存在。仅仅具有欲望的灵魂是动物;仅仅生长、仅仅具有生殖力的灵魂是植物。但是动物与植物不是特殊的精神状况,并不在普遍的精神之外,而在

① 布勒:"哲学史教程",第四部,第四一八—四一九页;提德曼:"思辨哲学的精神",第三册,第四二一—四二三页;柏罗丁:"九章集",第四集,第一篇、第三篇和第八篇,随处可见。

② 布勒:"哲学史教程",第四部,第四一九—四二〇页。

世界精神对于自身的特殊自我意识的阶段之中。不过土星和木星与这一点不发生关系。如果它们在它们的潜能中表现灵魂的要素，那只不过是等于说，它们现在每一个都表现一种特殊的金属。正如土星表示铅，木星表示锡等等，土星也表示推论，木星也表示意志之类。不把土星的概念、本质表达出来，而说土星相当于铅等等，或者说土星代表着铅，这是再容易不过的事，——这个比拟，并不是比之于概念，而是比之于从空气以及土地中取出来的感性事物。譬如土星是推论或代表推论之类；因为那里是有了灵魂的。不过这里所举出这些观念都是歪曲的或错误的；正如我们要说土星是铅等等的时候一样。铅的本质不再是名叫铅的那种感性存在物了，在这样一种情况之下，也没有给灵魂一种实在性；因为并没有表示出它的本质——而只不过表示出一种感性的存在而已。

三　波尔费留和扬布利可

波尔费留和扬布利可是柏罗丁的著名弟子。〔前面已经提到
过，他们是写毕泰戈拉传的人。〕[①]波尔费留是叙利亚人，死于三〇 70
四年。[②] 扬布利可也是叙利亚人，死于三三三年。[③] 在波尔费留的著作中，我们还保有一部介绍亚里士多德关于种、属和判断的“工具论”的引论，这部书里面陈述了亚里士多德逻辑的主要环节。这部著作过去一直是讲授亚里士多德逻辑的教科书，同时也是人们

① 据米希勒本，第二版，英译本，第二册，第四三一页增补。——译者

② 布鲁克尔：“批评的哲学史”，第二卷，第二四八页。

③ 同上书，第二六八页。

据以引申出亚里士多德逻辑的形式的史料来源；我们通常的逻辑书里的内容，很少有多于这部引论的。从波尔费留专攻逻辑这件事看来，足以证明确定的思维形式已经更多地进入新柏拉图派了；但是，这完全是一些属于理智和纯粹形式的东西。独特的一点是：在新柏拉图派那里，理智逻辑，对科学的纯粹理智的经验处理，是与完全思辨的理念相结合的，而在实践方面，又与信仰巫术、与神奇古怪的东西相结合。波尔费留写了柏罗丁的传记，就把柏罗丁写成了一个有法术的人；我们应该把这种事让给文学去管。

扬布利可表现得更加暧昧，更加紊乱；我们已经说过他是作毕泰戈拉传的人。毕泰戈拉派的哲学，新柏拉图派研究得也很多，特别是复活了毕泰戈拉派数的范畴的形式。他是当时一位很受尊敬的教师，因此得到了神圣导师的名号。不过他的哲学著作并没有什么特色，只不过是一些编纂出来的东西而已；他的毕泰戈拉传也没有给他的理解力增加太大的荣誉。在他那里，思想下降为想象力，心灵的宇宙下降为充满精灵和天使的国度，对精灵和天使加以分类，并且思辨也下降为魔法了。新柏拉图派把这个叫做神学。
71 在奇迹里，思辨、神圣的理念被搞得好像直接与现实相接触，——但是并非以一种普遍的方式。至于 *De mysteriis Aegyptiorum*(“论埃及人的秘法”)这部作品，我们并不能确定是否是扬布利可所著。以后普罗克洛对扬布利可大事赞扬，说自己的主要思想都是从扬布利可得来的。[①]

① 参看普罗克洛：“柏拉图神学”，第三卷，第一一章，第一四〇页。

四　普罗克洛

另一个更重要的、晚期的新柏拉图派分子,还必须提到的,是**普罗克洛**。普罗克洛于四一二年生于君士坦丁堡,于四八五年死于雅典,但大部分时间是同普鲁泰克一起在雅典居住和研究。他的**传记**是由马里奴写的,其风格和上面所列举的那些传记相同。根据这个传记,他的父母是出自克散陀——小亚细亚的吕其亚的一个地方;由于这里崇奉阿波罗[按系日神]和明内娃[按即雅典娜,司智慧、战事、艺术的女神]为这个城市的保护神,所以他也以感恩的心情崇拜这两位神灵。据说这两位神灵也器重他,把他当作他们的宠儿,特别照顾他并现身在他面前,据说,亚波罗曾由于抚摩了他的头而医好了他的病,而明内娃曾嘱咐他要他到雅典去。他首先到亚历山大里亚研究修辞学和哲学,后来才到雅典从普鲁泰克和柏拉图派须里安研究。在这里他先研究亚里士多德哲学,后来研究柏拉图哲学。主要地是普鲁泰克的女儿阿斯克勒比格尼亚引导他进入了哲学的最内在的秘密,据马里奴肯定说,她是当时唯一保存着从她的父亲传授给她的关于重要的神秘仪式和整套巫术的知识的人。普罗克洛学习了一切有关秘法的东西、奥尔斐的诗歌、黑梅斯的著作以及各式各样的宗教社团:因此随便他到哪里,他对异教徒的崇拜仪式比那些专司仪式的祭司还知道得更清 72
楚些。据说普罗克洛本人曾被导引进各种异教的秘法。他本人奉行最不相同的各个民族的一切宗教节日和仪式。他甚至知道埃及人的崇拜仪式,遵守埃及人的净化仪式和礼拜节日,并且他还在某些日子绝食、祈祷和唱颂神诗。但是秘法(μυστήριον)在亚历山大

里亚人那里并没有我们对这名词所了解的那样的意义，反之，这名词在他们那里一般是指思辨的哲学而言。同样，秘法在基督教里也只有对于理智才是不可理解的、才是秘法；但秘法乃是思辨的对象，是理性所可理解的，——秘法并不是什么秘密，而是启示的。普罗克洛曾经写了很多颂神诗，至今还有几首很美的遗留下来，这些诗都是献给著名的神灵以及一些完全地方性的神灵的。关于他曾经信奉很多的宗教这一点，他自己也曾说过："对于一个哲学家来说，光是为一个城的崇拜仪式或少数人的崇拜仪式服务，那是不适宜的，他应该普遍地做全世界的祭司。"他认为奥尔斐是一切希腊神学的创始者；他特别认为奥尔斐和迦勒底的神谕具有很大的价值。他曾在雅典教学。自然，他的传记作者马里奴还叙述他做出许多伟大的奇迹，如他曾使天下雨，并曾使酷热消减，如他曾使地震平静、曾医治很多疾病，并且曾经看见神灵的现身。①

普罗克洛过着一种极其好学的生活；他是一个深刻的、思辨的人，并且掌握了极其广博的知识。我们不禁感到这样一个哲学家
73 的见解和他的门人们后来在他的传记中对他的描述之间有矛盾。他的传记中所提到的神奇的事迹，在他本人的著作中一点儿痕迹也找不到。普罗克洛遗留下很多著作，我们也还保有多种。还有几种数学的著作，例如"论圆形"(*De sphaera*)就是从他那里得来的。他的哲学著作主要是一些对于柏拉图的对话的注释，对于不同的对话的注释发表在不同的时间，特别著名的是对于"蒂迈欧"

---

① 布鲁克尔："批评的哲学史"，第二册，第三二〇页；邓尼曼，第六册，第二八四—二八九页；马里奴："普罗克洛传"，随处可见("柏拉图神学"，引言)。

篇的注释。但有几种只是手稿；古桑曾对这些手稿最全面地加以整理，并在巴黎出版。印成单行本的是他的“柏拉图神学”和他的“神学要旨”，——这是普罗克洛的主要著作。后面这一种小书克罗依采尔曾重新印有新版，此外还刊行了几种上面所提到的注释。

他同样献身于崇拜上帝、科学和新柏拉图派的哲学。他的**哲
学**的中心思想，很容易从他关于柏拉图的神学的著作中认识清楚。
他的著作也有着许多困难，因为里面讨论到异教的神灵，并从这些
神灵里推究出一些哲学的意义。他和柏罗丁却很不相同，因为在
他这里新柏拉图派哲学整个讲来至少已经达到一个较系统的排列
和较发展的形式。他的出色之点在于他对柏拉图的辩证法有了较
深刻的研究。他是很有趣味的，因为特别在“柏拉图神学”里（这书
无疑地也是富于辩证法意味的），对于理念的范围有较明确的进展
和区分；而在柏罗丁那里情形就不是这样。在这一著作里，他从事
于对最敏锐的、最深刻的“一”的辩证法的研究。他感到有必要去
证明多即是一、一即是多，并揭示出一所采取的各种形式。但是他
的辩证法多少总是一种外在的论证，是非常令人厌倦的。不过有 74
一点是不容误认的，即普罗克洛哲学有深刻的意义，并曾获得了较
充分的发挥和明晰性以及科学的发展，而且大体上讲来他的文章
也是很好的。他的哲学，如同柏罗丁的哲学一样，乃是采取对于柏
拉图的注释的形式，“柏拉图神学”一书从这一方面看来是他的最
有趣味的著作。这是一个理智的体系。我们要看，如何才可以予
以正确的阐述；我不是说，他的陈述是完全清楚的，其实也还有很
多缺点。

在柏拉图的“巴门尼德”篇中，他特别明白地看到绝对本质的

性质是被认识到了。柏拉图的“巴门尼德”篇的结果,在讨论柏拉图时我们已经引证过了。① 在柏拉图本人那里,这些纯粹的概念出现得很自然,好像除了它们所具有的直接的意义外,没有更进一步的意义似的。“一、多、有”等等,在这里我们了解的是这直接的一、多。我们把它们规定为我们思维中的普遍的概念;但在普罗克洛看来,它们有着较高的意义,它们是绝对本质的表现。——于是他根据柏拉图的辩证法来指明,一切规定,特别是“多”这一规定,如何会自己扬弃自己而回复到一。从表象意识看来,这是一条主要的真理,即:有许多实体存在着,或者多(多个事物,每一个事物都是一,因此是一个实体)本身就具有真理性,——但是这一条主要的真理在他的辩证法里却失掉其真理性了。其结论是,只有一才是本质、才是真的,所有别的规定只不过是在消逝中的量、只不过是一些环节,它们的存在只是像一个直接的思想那样。对于一个直接的思想,我们不承认它有实体性、有其独特的存在。所以一切都是规定,而一个事物的诸规定就是在思维中的这样的环节。
75 对新柏拉图派和普罗克洛,常常有这样的反对意见不断地提出来,即:对思维说来,诚然一切都回复到统一,但这只是思维的统一,并不能由此推论出一切现实的事物不是现实的实体,彼此各自不同,各有其独立的原则,甚至各个不同的实体彼此互相分离,各有其自在自为的存在,——刚才所提到的只是逻辑的统一,而不是现实性的统一,从逻辑的统一得不出现实性的统一的结论。这就是说,他们这个反驳永远是把问题从头重新开始一番。他们说到现实性,

① 参看本书第二卷第 230—231 页(原版第二卷,第 243—244 页)。

认为现实性是某种自在地存在着的东西；当他们说到现实性是什么时，则他们只能说，现实性是一个东西、一个实体、是一，简言之，他们老是重新提出某种自在地存在着的东西，而这东西之必然要消逝及其无自在性，是业已指明的了。

普罗克洛从一开始；他从一往前进展，但是他没有立刻就达到心灵（νοῦς）。不过一切规定在他那里都具有着具体得多的形式；而这个一的自我发展，在普罗克洛那里也不复像在柏罗丁那里那样被认作概念。我们必须一下子放弃这点，不要去寻求二元化的概念。主要的东西是一、是太初。“一本身是不可言说的和不可认知的；但是我们可以从它的自身展现和自身回复的过程中去认识它。”[①]普罗克洛把这种自我二元化、自我分化的关系、一的最近的特性规定为一种产生、一种展现、活动、阐明、揭示。[②] 一的产生的
情况并不是超出自己之外；因为超出自身将会是一种变化，而变化 76
是被设定为自己与自己不相等同的。因此通过它的产生的过程，一也并不感受到任何亏欠或减少。一是这样一种思维，这思维并不由于产生了一个特定的思想而感受亏欠，而仍然保持原样，那被产生的东西也保持在它自身之内。[③]

因此概念真正讲来不复像在柏罗丁那里那样明晰了。不过这里普罗克洛对于柏拉图的“巴门尼德”篇中这种产生过程所表现的方式，却作了一个具有深刻意义的说明。他已经在柏拉图的“巴门

① 普罗克洛：“柏拉图神学”，第二卷，第九五页。
② 同上，第一〇七页及一〇八页。
③ “神学要旨”，第二六章。

尼德”篇中发现了产生的过程(普罗克洛关于这一对话曾写有注释,参看古桑本第四至六卷),在那篇对话里巴门尼德以消极的方式(其结果常常是消极的)指出,如果肯定一存在,则必须否定多的存在等等。关于这些否定的说法,现在普罗克洛说:“否定并不取消它所指谓的东西(内容),而乃是根据它的对立以产生各个规定。所以当柏拉图指出太初不是多时,他的意思是说,多是从太初产生出来的,当他说太初不是全体时,他的意思是说,全体是从太初产生出来的。”①多、部分的特性是从一派生出来的。这种否定性不应当了解为一种简单的缺乏,反之,否定性也包含着肯定的特性。多并不是被了解为经验的意义,也不是单纯地被取消。“这种否定的方式因此必须被认作完善的东西,这个完善的东西保持在统一性中,超出一切,并且是在一个不可言说、没有限量的单纯性之
77 中”。Tέλειον 是照耀四周的,也是有产生能力的,因此全体是理想地包含在一之中的。“同样,反过来说,神也必须重新对否定加以扬弃”,否决必不可以是绝对的;“不然就不会有神的概念,也不会有否定。不可言说者的概念围绕着自身旋转,从不安息,自己和自己斗争。”②——这就是说,太一理想地建立它自己的规定,然后又把这些规定加以扬弃。否定者正是二元化的、产生的、活动的、与单纯者相反的东西;它也同样是没有否定性的东西。因此柏拉图的辩证法在普罗克洛这里就获得了积极的意义;通过辩证法他可以把一切区别导回到统一。普罗克洛对于一与多的辩证法曾大

① “柏拉图神学”,第二卷,第一〇八页。

② 同上,第一〇九页。

加发挥，特别在他的著名的“神学要素论”里。

普罗克洛进一步指出，能创造者之创造事物是由于力量的充沛。但也有由于缺乏而创造的情形。需要、欲求等即是一种起于缺乏的动因。它的创造即是对于它的缺乏的满足。目的是没有完成的，活动是由于要完成目的而发生的。但是在创造的过程中需要、欲求减少了，——欲求停止其为欲求了，或者它的〔抽象的〕[①]独立存在被取消了。反之，太一超出它自身是由于潜在力的充沛，而这种充沛的潜在力一般就是现实性。这完全是亚里士多德的思想。因此太一的创造即在于它把它自身复多化，这样就产生了纯粹的数，不过这种复多化并不妨碍它的统一，而乃是通过统一的方式（ἑνιαίως）而复多化的。这种复多化并不减少那最初的统一。多
必定分有一，而一却不分有多。[②] 普罗克洛多方面地应用辩证法 78
去指出：多不是自在的，不是多的创造者，一切必定归宿到一，因此一又是多的创造者。这一点他说得不很明晰，——一与多的关系不是自己对自己的否定关系。我们在这里所看见的乃是一种多方面的辩证法，只是对一与多的关系的往复推论。

其次，多是不相似的。在普罗克洛的这种论证的进程里，一个主要的特点乃是：他是通过类比的方式进行的，凡是和真理愈不相似的东西，便距离真理愈远。多分有一，但在某种程度内多又不是一。既然被创造者和创造者相似，因此多又以一作为它的本质，从

---

① 据米希勒本，第二版，第三卷，英文译本及俄文译本增补。——译者

② “神学要旨”，第二七章；“柏拉图神学”，第三卷，第一一九页；第二卷，第一〇一——一〇二页；“神学阶梯”，第五章。

而多就是独立的单一体(ἑνάδες)。这些独立的单一体包含统一的原则在自身内,但却又是不同的。但是多之所以为多,好像只是对于一个第三者来说的,就多本身来说,多也是一。现在这些独立的单一体又产生别的东西,但这些东西必定是更为不完善的。结果是完全和原因一样的,但被创造者与创造者则不是完全相同的。这些次一层的单一体都是些整体,这就是说,它们已不复是本质的统一体、自我统一体,在它们身上统一性只是一种偶性。因此被创造者与那〔能创造的〕统一体总是越来越离得远,分有这个统一体也愈来愈少。[①]

普罗克洛对理念的三个形式,——三一体(τριάς)的进一步规定是很出色的。关于三一体,他首先加以抽象的规定,把它当作三个神灵。[②] 现在必须特别提出来谈的,是他如何去规定三一体。
79 这种三一体在新柏拉图派那里是很有趣味的,特别是在普罗克洛这里,因为他没有停留在它的各个抽象环节里。他认为绝对的这三个抽象规定中,每一个规定本身又是一个三一体那样的全体,这样一来他便获得了一个真实的三一体。所以那三个规定就构成一个全体,而每一规定又被认作本身是充实的、具体的。这应该被认作他所达到的一个完全正确的观点。理念中各个差异,既然保持着自己的统一,因为它们是理念的各个环节、各个差异,本质上也被规定为全体,所以统一在它的差异里仍然完全是它本身那样,它

① “神学要旨”,第一一二章、第二八章。“柏拉图神学”,第三卷,第一一八页、第一二二一一二五页;第二卷,第一〇八一一〇九页。

② “柏拉图神学”,第三卷,第十一章,第一四〇页。

的每一个差异都具有全体的形式，而全体又是一种过程，在这过程里这三个〔从属的〕全体彼此相互建立为同一的东西。因此普罗克洛比柏罗丁说得更为明确，走得也更为深远。我们可以说，从这方面看来，在新柏拉图派中，他具有最优秀的、最发展的思想。

关于三一体他还有较细致的规定：那复多化自身为诸多单一体的统一体因而就产生了多，像这些单一体那样。但“多”这个概念本身并不是多。它是一般的二元性，或者说，它是与无规定性相对立的规定性。那第三者乃是规定者和无规定者的统一或混合物；——这才是真实的存在、实体、一多统一体（ἓν πολλά）。美、真理、对称都属于这种真实存在者。[①] 这种真实的存在超出其自身就是生命。从生命各环节的分化和发展中首先涌现出理智，[②]从 80
理智中涌现出灵魂。[③]

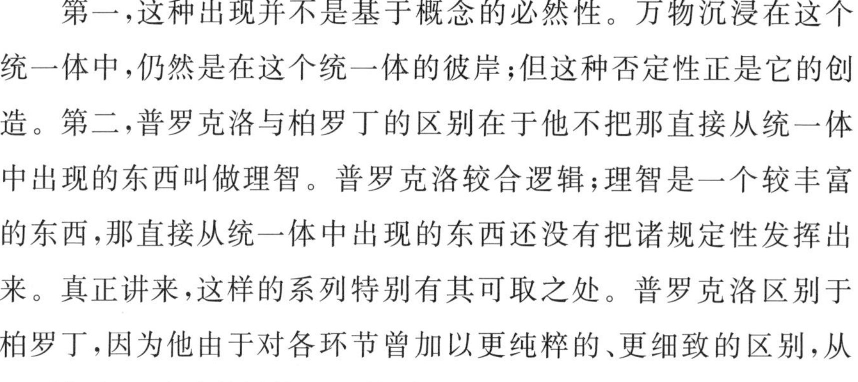

第一，这种出现并不是基于概念的必然性。万物沉浸在这个统一体中，仍然是在这个统一体的彼岸；但这种否定性正是它的创造。第二，普罗克洛与柏罗丁的区别在于他不把那直接从统一体中出现的东西叫做理智。普罗克洛较合逻辑；理智是一个较丰富的东西，那直接从统一体中出现的东西还没有把诸规定性发挥出来。真正讲来，这样的系列特别有其可取之处。普罗克洛区别于柏罗丁，因为他由于对各环节曾加以更纯粹的、更细致的区别，从而更紧密地追随着柏拉图。他说，“诚然对太初的统一大家的看法

① “柏拉图神学”，第三卷，第九—十一章，第一三七——一三九页。

② 同上，第十三章，第一四一页。

③ 同上，第一二七页；“神学要旨”，第一九二章。

完全一致,但是柏罗丁于太一之后立刻就"像我们所看见的那样①"让思维的本性出现,而他的老师",——谁是柏罗丁的老师,普罗克洛又没有说出来;请参看他的传记——,②"他〔指老师〕引导他〔柏罗丁〕进入一切神圣的真理,较好地限制了古代哲学家那些不确定的看法,并且对这些不同的层次之毫无秩序的混淆给以经过思想的区别,并且教人严密地遵守和坚持这些规定的区别。"③事实上,在普罗克洛那里,较之在柏罗丁模糊的观念中更有差异性和明晰性。他把 νοῦς 认作第三者,认作回复到自身者,这是很正确的。

因此普罗克洛和柏罗丁相异的地方在于他不把存在当作原理
81 或纯粹抽象的环节,而把它当作统一,或者说,他不把太初规定为存在,而把它规定为统一,并且第一次把存在、自存者了解为第三者。

整个讲来,我们看见,三个彼此互相区别的领域被规定为三一体。每一个领域同时又是这些环节的全体,这就是创造过程的不同的层次。这些层次是什么,立刻就可指明。普罗克洛费了很大的力气去重新揭示这些层次,亦即不同的领域、潜能。

就三一体的细节而论,按照他的阐述,三一体的三个环节是:太一、无限、限度。这是他在他的"柏拉图神学"一书所发挥的三个抽象环节;无限与限度这两个规定也是我们在柏拉图那里曾经看

---

①　参看本书第 207 页(原版第三卷,第 50 页)。

②　参看本书第 227 页(原版第三卷第 71 页);参看"柏拉图神学",第一卷,第一一章,第二八页。

③　"柏拉图神学",第一卷,第一〇章,第二一—二二页。

见过的。[①] 然而太初、神就是那说过不止一次的绝对的统一，本身
不可认识的、紧闭着的、单纯的抽象物。作为抽象物，它是不能被
认识的，所能够认识到的只是它是一个抽象物，——这种的统一还
不是能动性。这种统一是超出存在的（超出本质的 superessentia-
le）；它的第一个产物就是事物的复多的单一体，纯粹的数。数是
事物的思维的原则，通过数，事物得以分有绝对的一。但是每一事
物只能通过它的个体的、个别的单一性、一而分有绝对的一，而灵
魂却是通过被思维的、普遍的单一性而分有绝对的一。普罗克洛
把前面那种太初的统一叫做神，因而便把后面这种被思维的单一
性叫做神灵，对于以后各环节也是如此。但是这些神灵或单一性
并不怎样与事物的层次相适应，以致有多少那样的单一体或神灵，
就有多少事物；因为这些单一体只是凭借绝对的一来联系事物，它 82
们是从全体，亦即从事物本身那样的混合体、综合中抽取出来
的。[②] 事物本身是具有综合性的全体，（灵魂是结合事物者）——
它们是和那太初的统一体不相似的，不能够直接地就和这太初的
统一体相结合。因此抽象的被思维的多就是它们的中介。多是与
绝对的一相似的，并且是使太一与整个宇宙相结合的东西。纯粹
的多使不同的东西彼此相同，从而把它们和太一结合起来。但事
物与太一只有相似性。那第三者是把这些单一体结合起来的限
度，并造成它们与绝对的单一体的统一；限度把多与一的本身设定
为一。[③]

① 参看本书第二卷，第 225 页（原版第二卷，第 238 页）。

② 参看本书第 243 页（原版第三卷，第 88 页）。

③ “柏拉图神学”，第三卷，第一二三——一二四页。

这一点可以用如下的方式较好地表达出来,较纯粹地规定为对立面。普罗克洛从柏拉图"菲利布"篇采取限度、无限、混合体诸概念作为原则(本质);因此这些原则就显得是最初的神灵。但是这些抽象概念与神灵的称号并不相适合。我们看见,〔只有当〕它们又重新回复到它们自身〔时,它们才是神圣的〕。

〔普罗克洛说:〕[①]"从那太初的限度",那绝对的一,"事物获得"(ἐξήρτηται 这是亚里士多德的用语,这个用语常常出现在新柏拉图派的著作里)"统一性、整体性和共同性",亦即个体性的原则,"和神圣的尺度。反之,一切的分离、成长和多的出现皆建筑在这
83 太初的无限性上面"。[②] 因此无限者乃是量、无定者。柏拉图在"菲利布"篇中,把无限者设定为坏的东西,认为快感,而不是真理,因为坏的东西、快感是无限的、不确定的,其中没有理性、逻各斯。[③]"因此当我们说到一个神圣的东西时,意思是指固定地存留在个别的单一体中的东西,并且只是按照无限性向前进展",按照作为自我产生的连续性,"并且同时具有一本身和多,一是限度的原则,多是无限性的原则。基于这两个原则,一切得到它的进展,直到进入存在。所以那永恒的东西"(也是一个神圣的族类),"就其是一个理智的尺度来说,分有着限度:但就其为走向存在的永不停息的力量来说,它分有着无限性。因此理智就其在自身内具有标准的尺度来说,它就是限度的产物。就理智永恒地产生一切来

① 以上三处据米希勒本,第二版,英译本,第二卷,第四四二页增补。——译者

② "柏拉图神学",第三卷,第七章,第一三三页。

③ 参看本书第二卷边码第 238—420 页。

说,它具有着永不减少的无限性的力量。”①

但是主要之点是限度、无限和混合物这三个基本规定。最后这一个名词是一个柏拉图的术语,是不很适宜的、坏的名词,因为它所表示的首先只是一种外在的结合,而这里却应该表示具体的,特别是有主观性的东西。第三者在这里也是两者的统一。但是这些抽象的基本规定在普罗克洛那里只是被认作一个全体的诸环节、诸成分,而这个全体乃是一个三一体:所以这三个环节中每一个环节本身都是那样一个全体性的三一体,然而是这些特殊形式 84
中之一个形式,——亦即三个三一体中的一个三一体。限度和无限是先于 οὐσία,而又在 οὐσία② 之中。③

“那最初的存在是混合者”,是三一体同它自身的统一;“它既是生命的存在,也同样是理智的存在。(一)那最初的混合物就是一切存在的最初者。”还有两个别的层次:“(二)生命,(三)精神。因此一切都是三一式的”,因为这些不同的环节中每一个环节本身都是三一体。进一步,“现在这三个三一体就被规定为绝对存在(οὐσία)、生命和精神;所以应该用思想来掌握这些三一体,它们乃是精神性的。”只有可理解的世界是真实的,它本身包含着三个层次;这种三一体中的三一体构成真的、可理解的世界。到了这里普罗克洛就带进了古代神话的形式。因为他把那些有区别的单一体叫做神灵;但神本身是绝对存在,从绝对存在之中涌出了神灵。人

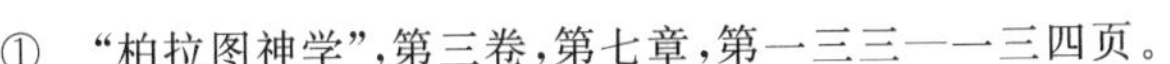

① “柏拉图神学”,第三卷,第七章,第一三三——三四页。

② “柏拉图神学”,第一〇章,第一三八——三九页。

③ οὐσία 一般是“实体”的意思,黑格尔在这里没有译出来,在下一段里他译作“绝对存在”。——译者

们老是有着一种要求用明确的概念去阐明神话的企图。——它们的关系应该这样去理解:“但是这三个三一体本身就本质地(essentialiter)包含在存在之中”;它们应在太初的实体中予以把握,这三个三一体之中的每一个三一体都包含着别的三一体在自身内。“因为这里面有着实体、生命、理智(νοῦς)和[①]存在的顶点”(summitas)。这是自我性的东西、自为的存在、主观性、个体的统一性之点。“那为思想所把握住的生命是一切存在本身的中介的
85 中心。但是理智(νοῦς)是存在的限度(finis),它是在思想中的思维;因为在思想的对象中有理智,在理智中有思想的对象。但是,这东西”——它在哪里呢? 在 οὐσία 中吗? 在太初中,或者说得更好些,在思想对象中(ἐν τῷ νοητῷ)——“理性(νοῦς)是在被思想的方式中的(mentaliter),在理性中那被思维的东西是在思维的方式中的(intellectualiter)。本质(ουσία)是存在着的东西中的常住者,而且是与那些第一原理交织着的东西,并不是从一里面派生出来的。”第二个环节有着具体的特性,“是生命,然而是从那些第一原理产生出来的,而且是同那无限的潜力一起出现的”;生命本身是整个的全体,具有着无限性的特性和不确定者的形式,因此生命是一个复多的东西。“但理智是限度”(个体性),“这限度又”(把生命)“引回到那些原理,并永远使[②]生命符合于本质,而完成一个理

① 这里有一个问题,即“和”字 καὶ 是否应该取消,如果取消了的话,则“存在的顶点”就是“理智”的同位语。参看“柏拉图神学”,第三卷,第一三九——一四〇页;又参看本书第 242—243 页(原版第三卷,第 87 页)。

② “Nοῦς”是回到原理和限度的导引者——Nοῦς 在这里是第一格还是第四格呢? ——“它吸收原理并形成一个圆圈。”

智的圆圈。”限度是自在的、抽象的东西,——是理智(νοῦς)。不过
理智本身在第一层次里具有三个形式;这三个形式本身又构成三
个层次。“由于它[1]本身是一个三方面的东西,一方面是实体性
的,一方面是有生命的,一方面是理智的,而一切都构成它的内容
实质:所以它是一切存在中的最初者、是由那些第一原理构成的统
一体。”这才是实在;很好!“我把它叫做本质(οὐσία)。因为独立
的本质是一切存在的顶点,正如一切事物的单子”;太初、本质又叫 86
做独立的本质,——这就是理智。“理智本身是能认识者”,而个体
的东西“生命却是在运动中的思维;存在本身是被思维者。如果一
切存在者都是混合而成,而自身存在者是本质,则基于那三个原理
的本质便是混合者。”[2]

“因此混合者便是被思维的本质,它是从神派生出来的,无限和限度也是从神派生出来的。这样就有了四个环节,混合者就是第四个环节。”第一是单子、绝对的一;其次是多、多本身就是多个单一体,这是柏拉图的“无限”(ἄπειρον);第三是一般的限度。太一是绝对地浸透一切的、自身常住的。在这三个环节之外,普罗克洛又加上第四个,这第四个环节是无限与有限(尺度、目标、限度)的统一。这里他采用了柏拉图的术语(在他的著作“柏拉图神学”中);他常常引证了苏格拉底的话。那真正的第三者是混合者,但又不是真正的混杂的东西。普罗克洛采取了柏拉图的术语“混合者”以表示具体的东西、对立面的统一。这个作为有限与无限的统

---

① 它在这里是指圆圈还是指理智呢?希腊文原文中没有主语。

② “柏拉图神学”,第三卷,第九章,第一三五页。

一的第三者,实即第四个环节。或者也可以说,由于太一是无所不包的,它就不算作一个环节。现在限度与无限这两个环节的统一就是实体(πρωτίστη οὐσία):这是一切存在中的最先者。“这个统一体并不仅是从那些后于太一的原理构成的;反之它又是先于那些
87 原理,并且是三一式的。”①一切都是三一体;那些原理只是抽象的三一体的三个环节,在这抽象的三一体中一切都潜在地包含在内。

“这就是一切存在的本性,许多潜能的一个单子,一个充实的本质,一即是多。”②——“它具有着美、真理、对称的三一性在自身内,”(普罗克洛也依照柏拉图那样称呼这三个三一体):“美表示秩序,真理表示纯洁性,对称表示被结合的事物统一有序。对称是赋予存在者以统一性的原因;真理是事物之所以存在(具有本质)的原因;美是事物之为被思维者的原因”。③——普罗克洛指出,那第一个三一体包含一切在自身之内,而那两个别的层次本身也包含这些三一体;因此每一个三一体都是相同的,不过被设定为在构成那第一个三一体的三个形式之一个形式中罢了。

甲、“这是一切被思维者的**第一个**三一体:限度、无限和混合者。”第一个三一体是这三个规定性本身的统一、纯本质、第一个最高层次(διάκοσμος)、第一个神、神圣的东西的第一层次。这就是一;这个一、这个本质,作为具体的一本身,就是无限与限度的统一。而“限度”(πέρας 是具体的理智 νοῦς)“就是从不可言传者和第

① “柏拉图神学”,第三卷,第九章,第一三六页。

② 同上,第一三七页。

③ 同上,第一一章,第一三九——一四〇页。

一个神产生出来达到思维的顶点的神,是衡量一切、规定一切者,
是教育一切并联系一切者,并且是把神灵的净洁无瑕的族类吸收
在自身之内者。”因此这第一个层次就是抽象的本质(οὐσία),那三
个环节都包摄在其中,但没有发展,固定地保持在限度内、在干燥
冰冷的境地中,——在这样情形下它是关闭着的。这第一个层次
的顶点是抽象的本质。“但是那无限者”(量)“是这个神的无穷尽 88
的潜能,是诞生一切的东西,它使各个层次显现,它是整个无限性:
既是原始本质的,也是实体性的无限性,并且还是最后的质料。但
混合者却是神灵的第一和最高的层次,这一层次把一切事物都潜
伏地结合在自身内,按照被思维的、无所不包的三一体而充实自
身,在简单的形式内总括着一切存在的原因,并且在最初的被思维
者中固执著脱离了全体的顶点。”[①]这里所谓“被思维者”不是指灵
明的东西,并不是说灵明的东西好像有一类,此外还有别的东西似
的;在普罗克洛那里是没有这种区别和规定的。这里所谓“顶点”
是指自我、个体性、自为的存在。至于所谓“脱离了全体的”是不是
指那抽象的东西呢?这一层次是思维的顶点,本质上同样是一种
回归,正如在柏罗丁那里也是这样。这第一层次发展到它的顶点
就产生第二个层次;第二个层次整个讲来就是生命,其顶点为 νοῦς
(理智或心灵)。这第二个层次有着二元或无限的特性。在这个进
程中,普罗克洛突然发生了灵感和陶醉的热情,于是他说:

乙、“在这保持在统一中的第一个三一体之后,让我们现在用
赞美诗来颂扬这第二个三一体吧,这第二个三一体是从第一个出 89

① “柏拉图神学”,第三卷,第一二章,第一四〇页。

来的，而且为类似[①]前者的各个环节所充满了的。正如第一个统一体产生了存在的顶点，所以中间的统一体产生了中间的存在；因为它同样是产生着的和保持在自身之内的。”在这第二个层次里，和以前一样出现了三个环节。“在这里基础是本质(οὐσία)，而本质曾是第一个三一体的统一或完成；本质在这里是第一个环节。第二个环节在前一个三一体里为无限，在这里为潜能(δύναμις)。两者的统一为生命(ξωή)”，这是一般地给予整个层次以规定性的中心。“第二个存在是被思维的生命。存在者以 νοῦς 这一极端为基础。第二个层次是一个和第一个层次相类似的三一体；因为第二个层次同样地是神。”——这些三一体的关系是这样的。“由于第一个三一体是一切，然而是理智地和直接地出于一，并且保持在限度之内，所以第二个三一体是一切，然而是有生命的并且是在无限性的原则之内；同样第三个三一体是按照混合者的方式而产生的。限度规定第一个三一体[②]，无限规定第二个，具体者规定第三个。统一体的每一个特性彼此并列着，也说明了神灵的可理解的次序。每一特性包含着三个环节在自身内，而且每一特性都是这三一体被设定在这些环节之一中。”[③]这三个层次是最高的神灵；后来在普罗克洛那里出现四个层次的神灵。[④]

---

① 德文原本为 das Alogische(非逻辑的)，意思不通，可能是 das Analogische 的误排，俄文译本第三卷第七一页译作 аналогичному моменту(类似的环节)，甚好，兹采用俄文译本以纠正德文原本。英译本把这句译作“而且是由于取消了前面一个三一体而产生的”，意思不通，与原文亦相距太远。——译者

② 也许应作“那第三者”。

③ “柏拉图神学”，第三卷，第一三章，第一四一——一四二页。

④ 普罗克洛：“‘蒂迈欧’篇注”，第二九一、二九九页。

丙、“那第三个（实体）使被思维的理智围绕着自己”，那第三个三一体即是理智本身。“它放一个中介者在它自身和绝对实体之 90
间，并且以神圣的统一充满被思维的理智；它通过中介者去充满存在，并把存在转向自身。这第三个三一体并不是通过原因而存在，像最初的存在那样，它也不启示大全，像第二个存在那样：而乃是作为能动和表现，——那绝对的限度。第一个三一体”（这个具体的神灵）“仍然潜藏在限度本身内。”——限度是否定的统一性、是一般的主观性，“并且具有一切灵明事物的实存”（存在）“固定在它之内。”灵明事物存在着，并具有存在于这个一之内、于这个本质之内。“那第二个三一体同样是常住的，并且向前进展”；生命映现着，但是在映现过程中回复到统一。“第三个三一体”（思维本身）于向前进展后，把灵明的限度转向并回复到开始，并使这一层次转回到它自身；因为理智的本性在于导引事物回复到自身，“并使它遵照被思维者”（统一性）。并且这所有各环节：保持自身、向前进展、返回本源，都是一个思维（一个理念）的运动过程。”每一个环节本身就是一个全体，但三个环节都返回到一。在理智（νοῦς）中那前两个三一体本身只是环节；但精神的力量在于把前两个三一体统摄在自身之内。“这三个三一体现在以神秘的一的方式宣示了那第一个不可言传的神的完全未经认识的（没有〔对它的〕知识的）原因，”这个神就是第一个统一体的原则显示在那三个三一体里：“一个是神的不可言说的统一性，另一个”（生命）“是一切力量的洋溢（充沛）”和神的放出光明，“但第三个是一切存在的完善的诞生，是一般的本质。”①在神秘的境界中，这些被规定为全体、为神灵的各 91

① “柏拉图神学”，第三卷，第一四章，第一四三页。

种区别皆统摄为一了。[1] 理智(νοῦς)有三方面：实在性的、有生命的、理智的。[2] “在一个层次中具体者本身就是本质，在另一个层次中它是生命，在第三个层次中它是被思维的思想。”最初的实体是作为被思维的对象的理智：当我谈到理智、思维时，则它是一种存在；它也是一个环节。第二，生命是被思维者和能思维者，第三是思维着的思想。他也称这些为三个神灵，——他也把本质(οὐσία)叫做原因(ἑστία)、固定者、基础。[3] ——“第一个三一体是被思维的神，第二个三一体是被思维的和能思维的神，”是能动的，“第三个三一体为纯粹能思维的神”，它本身是回复、回转到统一，在这个回复到的统一中包含着所有三个环节。“神是它们中的全体”。[4] 这三者又纯全是绝对的一；而这就构成了一个绝对具体的神。

“神知道可分的是不可分的、时间的是超时间的、非必然的是必然的、变化的是不变的，一般讲来，神之认识一切事物，比起按照它们的次序来认识它们，还认识得更好些。”[5]——“什么东西的思想，也就是什么东西的实体，因为每个人的思想和每个人的存在是
92 同一的；思想和存在是一而二、二而一的。”等等。[6] ——这就普罗

① 在新柏拉图学派那里，“神秘的”这个词广泛地出现；参看“柏拉图神学”，第三卷，第七章，第一三一页。在这里普罗克洛说：“我们必须再一次获得进入太一的秘法。”这有点像我们所说的“思辨的观照”。神秘主义正是这种思辨的哲学，这种在思维中的存在、自我享受、直观。

② 参看本书第240页(原版第三卷，第85页)。

③ “柏拉图神学”，第六卷，第二二章，第四〇三页。

④ 同上，第三卷，第一四章，第一四四页。

⑤ “神学要旨”，第一二四章，第四六七页。

⑥ 同上，第一七〇章，第四八六页。

克洛神学中的主要思想；此处我们还要引证一些外在的事实。

意识的个体性有时在现实中表现为魔术和妖术的形式。妖术常常出现在新柏拉图派和普罗克洛那里，他们把这叫做造神。妖术又被想象为与异教的神灵形象有关："我们必须承认，第一个和最主要的神灵的名字是基于神灵自身的。神圣的思想从它自己的思想制定出名字，揭示出神灵的(最后)形象；每一名字好像是创造一个神灵的形象。正如妖术通过某些符号可以唤起神的无私的善，使它呈现在艺术家的意象之前，同样地，思维的科学通过对于音调的结合与分别，使神的隐藏着的本质映现出来。"①因此艺术家的雕像和图画使内在的思辨的思维充满了本身得到外在表现的神性的存在。他们认为对于偶像的崇拜其意义也是如此。因此新柏拉图派曾经说出这样一种联系，即他们还认为神秘对象是为神性所鼓动的：所以在偶像中有着神圣力量的降临。——我之所以只提到这一点，是因为这种思想在这段时期内曾发生过很大的影响。

五　普罗克洛的继承者 93

普罗克洛代表新柏拉图派的顶点；这派哲学思想延长到很晚的时期，甚至连续到整个中世纪。普罗克洛还有几个后继者继承他在雅典的讲座：他的传记的作者马里奴，还有加札的伊西多罗，最后是达马斯丘。关于最后这一位还有很有趣味的著作留下来。② 他是学园中新柏拉图派哲学的最后一个教师。因为公元五

① "柏拉图神学"，第一卷，第二九章，第六九—七〇页。

② 布鲁克尔："批评的哲学史"，第二卷，第三五〇页。

二九年犹斯底年皇帝下令把这个学校加以封闭,把所有的异教哲学家从他的帝国中驱逐出去。[①] 在这些人之中还有辛普里丘,一个著名的亚里士多德的注释家,他的注释有几种至今还没有印出。他们跑到波斯,在科斯罗那里寻求并且得到保护和自由。稍后一些时候,他们也可以重返罗马帝国,但是却不能再在雅典建立学校了。这样一来,这种异教的哲学外表上也趋于衰亡了。[②] 欧纳披曾讨论到这最末期的哲学,古桑也在一本小书里讨论到这一时期。虽说新柏拉图学派外表上停止存在,但新柏拉图的思想,特别是普罗克洛的哲学,却还在很长时间内为教会所坚持着和保持着;而且我们以后还要多次再追溯到这派的思想。我们看见,早期的、较纯的、神秘的经院哲学家有着和普罗克洛相同的思想;而且直到较晚的时期,甚至在天主教教会中,当他们神秘地深刻地说到神时,他们也就是在表现着新柏拉图派的观念。

94 上面我们所提出讨论的乃是新柏拉图派哲学中的一些标本,或者也许可以说是最好的东西。在这派哲学中,思想的世界似乎是坚实化起来了。这世界并不是好像在感性世界的旁边还有着思想;而却是感性世界消失了,并且整个宇宙被提高到精神里面去了,并且这整个宇宙便叫做神和神在其中的生活。

这里我们看见一个巨大的转变。到了这时希腊哲学的第一个时期就结束了。希腊的原则是作为美的自由、在幻想中的和解、直接实现了的自然的自由的和解、表现在感性形式中的感性理念。

---

① 约翰·马拉拉:"编年史",第二部,第一八七页;尼古劳·阿勒曼诺注普罗科比"秘史",第二六章,第三七七页。

② 布鲁克尔:"批评的哲学史",第二卷,第三四七页。

通过哲学，思想就从感性现象中把自己解放出来；哲学训练思想，以达到超出感性和幻想之外的全体。这里面就包含着一个简单的进程；我们所讨论过的哲学观点，其简略的**轮廓**有如下的情形。首先我们看见在自然的形式中的抽象概念。其次我们看见，具有直接性的抽象思想：如一、存在等。这是一些纯粹的思想；这种思想还没有作为思想被掌握住。这种思想对于我们还缺乏思想性，缺乏普遍的思想、对思想的意识。苏格拉底开始了第二个阶段，这是自我的阶段、把思想当作自我的阶段。绝对就是思维本身、理性（νοῦς）。内容并不只是被规定的，如存在、原子，而乃是具体的、自身规定的、主观的思维。不过这内容也只潜在地是具体的。到了第三个阶段，这个内容重新被意识到是具体的；这是希腊哲学所达到的最高阶段。

自我是具体者最简单的形式，自我是没有内容的。就自我是被规定的来说，它才是具体的：苏格拉底〔的自我〕、柏拉图的理念就是这样。但这个内容只潜在地是具体的，它还没有被意识到是具体的。柏拉图从给予的材料开始，并从这种材料或直观中取出较确定的内容。亚里士多德把最高的理念、思维的思维放在最高 95
的顶点；而世界、内容是在这最高的理念之外。具体者是多方面地具体的，它应该返回到统一；自我是具体者最后的、简单的统一。或者反过来说，抽象概念、原理应该赢得内容；这样独断主义的体系就兴起了。亚里士多德那种思维的思维，在斯多葛主义中就成为一切世界的原理。它是一种尝试，努力把世界理解为思维。怀疑主义否认一切那样的内容；它是自我意识、思维在它的纯粹孤寂中和对那个前提及其开端的反省。

在第三个阶段中，绝对被意识到是具体的东西。在〔斯多葛的〕[①]体系里差别对统一的关系只表现在“应当”的观念中；这只是一种内心的要求，并没有达到同一。最后在新柏拉图学派中绝对才被意识到是具体的，理念在其完全具体的规定中被了解为三一体、三一体之三一体，从而这些三一体永远更进一步地流出。但是每一个环节本身都是一个三一体，所从三一体中的各个抽象环节也都被了解为全体。只有这样的东西才算得是真的，它显现其自身并在显现的过程中保持其自身为一。这些亚历山大里亚的哲学家说出了具体的全体性本身；他们理解了精神的本性。但是第一，他们并没有从无限主观性的深度、从绝对的分裂出发；第二，也没有达到绝对的（抽象的）自由、自我、主体的无限价值的观念。

所以这种新柏拉图派的观点并不是哲学上的偶然的狂想，而乃是人类精神、世界、世界精神的一种向前迈进。神的启示对于人并不是从一个异己的东西而来的。我们在这里干燥而且抽象地考察的东西乃是具体的。当我们坐在书房里让哲学家们彼此吵闹争
96 论，并且对此作出这样或那样的描写时，有人说，我们所考察的这种东西、这些抽象概念乃是些抽象的名相。——我们回答说：不！不！先生们！它们是世界精神的业绩，因而也就是命运的业绩。哲学家比起那些精神缺乏营养的人来是更为接近上帝的。他们直接从原著阅读或书写这些书房中的文字，他们也有义务一同继续写下去。哲学家是进入神秘的人，他们是参加并生活在内心的神

① 根据米希勒本，第二版，英译本，第二卷，第四五二页；俄译本，第三卷，第七五页增补。——译者

圣世界之推进中。别的人有他们的别的兴趣,如权力、财富、女人。——世界精神需要一百年或一千年才达到的东西,我们很快就达到了,因为我们有着有利的条件:我们所从事研究的乃是过去了的和在抽象中的东西。

*　　　　　*　　　　　*

第二部

中 世 纪 哲 学

〔引　　言〕[①]

哲学史的第一个时期共一千年，从公元前五五〇年的泰利士 99
到死于公元四八五年的普罗克洛，到异教哲学的研究机构于公元五二九年被封闭为止。第二个时期一直到十六世纪为止，又包括一千年，我们打算穿七里靴尽速跨过这个时期。

在这以前，哲学存在于希腊人的（异教徒的）宗教之内。从这时起（在这第二个时期中）哲学是在基督教世界中；至于阿拉伯人和犹太人，只值得当作一种外在的东西、当作历史事件提一提。一种新的宗教出现在世界上了，那就是**基督教**。基督教的观念，我们已经由新柏拉图派哲学十分熟识了。因为这个哲学的基本原理就是：绝对者、神乃是精神，神不单纯是一个表象，神应该以具体的方式规定为精神。只有具体的东西才是真理，抽象的东西不是真理；虽然绝对者仍是思维，但为了具有真理性，它就必须本身就是具体的：而这才是绝对者、自在自为的精神。

这个具体的东西我们已经见过了。在基督教中，它的进一步的形式乃是：使人们意识到、向人们启示的神是什么——就是说，进一步更确定地使人们意识到了神性和人性的统一：（1）这种统一性潜在于人的意识中，（2）并表现在崇拜仪式的现实性中。〔基督 100

① 译者增补。

徒的生活意味着〕[①]：主观性的最高点是熟识这个观念。崇拜仪式、基督徒生活乃是：个人、主体本身被要求、被认为值得自觉地达到这个统一性，被认为能够使自己配得上使神的精神即所谓神恩存在于他身上。因此“调和”这个教义，乃是说神被认识到是与世界调和的；“他使自己调和”，意思即是像我们在新柏拉图哲学那里已看到的那样，神使自己特殊化，不再是抽象的：而所谓特殊物，不单是外在的自然，而且是世界，特别是人的个体性。主体自身的利益是牵涉在其中的，并且起了重要的作用，就是使神现实化，并且现实化在个人的意识中，个人本来是精神的；这样，就使这些自身就是精神并且是自由的人通过这个过程而在他们自身上完成了这种调和，亦即使他们把自在的自由精神实现为他们的自由，这个精神本来也就是他们自己的实质。——就是说，他们意识到了地上的天堂，意识到了人之上升到神。心智的世界不是一个彼岸，所谓有限性，乃是其中的一个环节；并没有一个彼岸一个此岸之分。关于神、绝对理念的具体性，就在于：看出神里面的尘世的东西、与神相对的东西，把它认作潜在地有神性的东西，并使之成为神性的，——以一种精神的方式，就是说不是以直接的方式。在古代的宗教中，神性也是与自然物结合着的，与人结合着的，但却不是调和，而只是以自然的方式结合着。神与自然物、与人的统一，在那里是一种直接的，因而非精神的统一，因为它不外是自然的统一。精神不是自然的，只有精神使自己达到的东西才是精神；并非被完成的、自然的统一，乃是非精神的统一，反之，在本身中完成这个统

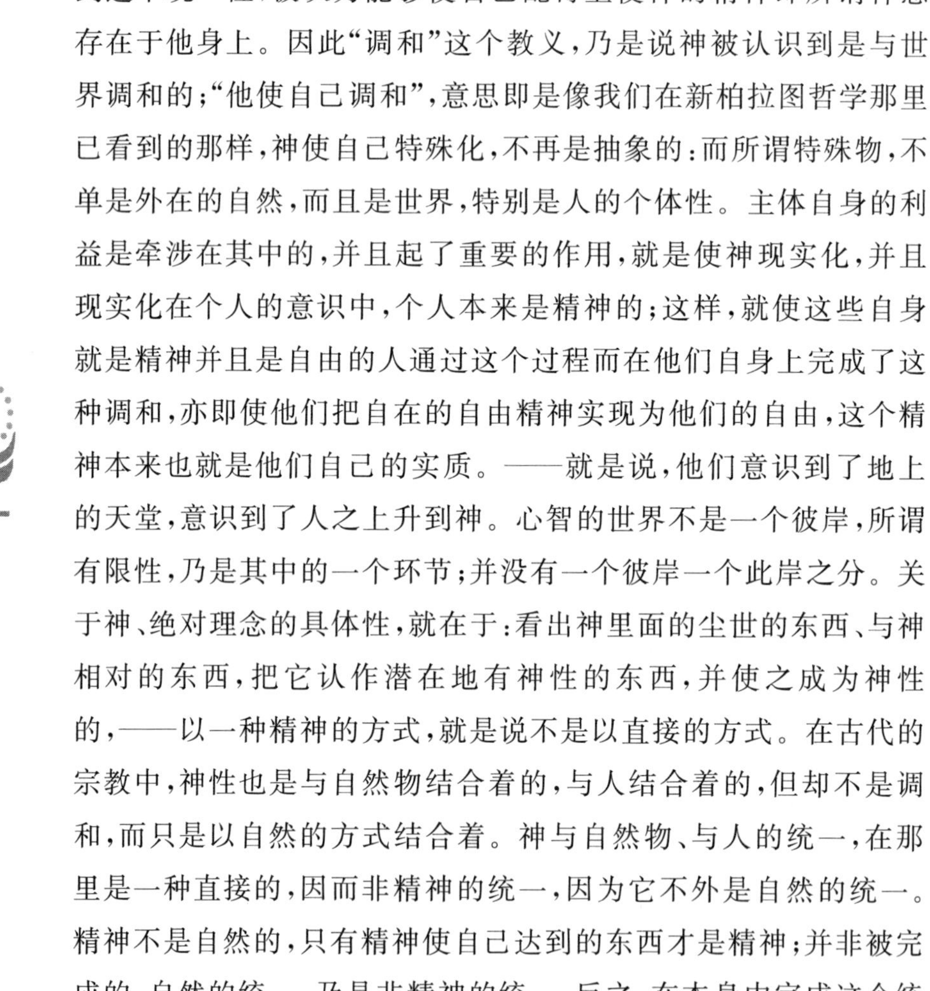

101 一的过程，才是精神性的。这里面就有对自然物的否定，因为自然

① 据米希勒本，第二版，英译本，第三册增补。——译者

物只是直接的东西、非精神的东西。肉体、自然物乃是不应该存在的东西；自然状态是人不应当存留于其中的状态。自然从根子里起就是恶的，人潜在地是神的形象，只有在存在中他才是自然的；潜在的东西应该完成、实现出来。最初的自然性应该被扬弃。这乃是基督教的一般的观念。

为了理解**基督教的观念**并加以运用，人们一定先要弄懂哲学的理念。这个理念我们已谈过了。但是什么是真实的东西，却还没有证明。尽管有深刻的真正的思辨，新柏拉图派还是没有对他们的学说，即三位一体乃是真理这个学说给以证明；它缺乏内在必然性的形式。人们必须达到“唯有这才是真理”这个意识。新柏拉图派从那个“一”出发，这个“一”规定自身、限制自身，从而有定的事物就产生出来；但这本身就是一种直接的方式，所以它使得柏罗丁和普罗克洛等人那样令人厌倦。诚然，其中也有辩证的考察，在这种考察中，那些被视为绝对的对立面是被证明为乌有的；但这种辩证法不是系统地加以应用的，而是个别的现象。为了把基督教的原理作为真理加以认识，就必须把精神的理念的真理性作为具体的精神来认识；而这就是教父们所特有的形式。

因此，重要的是：世间的东西一般地不宜任其存在于它的直接性、自然性中，而要把它本身看成特殊物，特别是看成普遍者、心智世界、看成植根在神中、真理性在神中的东西，从而把神思维作具体的。在世间的东西、在如此被收容于神里面的东西（在神里面它
只是在其真理性中，而不是在其直接性中被接受，——不是我们称 102
为泛神论的东西；因为这种泛神论把直接的东西就其原样加以肯定）、在应该在神里面认知自己的东西中间，人占有特殊的地位。这样，我们就见到，人作为长子、作为亚当·卡德孟、作为第一个

人，就包含着神的规定；这个统一性我们可以把它规定为〔神与人〕潜在的统一性，——也是具体的理念，但这只是潜在的具体理念而已。这是**第一点**。

在这方面应加以注意的**第二点**乃是：自然物只停留在它们的自在性、它们的概念中：或者，它们的真理性并不进入它们的感性生命中，它们的生命只是它们的自然的个体性；因为生物只是作为个体而存在着，这个个体性却只是一种易逝的东西，因而这个个体性不能有对自然物的回顾。它们的不幸在于真理及其本质不是为它们本身而存在的；在于它们不能达到无限性、不能从它们的直接个体性中解放出来，亦即不能达到自由，而只是停留在必然性中，这种必然性就是一物与他物的联系：因此，如果这个他物把自己与自然物联结起来，这些自然物就完结了，——它们经受不起那种矛盾。但人，——由于意识到真理是为他而存在的，意识到他有在真理中获得自由的使命，——却有能力瞧见、认识自在自为者，使自己与自在自为者发生关系，并以知识为目的；而由于他以此为目的，精神的解放就在于意识不停留在自然状况中，而成为精神的东西，即是说，永恒的东西、亦即神人调和、作为这个主体的有限者与
103 无限者的统一，对于他存在。因此，意识不是那停留于自然状态中的过程，而是普遍者借以成为他的对象、他的目的的过程。神本质上是具体者，这里面就有作为意识的人的源泉、根子，但只是根子而已；他还必须在自己里面完成那个过程，以便达到他的这种自由。

第三，现在，这一点已被指出或断言为基督教的根本观念。(1)一方面，这是一个历史问题；在不同的时代，对这个观念有不同的说法，现在，人们对于它又有特殊的看法。为了阐明这是一个历

史的观念，就应该阐明它是如何以历史的方式发生的；但是，这里
我们却不能够来作这种历史的探究。因此，我们应当把它当作历
史的前提、定案来接受。(2)另一方面，就这个问题落在哲学史范
围内这一点而言，说这是基督教的观念，这个断语，又另有其地位，
不同于当作历史问题处理。在哲学的历史中，这个断语应该采取
这样的形式：这个观念必然地出现在世界上，而且这个观念变成了
普遍意识的内容、各民族的意识的内容，即是说，这个宗教变成了
各民族的共同的宗教。在哲学的历史中，这个观念的内容乃是这
样的：精神的概念是〔历史的〕基础，而历史是精神自身的过程，一
种从它最初的浅薄的被蒙蔽的意识中显露出来、达到自由的自我
意识的观点的过程，——即是说，精神的绝对的命令，“认识你自
己”，必须被实现。结合着此前的那些形态，我们已经指出，这个基
督教的观念现在已经出现了，并且必须成为世界上各民族的普遍
意识。它之作为世界宗教出现，乃是历史的内容；这个观念的这种
必然性，乃是在历史哲学中必须加以更确切的阐明的。对这个必 104
然性的认识，曾被人们称为对历史的先验虚构；但是，把它诬蔑为
不能容许的甚至放肆的，并无济于事。人们或者是把基督教设想
成偶然的，或者是在严肃对待神人调和和神对世界的统治时，以为
基督教早在神的脑子里完成了；而当神把它抛到世界上时，就显得
好像是偶然的。但在这里，神的这个命令的合理性、必然性，是必
须加以考察的：这种考察可以人称为一种神正论、一种对神的辩
护，亦即对我们的观念的证明；这是一种论证，正如我在别处已指
出的那样，论证世界上所发生的事件是合理的。这个观念包含着：
它的历史代表着精神寻求达到在自己身上认识、意识到自己是什

么的那个过程，——部分地是精神的历史，这个精神必须反省自身，必须回到对自己的意识。这就是在历史中呈现于时间之内的东西，——而它之所以是历史，正由于精神乃是活生生的运动，是过程，是从自己的直接的存在出发、创造出世界和个人的革命的过程。

第四，既然由此预先假定了这个观念必然要成为普遍的意识、成为共同的宗教，其中就有了一个适于认识特殊意识的方法的源泉。这个新的宗教已把哲学的灵明世界变成了一般的意识；忒滔良说，现在连孩子们也知道神，而这在古代是只有最大的哲人才认识到的。这个观念保持并获得了表象的意识所能理解的形式、外在的意识的形式，——并不是那种仅属一般的思想的形式，否则这种思想就是一种基督教的哲学了；因为这正是哲学的观点，——在

105 思维的形式中的观念，不像那为主体而存在、指向主体的观念。这个观念变成宗教的过程，是属于宗教史范围内的，这是指它的发展，它的形式；我们必须不管那些。只有一个例子必须在这里说一说。所谓原始罪恶这个教义，包含着这层意思：我们的祖先犯了罪，这个罪恶就作为一种遗传的病症传给了一切的人，就以一种外在的方式作为一种继承的、天生的东西传到后代，它不属于人的自由的，它的根据不在人的自由之中；通过这种原始罪恶，进一步意味着人引起了神的震怒。

1. 如果这些形式获得人们的同意，那么，其中所包含的，首先是时间上的而不是思想上的最初祖先；这个关于最初祖先的思想，不外是指自在自为的人。这样的自在自为的人，每个人本身所具有的一般性的东西，在这里乃是表现在第一个人、在亚当这个形式

中；在这第一个人身上，罪恶显得好像是一些偶然的东西，说得更清楚些，是他自己让自己受引诱去吃了禁果。不过，这并不是表现为他只是吃了禁果，而是表现为他所吃的乃是分别善恶的知识之树的禁果；作为人，他必须吃它，否则就不是一个人，而是一只野兽。他借以使自己与野兽有区别的基本特性乃是知道善恶；所以连神也说，“看，亚当已变成了我们中间的一个，他认识到什么是善，什么是恶了。”只有由于人认识到自己是一个思想者，他才能区别善恶；只有在思维中，才有善和恶的源泉：但是，在思维中也有医治罪恶的源泉，这种罪恶本来也是思维所带来的。

2.第二点是：人在本性上是恶的，并且把它传递下去。反之， 106
有人则提出，罪人既然对于天生的东西全无责任，如何应该承受惩罚呢？说人内在地、本性上是恶的，看来是太严重的说法。如果我们把这种说法抛开，不谈什么神的惩罚等等，而用更温和的一般的话来说，那我们就应该说：人若按照本性，就不是他应有的样子；但是有把他仅仅潜在的自己显现出来使命。在这个原始罪恶的观念中，对于我们包含着这样的意义：人必须把自己看成如果作为自然的直接的人，就不是在神面前应有的那种人；而这一点存在于人本身的规定中，就被认为是一种遗传性。这种纯粹的自然性的扬弃，是采取简单的教育形式而为我们所习知的；这种教育是自发的；通过它，人驯服了，变善的能力一般地造成了。这事看来很容易地在进行着；但是，具有无限重要性的，正是人们与自己的调和，变善的过程，——这些乃是通过简单的教育方式达成的。因此在这些形式中，我们不可认错更不必说抛弃内容，而要认清里面的内容；我们却也不应该把它们当作绝对的形式抓住不放，想把教义死扣在

这种形式中来主张，像以前在一种空无内容的正统说法那里所发生的那样。

我们现在所关心的，是把我们已经加以详细解释的基督教原理变成世界的原理；世界应当做的**课题**，是把这个绝对的观念带到自己里面，在自己里面将它实现，以便使自己与神调和。这个课题所包含的，**首先**是基督教的传播，使它进入人心；不过这是在我们107 的考察范围之外的。心的就是作为这一个人的主观的人，而这一个人由于这个原理，地位就与以前不同了；这个主体的存在是必需的。主体乃是神恩的对象，每个主体、每个作为人的人都有一种无限的价值，都被赋予这样的使命，即神的精神住在他身上，他的精神与神的精神相结合；而这就是神。人是注定获得自由的，在这里这一点被承认为具有自由的潜能；不过这个主观性的自由，最初还只是形式的，只是按照主观性的原则的。——**第二点**是：基督教的原则应该对思想建立起来，被思维的知识所吸取，在其中被实现；从而使思维的知识达到与神调和，使它在自己里面有神的观念，使哲学观念的思想教养和基督教原则结合起来。因为哲学的观念乃是神的观念，而思维的知识的发挥则必须与基督教的原则结合起来；因为思维绝对有权利要求与神调和，或者说要求基督教的原则符合于思想。——**第三点**则是：现实性的观念应该是深深灌注的、内在的，应该不只是有一大群信仰的心，而毋宁必须像自然律一样，有一种世界的生命、一个王国从心中构成，——即神与自己的调和在世界上实现，不是像一个天国、一个彼岸，而是观念必须在现实中实现。因此它只是为精神、为主观意识而存在的；所以必须不是只在心中，而要在一个实在的意识的王国中把自己完成。从

外表上初看起来，是这样说的："我的王国不是在这世界上"；但是 108
现实化的过程却必然应该是人世间的。换言之，法律、伦理、国家制度以及一般地属于精神意识的现实性的东西，都应该成为合理的。这就是世界的三个课题。

（一）第一个课题，即基督教在人心中的传播，是在我们的考察范围之外的，——（二）第二个课题，即基督教发挥于思维的知识之中，已经由**教父们**完成了。而这种基督教原则的发展，我们也不想进一步加以考察，因为它是属于教会的历史的；在这里所要指出的，只是人们在教父和哲学的关系这个问题所采取的观点。我们知道，教父们都是很有哲学修养的人，并且把哲学，特别是新柏拉图派哲学引进了教会。他们使基督教的原则与哲学理念相符，并使哲学理念深入基督教原则里；他们由此制成了一套基督教的教义，借着这套教义，他们超越了基督教在世界上出现的最初形式。因为教父们制出的这一套基督教义，在基督教最初出现时是不存在的。一切关于神的本性的问题，即神的自在自为的性质是什么，关于人的自由、关于人与客观者即神的关系问题，关于罪恶起源问题等等，教父们都加以研究；思想在这些问题上所规定的东西，都被他们采纳加入基督教教义。精神的本性、拯救的等级，即主体精神化的层次，主体的教育，使精神成为精神的过程，精神的这种皈依等等，都同样被教父们在精神的自由中加以研究，在精神的深处按照环节加以认识。

教父们〔对于教义的〕关系，我们可以作如上的规定，但还应该指出，人们却把他们这种对基督教原则所作的最初的哲学发挥当作一种侵害行为；人们说他们这样做已把基督教的最初的面目弄

得不纯洁了。关于这种所谓污染,我们不得不再谈一谈。众所周
109 知,路德在他的宗教改革中,曾这样规定了他自己的目的:应该把教会带回到它最初的纯洁性中去,恢复它在最初数世纪的那种形态;但是这个最初的形态,本身已显得是这种由烦琐复杂的教义构成的建筑物,是一种由许多关于上帝是什么和人对上帝的关系如何的学说构成的编织物。因此在宗教改革期间没有提出一个特定的教义系统,而只是把旧时的教义中后来附加的成分清除出去;它是一个混乱的建筑物,其中出现着最混乱的东西。这个针织物,在近代已完全被拆散了,因为人们想要回溯到上帝的话那条单纯的线上面去,像它在新约各篇中曾经存在的那个样子。这样一来,人们就放弃了那套教义的传播,而回复到最初的显现的那个方式上去(在这里面也经过挑选,看是否有可用的):所以现在只有关于最初的显现的叙述才被认为是基督教的基础。关于哲学以及教父们把哲学引进基督教的权利,我们有下面的话要提出来。

近代的神学观念,一方面是按照被当作基础的圣经文字而制定的,因之个人的观念和思想的全部工作只是注释性的;宗教应该保持在实证的形式中,因此宗教便是一种被接受的、现成的、纯然以外在方式设定的、启示的东西。而这些文字、这些经文又同时具有这样的性质,给各人随意解释以极大限度的自由。因此,就有另一方面,即圣经的话应验了:“字眼使一切僵死,精神却使人获得生命。”这是应该承认的,而精神的意思不外是某种力量,那些在圣经
110 的字眼上用心、以便以一种精神的方式去理解字眼,并使之具有生命的人心中的力量:这就是说,正是那被带来的观念和思想,必须在经文中使自己获得生命。因此,在那个方式中,用精神来处理经

文的权利就被注重了，就是说，带着个人的思想去理解经文；但是对于教父们是不能容许的。他们也是带着精神去对待经文的；并且公开规定了精神应居于教会之中，指挥教会，教导教会，启发教会。教父们因此也有同样的权利，带着精神去对待实证的、感觉所给予的东西。应当依赖的完全是自在自为的精神、它的性质；因为个人的精神是彼此很不相同的。所以在这里，从一方面说，这个关系被建立起来了；精神必须使经文获得生命；就是说，那被带来的思想，那可能完全是很普通的思想、普通的人类理解力，——正如人们在近代所想的那样，一种教条，必须是大众化的。

精神必须使单纯的字句获得生命，这个说法，又进一步被这样表述出来：精神应该只阐明那现成的东西；就是说，它应该采取直接地包含在字面上的意义，不予变动。但是，一个人如果看不出这种态度中所包含的错误，那他必定是在文化修养方面太差了。不带着自己的精神去阐明，好像意义都仅仅是现成的，这是不可能的事。阐明就是弄明白，并且应该是为**我**所明白；这只能是已经在我心里的东西。它必须符合我的主观决定，我的知识、我的认识的需要，我的心的需要，等等；只有这样它才是我的，人们找到的东西，是他们所寻求的。正是因为我把它为我自己弄清楚，我就把它变成对我而存在的，即是说，我使我的观念、我的思想在其中起作用；要不然，它就只是一种僵死的、外在的、完全对我不存在的东西。所以，要把远非我们的精神所需要的别人的宗教为我们自己弄清 111
楚，是很困难的；但它们仍然接触到我的精神需要、观点的一个方面，即使是一个模糊的、感性的方面。当人们说“阐明”的时候，人们是把事情的真相掩盖在一个语词之下；但是如果人们把这个词

本身的意义为自己弄明白了，其中所包含的不外就是：人身上的精神自身要在人身上认识自己，并且所能认识的不是别的，正是在人身上存在着的东西。所以可以说，人们是从圣经做出了一个蜡鼻子：在圣经中这个人找到这样东西，那个人找到那样东西；固定的东西现在显得不固定了，因为是从主观精神来考察它的。

在这方面，还应该进一步谈谈经文的性质；经文包含着基督教的最初显现的方式，它写下了这个方式；而这个方式还不能明显地包含着构成基督教的原则的东西，而只是包含着对它的预感。这一点，在经文中也是明显地说出了的。基督说："当我离开了你们之后，我将遣人来安慰你们；这个人，这个圣灵，将引你们进入所有的真理"，是圣灵——而不是基督的言行。只有在基督之后，在他用经文来教训之后，圣灵才进入门徒们身上，他们才变成充满了圣灵。几乎可以说，如果我们把基督教带回它的最初的显现，就会把它降低到无精神性的观点；因为基督自己就说，圣灵只是在我离开之后才来到。关于最初的显现的经文，因此只包含着关于"精神是什么以及它将认识什么东西是真的"这个预感。另外一点是：在最初的显现中，基督只是作为教师、救世主——在进一步的规定中，也只是作为一个单纯的教师而出现的；对于他的朋友和门徒们，他乃是一个感觉得到的、现存的人，——还不是那种圣灵的关系。如
112 果他必须是人的神、是人心中的神，那他就不能有感性的、直接的存在。达赖喇嘛是一个可以感觉到的人，他对于西藏的人民乃是神；在基督教的原则里面，神既是逗留在人心之中，他就不能够是以感性的形式存在于他们面前的。

所以第二点是：感性的形式必须消失，才能使它进入记忆中，

为记忆所收纳，进入观念的范围；只有那时候精神的意识、关系才能出现。基督已离去了，他到哪里去了呢？此处所给予的答复是：他的位置是在神的右边，这就是说，现在神已被意识到是这个具体者，他是那个一，以及圣子、逻各斯、智慧等等；只有离开感性状态，神里面的另一环节才能被意识到，神才被意识到是具体的神。同时，“神本身中的抽象的神性必定破灭并且已经破灭”这个观念才出现了；而因此神里面的这个对方就是圣子、神性中的一个环节：但不是采取一个灵明世界的形式，——或者，如我们惯于表象的那样，采取一个有着许多天使的天国的方式，这些天使也是有限的、受限制的、接近于人性的。但是意识到神里面具体的环节还是不够的；还必需在与人的联系中意识到它，基督是一个实在的人。这就是与作为这一个人的人相结合；这个“这一个人”是基督教中的一个巨大环节，它是极端不同的对立面的结合。这种较高的观念当然不存在于经文中、不能够存在于最初的显现中；观念的伟大只能在较晚才出现，精神只能在它之后才到来，这个精神曾经把观念加以完成。——这就是教父们所做了的。 113

最初的基督教教会对于哲学的一般关系，这里已经指出了。一方面，哲学的理念已被移植到这个宗教里面；另一方面，这个理念中的环节，——按照这个观念，基督教是规定自身，把自身特殊化的，——逻各斯，圣子等等，一个个别的人的个性就被结合上去了。这样，这个特殊化，——智慧、活动那还是停留于一般性中的理性，——就被提升到感性的个体性、个人的现存性。这个特殊性的东西，在这里一直迈进到存在于时空之内的个人的个体性，因为特殊的东西是永远向前进行而把自己规定为个别者、主观性、个性

的。这两个环节在基督教的教义中，与基督教的观念本质上是交织在一起的，其所采取的形式，乃是如它由于与一个个别的，现存的在时空中出现的个性相结合而呈现的那样。这就是当时的一般的特性。

一方面，教父们曾经反对了诺斯替教派，像柏罗丁和其他的新柏拉图派一样，——其所以要反对诺斯替教派，乃是因为在他们那里个人作为这一个人的那种规定消失了，直接的存在被稀化为一种精神性的东西的形式。另一方面，教会和教父们又出而反对了阿里阿教派的信徒，这些人承认个人，但不把个人结合到神圣理念中的那种特殊化，神圣理念的那种分化。他们诚然把基督当作了一个人，把他抬高到一种更高的本性；但他们没有把他放进了神的那个环节、精神自身的那个环节里面去。索其尼教派则把基督只当作是人、教师等等；但是他们并不包括在教会中，他们还是异端。

114 阿里阿派和属于它的一切人，由于没有把基督的人身和那种神圣理念中的特殊化结合在一起，教会是与他们对立的。把基督抬高为一种更高的本性，是空洞无意义的，不能令人满足的；教父们反对了这些人，断言神性和人性的统一，这种统一是为教会中的个人所意识到了的，这是最根本的规定。

新柏拉图派关于回归于神和统摄于神的原则，而是关于一般实体性的原则；而由于缺乏后面这个，有一个环节离弃了他们的精神的观念，——实在性的环节、顶端的环节，这个顶端把一切环节集而为一，从而变成了直接的统一、抽象的普遍性、存在。因此精神在他们那里不是个人的精神；这个缺点由基督教加以弥补了，在基督教中，精神乃是现存的、活着的、直接在世界上存在着的精神，——在其中，绝对精神在直接的现存中作为人而被意识到，而每个个人对于自己都有无限的价值，并且分享这个精神，事实上这个精神正必须诞生于每个人的心中。因此，在这里，个人本身是自由的，而在东方，则只有一个人是自由的，在希腊和罗马则只有少数人是自由的。反之，在基督教中，每个人都是神恩的目标，而我作为我，就具有无限的价值。

现在世界上发生了这样一种情形：绝对已被显示为具体者，并且还应当说不是只在思想中，不是以一般的方式作为一个灵明世界；而是具体者已经向自身进展到了最后的深度。所以它是一个实在的自我、我，——绝对的普遍、具体的共相，它是神，然后那绝对的对立变为这一个规定，成为时空中的完全有限者，但这个有限

者又在与永恒者的统一中被规定为自我。在世界的意识中，对于 115
人们发生了这样的事：绝对是具体的，具体到成为这个

ἀκρότης，——直接现实性的高峰；这就是基督教的出现。希腊人也有过人形的神，有拟人论；他们的缺点在于他们就在这方面也还是不够的。希腊人的宗教是同时既太过也太不够拟人化：其所以太过，是因为直接的性质、形状、行为都被收容在神性中；其所以太不够，是因为人不是作为人而具有神性，而只是作为彼岸的形状，不是作为这一个人和主观的人。被理解为具体的绝对，绝对不同的规定的统一，才是真正的神。两方面的规定的任一方面都是抽象的，其中的一个方面不是真正的神。具体者在这样的完全状态中才被人们意识到是神，它在世界上引起了一种革命，——三位一体在想象中是存在着的，但这本身只是表象，不是完全的具体者，——反之，现实性是与具体者结合着的。

稍后（虽然那也是与深入自己的过程相应的），就发生了在东方的扩展，对于一切具体东西的否定，抽离一切规定性；纯粹的直观和纯粹的思维是同一个东西，这个在东方发生的现象是与西方那种深入自我相对应的。

神**存在**，他是可显现的。这样就有两个环节被设定：(1)神不是不可亲近的、不可分享的、至高无上的东西，不是那些个别的神灵——参看普罗克洛[①]——，不是一个锁闭深藏的东西；相反地，正是这些 *πρόοδοι*（进展）才是他的显现，——而他正就是这个，正是他的显现，——因此神之中的个人本身就是神、唯一的神。天父，以色列人的神就是这个一，其次的则是不同的、个别的名称、性质。(2)圣子和圣灵的环节，乃是精神和肉体的现实中的至高者，前者在一个教区里，后者在自然中。那个教区乃是神的地上的天
116 国："哪里有两三个人以我的名义聚在一起，哪里就有我在他们中间。"

（三）但是人、自我意识所应该认识的那个理念，必须对他一般地成为客观的，成为对象，使他能够真正地把自己作为精神来把握并把握精神，从而以一种精神的方式，而不是以一种感性的方式成为精神的。这样变成客观的过程，已在**教会**中发生了。客观化的第一步已经存在于对理念的最初的直接意识中，在那里，理念是作为一个个别对象、一个人的个别的存在而出现的。客观化的第二步乃是扩展为教会的对神的礼拜和集会。人们能够想象一个爱的普遍公社，一个善男信女的世界、一个四海之内皆兄弟的世界、一

① 见本书第242—246页（原版第三卷，87—91页）。

个无罪的羔羊和玩弄精神上的小事物的人们的世界，一个神圣的共和国，一个地上的天堂。但是这些东西不是为地上设计的；那些幻想是被抛到了天上，即抛到别的地方——死后的世界去的。每一个活的现实的东西则以完全不同的方式指挥其感情、事务、行为。合理的现实性的国土是一个完全不同的国土，它必须是有思想地、带着理性来组织和发展的；个人的自觉的自由这个环节，必须反对客观真实和客观的命令而坚持它自己的权利。这正是以一个实在的时间性的东西的形态存在的精神的真正实在客观性，犹如哲学乃是被思维的、存在于共相中的客观性。这种客观性在开初时是不能够有的，必须是为精神和思想所完成才能出现。

在基督教中，灵明世界、精神的这种自在自为的存在，已变成了一般的意识。基督教是发源于犹太教的，发源于那种自觉的悲 117 伤自贱的。这种虚幻的自我感，从一开始就攫住了犹太民族，——一种悲伤、绝望、虚幻之感占据了他们的生命和意识。这个个别之点，以后在一定的适当的时间就变成了有普遍历史性的东西；整个世界都升高到了这个现实虚幻的因素里面，后来却从这个原则解脱出来，又走进一种思想的国土，——那个虚幻变成了实际上的已被调和了的东西。这是第二次的世界创造，在最初那一次之后又发生了的创造；正是在这个第二次的创造里面，精神才最初把自己理解为我就是我、理解为自我意识。这个第二次的世界创造最初同样是直接的，在自我意识中采取一个感性世界的形式，一个感性意识的形式。所有从概念中进入这里面来的东西，都是教父们从前面所提那些哲学家那里取来的：他们的三位一体说，就其作为一种合理的思想，而非仅是其中的一种表象的三位一体说，以及其他

的观念。但是他们的根本区别，在于这个事实：对于基督徒，这个灵明世界同时是具有一种通常事物的直接的感性的真理的——这是它对于一般人必须具有并保持的一种形式。

但是这个新的世界却因此不得不为一种新的种族所继承，为蛮族所继承——因为把精神的东西以一种感性的方式去接受的，正是蛮族；并且是北方的蛮族，因为只有北方野蛮民族的深沉于自我之中的性格，才是这个新的世界意识的直接的原则。由于自觉到灵明世界是一个直接现实的东西，精神就其潜在性来说，比以前已是更高了；但另一方面，就它的意识来说，精神却又完全被抛回到了文化开端的地方，而这个意识又必须再从头开始。精神所必须克服的，一方面是它的灵明世界的这种感性的直接性，另一方面
118 是那种与它对立的现实界的感性的直接性，因为这被它的意识认为是虚幻的。它抛弃了太阳，用蜡烛来代替它，它只被配备以影像；它只是自在的、在内心中的、未得到意识的赞许的东西，——在自我意识面前，是一个有罪的坏的世界。因为把自身变成现实世界这一点，正是哲学的灵明世界所尚未完成的，——就是在现实世界中认识灵明世界，在灵明世界中认识现实世界。具有哲学的理念、把绝对的本质作为绝对的本质来认识，这是一回事；把绝对的本质作为宇宙的体系、自然的体系、个人的自我意识的体系、作为它的实在性的完全发展来认识，这又是一回事。新柏拉图派曾经发现了那个现实化原则，——即是说，这同一个真的实体又把自己放在互相对立的规定中，这些规定自身都是实在的——但是从这里起，他们却没有发现自我意识的形式、原则。对于现在开始出现的这种文化，这个不完全的实在界作为实在的世界，因此就与它的

思想的世界处于对立之中，而这种文化又不能在其中的一方面认识另一方面。这一文化有两套计划、两种尺度和两个重心，它们不能调和，其一与其他隔得很远。基督徒的世界焦急地走过被遗弃的现实界及其不圣洁的事项，去求取圣墓，把这个圣地想象为实在的，并且在行动中把它作为实在的去争取；但是他们只发现那个从他们手中被夺去的坟墓。由这个经验取得教训之后，他们就必须在自身中牢固地把握住那个他们所轻视的自己的现实界，并且在这个现实界中去寻求他们的灵明世界的实现。

在**日耳曼**民族身上，世界精神分配了这件工作，——将一个胚
胎发展为一个思维的人的工作。最初存在的情况是被理解的精 119
神；而那未被收纳进精神中去的意志的主观性则与它处于对立之
中，与此相联系，真理的国土和人世间的国土是互相结合而又显然
分裂的。这个新的宗教因此就把世界观分裂为两个世界，明灵世
界（不过不是主观地被意想的）和时间中的世界，分裂为**两个国土**，
精神的和尘世的，教皇和皇帝：以致前者作为教会同时又有着一种
普通现实界的直接现存性，而后者作为外在的自然和意识的特殊
的自我，在本身中就没有真理和价值，而必须把真理和价值作为它
自己的彼岸来看待，并且这彼岸对于他的启示，乃是作为一种不可
理解的、完全从外面进来的现成的东西而被给予的。

因此，一个灵明世界就在人的观念中以同样实在的方式建立起来了，正像一个遥远的国土，它被我们想象得这样实在，就像我们亲眼看见的一个国土一样，它有居民，有人住着，但它对于我们却好像是被一座大山遮开似的。它不是希腊人的或其他民族的神灵的世界或神话，——一种天真纯朴而未被分裂的信仰；正相反，

它同时包含着一种高度的否定性，——现实世界和另外那个彼岸世界的矛盾。这个灵明世界表达了真正的绝对本质的本性。正是在这个世界中，哲学施展它的本领，思维殚精竭虑工作着。我们必须就一般的特点来谈谈这个不大愉快的现象。

我们关于〔那在基督教中显现的〕①**哲学**首先见到的，一方面是在理念的深处的一种模糊的摸索，这些哲学的摸索形成理念的各种形式，并且构成了理念的各个环节；另一方面是在纯粹的概念中的摸索，由之哲学才在思维中被建成。(1)那第一种卡巴拉派的本质乃是一种悲惨的艰难的理性的挣扎，这种理性不能从幻想和表象中摆脱出来达到概念。没有一种探险是幻想所畏惧而不敢去

120 尝试的，因为幻想为理性所迫，就不能满足于形象的美丽，而必定要越过这种美丽。同样，也没有什么理性的过分的探险是理性所不会坠入的，因为它不能主宰或支配形象。那是理性在这样一种因素中的战斗，对于这种因素，理性不能成为主人。(2)与卡巴拉派对立的另一个对立面则构成了一种相反的东西，即纯粹概念统治着的灵明世界，——到了这里我们就进入了经院哲学的时期。当哲学正像科学和艺术一样，在西方由于日耳曼民族的统治而枯萎的时候，它就逃奔到阿拉伯人那里去，并且在那里达到了一种美好的繁荣；并且正是从他们那里，首先有些哲学方面的东西来到了西方。

由于预先假定了直接存在的和被接受的真理，思维就失去了它的自由，真理就失去了它在能理解的意识中的存在；哲学思考沉

① 据米希勒本，第二版，英译本第三册增补。——译者

降到一种抽象理智的形而上学里面和形式的辩证法里面去了。

在这个时期中，我们必须考察：(1)东方的哲学。(2)西方的哲学。这就是说，阿拉伯的哲学和经院哲学。(3)在经院哲学中所建立的东西的解体；新的彗星的现象出现了，在第三个时期里，这现象是自由的哲学的真正再生的前奏。

121 # 第一篇

阿拉伯哲学

当日耳曼民族在西方已经获得了前此属于罗马帝国的土地，并且他们所征服的东西现在已经有了牢固的定型的时候，在东方则出现了另一种宗教，即回教。东方在自身中清除了一切特殊的和限定的东西，而西方则下降到精神的深处和现实性。回教在外表的力量和霸权方面，以及在精神的繁荣方面，都迅速地达到了它的顶点，在回教中，哲学连同各种艺术都有很灿烂的表现，虽则它在这方面并没有什么独特的东西。哲学受到了**阿拉伯人**的眷爱抚养。阿拉伯人带着他们的宗教狂热迅速地把自己的势力扩展到东方和西方各地，他们也以同样的速度经历了文化的各个阶段，在短期间内，他们在文化方面的进步，大大地超过了西方。

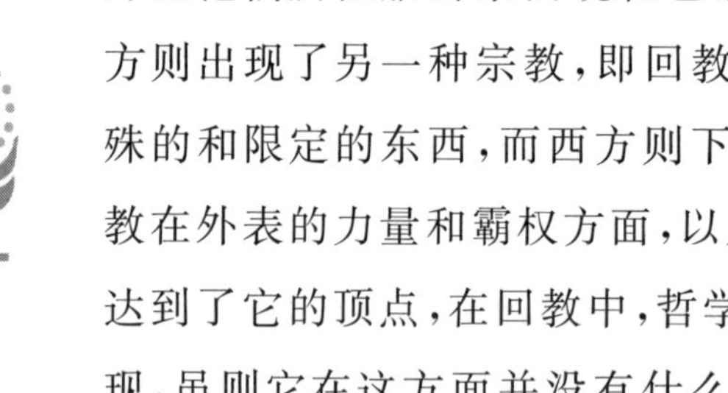

因此阿拉伯人的哲学必须在哲学史中提到。上面已说过，他们很快就专心致志于艺术、科学和哲学。但是我们将谈到的，多半还是关于哲学的外表的保存和传播方面的。阿拉伯人主要地是通过落到他们的统治之下的叙利亚人（西亚细亚人）得知希腊的哲学。叙利亚人是有希腊的文化教养的，并且形成了希腊国家的一部分。在叙利亚，在安提阿，特别是在贝鲁特和以得撒，有很大的

学术机关。叙利亚人构成了希腊哲学和阿拉伯哲学之间的连接点。① 叙利亚文甚至在巴格达也是人民通用的语文。② 摩西·迈 122
蒙尼德，一个有学问的犹太人，在他的著作"Doctor perplexorum"（"迷途指津"）中，以如下的方式叙述了这种哲学传到阿拉伯人那里去的历史情况：

"那些伊斯迈尔人③关于神的统一性和其他哲学问题写下的所有的东西，"——他特别提起伊斯迈尔人中间的一派，即穆尔太齐赖派（ מצההלה，即 Separati[分离派]）："在阿拉伯人中间，是这些人才开始"有兴趣从事关于这些问题的抽象思考的认识；"稍后才有阿撒里亚派（ האשצריוה ）兴起——，都是建立在那些从希腊人和阿拉米人"（叙利亚人）"著作中取来的论据和原理上面的，阿拉米人竭力驳斥和否定哲学家们的教训"。这件事的原因乃是这样的：由于基督教民族把那些民族（希腊人和叙利亚人）也包括进自己里面，同时基督徒对于许多教条加以维护（它们是与哲学原理相对立的），而在这些民族中间，哲学家们的学说却很普遍流行（因为哲学是从他们发源的），并且有许多接受基督教的国王兴起了：所以基督教的、希腊的和阿拉米的学者们由于看见他们的学说被哲学家们毫不含糊地显然地加以驳斥，就想出了一种独有的智慧、语言的智慧（Devarim），因而被称为讲说者（Medabberim，מְדַבְּרִים ）。他

① 邓尼曼，第八册，第一篇，第三三六页；布勒："哲学史教程"，第五册，第三六页。

② 布鲁克尔："批评的哲学史"，第三册，第二三—二四，二八—二九页。

③ 此处指一般的阿拉伯人，而非那些真正的伊斯迈尔人[按即流浪者之意]，在后者里面，还有后来的阿撒森人。

们提出了这样的原理，它们既要能巩固他们自己的信仰，又要能驳斥那些哲学家们的相反的学说。以后伊斯迈尔人继之而来并取得了霸权，而哲学家们自己的著作以及基督教的“希腊人和阿拉米人为反对哲学家们而写下的答案，例如文法家约翰尼、阿本·阿地等
123 人的著作，也到了他们那里时，他们就急切地抓住了这些东西，全部加以接受”。① 基督徒们必须研究哲学，以便辩护他们自己的主张。在阿拉伯人那里也有同样的需要；他们更有需要研究这种知识，以便巩固他们自己的信仰，因为最迫切的需要乃是反对基督教以保护回教，这个回教，乃是一大部分被征服了的民族已经信服了的。

从外表看来，事情的经过是这样的：希腊作品的叙利亚文译本原来已经有了，这些译本又被翻译成阿拉伯文；或者从希腊原本翻成阿拉伯文。哈伦·阿尔-拉希德在位时期任命了一些住在巴格达的叙利亚人，这些作品就是由于哈里发的要求而由他们翻译成阿拉伯文的。这些人乃是阿拉伯人中间的最初的科学教师，特别是医师；他们翻译了医学著作。大马士革人**约翰尼**·**麦苏爱**活着的时期是阿尔-拉希德（生于公元七八六年）、阿尔-马孟（八三三年）和阿尔-摩塔瓦克尔（八四七年）在位时期；土耳其人于八六二年获得了权力。麦苏爱是巴格达的医院监督。阿尔-拉希德任命他把希腊作品从叙利亚文翻译为阿拉伯文；麦苏爱开办了一个公立的医学和其他古代科学的学校。② 贺奈因像他的老师约翰尼一

① 摩西·迈蒙尼德：“迷途指津”，第一部，第七一章，第一三三——一三四页（巴塞尔一六二九年版）。

② 阿布尔法来：“历朝史”，第九卷，第一五三页。布鲁克尔：“批评的哲学史”，第三部，第二七——二八页。

样，同时又是一个基督徒，属于阿拉伯的爱巴地族；他自己学习了希腊文，并且把很多作品翻译成阿拉伯文和叙利亚文：例如尼可劳 124 的“亚里士多德哲学大全”，托勒密、希波格拉底、伽伦等人的作品。[①] 另外一个人是伊本·阿达，一个伟大的辩证派学者，曾被阿布尔法来引用过的。[②] 在希腊作品中，这些叙利亚人所翻译的几乎都是亚里士多德的作品，以及后来对于亚里士多德作品的评注；并不是阿拉伯人自己翻译这些作品。既然他们有了希腊人的作品，他们就接纳了那些科学。

在表现出一种自由的、光辉的、深刻的想象力的阿拉伯哲学中，哲学一般地采取了它以前所曾采取的方向，像柏拉图以他的理念、共相奠定了独立的灵明世界的基础，并将把绝对的存在设定为直接在思维的方式中存在的一种本质，亚里士多德则把思想的领域加以发展、完成，使它充满生命；同样，在新柏拉图派哲学中达到了把灵明世界作为独立在自身中的存在、精神的理念来理解之后，这个最初的观念，像我们在普罗克洛那里所见到的那样，转化为一种类似亚里士多德式的发挥和完成。正是亚历山大里亚派或新柏拉图派哲学的观念形成了阿拉伯哲学、经院哲学以及所有基督教哲学的基础、原理；正是在新柏拉图哲学的观念上，概念的规定在使用力量，往来驰逐。关于阿拉伯哲学的详细叙述，一方面会极少兴味，一方面则会与经院哲学在主要问题上相同。但是，在他们的个别体系或现象中把这点详细叙述出来，这件工作时间既不容许

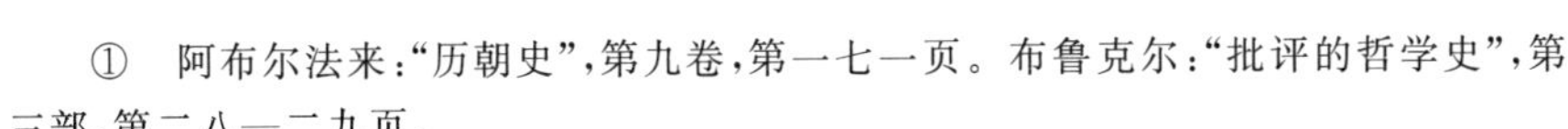

① 阿布尔法来：“历朝史”，第九卷，第一七一页。布鲁克尔：“批评的哲学史”，第三部，第二八一二九页。

② 布鲁克尔，同上，第四四页；阿布尔法来，同上，第二〇八一二〇九页。

我们去做，即使时间容许，问题的性质也不容许；反之，只宜对那些在思想中实际上被采纳的环节作一个一般的描述，把重要地方说出。阿拉伯的哲学不是因其内容而有兴趣的，在这方面我们是不能停留的；它没有什么哲学，只有一种独特形式。

甲、讲说者的哲学

125

关于阿拉伯人，我们可以这样说：他们的哲学并不构成哲学发展中的一个有特性的阶段；他们没有把哲学的原理推进一步。在这种哲学中，正如在较后的哲学中一样，主要的问题是：世界是不是永恒的；以及证明神的统一性。但是其中最大的考虑之一，乃是辩护回教的教义，因此，哲学思考就被限制在教义之中；阿拉伯人正像西方的基督徒一样，被教会（如果人们可以这样称它的话）的教条所限制住，如果说，阿拉伯人所有的教条要比较少些，——那么，他们也就更自由些。但是就我们所知，他们实在并没有在原理方面有任何真正的进步；他们没有建立起什么自觉的理性的更高的原理。他们除了启示的原理——一种外在的东西——之外，没有任何别的原理。被摩西·迈蒙尼德特别地作为一个传布极广并有特殊地位的哲学学派提出来的，是讲说者；他以大致如下的话谈到他们哲学思考的特性：

“伊斯迈尔人却把他们的论述更推进一步，并且寻求其他的奇妙的学说，关于这种学说，没有任何一个希腊的讲说者曾经意识到，因为他们在某些方面，还是与哲学家们意见一致的。——应该提出来说的主要之点，乃是：所有的讲述者们，包括那些成为基督

徒的希腊人，以及伊斯迈尔人，在建立他们的原理时，并不是遵循问题的本性本身进行，或从问题的本性中取得论据，而却是只注意事情应该有如何的性质，以便支持他们的意见或者至少不推翻他 126
们的意见；然后他们又大胆地断言，事情本身的情况就是这样的，并且又找来了更多的论据和格言来支持他们的意见，”——这些论据格言都是他们从适合于他们的目的的东西中拿来的。——“他们所坚持的，只是那些与他们的意见契合的东西，虽则也许只有最遥远的少许的联系，或者说必须通过一百个推论才接得上的联系。那些最初的学者就是这样做的，他们说，他们达到这些思想，只是借思辨，而不是考虑到一个预先假定的意见。他们的追随者却没有这样做，”等等①；可见，在基督徒和伊斯迈尔人那里，有同样的需要去驳斥哲学家们。

在所谓讲说者的纯哲学中，有这样一个为东方精神所特有的原理，即特定的思维在它的一切的后果中的解体，乃是一切联系和关系的解体。迈蒙尼德说：“讲说者的根本原理是：人们不能有任何确定的关于事物的知识，不能知道它们有这样那样的性质。因为在理智里面，相反的情形常常存在，并且可以被设想。此外，他们在大部分的场合把想象、幻想和理智搞混了，把后者的名称给予了前两者。”②

在他们里面，可以以特有的方式认识到东方的原理：“他们把原子和虚空当作原则，”在那里一切联结显得是偶然的。“产生只

① 摩西·迈蒙尼德：“迷途指津”，第一部，第七一章，第一三四——一三五页。
② 同上，第一三五页。

不过是原子之间的结合，消灭只不过是原子的分离。时间是由许多现在构成的。”①因此只有原子是存在的。这样，借着一种较高
127 的思想教养，他们意识到了那主要的观点，这个观点在当时和现在都是东方式的。即实体、一个实体。这种泛神论，或者斯宾诺莎学说，如果人们愿意这样称它的话，乃是东方的诗人、历史学家和哲学家们的观点、普遍的看法。讲说者们接着说：“实体，就是说个体，它们”——无疑地——“乃是神所创造的，它们有许多的偶性，正如雪的每一小片都是白的。但是没有一个偶然的属性能继续存在两个瞬间（per duo momenta）；当它产生时，它也在死去，神创造另外一个东西去代替它”。一切规定都完全是瞬息即逝的、消灭着的；只有个体是永存的。“如果神高兴在一个实体中再创造另外一个属性，这个实体就继续存在着；但是如果神停止创造，这个实体就消灭了。”他本来可以把事物造成另外的样子；一切必然的联系都被取消了，因而自然没有任何意义。“因此他们否认有什么东西出自本性而存在，否认这个物体或那个物体的本性必然使它具有这些偶性而不具有别的偶性。他们说：神在一瞬间创造了一切偶性，不必借自然的手段和别的东西的帮助。”②常住、一般的常住是实体，特殊物是没有必然性的，是纯然变化着的，每瞬间都改变的，因此它只借实体而存在。

“根据这个原理，他们就说，当我们以为我们用红色染了一件衣服时，我们其实根本没有把一件衣服染红；反之，正是在我们以

① 摩西·迈蒙尼德：“迷途指津”，第一部，第七三章，第一四九页。

② 同上，第一五二——一五四页。

为衣服和红色合在一起的瞬间，神在衣服里面创造了红色。神遵 128
守这样的**习惯**，使黑色不要出现，除非衣服要染上黑色；而那在结合时产生出来的最初的颜色，并不停留下来，它倒是在第一个瞬间即消逝了，而"在每一瞬间又出现了"另外一种颜色，它是另外被创造出来的。同样地，知识也是一种偶性，它是在我知道些东西的那个瞬间由神所创造的；我们今天已不再具有我们昨天所具有的那些知识。人并不移动笔，当他以为他移动它的时候"，即当他写字的时候，"笔的运动倒是笔的一个偶性，在这个瞬间由神创造出来的。"①所以实际上神才是动作的原因。

"第八个命题：除实体和偶性之外，再无别物，而自然的形式本身就是偶性；只有实体是个体。——第九个命题：偶性是彼此不相干的，它们没有任何因果联系或其他的关系；在每一实体中，所有的偶性都可能存在。——第十个命题是过渡，transitur（אֶפְשָׁרוּת，[可能性]）。"思想的过渡完全是偶然的。"凡是我们能够想象的，也可能过渡到理智中，就是说，是可能的。但这样一来，一切都是可能的"，因为没有理智的规律了。"一个像山一样高大的人，一只像大象一样巨大的虱子，都是可能的。每件事物都能够是别的样子，不像它本来那样；每一事物何以是这样，或何以应该是这样而不是另外的样子，是绝对没有任何理由的。大地绕中心旋转，火上升，火是热的，这些他们都称之为纯然的习惯；火完全同样可能会是冷的。"②这样，我们看到了万物是完全无常的；这种万物摇摇不

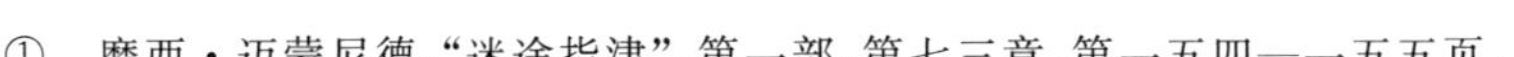

① 摩西·迈蒙尼德："迷途指津"，第一部，第七三章，第一五四——一五五页。

② 同上，第一五七——一五九页。

定的思想，本质上是东方的。

129 但这当然也是一切联系（因果等联系）的完全解体，一切属于合理性的东西的解体，——这与东方那种不执著于特殊物的高超的精神是一致的。神本身乃是完全不确定的；他的活动就是创造偶性，这种偶性又消逝了，而又出现了别的偶性去代替它们。神的活动完全是抽象的，所以由他所产生的特殊物乃是完全偶然的，——或者，它是必然的；但“必然的”一词乃是空洞的，是不可理解的，并且也不应该企图去理解它。这样，神的活动就被想成是完全不合理性的。因此，这种抽象的否定性和那常住的“一”结合起来，就是东方人看事物的方式的一个基本概念。东方的诗人突出地是泛神论者；这乃是他们通常的世界观。所以，阿拉伯人发展了科学、哲学，而没有进一步规定具体的理念，归根到底，不如说在实体中只有一切规定的解体；与这个实体联系在一起的，只有作为否定性这个抽象环节的变化无定。

乙、亚里士多德的注释者

此外，阿拉伯人还很用心地研究了亚里士多德的著作，一般地说来，他们特别利用了他的形而上学的和逻辑学的著作，以及他的“物理学”；他们的主要工作，是大量地评注它们，并对抽象的逻辑的因素进一步加以发展。还有很多这样的评注至今尚存。这种作品在西方也为人所知悉，并且被翻译成拉丁文刊印出来；但是人们由此所得并不多。阿拉伯人所发展的是理智的形而上学和一种形式逻辑。一部分著名的阿拉伯学者是生活在第八和第九世纪的；

可见他们的进步很快，因为西方当时在文化上还是很不进步的。 130

阿尔-铿地，〔亚里士多德〕逻辑学的评注者，活动的时期是八〇〇年前后，在阿尔-马孟统治期间。[1] 阿尔-法拉比死于九六六年，他写过一些亚里士多德“工具论”的评注，这些评注经院学者们曾频频加以利用，此外，他还写下了一本著作：“论科学的发生和分类”。关于他，曾有这样的传说：他把亚里士多德关于听觉的那篇著作读了四十遍，把他的“修辞学”读了两百遍，而不感到厌倦；[2]——他必定有一个很好的胃口。——连医师们也从事研究哲学，并且制定了理论；例如，阿维森那（生于九八四年，死于一〇六四年），里海东岸的布哈拉人，乃是亚里士多德的评注家。[3] ——阿尔-加扎里（一一二七年死于巴格达）写过亚里士多德逻辑学和形而上学的撮要；他是一个有才能的怀疑论者，有着高度的东方人的性格，把先知穆罕默德的话认为是纯粹真理，写下“哲学的毁灭”一书。[4] 托法伊里于一一九三年死于塞维拉。[5] ——阿维罗伊死于一二一七年，特别以亚里士多德评注者

① 颇柯克：“阿拉伯史料”，第七八—七九页；霍廷格：“东方文库”，第二章，第二一九页；布鲁克尔：“批评的哲学史”，第三部，第六五—六六页；邓尼曼，第八册，第一篇，第三七四页。

② 霍廷格，同上，第二二一页；加布利·西奥尼塔：“论东方风俗”，第一六页；布鲁克尔，同上，第七三—七四页；邓尼曼，同上，第三七四—三七五页。

③ 非洲人雷奥：“阿拉伯人物志”，第九章，第二六八页；阿布尔法来：“历朝史”，第九卷，第二三〇页；提德曼：“思辨哲学的精神”，第四册，第一一二页以下；布鲁克尔，同上，第八〇—八四页。

④ 非洲人雷奥：“阿拉伯人物志”，第一二章，第二七四页；布鲁克尔：“批评的哲学史”，第九三—九五页；提德曼：“思辨哲学的精神”，第一二〇—一二六页；邓尼曼，第八册，第一篇，第三八三—三九六页。

⑤ 布鲁克尔：“批评的哲学史”，第九七页。

的身份闻名。①

阿拉伯人之获知亚里士多德的哲学，这件事具有这样的历史
131 意义：最初乃是通过这条道路，西方才知悉了亚里士多德。对亚里士多德作品的评注和亚里士多德的章句的汇编，对于西方各国，成了哲学的源泉。西方人曾在一个长时期里面，除了这些亚里士多德著作的重译本和阿拉伯人的评注的翻译之外，半点也不认识亚里士多德。由西班牙的阿拉伯人，特别是由西班牙南部、葡萄牙和非洲的犹太人，这些译本现在从阿拉伯文被翻成拉丁文；因此中间常常还经过一次希伯来文的翻译。

丙、犹太哲学家摩西·迈蒙尼德

与阿拉伯人紧紧联结着的是犹太哲学家，在其中上面提到的摩西·迈蒙尼德占有特殊的地位。他于一一三一年（世界开辟以来的第四八九一年，据另外人说，第四八九五年。〔从前阿拉伯人以为世界只有数千年的历史——译者〕）生于西班牙的哥尔多瓦，住在埃及。② 除了他那翻译成拉丁文的著作"迷途指津"一书外，他还写了一些其他的著作。正像在教父们和费洛的情形一样，在这里，历史事件被当作一切的基础；而这又是以一种形而上学的方式来加以处理的。关于摩西·迈蒙尼德以及其他的犹太人，还可以谈到许多文学方面的成就。在他们的著作中，一方面是贯穿着

---

① 布鲁克尔："批评的哲学史"，第一〇一页；邓尼曼，第八册，第一篇，第四二〇—四二一页。

② 布鲁克尔，同上，第二卷，第八五七页；邓尼曼，第八册，第一篇，第四四六—四四七页。

一种卡巴拉派的气息，例如在占星术、堪舆术等等中；另一方面，在摩西·迈蒙尼德那里，我们也发现一种很严密的抽象的形而上学，它是以费洛那种方式与摩西五经〔按指旧约中前五卷译者〕及其解释联系着的。在他们那里，我们碰到那种神的统一性的证明，世界是被创造的，物质不是永恒的，以及关于神的性质的证明。神是一，这个原理在此处被用爱利亚学派和新柏拉图学派的方式加以处理，即证明多不是真理，唯有自己产生自己并扬弃自己的——，才是真理。①

① 摩西·迈蒙尼德："迷途指津"，第一部，第五一章，第七六—七八页；第五七—五八页，第九三—九八页；第二部，第一一二章，第一八四—一九三页；第三部，第八章，第三四四—三五〇页；及其他等处。

132 # 第二篇

经院哲学

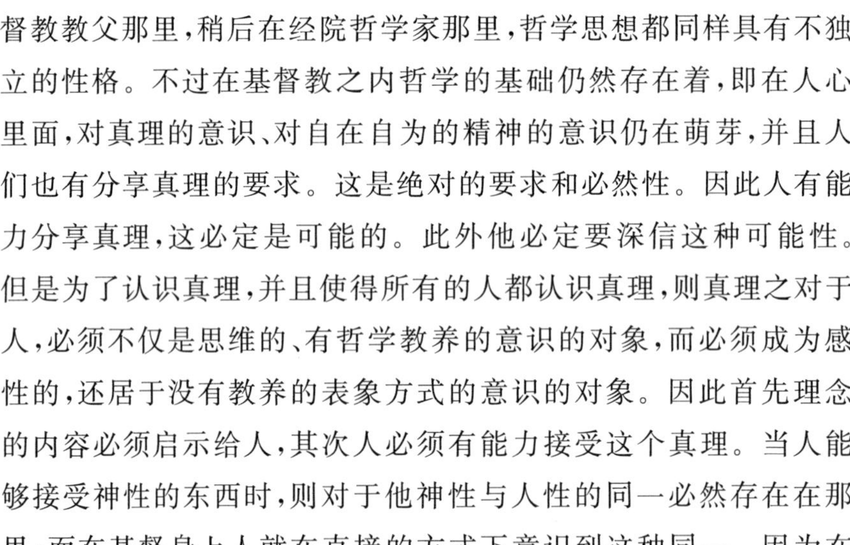

这一段期间约有六百年，或者从教父算起约有一千年。在基督教教父那里，稍后在经院哲学家那里，哲学思想都同样具有不独立的性格。不过在基督教之内哲学的基础仍然存在着，即在人心里面，对真理的意识、对自在自为的精神的意识仍在萌芽，并且人们也有分享真理的要求。这是绝对的要求和必然性。因此人有能力分享真理，这必定是可能的。此外他必定要深信这种可能性。但是为了认识真理，并且使得所有的人都认识真理，则真理之对于人，必须不仅是思维的、有哲学教养的意识的对象，而必须成为感性的，还居于没有教养的表象方式的意识的对象。因此首先理念的内容必须启示给人，其次人必须有能力接受这个真理。当人能够接受神性的东西时，则对于他神性与人性的同一必然存在在那里；而在基督身上人就在直接的方式下意识到这种同一。因为在他里面神性与人性本身是统一的。

133 再则那原始的、自身存在的东西只是在最内在的概念里。在精神的概念里有着这样的特性，即人只是一个有生命的东西，这东西诚然具有成为现实的精神的可能性；但是精神并不是属于自然的。因此人的自然本性并不是神的精神生活和居住的地方。人并不是由于自然本性就是他应有的那样。动物由于自然本性便是它应有的那样；而这正是它的不幸，它不能更向前走。因此人从自然本性就是恶的，他不应该是自然的。人所做的一切恶事都是出于它的自然冲动。精神首先在于对直接的东西予以否定。因为神之所以是一个精神，也是由于它使那太一、封闭着的东西成为它自己的对方。同样，人也由于超出自然的东西才成为精神的，才达到真理。他达到这种真理，是由于对于他真理的确定性已成为直观，即在基督中便体现着神性与人性的同一，在基督里面逻各斯变成了肉身。这样我们首先有人，人通过超越自然的过程而达到精神性，其次我们有作为基督的人，在他里面神和人这两重本性被意识到了。这就是对于基督的信仰。凭借对这种在基督中的同一性的知识，凭借对这种原始统一的知识，人便达到了真理。既然人一般是这种否定直接性的过程，并且是通过这种否定的过程而回复到自己、回复到自己的统一性，所以他应该弃绝他的自然的意志、自然的知识和自然的存在。这种对于人的自然性的放弃，在基督的受难和死亡，以及在他的复活并提升到坐在天父的右边的故事里，便形象化地被看见了。基督是一个完善的人，他曾经忍受了一切人的命运、死亡；人曾经遭受苦难，被牺牲了，他的自然的一面被否定了，然而通过这个过程他又提高了。在他里面，这个过程，这种把 134
他的对方转变成精神的过程，本身就被直观到了，而且在弃绝自然性中感受苦难的必然性也被直观到了；但是上帝本身都要死亡，这种苦难，却是解救和提高到上帝的源泉。所以这种在主体里必须经历的过程，这种转变有限事物成无限的过程，便被意识到作为在基督本身中而完成了。

认为基督的启示具有这种意义，是基督徒的信仰，而对基督故

事的世俗的、直接的、浅近的了解，认为基督是一个单纯的先知，认为他具有一切古代先知的命运，就是误解了。但是这故事具有刚才所指出的那种意义，精神是知道的；因为精神在这个故事里正得到显现。这个故事就是概念，就是精神自身的理念；并且在这个故事里世界史找到了它的完成，即以直接的方式认识真理。精神就是这样理解这故事的。这在圣灵降临节得到直接的、直观方式的表现。因为在这个节日的前一天，那些使徒们还没有认识到基督的这种无限的意义；他们还不知道，这就是关于上帝的无限的历史：他们已经信仰他，但还没有信仰他作为这种无限的真理。他的朋友曾经看见他，曾经听见他的教训，他们知道他的一切教训，他们也看见了奇迹，这种种都使得他们信仰他。但是基督本人强烈地叱责那些盼望他做出奇迹的人。他说："精神将引导你到一切真理。"

从这个思想，当其为精神所理解时，可以产生许多所谓异端邪说。**诺斯替派**[按即知神派]的多种宗派就属于这一类。他们的方向是知识，由此他们得到知神派的称号。明白点说，他们不愿意停留在精神理念的这种历史的形式，而要对那个故事加以解释，并且
135 想消除它的历史性。从他们那里带进来的思想或多或少是亚历山大里亚派甚至费洛派哲学的思想。按照他们的基本原则，他们被认为是思辨的，不过他们是驰骛于幻想和道德之中了，虽说是在幽暗、幻想的本质中还经常可以看得见一些历史的因素。他们说到一种 θεὸς ἄῤῥητος(不可捉摸的神)，他们把它标明为 ἄβυσσον(无底的)，βύθος(深渊)，προπάτωρ(始祖)；长子是理智、理性、智慧，是这个深渊的条理化，是不可捉摸者自己让自己成为可以把握的东西。

这个被表明为永恒和天使。在说明中就有不同的原则，阳的原则和阴的原则，从这些原则的混合和结合里就产生了充塞（πλήρωμα）。这个充塞就是一般的永恒世界；但是那混沌的、区别还未出现的深渊他们称之为雌雄同体，类似这样的东西，毕泰戈拉派早就已经提出过的。①

从东方还带进来这个对立的别种形式：明与暗，善与恶。而这个拜火教的对立特别出现在**摩尼教**中，摩尼教把上帝认作光明，与恶、非有、物质相反对。恶就是具有矛盾在自身内的东西。“那自己放纵的、在盲目的敌对中互相冲击的恶的力量”，这种自我毁灭的东西，被“从充满光明的源泉泄漏出来的微光所射中、所吸引”；而这点微光给物质以温煦，使得“物质停止彼此互相争斗，并立刻联合其自身以图钻入那光明的源泉。——作为对于恶的诱饵，为了通过一种不可抵抗的力量的作用使恶的盲目勇气受到挫折、得 136
到缓和，并且为了导致恶的最后消灭和光明、生命、灵魂的普遍统治，光明之父于是就献出一个善的力量。这就是世界灵魂（ψυχή ἁπάντων）；这个世界灵魂就为物质所包围，这种混合就是整个创造的基础。于是灵魂就普遍地布满一切，并且在死躯壳里到处起作用、作斗争，在人里面、在小宇宙里面如此，在全世界、在大宇宙里面亦复如此”。——不过以不同的力量起作用、作斗争罢了。因为“在美得到显现的地方，光明的原则（灵魂）对于物质（恶）就取得胜利；在丑的事物里面，光明就受到压制”，物质就占了上风。“这种

① 参看本书本卷，第186—189页（原版第三卷，第29—31页）；第一卷，第256页（原版第一卷，第256页）。

被束缚的灵魂就叫做**摩尼**，也叫做人的儿子，即原始的人、天上的人、亚当·卡德孟的儿子。”但是只有“光明本质（灵魂）中的一部分才有向恶的国度作斗争的使命”，才是为这个目的而降生出来的；“由于太软弱，它有陷于被消灭的危险，它必须放弃它的武装（这个灵魂）的一部分给物质。”另一部分则是自由的。“与物质混合而没有受到苦难的那一部分灵魂自由地上升到天上，从上面发生作用以净化那被束缚的灵魂、那和它有亲密联系的光明部分；这就是‘未受苦难的人的儿子’，耶稣，人的儿子，这是就他是未受苦难的人的儿子，区别于受苦难的人的儿子，亦即在全世界里被束缚的灵魂而言。”不过“那能拯救的灵魂居住在不可见的光明里（第二个可见的光明和第一个不可见的光明相对立），并以那里为中心，通过太阳和月亮作用于自然界的净化过程”。在他看来，整个自然世界和精神世界都是通过拯救的灵魂的作用而产生的净化过程。“那

137 被束缚的光明本质必须从轮回里解放出来提高到与光明的国度直接重新联合。因此那纯洁的天上的灵魂下降到地上，表现为人的假象形式，为了对那受苦难的灵魂”（亚里士多德的 νοῦς παθητικὸς［被动的理性］?）“伸出援救之手。那个不受苦难的耶稣单纯地假象地被钉在十字架上，真正讲来，只是相应于一个没有和物质联合的灵魂对于被束缚的灵魂的真实苦难的一种假象的同情。所以正如对于基督，黑暗的力量不能施展其威力，也同样应该对于和他有亲属关系的灵魂不能表现其威力。摩尼教徒们所说的耶稣，是一个在一切世界里并且在灵魂里被钉在十字架上的人。因此基督被钉死在十字架，只神秘地意味着我们的灵魂的苦难的创伤。孕育一切的大地产生了那受难的耶稣，他是人的生命和救星，并且他是被钉

死在每一棵树上的。那表现在基督里面的 νοῦς 是一切的存在”。①

正统的**教父**反对这些诺斯替派的思辨，主要在于他们坚持基督的客观性和现实性的确定形式，但是在这种方式里这个故事同时便以一般的理念作为基础，亦即以理念和历史形态的内在结合为基础。因此这是精神的真正理念同时在历史性的特定形式里。不过理念本身在这里还没有和历史区别开。当教会坚执着在历史形式中的这个理念时，它规定了这个教义。反之，如果阿里阿教派还没有像索其尼教派那样只认基督为一个卓越的人的话，他们却也还没有认识到上帝在基督中得到自觉。但是只要取消了基督的神性，三位一体说便不复存在，因而整个思辨哲学的基础便被取消了。裴拉几派否认原始罪恶，断言人的自然本性就足够可以达到 138
道德和宗教。但是人是不应该像他的自然本性那样的；他毋宁应该成为精神的。所以这个学说也被认作异端而受排斥。所以教会是为精神所统治的，并坚持理念中的规定性的，但理念必须永远在历史的形态中。这就是教父哲学的要点。他们曾经创造了教会，正因为发展了的精神需要一个发展了的学说，有一些近代人努力或企望使教会退回到它最初的形式，实在是最不适当了。以后就有所谓博士出现，不复是教父了。

甲、经院哲学和基督教的关系

经院哲学家是这个时期的主要人物。它是欧洲中世纪的西欧

① 内安德：“最高尚的诺斯替派系统的发展”，第八七—九一页。

哲学。反之，教父们主要是在古代罗马世界，在罗马帝国，属于拉丁文化；拜占庭人也属于这个体系。但后来完成了的教会的中心却在日耳曼各民族之中；因此这时的哲学思想就不能不受到教会的法度的制约。基督教会、教区诚然散布在罗马世界里，特别在开始时是如此，这些教会形成一种特殊的团体，抱出世的态度，对于世界无所要求，更不想统治世界。它们的要求只是消极的，个人在世界上只是烈士，换言之，他们弃绝这世界。但是教会也成为统治的力量，东罗马和西罗马的皇帝都成了基督徒；所以教会获得了一个公开的、不受阻碍的存在，——这个存在曾经给予世界的事情以
139 很多的影响。但政治的世界却落在日耳曼各民族手里。因而产生了一种新的形态，经院哲学就属于这种新的形态。我们知道这个变革就是**民族大迁徙**。许多新鲜的氏族在罗马世界里面涌现出来，并在其中固定下来。于是他们就在旧世界的废墟上建筑起新的世界，——现在罗马的景象也还呈现给我们这种图像。在那里，基督教庙堂的富丽堂皇部分地就是旧神庙的残余，而新的宫殿就建筑在废墟上面或废墟的中间。

中世纪的主要特征就是这种分裂、这种**两面**：两个民族、两种语言。我们看见，这些民族从前统治着一个旧世界，这世界具有它自己的一套完备的语言、艺术和科学；而这些新民族就挤进这和它们格格不入的旧世界里，这样就开始了这个本身分裂的过程。所以在这个历史里呈现给我们的，不是一个民族单纯从自身向前发展的历史，而是从对立出发，为对立所纠缠，并且保持在对立中，把对立吸收在自身内，并予以克服。所以在这种方式下，这些民族便展开了一种自在的精神过程的性质。精神的特性在于为自己造成

一个前提，把自然的东西当作对立物，使自己与自然的东西划分开，将它作为客体，于是首先对于这个前提予以加工，加以陶铸，然后从自身内产生出来，创造出来，并在自身内改造自己。因此基督教在罗马世界中，亦如在拜占庭世界中一样，虽然很成功地统治着；不过两者皆不能够借新宗教以充实自身，根据基督教的原则以改造这世界。因为在两者中都有着已完成的性格：伦理、法律、法制、宪法（如果可以叫做宪法的话）、政治状况、技术、艺术、科学、精神文明等等，一切都是已经完成了的。另一方面，精神的本性要求 140
这种文明的世界必须由精神自身创造出来，而这种创造是通过对先前的世界的反作用、同化而出现的。这样，这些征服者就在一个生疏的世界里巩固起来，而成为其中的统治力量。但同时他们一般地又进而为一个加在他们身上的新精神所占据。一方面他们是统治着的，但另一方面他们又为〔这新的〕精神所统治，对它采取被动的态度。

精神理念或精神性是加在这些民族头上了，——而这些民族，显得是粗鲁的野蛮人，在心情和精神方面都好像是很鲁钝的。精神的文化便移植到这种笨拙的民族里。它们的心情因而便感受到一种刺痛。在这种情形下，这粗鲁的自然本性便内在于理念中而永远与理念相反对：换句话说，在它们之中便燃烧起一种无限的痛苦，可怕的苦难，以致可以把它们表象为一个被钉在十字架上的基督。它们必须在自身中忍耐并坚持这场斗争，这场斗争的一个方面就是它们的哲学，这哲学后来出现在它们之中，而且是作为一个被给予的东西而带来的。它们虽说仍然是没有教化的民族，但在它们野蛮的鲁钝之中却深深存在着真的性情和心灵。于是精神的

原则便强加在这样的自然质料上面，因此便必然地发生了这种痛苦，这种精神和自然性情的斗争。这里文化是从最剧烈的矛盾开始，而它必须解决这个矛盾。这是一个痛苦的国度，但也是一个锻炼的场所。因为感受痛苦的乃是精神而不是动物，——在这个苦痛过程中，精神并没有死去，而是从它的坟墓里上升起来。这个矛盾的两方面本质上是在这样一种相互关系中，即精神的一面应该统治，应该统治着那粗野的一面。

但是真正的**精神的统治**不能是这样意义的统治，即它的对立
141 面是一个被奴役的东西，反之自在自为的精神不能把和它相关联的主观精神当作和它相敌对的外在的服从的奴隶；因为后者本身就是精神。所谓精神的统治必须取得这样的态度，使得精神在主观精神中即和它自身相谐和。这种态度、谐和、和解已包含着那最初好像是一种对立的东西，在这对立中，只有一方面于征服对方时才能够取得统治权，因为基本原则是精神统治着；而往后的发展只是这样的，即精神取得了统治权，但却是作为**和解**的统治权。这种性质的统治权不仅包含主观意识、心情、心灵，而且还有世界的统治、法律、制度、人生等等，只要这些东西建筑在精神上并且是合理的。在柏拉图的理想国里我们看见哲学家应该统治这一观念。现在时候到来了，可以公开说出精神应该统治的话了。不过精神在这里具有这样的意义，即**教会**或僧侣应该统治。这样，精神便被弄成特殊的形式或个人了。但正确的意义应该是精神是决定的力量，而这个意义在我们的时代已很流行了。这样，我们看见在法国革命时期就有这样的原则，即思想、抽象思想应该统治：国家的宪法和法律都应该按照思想来制定，思想应该构成人与人之间的纽

带；人们应该意识到，在人类中有效的东西就是抽象思想，自由与平等就是有效的东西，在其中主体自身在其对现实界的关系方面也得到它自己真价值。

这种和解的又一个形式，是主体满足于它当前原样的自己，满足于它自己的思想、自己的意志、自己的精神状态。于是它的知识、思想、它的信念成为至高无上的东西，并且具有那神圣的、自在自为地有价值的东西的特性。这样，神圣的、精神的东西便被设定 142
为在我的主观精神之内，与我相同一；我本身就是共相，唯有我直接知道的才是有效的。这种形式的和解是最新的，但也是最片面的。因为在那里精神的东西并未被规定为客观的，而只是被理解为像它在我的主观性内、在我的良心内那样；我个人的信念本身便认作究竟至极的东西，——这乃是主观性对它自身的形式的和解。如果和解是采取这样的形式，则我们刚才说到的那种态度便不复有什么兴趣；它只是某种已经过去了的、历史的东西。如果我们的知识和信念，像它们直接启示在每个主体的内心里那样，就是真理，就是自在自为的存在，那么使真理、自在自为的存在、上帝和人相结合的间接过程和媒介方式便毫无兴趣，只是历史的事实，对于我们没有什么必要的东西了。同样，基督教的教义和教义概念也会只有一个生疏形式的、属于特殊时间的地位，而为某些人曾经费力研究过的东西罢了。认为自在自为的理念是具体的、是精神，而且和主体有着对立的关系的那种见解，也便消失了，并且好像只是过去了的。因此凡是我所说的关于基督教教义的原则，以及将要说的关于经院哲学家的原则，都只是从刚才所提出的观点看来才是有兴趣的，这就是说，从理念的具体规定的观点，而不是从主体

和它自身直接和解的观点看来，才是有兴趣的。——由此足见，共相是已经包含着和解原则在内的那种对立，〔在这对立中〕精神的一面应该统治，不过只是就它能调解这个对立而言，它才能统治。

现在进一步我们必须考察对立的性格，借以和哲学思想相比
143 较。要这样做，我们必须简短地回忆一下历史的方面，不过只能提主要的环节。——首先，这个对立表现在历史上的形态，从一方面来说就是那种精神性，而这种精神性本身应该是内心的精神性。但是精神是一，这里面就肯定了那些生活于这种精神性中的人们之间的共享〔圣餐〕。这样就产生了一个集体，这个集体就成为一种外在秩序，并扩张而为教会。就精神是一原则来说，则精神的事物必定是直接地有普遍性的，而在感觉、意见等等之中的个别存在便是没有精神性的。教会组织起来了，但是教会本身也发展成为世俗的定在、具有财产、宝物，本身变成具有一切粗糙的情欲的世俗的东西了。因为只有原则才是精神的。内心一成为定在、属于世俗范围，跟随着就会有内心的嗜好和欲望，——同时内心以及整个人间的关系也就受到这些粗糙的嗜好和情欲的决定。因此教会只有自在的精神原则，而没把这原则真正地实现出来，所以教会的关系还不是合理的。因为当精神原则还没有在世界中得到发展和实现以前，教会的其他的关系就必然是这样。在世间的成分不适合精神原则以前，世间的成分也就以定在的方式存在着，而是直接的自然的世间的东西。所以教会本身不可能不具有直接自然的原则在自身内。一切情欲、权力欲、贪婪、欺诈、使用暴力、掠夺、残杀、嫉妒、仇恨，所有这一切粗糙的罪恶，教会都莫不应有尽有；它们正是属于教会统治权本身的。因此这种统治虽然应该是精神性

的，但事实上业已成为情欲的统治。所以教会大部分就世间性、情欲方面看来是错误的，而在精神的一面却是对的。

与这个精神兼世俗的帝国正相反对的，就是那道地的**世俗的** 144
帝国，亦即皇帝与教皇和教会的对立。世俗的帝国应该屈服于那精神的但又世俗化了的帝国；于是皇帝就成为教会的辩护者与保卫者。世俗的帝国单独站在一方面，但又和对方有联系，所以它得承认精神的帝国是统治的方面。在这个对立里一方面，由于教会本身的世俗成分，另一方面由于世俗统治政权之坏的世俗成分、施行暴力、野蛮性，就会引起一种斗争。但是这个斗争必定会导致对世俗成分的不利。因为它是单独占在一面，它又须承认对方，它于是被迫而恭敬地屈服于它的对方，即精神的一面及其情欲，那最勇敢、最高贵的皇帝受到教皇、红衣主教、教皇的使节，甚至受到大主教和主教们的驱逐，没有对付的办法，也不能依靠他们的外在力量，因为他们是内在地破裂了，因此他们经常处于被击败的地位，最后必须向教会投降。

其次，就个人的道德生活而论，我们看见一方面精神的原则在内心中无限有效，而另一方面有粗野、暴虐、不羁的欲望与之对立。个人由一个极端落到另一个极端，由最粗野的放肆不羁、野蛮、自我意志这一极端落到弃绝一切、压制一切嗜好、情欲等等的另一极端。关于这点，十字军可作最好的例证。他们为一个圣洁的目的所吸引，但是在行军途中，他们放纵一切情欲，领袖们带头纵欲。个人容许自身堕落于暴虐、狂放、野蛮的行径中。当他们于最无头脑、最缺乏理智的方式下向前进军，并于丧失了成千的性命之后，他们达到了耶路撒冷。在这里他们全体跪下祷告，痛事忏悔，肝胆

145 欲裂。由于他们征服了耶路撒冷，为胜利威武所陶醉，于是他们又陷于同样的野蛮和情欲之中，在血液中洗澡，穷凶极恶，然后又作忏悔，又回到自私、猜忌等最卑鄙的情欲，把他们用威武夺取的城镇加以毁坏。其所以这样，是因为他们的原则只是在他们内心中的抽象原则，并且人的现实性还没有受到精神的陶冶。——精神与情欲在现实界中对立的情形和方式就是如此。

［第三］就这个对立在**宗教内容**、在宗教意识方面而论，它便具有多种形式，这里我们却只能回想一下那最内在的东西。一方面是上帝的理念，即上帝被意识到、被认识到为三位一体。另一方面为礼拜，亦即个人使得自身与精神、上帝相适合，并达到进入天国的确信的过程。一个现成的教会就是天国在地上的现实性，这就使得天国对于每个人都是现实的，每个人都可生活于其中，都应当生活于其中。通过这种办法每个人都可得到神人和合，每个人都可成为天国的公民，分享这种确信。但是这种神人和合与基督是神性和人性的统一的信仰，——相信上帝的圣灵应该降临在人身上——是密切结合在一起的。因此这个基督不可以被当作是已经过去了的，这种神人和合的生活亦不可以被当作一种对于已经过去了的事迹的回忆。正如虔诚的人能看见在天国中的基督，所以在地上基督也应该同样是可以看见的对象。所以个人与他的这个对象相结合、使得这个对象与他同一，乃是应该实现的过程。在礼拜中，媒介亲临了，并且完成了，在个人那里完成到最高点，这种最
146 高点就叫做弥撒。由于个人对于媒介的关系即是对于对象的关系，所以个人能够享受这个对象，并且分有这个对象。这个对象在弥撒里是作为圣饼和对圣饼的享受而总是不断亲临的。这种圣饼

一方面是被当作圣饼、对象、神圣的东西，另一方面按形式说，圣饼乃是一个非精神性的、外在的东西。但这就是教会中的*外在性*最深刻的地方。因为信徒的礼拜就是在这个具有完善的外在性的东西面前下跪，并不是在一个被享受的对象面前下跪。

路德曾经改变了这种方式，他仍然保持了神秘的成分在所谓圣餐中，通过圣餐的仪式，主体接受了神圣的东西，——但是他认为圣饼是神圣的，只有由于它是在信仰中被享受的，而且只有由于它在信仰中和在享受中停止其为一个外在的东西。这种信仰和享受首先是主观的精神性；只有当它在精神性里时，它才是精神的，而不是当它仍然是一个外在的东西的时候。在中世纪的教会里、在一般天主教会里圣饼正是被尊敬为外在的东西，所以如果一个老鼠咬了圣饼，则这个老鼠和它的粪尿皆同样应受到尊敬。在这里那神圣的东西完全具有外在性的形式。这就是这个剧烈的对立的中心点，这个对立一方面是解除了，另一方面又停留在完全的矛盾中。所以圣饼还是被坚持为单纯外在的东西，而这种外在的东西却又被奉为最高、奉为绝对。

和这种外在性相联系的还有另一方面，即对这种关系的意识。这里对于精神的东西、对于真理的意识便为僧侣集团所拥有。这种精神的东西既然是一种东西，它自然就可以又为别的人所拥有，由于它是优秀的东西，并保有一种优秀性，它又可以受到别的人的
崇拜，——虽说这种崇拜只是基于个人的外在的行为。教会有权 147
力决定什么东西是优秀的；普通人便从教会去接受它。——再则个人是在天国里；这个基督的故事认上帝被表明为人，牺牲其自身，并且通过这种牺牲上升到上帝的右边，这一切也永远是在做弥

撒时被人感觉到的。

此外还必须谈到：主体自身的关系，在于他是属于教会的，并且是教会的一个真实的成员。当个人被吸收进教会之后，则他们便可参加到教会中〔而得到罪恶的净化〕。[①] 但是为了净化罪恶，第一，必须知道一般地什么是恶、什么是罪恶；第二，个人必须要求善、宗教性的东西；第三，必须知道人是由于自然的恶性而堕落的。不过内心、良心应该是善良的。因此已犯了的过恶必须予以清除，使勿再犯。人必须经常受到净化，正好像必须重新受洗、重新被吸收入教会那样。现在有了积极的戒律清规以反对罪恶，这就是说，不是从精神的本性里便可知道什么是善和恶，而必须遵守教会的清规戒律。这样，那神圣的规律就是一个外在的东西，而必须由某个人来掌握了。于是僧侣阶层就和别的人区别开来了，以便单独拥有那种知道教义的具体内容以及获得上帝恩宠的方法的本领，亦即个人如何在宗教崇拜里达到自身确信他能分享神圣事物的办法和方式。正如在礼拜方面教会掌握着〔使人获得上帝恩宠的方法〕[②]，同样教会也掌握着个人行为的道德评价，也可以说是掌握着个人的良心。这样一来，人的最内在的心灵、人的责任心皆转移到别人手里，转移到别人身上；而主体连在他的内心深处也都成为
148 “无我”的了。教会也知道个人应该做什么。个人的过错应该被知道，而别一方面，教会就知道他的过错。罪恶应该消除，而消除罪恶也必须通过外在的方式：通过赎罪、绝食、责罚、参加十字军、朝

① 据米希勒本，第二版，英译本，第二卷，第五五页增补。——译者

② 据同上，第五六页增补。——译者

拜圣地等等方式。这乃是认识和意志在最高事物方面以及在最琐屑的行为上的一种失掉自我、非精神性和缺乏性灵的情况。这种认识只在教会之内才有，上帝恩宠的给予也属于教会作为一种外在的所有物。

这就是宗教本身的外在性的主要情况，一切别的特性均与此相关联。现在我们就可以进一步去阐述哲学的情况。但是在野蛮的民族里，基督教只能具有这种外在性的形式。这一方面是属于历史的。这些野蛮民族的愚拙无知和恐怖的狂暴，必须用奴役或服役的办法去医治，而通过奴役或服役就可以完成对它们的教育或锻炼。人类在这样的桎梏之下服役，为的是把日耳曼民族提高到精神生活，人类必须经历过那样残酷的训练。但是这个残酷的服役是有一定的目的和目标的。它的代价是无限的源泉、无限的伸缩性、精神的自由。印度人同样有过这种的服役，不过他们是不可救药地丧失了自身，束缚在自然上面，与自然相同一，而本身又与自然相违反。——知识因此只限于教会之内；不过即在这种知识中也是以一个积极的权威为坚固的基础，而权威性就是这种哲学的主要特征，其第一个特性因此就是缺乏自由。

经院哲学真正讲来乃是一个很不确定的名称，它与其说标志着一个哲学体系，不如说标志着一个一般的态度。它作为经院哲学，就不是一派固定的学说，如像柏拉图哲学或怀疑派哲学那样。
经院哲学这个名称概括了差不多一千年内基督教的哲学活动。不 149
过事实上它是被关闭在一个概念之内，对于这个概念我们将进一步予以考察。

由于**语言**的关系，对经院哲学的研究已经是很难的事。经院哲学家所用的名词完全是粗野的拉丁文。不过这不是经院哲学家的过失，而是拉丁文构造本身的缺点。这缺点是包含在语言中的；这种拉丁语是不适合于表达那样的哲学范畴的工具；因为这个新的精神文化的具体内容不是通过这种拉丁语所能表达的。如果我们勉强这样做，我们就是对于这种语言施加暴力。西塞罗的美丽的拉丁文是容纳不下这样深刻的思辨的。我们不要希望任何人对于这种中世纪的哲学具有第一手的知识，因为它是无所不包的，同时又是干燥无味的，文字笨拙，卷帙浩繁的。——一般的大经院哲学家，我们还保有许多**著作**，这些著作都是很烦琐冗长的、要研究它们并不是一件小事。愈晚期的著作，写得愈是形式化。他们不仅只编写教本，正如阿尔伯特的著作共为二十一大卷，邓斯·斯各脱十二大卷，托马斯·阿奎那为十八大卷所构成。各种著作我们都看见有各种不同的摘要。**主要的资料来源**：(一)兰伯特·丹纳乌："比埃尔·隆巴德言论第一卷注释"导言(Lambertus Danaeus: Commentarius in Librum Primum sententiarum Petri Lombardi, in prolegomenis)，一五八〇年日内瓦出版，这是摘要中最好的资料；(二)劳诺伊："论巴黎学院中亚里士多德的不同命运"(Launoy: De varia Aristotelis in Academia Parisiensi fortuna)；(三)克拉墨尔："波须埃世界史续编"，最后两册；(四)托马斯·阿奎那："神学大全"。——提德曼的哲学史内也有关于经院哲学家的摘录，邓尼曼的哲学史也是如此；李克斯纳也作了许多适当的摘录。

150　我们限于阐述一般的观点。经院哲学的**名称**是这样起源的。自查理大帝时代起，只有在两个地方，隶属于大教堂或大修道院的经院，有一个监管经学教员的监督（教士、僧正）叫做“学者”（scholasticus）（在第四世纪和第五世纪时，教师也叫做学者）；他同样作关于最重要的科学——神学的演讲。在修道院中最有能力的人便给僧侣讲课。这不是我们所要讲的，不过那个名称被保留下来，虽说经院哲学完全是另一回事。只有能够科学地成体系地讲授神学的人才是经院哲学家。

以神学形式，我们可以说，中世纪大体上是圣子的统治，不是精神〔圣灵〕的统治（因为精神是为僧侣阶层所掌握着）。因为圣子是被理解为与圣父区别开的，并且被认作是停留在区别之中的，因此在圣子中，圣父、理念只是潜在的。但是精神〔圣灵〕首先是爱，是圣父、圣子的统一，作为爱的圣子，就是圣灵。如果我们过于不适当地坚持其区别，而不同时肯定其同一性，则圣子便成为它的对方了；我们发现中世纪的特点就是如此。在**中世纪**，**哲学的特征**是先有一个前提的一种思维、把握、哲学论证。它并不是思维的理念的自由活动，而是为一种外在性的形式或前提所拘束着。所以哲学的这种特征正和当时的一般情况是相同的，也就是为了这个理由，所以我前面曾提到具体特征：因为在每一个时代里总是有一种特征或规定性的。中世纪的哲学因此包含着基督教的原则，这个原则对思维提出了最高的要求，因为其中的理念是彻头彻尾地思辨的。这个思辨原则的一个方面是，必须用内心去理解理念，—— 151
我们姑且把个别的人叫做内心。而直接的个别的人与理念的同一性即在于圣子、媒介者被理解为**这一个**人；这就是精神与上帝在内心方面的同一。这种结合的自身，由于它同时是上帝与上帝的结合，因此是直接地神秘的、思辨的。所以这里面便包含着对于思维

的要求，这个要求就是最初教父们、后来经院哲学家们所要满足的。

所以经院哲学本质上就是神学，而这个神学直接地就是哲学。神学的其他的内容只是在表象中、在宗教中的内容：即每个基督徒、农民等所应熟习的关于教义的知识的科学。神学的另一方面是关于外在历史的内容的研究、批判性的研究——如研究新约有多少章节，研究经文是写在羊皮纸上，或写在木棉上或纸上，是否用大体字写的，是哪一个世纪的版本等——犹太人的时间观念、教皇、会议(教会所召集的)、主教、教父的历史。但是所有这些记载都不属于上帝的本性及其与人的关系。神学，作为关于上帝的学说，其主要的唯一的对象是上帝的本性；而这种内容按其性质来说本质上是思辨的，因此这样的神学家只能是哲学家。关于上帝的科学唯有哲学。哲学和神学在这里被认作一个东西，两者的区分正形成向近代的过渡，因为人们以为某种对于思维的理性是真的东西，可以对于神学是不真的。反之，在中世纪存在着这样一个基本概念，即只有一个真理。

152 现在我们必须**进一步**谈一谈**经院哲学家的方法和方式**。在这种经院哲学的研究里，思维的活动完全从一切现实界、从一切经验分离开；完全说不上对现实界加以吸取，并通过思想予以规定。在前一时期里，虽说概念贯穿着亚里士多德的哲学，也还有这样的情形：(甲)概念并不被认作内容的必然性，并不被认作思维的进展，而只是被认作内容的现象依次排列的系列(被知觉的现实性和思想的混合物)；(乙)尤其是绝大部分的内容并不是为概念所贯穿着，而只是肤浅地接收进思想的形式里，特别是在斯多葛派和伊壁

鸠鲁派那里。一般地说经院哲学完全不做这种工作。它把现实性摆在一边，当作业已陈旧了的东西，对它不感任何兴趣。因为理性只是在另外一个世界中得到它的实现、它的定在，而不在这一个世界中。殊不知文化的整个进展在于恢复对于这一个世界的信仰。在经院哲学里，一切对这一个世界关怀的知识和行为都完全被排斥掉了。凡是关怀视和听等官能的知识，对于普通现实界的宁静的考察和研究，在那里一点地位也没有。同样也没有那按照它自己的方式认识现实界中一定范畴的科学，这些科学是构成真实哲学的材料。也没有能够给予理念以感性的定在的艺术。同样，在社会关系方面也缺乏法律、对现实的人的权利的承认，反之，却把它推到另一个世界，不在这里。这种不承认现实事物的合理性，或者不承认合理性在实在界、在现实界中有它的定在，便构成了思维本身的野蛮性，把自己局限在另外一个世界里，而没有获得理性的概念，——获得确信自己本身拥有一切真理的概念。 153

那脱离了现实界的思想也有一种内容；灵明世界便被认作独立自存的现实性，思想便运用于这个世界。思想对灵明世界的态度可以和理智之运用于感性的被知觉的世界相比较：理智把感性世界当作实体或基础，并对它加以论证。不过这种理智的论证并不是独立的运动，而是肯定一个固定的对象当作主题、独立的本质。因此这种理智思维并不是真正的哲学，并不能深入本质，并把本质表达出来，而只是寻出一些宾词来表明它。所以经院哲学便把灵明世界、上帝以及上帝的一切属性当作主题。上帝被认作独立的对象，思想只是对于这个对象寻出一些宾词去表达：如说上帝是不变的，并提出“物质是否永恒？”“人是否自由？”等等问题，——

犹如理智对现象界和被知觉的世界加以翻来覆去的推论一样。这样，经院哲学便沉陷于有限概念的无穷运动里。须知可能性与现实性，自由与必然，偶性与实体等等范畴，按其本性并不是什么固定的东西，而乃是纯粹的运动。某种被规定为可能的东西正好转变到它的反面，而必须取消其原来的规定。规定或范畴只有通过一个新的区别才能拯救过来，即一方面它是被取消了，另一方面它是被保存了。经院哲学家是由于他们惯于作无穷的支离烦琐的分辨而得到坏名声的。

经院哲学家这种通过抽象概念来处理范畴的办法，正是受了亚里士多德哲学的支配，不过他们并没有接受他的哲学的全部规模，而只是采取了亚里士多德的“工具论”，即他的逻辑学，既采取
154 了他的思想律也同样采取了他的形而上学概念、范畴。〔在这数百年内，只有亚里士多德逻辑方面的著作被学习、被应用。至于他的形而上学的物理学则是后来通过从阿拉伯文翻译成拉丁文的本子才开始为西方人所知道的，直到希腊文原本出现时为止，即一般的希腊文献也同样得到传播时为止。罗马人给我们的遗产是很贫乏的，——世界的文化在这里好像中断了似的。〕①这些抽象的有限的概念构成经院哲学的理智，这种抽象理智不能超出其自身达到自由，也不能把握住理性的自由。

因此哲学研究在这里便成了正规呆板的三段论式的形式推论。正如希腊的智者派为了现实界的利益而在抽象概念中绕圈

① 括号内这一长段，是黑格尔演讲时附带说到的题外的话，在米希勒的第二版中被删去了。——译者

子，同样经院哲学家是为了灵明世界的利益而在抽象概念中绕圈子。在智者派看来，存在是真实有效的，他们一方面把存在从概念的否定性中拯救出来，一方面正因此通过抽象概念去说明存在。同样经院哲学的主要职务在于拯救宗教的基础、基督教的灵明世界以反对概念的紊乱，企图通过概念以表明灵明世界是符合于概念的。经院哲学的一般形式在于提出一个命题，把反对这个命题的理由也提出来，并且凭借三段论法和概念分辨来反驳那反面的理由。因此哲学和神学是没有分开的，哲学本来就不是与神学无关的，因为哲学正是关于绝对本质的知识，即是神学。但对于这种神学，基督教的绝对世界乃是一个被当作现实性的体系，正如智者派把普通的现实性当作真正的现实性一样。于是便主要地只剩下思维的规律和抽象概念属于真正的哲学范围了。

至于这个基督教的世界如何被认作基础，则常常发展到极为可笑的程度，例如在唯名论者反对唯实论者的争执里。当前者断 155
言共相只是一个名词时，则为了反对它，大概就可以提出那样的基础。阿柏拉尔谴责罗瑟林，因为他断言事物是不可分的，只有表述事物的名词是可分的。阿柏拉尔推论道，照罗瑟林看来，基督不是吃了红烧鱼的一个真实部分，而只是吃了红烧鱼这个名词的一部分。如果鱼真的是没有部分的，我真不知道，吃起鱼来从哪里下口。这样的论辩是可笑的而且是极为琐屑无聊的。[①] 我们根据常识来作抽象推论，其结果比这不会好多少。但不可因此便以为他

① 布勒："哲学史教程"，第五部，第一八四页；阿柏拉尔："书信"，第二一页；邓尼曼：第八册，第一篇，第一六二——六三页。

们的神学只包括一些采用历史方式的关于上帝如何如何的学说，像在我们这里那样，相反地，事实上包括着亚里士多德和新柏拉图学派的最深刻的思辨思想。他们的哲学思想中许多好的东西，都早已以较简单、较纯粹的形式存在于亚里士多德那里了。只是他们的全部思想都在现实性之外，并且和表象中的基督教的现实性混杂起来。

已经指出，他们的哲学理论、思维都为一个绝对的前提所束缚着。这个前提就是教会的教义，这些教义本身诚然是思辨的，但却采取外在对象的形态。因此思维显得不是自由地从自身出发，以自身为根据，而乃是依赖于一个被给予的内容，这内容虽是思辨的，但也包含着直接定在的形态在自身内。这种特性的后果是：思维服从这个前提，本质上把它当作推论的起点。推论便成为形式的逻辑进展的方式。由一个规定〔范畴〕进展到另一个规定，而这些规定既是些特殊的规定，一般地都是有限的。规定在这里只是
156 外在的，并不是自己和自己相结合的概念。和这种有限的形式直接联系的便是有限的内容。这种规定就是一般的内容之有限的形式。思维同样是不自由的，而“无我”构成了它的内容的主要特性。当我们更具体地表示这点时，我们可以唤起我们的人性，例如说到人的一般的具体的心情、人性。在这种具体的心情里包含着：作为有思想、有感情的人有其当前的现在，这种具体的内容是植根于他的思想里面的：这种具体内容构成他的独立的意识的材料。形式的思维在这上面找到自己的方向。抽象反思的错误在这样的意识里面有一个终点，这终点给这些错误划一条界限，并把它们归结到人的具体心情等。而这个时候的哲学思想的方式则缺少了这样的

内容。一方面是教会的教义，另一方面是世俗的人都通过思想从这种野蛮状态里超拔出来。这就包含着上面所指出的对立：这种对立在精神上越是剧烈，那种野蛮状态便越是可怕。当这种对立还一般地持续着，当人在他自己方面、在所谓常识方面还没有透进到合理性时，他也就还没有具体的内容，以便用来规定形式思维的方向。他对于那样的内容所加的任何反省，都是不断地纠缠在形式的思维、推论的形式规定里。至于他们所提出来的关于自然状况、自然规律等等的规定，还在经验方面找不到支持，没有从健康常识去加以规定。由此看来，这内容也是无精神性的；但既然它必须进到较高的、精神的事物的规定，这种无精神性的情况又正好被颠倒过来，——这些规定都被带进精神的领域了。

我们现在是立足在基督教里面。哲学必须从基督教出发得到复兴。在异教徒那里，认识的根源是外在的和主观的自然，亦即自我以及作为没有我性的思维的自我。自然具有积极的、肯定的意义：人的内在的自然的自我，人的思维，都同样具有积极的、肯定的意义；因此异教徒认为所有这一切都是善的。在基督教里真理的根源有着完全另外的意义；它不仅只是反对诸神的真理，而且又是反对哲学、反对自然、反对人的直接意识的真理。在那里自然已不复是善的了，而只是一个否定性的东西；自我意识、人的思维、人的纯粹自我，所有这一切都在基督教里得到一个否定的地位。自我应该被扬弃，因为它只是直接的确定性；自然是没有价值、没有意义的。天、太阳、自然是死尸；它们是没有意义的。同样，自我应该沉没在虽说是另外一个自我里，不过是一个远在彼岸的自我里；只有在它里面自我才应该有它自己的价值。这个另外的自我，—— 157

在它里面固有的自我应该有它的自由——首先同样还是一个个别的自我，不是一个共相。它没有共性的形式；它也为时间和空间所规定、所限制，而同时又有绝对存在、自在自为的存在的意义。因此一方面那固有的自我性被牺牲了；正与此相反，自我意识所赢得的并不是一个共相、思维，而是沉没在一个个别的——不过是在彼岸的——自我之中。这样，理念就是绝对内容、最高的具体的内容，在这个内容里，那单纯地无限的对立就结合起来了；它是一种力量，这力量足以统一那在意识看来彼此相距有无限之远的现象的东西、有死的东西与绝对的对立。这个绝对本身首先是一个个别的东西，具体的东西，是统一性而不是抽象，是个别与一般的统一；这种具体的意识就是真理。

158 那种〔把宇宙看作〕“一”的出发点或自然观，在基督教的认识中是不存在的。这种观点也给予我们以法则；而且对于自然界的个别存在，这个共相、这些法则还具有绝对的权威。对于个别事物加以联合、加以总结，吸取它们的本质，——这样的兴趣是缺乏的。作为个别事物的自然界以及它的那些规律、共相只有否定性的意义，它毋宁要放弃其自身给精神，甚至给精神的主观性；自然的秩序必须让位给各个地方的奇迹，而为奇迹所打断。至于我作为自我的存在，在那里便被抛在一边了。在思维里，我本质上有着肯定的意义，并不是作为个别的这个我，而乃是作为能思维的我；但是真理的内容现在纯全被个别化了，因而自我的思维便消失了。

和这种取消自然的必然性相联系的还有这样的思想，即：凡关于自然的一般规律的一切别的内容、一切真理都是被给予的、被启示的。一切别的内容之所以是真的，其根源显得是不属于自我本身，而是出于无我性的接受。在这里诚然有精神的证据，因为精神乃是我的最内在的自我之所在；但是精神的证据一般地被隐蔽起来了，在它自身中得不到进一步的发展。内容不是从精神自身中创造出来的，而是从外面接受来的。再则：那提供证据的精神本身又从我分离开，而被当作一个个体；换言之，我的能作证的精神乃是另外一个东西，于是剩下给我的只是一个被动性的空壳。

在这种僵硬的观点里面，哲学必须前进。对于这个内容的初次加工，使共相、思想能深入作用于这个内容，这就是经院哲学的工作。信仰与理性的对立造成了这个结果。理性感觉到有接近自然的需要，这一方面是为了获得直接的确定性，并且一般地为了寻 159
求直接确定的满足，另一方面是为了要有自己的思维、为了那特殊的自身创造。

这些规定就是这种哲学思想的一般性格。我们想要简短地进一步加以考察，揭示出它**主要的环节**。

在中世纪，在独立国家建成的初期，我们最初所能找到的哲学还是罗马世界的一些残余，而罗马世界于罗马衰亡之后从各方面看来都消沉了。所以在西方我们几乎不知道别的东西，只有波尔费留的“逻辑入门”，**波埃修**对亚里士多德的逻辑著作的拉丁文注释，和**卡西奥多尔**所作的关于它的节要，非常空疏的教本，此外被算做奥古斯丁所著的“论辩证法”、“论范畴”也是很空疏的，后一种著作不过是亚里士多德关于范畴的著作的重述。[①] 这些就是初学的入门书籍和工具书籍；他们所应用的都是逻辑中最表面、最形式

① 邓尼曼：第八册，第一篇，第四九页。

的东西。

整个讲来，经院哲学有一个单调的外观。从前有些人企图对由第八世纪，甚至第六世纪差不多直到十六世纪期间占统治地位的神学作出一些确定的区别和阶段，这乃是徒劳的。这差不多一千年的历史是建立在同一观点、同一原则上面的，即：教会的信仰和形式主义，这只是一种无穷的自问自答和在自身内绕圈子。亚里士多德的著作之广泛流行也只作出了程度上的差别，而没有使得科学前进。中世纪的哲学史很可以说是一些人物的历史，但真正算不得这门科学的历史；我们看见许多虔诚的、高尚的、高度优秀的人物。

人们讲经院哲学通常自第九世纪（约八六〇年）的约翰·斯各
160 脱·爱里更那开始。注意这是约翰·斯各脱，不是邓斯·斯各脱。他的国籍还不很确定。不确知他是苏格兰人，还是爱尔兰人。斯各脱指苏格兰，爱里更那指爱尔兰。这时期的真正哲学是从他开始的，他主要地承继新柏拉图学派的思想。此外偶尔也有亚里士多德的个别著作流传着，——约翰·斯各脱已经读到过。不过对于希腊文的知识是很有限的，而且是很稀少的。他表现出对于希腊文、希伯来文甚至于阿拉伯文都有一些知识；但我们不知道他怎样得到这些知识的。他还把希腊法官狄翁尼修的著作从希腊文翻译成拉丁文；狄翁尼斯是出于亚历山大里亚学派的晚期希腊哲学家，特别追随着普罗克洛。他所译的书有“论天界的层次”（De coelesti hierarchia）和别的东西，——据布鲁克尔①说还有“柏拉图的

① 布鲁克尔：“批评的哲学史”，第三册，第五二一页。

闲谈与癫狂”(Nugae et Deliria Platonica)。君士坦丁堡的皇帝米凯尔·巴尔布曾经于八二四年赠送这些著作给虔敬的路易皇帝；秃头查理皇帝曾经命斯各脱把这些著作翻译出来，后者在他的宫廷内住得很久。由于这样，在西方也就有人知道了一些亚历山大里亚的哲学。教皇与查理争吵，向他抱怨，并责备翻译者说：“他应该照惯例首先把译品送给他并取得他的同意。”后来约翰·斯各脱居住在伦敦，任牛津大学一个学院的院长，牛津大学是英王阿勒弗烈创办的。①

斯各脱自己也著书，他的著作还有一定的深度和机智，有“论自然及其各个层次”(*De naturae divisione*)等书。哥本哈根的希约尔特博士也曾于一八二三年发表了爱里更那著作的一个摘要。斯各脱·爱里更那的工作是真正哲学性的，他用新柏拉图学派的方式表达自己，不过不是自由地从自己发出。在柏拉图，以及在亚里士多德的阐述方式里，我们很愉快地发现有新的概念，及用哲学〔的尺度〕去加以衡量时，又发现它是正确的、深刻的。在爱里更那这里，一切都是现成的。不过他的神学并不是建筑在圣经的注释和教父的权威上面。教会还多方面地谴责他的著作。斯各脱又曾因此遭受了一个里昂教会会议的谴责：“这些著作是由一个狂妄多言的人写出来的，他用人的方式，或者像他自己所说，用哲学的论证，来论辩神的意旨和预定，没有依据圣经的指示，也没有援引教父们的权威；而他只是根据自己的意见来维护教义，把它建立在他

161

① 布鲁克尔：“批评的哲学史”，第三册，第六一四—六一七页；布拉优：“巴黎大学史”，第一册，第一八四页。

自己的原则上面,——他不遵从圣经和教父的权威”。① 哲学与宗教的分离是后来才出现的。现在这只是一个开端。但真正讲来他并不属于经院哲学家之列。

乙、一般的历史观点

此后的经院哲学更加依靠教会的教义,而以教会的体系作为它的基础。斯各脱·爱里更那曾经说过:“真的哲学就是真的宗教,真的宗教就是真的哲学。”②基督教的教义早就由教会会议固
162 定下来;对宣传福音的教会的信仰在教会会议之前业已存在着,但天主教会是以教会会议为支柱的。——经院哲学家所特有的主要思想和思维的兴趣在于:第一,唯名论与唯实论的争执;第二,对于上帝存在的证明,——这是一个很新的现象。

一　教义建筑在形而上学的基础上

经院哲学家进一步的努力在于:**第一**,把基督教会的教义建筑在形而上学的基础上。其次是对教会的全部教义加以系统的研究。此外对于教义的中心概念所没有决定的问题,他还可于枝节地方提出补充。那些形而上学的理由本身,以及这些进一步的特殊的枝节补充,就是留下来给他们自由论证的对象。首先摆在这

① 邓尼曼,第八册,第一篇,第七一—七二页(布拉优:“巴黎大学史”,第一册,第一八二页)。

② “论上帝的预定”,导言(见“第九世纪老作家论上帝的预定和恩典的著作和残篇”,吉尔贝·莫甘编,巴黎,一六五〇年版。第一册,第一〇三页)。

些神学家前面的就是新柏拉图派的哲学；我们可以在较早较纯的经院哲学家那里看得出这个学派的面貌。——安瑟尔谟和阿柏拉尔是较晚的著名的经院哲学家。

1. 安瑟尔谟

在那些想要通过思想来证明教会教义的人们当中，最有名望的人是安瑟尔谟。安瑟尔谟约于一〇三四年生于意大利皮蒙特地区的奥斯达。他是一个很受尊敬的人。他于一〇六〇年在白克作了僧侣，后来于一〇九三年升为坎特布里的大主教。他死于一一〇九年。[①] 他曾经致力于按照哲学方式去考察并证明教会的教义，甚至有人说是他奠定了经院哲学的基础。

关于信仰与思维的关系问题，他曾说过如下的话："基督徒应 163
该由信仰进展到理性"，从信仰起始，"并不是从理性出发达到信仰；当他不能够理解的时候，更不应该离开信仰。而当他能够深入认识的时候，他会对他的认识感到愉快"，这就是说，他认识了他从前只是信仰的东西；"当他还没有认识的时候，则他就应该敬畏。"——所以他必须始终依靠教义。"我们必须用理性去维护我们的信仰，以反对不信上帝的人，不是反对基督徒。因为对于后者，我们揣想他们一定能够坚持他们受洗时所接受的义务。对于前者，我们必须指出，他们是如何不合理地反对我们。"[②]特别值得注意的是下面这句话，这话包含着他的全部意思。在他富于思辨

① 邓尼曼，第八册，第一篇，第一一五、一一七页。

② "安瑟尔谟书信"，第四一编，第一一封（邓尼曼，第八册，第一篇，第一五九—一六〇页）。

思想的论著“神人论”中，他说：“在我看来，当我们有了坚决的信仰时，对于我们所信仰的东西，不力求加以理解，乃是一种很大的懒惰。”[①]现在还有人把这种态度说成骄傲；他们认为直接知识、信仰高于认识。但是安瑟尔谟和经院哲学家的见解却与他们相反。

从这方面看来，安瑟尔谟特别可以被认作经院神学的奠基人。因为用简单的推论去证明所信仰的东西——即上帝存在——，这
164 个念头使得他日夜不得安宁。最初他以为那是由于魔鬼的诱惑才使得他想要通过理性去证明上帝的真理，因此他感到焦虑紧张。但是最后由于上帝的恩典，他在他的“前论”(Proslogium)中成功地获得了他所寻求的证明。[②]

他是特别以他所提出的所谓对于上帝存在的本体论的证明而出名的，为了寻求这个证明，他曾经长期间陷于苦恼和斗争。他的证明直到康德的时候，还被列入许多证明之中，并且(有一些没有达到康德观点的人)直到现在也还把它算在一系列的证明之中。这个证明和我们在古代哲学家那里所找到并读到的是不同的，他们总是说：上帝作为绝对的思想是客观的，上帝是存在的；因为世界上的事物是偶然的，所以不是自在自为的真理，而自在自为的真理是无限的。反之，后来在安瑟尔谟这里，他从一个相反的途径开始，于是思想与存在的对立就成为隔得无限远的两极端。这个最初在基督教里达到自觉的纯粹抽象看法，这个二元化，为中世纪所坚持，并在这里保持着。像在表象中那样，在这里概念与存在的对

① “神人论”：第一卷，第二章。

② 邓尼曼，第八册，第一篇，第一一六页；埃德麦鲁：“安瑟尔谟传”(附在迦伯列·格伯隆所编“安瑟尔谟全集”内，一七二一年版)第六页。

立初次出现了；而且也开始寻求对两者的结合了。从亚里士多德哲学他们已熟习那形而上学的命题：可能性不是独立自存的，而是始终和现实性相统一的。值得注意的是，只是在这时，并不是在较早的时期，共相与存在才在抽象思维中对立起来；于是那最高的法则便得到了自觉。把最高的对立提到意识前面，具有着最高度的深刻性。这个证明是从上帝是本质中的普遍本质这一概念推论出来的。从一方面看来，在以前，主要问题是什么是上帝，共相好像只是被认作上帝、绝对存在的宾词：但现在这个问题的提法却正颠 165
倒过来了，即存在变成了宾词，而绝对理念却被设定为主体，不过是思维的主体。因此如果上帝的存在已停止其为第一性的前提，而被设定为一个被思维的存在，那么自我意识就走上回复到自身的道路了。于是现在问题的提法是：上帝是否存在？

众所周知，这个对上帝存在之第一次真正的形而上学的证明采取了这样一个转向，即上帝作为结合一切实在性在它自身之内的本质的理念，也包含有存在这一实在性在它之内。他的论证的内容是这样的，他说："说一个东西存在于理智之中，是一回事，看见一个东西存在，又另外是一回事。甚至一个无知的人也会相信在思想中有某种东西，对于它不能设想一个比它更大的东西。"这就是说，理智自身有一个至高无上的东西的观念。"那个对于它不能设想一个比它更大的东西，不可能仅仅在理智中。因为当它只是被认作一个被思想的东西时"，它就不是至高无上的，"那么我们也可以承认有一个东西，它（比起那仅仅被思想的东西）更大。假如那个对于它不能设想一个比它更大的东西仅仅是在理智中，那么那个对于它不能设想一个比它更大的东西就会是这样一种东

西，对于它可以设想一个比它更大的东西。因此那个对于它不能设想一个更大的东西是既在理智中，也在实在中。”[①]至高无上的
166 观念不可能仅仅在理智中，按照它的本质，它必然存在。这是完全正确的。只是他没有揭示出主观的理智扬弃其自身以进展到实在的过渡。由此足见，只要存在不是与概念处于对立的地位，存在是以表面方式从属于实在性的共相之下的。意义正在这里，或者问题正在这里。当实在性或完善的东西被说成只是一个被思维的东西，还没有被设定为存在着的东西时，它便只是一个与存在相反对的思想物，而不是使存在从属于它的实在性。

这个论证直到康德都还有效；我们可以看得见通过理性来认识教会的教义的努力。〔思维与存在的对立〕[②]是哲学的起点，这个起点构成哲学的全部意义。对立的一面是存在，对立的另一面是思维。包括对立的两面于自身中的就是绝对，——这个概念（按照斯宾诺莎说来）是同时包含它的存在于它自身内。关于安瑟尔谟必须注意的，是在他那里有着抽象理智的方式和经院哲学的形式推论。[他的论证的内容是正确的，形式却有缺点][②]因为第一，“至高无上的思想”这一规定被假定为第一性的东西。第二，“有两种思想的对象：一种思想的对象是存在的，一种思想的对象是不存在的。后者与前者对立。须知一个对象如果只是被思维着，而不是存在着，那么它就是一个不完善的内容，正如一个内容如果只是存在着而没有被思维着，就会是同样地不完善”。（但我们并

① “前论”，第二章。

② 据米希勒本，第二版，英译本，第三卷，第六四页增补。——译者

不这样说：事实上，如果上帝只是存在，它就不会意识到自己作为自我意识，那么它就不是一个精神、一个自己思维自己的思想。）第三，“因此至高无上者也必然存在。”这是抽象理智的过程（内容是正确的，形式是有缺点的）。至高无上者、前提是标准，其他的东西都应该适合这标准；——“一个不存在的思想对象” 167
这一规定从属于那个标准，像从属于一个规则那样，而又不适合于那个规则。

他的证明的缺点在于它是按照形式的逻辑的方式推论出来的；确切讲来，它包含着这样的意义。我们思维某物，我们有一个思想：这个思想一方面是主观的，但另一方面这个思想的内容完全是一个共相；这个共相首先是思想，和这思想有区别的是存在。当我们思维某物或思维上帝时（内容无论是上帝或别的东西，都是一样的）：情形可能是这样，即思维的内容是不**存在**的；而那既是思想，并且同时**存在**的东西，我们才认为是最完善的。上帝是最完善者：如果它是不完善的话，则它将不会又有存在的特性，它将会只是单纯的思想。所以我们必须把存在的特性归给上帝。思维与存在是正相反对的，这一原则是被说出了；我们承认真实的东西不仅是思维，而且又是存在。但是这里我们必定不要把思维理解为单纯主观的东西；这里所谓思想是绝对，是纯粹的思想。

对于安瑟尔谟的形式的逻辑的论证，康德曾加以攻击和驳斥，此后整个世界都同声附和康德的驳斥，康德的理由在于认为安瑟尔谟的证明首先假定了存在与思维的统一是最完善的东西。必须指出：所谓概念、真正的证明并不是通过抽象理智的方式而进展，而是即从思维自身的本性指出单独就思维本身而论，它就会否定

它自己，而存在的规定即包含在它里面，或者说，思维自身注定了要过渡到存在。反过来说，同样可以指出，存在自身即包含它自己的辩证法，自己扬弃自己，进而建立自身作为共相、作为思想。——这种真正的内容，存在与思维的统一，才是安瑟尔谟心目中的真实的内容，不过他是用理智的形式来表达的。这两个对立
168 面都只是在一个第三规定中——在至高无上者中——相同一并且和它相适合，因为这第三者被认作在两者之外的规则。

那时已经有一个叫做高尼罗的僧侣，写了一本书“替无知者说话”，来反对安瑟尔谟的这个证明。安瑟尔谟本人也针锋相对地著了“对无知者的答辩”一书。[①] 这个僧侣批评安瑟尔谟的证明，他所提出的理由与现时康德所持的理由是相同的，即认存在与思维是有区别的：有了思想时，还完全没有设定它是存在的。[②] 所以康德说，[③]例如，当我们设想一百元钱时，这个观念还没有包含存在在它自身之内；当然这是不错的。仅仅在观念中的东西，是不存在的，也不是真实的内容。一个思维的对象，它的内容就是思维本身，正是这种决定自己成为存在的东西；不存在的东西就只是不真的观念。但是这里所说的并不是指这种意义的观念，而是指纯粹思维而言；而且说思维和存在是有区别的，这也毫无新奇之处，——这在安瑟尔谟本人也同样很懂得的。——上帝是无限者，正如肉体与灵魂，存在与思想是永远结合着的；这是对于上帝的思

① 邓尼曼，第八册，第一篇，第一三九页；布鲁克尔：“批评的哲学史”，第三册，第六六五页。

② “替无知者说话”，第五章。

③ “纯粹理性批判”，第四六四页（第六版）。

辨的、真正的定义。那些遭受了康德以及现时很流行的追随着他的一些议论的批评的安瑟尔谟的那个证明，只是缺乏思维与存在在无限者中统一这个见解而已。

只有思维与存在的统一，才是哲学的起点。其他的关于上帝存在的证明，如由世界的偶然性推论出一个绝对的本质、绝对的存在的那种宇宙论的证明，并没有达到绝对本质的理念是精神这个认识，也没有意识到绝对本质是思想的对象。又如苏格拉底业已提出来的那种物理学、神学的证明，从世界的美、秩序、有机的目的等等诚然建立了绝对本质的理智、丰富的思想，而不仅是不确 169
定的存在，但是这个证明还是没有意识到上帝是理念。因为如果问：那是什么样的一种理智？那么只好答道：那是一个外在的、直接的理智。这同样还存在着无秩序，——这种精神是孤立的；人们必须在自然界的这个现象的秩序之外，去把捉一个另外的本质。

但是从追问上帝的定在，把他的存在、他的客观的形式认作一个宾词，并且认识到上帝是理念，进而达到认绝对本是我即我，是思维着的自我意识，不是宾语，而是：我，每个能思的主体，都是这个自我意识的一个环节，——要进而达到这些认识，还有很大一步。在安瑟尔谟这里，我们虽看见这个形式第一次出现，不过绝对本质仍然始终被认作在有限意识的彼岸；有限意识还是虚幻的，还不能理解它的自我感。这个有限意识具有着对于事物的各式各样的思想，事物的本性在它看来也是概念、宾词；但是它因而还没有回复到它自己，它只知道本质，但不知道它自己。

在“神人论”中他也是用哲学的方式来考察问题。

这样，安瑟尔谟就进一步奠定了经院神学的基础；①在这以前，已经有了同样的方式，不过只局限于对个别的教条，就在安瑟尔谟那里也是如此。他的著作表现了深刻的见解和精神性。安瑟尔谟是这样一个人，他鼓舞了经院哲学家的哲学，并且把哲学和神学结合起来了；中世纪的神学比近代的神学高得多。天主教徒绝没有野蛮到竟会说永恒的真理是不能认知的，是不应该加以哲学的理解的。——这一点在安瑟尔谟这里是很突出的；另外一点是，他认识到了思维与存在这一最高的对立的统一。

170 ## 2. 阿柏拉尔

彼得·阿柏拉尔和安瑟尔谟有着联系，以博学闻名，但使他更著名的还是由于他在情场上与爱萝伊丝的爱情和他所遭受的命运。他生活在一一〇〇年前后，从一〇七九——一一四二年，②他是安瑟尔谟之后有大声望的人。他同样对于教会的教义加以哲学的思考，特别是力求用哲学的方式去证明三位一体说。他曾在巴黎讲学。在那时，正如波仑亚对于法学家是学术中心一样，巴黎当时对于神学家们乃是学术的中心。巴黎是那时哲学化的神学的中心。阿柏拉尔在那里常常在一千人以上的群众面前作演讲。神学和对于神学的哲学讨论在法国，正如法学在意大利一样，是对于法国的发展有高度意义的主要环节，不过在这以前，它未免太被忽视了。

安瑟尔谟和阿柏拉尔的贡献主要在于把哲学引进神学。这个

① 邓尼曼，第八册，第一篇，第一二一页。

② 提德曼："思辨哲学的精神"，第四册，第二七七页；布鲁克尔："批评的哲学史"，第三册，第七六二页。

方向甚至曾在多种方式下为神秘主义者所继续。① 他们都认为哲学和宗教是同一的东西；两者本来也应该如此。但是人们不久就作出这样的区别，即“有许多在哲学里是真的东西，在神学里可能是错误的”；这个看法曾为教会所否认。② 一二七〇年，巴黎大学分为四个学院。这样一来哲学便和神学分开了，不过都禁止哲学 171
把神学的信条提出来辩论。③

二　教会教义的系统阐述

经院的神学进一步取得了较详细的确定的形式。在经院哲学中产生了**第二个**方向，其主要的努力在于把基督教教会的教义加以系统化，同时和所有的那些形而上学的理由联系起来；并且他们也把和这些形而上学的理由正相反对的理由也一并提出来，以便使神学得到科学的系统的阐述，而在这以前，教会对于培养僧侣的一般教育只限于依次讲解教义，特别是对于教义中的每一命题都把奥古斯丁和其他教父的语句和段落写在一起。——作了这种系统阐述的有如下的人物：

1. 比埃尔·隆巴德

十二世纪中叶隆巴德地区的诺瓦拉人**比埃尔**是上述那种方法

---

① 参看本书第 349—350 页(原版第三卷，第 195—196 页)。

② 邓尼曼(第八册，第二篇，第四六〇—四六一页)从斯特方主教一道训令中引证了如下的话：“他们说，这个道理按照哲学是真的，而按照天主教的信仰是不真的；就好像有两个相反的真理，好像与圣经中的真理相反，在被诅咒的异教徒的学说中，还有所谓真理似的。”

③ 邓尼曼，第八册，第二篇，第四五七—四五八页。

的创始人。比埃尔·隆巴德提出了经院神学的整个体系，这个体系在以后几个世纪中仍是神学的基础。按照这种方式，他写了他的"思维四书"，因而他就得到"思维大师"（Magister sententiarum）的称号；每一个经院哲学的学者那时都有一个徽号，如 Doctor actus，invincibilis，sententiosus，angelicus［行动博士、无敌博士、格言博士、天使博士］等等。他死于一一六四年。[①] 他的这种著作在数百年间成为教会教义的基础。

172 也有别的经院哲学家用同样的书名写书的，如罗柏特·普莱恩著一书叫做"思维八书"。[②]

他从宗教会议和教父著作中搜集了教会教义的主要规定，并对特殊的条目附加一些细致的问题，这些问题成为经院中研究和论辩的题材。他本人虽然解答这些问题，但同时他也附加上一些相反的理由；而他的解答常常使人对内容发生问题，以致他所解答的问题并未真正得到解决。两边的理由都被列举出来；教父们所说的话彼此就有矛盾，对于正相反对的每一边，人们都可以从教父们的著作中搜集一大堆词句来作证据。因此就产生了"论题"，附加上"问题"，为了解答问题就有"论证"，与论证相反又有"肯定"，最后还有"怀疑"，——这都按照人们对某个名词作这种或那种解释，遵从这个或那个权威而决定他站在哪一边。

不过这却引起了对于方法的重视。大体讲来，十二世纪中叶形成了一个时代，在这时代中经院哲学更普遍地成为博学的（哲学

---

① 布鲁克尔："批评的哲学史"，第三册，第七六四—七六七页。

② 同上，第七六七—七六八页。

的)神学。他这本书在整个中世纪广泛地为神学教义博士们加以注释,这些博士在那时是被认作宗教教义的公开的保卫者。教会的僧侣则负责灵魂拯救的工作,这些博士一般是有权威的,他们有权召开宗教会议,批判并处罚这个或那个学说、书籍,宣告它们为异端的邪说等等。——在宗教会议上,或者在一个叫做索尔邦的巴黎大学内的博士会上。就对于基督教义的关系而言,可以说他们代替了教会宗教会议的地位,有点像教父的样子。

他们特别反对神秘主义者的著作,如阿马尔里克和他的学生狄南多的大卫的著作;这些人的见解接近普罗克洛,回复到统一性的
观点。阿马尔里克于一二〇四年被控告为异端。[①] 例如他曾经说过 173
这样的话:"上帝就是一切,上帝和被创造物并不是相异的;万物皆在上帝中,上帝是唯一的普遍的实体。"[②]"大卫曾断言:上帝是最初的质料(ὕλη),一切事物按质料说都是与上帝为一体的,而上帝正是这种统一性。他把一切事物分为三类:肉体、灵魂、永恒的非物质性的实体或精灵。灵魂的不可分的原则是理性(νοῦς),精灵的不可分的原则是上帝。这三个原则是同一的,因此万物就本质来说是一体的。"[③]他的著作被焚毁了。[④] 另外一个著名的经院哲学是:

2. 托马斯·阿奎那

和比埃尔·隆巴德同样著名的人物为托马斯·阿奎那。他出

① 邓尼曼,第八册,第一篇,第三一七页。

② 布鲁克尔:"批评的哲学史",第三册,第六八八页。

③ 托马斯·阿奎那:"思维四书注",第二卷,第一七篇,问题一,第一条;大阿尔柏特:"神学大全",第一部,第四篇,问题二〇("全集",第一七卷,第七六页)。

④ 邓尼曼,第八册,第一篇,第三二五页。

身于意大利拿玻里省阿奎诺地方的伯爵家庭，于一二二四年生于他父亲的罗卡西卡城堡中。他进了多明我教团，于一二七四年死于赴里昂参加宗教会议的旅途中。他是大阿尔柏特的学生，写了许多对于亚里士多德和比埃尔·隆巴德的注释，他自己还写了一部"神学大全"(Summa theologiae 亦即教义的体系)，此书以及他的别的著作使他获得极大的声誉，此书是整个经院神学中的主要著作。他拥有对于神学和亚里士多德的很广博的知识；他又被称为天使博士和宏通博士(Doctor angelicus et communis)，奥古斯丁第二。①

174 在他的这些著作里诚然有许多逻辑的形式论证，但却没有细致的辩证法，而是对神学和哲学的整个范围有着深邃的形而上学的(思辨的)思想。他同样附加上些问题、问题的解答和疑难，并提出那赖以解决疑难的论点。经院神学的主要任务即在于发挥托马斯的"神学大全"；同样也有许多书写来发挥隆巴德的"思维四书"的。主要的事情是使得神学更有哲学意义，更加系统化。就这方面看来，彼得·隆巴德和托马斯·阿奎那是最著名的。他们的著作在长时期内成为以后一切进一步的博学的补充和发挥的基础。

托马斯是一个唯实论者。托马斯的学说是以亚里士多德的形式为基础的，例如，托马斯的实体的形式(forma substantialis)就类似亚里士多德的隐得来希(ἐνέγεια)。关于认识论他曾说过：物

① 邓尼曼，第八册，第二篇，第五五〇—五五三页；布鲁克尔："批评的哲学史"，第三册，第八〇二页。

质的事物是形式和质料构成的；灵魂具有石头的实体的形式在自身内。[1]

就对于哲学的神学的形式发挥看来，第三个著名的人物是：

3. 约翰·邓斯·斯各脱

邓斯·斯各脱有“精微的博士”(Doctor subtilis)的称号，属于方济各派，生于英国诺森柏兰郡的敦斯顿地方，前后听过他的演讲的达三万人。一三〇四年他来到巴黎，一三〇八年他来到科隆作当时新成立的大学的博士。他在科隆受到很隆重的接待，不过他到那里不久就死于风瘫症，据说他是被活埋了的。据说他仅仅活了三十四岁，又有人说他死时四十三岁，另有人说他死时六十三岁；他出生的年月不详。[2] 他写了关于思维大师比埃尔·隆巴德的著作的注释，这些注释使他获得很敏锐的思想家的声誉。依照写神学著作的次序，他从证明超自然的启示反对单纯的理性之光开始。[3] 对于每个论题他都附加了一长串的区别、问题、问题解答、反复辩难。由于他敏锐的理智，人们曾称他为 Deus inter philosophos(哲学家中之神)。他获得了极其崇高的赞扬。人们关于他曾说过如下的话：“他曾经那样地发展了哲学，如果不是已经有了哲学的话，他本人也会成为哲学的发明者。他是那样地知道了信仰的神秘，几乎不能说他是相信神秘了：对于神意的秘密，他好

① 邓尼曼，第八册，第二篇，第五五四—五六一页。

② 布鲁克尔：“批评的哲学史”，第三册，第八二五—八二八页；布拉优：“巴黎大学史”，第四册，第九七〇页。

③ 邓斯·斯各脱：“思维大师注”，导论(邓尼曼，第八册，第二篇，第七〇六页)。

像是看穿了；他认识天使的特性，就好像他本人是天使一样；在短短几年内，他写了那么多东西，以致没有一个人能够读完他的著作，更难有任何人能够充分了解它们。”①

他主张个体化的原则，而认为共相是形式的。② 从所有的证据看来，他似乎曾促使经院哲学的辩论方法及其材料达到最高的水平，他发明了无限多的命题、粗野的新名词、综合和区别。他的办法是对于一个命题、一个论题附加一长串三段论法的论难，又对于这长串的论难逐条予以驳斥；这种正反辩难的方法，提出正面理由，又提出反面理由，已被他发挥到顶点。这样，一切都被他重新区别开了；因此他又被认作“支离烦琐方法”的创始人。支离烦琐
176 的方法在于把对于每个对象的杂多论述搜集起来，采取通常的方式去加以辩驳，对于每一点都通通说到，但是没有系统的秩序，并且没有作为一个全体发挥和阐述出来；而另外的一些经院哲学家则在写摘录。他的拉丁文是粗野的，但却很适合于哲学的特性。

三　和亚里士多德著作的接触

此外还有**第三**个方向必须指出：有一种外在的历史情况，当十二世纪末和十三世纪时，西方的神学家一般都接触到亚里士多德的著作，及其希腊文和阿拉伯文注释的拉丁文译本，这些译本得到这些神学家多方面的利用，进一步的注释和论证。他们对于亚里士多德的崇拜、称赞、尊敬已到了极点。这种接触所走的道路前面

① 布鲁克尔：“批评的哲学史”，第三册，第八二八页；及桑克路修的注解。

② 参看本书第 337—339，341 页（原版第三卷，第 183—184 页，第 187 页）。

已经指出过。[1] 在此以前，对于亚里士多德的认识是贫乏的，仅限于通过波埃修、奥古斯丁、卡西奥多尔所介绍的逻辑。[2] 在斯各脱·爱里更那对于亚里士多德的接触里，我们已经看到他具有希腊文的知识，不过这是很个别的情形。以后人们对于亚里士多德的著作才有更多的接触。在西班牙在阿拉伯人当中，科学开出很灿烂的花朵，特别是安达鲁西亚的哥尔多瓦大学是学术的中心；许多西方人都曾到那里去，如早年以格尔柏特之名著称的教皇西尔维斯特二世，就曾作为僧侣逃往西班牙跟阿拉伯人学习。[3] 特别是医学和化学（炼金术）得到勤奋的研究。基督徒的医生在那里学习，都以犹太人和阿拉伯人为师。神学家们接触到的，主要的是亚里士多德的“形而上学”和“物理学”（自然哲学）；从这些著作中他 177
们作出了许多摘录。

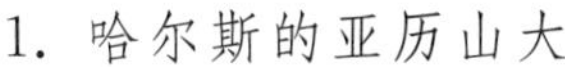

1. 哈尔斯的亚历山大

首先对于亚里士多德和阿拉伯人的接触有显著表现的，是**哈尔斯的亚历山大**（卒于一二四五年），他有“不可辩驳的博士”（Doctor irrefragabilis）的称号。[4] 霍亨士陶芬氏皇帝腓特力二世派人从君士坦丁堡取来亚里士多德的著作，并命人把它们翻译成拉丁文。[5] 起初当亚里士多德的著作刚出现时，教会曾给予许多

① 参看本书第 285—286 页（原版第三卷，第 130—131 页）。

② 参看本书第 313 页（原版第三卷，第 159 页）。

③ 特里德米：“希尔索格编年史”，第一卷，第一三五页。

④ 布鲁克尔：“批评的哲学史”，第三册，第七七九页。

⑤ 邓尼曼，第八册，第一篇，第三五三—三五八页，及同处，第三个小注。（参看约尔丹：“亚里士多德著作在中世纪的历史”，施塔耳译，第一六五——七六页。）

阻难；阅读亚里士多德的“形而上学”和“物理学”，从这些书中作出的摘录，以及关于亚里士多德哲学的讲授，均为一二〇九年在巴黎举行的教会会议所禁止。[①] 这时主教罗柏特·柯尔采欧来到巴黎，他曾视察了巴黎大学，于是颁布命令：关于亚里士多德的逻辑著作的正规讲授应照常进行，但禁止阅读并讲授亚里士多德的“形而上学”和“物理学”以及关于这些著作的摘录。他又宣布狄南多的大卫和阿尔马里以及西班牙人穆里修的著作为异端。[②] 教皇格雷哥里在一二三一年颁给巴黎大学的诏书中，也未提到“形而上学”，宣称在他的“物理学”一书未经审查并清除任何错误的嫌疑以前，禁止阅读。[③] 但是在一三六六年，正与此相反，有两个红衣主
178 教宣布：在没有学习并证明本人能够解释指定的亚里士多德的诸种著作（其中也有“形而上学”及一些物理学的著作，）以前，不授给任何人以硕士学位。[④] ——于是亚里士多德的逻辑学和形而上学便被演绎出无穷的条分缕析，皆归结成三段论法的形式，这些形式和条目主要地构成处理材料的根本原则。

在注释亚里士多德著作的人们中，最出色的人物特别应该提到：

2. 大阿尔柏特

大阿尔柏特是最著名的日耳曼经院哲学家，出身于波尔士泰

① 邓尼曼，第八册，第一篇，第三五九页；布拉优：“巴黎大学史”，第三卷，第八二页。

② 布鲁克尔：“批评的哲学史”，第六九七页。

③ 布拉优：“巴黎大学史”，第一四二页。

④ 劳诺伊：“亚里士多德的命运在巴黎学院中的变迁”，第九章，第二一〇页。

特贵族；马格努斯[Magnus是“大”的意思]或者是他的姓，或者是由于他的名声很大而获得的。他于一一九三或一二〇五年生于史瓦本地区的多瑙河上的劳英根城，最初在巴杜亚[在意大利]大学学习，在那里他的研究室现在还陈列着供游人参观。一二二一年他成为多明我派的僧侣，后来居住在科隆作为多明我派在日耳曼的教团管区长。他死于一二八〇年。

据说他在青年时期是很鲁钝的，据传说，后来圣母玛利亚和另外三个美女出现在他的面前，鼓励他研究哲学，把他从理智的软弱中拯救出来，并预言他将要使教会放光明，并且尽管他的学问很好，却须为正教而死。事实也确是这样。因为在他死前五年他很快地就又忘记了他所有的哲学，并且真实是陷于愚蠢，带着他早年的正统信仰死去。因此关于他人们常传说一个古老的谚语：“阿尔柏特很快地从一个驴子变成一个哲学家，又很快地从一个哲学家

变成一个驴子。”因为他的学问特别被人们了解为魔术。因为虽说 179
真正的经院哲学与魔术是不相干的，甚至可以说对于自然是完全盲目的，而他却从事于自然事物的研究，除了别的发明外，他特别完成了一个说话的机器，他的学生，托马斯·阿奎那看见这个机器，大吃一惊，甚至打了它一拳头，因为他认为那是一个魔鬼的作品。当他在一个冬天在一个盛开着花的园子中款待英格兰的威廉①时，他是被算作有魔术的人。② ——而我们在“浮士德”中觉得冬天花园是很自然的。

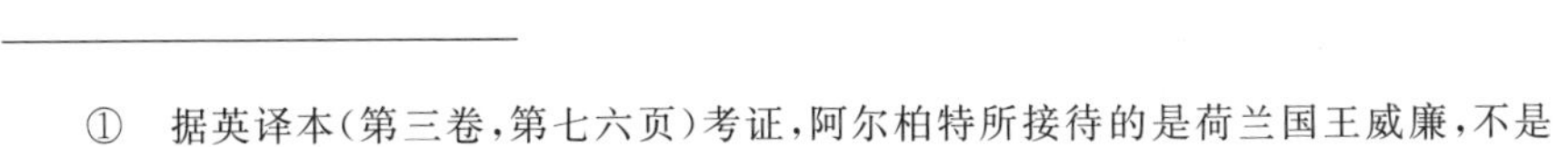

① 据英译本(第三卷，第七六页)考证，阿尔柏特所接待的是荷兰国王威廉，不是英格兰的威廉。——译者

② 布鲁克尔：“批评的哲学史”，第三册，第七八八—七九八页。

阿尔柏特曾经写了许多东西，现在都还留下有二十一巨卷的书。他曾经写了关于一个希腊法官狄翁尼修的著作，他注释了思维大师比埃尔·隆巴德的著作，他特别熟习阿拉伯人和犹太神学博士的著作，正如他对于亚里士多德的著作有了丰富知识一样，虽说他本人既不懂希腊文，也不懂阿拉伯文。他也写了一些关于亚里士多德的物理学的东西。他缺乏哲学史的知识，有一件事可作为例子。他认为伊壁鸠鲁派的名称的来源是由于他们游手好闲（ἐπὶ，cutem），或者来自 cura，因为他们好做许多无益之事（supercurantes）。他把斯多葛派想象成教堂中唱圣诗的人那样创作歌曲，并在廊子下走来走去。在这里他旁征博引地指出，初期哲学家都用诗歌的形式表达他们的哲学，并把写出的诗歌在厅堂里的廊子下唱出，因此他们被称为站在廊子下面的人（Stoici）。[①] 据说阿尔柏特曾经列举出如下的人当作初期的伊壁鸠鲁派：赫西阿德，阿塔廖或阿卡廖（我们对于他毫无所知），开西纳，别人称他为德丁
180 努，是西塞罗的一个朋友，和以撒克，一个以色列哲学家（我们真不知道，他是如何达到这个结论的）；另一方面，他举出斯彪西波、柏拉图、苏格拉底和毕泰戈拉作为斯多葛派。[②]

这些轶事给了我们一个关于当时的文化情况的图像。但主要的事情是对于亚里士多德的熟习，特别是对于他的逻辑学，这是从早期就保存下来的。通过亚里士多德的逻辑增加了辩证的烦琐，抽象理智的形式发挥到了极致，而亚里士多德的真正的思辨思想

① 大阿尔柏特："全集"，第五卷，第五三〇—五三一页。

② 伽桑第："伊壁鸠鲁的生平"，第一卷，第一一章，第五一页。

却被这种外在性亦即非理性的精神置之脑后。

四　唯实论和唯名论的对立

进一步必须提出来说的，是中世纪所最感兴趣的一个主要观点。一个特殊的哲学问题，即唯实论者和唯名论者所争执的问题，几乎持续地经历了经院哲学的整个时期。一般讲来，他们所争执的是关于共相与个别的形而上学的对立，在几个世纪中经院哲学都从事这个问题的论辩，这是经院哲学很大的光荣。我们必须区别开早期的和后期的唯名论者和唯实论者。

1. 罗瑟林

这个争论的起源应该追溯到十一世纪；在这时著名的阿柏拉尔已经作为罗瑟林的反对者而出现。罗瑟林是老辈的唯名论者，——他还曾经著书反对三位一体说①，他于一〇九二年为梭瓦
松的一个宗教会议宣告为异端——；②但是他的影响却很小。阿 181
柏拉尔也是老辈的唯名论者。

问题的焦点是共相，亦即普遍者或类，事物的本质，也就是柏拉图所谓理念，如存在、人、动物。柏拉图的继承者坚持这种共相的存在；他们把共相加以个体化，照他们讲来，桌子性也是实在的。现在争论的焦点在于：究竟共相是在思维主体之外自在自为地存在的实在的东西，独立于个别存在的事物呢，还是只是一个名词，

---

① 安瑟尔谟："论三位一体的信仰"，第二—三章；"书信"，第四一编，第一一封。

② 邓尼曼，第八册，第一篇，第一五八页。

只在主观的表象之内，是一个思想物。我们对于事物形成表象，说“这是蓝的”；蓝就是一个共相。问题是：这样的共相是否在思想之外实在，因而作为个别事物而存在，独立于事物的个别性，并且彼此互相独立？凡主张共相在思维的主体之外，区别于个别事物，是一个存在着的实在，并认为只有理念才是事物本质的人，就叫做唯实论者，——这和我们今天所谓实在论意思恰好相反。这个名词在现时有这样的内容，即事物像它们直接地那样就具有真实的存在；唯心论与此正相反。后来人们把认唯有理念具有一切实在性的哲学叫做唯心论，因为唯心论者认为事物像它们表现在个别性中那样是不真实的。经院哲学中的唯实论坚持共相是一个独立的、自为的、存在着的东西：理念不像自然事物那样，是不会毁灭
182 的，是不变的，并且是唯一的真实存在。反之，另外一面，唯名论者或形式主义者坚持共相只是表象、主观的一般化、思维心灵的产物；当人们形成类等等的观念时，这些共相仅仅是名字、形式、一个由心灵构造出的主观的东西，是为我们的、被我们所造成的表象，——因此只有个别的东西才是实在。

这就是他们所讨论的对象。这个对象具有很大的意义，这比古代人所知道的任何对立都高得多。罗瑟林认为一般的概念仅仅起源于语言的需要。他断言共相不外是单纯的抽象概念：理念或共相、存在、生命、理性都仅仅是类名，本身没有真实性。真实存在着的东西只是在个体中，并不是存在本身。有生命的东西只是在个体中，——单就生命的本身而言，是没有什么自己的普遍实在性的。① 关于唯实论者和唯名论者的历史，在别的方面都很模糊，我

① 李克斯纳：“哲学史手册”，第二册，第二六页（第一版）；安瑟尔谟：“论三位一体的信仰”，第二章。

们所知道的，在神学方面比在这方面为多。他们具有多种不同的意见和不同程度的差别。

2. 蒙泰格纳的瓦尔特

蒙泰格纳的瓦尔特（死于一一七四年）目的在于结合个别与普遍，他说：共相必定是个别的，共相本质上必定是与个体相结合的。① ——以后这争执的双方便以托马斯派和斯各脱派著称，前者由多明我派的托马斯·阿奎那而得名，后者从方济各派的约翰·邓斯·斯各脱而得名。

不过原来的问题“普遍的概念是否具有实在性，并且在什么程 183
度下具有实在性”的解答却经历过许多不同的变异，因而争执的双方也就有着不同的名称。极端的唯名论者宣称普遍的概念只是单纯的名字，只承认个体事物有实在性：普遍者（共相）仅仅在语言中有实在性。反之唯实论认为：在个体事物中没有实在性，唯有共相才有实在性，并且认为那区别个体事物的仅仅是一个偶性或纯粹的差别性。他们都不能正确地从一面过渡到另一面。他们之中有一些人认识到“个体化是一种否定”这一正确思想，他们知道，个体是对于普遍，甚至于最普遍者、存在、实有的限制。另外一些人认为：这限制本身就是某种肯定的东西，不过是和共相没有结合在一起，而和共相有着一种形而上学的联系，亦即像思想与思想间那样的联系。这意思就是说，个体只是原来已经包含在普遍概念之内的

① 邓尼曼，第八册，第一篇，第三三九页；约翰·萨利斯伯雷：“形而上学逻辑家”，第二卷，第二章。

东西的更明晰的表现而已；因而便认为概念虽说是可区别的，或建立有差别性，但仍然是简单的。此外，存在、实有纯全地是概念。[①]

托马斯是一个唯实论者，他认为普遍的理念是不确定的，并认为个体性是在特定的物质(materia signata)里，亦即在有长宽高的“物质或规定性里。那原始的原则是普遍的理念，——形式作为纯粹的能动者”(亚里士多德)能独立存在；形式与质料的同一、质料本身的形式却与原始原则相距很远，——而思维的实体乃是单纯
184 的形式。[②] 在斯各脱看来，共相却是别个的一。一也可以出现在别的东西里面，那不确定的质料通过一种内在的增加而成为个体；事物的本质是它们的实体性的形式。[③] 他曾经对于这方面的问题绞尽脑汁。形式主义者承认共相只是在直观着它们的神的和人的理智中的理想的实在性。[④] 由此足见，这和我们最初所看见的经院哲学家寻求并提出对于上帝存在的所谓证明的思想是密切联系着的[⑤]。

3. 威廉・奥康

唯心论者和实在论者的对立诚然很早就已经出现了，但只是

---

① 提德曼：“思辨哲学的精神”，第五册，第四〇一—四〇二页；苏阿勒兹：“形而上学的论辩”，第一论辩，第六节。

② 同上，第四册，第四九〇—四九一页；托马斯・阿奎那：“论实有和本质”，第三、第五章。

③ 同上，第六〇九—六一三页；斯各脱：“思维大师注”，第二卷，第三篇，问题1—6。

④ 李克斯纳：“哲学史教本”，第二卷，第一一〇页。

⑤ 参看本书第317—323页(原版第三卷，第163—169页)。

到了后来，特别是由于方济各派的奥康才发展了并走到极端。**威廉·奥康**生于英国苏莱郡的奥康村，有 Doctor invincibilis（无敌博士）的徽号，他的全盛时期是在十四世纪初年。自奥康以来，这个争论便唤起了一般的兴趣。他的生年无人确知。他是以运用逻辑武器的熟练而十分著名：善于作敏锐的分析，很会找出正面和反面的理由等等。他在阿柏拉尔之后现在又把这个问题提上日程，他是唯名论的一个主要的健将，而唯名论直到那时只有个别维护者如罗瑟林、阿柏拉尔。他的门徒被叫做奥康派，方济各派的人多是奥康主义者。而多明我派的人，拥护托马斯·阿奎那，则称为托马斯派。宗教上的宗派关系又掺入了政治。在一三二二年方济各派的会议上以及别的地方奥康和他的那一宗派捍卫了君主的要求。185
如法国国王和日耳曼皇帝巴伐利亚的路易的要求，并坚决地反对教皇的擅权。威廉·奥康对皇帝说过这样的话："你用刀捍卫我，我用笔捍卫你。"因此他那宗派同多明我派的对立在政治方面也是极其重要的。一三二八年他被逐出教会，于一三四三年死在慕尼黑。①

在奥康的一本著作里提出这样的问题："一个直接地并且切近地用共相或共名表达的东西，是不是一个在灵魂之外真实的实物，这东西是否对它所共同称谓的东西说来是内在的和本质的，而且实在地是与它们区别开的？"②对于唯实论者所肯定的这种看法，奥康曾给予这样的陈述："有一种意见认为每一个共相、共名是一

① 布鲁克尔："批评的哲学史"，第三册，第八四六—八四八页。

② 奥康："思维第一书注"，第二篇，问题四。

个实在地存在于灵魂之外的实物，并且存在于每一事物和个别东西之内，而且认为每个个体事物的本质实在地同每个个体事物有区别”，——这就是说，个体事物与其个体性有区别——“并且同每个共相有区别。所以普遍的人是一个在灵魂之外的真实的实物，这个人的共相实在地存在于每一个人之中，与每一个人有区别，与一般有生命的东西有区别，并且与普遍的实体有区别，因而与一切种和属有区别，不论是从属的或非从属的。”这里所谓共名或共相并不与自我、主观性的最高点相同一。我们说：人存在着、人是有生命的、有理性的等等；在这里，人、理性、存在、生命都是宾词、共相。所有这些概念不论类和属，从属的和非从属的——都被孤立
186 起来当作独立地存在着的个体。（从属的概念如颜色等，非从属的概念如本质等概念。）“有多少普遍的宾词”——例如质——“就有多少像个体事物那样的真正不同的实物，每一个这种的实物和另一个，并且和那些个体事物都有区别”，但每一个却又仍然是单一的；“所有那些实物本身并不是复多化的，尽管每一种同类的个体事物是复多化的。”[①]这是对于每一个普遍规定的分离和独立的最生硬的看法。

奥康驳斥了这种认思想、表象、概念、一切为实物的看法。［他说：“数目上是一的东西，不可能出现在几个主体或个体中而不受到改变或复多化。科学一贯地仅限于关于已知事物的命题。因此命题中的各个词究竟是灵魂之外的已知的事物，或者只是在灵魂之内的东西，乃是无关重轻的问题。因此对科学说来，假定有所谓

---

① 奥康：“思维第一书注”，第二篇，问题四。

实在地与个体事物相区别的普遍事物，是没有必要的。”]①

奥康并进一步说：“实在的科学与理性的科学的区别并不在于：前者研究事物，以致事物本身会是被认识了的命题或命题中的部分，因而后者便不研究事物；而其区别乃在于在实在的科学中被认识了的命题中的部分或名词指谓着事物，而在理性的科学中则指谓着别的名词。”② 187

按照斯各脱：“在灵魂之外存在着的实物，是实在地和一个特定的个体的限制性的差异具有同一性质，其区别只是形式的，本身既不是普遍的也不是个别的，而是在实物中为不完全地普遍而在理智中则为完全地普遍。”③

奥康提出别的意见来反对唯实论，而他自己不立刻作出决定，但大体上赞同这个意见，即“共相并不是一种实在的东西，并非是既不在灵魂中、亦不在事物中，而单独有其主观的存在的东西。共相是一个设想出来的东西，但它却在灵魂中有其客观的存在”。但却没有与它相符合的对象性。“当理智在灵魂之外知觉到了一个事物时，它在心灵中形成一个相似的表象；所以如果理智有创造力的话，它可以[像一个艺术家那样在主体里]创造出一个数目上的个体。如果有人不满意于把这种表象说成是**制造出来**的，那么我们可以说，这个表象乃是一个概念，这概念作为在灵魂之外的事物

---

①　按奥康驳斥唯实论者这段话相当重要。这是从英译本第三卷第八四页、俄译本第三卷一四六页增补的。——译者

②　奥康，同上，第二章，问题四。

③　奥康：“思维第一书注”，第二篇，问题六（邓尼曼，第八册，第二篇，第八五二—八五三页）。

的符号〔主观地〕存在于心灵中，〔正如说话所用的语言是事物的符号，人为地制造出来用以标记所指谓的事物〕。”①据邓尼曼说：“按
188 照这个学说，经院哲学家所异常注意的个体化的原则便被抛置在一边了。”②——这就是经院哲学家所讨论的主要问题，这问题本身是非常重要的。

经院哲学家所留下来的对于共相的规定，对于近代的文化是极为重要和有意义的。共相是一，但不是抽象的，而是被表象的、被思想为包括一切在自身内的一。亚里士多德认共相为范畴，[在判断中为主词的宾词，在三段论式中共相则为大词。]在柏罗丁，特别在普罗克洛那里，共相被认作不可言说的一，只有通过它的从属的形式才可以被认知。“那些依赖于它的东西便叫做神灵；因此那构成它们的特定性的不可知的实体，便有可能通过后者加以认识。因为一切神圣者和不可认知者，由于与不可言说的一是血肉相关联的，也是不可言说的。但是它的特性却可以从分享它的神性的事物中、从变化的过程中去认识。于是被思维者、真实存在者便迸射出来。因此真实存在者就是被思维的神圣者，而且是不可言说者，在理性之先就实现了的东西。”③基督教是天启的宗教，上帝是三位一体，因此上帝是启示了的，不是三与一分裂开的，反之，一正是三位的本身，亦即为他物而存在着的、自身相对的。〔在新柏拉图派那里，〕共相只是胚胎、萌芽、初发展者（*πρότερον*，*πρό*，

① 奥康：“思维第一书注”，第二篇，问题八。（方括号里的字根据米希勒本，第二版，英译本，第三卷，第八五页增补。——译者）

② 邓尼曼，第八册，第二篇，第八六四页。

③ 普罗克洛：“神学要旨”，第一六二章，第四八三页。

πρόαγειν)，在柏拉图和亚里士多德那里，共相就是全，是一切、是一切在一中(ὅλον，πᾶν，πάντα ἕν)。

奥康有许多信徒。[①] 唯名论者和唯实论者的争论异常凶猛热 189
烈地进行着。现在我们还可以看得见，教堂中两个对立宗派的讲台被一块木板隔开，使争论的双方不致打起来。[②] 从这时起神学的讲授便有了两个不同的形式。

4. 布里丹

布里丹是一个唯名论者，他倾向于决定论者一边，认为意志是环境所决定的。有人曾经提出驴子作例证去反对他，说假定有一个驴子站在两堆同样大同样远的干草之间，〔如果它没有自由选择的意志，〕将会饿死。[③]

方济各派的人多为奥康派，多明我派的人多为托马斯派，两个宗派间的嫉妒导致两个党派间的倾轧。巴黎大学发布禁令、教皇颁布诏书以反对奥康。[④] 巴黎大学禁止讲授奥康的学说和引证奥康的著作。[⑤] 一三四〇年颁布了这样一道禁令："不许任何教师直接地或借文字的解释宣称他所读到的著作家的一句熟知的话为错误的；反之，必须或者承认他，或者区别开真的和错误的意义，因为不然就恐怕会有像这样的危险后果：圣经中的真理也会同样随着

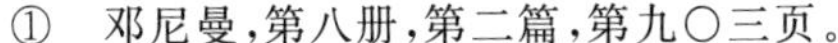

① 邓尼曼，第八册，第二篇，第九〇三页。

② 参看布鲁克尔："批评的哲学史"，第三册，第九一一—九一二页。

③ 邓尼曼，第八册，第二篇，第九一四—九一九页。

④ 邓尼曼，同上，第九二五页。

⑤ 布拉优："巴黎大学史"，第四卷，第二五七页；邓尼曼，同上，第九三九页。

被抛弃。任何教师都不应该断言没有命题能加以解释或加以更确
190 切的规定。”[①]这两个党派由于法国内战而变成政治性的。[②] 路易十一于一四七三年下令没收唯名论者的书籍，并禁止讲授他们的学说。一四八一年这些禁令又被取消了。在神学院和哲学院中，据说亚里士多德和他的学说的阐述者阿维罗伊、大阿尔柏特、托马斯·阿奎那被解释着和被研究着。[③]

五　形式的辩证法

研究**辩证法**的兴趣达到了很高的程度；不过这种辩证法带有很**形式**的性质。其次就是专门名词的无穷尽的制造，因为这种对形式辩证法的兴趣很巧妙地造出一些没有任何宗教和哲学意义的对象、问题、疑问，借以练习使用辩证法。最后关于经院哲学家还须指出的，是他们不仅把一切可能的理智的形式关系带进教会的教义，而且又把这种自身灵明的对象、理智的表象和宗教的观念（教条和幻想）表述为直接地感性的现实的东西，并把它们拉下到完全感性关系的外在性，而且按照这些感性关系予以系统考察。诚然，精神的东西原来是基础；不过由于首先从那样的外在性去了解，他们已同时把精神的东西弄成某种完全非精神性的东西了。因此人们可以说，他们一方面深刻地研究了教会教义，另一方面他

---

① 邓尼曼，第八册，第二篇，第九三九—九四〇页；布拉优：“巴黎大学史”，第四卷，第二六五页。

② 邓尼曼，同上，第九四四—九四五页。

③ 邓尼曼，同上，第九四五—九四七页；布拉优，同上，第五卷，第七〇六页，第七三九—七四〇页。

们又通过极其不适当的外在的关系把教义世俗化了。于是在这里我们看见了那种最坏意义下的世俗性。因为教会的教义本身包含着一个历史的环节，一个外在方式的规定，——基督教原则本身便 191
包含有这一方面在内，在基督教历史的形成过程中，曾经出现了一大堆形象化的观念，这些观念诚然和精神的成分相联系，但已经转变为感性的关系了。如果把这些感性关系加以夸大引申，就会产生一系列我们对之丝毫不感兴趣的对立、对比、矛盾。经院哲学家便抓住了这一面，而用有限的辩证法去处理它。对于这个时期的经院哲学家，人们后来曾予以无穷的非笑。

关于这点我愿意举出一些例子。正如好奇心在抽象理智的科学中可以得到舒适自如的满足，不求获得概念，只图寻求单纯的事实，同样地，经院哲学也正好是经验科学的反面。他们主要地作了一个区别，把真正的不容辩论的教义与附属于教义的关于超感官世界的各个不同的方面和差异分别开。后者被认作是和教会的教义可以相脱离的，——常常只是暂时地可以相脱离。于是教义便如此地不确定，以致必须援引教父们来证明一切，有时直至召开宗教会议或召开特殊区域的宗教会议来决定。对于提出来证明教义内容的论证，人们可以争论，除此以外，还有对于许多可以争辩的内容的了解，他们可以用有限的三段论式和有限的形式尽量予以发挥。他们的这类研究已经蜕变成为一种完全空疏形式的无聊争辩，——在那些高贵的人们，即那些闻名的博士和著作家那里，则不是如此。

1. 托勒多的大主教犹利安

例如有托勒多的大主教**犹利安**这样的人，就曾以绝大的热忱

192（就像许多考据家研究希腊诗的重音、韵律或诗句的划分那样）去解答那些包含着荒谬的前提的问题，仿佛人类的拯救都仰仗他对那些问题的解答似的。例如关于死了的人便提出了这样一些问题。死了的人是要复活的，——这是教会的教义：但是对复活的教义，就加上说，人的肉体是否也复活呢？类似这样的问题便走进感性范围之内了。又如关于复活者还有下面这样的一些问题："那死了的人将在什么年岁复活呢？他复活时作为儿童或青年呢，还是作为成人或老年人？他复活时的相貌如何？体格怎样？是不是胖子复活后仍然是胖子，瘦子复活后仍然是瘦子？在复活的生活中男性女性的区别是否继续存在？那些在今生已经脱落了指甲和须发的人，复活后是否又重新长着指甲和须发呢？"①

2. 帕沙修·拉德柏特

在八四〇年左右还发生了关于耶稣诞生问题的争论，问题是耶稣的诞生是自然的还是超自然的？这个问题引起了长期的争论。帕沙修·拉德柏特写了两卷书："关于童贞女的幸福的诞生"（*De partu beatae virginis*）；此外关于这个问题还有过许多辩论，写出过许多著作。② 他们甚至还讨论到产科医生，并且认为产科医生可以处理这个问题。许多奇奇怪怪的问题他们都想到了，那些问题我们稍有常识的人再也不愿去想它。

---

① 邓尼曼，第八册，第一篇，第六一页；克拉墨尔："续波须埃"，第五部，第二卷，第八八页。

② 邓尼曼，同上，第六一页；布拉优："巴黎大学史"，第一卷，第一六九页。

关于上帝的智慧、全能、预见和预定的问题，也同样导致很多抽象无味的论辩的对立。比埃尔·隆巴德曾经讨论了关于三位一体、世界的创造、人的堕落、关于天使和天使的次序和等级等问题，在他那里就提出了这样的问题:“当没有任何被创造物的时候，上 193
帝的预见和预定是否会有可能？在创造世界以前，上帝在什么地方？”——斯特拉斯堡的托马斯(卒于一三五七年)回答道:上帝现在在哪里，那时它就在哪里，它在它自身之中，因为它是自身满足的。[①] 那一问题只涉及一个地方性的琐细的与上帝不相干的规定。隆巴德进一步问道:“上帝是否能够知道比它所知道的更多的东西？”他好像以为在上帝那里可能性和现实性还仍然是区别开的。“上帝是否在任何时间内都能够做他曾经做过的事？天使们于被创造出来之后是在什么地方呢？天使是否永远存在？”诸如此类关于天使的问题还有一大堆。此外还有像这样的问题:“亚当是在多大年岁被创造的？为什么夏娃是从男人的肋骨里面而不是从男人身上别的部位中取出来的？为什么夏娃之被取出是在人睡着的时候而不是在人醒着的时候？为什么那些最初的人在天堂之中没有男女交媾？如果人们不曾犯罪，他们如何会繁殖起来？在天堂中婴孩诞生下来肢体是否得到充分发育、器官是否得到充分使用？为什么只是圣子，而不是圣父或圣灵变成了人？”殊不知这正是圣子的概念。“上帝是否也可能具有女人的形象？”[②]

还有许多类似这样的问题，是由嘲笑这种辩证法的人所增加

① 李克斯纳:“哲学史手册”，第二册，第一五三页。

② 邓尼曼，第八册，第一篇，第二三六—二三七页。

的，例如爱拉斯谟在他的“愚蠢赞”（Encomium moriae）里提出了这些问题：“基督是否有生几个儿子的可能？像这样的话是否可能：作为圣父的上帝是否恨他的儿子？上帝是否可以被假定为妇
194 人？上帝是否可以变成魔鬼？上帝是否也可以显现为驴子或南瓜的形象？在什么方式下南瓜会说教，会创造奇迹呢？如何可以被钉在十字架上呢？”①——他们就这样作出种种抽象理智的胡乱联系和琐屑区别，没有任何意义和思想性。主要之点在于他们像野蛮人那样去看待神性的事物，并用感性的规定和关系去把握它们。他们就这样对于纯粹精神的东西应用一些完全感性的固定观念和一些毫无意义的外在形式去加以把握，这样就把精神的东西世俗化了，就像汉斯·萨克斯把神灵的故事加以纽伦堡化那样。如在圣经中关于上帝的震怒、关于上帝创造世界的那些故事里，便说上帝做了这事或那事，做了一些人类所做的事情；上帝并不是那样异己的东西，而是一个有喜怒、有人心，并非不可接近的存在。但是把上帝引进思想的领域，认真地去理解它的本质，乃是另外一回事。与此相反，提出一些正面和反面的论辩，却不解决问题，丝毫无济于事。因为他们据以辩论的那些假定都是那样一些感性的、有限的规定，——因而也就是一些无穷的琐细区别。这种理智的野蛮作风乃是完全无理性的。看起来这就有点像给猪的颈上戴上一条金项链。基督教的理念乃是太一，高贵的亚里士多德的哲学也是如此；两者都已遭受到极度的污蔑。基督徒亵渎他们的精神理念竟然到了这样的地步。

① 布鲁克尔：“批评的哲学史”，第三册，第八七八页。

六　神秘主义者

现在我们已经揭示了考察经院哲学时必须注意的主要环节。我们甚至还看见了经院哲学家如何世俗化了基督教，带进了一些 195
烦琐的理智区别和感性关系到本质上是自在自为的精神的、绝对的和无限的东西里面。就最后这一个方面看来，还必须指出，与这种有限化〔无限对象〕的倾向相反，另外还有个别的高尚的人、高尚的精神。必须举出许多伟大的经院哲学家，他们被称为**神秘主义者**，以表示区别于那些真正的教会的经院哲学家，虽说两者是密切联系着的。神秘主义者很少参加那种烦琐的辩论和论证，就教义和哲学见解看来，他们保持相当的纯洁性。他们之中有一部分是虔敬的、富于精神修养的人物，把哲学研究按着新柏拉图派哲学的方式推进：在早期有斯各脱·爱里更那。在这里面人们可以找到纯真的哲学思想，这也就是人们所谓神秘主义。它深入到内心，和斯宾诺莎主义很相似。这些神秘主义者又从真实的情感中创获了道德和宗教精神，并且在这个意义之下给予哲学以不少的见解和启示。

1. 约翰·查理尔

约翰·查理尔，通常又叫做**叶尔生**或**格尔生**的约翰，生于一三六三年，他写了一本书叫做“神秘的神学”（Theologia mystica）。①

① 邓尼曼，第八册，第二篇，第九五五—九五六页。

2. 萨崩德的雷蒙

萨崩德或萨拜德的雷蒙，十五世纪的西班牙人，一四三七年左右任都鲁斯大学教授，他也曾著了一本书叫做“自然神学”(Theologia naturalis)，他这书是以一种思辨的精神来讨论事物的本性、
196 上帝在自然中和在神人合一的历史中的启示。他力图根据理性去向不信仰上帝的人证明上帝的存在、三位一体、创造、生活以及上帝在自然中和在神人合一的历史中的启示。从对于自然的观察，他达到了纯粹、单纯的上帝；同样，从对内心生活的体察，他获得了道德。① ——必须把这种考察的方法与前面那种方法对立起来，才算得公正地对待经院的神学家。

3. 罗吉尔・培根

罗吉尔・培根对于物理学特别作了研究，不过他没有发生什么影响；他发明了火药、镜子、望远镜；他死于一二九四年。②

4. 雷蒙・鲁路斯

雷蒙・鲁路斯，显耀的博士(Doctor illuminatus)，以建立“思维的艺术”而很著名；他称他所建立的思维的艺术为“伟大的艺术”(ars magna)。他于一二三四年生于马约尔加[西班牙东南的一个岛]。他是性格奇特、热情奔放、什么东西都要去加以追寻摸索的

---

① 李克斯纳：“哲学史手册”，第二卷，第一五七页；邓尼曼，第八册，第二篇，第九六四页以下；提德曼：“思辨哲学的精神”，第五册，第二九〇页以下。

② 邓尼曼，第八册，第二篇，第八二四—八二九页。

人物之一。他曾迷恋于炼金术的研究，并且以很大的热情研究一般科学。他还具有火热的不停息的想象力。在青年时期他过着放荡的生活，很早他就沉溺在种种享乐之中。后来他退居于荒凉的深山中，在那里他许多次看见了耶稣的形象。这样，在他的热烈的天性中就产生了一种冲动，要献身去在亚洲和非洲的回教徒中传播基督教的幸福生活。为了宣教的工作，他学习了阿拉伯文，游历欧洲和亚洲，以寻求教皇和欧洲各国国王的支持；同时他又从事于
他的"思维的"艺术的研究。他曾经受到迫害，经受了许许多多的 197
疲劳、艰险、死的危险、拘禁、虐待。在十四世纪初期他在巴黎住得很久，完成差不多四百种著作。在度过了一个极度不安的生活之后，——被尊敬为一个圣者和殉道者——他死于一三一五年，这是由于他在非洲所遭受的种种虐待的后果。①

他的**艺术**是关于思维的艺术。确切点说，他这个人的主要的努力在于罗列和依次排列一切概念的规定、纯粹的范畴，以便把一切对象都纳入其中，据以规定一切对象，以便很容易地对于每一个对象指出那些可以应用去把握它的概念。他是这样地系统，以致变得很机械。他曾经制有由圆圈构成的图表，他把三角形画入圆圈之内，借以表示圆圈是根本，通过三角形可以达到圆圈。在这些圆圈之内，他排列了各种概念规定，并且尽可能完备地把那些范畴罗列出来。那些圆圈中有一部分是不动的，另一部分是可动的，把这些可动的圆圈和宾词相比较，看是否适合。为了要得到正确的

① 李克斯纳："哲学史手册"，第二册，第一二六页；邓尼曼，第八册，第二篇，第八二九—八三三页。

联系，必须按照一定的方式来排列圆圈。通过旋转的规则，各个宾词便可以相互联系，据说通过这些思想规定，普遍的科学就可以建立起来。——他画了六个圆圈，其中有两个表示主语，有三个表示宾词，而最外面的一个圆圈则表示可能的问题。关于每一类，他提出了九个规定，他选用了九个字母 BCDEFGHIK 来标志这些规定。这样，他就写上(一)九个绝对的宾词围绕着图表：善、伟大、久(永恒)、力量、智慧、意(意志)、德、真理、崇高；其次(二)九个相对

198 的宾词：差异、单一、对立、开始、中间、终结、大、同等、小；(三)是不是？什么？关于什么？为什么？多大？质如何？什么时候？什么地方？如何和凭什么？(第九项包括着两个规定)(四)九个实体，如：神、天使、天、人、想象的东西、有感觉的东西、植物性的东西、元素、工具；(五)九个偶性，亦即九种自然的关系：量、质、关系、主动、被动、〔占有、状态、时间、地点〕①；(六)九种道德的关系，九种美德：正直、聪明、勇敢、〔节制、诚实、希望、仁爱、坚忍、虔敬；而最后还有九个邪恶：依赖、愤怒、无恒、怯懦、欺诈、贪婪、淫乱、骄傲、懒惰。〕②这些就是他所揭示出来的与可动的圆圈一起的图表，如果我们转动这些圆圈，并把它们彼此放在一起，我们就可以在适当的方式下把所有的实体与隶属于它们的绝对的和相对的宾词联系起来。通过在所画的同样的三角形中产生的联系，通过这些联系，就

---

①　据米希勒本，第二版，俄译本，第三卷，第一五四页增补。——译者

②　邓尼曼，第八册，第二篇，第八三四—八三六页；李克斯纳："哲学史手册"，第二册，附录第八六—八九页。诺拉人乔尔达诺·布鲁诺："简述鲁路斯的艺术的结构及补充"，第二节("布鲁诺拉丁文全集"，格弗娄勒编，斯图伽特一八三五年版，第二册，第二四三—二四六页)。

可以规定一切具体的对象，一切的真理、科学和知识。① 这就叫做鲁路斯的艺术。

丙、一般经院哲学家共同的观点

在以上这些特殊的阐述之后，我们必须对经院哲学家下一个判断，作出一种估计。他们研究了那样崇高的对象、宗教，他们的思维是那样地锐敏而细致，他们之中也有高尚的、好学深思的个人、学者。但经院哲学整个讲来却完全是野蛮的抽象理智的哲学，没有真实的材料、内容。它不能引起我们真正的兴趣，我们也不能 199
退回到它那里去。它只是形式、空疏的理智，老是在理智的规定、范畴的无有根据的联系中转来转去。灵明的世界远在彼岸，——因此不像在新柏拉图派那里——而且充满了感性的关系，除了圣父、圣子外，还有天使、圣者、殉道者，但却不是充满了思想。他们的思想是枯燥乏味的理智形而上学。讨论这一切有什么意义？它已经被抛弃在我们后面成为过去了，它本身对于我们是一定没有用处的。

单把中世纪叫做野蛮的时代，那对于我们是没有什么帮助的。那是一种独特形态的野蛮，不是纯朴、粗野的野蛮，而是把最高的理念和最高的文化野蛮化了。这正是最丑恶形态的野蛮，并且是

① 邓尼曼，第八册，第二篇，第八三四—八三六页；李克斯纳："哲学史手册"第二册，附录第八六—八九页。诺拉人乔尔达诺·布鲁诺："简述鲁路斯的艺术的结构及补充"，第二节（"布鲁诺拉丁文全集"，格弗娄勒编，斯图伽特一八三五年版，第二册，第二四三—二四六页）。

一种歪曲，——甚至用思想对绝对理念加以歪曲。我们看见神圣的世界，但只是外在地在表象中，在枯燥、空疏的抽象理智中。这样一来，那神圣的世界，虽说按其性质是纯粹思辨的对象，却被抽象理智化了、被感性化了，——并不是像艺术那样的感性化，而是相反地作为鄙俗的现实性的情形。经院哲学完全是抽象理智的紊乱，像在北日耳曼自然景象中多枝的枯树那样。我们在这里看出有两个世界：一是生的世界，一是死的世界。神圣的世界对于他们的想象和崇拜乃是住满了天使、圣者、殉道者的。他们的超感性世界中是没有自然，没有思维的、普遍的、理性的自我意识的。他们当前的世界、感性的自然中是没有神性的，因为他们认为自然只是上帝的坟墓，而上帝也是在自然之外。天国是死了的人居住的，只有死后才可以达到天国。自然的世界也同样是死的，——它只有通过天国的显现和对于天国的希望才有生命，它是没有现在性的。
200 寻出一些中介性的东西如玛利亚、圣者、居住在彼岸世界的死人等作为联系的纽带，是无济于事的。天人的和合是形式的，不是自在自为的，只是人的一种仰望，——只有在另外一个世界里才能得到满足。

追求无限真理的重负却托付给一个野蛮的民族。如果我们要寻找一些正好与经院哲学和神学以及经院式的认识相对立的最容易找到的东西，我们可以说，那就是健康的常识、经验（外在的和内在的）、自然观察、人性、人道主义。例如希腊的人道主义的精神、性格就是这样的，一切具体的东西，一切对于精神、思维有兴趣的东西，都体现或涌现在人的心坎中，都植根于人的情感和思想中。理智的意识和有教化的科学便以这些内容为其真实的素材，并且溶化了这素材，而从不脱离内容。认识处处都在致力于它的事情，而且认识的兴趣皆以这种材料、皆以自然及其固定的法则为标准，并据以决定自己的方向。认识忠实于它的自身，认识的严肃认真和玩笑诡辩皆以它的材料为标准。他们的错误思想在这个基础上目的同样在于以人类精神的自我意识为坚固的中心，而他们那些错误思想本身也以自我意识为根源，而在作为根源的自我意识中去寻求辩护的理由。其缺点所在，仅在于片面地离开了这个根源的统一性及其具体根据和萌芽。与此相反，在中世纪，我们看见，应该表明为精神的绝对无限的真理被托付给野蛮的人们，这些人对于人的精神本性并没有达到自我意识，他们虽说具有人的胸怀，却还没有具有人的精神。绝对真理还没有实现或现实化它自身于现实的意识里，反之，人们却陷于自身分裂；对于人们说来，精神的无限真理、内容实质，还被放在一个异己的器皿中，这个器皿充满 201
了物质生活和精神生活的最强烈的冲动，但是那个精神的内容就好像万钧重的一块石头压在他们头上，他们只是感到它的巨大的压力，还不能消化它，还不能用冲动去同化它。于是他们只有在完全离开自身，在本来应该使他们精神安静和**平和**的对象中变得**发狂**的时候，才能找到安静，才能找到和合。

这样，宗教的范围便局限在这种情况中，宗教的真正的高贵和美丽的形象便只在很少的个别的人物里，甚至只在那些弃绝世界、远离世界、能够克制情感的人里，例如在中世纪的妇女中，或在僧侣及别的隐遁者中，他们在心情和精神的收缩的、深闭固拒的内在性中保持其脱离现实世界的生活。那唯一的真理是和人孤立绝缘的，它还没有贯彻其作用于整个精神的现实界。只

有那些生活在一个小天地中、局限其自身在宗教内的人们表现了一点点美。

但是另一方面又有一种必要，即作为意志、冲动、情欲的精神于那样孤寂禁闭的生活之外，还要求完全另外一个地位、开展和实现，——亦即要求这世界是一个有限存在的广大的天地，并要求这世界是在现实的关系和行为中的个人、合理性和思想的现实的结合。但是精神的实现这一领域，人的生活这一领域，首先却被上述真理的孤立绝缘的精神世界所割断了。主观的道德本身大部分具有痛苦和禁欲的特性，伦理也只是这种逃避和遁世，而那对待他人的道德也仅只是一种慈善的行为，一种短暂的、偶然的、孤立的道德。因此一切属于现实界的东西都没有为这个真理所贯彻影响；

202 这个真理只是在天上、在彼岸。那现实世界、那尘世的生活因此就是被神所遗弃的，从而也就是为武断的意志所支配的。所以就只有少数的个人是圣洁的，其他的人都是不圣洁的。这些其他的人，我们看见，只是当礼拜的时候，在一刻钟之内算享有着圣洁性：而在其余整个星期的期间都是过着最粗糙的自私自利、争权夺利和最狂烈的情欲生活。当十字军的队伍出现在耶路撒冷的时候，全体都祈求着、忏悔着、痛彻肺腑地伏地痛哭并祷告着，看起来这似乎是很美的一幕。但这只是在一顷刻间如此，在这一顷刻之前，就有好几个月之久在行军进程中到处都表现出粗野，疯狂、凶恶、愚蠢、卑鄙、情欲。他们用极大的勇敢摧毁了圣城，以致弄得他们在血液中洗澡，大逞禽兽的狂暴，于是他们又转为痛心疾首、忏悔祈祷。后来他们又从跪下忏悔中站立起来了，得到宽恕了，得到净化了，于是转瞬又沉陷于一切卑小可怜的情欲之中，尽情放纵粗野、

贪财、好利和好色等情欲。

真理还不是现实界的基础。因此整个生活被分裂为两部分；我们也就看见两个王国，即一个精神的王国和一个世俗的王国，皇帝和教皇，彼此尖锐地对立着。教会不是国家，却是一个王国，有其世俗的统治权，教会统治彼岸的世界，国家统治此岸的世界。两个绝对的主要的原则彼此互相冲击；世间的粗野性、个人意志的顽固产生了最坚牢、最可怕的对立。

同样科学〔在中世纪〕也是缺乏基础的。第一，由思维的理智去接近宗教的神秘；而宗教的神秘具有完全思辨的内容，具有只是理性的概念才能把握的内容。但是神秘、精神、这种理性的内容还没有回复到思维；因此思维是脱离了神的，只是抽象的、有限的理智，本身只是形式的、无内容的思维，即使思维从事于考察神圣的 203

对象时，也缺乏思辨的深度。理智完全是从这样的对象获取内容的，它对于那对象是极端生疏的，而那对象对于它也是极端生疏的。理智的抽象推论一般是没有限制的，所以它毫无准则地作出许多的规定和区别，就好像一个人想要任意造出许多命题、名词和声音，并任意加以连缀，而并不要求这些词句和声音本身应表达什么意义（因为意义、意思是具体的），只求可以说得出来，除了〔只在形式上要求〕没有自相矛盾的可能性外，没有任何限制。

第二，就理智遵循一定的宗教内容而言，理智能够对宗教的内容加以证明，证明其必然是如此；它证明宗教上的见解，正如证明几何学上的定理一样。但这种证明总觉得不够，总还不能令人满足。你尽管对宗教的内容加以证明，但我却还是对它把握不住。安瑟尔谟的证明就是这样，从他的证明中人们可以一般地看到经院式的理智思维的特性，[①]只是对于上帝的存在的证明，不是对于它的把握。对于这种理智的见解，我得不到最后的满足，得不到我所要求的东西；它缺乏自我，缺乏内在的纽结，缺乏思想的真正的内在性。这种思想的内在性只包含在概念中、个别与一般的统一中、存在与思维的统一中。要想把握住这种统一性，必须认识到，存在〔有其自身特有的辩证法〕[②]，它自己就要归结到概念。因此思维和存在是同一的。这是思想的内在性，并不是从一个假定必然推论得来。但是在经院哲学里，思维和存在的本性并不是研究的对象，——它们的性质只是被假定的罢了。

第三，但是当理智从经验、从给予的具体内容、从一定的自然直观或人的心情、权利、义务出发，——因为这些东西也同样是人
204 的内在性——发现它的规定可以说是适合于这个内容，从这内容再作出一些抽象概念，例如像物理学中的物质与力量的范畴时，虽说它的形式具有那样的一般性，还不足以充分表达内容，但它却在这些范畴里得到一个坚牢的据点，可据以决定自己研究的方向，并作为反思的界限，若不然反思就会漫无准则地驰骋。或者又如人们对于国家、社会、家庭具有具体的直观，则推理作用也可以拿这个内容作为坚牢的据点来指导自己，这内容是一种表象，这是主要的事情。这种认识作用的形式方面的缺点是可以被掩盖住、被忘记的，因为着重之点并不在形式方面。但是经院哲学却并不是从这样的基础出发。在这种经院哲学的抽象理智里，他们所接受的

① 参看本书第320—322页(原版第三卷，第166—168页)。

② 根据米希勒本，第二版，俄译本，第二卷，第一五七页增补。——译者

乃仅是传统所留下来的一些理智的范畴。稍后，这种缺乏精神性的理智找到了亚里士多德的哲学。但亚里士多德的哲学是一把两面口的刀子；它是高度明确、清晰的理智，而这理智同时又是思辨的概念。在这种思辨的概念里，脱离了内容的抽象的理智规定本身是站不住脚的，是转化着的，是辩证的，只有在它们的结合中才具有真理性。因此在亚里士多德那里，思辨的概念是存在着的，思辨的思维是不会沉陷在形式的反思里面的，而永远是以对象的具体本性为内容的。这种本性就是事情的概念。事情的思辨的本质是一个指导性的精神，它不会让抽象反思的规定自由地胡乱推论。

经院哲学家把亚里士多德的哲学作为外在的东西接受过来。他们并不是从那些足以指导考察的对象出发，而只是从那里跳到外在的理智，并据以展开抽象论证。因为这种理智进行思考时并没有准则，既不以具体的直观、亦不以纯粹的概念本身为准则，因此这种理智无规范地停留在它的外在性中。他们把抽象的理智规
定加以固定化，以致永远不适合于它的绝对的材料，甚至每一个例 205
子都是从日常生活中采取来作为材料的：由于每一个情况或具体的东西都与这些理智的规定相矛盾，所以它们只有通过规定、限制才能坚持下去，于是他们就纠缠在无限多的区别之中，这些区别本身同样应该保持在具体事物之内，并应该通过具体事物而保持下去。所以在经院哲学家的那样的研究里并没有健康的常识。健康常识是不反对思辨的，但必定要反对没有基础的反思。亚里士多德的哲学是这种没有基础的反思的反面，正因为如此，它本身是很不同于这种抽象的研究的。他们的超感官世界的一些表象如天使等等也同样是固定的，没有任何标准，他们以野蛮的方式对于这些

材料予以进一步的加工，并且用有限的理智、有限的表象、关系同样地予以考察、加以丰富化。在经院哲学家那里，思维本身没有内在的原则，反之，他们的抽象理智却得到了一套现成的形而上学，却感不到有与具体的内容相关联的需要。这种形而上学被他们勒死了，形而上学的各部分是毫无生气地被支解了、孤立化了。关于经院哲学家，我们可以说，他们是没有表象、亦即没有具体内容地而在那里作哲学思考；因为真实的存在、形式的存在、客观的存在、本质都被他们转变为抽象讨论的对象了。人们的健康常识是一种基础和准则，可以代替抽象的理智规定。

第四，于是这种粗糙的理智由于它以它的抽象普遍性为有效原则，同时就把一切事物都等同起来了、都平列起来了。同样在政治方面，它也趋向于政治上的一切平等。这种粗糙的理智并没有否定掉它自身和它的有限性，所以当这种理智被运用来思考天、理念和灵明的、神秘的、思辨的世界时，它把它们都完全加以有限化了。因为它分辨不出来，它的规定在这里究竟可以适用呢还是不
206 可以适用，也分辨不出来，哪里可以适用有限的规定，哪里不可以适用。因此就产生了那些毫无意识的问题，产生了毫无意识的努力去解决那些问题。把一些规定应用到和它们毫不相干的范围里面（即使在形式上这些推论是正确的），乃是毫无意识的、毫无趣味的，而且是令人起反感的。同样他们也没有法子决定应该作出什么样的结论；所作出的结论乃基于幻想的表象，是模糊不清的。抽象的理智分辨不出来（也不能分辨出来），为了进一步明确规定起来，哪些规定应该属于哪些范围，以便对于具体的内容加以普遍性的把握。关于天堂中的苹果，抽象理智便问道，那苹果是属于哪一

类的苹果。它找不到从普遍过渡到特殊的桥梁。譬如，法律被区分为民法与刑法等，其区分的根据并不是从普遍概念本身得来的，因此究竟哪一个特殊规定隶属于哪一个普遍的对象，是很不确定的。就上帝这个对象来说，例如，在上帝变成了人这个命题里，上帝和人的关系就不是从他们的本性得出来的。因为上帝既然一般地要显示其自身，它就可以用任何一种方法显示其自身。于是就很容易得出这样的推论，即在上帝那里任何东西都是可能的；所以也很可以推论出上帝可以变成南瓜。因为那普遍的概念是那样的不确定，无论你用哪一个规定去说明它，都是没有差别的。

现在我们必须说一说中世纪一般精神的进一步的进展。在学者中间所表现出来的，是对于理性对象的无知和完全令人惊异的精神生活的缺乏，同样，在其余的人中、在僧侣中也表现了最可怕的完全无知。知识的破坏引起了一种变化。由于天、神圣者被那样地降低了。于是精神便失掉其超出世俗的崇高性，并丧失其对于世俗的精神的优越性了。因为我们看见，真理的超感官的世界、宗教(作为表象的世界)皆为理智等同一切的看法所破坏了。一方
面我们看见用哲学的方式研究教义，但也只是发展了形式逻辑的 207
思想，对自在自为地存在着的、绝对的内容予以世俗化。同样，那实际的教会，即所谓存在于地上的天国，却又和世俗的东西妥协了。它(教会)同时是令人起反感地堕落腐化了、被世俗化了。世俗的东西只应是世俗的东西，但是这个世俗的教会却同时要享有神圣的东西的尊严和权威。所以不仅就知识方面说，同样就现实方面看来，教会的统治是完全世俗化了，转而为争权夺利享有财富和土地所有权的机构了。于是世俗的东西和神圣的东西的区别便

模糊了，两者妥协起来了，——但并不是采取合理的方式，就教会说来，乃是采取堕落腐化的方式。令人厌恶的习惯和卑劣的情欲、任性妄为、欢乐无度、贿赂公行、淫荡、贪婪、犯罪逞凶样样都曾经在教会中出现；教会并且建立和确立了一套统治的机构。正是这种超感官的世界在抽象理智方面和在实际教会方面遭受毁坏，不可避免地迫使人离开那个亵渎了至高神圣的庙宇。

为了理解由中世纪到近代的历史的过渡，并理解哲学的观点起见，我们必须进一步指出经院哲学家所采取的并且相互对立着的那些原则以及它们的发展。因为精神的理念在这一种以及相似的方式下，它的心脏好像是被刺穿了，遗留下没有灵魂、没有生命的肢体在那里，就那样由抽象的理智加以处理。这样一来，思维由于为外在性所束缚，也就被歪曲了，而精神在思维中也不复为了精神而活动。那作为基督在地上的统治而存在的教会，是较高的、统治着的力量，有一个外在的存在与它相对立着；因为宗教应该统治那有时间性的东西。教会由于征服了世俗的力量，便成为神权政
208 治，教会本身因而就是世俗的东西，并且是世间上最凶狠、最野蛮的现实。因为国家、政府、法律、财产、社会秩序，——这一切都成为宗教性的合理的特征了，亦即成为本身固定的法则了。世间的等级、阶级、各阶层以及它们不同的职业，以及善和恶的等级和阶段，皆被认作有限性、现实性和主观意志的表现的形式。只有宗教性的东西才被认作无限性的形式。教会对于一切人间的善的法则皆抛弃不顾，而对于恶和对于恶的惩罚加以永恒化。教会单就其外在的存在而言，也被认作神圣不可侵犯的；对于教会稍有抵触的，都是异端、都是对于神圣事物的侵犯。与教会有不同的意见，

便被处以死刑：就这样对付异端，对付非正统的基督徒，只要他们对那无限多的最空疏、最抽象的教条规定稍有违反，便被处死刑。这种把圣洁的、神圣的、不可侵犯的东西与世俗的利益混合在一起的作风（而那些世俗利益由于不受规律的拘束，便发展成完全任意妄为，犯罪逞凶、毫无限制的荒淫无耻），一方面产生了迫害狂，像在土耳其人那里那样，另一方面在普通人之中产生了一种对这种恐怖势力的卑谦和被动的服从。

另一方面，和这种两重化的趋势相反，世俗的成分便自在地精神化起来；换言之，它自在地确立起来，甚至采取通过精神以辩护其自身的方式。宗教所缺乏的，是它的顶点的实际存在，它的首脑的实际的现实性；实际和现实性所缺乏的，是思想的、理性的、精神的东西。在十世纪的时候，基督教世界中兴起了建筑教堂的普遍要求，上帝本身并不出现在教堂中，也不能被看见。基督教于渴望赢得现实性的原则作为它本身固有的东西时，提高了它自己。这本身固有的原则并不完全真实地体现在教堂的建筑里、外在的财产里、教会的权力和统治里，也不体现在僧侣、教士、教皇身上；它 209
们都不能充分表达那精神的东西。教皇或皇帝并不是达赖喇嘛，教皇只是基督的代办。基督既然是已经过去了的存在，便只存在于人们的记忆和希望之中。因此基督教借寻求这真正的首脑而提高自己；这就是十字军的主要推动力量。基督徒寻求基督的现在、在迦南地寻求他的外部事物、他的足迹、他受难的山、他安葬的坟墓；他们都寻得了，但坟墓就只是坟墓。“但是你不让他被埋葬在坟墓里，你不愿意一个圣洁的人肉体腐朽。”不过他们想错了，他们误以为在那里面可以得到满足，误以为这就是他们所真正寻求的

东西；他们实在不了解他们自己。这些圣洁的地方：橄榄山、约旦河、拿撒勒，作为空间的外在的感性的现在，而没有时间的现在，只是过去了的东西、〔单纯的〕记忆，并不是直观、直接的现在。他们在这里所寻到的只是他们自己的死灭、自己的坟墓。他们向来就完全是野蛮人，他们所寻求的不会是普遍的真理，而只是叙利亚和埃及的世界重镇、地球上的中心点和商业的自由往来；拿破仑就是这样做的，当他那时人类已变得合理性了。所以这些十字军通过他们与回教徒的斗争，并且通过他们自己残暴、苦难和令人厌恶的行为，渐渐意识到在这个问题上他们是欺骗了自己。他们所寻求的东西，他们应该在他们自身之内、在当下的理智中去认取；思维、自己的认识、意愿才是神圣的东西亲临的地方。只要他们所做的事、他们的目的和利益是正当的，他们便可以把它们提高成为普遍的对象，因而它们的实现也是合理性的。世俗的东西是本身就有其普遍性和固定性的，这就是说，它包含着思想、公正、理性在自身之内。

就这个时代一般的历史情况而论，必须指出：一方面我们看见，精神丧失其自我意识的情况、精神不在自身之内、人们精神上
210 居于分裂不安的状态，另一方面我们又看见，政治局势非常稳定，因为它建立在独立性的基础上，而这种独立性已不复仅仅是野蛮的、自私的了。在前面所说的那一种独立性里包含着野蛮的成分，需要使其有所恐惧和畏慑。但是后来法律和秩序出现了。封建制度、农奴制诚然是占统治地位的秩序；但是在其中一切都有一个公正的固定的基础，这就是说，包含着自由的固定的基础。法权是以自由为根本的，有了法权个人便有其存在，他的地位才得到承认。

公正就这样确立起来了，虽说有许多本来应属于国家的东西，仍然被当作私有的财产。这种私有的关系现在就起来与教会的抹杀自我的原则作对。封建君主诚然把出身认作固定不移的，主要的权利都按照出身来规定；但这却与印度人的种姓制不同，而在教会的等级制里每一个出身于最下贱阶级的人都可能达到最高的地位。在意大利和德国，有些城市曾赢得作为“市民共和国”的权利，并且得到了世俗政权和教会权力的承认。在尼德兰、佛罗伦萨和莱茵河上的各自由城市都富庶繁荣起来。这样，人们便开始从封建制度摆脱出来，capitani 就是这样的例子。此外在封建制度内，也逐渐出现权利、社会秩序、自由、法律秩序。语言也采用了“世俗的语言”(lingua volgare)，但丁的“神曲”就是这样。科学也从事于研究当前的材料。

时代的精神曾经采取了这个转变；它放弃了那灵明的世界，现在直接观看它的当前的世界、它的此岸。随着这样一个变革，经院哲学便消沉了、消失了，因为它和它的思想是在现实界的彼岸。这
样一来商业和艺术就结合起来了。在艺术中包含着人从他自身创 211
造出神圣的东西；因为那时的艺术家是如此地虔敬，他们曾经以无我作为他们个人的原则：从主观能力之内产生出艺术表象的也就是他们。与这点相联系，世间的事物也意识到它有其本身存在的理由，它也在主观自由的基础上确立了自己的原则。个人发挥其积极性于工商业方面；他本人就是自己的证实者和创造者。于是人们就来到了这样一个阶段，自己知道自己是自由的，并争取他们的自由得到承认，并且具有充分的力量为了自己的利益和目的而活动。

精神又重新觉醒过来，它能够深入看见自己的理性，就像看见

自己的手掌一样。教会从前自以为掌握着在外的、神圣的真理，而结果却被束缚在外在性之中，即被束缚在采取任意性、世俗性及一切卑劣的情欲的形式之中。但是当世俗的政权自身获得了秩序和权利，并且从服役〔于教会〕的艰苦的训练中发展起来时，它就感觉到它自己有充分的理由、能得到上帝的支持在当前体现那神圣的东西，并且有理由反对教会包办神圣的东西、排斥普通人不使分享的作风。世俗的权力、世俗的生活、自我意识已经把那较神圣的、较高的教会原则吸收进自身之内了；因而原来那种尖锐的对立也随之消失了。但是教会的权力正使得教会粗俗化，因此教会不应该按照现实界、在现实界之内发生效力，而应该在精神中起作用。于是在世俗生活中立刻就意识到抽象概念也充满了当前的实在性，而世俗生活也不复是虚幻的，而是本身具有真理性的了。这样精神便恢复了它自身。

212 这种再生被标志为艺术和科学的复兴，——这是这样一个时代，在其中精神获得了对自己本身和自己的存在的信赖，并且对它的现在发生了兴趣。真正讲来精神是和世界相调解了，——不是潜在地，在空洞思想的彼岸中，在世界的最后裁判那一天，亦即当世界已不再是现实性的时候，而是直接与这世界相关联，而不是与一个业已毁灭了的世界相关联。那被推动着去寻求伦理和公正的人，不能再在那样的虚幻的基地上去寻求，而必须向自己的周围看一看，力图在别的地方去找到它。他应该去寻找的地方就是他自身、他的内心和外界的自然；在对自然观察时，精神预感到它是普遍地存在于自然之中。那有限的天国，那被认作无宗教意味的内容，曾经推动它去寻求有限的事物，去掌握现在。

第三篇

文艺复兴

以前，比较深刻的兴趣沉溺于那无生气的内容之中，思考迷失
于无穷的细枝末节之中，精神现在摆脱了这种状况，振作起来，挺
身要求在超感性的世界和直接的自然界发现和认识自己，成为现
实的自我意识。精神的这种自然的觉醒，就带来了古代艺术和科
学的复苏，——表面看来这好像是一种返老还童的现象，但其实却
是一种向理念的上升，一种从出自本身的自发的运动，〔而在这以
前〕，灵明世界对于精神毋宁说只是一个外在的现成世界而已。从  367
这里面就产生出了所有的努力和发明，引起了美洲的发现和东印
度航线的发现，特别是对于所谓异教的科学的爱好又复苏了：人们 213
转而面向古人的作品。这些作品变成了研究的对象。这些作品被
当作人文科学(studia humaniora)，在其中人的兴趣和行为都受到
了认许，而与神圣的东西对立起来；但是它们却是神圣的东西在精
神的现实性中。因为人本身就是有意义的东西，这一点就使得人
们对于人，也就是对于作为有意义的东西的人，发生了兴趣。

与此相连的还有另一方面：由于经院哲学家的那种形式上的精神教养变成普遍的东西，——结果必定是思想在自身之内发现和认识自身；由此就产生了理性和教会学说或信仰之间的对立。有一种看法变得很普遍：教会所断言的东西，理性可以认为是错误

的。这一点是很重要的，即理性已经这样认识了自己，虽然与一般固定的东西处于对立地位。

甲、对古代思想家的研究

要在科学知识方面找寻人的因素，这个愿望，最初表现的方式乃是：在西方发生了一种兴趣，即接受古人明朗美丽的作品；认识古人，已引起了大家的兴趣。但是，科学艺术的复兴，特别是古代哲学文献的研究的复兴，最初部分地只是早期原始形态的古代哲学的复兴；新的东西还没有出现。对于希腊作家的研究特别得到

214 复兴。西方对于希腊作家原著的认识，是与外在的政治情况紧密联系着的。西方人曾经通过十字军东征，意大利人又通过商业，与希腊人经常接触；在一部“法典”(corpus juris)尚未被偶然发现之前，西方也是从东方得到罗马法的，——〔但是西方和东方之间〕并无外交关系。现在，在拜占庭帝国不幸颠覆的时候，逃到了意大利的那些极其高贵卓越的希腊人，又使西方和希腊人的东方发生了接触。这之前，当希腊人的帝国受到了土耳其人的压迫的时候，已经有过使节派遣到西方来，他们是来请求援助的；这些人都是学者，他们大部分总是在西方住下来，由于他们，这种对古代的爱好就在西方种植下来了。**彼得拉克**就是这样从**巴尔拉安**学习了希腊文的；后者是卡拉布里亚地方的一个僧侣，这地方住着许多像他一样的人，都属于圣巴锡耳教派，这个教派在意大利南部有许多寺院，它们用的是希腊的礼拜仪式。这个僧侣在君士坦丁堡认识了一些希腊学者，特别是**克吕索罗拉**，后者选择了意大利作为永久的

居留地。这些希腊人使西方认识了古代人的作品、柏拉图的作品。[①] 当人们说〔中世纪的〕僧侣为我们保存了古代人的作品的时候，人们实在是给了他们过分的荣誉；这些作品其实是来自君士坦丁堡，——至于那些拉丁文的作品当然是在西方保存下来的。现在人们才在这里初次接触到亚里士多德的真正的作品，因而那些古代哲学也复活了，虽然不免混杂着大量异想天开的成分。

于是，人们一方面寻求古代的柏拉图哲学的本来面目，一方面
又寻求新柏拉图派哲学的本来面目；还有亚里士多德、伊壁鸠鲁以 215
及西塞罗的通俗哲学首先得到强调，与经院哲学处在矛盾之中；——不过，这些努力之值得注意，与其说是由于它们的哲学产品有创见，毋宁说是由于文化的要求。我们还保有这个时期的一些作品，从它们的内容我们可以看出，古代希腊思想家的每个学派，亚里士多德派，柏拉图派等等，都在那个时候找到它的信徒，但是与古代的信徒完全不同；我们从这些努力上面学不到什么新的东西。它们只是与文学史和文化史有关。

一　滂波那齐

滂波那齐是亚里士多德派中特别出名的一个，他写了许多著作，其中有一种讨论灵魂不死的问题；他遵照一种完全为当时所特有的方式，指出灵魂不死这回事，他作为基督徒虽然信仰，但根据亚里士多德却是不能证明的[②]。亚维罗伊派断言帮助思维的普遍

① 布勒："哲学史教程"，第六部，第一节，一二五页——一二八页；邓尼曼，第九册，第二二—二三页。

② 滂波那齐："灵魂不朽论"，第九、一二、一五章；邓尼曼，同上，第六六页。

理性（νοῦς）乃是非物质性和不朽的，灵魂作为个别的东西时才是不免于死的；阿芙罗狄的亚历山大也认为它是不免于死的。这两种意见都被一五一三年雷奥十世所召开的贝内文特宗教会议认为异端。[①] 植物灵魂和感觉灵魂滂波那齐认为是有死的[②]，等等。——此外还有许多别的纯粹的亚里士多德派，特别是到了后来；——在新教信徒中间成了很普遍的现象。经院哲学家曾被错误地称为亚里士多德派；因此宗教改革反对亚里士多德，其实却是反对经院哲学家们。柏拉图的、亚里士多德的、斯多葛派的和（就物理学方面而言的）伊壁鸠鲁的哲学都被重新抬出来了。

216 二 费其诺

人们现在开始特别注意研究柏拉图；他的主要的作品从希腊来到了西方；希腊人，从君士坦丁堡来的逃亡者，开课讲授柏拉图的哲学。曾任君士坦丁堡大长老的红衣主教特拉培宗特人**贝萨里翁**使柏拉图在西方被人认识了[③]。——例如费其诺就是很卓越的，他于一四三三年生于佛罗伦萨，死于一四九九年，是一个很有才干的柏拉图的翻译者；特别是借他之力，普罗克洛和柏罗丁的新柏拉图哲学才复活过来。费其诺还写了一部“柏拉图神学”。的确，佛罗伦萨的美第奇家族中的一员，科斯谟二世，甚至于建立了一个柏拉图学园，这事发生在十五世纪[④]；这些美第奇家族中人，

① 费其诺：“柏罗丁引论”，第二页；邓尼曼，第九册，第六五一六七页。

② 滂波那齐：“灵魂不朽论”，第九章；邓尼曼，同上，第六七页。

③ 布鲁克尔：“批评的哲学史”，第四册，第一篇，第四四一四五页。

④ 费其诺：“柏罗丁引论”，第一页；布鲁克尔，同上，第四九、五五、四八页。

特别是较早的科斯谟、罗棱索、雷奥十世、克雷门七世等，都曾经是艺术和科学的保护者，在自己的宫廷里面收容研究古典希腊作品的学者们。——还有两个米兰多拉的比柯伯爵，即老佐万尼及其侄儿佐万尼·弗朗索，则毋宁是借他们的特殊人格和出众才华而发生影响的；前者曾经提出九百个论题(其中五百个是从普罗克洛那里拿来的)，邀请了一切哲学家来进行一次严肃的辩论；他以王侯的风度，负担起远道而来的人们的一切费用。

三　伽桑第，李普修，诺伊希林

稍后，伊壁鸠鲁哲学(原子论)被复兴了，特别是伽桑第用来反对笛卡尔；从其中引出来的关于分子的学说，在物理学中一直存在到现在。——由李普修倡导的斯多葛哲学的复兴，就比较薄弱些。——卡巴拉派神秘哲学在诺伊希林(卡普尼奥)身上找到了一 217 371
个信徒。他于一四五五年生于史瓦本的普弗尔兹海姆①，他还翻译了阿里斯多芬的一些喜剧。他想要把真正的毕泰戈拉派哲学再建立起来，但是一切都混上了许多模糊神秘的东西。当时正有一种计划在进行着，企图由帝国颁布一道命令把日耳曼所有的希伯来书籍都加以销毁，像人们在西班牙所干的那样；诺伊希林的功绩就在于阻止了这件事的实行②。由于字典根本缺乏，希腊文的学习遭遇到极度困难，以致诺伊希林不得不前往维也纳，以便在那里

① 邓尼曼，第九册，第一六四——一六五页；提德曼："思辨哲学的精神"，第五册，第四八三页；布鲁克尔："批评的哲学史"，第四册，第一篇，第三五八页。

② 李克斯纳："哲学史手册"，第二册，第二〇六页；布鲁克尔，同上，第三六五—三六六页。

从一个希腊人学习希腊文。——稍后，我们在英国的**赫尔蒙特**（生于一六一八年，死于一六九九年）那里发现了许多深刻的思想。——所有这些哲学，都是与教会的信仰并存而又对它无害地研究的；它们并不具有古代原有的那种意义。这是一大堆的文献，其中包含着许多哲学家的名字，但都是过去了的，并不具有高级的原则所特有的那种充沛精力，——这实在不是真正的哲学。因此我不再在这上面多谈了。

四　西塞罗的通俗哲学

西塞罗那种哲学思考方式，一种很普通的方式，也特别被复活了；——这是一种并没有什么思辨价值的哲学思考方式，但是从一般的文化教养方面来说，却也具有这样的重要性，即人以这种方式更多地从作为一个整体的自己、从自己的经验来说话，一般地说，就
218 是从自己的现时性中来说话。这是一种通俗的哲学思考方式，是从内部的和外部的经验中吸取来的。有一个懂事的人说了这句话：

“生活教给他的东西，是在生活中帮助他的东西。”

应该指出，在这里，人的感情等等被认为是有价值的了，这是与那种自我牺牲的原则相对立的。有许多这样的著作产生了出来，其中一部分是正面说明自己的观点的，一部分则是反对经院学者的。虽然许多这样的哲学著作（例如，彼得拉克的、爱拉斯谟的许多著作就属于这一类）都已经被忘记了，并且它们也极少有什么真正的价值，——虽然如此，但在经院哲学那种空洞无物、尽在抽象中作无根据的絮聒之后，这些著作却也是有极大的用处的；——我之所以说“无根据的”，是因为经院哲学根本没有把自我意识作为基地。彼得拉克是作为一个有思想的人凭他自己、凭他的良心来写作的。

这种西塞罗式的体裁，从这方面来说，也属于新教所实行的那
种教会改革的范围。新教的原则就正是把人引回到他自己里面
去，把对他生疏的外物扬弃了，——特别是把语言上的生疏的东西
扬弃了。如日耳曼的基督徒便把他们所信仰的书翻译成他们本国
的语言，这是可能发生的最大的革命之一；同样地，意大利，用本国
语言来写诗的时候也获得了伟大的诗艺杰作：例如但丁、薄伽丘、
彼得拉克等人；不过后者的政治著作还是用拉丁文写出来的。只
有用本国语言表达出来的，才算是自己的东西。路德和**美兰希敦**
完全抛开了经院哲学的东西，而从圣经、信仰和人的心灵中吸取思
想。美兰希敦给我们端出了一种安详的通俗的哲学，其中人是很
突出地存在着的；这与无生气的、贫乏的经院哲学形成一个强烈的
对照。在极不相同的流派和形式里面，人们对于经院哲学的方法
进行了攻击。所有这些，毋宁应该说是属于文学方面、文化史和宗 219
教史方面，而不是属于哲学史方面的。有许多的著作，是以对古代
哲学进行加工为任务的。这不外是把一些已被遗忘的东西恢复过
来；本身不能算造成了什么进步。同样地，**蒙田**和**沙隆**的通俗著作
也包含着文雅、机智和有益的东西；但它们不能算真正的哲学，它
们是属于健康常识之类的东西。人再次观看了自己的心灵，强调
了它的地位；接着，个人与绝对本质的关系的本质，就被归结到他
自己的心灵和理性、他自己的信仰。虽然还是一个分裂的心灵，但
是这种分裂、这种渴望已经是他自己的分裂；他感觉到了自己里面
的这种分裂，感觉到了回想自己的那种安宁。——真正的哲学的

教训，人们应当去在源头那里、在古人那里去找寻。

乙、一些独特的哲学的尝试

当时出现的第二类作家们却更与哲学方面一些独特的尝试有关，这些尝试也永远只是尝试，只是这个汹涌沸腾的不平凡的时期所特有的。在那个汹涌沸腾的时期里面，有许多人感到自己已经抛弃了以前那个内容、那种信仰、那一直支持维护他的意识的东西所离弃了。在这种古代哲学的和平出现的同时，另一方面又有一大群极度不安静的人物出现，在他们身上，那种对认识、知识和科学的渴望是以一种汹涌沸腾极为暴烈的方式表现出来的。他们感觉到自己被一种冲动所支配，要去凭自己创造出一个世界，发掘出真理；——他们是些爆发性的人物，带着不安定的和狂放的性格，

220 怀着热切的心情，而这是不能获致那种知识的宁静的。因此在他们身上可以发现伟大的创造性，可是内容却是极为混杂和不均衡的。这个时期有一大群人物，他们由于精神和性格的力量而成为巨人，但在他们身上同时却存在着精神和性格的极度混乱：他们的命运正像他们的著作一样，只标示出他们的生命的这种不稳定和对于现存生活和思想的内心反抗，以及离开它们达到确定性的那种渴望：在他们身上，那种想要有意识地去认识最深刻的和具体的事物的热切渴望，却被无数的幻想、怪诞念头、想求得占星术和土砂占卜术等秘密知识的那种贪念所破坏了。这些特出的人物本质上很像火山的震动和爆发；这种火山在自己内部酝酿一切，然后带来新的展露，而且它的展露还是狂野而不正常的。这就产生了这

样的人物，在他们身上，那种主观的精神能力是应当加以珍视的，他们那种令人敬佩的对于真正有价值的伟大事物的见识，也是不应当抹杀的。那个时代有很多这样的人物，他们在思想方面和心灵方面，正如在外表的起居行事方面一样，都是过着一种极暴烈和放荡的生活的。这种人中最著名的是卡尔丹、布鲁诺、梵尼尼，和康帕内拉、拉梅等；他们乃是最能表明这个过渡时期的时代特点的人物。

一　卡尔丹

卡尔丹是其中之一；他是一个有世界声誉的特出人物，在他身上，他的时代的解体和酝酿作用表现得极其支离破碎。他的作品有十大册。他于一五〇一年生于巴维亚，一五七五年死于罗马[①]。221
他的名字是吉罗尼谟。他曾把自己的历史和性格写下来，即他的"自传"，其中他极为坦率地叙述了自己的罪过，并以一个人尽可能最最严厉的谴责加在自己身上。下面所说的，可以使我们窥见这些矛盾的一斑。他的生平乃是一系列各种各样家庭以内和家庭以外的不幸事件的交替。他最先谈到他出世以前的命运。他说，当他母亲怀孕的时候，曾经饮过药汁企图堕胎。到了他在乳母怀中吃奶的时候，瘟疫出现了，他的乳母死于疫病，而他仍活下来。他的父亲对他是很严厉的[②]。他有时受着极度的贫困，有时生活得过度地奢侈；君主们邀请他，尊敬他，特别是因为他善于占星术。

---

① 布鲁克尔："批评的哲学史"，第四册，第二篇，第六三—六四、六八页；布勒："哲学史教程"，第六部，第一篇，第三六〇、三六二页。

② 卡尔丹："自传"，第四章，第九——二页；布勒，同上，第三六〇页；提德曼："思辨哲学的精神"，第五册，第五六三—五六四页。

后来他专心致志于科学，成为一个医师，旅行了许多地方，他声名远播，被人邀请到各处，曾到过苏格兰几次；他说不出究竟人们曾送给他多少钱。他在米兰当数学教授，后来又当医学教授；以后他在波仑亚很艰苦地坐了两年牢，还得忍受极为可怕的酷刑①。他有深刻的占星术的学问，并且为许多王侯占卜。在数学方面他是著名的。现在我们还有他那个解三次方程式的定律，这是至今我们所有的唯一关于这方面的定律；它就称为“卡尔丹定律”，按照他的说法，这乃是关于三次方程式的解法的。

他的整个生命都是在内心和外界的不断的风暴中度过的。他
222 说，他曾经受了心灵的极大的折磨。在受着这种内心的痛苦的时候，他的最大的快乐就是去折磨自己和他人。他鞭打自己，咬自己的嘴唇，死劲掐自己，扭自己的手指，以便把自己从折磨着他的精神的不安里面解脱出来，并且放声大哭，因为哭一哭就会使他好受一些。他外表的举止也是同样矛盾的，有的时候很安静规矩，有的时候行径却像疯狂和精神错乱的人一样，并且是完全由于最无谓的小事、完全没有受到外界的什么刺激就发生的。他有时穿得颇讲究，把自己弄得很整齐干净，有时则衣衫褴褛。他会沉默寡言、勤勉、不停地用功；接着，他就挥霍无度起来，寻欢作乐，把他所有的一切、家里的东西和妻子的首饰都花得干干净净。有时候他慢慢地走路，像别的人一样，有时候他就奔跑起来，像一个癫狂的人②。——在这种情况之下，他的儿女的教育自然是很坏的。他

① 布鲁克尔：“批评的哲学史”，第四册，第二篇，第六六—六八页。

② 布勒：“哲学史教程”，第六册，第一篇，第三六四—三六五页；提德曼：“思辨哲学的精神”，第五卷，第五六五页；布鲁克尔：“批评的哲学史”，第四册，第二篇，第七一—七四页。

遭到这样的不幸：他们都堕落了。他的一个儿子毒死了自己的妻子，被处死了；他叫人把他的第二个儿子的耳朵割掉，因为这个儿子荒淫无度[①]。

他自己就有最狂暴的性情，它能深深地藏在内心中去胡思乱想，又能猛烈地以最矛盾的方式向外爆发出来；在他身上不停地激荡着那种可怕的内心错乱不安。我现在把他关于他自己的**性格**的描写引一点（我摘出其中一段）：“我本性上具备一个哲学的、宜于从事科学的头脑；我是机智的，文雅的，有教养的，放纵的，快乐的，虔敬的，忠诚的；我是智慧的爱好者，是省内的，有进取心的，勤勉 223

好学的，乐于帮助他人的，充满竞争心的，有创造性的，**自学成功的**；我热望作出奇迹，我是奸诈的，狡猾的，辛辣的，蓄满密谋的，清醒的，用功的，小心翼翼的，多口舌的；我是宗教的鄙夷者，我热衷于报复，妒忌他人，忧郁，恶毒，阴险；我是一个巫师，一个术士；我是不幸的，对待家人凶暴的，禁欲的，难对付的，严酷的；我是占卦者，是妒忌成性的，说淫秽话的，诽谤他人的，顺从人意的，变化无定的；——在我身上有着这种本性和举止的矛盾。”[②]——他在“自传”一书中就是这样说的。

他的**著作**中有许多地方也正像他的性格一样极不均衡，在这些著作里面，他把他那沸腾的心情尽量暴露出来。里面包含着一切占星术和相掌术的迷信的杂拌，但同样地又出现着深刻光辉的精神识见：有亚历山大里亚学派和卡巴拉派的神秘性因素，又有极

① 卡尔丹：“自传”，第二六章，第七〇页；布勒：“哲学史教程”，第六册，第一篇，第三六二—三六三页。

② 卡尔丹：“论创造性”，第一二卷，第八四页；布勒，同上，第三六三—三六四页；提德曼：“思辨哲学的精神”，第五册，第五六四—五六五页。

度清晰的对自我的心理观察。他的作品是狂乱的，不一贯的，矛盾百出的。他常常在极度贫困的情况之下写作。他从占星术的观点处理基督的生平事迹。他的积极方面的功绩则在于他给予人们的那种鼓动，鼓动人们从自身中去找创造的源泉；他对于他的同时代人发生了一种极大的影响。他很自夸他的思想的创造性和新颖。这种企求创造的欲望，乃是复苏的、精力充沛的理性在它的自发行为中所采取的第一个步骤；他这样做是为了与别人不同和新颖，以显得他对科学有了自己的一份。这种想出众不凡的冲动，驱使卡尔丹干出许多最怪诞的事来。

二　康帕内拉

224 **托马索**·**康帕内拉**同样也是一个各种可能的性格的混合物；他的生活和命运也同样地支离破碎、荒唐无稽。他于一五六八年生于卡拉布里亚的斯提罗，于一六三九年死于巴黎。我们还拥有他的许多著作；他曾在拿玻里过了二十七年艰苦的牢狱生活①。——〔他的著作卷帙浩瀚〕②。像他这样的人物，曾经引起了巨大的骚动，冒犯了别人，但他本身却并没有带来什么有收获的结果。属于这个时期的，我们却还需要提起布鲁诺和梵尼尼。

三　布鲁诺

乔尔达诺·**布鲁诺**也同样有一个这样的不安而沸腾的性格。

① 布鲁克尔："批评的哲学史"，第四册，第二篇，第一〇八页，第一一四——一二〇页；邓尼曼，第九册，第二九〇—二九五页。

② 此句与前面不连贯，第二版英译本也无此句。——译者

他大胆地摒弃了一切天主教官方信仰。在近代，他是通过耶可比而被人记起的。耶可比在他自己谈论斯宾诺莎的信札①后面，附上了布鲁诺的一篇著作②，并把布鲁诺和斯宾诺莎平列对比；这样一来，布鲁诺就获得了一种超过他实际应得的声名。他比卡尔丹安静些，可是在这个世界上他也没有一个固定的住处。他生于拿玻里省的诺拉，是十六世纪的人；他何年出生，未详。他周游欧洲的大部分国家，意大利，法国，英国，日耳曼，讲授哲学：他离开意大利，在那里他曾一度是一个多明我派僧侣，并曾对若干天主教教 225
条——如“变体说”和圣母“洁净怀胎说”——给以辛辣的批评，又批评了僧侣们的惊人的无知及其荒淫的生活方式。以后，他于一五八二年在日内瓦居住，但在那里他跟加尔文和贝兹也决裂了，他不能和他们在一起生活；他又在其他的法国城市居住过，例如里昂；他从那里到巴黎，一五八五年在巴黎郑重地起来反对亚里士多德的信徒们。按照当时人们所惯于采取的方式，他提出了一系列的论题出来公开讨论③。他的论题是特别地针对着亚里士多德的；但是他并没有成功，亚里士多德的信徒们势力太巩固了。布鲁诺又曾到过英国（伦敦），日耳曼；曾到维顿堡（一五八六）、布拉格和别的大学和城市。在赫尔姆士泰德（一五八九）他很受布伦士维

① 耶可比：“全集”，第四卷，第二篇，第五一四六页。

② 布鲁诺：“论原因、原则和太一”，威尼斯，一五八四年八月；但此书正像那本“论无限、宇宙和世界”一样，并不是在威尼斯刊印的，而是在巴黎出版的；这两本书都是对话体。

③ 参看本书第 370 页（原版第三卷，第 216 页）；诺拉人乔尔达诺·布鲁诺：“在巴黎为反对逍遥派而提出的各个论题的理由”，一五八八年维登堡版，札哈尔·克拉敦编。

格-吕尼堡的公爵们器重；他离开那里到了美因河上的弗兰克福，在那里刊行了几种著作。他到处作公开演讲、写作；正因为如此，要完全获悉他所有的著作就很困难。最后，他于一五九二年回到了意大利，在巴杜亚不受骚扰地住了一些时候之后，终于在威尼斯受到宗教裁判所的逮捕，被投入牢狱，送往罗马；一六〇〇年在罗马因为不愿收回自己的学说，被加上异端的罪名焚毙；据目击者（例如西奥披乌）所报道，他以极度安宁镇定的气概对待自己的死亡。在日耳曼时他已经改信新教，撕毁他以前的教派的誓约①。

在天主教徒和新教徒中间，他的**著作**都被认为是异端和无神
226 论，因此被烧掉、毁掉坏和查禁。他的著作极难收集，其中最大部分存于葛廷根的大学图书馆里面；关于它们的最详尽的说明，可以在布勒所著的哲学史中找到。他的著作很少见，常常是被禁止的；在德来斯登它们一向就是在禁书之列，所以在那里找不到它们。不久以前他的一部著作②准备用意大利文出版③，但该书结果恐怕并未出现；布鲁诺也写了许多拉丁文著作。布鲁诺每到任何一个地方，就在那里从事写作和出版著作；他在该地稍停一个时候就离开，他是一个周游各地的教授和作家。因此他的著作都是内容很相同、只是形式不同；因而在他的思想的演进中事实上从未有过什么很大的进步和发展。

但是，他的著作中的主要的特点，从一方面说，实在是自我意

① 布鲁克尔："批评的哲学史"，第四册，第二篇，第一五一二九页。

② 这是黑格尔一八二九—一八三〇年的演讲。

③ "诺拉人乔尔达诺·布鲁诺文集"，阿尔封索·瓦格纳第一次收集出版，一八三〇年莱比锡威德曼版（意大利文）。

识的美丽的灵感，这个自我意识感觉到精神居住在它自己里面，认识到它自己的存在和一切存在的统一性。在这个自我意识的这种觉识里面，有一种酒神祭的气氛；它溢出来了，为了表达这种丰富，因此变成了自己的对象。但是，只有在知识里面，精神才能够把整个的自己呈现出来。如果精神还未曾达到这种科学的教养，那么它就只能追逐一切形式，而没有把这些形式加以适当的安排。布鲁诺显露了这种无秩序的多种多样的丰富；从而他的论述就常常有了一种梦幻的、紊乱的和寓言式的外貌，——神秘的幻想虚构。他为那种内心的灵感而牺牲他个人的生活，因而他片刻不宁。我们可以说“他是一个不安宁的人，不能与人相处”。但是，这种不安 227
宁是从哪里来的呢？他不能容忍有限的、坏的、庸俗的东西；——这就是他不安静的原因。他已经升高到统一的、普遍的实体性里面，——已经把自我意识和自然的割裂、把那种对它们的贬低取消了。神固然是在自我意识里面，可是是从外面来的，同时又是与自我意识有异的，是另一个实在性：自然是神所创造的，是他的产品，不是他的肖像。神的美德只是外在地在目的因和有限目的里面表现出来：蜜蜂为了人的营养而酿蜜，软木树为了使瓶子有木塞才生长。[①]

关于布鲁诺的思想本身，耶可比最近[②]曾鼓动人们给他以极度的注意。耶可比认为布鲁诺学说中的“总体”，就是斯宾诺莎的

① 这里说神的性质或美德的话，不是指布鲁诺的思想，而是指他所反对的那种思想。——译者

② 这是黑格尔一八〇五——一八〇六年的演讲。

一和一切，或者简直就是泛神论。他把以下一点说成好像是布鲁诺所特有的思想，即：一个有生命的东西、一个世界灵魂弥漫着整个世界，它是一切的生命。布鲁诺提出(1)世界灵魂的、生命的统一性、普遍性，(2)当下的、内在的理性。但是，事实上这个学说不外是亚历山大里亚学派的一种回声，在这里面布鲁诺丝毫没有什么创见。但是，在他的著作的内容方面，却有两个突出的特点：(甲)一个是关于他的体系方面的，就其主要的思想而言，他的哲学的基本原理是把观念看成实体的统一性；(乙)另一个特点是与第一个相联系着的，这就是他所要强调的观念里面的那些差别；这就是他的“鲁路斯的艺术”①，他对于这个东西十分重视，他常常尽力要使人认识它。

甲、**哲学思想**。他所应用的概念，有一部分是亚里士多德的概
228 念。在他许许多多的著作里面，思想和他整个生活的热情很特出地呈露出来；他的哲学证明了他具有一个奇特的、优异的和极不平凡的心灵。他的一般哲学思想的内容，就是那种对上面提到的自然生命性、神性和自然里面理性的存在的陶醉。所以，他的哲学大体上是斯宾诺莎主义、是泛神论。这种把人跟神或自然割离，所有这些外在性的关系，都被抛到他那统一一切的活生生的理念里面去。布鲁诺说出生命的统一性，因而备受赞赏，这种统一性是绝对的普遍的统一性。他的论述的主要形式是这样的：一方面他对物质给予了一般的规定，另一方面他对形式给予了一般的规定。

---

① 参看本书第351—352页(原版第三卷，第197—198页)论鲁路斯部分。——译者

(1)他把这个普遍的统一性规定为“普遍的、能动的理性(νοῦς),这种理性显现为宇宙的形式,把一切形式统摄在自己里面;并且,正如人的理性形成许多概念一样,这种普遍的理性也有形成和组织的作用。它对于自然物的产生的关系,正如人的理性〔对于概念的产生的关系〕一样;它是内在的艺术家,从内部把物质形成各种东西。它从根或种子内部使幼芽产生出来,然后又从幼芽产生出树干,从树干产生出枝桠,从枝丫内部产生出苞蕾、树叶、花朵等等。一切都是已经在内部规划好、准备好和完成了的”。[①] 这是作为形式的理性,也就是目的因、目的;但它同样也是起作用的理性(动力因),正是产生者[②]。中介因和目的因的区别是很重要的。内在的形式作为形式,按照布鲁诺的说法,乃是概念,目的因、亚里 229
士多德的目的,但同样地也是中介因。自然和精神不是分开的;——形式的理性中包含的概念不是作为人心中的主观概念,而是作为纯然自由的概念,这个理性乃是统一性,乃是在自己里面一贯继续存在的理性,但同时也是起作用的、向外表露出来的理性。

“同样地,它又从内部把它的液汁从果实和花朵召回枝丫里面去”等等[③]。——在普罗克洛那里,同样地,理性也是实体性的东西,它在自己的统一性中包容着一切:生命就是创建者、产生者:具有这个资格的理性同时也正是这个发出召回命令者,它把一切都

① 耶可比:“全集”,第四册,第二篇,第七—九页;邓尼曼,第九册,第三九一—三九二页;布鲁诺:“论原因、原则和太一”,第二篇对话(瓦格纳编辑刊行的文集第一册),第二三五—二三六页。

② 耶可比,同上,第七页;邓尼曼,同上,第三九一页;布鲁诺,同上,第二三五页。

③ 耶可比,同上,第九页;邓尼曼,同上,第三九二页;布鲁诺,同上,第二三六页。

收回到统一性里面去。——事物的那种形式乃是事物的内在的理性原则,事物的产生原因;但是两者不是不同的,正相反,形式本身就是原因,正由此才是目的因,——在亚里士多德那里它被称为不动者、原则、纯粹的概念、隐德来希。宇宙是一个无限性的动物,在其中一切以极为多种多样的方式生活着和运动着[①]。那个按一定的目的起作用的理性乃是一个形式:不断被产生出来的东西是符合于这个形式的,是包含在这里头的;产生出来的东西也就是形式潜在地规定了的东西。在讲到康德哲学的时候,我们还不得不再提到这种最后目的的规定。那种具有有机生命的东西,那种原则即是生命的东西,那种在自身里面具有作用性并且只有在这种作用性中才继续保持自己的形成者,——就是目的。目的就是活动
230 性,但却是自身规定自身的活动性,它在对别的东西的关系上,不是作为单纯的原因,而是回到自己里面,保持着自己。可是,这就是形式。

(2)布鲁诺把目的因视为宇宙的直接起作用的、内在的生命,同时他又进而把它看成也是实存的、也是实体。(因此他是反对那种断言一个纯然外在的理性的看法的。)在一定程度上布鲁诺在实体上区别出物质和形式;实体乃是上面所说那种活动性和理性(理念)的统一,——是形式和物质合在一起。他思想里面的主要之点就是:他坚持形式(起作用的东西)和物质的统一,坚持物质本身就是有生命的。在现实界里面,我们看到无穷的流转变化。在这些

---

① 耶可比:"全集",第四册,第二篇,第一〇一一八页;邓尼曼,第九册,第三九二一三九四页;布鲁诺:"论原因、原则和太一",第二篇对话,第二三七—二四三页。

流转变化的事项里面、在这些形态的差别里面永存的东西乃是物质；它是原初的、绝对的物质。抽象地说来，物质只是无形式的东西，但却是一切形式的母亲，是能具备一切形式的东西。形式是内在于物质里面的，是和物质同一的：所以正是物质自己设定和产生了这些变化、这些变形；物质贯穿在一切里面。但形式和物质是绝对不能彼此孤立的。既然物质不是没有最初的一般形式的，所以它本身就是原则或本身就是目的因。只有在有限的事物和有限的理智范畴里面，才存在着这种形式和存在（物质）的区别。同一物质贯穿在一切变化里面："最初是种子的东西，变成了草，然后变成谷穗，然后变成面包，营养液，血，动物精子，胚胎，人，死尸，然后又再变成泥土，石头或别的东西"等等；从沙和水变成了青蛙。"所以，在这里我们看到有某种东西，虽然挨次变成所有这些东西，但本身却永远保持同一不变。"①——"因为它是一切，所以它不是任 231
何特殊物"：不是气、水，——正是那抽象的东西。"Materia nullas habet dimensiones，ut omnes habeat"["物质没有尺度，所以有一切尺度"]②。——"这物质既不能是物体，因为物体是有形式的；它也不能属于我们称之为特质、属性或性质的那些东西里面，因为这些东西是会变的。——这样，除了物质之外，似乎就没有什么别的东西是永恒的、配得上称为原理的。——因此有很多人甚至把

① 耶可比："全集"，第四册，第二篇，第一九一二二页；邓尼曼，第九册，第三九四一三九五页；布鲁诺："论原因、原则和太一"，第三篇对话，第二五一一二五三页。

② 耶可比，同上，第三〇一三四页；邓尼曼，同上，第三九八一三九九页；布鲁诺，同上，第四篇对话，第二七三一二七四页。

物质认为唯一实在的东西，而把一切形式认为是偶然的。①”但是这个绝对的形式是和那个普遍的物质同一的，因此物质在它自身里面就具备了作用原则和目的因原则。因此它正是一切有形者的前提，从而本身就是可理解的，就是一个普遍的东西，或者说是那永远回复的持久的东西本身，本身就是目的因自身；它是一切东西的原因和目的因。操作的理性跟物质、跟一个可理解的东西是同一的，作为与它不同而显现着的事物，乃是它的变形；两者都是可理解的。物质的诸形式就是物质自身的内在能力；物质作为可理解的东西，本身就是形式的总和②。——布鲁诺的这个体系完全是客观的斯宾诺莎主义；人们可以看到他深入事物到如何的程度。

他问道：“但是，这最初的普遍形式和这最初的普遍物质，它们是如何结合而不可分的呢？它们是如何既有分别却又是同一个存在呢？”他答道：“物质应当视为潜能；这样一来，一切可能的形式在某种意义上说就都包含在物质概念里面了。”在这里，他是利用亚
232 里士多德可能性和现实性那两个范畴。他说：“物质的被动性必须认为是纯粹的、绝对的。可是，要赋予一个缺乏存在的性能（力）的东西以存在这个属性，却是不可能的。但是可能性和现实的样式是如此显著地发生关联，以致从这里就能清楚地见到，其中之一是不能离开其他而存在的，而却是彼此互为前提的。因此如果从来就存在着一种作用、产生、创造的性能，那么，必定从来也就存在着

① 耶可比：“全集”，第四册，第二篇，第二二—二三页；邓尼曼，第九册，第三九五页。

② 耶可比，同上，第二八—三〇页；邓尼曼，同上，第三九八页；布鲁诺：“论原因、原则和太一”，第四篇对话，第二六九—二七二页。

一种被作用、被产生、被创造的性能。”物质作为与形式对立的东西，就只是潜能、δύγαμις，可能性。如果物质是无规定的，人们如何能达到有规定的事物呢？物质的这种同一性、单纯性本身只是形式的一个规定、一个环节。因此当人们要想把物质与形式割裂开来的时候，人们同时就是把物质放在一种规定里面；但是这样一来，形式立刻就被设定了。——“事物的存在的完全可能性”（物质）“不能够先于事物的真实存在而存在，同样地，它也不能在事物真正的存在已经消失之后仍然存在。那最初的和最完全的原则，把一切都包摄在自身里面，能够是一切，并且**是**一切。因此活动性的力和潜力，可能性和现实性，在它里面乃是一个不分开的和不可分开的原则”①。这里面包含着一个非常重要的规定：如果设定一种起作用的力，那便是同时设定了一种被作用的能力、物质的被创造的能力。但这个物质离开了活动性就等于乌有；形式乃是物质的能力和内在生命。

对于布鲁诺，绝对就是这样规定的。“别的”——有限的——
“东西就不是这样，它们可以存在，也可以不存在，能够有这样的规 233
定，也能够有那样的规定。一个个别的人，在每一个时候，能够是他那个时候的那个样子，但却不能是他一般能够有的，他的实体所能够有的一切的样子。——但是宇宙、非被创造的自然在同一个时候却是一切事实上它能够是的那些东西，因为它在它自己里面统摄着所有的物质，以及它那些变迁的东西的永恒不变的形式。

① 耶可比：“全集”，第四册，第二篇，第二三一二五页；邓尼曼，第九册，第三九六页；布鲁诺：“论原因、原则和太一”，第三篇对话，第二六〇一二六一页。

但是，在它的继续发展的各阶段中；在它的特殊部分、性质、个别的东西里面，一般说来，即在它的外表显现中，它就只是它实际所是和可能是的东西；但是，一个这样的部分，只是那最初原则的肖像的影子而已。"[①]所以他也写了一本书叫做"De Umbris idearum"。［"论理念的影像"］

(3)这就是布鲁诺的基本思想。认识一切里面形式和物质的这种统一性，这乃是理性努力的目标[②]。但是为了深入到这种统一性里面去、为了"探究自然的全部秘密，我们就必须研究事物的对立的和矛盾的极端，即'至大'和'至小'。"正是在这两个极端里面，它们才是可理解的，并且在概念中结合起来；而这种结合就是无限的自然。现在他说：但是"发现结合之点，却并不是最重要的事，最重要的是从同一的东西里面发展出它的对立面来；这才是这门技艺的真正的、最深刻的秘密"[③]。——这是一句内容丰富的话，即这样来认识理念的发展，把它看作一种必然性——诸规定或
234 范畴的必然性。我们后面就将会看到，布鲁诺是如何做这件事的。

关于这种"至小"和"至大"的对立，布鲁诺曾写了几本专门的书：De Triplici Minimo et Mensura，libri V，Fraucofuri apud Wechelium et Fischer，1591，8，［"论至小的三个方面和度量"，五卷，弗朗克福版，威雪尔、费舍尔编，一五九一年八月。］书的文本是

---

① 耶可比："全集"，第四册，第二篇，第二五—二六页；邓尼曼，第九册，第三九七页；布鲁诺："论原因、原则和太一"，第三篇对话，第二六一页。

② 耶可比，同上，第二八页，第三二页；邓尼曼，同上，第三九八页，第三九九页；布鲁诺，同上，第四篇对话，第二七五页。

③ 耶可比，同上，第四五页；邓尼曼，同上，第四〇三—四〇四页；布鲁诺，同上，第五篇对话，第二九一页。

用六步句诗体写成的，附有注脚和注释（布勒的哲学史中，这书的 235
名称是：De Minimo，libri V［“论至小”，五卷。］）；De Monade，Numero et Figura liber：Item de Innumerabilibus，Immenso et Infigurabili：seu de Universo et Mundis libri VIII，Fraucof .1591，8.［“论单元、数目和图形”附“论不可数、无穷大、无定形：或论宇宙和世界八卷”，弗朗克福版，一五九一年八月。］他把根本原理（在别处叫做形式）表述为“最小”这个概念，它同时又是“最大的”，它是一，而一同时又是一切①。宇宙就是这个一切中的一。“在宇宙里面”，他说，“体积与点无别，中心与周边无别，有限者与无限者无别，最大者与最小者无别。一切都是中心点；或者说，处处都是宇宙的中心点，一切东西都是中心点。古人是这样表达这种思想的，他们说，诸神之父在宇宙的每一处实际上都有他的驻地。”是宇宙最初给予事物以它们真正的实在性，它是一切事物的实质，是单子，原子，是灌注在一切里面的精神，是最完全的本质、纯粹的形式②。——这就是布鲁诺的基本思想，它表明了一个高尚的灵魂和一种深刻的思维的兴奋陶醉。这种自然的生命性被他用极大的热情表述出来了。他的许多著作是用诗体写成的，其中包含着幻想和寓言式的东西。有一部著作的名称是“凯旋的动物”。他说，应当用别的东西来代替星辰③。

① 布鲁诺：“论至小”，第一〇，一六——一八页。

② 耶可比：“全集”，第四册，第二篇，第三七—三九页；邓尼曼，第九册，第四〇一—四〇二页；布鲁诺：“论原因、原则和太一”，第五篇对话，第二八一—二八四页。

③ 瓦格纳编辑刊行的布鲁诺集子：导言 XXIV—XXV 页。

乙、与此有关的第二方面的研究对象,即布鲁诺特别献身研究的,是所谓“鲁路斯艺术”,它是由它的最初发明人经院哲学家雷蒙·鲁路斯而得名的①。布鲁诺采用了这种艺术,制定了一个类似的,并把它弄得更为完善。从某一方面来说,这门艺术和我们在亚里士多德那里所见到的“正位法”有点相似②;——这是一大堆的“场所”、规定,我们把它们记在脑海里,像一张分成许多格子的表一样,以便把这些项目应用于我们碰到的一切事物上面。古人利用一种这样的方法来帮助记忆,因为这种记忆法和它很近似,这种东西近来已经又被人再搬出来了;布鲁诺采纳了这种方法,这是一种记忆的艺术。关于它的详细的叙述,可以在“Auctor ad Herennium”[“赫勒纽指南”](第三卷,第十七章以下)中找到。举个例:我们在想象里面给自己安装上若干个格子(例如十二个,每组三个,排成四行),各各给以名称,例如称之为阿伦、阿比墨勒、阿基里斯、山、树、赫尔库勒等等;在这些格子里面,譬如说,我们把要记住的东西装进去了,把它弄成好像一系列的图画,这样一来,等到我们要背诵它时,我们就不必像我们平时习惯做的那样从记忆中说出它们,不必那样缺乏表象的帮助从头脑中把它们说来,而却是好像只是从一张表格上面把它读出来一样。可是,需要记住的话,必须和这个图表密切联系起来。困难就在于:在我所有的内容和图画之间造成一种巧妙的联系;这就引起了那种极为骇人的胡拼乱凑,所以这不是一个好方法。——亚里士多德的“正位法”却不是为了

① 参看本书第350—352页(原版第三卷,第196—198页)。

② 参阅本书第二卷,第392—393页(原版第二卷,第408—409页)。

帮助记忆的，而是为了理解和规定事物的各个不同方面的。

布鲁诺以这种方式做了些工作，写了许多关于这种方法的著 236
作。布鲁诺的关于项目记忆法的最早的著作是：Philotheus Jordanus Brunus Nolanus De compendiosa architeetura et complemento artis Lullii, Paris. ap. Aeg. Gorbinum, 1582. 12. ——J. Brunus Nol. De Umbris idearum, implicantibus Artem quaerendi etc. Paris. ap. eund. 1582. 8[爱神者诺拉人乔尔达诺·布鲁诺："简述鲁路斯的艺术的结构及补充"，巴黎版，艾·戈尔宾编，一五八二年十二月。——诺拉人乔·布鲁诺："论理念的影像，包括研究的艺术等等"，巴黎版，同人编，一五八二年八月]。第二部的名称是：Ars memoriae[记忆术]——Ph. Jord. Bruni Explicatio XXX sigillorum etc. Quibus adjectus est Sigillus sigillorum etc[爱神者乔尔达诺·布鲁诺："三十个记号的说明等等。附记号的记号等等"]，从献辞可以看出，这书是布鲁诺在英国出版的，因此是在一五八二——一五八五年之间。——Jordanus Brunus: De Lampade combinatoria lulliana, Vitebergae, 1587, 8[乔尔达诺·布鲁诺："鲁路斯组合的火炬"，维登堡版一五八七年八月]——在此地他还写了：De Progressu et lampade Venatoria Logicorum, Anno 1587, ["逻辑家的进程和猎炬"，一五八七年]这本书是献给维登堡大学校长的。——Jordanus Brunus De Specierum scrutinio et lampade combinatoria Raym. Lullii. Pragae, exc. Georg. Nigrinus 1588, 8[乔尔达诺·布鲁诺："属的研究和雷·鲁路斯的艺术的火炬"，布拉格版，乔治·尼格林编，一五八八年八月]；并收集在 Raymundi Lullii operibus["雷蒙·鲁路斯文集"]里面。——还有 De imagi-

num, signorum et idearum compositione Libri III, Fraucofurti, ap. Jo. Wechel et Petrs Fischer. 1591. 8[“论图像、符号和观念的组合”，三卷，弗朗克福版，约·威雪尔、彼得·费舍尔编，一五九一年八月]——布鲁诺不久就放弃了这玩意儿，本来是关于记忆的东西，竟变成了想象的东西；这当然是一种退化堕落。“鲁路斯艺术”是和这种记忆法联系着的：但是，这种联系在布鲁诺那里却有这样的情形，即图表对于他不仅是外界图像的绘画，而是一个思想范畴、一般性观念的系统；这样，布鲁诺就赋予这种技术以一种较深刻的内在的意义。

(1)布鲁诺是从那些已有的普遍观念过渡到这门艺术去的。既然有一个为一切所共有的生命、理性，他就起了一个模糊的希望，希望去把握这个普遍理性的全部规定，把一切事物统摄在它里面，——在其中建立一种逻辑性的哲学，使它适用于一切事物①。
237 其中的“研究对象是宇宙，真的、可认识的和合理的方面的宇宙”。他像斯宾诺莎一样区别了理性的、可理解的东西和实在的东西。“正如形而上学以分为实体和偶性的普遍的东西为对象，同样地，也必定要有一门唯一的和普遍的艺术，能够把理性的东西和实在的东西联系起来，统括起来”，并且认识到它们彼此互相契合，“借此使许多不管是什么种类的东西都能归结到简单的统一性。”②

① 布勒：“近代哲学史”，第二册，第二篇，第七一五（七一七）页；乔·布鲁诺：“简述鲁路斯的艺术的结构及补充”（“诺拉丁乔尔达诺·布鲁诺拉丁文全集”，格弗娄勒编，斯图伽特一八五三年版，第二册），第一章，第二三八页。

② 布勒，同上，第三册，第二篇，第七一七—七一八页（七一九页，a—七一八页，b）；乔·布鲁诺，同上，第五章，第二三九页。

(2)对于布鲁诺,这里面的原则就是普遍的理性:恰恰就是“那活动越出自身之面的理性”(它把感性的东西展开,它就是感性世界);“它对于精神的照明的关系,正像太阳对于眼睛一样”,——它与许许多多的现象发生关系,照亮它们,而不是照亮自己。另一个则是“那在本身中活动的理性,它对于那些可认识的种类的关系,正像眼睛对于可见的东西的关系一样”。[①] 无限的形式、活动的理性乃是第一性的、是基础;它发展着。它的形式有点像新柏拉图派的那样;它的发展过程颇似普罗克洛那个方式。可见理性是内在于物质之中的。——现在,布鲁诺主要的工作就是必须更详细地理解和证明这个活动的理性的组织形态。

(3)这一点,他用下面的方式更详细地叙述出来:“人只是接近 238
那纯粹的真理本身,那绝对的光;人的存在不是那绝对的存在本身,只有太一和太初才是绝对的存在。他仅仅停留在理念的阴影之下;——一个这样的理念,它的纯粹就是光,但它却也分有了黑暗。实体的光从这个纯粹的原始的光流出:偶性的光又从实体的光流出。”这在普罗克洛那里也就是那第一个三位一体中的第三个环节[②]。——这个绝对原则的统一性,对于布鲁诺就是最初的物质(materia prima),这个原理的第一个动作他称为原始的光(actus primus lucis)。“但是那”很多的“实体和偶性却是不能够接受全部的光的,因此它们只能被包裹在光的影子里面;它们的观念同

---

① 布勒:“近代哲学史”,第三册,第二篇,第七一七页(719,a);乔·布鲁诺:“简述鲁路斯的艺术的结构及补充”,第二一三章,第二三八—二三九页。

② 参看本书第214—215页(原版第三卷,第87页)。

样地也是影子”。[①] 自然的发展是从一个环节发展到一个环节；创造出来的东西只是最初的原则的影子，不再是最初原则本身。

（4）“从这个超级本质”（superessentiale，普罗克洛的ὑπερουσία）“的进程是向着本质进行的，从本质又进达存在的东西，从存在的东西又进达它们的痕迹、肖像和影子”，并且这是有两个方向的：“一部分是向物质进行，以便在物质内部被创造出来”——这些东西后来就以自然物的形式存在；“一部分是向感觉和理性进行，以便借它们的力量被认识。”又说：“事物离开原始的光而趋向黑暗。但既然宇宙中的一切事物乃是互相密切联系着的，下面的
239 和中间的，中间的和上面的，复合的和简单的，简单的和更简单的，物质的和精神的，——这一切都彼此联系着，以便有一个宇宙，以便有宇宙的秩序和体制，以便有一个原则和目的，一个最初者和一个最后者：——既然是这样，所以，按照普在的亚波罗的竖琴的声调”——这是赫拉克里特的话[②]——，“下面的东西能够逐步复归到上面，犹如火凝缩而为空气，空气为水，水为土，反过来也一样。上面那个下降的进程和这个回归的过程是同一的”，是一个循环。“自然在自己的范围内能够从一切中产生出一切，同样地理性也能从一切中认识一切。”[③]

（5）对立面的统一被更详细地说明如下：“影子的多样性绝不

---

① 布勒：“近代哲学史”，第二册，第二篇，第七二三—七二四页；乔尔达诺·布鲁诺：“论理念的影像”（“诺拉人乔尔达诺·布鲁诺拉丁文全集”，格弗娄勒编，第二册）：影像的三十种倾向，第一—四种倾向，第三〇〇—三〇二页。

② 参看本书第一卷，第 333 页（原版第一卷，第 336 页）。

③ 布勒：“近代哲学史”，第二册，第二篇，第七二四—七二六页；布鲁诺：“论理念的影像”，第五—九种倾向，第三〇二—三〇五页。

是真正的矛盾。”各种对立面，“美和丑、适当的和不适当的、完善的和不完善的、善和恶等等乃是在同一个概念里面被认识的。不完善、恶、丑等，并没有自己的特殊观念可为依借；它们是在另一个概念里面被认识的，不是在一个它们所特有的概念里面被认识的，因为这样的概念是空无内容的。因为它们所特有的东西只是存在物中的不存在物，盈中的亏（nonens is ente, defectus in effecto）。”[1]——“最初的理性是那原始的光；它从最内部把它的光流溢到最外边，又把它从最外边收回到自己里面去。宇宙中的每一成员都能按照自己的能力而捕捉到这光的一点点。”[2]

（6）“事物的这种纯粹的光，就是它们的可知性，它是从那最初的理性出来的，并且又是向着它回去的，而这理性是陪伴着这可知性的”[3]，不存在的东西是不被认识的。“事物身上真实的正就是” 240
那可理解的东西，“不是那感性的”、被感觉到的、“或别的东西”；任何其他被称为真实的东西、感性的东西，都只是无。“所有在太阳底下发生的事物，所有属于物质的东西，都落在‘偶然与虚妄’这个概念之下”（有限性）。“如果你是明白事理的人，那就该去从理念那里寻取你的表象的稳固基础。”[4]——“在这里是对比和差异的，在原始的理性那里其实是和谐和统一。因此你还是去竭力寻求（tenta igitur）能否把所获得的意象加以等同、调和、统一：这样你

① 布勒：“近代哲学史”，第二册，第二篇，第七二七页；布鲁诺：“论理念的影像”，第二一种倾向，第三一〇页。

② 布勒，同上，第七三一页；布鲁诺：同上，论理念的三十个概念，第十个概念，第三一九页。

③ 布勒，同上，第七三一页；布鲁诺，同上，第三一九页。

④ 布勒，同上，第七三〇—七三一页；布鲁诺，同上，第七个概念，第三一八页。

就不致使你的精神疲劳、思维模糊、记忆混乱不清了。”①

所以眼前所有的差别，并不是什么差别；一切都是和谐。因此发展这个就成为布鲁诺的企图；而那些在神圣的理性中自然存在的规定，就符合于那些在主观理性中出现的规定。“借那在理性中的理念，比起借自然物本身的形式，能够更好地理解某一事物，因为自然物的形式是带有物质性的：但是，最透彻的理解则要借存在于神圣的理性中的那种关于对象的理念。”②现在布鲁诺的这种艺术就在于规定出普遍的形式的图式，这个图式能把一切事物都统摄在自己之中，并且在于指出这图式的诸环节如何在各个不同的存在范围内把自己表现出来。布鲁诺的最大的企图之一，就是把
241 那个“大全”和“太一”按照“鲁路斯艺术”表述为一个由有规则的规定的种类所组成的系统。

在这上面他定出三个范围：“（一）那原初的形式（ὑπερουσία）、一切形式的创造者；（二）物理世界，它把观念的形迹印刻在物质的表面上，并在无数对置着的镜子里面，把那原初的肖像复制出许许多多来；（三）合理的世界的形式，它为感觉而把那些观念的影子各各加以个体化”（使各成为一），“又为理性而把它们升华为普遍概念。原初形式的环节是存在，善”（自然，生命）“和统一性”；这些东西我们在普罗克洛那里也差不多是看见过的。“在形而上的世界里面，原初形式是物、善、多的原理（aute multa）；在物理的世界里

① 布勒：“近代哲学史”，第二册，第二篇，第七三二页；布鲁诺：“论理念的影像”，第八个概念，第三二〇页。

② 布勒，同上，第七三三—七三四页；布鲁诺，同上，第二六个概念，第三二三—三二四页。

面它显现于诸事物、诸善物、诸个体之中；在合理的世界”（认识）“里面它乃是从诸事物、诸善物、诸个体中抽取出来的。”[①]统一性是使一切回归于根源的动因，于是布鲁诺区分了自然的和形而上的世界；他企图把这些规定建立成一个系统，并企图指出这如何在一种方式下显现为自然物，在另一种方式下则显现为思维对象。

现在，当布鲁诺企图更详尽地来把握这种联系的时候，他“就把思维认为是一种”主观的“灵魂的艺术”（活动），“在心中”（用他的意象）“好像用一种内心的书法似的表达出自然在外界好像借一种外界的书法所表达出的东西”；而思维乃是一种能力，它“既能把这种自然的外界的写作加以接纳，又能把那内在的写作加以外化显现出来，加以实现。这种内心的思维和按照它而对外界加以组织，并把它倒转过来的过程的艺术，这种人的灵魂所具有的艺术，
布鲁诺把它跟宇宙的本性所具有的艺术”跟绝对的“宇宙普遍原理 242
的”活动性，“紧密地联系起来，这种宇宙原理的活动性是形成和制作万物的”；它是同一个形式的自身发展。是同一个宇宙原理使金属、植物和动物形成起来，是它在人里面思维着，越出自己而组织外界，只是以无限多不同的方式显现在它的作用中罢了，[②]——即在整个宇宙中表现出来。因此无论内界或外界，都是同一个原则的同一个发展。

这些“灵魂的各种不同的书写方式，即从事组织的宇宙原则也

① 布勒：“近代哲学史”，第二册，第二篇，第七四五页；乔尔达诺·布鲁诺：“三十个记号的说明：记号的记号”，第二部，第一一页。

② 布勒，同上，第七三四页；参看布鲁诺：“论理念的影像：记忆术”，第一一一一节，第三二六—三三〇页。

借以来显现自己的那些书法”，布鲁诺曾想把它们组织成一个系统。这各种书写方式正是他企图要规定的。布鲁诺的另一方面的活动，即他的“鲁路斯艺术”就是要来把这些不同的书写方式表述出来。在这里面他“采取了十二种”主要的书写方式、即自然形式的种，作为他的出发点：“外形、形式、似形、意象、现象、理想、指标、记号、标志、文字、象征。有几种书写方式是有关外界感觉的，例如外部形式、意象和理想（extrinseca forma，imago，exemplar），这些是由绘画和造型艺术来代表的，因为这几门艺术模仿自然母亲。有些是与内部感觉有关的，在其中它们在分量、存在的时间和数目等方面被夸大了，在时间上被延长了，并且被复杂化了；这种东西乃是幻想的产物。有些是与几种东西之间的共同点有关的；有些是这样地不同于事物的客观性质，以致它们完全变成幻想的。最
243 后，有些好像是艺术所特有的，例如记号、标志、文字和象征；——凭借这些东西，艺术的力量变得如此巨大，以致好像能离自然而独立，能超越自然，并且需要的时候甚至能违反自然。[①]”

到此为止，事情很顺利；问题在于把这个图式在一切方面加以制订发挥。这种企图无疑是可贵的，即把那个内在的艺术家、那能产的思想的逻辑系统如此表达出来，使得外在自然界的形式能与之相符相应。但是虽然布鲁诺的方式在别的地方是辉煌的，可是在这里这些规定却变成浅薄的，变成僵死的形式，正如近来自然哲学的那种抽象格式一样；那种三一体，都是在每一范围本身之内被

① 布勒：“近代哲学史”，第二册，第二篇，第七三四—七三五页；布鲁诺：“论理念的影像：记忆术”，第三三〇—三三一页。

视为绝对而加以发展的。——以后，正是那进一步的东西或那些更确定的环节，布鲁诺反而只是把它们凑起来；当他企图用数字和分类来表达它们时，一切就都陷于混乱了。那十二种形式被当作基础，但是每一个都不是在逻辑上推出来的，不是被结合成一个完整的东西或一个系统的，——那进一步的复多化过程也不是推论出来的。关于这方面，他写了几种著作（De sigillis［“论记号”］）；事物的现象是字母、符号，它们符合于一种思维。在他的各种著作中，这种表述也不尽相同。他的这种思想，比亚里士多德和经院哲学那种支离破碎的办法、即把每种规定性都只是一般地加以固定的办法来，是值得称赞的。不过，他只是把各个矛盾、图式的各环节列举出来而已。至于详细的发挥，部分地只是跟着毕泰戈拉的数，极为紊乱和任意，——比喻的、寓言的结合和配对，在那里我们

完全不能跟着他走；在企图把一切加以有秩序的组织的时候，一切 244
都极度混乱地抛在一起了。 399

能够思考到统一性，这已经是一个巨大的发端；其次的一点，就是这种想在发展中、在诸规定的系统中把握宇宙的企图，以及想指出外界如何是理念的符号的企图。——这就是必须加以注意的布鲁诺的学说中的两个方面。

四　梵尼尼

我还要谈一谈尤里奥·恺撒·梵尼尼，他也是属于这个时期的；他的第一个名字其实是鲁其里奥。他和布鲁诺有许多相似之处；像布鲁诺一样，他也是一个哲学的烈士，也有那种被烧死的命运。他于一五八六年生于拿玻里省的陶罗扎诺。他到处漂泊，到

过日内瓦，里昂，他为了逃避宗教裁判所而从里昂逃往英国。他在热那亚讲授阿维罗伊的自然哲学，但是不受欢迎；在他的旅行中他经历了好些危险，参加了各种关于哲学和神学的辩论。他越来越成为怀疑的对象，逃出了巴黎，他被控告了，罪名是无神论而不是异端。控告他的人弗兰哥诺赌咒说梵尼尼曾经说了亵渎神灵的话。梵尼尼为自己辩解说，他一向都是忠实于天主教教会的，并且从未背弃他对三位一体的信仰；为了回答无神论的指责，他当着审判官面前从地下拾起一根谷草，说，就是这根谷草就足以说服他相信上帝的存在。但这并没有什么效果；他于一六一九年在法国都鲁斯被判处火刑，在行刑之前，他的舌头先被刽子手割掉。不过他受审判的经过如何是不清楚的；对他的控诉，毋宁说是由于私人的
245 仇恨，由于都鲁斯僧侣们的宗教迫害狂①。

梵尼尼主要地是受了卡尔丹的创造性思想的启发的。在他身上，我们看见理性和哲学思维采取了一个与神学敌对的方向，而经院哲学本来是被认为应当符合于神学，并且用来证实神学的。天主教教会拒绝承认科学，把自己和科学敌对起来。在天主教教会内部，艺术曾经获得了发展，但是自由思想却离开了天主教教会。在布鲁诺和梵尼尼身上，天主教教会替自己报了仇；自由思想离开了天主教教会之后就一直和它处于敌对的地位中。

梵尼尼的哲学并不深远；他赞颂的是自然的生命力。他的推理在哲学上说并不是深刻的，反而是由于充满幻想而无斤两的。

① 布鲁克尔："批评的哲学史"，第四册，第二篇，第六七一—六七七页；布勒："近代哲学史"，第二册，第二篇，第八六六—八六九页。

他总是采取对话的形式，因此很难看出哪种意见是他自己的。他写了关于亚里士多德的物理学著作的评注。我们还有两种梵尼尼的著作，是很罕见的。其中一部书是：Amphitheatrum aeternae providentiae divio-magcum，christiano-physicum，nec non astrologo-catholicum，adversus veteres philosophos，Atheos，Epicureos，Peripateticos et Stoicos。Auctore Julio Caesare Vanino，Lugd. 1615[“神圣魔术师、基督教物理学家以及天主教占星术士的永恒天意的斗兽场，反对古代哲学家，无神论者，伊壁鸠鲁派，逍遥派和斯多葛派”，作者尤里奥·恺撒·梵尼尼，里昂一六一五年版。]；——这是一部驳难无神论者、伊壁鸠鲁派……等等的著作，在其中他对他们的哲学和他们的基本原理作了很雄辩的陈述和说明，但是他那驳难他们的方式却是极为软弱无力的。第二部书是：“论凡人的女皇和女神——自然——的神奇的秘密”（Ejusdem：De admirandis Naturae，reginae Deaeque mortalium arcanis Libr. IV， 246
Lutetiae，1616）；——这本书是得索尔邦神学院同意出版的，索尔邦神学院最初在书中并没有发现什么“跟天主教教皇和罗马的宗教矛盾和敌对的东西”。这是用对话形式写出来的科学研究，但是其中没有确定地标出哪个人物是梵尼尼自己的意见的发言人；形式上这是些关于物理学和博物学方面特殊的材料研究。在这本对话录里面他并未作出结论。里面只有一些保证：他说，他会相信这个或那个学说，要不是他已经接受了基督教教义的话。他的倾向是自然主义，他指出自然就是神，一切东西都是机械地发生产生出来的。他用机械的、动力的原因而不是用目的的原因来说明整个宇宙的联系；但是这些意见是用这样的方式说出来的，作者本人的

结论如何我们看不出来。[1]

这样，就出现了信仰和理性之间的对立。这种情形以前已经在滂波那齐，一个亚里士多德学者那里发生过，滂波那齐证明说，从亚里士多德的学说中，可以推断出灵魂有死，因为亚里士多德把植物性灵魂和动物性灵魂认为是合一的。因此理性是不能够证明灵魂的不朽的；他之所以还相信灵魂不朽，乃是因为基督教启示了这点。他奉令到宗教裁判所受审，但是红衣主教们袒护他，因此这件事就被放过了[2]。——梵尼尼和别的人又使理性跟信仰即跟教会和教会教义处于对立的地位。他们一方面用理性证明了这一个或那一个都是与基督教信仰正相矛盾的教条，同时却也宣称他们是让自己的信仰听任教会支配的，正如后来贝尔在新教教会里面
247 所做的那样，——基督徒应当服从，因此他服从教会的信仰。或者，他们提出了所有种种与神学教条相矛盾的原理和论据，说它们是理性所不能解决的，同时他们却又同样地让这些理性所不能驳倒的东西屈从于教会的信仰之下。就是这样，梵尼尼提出了许多论据和理由来证明自然是神。但是既然人们坚信理性是不能与基督教教条矛盾的，并且由于人们并不相信这些人这样放弃他们由理性说服的东西来屈从于教会是具有诚意的，所以伽利略就只好跪在地上取消自己的学说，因为他拥护过哥白尼的学说，而梵尼尼也只好被烧死了。他们两人都曾徒然地采取对话体来作为他们著

---

① 布勒："哲学史教程"，第六部，第一篇，第四一〇—四一五页；布鲁克尔："批评的哲学史"，第四册，第二篇，第六七七—六八〇页；布勒："近代哲学史"，第二册，第二篇，第八七〇—八七八页。

② 参阅本书第 369 页(原版第三卷，第 215 页)；布鲁克尔，同上，第一六四页。

作的形式。

梵尼尼确曾通过他的对话录里面一个人物来证明甚至“从圣经的经文中看来，魔鬼也是比上帝更强有力的”，神并不统治着宇宙。在他所提出的理由中，有这样的理由：“亚当和夏娃违背了上帝的意旨而犯了罪，因此而使整个人类犯罪堕落（reluctante Deo Adamum et Evam totumque genus humanum ad interitum duxit）；基督也是被黑暗势力钉死于十字架上的（morte turpissima damnatus）。”此外，“上帝极愿一切人都得救。但是和其他的人比较起来，天主教教徒人数甚少，而犹太人还常常背教；天主教传布所到之地只限于西班牙、法国、意大利、波兰和日耳曼的一部分。如果再除去那些不信神者、亵渎神者、异端、卖淫妇、通奸者等等，那么剩下的天主教徒就更少了。”[①]因此，魔鬼是比上帝更强的。这些都是理智、理性的理由，是驳不倒的，但是人们却愿服从教会 248
的信仰，而他也这样做了。值得注意的是，人们并不曾相信他这一点。人们不相信梵尼尼否定他自己认为合理的东西而宣称服从于教义这件事乃是出自诚意。诚然，他的否定是无力而主观的；但是这并不应该使人怀疑他的真诚，因为贫乏无力的理由对一个人也可能是很有说服力的，正如在客观的事物方面，一个人也有自己的选择的权利。梵尼尼所以被控的主要原因乃是：〔人们认识到〕如果一个人认识到了理性所不能驳倒的东西，这样一个人就不能不坚持这些东西，他就不能相信与它们矛盾的东西；人们不能相信这样一个人的信仰会比他的这些识见更强有力。

---

① 鲁其里奥·梵尼尼：“论自然的神奇秘密”，第四二〇页。

这样，天主教会就陷进了一种很奇异的矛盾里面：它因为梵尼尼发觉它的教义不符合理性，同时却自愿服从教义而对他判罪，这样一来，它的要求（并且是用火刑来支持的一种要求）就好像它的教义宜不高于理性而宜于符合于理性了。教会的这种易怒是违背它自己的原则的；以前它曾承认理性不能够理解启示，并曾认为理性自己提出驳难又自己加以反驳和加以解决，这种事是无关紧要的。现在天主教会陷入矛盾了。它不容许信仰和理性之间的这种矛盾被当作真的来看待，而把梵尼尼当作异端烧死了；这当中就有了这样的含义，即教会的教义不能违反理性，同时人们却应当让理性屈从于教会之下。——〔梵尼尼所采取的〕这个方向在贝尔的"批判的词典"中也占据统治地位。贝尔触及许多哲学观念，例如，在"摩尼教"那一条中就是如此。贝尔说，这些人断言有两个原则……云云。贝尔说这些主张是驳不倒的，但是人们在这上面却应当服从教会。用这个方式，人们把一切反对教会的可能的论据都提出来了。

249 在这里，理性和所谓天启之间的斗争燃起来了，在这个斗争中天启与理性对立起来，理性独立了，天启与理性分开了；在这以前，两者是合一的，或者说，人的眼光就是上帝的眼光，人并没有自己的眼光，他的眼光被认为就是神的眼光。——经院哲学完全没有自己的、具有自己的内容的知识，而只有宗教的内容；哲学始终限于形式上的加工。但是，现在它已得到了一种自己的内容，这个内容是与宗教的内容对抗的；或者说，理性至少已感觉到有自己的内容，或把合理性的形式跟那个直接现成的内容对立起来。

这种对立在过去曾经获得一种不同于今天的意义；这个旧时的意义就是：信仰乃是基督教的教义，这种教义是现成的真理，人必须永远承认它。所以这里所有的乃是对现成内容的信仰，又再加上些别的观念。借理智、理性而获得的信念是与这个处于对立地位的。现在这种信仰已被移置到思维着的意识自身里面去了：信仰乃是自我意识对于它在自身里面所发现的那些事实的态度，而不是对于教义的客观内容的态度。——关于更早的那种对立，可以这样说，信仰、客观的信条（credo）就是内容。这个内容有两个部分，必须加以区别。其中一部分是那些作为教条的教会教义，关于上帝的本性的说法，上帝三位一体的说法；其中包括上帝在世间的显现、在肉体中的显现，人对于这个神圣本性的态度，人的得救，神圣性质等等。这是关于永恒真理的部分，它对于人们是有绝对的意义的；这一部分就其内容而言本质上是思辨的，只能够是思辨的概念的对象。另外一部分也是要求加以信仰的，乃是与外部事物的观念有关的；这里面包括了全部历史性的东西，例如新旧约里面的历史，教会的历史等。这些有限性的事物也是要求人们加 250
以信仰的。例如，假使一个人不相信鬼，他就会被认为是自由思想者、无神论者；如果一个人不相信亚当在天堂里面吃了禁果，也会有同样的遭遇。两部分都被置于同一的水平上。——但是，当对于这两部分的信仰都被同样要求时，对于教会和教会的信仰是有害的。那些曾被谴责为基督教的敌人和无神论者的人（一直包括到伏尔泰），他们的注意点主要地就是集中在这些关于外部事物的观念上面的。——当这样的关于外部事物的观念被坚持时，不可避免地就会有人把其中的矛盾指出来。

五　比埃尔·拉梅

托马索·康帕内拉和别的一些人是亚里士多德的研究者——其中**比埃尔·德·拉·拉梅**是特出的，他住在巴黎；他于一五一五年生于维尔曼多瓦，他的父亲是该地的一个短工。他很早就到巴黎去，以便满足自己的求知欲，但是有几次因为无法糊口不得不又离开巴黎；以后，他在“那瓦尔学院”当了一名助教。在这里他获得了增广他的知识的机会，他从事研究数学和亚里士多德的哲学，并且获得了一种出色的演说术和辩证法的本领。他公开地提出了一个极耸动视听的论点：“亚里士多德所说的一切，都不是真的”，——这是在他的博士学位辩论会中提出来的；他辩赢了，取得了学位[①]。

做了博士之后，他尖锐猛烈地攻击起亚里士多德的逻辑学和辩证法来了。政府注意到这件事。他被控告用他的反亚里士多德
251 的意见毁坏宗教和科学的基础；这个控告被他的敌人当作刑事案件提到巴黎的法院里面去。由于法院要公正地来处理这案件，并且似乎对拉梅怀有好意，控诉就被撤回了，案件提到国王的御前会议去处理。御前会议决定：组织一个由五个裁判员组成的委员会，其中两位由拉梅提名选出，两位由他的敌人哥维安提名选出，一位担任主席的则由国王任命；拉梅和哥维安应当在这个委员会面前进行辩论，然后由这五位裁判员拟具意见提请国王作最后决定。这件事引起了公众的极度关心注意。（民众一般地对于这种争论

① 布勒：“近代哲学史”，第二册，第二篇，第六七〇—六七二页；布鲁克尔：“批评的哲学史”，第四册，第一篇，第五四八—五五〇页。

都有很活跃的兴趣。以前已经有过许多次像这样的关于学术问题的争论。例如，一些皇家学院的教授们，就曾和索尔邦神学院的神学家们发生过争论，那次的问题是：应该说“quidam，quiquis，quoniam”呢，还是应该说“kidem，kikis，koniam”？这个争论引起了一个案件被提到法院去，因为博士们把那个说“quisquis”的教士的终身俸取消了；诉讼就是因此引起的。还有另一次相持不下的剧烈争辩被提到官厅来，那次的问题是：说“ego amat”是否和说“ego amo”一样正确？这次争论终于不得不由官厅加以禁止。）这次争论是以高度的学究方式来进行的。第一天拉梅断言：亚里士多德的逻辑学（辩证法）是不完善的，有缺点的，因为“工具论”没有从一个定义开始。委员会决定说：一个辩论、一篇论文诚然需要一个定义，但是在辩证法中这不是必需的。第二天，拉梅批评亚里士多德的逻辑学缺乏安排组织；他说，这是必需的。裁判员中多数人想要把至此为止的审察取消，用另一种方式来进行，因为拉梅的发言使他们陷入了困难；这个多数是由三个委员构成的，其中一人即国王所任命的，二人是哥维安所提名的。拉梅提出抗议，向国王上诉。国王驳回他的上诉，认为裁判员的意见应当作为最后的决定。那 252
三个裁判员说出不利于拉梅的意见，他就被判罪了；但是另外那两人并未参加决定，他们辞职了。判词公开张贴在全巴黎的街道上，被寄发到全欧洲的大学学院去。嘲讽拉梅的戏剧在戏院上演，博得了亚里士多德信徒们的热烈喝彩。①

① 布勒：“近代哲学史”，第二册，第二篇，第六七二—六七六页；布鲁克尔：“批评的哲学史”，第四册，第二篇，第五五〇—五五七页。

不过，他终于还是获得了一个教师职位，在巴黎当了一名教授；但是由于他已成为一个于格诺派新教徒，所以有几次当国内发生不安情况时就不得不离开巴黎；有一次，他甚至到了日耳曼。最后一五七二年拉梅也死于“巴托罗缪之夜”；他是被他的敌人雇人杀死的；他的一个同事、他的一个最坚决的敌人沙尔本德雇了几名凶手来进行这件事；拉梅被他们可怕地加以折磨之后从窗口抛到了街上①。拉梅以他对亚里士多德的攻击，特别是对一直存在到
253 当时的那个样子的亚里士多德辩证法的攻击，引起了人们巨大的兴趣；他在简化辩证法则的范式这件事上，作了许多贡献；使他特别闻名的，是他那对于经院哲学的逻辑的极端敌视，以及他曾提出了“拉梅逻辑”来和它对抗；——这一种对抗传布得如此深广，以致甚至在德国文学史里面，也出现了拉梅派、反拉梅派、半拉梅派这些名称。拉梅特别以他的辩才著名。

在这个时期中，还有许多别的值得注意的人，他们照习惯也常在哲学史中提到，例如蒙田、沙隆、马基雅弗利等。这类人都是很著名的；但是他们实质上并不属于哲学范围内，而是属于一般的文化范围内。这些人是从自己本身里面、从他们的意识中、从他们的生活中找寻思想的源泉的，就是在这一点上，他们的努力和他们的著作才也算与哲学有关。这样的推理、认识乃是和前此的经院哲学的认识直接对立的。在他们那里，有许多很好的、优雅的、机智的关于自我、关于人生和社会关系、关于正义和善的思想；那是一

① 布勒：“近代哲学史”，第二册，第二篇，第六七六—六八八页；布鲁克尔：“批评的哲学史”，第四册，第二篇，第五五八—五六二页。

种从人的经验得出来的人生哲学，从那在世间、在心灵中和人的精神中发生的东西得出来的人生哲学。这种经验他们曾经加以琢磨并拿来传给别人；因此他们是颇能引人入胜并富于教育意义的，而按照他们据以从事工作的原则看来，他们是完全抛弃了前此那种认识方式的源泉和方法的。但是由于他们并没有把哲学所关心的最重要的问题作为他们研究的对象，并且不是从思想中来进行推理，所以他们实际上不属于哲学史之内。他们曾经对这件事有过贡献：人对于有关自己的事物、对于人的经验、人的意识等等发生了兴趣，对自己有了信心，这种信心对于人是有价值的。这就是他们的最大的功劳。

但是，现在应当来谈谈那一个过渡时期了，我们之所以关心这个过渡，是因为普遍原则在这个时期里面在较高的程度上并在它的真正的根据中被认识了。

丙、宗教改革

伟大的革命是在路德的宗教改革中才出现的，出现在这个时候：从无休止的冲突里面、从顽强的日耳曼性格经受过并不得不经受的那种可怕的管教里面，精神解放出来了，意识达到了与自身和解，并且这种和解是采取了这种不得不在精神里面来完成的形式的。人从“彼岸”被召回到精神面前；大地和它的物体，人的美德和伦常，他自己的心灵和自己的良知，开始成为对他有价值的东西。例如，在以前，在教会范围内，虽然婚姻不完全是不道德的事，但无 254
论如何节欲和独身总是被认为更高尚，而现在呢，婚姻已成为神圣的制度。以前贫困被认为高于有财产，靠他人施舍来过活被认为高于靠自己双手劳动来正直地过活；现在却已经认识到，贫困不是目的、不是更有道德性的，正相反，靠自己劳动来过活、从自己所创造的东西中取得快乐，才是更合乎道德的。盲目的服从，那种压抑人的自由的服从，先前是〔僧侣们宣誓履行的〕[①]第三种品德，相反地，现在同婚姻和财产两者一样，自由也被认为是神圣的了。

同样地，在知识方面，人也从外界的权威回到了自己里面；理性被视为绝对具有普遍性，被认为是神圣的。现在已经认识到宗教应当是在人的精神中存在的，并且得救的整个过程也应当是在他的精神里面进行的，他的得救乃是他自己的事情，他借它而与自己的良心发生关系和直接面对上帝，而不需要那些自以为手中握有神恩的教士们来做媒介。诚然，现在也还有一种媒介，还得凭借教义、识见、对自己和自己的行为的观察来做媒介；但是这是一种不成为阻隔的墙壁的媒介，而先前则有一道铜墙铁壁把俗人和教会分开着。因此，上帝的精神必定是居住在人心之中，并且是在他之中活动的精神。

虽然先前威克里夫、胡斯、布勒西亚的阿诺德也曾为相似的目的而离开了经院哲学走出来，但是他们都未曾具备那种能够朴素无华、不带博学的学者信念，而只把精神和心灵留下的性格。是路德才开始有这种精神的自由，但是这种精神自由仍然只是在胚胎状态中，并且他是采取了那个把它老保留在胚胎状态中的形式的。这个自由的发挥和自我反思对它的理解，乃是后来的事，正犹如在

① 根据米希勒本，第二版，英译本，第三卷增补。——译者

教会本身里面基督教义的发挥也是后来的事一样。 255

布鲁诺和梵尼尼也属于宗教改革时期；宗教改革是在这个时期发生的。这个原则的发端是早已被注意到了的，——即人自己的思维的主观原则，自己的知识、活动、权利、财产、对自己的信心等等的主观原则，以便人能够在他的活动、理性、幻想等等、在他的产品里面取得满足，——使他能够在他的作品上获得一种快乐，使他的工作被认为可容许的和正当的，使他对它可以并且应当发生兴趣。这是人跟他自己和解的初步，——神性被带进了人的现实生活中，它统治着现实生活；这只是初步的原则。

这种认识到的主观的价值，现在需要一种更高的和最高的认可，以便成为完全合法，甚至成为绝对的义务；为了能够获得这种认可，它就必须在它的最纯粹的形态中来加以把握。可是对原则的最高的认可是宗教的认可：因此这个自己的精神性、独立性的原则就与神发生了关系并且成了神；这样，它就由宗教加以认许了。单纯的主观性、单纯的人的自由，即他具有一个驱使他去做这件事或那件事的意志这件事，还没有构成正当的理由；那只从事于满足那些在理性面前站不住脚的主观目的的野蛮人的意志，是不能被认可的。但是，即令意志具备了这种符合理性的目的，例如正义、我的自由（不是作为这个特殊主观者的自由，而是作为人的一般的自由，作为合法的权利，作为同样为别人所具有的权利），——即是说，即令自我意志已取得了普遍性的形式，这当中也依然只有那种
可容许的因素；固然，当它已被认为可容许，而不是绝对的犯罪的 256
事的时候，已经是很大的进步了。艺术和工艺借这个原则而获得了新的活动力，因为现在它们可以正当地活跃起来了。但是这个

原则最初只是按照它的内容限于应用在特殊的对象范围之内。只有当这个原则被置于与那绝对地存在着的对象中、亦即置于对上帝的关系中来加以认识和承认，从而对它的完全的纯粹性不带欲望和有限的目的来加以理解的时候，它才获得对它的最高的认可，——人对自己的确信才在对上帝的关系中获得它的有效性。

所以，这就是路德的宗教信仰，按照这个信仰，人与上帝发生了关系，在这种关系中，人必须作为**这个人**出现、生存着：即是说，他的虔诚和他的得救的希望以及一切诸如此类的东西都要求他的心、他的灵魂在场。他的感情、他的信仰，简言之全部属于自己的东西，都是所要求的，——他的主观性，他内心最深处对自己的确信；在他对上帝的关系中只有这才真正值得考虑。人应当在他自己心中作自己的忏悔，痛悔前非，他的心必须充满圣灵。这样，在这里，主观性的原则、纯粹对自己的关系的原则、自由，就不只是被承认而已，而简直是有了这样的要求，即在礼拜里面、在宗教里面只有它才是重要的。这就是对这个原则的最高的认可：它现在在上帝眼中是有价值的，只有个人自己心灵的信仰、自己心灵的克服才是需要的；这样一来，这个基督教的自由原则就被最初表达出来，并且被带进了人的真正意识中。由此，在人的内心中就设定了一个地方，它才是最重要的，在其中他才面临着他自己和上帝；而只有在上帝面前他才是他自己，在他自己的良心中，他能够说是他自己的主宰。他的这
257 种当家做主的感觉应当不能被别人所破坏；任何人都不应唐突冒犯而去插足其间。对我的关系里面的一切的外在性都被驱逐了，如圣饼的那种外在性那样；只有在享受神人感通时和在信仰中，我才与上帝有接触。俗人和僧侣之间的区别因而就被废除了，再也

没有所谓俗人了，因为每一个人都受到指示在宗教中有关自己的场合里面认识宗教是什么。责任不是可以避免的；善的行为如不具有精神的实在性在其中，就不再是善的，正如心灵必须本身直接地和上帝发生关系，而不必有媒介，不必有圣母和圣徒。

这就是那个伟大的原则，即：在和上帝发生绝对关系的地方，一切外在性都消失了；一切奴性服从也随同这种外在性、这种自我异化消失干净了。与此相关，那种用外国语来祈祷和用外国语文来从事科学工作的习惯也被废除了。在语言的运用中，人是在从事生产的：语言乃是人们给予自己的最初的一种外在性；它是生产的最初的、最简单的形式，生存的最初最简单的形式，这种形式是他在意识中所达到的：人所想象的东西，他也在心中想象成为已用语言说出了的。如果一个人用外国语来表达或意想那与他最高的兴趣有关的东西，那么这个最初的形式就会是一个破碎的生疏的形式。因此，这种对于进入意识的第一个步骤的侵害，首先被取消了；在这方面，这种在有关自己的事务中做自己的主宰、这种用自己的语言说话和思维的权利，同样是一种自由的形式。这是无限重要的。如果没有把圣经翻译成德文，路德也许未必能完成他的宗教改革；并且如果缺少这个形式，不以自己的语言去思维，那么主观的自由就会不能存在。因此，现在主观性原则已变成了宗教本身的一个环节；这样一来，它就获得了那种对它的绝对承认，并
且大体上它是以这样的形式被把握了的，即：在这种形式中它只是 258
宗教的一个环节。在精神里面礼拜上帝，这个命令现在已完成了；精神是只能在主体有自由的精神性这个条件下才能存在的。因为只有主体的自由的精神性才能与精神发生关系；一个充满不自由

的主体，是不能与人发生精神关系的，不能在精神里面对上帝作礼拜的。这就是这个原则的基本意义。

可是这个原则**最初**只是在宗教的范围内被理解到，通过这个，它获得了对它的绝对的认许，但是它最初却好像只是被置于对宗教事务的关系之中，还没有被推广应用到主观原则本身的另外的进一步的发展里面去。不过人已经意识到跟自己和解了，并且意识到只有在他自己的真实存在中才能跟自己和解。就是从这一点上来说，人在他自己的实在性中同样也得到了另一个形式；那本来很快活而且精力充沛的人，当他享受着生命中的事物时，也能够问心无愧、心安理得地享受；以生活本身为目的而加以享受，已经不再被认为是应当禁止的了，正相反，僧侣式的遁世绝欲倒是被人摒弃了。但是，这个原则最初还没有引申应用到进一步的内容上面去。

但是**其次**，这个宗教的内容又特别地被当作具体的内容而加以把握，亦即就其在表象、记忆中所采取的形态来加以把握，或者说，就它所采取的历史上的形式来加以把握；而这样一来，一种非精神性的对待事物的方式的开端和可能性，就进入这种精神的自由里面来了。因此，旧时的教会的信仰（credo）就被容许存在；这个 credo 的内容，不论它如何具有思辨性质，乃是有其历史的一面的。它就在这个枯干的形式里面被人所接受和认许了，以致它竟被认为应当在这个形式中加以信仰，应当被主观视为良心、真理、最高的真理。于是就引起了这样的结果，即：那种思辨的认识、那种以思辨的方式对教条内容的发挥，就完全被弃置不顾了。所要
259 求的只是人们内心中对于他自己的解脱、得救的确信，即主观精神

对于绝对的关系，亦即作为渴望、忏悔、皈依等等的主观性的形式。这个新原则被认为压倒一切，因而真理的内容显然是重要的；但是那关于上帝的本性和〔显现〕过程的教义，却是以这样一种形式被把握的：采取它最初对普通表象显出的那种形态。被抛弃的不仅是所有这些有限性、外在性、无精神性和经院哲学的形式主义，这样做自然也是正当的；但是另一方面对于教会教义的哲学发挥也被放弃了，而这样做乃是与下面这件事有关的：主观已经深入到自己里面、到自己的心灵里面去了。这种深入于自我中、它的这种忏悔、痛悔，它的这种皈依，主观的这种念念不忘自己，现在变成了首要的环节了。主观没有深入到内容里面去，并且以前那种精神的深入其中也被撇开抛弃了。直至今日，我们还可以在天主教教会和它的教条里面找到亚历山大里亚学派哲学的回声，或者，比方说，遗产；在那里面比在新教教义里面有着多得多的哲学性的、思辨性的东西，哪怕在新教教义学中，也还有一些客观性的东西，并且还不是完全被弄成空虚的；在新教教义里面，内容毋宁只是历史地、即以历史事件的形式被保存着的，这样一来，教义就变成空虚无味。哲学和中世纪神学的联系，就其主要之点而言，是曾经在天主教教会内被保存着的；反之，在新教里面，主观的宗教原则却与哲学分开了，只有后来在哲学中这个原则才又以真正的方式再现。

这样，在这个原则里面，基督教教会的宗教内容一般地被保存了，因而它借着精神的见证而获得对它的认可，亦即就它在我的良知、我的心灵中起影响而言，它对于我是有效的。这就是这句话的 260
意义："你若听从我的吩咐行事，你就将知道我的教言是真言。"真理的标准是：它如何在我的心中被认可、被证实；我判断、认识我认

为真的东西是不是真理,这件事必须向我自己心中显示出来。真理在**我的**精神里面是怎么样的,真理就是怎么样的;反之,我的精神只有当真理存于其中而它自己也这样存在于内容之中时,才是正当地和真理发生了接触。两者是不能各自孤立起来的。所以,内容并不是本身就具有他由哲学的神学而获得的那种认许,由思辨的思维而获得的、亦即由于思维的理念在它里面起了作用而赋予它的那种认许;它也没有那样的一种认许,这种认许是一个内容由于有其历史的外在的一面而由人赋予它的,即是说,听取历史的见证并据以判断内容的正确性。教义必须以我的心灵的情况、以忏悔、以心灵的皈依于神和乐于皈依于神来证实自己。如果教义是从外在的内容开始的,那么它就只是外在的;但是,这样的教义,不管它与我的精神、我的心灵的关系如何,真正说来是没有任何意义的。现在,这个开端采取着基督教洗礼和教育的形式,乃是一种对心灵的熏陶,同时又是用外界的熟知的事物来做的。福音和基督教教义的真理,只有在对这些东西处于真正的关系中时才存在;这实质上可以说是内容的一种利用,目的在于使它有教育意义。而这正就是已经说过的那一点,即心灵在自己里面建设自己,在自己里面净化自己,并且又被净化;正是对于这种净化过程来说,内容乃是一个真正的内容。除了借以使心灵受到启发,借以使心灵觉醒达到确信、欢悦、忏悔皈依,引起心灵自己里面的那种过程之外,这个宗教内容没有别的用处。对于这个内容的另一种不正确
261 的态度,就是以外在的方式来对待它,例如按照这个伟大的新注经原则而对待新约各篇,像对一个希腊作家或拉丁作家或别的作家的作品一样,加以批判,作文字的考证和历史的考证等等。那种真

正的精神的态度，是仅仅保留给精神的。以这种不相干的考据学的方式来证明基督教的真理，像正统派的人们所曾干的那样，乃是一种麻木不仁的注解的一个错误的开端；这样一来内容就会变成无精神性的。——所以，这就是精神对于这个内容的**初步**关系；在这里内容诚然是重要的，但同样重要的是那神圣的和起净化作用的精神必须与这个内容发生关系。

其次，这个精神实质上同样又是一个有思维的精神。思维本身必须也在其中发展，并且本质上应当是作为精神与它自身的最内在的统一这种形式：达到能对这个内容加以识辨、考察，并且转化为精神与它自身的最纯粹的统一这种形式。思维最初只是抽象的思维，并且也只显出是如此；这个抽象的思维包含着一种对神学、对宗教的关系。这里所说的这个内容，即使它只是被当作历史的、外在的东西来对待，也还应该是宗教性的；上帝的本性的说明必须包含于其中。这里就有了进一步的要求，亦即以上帝的内在本性为对象的思想必须也使自己与这个内容发生关系。但是既然思想最初只是理智或理智的形而上学，所以它势必会从这个内容中把合理的理念逐出，把这内容弄成如此空虚，以致只有那些无味的外在的历史留下来。

最后**第三**种态度乃是具体的思辨思维的态度。按照刚才所说的那种立场，以及规定宗教事务及其形式的方式，一切真正的思辨内容及其发挥最初都被抛弃了；至于基督教的各种观念如何由于 262
古代哲学的宝库和所有早期东方宗教的深刻的思想等等而更为丰富，——这一切就都被抛弃了。这个内容是有客观性的；但是这只是表示这个客观的内容乃是一个开端，不是可以独立存在的，这只

应当是一个这样的开端，在其中心灵应当开始在自身里面精神性地教养自身并净化自身。对内容的丰富使内容变成哲学的内容，因而都被放弃了；只有到了后来，精神才作为思维的精神再深入到自身里面去，从而成为具体的、合理的。

成为宗教改革的原则的，是精神深入自身这个环节、自由这个环节、回归于自己这个环节；自由正意味着：在某一特定的内容中自己对自己发生关系，——精神的生命，就在于在显得是他物的东西里面回归于自身中。那种在精神中作为他物而继续存在的东西，或者是未被消化，或者是死物；如果精神让这种东西作为外物存在于自身里面，那么精神就是不自由的。因此这个规定，即精神应当实质上是本身自由的、是在自身之内的——这个抽象的环节，就构成了基本规定。可是既然现在精神正在向知识迈进，向精神性的范畴迈进，左顾右盼地进入一种内容里面去，它在其中行动就会好像是在自己的国土里面行动一样，并且本质要在其中坚持着并且拥有它自己的东西。当它在这个内容中像在自己的国土中一样活动并向知识迈进时，它将是以具体的形式活动的；因为它就是具体的存在。这个国土一方面采取有限的、自然物的世界的形式，另一方面却也采取内在的所有物的形式、采取神秘的、神圣的、基督教的存在和生命的形式。

知识的这种具体的形态，这种在开端时还只是模糊暗淡的形态，现在我们必须来加以考察；这就是我们要进而论述的哲学史的第三个时期。

*　　　　*　　　　*

译 者 后 记

这一册黑格尔的“哲学史讲演录”第三卷，是根据格洛克纳本德文版“黑格尔全集”第十八卷（米希勒原版卷 XIV）第四二三页至卷末第五八六页及第十九卷（米希勒原版卷 XV）自篇首第三页起至第二六二页中世纪哲学结束止。至于第十九卷的其余部分，即黑格尔“哲学史讲演录”的第三部，关于近代哲学史部分，将归入中文译本的第四卷。

我们译这第三卷时，也还是参考了原书米希勒第二版的霍尔丹的英译本。个别地方还参考了俄文译本，俄译本也是依据第二版的。我们曾根据英文译本及俄文译本做了一些校订和补充的工夫，这散见于本书中译者的小注和按语里。

本卷的翻译工作是由北京大学哲学系外国哲学史教研室组织的。本卷第一部第二篇中斯多葛派哲学，第三篇中普罗克洛、普罗克洛的继承者，第二部第二篇经院哲学整篇，是贺麟译出的。第二部的导言及第一篇阿拉伯哲学，第三篇文艺复兴，是方书春译出的。此外其余各篇章都是王太庆译出的。全书大部分篇章都曾经宗白华校阅一遍。三位译者对于全部译稿又曾互校一遍。译文有错误和不妥当的地方希望能得到读者同志们的指正。

专有名词中外文对照表

A

阿柏拉尔　Abaelardus,Abélard
阿比安　Apion
阿比墨勒　Abimelech
阿波罗　Apollo
阿布尔法来　Abulfaraius
阿达　Adda,Ibn
阿地　Aben Adi
阿尔克西劳　Arkesilaus
阿基里斯　Achilles
阿卡廖　Achalius
阿奎那　Thomas Aquinas
阿拉伯　Arabische
阿勒弗烈　Alfred
阿勒曼诺　Nicolaus Alemanus
阿里阿　Arianus
阿里安　Arian
阿里斯多芬　Aristophanes
阿伦　Aaron
阿马尔里克　Amalrich
阿那克萨尔科　Anaxarchos
阿那克萨戈拉　Anaxagoras
阿诺德　Arnold von Brescia
阿培里　Apelles
阿其巴　Akibha
阿其留　Caius Acilius
阿撒里亚　Assaria
阿撒森人　Assassinen
阿斯克勒比格尼亚　Asklepigenia
阿塔廖　Athalius
阿维罗伊　Averroes
阿维森那　Avicenna
阿西西　Assissi
阿西亚　Asiah
埃德麦鲁　Edmerus
埃及　Ägypten
爱奥利亚　Aeolien
爱巴地　Ebadi
爱巴佛罗底特　Epaphroditus
爱比克泰德　Epictetus
爱彼鲁　Epirus
爱尔兰　Irland
爱尔朗根　Erlangen
爱拉斯谟　Erasmus
爱利亚　Elea
爱利斯　Elis
爱萝伊丝　Éloïse
爱纳西德谟　Aenesidemos
安达鲁西亚　Andalusien
安德罗尼柯　Andronicus Rhodius
安瑟尔谟　Anselmus
安提贡　Antigon
安提阿　Antiochien
安托宁　Marcus Aurelius Antoninius
奥尔斐　Orpheus

奥古斯丁　Augustinus
奥古斯都　Augustus
奥康　Occam, William
奥拉·格利乌　Gellius, Aulus
奥勒利　Orellius
奥勒留　Aurelius
奥利振　Orgen
奥斯达　Aosta

B

巴比伦　Babylonien
巴杜亚　Padua
巴尔布　Michael Barbus
巴尔拉安　Barlaam
巴格达　Bagdad
巴黎　Paris ～大学　Universitätvon～
巴门尼德　Parmenides
巴奈修　Panaetius
巴塞尔　Basel
巴托罗缪之夜　Bartholo mäus-Nacht
巴锡耳　Basilius
巴西利德　Basilides
白克　Bec
柏拉图　Platon
柏罗丁　Plotin
拜占庭　Byzantin
薄伽丘　Boccacio
贝尔　Pierre Bayle
贝鲁特　Beirut
贝内交特　Benevent
贝萨里翁　Bessarion
贝兹　Beza, Bèze
比埃尔　Petrus, Pierre
比柯　Picus, Pico
比亚士　Bias
彼得　Petrus
彼得拉克　Petrarch
毕大尼　Pitane
毕泰戈拉　Pythagoras
波埃修　Boethius
波大谟　Potamo
波尔费留　Porphyrius
波尔士泰特　Bollstädt
波兰　Polen
波吕格诺特　Polygnot
波仑亚　Bologna
波斯　Persisch
波西顿纽　Posidonius
波须埃　Bossuet
布哈拉　Bohara
布拉格　Prague
布拉优　Bulaeus
布勒　Buhle
布勒西亚　Brescia
布里丹　Buridan
布鲁克尔　Brucker
布鲁诺　Brunus, Bruno
布伦士维格-吕尼堡　Braunschweig Lüneburg

C

查理　Charles, Karl
查里尔　Johann Charlier
“纯粹理性批判”　*Kritik der reinen Vernunft*

D

达赖喇嘛　Dalai Lama
达马斯丘　Damascius
大阿尔柏特　Albertus Magnus
大马士革　Damascus
大卫(狄南多的)　David von Dinanto
丹纳乌　Lambertus Danaeus
但丁　Dante
德奥弗拉斯特　Theophrast
德丁努　Tetinus

德国 Deutschland
德来斯登 Dresden
德谟克里特 Demokrit
邓尼曼 Tennemann
邓斯 Duns Scotus
笛卡儿 Deccartes
底尔 Tyrus
“蒂迈欧”篇 *Timäus*
蒂孟 Timon
狄南多 Dinanto
狄翁尼修 Dionysius
第欧根尼 Diogenes der Stoiker
第欧根尼 Diogenes Seleusiensis
独断论 Dogmatismus
都鲁斯 Toulouse
多米提安 Domitian
多明我派 Dominikaner
多瑙河 Donau
敦斯顿 Dunston

E

恩披里可 Empiricus, Sextus

F

伐勒留 Valerius Maximus
伐仑丁 Valentin
法布里丘 Fabricius
法国 Frankreich
法拉比 al-Farabi
梵尼尼 Vanini, Julius Caesar
“反数学家” *Adversus mathematicos*
泛神论 Pantheismus
方济各派 Franziskaner
“菲利布”篇 *Philebus*
非洲 Afrika
腓特力二世 Friedrich II
费洛 Philon
费其诺 Ficinus, Ficino
费舍尔 Fischer
费希特 Fichte
佛兰西斯 Francis von Assissi
佛吕吉亚 Phrygien
佛罗伦萨 Florenz
伏尔泰 Voltaire
弗兰哥诺 Franconus
弗朗克福 Frankfurt
弗朗索 Johann Franz Picus
弗里亚西亚 Phliasien
“浮士德” *Faust*

G

橄榄山 Oelberg
高尼罗 Gaunilo
格伯隆 Gerberon, Gabriel
格尔柏特 Gerbert
格尔生 Gerson
格弗娄勒 Gfrörer
格罗诺维 Gronovius
戈尔宾 Gorbin
戈尔地安 Gordian
哥白尼 Copernicus
哥本哈根 Copenhagen
哥尔多瓦 Cordova
哥维安 Goveanus
葛廷根 Göttingen
“工具论” *Organon*
古桑 Cousin

H

哈德良 Hadrian
哈里发 Kalif
哈伦 Harun al-Raschid
汉堡 Hamburg
赫尔古朗 Herkulanum
赫尔库勒 Hercules
赫尔蒙特 Helmont

赫尔姆士泰德 Helmstädt
赫拉克利特 Heraklit
赫勒纽 Herennius
赫西阿德 Hesiod
贺奈因 Honain
黑格尔 Hegel
黑梅斯 Hermes
黑梅斯-阿芙罗狄 Hermaphrodit
胡果 Hugo
胡斯 Huss
回教 Muslin
霍亨士陶芬 Hohenstaufen
霍廷格 Hottinger
怀疑派 Skeptiker

J

迦伯列 Gabriel Gerbron
迦勒底 Chaldäa
加布利 Gabriel Sionita
加尔西斯 Chalcis
加尔文 Calvin
加里古拉 Caligula
加札 Gaza
加扎里 al-Gazel
伽格特 Gargettus
伽利安 Gallien
伽利略 Galileo
伽伦 Galen
伽桑第 Gassendi
伽图 Ganton
讲说者 Medabberim
教父哲学 Patristik
基督 Christus
基督教 Christian
吉罗尼谟 Hieronymus,Gironimo
经院哲学 Scholastik
“九章集” *Ennead*
居勒尼 Cyrene
君士坦丁堡 Constantinople

K

卡巴拉 Kabbala
卡尔丹 Cardanus,Cardano
卡尔内亚德 Karneades
卡拉布里亚 Kalabrien
卡拉拉 Carrara
卡西奥多尔 Cassiodorus
开西纳 Cäcina
凯勒斯特拉妲 Chärestrata
恺撒 Caesar
坎特布里 Cantebury
康巴尼亚 Kompanien
康德 Kant
康帕内拉 Campanella
科赫巴斯 Far Cochebas
科亨 Cohen
科隆 Köln
科斯罗 Kosroes
科斯谟 Kosmus,Cosmo
克拉底 Krates
克拉米科 Kramikos
克拉墨尔 Kramer
克劳第 Claudius
克雷安特 Kleanth
克雷多马科 Kleitomachos
克雷门七世 Clemens Ⅶ
克里索罗拉 Chrysoloras
克里特 Kreta
克里托劳 Kritolaus
克吕西波 Chrysipp
克罗依采尔 Kreuzer
克塞诺格拉底 Xenokrates
克散陀 Xanthus
克特尔 Keter
铿地 al-Kendi

L

拉德柏特　Paschasius Radbertus
拉尔修　Laertius, Diogenes
拉丁文　Latein
拉梅　Petrus Ramus, Pierre de la Ramée
拉希德　Harun al-Raschid
莱比锡　Leipzig
莱布尼兹　Leibniz
莱茵河　Rhein
莱茵霍德　Reinhold
兰伯特　Lambertus
兰普萨克　Lampsarkus
朗儿诺　Langinus
劳诺伊　Launnoy
劳英根　Lauingen
雷奥　Leo
雷蒙　Raimund von Sabunde
雷斯博　Lesbos
里昂　Lyon
里海　Kaspisches Meer
李克斯纳　Rixner
李普修　Lipsius
"历史批判词典"　*Dictionnaire critique et historique*
隆巴德　Petrus Lombardus, Pierre Lombard
留基波　Leukipp
路德　Luther, Martin
路易　Louis
鲁路斯　Raimund Lullus
鲁其里奥　Lucilius, Lucilio
吕其亚　Lycien
罗柏特　Robert
罗得斯　Rhodes
罗卡西卡　Roccasicca
罗棱索　Lorenz
罗马　Rom
罗瑟林　Roccelinus
洛克　Locke
伦敦　London

M

马尔柯　Marcus
马尔克　Marcus
马格努斯　Magnus
马基雅弗利　Machiavelli
马可曼人　Markomannen
马克西谟　Maximus
马拉拉　Joan Malala
马里奴　Marinus
马孟　al-Mamon
马其顿　Macedonien
马约尔加　Majorka
玛利亚　Maria
迈尔　Mayer
迈蒙尼德　Moses Maimonides
麦加拉　Megara
麦苏爱　Johannes Mesue
梅特罗多罗　Metrodorus
美第奇　Medici
美兰西敦　Melanchton
美诺寇　Menokeos
美神　Gracien
美因河　Main
美洲　Amerika
蒙泰格纳　Montagne
蒙田　Montaigne
弥赛亚　Messiah
"迷途指津"　*Doctor perplexorum, More Nevochim*
米底勒尼　Mitylene
米凯尔　Michael
米兰　Milan
米兰多拉　Mirandula, Mirandola
明内瓦　Minerva

摩尼教　Manichäismus
摩塔瓦克尔　al-Motawakel
摩西　Moses
莫甘　Gilbert Mauguin
谟纳塞阿　Mneseas
穆尔太齐赖派　Muatzali
穆罕默德　Muhamed
慕尼黑　München

N

拿玻里　Neapel, Napoli
拿破仑　Napoléon
拿撒勒　Nazareth
那瓦尔　Navarre
奈奥克勒　Neokles
内安德　Neander
尼德兰　Niederlande
尼格林　Nigrin
尼可波利　Nikopolis
尼可劳　Nicolaus Damascenus
尼禄　Nero
牛津　Oxford
纽伦堡　Närnberg
诺拉　Nola
诺萨斯　Gnossus, Cnossus
诺森柏兰　Northumberland
诺斯替派　(知神派)Gnostiker
诺伊希林　(卡普尼奥)Neuchlin(Kapnio)

O

欧纳披　Eunapius
欧瑟比　Eusebius
欧洲　Ewropa

P

帕沙修　Paschasius
滂波那齐　Pomponatius, Pomponazzi
培根　Bacon
培根　Roger Bacon
裴斐尔　Pfeiffer
裴拉儿　Pelagius
批判论　Kritizismus
皮罗　Pyrrhon
皮蒙特　Piemont
颇尔图斯　Portus
颇柯克　Pocock
婆罗门　Brahmane
葡萄牙　Portugal
普弗尔兹海姆　Pforzheim
普莱恩　Pulleyn
普鲁泰克　Plutarch
普罗克洛　Proclus
普罗科比　Procopius

Q

栖提雍　Cittium
乔尔达诺　Jordanus, Giordano 见布鲁诺
犬儒派　Cyniker

R

热那亚　Genoa
日耳曼
日内瓦　Genf

S

萨拜德　Sabeyde
萨卡斯　Ammonius Saccas
萨卡斯　Saccas
萨克斯　Hans Sachs
萨利斯伯雷　John Salisbery
萨摩斯　Samos
塞路西亚　Seleucia
塞内卡　Seneca
塞诺芬尼　Xenophanes
塞未罗　Severus, Setimius
桑克路修　Sancrutius

色雷斯 Thracien
沙尔本德 Karpentarius，Charpentier
沙隆 Charron
“神曲” *Comedia divina*
“神学大全” *Summa theologiae*
“神学要旨” *Institutio theologiae*
施塔耳 Stahr
实在论 Realismus
十字军 Kreuzritter
史太因哈特 Steinhart
史瓦本 Schwaben
舒尔兹 Schulze
斯彪西波 Speusipp
斯宾诺莎 Spinoza
斯底尔波 Stilpo
斯多葛派 Stoiker
斯特方 Stephanus
斯特拉陀 Straton
斯提罗 Stylo
斯图伽特 Stuttgart
斯托拜欧 Stobäus
“思维四书” *Libri εententiarum*
苏阿勒兹 Suarez
苏格拉底 Sokrates
苏格兰 Schottland
苏莱 Surrey
苏以达 Suidas
梭瓦松 Soisson
索尔邦 Sorbonne
“索哈尔” *Sohar*
索其尼 Socinus，Sozzini

T

塔西佗 Tacitus
泰利士 Thales
陶罗扎诺 Taurozano
特拉培宗特 Trapezunt
特里德米 Trithemius
提德曼 Tiedemann
天主教 Katholische
帖撒利 Thessalien
土耳其 Turkey
忒滔良 Tertullian
托勒多 Toledo
托勒密 Ptolemäus
托马斯(斯特拉斯堡的) Thomas von Strasburg

W

瓦格纳 Wagner
威克里夫 Wicliff
威廉 Wilhelm
威尼斯 Venedig
威雪尔 Wechel
维顿堡 Wittenberg
维尔曼多瓦 Vermandois
维也纳 Wein
唯名论 Nominalismus
唯实论 Realismus
唯心论 Idealismus
未鲁斯 Lucius Aurelius Verus
文艺复兴 Renaissance
乌尔夫 Wolf
“物理学” *Physica*

X

西奥披乌 Scioppius
西班牙 Spanien
西尔维斯特二世 Silvester Ⅱ
西里西亚 Cilicien
西墨恩 Schimeon ben Jochai
西塞罗 Cicero
西西里 Sicilien
西亚细亚 West-Asien
西藏 Tibet
希波格拉底 Hippokrates

希伯来文 Hebräisch
希腊 Greece
希罗波利 Hieropolis
希约尔特 Hort
夏娃 Eva
逍遥派 Peripetatiker
小亚细亚 Kleinasien
新柏拉图派 Neuplatoniker
新教 Evangelische
新学园派 Neuakademiker
新亚里士多德派 Neuaristotelianer
辛普里丘 Simplicius
“形而上学” *Metaphysica*
“修辞学” *Rhetorica*
须里安 Syrian
叙利亚 Syrien
学园派 Akademiker

Y

雅典 Athen
雅典娜 Athena
亚伯拉罕 Abraham
亚当 Adam Cadmon
亚里士多德 Aristoteles
亚历山大 Alexander Aphrodisiensis
亚历山大 Alexander von Hales
亚历山大大帝 Alexander der GroBe
亚历山大里亚 Alexandrien
亚洲 Asien
扬布利可 Jamblicus
耶可比 Jacobi
耶路撒冷 Jerusalem
耶齐拉 Jezirah
耶稣 Jesus
叶尔生 Jerson
伊本·阿达 Ibn Adda
伊壁鸠鲁 Epikur
伊里拉 Abraham Cohen Irira
伊斯迈尔人 Ismaelit
伊西多罗 Isidorus
以得撒 Edessa
以撒克 Isaacus
以色列 Israel
意大利 Italien
印度 India
英格兰 England
犹利安 Julian von Toledo
犹斯底年 Justinian
犹太 Jüdische
于格诺派 Huguenot
原子论 Atomismus
约旦 Jordan
约尔丹 Jourdain
约翰尼 Johannes
约瑟夫 Josephus

Z

折中主义 Eklektizismus
芝诺 Zenon der Stoiker
知神派 Gnostiker
智者 Sophisten
宙斯 Zeus
宗教改革 Reformation
佐万尼 Johann,Giovanni

珍藏本
纪念版

汉译世界学术名著丛书

哲学史讲演录

第二卷

〔德〕黑格尔 著

贺麟 王太庆 等译

2017年·北京

目　　次

第一部　希腊哲学(续)

第一篇

第一部

希腊哲学（续）

第 一 篇 XIV 3

第二章　第一期第二阶段：从智者派到苏格拉底派

在这第二段时期里，我们应当首先考察智者派，其次考察苏格拉底，然后考察狭义的苏格拉底派。柏拉图是从苏格拉底派里面分出来，与亚里士多德一起考察的。*Nous*（心灵）、目的，最初是以非常主观的方式来理解的，即把它了解为人的目的（善）。在柏拉图和亚里士多德那里，则是以普遍的客观方式来理解它的，把它理解为类、理念。由于把思想理解为原则，所以原则最初带着主观的外貌。由于思维是主观的活动，因此进入了主观反思的时代，开始把绝对设定为主体。近代的原则便是开始于这个时期——与希腊在伯罗奔尼撒战争中的瓦解同时。

3

由于阿那克萨戈拉的"心灵"还是完全形式的自身规定的活动，规定性还是很不确定的，因为他的规定本身完全是一般的、抽象的，因而我们还是完全没有得到任何内容，所以当前的要求在于由普遍的观点进而达到一种内容。那作为自身规定的活动的抽象思维，给自己提出来的绝对普遍内容究竟是什么呢？这就是这里开始要加以确定的实在问题。古代哲学家们的一般思想，我们是 4
见到过的，到了现在，意识与他们那种朴素的思维相对立了。当主体反思到神、反思到绝对的时候，便产生出思想，有了这种内容在眼前;不过这里所呈现的这种内容不是全部罢了,——而进行思维的主体,即思维的主观性,本质上仍归属于客观的总体。这种主观性〔一方面有〕这样的规定:主观性是无限的、自身关联的形式;它是一种纯粹的活动、一般的规定作用、那具有这种形式的共相,因而保持着一些规定、一种内容,——而主要的问题,在这里就是关于内容的规定的问题。主观性的另一方面是:主体乃是这个思维,这个设定者,——于是意识就要反思到这个主体的活动;——在这一反思中,精神便从客观性回复到它自身。思维首先是深入到对象之中;但是,和阿那克萨戈拉的“心灵”一样,它还是没有任何内容的,因为内容是在另一方面〔按即对象〕。随着思维的回复,由于意识到主体是思维者,于是便结合到另一方面〔按即对象〕,而思维所应当做的,就是去获取一种本质的、绝对的内容。这种内容,抽象地说,可以是一种双重的内容。作为规定者的“我”,就规定的形式这一方面说,是本质的,因此,首先内容是“我”自身,是“我的”,我有这些兴趣,并使这些兴趣成为内容,其次,内容又被规定为具有完全的普遍性。关于这两种观点,问题在于:自在自为的存在这一规定应当怎样来理解?自在自为的存在又和作为思维者的“我”有怎样的直接关系?哲学理论中一般要看什么是对象,被思维者的内容而定,——“我”是设定者;虽然我作了这样的设定,而我所设定的东西却是客观的、自在自为地存在的。如果有人还坚持说
5 “我”是设定者,那就是近代的坏的唯心论了。在古代,人们曾经思维过,但没有人坚持:被思维者所以是坏的,是因为它是我设定的,是因为它是一个主观的东西。

这里我们所讲的是智者派、苏格拉底和苏格拉底派。〔在智

者派看来，内容是我的，是主观的。苏格拉底把握住了自在自为的内容，〕①苏格拉底的门徒们和他有直接关系，只是进一步规定了这内容。

甲、智者派

理性在阿那克萨戈拉那里所发现并认为本质的概念，乃是简单的否定，一切特定性、一切存在和个别的东西，都消逝到这个否定里。在概念面前，没有任何东西能够存在；概念正是无任何宾词的绝对，对于概念来说，一切东西都毫无例外地只是一个环节；从概念看来，可以说没有任何东西是钉牢的和固定的。概念正是赫拉克利特的那个流转变迁，那个运动，那个没有任何东西能够抗拒的腐蚀性。于是这自己发现自己的概念发现自己是绝对的力量，在这绝对的力量面前一切都归消逝；——一切事物，一切存在，一切被认为固定的东西，现在都成为流动不居的了。这个固定，不论它是存在物的固定性，或是一定概念、原则、习俗、法律的固定性，现在都陷于动摇，失掉它的稳固了。原则之类的东西，本身是系属于概念的，是被当成有普遍性的；但是普遍性只是它们的形式，它们所具有的内容既是确定的东西，于是就陷于运动了。

这种运动，我们将在这里初次遇到的所谓智者们那里看到。他们自称为 σοφισταί（智者），乃是能够使人智慧（σοφίζειν）的智慧教师。智者们是和我们所谓博学正好相反的，博学只是追求知识和

① 据米希勒本，第二版，英译本，第一卷，第三五一页增补。——译者

6 搜寻现在与以往的事物，——搜寻一大堆经验材料，在这些材料中发现一种新的形式、一种新的蠕虫或别种害虫和蛆虫，就被认为是一件了不起的事。就这一点说，我们博学的教授们负的责任要比智者们小得多；但是哲学与没有责任是毫不相干的。

说到智者们与一般人的看法的关系，他们是既为健康常识所诋毁，也同样为道德所诋毁，因为：(一)他们的理论学说主张任何事物都不存在，这应当是一种胡说；(二)在实践方面，则把一切原则和法律都推翻了。

首先不可仅仅根据运动的消极方面而停留在万物运动这一糊涂状态中，但是运动所过渡到的静止，亦不复是运动的事物恢复其固定状态，以致最后又出来了原来的东西，而运动只是白忙一顿。然而那既无思想修养又无学识的一般看法的诡辩，却正是这样一种诡辩，把运动的各种规定本身当作自在自为地存在的实体，把一大堆生活规条、经验规则、原则之类的东西当作绝对固定的真理。精神本身乃是这些各式各样的真理的统一；在精神里面，这一切褊狭的真理只是作为被扬弃的真理而存在，只是被认作相对的真理，——换句话说，只是作为有限制、有局限的真理，而不是作为自在的真理而存在。这些真理在通常理智〔按即常识〕看来事实上不复是真理。通常理智换一个场合会承认相反的道理对意识也同样说得通，甚至加以主张；或者是不知道自己所说的和所想的正好相反，——通常理智的表现只是矛盾的一个表现。通常理智是在它的一般行动中，而不是在它的坏的行动中，破坏它的那些准则、那
7 些原则。假使通常理智是过着一种理性的生活的话，这种生活认真说来也只是一种经常的自相抵触，即是借违背另外几条行为准

则而谨守某一条褊狭的行为准则。例如，一个有处世经验和有教养的政治家，是懂得取乎中道，有实践的理智的，这就是说，他是就当前问题的全面来作处理，而不是仅就问题的一面（一面的意思就是从一个准则出发）。不管是谁，也不管在什么场合，要是只按照一个准则行动，他就是一个迂阔的人，不论对自己和对别人都会把事情搞坏。这种情形也是极普通的。例如，我们常常听见人说："我所看到的东西确乎是存在的；我相信它们的实在性"；但是实际上他相信它们的实在性这句话是不实在的，正好相反。因为他吃喝这些东西，这就是说，他相信这些东西不是自在的，相信它们的存在没有稳定性，没有实在性。由此可见，通常理智在行动中比在思想的时候要好些。人的行动本质是完整的精神，不过人尚未意识到自己是精神：凡是人自己所意识到的，都是法则、规则和一般的命题，这些都被他在意识中认为是真实的；而在行动中，他才抛弃掉他的理智的局限性。但是这个意识却把这种特定的存在和一般的存在说成绝对实体，称它自己的意识、它自己的理智为绝对实体。当概念转向那意识自信为真实拥有的丰富内容时，当意识感到自己的真实性有危险时（因为意识知道，没有真实性，它就不能存在），当意识对自己的固定的抽象概念感到迷惑时，意识便会激怒起来。概念在这种想要实现它自己的情况之下，亦即在从事于普遍真理时，就会憎恨并咒骂它自己。这就是一般人对于诡辩（Sophisterei）的指摘，这是健康常识不可避免的一种指摘。

诡辩这个字是一个坏字眼。特别是由于反对苏格拉底和柏拉 8
图的缘故，智者们弄得声名狼藉。诡辩这个词通常意味着以任意的方式，凭借虚假的根据，或者将一个真的道理否定了，弄得动摇了,或者将一个虚假的道理弄得非常动听,好像真的一样。我们要把这个坏的意义抛在一边,把它忘掉。相反地,我们现在要进一步从它的**积极的方面**,严格地说,即是从**科学的方面**,来考察智者们在希腊究竟占据什么地位。

第一,正是智者们现在把作为思想的简单概念(在爱利亚学派中,芝诺已经开始转到思想的纯粹摹本,转到运动上去),一般地应用到社会对象上去,并且使它深入到一切人事关系中去,因为概念意识到自己的力量,意识到自己是绝对和唯一的实体,排斥其他一切,要求影响那不是思想的特定事物,对它们施展自己的势力和统治权。自身同一的思想把自己的否定的力量指向理论和实践的各种规定,指向自然意识的各项真理与其他各种自明的法则和原则。凡是一般观念认为固定的东西,在这思想中便分解了,于是思想倒向特殊主观性的一方面,使自己成为第一性的和固定的东西,把一切都联系到它自己身上。

由于正是这个概念现在出现了,所以它成为一种比较普遍的哲学;并且不仅成为哲学,而且成为一切有思想的民族中任何一个人所参与和必须参与的一般教养。因为我们所谓教养,正是指这种应用于现实的概念,这概念不是指纯粹的抽象概念,而是指和一切表象的各种各样的内容相统一的概念。在教养中,概念确乎是
9 占支配地位和起推动作用的,因为特定的东西是在它的限度之内,是在它过渡到它的对方的过程中被认识的。概念成了一般教育的内容,因此就有了一批教授辩论术(Sophistik)的教师出现。智者们就是希腊的教师,通过他们,文化才开始在希腊出现,他们代替了从前的公众教师,即诗人和史诗朗诵者。宗教并不是教师,宗教

中并没有教育内容。虽然祭司们牺牲献祭、作预言、讲解神谕，但是教育却是另外一回事。智者们以智慧、科学、音乐、数学等等教人，这是他们的主要任务。在柏里克勒之前，文化的要求已经通过思维而出现；人们要在他们的观念方面得到教育，智者们便是以此为目的。他们以教育为职业。人们要求通过思想来决定种种关系，而不再仅仅通过神谕，或通过习俗、热忱和一时的感情，——这种反思的要求在希腊似乎已经觉醒了。国家的目的是有普遍性的，普遍之中也就包含着特殊。智者们传播了这种教养。他们是一个特殊的社会阶层，以教育为职业，接受报酬，代行学校的任务。他们周游各个城市，青年跟随着他们，受到他们的教导。

教养并不是固定的。进一步说，凡是自由思想所能获得的，都必须来自自由思想本身，都必须是自己的信念。它不再是信仰的对象，而是研究的对象，一句话，它就是近代的所谓启蒙。思想探索着一般的原则，用这原则来判断一切对我们有价值的东西，凡是不符合这些原则的，就对我们没有价值。于是思想对积极的内容 10
和思想本身进行比较，溶解以前的信仰的具体内容，一方面把内容分解，另一方面把这些个别性、这些特殊的观点和方面孤立起来，把它们单独地紧紧抓住不放。这样，思想便获得了某种普遍的形式；人们为这种做法说出一些理由，亦即提出一些普遍的规定，而又把这些规定应用到特殊的方面。方面本来不是独立的，而只是一个整体的各个环节，各个方面如果与整体分离开来，自己与自己相关联，这样，就成了普遍性的东西了。要有教养，人们必须熟习那些属于一项行为、事件等等的普遍观点，以一种普遍的方式来把握这些观点以及那些事情，才能取得对于所求知的问题的直接知

识。一位法官,是知道各种法律的,也就是说,是知道处理一件事情时必须考虑到的各种法律观点的;这些观点已经是独立的普遍方面,这样,他便有了一种普遍的意识,以普遍的方式来考虑事情本身。一个有教养的人,是知道如何对每一对象都有话可说,以及如何找出对于每个对象的种种观点。希腊人得到这种教养,应当感谢智者们。智者们教人向对他们有权威的东西去运用思想。智者们并不是真正的学者。他们的教育既是哲学教育,也是演说教育,教人治理一个民族,或者通过观念以使一件事情办得通。那时还没有离开哲学的枯燥到对人类全体、对人的本质方面都不关心的各种实证科学。此外他们还有着最普遍的实践目的,就是给予政治家一种预备教育,以便在希腊从事一般的职业性政治活动;——这似乎并不是为了训练公职人员,却好像是为公职人员准备一种专门知识的考试似的。

11　智者们的活动,是和人们对智慧的追求分不开的。知道是什么东西在群众和国家中构成权力,并知道我必须承认什么东西是这样的权力,就被认为是有智慧的。因此柏里克勒等政治家所以引起人羡慕,正是因为他们懂得自己的地位,他们有能力把别人安排得各得其所。谁懂得把人们所做的事情归结到推动人们的那些最终目的上去,谁就是有权力的人。智者们教学的目的在于指出:什么是世界上的权力,——什么是解决一切特殊问题的普遍思想,——这只有哲学才能知道;所以智者们是思辨哲学家。他们要想使人知道,是什么东西在道德世界起决定作用,以及是什么东西使人满足。人所具有的冲动和欲望,乃是统治人的权力;当人的欲望得遂时,人便满足了。宗教教人说,诸神是统治人的权力。法律也是统治人的权力；人服从法律时可以得到满足，人可以假定别人遵守法律时也可以得到满足。但是通过反思，人便不再满足于把法律当作权威和外在的必然性来服从了，人希望在自身中获得满足，希望通过他的反思，使自己相信什么是约束他自己的东西，什么是他的目的，和什么是他为了达到这个目的所必须做的事。

因此，智者们就特别是演说术的教师了。演说这一个方面，可以使人能够在群众中获得声望，能够做出为人们谋福利的事情；因此演说术是迫切的需要之一。民主制度要依靠演说，在民主制度中公民是有最后决定权的。演说便把各种情况归结到权力和法律上面。但特别要依靠演说术的，是提出对一件事的多方面的观点，12
使人们接受其中与我认为最有用的东西有关的那些观点。这一类具体情况是有许多方面的：一个有教养的人要能够掌握这些不同的观点；演说术则善于把某一些观点提到前面，而把其他的观点搁置于后。亚里士多德的“正位篇”也涉及这一点，这书提出了 τόποs，即范畴、思想规定，我们必须遵照范畴，才能学习发言。但是最先从事于这些范畴的认识的，却是智者们。

这就是智者派所占的一般地位。至于智者们的通常作风，以及研究问题的情况，特别是在柏拉图的“普罗泰戈拉”篇中，我们见到了一个完全确定的情景。柏拉图在这一篇中让普罗泰戈拉自己详细说明了智者派的艺术。柏拉图想象苏格拉底伴同着一个名叫希波格拉底的青年人，这人希望投到新到雅典来的普罗泰戈拉的门下，来学习智者们的科学。在路上，苏格拉底问希波格拉底，他所希望学习的智者们的智慧究竟是什么。希波格拉底最初答复说：“是演说术；因为智者是善于使人说话有力”，善于考察对象，并

加以多方面的研究的人。一个有教养的人或民族的第一个特色，就是善于说话的艺术。法国人是很善于说话的，我们称之为空谈。我们学法文，为的是善于说法国话，可是也是为了获得法国文化。没有文化修养的人，和一个善于顺利地掌握和表达一切观点的人相周旋，是觉得不舒服的。但是这一点并不是单纯的说话造成的，
13 而是文化造成的。我们可以完全正确地掌握一种语言；可是如果没有文化，就不能善于说话。文化可以使精神具有各式各样的观点，使它即时想起这些观点，使它拥有一大批考察一个对象时所运用的范畴。因此，人们可以从智者们学得的技巧，就是顺利地掌握一大批这样的观点，以便依据这些观点即时地来考察对象。在这一点上，苏格拉底确乎指出了智者们的原则“并没有得到充分的规定”，因此难以知道什么才算是一个智者——(假若一个人要想研究哲学，那就是由于他不知道什么是哲学，否则他就不需要研究它了)——；他说，“然而，我们还是要前往访他。”①

苏格拉底同希波格拉底一道走到了普罗泰戈拉那里，在那里发现普罗泰戈拉是在一大群第一流的智者和听众当中：“普罗泰戈拉走来走去，就像一个奥尔斐似的，用他的话语使大家听得入迷；希比亚坐在一张大椅子上，有比较少数的人围绕着；普罗第科则躺在一大群仰慕者中间。”苏格拉底先向普罗泰戈拉陈述了他的请求，说“希波格拉底希望从他学习，以便经过他的教导而被培养成为政府中一个有声望的人物”，然后问他，“他们是公开和他讲话，

① 柏拉图：“普罗泰戈拉”篇，斯特方本第三一〇—三一四页；柏克尔本第一五一——五九页。

还是秘密地和他个别谈话”。普罗泰戈拉称赞苏格拉底虑事的周到，回答说：“他们这样先事预防，是个明智的举动。因为智者们在各个城市中漫游，于是有许多青年人抛弃了父母和朋友，追随着他们，深信与他们交游可以使自己变得更好（更聪明）；因此智者们给自己招来了许多猜忌和妒忌”，——因为凡是新鲜的事物都是招致怨恨的。关于这一点他讲得很详细，并且接着说：“可是我断言智 14
者的艺术是古老的，但是那些运用这种艺术的古人，由于顾虑它会引起冲突”（因为无教养的人是敌视有教养的人的），“便给它做了一件外衣，把它遮盖起来了。”这种艺术乃是一般的文化，就是“一部分如荷马和赫西阿德的人在诗篇中所宣讲的，另一部分如奥尔斐和缪塞的人在秘法和神论中所藏匿的。我相信，有一些人，如塔仑丁人伊各，和那比现在活着的人都要高明的智者塞林布里亚人赫罗第科，也曾经通过体育艺术（运动艺术）表现了这种艺术”；——换句话说，“音乐”是教养人的一种方式。我们看到，他把智者的目的说成就是一般精神教养的目的，即道德、沉着、秩序感、精神的灵活；他又补充说：“凡是害怕这些科学所遭受的妒忌的人，都需要这样的遮盖和隐蔽。但是我想他们并没有达到他们的目的，因为政府中有眼光的人物看穿了这个目的，虽然一般人并未看出，只是人云亦云。如果这样做，就会使自己更加招怨，显得（被猜疑为）是个骗子。因此我走了相反的道路，公开承认而并不否认是一个智者”（普罗泰戈拉最先使用智者这个名字），“而”我的任务就是“给人以精神教养”，和另一些人如荷马、赫西阿德等所做过的一样。[①]

① 柏拉图：“普罗泰戈拉”篇，第三一四—三一七页（柏克尔本第一五九——一六四页）。

他继续说:“你问的是有道理的,我愿意回答一个有道理的
问题。”现在进一步谈到了希波格拉底将从普罗泰戈拉的教导中
15 获得什么东西,什么内容,什么技巧。“他不会遇到他在别的教
师(σοφιστῶν)那里会遇到的东西。因为别的教师是和青年们反对
的;因为他们教学生算术、天文、几何和音乐时,违背着学生的意
志,把学生一直引回到他们正要逃避的科学和知识上去。可是到
我这里来的人,学到的不是别的东西,而是他要向我求教的那个”
普遍的“目的”。于是青年们坦率地来到他这里说:“我们要成为有
教养的人,请教导我们,使我们成为这样,——但是你教些什么东
西,以及用什么方法来教,这一点你必是了解的。”教授的时候,途径
是任教师自己选择的。这就说明了普罗泰戈拉所教授的正是青年
们所寻求的东西。“教导”,亦即他的目的和我的目的,“就在于培养
出一种正确的见解,来对自己家庭的利益作最好的考虑;也同样在
于政治生活,要使人成为最有才干的人,一方面对各种国家的事务
发表意见,一方面尽其全力为国家服务。”因此在这里出现了两种利
益,一种是个人的利益,一种是国家的利益。普罗泰戈拉宣称他传
授办理国家事务的技巧,苏格拉底现在对这一点一般地表示不同
意,并且特别地表示惊异道:“我(苏格拉底)坚持政治品德是不能够
教的”;——因为苏格拉底的一般主张是品德不能教授。于是苏格
拉底对这个问题提出一种看法,他依照智者们的方式,诉诸经验,说
道:“那些掌握政治艺术的人,是不能把它传授给别人的。柏里克勒
是在场的这些孩子的父亲,他把教师们所能教的一切都教给了他
16 们;但是他自己赖以成名的那种科学,他却没有教;他让他们在这种
科学里徘徊,也许他们碰巧会自己遇到这种智慧。而别的大政治家

们也没有把政治艺术教给别人，不论是亲人或是外人。”①

普罗泰戈拉答辩说，政治艺术是可以教授的，并且指出了大政治家们为什么没有把它教给别人，——这时他请问大家：“他究竟应当作为一个长者用一个神话来向青年们讲呢，还是应当用根据理性的理由来加以说明。”大家让他自己决定，于是他就开始讲下面这个非常值得注意的神话：“诸神命令普罗米修和爱庇米修去装饰世界，赐给世界各种力量。爱庇米修分配了气力、飞翔的能力、武器、衣服、蔬菜、水果；但是不知怎样他竟把所有的东西都给了禽兽，以致没有东西剩下给人类了。当人类应当出世的那一刹那来到的时候，普罗米修发现人类没有衣服，没有武器，毫无依靠。于是他从天上偷来了火，偷来了伏尔康和米内瓦的艺术，给人置了装备，以应急需，但是政治智慧是人类所缺乏的；人们毫无社会约束地生活着，陷于不断的冲突和不幸。于是宙斯命令黑梅斯赐给人类廉耻”——（αἰδῶ，羞耻，这种自然的顺从、尊崇、驯服、子女对父母的孝敬、人们对更高更好的天性的尊敬）——“和公正（δίκη）。黑梅斯问道：我应当怎样分配呢？是不是可以分给个别的人，就像分配特殊的艺术那样，就像某一些拥有医学的人帮助别人那样？可是宙斯答道：分给所有的人；因为假若只有少数人分享那些品质，就不能有任何社会组合（πόλις）存在了。并且要制定法律，谁不能分 17
享廉耻和公正，谁就必须被当作国家的蟊贼予以消灭。”②

① 柏拉图：“普罗泰戈拉”篇，第三一八—三二〇页（柏克尔本第一六六——七〇页）。

② 同上书，第三二〇—三二二页（柏克尔本第一七〇——七四页）。

(一)“因此,当雅典人要进行建筑时,就召集建筑师来商量,当他们筹划其他特别的事务时,就召集对这些事务有经验的人来商量;但是当他们要对国家的事务制定一种决议或规章时,则让每一个人都参加。因为如果不是所有的人都分享这种品德,国家就不能存在。如果一个人对吹笛子的艺术没有经验,却冒充是一个吹笛的能手,是有理由把他当作疯子看待的。但是在正直这件事上却是另一回事:如果一个人是不正直的”,他是不会承认自己不正直的,而“如果他承认自己不正直,那他就要被认为是疯子了。他必须装出正直的样子;因为每一个人都必须分享正直,否则他就要被逐出社会之外了”。因此必须承认,政治智慧是人人分享而且必须分享的东西,这样国家才能存在。[①]

(二)这种政治科学也有这样的性质,即是“每一个人都可以通过教育和努力而获得它”,关于这一点,他又提出更多的理由来证明说:他所根据的是“没有人责备或惩罚一个人由于天性或偶然而得来的缺点或疾病,而是对他表同情的。相反地,那些可以由勤勉、习惯(练习)、学习而去掉的缺点,则被认为是应受责备和惩罚的”;他对这些缺点是有责任的。“不敬神和不正直是属于这一类的,一般说来,凡是违背公共道德”——公正和廉耻——“的,都属
18 于这一类。犯了这一类罪过的人要受到谴责,他们之所以受到惩罚,道理在于他们”是能够免除这些罪过的,并且“更是能够通过教养、教育而获得政治品德的”。这是一个很好的理由。普罗泰戈拉

① 柏拉图:“普罗泰戈拉”篇,第三二二—三一三页(柏克尔本第一七四——七六页)。

也提出了惩罚的目的。“因此人们并不是为了过去而惩罚，——除了当头打击一只猛兽以外，——而是为了将来：使犯罪者和被他的罪行所诱惑的人都不再犯。因此，在这一方面是有一个前提的，就是那种品德可以通过教导和练习而获得。”①

（三）再提到苏格拉底所提出的那个反驳，即是说，像柏里克勒那样以政治品德出名的人，并没有把这种品德传授给他们的孩子和朋友。于是普罗泰戈拉说，“这一点可以从另一方面来反驳，就是：（甲）在这些品德上，是一切的人受教于一切的人。政治品德有一种特性，就是属于一切的人；它是一切的人所共有的。唯一为一切的人所必需的东西乃是正直、节制（σωφροσώνη）和圣洁，——一句话，就是一般的人所应具的品德；这种品德应当是每一个公民所具有的东西，每一个公民都应该终生实践和学习这种品德。这种品德是无需那些著名人物的特殊教导的。儿童从很早的时候起，从幼小的时候起，就从父母和师长那里受到这方面的教养和规劝，就受到关于道德和善的教导和教育，并且也就习惯于正当的事情了。音乐和体育的全部教育（诵习教诲道德的诗人们的诗篇），都有助于克制任性和放肆，——有助于养成遵守一种规律、一种规则行事的习惯。当人走出了这种教育的范围时，便进入一个国家法度的 19
范围；国家是帮助每一个人行为正当、遵守秩序的。所以政治品德乃是从青年时代起实施教育的结果。”②

① 柏拉图：“普罗泰戈拉”篇，第三二三—三二四页（柏克尔本第一七六—一七八页）。

② 柏拉图：“普罗泰戈拉”篇，第三二四—三二六页（柏克尔本第一七八—一八二页）。

(乙)然而在道德方面十分杰出、得天独厚的人只能占少数。可是那些在这一方面并不出色的人,一般说来,是可以通过教育而分享政治品德的,并且比那些没有受过这种教导的人高得多。“至于说杰出人物并未把自己的杰出品德教给孩子们和朋友们”,——对于这个反驳,他用以下的方式作了很好的答复。“譬如说,如果在一个国家中,所有的公民都必须做吹笛者,那么所有的人就都要受吹笛子的教育;有一些人会成为卓越的吹笛手,有些人会成为优良的,有些人平常,少数人也许会是恶劣的,——而所有的人都有一定程度的熟练。但是也可能有这样一种情形,即一个国手的儿子竟是一个恶劣的演奏者;卓越的艺术要靠特殊的才能和天资。从非常精巧的吹笛手的家门中可以产生很不精巧的吹笛手,反过来也是一样;但是所有的公民都能够有一定程度的吹笛修养,所有的人比起那些对吹笛毫无所知也丝毫未受教育的人来,在这一方面一定要高明得多。因此,一个合理的国家的所有公民,包括坏的公民在内,比起一个既无文化,也无正义,也无法律,更无使公民养成公正习惯的强制力的国家的公民来,都要更好更正直。他们的这种优越性要归功于他们国家中的法律、教育、文化。”[①]这一切都
20 是很好的例证和确切的理由,一点也不劣于西塞罗关于天性的论证。相反地,苏格拉底的那些理由以及对那些理由的发挥,都是经验的论证,是以经验为基础的,常常并不比智者们在这里所说出的理由更好些。

① 柏拉图:“普罗泰戈拉”篇,第三二六—三二八页(柏克尔本第一八二——一八四页)。

其次，现在接近了这样一个问题，就是：何以智者们的理由看来是有缺点的，特别是何以苏格拉底和柏拉图与智者们作了一场斗争，并与他们相对立。因为智者们在希腊所占的地位是要给予他们的人民一种高级的一般文化——因此他们也的确对希腊有很大的功劳——，所以他们就遭遇到一般的文化所遭遇到的谴责。智者们是从根据出发进行理智推论的教师，他们是处在反思的阶段。这种教育所采取的方式，是通过表象和例证，引起人们注意那按照他们自己的经验、心情等等所认为正当的东西；用这样的方式，从特殊过渡到普遍。这是自由的、思维的反省所必经的途径，我们的教育也是采取了这个途径。但是这种教育必须超越对流行的道德和宗教的信赖和朴素的信仰。智者们之倒向片面的原则，这是由于当时的希腊文化还没有到达这样一个时候，还不能从思维的意识本身中建立那些最后的原则，从而以某种确定的东西作为根据，像我们现代一样。由于一方面存在着主观自由的需要，只把自己所察见的、在自己的理性中发现的东西当作有效准的，——法律、宗教观念只是当我通过我的思维加以承认的时候才有效准，——另一方面在思维中还没有发现确定的原则，因此思维无非 21
是形式推理；余下来的不确定的东西因此只好用任意来填塞。

（一）但是在我们欧洲世界中，情形却不一样。在欧洲，可以说文化是在一种精神宗教的保护之下，以一种精神宗教为前提而开始的，就是说，不是以幻想的宗教为前提，而是以对于精神的永恒本性、对于绝对的最终目的、对于人的天职的认识和知识为前提，文化应当是精神的、现实的，从精神出发、以精神的方式决定自身的，与精神合而为一的。所以在欧洲有一个固定的精神原则作为

基础,这个精神原则满足了主观精神的要求;从这个绝对的原则出发,决定了其他一切关系,如义务、法律等等,这一切关系都是依靠这个原则的。因此文化不能接受这种多方面的方向——因而也就是无方向——,像在希腊人中间以及在希腊传播文化的人即智者们中间那样。〔在希腊,〕文化与幻想的宗教相对立,与未发展的国家原则相对立,可以分化为很多的观点,另一方面也很容易把从属的特殊观点当作最高的原则提出。相反地,在一个很高的普遍目的(最高原则)已经浮现在表象中的地方(在我们这里),一个特殊的原则是不能这样容易地达到这个高位的,虽则理性反思获得这样一个地位,可以从自身来决定和承认什么是最高的;因此〔特殊〕原则的从属性是已经确定了的。普罗泰戈拉然后[①]又说:"所有的(四种)德性彼此间都有一种联系,而勇敢则不然,因为可以发现有
22 许多勇敢的人,他们却是最不敬神的,最不正直的,最无节制的,最无教养的人(ἀμαθέτατοι)";我们只要想一想匪帮就行了。苏格拉底[②]岔出去说,"勇敢也是一种认识和知识——正确地估计到可畏的事";——但是勇敢的区别、特点他却没有发挥。

(二)我们现在的教化、启蒙运动,不但在形式方面和智者们采取完全相同的立场,就是从内容方面说,也是如此。智者们的立场是与苏格拉底和柏拉图相对立的,这个对立在苏格拉底那里是这样产生的:他把美、善、真、公正说成个人的目的、使命,但是在智者们那里,这个内容尚未被当作最后的目的,因此这最后目的是留给

① 柏拉图:"普罗泰戈拉"篇,第三四九页(柏克尔本第二二四—二二五页)。

② 同上书,第三六〇页(柏克尔本第二四五页)。

任意来决定的。因此，智者们由于与柏拉图相对立，遂招致了恶名；这也是他们的缺点。在外在生活方面，我们知道，智者们积聚了很大的财富；[①]他们变得很骄傲，周游希腊，有一部分人过着很奢侈的生活。〔他们的〕形式的推理思维与柏拉图的对立，特别突出地表现在这一点上，即他们不是从事情的自在自为地存在着的概念来了解义务、了解应做的事，而是提出一些外在的理由，来分别是和非、利和害。在柏拉图和苏格拉底则相反，他们的主要原则是要考虑情况的本性，发展事情的自在自为的概念。苏格拉底和柏拉图愿意提出这个概念来反对从那些常常只是特殊和个别的观点和理由出发考虑事情，这些观点本身是与概念相反对的。区别 23
就在于：有教养的形式的推理一般属于智者们，而苏格拉底和柏拉图则通过一种固定的东西——普遍的规定（柏拉图式的理念），通过精神永恒地在自身中发现的东西，来规定思想。

如果把智者的诡辩了解为只有坏人才会犯的一种品质，在这个意义之下，它是很恶劣的。但是辩术的意义比这要普遍得多；一切从根据出发的抽象推理——对某些特殊观点加以论证，提出一些正面理由和反面理由来辩难——都是辩术。也有一些智者们的话语是无可非议的，柏拉图的对话中就有这种例子。在我们中间，人们也说：不要欺骗，否则你会失掉信用，这样你要失去钱财的；或者说：要有节制，否则你会倒胃口，一定要绝食的；或者以外在的理由如改造之类来理解刑罚；或者以从后果方面推出来的外在的理由来宽恕某种行为。人们是根据理由而被要求做一切善事，这些理由

① 柏拉图："美诺"篇，第九一页（柏克尔本第三七一页）。

就是智者们的理由。有坚实的原则作为基础,在基督教中(现在在新教徒中人们已经不复知道这一点了)人们这样说:上帝赐予福祉等等的恩典,指导着人们的生活;于是,那些外在的理由便破产了。

因此辩术并不如人所想象的那样距离我们很远。现今有教养的人们讨论问题时,可以讨论得很好;可是这种讨论与苏格拉底和柏拉图所称为辩术的并无不同之处,虽然他们自己也和智者们一样采取这种立场。有教养的人们判断具体的事情时,就会陷于辩术;在日常生活中,我们是必须持这种立场的。在这里还有什么更好的呢?——特殊的观点是必要的。当我们劝人遵从义务和道德
24 时,如在布道中那样,——在多数的布道中是如此的,——我们是必须听从这样一些理由的!演说的人,例如在议会中演说的人,便是运用这样一些理由和反面的理由来进行游说,以图说服别人。问题在于:(一)要有一个完全确定的东西,例如宪法或战争,一个固定了的方针(一贯性),要把特殊的准则归入其中;(二)而这种一贯性即使在这种场合有时也会丧失,因为事情可这样安排,也可以那样安排,总是特殊的观点在起决定作用。人们也常常用同样的理由反对哲学说:“有各种不同的哲学,各种不同的意见,这是与那唯一的真理相矛盾的;**人类**理性的软弱无力是不能承担认识的;对于感情、心灵、心情来说,哲学该是什么呢?是一些玄虚的东西,对于人的实践生活,抽象的哲学思维是没有帮助的”,——实践生活的观点就是这样。这是一些很好的理由,这也就是智者的方式。我们不把这个称为辩术,但是这却是智者的方式,即是从感情、心情认为有效准的理由出发进行演绎。他们并不把事情本身认作有效准,而是把事情归结到感觉上面;以感觉为 οὗ ἕνεκα(最后因由)。

这一点我们在苏格拉底和柏拉图那里可以更清楚地看到。这是智者们的特点。

用这样的形式推理，可以很快地达到这样一个程度，——要是达不到，那就是缺乏教养，但是智者们是很有教养的，——知道如果凭一些理由来决定，就能用理由来证明一切，那么对于任何事物都可以找得到理由和反面的理由的；智者们教人去证明人所意欲的一切，不管对别人有利的或对自己有利的，这一点也曾被看作智者们的罪过。其实这并不是智者们的特点，而是反思推理的特点。理由和反面理由是特殊的，与普遍对比起来是没有效准的，与概念 25
对比起来是没有决定性的；人们可以为一切找出理由和反面理由。在最恶劣的行为中间，也有着本身很重要的观点；把这个观点提出来，人们就会宽恕和支持那种行为了。在临阵脱逃的罪过中，就存在着保全生命的义务。在近代，就有一些极大的罪恶，如谋杀、叛逆等，被说成是正当的，因为在这种行为的目的中有一种本身很基本的规定，例如人必须反抗祸害、促进福利之类。有教养的人善于从好的观点来处理一切，使一切变好，对一切持一种基本的观点。一个人如果要为最坏的事找好的理由，是无需有高度的教养的；从亚当以来在世界上出现的坏事情，都曾被用好的理由说成正当。

我们在智者们那里可以看出，他们对这种推理是有所意识的。在雄辩中，为了使一件事办到，必须要引起听众的愤怒和情绪。他们教人如何在凭经验的人中间激起这些力量；道德上的固定的善是并不能决定事情的。智者们是有教养的人，他们意识到一切都是可以证明的；在“高尔吉亚”篇中便说到过：“智者们的艺术是一种比一切艺术都更伟大的才能；它能够说服人民、议员、法官，使他

们相信智者们所愿意的事。”①律师也必须去寻找一种理由，来为他所辩护的人作根据，哪怕这个理由是与他们愿意采取的正好相反的。这种意识并不是缺点，而是属于智者们的高级文化的一部分。没有教养的人也是从理由来作决定的。但是整个说来他们也
26 许是由一种他们所不自知的理由(正义)来决定的；而他们所意识到的只是外在的理由。智者们知道，在这个基础上是没有任何坚实的东西的；这是思想的力量，它辩证地对待一切，使一切动摇。这就是他们所拥有和传授的形式的教养。

与此相联系的(也是从思维的本性必然发生的)问题是：如果意识认为有坚实根据的范围被反思弄得动摇起来，而人又必须有一个坚实的东西作为依据，那么他应当把什么东西当作最后的目的呢？现在有两项坚实的东西，可以结合起来。一个是善、普遍；另一个是个别性、主体的任意。这个(关于前一个)以后在苏格拉底那里还要细讲。如果一切都发生动摇了，那么这一点可以成为坚实的一点，就是：“我拿来当作我的目的的，是我的快乐，面子，声名，荣誉，特殊的主观性”；个人本身是最后的满足。因为我认识力量，所以我也懂得使别人适合我的目的。

但是熟悉了这些多方面的观点，便使希腊的习俗(这是不自觉地奉行的宗教、义务、法律)因而动摇起来：这个坚实的东西——法律，因为它有着一个有限的内容——便与别的东西发生冲突了；它在一个时候被当作最高的、决定性的东西，在另一个时候又被轻视了。这样一来，通常意识便被搅乱了(这一点我们将在苏格拉底本

① 柏拉图：“高尔吉亚”篇，第四五二及四五七页(柏克尔本第一五及二四页)。

人那里看得更详尽)：通常意识认为某种东西是确定无疑的，但其他一些观点它也认为是有效准的，而且也必须认作有效；于是前一种东西就不再有效了，至少失去了它的绝对性。因此，(一)拿自己的性命去拼是勇敢；(二)保全自己的性命又是一个无条件的义务。因此第奥尼修多罗说："谁使一个没有知识的人成为有教养的人，
谁就希望他不再依旧是原来的他。因此他是希望把他毁了；因为 27
这是使他不是他。"欧谛德谟当另一些人说他说谎时答道："谁说谎，谁就是说不存在的东西：不存在的东西是无法说的；因此没有人能说谎。"[①]第奥尼修多罗又说："你有一条狗，这条狗有几条小狗，并且是它们的父亲；因此一条狗对于你是父亲，你对于那些小狗是兄弟。"[②]这种把几个结论连贯起来的把戏——在批评中——是屡见不鲜的。

因此(由于通常意识中的这种混乱)智者们受到谴责，他们助长了情欲、私人利益等等。这是直接由文化的本性而来的。文化给人各种不同的观点，如果不从坚实的基础出发，就只有由主观的喜爱来作决定；这中间是存在着危险的。这种危险也存在于今天的世界中，我们今天在论到一件事的正义和真实时，是要依靠善意、我的看法、信念的。国家的目的，国家行政和法制的最好的方式，在煽动家中间，是动摇的。

就形式的文化来说，智者们是属于哲学的，就他们的反思来说，他们又不属于哲学。他们与哲学有联系，因为他们并不停留在

---

① 柏拉图："欧谛德谟"篇，第二八三—二八四页(柏克尔本第四一六—四一八页)。

② 同上书，第二九八页(柏克尔本第四四六页)。

具体的推理上,而是一直前进到最后的规定,至少部分地如此。他们的文化的一个主要方面是把爱利亚派的思想方式加以普遍化,并推广到知识和行为的全部内容上去;其积极意义在于有用,而且也曾经有过效用。

28 要详究智者们的个别的、特殊的方面,那对于我们说就会走得太远了;个别的智者是属于一般文化史的。著名的智者是很多的,其中最著名的有普罗泰戈拉,高尔吉亚,以及苏格拉底的老师普罗第科;苏格拉底曾把关于歧路上的赫尔库勒的驰名神话归之于他,[①]——这个神话从方式方面说是一个美妙的譬喻,曾经千百次被人传述。我将要提出(为了略过个别的智者)从普罗泰戈拉和高尔吉亚来讲,——不是从文化方面讲,——特别注意的是详细指明,他们那种推广到一切的普遍科学,如何在其中一人的学说中具有普遍的形式,因而是纯粹的科学。柏拉图的著作特别是我们研究智者们的主要史料来源,他对智者们讲得很多;然后是亚里士多德论高尔吉亚的短文,以及塞克斯都·恩披里可的著作,他给我们保存了许多关于普罗泰戈拉的哲学的材料。

一　普罗泰戈拉

普罗泰戈拉生于阿布德拉,[②]年龄比苏格拉底要大一些。关于他的事情知道得不多,也不可能知道多少;因为他的一生是很单调地度过的。他终身从事科学研究;他周游希腊,第一个自称为智

---

① 克塞诺封:“回忆录”,第二卷,第一章,第二一节以次。

② “第欧根尼·拉尔修”,第九卷,第五〇节。

者，并且在希腊本土也被称为智者，作为第一个公众教师出现。他
曾经朗诵他的作品，[①]正如歌者和诗人一样，歌者是咏唱别人的诗
辞，诗人则朗诵自己的诗句。那时候没有学习的机构，没有可以从 29
中学习的书本。根据柏拉图所说，[②]古代人“文化、教育的主要部
分在于熟习诗篇”，知道许多诗篇，把它记诵在心。这正如我们五
十年前主要的人民教育在于熟知圣经故事，熟知圣经里的话
语，——在圣经基础教上进一步发挥的布道者当时是没有的。现
在智者们开始教人熟习思维，来代替诗篇的知识。普罗泰戈拉也
曾来到雅典，在雅典住了很久，主要是和柏里克勒住在一起；柏里
克勒也曾研究过这种文化。据说，他们两人有一次“曾经花了一整
天工夫来辩论，究竟是标枪，还是掷标枪的人，还是主持竞技的人，
要对一个被标枪刺死的人的死负责”。[③] 这是一场关于法律责任
的重大问题的争辩；犯罪是一个一般的名词，——如果对它加以分
析，无疑地可以作出一个困难的、详尽的研究。在与这样一些人接
触时，柏里克勒大大地培养了他的雄辩的才能；因为不管从事哪一
种精神上的工作，只有一个有教养的心灵才能在这种工作中壮大
起来，而真正的文化只有通过纯粹的科学才有可能。柏里克勒是
一位强有力的演说家；从图居第德的著作中，我们看到他对于国家
和他的人民有多么深刻的认识。普罗泰戈拉也有着和阿那克萨戈
拉同样的命运，后来也被逐出雅典。（当他七十（或九十）岁时他在
到西西里去的航行途中淹死了。）他被判决逐出雅典的原因，是他

① “第欧根尼·拉尔修”，第九卷，第五四节。

② 柏拉图：“普罗泰戈拉”篇，第三三八页末（柏克尔本第二〇四页）。

③ 普鲁泰克：“柏里克勒传”，第三六章。

有一部著作，开头写道："关于神灵，我不能够知道他们究竟存在还
30 是不存在；因为有许多东西阻碍我们得到这种知识，一则是这件事
暧昧不明，再则是人的生命如此短促。"这部著作也在雅典公开地
被焚毁了；这是(据我们所知)第一部根据政府命令焚毁的书。①

普罗泰戈拉不像别的智者那样只是一个教育人的教师，他也
是一位深刻的、彻底的思想家，一位对那些十分普遍的根本规定有
所思考的哲学家。他是这样表述他的**认识**中的**主要命题**的："人是
万物的尺度；合乎这个尺度的就是存在的，不合乎这个尺度的就是
不存在的。"②这是一个伟大的命题，它的意思一方面是说，要把思
维认作被规定的东西、有内容的东西，而另一方面思维也同样是能
规定、能提供内容的东西；这个普遍的规定就是尺度，就是衡量一
切事物的价值的准绳。普罗泰戈拉宣称人是这个尺度，就其真正
的意义说，这是一句伟大的话，但是这句话同时也有歧义，因为人
是不定的和多方面的：(一)每一个就其特殊个别性说的人，偶然的
人，可以作为尺度；或者(二)人的自觉的理性，就其理性本性和普
遍实体性说的人，是绝对的尺度。照前一种方式了解，就无非是自
私，无非是自利，中心点就是主体及其利益——(即使人有理性的
方面，这个理性也是主观的东西，也是"他"，也是人)——；可是这
31 正是坏的意义，正是人们借以对智者们作主要谴责的歪曲，说他们
根据人的偶然目的，把人设定为目的，——说在他们那里，就其特

① "第欧根尼·拉尔修"，第九卷，第五一—五二节；塞克斯都·恩披里可："反数学家"，第九卷，第五六节。

② 柏拉图："泰阿泰德"篇，第一五二页(柏克尔本第一九五页)；塞克斯都·恩披里可："皮罗学说概略"，第一卷，第三二章，第二一六节。

殊性说的主体的利益，没有与就其实质合理性说的主体的利益区别开来。在苏格拉底和柏拉图那里也提出过同样的命题，不过加了进一步的规定；在他们那里，人是尺度，是就人是思维的、人给自己提供一个普遍的内容而言。

因此在这里说出了一个伟大的命题，从现在起，一切都是围绕着这个命题旋转。哲学的向前进步的意义即在于表明：理性是一切事物的目的；哲学的这种进步给了这个命题以解释。它更表现出一个非常显著的转变，就是一切内容、一切客观的东西，只是在与意识的关联中存在；因此思维在一切真理中被宣布为基本环节；因此绝对采取了思维着的主观性的形式，这一形式特别在苏格拉底那里突出地表现出来。人是万物的尺度，——人，因此也就是一般的主体；因此事物的存在并不是孤立的，而是对我们的认识而存在的，——意识本质上乃是客观事物的内容的产生者，于是主观的思维本质上是主动的。这个观点一直流传到最新的哲学；康德说，我们只认识现象，就是说，凡是对我们表现为客观、实在的东西，只应当从它与意识的关系中来看，而不应当离开这个关系来看。第二个环节更加重要。主体是能动的，是规定者，产生内容；现在问题是：那么，内容怎样进一步得到规定？它究竟是被限制在意识的特殊性上，还是被规定为独立存在的共相？神，柏拉图的善，乃是思维的产物，乃是由思维建立起来的东西；其次，它也是自在自为的。我只承认那就其内容说是普遍的东西为存在的、固定的、永恒 32
的；这样一种东西虽是我所建立的，但却也是自在客观普遍的，不是我所建立的。

普罗泰戈拉的命题中所包含的进一步规定，他本人以后作了

很大的发挥。普罗泰戈拉说:“真理(尺度)是对于意识的现象。”[①]“没有任何东西是自在自为的单一”,[②]或者是自同的、独立的;一切都只是相对的,它之所以为它,只在于它对意识的关系中,——都只看它对另一个东西怎样,这另一个东西就是人。他援引了一些琐屑的例子(苏格拉底和柏拉图也是一样,他们在这些例子中坚持反思的方面);这个解释就表明在普罗泰戈拉的心目中,确定的东西并不是被理解为普遍,并不是被理解为自身同一者。普罗泰戈拉表述这种相对性时所采取的方式,在我们看起来是有些琐屑的,它乃是属于反思思维的最初萌芽阶段。这些例子特别是从感性现象中采取来的:“在一阵风吹来时,有些人冷,有些人不冷;因此对于这阵风,我们不能说它本身是冷的或是不冷的。”[③]因此冷和热并不是什么存在着的东西,而只是根据对一个主体的关系而定;如果风本身是冷的,则它必须对主体永远产生冷的效果。又如:“这里有六颗骰子,我们在旁边再放上另外四个,我们会说原来的骰子比后放的要多些;如果在旁边放上十二个,我们便会说,原
33 来的六个是少些。”[④]由于我们对同样的数目可以说多又说少,所以多和少只是一个相对的规定;因此所谓对象(共相)只是存在于表象之中作为意识的对象。这意思正如这话所表达的:“因此一切都只有相对的真理”,[⑤]相反地,柏拉图考察一和多时,不像智者们

---

① 塞克斯都·恩披里可:“反数学家”,第七卷,第三八八节;柏拉图:“泰阿泰德”篇,第一五二页(柏克尔本第一九五——九六页)。

② 柏拉图:“泰阿泰德”篇,第一五二页(柏克尔本第一九七页)。

③ 同上书,第一五二页(柏克尔本第一九六页)。

④ 同上书,第一五四页(柏克尔本第二〇一页)。

⑤ 塞克斯都·恩披里可:“反数学家”,第七卷,第六十节。

那样用不同的观点，而是用同一的观点。“对于健康人显现的事物，并不是自在的，而是对于健康人如此；对于病人、精神错乱的人显现的事物，是对于病人和精神错乱的人如此——我们不能说，这些事物对后面这种人所显现的样子便不是真的。”①

我们觉得把这种说法称作真的也是同样地不合适：(一)存在物诚然与意识发生关系，但却不是与意识中的固定的东西发生关系，而是与感性知识发生关系；(二)这个意识本身是一种状态，也就是说，本身是一种变动不居的东西。正如赫拉克利特所说：“客观存在是一个纯粹的流，它本身不是固定的和确定的东西，它可以是一切，并且对于不同的年龄，以及对于醒和睡等等其他状态是不同的东西。”②柏拉图③关于这一点还更提出说：“白、热等等，凡是我们对事物所说的一切，都不是自为的；反之，它们是为我而存在的，因此眼睛和感觉是必要的。有了这种相互运动才使白产生；在这种相互运动中白并不是物自身；这里有的乃是一只能看的眼睛，或一般的视觉，它决定了白色的视觉、热的感觉等等。”热、颜色等等本质上确乎只是存在于对另一个东西的关系中；但是表象作用(精神)把它自己分裂成自己和一个世界；在这个世界里一切都是 34
与它相对的。这种客观的相对性可以更清楚地表述如下：“如果有自在的白，那么它就是产生白的感觉的东西；它就是能动的东西或原因，相反地，我们则是被动的、感受的东西。然而一件应当能动

---

① 柏拉图：“泰阿泰德”篇，第一五九页(柏克尔本第二一二页)，见各处。

② 塞克斯都·恩披里可：“皮罗学说概略”，第一卷，第三二章，第二一七—二一九节。

③ “泰阿泰德”篇，第一五三——五七节(柏克尔本第一九九—二〇六页)。

的东西,除非与被动的东西(一道)发生关系,就不能是能动的;同样地,被动的东西也只存在于对能动的东西的关系中。(因此被动与能动是相对的。)因此当我说某个东西有某种特性时,这种特性并不是本身便属于这个东西,而完全是存在于对别的东西的关系中。因此没有一件东西是自在自为地具有某种性质,如同它显现的那样;而真理正好只是这个显现。”现在我们的能动性、我们的规定作用就是这样的。康德的现象不是别的,就是在我们外面有一个刺激,一个 X,一个未知物,这个东西通过我们的感觉,通过我们,才取得这些规定。虽然有一个客观的根据,使我们说这是冷的那是热的,我们诚然也可以说,冷和热自身之中应该有差别;但是冷和热却只是存在于我们的感觉之中,万物的存在也都是这样的。这一切都是思维的范畴,都是我们感官或思维的能动性的规定;所以经验被称为现象,它是相对于我们,相对于别的东西的。这是完全正确的!但是应当把握的正是这个统一的、贯穿的共相;这个贯穿一切的东西就是赫拉克利特所谓必然性,正是我们应当带进意识的。

我们看到普罗泰戈拉是具有伟大的反思的。这是对于意识的反思,这种反思在普罗泰戈拉本人那里进入了意识。但是普罗泰戈拉所达到的只是现象的形式,以后的怀疑论者们又重新采取了
35 这种形式。显现并不是感性的存在;当我说它是显现的时候,我就正是宣布了它的不存在。“现象就是真理”,这话显得十分自相矛盾;似乎在这里说了正相反对的话:(一)没有自在的东西,如它显现的那样,以及(二)它是真实的,如它显现的那样。然而不能把客观的意义给予那实证的、真实的东西,譬如说,这是自在的白,因为

它是这样表现的；只能说，只有这个白的显现是真实的；现象正是那扬弃自身的感性存在，——也正是这扬弃自身的运动。把它理解为共相，则它既处在意识之上，也处在存在之上。世界之为现象，并非由于它是对于意识而存在的，亦即它的存在只是一个对于意识的相对存在：它的存在也同样是现象。

一般说来，意识的环节是被指出来了；在意识环节之外，那发展了的共相还具有否定性的"为他存在"的环节；这个环节现在出现了，必须加以肯定。但当它是单独的、孤立的时候，它乃是片面的："存在的东西，只是相对于意识而存在，换句话说，一切事物的真理，乃是一切事物对于意识和在意识中的现象"；"自在存在"的环节也同样是必要的。

二　高尔吉亚

这种怀疑论通过高尔吉亚达到了一个更大的深度。高尔吉亚生于西西里岛雷昂丘城，是一个很有教养的人，也是一个杰出的政治家。他在伯罗奔尼撒战争的时候，于第八十八届奥林比亚赛会的第二年(公元前四二七年)，亦即柏里克勒死后数年(柏里克勒死于第八十七届奥林比亚赛会的第四年)，被他的母邦派遣到雅典。(这是根据第欧多罗·西古鲁十二卷，第一〇六页，不是引证图居第德。[①])当他达到了目的之后，他还游历过许多希腊城市(帖撒利 36
的拉里萨)，在那些城市中教授过门徒；因此他除了得到很大的财富以外，还得到了很高的景仰，一直到他活过百岁死去。据说他是

① 提德曼："思辨哲学的精神"，第一卷，第三六二页。

恩培多克勒的一个门徒,他也知道爱利亚派;他的辩证法采取了爱利亚派的方式,——在亚里士多德讲到他的那一卷只流传下残篇的“论塞诺芬尼、芝诺和高尔吉亚”中,保存下了他的辩证法,在这卷书中,亚里士多德把他与爱利亚派放在一起讲。塞克斯都·恩披里可也给我们保存下详尽的高尔吉亚辩证法。他长于雄辩的辩证法,但是他的特出之点是他关于存在和非存在这两个完全普遍的范畴的纯粹辩证法,——并不是采取智者们的方式。提德曼很不正确地说:“高尔吉亚大大地超过了任何一个具有健全常识的人所能达到的程度。”提德曼应该对于每一个哲学家都能这样说,每一个哲学家都是超过健全常识的;因为所谓健全的常识并不是哲学,——常常是很不健全的。健全的常识包括有它的时代的共同意见。例如,如果有人在哥白尼以前说,地球环绕太阳旋转,或者在发现美洲以前说,那边还有大陆:那就是违反全部健全的常识的。在印度、中国,共和国也是违反全部健全常识的。健全的常识是一个时代的思想方式,其中包含着这个时代的一切偏见,常识总是为它所不自觉的思想范畴所支配的。因此高尔吉亚毫无问题是大大地超过了健全的常识。

高尔吉亚的辩证法,比起我们在普罗泰戈拉那里所见到的辩证法来,是更加纯粹地在概念中运动。由于普罗泰戈拉主张一切存在物的相对性或“非自在性”,所以存在物只存在于关系中,而且是只存在于对意识的关系中;它的对方,那对它重要的东西,就是
37 意识。高尔吉亚对存在的“非自在性”的提法是比较纯粹的;他把那被认为实体的东西本身拿来考察,而并不以意识、对方为前提,并且即就它本身指出它的虚无性,并从中分别出主观的方面和那

对主观方面的存在。我们只想从历史上来陈述他所讨论的那些普遍之点。高尔吉亚的著作是“论自然”，他在这部著作中创立了他的辩证法。这部著作分为三个部分：他在第一部分中〔客观地〕证明，无物存在，我们不能以存在来称说什么东西；在第二部分中证明（主观地），认识是没有的，即使假定有存在，存在也是不能被认识的；在第三部分中证明（主观地又是客观地），即使存在是有的并且可以认识的，也不可能把所认识的传达给别人。[①] 高尔吉亚很合塞克斯都的口味，只是他还作了证明；怀疑派就不作证明了。这些都是很抽象的思想规定；在这里所涉及的，是一些思辨的环节，即关于存在和非存在，关于认识，以及关于那变成存在的、传达给别人的认识等问题；这并不是空话，像人们平常所认为的那样；他的辩证法是客观的。我们在这里只能简短地陈述一下这个极有兴趣的说法的内容。

甲　“如果有物存在”——（εἰ ἔστιν。这个“有物”是我们说话时惯常加上去的插语，但是真正说来却是不适当的，它带来一种主词和宾词的对立，真正说来所讲的只是“存在”）——“如果存在”——（现在才被规定为主体）——：“那么它或者是存在者，或者是不存在者，或者是存在者和不存在者。然后他指出这三种情形都是不存在的。”[②]

子、“不存在者是不存在的；如果它是存在的，则同时就会既有一个存在者又有不存在者。就它被思想为不存在者这一点说，它 38

① 塞克斯都·恩披里可：“反数学家”，第七卷，第六五节。

② 同上书，第六六节。

就是不存在的;但是就它由于被思想到因而应当存在这一点说,它就既作为存在的又作为不存在的。——另一方面:如果非存在是存在的,那么存在就是不存在的;因为这两者是正相反对的。如果现在非存在是存在的,而存在是不存在的,那么,非存在就是不存在的东西。"①

丑、根据亚里士多德的说法,②"这种形式推理是高尔吉亚所特有的;不过'存在者是不存在的'这个证明,他则是照麦里梭和芝诺的方式来作的。"

1)　因为他认为,"存在者或者是自在(ἀΐδιον)而无始的,或者是发生出来的,然后指出,这两种情形都是不可能有的";都会引导到矛盾,——这是一种早已出现过的辩证法。"前者是不能成立的,因为自在(永恒)者是没有根源的,是无限的",因此是不定的和无规定的。譬如说,"无限者却是不存在的,是不在任何地方的;因为如果它在某个地方,它就与它所在的地方不同了",它如果在一个地方,就是在另一个东西里。"可是与另一个东西不同、包容在另一个东西里的东西,就不是无限的。但是它也不是包容在自身里面;因为这样一来,包容它的那个东西和它自身便是一个东西了。包容它的那个东西是地点,在这个地点的那个东西是物体;说两者是一个东西,是不通的。因此,无限者是不存在的。"③如果存在是存在的,那么说它有一种特性就是矛盾的;如果这样,我们就

① 塞克斯都·恩披里可:"反数学家",第七卷,第六七节。

② "论塞诺芬尼、芝诺和高尔吉亚",第五章。

③ 塞克斯都·恩披里可:"反数学家",第七卷,第六八—七〇节。

是说它有某种否定的性质了。高尔吉亚这种对于无限的辩证法是有局限性的:(一)就永恒的东西因为无开端、界限所以无限而言,这当然是陷入无穷的进程——对于〔有限的〕存在说这当然是有效的,并且是真的——;但是那普遍的自在存在者、思想、概念,则是 39
直接在自身中具有界限,这乃是绝对的否定性。(二)但是感性的无限、坏的无限性是不存在于任何地方的,它不是现实的,它乃是一个彼岸。高尔吉亚视为地点的差异性,我们可以视之为一般的差异性。他说,如果无限是在某个地方,那就是包容在另一个东西里面,那就不是无限的,这就是说,他设定无限是不同的,而相反地,它应当不是不同的,应当是包容在自身之中的;因此差异性是必须设定的。我们可以更好和更普遍地说:感性无限是完全没有的,它是存在的一个彼岸,它是一种永远被设定为异于存在者的差异性。差异性也同样包容在自身之内;因为它正应当是异于自身的东西。

“存在也是没有起源的;如果它有起源,那么它或者是起源于存在者之中,或者是起源于非存在者之中。前一种情形是不会有的,因为如果这样存在就早已有了;后一种情形也是不会有的,因为不存在的东西不能产生出什么东西来。”[①]怀疑派对这个论证加以进一步发挥。他们总是把所考察的对象放在“非此即彼”的规定之下;而这些规定又是自相矛盾的。但是这不是真正的辩证法;必须指明:对象总必须存在于一个规定之中,而不是自在自为的。对象只能消解于那些规定之中;然而这样并不至于引起任何违反对

① 塞克斯都·恩披里可:“反数学家”,第七卷,第七一节。

象本身的本性的结果来。

2)　高尔吉亚也同样地指出,“存在者必须或者是一,或者是多,但是这两种情形也都是不可能的。因为作为一,存在就是一个量,或者一种连续性,一堆东西,或者一个物体;但是这一切都不是一,而是不同的、可分的”,——感性的一、存在的一必然是这样的,
40 它是一种他在,是杂多的东西。“如果存在不是一,那么它也不能是多;因为多就是许多的一。”[①]

寅、“同样地,存在和非存在也不能两者同时并存。如果其一与其他是同样地存在,则它们便是相同的,换句话说,它们都是存在。如果它们都是一,那么它们就不是不同的,换句话说,我就不能说两者,就没有两个;因为如果我说两者,我就是说不同的东西。”[②]这种辩证法有充分的真理;当人们说到存在和不存在时,总是也说出与人们所愿意说的相反的一面,把存在和不存在说成相同的,又说成不相同的。“它们是相同的”,因此我就说两者,因而就是说不同的;“存在与不存在是不同的”,因此我就用相同的宾词来说它们,如“不同”之类。我们不可藐视这种辩证法,以为这好像是在搬弄空洞的抽象的东西:因为一方面,当我们纯粹地把握它们时,它们便是最普遍的东西;另一方面,当我们轻蔑地说到存在和非存在时,以为“它是存在的,它是不存在的”好像对于我们并不是最后的东西。如果我们只达到这里,我们就会安安静静地停留在这里,好像不能说出什么确定的东西来似的;须知“存在或非存在”

① 塞克斯都·恩披里可:“反数学家”,第七卷,第七三—七四节。

② 同上书,第七五—七六节。

始终“是问题”；而它们并不是确定的、严格地彼此分割开的东西，而是扬弃着自己的东西。高尔吉亚已经意识到，它们是消逝着的环节；这个真理也潜伏在无意识的表象作用里，不过没有得到自觉罢了。

乙　表象者对表象的关系，表象和存在的区别，——是今天的一个流行思想。“即使有存在，存在也是不可认识和不可思议的。因为被表象的东西并不是存在，而是一个被表象的东西。如果被表象的是白的，那就是白被表象了；如果被表象的不是存在本身，41
那就是存在者未被表象。一、如果被表象的是存在者，那就是被表象的也是存在的；但是没有人会说，如果有一个能飞的人或者一辆在海上行驶的车被表象了，则它就是存在的。二、如果存在的是被思想的，则与它相反的东西即不存在的是不被思想的；但是这个不存在者是到处被表象的，例如斯居拉和卡吕布狄[①]便是（译者按：这是传说中墨西拿海峡两个海怪的名字）。”高尔吉亚进行了（一）一场正确的论战来反对绝对实在论，绝对实在论认为它表象了事物，便得到了事物本身，但是事实上它只得到一个相对的东西；（二）而他却陷入了近代的坏的唯心论：“被思想的东西始终是主观的，因此是不存在的东西，通过思维，我们把一个存在的东西变成了被思想的东西。”

丙　最后，高尔吉亚的辩证法的第三个方面也是建立在这个基础上的；因为认识是不能传达的。“即使存在者被表象了，也不能把它说出来和传达给别人。事物是可见的，可闻的……一般说

① 塞克斯都·恩披里可：“反数学家”，第七卷，第七七—八〇节。

来是可以感觉的。可见的东西是通过视觉被掌握的，可闻的东西是通过听觉被掌握的；反过来是不行的；因此这一项不能通过那一项来表示。人们借以表达存在者的言辞，并不是存在者；被传达的并不是存在者，而只是言辞。”①高尔吉亚的辩证法以这样的方式坚持这种区别，这正如这个区别在康德那里再现的一样；如果我坚持这种区别，那么存在者自然是不能认识的了。

42 这种辩证法，对于那种断言(感性)存在物为实在的人，无疑是不可克服的。存在物的真理只在于这种用否定的方式把自己建立为存在的〔辩证〕运动；其统一是思想。存在者也不是被理解为存在的，而对它的理解乃是使它成为普遍。“它也同样是不能传达的。”②这句话必须从最严格的意义来了解；这个个别的东西是完全不能表达出来的。因此不仅哲学的真理是这样说的，好像在感性意识中有另一个真理似的；而是存在就是这样存在着的，正如哲学的真理所表达的那样。所以智者们也是以辩证法、普遍的哲学为对象，他们都是深刻的思想家。

乙、苏格拉底

当苏格拉底这个伟大形象出现于雅典的时候，意识在希腊已经发展到上述的程度。在苏格拉底身上，思维的主观性已经更确切地、更透彻地被意识到了。但是苏格拉底并不是像一颗菌子一

① 塞克斯都·恩披里可:“反数学家”，第七卷，第八三—八四节。

② 同上书，第八五节。

样从土壤中生长出来的,他同他的时代有着一定的联系。他不仅是哲学史中极其重要的人物——古代哲学中最饶有趣味的人物——,而且是具有世界史意义的人物。他是精神本身的一个主要转折点;这个转折点是在他身上以思想的方式表现出来的。我们必须简短地回忆一下这个过程。古代的伊奥尼亚学派是思维了,但不曾对思维加以反思,不曾把自己的产物确定为思维。原子论者把客观的存在当成思想,——亦即抽象物,纯粹的实体——;而阿那克萨戈拉则考察了思想本身。思想被表现为全能的概念, 43
为支配一切特定事物与实存者的否定力量;它的运动就是消解一切的意识。普罗泰戈拉宣称作为意识的思想是本质;而意识正在它的这种运动中,即是概念的不安息。但是这个不安息就其自身说,同时也是安息的、固定的东西。而运动本身的固定之点就是"我","我"是个否定者,因为它超出各个运动的环节之外;"我"是自我保存者,但也仅仅是扬弃者。——正因此,"我"是个别的(消极的统一),而不是自身反映的普遍者。这里存在着辩证法与诡辩术的意义上的含混;客观的东西消逝了。固定的主观的东西有什么意义呢?如果主观的东西是与客观相对立的,是个别的东西,则它就是偶然的、任意的、无规律的。或者,它自身是不是客观的和普遍的呢?苏格拉底宣称本质是普遍的"我",是善,是安息在自身之中的意识;这个善自身不受现实限制,不受意识对现实的关系——个人的感性意识(感情与欲望)——的限制,最后不受那在理论上对自然进行思辨的思想的限制,这种思想虽然是思想,却仍然具有存在的形式,"我"在这种思想中是不能确定其为"我"的。

一、苏格拉底采纳了阿那克萨戈拉的学说,即思维和理智是统

治的、真实的和自身规定的有普遍性的东西。这个原则,在智者们那里较多地采取形式文化的形式,抽象的哲学论证的形式。对于苏格拉底,像对于普罗泰戈拉一样,思想是本质;自觉的思想扬弃一切特定的事物,这在苏格拉底那里也是相同的,但同时他还把思维理解为静止和固定的东西。思想的这个固定的东西,这个自在自为的本体,这个绝对自我保存者,已被规定为目的,并且被进一步规定为真理,规定为善了。

44　二、在给普遍的本质作了这个规定之后,还得加上一个规定,就是:这个善既然被视为实质的目的,就必须为我所认识。无限的主观性,自我意识的自由,在苏格拉底的学说中生长出来了。我必须出现于我所思维的一切事物中。这个自由在我们现代是无限地、经常地为人所要求的。实质的东西是永恒的、自在自为的,但也同样必须通过我产生出来,不过我的作用只是形式的活动。

一般说来,事情不过是这样:他把客观事物的真理归结到意识,归结到主体的思维——这是一个无限重要的环节;正如普罗泰戈拉所说,客观事物只是当同我们发生关系时才存在。说到苏格拉底、柏拉图与智者们的斗争,可以说只有苏格拉底和柏拉图在进行哲学思考时能够留意到当时的一般哲学文化,——这就是智者们的文化。他们反对智者们,并不是像正统派反对他们那样,不是像正统派为了维护希腊的伦理、宗教、古老习俗而给阿那克萨戈拉与普罗泰戈拉判罪那样。恰恰相反。主张反思,主张由意识作决定,乃是他与智者们相同的地方。但是真实的思维应是这样的,即它的内容完全是客观的,而不是主观的;意识的自由,就在于意识在它所在的地方,在它自身,——这就是自由。苏格拉底的原则就

是：人必须从他自己去找到他的天职、他的目的、世界的最终目的、真理、自在自为的东西，必须通过他自己而达到真理。这就是意识复归于自己，这种复归，在另一方面就是摆脱它的特殊主观性；这正意味着意识的偶然性、偶然事件、任意、特殊性被克服了，——亦 45
即在内部去获得这种解脱，获得自在自为者。客观性在这里具有自在自为的普遍性的意义，而非外在的客观性；因此，真理是被设想为间接的，为产物，为通过思维而建立起来的。正如索福克勒借安提贡之口所说的，朴素的习俗，朴素的宗教就是“诸神的永恒的法律，无人知其来自何处”。[①] 这就是指朴素的伦理而言，它们是法律，是真实的，是公正的；但是现在意识渗透进来了，所以真实的东西应该通过思维为中介。我们现代饶有关于直接知识、信仰等等的说法，如我们在自己心中直接知道上帝存在，我们有宗教的、神圣的情感。可是认为这些不是思维，这种说法却是错误的。这样一种内容，像神、善、公正等等，是情感和表象的内容，然而这些之所以是一种精神内容，乃是通过思维而成立的——乃是仅仅通过一种中介而被推动、被唤起的。动物没有宗教，但是有感觉；精神的东西只属于思维，只属于人。

苏格拉底的出发点是认识到：存在者是以思维为中介的。第二个规定是：苏格拉底所说的意识与智者们所说的意识有一个不同之处，就是在建立和产生思维的同时，也产生和建立了一种并非建立的、自在自为的东西，即客观的东西，它超越利益和欲望的特殊性，是统治一切特殊事物的力量。在苏格拉底和柏拉图那里，一

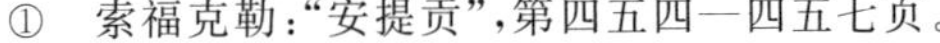

① 索福克勒：“安提贡”，第四五四—四五七页。

方面,意识是主观的,是为思维的活动所建立的——这是自由的环节,主体优游于自身范围之内,这是精神的本性——;而另一方面,
46 意识又是自在自为的客观的东西,并非外在的客观性,而是精神的普遍性。这就是真实的东西,用近代的术语说,就是主观与客观的统一。康德的理想是现象,本身并不是客观的。

三、苏格拉底最初只是从实践的特殊意义了解善,即是:凡是对我的行为有实质意义的东西,我就必须对它关心。柏拉图和亚里士多德则从更高的意义来了解善:善是普遍的,不仅是为我的;——而苏格拉底所谓善仅是理念的一种形式、方式,表现意志的理念。因此在古代哲学史中,苏格拉底的特出贡献,就是他建立了一个新的概念,亦即他把伦理学加进了哲学,而过去哲学是只考察自然的。根据第欧根尼·拉尔修的说法,[①]伊奥尼亚派建立了自然哲学(物理学),苏格拉底建立了伦理学,柏拉图又加上了辩证法。

细说起来,苏格拉底的学说是道地的道德学说。伦理学研究的对象包括伦理与道德,有时单指伦理。道德的主要环节是我的识见,我的意图;在这里,主观的方面,我对于善的意见,是压倒一切的。道德学的意义,就是主体由自己自由地建立起善、伦理、公正等规定,而当主体由自己建立这些规定时,也就把"由自己建立"这一规定扬弃了,这样一来,善、伦理等规定便是永恒的、自在自为的存在了。伦理之为伦理,更在于这个自在自为的善为人所认识,为人所实行。苏格拉底以前的雅典人,是伦理的人,而不是道德的

---

① 第三卷,第五六节。

人；他们曾经做了对他们的情况说是合理的事，却未曾反思到、不认识他们是优秀的人。道德将反思与伦理结合，它要去认识这是 47
善的，那是不善的。伦理是朴素的，与反思相结合的伦理才是道德；这个差别通过康德哲学才明确起来，康德哲学是道德哲学。

由于苏格拉底以这种方式创始了道德哲学（他是以通俗的方式来处理它的），后代的道德空谈和通俗哲学都奉他为祖师和圣者，把他当成掩护一切假哲学的外衣；他的无辜的死引起了广泛的同情，尤其助长了上述的情形。西塞罗这个人，一方面具有现实的思想，另一方面他总以为哲学应该屈从世俗的方便，因而不曾为哲学赢得真内容，他夸大地认为苏格拉底最崇高的特色就是（以后人们常常如此谈论）“他把哲学从天上带到了地上，带到了家庭中和市场上（带到了人们的日常生活中）”。[①] 话就是这样说的。人们每每就是如此了解（看来是如此），好像最好的最真的哲学就是茶余酒后的哲学（成为家庭常备的药品，因而非常适合人们的日常观念），这种哲学可以供我们与亲朋好友谈论正义等等，以及天南地北的见闻，和日常生活里的真理，而不深入天际的深处——或意识的深处；可是那些人却以为这是苏格拉底第一次大胆作出的。但是也不能否认苏格拉底是达到了实践哲学；他事先彻底思索过当时一切哲学的思辨，以求深入意识和思想的核心。这就是他的原 48
理的一般。

这个值得注意的现象，我们应当仔细地加以说明，首先是他的生平。不过他的生平是同他对于哲学的兴趣分不开的。他的生平

① 西塞罗：“杜斯古里问题”，第五卷，第四章。

一方面涉及他的特殊人格,另一方面涉及他的哲学;他对哲学的追求与他的生活紧密地交织在一起,他的遭遇是同他的原则相一致的,而且是高度悲剧性的。说它是悲剧性的,并不是就悲剧这个词的表面意义而言,譬如人们便把任何一种灾祸——如某人死了,某人被处决了——都叫作悲剧;这是可悲的,却不是悲剧性的。只有当一个可敬的人遭遇灾祸或死亡的时候,只有当一个人遭受无辜的灾难或冤屈的时候,我们才特别称之为悲剧;苏格拉底就是这样,他无辜被判处死刑,这是悲剧性的。但是这种无辜的灾难绝不是合理的灾祸。合理的灾祸只是由于当事人的意志和自由带来的灾祸,——同时他的行为、他的意志也必须无限地正当,合乎伦理,——这样一来,当事人对于自己的灾祸便是有责任的;另一方面,权力也必须是合乎伦理的,合理合法的,而不是自然权力,不是一种暴虐的意志的权力,——任何人都要死,自然的死亡是一种绝对的法律,但这是自然对人所执行的法律。在真正悲剧性的事件中,必须有两个合法的、伦理的力量互相冲突;苏格拉底的遭遇就是这样的。他的遭遇并非只是他本人的个人浪漫遭遇,而是雅典的悲剧,希腊的悲剧,它不过是借此事件,借苏格拉底而表现出来而已。这里有两种力量在互相对抗。一种力量是神圣的法律,是
49 朴素的习俗,——与意志相一致的美德、宗教,——要求人们在其规律中自由地、高尚地、合乎伦理地生活;我们用抽象的方式可以把它称为客观的自由,伦理、宗教是人固有的本质,而另一方面这个本质又是自在自为的、真实的东西,而人是与其本质一致的。与此相反,另一个原则同样是意识的神圣法律,知识的法律(主观的自由);这是那令人识别善恶的知识之树上的果实,是来自自身的

知识，也就是理性，——这是往后一切时代的哲学的普遍原则。我们将看见这两个原则在苏格拉底的生活和哲学中互相冲突。

我们首先应当研究他的**生平的开端**；他的遭遇与他的哲学必须看作一回事情。

苏格拉底生于第七十七届奥林比亚赛会的第四年（公元前四六九年），[1]是雕刻师索夫罗尼斯库的儿子，他的母亲费娜雷特是一个产婆。他的父亲叫他从事雕刻之业，据说他在雕刻上的造诣是颇高的；据后来的传说，陈放于雅典卫城的着衣美神雕像，就是他的作品。（父亲死后他得到一笔小小的财产。）[2]但是他不满足于雕刻，一种对于哲学的强烈要求和对科学研究的热爱支配了他。他从事雕刻，仅仅为了获得糊口之资，使他能够从事科学的研究；据一个雅典人克里多说，他资助了苏格拉底的费用，使他能 50
向当时各种学问的大师们学习。在他从事雕刻之余，特别是在他整个儿抛弃了这门行业之后，他阅读了他所能到手的古代哲学家们的作品；同时他特别去听阿那克萨戈拉讲学，在阿那克萨戈拉被驱逐出雅典以后，那时他三十七岁，就去听那被认为阿那克萨戈拉的继承者的阿尔刻劳讲学。除此之外，他还听过一些研究其他学问的著名智者讲学，其中就有普罗第科，一个著名的雄辩术教师——根据克塞诺封的记载，苏格拉底提到这个人时常常流露出怀念之情，[3]——他还听过一些音乐、诗歌等方面的教师的演讲；他被公认为是一个有全面教养的人，受过当时所需要的一切

① “第欧根尼·拉尔修”，第二卷，第四十四节；参看梅纳鸠的注。

② 邓尼曼，第二卷，第二十五页。

③ “回忆录”，第二卷，第一章，第二十一和三十四节。

教育。[①]

在他的一生中,他还尽了一个雅典公民所有的保卫祖国的职责;他参加了他的时代所遭逢到的伯罗奔尼撒战争的三次战役。伯罗奔尼撒战争对于希腊生活的解体有着决定性的作用,它准备了这个解体;当时政治上所发生的事,也由苏格拉底在思维的意识中表现了出来。在这几次战役中,他不仅获得了勇敢战士的荣誉,而且最漂亮不过的是他还获得了拯救其他公民生命的功绩。第一次,是在色雷斯的波提代亚长期被围。这时阿尔其比亚德已经爱慕上了他;据柏拉图的"会饮"篇[②](此文中阿尔其比亚德盛赞苏格拉底)所载,阿尔其比亚德说苏格拉底能够忍受一切艰苦,——饥与渴,冷与热,他都忍受了,而仍然保持着平静的心情和健康的身
51 体。在这个战役的一次战斗中,他看见阿尔其比亚德在一群敌人中间受了伤,他于是杀开一条血路,带着他冲出来,终于救出了他和他的武器。将军们为此颁发了一个花冠(corona civica)给他,作为对最勇敢的人的奖励;苏格拉底没有接受,并坚持这应该给阿尔其比亚德。据说在这个战役中有一次他陷入沉思之中,在一个地点不动地站了一天一夜,早晨的太阳光才把他从出神中惊醒过来;——据说这是他经常陷入的一种状态。这是一种出神状态,同梦游症和催眠状态颇为近似,在这种状态中,他失去了一切感性的意识,——一种内心抽象作用与具体肉体存在的自然分裂,这种分裂使个人同内部的自我隔绝起来;从这些外部的表现,我们可以看

① "第欧根尼·拉尔修",第二卷,第十八—二十节。

② 柏拉图:"会饮"篇,第二一九—二二二页(柏克尔本四六一—四六六页)。

出他的精神活动的深度如何。在他身上，一般地我们见到了意识的内心生活，而在这里，这种内心生活是以一种人类学的方式存在的；在他这里，还是第一次出现一种物理的形式，这在以后是很习见的。在波奥底亚他参加了另一次战役，雅典人占领着一个离海不远的小城堡德利欧，在这里他们吃了一次不太大的败仗。苏格拉底在这里救了他的另一个得意门生克塞诺封；他看见克塞诺封受了伤倒在地上，马也丢了，正在想要逃走。苏格拉底把他背起来，非常从容不迫地抵御着追击的敌人，把他救出。最后他在斯特吕摩尼亚海湾附近埃多尼的安费波利参加了他的最末一次战役。

此外他还担任了许多次文职。稍后，一向的雅典民主制度为 52
斯巴达人所废止，斯巴达人到处建立贵族的甚至暴君的统治，从而攫取了一部分最高统治权，这时苏格拉底被选为咨议员，咨议会是一个代表人民的机构。他在这里也卓著声望，因为他不顾三十僭主的意志或人民的意志，总是坚持真理，毫不动摇。另外一次他参加了对十个将军的审判；法庭判决了十个将军死刑，因为他们身为海军将帅，在阿金努色之战虽然取得胜利，却由于暴风雨的阻碍没有把阵亡者打捞起来在海岸上安葬，也忘记了树立纪功碑——总而言之，因为他们(当毫无战败之相时)不固守阵地，因而表现得好像是战败了。唯独苏格拉底不同意这个判决，①在这里他公开表示反对民主的人民，较之反对君主更为顽强。在今天，如果有人发表言论反对人民，他就会遭殃的。“人民有着光辉的智慧，了解一

① 克塞诺封：“回忆录”，第一卷，第一节；柏拉图：“苏格拉底的申辩”，第三十二页(柏克尔本一二〇——二一页)。

切,而且只怀抱着善良的意图。”至于君主、政府、大臣,不言而喻,“他们是一无所知,只想做坏事,也净做坏事。”

这些政治性的活动对于他是比较偶然的,他做这些事不过是
尽一个公民的一般责任罢了,他没有主动地把这些国家事务看作
他自己的主要事业,也不想去营求高官显爵,他一生的真正事业是
53 与他所遇着的每一个人讨论伦理哲学。他的哲学把本质当作在意
识里面的共相,因而应该认为这是属于他个人生活中的东西;他的
哲学并不是真正的思辨哲学,而仍然是一种个人的行为。而且它
的内容也是关于个人行为的真理。他的哲学的实质和目的,就是
把个人的个别行为化为一种有普遍意义的行为。因此必须提到他
本人的个人情况;人们常常以一长串的赞美私人生活的美德来描
述他的品格。苏格拉底的这些美德确乎被认为是真正的美德,他
是用意志的力量使这些美德成为一种习惯的。应当连带指出,当
说到古代人的品性时,比说到现代人时更可以把这些美德称为美
德。在古代人,这些品性一般地是具有美德的性质的(美德,个性,
是与宗教性相对立的);人的美德,——在古代人那里,个性作为个
性,是屈从于一般伦理的,——而对于我们,这些美德却不是个人
的特点或这个个人的固有的产物。我们不习惯从这方面去看待它
们,不习惯把它们看作产物,而习惯把它们看作存在,看作责任;因
为我们对于普遍有更强烈的意识,把纯粹个人的东西、个人的内部
意识看作本质,看作责任,看作普遍的东西。因此,对于我们,美德
实际上或者是禀赋或天赋的一些方面,或者具有一般的必然的形
式;相反地,对于古代人,个性就是普遍的形式,因此,它表现为一
54 种个人意志的行为,表现为特点,而不是普遍的美德。苏格拉底的

美德也同样*不*具有伦理或天性的或必然性的形式,而具有一种独立规定的形式。众所周知,他的外貌很自然地使人觉得他赋有乖戾卑鄙的感情,但如他所说,他克服了这个缺点。

他出现在我们面前(生活在他的同胞中间),是作为那些伟大的可塑的天性(个人)之一,具有彻头彻尾的完整性,正如我们在那个时代所常见的一样,——是一件完美的古典艺术品,而且这件艺术品是自己把自己提到如此高度的。这些可塑的天性不是被制造出来的,而是自己独立地把自己陶铸成这个样子的;他们变成了他们所要求的那样,而且他们忠实于他们的要求。在一件真正的艺术品中,最主要的是:有一个观念、一种品格被创造出来,表达出来,这件艺术品的每一特点都为这个观念所决定;因此,这件艺术品一方面是活生生的,另一方面是美的,——最高的美,个性各个方面的最完美的充分发展,是根据那个*单一的*内部原则的。那个时代的伟大人物就是这种艺术品。作为政治家的最高的可塑的个人,就是柏里克勒,而群星似的拱卫在他周围的便是索福克勒、图居第德、苏格拉底等人。他们发扬了他们的个性,——形成了一种特有的个性,一种统治他们整个存在的品格,一种贯穿着他们整个存在的原则。柏里克勒独力把自己培养成了政治家;据说自从他献身政治以来,便从不大笑,从不赴宴会,①他仅仅为了这个目的而活着。苏格拉底用他的艺术和自觉的意志力量,也给自己培养 55
成了一定的品格和终身事业,获得了技巧与才能。由于他的原则,他达到了这种伟大,产生了这样长期的影响,直至今天,在宗教、科

① 普鲁泰克:“柏里克勒传”,第五章和第七章。

学和法律中，他的影响仍然是非常深刻的，有内在信念的天才是一个基础，这个基础对于人类应当说具有头等的意义。邓尼曼曾惋惜地说："**我们深知**他是什么样的人，但不知他是**如何**变成这样的。"①

苏格拉底是各类美德的典型：智慧、谦逊、俭约、有节制、公正、勇敢、坚韧、坚持正义来对抗僭主与平民(δῆμος)，不贪财，不追逐权力。苏格拉底是具有这些美德的一个人，——一个恬静的、虔诚的道德形象。他对于金钱的冷淡是完全出于他自己的决定，因为根据当时的习惯，他教授学生是可以像其他教师一样收费的。另一方面这也是一种自由的选择，因为收学费不像在我们现代这样，已经成为习惯，一个人如果不收学费就会违背习惯，还可能被人看作是沽名钓誉，易于受到谴责而难于得到赞赏；教育在那时还不是国家的事务，在罗马皇帝统治之下才有发薪俸的学校。

他在生活上的有节制也是一种意识的力量，但它不是一种矫揉造作的原则，而是与环境相适应的；在社交中他是一个善于交际的人。柏拉图所描写的他的饮酒不乱，是大家所熟知的；在"会饮"篇中，我们可以看得出苏格拉底所谓美德是什么，——这是一个最能表现他的特点的场面。根据柏拉图的记载，阿尔其比亚德昏昏
56 沉沉地来参加阿嘉通为庆祝其悲剧在前一天的竞赛会上取得胜利而举行的宴会，在这个宴会上大家都喝醉了。这时正是庆祝宴会的第二天，所以宾客们(苏格拉底是其中之一)决定少喝酒，虽然这是违背希腊宴会习惯的。阿尔其比亚德发现大家都是清醒的，没

① 邓尼曼，第二卷，第二十六页。

有一个人像他那样昏醉，便自当司酒人，向大家劝酒，要把大家灌得同他自己一样昏醉；但是他说他对苏格拉底毫无办法，因为不管喝了多少酒，他仍然若无其事。接着柏拉图借那个述说这次宴会谈话的人之口说，他同别人最后靠在靠椅上睡着了，而当他在天明醒来时，苏格拉底一杯在手，还在同阿嘉通和阿里斯多芬谈论喜剧和悲剧，谈论一个人能不能同时是喜剧作家又是悲剧作家，然后他照平常时间去公共场所，去运动场，好像什么事情也没有发生，并且照平常一样整天到处找人谈话。[1] 这种有节制不在于把享乐减到最少，不在于有目的地保持头脑清醒和压抑欲望，而是一种意识的力量，这种意识能在过度的肉体享受中保持清醒。我们由此可以看得出来，我们丝毫不能以道德美德的教条来设想苏格拉底。

我们知道，他对人的态度不仅是正直的、真实的、坦率的、温和的、可敬的，而且是最完美的阿提卡文雅风度的典型，根据克塞诺封的记载，尤其是根据柏拉图的记载，他是活动在最广阔的社会关
系之中，与人们坦白而极有分寸地谈论着，他的谈话由于具有一种 57
内在的普遍性，对谈话者与谈话的境地说来永远是正确的、生动活泼的、无拘无束的，——这是一个具有最高教养的人的社会生活，他绝不以个人的癖好来强求别人，绝不做使人难堪的、触犯他人的事情。

他的**哲学**和他研讨哲学的方式是他的生活方式的一部分。他的生活和他的哲学是一回事；他的哲学活动绝不是脱离现实而退

---

[1] 柏拉图："会饮"篇，第二一二，一七六，二一三—二一四，二二三页（柏克尔本第四四七，三七六—三七八，四四九—四五〇，四六八—四六九页）。

避到自由的纯粹的思想领域中去的。产生这种同外部生活联系的原因,是他的哲学不企图建立体系;他研讨哲学的方式本身毋宁说就包含了同日常生活的联系,而不像柏拉图那样脱离实际生活,脱离世间事务。

说到他的专门职业,他的哲学讲授,或者更恰当点说,他的社交活动(因为严格说那不是讲授),他同每一个人,同各个阶级、各种年龄、各种行业的人们的社交活动,——他的哲学的社交生活,在外表上是与一般雅典人相同的:他们最大部分时间无所事事,而在市场上闲逛,或者到公共运动场里去游荡,有时在这里做做体操,此外主要地是聊天。这种社交方式只有在雅典的生活方式之下才有可能。大部分工作,在现在是由自由公民——无论是共和国或君主国的自由公民——做的,在那时则是由奴隶做的,工作被认为对于自由人是不光荣的。诚然一个自由公民也可以做手工业
58 者,但是却有许多奴隶为他工作,如现在一个掌柜有许多伙计一样。在今天,这样一种优游生活与我们的习惯是完全不相容的。苏格拉底也这样游荡着,生活在对于道德问题的无休止的讨论中[①](鞋匠西门与他有很多来往;他写有"苏格拉底言论集")。他所做的正是他所擅长的事,一般说来这可以叫作道德的说教;但是这并不是一种讲道、训诫、讲授或枯燥的道德说教等等。因为这种东西在雅典人中间,在阿提卡文雅风度中是无地位的,这不是一种平等的自由的合理的关系。恰巧相反,他同任何人谈话,都保持着阿提卡的文雅风度的特点,不自以为是,不好为人师,不强人从己,充

① 克塞诺封:"回忆录",第一卷,第一章,第十节。

分保证并尊重他人的自由权利，避免一切粗暴无礼的态度。因此，克塞诺封的，特别是柏拉图的对话集，成为这种优美的社交文化的最高典范。

一　苏格拉底方法

就在这种谈话中产生了苏格拉底的哲学和以其名为名的苏格拉底方法，这种方法，根据它的性质，就应当是辩证的方法。苏格拉底的风格不是矫揉造作的，与此相反，现代人的一些对话篇，正是由于没有内在根据来支持这种形式，所以必然成为冗长的和令人厌倦的。反之，他的哲学的原则却是同他的方法相吻合的，就这一点说，也可以不叫它作方法，因为这是一种和苏格拉底的特性相一致的方式。他的哲学的主要内容，是把善认作绝对，特别在行为
中去认识善。苏格拉底把这个方面提得这样高，因而他自己就把 59
科学，即对自然、精神等的一般原则的观察抛在一旁，而且也以此要求别人。[①] 因此可以说，就内容而言，他的哲学有着非常实际的动机。不过主要的方面则在于苏格拉底方法。

苏格拉底的谈话（这种方法）具有一种特点：（一）他一有机会就引导人去思索自己的责任，不管这机会是自然产生的还是苏格拉底故意造成的。他常到鞋匠与裁缝的作坊中去和他们谈话，也和青年们、老人们、鞋匠们、铁匠们、智者们、政治家们、各种公民们谈话，谈话总是从他们感兴趣的东西开始，或者是家务，或者是儿

① 克塞诺封："回忆录"，第一卷，第一章，第十一—十六节；亚里士多德："形而上学"，第一卷，第六章。

童的教育，或者是知识、真理……，——不管什么问题，只要机会允许。接着(二)他就引导他们离开这种特殊事例去思索普遍的原则，引导他们思索、确信并认识什么是确定的正当的东西，什么是普遍的原则，什么是自在自为的真和美。这种工作，他是用著名的苏格拉底方法来做的；我们在谈内容之前，必须先谈这种方法。这个方法主要地有两方面：(一)从具体的事例发展到普遍的原则，[①]并使潜在于人们意识中的概念明确呈现出来；(二)使一般的东西，通常被认定的、已固定的、在意识中直接接受了的观念或思想的规定瓦解，并通过其自身与具体的事例使之发生混乱。这些就是苏格拉底方法的一般。

甲、更仔细一点说，这是他的方法的一个环节，他是常常从这
60 个环节开始的，他这样做，是为了唤醒人们的思想，在人们的信心动摇之后，他就引导人们去怀疑他们的前提，而他们也就被推动而自己去寻求肯定的答案。他喜欢从日常的观念入手，当他要使智者们的态度受到指责时，他也这样做。对于青年人他尤其喜欢这样去激发他们追求知识(自己去思索)的欲望。他提出日常的观念来同别人讨论，装出好像自己什么也不知道，引起别人说话，——他自己是不知道的；然后做出率真的样子，向人提出问题，让别人自己说出来，让别人指教他。这就是著名的**苏格拉底讽刺**。他的这种方法是主观形式的辩证法，是社交的谦虚方式；辩证法是事物的本质，而讽刺是人对人的特殊往来方式。他用这个方法所要起的作用，是让别人暴露自己，并说出他们的原则。而他则从每个一

① 亚里士多德："形而上学"，第十三卷，第四章。

定的命题或引申出来的命题中引申出与此命题所表达的完全相反的东西；那就是说，他并不直接反对那个命题或定义，而是把它接受下来，向人们自己指出他们的命题怎样包含着恰恰相反的东西。有时他也从一件具体的事例出发，推演出它的反面来。他让人们从他们所肯定的真理中去寻求结论，而终于认识到这些结论怎样与他们所同样坚持的其他原则相矛盾。这样，苏格拉底便使同他谈论的人们认识到他们一无所知；不仅如此，他自己就说过他一无所知；因此也没有什么可以教人。实际上也可以说苏格拉底一无所知，因为他并没有做到建立一种哲学和建立一种科学。这一点他是意识到的，而且他也完全没有建立一种科学的企图。 61

从一方面看，这种讽刺好像是虚伪的做法，——苏格拉底说，他是不知道一件事而去询问人们，可是细究起来，这就包含着一个意思，即不知道别人对这件事的想法如何。情形往往是这样的：当人们谈论着某些大家有共同兴趣的东西时，每一个人都有着某些最后的观念，最后的词句，作为他谈论的前提，而且自认为这些前提是普遍的、人所公认的；于是大家的认识总是不能趋于一致。如果真正要求得一种了解，首先必须考察的正是这些前提。我们现代关于信仰与理性争辩很多——信仰与认识成为目前我们精神兴趣集中的焦点——；因此每一个人都好像很了解什么是理性等等。如果询问什么是理性，会被认为是失礼，理性被认为是人所熟知的东西。而多数争论却都是关于这个题目的。十年前[①]有个著名的神学家发表了九十个关于理性的论点，这些都是很有趣的问题，但

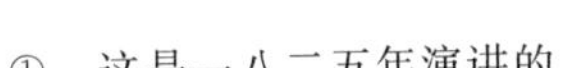

① 这是一八二五年演讲的。

是争论虽多,而结果毫无;这个坚持理性,那个坚持信仰,双方相持不下。理性与信仰是绝对不同的,但是要真正了解其不同,只有解释被假定为人所共知的那些东西,才有可能(究竟什么是信仰,什么是理性,并不是大家都知道的);首先必须规定名词的意义,才能发现共同的东西,——只有首先这样,关于这些问题的辛勤的钻研
62 才能得到结果,否则,尽管成年累月地争来辩去,还是不能前进一步的。

苏格拉底讽刺的伟大之处,就在于它能使抽象的观念具体化,使抽象观念得到发展。如果我说我知道理性是什么,信仰是什么,这不过只是抽象的观念;要使它们具体化,就得经过解释,就得假定它们的本质还未被认识。苏格拉底要人解释这些观念,这就是苏格拉底讽刺的本质。一个说信仰,另一个说理性,谁也不知道他们究竟说的是什么;问题就在于要把概念提到意识里来,——亦即要把仅仅是观念的东西因而也就是抽象的东西加以发展。

关于苏格拉底式的讽刺,近代人们谈论得很多。苏格拉底式讽刺的基本要点,仅在于他承认别人直接接受并提出来回答他的话。(所有的辩证法都承认人所承认的东西,好像真是如此似的,然后让它的内部解体自行发展,——这可说是世界的普遍讽刺。)人们都企图使这种讽刺变成完全另外的东西,把它扩大成普遍的原则;弗里德利希·封·施雷格尔是第一个表示这种想法的,阿斯特也跟着他说。讽刺被视为精神行为的最高方式,被表现为最神圣的东西。阿斯特说:“对于观念中以及生命中的美的热爱,使他的谈话具有灵感,成为内在的、深不可测的生命。”这个生命应该就是讽刺!“他卓越地用讽刺来反对智者派,击溃了他们的知识上

的昏聩。”这个讽刺事实上是费希特哲学的一个引申,一个产物,并且在理解现代哲学概念时,这是一个主要之点。它使主观意识独 63
立于一切事物:“我,以我的教养有素的思想,是能够取消一切规定,取消公正、伦理、善等等的规定的;而且我知道,如果对于我来说,有什么东西显得好,够得上好,我也能把它推翻。我完全知道,我就是这一切规定的主宰,承认它们的是我,推翻它们的也是我。一切东西,只有现在使我高兴的,对我才是真实的。”这种讽刺是同一切东西开玩笑,这种主观性不再严肃对待任何事物,它做出了严肃的事,但是又加以破坏,把一切变成幻影。一切崇高而神圣的真理都化为空虚(庸俗);一切严肃的事同时也只是笑谈。不过希腊人的愉快,正如荷马诗中所表现的那样,也是富于讽刺性的;如爱神嘲笑宙斯和战神的气力,火神跛脚行酒,引起诸神哄堂大笑,天后打爱神的耳光。古代人在祭祀时自己吃掉了最好的祭品,这中间有着讽刺;在发笑的痛苦中,在激动流泪的最大的快乐与幸福中,在梅菲思特菲勒斯的嘲弄的笑声中,总之在从一极端到另一极端,从最好到最坏的转变中有着讽刺。休沐日早上〔在礼拜堂里〕还是低首下心,痛悔前非,捶胸顿足,悔恨得无地自容,而一到晚上,便吃饱喝足,欢天喜地,逍遥行乐,摆脱约束,恢复自我尊严。伪善与上述的事是同类的,是莫大的讽刺。阿斯特的“最深刻的内在生命”恰恰就是主观的任性,这种自视高于一切的内在神性。关于这种讽刺,即人们所谓的“最深刻的内在生命”的创始人,人们以为就是苏格拉底和柏拉图,这是错误的,虽然他们有主观性的因素;在我们现代,已经不容许这种讽刺流行了。这种讽刺认为否定 64
的态度是神圣的,一切皆空的看法与意识是神圣的,而这种看法里

也就包含着我的虚骄之气。把一切事物归于虚无的意识当作至高无上，这也许是一种深刻的生活；但是这只是一种虚幻的深度，正如阿里斯多芬的古代喜剧所表现的那样。苏格拉底的讽刺是与我们现代的这种讽刺大相径庭的；讽刺在他以及柏拉图那里，有着有限制的意义。苏格拉底的**一定意义的**讽刺，是一种谈话的方式，一种愉快的社交，而不能被了解为那种纯粹的否定，那种否定的态度，——既不是嘲笑，也不是伪善，而嘲笑与伪善不过是对理念开玩笑。然而，他的**悲剧性的**讽刺是他的主观思维对现存的伦理的反抗，他自己并未认识到他是站在现存的伦理上面，而只是抱着一个朴素的目的，引导人们走向**真正的**善，走向普遍的观念。

乙、他的方法的第二个环节，苏格拉底更确切地称之为**接生术**，他是从他的母亲得到这个方法，[①]即帮助已经包藏于每一个人的意识中的思想出世，——也正是从具体的非反思的意识中揭发出具体事物的普遍性，或从普遍认定的东西中揭发出其中所包含的对立物。用这个方法时他总要发问，因此人们把这种问答的方式就叫作苏格拉底方法；其实这种方法所包含的不是问与答所能完全包括的。苏格拉底提出问题，等待回答；发问题是有一个目的的，相反地，回答看来却是偶然的。在写出来的对话中，回答完全
65 在作者的掌握之中，但是说实际上是否有作如此回答的人，却是另外一回事。在苏格拉底那里，回答者可以被称作可塑的青年，他们对于问题只是以一定的方式作答；而问题也提得使他们很易于回答，使一切任意的回答成为不可能。这种方式本身之中就含有陶

① 柏拉图："泰阿泰德"篇，第二〇一页(柏克尔本第三二三页)。

铸的成分，我们在柏拉图和克塞诺封的叙述中看到了这种方式。答非所问、答的和问的不相干的那种回答方式，是特别与这个方式相反的；在苏林拉底则不然，问者所提问题的关系（注意点）、方面受到尊重，答者只是从这同一的关系、方面作答。另一种方式就是答者可以另外提出一个不同的观点，这无疑是一种活泼热闹的谈话的精神；但是这样一种争论是苏格拉底的回答方式所不容许的；他的方法的主要之点就是要始终坚持一个论点。强词夺理，自以为是，理屈词穷时打断话题，用开玩笑或抛开不管的方法躲避问题，——这些方式在这里都是不容许的；这些方式既不为优良的习俗所容许，更是完全不为苏格拉底式谈话所容许的。因此在苏格拉底式的对话中，被问者的回答严格遵守所提问题的观点，当然不足为奇，这就是这种方式中的陶铸成分；与此相反，在最好的近代对话中，总是夹杂着偶然任性的成分。这个区别是涉及了外部的、形式的方面。

苏格拉底提出问题的主要目的不是别的，乃是要从我们表象、
经验中的特殊成分引导出朴素地存在于我们意识中的某种普遍的
东西。苏格拉底为了使人认识这种普遍形式的善和正当，他是从
具体的事例出发的，是从他的谈话对方所认可的事例出发的。他 66
从具体事例出发向前推进，并不是凭借把那些与具体事例有联系
的概念连接在纯粹必然性中那种做法，这是一种演绎，一种证明，
或者一般说来是一种凭借概念的推断。他乃是分析这个存在于自
发的意识中而未被思索过的具体事物，分析淹没在素材中的普遍
性，而把其中的普遍概念作为普遍概念揭发出来；他分解具体事例
（偶然事例），指出包含在其中的普遍的思想，而使人认识一个普遍

的命题，一个普遍的规定。我们发现这个方法在柏拉图的对话中也是特别丰富的，在柏拉图那里表现了运用这个方法的特殊的技巧。每一个人用来形成他对普遍概念的认识的，也就是这个方法；自我意识的培养，理性的发展，就是对普遍概念的认识。小孩、没有文化的人是生活在具体的、个别的观念中；但是在成年的进行自我教育的人，由于他在自我教育中是作为思维者反省自己，反思就变成了对普遍概念的反思，对普遍概念的确定的反思，他过去是在具体表象中自由运动，现在则是在抽象概念中、在思想中自由运动。我们看到了这样一种从特殊事物中进行抽离的工作，列举很多事例，用一种很麻烦的办法去做。至于我们，是受过表象抽象事物的教育的，从小就学习过抽象事物的原则(我们认识普遍的东西，并且能够加以理解)，因此这种所谓屈就的苏格拉底方法，这种从许多特殊事物发展出普遍概念的做法，这种不厌其烦地举例的办法，在我们看来每每是闷人的、无聊的(讨厌的)。具体事物的普遍概念早已作为普遍概念呈现在我们面前；我们的反思对于普遍概念已经习惯了；首先我们就不需要进行这种费力的、冗长的抽离
67 工作——如果苏格拉底现在是要把抽象概念提到意识面前来，那么在我们，要确定抽象概念的普遍性，是无需举出这么多的例子，即无需一再重复，借反复说明来建立抽象概念的主观确定性的。

因此主要之点就是通过与苏格拉底交谈的人自己的认识，从一个熟知的表象中发展出普遍概念来。这种方式可以产生一个直接的后果，就是意识觉得很奇怪，这个普遍概念就在熟知的事物里，而它竟没有在那里寻找过。例如每一个人都知道生成并具有生成的观念。如果我们反思到生成的观念，就知道生成的东西是

存在着，而又不存在；在生成中有着存在和非存在。生成就是这个简单的观念，就是像有和无这样差别如此巨大的不同的东西的一个统一。我们也许会吃惊，在这个简单的观念中竟有如此巨大的差别存在。

丙、苏格拉底发展了这样的普遍概念之后，所得到的**结果**有一部分是完全形式的，就是使那些交谈的人相信，虽然他们自以为对这件事情如此熟悉，却是现在才开始意识到："我们所知道的东西是彼此互相矛盾的。"于是苏格拉底就在这个意义之下继续发问，使交谈者不得不承认一些道理，而这些道理却包含着与他们的出发点相反的东西。当他们把自己的一些观念联系到一起的时候，矛盾就产生了。这就是绝大部分苏格拉底的谈话的内容。因此苏格拉底是发展了这样一些观点，这些观点是与意识中原有的东西相对立的；这种做法的直接结果是使意识本身发生混乱，从而使它陷于困惑。把意识导入困惑，这就是苏格拉底的谈话的主要趋向。他要想用这个方法唤醒人们的见识、羞耻、意识，使人们 68
知道我们以为是真的东西并不是真的，相反地却是动摇的。由此便发生了认真努力求知的要求。这就是苏格拉底的作风的主要方面。

柏拉图在他的"美诺"篇中举出了一些例子。在"美诺"篇中，苏格拉底问道："请凭着神灵告诉我，什么是美德。"美诺立刻就作出一些区别，就男人的、女人的美德来下定义说："男人的美德是精于国家的事务，以及帮助朋友，打击敌人，——女人的美德是管理家务；另一种美德则是儿童（男孩）、青年、老人的美德"，等等。苏格拉底打断他的话说：这不是我所问的，我问的是"包括一切的

普遍的道德”。美诺说:“这种美德就是支配别人,命令别人。”苏格拉底举出例子来反驳道:“儿童和奴隶的美德却不在于发号施令。”美诺说:“他不知道一切美德的普遍概念应当是什么。”苏格拉底说:“这就像图形一样,图形就是圆形、四边形的共同者”,等等。[①] 然后来了一段题外的话。美诺说:“美德就是能够取得人所要求的那些善。”苏格拉底插进来说:“(一)提出善来是多余的,人知道某件事是恶的,就不要求它了;(二)因此善必须以正当的方式取得。”苏格拉底把美诺搞糊涂了;于是他指出美诺的那些观念是不对的。美诺就说:“我在认识你以前,早就听说你自己老是在怀疑(ἀπορεῖς),并且也使别人陷于怀疑(迷惘)。现在你也使我着魔了,以致我充满了
69 困惑。如果我可以开个玩笑的话,我觉得你完全像电气鳗那种海鱼;因为据说这种鱼使走近和接触它的人麻醉。你就是对我做了这样的事;因为我的身体和灵魂都麻醉了,我再不知道回答你什么话,虽然我曾经和许多人谈论过美德,而且我觉得谈得很好。可是现在我一点也不知道该怎么说了。因此你不打算到外国去旅行是很对的;外国人很容易把你当作魔术家打死。”[②]苏格拉底要再“寻求”。现在美诺说:“对于你声称不知道的东西,你怎么能寻求呢?对于你所不知道的某种东西,你能对它加以企望吗?如果你偶然发现了它,你怎么会知道那就是你所寻求的呢——你不是承认不知道它吗?”[③]有许多克塞诺封和柏拉图的对话都是以这种方式结束的,使我们在结果(内容)方面完全得不到满足。“吕锡斯”

① 柏拉图:“美诺”篇,第七一—七六页(柏克尔本第三二七—三三七页)。

② 同上书,第七七—八〇页(柏克尔本第三三九—三四六页)。

③ 同上书,第八〇页(柏克尔本第三四七页)。

篇中就是这样问的：爱情和友谊使人得到什么？在“国家”篇中，也是像这样安上一个引子，探究什么是正义。这种困惑有引导人去反思的效果；这就是苏格拉底的目的。这个单纯消极的方面就是主要之点。一般说来，哲学应当从困惑开始，困惑是与哲学俱来的；人应当怀疑一切，人应当扬弃一切假定，以便把一切当作概念的产物重新接受。

苏格拉底在意识中所发展的积极的东西，是现在要详细陈述的。这个积极的东西不是别的，就是善，就善之通过认识由意识中
产生而言，——就是被意识到的善，美，所谓理念，永恒者，善，由思 70
想规定的、自在自为的普遍；这种自由的思想就会产生出普遍，真理，而且也产生出作为目的的善。在这一方面，苏格拉底与智者们是不同的，并且是对立的。智者们说：人是万物的尺度，这还是不确定的，其中还包含着人的特殊的规定；人要把自己当作目的，这里面还包含着特殊的东西。在苏格拉底那里，我们也发现人是尺度，不过是作为思维的人；如果将这一点以客观的方式来表达，它就是真，就是善。我们不要谴责智者们没有把善当作原则，这是因为他们的时代缺乏方向；善的发现还是没有由苏格拉底完成，不过这时善、真、正义总是被当成基础了。善的发现是文化上的一个阶段，善本身就是目的，这乃是苏格拉底在文化中、在人的意识中的发现；智者们没有更早地做出非他们所做的事，这并不是他们的过错，——每一个发现都是有它的时代的。

二　善的原则

简单说来，这就是苏格拉底的方式——（和哲学）。似乎我们

还没有讲多少苏格拉底的哲学，因为我们只是老在讲原则；不过苏格拉底的意识第一个达到了这种抽象物，这一点乃是主要之点。善是普遍的共相，它不再是那样抽象的，它是由思维产生出来的；它不是阿那克萨戈拉的 νοῦς（心灵），而是那在自身中规定自身、现实自身并且一定要现实的共相，——作为世界和个人的目的的善。善是一个自身具体的原则，不过这个原则的具体规定还没有被表述出来；在这个抽象的态度中，存在着苏格拉底的原则的缺点。积
71 极的东西没有讲出来；因为善没有得到进一步的发展。

甲、关乎苏格拉底的原则的第一个规定，是意识从自身中创造出真实的东西，并且应当从自身中创造出真实的东西。这个规定是一个伟大的规定，虽然还只是形式的。把意识导向自身，乃是主观自由的原则。

这个主观自由的原则是这样表现在苏格拉底本人的意识里的：他认为其他的各种科学对于人是毫无益处的，他只应当去关注那对他的道德本性重要的东西，以便行最大的善，认识最真的东西。我们见到他指出从每一个人中都可以找到这个普遍，这个绝对，作为他的直接的本质。我们见到在苏格拉底这里，规律，真理，以及以前作为一个存在出现的善，都回到了意识里面。但是这不是苏格拉底这个个人身上的一种个别的偶然表现；我们应当理解苏格拉底和他的表现。在普遍的意识中，在苏格拉底所属的那个民族的精神中，我们看到伦理〔即礼俗〕转化成为道德，并且看到苏格拉底站在顶峰上，意识到了这个转变。世界精神在这里开始了一个转折，它以后更充分发挥了这个转折。无论苏格拉底，以及雅典人民与雅典人民中的苏格拉底，我们都应当从这个较高的观点

来考察。在这里开始了意识对自身的反省，开始了意识对自己本身的认识，认识到自己是本质，——也可以说，意识到上帝是一种精神，也可以用一种比较粗糙、比较感性的方式说，认识到上帝带有人的形相。这个时期开始于作为存在的本质被放弃的时候，即使这存在是像以往那样的抽象的存在，思想中的存在。但是在一
个高度繁荣的伦理的民族看来，这个时期却显得是一个逼人的、长 72
驱直入的而且阻挡不住的灾祸。因为这个民族的伦理正如一般古代民族的伦理一样，就在于把伦理当作伦理的本性，作为现存的共同体，并没有取得在个别意识中的个人确信这一形式，而只是采取确信直接的绝对这一形式。这就是通行有效的、现存的法律，并没有经过检验和考究；这种伦理就是至高无上的东西，而这种伦理意识也是自身满足的。但是道德意识要问：这也是真正的法律吗？固然，这也是国家的法律，它和诸神的意志同样有效；因此它是共同的命运，它具有着一个存在物的形式，大家都承认它是如此的。那从一切具有存在物形式的东西中折回到自身的意识，要求对这种法律也要从真理来设定和理解，——也就是说，要求法律之中也必须有自觉的意识。我们看到雅典人民正处在这个折回自身的过程中；作为存在物的现存法律，已经开始受到怀疑了，被认为正当的事情，已经开始动摇了，——已经开始出现超出一切存在和权威的最高的自由了。这个向自身的折回，是希腊精神的高度发展，因为它不再是这些伦理所笼罩的一种存在，而是对这些伦理的一种生动的意识，这种意识虽然具有着同样的内容，但却是在自身中自由活动的精神了；——这一种文化，我们看到斯巴达人是从来没有达到的。伦理等于一种对于伦理或上帝的自由的自我感，一种对

于伦理的愉快的享受,——这是最生动活泼的伦理。这种自我感就直接是精神;意识和存在是具有同样的价值和地位的。存在的,就是意识,两者之中,其一的力量并不超过其他。法律的权威对于意识并不是一种枷锁,全部实在对于意识也不是一种妨碍,意识是确信它自己的。但是这个折回现在是到了抛弃这种内容的飞跃关
73 头了,它要把自己建立为没有这种内容的抽象意识,以及与法律相对立的存在。从这种意识与存在的平衡中,意识本身以独立的姿态走出来了,分离的关键在于独立的理解;因为意识在这个统一之中,在对于自己的独立性的理解之中,已经不再直接承认那要求人遵守的东西,它必须使自己在这种东西前面合法化,也就是说,它要在这种东西里面理解到它自己。因此这个折回就是使个别从普遍中孤立出来;这就是犯罪,这就是牺牲国家以利自己,——(我或者是享有永恒的幸福,或者是受罪。哲学上所谓"永恒"可以在时间里实现了:通过真正的实质的人而实现)。国家已经失去了它的力量,——这种力量是存在于共同体的连续性中的,这个共同体乃是一种与个别的个人不相分离的精神,因此个别的意识除了法律之外不知道有别的内容和本质。图居第德说,在伯罗奔尼撒战争中,人人都以为他不赞成的那一方面是没有前途的。伦理曾经动摇了,因为已经有了一种看法,认为人自己创造出自己的特殊准则;而几个人应当关心自己,关心自己的伦理,——这也就是说,个人变成道德的人了。没有了公共的伦理,道德就立刻出现了。

我们现在看见苏格拉底就是带着这种感情出现的,他认为在这个时代人人都应当关心他自己的伦理。因此他通过对自己的意

识和反思来关心他的伦理，——普遍的精神既然在实际生活中消失了，他就在自己的意识中去寻求它；因此他帮助别人关心自己的伦理，因为他唤醒别人的伦理意识，使人意识到在自己的思想中便拥有善和真，亦即拥有产生道德行为和认识真理的潜在力。我们不再是直接拥有这些东西，像随处都有水一样；而是像在某些地带的一只船上，必须自己预备水。直接的东西不再有效准了，它必须对思想说明它存在的理由。我们是从全体来了解苏格拉底的特点 74
和他的哲学方法的；我们也是从全体来了解他的命运的。

意识的这种复归于自身，所采取的表现方式——在柏拉图那里是很详细的——是：人是不能学习任何东西的，也不能学习美德，——这并不是因为美德不属于科学。苏格拉底指出，这是因为善不是从外面来的；善是不能教的，而是包含在精神的本性之中的。总之，人不能被动地接受一个从外面给予的东西，就像一块蜡接受一种形式那样；一切都存在于人的精神之内，人只是好像在学习一切。诚然一切都是从外面开始的，但是这不过是开始；实际上外面的东西只是使精神发展的一种推动力。一切对人有价值的东西，永恒的东西，自在自为地存在的东西，都包含在人本身之内，都要从人本身中发展出来；学习的意思，在这里只是获得对于外在的某种确定的东西的知识。外在的东西诚然是由经验而来的，但是其中的共相却属于思维，——不过并不属于那主观的坏的思维，而乃是属于真正的有普遍性的思维。在主观与客观的对立中，共相乃是既主观而又客观的东西。主观只是一个特殊的东西，客观相对于主观说也同样是一个特殊的东西，共相则是两者的统一。根据苏格拉底的原则，凡是精神不提供证明的东西，对于人就没有效

准,就不是真理。人之所以自由,就在于他无求于外;这就是精神的主观性。正如圣经中所说的“我肉中的肉,骨中的骨”一样,我以之为真理、为正当的东西,就是我精神中的精神。精神从自身中汲取出来的东西,对精神有效准的东西,必须是从作为共相的精神
75 中,从作为共相而活动的精神中来的,而不是从精神的欲望、兴趣、爱好、任性、目的、偏好等等中来的。这些东西诚然也是内在的、“由自然种植在我们之中的”东西,但是只是以自然的方式为我们所固有,因为它是属于特殊的;比它更高的东西是真正的思维、概念、理性的东西。苏格拉底把思想的普遍、真实的成分和偶然、特殊的成分对立起来。苏格拉底唤醒了这个真正的良知,因为他并不只是宣布:人是万物的尺度;而且宣布:作为思维者的人是万物的尺度。以后我们在柏拉图那里将看到一个说法,认为人只是**回忆**到那似乎是为他所接受的东西。

现在问题是:**什么是善**?苏格拉底没有采纳从自然方面对善所下的**定义**;善,作为本身的目的的东西,也是自然哲学的原则。苏格拉底主要是从人的行为方面,或从世界的总的最终目的方面,来理解善的。善的规定,在苏格拉底的自然哲学观点之下,乃是特殊事物中的特性,乃是经验科学中的范畴。苏格拉底蔑视其他一切哲理科学,认为它们微不足道;他常常说,这些都是空洞的知识,与人的目的无关;人只应当认识什么是善,只应当寻求对人有益的东西,——这是一种片面的看法,而这在苏格拉底是完全可以理解的。这种〔把善当作至高无上的〕宗教,他认为不仅是人们指导思想时必须根据的基本的东西,而且是唯一的东西。苏格拉底把自然方面的许多规定都排除在善之外;在他那里,即使就人的各个具

体行为方面说，善仍然还是空泛不确定的，那最高的规定性（那规定者），乃是我们一般所谓主观性。

如果我们说，善是应当加以规定的，这意义首先在于：第一，善 76
只是普遍的最高准则——（通过这种简单的普遍性，善本身便陷于与实在性的存在相对立，换句话说，这样的善是缺乏个别性、能动性的）——；但是其次，善也不应当是惰性的，不应当是只是思想，而应当作为特定的东西、现实的东西出现，作为有实效的东西出现。善只有通过主观性，通过人的能动性，才能是这样一种东西。说善是一个特定的东西，进一步的意思是说，善是一个现实的东西，——也就是说，善是与主观性、与个人相结合的；也就是说，个人是善的，个人知道什么是善，——这种状态我们就称之为道德。人应当知道公正，并且以公正的意识来做公正的事；这就是道德，这就与伦理分开来了，伦理是无意识地做公正的事的。伦理的（诚实的）人就是这样的，他并不事先考虑到什么是善的，善就是他的品格，是固着在他身上的；而一旦意识到了善，便产生了选择：我究竟是愿意要善呢，或是不愿。这种道德的意识是很容易变成有危险性的，它使个人由对自己的模糊认识中产生一种骄傲自满，这是从个人意识到这种选择而来的：我是主人，是善的选择者；这里面就包含着：我知道我是一个诚实的人——卓越的人。我是通过我的意志而决定行善的，这样，我便获得了对于我的优越性的意识；这种虚骄是与道德密切地联系在一起的。在苏格拉底那里，还没有进到这种善与作为选择者的主体对立起来的地步，问题还在善的定义上面，讨论的还是主观性与善的结合，主观性就是作决定的个人，能够进行选择、把自己与内在的普遍原则结合起来的人。这 77

中间又包含着两个方面：对于善的认识；以及主体是善的，善就是他的品格，他的习性(habitus)，——主体是善的，这一点古人曾称之为美德。

我们从这一点就可以理解到下面引述的亚里士多德[①]对苏格拉底的美德的定义、原则所作的批评。他说："苏格拉底关于美德的话说得比普罗泰戈拉好，但是也不是完全正确的，因为他把美德当成一种知识(ἐπιζήμας)。这是不可能的。因为全部知识都与一种理由(λόγος)相结合，而理由只是存在于思维之中；因此他是把一切美德都放在识见(知识)里面。因此我们看到他抛弃了心灵的非逻辑的——感性的——方面，[②]亦即欲望(πάθος)和习惯(ἦθος)"，而这也是属于美德的。欲望在这里不是情欲，而是心情的倾向、意愿。

这是一个很好的批评。我们看见，亚里士多德对苏格拉底的美德的定义感到不足的，乃是主观现实性的方面，亦即今天所谓心："善基本上只是一个识见的东西"；因此知识是美德中的唯一要素。美德是按照普遍的目的来规定的，不是按照特殊的目的；但是美德并非只是这个识见，这个意识。要使识见到的善和真成为美德，还需要人、心、心情与它合而为一，——这个环节我们可以称之为存在，也可以一般地称之为现实化的环节；这个存在的方面就是亚里士多德所说的非逻辑的方面。如果善具有这种作为一般实在
78 性的实在性，则善作为一般的存在就是礼俗，或作为个别意识的实在性，——就是欲望：因为欲望正是主观个别意志的一种特性。可

① "大伦理学"，第一卷，第一章。

② 的确是非逻辑的，以后对于柏拉图也是这样说的。

以说，识见是缺乏实体性或物质的。在美德的定义中，正好遗漏了我们看见在现实中消失了的那个东西，亦即一个民族的现实的精神，意识就是从这个精神回到自身的；正因为**如此**，所以这个定义只是识见的主观的东西，它没有作为礼俗的实在性，这个实在性对于个别的人就是欲望。普遍的善对于个别的人说来，就是驱使个人的普遍的欲望的。也正因为我们习惯于把善、美德、实践理性等等放在一个方面，因为另一个与道德相对立的方面，在我们看来就是一种同样抽象的感性、偏向、欲望，——这便被认为恶。但是要使那个普遍的善也取得实在性，是必须由个别的意识来实行的；实行正是属于这种个别性。如果不怕误解，我们可以把个别意识称为兴趣，对于个别说来，普遍就是它的兴趣。欲望（爱、野心、追求名誉）是普遍的东西，它不是在识见中，而是在行为中，它是普遍的东西，因为它是自身实现的。——不过，清除我们文化中的全部被歪曲的观念和对立，这不是我们现在要做的事。

亚里士多德[1]又说："苏格拉底在一个方面是研究得完全正确的，但是另一方却不正确。说美德就是知识，这是不对的，但是说美德不能没有识见（不能没有知识），他这句话里却有道理"；——
目的的概念是属于思维的。"他把美德当作逻各斯；可是我们说， 79
美德是与逻各斯相连的。"这是一个非常正确的规定；一方面，普遍概念始于思维；但另一方面，人的作为品格的美德必具有心、心情等等。这两个方面，（一）普遍概念，（二）实行的个体性，实在的精神，是在我们道德生活中必然要出现的。后者在苏格拉底那里采

① "尼可马克伦理学"，第六卷，第十三章。

取着独特的形式,前者我们要详细加以考察。

乙、普遍概念本身具有**积极的**方面和**消极的**方面。伦理的实在性在人民精神中发生了动摇,这一点是苏格拉底意识到了的;他站得这样高,正是因为他意识到了这个事实,他反映了他的时代。他在这种意识里把伦理提高到识见;但是这样做也正是进而意识到礼俗、礼法的确定性、直接性已经发生了动摇,——概念的威力扬弃了礼法的直接的存在和效准,扬弃了自在的礼法的神圣性。当识见以积极的方式把那有法律效用的东西认作法律时(积极的〔按即有权威的〕东西要依赖法律才能存在),这个法律的有效性却是通过消极的方式才得到承认的,并且不再具有绝对不可动摇的形式了(它还不是柏拉图式的共和国)。因此当它的绝对不可动摇性被概念打破之后,那具有对无知无识的人有效准的形式的通行法律,便没有真理性了,因为它不是具有特定性的普遍性了,——(真实的不再是**这个**善和**那个**公正,而只是那纯粹自在的普遍性,那绝对的善)——:所以我们看到,这是空洞的,没有实在性的。如果我们要使那自在的善和美发生实效,如果我们不满意于一种空洞的彷
80 徨,那么我们就需要再进一步来对普遍概念作充实而明确的规定。

其次是,因为苏格拉底仍然停留在无规定性的善里,所以规定性具有着进一步的意义:它表现特殊,把自身规定的作用与特殊的善联系起来。因此普遍便只是由否定特殊的善而产生的结果;但是这些特殊的善乃是特殊的法律,有权威的法律,——一般的礼俗,希腊时代认作风俗的那些东西。现在思想、反思的思想推进到普遍者上面来了,因此就不能不出现这样的事情,即指出特殊者的局限性,使它发生动摇。这是一个正确的,但是有危险性的方面。

思维的意识、反思知道指出一切特殊者的缺点；于是特殊者便不再被视为固定了，它的稳固性被摇动了。把有限的东西当作绝对的东西看待，这当中自然存在着一种不一贯性；但是这种不一贯性却为伦理的人无意识地改善了，这个改善就存在于主体的伦理中，就存在于共同生活的整体之中。这两个极端诚然也会有冲突的时候，这是不幸的，不过这是很不常见的偶然情况。克塞诺封的记载中有一个例子，可以详细说明，如何通过普遍者只愿在普遍的形式中加以坚持的思维使特殊者陷于动摇。

如果现在那被意识到的普遍概念、真和善被认作至高无上，那么这就意味着：特殊者便没有效准了。我们从辩证法中已经知道，特殊者是被指出有缺点的了，是被当作有限的东西而扬弃了；但是那普遍者，抽象的自在，也不是有效准的东西。普遍者的两个方面，积极的方面和消极的方面，我们在克塞诺封的"回忆录"中发现
是联系在一起讲的。这部著作的目的是为苏格拉底作辩护；它给 81
我们所作的关于苏格拉底的描写，比柏拉图还要精确一些，忠实一些。克塞诺封在第四卷中要想指出，苏格拉底如何一方面诱导青年，使他们认识到自己需要教育——关于这一点我们已经讲过了——；而另一方面他也告诉我们，苏格拉底如何亲自实际上教育了他们，以及他们在与他交游中学习到一些什么东西，在交游中，"他后来不再是用一些狡辩来使他们困惑（使他们痛苦），而是以最清楚最显明的（没有歧义）的方式教给他们善"，[①]——他在特定的东西中给他们指出善和真，他回到了特定的东西，是因为他不愿始

① 克塞诺封："回忆录"，第四卷，第二章，第四〇节。

终停留在单纯的抽象物中间。

(一)关于这一点,克塞诺封在一篇与智者希比亚的谈话中举了一个例子。苏格拉底在那里提出这样一个论点说:“公正的人就是遵守法律的人”,以及“这些法律乃是神圣的法律”。克塞诺封让希比亚反过来说:“苏格拉底怎样能把守法说成绝对的呢?因为人民和统治者自己也常常修改法律,从而也就是瞧不起法律了”;这也就假定了法律并不是绝对的。苏格拉底答道:“那些宣战的人难道不也媾和吗?”——那样就是瞧不起战争了,也就是把他们所愿意做的事又抛弃了,就是不把它说成自在地存在的东西了;——他又一般地说,“在最好的和最幸福的国家里,公民们是万众一心的,都遵守法律的。”[①]这是苏格拉底排除矛盾,就人人心目中都有法律这一点而认为法律有效准的一个方面。在这里我们看到了肯定
82 性的内容。如果现在我们问这些法律是什么,那么,这些法律就是这样一些东西:这些东西在一个时间是有效的,像它们在国家和人们的心目中存在着那样,而在另一个时候,则又被当作特定的东西而加以扬弃了,不再被认为绝对的了;例如不要说谎,不要欺骗,不要偷窃,不要抢劫便是。

(二)在同样的情况下,我们也看到了这另一个消极的方面。为了(克塞诺封是这样叙述的)使欧谛德谟感觉到识见的需要,苏格拉底就让欧谛德谟和他谈话,他问他是否追求美德,如果没有美德,个人和公民对于自己及其亲友就没有益处,对于国家也没有益处。欧谛德谟说美德当然是他所追求的。苏格拉底说:“可是

① 克塞诺封:“回忆录”,第四卷,第二章,第一二——一六节;第二五节。

如果没有正义，就不可能有美德”；他又进一步问欧谛德谟是不是一个公正的人，是否服膺正义。欧谛德谟对这一点作了肯定的答复，他说：“他想他的公正不下于任何一个人。”于是苏格拉底说：“既然匠人能够把它的作品指给人看，那么公正的人应当也能告诉人他们的作品是什么。”欧谛德谟也承认了这一点，他说：“这一点他很容易地就能做到。”苏格拉底提议道，是不是可以“一方面把公正的人的行为写在 Δ 字项下，另一方面把不公正的人的行为写在 A 字项下”。在欧谛德谟同意之下，“于是说诳、欺骗、抢劫(偷窃)、使一个自由人成为奴隶等行为便归入了不公正的那一方面”。然后苏格拉底问道：“可是如果有一位将军征服了敌国，这算不算正义呢？”欧谛德谟说：“是正义。”〔苏格拉底接着说：〕“同样情形，如果他欺骗、抢劫敌人、使敌人成为奴隶呢？”欧谛德谟不得不承认：“这也是公正的。”由此可见，“同样的一些性质”，如说诳、抢劫财产、蹂躏自由、欺骗，“既可以归入正义的范畴，也可以归入不正义的范畴”。欧谛德谟想了一个主意，添上一个规定说，他觉得苏格 83
拉底所说的那种行为，如说诳、欺骗等等，“只是对朋友而言；对于朋友说，那是不公正的”。苏格拉底接受了这一点，但是进一步说：“如果有一位将军”，在战役的决定时刻“看见他自己的军队很慌乱，于是他就骗他们，诡称援军来到了，好引导他们取得胜利，这是否可以称为公正呢？”欧谛德谟承认了这一点。——“**苏格拉底**说：如果有一位父亲把他的生病的孩子所不愿吃的药放在食品里给他吃了，由于这个欺骗，孩子的病治好了，这是不是公正的呢？——**欧谛德谟**说：是公正的。——**苏格拉底**说：如果有一个人，看见他的朋友在失望之中，起了自杀的念头，于是偷偷地或公开用暴力把他的武

器拿走了，这是不是不公正呢?”欧谛德谟也不得不承认：“这不是不公正。”[①]由此更可见，同样的范畴对于朋友也是有两方面的，可以归入正义，也可以归入不正义，诸如此类。

在这里我们看到了消极的方面：苏格拉底把一向固定的观念弄得动摇起来。不说诳、不欺骗、不抢劫在朴素的观念中是被认为公正的，——这在朴素的观念看来是固定的；但是把这个被认为固定的道理与另一个同样坚定地被认为真理的道理比较一下，就显出它们是互相矛盾的了，——那个固定的东西就动摇了，就不再被认为固定的了。相反地，苏格拉底拿来代替固定者的那个积极的东西，从一方面说，却又是要人遵守法律：我们全知道，作为普遍的观念、不确定的观念，“守法”是每一个听到法律以至宣示法律的人所了解的，因为对于某些法律如不说谎不欺骗等等的普遍观念是
84 人所共知的；但是这些法律一般地把说诳、欺骗、抢劫规定为不公正，——而这些规定对概念说是站不住脚的。而另一方面，在识见之中，那直接被设定的东西也必须通过中介、否定而得到了认可，这个识见，如果是真实的话，就表明了那直接被设定的东西的限度及其特殊性，——亦即在整个结构中的地位。但是一方面，我们在苏格拉底那里并未发现**这个**识见，这个识见变成了在内容上不确定的东西，就像上面那个一般的守法那样；一方面，这个识见又表现为对通行法律的扬弃，实在说来乃是一种偶然性的东西。(一)并不是人人都有这种识见，(二)谁有这种识见，也可能停留在消极的方面，这个识见是和苏格拉底来往并受他的品格熏陶而来

① 克塞诺封：“回忆录”，第四卷，第二章，第一一——一七节。

的偶然产物，真正说来，他的品格乃是固定的东西，和他交往的人通过实际的交通和习惯，便受了这个品格的感染，——不过“有许多这样的人后来变得对苏格拉底不忠实了”。[①]

苏格拉底指出一些普遍的诫命：“你不可以杀戮”，等等；这种普遍性是与一种特殊的内容结合在一起的，而这个内容是有条件的。当内容中的这个有条件的东西被提到意识里面时，这些诫命凭借普遍性而具有的固定性就动摇了。在法律或诫命里面，固定性是要依靠环境的，法律和诫命是以环境、意见为条件的；就是这个识见，它发现了这样一些条件、环境，由于这些条件，便产生出了这个无条件有效的法律的种种例外。取人财产，是不公正的；这是固定的。通过这样一种思量，发现在特殊的场合这并不是不公正，于是固定性就被否定了；那些原则于是就发生动摇了。因为对于这些原则必要的是普遍性的形式；只有这样它们才是固定的。如果由于一些特殊的场合、情况，普遍性受到了限制，这个原则的固定性也就与普遍性一同消失了；这个原则就显得是个特殊的原则，85
又有效又无效。它是依靠环境的；环境是偶然的——客观的——，换句话说，这里加入了我的兴趣的偶然性。

（三）在这里，我们看到普遍原则如何在法律的一般称呼之下被规定了，实现了；而事实上，由于法律是消逝着的环节，是不确定的普遍性，而它的不确定性的缺陷仍然没有得到补足。我们所看到的，毋宁说只是现存法律在消逝；我们首先遇到的乃是：由于培养反思的意识，那在意识中有效准的东西、习俗、合法的东西都发

① 克塞诺封：“回忆录”，第四卷，第二章，第四〇节。

生动摇了。在这里可以举出，**阿里斯多芬**就是从这个消极的方面来理解苏格拉底哲学的。阿里斯多芬对苏格拉底的片面性的这种认识，可以当作苏格拉底之死的一个极好的前奏，它说明了雅典人民如何对他的消极方式有了很好的认识，因而把他判处了死刑。大家都知道，阿里斯多芬放上了舞台的除了苏格拉底以外还有许多人，举例来说，就不仅有爱斯基勒，特别是优利披德，而且有一般的雅典人，然后是雅典的将军们，人格化的雅典人民，以及诸神本身，——这一种自由，如果不是有历史给我们保存下来的话，我们不会想象到的。这里不是考察阿里斯多芬喜剧的本来性质的地方，特别是不准备讲他对苏格拉底的那种恶作剧。关于第一点，我们是不必注意的，我们也用不着为阿里斯多芬辩护，更无需原谅他。所能讲的只是：阿里斯多芬的这种作风与我们德国人的严肃态度当然是格格不入的，他的作风是：把国内活着的人们不改名姓地放上了舞台，来取笑他们，特别是像苏格拉底这样道德、这样诚实的一个人。

86　凭借年代的研究，人们曾经花费了很多气力来进行推断，认为阿里斯多芬的喜剧的演出对苏格拉底的判刑并无影响。人们看出了那种对待苏格拉底的态度是完全不公正的，然而人们也认识到阿里斯多芬的价值，他在他的喜剧“云”中做得是完全正确的。这位以最诙谐、最辛辣的方式来嘲弄苏格拉底的诗人，并不是一个普通的丑角、打诨者、浅薄的三花脸，只会和最神圣、最卓越的东西开玩笑，费尽心机来卖弄开玩笑的机智，目的在于博得雅典人一笑。他的一切都有非常深刻的理由，在他的诙谐中，是以深刻的严肃性为基础的。他不愿意单纯地开玩笑；嘲弄可敬的事物，这是没有意思的，浅薄的。一种尖刻的机智，如果不是着实的，不是以事物本身中所存在的矛盾为根据的，就是一种可怜的机智；阿里斯多芬并不是一个坏的滑稽家。一件事物，如果不是本身之中包含着可以嘲弄和讥刺的成分，要想用外在的方式去开它的玩笑是不可能的。喜剧就在于指出一个人或一件事如何在自命不凡中暴露出自己的可笑。如果主题本身之中不包含着矛盾，喜剧就是肤浅的，就是没有根据的。阿里斯多芬不是与 δῆμος（平民）、与优利披德开玩笑，在他对平民的嘲弄中，是有深刻的政治严肃性为基础的。从他所有的剧本中，可以看出他是一个多么彻底深刻的爱国者，——一个高尚、卓越的真正雅典公民。

说到阿里斯多芬的这一种表现，可以举出一点，就是阿里斯多芬的喜剧本身乃是雅典人民中间的一个重要成分，——阿里斯多芬也同样是一个必要的角色，就像崇高的柏里克勒、轻浮的阿尔其比亚德、神圣的索福克勒和道德的苏格拉底一样；阿里斯多芬也同样属于这些明星之群。在我们面前，我们看到一个非常严肃的爱国者，虽然当时主张和平是要处死刑的，他却毫不畏惧地在他的一 87
个剧本里倡议和平。他怀抱着最深刻并且最明智的爱国主义，在他身上表露出一个自由的民族的愉快而且自足的喜悦。在喜剧中有一种自信的精神，——它依靠某个东西，坚持某个东西，一心一意地追求这个东西，而总是遇着它所探索的那个东西的反面，——然而它从不因此存任何怀疑，也不反过来想想自己，而始终是对自己和自己的事情充满着信心。自由的雅典精神的这个方面，这种在遭逢损失时仍然完全自得其乐的精神，这种在结果与现实事事与心愿相违时依旧心神不乱地确信自己的精神——这就是最高的

喜剧——,我们都在阿里斯多芬身上体味到了。

我们在“云”这个剧本中所看见的,并不是这种朴素的喜剧,而是带有一定意图的矛盾。阿里斯多芬也是以喜剧的方式来描写苏格拉底的,因为苏格拉底在做道德的努力时惹出了与他的目的正好相反的东西,他的学生们凭着他作出许多富于见解的发现,觉得非常快乐,认为这是他们运气好,但是这些发现后来却反过来变得对他们有害,与他们所想望的刚好相反。这里所说的苏格拉底的学生所获得的卓越的见解,就是见到朴素的意识认为真理的那种确定的善和法律乃是空虚无效的。

阿里斯多芬开玩笑说,苏格拉底曾经从事一些根本的研究,研究跳蚤跳得有多远;并且说苏格拉底因此用蜡粘在跳蚤的脚上。这并不是历史事实;不过这也是事出有因,因为苏格拉底的哲学中是有这个方面,阿里斯多芬用辛辣的讽刺手法把它夸大了。这证

88 明阿里斯多芬对于苏格拉底哲学的了解是正确的。

“云”的简单故事是这样的:斯特雷普夏德,一个可敬的老派雅典公民,因为他的新派的、奢侈的儿子而感到很大的苦恼,他的儿子被母亲和舅舅惯坏了,养着马,过着一种与他的境况不相称的生活。因此这位父亲被债主逼苦了,便怀着苦恼走到苏格拉底那里,做了苏格拉底的学生。这个老头儿在那里学了不是这个或那个对,而是另一个对,或者说,他学了大道理和小道理(小理,ἥττων λόγος),——他学了法律的辩证法,即找出一些理由,把一定的法律义务,例如他还债的义务,从根本上予以推翻。于是他就要他儿子也去苏格拉底那里上学,他儿子后来也学得了他所有的那种智慧。他装备上了这种运用理由和制造理由的新智慧,于是他

就武装起来对付那个压迫他的主要对头，对付他那些讨债的债主。债主们一个接着一个来要账。现在斯特雷普夏德知道用一些很好的理由来搪塞他们了，他告诉他们，他没有还账的必要，他用各种帽子来扣他们，甚至戏弄他们（他用这种辩论的办法把他们赶走）；于是他非常满意在苏格拉底那里学了这个。可是局面立刻变了，事情反过来了。儿子来了，用非常顽劣的方式对付他父亲；最后弄到儿子把父亲痛打了一顿。父亲叫起撞天屈来，大喊这是大逆不道；可是儿子按照他从苏格拉底那里学到的方法，用同样好的理由，向他证明他完全有权利打他。斯特雷普夏德用咒骂苏格拉底的辩证法，用回到他的旧礼俗和放火烧苏格拉底的房子结束了喜剧。 89

我们可以说，阿里斯多芬过分夸大之处在于把这种辩证法一直推到了非常苛刻的极端；但是我们却不能说他这个表现法对苏格拉底不公正。阿里斯多芬绝对没有什么不公正，我们确实应当钦佩他的深刻，他认识到苏格拉底的辩证法的消极方面，并且（当然是以他自己的方式）用这样有力的笔触把它表达了出来。因为在苏格拉底的方法中，最后决定永远是放到主体里面，放到良心里面的；可是如果在一种情况之下，良心是坏的，那么斯特雷普夏德的故事就一定要重演了。苏格拉底的普遍性具有扬弃朴素意识中的真理（法律）的消极方面，（这个方面我们在他的谈话的一个例子中已经看到了）；——因而朴素的意识便变成了纯粹的自由，超出了原来对它具有权威的特定内容。这种无内容的自由，这个作为精神的实在，对于内容是漠不关心的；这种自由一充满了意识，内容在它眼里便不是一个固定的东西了；而贯穿着自由和普遍概念的，却是精神。精神，作为内容与自由的统一，才真正是真实的东

西;而自由的内容,在无教养的意识看来,乃是散漫的,内容的特殊方面被认为是绝对的,甚至被认为不是精神的内容。苏格拉底的辩证法,是反对无教养的精神对自己的内容的这种认识的;这种认识使精神的内容发生动摇,它指出精神的内容就像无教养的意识所看见的那样,是不包含任何真理的。意识失去了对于自己的真理的观念,——亦即失去了这种散漫地有效的内容,便变成自由的了。

丙、如果我们进一步考察:真理在这种意识中是什么?那我们
90 就过渡到了另一个问题,即在苏格拉底本人看来,那实现普遍概念
的东西是怎样的?

应当指出,无教养的精神所承认的意识的内容,并不是如这内容在它的意识中所显现的那样,而正相反,在它看来,这内容是精神,同时也是一个被扬弃的内容,——换句话说,它是精神,它把它的意识中不正确的东西纠正了;它是自在地而不是自为地作为意识而自由的。例如在意识中,"你不可杀人"这条诫命,是被认作义务的,这是普遍的法律;如果问起来,人们总是说这是诫命。然而这同一个意识,如果它不是为怯懦的精神所占据的话,它会在战争中勇敢地攻击敌人,杀死敌人;如果在这种场合问起杀死敌人是不是诫命,回答将是肯定的。(刽子手也杀人。)然而如果在私人生活中与仇人、敌人发生了纠纷,他就不会想起"要杀死敌人"这条诫命了。因此我们可以这样来称呼精神:它在适当的时候使我们想起一个方面,而在适当的时候又使我们想起相反的一方面;它是精神,却又是一个非精神的意识。要变成精神的意识,第一步是获得意识自由这个消极的方面;这种自由是很空洞的(苏格拉底的辩证

法引起了这个结果），但是自由观念如何出现在意识前面，如何把
特殊的自由内容思想成普遍，以及自由如何通过私人利益而实现
出来，我们在阿里斯多芬那里已经看见了，——换句话说，自由乃
是首先在一般化的形式下为这样一种精神所意识到，因而在这种
自由的意识中，我们看到了一种坏的精神，就是斯特雷普夏德和他
儿子的精神，这个精神只是对于法律内容的消极的意识。在已经
变成一贯的意识看来，这种个别情形的法律乃是一个被扬弃的环
节；意识把这个环节与它的反面联系在一起，因而看出它本身是没
有真理性的；意识超出了真理在这种情况下所表现的片面方
式，——同时它也还没有积极的真理，积极的真理是在特殊性中认 91
识到的。

这个缺点可以用两种方式来理解：（一）这种自由，作为一个存在，只是一般的潜在的存在，——因此亚里士多德感到苏格拉底这个看法缺少实行，缺少实行的实在环节，缺少能规定的自由；（二）或者是——因为这种自由既然是纯粹的运动，所以始终还是缺少内容的自由。（一）在苏格拉底那里，我们看到，在充实这种（积极的）内容时，拿来的又是那个早先的遵守法律——，也就是说，正同样是那不一贯的思维和表象的方式——；而对于个别法律的真理的识见，只能是这样一种识见，其性质与我们的道德学的证明是一样的。个别的法律是从一个规定出发，这个规定乃是固定的法律和义务所从属的根据和普遍原则；然而这个根据本身并不是绝对，它也会遇到同样的辩证法。例如节制作为一种义务要求我们遵守，其根据是无节制会损害健康：在这里健康是被认为绝对的最后的东西；然而健康也并不是什么绝对的东西，还有另一些义务命令人

拿健康甚至拿生命本身去冒险和牺牲。所谓冲突不是别的,正就是那被宣布为绝对的义务表现出并非绝对;在这种经常不断的矛盾中,道德意识就彷徨不定了。正是这个在苏格拉底的那些概念中的矛盾,指示出纯粹普遍的概念是本质,一切向来被意识认为自在地存在着的规定,都融解在这个本质中了,——而另一方面,由于这个普遍概念应当取得一种内容,所以原来的那个东西又出来了。这里面的真理是纯粹的识见,——一种意识的运动,以及普遍概念。(二)这种缺乏内容,缺乏充实的内容,就意味着要恢复一种
92 内容,而所恢复的并不是任意的内容,而是经过识见考虑的法律,亦即在意识面前得到了辩解的法律。在苏格拉底那里,我们看到这种使内容精神化的过程开始了,——有了一种对内容的认知、认识,指出了内容的根据,这根据就是共相;不过只是形式地作为根据,并不是出于这样一种作为绝对实在、包含着对立面的共相,——这只是形式上的识见,还不是本质。现在依然有各式各样的独立的根据,就像前此有各式各样的法律一样,——他这种识见还没有被表述为实在的环节,表述为非派生的东西,足以使各种矛盾的根据都从属于它,并作为这些根据的本质;这种识见在我们面前是作为一大群的根据而出现的,不是这些根据的统一,——换句话说,我们可以把这些根据看成许多的法律、义务,这些法律、义务是现存法律提供给意识的。真正的根据是精神,而且是一个民族的精神;——亦即浸透在一个民族的法制中的识见,和洞见到个人与现实的普遍精神相联系的识见。

认识了现在开始出现的共相的限制,便使这个限制成为固定的、并非偶然的;要认识这个限制,亦即要认识共相的特殊内容,只

有在一个现实体系的整个联系中才有可能。在日常生活中，这种限制是以无意识的方式造成的（在雅典生活中，这种限制有一部分是礼俗造成的），原则依然是固定的；如果我们有例外的话，我们可以这样说：有了这个普遍性并不意味着要取消限制。这种原则的限制是通过我们的法律或国家的法律，通过一般的生活状况而规定了的；如果我们把这种限制忘记了，那固定的东西在我们面前便立刻具有了普遍性的形式。另外一点是：限制在意识面前出现了；如果我们只说原则不是普遍的，而对于限制的特殊性没有认识，那么原则就只是一般地发生动摇而已。法律、习俗、政府、政治、现实的国家生活在本身之中具有一种纠正的力量，可以纠正它的不一 93
贯的地方，这个不一贯处就在于把这样一种特定的内容说成绝对有效准。

有两个方面互相对立着：一方面是共相本身、法律、一般的义务；另一方面是一般的精神，抽象的实行的个人、决定者、主观。这两个方面在苏格拉底的意识中也是必要的：内容和对这种内容的驾驭。缺乏对共相本身的否定，乃是普遍的。这个否定的一面，作为发展，作为与共相对立的实在的东西，乃是个体性本身的环节，乃是能给予规定的活动者，亦即自身决定者。当我们充分地意识到：在现实的行动中，那些特定的义务以及实现义务的行为是不够的，每一个具体的情况，真正说来，乃是各种义务的冲突，乃是多方面规定的聚合，这些规定在道德意识中是彼此有别的，但是精神不把它们看成绝对的，而把它们放在精神所决定的统一中结合起来：这时候，我们便把这种纯粹的、能决定的个体性，把对于公正的知识，把良心称作义务，——正如把意识的纯粹普遍观念（不是一个

特殊的而是每一个普遍的观念)称作义务一样。在上面,是把作为民族精神的习俗称作义务的。现在那普遍的、统一的精神为个别的精神、自身决定的个体性所代替了。由于特殊习俗、法律的条文在意识面前发生了动摇,于是主体便成了规定者、决定者。究竟是好的精神还是坏的精神起决定作用,现在由主体来决定了。在苏格拉底那里,由自己作决定这一点开始萌发了;在希腊人那里还只是无意识的规定作用,在苏格拉底那里,这个决定的精神则被挪到
94 了人的主观意识上面。现在问题首先是:这个主观性在苏格拉底本人是怎样表现的。由于个人变成了决定者,所以我们便以这种方式回到作为个人、作为主体的苏格拉底身上;以下便是对他的个人情况的一个发挥。

至于苏格拉底的人格的一般情况,在开头已经讲过了;他本人是一个彻头彻尾高尚的人,一个可塑的有教养的人,而且具有高贵的〔品格〕,——关于这一方面没有什么可补充的了。有一点还可以指出,就是他“与他的朋友们的交往,整个说来,对他们是非常有益、非常有教育意义的”;[①]可是由于伦理被放在主观性上面,于是在这里性格的偶然性便开始出现了。公民的教育和在人民中间的生活,是支配个人的另外一种力量,这不同于个人凭借理论进行自我教育。苏格拉底的交往虽然确乎是有教育作用的,然而这种偶然性毕竟还是出现了。我们看到一些极有天才的人,例如阿尔其比亚德、克里底亚,以后竟成了这样的角色:在他们的祖国里被判为敌人、出卖同胞的奸贼、破坏分子,以至压迫者、国家的暴

① 克塞诺封:“回忆录”,第四卷,第一章,第一节。

君,——从这里我们见到了一些混乱的不幸征兆。〔他们按照主观识见的原则而生活,因而玷辱了苏格拉底,由此也表明了苏格拉底的原则如何在另一形式下会招致希腊生活的败坏。(参看克塞诺封:“回忆录”,第一卷,第二章,第十二至十六节。)〕①

这种主观性所采取的独特形式,这种自己确知什么是决定力量的本领,——在苏格拉底身上所表现的情况,还是应当讲一讲的。每一个人自己在这里都有一个这样的独特的精神,换句话说,这样的精神在每一个人自己看来乃是**他的**精神。因此我们联系着这一点,便看到了大家熟知的那个称为苏格拉底的**灵机**(δαιμόνιον)的东西;这个灵机就意味着现在人是按照自己的识见由自己来作决定了。但是这个有名的苏格拉底的灵机,——一种传说纷纭的、他的想象作用中的怪物,——我们既不能把它想象成保护神、天使之类 95
的东西,也不能把它想象成良知。因为良知是普遍的个体性的观念,是自身确信的精神的观念,这种精神同时也就是普遍的真理。苏格拉底的灵机乃是相对于他的普遍性的另一个完全必要的方面;他既然意识到了普遍性的方面,也同样意识到了精神的特殊性这另一方面。他的纯粹意识超出了这两方面。普遍性方面的缺点,我们将立刻予以规定,即是:普遍性的缺点以一种个别的方式并不足以补救,被破坏者不能用否定者去恢复。他的灵机的对象,是对个别的事情、对做或不做作出决定;他对于这种个别的行为有一种意识。在他的灵机中,并看不出什么幻想,什么迷信,像人们所说的那样;而是有一种必然的看法,只是苏格拉底并不认识这种

① 据米希勒本,第二版,英译本,第二卷,第四二一页增补。——译者

必然性,这个环节只是一般地浮现在他的心目中。因此这个灵机看起来好像是一种只是属于一个个别的人的特性;因此灵机带着想象力的外貌,在他看起来好像不是实际上那样的。

对主体的内在的东西进行认识,由自己作出决定;这个内在的东西,在苏格拉底那里,还具有一种独特的形式。灵机虽是不自觉的、外在的、作决定的东西,然而仍是一个主观的东西。灵机并不是苏格拉底本人,并不是他的意见、信念,而是一个不自觉的东西;苏格拉底为灵机所驱使。神谕同时也不是什么外在的东西,而是他的神谕。神谕具有一种认识的形式,这种认识同时与一种不自觉的状态结合在一起,常常能够作为一种磁性状态在别的情况之下出现。在垂死弥留的时候,在大病的状态中,在不省人事的状态
96 中,可以出现一种情形,人会知道一些情况,知道将来或当时的事情,这些事情从常理说他是绝对无法知道的。这些事实人们常常以粗暴的方式断然加以否认。在苏格拉底那里,那与认识、判断、决定有关的东西,那出于意识和清醒状态以外的东西,是以这种方式,以不自觉的形式出现的。

这就是苏格拉底的灵机;这种灵机在苏格拉底身上出现,乃是必然的。在他身上,内心的认识方式采取了灵机的形式,这是很独特的;联系着下面所讲的,我们还要对这种情况作进一步的考察。至于灵机规定了苏格拉底做些什么,以及早期的决定形式是怎样的,克塞诺封在他的记载中表述得非常明确。

善就是被思维的目的,因为产生了各种义务的冲突;对于各种义务的冲突,必须由国家法律、礼俗、生活现实作出决定。在苏格拉底那里,我们看到出现了认识的自由,亦即自己独自决定什么是

公正的，什么是善的；这种自由已不受共同生活的约束，而包含着一种意义，即是：人对于他自己所应当做的特殊事务，也是独立的决定者，自己迫使自己作出决定的主体。在这一方面，我们必须了解什么东西对希腊自由的观点是重要的。

希腊精神的观点，在道德方面，是具有纯朴伦理的特性的。人还没有达到自己对自己进行反思、自己对自己作出规定的境地；我们所谓良知更是没有出现。法律、礼俗等等，不仅存在，而且被坚持，它们是很突出的；从一方面说，它们是基本上被视为蒙昧地独立发展着的传统。这些法律具有为神灵所批准的神圣的法律的外 97
形。我们知道，希腊人固然有待于法律作出决定，可是另一方面，也必须对私人事务和国家事务中的一些当下的情况作出决定。然而希腊人却并不是从主观意志出发作决定。将军或人民并不是以己意作出决定，判定什么是国家中最好的东西；个人在家庭事务中也不是这样做的。在作一个决定的时候，希腊人要托庇于神谕，要去请教神谕（这是主观的东西，是决定者），罗马人则从鸟飞的姿态问卜；牺牲献祭的目的，也正在于问一卦（μάντις）好作决定。受命去打仗的将军，要从牺牲的腑脏中得出他的决定，这种情形在克塞诺封的“进军录”中是很常见的；包萨尼亚在发出进攻命令之前，烦恼了整整一天之久。[①] 这样一个环节是很重要的：人民并不是决定者，主体并不能自己作出决定，而是让另一个外在的东西给自己决定；只要在一个地方人还不知道自己的内心是如此独立、如此自由的，还不知道只消由自己作出决定，那个地方神谕就是必要

① 参看“赫罗多德”，第九卷，第三三章以下。

的,——这是因为缺乏主观自由。这种自由,就是我们现在说到自由时所了解的那个东西;这种自由在希腊人那里是没有的,这一点我们在柏拉图的共和国里更可以看到。我们对于自己的行为负责,这是近代的事情;我们愿意按照智慧所提供的理由来作决定,并且把这个看成最后的东西。希腊人还没有意识到这种无限性。

98 在克塞诺封的"回忆录"第一卷里,在苏格拉底为他的灵机作辩护的那个地方,苏格拉底一开始便说:"神灵为自己保留了那对于最为重要的东西(τὰ μέγιστα)的认识。建筑术、耕种术、冶金术等等是人的艺术;治国术、计算术、理家术、作战术亦然,——在这个方面人可以达到熟练机巧的地步。但是对于另一些东西"——即这个领域中的重要对象——,"占卜(μαντεία,divinatio)就是必要的了",这是神灵为自己保留着的。什么是公正,什么是不公正,什么是勇敢的,什么是怯懦的,这样的东西也是人所知道的。"但是种地的人并不知道谁来享受(收获)果实;造房子的人也不知道谁来住房子;将军也不知道军队开赴战场是否得当;治国的人也不知道这对他(个人)究竟是有利还是有危险;和一个漂亮女子(καλήν,爱人)结婚的人也不知道他究竟会不会因此享受到快乐,会不会从中产生出忧愁和痛苦;在国家中有强有力的亲戚的人,也不知道他是否会因此被驱逐出境。由于这种不确定,所以必须托庇于 μαντεία(占卜)"[1];占卜是多种多样的:"有听神谕、看牺牲、看鸟飞姿态等等,——对于苏格拉底,这种神谕则是他的灵机。"[2]克塞诺封是这

① 克塞诺封:"回忆录",第一卷,第一章,第七—九节。

② 同上书,第三—四节。

样表述的。这种神谕是希腊人的认识的重要条件；希腊人尽管有他们的自由，同时也在一个外在的东西里寻找决定。神灵为自己保留了最重要的东西。在我们则不然。当一个人在梦游中或弥留中预先知道未来时，我们认为这是一种较高级的识见；进一步加以 99
考察，则只是个人的兴趣、特殊性。如果一个人要想结婚，或者想盖一所房子等等，结果如何，只是对这个个人重要；这种内容只是特殊的。真正神圣的、普遍的东西是农业机构、国家、婚姻、各种法律制度；与这个比起来，我知道我去航海是否能生还，乃是一件微不足道的事。这是一种轻重倒置，这种倒置的情形在我们的观念中也是很容易出现的；知道什么是公正的，什么是合乎礼法的，比起知道这样一些特殊性的东西来，要高得多了。

苏格拉底的灵机，也只不过是借着求问这一类特殊的后果而显现在他身上。灵机并没有关涉到艺术和科学方面的某些普遍原则，这些原则毋宁说是属于普遍精神的；灵机给予苏格拉底的启示，只是他的朋友该在什么时候启程以及是否启程之类的事情。但是这也可以说是人人共具的一般特性；一个明智的人可以预知许多事情，知道一件事是否适当可行。过去必须由神谕来决定的事情，在苏格拉底的内心之中，则有必要以灵机、神谕的方式来进行决定。由此可见，灵机是介于神谕的外在的东西与精神的纯粹内在的东西之间；灵机是内在的东西，不过被表象为一种独特的精灵，一种异于人的意志的东西，——而不是被表象为人的智慧、意志。因此对苏格拉底的灵机的进一步考察，便使我们想起一种发生在梦游症这种双重意识状态中的情况；在苏格拉底那里，也显然可以发现这一类的磁性情况，因为据说他常常（在军营里）陷入麻

木、僵直、出神的状态。在近代,我们也看见这种情形:两眼发直,
100 心里知道、看见这件事和那件事,过去的事情,适当可行的事情,等等。因此应当把苏格拉底的灵机看成现实的状态;它是值得注意的,因为它不仅是病态的,而且是他的意识的立场必然造成的。但是这种回到自身在苏格拉底那里,在它第一次出现的时候,是采取着一种生理学的形式。苏格拉底的原则造成了整个世界史的改变,这个改变的转折点便是:个人精神的证明代替了神谕,主体自己来从事决定。这样苏格拉底的意识的另一方面便完成了。这就是苏格拉底的生活方式和使命。

三　苏格拉底的命运

我们讲了这个灵机,现在开始讲他的命运,他的命运以他的判罪告结束,而灵机则是他被控的主要之点。他的命运的必然性也是从这里面产生的。有一些与苏格拉底同时的人与苏格拉底为敌,在雅典人民面前控告了他;他们把他了解成这样一个人:他使人意识到自在自为地有效准的东西并不是绝对的,——人民认为是神灵的,他不认为是神灵,他并且还诱惑了青年。对青年的诱惑;——因为那直接有效准的东西在青年面前变得动摇了。关于第一点控告,即国家认为是神灵的他不认为是神灵,一部分是基于同样的理由:因为他同样洞察到了,习惯上认为是神灵的东西,对神灵是并不适合的;一部分也是基于他的灵机,——但并不是由于他好像把灵机当作自己的神来宣传。这是因为在希腊人那里,他的灵机是一个转变,采取了作决定的个人的性质,他们认为这个决定是出于个人的偶然性;而他们,由于环境的偶然性是一种外在的

东西，因而也就把决定的偶然性当成一种外在的东西，也就是说，101
求问神谕来进行决定；——他们意识到个别的意志本身是个偶然的东西。苏格拉底把决定的偶然性转移到自己身上，放在他的灵机上面，——正如希腊人把它放在一般的精灵上面一样，他把它放在他的意识中，——他正是把这种外在的精灵扬弃了。

苏格拉底抱着这个新的原则，作为一个以这样一种教导为职业的雅典公民，以他的人格与全体雅典人民发生一种关系，——不仅是与一群人，或者一群发号施令的人发生一种关系，而是与雅典人民的精神发生一种关系。雅典人民的精神本身、它的法制、它的整个生活，是建立在伦理上面，建立在宗教上面，建立在一种自在自为的、固定的、坚固的东西上面。苏格拉底现在把真理放在内在意识的决定里面；他拿这个原则教人，使这个原则进入生活之中。因此他与雅典人民所认为的公正和真理发生对立；因此他是有理由被控告的，这种控告，以及他的进一步的命运，我们还应该加以考察。

苏格拉底所遭受的攻击，以及他的命运，是大家熟知的。我们可以发现他的命运与他所从事的职业，即教导他的同胞以善，是矛盾的。我们联系苏格拉底和他的人民的本质来看，就会认识到这种命运的必然性；我们在苏格拉底这里要讲的不是哲学体系，而是一个个人生活的历史。苏格拉底所遭受到的攻击有两种：阿里斯多芬在“云”里面攻击了他；以后他又正式被控告到人民面前。

苏格拉底在人民面前的正式被控。我们不要像邓尼曼[①]那 102

① 第二册，第三九页以次。

样,在讲到苏格拉底的命运时说,雅典人做了一件大逆不道的事:"这位卓越的人物成为民主制度中常常发生的那些阴谋的牺牲品,被迫喝下毒酒,乃是一件伤天害理的事。像苏格拉底这样一个人,以正义"——(讲的不是一般的正义,而是问:哪一种正义?——道德自由的正义)——"作为他的行为的唯一准绳,一步也不离开正道,必然要造成许多敌人"——(为什么?这是愚蠢;要想装得比那一些被称为他的敌人的人好些,乃是道德上的伪善)——,"这些人是惯于从完全不同的动机出发行事的。如果我们想到道德的败坏和三十僭主的统治,就一定会觉得很惊异,他居然能够安安静静地一直工作到七十岁。可是既然连三十僭主都不敢对他下手,那就越发令人惊异,在**恢复了合法政府和自由**的时候,在推翻了专制制度之后"——正因为如此他们才认识到了他们的原则所遭到的危险——,"像苏格拉底这样一个人,竟会成为阴谋的牺牲品。这个现象大概可以这样来解释,就是:苏格拉底的敌人们首先必须取得时间来罗致附和者,他们在三十僭主统治的时代所起的作用太不重要了。"

我们应当在苏格拉底的案件中分开两个方面:一方面是控诉的内容,法庭的判决;另一方面是苏格拉底对人民、对拥有主权者
103 的态度。在审判过程中存在着两点情况:被告对他所以被控的理由的态度;以及被告对人民、对人民的权限的态度或承认人民最高权力的态度。苏格拉底被法官认为有罪,是由于他被控的内容;但是他被判处死刑,则是因为他拒不承认人民的权限,人民对一个被告的最高权力。

甲、**控诉**包括两点:(一)"雅典人民认为是神灵的,苏格拉底不

认为是神灵，”他不信旧的神灵，“而提倡新的神灵；以及(二)他诱惑青年。”[①]第一点是与他的灵机相联系的。对苏格拉底的控诉，以及苏格拉底对这些控诉的申辩，我们要加以详细研究；这两点克塞诺封都给我们作了叙述，柏拉图也给我们提供了一篇申辩。可是我们在这里不应当满足于认为苏格拉底是一个卓越的人，他受了冤屈等等；在这个控诉里面，是雅典的民族精神起来对抗那个对他们极有害的原则。

关于控诉的**第一**点，即苏格拉底不敬祖国的神灵而提倡新的神灵这一点，克塞诺封[②]让苏格拉底回答道：“他始终和别人一样，将同样的祭品供奉给公共的神坛，这是他的每一个同胞所看见的，他的原告们也同样可以看到。至于说他提倡新的精灵，那是因为他听到神的声音，指示他应当做什么事”，他的答复是“引以下的事实为自己辩护：卜者的呼唤声，鸟飞的姿态，人的言语(毕提亚的声音)，牺牲的腑脏位置，甚至雷声和闪电，也都被认为是神灵的启

示。神预知未来，只要神愿意，便作出指示，——这一点人人都和 104
他一样是承认的；然而神对于未来也能作别样的启示。他说听见神的声音，这并不是说谎，这一点他的朋友们可以作证，因为他常常把这些启示告诉他们；而且以后始终是应验的。”克塞诺封[③]说，

---

① 克塞诺封：“苏格拉底的申辩”，第一〇节；“回忆录”，第一卷，第一章，第一节；柏拉图：“苏格拉底的申辩”，第二四页(柏克尔本第一〇四页)。

② “苏格拉底的申辩”，第一一——一三节；“回忆录”，第一卷，第一章，第二—六节；第一九节。

③ “回忆录”，第一卷，第一章，第一一节：“谁也没有看见或听见过苏格拉底做出或说出什么无神或不虔诚的事，因为他从未打算找出宇宙的本性，像多数别的人那样，他们是想求知智者们所谓的世界是怎样开始的。”

“苏格拉底没有像智者们那样研究自然”(早期的无神论者出于智者,他们认为太阳是一块石头,如阿那克萨戈拉,普罗泰戈拉),[①]就这一点说来,“他既没有做过也没有说过任何不虔敬的事。”

对于控诉的这一部分的申辩在他的法官们身上所造成的效果,克塞诺封[②]是这样表述的:“他们对他的申辩生气了,一部分人是因为不相信他的话,另一部分”相信他的话的人“则是由于妒忌苏格拉底被神灵看得比自己高”。这种效果是很自然的。就是在我们今天,这样的情形也会有这两方面。(一)或者是:当一个人自夸得到特殊的启示,特别是有关个人的行动和命运的启示时,得不到人相信;人们既一般地不相信有这种启示出现,而且也不相信他会遇到这种事情。(二)或者是:当一个人从事这种占卜的时候,完全可以有理由不许他做这种事,并且把他关起来。这样并不是一般地对他作出否定,认为上帝不能预知一切,也不是否认上帝能够
105 对个人作出这种启示,人们将会**抽象地**承认这件事;但并不是现实地承认,人们在个别的场合是不相信这种事的。人们不相信对于他,对于这个个人,会有这种启示。因为何以只有他有,别人就没有呢?何以正好是这些鸡毛蒜皮的事情,完全个别的事情,像一个人是否会有一个快乐的旅行,他是否应与一个人交往,以及他是否会在法官面前有条有理地为自己辩护之类?何以个人能遇到的就不是无限多的事情中的另一些事情呢?为什么就不是更重要的事,不是有关整个国家幸福的事情呢?(个人的吸引力并不能提高

① 柏拉图:“苏格拉底的申辩”,第二六页(柏克尔本第一〇八—一〇九页)。

② 同上书,第一四节;参看“回忆录”,第一卷,第一章,第一七节。

知识。）因此人们就不再相信个人了，也不管这种事如果是可能的，就必定要发生在个人那里。这种不相信虽然并不否认一般的情形和一般的可能性，但是却不相信特定的情形，事实上是不相信事情的现实性和真理性。其所以无意识地不相信，是因为绝对意识（它应当是这样的）对于这样一些作为占卜对象以及苏格拉底的对象的琐屑事物，整个说来是毫无肯定的认识的；在精神中类似这些琐屑的东西都被直接当成消逝的东西。其次，绝对意识对未来也是和对过去一样无知；它只知道现在。但是在它的现在、它的思维中也出现了未来和过去对现在的对立，因此它对未来和过去也有所知；不过它所认识的过去乃是一个有形象的东西。因为过去是现在的保存，是现实性；但未来则是现实性的对立，——毋宁是个无形象的东西。从无形象的东西中，普遍概念首先在现在中得到了形象；因此一般说来，在未来中是不能看到任何形象的。人们有一种隐约的感
觉，觉得当神活动的时候，所采取的方式并不是特殊的，也不是为了 106
特殊的对象。人们认为这样一些特殊的东西是太不足道了，不值得在很特殊的情况下由神启示出来。人们也承认神决定个体，但是个体的意思是被了解为个体性的总体，一切个体性；人们说，神的作用方式是带有普遍的性质的。——此外，苏格拉底的这个灵机也并没有涉及真实的、自在自为地存在的东西，而只是涉及特殊性；因此这些灵机的启示比起他的精神、思维的启示来，是太微不足道了。

从某些更确定的概念来说，苏格拉底的灵机，对于他乃是有意志的、作决定的个别性；但是这种个别性在他本人看来具有着一个存在物、表象物的形式，他把它看成一个可以与他的个体性和他的意识区别开的本质，——把它当作一个独特的东西，而不当作特殊

的作决定的东西,不当作意志。希腊人心目中正是有着这个方面。这种对于个体性的认识就是对于偶然性的意识;因此要由偶然的鸟飞和呼唤声来决定。但是在我们的文化中,决定也同样是偶然的,不过它是我的意志,——内在的偶然性;我愿意自己作为这个偶然性。在希腊人看来,意识的偶然性的方面也同样是一个存在的东西,对这个东西的认识乃是神谕,他们在神谕中获得这种个体性,作为一种普遍的认识,人人都可以向它请教决疑。但是在苏格拉底那里,这个外在地设定的东西进入了意识,和在我们这里一样,不过还不是完全的,对于他还是一个存在着的声音,还不是个体性本身的声音,不是人人所具有的决断——平常的人所了解的良心——,而是表象,如尤比德或阿波罗等等;因此具有着独特性
107 的外貌,这种独特性是一种特殊性,而不是一种公共的个别性,——这是他的法官们当然不能容忍的,不管他们自己是否相信。(凡是真正神圣的东西,都属于每一个人;才能、天才乃是一个个别的、独特的东西,——不过当它们表现为作品的时候才有真理性,因为它们是公共的。)在希腊人那里,类似这样的启示必须具有一定的方式和方法;例如便有官家的神谕(不是主观的)、毕提亚、树木等等。如果神谕呈现在一个特殊的个人身上,呈现在一个普通公民身上,便要被看作不可信的、不正确的;——苏格拉底的灵机,乃是一种异于希腊宗教中通行方法的方法。

德尔斐的阿波罗、毕提亚宣称苏格拉底是希腊人中间最智慧的人;[①]关于他的这一个神谕是值得注意的。在德尔斐的神谕中,阿波罗是主持神谕的知晓之神,——福布斯就是知晓者;他的最

① 柏拉图:“苏格拉底的申辩”,第二一页(柏克尔本第九七页)。

高的诫命是：认识你自己。这并不是对人的独特的特殊性的认识；认识你自己，这乃是精神的法则。苏格拉底实践了这条诫命，他使 γνῶθι σαυτόν（认识你自己）成为希腊人的格言；他是提出原则来代替德尔斐的神的英雄：人自己知道什么是真理，他应当向自身中观看。毕提亚现在说了那样的话；然而拿人自己的自我意识，拿每一个人的思维的普遍意识来代替神谕，——这乃是一个变革。这种内在的确定性无论如何是另一种新的神，不是雅典人过去一向相信的神；所以对苏格拉底的控诉完全是对的。

我们再来考察一下控诉的第二点，即是说，他诱惑青年。对
这一点苏格拉底首先（也是在这一方面）提出反驳说："德尔斐的 108
神谕曾经宣称，没有一个人比苏格拉底更自由（高尚）、更公正、更智慧（σωφρονέστερος）。"[①]然后他又提出他的整个生活来反驳这种控诉说：通过他经常表现出的那种实例，特别是他对待与他交往的人的实例，究竟有没有把一个人诱惑成坏人？[②] 因为他提出他的实例、他的生活来反驳那一般的控诉，所以必须对这控诉作进一步的阐述。证人上来了。"梅利托说，他知道有几个人，他把他们说服了，使他们服从他，有甚于服从自己的父母。"[③]控诉的这一点主要是与安尼托有关的。因为他对这一点提出了证据，所以事情被证明了；证据是充分的。苏格拉底在离开法庭的时候，对这一点又作了进一步的说明。[④] 克塞诺封陈述道："安尼托之所以敌视苏格

① 克塞诺封："苏格拉底的申辩"，第一四节。

② 同上书，第一六——九节；"回忆录"，第一卷，第二章，第一——八节。

③ 同上书，第二〇节；参看"回忆录"，第一卷，第二章，第四九节以次。

④ 克塞诺封："苏格拉底的申辩"，第二七、二九—三一节。

拉底,是因为他曾经向安尼托这位体面人说,他不应当教育他的儿子去做制革的行业,而应当以一种配得上一个自由人的方式去教育他。”安尼托本人是一个制革匠,他的行业虽然常常是由奴隶去做的,本身却并不是可耻的;因此苏格拉底的话是说得不对的。苏格拉底又补充道:他与安尼托的这个儿子熟悉,并没有发现他身上有什么坏的气质;但是他预言说:他不会仍然去从事他父亲所做的那种属于奴隶的工作。可是因为他没有诚实的(明智的,理性的,正直的)人在旁扶助他,所以他将会陷入恶劣的欲望,并且会放荡
109 起来。克塞诺封补充道:“苏格拉底的预言是字字应验了,这个青年去喝酒,日夜喝得烂醉,变成了一个彻底下流的人。”这是不难了解的,因为一个人如果感觉到自己适于去做某种更高级的事(不管是否真正如此),并由于这种心情上的矛盾而不满他所处的境况,而同时又不能达到别的境况,那么,他便正好由这种不愉快而进入半途而废,然后走上邪恶的道路,这条道路常常便把人毁了。苏格拉底的预言是极其自然的。

苏格拉底对于那个说他引诱儿子们不服从父母的更加确定的控诉,用以下的问题来进行反驳:“人们在选择公职人员的时候,例如选择将军的时候,是不是宁愿选父母,而不愿选那些对战斗艺术有经验的人呢?在任何方面,总是宁愿选择那些对一门艺术或科学最熟练的人。可是,他之所以被告到法庭上来,却是由于儿子们认为在求得人类的至善方面,亦即在被教育成高尚的人这一方面,宁愿选择苏格拉底而不愿选择父母,——这岂不是很值得惊异的吗?”[①]这

① 克塞诺封:“苏格拉底的申辩”,第二〇—二一节;“回忆录”,第一卷,第二章,第五一—五五节;柏拉图:“苏格拉底的申辩”,第二四—二六页(柏克尔本第一〇三—一〇七页)。

个回答从一方面说固然是正确的，可是我们看到，我们在这里也可以说苏格拉底的回答并不全面；因为控诉的真正的要点并没有碰到。我们看到，他的法官所发现的不公正的地方，乃是在于他作为一个第三者，在道德上干预到父母与子女之间的绝对关系。一般说来，关于这一点是没有多少可说的；因为一切都系于这种干预的方式上。这种干预在个别的场合乃是必要的；但是整个说来，是不应该有这种干预的，至少偶然的私人是不应当擅自干预的。儿女 110
必须有与父母为一体的感觉，这是最初的直接的伦理关系；每一个教育者都应当尊重这种关系，使它保持纯洁，并培养对这一关系的感觉。因此当一个第三者投身到父母与子女之间的这种关系里面时，便造成一种干预，使子女为了自己的好处而降低对于他们的父母的信赖，并且使他们想：他们的父母是坏人，他们会从父母对他们的谈话和教育中受到败坏（做出不公正的行为）：这简直太令人生气了。儿童在道德和心情方面所能遭遇到的最坏的事情，莫过于把一向必须尊重的那个约束放松或者割断，把它变为怨恨、轻蔑和恶意。谁这样做了，谁就是损害了最重要的伦理。这种一体性，这种信赖，就是人赖以长大的伦理的母乳；幼失父母是一种很大的不幸。儿子也和女儿一样，必须从与家庭的天然统一中分出来和独立起来；——不过这是一个毫不勉强的分离，并不是敌意的和轻蔑的。当心中怀着这样一种痛苦的时候，就需要有一种伟大的力量和办法，才能克服它和治好创伤。

如果我们现在来谈一谈苏格拉底的那个实例，则可以看到，苏格拉底似乎是通过他的干预，惹得青年人对自己的境况发生不满。安尼托的儿子诚然可能发现他的工作整个说来与他自己是不适合

的;但是使这种不满情绪进入意识,借着苏格拉底这样一个人的权威而得到认可,却是另外一件事。我们很可以揣测到,如果苏格拉
111 底和他混在一起的话,一定会加强、巩固和发展他的这种不合适的情绪的萌芽。苏格拉底指出了他的禀赋的方面,向他说,他是适于做一种较好的事的;这样便奠定了这个青年人的决裂情绪,加强了他对自己的境况、对他的父亲的厌烦、不和与不满,于是这种不满便成了他的堕落的根源。由此可见,这种控诉并不是没有根据的,而是有充分的根据的。因此法庭判定这个控诉有根据,这并不是不公正的。

问题只是:人民是怎样开始注意到这一点的,这样一些事情是在何种程度上成为立法的对象的,控诉的这些点是在何种程度上被提到法庭的。依照我们的法律,(一)这种占卜是不许可的,是被禁止的(宗教法庭,卡利奥斯特罗[①]);(二)这样一种道德上的干涉,在我们这里是比较有组织的,我们有特殊的机构来执行这种任务,这种干涉应当始终是公共的。不服从父母是头一个违反伦常的原则。可是这种问题该不该提到法庭上讨论呢?这首先就牵涉到国法问题,这样就容许一个很大的宽度存在了。当一个教授、一个传教师攻击某个宗教的时候,政府一定会加以注意,它是完全有权力这样做的。当政府加以注意的时候,是会引起纷纷议论的。这无疑是有一个限度的,这个限度在思想自由和言论自由方面是很难划定的,而一般是以默契为依据的;有一个不可逾越的点,例如煽动叛变便是。人们说,“坏的原则自己毁坏自己,得不到同

① 十八世纪一个意大利伯爵,巫教徒。——译者

意。"这话有一部分是真的,有一部分却不是真的;——在平民那里,智者们的雄辩便激起了他们的感情。"这只是理论,并无行动。"可是国家便是建立在思想上面的,国家的存在便是依靠人们 112
的见解;国家是一个精神的领域,不是一个物质的领域,——精神是本质的东西。因为是某些基本准则、原则构成了国家的支柱,所以,如果原则受到了打击,政府是必须干涉的。

在雅典还有一个完全不同的情况;我们必须以雅典国家和它的礼俗为论断的根据。按照雅典法律,也就是说,按照绝对国家的精神,苏格拉底所做的这两件事情都是破坏这种精神的。在我们的宪法中,各个国家的共同原则乃是一个较坚强的共同原则,它却听任个人自由地活动;个人对于普遍原则不能是那样危险的。(一)毫无疑问,当这个作为一切事物的根据的公共宗教趋于瓦解的时候,这对于雅典国家是一个颠覆,因为在我们这里,国家乃是一个独立的绝对的力量。灵机也是一种异于公认的神灵的神;它与公共的宗教相矛盾,它使公共的宗教具有一种主观任意的成分。确立的宗教与公共的生活有如此内在的联系,因此如果没有它,国家就不能存在;宗教造成了公共立法的一个方面。因此在人民看来,提倡一种把自我意识当作原则并且使人不服从的新的神,这当然是一种犯罪的行为。关于这一点,我们可以与雅典人争辩,但是必须承认〔对于雅典〕这乃是一贯的,必然的。(二)妨害父母与子女的关系,这一点也是不假。父母与子女之间的伦理关系,在雅典人那里,比起在有了主观自由的我们这里来,还要更坚固些,还要更是生活的伦理基础。孝道乃是雅典国家的基调和实质。苏格拉底从两个基本点上对雅典生活进行了损害和攻击;雅典人感觉到

113 这一点，并且意识到了这一点。既然这样，苏格拉底之被判决有罪，难道还值得奇怪吗？邓尼曼[①]说："尽管这些控诉包含着十分明显的虚妄不实，苏格拉底却被判处死刑了，因为他思想高尚，不屑于用那些人们惯于用来买通法官改变判决的庸俗卑下的手段。"但是这完全是不符合事实的。他是被发现有罪了，不过并没有被判处死刑。

乙、这可以说是他的审讯的另一方面；在这里开始了**他的命运的第二个方面**。依照雅典法律，被判为有罪的人有自己规定刑罚的自由。这是只说刑罚的方式，而不是说刑罚本身；苏格拉底要服刑，这一点法官们已经给他规定了。他这时可以由陪审官的法庭诉诸人民，提出希望免去刑罚的请求(并不是正式的吁请)；——这是雅典法律中一个卓越的措施，是表明人道的。陪审官判定他有罪，正如在英国由陪审官宣判有罪是一样的。另外再由法官判定刑罚；在雅典也曾是这样的，——不过人们还是以人道对待罪人，让他自己决定刑罚，不过不能任意决定，而要适应着罪行量刑：或者科罚金，或者放逐。被判有罪的人要向法官表白，这就包含着：他服从法庭的判决并且承认自己有罪。苏格拉底拒绝给自己定一种刑罚，这种刑罚本来可以是一笔罚金，也可以是放逐的；若不然他就要在这两种刑罚和死刑之间选择一种。苏格拉底拒绝选择前
114 者，拒绝给自己作一个估计，像法律手续所规定的那样，因为这样一来，像他所说的那样，他就会自己承认有罪了；[②]但是问题不再

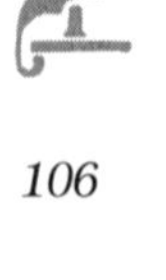

① 第二册，第四一页。

② 克塞诺封："苏格拉底的申辩"，第二三节。

是在于他的罪，而只是在于接受哪种刑罚。

我们当然可以把这种拒绝看作一种道德上的伟大，但是另一方面，它又在某种程度上与苏格拉底以后在牢狱中所说的话矛盾，他曾说过：他坐在这里，因为这样对雅典人似乎好些，——并且服从法律对他自己也好些；他不愿意逃走。但是这正就是他第一次屈服，因为雅典人认为他有罪，而他尊重雅典人的这个意思，承认自己有罪了。如果他是前后一贯的话，他应当认为自己科自己以刑罚要好一些，因为这样他不但服从了法律，而且同时服从了判决。我们在索福克勒那里，看到那神圣的安提贡，那个在地上出现过的最壮丽的形象死去了；她最后的话是这样说的：

"如果这样使神灵满意，

我们就承认自己有过失，因为我们受了苦。"[①]

柏里克勒也服从拥有主权的人民的判决；我们看到在罗马共和国，最高贵的人们也向公民恳求。但是在这里，相反地，苏格拉底拒绝了这种服从。我们佩服他有一种道德上的独立性，它意识到自己的权利，坚持不屈，既不变其操守，也不承认自己认为公正的东西是不公正的。他因此冒着被处死刑的危险。他拒绝向人民表示他愿意服从人民的权力，这是致使人们将他判处死刑的原因。因为他不愿给自己定刑罚，因为他蔑视人民的司法权力，所以他的命运 115
是处死。他诚然一般地承认人民的主权、政府的主权，但是在这个个别的场合中他就不承认了；然而人民的主权不但应当一般地加以承认，而且要在每一个个别场合下加以承认。所以他的命运是

---

① 索福克勒："安提贡"，第九二五—九二六页。

处死。在我们这里，法庭的权限是预先设定了的，犯罪的人不用什么别的手续便判决了；但是在希腊人那里，我们看到有一种特别的要求，被判决的人必须通过对自己的估量，对法庭所作的认为有罪的判决公开地加以承认，加以认可。(今天释放当事人只是看行为。)在英国诚然不是这样的；但是还有一种与此仿佛的形式在英国通行，就是要问被告，他愿意根据哪一种法律来审判。然后他答道，愿意根据他的国家的法律并在他的人民的法庭上受审；这就预先表示出对司法程序的承认。

苏格拉底以他的良知与法庭的判决相对立，在他的良知的法庭上宣告自己无罪。但是没有一个民族，尤其是像雅典人那样一个具有这种自由的自由民族，能够承认一个良知的法庭；这个民族除了自己所具有意识以外，不知道任何履行义务的意识。“如果你意识到履行了你的义务，那么我们应当也意识到你履行了你的义务。”因为人民在这里就是政府、法庭、普遍者。一个国家的第一条原则是：没有什么较高的理性、良知、正义，像人们所想望的那样，除去国家所认为公正的东西而外。教友派、再洗礼派等等，抗拒国家的确定的权利，如保卫祖国，他们在一个真正的国家里面是不能
116 立足的。这种可怜的自由，即思想和信仰每个人所愿意的东西的自由，是不存在的；这种回到自己的义务的意识之中的做法，也同样是不存在的。如果这种意识不是伪善，那么个人所做的事就应当是义务，就应当被所有的人认为是如此。如果说人民可以犯错误，那么个人更能犯错误；个人应当意识到自己会犯错误，并且比人民更容易犯错误。法庭也有良知，它应当根据良知来判决；法庭是拥有特权的良知。法律的矛盾可以表现在以下一点，即每一个

人的良知都要求着不同的东西，而只有法庭的良知是有效的。法院是普遍的合法的良知，它无需承认被告的特殊良知。人们很容易自以为已经履行了自己的义务；但是法官要研究义务事实上是否履行了，即使人们有了这种意识。

苏格拉底也不愿在人民面前低头，来恳求免去他的处罚；苏格拉底之所以被判死刑，以及这个判决之所以在他身上执行，就是因为他不承认人民的最高权力，——这并不是对他被判定犯了的那个过错的惩罚。正是人民中间那些出人头地的人应当承认人民的权威，所以我们看到柏里克勒为了阿斯巴西娅、为了阿那克萨戈拉而奔走于公民面前，为他们向人民作出恳求。这里面并没有什么污辱个人的地方，因为个人必须在普遍的权力面前低头；这个实在的、最高贵的、普遍的权力就是人民。苏格拉底以最高贵、最安静的（英勇的）方式去赴死，这一点，在苏格拉底是非常自然的。柏拉图对苏格拉底最后几个钟点的美丽的景象所作的叙述，虽然并没有包含什么了不起的东西，但是却刻画了一个动人的形象，描述了一件高尚的行为。苏格拉底最后的谈话是通俗哲学，——在这里 117
才开始讲灵魂不死；荷马让阿基里斯在阴间说，他宁愿做一个耕地的奴仆，而不愿在这个地方，——这是完全不能安慰人的话。

雅典人民主张他们的法律是公正的，他们坚持自己的习俗，反对这种攻击，反对苏格拉底的这种伤害。苏格拉底伤害了他的人民的精神和伦理生活；这种损害性的行为受到了处罚。但是苏格拉底也正是一个英雄，他独立地拥有权利，拥有自我确信的精神的绝对权利，拥有自我决定的意识的绝对权利〔译者按：此处“权利”意即“公正”，原文系一字：Recht〕。如所说过的那样，现在这个新

的原则既然与它的人民的精神发生了冲突,与现存的思想发生了冲突,因此必须出现这种反动。可是在刑罚中消灭的只是个人,并不是这个原则;雅典人民的精神并没有从这种伤害、从这个对原则的抛弃中恢复过来。个体性的不正确的形式被剥去了,而且用的是强制的方式,是用刑罚来进行的。这个原则以后上升到了它的真正的形式。这个原则的真正的方式是普遍的方式,正如它以后所采取的那样;其中不当之处,在于这个原则仅仅是作为一个个人的所有物而出现。这个原则的真理乃在于作为世界精神的形式而出现,作为普遍原则而出现。能够理解苏格拉底的并不是他的同代人,而是后世人,因为后世人是超出于二者之上。

人们也许会设想,这种命运并不是必要的,苏格拉底的生活并不是必须采取这一个结局,苏格拉底应该可以作为一个私人哲学家而活着和死去,他的学说应该可以为他的学生们安静地接受,也可以得到传播,而不为国家和人民所注意;如果这样想,这场控诉看来就是偶然的。然而我们必须说,是通过这一种结局,这个原则
118 才得到了它的真正的荣誉。这个原则是一个总体,——它并不是一个很新、很独特的东西,而是那自我发展的意识本身之中的一个绝对的基本环节,它是注定要产生一个新的更高的现实的。这个原则的价值,在于它是在与现实的直接关联中出现的,而不是仅仅作为意见和学说等等而出现的。这种关联本身便存在于原则之中;这个原则的真正的地位,便在于它和现实相关联,并且它是与希腊精神的原则相对抗的。雅典人有荣幸遇到了这个原则;他们正确地见到了这个原则与他们的现实处在这样一种敌对的关系中,——于是按照着这个看法行事。因此〔苏格拉底所造成的〕后

果并不是偶然的，而是为原则必然地决定了的。也就是说，认识这种关系，——感觉到他们已经为这个原则所沾染了：这一种荣誉是属于雅典人的。

丙、以后雅典人也曾对苏格拉底的这一判决表示后悔，并且把控告他的那些人一部分处了死刑，一部分放逐了。因为按照雅典法律，一个人如果控告了别人，而又被发现是诬告，总是要科以如果所告属实时犯人当受的相同的刑罚。这是这出戏的**最后一场**。一方面，雅典人由于自己的**后悔**而承认了这人的个人的伟大；而另一方面(这是进一步的意义)，他们也认识到，苏格拉底的这个原则，虽然对他们是有害的和敌对的，——即提倡新神和不敬父母，——却已经进入了他们自己的精神，他们自己也处在这种矛盾分歧之中：他们在苏格拉底那里只是谴责了自己的原则。他们对苏格拉底的那个公正的判决后悔了；在这个后悔中就包含着：他们自己但愿这个判决不曾发生。然而从后悔中并不能得出结论说，这个判决不曾发生，而只能说明：只是对于他们的意识说，但愿这个 119
判决不曾发生。如果这个判决对于他们的意识是这样的，并不能推出：判决本身就是不曾发生的。两方面都是无罪的，但是这个无罪是有罪的，并且因为它的罪过而受到惩罚；如果它不是有罪的，那就只是无意义的、可轻视的了。我们所看见的，就是这个，——不是一个倒霉的无罪的人；那是一个傻瓜。如果在悲剧中出现了暴君和无罪的人，那个戏就写得淡而无味了；——那是贫乏的，毫无道理的，因为这里面有的只是空洞的偶然性。一个伟大的人会是有罪的，他担负起伟大的冲突；因此基督放弃了他的个体性，牺牲了自己，——但是他的事业，由他做出来的事情，却保留下来了。

因此苏格拉底的命运是十分悲剧性的。这正是那一般的伦理的悲剧性命运:有两种公正互相对立地出现,——并不是好像只有一个是公正的,另一个是不公正的,而是两个都是公正的,它们互相抵触,一个消灭在另一个上面;两个都归于失败,而两个也彼此为对方说明存在的理由。雅典人民已经来到了这个文化的时期,个人的意识作为独立的意识,与普遍的精神分离开来了,变成自为的了;这一点雅典人民在苏格拉底身上(他们是对的,他也是对的)看到了,但是他们又感觉到这是败坏礼俗;因此他们处罚了他们自己的这个环节。苏格拉底的原则并不是一个个体的过失,而是包含许多个体在其中;这种罪过正是人民的精神在自己身上所犯的罪过。这种识见扬弃了苏格拉底的判决,苏格拉底在人民看来似乎并没有犯罪;因为人民的精神现在一般地是由普遍精神回到自身的意识。这是雅典民族的解体,它的精神因而不久将从世界上
120 消失;但是这样一来,从它的灰烬中便升起了一个更高的精神。因为世界精神已经上升到一个更高的意识了。

苏格拉底是一个英雄,因为他有意识地认识了并且说出了精神的更高的原则。这个更高的原则是有绝对的权利的。这个原则现在出现了,它表现得与精神意识的另一形态处在必然的关系中,这一种形态构成了雅典生活的实质,构成了苏格拉底所生活的世界的实质。希腊世界的原则还不能忍受主观反思的原则;因此主观反思的原则是以敌意的、破坏的姿态出现的。因此雅典人民不但有权利而且有义务根据法律向它进行反击;他们把这个原则看作犯罪。这是整个世界史上英雄们的职责;通过这些英雄才涌现出新的世界。这个新的原则是与以往的原则矛盾的,是以破坏的

姿态出现的；因此英雄们是以暴力强制的姿态出现，是损坏法律的。作为个人，他们都各自没落了；但是这个原则却贯彻了，虽然是以另一种方式贯彻的，它颠覆了现存的东西。这个苏格拉底的原则，是以另一种方式使希腊生活趋于没落的东西；阿尔其比亚德和克里底亚是苏格拉底最钟爱的人：克里底亚是三十僭主中最有势力的一个，阿尔其比亚德具有轻佻的才智，他曾经与雅典人民开过玩笑。这也是对苏格拉底不利的。主观识见的原则，在他们那里是实践的；他们按照这个原则生活过。①

雅典国家还存在了很久，可是它的特性的花朵很快就凋谢了。
苏格拉底的特点是：他在思想中、在知识中掌握了这个原则，并且
证明这个原则对知识是有效准的。这是较高的形态。知识带来了 121
原罪，但是它也同样具有赎罪的原则。因此在别人那里仅仅是堕
落的那个东西，在苏格拉底那里（在他那里乃是认识的原则）也是那
包含着医治在内的原则。这个原则的发展便是整个以后的历史。

意识本身的内在性的原则，乃是致使以后的哲学家们摆脱国家事务的原因，他们专门培养一个内在的世界，放弃了人民伦理教育的普遍目的，采取了一个与雅典精神、与雅典人相对立的立场。这是因为目的和兴趣的特殊性现在在雅典变得强有力了。这一件事实是与苏格拉底的原则有共同之处的，就是那在主体看来是公正、义务，是应做的、好的、有益的事情——不管是对于自己的还是对于国家的——，乃是以主体的内在规定与选择为转移的，并不是以法度、普遍原则为转移的。这一个由自己为个人作决定的原则，

① 克塞诺封："回忆录"，第一卷，第二章，第一二——六节；及以次。

是表现为(和变成了)雅典人民的堕落,因为这个原则并没有与人民的法度合而为一。在任何一种场合之下,较高的原则总是显得有破坏性,因为这个原则尚未与人民的实质合而为一。雅典生活变得如此薄弱,国家在对外关系方面变得非常无力,这是因为精神是一个在内部分化了的东西。因此雅典国家变得从属于斯巴达;我们最后更一般地见到这样一些国家外表上臣服于马其顿人。

关于苏格拉底我们就讲到这里。我在这里讲得很详尽,因为所有的各点都很协调;一般说来,这是一个伟大的历史转折点。苏格拉底死于第九十五届奥林比亚赛会的第一年(公元前三九九—四〇〇年),那时他是六十九岁;——这是伯罗奔尼撒战争结束后

122 一届奥林比亚赛会的时间,是柏里克勒死后二十九年,亚历山大出生之前四十四年。他经历了雅典全盛和开始衰落的时期;他体验了雅典繁荣的顶点和不幸的开始。

丙、苏格拉底派

苏格拉底派是第二阶段的第三节,第三阶段是柏拉图和亚里士多德。

苏格拉底被标志为哲学精神(思维)的一个转捩点。他提出了认识和普遍概念。我们看到,随着他,并且从他起,开始了认识,同时世界也上升到自觉思想的领域之中,自觉思想的领域变成了对象。我们不再听到人们问答(研求)什么是本质、自然,而只听到人们问答什么是真理;——换句话说,本质已经被规定为不是自在的东西,而是像在认识中那样的东西。因此我们看见发生了自觉的

思维对本质的关系问题，而且这个问题变成了最重要的问题。真理和本质并不是一个东西；真理是被认识到的（被思想到的）本质，而本质则是单纯的自在。这个单纯的东西诚然本身是思想，并且是在思想之中；但是如果说，本质是纯粹的存在，或本质是 νοῦς（理智）——则本质通过（一）存在，（二）生成，（三）自为的存在（原子），（四）尺度（必然性），然后发展为一般思维的概念——，那么，这就直接是说，本质具有一种对象的形式。换言之，本质是对象与思维的单纯的统一；本质并不是纯粹客观的，——因为存在是视之不见，听之不闻的；它也不是与存在者相对立的纯粹思维，——因为这是自我意识，是与存在和本质有别的自为的存在。它不是那从
自身的区别回到自身的统一，不是认识和认知。在认识中，自我意 123
识一方面表现为本质、自为的存在，另一方面又表现为存在；它自己意识到这个区别，又从这个区别折回到二者的统一。这个统一、结果，是被意识到的，是真理。真理的一个环节是对自身的确定性；这个环节已经加到本质上面，——也就是在意识之中并且为了意识而存在了。

哲学上紧接着的下一个时期就是由于这个运动以及对这个运动的研究而著名，——这个时期所讲的不是那独立外在的、纯粹对象性的本质，而是那与自我确认处在统一之中的本质。关于这一点，不可作这样的了解，仿佛这个认识本身被当成了本质，因而它便被当作绝对本质的内容和定义；或者，仿佛本质被规定为作为存在和思维的统一而对这些哲学家的意识出现，仿佛这个本质之所以这样，是由于哲学家们对本质是这样思维的；事实上是，如果没有这个环节（自我确认），他们是再不能谈本质和本质性的东西的。

这个时期也是一个过渡时期，它本身就是认识的运动，它把认识看作关于本质的科学，而正是这种科学，才使那个统一出现了。

在这个规定中，我们现在看到，一般的认识有时是采取主观的意义和个别性的意义，被规定为自我确认，或者被规定为感觉，或者是意识对感觉所作的努力被限定为本质的东西，被认作对于一般意识的本质；有时候则相反，是把运动中的纯粹思维与个别的东西结合起来认识，而共相的多方面的变化便进入意识；有时候那不
124 动的、自身关联的一般思维的单纯性成为个别意识的本质，正如它的认识所造成的那样；有时候这个思维是被当作概念，这个概念对一切、对一切特殊性和概念的特殊方面采取否定的态度，对认识和认知本身也是如此。

从这个规定中，现在可以看出什么样的哲学系统能够在我们面前出现了。在这个时期中，建立了思维对存在的关系，或者普遍对个别的关系。这个关系有下列三方面：(1)矛盾成为哲学的对象——我们看到矛盾、意识的矛盾进入了意识，我们看到，对于这个矛盾，平常的表象是没有意识的，只是混淆不清、无思想地在其中飘荡；以及(2)共相被认作本质；最后(3)认识到抽象知识本身，这种知识并不能越出它的概念的范围，由于它是对于一种内容的更加广泛的揭示的知识，所以它不能给予自己以这一内容，而只能思维它，只能以一种单纯的方式来规定它。

苏格拉底的影响是广泛的，在思想领域内有着教化作用(伟大的刺激、鼓舞乃是一个教师的主要功劳，主要影响方式)；他曾经发生了主观的形式的影响，在个人中、主体中引起了分歧矛盾，——不过是形式的。其余的影响、产物则是使每人听任自己的爱好、意

愿,——不是客观的思想,因为他的原则是主观意识。

苏格拉底本人并没有越出下面这个范围:他把自身思维的单纯本质、善宣示为一般的意识,并且研究了善的各个特殊概念,研究这些概念是否充分表达出了它们所应表达的善的本质,是否在事实上规定了善的内容实质。他把善当作行动着的人的目的。因
此他便听任整个表象世界、整个客观本质自为地存在着,而不去寻 125
求从善、从被意识到的东西的本质到事物的过渡,不去认识那作为事物本质的本质。因为当一切现代思辨哲学宣布共相为本质时,这个本质在它初次出现时具有一种假象,仿佛是一个个别的规定,除此以外还有许多其他的规定。认识的充分运动才抛掉了这个假象;宇宙的体系把它的本质表现为概念,表现为有部分的整体。

从这种教化中,产生出来了各种各样的学派和原则。关于苏格拉底的教化的方式,他的许多朋友都有记述,他们始终忠实于他的这个方式,不越出一步,并且(有许多人变成了著作家)满足于如实地描述他那种方式的谈话,这些谈话或者是他们亲身经历的,或者是他们听来的,有时候他们甚至捏造出这种谈话;此外,这种谈话的记述中还包含着思辨的研究,并且(他们有着实践的目的)尽他们的义务,即坚定地、忠实地、安静地和满意地保持他们的身份和立场。克塞诺封是这些人中间最有名、最杰出的一个。如果提出这样一个问题,要问究竟是他或是柏拉图给我们叙述的苏格拉底在人格和学说方面更加可靠,那不用说,我们在个性和方法方面,在谈话的外表方式方面,的确也可以从柏拉图得到一个忠实的、也许更有教养的苏格拉底的形象,但是在他的认识的内容方面和他的思想的教养的程度方面,我们则主要是在克塞诺封那里得知的。

我所谓苏格拉底派，是指那些严格遵守苏格拉底的教训的学生和哲人们。我们在他们身上发现的不是别的，只是对苏格拉底
126 的方法的抽象了解，看起来非常片面，并且派别很多。人们曾经谴责苏格拉底，说从他的学说中产生了这些各色各样的哲学；这是由于他的原则本身不确定和抽象的缘故。我们首先在所谓苏格拉底派的哲学观点和方法中认识到的，就只是从这个原则本身派生出来的一些特定的形式。

但是除了克塞诺封以外，也还有许多别的苏格拉底派写过对话，这些对话有一部分是以与苏格拉底的真实的谈话为根据，有一部分是他们依照他的方式制造出来的。艾斯其纳、斐多、安底斯泰纳和许多别的人都有过记述(其中艾斯其纳的若干篇流传到了今天)，此外还有一个鞋匠西门所记述的："苏格拉底常常在这人的作坊里和他交谈，以后他小心翼翼地把苏格拉底同他说的话写了下来。"(关于文献，我略过不讲了。)他的章节的题目，和另外一些留下对话的人的一样，都可以在第欧根尼·拉尔修[①]的记述中找到；可是我们对这些东西是没有兴趣的。

在苏格拉底派中间，有一部分谨守着苏格拉底的直接教训和方式；另一部分则越出了这个范围，——从苏格拉底出发，发展和坚持了哲学的一个特殊方面，一个特殊观点，哲学意识是由他带到这个观点上的。这个观点本身之内包含着自我意识的绝对性，以及它的自在自为地存在的普遍性对于个别性的关系。

① 第二卷，第一二二——二三节；第六〇—六一节；第一〇五节；第六卷，第一五——八节。

在那些具有一种独特价值的派别中，首先应当指出麦加拉派，麦加拉的欧几里得是这一派的首领。苏格拉底死后，他的一群学 127 友都离开雅典，奔往麦加拉；柏拉图也往那里去了。欧几里得原来住在那里，他尽力(很好地)接待了他们。[①] 当苏格拉底的罪名取消而原告受到惩罚之后，苏格拉底派有一部分人回去了，一切又恢复宁静了。我们应当考察三个苏格拉底学派。除了上述的第一派以外，还有居勒尼学派和犬儒学派，——这是三个彼此之间非常不同的学派；由此可以看得很清楚，苏格拉底是没有任何确定的体系的。在这些苏格拉底派那里，主体这一规定被提到重要地位，不过主体只是普遍概念中的一个规定。真和善是原则、绝对；而原则同时又表现为主体的目的，这个目的要求反思，精神的教养，一般思维的教养，并且要求人们能够说出什么是一般的善和真。在这些苏格拉底学派中间，整个说来，仍然主张主体本身就是目的，主体通过培养它的认识而达到它的主观目的。但是那规定的形式乃是科学，乃是普遍概念；因此普遍概念不复是那样抽象，对普遍概念的各个规定加以发展便产生出科学。

麦加拉派是最抽象的；他们死盯着善的定义不放。麦加拉学派的原则就是单纯的善，单纯形式的善，单纯性的原则；他们把善的单纯性的主张与辩证法结合在一起。他们的辩证法，即是认为一切确定的、有限的东西都不是真实的东西。麦加拉派的任务是认识规定、共相；这个共相，他们认为是具有共相形式的绝对，因此 128 绝对必须坚持共相的形式。

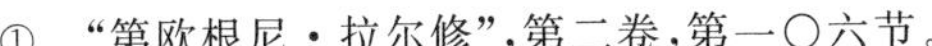

① “第欧根尼·拉尔修”，第二卷，第一〇六节。

居勒尼派曾经试图给善作进一步的定义，并且称善为快乐、享乐。居勒尼学派的原则看来离苏格拉底的原则很远，甚至表现为苏格拉底的原则的反面。我们觉得这个变灭事物的原则，感觉的原则，是与善直接相反的；但是情形并非如此。问题在于：什么是善？于是居勒尼派把那看来是确定的合乎人意的事物当成〔善的〕内容；不过这样便需要有一个有教养的精神。这里所指的是那种由思想所规定的享乐。居勒尼派也同样承认共相，不过这个共相必须具有一个特定的内容，即它是什么；他们现在认为这个特定的内容便是适意的感觉。

犬儒派也对善作了进一步的规定，不过与居勒尼派是相反的：善存在于那些单纯的自然需要之中。他们同样把人所关注的一切特殊的、有限的东西当成不应当要求的东西。他们的原则是善。可是它具有什么内容，什么特性呢？它的特性是：人应当按照自然而生活，接近单纯的自然物。犬儒派的原则也是通过认识共相去培养精神；不过个人的使命必须通过对共相的这种认识而达到，个人要使自己坚持抽象的普遍性，坚持自由和独立，而对一切以往有效准的东西采取漠不关心的态度。

这三个学派不能加以详尽的论述。居勒尼派的原则，后来以更科学的方式发展为伊壁鸠鲁主义，而犬儒派的原则则为斯多葛派所发展。

129　一　麦加拉学派

欧几里得被看成是麦加拉派思想方式的创始人。因为他和他的学派坚持普遍性的形式，并且曾经企图和意识到把一切特殊的东西当成无有(因为他们由于好辩而受到谴责),所以他们得到了诡辩派的称号。个别性的方面内部所包含的矛盾,是麦加拉派特别坚持的。为了使人们对于一切特殊事物的意识陷于混乱,他们把辩证法发展到很高的程度;但是据说,他们固然是以很高的技巧来进行,可是却以一种盛气凌人的态度来辩证,因此别人便说,他们不应当称为一个学派(σχολή),而应当称为一个愤怒(χολή)。[①]他们特别致力于发展辩证法;我们看到他们在这一方面是步爱利亚派和智者派的后尘。看起来他们似乎是使爱利亚派重新复活了(他们本身就和爱利亚派是同样的东西);不过只是部分如此,因为爱利亚派是研究存在的辩证法家——"本质是存在或一,任何特殊的东西都不是真实的"——,而现在麦加拉派则以善为存在(怀疑派只管主观精神本身的宁静)。智者派则相反,他们并不把他们的运动归结到单纯的普遍性,当作固定、持久的东西。斯底尔波、第欧多罗和梅内德谟也曾被列举为有名的诡辩派。

1. 欧几里得

欧几里得这个人,据说在雅典和他的祖国麦加拉处在紧张状态中的时候,在高度敌对的时期,常常穿着女人的衣服潜往雅典, 130
连死刑也不惧怕,目的只是为了能够听苏格拉底讲话,与他相结交。[②] 他并不是那位数学家。[③] 欧几里得曾说出这样的话:"善是一",而且是唯一存在的,然而"却有许多名称;有时称为理智,有时

① "第欧根尼·拉尔修",第六卷,第二四节。

② 奥拉·格利乌:"雅典纪事",第六卷,第十章。

③ 梅纳鸠注"第欧根尼·拉尔修",第二卷,第一〇六节。

称为上帝，常常也称为思维(νοῦς)，等等。但是与善相对立的东西是根本不存在的”。[①] 因此在这里他的原则乃是单纯的善，真理的单纯性和同一性。由此可见，麦加拉派是和苏格拉底一样，一般地把善说成普遍意义下的绝对本质；但是不像苏格拉底那样，还承认善以外的许多观念，好像这些观念对于人毫无利益似的。他们甚至攻击认这些观念还有效准的看法，认为它们对于人只是可有可无的；他们断言它们是根本不存在的。这样，他们便是在爱利亚派的范畴中了；他们说，只有存在是存在的，消极的东西是不存在的。麦加拉派也和爱利亚派一样，指出其他的一切都是不存在的。他们曾经在一切观念中指出矛盾；这就是他们的好辩。

在这一方面，他们的辩证法是为他们服务的。因为辩证法就是指出这种无有，所以麦加拉派在这一方面特别有名，除了欧几里得以外，特别是欧布里德，以后则是斯底尔波，他们的辩证法都同样是涉及外在观念和言辞中所出现的矛盾，因而他们也
131 有一部分流于玩弄语言。苏格拉底只是使个别的，特别是道德的观念或关于认识的观念发生动摇，——这是偶然的辩证法；麦加拉派则相反，他们使辩证法成为一种更普遍和更重要的东西。苏格拉底总是谈论关于义务、关于道德上的善的流行观念，谈论关于什么是认识的那些最切近的观念和说法，麦加拉派(他们的哲学的辩证法)则更加转向于表象和语言的形式方面，不过还不像以后的怀疑派那样，转到纯粹概念的特殊内容上；因为〔在他

① “第欧根尼·拉尔修”，第二卷，第一〇六节；参看西塞罗：“学园问题”，第四卷，第四二章，麦加拉派的说法与柏拉图没有什么大差别，乃是一种高尚的学说，云云。

们那里〕认识、思维还没有出现在抽象概念中。他们善于锐敏地指出矛盾，并且纠缠在里面，使别人陷于困境。关于他们的独特的辩证法，所谓的并不多，而关于他们在普遍意识中、在表象中所引起的混乱，讲的是比较多的。关于这一点，是有许多逸事谈到的。他们以平常谈话的方式运用了辩证法。我们所谓诣谑，在他们乃是正规行业。苏格拉底也一再地把注意力放在日常的对象上。（在我们的谈话中，一个人主张一件事物，便要认为这件事物有用处、有价值。）许多关于他们的辩论艺术和他们的谜语的逸事都是开玩笑的，但是另一些却有关一个决定性的思想范畴；他们抓住这个范畴，并且指出，当人们承认它的时候，如何陷入矛盾，陷于自相矛盾。

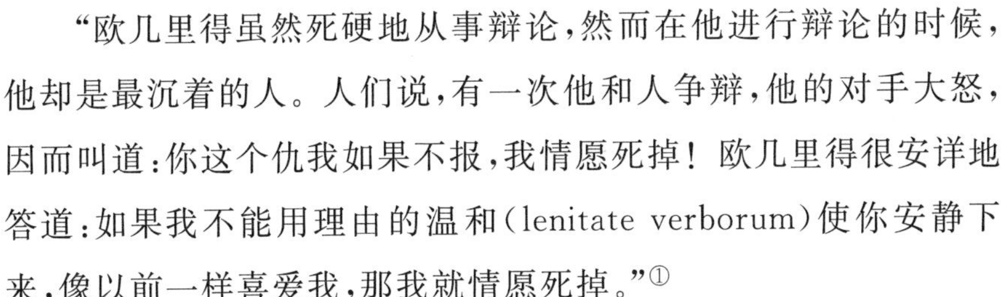

“欧几里得虽然死硬地从事辩论，然而在他进行辩论的时候，他却是最沉着的人。人们说，有一次他和人争辩，他的对手大怒，因而叫道：你这个仇我如果不报，我情愿死掉！欧几里得很安详地
答道：如果我不能用理由的温和（lenitate verborum）使你安静下 132
来，像以前一样喜爱我，那我就情愿死掉。”[①]

2. 欧布里德

他们把一切特殊的东西都指为无有的东西，并且专门作出许多手法和捏造，来使对于范畴的意识发生混乱。有许多手法是与他们的名字一同保存下来了；特别是那些诡辩，这是由欧几里得的

① 普鲁泰克：“论友爱”，第四八九页，丁（克须兰版）；斯托拜欧：“训辞”，第八四篇，第一五章（第三册，第一六〇页，盖斯福版）；布鲁克尔：“批判的哲学史”，第一册，第六一一页。

一个学生、米利都人**欧布里德**造出来的。[①] 我们在听见它们的时候，首先会想到，这些乃是平凡的诡辩，是不值得一驳，也值不得一听的。因此我们认为这些乃是愚蠢的东西，我们把它们看作干燥无味的玩笑。然而事实上把它们抛在一边是要比去驳斥它们容易些。真正说来，它们所进行的，是把通常的语言引入迷途，使它陷入混乱，然后给它指出它是自相矛盾的。这些诡辩并没有真正的科学价值。我们在通常的语言中，是承认、了解和知道别人的意思的，并且认为别人也了解我们的意思，因而表示满意——(要不然我们就安慰自己，说上帝了解我们)——，可是，这些诡辩的任务有一部分就在于指出，当我们严格地按照通常语言所说的话来加以理解时，平常的语言是不能令人满意的。使通常的语言陷入难以回答的困境，乃是游戏、开玩笑，是愚蠢的。别人完全知道我们的意思，他在语言上用心思；这是以形式的矛盾为目的，——一种空洞无实际的语言游戏。我们德国人是严肃认真的，因此也谴责语
133 言的游戏，认为是一种浅薄无聊的机智。然而希腊人却重视单纯的言辞，重视一句话的单纯处理，正如重视事物一样。如果言辞与事物相对立，那么言辞要高些；因为那没有说出来的事物，真正说来，乃是一个非理性的东西，理性的东西只是作为语言而存在的。

一般说来，我们在亚里士多德的“智者的论辩”中也发现了许多这样的例子，这些例子是从老年智者们以及诡辩派那里来的，也发现了对这些问题的解决。欧布里德也写过一些东西来反对亚里

① “第欧根尼·拉尔修”，第二卷，第一〇八节。

士多德，但是都没有流传下来。[①] 在柏拉图那里，我们也发现有这样的一些开玩笑的、双关的话，用来嘲弄智者们，并指出他们把时间花在何等不重要的事情上面。诡辩派则走得还要远些。他们成了宫廷里的弄臣，例如在托勒密朝的宫廷中；第欧多罗就是如此。[②] 从历史情况中我们看出，这种知道如何使别人陷入困境并解除这个困境的辩证手法，乃是希腊哲学家们所共具的，曾被用在公共场所，也被用在国王们的宴席上作为游戏。例如据说有一个东方的王后便曾经来到所罗门王那里，给他出一个谜语，让他去猜，我们知道，在国王们的宴席上，有哲学家们的聪明的谈话和聚会，他们在互相嘲弄和寻开心。希腊人异常喜爱找出语言中和日常观念中所发生的矛盾；——这是一种文化，这种文化把形式的语言（或语句，或抽象的因素）——并不是为了拥护真理或反对人们所谓的真理——当作对象，并且意识到它的不精确，或甚至指出其 134
中所表现的偏颇，使人们意识到，并且借此使其中所存在的矛盾暴露出来。这种对立并不是纯粹的概念对立，而是与具体的表象交织在一起的。他们既不涉及具体的内容，也不涉及纯粹的概念。每一个语句都由一个主语和宾语组成，主语和宾语是不同的，我们在表象中以为它们是统一的；而那在平常的意识看来是真的东西，乃是单纯的、不自相矛盾的。可是事实上单纯的、自同一的语句却是同语反复，毫无所说；凡是有所说的语句，都包含有不同的东西，——由于它的不同进入了意识，所以它就是矛盾的。可是平常

① “第欧根尼·拉尔修”，第二卷，第一〇九页。

② 同上书，第一一一——一一二页。

的意识就此终结了;凡是有矛盾的地方,便只有解体,便只有自我扬弃。平常的意识并无唯有对立面的统一才是真理这一概念,——并不知道,如果把真理了解成单纯的意思,把虚假了解成对立、矛盾的意思,那么在每一个语句中就都有真理和虚假;在平常意识里,积极的方面(对立的统一)与消极的方面(真伪的对立)是彼此分离的。

在欧布里德的那些命题中,主要的意思是这样的:因为真的东西是单纯的,所以也要求有一个单纯的回答;因此不能像在亚里士多德那里那样,[①]回答必须涉及某些特殊方面,——因为实际上整个说来,这也是理智的要求。其所以陷入迷乱,乃是由于要求一个肯定或者否定的答复;但是人们既不敢肯定,也不敢否定。这样一来,人们便陷入困境了,因为一个人不知道如何回答问题便算是粗野。因此真理的单纯性被了解为原则。在我们这里,这个原则是以

135 这种形式表现的,即在对立的双方中间,一个是真的,另一个是假的;一个命题**或者**是真的,**或者**不是真的;一个对象不能有两个对立的宾词。这是理智的原则,principium exclusi tertii(排中原则);这在一切科学中都是非常重要的。这个原则是与苏格拉底和柏拉图的原则有联系的:“真理是有普遍性的”;这个原则是抽象的,是理智的同一性,——真的东西应当不自相矛盾。在斯底尔波那里,这一点表现得更突出。麦加拉派坚持我们理智逻辑的这个原则;他们要求真理具有同一性的形式。他们在求真理的时候并不注意普遍观念,而是在平常观念中寻找例子,用这些例子使人陷入困境;他们并且

① “智者的论辩”,第二四章。

把这个造成了一种体系。我们将举出几个流传下来的例子。

（子）有一种论辩叫作**说谎者的论辩**。如果有一个人承认自己
说谎，那么他是在说谎还是说真话呢？[①] 要求作一个简单的回答；
因为真理被认为是简单的、一方面的东西，因此另一方面便被排除
了。如果问他是否说谎，他应当回答“是”还是“否”呢？如果说，他
是说真话，那么便与他的话的内容相矛盾；因为他承认他说谎。如
果他说“是的”（他说谎），那么他说的又是真话了；因此他既不说
谎，又说谎，——同样情形，如果他说真话，他便与他所说的相违反
了。然而因为真理是简单的，还是要求作一个简单的答复。一个
简单的答复是不能有的。在这里，两个对立的方面，说谎与真话，
是结合在一起的（我们看到了直接的矛盾），这个对立面的结合，曾
经在各个时代以各种不同的方式一再出现，并且引起人们经常注 136
意。克吕西波，一个著名的斯多葛派，就曾经对这个题目写了六部
书。[②] 另一个人柯斯的斐勒塔，便是由于用心研究解除这种两难
困境的办法，操劳过度，因而得了痨病死去。[③] 与这事完全相似的
事情就是我们在近代看到人们用尽力气钻研化圆为方的问题——
一个几乎永垂不朽的问题。他们在不可通约的数目中间寻找简单
的比例；这个混乱就在于要求给予一个具有矛盾的内容的问题以
一个简单的回答。这个小小的历史曾经得到了继承，并且得到过
重演；例如在“堂吉诃德”身上，就出现了完全相同的事情。巴拉塔

① 西塞罗：“学园问题”，第四卷，第二九章；“论迷信”，第二卷，第四章。

② “第欧根尼·拉尔修”，第七卷，第一九六页。

③ “雅典纪事”，第十卷，第四〇一页（一五九七年卡骚滂本）；苏以达：“斐勒塔传”，第三册，第六〇〇页；梅纳鸠注“第欧根尼·拉尔修”，第二卷，第一〇八节。

里亚岛的总督桑差在坐堂问案时,便遇到一些非常麻烦的情况的考验,其中就有下面这个事件。在这位总督的辖境内,有一座桥,是一个富人为了旅客的便利而建造的,——不过桥旁还树立了一个绞架。行人必须满足一个条件,才许通过这座桥。这个条件是:旅客必须说出他真正要到哪里去;如果他说了谎,那就必须放在绞架上吊死。现在有一个人来到桥上,在回答上哪里去的问题时,他说,他上这里来是为了在绞架上吊死。守桥的人对这个回答大大地困惑了。因为如果把他吊起,那他就是说了真话,应当放他过去;如果放他走了,那他就是说了假话。他们无法解决,于是请总督明断,总督说出了一句聪明话:在如此疑难的情况之下,应该采取最温和的处置,因此应当放他走。桑差没有苦苦地去想破脑袋。
137 那应该是结果的,被当成了内容或原因本身,而按照规定,内容的反面应当作为结果,即真正意义的吊死,不应当以吊死为结果;不吊死这一事实、事件,应该以吊死为结果。因此最高的刑罚是作为结果的死;在自杀的情况之下,死本身被当成了犯罪的内容,因此不能作为刑罚。

我再举出一个这类的例子,并伴随着解答。“有人问梅内德谟,他是否已经停止打他的父亲了?”人们要想使他陷入困境;不管他的回答是“是”还是“否”,在这里都是有危险的。因为如果我说:“是的”,那么我就是打过他;如果说:“不是的”,那我就是还在打他。梅内德谟回答道:“我既没有停止,也没有打他。”对方对于这个回答是不会满意的。[①] 这是一个两方面的回答,把两个方面都

---

① “第欧根尼·拉尔修”,第二卷,第一三五节。

同样地扬弃了，通过这个回答，问题事实上是解答了；这和上面那个问题是一样的，即：承认自己说谎的人是否说真话：他同时既说真话而又说谎，而真理就是这个矛盾。但是一个矛盾不能是真的；矛盾是不能进入通常观念的。〔因此桑差·邦札在下判断时排除了这个矛盾。〕[①]在意识中出现了矛盾，出现了对立物的意识；矛盾可以毫不费力地在意识面前指出来，——矛盾出现在感性事物、存在、时间之中，它们的矛盾必须加以揭露。这些诡辩并不是一种矛盾的假象，而是有实在的矛盾存在。在上面的例子中预先给你两条路，要你作一选择；但是例子本身就是一个矛盾。

（五）那个**隐藏者**和**爱勒克特拉**[②]的问题的发生，就在于提出 138
一个矛盾：同时既认识又不认识一个人。我问一个人：你认识你的父亲吗？他答道：认识。我再问：如果我指给你一个人，他隐藏在帷幕后面，你认识他吗？——不认识。——可是幕后的这个人是你的父亲；所以你是不认识你的父亲的。爱勒克特拉也是一样的。是不是可以说她认识或不认识站在她面前的兄弟奥勒斯特呢？这些手法看起来是很肤浅的；然而进一步加以考察却是有趣的。（一）认识的意思是：在观念中肯定一个人是这个人，——并不是不定地、一般地，而是这个人；（二）现在他被指为一个这个人，——隐藏者或奥勒斯特就是一个这个人。但是爱勒克特拉不认识他，她的观念认识他；观念中的这个人和这里的这个人对于她不是同一个人。但是事实上观念中的这个人正好不是一个真实的这个人。

① 据米希勒本，第二版，英译本，第二卷，第四六一页增补。——译者

② 布鲁克尔："批判的哲学史"，第一册，第六一三页。

这个矛盾通过规定(ὅρος)而得到解决:她在她的观念中认识他,但不是作为这个人。前面那个例子也是这样。当儿子看见父亲的时候,也就是说,当父亲对儿子是一个这个人的时候,儿子认识父亲;但是当父亲隐藏起来的时候,他对儿子便不是一个这个人,而是一个被扬弃了的这个人了。隐藏者既作为一个在观念中的这个人,就变成了一个普遍的人,并且失去了他的感性存在。在这些小小的故事中,也有了普遍与个别这一较高级的对立,因为具有某物的观念,一般说来,乃是普遍性的一个要素。当这个人被扬弃了的时候,他便不仅是观念了;真理是在普遍之中,——就是对普遍的意识。因为普遍正是对立面的统一;普遍在这个一般的哲学文化中乃是本质,而这个、感性的存在则在其中被扬弃了,普遍乃是个别的否定。(意识到这个感性存在在普遍中被扬弃了,这一点尤其是斯底尔波的特点。)

139 (寅)另外一些这一类的机智是比较重要的;例如 σωρείτης 和 φαλακρός 这两种论证便是,前者称为**谷堆论证**,[①]后者称为**秃头论证**。[②] 这两种论证都涉及所谓恶性无限,涉及量的进展,这种量的进展不能达到质的对立,而最后终于出现于一个质的绝对对立之中。秃头论证是与谷堆论证相反的问题。问题是:一粒谷子能否造成一堆?或者是:少一根头发能否造成一个秃头?——不能。——再来一粒或一根怎样?——还是不行。这个问题一直重复下去,总是问加一粒谷子或减一根头发如何。等到最后,人们说

① 西塞罗,前引书处。

② 布鲁克尔:“批判的哲学史”,第一册,第六一四页,注。

可以造成一堆或一个秃头了,这时那最后加的一粒谷子或最后减的一根头发便造成一堆或一个秃头了;这在一开始的时候是被否认的。但是一粒谷子怎就造成包含这么多谷粒的一堆呢?命题是:一粒谷子不能造成一堆。矛盾是:增加或减少一个都会过渡到对立方面去,过渡到多去。重复一就是建立多;重复使一定数量的许多谷粒集合起来。一粒变成了它的反面,一堆;除去的一根变成了秃顶。一粒和一堆是相对立的,但也是一个东西。换言之,量的进展看起来并不改变什么,而只是增加和减少;但是最后却过渡到了反面去。一个无限小或无限大的数量便不再是数量。我们总是把质与量分开来的。这个多乃是一个量的差别;但是这个无足轻重的数量的差别,在这里最后转变成了质的差别。这个规定是有 140 极大的重要性的;虽然我们并不直接意识到这一点。例如,人们说,一角钱、一块钱并不算什么;可是由于这个不算什么,钱袋就变空了——就值点什么了,——这是一个显著的质的差别。把水加热,水便不断地变热;在摄氏一百度的时候,水便突然变成了蒸汽。这个量与质的区别、对立,是很重要的;但是质与量互相过渡的辩证法,却是我们的理智所不承认的东西,——理智始终认为:质不是量,量不是质。在那些貌似开玩笑的例子中,存在着对于所涉及的那些思想范畴的根本的观察。

他们有多得无数的这类玩笑;其中有一些是重要的,有一些是不重要的。亚里士多德在他所著的“智者的论辩”中引述了许多别的手法,都是指出语言中所出现的一种非常形式的矛盾,——一种存在于语言形式中的矛盾,因为正是在语言的形式中个别的东西被了解为普遍的东西。“这个是谁?——是苏格拉底。——苏格

拉底不是阳性的吗？——是的。这个是中性的，所以苏格拉底是被设定为中性的。”[①]此外亚里士多德[②]也叙述了以下的论证；这是一个手工匠人的机智，他是一个滑稽家。亚里士多德为了清除混乱，曾经花了很大的力气。“你有一条狗，它是有儿女的；因此这条狗是父亲。因此你有一个父亲，它的儿女是狗；因此你本身是那些狗的一个兄弟，并且本身是一条狗。”对于造作这一类机智，当时和
141 以后的希腊人是源源不竭的。在怀疑派那里，我们以后将看到辩证的方面得到了进一步的发展，并且达到了较高的一点。

3. 斯底尔波

斯底尔波是一个生于麦加拉的当地人，他是最有名的诡辩者之一。第欧根尼叙述道：“他是一个很有力的辩论家。他以辞令便捷胜过所有的人，以致全希腊的人都有因为他而(差一点)麦加拉化的危险。”他于亚历山大大帝的时代及其死后(一一四届奥林比亚赛会的第一年，即公元前三二四年)生活在麦加拉，在那里亚历山大的将军们之间发生了内讧。“托勒密·索特尔，安提贡的儿子德梅特留·波流尔克底，当他们征服麦加拉的时候，曾经给他很多的礼遇。在雅典，几乎所有的人都从工作场所跑出来看他；当有人向他说，人们赞赏他就像赞赏一个奇怪的野兽一样时，他答道：不，是像赞赏一个真正的人那样。”[③]在斯底尔波那里，特别要表明的，是他把共相了解为形式的、抽象的理智同一性的意义。他的例子

---

① 亚里士多德：“智者的论辩”，第一四章；布勒对此书的注，第五一二页。

② “智者的论辩”，第二四章。

③ “第欧根尼·拉尔修”，第二卷，第一一九、一一三、一一五节。

中间的主要之点，总归是着重那与特殊事物相对立的普遍性的形式。

子、第欧根尼首先从他引述了关于*这个*与*共相*的对立："谁若是说有（一个）人，（这个说人的人）就没有说任何人；因为他没有说这个人或那个人。因为为什么是这个人而不是那个人呢？所以也不是这个人。"[①]人是个共相，而不是指这一个人，这一点是人人都 142
很容易承认的；但是这个人还依然存留在我们的观念中。然而斯底尔波说，这个人是根本不存在的，并且是根本不能说的，只有普遍的人存在。第欧根尼·拉尔修说："他抛弃了类。"从那由他引证的话里，可以推出正好相反的意义：斯底尔波肯定普遍而抛弃个别；——邓尼曼[②]当然也是这样想的：斯底尔波抛弃了类。

斯底尔波坚持普遍性的形式，正是这一点，在许多逸事中表现得更清楚，这些逸事是讲他的日常生活的。例如他说："这里陈列（出售）的白菜是不存在的。因为白菜在好几千年以前就已经存在了；所以白菜并不是*这个*陈列的白菜"；[③]也就是说，只有普遍者存在，*这个*白菜是不存在的。当我说*这个*白菜的时候，我所说的和我所想的完全是两回事；因为我说的是一切其他的白菜。

再引一个这种意义的逸事。"他与一个犬儒派克拉底谈话，为了要买鱼而把谈话中断了。克拉底就说：怎么，你不谈了吗？"（意思是说，即使在日常生活中，一个人如果被问得不知道如何回答，也会被人讥笑，被人认为愚蠢；现在所谈的问题如此重大，如果他

---

① "第欧根尼·拉尔修"，第二卷，第一一九节。

② 第二册，第一五八页。

③ "第欧根尼·拉尔修"，第二卷，第一一九节。

只是一般地稍稍回答几句，也比起完全回答不出要好些，——这样他就无不答之答了)。“斯底尔波答道：绝不是的，我是有话谈的，不过我丢开你不谈；因为话以后仍旧可谈，可是鱼不买却会卖掉
143 的。”①这些简单例子里面所讲的，看来是很琐屑无聊的，因为这是这样一种琐屑无聊的题材；在别的形式中，似乎比较重要，可以加以进一步考究。

一般说来，共相在哲学论证中是受到重视的，因此甚至于只有共相才能被言说，而“这个”、所指谓的东西，则根本不能讲，——这是一种我们近代的哲学文化尚未达到的意识和思想。一般的常识，或者近代的怀疑论，或者一般哲学，主张感性的确认有真理性，或者主张在我们之外确有感性事物存在，以及凡是自己看到、听到是如此的东西每一个人也都认为是真的，——要予以根本的驳斥，是完全不必去理会这些说法的；他们直接主张：直接的东西是真的。我们只需要按照他们所说的话来理解他们，便可看出，他们所说的总是与他们所指谓的两样。最令人震惊的，是他们根本不能把他们所指谓的说出来。他们说：感性的东西；这就是一个有普遍性的东西，是指一切的感性事物，是对“这个”的一个否定，——换句话说，“这个”乃是一切这些。思维只包含普遍观念，“这个”只是一个所指谓的东西；如果我说“这个”，这就是那最普遍的东西。例如，这里就是我所指的那个地方，——现在就是我讲话的那个时候；但是这里和现在却是所有的这里和现在。当我说“我”的时候，我就是在心里把我这个个别的人与其余的一切人分别开来。但是

① “第欧根尼·拉尔修”，第二卷，第一一九节。

我正是这样一个被指谓的东西;对于我所指谓的那个我,我是根本不能说的。我是一个绝对的表述词。我,不是我以外的任何别人,——所以人人都自称为我,我是每一个人。谁在那里?——是我。——这就是所有的人。普遍是存在的;但是个别也只是普遍,因此,在话语中,在语言中,在由精神而生的一种存在中,如所指谓的那样的个别是根本找不到地位的。语言在本质上只是表示那一般的普遍观念;而人们所指谓的东西却是特殊者、个别者。因此人 144
们对于自己所指谓的东西,是不能在语言中来说的。如果我要想用年龄、用出生地、用我所做的事、用我过去或现在所在的地方来区别我,来把我规定为这个个别的人,情形也是一样。我现在有这样大的年纪;但是我说的这个现在,正是一切的现在。我如果从一个纪元算起(如基督诞生等等),这个年代却又是由现在所确定的,现在是永远在移动的——一个由另一个规定——:从现在起一八〇五年以前基督降生,——所以现在是基督降生后一八〇五年。它们只是互相规定的;但是全体却是不定的,它有一个无始无终的"之前"和"之后"。"这里"也是这样的;这个"这里"是指每一个"这里",每一个"这里"也都是一个这里。语言中所包含的普遍性的本性就是如此。于是我们用一般的名称来帮助自己,我们用这些名称完满地规定着个别的东西,——这个如此称呼的东西;然而我们也承认,我们并没有表示事物本身。作为名称的名称,并不是一个包含我之为我的表述词;它是一个表示活跃的记忆的记号——而且是一个偶然的记号。

丑、由于斯底尔波把共相说成了独立的东西,所以他使一切解体。"一个事物的规定若是不同的,则那个事物即是不同的";规定

性的固定就是独立性的固定。事物的特性便是被他认作独立固定的规定性。如果规定性(λόγος)是独立自为的,则事物便是解体了的东西,便是许多独立规定的集合。斯底尔波作了这样的主张。一件东西的各个规定(λόγοι,普遍性的形式之下的)如果是不同的,则它便是另一个东西。因为“各个规定(这是实在的东西)是分离的”,所以根本就没有个体。“人们说:苏格拉底是文雅的,是人,所以这两个 εἴδη(理念)是彼此不同的”;如果苏格拉底是一个由许多
145 独立理念组成的集合体,那么这个集合体就不是真的,——只有共相才是真的。[①]

寅、很值得注意的是:这种同一性的形式在斯底尔波那里被意识到了:“我们不可将不同的宾词去称谓一个对象;”[②]——这是同一律。“如果我们宣称一匹马在跑,这并不是说,宾词与它所称谓的对象是同一的。而是说‘人’是另一个概念规定,‘好’是另一个概念规定;同样情形,‘马’与‘跑’也是不同的。因为如果根据概念来问我们,我们便会宣布这两者不是同一个东西。因此用不同的东西来称谓不同的东西的人是错了。因为如果人与好是同一的东

---

① 辛普里丘注亚里士多德“物理学”,第二六页(邓尼曼,第二部,第一六一页):“因为麦加拉派的哲学家们认为这种看法证实了以下的事实,即凡是有着不同的规定的,便是不同的,而不同是使一个与另一个分离开来的,他们似乎证明每一事物都与自身分离。由于文雅的苏格拉底与聪明的苏格拉底是不同的规定,所以苏格拉底是与他自身分离的。”

② 普鲁泰克:“反科罗底”,第二二章,第一一一九页,克须兰本(胡顿本,第一四册,第一七四页):“斯底尔波说:不能用不同的宾词来称谓同一对象。所以我们不能说这个人是好的和这个人是一位将军,却只能简单地说,人只是人,好只是好,将军只是将军。我们也不能说一万个武士,……而只能说,武士只是武士,一万只是一万……是不是会有一种人,听了这种话,而不知道这是一个精辟的谐语呢?”

西,马与跑也是同一的东西,那么怎样能够也说面包和药好,——狮子和狗跑呢?”①“因此人们不应当说,人是好的,也不应当说,人 146
是一个将军;而只应当说,人只是人,善只是善,将军只是将军;不能说,一万个武士,而只能说,武士只是武士,一万只是一万。”

二　居勒尼学派

苏格拉底要想把自己当作个人来训练,他的学生们,犬儒学派和居勒尼学派,也是如此。居勒尼派并不停留在一般的善的规定上;他们力图对善作进一步的规定,并且把善放到个人的享受、快乐中。犬儒派则表现得与此完全相反。个人生活、实践哲学乃是主要的目的。居勒尼派满足于他们的特殊的主观性;人们可以对快乐作种种了解。犬儒派也满足于主体;所以他们与居勒尼派是同一的。但是〔犬儒派〕所满足的特殊内容乃是自然的需要;他们表示出一种消极态度,反对别人求快乐的行为、别人认为有价值的东西。整个说来,这两个学派有着相同的目的:个人的自由和独立。

居勒尼学派的原则,简单地说是这样的:寻求快乐和愉快的感觉,乃是人的天职,人的最高的、本质的东西。快乐在我们这里是一个微末不足道的字眼。我们习惯于认为有一种比快乐更高的东西,习惯于把快乐看成无内容的。人们可以用千万种方式取得快乐,快乐可以是各种极不相同的行动的结果;这种不同,在我们的意识中是非常重要和极其根本的。因此这个原则最初对我们表现

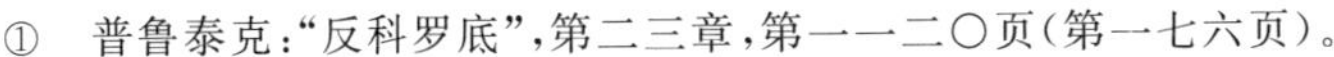

① 普鲁泰克:“反科罗底”,第二三章,第一一二〇页(第一七六页)。

147 为微末不足道的;一般说来,诚然是如此的。在康德哲学以前,真正说来,一般的原则乃是快乐论;对于愉快和不愉快的感觉的观点,在当时的哲学家那里,乃是一个最后的本质的规定,例如在孟德尔森、爱伯哈尔特等人那里便是,在他们那里,甚至于悲剧也应当凭借其中所表达的那些不舒适的感觉来引起舒适的感觉。

1. 阿里斯底波

居勒尼派由非洲居勒尼地方的阿里斯底波而得名,阿里斯底波是这个学派的创始人和首领。他与苏格拉底交游甚久,并且在他那里受到了教养;但是也可说,在他谒见苏格拉底以前,他已经是一个有决心的、有教养的人了。他听到苏格拉底的教言,可能是在居勒尼,也可能是在奥林比亚赛会上,居勒尼人也和希腊人一样来参加这个赛会的。他的父亲是一个商人,他本人旅行到雅典,是为了商务的目的。[1] 他不满足于苏格拉底关于善和美的一般的话语(苏格拉底没有予以确定的内容),而把那反映到意识中的本质,把这个本质的最高特性,规定并了解为个体性。本质、共相、思维在他看来乃是作为个别意识而有其实在性的一面,这一方面才是人必须追求的;——因为他认为个人的快乐和享受,是理性所寻求的唯一的东西。

在阿里斯底波那里,最重要的是他的性格、他的个性。他之寻求快乐,乃是作为一个有完全教养的精神,作为一个凭借思想的修

① “第欧根尼·拉尔修”,第二卷,第六五节;邓尼曼,第二册,第一〇三页;布鲁克尔:“批判的哲学史”,第一册,第五八四页以次。

养而提高到对一切特殊事物、烦恼、各种约束完全无动于衷的人去 148
进行的。当把快乐当成原则时，我们就会以为：这种人无论在肉体享乐方面或精神享乐方面，乃是一个有所依赖的人，因为享乐是与自由的原则相对立的。但是我们既不应当这样来看居勒尼派的学说，也不应当这样来看伊壁鸠鲁派的学说，整个说来，他们是有着同样的原则的。在这里，有两个环节是基本的：一个是那原则本身，即快乐的规定。而另一个则是：人具有一个有教养的精神，并凭借他的精神的这种教养而获得他的完全的自由，这种自由，他只有凭借教养才能获得；而他在另一方面，又只是凭借着自由而获得教养，——只有凭借着这种精神教养，他才能获得快乐。可以说，这个原则似乎是非哲学的，因为把原则放到快乐里面，似乎是哲学的反面；但是他采取了一个转向，即把精神的教养、思想的教养当成获得快乐的唯一条件。阿里斯底波无疑是一个有最高的教养的人；他也把教养估价为最高的东西。因为他虽然把 ἡδονή（快乐）当作原则，却从以下一点出发，即认为这只是一个对于有哲学教养的人的原则。因此阿里斯底波的原则是这样的：愉快地感觉到的东西，并不是直接认识到的，而只是通过反思、通过哲学思维而认识的。

阿里斯底波是按照这些原则而生活的；他的**生活方式**和**逸事**比起他的哲学学说来，更令我们对他感到兴趣。这个原则在哲学上的发挥，属于他本人的并不多，而大多是属于他后来的追随者，如小阿里斯底波和德奥多罗，他们与另一些人属于居勒尼学派，以
后又转入了伊壁鸠鲁学派。赫格西亚、安尼克里以后被认为是这 149
样的一些人，他们进一步发展了这个基本原则。在这个学派内部唯一值得注意的，是人们看见愈向普遍原则的一贯性进展，因而也

就愈向违反原则的不一贯性进展。

那些讲到阿里斯底波的多方面的逸事,——一个富于机智的和洒脱的性情的那些特征,——是最为有趣的。他一生追求快乐,但是并非不用理智,而是(因此他是按照自己的方式行事的哲学家)一方面小心谨慎,谨慎是不会听从一种暂时的快乐的,因为一种更大的灾祸会从暂时的快乐中产生出来;一方面也不惊惶紧张——(哲学就在于不惊惶紧张)——,惊惶紧张是随时随地害怕不好的和可能的恶劣后果的;总之完全不依赖于事物,不固执于某个本身具有变化无常的性质的东西。有人说:“他适应各种情况,能够生活在一切环境之中”;他无论在国王们的宫廷中,还是在窘困的情况下,都是始终如一。“据说柏拉图曾向他说:只有你一个人,可以穿紫袍,也可以穿破衣。——特别是”他住在“狄奥尼修家里”,“很得宠爱”,并且寄食于此,可是他却始终保有很大的独立性;“犬儒派的第欧根尼因此曾称他为御犬”。下面的一件事,可以向我们证明他的完全无动于衷。“有一次狄奥尼修向他吐了一口痰,他耐心地忍受着,并且当别人因此责备他时说:渔夫们为了捕一条可怜的小鱼,不惜让海水溅在身上,我为了捕一条大鲸鱼,岂不应当忍受这一点。——他享受现在的快乐,并不为那不属于现在的快乐做过多的努力。——有一次狄奥尼修要他从三个妓女中挑选一个,他把她们三个都带走了,他说,挑选出一个来,这件事就
150 是对于巴里斯也是危险的;可是当他把她们带到房子的前院时,他就把她们三个都放走了。”①

① “第欧根尼·拉尔修”,第二卷,第六六—六七节。

“他也是苏格拉底派中间第一个向他所教导的人要钱的。他自己也曾送钱给苏格拉底，但是苏格拉底把它退还了。——有一次有一个人想把儿子送给他教，他向这人要五十个德拉克马，这人觉得价钱太高了，认为用这笔钱可以买一个奴隶；阿里斯底波答道：你去买奴隶吧，你会得到两个奴隶的。——有一次苏格拉底问他：你怎么有那样多的钱？他回答道：你怎么只有那样少的钱呢？”他轻视钱财，——有钱与快乐中所产生的后果是违反的；他把钱都在美食上用光。“有一次他买了一只鹧鸪，花了五十个德拉克马。”（值二十弗罗棱）“当有一个人指责他这件事时，他问道：一个铜圆你买不买？——买。——那么，五十个德拉克马在我看来并不比一个铜圆更值钱。——以后在一次旅行中——在非洲[1]——他的奴隶觉得扛一大笔钱太累了；当他知道了这一点时，他便说：把太多的扔了吧，能拿多少就拿多少。”[2]

关于教育的价值，“对于一个有教养的人与无教养的人有什么分别这个问题，他答道：一块石头不会和另一块适合，[3]——分别之大，正如一个人之于一块石头那样。这并不是完全不对；因为人是通过教育才成为人，才成为人应有的样子；这是人的第二次诞生，人通过教育才获得了他从自然具有的东西，——于是他才成为精神。在这里，我们不应当想到我们的无教养的人，因为在我们中 151
间，无教养的人是通过整个环境，通过习惯、宗教而参与文化教养的一个源泉，这个文化源泉使他们高出那些并不生活在这样一种

① 贺拉西：“教言”，第二卷，第三章，第一〇一行。

② “第欧根尼·拉尔修”，第二卷，第六五、七二、八〇节；第六六、七七节。

③ 同上书，第七二节。

环境中的人之上。那些致力于其他各种科学而忽略了哲学的人，阿里斯底波把他们比作‘奥德赛’里面‘斐汭洛佩的求婚者’，他们诚然能得到美兰窦和其他的女郎，却得不到这位王后。”[①]——“有一次有一个妓女向他说，她从他而怀了孕，他说：你怎知道是从我怀的孕？如果你走过荆棘丛中，你能说得出是哪根刺把你刺了？”[②]

阿里斯底波和他的信徒们的学说是极其简单的。意识对本质的关系，他是以最表面的原始形式来了解的；而且把直接被意识到亦即直接被感觉到的本质宣布为存在。现在在真实者、有效者、自在自为地存在者和实践者、善、应为目的者之间，形成了一种区别。关于什么是理论上的真实者和什么是实践上的真实者，居勒尼派认为是由感觉来规定的。因此仔细说来这里包含着以意识对于对象的关系为原则，而不以客体本身为原则。所以居勒尼派说：在理论方面说，真实的东西即是感觉，——并不是感觉中间的那个东西，并不是感觉的内容，而是作为感觉的感觉本身。感觉不是客观的，客观的东西却在感觉之中。“我们不能把感觉当作一个存在的东西，也不能把存在物称为真实的东西；因此我们曾经说，感觉到
152 一个甜的、白的东西，是以一个对象为原因，这个对象是白的、甜的”[③]等等。“理论上的真实者既是感觉，实践上的真实者或目的也同样是感觉”，——它的内容、实在只是感觉。“感觉既是目的”，那么，感觉的差异性便不是感官感觉的漠然的多，而是概念的对立的多：对行动、对否定者的关系，——作为对象的行动也是否定的；

① “第欧根尼·拉尔修”，第二卷，第七九节。

② 同上书，第八一节。

③ 塞克斯都·恩披里可：“反数学家”，第七卷，第一九一节以次。

“或者是愉快的,或者是不愉快的,或者两者都不是。目的”作为目的,就其单纯本质说,在它的对立中,“也是善或恶”;——我感觉到一件东西是正当的,是因为我感觉到它是适意的,说得更好一点,是令人满足的。“愉快的感觉就是善,不愉快的感觉就是恶。因此各种感觉乃是认识的标准,并且是行为的目的”,——理论上的真实者和实践上的真实者。“我们生活着,是由于我们遵循着关于现实和快乐的感觉;前者根据理论的直观,后者根据快感。”①

我们在这里进入了一个新的境界,在这里,特别出现了两种规定,这两种规定我们在以后的哲学中到处都可发现,特别是在斯多葛派、新学园派等等那里。第一个即是规定本身,——即是标准;第二个则是对于主体的规定、对于人的规定。因此便出现了关于贤者的观念:贤者做些什么,贤者是谁等等。特别讨论这两点的,是除去柏拉图和亚里士多德以外的以后各种哲学。为什么出现这两个问题,乃是与过去的东西有联系的。善、真乃是普遍的,乃是 153
苏格拉底的目的;普遍者仍然是被规定为本身无内容的,——兴趣现在是在于去找出内容来,给普遍者找出一个规定来。关于善等等,人们可以成年累月地喋喋不休;可是什么是善,这才是问题。什么是更进一步的规定?这就是标准。另一方面是:主体应当把什么当作自己的天职?现在开始出现的那种主体的兴趣是什么?居勒尼派现在把快乐设定为内容。在这里开始出现了希腊精神的逆转。当一个民族的宗教、法制、法律有效的时候,当一个民族的各个个人处在宗教和法度之中,与宗教和法度合而为一,共为一体

---

① 塞克斯都·恩披里可:“反数学家”,第七卷,第一九九—二〇〇节。

的时候,是不发生个人自己应当做些什么的问题的。这可以说已经就在那里了,已经就在他本身之中了。相反地,当这种满足不再存在的时候,当个人不再处在他的民族的伦理之中,他的实质不再在他的国家的宗教、法律上面的时候,个人就开始关注自己了;他不再发现他所期望的东西,他不再满足于现状,不再满足于他自己的现状了。就是因为这个原因,所以产生下面的问题:什么是个人的本质的东西呢?个人应当为了什么来教育自己,为了什么而努力呢?于是便提出了一个个人的理想;这个理想在这里就是贤人。在一种伦理的、宗教的状态中,个人发现人的天职已经存在在那里面了。他的天职就是要公正、合乎伦理、笃信宗教;这一切都已经存在于民族的宗教、法律之中。可是等到分歧产生了,个人就必须深入自身,就必须在自身中去寻求他的天职了。

因此居勒尼学派的基本原则是感觉,感觉被当成真与善的标
154 准。我们特别从晚期的居勒尼派那里,——尤其是从德奥多罗、赫格西亚和安尼克里那里,听到阿里斯底波的原则的进一步科学的发挥,直到它衰落和堕入伊壁鸠鲁主义。但是考察居勒尼派原则的进一步发展,却是特别有趣味的,因为这个发展通过事情的必然后果而完全越出了这个原则之外;——进一步的发展,真正说来乃是原则本身的扬弃。感觉是不定的个别者。可是,如果另一方面着重了这个原则中的思维、理智、精神修养,那么,通过思维的普遍性的原则,那个偶然性、个别性、单纯主观性的原则就消失不见了。

2. 德奥多罗

在晚期的居勒尼派中,必须首先讲德奥多罗,他被人称颂为教育家。他之所以出名，是由于“他否定神灵的存在并因而被逐出雅典”。[①] 但是这样一个事实是不会有多大兴趣和思辨意义的，因为德奥多罗所否定的流行的神灵，本身并不是思辨理性的对象。他的杰出之处，还在于他提出了共相是那对意识而言是本质的观念，因为他“把快乐与忧愁规定为最终目的；不过他却认为，快乐是属于理智的，忧愁是属于无理智的”。他将形式方面的善与实在方面和内容方面的目的分开；并且将形式的“善”规定为“理智和正义，将恶”规定“为善的反面，而认为苦与乐是无足重轻的”。[②] 155
如果进而意识到，个体事物、感性事物、感觉，至少就其为直接的东西而言，是不被看作本质的，那么就可以就，感觉必须用理智来享受，——换句话说，那作为感觉的感觉，感觉的直接性，便不是本质。作为感觉的一般感性事物，不管在理论上还是在实践上，都是一种完全不确定的东西，都是个别的东西；对这种个别的东西加以判断是必要的，也就是说，必须把它放在普遍性的形式中来考察，这样就必然重新得出普遍性来。因为在个别性受到限制的地方，享有和谐的感觉和快乐，就等于是有教养，有普遍性，——首先就应当超出个别性，估计到在哪里找到更大的享乐。在许多的享乐中，究竟哪一种是最令人满足的呢？——就是哪种与我最为和谐的享乐。——我是什么呢？——我是一个多方面的人。与我相契合的最大的和谐，只是存在于我的特殊存在和意识与我的本质的实质的存在的一致之中。那么，什么是我的本质的实质的存在

① “第欧根尼·拉尔修”，第二卷，第九七节；第一〇一——一〇二节。

② 同上书，第九八节。

呢？——就是理智、正义；人们就是依靠理智和正义才知道要在哪里寻找享乐。如果说，必须用理智去享受，或者说，幸福必须用心思、思虑来寻找，那么，这就是空话，就是毫无思想的言语。因为感觉就包含了幸福，从它的概念说，它就是个别的、变化无常的东西，是没有普遍性和稳定性的。普遍的观念(理智)是作为一个空洞的形式，附属于一个与它完全不相称的内容上的。

3. 赫格西亚

因此值得注意的是另一个居勒尼派赫格西亚，他认识到感觉与普遍性之间的这种不相称，普遍性与个别者是对立的，它既包含

156 着适意的东西，又包含着不适意的东西。因为他一般地更坚定地把握了共相，并且给它以更重大的地位，因此对于他，全部个别性的规定是消失了，——事实上个别性的原则是消失了。他开始认识到，感觉，这个个别的东西，并不是自在的东西。因为他也把感觉，“把享乐当作目的”，所以感觉对于他乃是普遍的东西。如果享乐是目的，那么就必须追问它的内容；如果研究这个内容，那么每一种内容就都是特殊内容，都不与普遍的形式相适合。特殊内容的辩证法出现了；赫格西亚遵循居勒尼派的原则，直到这种结果。这个普遍者是包含在他所宣布的一段话里，这话我们常常听到，就是说：“没有”——没有特殊者——“完满的幸福。”他说：“身体为多种多样的痛苦所侵扰，灵魂也同受折磨；因此选择生或选择死是无所谓的。没有什么东西本身是适意的或不适意的”，也就是说，把享乐说成自在的东西，乃是一句空话；因为享乐毋宁是一个虚无的东西，本身并无任何规定，——乃是客观规定性的否定。适意与不适意这个标

准，本身是个完全不确定的东西；因而被当成完全不确定的。“享乐的稀少、新鲜或过分，在有些人中间产生快乐，在另一些人中间则产生不快乐。贫与富对于适意来说，是毫无意义的；因为我们看到富人并不比穷人享受更多的快乐。同样情形，奴役与自由、出身的高贵与卑贱、有名与无名，对于适意来说，都是无所谓的。”①

“只有在愚人看来，生活才是一件重要的事，对于贤智之士，这是无关紧要的”，——因此他是独立无所待的；在如此被坚持的共 157
相前面，一切特殊的东西，甚至生命，都消失不见了。“贤人只是自为地生活着，为自己的目的生活着；他不认为别人有和他同样的价值。因为即使他从别人那里”（如：朋友，——从外面等等）“获得最大的好处（享受），这也比不上他给予他自己的**东西**。”贤人的问题是，正如现在所问的那样：我能够认识什么？我应当相信什么？我可以希望什么？什么是主体的最高利益？并不是：什么是正确的、自在自为的、自身决定的真理？而是：在个人的识见、信念、知识及其存在的方式中，什么是真实的和正确的？“赫格西亚和他的朋友们”（根据第欧根尼）“也扬弃了感觉，因为感觉不能给人正确（准确）的知识。”这整个说来是怀疑论。他们还进一步说：“应当去做那有理由认为是最好的事情。犯错误是可以原谅的；因为没有人会心甘情愿地犯错误，只是由于被一种情欲所奴役了。贤人不怨恨，而只是劝告。他的努力一般说来不在于企求善，而毋宁说在于避免恶；他的目的是无忧无虑地生活。”②

① “第欧根尼·拉尔修”，第二卷，第九三—九四节。

② 同上书，第九五节。

在赫格西亚这里,我们看见思想的更大的一贯性的发挥。如果所讲的是个别的东西,而思想始终是本质的东西,——而且思想又是被包括在普遍性中的,——那么,一切属于感觉的特殊性在思想中就都消失不见了;特殊性的总和或意识自身的个别性——适意、享乐等等的总和也同样随之消失了,总之生命便因之成为不重要的了。个人自由的原则看来是完全走到个别的东西上面去了;
158 如果这个原则被思想成普遍的,那么全部特殊者就都瓦解了,都是无所谓的了。自我意识的这种普遍性和自由,赫格西亚把它提出来当作原则,他把它说成(由此产生出斯多葛派和伊壁鸠鲁派的原则:"一切都是一样的")完全的漠然无动于衷,说成贤人的状态;——一种漠不关心的态度,我们看到,在这种态度之下将产生出这个时代(方式)的一切哲学系统——这是一种舍弃全部实在、完全退回生活自身之内的态度。据说赫格西亚曾住在亚历山大里亚,曾被当时的托勒密王朝禁止讲学,因为他煽惑了他的许多听众,使他们具有这样一种漠不关心的态度,对生活厌倦,竟至自杀。[①]

4. 安尼克里

我们还要提到安尼克里和他的门徒们,在他们那里,真正说来,居勒尼学派原则的特性是完全被抛弃了。普遍原则在这个学派中失去了;这个学派消沉了。安尼克里给予了哲学文化以另一个方向,这个方向后来在亚里士多德派和西塞罗那里也出现了;——这是一种通俗的文化。据说,"他们承认日常生活中的友

① 西塞罗:"杜斯古里问题",第一卷,第三四节;Val. Max. 第八卷,第九节。

谊，以及对父母的感谢和尊敬，和为祖国做事情”乃是人的目的和志趣。“贤人虽然经受种种困难，负担种种工作，他却依然能够幸福，哪怕他自己在其中很少得到享乐。友谊的目的并不只是为了利益，而是为了从其中产生出来的善意；而且那出于对朋友的爱应当担负起重担和困难。”[①]因此便过渡到了具有更多道德形式的通俗的东西；理论上的思辨成分便失去了。一种道德哲学兴起了，这 159
种哲学在西塞罗和晚期逍遥派那里占据优势，情形正如亚里士多德的哲学在西塞罗的时代一样。

因此我们看到居勒尼学派的历程是这样的：一个转变是对原则本身的扬弃、忽视；另一个转变是进入通俗的东西，对于思维的一贯性，在那里是不再有兴趣了。标准和贤人这两个名词，现在变得非常习见；κριτήριον（标准）就是判断，现在即是一般的规定性。自我意识的个别性被理解为本质，——不过是一般地理解为本质，——因此是被理解为一般的：于是就产生了人们惯常所谓贤人的理想；这是个别的东西，但被设想为普遍的。这种关于贤人的说法在斯多葛派、伊壁鸠鲁派那里是共同的，——不过并无概念；这种理想只是**贤人的**个别目的，并不是世界的普遍目的。真理、正义代替了关于自在自为的客观事物的科学，而这种真理、正义是作为内容，采取着一个存在着的主体的形式的。但是问题并不在于智慧的人，而在于宇宙的智慧，实在的理性。第三个规定是这样的：普遍的一面是善；实在的一面则是享乐、幸福，——这是个别的存在、直接的现实。这两方面是怎样调和起来的呢？各个哲学派别

① “第欧根尼·拉尔修”，第二卷，第九六—九七节。

曾经提出了这两个规定(这是更高的存在和思维)的联系。

三　犬儒学派

关于这个学派没有什么特殊的东西可讲。犬儒派没有什么哲学的教养,也没有使他们的学说成为一个系统、一门科学;后来才
160 由斯多葛派把他们的学说提高为一个哲学学科。在犬儒派那里,和在居勒尼派那里一样,方向是:要决定什么应当是意识及其认识与行为的原则。犬儒派也把善设定为普遍的目的:个别的人应当在哪里寻求善呢?居勒尼派是根据其一定的原则,把个人的意识或感觉当作意识的本质,犬儒派则相反,他们以直接对于我具有普遍性的形式的个别性为本质;也就是说,把我认作一个对一切个别性漠不关心的、自由的意识。他们首先就与居勒尼派相对立;因为当居勒尼派认感觉为原则时,由于感觉应当为思想所决定,所以感觉就自然地被扩展为普遍性和完全的自由,而犬儒派的出发点,则是以完全的自由和独立作为人的天职。同样地,也就是这种自我意识的漠不关心,被赫格西亚宣布为本质;因此这两个正相反的学派在它们的命题的结论中取消了自己的对立性,并且互相转化。在居勒尼派那里,有着事物向意识的复归运动:没有一件东西对于我是本质;对于犬儒派,意识也是以自身为对象的,个别的自我意识也同样是原则。犬儒派至少在开始的时候,曾经提出以下这个原则来作为人的天职:要使思想以及实际生活有自由,对一切外在个别性、特殊目的、需要和享乐必须漠然无动于衷;因此教育的目的不仅是达到自身独立不倚,对一切个别性等漠然无动于衷,如像居勒尼派那样,而是达到断然的自制、把需要限制到必需品上,限

制到自然直接要求的东西上。犬儒派把不受制于自然的最高度的
独立性定为善的内容，也就是说，把最低限度的欲求定为善的内
容；这是逃避享乐，逃避感觉的愉快。否定在这里则是决定性的东 161
西，犬儒派与居勒尼派之间的这种对立，以后也出现在斯多葛派与
伊壁鸠鲁派之间。在这里已经看得很清楚，犬儒派是怎样把否定
当作原则，——这个否定在居勒尼派哲学所获得的进一步发展中
也出现了。

犬儒学派并无任何科学的重要性；它只构成对共相的意识中所必然要出现的一个环节：意识必须认识它自己的个别性是完全不依赖于事物和享乐的。（一个人如果依靠财富或享乐，在他看来，这种事物性就是真实的意识，或者他的个别性就是本质。）然而犬儒派把这个环节这样地固定化了，以至于把自由视为对所谓多余赘物的实际克制；他们只认识这种抽象的无运动的独立性，这种独立性就是对日常生活中的享乐、兴趣不染指。然而真正的自由并不在于这种逃避享乐，逃避有关他人和其他生活目的的事务；相反地，自由乃在于意识在**投身于全部现实之中**时能够超出现实，不为现实所制。

1. 安底斯泰纳

安底斯泰纳是第一个作为犬儒派出现的人，是雅典人，并且是苏格拉底的朋友。他在雅典生活和教学在“一个运动场中，这个运动场称为‘居诺萨格’（狗窠）；他被人称为 ἁπλοκύων，即单纯的狗。他的母亲是色雷斯人；这一点常使他受人谴责”，——这种谴责在我们看来是很无聊的。“他答道：众神的母亲是一个佛里基亚女人，

162 那些以出生于雅典而十分自负的雅典人,并不比那些本地出生的蛤蜊和蚱蜢更高贵。他曾在高尔吉亚和苏格拉底那里受教育;他每天从毕莱乌港口进城,来听苏格拉底讲学。”[①]他写过不少著作,根据各种证据看来,他乃是一个有高度教养、高尚和严肃的人,他开始把生活上的外在的贫困认为有其价值。人们讲到过他的不少著作的题目。[②] 安底斯泰纳的原则是很简单的;他的学说的内容仍然停留在一般性上面。对他的学说作比较详细的述说,乃是多余的事。他的学说就在他的那些美丽的言语(一般的规则)中,如像“美德是自足的,除了苏格拉底的品格力量之外,便什么都不需要了”。——“无欲是神圣的;而尽可能地减少欲望乃是最接近神圣的”[③]。——“善是美丽的,恶是可耻的。——美德即在工作中,并不需要许多言语和论证,也不需要宣讲。人的天职在于道德的生活。贤人是自足的;因为他拥有别人似乎拥有的一切。他满足于自己的美德;他以四海为家。如果他缺乏名誉,他不把它看成不好,而把它看成好事”等等。[④] (居勒尼派的学说与此相反,认为只有通过思维才能在自身中找到快乐。)我们在这里一再看到那些关于贤人的令人生厌的一般说话,这些说话被斯多葛派以及伊壁鸠
163 鲁派再加以引申,弄得更加冗长可厌;——以及那些关于理想的话,理想中所涉及的是主体,是主体的天职,是主体的满足,——认

① “第欧根尼·拉尔修”,第六卷,第一三节;一一二。

② 同上书,同上处,第一五——八节。

③ “第欧根尼·拉尔修”,第六卷,第一〇五节;邓尼曼,第二册,第九二页;“第欧根尼·拉尔修”,第二卷,第二七节。

④ 同上书,同上处,第一一——一二节。

为要使主体得以满足，就需把主体的需要加以单纯化。

当安底斯泰纳说美德不需要论证和讲授时，他忘了他自己正是通过他的精神教育而获得这种精神的独立性的；他之能够摒弃人们所欲的一切，也只是教育的结果。我们同时也看到，美德曾获得另一个意义。美德并不是无意识的美德，像一个自由民族的一个公民的直接美德那样，他如祖国、等级直接要求的那样尽了他对祖国、等级和家庭的义务。超出了自身限制的意识现在必须变为精神，掌握全部实在，把实在当作自己的东西来认识，或者加以理解。但是像这样一些状态，如所谓灵魂的天真或美丽之类，乃是幼稚的状态，这些状态在一定程度内是值得赞扬的，但是人由于是有理性的，所以必须脱离这些状态，并且必须从那被扬弃的直接性中重新创造自己。

安底斯泰纳在这种犬儒派哲学中还具有一种高尚的、有教养的形象。但是这个形象却很接近于粗鲁、举止庸俗、无耻；犬儒主义以后就是变成了这样。对犬儒派的种种讥嘲和戏弄，就是由此而来的。（个别人物的个人举止和品格的力量使他们成为有趣的人物。）关于安底斯泰纳便已经有这样的说法：“当他翻开外衣上的一个破洞时，苏格拉底向他说：我从你的外衣的破洞里看到了你的虚荣心。”[①]苏格拉底向安底斯泰纳说，他应当向美神献祭。

2. 第欧根尼 164

西诺卜的第欧根尼，绰号 κύων（犬）。这些犬儒派把他们的天

---

① “第欧根尼・拉尔修”，第六卷，第八节；第二卷，第三六节。

职定为自由与独立;在他们看来这种自由应是消极的方式的,本质上就是摒弃一切。这种用最外在的方式来减轻欲望的束缚的办法,只是一种抽象的自由。具体的自由在于对欲望采取漠然无动于衷的态度,但是并不躲避欲望,而是在这种满足中自己享有自由,固守伦理,并且坚持参加公正的人的生活。抽象的自由则相反,它抛弃伦理,——个人回到他的主观性中,——这种自由因此是非伦理的一个环节。

犬儒派有一套简单的行头:"一根野橄榄树的粗棍子,一件没有下装的褴褛的夹外衣,夜里也当被子使用,一个装生活必需品的讨饭袋,和一只取水用的杯子",①——这也就是这些犬儒派示别于他人的服色。他们认为有最高的价值的,乃是需要的简单化;这样只是遵从自然,看来好像是很可取的。需要似乎是对自然的依赖,这是与精神的自由相对立的;把对自然的依赖减到最低限度,这好像是一种适当的思想。但是这个最低限度本身也是不确定的;如果把这个价值放在限制自己于自然的需要这一点上,那么,放在另一方面,放在摒弃别的东西那一点上的价值就太大了。这一点也是出现在僧侣作风的原则之中的。克制,否定,同时也包含
165 着对被克制的东西的一个肯定方向;克制和被克制的东西的重要性,是被强调得太过了。苏格拉底已经把犬儒派的衣服说成是虚荣心。衣着不是一件要用理性来规定的事情;调节衣着的乃是需要。在北方,人们必须穿不同于非洲中部的衣服;不用说,人们在

① "第欧根尼·拉尔修",第六卷,第一三节;第二二节;第三七节;邓尼曼,第二册,第八九页。

冬天是不穿棉布的衣服的。除此以外，是别无道理的；这乃是取决于偶然，取决于流行的意见的。对衣着有所发明，这并不是我的分内之事；谢天谢地，别人已经早就发明出来了。我的上衣的剪裁样式是规定了的，我们关于这一点必须尊重一般的意见——裁缝是会去做的——；主要的是人们所表现的那种对衣着的淡漠的态度：如果是无关紧要的事，就应当也把它当作无关紧要的事看待。（关于衣着，依赖时尚、习惯总是比依赖自然要好些。）在近代，古代德意志式的衣服就爱国主义的观点说是重要的。把理智用在这类事情上是不对的；在这一方面，所需要的观点只是那种无所谓的态度。人们在衣着方面花费心思，是想引人注意；违反时尚，乃是愚蠢的事情。在这种事情上，我不必自己来作规定，也不必把它放进我的兴趣范围之内；我只要看见它是如何规定的便如何去做。

犬儒派的这一思想也关涉到其他的各种需要上。像犬儒派这样的一种生活方式，应当是教养的一个结果，本质上是以一般的精神教养为条件的。犬儒派还不是隐士；他们的意识本质上还是与其他意识处在联系中的。安底斯泰纳和第欧根尼曾住在雅典，也只有在那里他们才能生存。把文化带到多种多样的需要上，以及满足需要的多种多样的方式上，也是一般教化的分内之事。在近
代，需要是大大地增多了；这是把那些一般的需要分割为许多特殊 166
的需要和满足的方式。这是属于理智的，乃是理智的活动；因此奢侈现在在理智的运用中有其地位。人们可以用道德的方式来反对它，但是在一个国家里面，所有的倾向、所有的方向、所有的方式，都必须有其充分的活动范围，都必须能够舒展自如；每一个个人都能够从心所欲地参与一份，只是必须大体上遵从一般的方向。主

要的是不要把这种事重视到超过它们所需要的程度;换句话说,一般地对于占有它们或抛弃它们,一概不加以重视。

西诺卜的第欧根尼,这个最出名的犬儒派,从他的外在生活方式,以及他的辛辣的、常常也很机智的插话,和尖刻的讥刺的辩驳来说,他比安底斯泰纳还更特出。[①] 但是他也常常遇到同样恰当的答辩。他被人称为犬,正如他称阿里斯底波为御犬一样;第欧根尼常和野孩子们厮混,正如阿里斯底波常和国王们周旋。第欧根尼只是因他的生活方式而著名;在他那里,和在以后的人那里一样,犬儒主义的意义只不过是一种生活方式,而不是一种哲学。他限制自己于最少的自然需求上,嘲笑那些想法与他不同并且嘲笑他的生活方式的人。第欧根尼到处游荡,住在雅典街上,住在市场上,住在木桶里面;并且惯常"在雅典天帝庙的廊子里居住和睡觉:所以他说,雅典人给他造了一所华丽的住所"。[②]

167 关于他只有一些逸事可以讲述。"他有一次在到爱琴拿的航程中,落到海盗的手里,据说被当作奴隶在克里特卖了。人家问他懂些什么,他答道:命令人们;于是他便叫报告员喊道:谁愿意来买一个主人?有一个哥林特人克塞尼亚德买了他,他就做了他的儿子的教师。"[③]关于他在雅典的居留,有许多故事讲到。他在那里以粗暴和蔑视的态度与阿里斯底波的寄生哲学相对立。阿里斯底波不重视他的享受,也同样不重视他的摒弃享受;第欧根尼则重视他的贫困。"有一天第欧根尼在洗菜,阿里斯底波从旁经过;他向

---

① "第欧根尼·拉尔修",第六卷,第七四节。

② 同上书,第二二节。

③ 同上书,第二九—三〇节,第七〇节。

他喊道：如果你知道亲自洗菜，你就不用尾随着国王们了。阿里斯底波"很合适地"答道：如果你知道与人们往来，你就不用去洗菜了"。[1] "他有一次在柏拉图的居所里用污秽的脚在美丽的地毯上走来走去，他说：我践踏柏拉图的骄傲。柏拉图"同样合适地"答道：是的，不过你是用另一种骄傲来践踏"。[2] 又说："有一次第欧根尼被雨淋得通身湿透，站在那里，周围的人很怜恤他，柏拉图说：如果你们怜恤他，就走开吧；你们应该记得他的虚荣心的根据，[3]——这虚荣心使他向你们表现自己，攫取你们的敬佩，你们走开，他的虚荣心就失去根据了。""有一次他挨了一顿打，"——这一类的逸事是常常说的，——"他就在伤处贴了一块大膏药，并且把打他的人的名字写在上面，使他们受人人责骂。"(第欧根尼把杯 168
子丢掉的事，是大家都知道的)"他试吃生肉；但是这对他很不相宜，他不能消化它。"[4]"年青人围着他，向他说：我们怕你会咬我们，他答道：放心，狗不吃萝卜。有一次吃饭的时候，一个客人丢给他一块骨头，就像丢给狗一样；他就奔上去，向他摇头摆尾，就像狗一样。"[5]他向"一个僭主"作了一个很好的回答，"他问他，铸像应当用哪种铜；他答道：用铸哈尔谟第乌和阿里斯托吉顿的那种铜。"[6]他在年纪很大的时候死在街上，正如他活在街上一样。[7]

① "第欧根尼·拉尔修"，第二卷，第六八节。

② 同上书，第二六节。

③ 同上书，第四一节。

④ 同上书，第三三—三四节；第七六节。

⑤ 同上书，第四五—四六节。

⑥ 同上书，第五〇节。(此二人是反对僭主贝西斯特拉德的儿子的人物。——译者)

⑦ 同上书，第七六—七七节。

3. 晚期犬儒派

安底斯泰纳和第欧根尼,我们已经说过,是很有教养的人。后来的犬儒派由于一种极突出的无耻,也是同样令人生厌,而他们常常不过是一些肮脏的恬不知耻的乞丐,在恬不知耻中得到他们的满足,他们向别人显示这种恬不知耻;他们在哲学上是不值得注意的。当时人们给予这个学派的狗这个称号,他们完全当之无愧;因为狗是这样一种恬不知耻的动物。**克拉底**和**希巴尔其娅**,一个特拜地方的女犬儒派,曾经在公共市场上举行性交。[①]

犬儒派所夸耀的这种独立性,其实是依赖性。每一个别的活
169 动生活的领域,都包含着肯定的自由的环节、精神性的环节。因
此,犬儒派的行径就等于摒弃那可以在其中享受自由要素的领域。

① “第欧根尼·拉尔修”,第六卷,第九七节。

第三章

第一期第三阶段:柏拉图与亚里士多德

这一段讲的是哲学之发展成为科学,确切点说,是从苏格拉底的观点进展到科学的观点。哲学之作为科学是从柏拉图开始〔而由亚里士多德完成的。他们比起所有别的哲学家来,应该可以叫作人类的导师〕。[①]

甲、柏拉图

柏拉图也属于苏格拉底学派。他是苏格拉底最著名的朋友和门徒。他把握了苏格拉底的基本原则的全部真理,这原则认本质是在意识里,认本质为意识的本质。这就是说,绝对是在思想里面,并且一切实在都是思想——并不是片面的思想,或者是坏的唯心论所了解的思想,依照坏的唯心论的说法,思想又重新站到一边,被认为是意识着的思想,而与实在相对立——,而乃是指这个意义的思想:在一个统一里,思想既是思维,也是实在,它就是概念同它的实在性在科学发展的过程中,——换言之,思想是一个科学

---

① 据米希勒本,第二版,英译本,第二卷,第一页增入。——译者

的整体的理念。苏格拉底把自觉的思想的权利提高为原则,而柏拉图则把思想这种仅仅抽象的权利扩张到科学的领域里。他放弃了苏格拉底认独立自在的思想为自觉的意志之本质和目的的狭隘观点,而进一步认这种思想为宇宙的本质。他曾经扩大了苏格拉底的原则,并且发展了解释和推演这原则的方式,虽说他的发挥未必完全是科学的。

170 柏拉图的著作,无疑地是命运从古代给我们保存下来的最美的礼物之一。但是,他的哲学,在他的著作里,并没有特别用系统的形式发表出来,因此,要阐述他的哲学,困难主要不在他的哲学本身,而在于在不同的时代,他的哲学曾被加以不同的解释,特别是在近代,经过许多笨拙的人,从多方面去摸索过,他们或者是把他们自己的粗糙的观念带进他的著作里面,不能够对于精神的事物给予精神的解释;或者是把事实上不属于哲学本身、而只是属于想象方式的材料,当作柏拉图哲学中最重要最值得重视的东西。但是真正讲来,只有对于哲学的无知,才加重了理解柏拉图哲学的困难。

柏拉图是具有世界历史意义的人物之一,他的哲学是有世界历史地位的创作之一,它从产生起直到以后各个时代,对于文化和精神的发展,曾有过极为重要的影响;包含这一崇高原则于自身之中的基督教,曾凭借柏拉图早已作出的那个伟大的开端,进而成为这个理性的组织,成为这个超感性的国度。柏拉图哲学的特点,在于把哲学的方向指向理智的、超感性的世界,并且把意识提高到精神的领域里;于是,理智的成分便获得了那属于思维的超感性的、精神的形式,并且在这样的形式下,得到了对意识的重要性,进入了自觉的阶段,而意识在这个基础上,也取得了一个坚实的立足

点。基督教曾把人的天职这一原则当作圣洁的原则，——或者它
把人的内在精神本质乃是他的真正本质这一原则，以其特殊方式
作为普遍的原则。可是将这个原则组织成一个精神世界，——这 171
件工作，柏拉图和他的哲学却有很大的贡献。

首先，我们必须先提说一下他的**生平**。“柏拉图是一个雅典人，生于第八十七届奥林比亚赛会的第三年，或者据多德威尔的说法，生于第八十七届奥林比亚赛会的第四年（公元前四二九年），正当伯罗奔尼撒战争开始的时候，也就是柏里克勒逝世的那一年。”〔照这种说法，〕他比苏格拉底小三十九岁或四十岁。“他的父亲名阿里斯同，其家谱可以追溯到高德鲁，他的母亲伯里克条尼，是梭伦的后裔。他母亲的叔父，是那著名的克里底亚。”（这里附带提一下）克里底亚曾有一个期间和苏格拉底过从，“他是雅典三十僭主之一”，是其中最有才能、最出色、因而也是最危险和最招人怨的一个僭主。[①] 苏格拉底因此特别受人责怪，说他会有像他〔按指克里底亚〕同阿尔其比亚德这样的学生，由于他们的轻佻，几乎使雅典濒于灭亡。因为他既干预别人对他们的儿童的教育，那么别人就有权利要求他，不要把他教育青年时所要做的事拿到这里来实施。克里底亚同居勒尼派人德奥多罗和梅罗人第亚戈拉，常被古代人说成是否认神灵的人。塞克斯都·恩披里可曾经保存下来他所写的一首诗中一个很美的片段。[②]

柏拉图既然出身于这样高贵的家族，当然不缺乏受教育的机

① 邓尼曼，第一卷，第四一六页，第二卷，第一九〇页；“第欧根尼·拉尔修”，第三卷，第一一三节。

② 塞克斯都·恩披里可：“反物理家”，第一卷，第五一—五四节。

会,他曾经从最著名的智者们获得被视为一个雅典人应具有的关于各种艺术的教育。“在家庭里面,他名叫亚里士多克勒(Aris-tokles),后来他的老师才给他命名为柏拉图。有的人说,他得到
172 这样一个名字,是由于他前额的宽广;又有人说,是由于他的谈论的丰富和广博;又复有人说,是由于他的体格丰美。在他的青年时代,他学习作诗,并且曾写过悲剧”,——(很像我们现在的青年诗人,从写悲剧开始),——并曾写过“颂神诗和赞美歌”(μέλη 歌曲、哀歌、铭文)。[1] 在希腊诗歌的选本里,尚保存有几种他所写的诗歌,内容大都是为他所爱的人而写的;其中有一首最著名的,是赠给他一个最好的朋友,叫作阿斯特尔(星)的,这里面包含有一个很美的想象:

“我的阿斯特尔,你仰望着星星,
啊,但愿我成为星空,
这样,我就可以凝视着你,
以万千的眼睛。”[2]

这意思也出现在莎士比亚的“罗密欧与朱丽叶”中。“在他青年时代,他一心一意想献身于政治”。[3]〔当他二十岁的时候,〕他父亲带他到苏格拉底那里。“据说在他去拜见苏格拉底的前一晚上,苏氏梦见有一个天鹅飞来停在他的膝上,天鹅的翅膀很快地长大了,接着立刻就飞”(向天空),“唱着最优美的歌曲”。[4] 古人谈到许多

① “第欧根尼·拉尔修”,第三卷,第四—五节。
② 同上书,第二九节。
③ “柏拉图书信”,第七卷,第三二四页(柏克尔本第四二八页)。
④ “第欧根尼·拉尔修”,第三卷,第五节。

这类的逸事，都足以表示当时以及后来的人，对于他那庄严静穆、
极度单纯和令人仰慕的崇高的品质，有着高度的尊敬和爱慕。这
些品质使得他获得“神圣”的称号。柏拉图并不完全满足于苏格拉
底的智慧和教导。此外他还研究了古代的哲学家，特别是赫拉克
利特。亚里士多德[①]指出，在柏拉图从苏格拉底学习以前，“他曾 173
经与克拉底鲁过从，曾钻研了赫拉克利特的学说。”他又研究过爱
利亚学派，而且特别研究过毕泰戈拉学派，而且他又时常与最有名
的智者相过从。当他这样地深入于哲学的研究时，他就失掉了他
对于政治〔和诗歌〕的兴趣，他完全放弃了这些东西，而完全献身于
科学的研究。他和苏格拉底一样，曾经履行了作为雅典公民的兵
役义务，据说他曾参加了三次战役。[②]

我们曾经提到过，在苏格拉底被处死以后，“柏拉图也如许多别的哲学家一样，从雅典逃出，投奔到麦加拉的欧几里得那里。（他从二十岁起就从苏格拉底学习，共有八年。）不久之后，他又从麦加拉出发去游历，最初到非洲的居勒尼，在这里，他在有名的数学家德奥多罗指导下，特别钻研了数学”，德奥多罗这个人，他曾经介绍到他的几个对话中，作为参加谈话的角色。柏拉图本人在数学里不久就达到很高的成就，据说由神谕提出的德洛或德尔斐问题是他解答的，这问题和毕泰戈拉定理相似，是与立方有关的。那问题是，求作一线段，使其立方等于二立方之和。这需要凭借两条曲线来作图。值得注意的是，神谕那时所提出来的课题是什么样

① “形而上学”，第一卷，第六章。

② “第欧根尼·拉尔修”，第三卷，第八节。

的性质。当人们去求神谕的时候,正当瘟疫流行,而神乃提出一个完全是科学的课题;——神谕的精神所表示出来的变化,是很值得注意的。“柏拉图从居勒尼又游历到埃及”,不久又从埃及“到大希腊”,在这里他一方面结识了当时的毕泰戈拉派学者,有名的数学
174 家,塔仑丁的阿尔基塔〔和费罗劳等人〕;他从他们那里研究了毕泰戈拉的哲学,此外他又用高价买了老辈毕泰戈拉派的著作。在西西里他结交了狄翁。“回到雅典,他开办了一所学园(Akademie),这学园设在一个园林中,里面有一个体育场,在这里他向他的学生讲学。这个建筑是纪念英雄阿加德摩(Akademos)的。”[①]但是柏拉图才是这里的真正的英雄,他使得原来的名字失掉了意义,他掩盖了那原来的英雄的声名,他是那样地完全代替了他的地位,这英雄的名字在后代只是凭借柏拉图而得传。

柏拉图在雅典的居住与工作,曾被他三次往西西里的旅行所打断,他到了青年的狄奥尼修的宫廷,这人是叙拉古和西西里的君主。他与狄奥尼修的关系是他生平所发生的最重要的、即使不是唯一的外在关系;一部分由于他与狄翁的友谊,一部分更特别是由于他本人怀着一些高远的希望,——希望通过狄奥尼修他可以看见一个真正的国家法制成为现实,这就把柏拉图拖进了这种关系,但是这关系并没有产生什么有永久性的结果。表面上看来,一个年青的君主,在他左右或者在他后面有一个智慧的人、哲学家来教导他、感召他,似乎是一个很好的想法,曾有千百个政治性的小说都建立在这种想法上面。但这样想法本身就是空幻的。狄奥尼修

① “第欧根尼·拉尔修”,第三卷,第六—七节;第九节。

最近的亲属狄翁，同别的有地位的叙拉古人，狄奥尼修的朋友，都受了对于狄奥尼修的空幻希望的欺骗。他们希望能对这样一个被父亲娇养长大、没有受什么教育的狄奥尼修灌输一些哲学的观念，并引起他对哲学的重视，因而使他渴想认识柏拉图。他们希望狄
奥尼修亲近柏拉图可以大大地得益，而他的尚未定型的、看来并不 175
很坏的天性，会受柏拉图真正的国家法制的观念影响，这样，柏拉图的政治理想或许有通过狄奥尼修在西西里实现的可能。这样就引诱得柏拉图采取了一个错误的步骤而作西西里之行。[①] 狄奥尼修诚然很喜欢柏拉图，他对柏拉图表示尊敬，希望自己也为柏拉图所尊敬。但是这种关系并没有维持多久。狄奥尼修是那样一种平庸的人，他诚然也企求荣誉和优胜，但只是半途而废，缺乏深度和真诚，虽然装作这样，却没有坚强的性格；——有了半途而废的性格，纵然怀着好的愿望，终不能达到，就好像我们近来舞台上表演的讽刺剧所讽刺的人一样，心想要做一个了不起的人物，但结果只落得做一个傻瓜。这样的情况所表示的，只是这样。仅仅三心二意地让人领导，但也就由于三心二意而破坏了计划，使得计划的实行成为不可能，——以这种三心二意的态度去提出一些计划，也同样使得这些计划不能贯彻。虽说由于柏拉图和狄奥尼修的其余的环境的影响，也曾引起他对于科学和教育一定的重视。但是他对于哲学的关心也是同样肤浅的，一如他对于诗歌的多次尝试一样。他想要样样都会，兼做诗人、哲学家、政治家。他又不能够虚心接

① “柏拉图书信”，第七卷，第三二四—三二九页（柏克尔本第四二八—四三七页）；“柏拉图书信”，第三卷，第三一六页（柏克尔本第四一〇—四一一页）。

受他人的指导。他受了教育,但他却又不能被带进较深入一点的地方。这种不情愿的情绪爆发出来,造成了人物间的分裂。狄奥尼修弄得与他的亲戚狄翁不和,而柏拉图也就被牵连进去,因为他不愿意放弃他同狄翁的友谊。狄奥尼修是不能把友谊建立在互相
176 尊敬和严肃的共同目的之上的,他之所以愿意同柏拉图做朋友,一部分是由于他个人的情感上的偏爱,一部分也只是由于一种虚荣心。但是狄奥尼修不能够达到与柏拉图紧密结合的愿望,他希望能够独自占有柏拉图,这种要求是柏拉图所不能容许的。于是柏拉图只能离开他。[①] 等到离开了之后,他们两人都觉得有会合的需要。狄奥尼修为了要达到同他恢复友谊的目的,又召回柏拉图。他不能够忍受的是不能够使柏拉图与他自己紧密地结合,他尤其不能忍受的是柏拉图不愿意抛弃他同狄翁的友谊。柏拉图不只顺从了他的家庭同狄翁的迫切要求,而且也特别顺从了阿尔基塔以及别的从塔仑丁来的毕泰戈拉派中人的迫切要求,因为他们曾受到狄奥尼修的请求,都很关心于调解狄奥尼修与柏拉图和狄翁的关系;他们并且进而担保柏拉图的安全和离去的自由。但是狄奥尼修既不能容忍柏拉图的离开,也同样不能容忍柏拉图的在场,他觉得柏拉图使他不安。他们因此没有建立很深的关系,他们的关系是不稳定的。他们再度接近了,又重新分离了。所以他第三次到西西里的居留还是得到一个很冷淡的下场,而他们之间的联系也就没有恢复了。[②] 这一次由于狄奥尼修与狄翁关系之恶化,情

① “柏拉图书信”,第七卷,第三二九—三三〇页(柏克尔本第四三七—四三九页)。

② “柏拉图书信”,第三卷,第三一七—三一八页(柏克尔本第四一一—四一五页);“柏拉图书信”,第七卷,第三三七—三四〇页(柏克尔本第四五三—四五七页)。

形异常紧张，当柏拉图由于不满意狄奥尼修对待狄翁的态度而想要离开西西里时，狄奥尼修就不愿给他任何交通工具，甚至要用暴力迫使他不能离开西西里，直到最后塔仑丁的毕泰戈拉派中人出面干预，向狄奥尼修索回柏拉图，让他动身，回到希腊；而狄奥尼修 177
害怕他与柏拉图不能友好相处的恶劣消息传出去，[1]这也有助于柏拉图平安离开西西里。

这样一来，柏拉图所有的希望都被粉碎了，而他依照自己的哲学观念的要求通过狄奥尼修而制定国家法制的梦想，也成为泡影了。后来，虽说别的国家如居勒尼同阿卡底的人民曾经请求柏拉图替他们立法，柏拉图却拒绝担任立法者的职务。那个时候正当许多希腊城邦都感觉到它们的法制不很令人满意，但是他们又不能制定任何新的法制。[2] 现在，在过去三十年内，[3]人们曾经制定了很多的宪法，对于每一个从事这种工作很多的人，起草这样一种宪法，并不是难事。但是，单是一些理论并不够用来制定一种宪法，因为制定宪法者并不是个别的个人，而乃是历史造成的神圣的和精神的东西。世界精神的这种力量是如此强大，个人的思想与它对比起来简直无关紧要。如果这类的个人思想有某种重要性，就是说能够实现出来，那么它们不是别的，而是这种普遍精神的力量的产物。柏拉图应当做立法者的想

① “柏拉图书信”，第七卷，第三四五—三五〇页（第四六八—四七七页）；（“第欧根尼·拉尔修”，第三卷，第一八—二三节）；“柏拉图书信”，第七卷，第三〇〇页（第四五七页）。

② “柏拉图书信”，第七卷，第三二六页（柏克尔本第四三一页）。

③ 这是黑格尔一八二五年的讲演所说的。〔译者按：指法国革命后三十年内的欧洲而言。〕

法,是不适宜于那个时代的;梭伦和吕古尔各曾经是立法者,但在柏拉图的时代,这类的工作已经不切合实际了。他拒绝再顺从这些城邦的愿望,因为它们不同意柏拉图所提出的第一个条件,这就是废除一切私有财产。[①] 这一原则,我们以后讨论到他的实践哲学时将再加讨论。

178 这样,柏拉图受到全希腊特别是雅典人的尊敬,他活到"第一〇八届奥林比亚赛会"(公元前三四八年);"死在他的生辰那天,在一个结婚的筵席上,享年八十一岁。"[②]

柏拉图的哲学是从我们所拥有的他的**著作**中流传下来的。他的著作的形式和内容都同样对我们有引人入胜的重要性。但在研究他的著作时,我们须知:第一,什么是我们应当在他的著作中寻求的,而什么是我们在里面能够寻求到的哲学;第二,柏拉图的观点所不能做到的,他的时代一般地也不能做到。所以也许他的著作不能满足我们,——而我们追求哲学的需要也是不能满足的。但即使我们不能完全得到满足,也比我们把他的结论当作最后的〔真理〕还要好些。他的观点是确定的和必然的,但我们不能够停留在他那里,也不能退回到他的观点,因为理性还有更高的要求。如果把他的观点当作我们必须接受的最高观点,这是由于我们时代的软弱,不能够担负人类精神所提出来的要求的伟大性,感觉到被这些要求的负担所压倒而想做怯懦的逃避。〔我们必须超过柏

---

① "第欧根尼·拉尔修",第三卷,第二十三节;Aelian Var. Histor. II,42;普鲁泰克:ad principem ineruditum,init. p. 779,ed. Xyl。

② "第欧根尼·拉尔修",第三卷,第二节;布鲁克尔:"批判的哲学史",第一册,第六五三页。

拉图，这就是说，我们必须熟悉我们时代中有思想的头脑的需要，也可以说，我们必须体会到这种需要，」[①]一如现在在教育方面，努力教人以使人防御世界的侵害，或者使自己保持在一个特殊的范围内，譬如做会计工作，如果说得形象化一点，譬如种豆，在这种工作里，他们既不知道世界，也不注意世界，于是在哲学里便回到了宗教信仰，因而也就回到柏拉图哲学。两者都是有它们的重要观点和地位的环节，但是它们并不是我们的时代所需要的哲学。我们有理由回到柏拉图，借以重新学习什么是思辨哲学的性质，但是 179

用过度的热情把它说得一般地是如何的美妙优胜，也有些无聊。我们必须站在这样的地位，这就是说，我们必须认识我们时代的思维精神的要求，或者不如说，我们必须具有这种要求。再者，从语文学的观点去研究柏拉图，如史莱尔马赫先生所作的评注那样，对这个或另一个次要的对话去作批判的考察，看看是真的或是伪品（按照古代人的证据，绝大部分是无可怀疑的），——这对于哲学也是多余的，这也是属于我们时代过分琐细挑剔的批判。

于进而阐述柏拉图哲学时，我必须首先说一说他的哲学所表现的直接方式。柏拉图的著作本身的性质，是它的方面很多，向我们提供出各种不同的哲学理论形式。如果我们还保有柏拉图的纯粹哲学的（口授的）作品的话——布兰狄斯的文章里[②]提到过这些作品，这些作品的题目是"论哲学"，或"论理念"，曾经为亚里士多德引用过，当他描述柏拉图哲学时，似乎手头是有这些作品

① 据米希勒本，第二版，英译本，第二卷，第十页增补。——译者

② 布兰狄斯："亚里士多德散失的著作论理念、论善或论哲学"，一一一三页。

的——,那么,我们就会看到他的哲学的比较简单的形式了。但是我们只有他的对话;而这种对话的形式,使得我们难于对他的哲学获得一个观念,作出明确的阐述。对话的形式包含着许多极不相同的成分和方面;我所说的形式,就是指这一种。在这种形式中,讨论绝对存在的真正的哲学理论,是与关于绝对存在的想象夹杂地混在一起的,这一情况便造成了柏拉图著作之方面很多的性质。

柏拉图哲学的另一个困难,据说在于区分“通俗”和“专门”的
180 哲学。邓尼曼[①]说:“柏拉图利用了每一个思想家所享有的权利,即是在他的发现中只传授他认为适宜于传授的那么多,而且只传授给某一些他认为有能力接受他的学说的学生。亚里士多德也有一个通俗的和专门的哲学,但是有一点不同,就是这种区别在亚里士多德那里只是**形式上的**,而在柏拉图那里则是**实质的**区别。”这真是毫无意识的说法!这似乎是说,一个哲学家之占有他的思想与占有外在的物品是一样的。但思想却完全与此不同。不是哲学家占有思想,而是哲学思想占有他这个人。当哲学家讨论哲学问题时,他必然要依照他的理念的线索进行,他不能够把他们的思想藏在他的口袋里面。当一个人与别人说话时,如果他的语言具有任何意义的话,则理念必然包含在他的语言里。把一个物质的东西传递给他人是很容易的,但把理念传递给他人,却需要一定的技能。理念总是有一些专门性的,因此我们不会单有一些哲学家们的通俗的东西。所以,这种分别是很肤浅的看法。

此外,柏拉图在他的对话里,并没有亲自出来说话,而只是介

① 第二册,第二二〇页。

绍苏格拉底和一些别的人作为谈话者,在这些人中我们常常弄不清楚哪一位真正代表柏拉图自己的意见,——这种外在的历史事实也不能算是了解柏拉图的思辨哲学的真正困难。表面上看来,好像他只是历史地特别表述苏格拉底的方法和学说。像我们从西塞罗那里得来的那几篇苏格拉底对话里,我们是很可以考证出当时的人物来的;但是在西塞罗那里不能提供出什么有深远兴趣的东西。在柏拉图这里我们却不能真正说有这种模糊不清的地方,这种外在的困难也只是表面的。在柏拉图的对话里,他的哲学是十分明白地表达出来了的。因为他的对话不是作为许多人的座谈
的性质,在座谈里,有许多独白,这一个人说出这样意见,那一个人 181
又说出另一种意见,并且各人保持他自己的意见。反之,在柏拉图的对话里,所提出来的不同的意见,都是经过批判的研究而达到了一个作为真理的结论;或者,如果那结果是否定的,则那整个认识的过程就代表了柏拉图的思想过程。

另外一种足以表明柏拉图思想的多方面性的历史情况乃是:在古代以及近代都常有人说,柏拉图在他的对话里采取了苏格拉底、采取了这一个或那一个智者的思想,但特别地采取了毕泰戈拉派的著作,——他显然曾讲述到许多古代的哲学家,这里面有毕泰戈拉和赫拉克利特的哲学思想,甚至也特别有爱利亚派的思想方式;所以这些对话所讨论的整个内容(材料)属于这些学派,只有那外在的形式才属于柏拉图。因此我们必须区别开,什么是特别属于他的,什么不是他的,或者指出对话中各个组成部分是否彼此相一致。但是关于这一点,必须指出:由于哲学的本质是一样的,每一个后起的哲学家将要而且必须采取先行的哲学思想放进他自

己的哲学里，——他进一步发展了的部分，那就是特别属于他的。所以哲学并不是什么个别的东西，像一件艺术作品那样。而且即使在艺术作品里，艺术家也只是把他从别人那里学习来的技巧加以熟练使用。艺术家的创造只在于他的整个意境，和他所能够掌握的现成工具之聪明的使用；而在他的工作过程里，也许会引起他无限多的突然发生的观念和他自己独到的发现。但是哲学只有一个思想、一个实在作为它的基础，对于那同一真理或实在的较早的真的知识，我们不能提出什么别的东西去代替，它必然同样出现在较晚的哲学思想里。我已经指出过，我们不能把柏拉图的对话看
182 成目的在于罗列多种不同的哲学而认之为同有效准，更不能把柏拉图的哲学看成从它们里面产生出来的一个折中的哲学。他的哲学宁可说是把这些抽象片面的原则在具体方式下真正结合起来的枢纽。在讨论哲学史的一般性质时我们已经看到，在哲学发展的进程里，这种枢纽点必然会出现，在其中真理乃是具体的。所谓具体的即是不同的规定、原则的统一。为了把这些原则或规定加以发挥，并使其在意识面前明确起来，首先必须各就其本身加以陈述，加以发挥。因此对继起的较高的阶段说来，它们无疑地会具有片面的形式。但这较高的哲学并没有消灭它们，也不是让它们原封不动，而乃是吸收它们作为它自己较高、较深原则的诸环节。在柏拉图哲学里，我们看见了多种多样的早期哲学理论，但都被吸收并结合在他自己的原则里面。这个情况足以表明，柏拉图的哲学本身即是理念的总体；而他的哲学，作为前此哲学的结果，包括有其他哲学的原理在内。柏拉图常常只是陈述古人的哲学，好像并没有做别的事；殊不知在他的独特性的陈述里，即已把古人的哲学

加以发展了。我们有了一切证据[①]足以表明，他的“蒂迈欧”篇是我们现时还保有的毕泰戈拉派著作的进一步发展。聪明过分的人甚至说，毕泰戈拉派的著作都是从柏拉图那里才形成的。他对于巴门尼德的发展也是这样，他已把巴门尼德的片面性的原则扬弃了。

柏拉图的著作大家都知道是对话，我们必须首先谈一谈柏拉图表达他的理念所采取的形式，并说明这种形式的特征；其次我们 183 
必须揭示出柏拉图的哲学本身。**柏拉图哲学的形式**是**对话体**。对话形式的美丽是特别有吸引力的。我们绝不可因此就认为对话体是表达哲学思想最好的形式（虽说常有人认为这是最完善的形式），这只是柏拉图本人的特点，并且作为艺术品来看无论如何是值得重视的。

属于外部形式的首先就是背景和戏剧体裁。对话里面的背景和个人会合的机缘都是写得很生动的。对于地点和人物以及人物聚会的机缘，柏拉图在对话中都给予一个当地的现实环境，这本身已经是很可爱的、开朗的和畅快的。他把我们带到一个地方：带到“斐德罗”篇[②]中的筱悬树下，带到伊吕苏明净的水边，苏格拉底和斐德罗打这地方走过；有时又把我们带到运动场的厅堂里，带到学园里，带到宴会上。不过，他所设想出来的安排未免是外表的、特殊的，甚至是偶然的，而人物的聚会是奇特的。柏拉图把他的思想纯粹放在他人的口里说出来，他自己绝不出台，因而充分避免了一

① “蒂迈欧”篇释文，第四二三—四二四页（柏克尔版：“柏拉图评注”，第二册）。

② 第二二九页（柏克尔本第六页）。

切肯定、独断、说教的作风。我们看不见他作为一个叙述的主体出现,就像图居第德的历史和荷马的史诗里一样。克塞诺封便有时让他本人出现在对话里——有时竟完全忘记了他的目的在于借实例以说明苏格拉底的教导方法和生活。在柏拉图这里完全是客观的,是造型艺术的。他用了一番艺术手腕,把事情说得与自己相距很远,常常让第三人或第四人出来说话(例如在“斐多”篇里)。苏格拉底是他的对话中的主要的谈话者,此外还有别的人。很有几个人成了我们所熟悉的明星:如阿嘉通、芝诺、阿里斯多芬。就对
184 话中所叙述的内容来说,哪一部分属于苏格拉底,哪一部分属于柏拉图,那是用不着多去研究的。我们很可以确定地说,从柏拉图的对话里我们完全能够认识他的体系。

谈话中叙述个人态度时的语调充分表现了有教养的人最高尚的(雅典的)文雅风度。从这里我们可以学习到优雅的态度。在这里我们能看见那种懂得举止文雅的社交场中的人。“礼貌”还不能完全表示这里所谓“文雅风度”。礼貌意思较广泛,另外还包含一个人所表现出来的尊敬、优越、义务感的凭证。文雅风度是真正的礼貌,它是礼貌的基础。但文雅风度容许与我们谈话的每一个人有充分自由和权利自述和表现他的性格和意见。并且于说出反对对方、与对方相矛盾的话时,必须表明,自己所说的话对于对方的话只是主观的意见;因为这乃是一种谈话,是个人以个人的身份在那里谈话,而不是那客观的理智或理性自己和自己谈话。(许多这类的谈话我们把它当作单纯的讽刺。)无论我们怎样固执地表达我们自己,我们总必须承认对方也是有理智、有思想的个人。这就好像我们不应当以一个神谕的气派来说话,也不应阻止任何别的人

开口来答辩。这种文雅风度并不是宽容忍让，而乃是一种伟大的雅量。这一特点使得柏拉图对话优美可爱。

柏拉图的对话并不是一种普通的漫谈，因为在漫谈里人们所说的话只有一种偶然的联系，并不需要穷尽题材的内容；当我们为了消遣而漫谈时，所谈的当然包含着随便偶然涉及的东西，照例都是任意地想到什么说什么。就对话的引子说来，对话有时也有这种漫谈的方式，采取偶然进行的形式。但往后这些对话就成为题材内容的发展，谈话中的主观成分就消失了，——在柏拉图这里， 185
整个谈话的过程很好地表示了一个一贯的辩证进展的过程。苏格拉底说话，作出结论，往下推论，进行论证，给论证以外在的转折方向，这一切都采取发问的方式。他的大多数问题都是这样提出来的，使得对方只能用“是”或“否”来回答。对话似乎是表达论证最适当的工具，因为它便于往复辩难。论证的各方面分配给各个不同的人说出，这样就使得题材内容更为活泼生动。对话也有这样的缺点，即它的进程好像是出自武断任性似的；到了对话完结时，好像会令人感觉到，对于这个问题也可能有其他的结论似的。在柏拉图对话里，即使有这种武断任性的地方，也只是表面的。不过武断任性是被排除了的，因为对话的发展仅只是题材内容的发展，并没有留下题外枝节的话让别人来说。这样的人是谈话中的可塑性的人物，他们的作用并不在于发表他们自己的见解。在教条问答里，答案都是预先规定了的，在对话里也同样是如此。因为作者只让答者说他（作者）所要说的话。问题是提得很集中，只可能有一个十分简单的回答。而这就是对话艺术的优美和伟大之处，而这种艺术同时也显得那样自然和单纯。

其次,与对话中的人物这一外在方面相联系的,就是柏拉图的哲学本身并未表明它自己是一特殊的领域,在自己特殊范围内形成一特殊的科学(我们并没有置身在一个特殊的基地上)。反之,我们被引入一般文化的普通观念(像苏格拉底常讨论的那些观念),有时引到智者派,有时又引到早期哲学家,同样地,于发挥这些观念时,总是提示给我们常识里面的一些例子和方法。在这种
186 方式下我们不能得到对哲学的有系统的阐述。我们很不便于对它作一概观,也没有标准可以判断所涉及的对象究竟说得详尽无遗没有。这里面有一个精神、一个确定的哲学观点,但这个精神也没有以合乎我们要求的那样确定的形式出现。柏拉图的哲学文化因此还没有成熟。因为那还不到时候,还没有形成特殊科学工作的一般文化。理念还是新鲜的、新的;对于理念加以科学的系统的阐述,是直到亚里士多德才发展起来的。所以柏拉图的这种缺点也可以说是理念自身的具体规定方面的缺点。

在这些对话里对于柏拉图哲学中重要成分的阐述,亦即对于本质的单纯表象和对于本质予以概念的认识(可以说是表象的方式和思辨的方式),还只是在缺乏联系的通俗的方式下混合着,特别是采用了表象方式的神话来表达〔概念的、思辨的真理〕;这种混合,在哲学这门科学达到它的真实形象的初期是必不可免的。柏拉图崇高的精神对于精神本身具有着直观或表象,凭借概念深入了他的这种对象;但是他只是开始深入这种对象,还不能够以概念总括精神的全部实在,——或者说,表现在柏拉图那里的认识还没有在他那里充分实现其自身。于是就发生了这样的情形:第一,有时对本质的表象与对本质的概念分离了,概念与表象对立着,而没

有说出唯有概念才是本质。这可以使我们误把他用表象的方式对认识、灵魂所说的话当作是哲学。我们看见他说到神，并且又用概念说到事物的绝对本质，不过是分离开的，或者虽然连在一起说，但两者也好像是分离开的，把神当作是属于表象的，当作是一个不可思议的存在。第二，有时为了进一步发挥并阐明实在性，他用单 187
纯的表象代替了概念的进展，——我们所看见的，只是些神话、自发形成的想象活动，或者从感性的表象拾取来的故事，他对这些故事虽加以思想的规定，但思想又没有深入到这些故事的真理性，一般讲来，精神的事物只是通过表象形式予以规定。例如对于物体或自然现象有了感觉并且有了思想，但思想并没有穷究这些现象的内容，对于它们并没有透彻地加以思考，概念并没有得到独立的自身进展。

把这一点拿来与如何理解柏拉图哲学的问题联系起来考察，我们就会看见，由于上述两种情况，就发生了在他的哲学中或者是发现太多或者是发现太少的情形。第一，古代哲学家、所谓新柏拉图派发现得太多，(一)一方面由于他们将希腊神话寓言化，把它们当作理念的表达(无疑地，神话是理念的表达)，并进而首先在柏拉图的神话中去揭示出理念来，这样他们才把神话弄成哲学原理，因为哲学的劳绩在于用概念的形式表达真理。(二)一方面他们对于柏拉图用概念的形式以表达绝对本质的一面(如“巴门尼德”篇中关于神的知识的本质论部分)，又以为柏拉图本人没有作出表象和概念的区别。他们以为：在柏拉图的纯概念里表象成分还没有被抛弃掉，或者没有说过这些概念就是事物的本质，或者在柏拉图看来，概念也不过是一种表象而不是本质。第二，特别是近代人在柏

拉图哲学中发现得太少，因为他们主要地注重表象这一面，认为实在是在表象中。凡是柏拉图那里的概念或纯思辨成分，他们都认作是驰骛于抽象的逻辑概念之中或空虚烦琐的诡辩，他们把柏拉图用表象方式说出来的东西反而当作哲学原理。所以我们在邓尼
188 曼和其他的人那里发现一个顽强的努力，把柏拉图的哲学归结到旧的形而上学，例如归结到关于上帝的存在的原因和证明。[①]

关于简单的概念，柏拉图曾经这样说过："它们的最后的真理性是神，它们是依赖的、暂时性的环节，它们的真理性是在神里面"；这是柏拉图第一次提到神，他是把神看成一种表象。

为了从柏拉图的对话去理解他的哲学，必须把属于表象的东西，特别是他求助于神话来表达哲学理念的地方，和哲学理念本身区别开来，——必须区别开来的还有柏拉图那种自由讲述的方式，即从对于表象与意象的最深刻的辩证法研究，过渡到富于精神素养的人们的交谈景象的描写，以及自然景象的描绘。

柏拉图用神话的方式来表达哲学思想，是很受到称赞的。这和他的表达形式是相联系的。他让苏格拉底从某种场合出发，从个人的某些确定的表象、从个人的观念范围出发；这样想象(神话)的形态和真正的思辨思想就交织在一起了。柏拉图对话的神话形式使得他的著作富于吸引力，但这也就是引起误解的一个根源。而人们把柏拉图的神话当作他的哲学中最优秀的部分，这已经就是一种误解了。许多哲学思想通过神话的表达方式诚然更亲切生动，但神话并不是真正的表达方式。哲学原则乃是思想，为了使哲

① 邓尼曼，第二册，第三七六页。

学更纯正，必须把哲学原则作为思想陈述出来。神话总只是一种利用感性方式的表达方式，它所带来的是感性的意象，这些意象是为着表象，而不是为着思想的。当思想还不知道坚持思想的立场， 189
还不知道从思想自身出发时，这正是思想的软弱无力。像在古代那样的神话的表达方式里，思想还不是自由的：思想是为感性的形象弄得不纯净了；而感性的形象是不能表示思想所要表示的东西的。神话有一种魔力足以引诱人去接触内容。它有一定的教育意义。神话是属于人类的教育方面的。只要概念得到了充分的发展，那它就用不着神话了。柏拉图常说："对于这个对象，很难〔用思想〕表达出来，因此他就要用神话来表达"，无疑地这要容易多了。

柏拉图也常常采取表象的方式。一方面这是很通俗的，但另一方面也有其不可避免的危险，这种危险就在于人们会把仅仅属于表象而不属于思想的成分当作是本质的东西。区别开什么是思辨，什么是表象，这就是我们的任务。如果我们本身不知道什么是概念、思辨，则我们就会从柏拉图对话里抽引出一大堆的命题，把它们当作柏拉图的哲学原则，而其实这些命题只纯粹是属于表象的阶段、属于表象的方式。这些神话会使得我们引证出许多命题当作柏拉图的哲学原则，而其实完全不是那样一回事。但当我们知道这些命题只属于表象时，则我们也就知道，它们不是本质的东西。例如，在他的"蒂迈欧"篇里，当谈到世界的创造时，柏拉图就采用了这样的形式说，神创造了世界，而精灵也在某种程度上参加了这项工作。[①] 这完全是用想象的方式说出来的。假如把这点当

① "蒂迈欧"篇，第四七页（柏克尔本第五四页）。

作柏拉图的一个哲学教义，认为神创造了世界，而精灵、一种高级
190 的精神性的东西也存在着，当神创造世界时，它们也有过助力，这诚然见诸柏拉图的文字，但这却不属于他的哲学范围。当他说到人的灵魂时，他说人的灵魂有理性的部分和非理性的部分，这同样也只是一般地这样说。但柏拉图并不因此就肯定说，灵魂是两个实体、两种东西组合而成的。当他把认识表象为回忆时，人们也可以把它说成是在人降生以前，灵魂已经先存在了。同样当他谈到他哲学的主要之点，即理念、共相时，他说它们是永久性的自存之物、感官事物的模型，于是我们很容易因此把他的理念按照近代理智范畴的方式，推想成为实体，独立存在于神的理智之中，如像天使那样，存在于现实世界的彼岸。简言之，举凡一切用表象方式表达出来的思想，近代人就以这样的办法把它认作哲学。假如人们要这样来解释柏拉图的哲学，是很可以在柏拉图的文字中寻得证据的；但是知道什么是真正的哲学的人，就不会耗费精神在那些文字词句方面，而会力求去了解柏拉图的真正意思。现在我们就进而考察柏拉图哲学的本身。

于阐述**柏拉图的哲学**时，〔刚才所提到的〕两方面是不能分离开的，但我们必须注意到这两方面，并加以不同于近代人流行的看法的判断。第一，我们必须阐明柏拉图关于哲学和认识的一般概念；第二，我们必须对柏拉图所讨论到的哲学的特殊部门加以发挥。

第一是柏拉图对一般**哲学的价值**所持的**看法**。一般说来，我们看到柏拉图完全为哲学知识的崇高性所浸透了。他对于思维自
191 在自为的存在的思想表示了高度热情。居勒尼派把存在与个人意

识相联系，犬儒派把个人当下直接的自由认作实在，而柏拉图则与他们相反，他注重意识与实在的自身协调的统一，注重知识。在他看来，哲学是人的本质。他随处表示了他对于哲学的尊严之最崇高的看法：唯有哲学才是人应当寻求的东西，他对哲学具有最深刻的情感和最坚决的意识，而对于一切别的东西都表示轻视。他以很大的兴奋和热情谈到哲学；我们今天是不敢那样去谈哲学的。在他看来，哲学是最高的财富。在许多地方他都是这样谈，我在这里只从他的"蒂迈欧"篇中引证一段："我们对于最完美的事物的知识是从眼睛开始的。白天和黑夜的区别、月份和星球的运行产生了关于时间的知识，并引起我们去研究整体的性质。这样我们就赢得了哲学；上帝所赐予人类的礼物，从来没有也永不会再有比哲学更伟大的东西。"①

关于这个问题，他在"国家"篇所说的话最为著名，同时也最受到反对，这些话最足以表明他的见解，同时也最违反人们通常的观念。这段话涉及哲学与国家的关系问题，特别引人注意的，是由于它表明了哲学与现实界的关系。因为在别的地方，无论你怎样说哲学的价值，哲学却始终停留在个人的思想里面，但在"国家"篇里，哲学却涉及了法制、政府、现实界。这里柏拉图在让苏格拉底说明真正国家的性质之后，又让格劳孔打断苏格拉底的话头，要求苏格拉底说明，这样一个国家怎样才可能实现？苏格拉底东说 192
西说，力图闪避，不愿接触这问题，为了想逃脱困难，他说道："一个人在描述什么是正义时，并没有义务去说明正义如何可以成为现

① "蒂迈欧"篇，第四七页(柏克尔本第五四页)。

实。不过我们纵不能指出怎样才可能完全实现，也必须指出怎样才有接近实现的可能。”最后，在被追问得很紧时，他说：“那么，我一定要说，即使汹涌的嘲笑和完全不相信向我冲来，我也一定要说。如果不是哲学家治理国家，或者现在的所谓国王和王公真正地和充分地通晓哲学，因而政权和哲学结合在一起，而许多现在性情不同、彼此隔阂、各行其是的人，也都得到调协时，我的朋友格劳孔，我想各个国家的苦难，甚至全人类的苦难就不会有终结。”所以，只有这一点做到了，“我上面所说的那样的国家才有产生出来、得见天日的可能。”他并且补充说道：“这是我长期迟疑徘徊不愿说出的话，因为我知道，这和通常的想法太相违反了。”柏拉图让格劳孔回答道：“苏格拉底，你必须认识到，你所说的这些话会使得许多人——并且不是坏人——脱下长袍，摩拳擦掌，抓住任何随手可得的武器，或者单独一人，或者合在一起，使劲向你打来。假如你没有充分的理由去说服他们，你是很难对付他们的。”①

柏拉图在这里要求国家的统治者通晓哲学，他提出哲学与政
193 治结合的必要性。对于这种要求我们可以这样说：所谓治理就是规范现实的国家，根据事情的性质来处理问题。这就需要对事情的概念有所认识。于是就应该使得现实与概念相一致，也就是使理念成为存在。另一方面，历史的基地是不同于哲学的基地的。在历史里理念是得到实现的；因为上帝统治着世界，理念是自己实现自己的绝对力量。历史是理念以自然的方式实现其自身，不必意识到这理念——虽说在历史中当然有思想的活动，但也与确定

① “国家”篇，第五卷，第四七一—四七四页(柏克尔本第二五七—二六一页)。

的目的和环境有关系。历史上的行为虽说也遵循法律、道德、敬爱上帝等一般思想，理念却是这样通过思想、概念和直接的特殊目的混合在一起而实现的。这也是必然的；理念一方面通过思想而实现，一方面又通过行为的媒介而实现。足见理念在世界内得到实现，并没有什么困难；因此并不需要统治者掌握理念。理念借以实现的媒介好像常常与理念本身相违反，但这并不碍事。我们必须知道什么是行为：行为即是主体为了特殊目的所做的活动。所有这些目的都仅仅是实现理念的媒介，因为**理念**是绝对的力量。

说统治者应该是哲学家，说国家的统治权应该交在哲学家手中，这似乎未免有点妄自尊大。不过为了判断这话是否正确，我们最好记着柏拉图意义的哲学及当时对于哲学的了解，即把什么算作哲学。哲学这一名词在不同的时代里有着不同的意义。有一个时代，人们把一个不相信鬼魂、不相信魔鬼的人叫作哲学家。当类
似这样的观念已成过去的时候，再没有人会把这类的人叫作哲学 194
家了。英国人把我们叫作实验物理学、实验化学的东西叫作哲学。在他们看来，一个哲学家就是进行这种研究，具有关于化学和力学的理论知识的人。我们知道，柏拉图这里所了解的哲学，是与对超感官世界的意识，亦即我们所谓宗教意识混合在一起的；哲学是对自在自为的真理和正义的意识，是对国家的普遍目的的意识和对这种普遍目的的有效性的意识。自民族大迁徙以来的整个历史里（在这个历史里基督教变成了普遍的宗教），人们所努力从事的，不外是把那本来是独立自在的超感官的意识、超感官的世界，那自在自为的共相、真理，也设想成为现实性的东西，并据以规定现实。其后文化发展的任务一般讲来就是如此。因此近代的国家、政府、

宪法完全是另一回事，和古代的国家，特别和柏拉图活着的时代的国家具有完全不同的基础。大体讲来，我们知道，那时的希腊人对于民主宪法和由民主宪法产生的情况(这种情况是使得宪法毁坏的先在条件)，都很不满意，表示反对，加以指斥。所有的哲学家都宣称反对希腊国家的民主政治，在这种民主宪政之下，发生了群众处罚将军等等事件。有了这种民主宪法，大家正应当首先为了国家的最高利益而行动；而当时偶然任性的意见却占了上风，只是在短暂的期间由于杰出的个人才得到一些纠正。这些个人就是亚里斯底德、德米斯多克勒、马尔可·奥勒留等政治能手。在我们的国家里，国家的目的、公共的最高利益，其浸透一切并发生效力，是与
195 古代的国家很不相同的。法律的情况，法庭、宪法、精神生活的情况本身都是很确定的，只有临时性的事体才有待决定；我们甚至可以问，是否还有什么东西须待个人来解决的。马尔可·奥勒留就是一个例子，足以表明一个哲学家登上王位可以做些什么。我们只有关于他私人活动的一些记载，罗马帝国并没有因为他而变得更好。腓特烈二世真可叫作一个哲学王。他是国王，他曾经从事于乌尔夫的形而上学、法国哲学和诗歌的研究。因此，照他的时代来说，他就是一个哲学家。哲学好像是基于他的特殊嗜好的一件特殊的私人事情，同他是一个国王没有什么关系。但是在这样一种意义之下他也是一个哲学王，即他以普遍目的、幸福、国家的最高利益作为他的行为和一切设施的原则；无论与别的国家签订条约，无论制定国内特殊法律，他都使其服从这自在自为的普遍目的。及当他的设施后来多少成为礼俗和习惯时，那些继承的国王们就不能再叫作哲学家了，即使那同一的原则仍然存在着，政府，

特别是制度，仍然建立在这原则之上。

由此得到的结果就是：当柏拉图说哲学家应该管理国家时，他的意思是根据普遍原则来决定整个情况。这在近代国家里业已更多地实现了，因为本质上普遍的原则构成了近代国家（虽非所有国家，但却是大多数）的基础，有一些国家已经达到了这个阶段，另一些国家正在争取达到这阶段。但大家都公认，这样的原则构成政府和权力的实质。所以柏拉图的要求就内容讲来仍然是我们当前的要求。我们叫作哲学的，乃是纯粹思想的运动，是涉及一种特别 196
的形式〔按即理念〕的。如果一个国家不以普遍性、自由、公正为原则，那么这个国家就没有建筑在这种形式上面。

在“国家”篇里，柏拉图以形象化和神话的方式还进一步说到哲学教养和缺乏哲学教养的状况之间的区别。那是一个详尽的比喻，也是一个值得重视的光辉的比喻。他所采用的表象如下：“我们设想有一个地下室，有如一个大洞，有一条长的通道通向外面，向着阳光”，有微弱的阳光从通道里射进来。“住在洞中的人紧紧地被锁链缚着，脖子不能转动，所以只能看见洞的后壁。在他们背后的上方，远远燃烧着一个火炬。在火炬和人的中间有一条隆起的道路，同时有一堵低墙。在这墙的后面”，向着火光的地方，“又有些”别的“人，这些人”的头并不伸出高过这墙，但是“他们手里拿着各式各样的图像、动物和人的偶像，把它们高举过墙，就好像把傀儡高举在灯影戏的戏幕上面一样，让它们做出动作，而这些人时而相互谈话，时而又静默不言。于是这些带着锁链的人只能看得见那些投映在对面墙壁上的影像。他们将会把这些影像”——这些影像看起来是与原形反转的——“当作真实的东西”。但他们却

无法看见实物本身;“至于那些擎举着偶像的人彼此相互间所说的一些话,洞里的人也只能听见其回声,并且会把这些回声当作影像所说的话。假如有一个囚徒被松开了,因而能够转过他的脖子,他现在就可以看见事物本身了:但他将会以为他现在所看见的只是非本质的梦幻,最初看见的影像才是真实的。而假如有人把他从
197 牢狱里带出来,放在阳光下面,他的眼睛将会为阳光照耀感到晕眩,什么也看不见,他将会恨那把他带到阳光之下的人”,认为这人使他看不见真理,反而只是“给予他以痛苦和灾难”。[①]

柏拉图以很大的毅力,以科学所有的一切骄傲——我们一点也看不见一门科学对于别门科学的所谓谦逊,也看不见人对于上帝的谦逊——并以高度的自觉性,说出了人的理性是如何地接近神并且与神一致。但是,我们阅读柏拉图时,我们忍受着这点,我们把他当作一个古代人,而不是把他当作现存的人看待。

(甲)这一神话与柏拉图哲学特殊的性质有着密切联系:因为它规定了感官世界,亦即人的表象所形成的现象与对超感官世界的意识、对理念的意识之间的区别。由此我们现在就可以进一步来谈**认识的性质**,谈**理念**,——亦即柏拉图哲学的本身了。哲学在他看来是一般地研究共相自身的科学。他用“理念”这个名词来表达与个体对立的共相,这是他不厌反复重述的。

柏拉图还更确切地把哲学家定义为“渴欲观赏真理的人”。格劳孔说:“你说得不错。但是你怎样去说明这点呢?”苏格拉底说:“我并不对每一个人都说这话。不过你将会同意我这点。”“同意你

---

① “国家”篇,第七卷,第五一四—五一六页(柏克尔本第三二六—三二八页)。

哪一点？""即正当与不正当是相对立的，它们是两回事。""当然是两回事"。"同样，美与丑，善与恶，以及类似的其他理念，彼此都是对立着的，但每一个理念本身又是一。另一方面，每一个理念，由于和行为或身体结合在一起，由于和双方彼此之间的相反关系处处结合在一起，又表现为多。""你说得很对。""所以现在我把好奇 198
的人、爱技艺的人、实际的人与现在说到的唯一可以真正叫作哲学家的人区别开来。""这是什么意思？""我的意思是说，那些喜欢看和听的人，他们爱听美的声音，爱看美的颜色、形象以及一切由声音颜色的因素组成的东西。但他们的思想却不能够看见和爱好美的本性本身。""确实如此。""而那些能够研究美的本身、能够看见抽象的美的人，不是很稀有吗？""诚然是很稀有。""现在，如果有人认美的事物为美（或者认正当的行为为正当），但却不能认识美本身〔按即美的理念〕（或正义本身），并且即使有人指示给他关于美的知识（思想），他也不能了解，——像这样的人，你认为他是在清醒中还是在梦寐状态之中度过他的生活？"这就是说，那些不是哲学家的人们是和做梦的人一样。"请看！一个人无论在睡时或醒时，把仅仅相似于某种东西（美、正义）的东西不当作只是相似于某种东西的东西，而认之为它所相似的某种东西本身，他不是在做梦吗？""像这样的人我一定要说他是在做梦。""反之，那清醒的人，则把美的理念（或正义的理念）当作实在，他知道分别开什么是理念，什么只是分有理念的东西，而绝不把两者混淆起来。"①

让我们首先讨论一下理念这个名词。"当柏拉图说到'桌子性'

① "国家"篇，第五卷，第四七五—四七六页（柏克尔本第二六五—二六六页）。

199 和‘杯子性’时，犬儒派的第欧根尼说道：我的确看见一张桌子，一个杯子，但是我没有看见‘桌子性’和‘杯子性’。柏拉图答道，你说得不错。因为你的确具有人们用来看桌子和杯子的眼睛，但人们用来看桌子的本质和杯子的本质的精神，你却没有。”①

苏格拉底所开始的工作，是由柏拉图完成了。他认为只有共相、理念、善是本质性的东西。通过对于理念界的表述，柏拉图打开了理智的世界。理念并不在现实界的彼岸，在天上，在另一个地方，正相反，理念就是现实世界。即如在留基波那里，理想的东西已经被带到更接近现实，而不是超物理的东西了。但是只有自在自为地有普遍性的东西才是世界中的真实存在。理念的本质就是洞见到感性的存在并不是真理，只有那自身决定的有普遍性的东西——那理智的世界才是真理，才是值得知道的，才是永恒的、自在自为的神圣的东西。区别不是真实存在的，而只是行将消逝的。柏拉图的“绝对”，由于本身是一，并与自身同一，乃是自身具体的东西。它是一种运动，一种自己回复到自己，并且永恒地在自身之内的东西。对于理念的热爱就是柏拉图所谓热情。

从这种对于哲学的定义里面，我们立刻就可以大概看见人们谈论得很多的柏拉图的理念是什么了。理念不是别的，只是共相，而这种共相又不能被了解为形式的共相，比如说，事物只分有共相的部分，或者像我们所说，共相只是事物的特质，而应该认明白，这

① “第欧根尼·拉尔修”，第六卷，第五三节；参看柏拉图：“国家”篇，第六卷，第五〇八页(柏克尔本第三一九页)。

种共相是自在自为的真实存在，是本质，是唯一具有真理性的东西。对于柏拉图理念说的误解有两方面：**第一**，从只认感性事物 200
为真实的形式思维方面来的误解。对于这种思维方式，除了可感觉的事物和可用感觉表象的事物外，没有任何存在。所以当柏拉图把共相说成本质时，一般人总以为（一）共相只是呈现在我们前面的特质，〔因此只是我们理智中的一种思想〕；[①]或者（二）以为柏拉图也把共相当作实体，当作独立的本质，〔存在于我们之外〕。[①]——那些人是把影子（感性事物）当作真的；因此，（一）这个共相既不是特质，也不是（二）一个单纯的思想，存在于我们之中，存在于我们的理性之中，而是（三）我们之外的存在、实体。当柏拉图用这样的语句说，感性事物相似于自在自为的理念，或者说，理念是模型、原型时，很可以令人误解为：这些理念也是一种事物，不过这种事物在另外一种理智里，在一种超世界的理性里，跟我们隔得很远，这些理念是一张一张的图片，好像艺术家所摹写的原型一样，依照这个原型，他去对一定的材料加工，把这原型印入这材料里，——并且这些理念脱离了被认作有真理性的感官对象的现实性，也脱离了个别意识的现实性。人们会以为（甲）这些理念即使不简直就是〔事物，也是一种超越的存在〕，[②]居住在另外一个世界，为我们所看不见，却又是可以想象的事物或图像；（乙）他们并且以为〔理念也脱离了个人意识〕，[②]（而理念是个人意识的原始观念，个人意识是理念的主体，）因而也就超出于意识之外，甚至被认

---

① 据米希勒本，第二版，英译本，第二卷，第三〇页增补。——译者

② 德文第一版有脱漏，意思不明，根据第二版，英译本，第二卷，第三〇页增补。——译者

作只是一种脱离了意识的东西。

流行的关于理念的**第二**个误解，在于当理念不在我们意识之外时，人们便以为理念好像是我们理性中的理想，这些理想或者是对我们的理性是必要的，但是这些理想的产物，却是没有实在性的，或者是某种不可能达到的东西。前一种误解把理念当作一种在世界以外的彼岸，而这一种误解则把我们的理性当作那样一种在实在性之外的彼岸。而当这些理想被认作在我们〔意识〕之内的
201 实在性的形式、直观时，则又引起一种误解，以为这些理想好像是具有肉眼可以看见的性质。因而就把理念定义为理智的直观，以为它们必然或者直接呈现在幸运的天才里，或者直接呈现在一种陶醉或灵感的境界里，——这样就把理念当作幻想的产物。但这却不是柏拉图的意思，也不合乎真理。理念不是直接在意识中，而乃是在认识中。理念只有当它们被当作概括性的认识之简单性的结果的情形下，才是直观，才是直接的，或换句话说，直接性的直观只表示理念的简单性那一环节。因此人们并不是**具有**理念，反之理念只是通过认识的过程才在我们心灵中产生出来。热忱〔按即陶醉、灵感〕只是理念最初的粗糙的产物，但是认识才把它们推进到明白的合于理性的发展的形态。但是它们〔理念〕同样是真实的；它们存在着，并且是唯一的存在。

因此柏拉图首先把能认识真理的知识与意见区别开。“像能认识真理的那种思想，我们可以很正当地叫作知识；但另一种就是意见。知识建筑在真实存在上面；意见与知识正相反对，不过意见的内容并不是虚无(虚无即是无知)，它意味着一定的东西。意见是介于无知与知识之间的中间物，它的内容是‘有’和‘非有’的混

合物。感官的对象、意见的对象、个别的事物，只是分有美、善、公正〔等理念〕，分有共相。但它们同样也是丑的、恶的、非公正的等等。一倍也同样是一半。个别不仅是大或小、轻或重，不仅是这些对立面中之一面；而且每一个别事物既是其一，复是其他。个别、意见的对象就是这样的'有'与'非有'的混合体"。① 在这种混合 202
体中，对立的两面还没有消融在共相中。共相就是认识的思辨理念。我们通常意识的方式便属于意见。

(乙)**作为共相的认识对于个别意识的关系**。在我们还没有进一步考察认识(关于真实存在的认识)的内容(对象)以前，我们还必须先对认识的主观方式予以细密的考察：一方面认识或知识本身，在柏拉图看来，是怎样存在的，亦即怎样出现在意识中的；另一方面认识的内容是怎样的或怎样表现在表象里作为灵魂而存在的。——也就是说，普遍性的认识如何表现为个别的、属于表象的认识。于是这里就出现表象和概念的混合了。

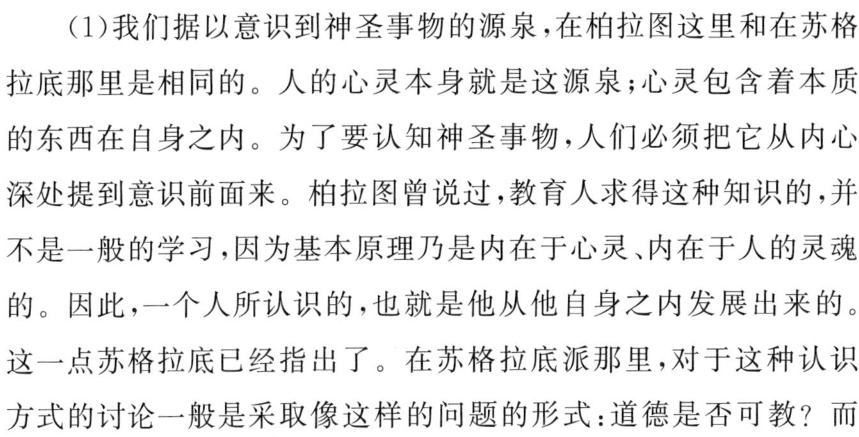

(1)我们据以意识到神圣事物的源泉，在柏拉图这里和在苏格拉底那里是相同的。人的心灵本身就是这源泉；心灵包含着本质的东西在自身之内。为了要认知神圣事物，人们必须把它从内心深处提到意识前面来。柏拉图曾说过，教育人求得这种知识的，并不是一般的学习，因为基本原理乃是内在于心灵、内在于人的灵魂的。因此，一个人所认识的，也就是他从他自身之内发展出来的。这一点苏格拉底已经指出了。在苏格拉底派那里，对于这种认识方式的讨论一般是采取像这样的问题的形式：道德是否可教？而

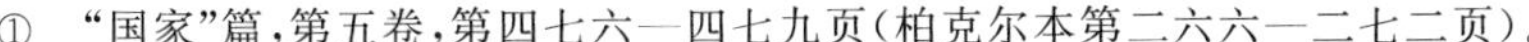

① "国家"篇，第五卷，第四七六—四七九页(柏克尔本第二六六—二七二页)。

关系到智者派、普罗泰戈拉时,所提的问题则是:感觉是否真实?这一问题是和科学的内容,并且和科学与意见的区别有着最密切的联系。我们表面上是在学习,其实只是回忆。柏拉图常常回复
203 到回忆这一问题;在"美诺"篇中他特别讨论了这个问题。他认为,一般讲来,没有东西可以真正说是从学习得来,学习宁可说只是对于我们已知的、已具有的知识的一种回忆;——这种回忆只是当我们的意识处于困惑状况时才被刺激起来的(以意识的困惑为原因)。[①]

柏拉图对于这一问题立刻就赋予了一种思辨的意义,在这里他所从事讨论的乃是认识的本质,而不是关于获得知识的经验的观点。因为一般所谓学习是指接受一种异己的东西进入思维的意识,这乃是用事物去填满一个空的空间的机械联合过程,而这些事物对于这空间乃是生疏的、不相干的。这样一种外在的增加的关系,把灵魂看作白板(就好像在有机体中分子的增加那样),是不适合于心灵的性质的(乃是死的),而心灵乃是主观性、统一性、存在于并保持在自身内。但是柏拉图提出了意识的真正性质,他认为心灵即是以其自身为对象的东西,或者自己为自己而存在的东西。这里就提出了在运动中的真实共相的概念了;共相、类本身就是自己的生成。它是这样的东西,它的生成〔发展〕即是它自己的潜在性的实现,它所变成的东西,即是它原先就已经是的东西。它是它自己的运动的起点,但它在运动的过程中绝不走出自身之外。心灵是绝对的类;凡是不潜在于它自身的东西,即是对它不存在的

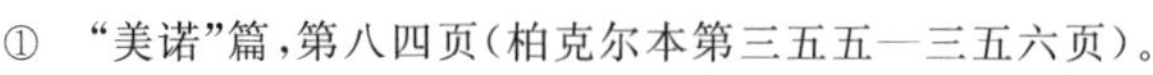

① "美诺"篇,第八四页(柏克尔本第三五五—三五六页)。

东西;它的运动只是不断地返回于自身。依此说来,学习是这样一种运动,在学习过程中没有异己的东西增加进去,而只是它自己的本质得到实现,或者它自己的本质得到自觉。(凡是还不曾认识到的东西也仍是灵魂或意识,不过被想象成自然存在罢了。)那激励意识去寻求知识的东西,就是这种假象,就是这种假 204
象所造成的混淆:把自己的本质当作与自己对立的他物、当作自身的否定者——一种和自己的本质相矛盾的现象形态,因为心灵具有(或者即是)一种内在确信,确信自身是一切实在。当心灵扬弃了这种作为他物的假象时,它就把握住客观的东西,也就是说,它直接就在对象中意识到它自身,于是就达到了知识。对于事物的表象诚然是从外界来的,特别是关于个别的、时间性的、变动不居的事物的表象,——但共相、思想却不是从外界来的。真理在心灵自身中有其根源,并属于心灵的本性;凭借心灵可以抛弃一切权威。

在某一意义下,回忆是一个笨拙的名词。这里面包含有把在别的时间内已经获得的观念重新提出的意思。不过回忆也还有另外一种意义,一种从字根衍出的意义,即内在化、深入自身的意义。[①] 这是这个词的深刻的有思想性的意义。在这意义下我们可以说,对共相的认识不是别的,只是一种回忆、一种深入自身,那在外在方式下最初呈现给我们的东西,一定是杂多的,我们把这些杂多的材料加以内在化,因而形成普遍的概念,这样我们就深入自身,把潜伏在我们内部的东西提到意识前面。不容否认,

① 按"回忆"德文是 Erinnerung,即是向内反省之意。——译者

在柏拉图那里，记忆这一名词常常具有上面所说的第一种经验的意义。

柏拉图把意识本身就是知识的内容这一正确的概念，部分地用表象和神话的方式表达出来。我们已经提到过，他把学习叫作回忆。为了证明这点，在"美诺"篇中，他用一个没有受过教育的奴
205 隶作为例子。苏格拉底盘问这奴隶，让他依照他自己的意见回答，既不教给他什么，也不肯定什么是真的；这样一来，最后使得他说出了一个几何学上关于正方形的对角线和它的两边的比例的定理。这个奴隶只是从他自身中引申出知识，所以就好像他只是回忆起某些他已经知道、不过却忘记了的东西。当柏拉图在这里把这种知识从意识中出现的事实叫作回忆时，他这种说法已含有认这种知识从前业已真实地存在于意识中的意思，这就是说，个人的意识不仅就其本身说或按其本质说，具有知识的内容，而且即便作为个人意识，不作为普遍的意识，也已经具有这种知识内容了。[①]但是这种个别性的环节仅只属于表象，这个人乃是一个感性的一般的人。因为回忆只关涉到这个人之作为感性的个别的人，不是作为一般的人。回忆属于表象，不是思想。因此在这里知识的出现的本质是和个别性、和表象混合着的。认识在这里表现为灵魂的形式，表现为潜在的本质、"一"的形式，因为灵魂只是心灵的一个环节。而柏拉图在这里就过渡到神话、想象的领域(他用神话进一步发挥这种思想)，而神话和想象的内容已不复是共相的纯粹的意义，而具有个别性的意义。

① "美诺"篇，第八二—八六页(柏克尔本第三五〇—三五九页)。

于是柏拉图便把心灵的这种潜在性描述为在时间上的先在性,而认为真理必定已经在另一个时间内对我们存在过。不过同时必须指出,他并没有把这种看法当作哲学的学说,而只是用传说(神话)的形式陈述出来,“这些神话他是从那些自身能理解神圣的东西的祭司和女祭司那里接受来的。类似的神话以及别的圣洁的 206
人也曾讲述过。**按照这种神话**,人的灵魂是不死的,它现时的停止存在就是人们所谓死亡,而它还可以再次出现,但绝不至于消灭。假如灵魂既是不死的,并且还常常再次出现,”(轮回)“它看见过现世以及阴间”(无意识地)“的一切,那么,就不会更有什么学习,只是回忆灵魂已经知道的东西,只是回忆它从前曾经看到的东西。”①这是从埃及神话借用来的。人们抓住这种感性特质,便以为这是柏拉图所确立、假定的思想。其实柏拉图毫没有确立那样的东西。这种神话与哲学并无关系,也显然不属于柏拉图的哲学。以后他所说的关于神的许多话,更是与哲学无关。

(2)在“**斐德罗**”篇里,这一神话还进一步得到光辉的发挥。他仍然运用回忆的通常意义,即认人的心灵在过去时间内曾经看见过呈现在他意识内的真理和绝对存在。但柏拉图的主要努力在于指出,心灵、灵魂、思维是自在自为的。所以他对于心灵的规定才采取这样的形式,并且断言,知识不是从学习得来,而只是对于已经存在于心灵内、灵魂内的东西的一种回忆。认为灵魂是能思维的,并认为思维本身是自由的,在古代哲学家中,特别在柏拉图的观念里,与我们所谓**灵魂不死**是有着直接联系的。在“斐德罗”篇

① “美诺”篇,第八一页(柏克尔本第三四八—三四九页)。

中,柏拉图曾说到这点,“为的是指出,爱是一种神圣的发狂,并且
207 可以给予我们以最大的幸福。”这是一种狂热的境界,这种狂热在这里对理念有一种强烈的、超过一切的倾向。——这种狂热乃是基于对理想的一种意识或知识,而不是直观、不是基于心情或感觉的狂热。他说过:“为了昭示什么是爱,他必须阐明什么是神的灵魂和人的灵魂的性质。”——“第一,灵魂是不死的。因为凡是自身运动的东西就是不死的、不消逝的;而凡是由于别的事物而运动的东西就是要消逝的。自身运动的东西就是原则。因为它具有它的来源和起始于它自身中,而不是出于别的事物。而且它也同样不能停止运动,因为只有由于别的东西而运动的才能停止运动。”①因此柏拉图首先发展了灵魂是自身运动者这一简单概念,照这样说来,灵魂就是心灵的一个环节。自在自为的心灵的固有生命是在于意识到自我本身之绝对性和自由性。不死的东西就是不致遭受变灭的东西。

当我们说到灵魂不死时,我们总常常把灵魂当作有形体的、具有各式各样的特质的东西,而这些特质是变化的,于是便以为灵魂是独立于这些特质的。我们把思维也认作这类的特质,于是就把思维规定为好像是可以消逝的、可以停止存在的东西。对于这一问题的提法就是从表象的观点出发的。在柏拉图那里,灵魂不死是与灵魂亦即能思维者密切联系着的,因此思维并不是灵魂的一个特质。我们以为,灵魂没有了想象、思维等等仍可以存在、可以持续。灵魂的不灭也就被看成一件事物的不灭,被表象成像一个

① “斐德罗”篇,第二四五页(柏克尔本第三八页)。

存在着的东西那样。反之，在柏拉图这里，灵魂不死这一规定有着 208
很大的重要性，即由于思维不是灵魂的特质，而是它的实质，所以灵魂也就是思维本身。犹如对于物体，我们说，物体是有重量的，重量就是物体的实质。重量并不是物体的质，因为物体之所以是物体，即因为它有重量。把重量从物体内抽离开，则物体便不复存在；同样，把思维从灵魂内抽离开，则灵魂便不复存在。思维乃是共相的活动，但共相并不是抽象的，而是自己反映自己、建立自身同一的过程。这种过程发生在一切表象活动里。既然思维是这样的共相，即自己反映自己、自己保持自己的共相，所以它是自身同一的。但自身同一者即是不变化、不消逝的。所谓变化即是一物成为他物，不能在他物中保持自己。反之，灵魂就能在他物中保持自身。例如，在直观里，它与他物、与外部的材料相接触，并同时保持其自身。柏拉图所讲的灵魂不死和我们宗教观念里的灵魂不死，意义不同。柏拉图所谓灵魂不死是和思维的本性、思维的内在自由密切联系着的，是和构成柏拉图哲学出色之点的根据的性质、和柏拉图所奠定的超感官的基础、意识密切联系着的。因此灵魂不死乃是首要之事。

他继续说："要阐明灵魂的性质，乃是一个漫长的神圣的研究工作，但是从人来说，用一个寓言比较容易说明。"以下他就提出一个神话（寓言），不过这神话却华丽而不够谨严。他说："灵魂就好像一辆马车和御者联合起来的力量。"这个形象对于我们没有说明
什么。"那神灵的马"（象征欲望）"和御者是很好的，而且是出自良 209
种。但我们的驾驶人"（御者）"最初掌握着缰绳；不过其中的一匹马是美好的，而且出于良种，而另一匹马则相反，而且出于劣种。

这样一来驾驶这辆马车就感得困难而矛盾了。我现在试图说明，一个有死的生物如何不同于不死的生物。一切灵魂关怀着无生命的东西，它漫游整个天宇，由一个理念(种，εἶδος)过渡到另一个理念。当它〔灵魂〕是完善的并有翼能飞时，则它便往上升”(具有崇高的思想)“并且主宰整个世界。但当它的翅膀下降时，则灵魂就飘摇不定，并往下坠，直至它达到坚实的土地为止：于是它就取得一具泥土的躯体，而这躯体仍然为它〔灵魂〕的力量所推动；这样一个全体就叫作生物(ζῶον，动物)，——灵魂和肉体就这样结合在一起，并且得到有死者的称号”。[①] 所以一匹马表示作为思维的灵魂，是自在自为的存在；另一匹马表示灵魂与物质的联合。这种从思维到形体的过渡是很困难的，很难为古代哲学家所了解；关于这点在亚里士多德那里还可看到更多。从上面所说的，我们可以看出人们对于柏拉图哲学何以有了这样的观念，即以为他认为灵魂本身在今生以前便已经存在着，以后又堕落到物质中，与物质相结合，因而使自己受到玷污，并且认为灵魂的使命在于重新脱离开物质。精神实现或体现其自身这一见解，乃是在古代哲学家那里未得到深刻研讨之点。他们有了两个抽象体：灵魂和物质，对于两者的联合，他们只是用灵魂堕落的形式表达出来。

210 柏拉图往前继续说，“不过关于不死的东西〔按即神〕，如果我们不按照一个能认识的思想，而凭借表象去表达它，如果我们不洞见，也不充分理解神的性质，那么，我们就会以为神的不死的生命是一种具有肉体和灵魂的生命，而两者是永远一起产生的(合而为

① “斐德罗”篇，第二四六页(柏克尔本第三九—四〇页)。

一体的 συμπεφυκότα）”[①]肉体和灵魂本身既是永远在一起的，所以就不是外在地凑合的。（灵魂和肉体两者都是抽象物，但生命是两者的统一，而神的本质照表象说来是灵魂和肉体之为一体而不可分；但其实，神的本性是理性，是理性的形式——灵魂——和内容之为一体而不可分。）这乃是对于神的一个伟大的定义、一个伟大的观念，与近代对于神的定义并没有什么不同，近代的定义为：神是客观性与主观性的同一、理想与现实的不可分、灵魂与肉体的不可分。有死的或有限的东西被柏拉图很正确地规定为这样的东西，其存在或实在不完全符合理念，或确定点说，不完全符合主观性。

现在柏拉图复进一步说明，神性的生活是什么样子（他描写了灵魂所表演的戏剧），以及“灵魂的翅膀又怎样堕落。神灵的马车列队前行，指导队伍进行的是众神之主宙斯，他坐在有翼的马车上领导着。还有别的神灵和女神跟随着他的后面，排列成十一小队。每一个神灵各自完成他的任务，他们进行着庄严神圣的戏剧。灵魂中无色的、无形的、不可感触的本质需要思想为其唯一的观赏者，因而就产生了真知识。因为这样灵魂就看见了真实存在，并生 211
活在对于真理的观察中，由于它循着不断地回复到自身的”（理念的）“圆周而行。在这个”（神灵的）“圆周里，它观认到正义、节制和知识，它并不是看见了人们所谓事物，而是看见了真正的自在自为的存在”。柏拉图是把这戏剧当作曾经发生过的来描写的。“当灵魂从这样的观赏回来时，御者把马安置在厩里，饲之以不死之药，饮之以神圣之酒。这就是神灵的生活。但是，其他的灵魂，由于御

① “斐德罗”篇，第二四六页（柏克尔本第四〇页）。

者的过失,或由于马陷入泥淖,便离开那种天界,不复能看见真理,以意见作为食物来充饥,并堕落到地上。由于各个灵魂各自看见的真理有或多或少的不同,它们在这里所处的地位也就有或高或低的不同。不过在这样的情况下,它们还保持着它们对已经看见过的东西的回忆,当它们一看见某种美的、善的东西时,它们就会忘掉自己,发生狂热。于是两翼也就重新赢得了力量,灵魂回忆起它从前不仅看见某种美的善的事物,而且看见美的理念、善的理念本身的境界。”[①]因此神灵的生活是只有灵魂才可享受的,它在个别的美的事物里可以回忆起那普遍的东西。这就包含着,在作为自在自为的灵魂里,那作为自在自为的美、善、正义的理念,也具有自在自为的普遍性。这就是柏拉图思想的基本原则和普遍基础。

这里我们可以看见,柏拉图在什么意义下说到知识是回忆。
212 他明明白白地说,这只是在比喻和寓言的意义下那样说的,并不是像神学家那样地认真去问,灵魂是否在诞生以前即已存在,以及存在在什么地方。我们绝不能得出结论说柏拉图有了这种信仰或意见。关于这点,他从来没有说过在意义上与神学家所说的相同的话。他绝没有说过从一个圆满的境界坠落下来的话,譬如说,人必须把现世生活当作囚禁的生活;但他却意识到,这只是一个比喻的表象。他当作真理表达出来的,乃是意识本身在理性中就是神圣的本质和生活,人在纯思想里看见并认识这本质,而这种认识的本身就是居住并运动于天界中。

在论到灵魂不死的地方,那作为灵魂的认识形式才更明确地

---

① “斐德罗”篇,第二四六—二五一页(柏克尔本第四〇—五〇页)。

表达出来。在“斐多”篇中柏拉图对灵魂不死的观念有进一步的发挥。在“斐德罗”篇中，神话与真理被规定为分离的，并且也显得如此，而在“斐多”篇中便很少这样，“斐多”篇是柏拉图让苏格拉底谈论灵魂不死问题最著名的对话。至于柏拉图之把关于灵魂不死的讨论和苏格拉底之死的战事相结合，是永远值得赞扬的。让不死的信念从一个正考虑着要放弃生命的人的口中说出，使不死的信念由于这临死的一幕而活跃生动起来，反过来，苏格拉底之死也由于这种不死的信念而活跃生动了，这种安排实在最适当不过了。同时必须指出，所谓适当，必须具有这样的意义，即首先必须特殊地适合于那临死者，所涉及的必须是他本人而不是普遍的人，是他自身作为个别的人的确信，而不是普遍真理。所以我们在这里所碰见的，绝少是表象形式和概念形式的分离，不过这里所涉及的表象，远不同于那种陷入粗笨的想法，把灵魂表象为一种实物，并且 213
按照实物的方式去问它能绵延或持续多久。例如，我们看见苏格拉底在这样的意义下说：“对于追求真理——这是哲学的唯一任务——，肉体或与肉体有关的东西乃是一种障碍，因为感性的直观不能表明任何纯粹的东西像它本身那样，而真理必须在灵魂远离肉体的情形下才可以被认识。因为正义、美和同类的理念是唯一的真实存在，不会遭受任何变化和毁灭；这些理念不是凭借肉体所能认识，只有通过灵魂才看得见。”①

我们看见，即在这种分离中，灵魂的本质也没有被看成实物式的存在，而是被认作共相。这种思想，在下面柏拉图证明灵魂不死

① “斐多”篇，第六五—六七页（柏克尔本第一八—二三页）。

时，我们还可看见更多。这里的主要思想是已经考察过了的，即认为“灵魂在今生之前业已存在，因为学习只是一种回忆”。[①] 这话包含着：灵魂已潜在地具有它所实现的东西。这里我们绝不可以把它想成是天赋观念那种坏的看法，天赋观念包含着认理念为一种自然存在的说法，好像以为思想一方面已经是天生就固定那样的，一方面具有一种自然的存在，即不首先通过心灵的活动便自己产生出来似的。但柏拉图认为灵魂的不死主要地在于“复合的东西是要遭受分解和毁灭的，反之单纯的东西是不会被分解和毁灭的；而那永远自身相等、自身同一的东西就是单纯的。美、善、相
214 等，由于是单纯的东西，所以是没有任何变化的，反之，包括这些共相于其中的东西，如人、事物等则是有变化的，是能被感官感觉的，而单纯的东西〔按即共相〕则是超感觉的。因此在思想中的灵魂转向思想，俨如以思想为亲属，并且与思想有所交往，它也必定被认为具有单纯的本性”。[②]

这里更足以说明，柏拉图不是把单纯性认作事物的单纯性，譬如化学元素的单纯性等，这样的单纯性是不能认作有自身区别的，这只是抽象的同一性或抽象的共性，作为一种存在的单纯物。

但最后共相本身又具有存在的形式。例如说：“我们听见的和音，它不外是一个共相，一个单纯的东西，一种殊异事物的统一。不过这种讲和是与感性事物相连结的，并且与此感性事物一同消逝，如像笛子的音乐与笛子一同消逝一样。”[③]柏拉图指出：“灵魂

① “斐多”篇，第七二页(柏克尔本第三五页)。

② 同上书，第七八—八〇页(柏克尔本第四六—五一页)。

③ 同上书，第八五—八六页(第六二—六三页)。

也不是这种样式的和谐，因为这种感性的和谐乃是在事物之后，跟随着事物而来，但灵魂的和谐乃是自在自为的，先于一切感性存在的。感性的和谐有各种不同的音阶，而灵魂的和谐却没有量的差别。”①

由此可以明白，柏拉图完全把灵魂的本质认作是共相，不是从感性的个别性中去肯定它的真理性和存在，而对于灵魂不死，他也不是像我们所假想那样，在表象的意义下，把灵魂当作个别事物。至于以后在神话中也说到灵魂于死后居住在另一个较辉煌庄严的 215
世界，在前面我们已经看到，这里所谓天界是什么样的性质。

(3)至于说到**灵魂**的**教育**和**修养**，这是和前面所说的灵魂的性质相联系着的。我们绝不要把柏拉图的唯心论当作主观唯心论，当作近代所想象的那种坏的唯心论那样，好像人什么东西也不能学习，完全不受外界的决定，而认为一切观念都从主体产生出来。常常有人说，唯心论是这样的一种学说，即认为个人从他自身创造出他的一切观念——甚至当下直接的观念，并从自身里面建立一切。这乃是一种反历史的、完全错误的想法。如果对于唯心论作这样粗糙的了解，那么，事实上在所有的哲学家中，将没有一个人是唯心论者了。柏拉图的唯心论也同样是和这种形态的唯心论距离很远的。

单就学习〔按即认识〕而论，柏拉图是预先假定了那真正有普遍性的东西，理念、善、美都早已潜伏在心灵自身之内，只是从心灵中发展出来罢了。在他的“国家”篇(卷七)里，联系到我已提到过

① “斐多”篇，第九二—九四页(柏克尔本第七四—八〇页)。

的这点，他曾说到教育、学习是怎样的性质。他说：“我们必须认为，知识和学习(παιδείας)的性质不是像有些人所主张的那样”(他是说不要像智者派那样)，“那些人于说到教育时，以为知识仿佛不是包含在灵魂之内，而仿佛是被放进灵魂之内，就如像把视觉放进瞎了的眼睛里面那样”，好像眼科医师施手术去医治眼睛中的翳障那样。认为知识完全来自外面这一看法，在近代有了极其抽象、粗糙的经验派哲学家为代表，他们断言，人对于神圣事物所知道的、
216 所认之为真的一切，皆由于教育和习惯而来，灵魂、心灵只是一种完全无确定性的可能性。这个学说推到极端，就是认为一切都是从外界给予的启示说。在新教里，还没有这样抽象的、粗糙的观念；新教认为信仰本质上是精神的证验，这就是说，它认为个别的主观的精神本身就具有建立和制作那仅仅以外部事物的形式给予它的规定。柏拉图也反对那样的观念。他说道(这关涉到上面所提到的仅只是基于想象的神话)：“理性教导说，每一个人在他灵魂内都潜伏着一种内在的性能，他本身具有借以学习的官能。譬如说，人的眼睛不能够由黑暗转向光明，除非随着他的整个身体转过来，同样地，我们的整个灵魂必须掉转方向，离开那变动着的现象界”，亦即转离开偶然的东西，偶然的观念和感觉；“灵魂必须转向真实存在，直到它能够经受得住阳光、能够观看真实存在之明朗和光明。不过我们说，这个真实存在就是善。认识真实存在的艺术就是教育的艺术。而教育也只是一种使灵魂转向的艺术——也就是用什么方式可以使这一转向来得最容易、最有成效，并不是把视觉放进(ἐμποιῆσαι，弄进)人里面，而乃是使视觉发挥其作用，因为他已经有了视觉，不过没有适当地转向自身，因而没有看见他所应该

看见的对象。灵魂的其他美德与肉体比较接近；它们不是先在于
灵魂里，乃是通过练习和习惯得来”，因此这些美德也就可以加强
和削弱。“反之，思维作为神性的〔美德〕绝不会失掉它的力量，它 217
之变好或变坏只是由于转向的方式。”[①]

这就是柏拉图所确立起来的关于内在和外在的关系。类似这样的观念，认心灵由自身而决定善的性质，对于我们远比〔对于柏拉图〕更为熟习，不过在柏拉图那里这些观念是初次被确立起来。

(丙)**认识的差别，知识的方式**。柏拉图认为唯有由思想产生出来的才有真理性。认识的源泉是多方面的；感情、感觉、感性的意识就是源泉。最初的是感性意识；感性意识是我们所熟习的，我们的认识从此开始。至于认为真理是由感觉给予的，乃是智者派的学说，而为柏拉图所一贯反对的。在普罗泰戈拉那里我们曾看到这种学说。“感情”这一名词容易引起误会。一切都包含在感情中，例如柏拉图所谓爱美的狂热(μανία)。真理在这里表现为感情的形态；不过感情本身只是人们借以把武断的意志当作真理的特性的一种形式。而真理的真实内容并不是通过感情给予的，因为在感情里面任何内容皆有其地位。虽说最高的内容必然是在感情中，不过感情并不是真理的真实形态。感情是完全主观的意识。我们在记忆中、在理智中所具有的，不同于我们在感情中、在心情中所具有的，亦即不同于在我们的内在主观性、自我、“这一个”〔按即个体性〕之中的东西。当一个内容是在心情中时，我们可以说，它是第一次处在最真实〔适当〕的地方，因为它是完全和我们的特

① “国家”篇，第七卷，第五一八页(柏克尔本第三三三—三三四页)。

殊个体性相同一的。但错误的了解在于认为一个内容既然在我们
218 的情感中,因而就说它是真实的。因此柏拉图的学说之伟大,就在于认为内容只能为思想所填满,因为思想是有普遍性的。普遍的东西〔即共相〕只能为思想所产生,或为思想所把握,它只有通过思维的活动才得到存在。柏拉图把这种有普遍性的内容规定为理念。

柏拉图还进一步规定了我们意识、知识中的各种区别。在“国家”篇第六卷篇末,他揭示出感性知识和理智知识的区别。柏拉图把理智知识、思维、共相区分为两种:像几何学那样的知识就是思维(διάνοια);但纯粹的思维就是理智(νόησις)。感性的知识也有两方面:(一)“在感性知识里,第一是外部现象,反映在水中的形象,以及反映在坚实、平滑、放光的物体中的影像。第二种感性知识则包括那些影像所映现所近似的实物:动物、植物”,这是具体的有生命之物,“人们所制造成的器物”(全部制成品属于此类)。(二)理智的知识也有两方面的内容:第一,“灵魂利用上面所说的那种〔反映的〕形象”(感性的、杂多的形象),必须根据初基〔假设〕来进行研究,因为它不能追溯到原始(原理,ἀρχήν),而需往下寻求末端(结果)。另一种理智知识是灵魂在自身内所思想的东西,在这里灵魂从初基、从假设出发达到一个不是基于假设的原理,并且也不需要反映的形象,像前一种假设的知识那样,而是通过理念(εἴδεσι)自身、通过方法(μέθοδον)。在几何学、算术以及类似的科学里,人们预先假定了相等与不相等、图形、三种不同的角等等。并且当人们从这样的初基(假设 ὑποθέσεις)出发时,人们相信用不着加任何说

明，因为这乃是人人熟知的东西。此外你知道，人们虽是运用那些看得见的图形，并谈论那些图形，然而“他们在思想中所保有的却并不”（仅仅）“是这些图形，而是理想〔的原型〕，这些可见的图形仅 219
是一些摹本，因为人们所思维（规定 λόγους）的乃是四边形自身〔即绝对的四边形〕以及四边形的对角线自身，而不是他们所画出的〔感性的〕形象。关于其他事物，情形亦复如此。”人有一个确定的图形在他前面（他是这样来进行工作的）；但他〔思想中〕所意想着的图形却不是那特定的图形，借这一个三角形，我意想着一般的三角形、那普遍的三角形，我所从事研究的并不是一个感性的东西。“人们所描画的那些图形（这些图形也可以产生影像并在水中反映出形象），他们仅只运用一切图形作为反映的形象，他们总力求看见这些形象的原型，这些原型人们只有凭借思想、反思才看得见”，而非感官所能看见。不过思想的这种对象却不是纯理智的存在。——“确实如此！——这就是上面我提到的那一类的思想对象，要研究这样的对象，灵魂必须运用假设，因为它没有追溯至〔第一〕原理，这是由于它不能超出假设”（一种预先的假定），“不过这些次要的形象是被灵魂运用来当作和那些原型完全相似，并且完全被规定为这样。——我知道，你所说的，乃是在几何学及别的类似的相关科学中发生的情形。——现在试认识一下理智知识的另一部门，这是理性本身所涉及的知识，在这里理性通过辩证法的力量（性能）运用假设，不是把假设当作原理，而是实际上只当作假设，当作阶梯或出发点；由此直至理性，达到无假定的东西、万有的〔第一〕原理”，这就是自在自为的存在，“掌握住它、并掌握住依存于它的东西，于是又推究至最后，因为这样它完全不需要任何感性

220 的东西,只需要理念本身,所以它就这样通过理念自身最后达到理念。”认识理念就是哲学的目的和任务。理念应该从纯思想本身去探讨,而纯思想只运动于这样的纯思想之中。——“我明白了这点,但还不够充分。你似乎是想要断言,从辩证法这一科学去考察存在和知识,所得来的概念,较之那以假设作为原则的科学(在这些科学里,考察这些对象的人们,也必须用理智,而不要用感官)所得来的概念还更为明白些(σαφέστερον 正确些)。因为他们在考察时没有提高到绝对的原理,而是从假设出发去思辨:所以他们似乎没有用思想去处理这些对象,虽说有了第一原理,这些对象是可以被思想认识的。几何学及其同类的科学的方法(思维方法)你似乎叫作‘抽象理智’(διάνοιαν),因而抽象理智”(推论,反思的认识)“便是介于理性(νοῦς)和意见(δόξα)之间。——你了解得完全正确。相应于这四个区别,我将要提出灵魂的四种性能:(一)形成概念的思维(νόησις)占最高地位;(二)理智(διάνοια)居第二;(三)第三叫作信仰(πίστις)”,这是关于动物、植物的信仰,因为它们是有生命的、与我们是同性的、同一的——这是真的意见;(四)最后为表象或图画式的知识”(εἰκασία imaginatio,assimilatio)。“这就是真理性和明晰性的等级。”[①]

221 这样,柏拉图就把感性知识规定为最初的形态,并把反思规定为另一形态,所谓反思即是有感性意识混杂在内的思维。这里,据他说,就是一般科学出现的地方。科学建筑在思维、普遍原则的规

① “国家”篇,第六卷,第五〇九—五一一页(柏克尔本第三二一—三二五页)。

定、基本原理、假设上面。这些假设本身不是感官所能观察，其本身也不是感性的；它们无疑地是属于思维。不过这还不是真正的科学；真正科学在于观察那绝对普遍的东西，那精神性的共相。柏拉图把感性的意识，特别是感性的表象、意见、直接的知识都包括在“意见”（δόξα）这一名词之内。介于意见和真正科学中间的是抽象理智的认识、推论的反思、反思的认识，这种认识作用从感性认识中构成普遍的规律、确定的类〔即概念〕。最高的认识是自在自为的思维，这种思维以最高的〔理念〕为对象。这种区分是柏拉图〔认识论〕主要的基础，并且在他那里得到较详细的说明。

现在我们由认识进而考察认识的**内容**。在这里，理念进一步得到组织或系统化，并被建立为特殊领域；这一特殊领域构成关于理念的科学体系。这个内容在柏拉图这里开始分为**三部分**，我们可以区分为思辨哲学、自然哲学和精神哲学。思辨的或逻辑的哲学古代哲学家叫作**辩证法**。第欧根尼·拉尔修以及其他古代的哲学史家曾明白说过，在伊奥尼亚派创立了自然哲学、苏格拉底创立了道德哲学之后，柏拉图又加上了辩证法。这种辩证法并不是我们前些时候所看见的那样的辩证法，——不是把观念弄混乱的那种智者派的辩证法，而是在纯概念中运动的辩证法，——是逻辑理 222
念的运动。柏拉图哲学的第二部分是一种**自然哲学**，特别是在“蒂迈欧”篇里。在“蒂迈欧”篇里理念得到了具体的表达。第三部分是**精神哲学**；关于精神的理论方面，如他如何区分认识的种类，已经一般地讨论过了，因此还需考察的只是他的实践哲学，主要地是他对于一个完善的**国家**的阐述。我们想要按照这三部分的区分，来详细地考察柏拉图的哲学。

在先行提示了柏拉图辩证法的组成部分之后，还需指出：柏拉图哲学的全部内容虽分为三部分，但实际上在“国家”篇以及“蒂迈欧”篇这些著作里是联系在一起的。此外还应该加上“克里底亚”篇，不过这篇仅只流传下头一部分，是人类或雅典的一个理想的历史。这三个对话被柏拉图当作一个有联系地进行着的谈话。此外还必须列入“巴门尼德”篇，这样，这几篇对话合在一起，便构成了柏拉图哲学的整个体系。

一　辩证法

形式的哲学思维只能把辩证法看作一个使表象，甚至使概念混乱并表明其为虚无的艺术，以致辩证法的结果仅只是消极的。这种辩证法我们在柏拉图那里常常见到：一部分是在那些比较真正属于苏格拉底式的、道德的对话里，一部分也是在许多涉及智者派关于知识的看法的对话里。但是真正辩证法的概念在于揭示纯概念的必然运动，并不是那样一来好像把概念消解为虚无，而结果
223 正好相反：它们〔概念〕就是这种运动，并且(这结果简单地说来即：)共相也就是这些相反的概念之统一。在柏拉图这里，对于辩证法的这种性质的完全的意识，我们诚然还找不到，但是我们的确在其中找到了辩证法，这就是说，我们发现了：绝对本质在纯概念的方式下被认识了，并且纯概念的运动得到了阐明。

使得对柏拉图辩证法的研究感到困难的，乃是他把共相〔概念〕是从表象中发展出来和揭示出来的。这种从表象开始的方法好像使得认识更为容易，其实使得这个困难更为增大，因为这种方法把我们引进不同于理性的、有着完全另外一个标准的领域，并且

使得这个领域出现在我们面前；与此相反，如果认识只是在纯概念里进行着、运动着，则表象就完全不会被记起。正由于这样，概念才赢得较大的真理性。因为不然的话，纯粹逻辑的运动似乎很容易成为一个独立存在的独特的领域，而另外有一个同样有效准的领域和它并列着。但是由于这两个领域在柏拉图那里被结合在一起，于是思辨的东西才表现在它的真理性里，亦即被表明为唯一真理；这是由于把感性的意见转变成思维而达到的。

前面谈到苏格拉底时已经指出，苏格拉底式教育的主要意义首先在于把共相提到人的意识前面。这一点从这时期我们可以认作已经完成了，并且只需指出，柏拉图的许多对话目的仅仅在于使一个普通的表象得到意识，关于这点我们用不着费力多谈了；所以柏拉图文字的冗长常常令人厌倦。

在我们意识内首先有个别的东西、直接的个别的东西、感性的实在，或者也有理智的范畴，这些范畴被我们当作最后的真实的东西。于是我们便把那外在的、感性的、真实的东西认作与理想的东西相对立。但是理想的东西是最真实的、唯一的实在；而认理想的 224
东西为唯一实在，便是柏拉图的洞见：有普遍性的东西乃是理想的东西，真理是有普遍性的东西，思想在性质上与感性的东西相反。许多对话的内容都在于指出：凡个别的东西、多数的东西都不是真实的东西；我们必须在个别内只去考察共相。共相首先是不确定的，是抽象的，并且由于这样，它本身不是具体的；但是主要问题在于对共相本身加以进一步的规定。这种共相现在柏拉图就叫作理念（εἶδος），我们有时把它翻译成类、种。无疑地理念也是类、种，不过这只是为思想所把握、为思想而存在的。因此我们必不可以把

理念想成某种超越的、远在他方的东西；理念并不是在表象中实物化、孤立化了的东西，而乃是类。理念我们通常称之为共相。美、真、善本身是类。如果单就我们的理智看来，类只是表现给我们的外在特征，是为方便起见而综合出来的，——类乃是相同的特性、许多个别事物经过我们的反思而作出的综合——：像这样，我们所得到的只是在纯全外在形式中的共相。动物是类，动物是有生命的，它属于有生命的这一类，有生命就是它的实质的、真的、实在的东西；夺去了动物的生命，动物就不存在了。

所以柏拉图的努力就在于给予这种共相一个定义。他的另外一个洞见是认为感性的东西、直接存在的东西、事物、现象不是真的东西，因为它们是在变迁中的，是为他物所决定的，而不是由自身决定的。这是柏拉图经常据以出发的一个主要方面。感性的、

225 受限制的、有限的东西只是与他物处在关系中，只是相对的；即使我们对于它们有了真的表象，它们也没有客观意义的真理性，它们本身就不是真的，它们既是它们自己，又是它们的对方，而这对方也被当作存在着的。因此它们有了矛盾，而且是不可消除的矛盾。它们存在着，而对方有力量支配它们。柏拉图的辩证法是特别针对着这种形式的有限事物而提出的。前面已经提到过，柏拉图辩证法的目的在于搅乱并消解人们的有限的表象，以便在人们意识中引起对认识真实存在的科学要求。柏拉图的许多对话都具有这样的目的，并且以并未提出积极的内容告结束。他常常讨论的一个内容，就是他要表明美德就是知识，只有一种美德，只有一个真理。于是他就从特殊的美德中推究出普遍的善。到此为止，辩证法的目的和作用在于搅乱那特殊的东西。其进行的办法在于揭示

出特殊的东西的有限性及其中所包含的否定性，并指出特殊的东西事实上并不是它本身那样，而必然要过渡到它的反面，它是有局限性的，有一个否定它的东西，而这东西对于它是本质的。假如你试指出并坚持这个特殊的否定的方面，则它就消逝了，就变成一个异于你所认定的东西了。这个辩证法就是思想的运动，为了使得共相、不死的东西、自在自为的东西、不变的东西在外在方式下出现在反省意识的前面，这种辩证法是非常必要的。为了消解特殊的东西以形成共相，这种辩证法还不是真正的辩证法，还不是辩证法的真形式。这是柏拉图和智者派共同具有的一种辩证法，智者派是很懂得如何去使那特殊的东西解体的。

于是那进一步的辩证法的使命，就在于对那由搅乱特殊的东 226
西而产生的共相，即在其自身之内予以规定，并即在共相之内消解其对立。因而这种对于矛盾的消解就是一个肯定的过程。所以共相就被规定为在自身中消解着并且消解了矛盾和对立的东西，同时也就被规定为具体的或本身具体的东西。在这种较高意义下的辩证法就是柏拉图所特有的辩证法。因此这种辩证法是思辨性的，并不是以一个否定的结果告结束。反之，它表明了两个互相否定的对立面的结合。不过从理智看来感到困难之处就从这里开始了。但是柏拉图的辩证法仍然采取形式论证的方式；他的方法的形式还没有纯粹独立地发挥出来。他的辩证法常常仅仅是从个别的观点出发的形式论证。它常常只有消极的结果，甚至常常没有结果。但另一方面，柏拉图本人是反对这种仅属形式论证的辩证法的，不过我们也看得见，这并不是没有困难的。他费了很大的力气企图去适当地揭示出其间的差别。

说到柏拉图的思辨的辩证法,这是从他这里开始的辩证法,是他著作中至关重要的,但也是最为困难的部分。所以当人们平常研读柏拉图的著作时,大都不知道他有所谓思辨的辩证法。柏拉图哲学中最重要之点邓尼曼正好完全没有掌握住,——他只是凑集了一些有关辩证法的命题当作干燥的本体论的规定。〔一个哲学史家〕[①]在柏拉图那里只看见什么是于己有利的东西,真可说是没有头脑。

思辨的辩证法所达到的思想究竟是些什么样的思想?〔理性的〕纯粹思想是什么?因为柏拉图很明白地把它和理智(διάνοια)区别开来了。只要我们是有思想的,我们可以对许多事物有许多思想。但这不是柏拉图所意味的思想。柏拉图真正的思辨的伟大

227 性之所在,他在哲学史上,亦即一般地在世界史上划时代的贡献,是他对于理念的明确规定,——这种关于理念的知识在几百年后一般地是酝酿成世界历史和形成人类精神生活的新形态的基本因素。

他对理念的明确规定从前面所说的看来可以作这样的了解:(甲)柏拉图把绝对了解为巴门尼德的"有",但是这个"有"是和"无"相同一的共相,正如赫拉克利特所说,"有"与"无"没有什么区别,——两者皆统一于"生成"。(乙)毕泰戈拉数理上的三一概念是用思想的方式表达出来了;一般讲来,绝对被理解为"有"与"无"的统一、"一"与"多"的统一。柏拉图联合了上述各原则:第一,"有"既被认作普遍的、善的、真的、美的东西,遂被规定为理念、目的,这就是说,它是支配着特殊、复多的东西,并浸透着、产生着这

① 据米希勒本,第二版,英译本,第二卷,第五三页增补。——译者

些东西的共相。不过理念的这种自我产生的能动性在柏拉图那里还没有被发展出来，他常常陷于外在的目的性。第二，规定性、区别、毕泰戈拉派的数。第三，赫拉克利特的变化和爱利亚派的辩证法。后者的辩证法是主体揭露矛盾的外在活动，现在赫拉克利特的辩证法乃是客观辩证法，事物在它们自身内的变化和过渡，这就是理念的变化和过渡，这就是事物的范畴的变化和过渡，这不是外在的变化，而乃是从自身出发、通过自身的内在的过渡。第四，柏拉图发展了苏格拉底的思想，把苏格拉底只是为了主体的道德的反省而提出来的思想发展成客观的东西——理念，理念是有普遍性的思想，同时也是真实的存在。上述的各派哲学消逝了，不是因为它们被推翻了，而是因为它们被吸收在柏拉图哲学里面了。

柏拉图的研究完全集中在纯粹思想里，对纯粹思想本身的考察他就叫辩证法。[①] 他的许多对话都包含这样意义的辩证法。这些纯粹思想是："有"与"非有"、"一"与"多"、"无限"与"有限"。这 228
些就是他独立地予以考察的对象，——因此这乃是一种纯逻辑的、最深奥的研究；这种研究显然和我们对于柏拉图的美丽、优雅、畅快的内容的观念适成强烈的对比。在他看来这种研究是哲学的最高点。

柏拉图所说的关于真正的哲学研究和对真理的认识一般就是这样；这里面他就提出了哲学家和智者的区别。与此相反，智者只观看现象（在意见中坚执着现象），——这种对现象的意见也是思

---

① "国家"篇，第七卷，第五三八—五三九页（柏克尔本第三七〇—三七一页）："凭借辩证法，一个人可以把他从前辈那里听来的美的东西转变成丑的；——因此必须到了三十岁才能让他学辩证法。"

想,不过不是纯粹思想,不是自在自为的思想。许多人于研读了柏拉图的著作之后感到不满意而抛开了它们,这也是一个原因。令人愉快的导言约许你循着一条长着鲜花的途径走进哲学,逐渐导入最高的、柏拉图的哲学。但长着鲜花的路径很快就走完了。看吧,于是就来到最高的部分、关于"一"与"多"、"有"与"非有"的研究。这是你原来没有想到的,于是你便静悄悄地走开了。你还会感觉得很奇怪,何以柏拉图会在这种地方去寻求知识。因此要研究柏拉图的对话必须具有一个不计较利害得失的头脑。当一个人开始读一篇对话时,他发现辉煌的导言,美丽的景色,他发现里面有令人向往、特别对青年有引诱力的东西。如果你被那最初一部分所引诱,那么,你就会来到那真正的辩证法和思辨的思想。譬如在"斐多"篇中情形就是这样。"斐多"篇曾被孟德尔森加以现代化,并转变成为乌尔夫式的形而上学。这篇对话首尾都很美丽、很令人向往,而中间却放进了辩证法。如果你被那些美丽的景色引起
229 向往之情,那么到了这里你就必须放弃这种热情,而让自己为这些形而上学的荆棘所扎刺。为了透彻理解柏拉图的对话,需要各式各样的心灵品质,并且需要对各种不同的兴趣一视同仁。如果你用思辨的兴趣去读它,那么你就会忽略了那最美丽的方面;如果你的兴趣是在那鼓舞人、教导人的地方,那么你就会忽略了那思辨的方面,觉得它还是不适合你的目的。这就有点像圣经中所传述那个青年人,这个青年在做了许多善事之后去问基督:为了追随他学道,他还应该做些什么。但是当主命令他说:卖掉你所有的财物,并且把财物施舍给贫穷的人时,这青年就悲愁地走开了;因为这是出乎他的意料之外的。同样有许多人对于哲学有好感。他们的心

坎中充满了真的、善的、美的东西，希望认识它们、看见它们，并且知道应该做什么；于阅读福里斯和另外一些天知道的人的著作之后，他们的心坎中也洋溢着善意。

思想中的辩证运动是和共相有关系的。这种运动是理念的规定；理念是共相，不过是自己规定自己的、自身具体的共相。只有通过辩证的运动，这自身具体的共相才进入这样一种包含对立、区别在内的思想里。理念就是这些区别的统一；于是理念就是规定了的理念。这就是知识的主要方面。苏格拉底停留在善、共相、自身具体的思想上面；他没有发展这些概念，没有通过发展的过程把它们揭示出来。通过辩证的运动并且把它们的矛盾归结到应有的结果〔按即统一〕，我们就得到规定了的理念。在柏拉图那里缺点在于两者〔按即规定性和普遍性〕还是彼此外在的。他谈到正义、善、真。但他却没有揭示出它们的起源；它们不是〔发展的〕结果，而只是直接接受过来的前提。只是意识对于它们有了直接的信念，相信它们是最高的目的，但是它们的这种规定性却还没有找 230
到。因此许多对话仅仅包含一些消极的辩证法；这就是苏格拉底的谈话。为了唤醒对于知识的要求，于是就对个人的目的、表象、意见加以搅乱。这使得我们感到不满足，因为到终局只有这种紊乱，而且因为这里所研究的乃是具体的表象，而不是纯粹的思想。在别的对话里柏拉图阐述了纯粹思想的辩证法，特别是在“巴门尼德”篇内。柏拉图关于理念的口头讲授的著作是散失了；他于口头讲授时还是进行得很有系统的。不过现在也还保留下一些关于理念这一对象的对话，正因为这些对话是涉及纯粹思想的，因此它们也就是最难读的：例如“智者”篇，“菲利布”篇，特别是“巴门尼德”

篇。我们看到，这种抽象的思辨的理念首先在“智者”篇，其次在“菲利布”篇里是以纯粹概念的方式表达出来的。在“巴门尼德”篇中就缺少对立之结合为一，以及对这种统一的纯概念的表达。在别的对话里还有更多这样的仅属消极的结果。但在另一些对话里，在“菲利布”篇和“智者”篇中，柏拉图也说出了这种统一。

在“智者”篇中柏拉图研究了“动”与“静”、“自同一”与“差别”、“有”与“非有”等纯概念或理念(ἐίδη，种；因为事实上理念不外是种)。这里他与巴门尼德正相反，证明“非有”存在，同样地，单纯者、自同一者分有差别，单一分有复多。关于智者们，他说他们停留在“非有”里，并且再次驳斥了智者，因为他们的整个观点是非有、感觉、复多。因此柏拉图就这样去规定共相，认真实的东西为一种统一，譬如“一”与“多”、“有”与“非有”的统一。但他同时又避

231 免或者努力避免了我们说“有”与“非有”等的统一时所包含的歧义。当说这话时我们是把重点放在统一上面。于是差别就会消失，好像我们把差别抽掉了似的。柏拉图复力求保持“有”与“非有”的区别。“智者”篇对“有”与“非有”作了进一步发挥：一切事物皆存在，皆有其本质，但也不存在，“非有”亦属于一切事物。由于事物是不同的，一物是他物的他物，因此里面便包含着否定的性质。所以他说：真实存在者分有“有”，但同样也分有“非有”；分有者因而具有两方面于一体，于是它既不同于“有”，也不同于“非有”。

首先在“智者”篇中柏拉图对于作为抽象共相的理念有了较明确的意识：如果理念仅仅是抽象共相，那么它们就站不住脚，因为这是和理念与其自身的统一相违反的。柏拉图同样驳斥了(一)认

感性的东西为本质的说法，(二)认理念为本质的说法。这两种看法的前一种就是后来所谓唯物论，认为“只有有形体的东西才是实体，除了人们的手可以摸得着的东西如石头、橡树外，没有实在”。柏拉图批评第二种看法道：“让我们看一看持另一种说法的人，持理念说的朋友。他们的看法是：实体是无形体的、纯理智的；他们把变化的世界和理念分离开，认为感性事物属于变化生成的世界，而共相则是独立自存的。他们把理念了解为无运动的，既不主动也不被动。”[①]柏拉图提出反对的意见道：“我们不能否认真实存在具有运动、生命、灵魂和思维，如果‘心灵’(νοῦς)是没有运动的，则它便不可能在任何地方在任何东西内存在。”[②]柏拉图明白意识到他“比巴门尼德更进了一步”，因为巴门尼德断言：“‘非有’是绝不 232
会存在的；你必须使你的思想远离这一条道路。”[③]

这个辩证法主要地向着两方面作斗争：**第一**反对一般的辩证法，通常意义的辩证法。关于这种辩证法我们已经说过了。在智者们那里这种错误的辩证法的例子特别多，而柏拉图也常常讨论到。(但关于这种辩证法和真正辩证法的区别他却没有充分明白地加以讨论。)智者派、普罗泰戈拉和别的人曾经这样说：没有独立存在的东西；苦并不是客观的，对于某些人是苦的东西，对于别的人是甜的。同样，大小等等也是相对的，大的东西在别的情况下可以是小的，小的东西可以是大的；多少的关系也是如此。因此没有

---

① 这句照第一版原文直译应作“看到主动和被动的规定”，意思不明。兹依第二版，英译本，第二卷，第六三页译出。——译者

② “智者”篇，第二四六—二四九页(柏克尔本第一九〇—一九六页)。

③ 同上书，第二五八页(柏克尔本第二一九页)。

什么规定是固定不移的。柏拉图反对这种说法。柏拉图在一定的方式下把纯粹的辩证法知识(按照概念、本质而得的洞见)和对相反的东西的通常看法区别开来。一般讲来对立的统一是出现在每个意识前面的,但在理性尚未在其中达到自觉的通常意识里,它总是会把相反的东西割裂开。对于每一个东西,我们说一切是一:"这是一,我们同样也可以指出它是多,因为它有许多部分和特性。"但是,〔在"巴门尼德"篇中,柏拉图反对这种的对立统一,〕[①]他的意思是说:"一物在一个观点下为一,在另一观点下为多。"在这里"一"与"多"这两个概念并没有结合起来。于是这两个观念、两个名词就翻来覆去。这种观念的翻来覆去如果是在意识中进行,它就成为一种空疏的辩证法,这种辩证法没有把对立面结合起来,并且没有达到统一。

关于这点,柏拉图说:"假如有人自己很高兴,以为他仿佛是作了艰巨的发现,当他能够翻来覆去地从这一概念推到那一概念去
233 运用思想(寻求根据)时,我们便可以说,他并没有作出什么值得称赞的事。"他错了,因为他只是指出了一个概念的缺点,否定了一个概念,便推到另一个概念。"因为他所做的既不是什么卓越的工作,也不是什么困难的工作。"这种扬弃一个概念而建立另一个概念的辩证法是不正确的。"困难而真实的工作在于揭示出另一物就是同一物,而同一物也就是另一物,并且是在同样的观点之下;按照同一立场去指出事物中有了某一规定,它们就有着另一规定。(这就是说,同一物就是另一物,另一物就是同一物。)反之,去指出

① 据米希勒本,第二版,英译本,第二卷,第六四页增补。——译者

同一物在某一方式下是另一物，另一物在某一方式下也是同一物，大的也是小的，”（例如，普罗泰戈拉的骰子）“相似的也是不相似的，于是任凭自己高兴，在思想里面（推求根据）总是去找出相反的一面，——这样做并不是真正的洞见（考察 ἔλεγχος），这正显然足以证明作这种思维的人只是开始接触本质的问题，在思维中必然是一个完全的生手。把一切东西彼此分割开乃是缺乏教养的非哲学的意识的拙劣办法。让一切东西彼此外在，实无异于完全消灭一切思想，因为思想正是理念的结合。”[①]柏拉图就这样明确地反对这种认为每一个东西都可从任何一个观点来加以驳斥的〔诡辩式的〕辩证法。

我们看见，就内容而论，柏拉图所阐述的，只不过是叫作异中之无异，像“一”与“多”、“有”与“非有”等绝对相反者之异及其统
一；他并且把这种思辨的认识和通常的肯定的和否定的思维相对 234
立。肯定的思维不能把这些思想〔按指对立的概念〕结合起来，而是让其一、也让其他分别地有效准；否定的思维诚然意识到两者的统一，但只是一个表面的外在的统一，在这统一体中两个环节仍然是在不同的方面分离开的。

第二，柏拉图所反对的就是爱利亚派的辩证法和他们在本质上与智者派相同的一个命题，即：“只是‘有’存在，‘非有’完全不存在。”这一命题，正如柏拉图所指出的那样，在智者派那里是意味着：否定的既然不存在，而只有“有”存在，那么就没有任何虚假的东西了。一切皆存在，凡不存在的，我们不能认知、不能感觉到。

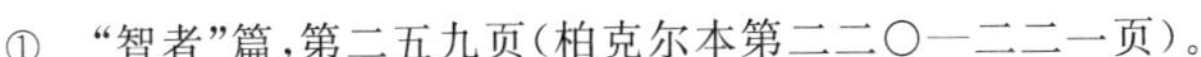

① “智者”篇，第二五九页（柏克尔本第二二〇—二二一页）。

一切存在的都是真的。这样就和诡辩相联系了:凡是我们所感觉、所表象的,我们所提出的目的,都是肯定的内容;凡是对于我们存在的东西都是真的,没有虚假的东西。柏拉图斥责智者派,说他们取消了真假的区别,因为他们说,没有任何虚假的东西;对于智者派一切都是正确的。(因此柏拉图的目的在于指出“非有”也是存在的事物的基本的特性:“一切事物,不论是普遍的或是个别的,都是在不同的方式下存在,也在不同的方式下**不存在**。”)有许多有较高教养的人(因为这只是意识的不同程度的差别)还赞同智者派所许诺要说的话:即举凡个人依照他自己的目的而提出来的东西,依照他的信仰、他的意见当作他自己的目的的东西,都是肯定地真的、正确的。这样,人们就不能说:这是不对的、邪恶的、罪过的;因为这就表明这个道理、这个行为是错误的。人们也不能说:这个意见是虚假的;因为照智者派看来,他们所持的命题包含着这样的意

235 思,即每一个目的、每一种兴趣,只要它是我的目的、兴趣,就都是肯定的,因而也就是真的和正确的。这个命题本身好像是很抽象的、很天真的;但是只要我们看见这个抽象命题表现在具体形象里,我们就可以看出它所包含的实际意义了。照这一天真的命题说来,就没有邪恶、没有罪过。柏拉图的辩证法和这种形式的辩证法有着本质上的区别。

柏拉图进一步认为理念、自在自为的共相、善、真、美都是独立自存的。前面引证过的神话已经足以表明,当我们说善良的行为、美好的人时,我们必不可以把行为、人认作主词,而把善良、美好这些特性认作谓词;而必须把那些在这里作为谓词出现的表象或直观认作独立自存的东西,认作自在自为的真实事物。这种看法是

和上面论述过的辩证法的性质相联系的。一个行为，根据经验的表象看来，我们可以说是正当的；从另一方面看来，我们也可以指出这行为具有相反的特性。但真、善这些理念却是独立自存的，没有那样的个别性，没有那样经验的具体的特性，而是唯一的真实存在。灵魂，按照〔“斐德罗”篇所说的〕神话式的戏剧看来，堕落在物质世界之中，它很乐于观赏美的、正义的对象；但真实的事物乃是道德、正义、美之自身，只有这些理念才是真的。这样，柏拉图的辩证法进一步规定的乃是独立自存的共相。共相又表现为各种形式，但这些形式本身仍然是很抽象的和一般性的。柏拉图的最高形式是“有”与“非有”的同一：真实的东西是存在的，但存在的东西并不是没有否定性的。于是柏拉图指出，“非有”是存在的，而单纯的、自身同一的东西分有着对方，单一分有着复多。这种“有”与

“非有”统一的思想智者派也是有的，不过柏拉图的思想还不仅如 236

此。于进一步研究时柏拉图达到这样的结论：“‘非有’加以进一步规定就是对方的本质”（统一、自身同一，——和差异）；“理念”——共性，有时又叫理想——“是混合的，是综合的”（“有”与“非有”的统一，同时也不是“有”与“非有”的统一），“‘有’与对方贯穿一切并且相互贯穿；对方分有‘有’，内在于‘有’，[①]并且通过这种内在过程，对方并不等同于它所内在的东西，而是一个不同的东西，——并且由于它是‘有’的对方，它必然是‘非有’。‘有’既然内在于对方，所以不同于别的理念，不是任何别的理念；因此在无限多的方式下‘有’可以是不存在的，同时另外无限多的东西（分有‘有’的东

---

① 李美尔：“μετέκον，为共相寓于其中的具体物（所分有）。”

西)又可以在无限多的方式下是存在的。”所以柏拉图指出,对方一般是否定性的东西,而否定性的东西也是和它自身同一的东西;对方是非同一者,而非同一者在同样情形下正与对方同一。它们不是殊异的方面,它们不是处在矛盾中,相反地,在同一观点下,它们乃是一个统一体。这就是柏拉图特有的辩证法的主要特点。

认神圣的、永恒的、美的事物的理念为独立自存的,乃是把意识提高到精神领域并达到共相是真理的意识的开端。对于表象,只要有了美的和善的事物的表象,就可以引起感动,得到满足;但
237 是思维、思维的认识要追问那永恒事物和神圣事物的规定〔即概念〕。而且这种规定本质上只是一种自由的规定,这种规定完全不妨害其共性;这种规定乃是一种限制(因为每一规定都是一个限制),这种限制同样让共相保持其独立自由的无限性。自由只在于回复到自身中,无差别性的东西乃是无生命的东西;因此那活动的、有生命的、具体的共相乃是自己在自身中发生差异,并在差异中保持自由。理念之所以具有这种特性,乃在于:“一”在对方中、在“多”中、在差异中和自身是同一的。在叫作柏拉图哲学的东西中,这种对立的统一是唯一使真实的事物真实并使认识具有意义的要素。如果我们不知道这一点,则我们便不知道主要之点。柏拉图自己的说法是这样的:那对方的东西是同一的,是自身同一的;那与自身不相同一的对方也是同一的,那自身相同的东西也是对方,并且还在同一关系内是对方。这种统一并不是在于:譬如当人们说,我或苏格拉底是“一”。每个人都是“一”,不过他又是“多”,他有许多肢体、器官、特质等等;他是“一”并且也是“多”。所以我们很可以说苏格拉底具有两方面,他是“一”,他与他自身相

同，并且他也是对方，是“多”，与他自身不相同。这个见解或说法也出现在通常意识里。人们把它了解为这样：他是“一”，从另一方面看来，他也是“多”；于是就把这两个思想割裂开了。但在思辨的思维里这两个思想是结合的。我们必须把两者结合起来，这是思辨的思维所要达到的目的。这种相异者、“有”与“非有”、“一”与“多”等等的结合，因而并不仅只是由“一”过渡到对方，——这乃是柏拉图哲学最内在的实质和真正伟大的所在。不过并不是在所有的对话里柏拉图都达到这一规定；这个较高意义的辩证法特别包 238 
含“菲利布”篇及“巴门尼德”篇中（邓尼曼书中一点也没有提到这些）。这是柏拉图哲学中的专门部分，而另一方面则是他的哲学中的通俗部分；不过，这乃是一个很坏的区别。我们必不可以作出类似这样的区别，好像柏拉图有着两个那样的哲学：一个哲学是讲授给世俗的、众人的；另一个哲学是对内的、保留给他所信赖的入室弟子的。专门部分就是那思辨的、写出来和印出来的部分，不过对于那些没有兴趣去努力钻研的人却是隐秘的。它并不是什么神秘，不过它是隐秘的。刚才所提到的两个对话就属于这一类。

在“菲利布”篇中柏拉图研究快乐的性质。[①] 他把第一个对象、感性的快乐规定为无限的。[②] 从反思看来，无限的是最优美的、最高尚的；但是无限的同样也是一般性的不确定的。无限的诚然可以在多种方式下予以规定；不过这被规定的乃是个别的、特殊的东西。我们把快乐表象为直接的、个别的、感性的东西；但是从另

① “菲利布”篇，第一二页（柏克尔本第一三三——一三四页）。

② 同上书，第二七—二八页（柏克尔本第一六六——一六七页）。

一观点看来，快乐是不确定的，它仅仅是初步的东西，像水、火那样，而不是自身规定的东西。只有理念才是自身规定的、自身同一的。柏拉图提出有限、限度来与那不确定的快乐相对立。在“菲利布”篇中他特别考察了无限与有限、无限制和限度的对立。① 我们有了这种对立的看法，我们就不会以为通过对于无限的和不确定的东西的性质的知识，同时也就可以决定快乐的性质了；快乐是个
239 别的、感性的、短暂的，而限度是形而上的。但是这些纯粹的思想才是实质的，一切事物，无论多么具体，无论多么辽远，都必须根据这些纯思想来决定。当柏拉图把快乐和智慧对立起来加以考察时，他也就考察了无限和有限的对立，表面看来，限度(πέρας)是较坏于无限(ἄπειρον)。古代的哲学家也是这样看法。在柏拉图这里，却完全与此相反；他表明，限度才是真理。无限制的东西还是抽象的，那有限制的、自身规定的、有限度的东西是较高者。快乐是无限制的东西，是无自身规定的东西；只有心灵(νοῦς)才是能动的规定作用。无限的是不确定的，是可以多些也可以少些的东西，可以强些也可以弱些、可以冷些也可以热些、可以干些也可以湿些的东西。② 反之，有限的是限度、比例、尺度，③——是内在的自由的规定，有了限度并且在限度之中也就有了自由，同时自由也就得到了存在。智慧既是限度，也就是优秀的事物所以产生的真正的原因；限度是尺度和目的的建立者，同时也是自在自为的目的和目

---

① “菲利布”篇，第一六——七页(柏克尔本第一四二——一四三页)；第二三页(柏克尔本第一五七页)。

② “菲利布”篇，第二四—二五页(柏克尔本第一五八——一六〇页)。

③ 同上书，第二五页(柏克尔本第一六〇页)。

的的规定者。

柏拉图得到了这样的结论：无限的就是那自身要向着有限的过渡的东西，有限需要质料以实现它自身，——或者说，有限者由于它自己建立自己，所以它是一个有差异的东西，是那被限制者〔质料〕的对方；无限的即是无形式的，那作为活动性的自由形式乃是有限者。并进一步探究：由于有限和无限两者的统一就产生了例如健康、热、冷、燥、湿，以及音乐中音调的高低、运动的疾徐的谐和，一般讲来，由于这样的对立的统一产生了一切美的和完善的东西。[1] 健康、美等等，就其为对立面的相关联而言，因此乃是被产 240
生的东西；它们表现为对立面的混合体。古代哲学家常常不用个体性这个名词，而用混合、分有等词。在我们看来，这些字眼都是不确定、不严密的说法。这样，健康、幸福、美等等便表现为由于这种对立的联合而产生出来的东西。但是柏拉图又说：这样〔即对立的联合〕产生出来的东西必须假定一个造成第三者的原因；这个前提较之那第三者赖以产生的对立面还更为优胜。于是柏拉图便得到四个规定：第一，无限者、不确定者；第二，有限者、尺度、规定、限度，这是智慧所属的东西；第三是两者的混合体，仅由于两者而产生出来的东西；第四就是原因，[2]而原因本身正是相异者的统一、主观性、力量、克服对立的权力、能够忍受对立于自身之内的力量。那有权力的、有力量的、精神性的东西就是能忍受对立于自身之内的东西；精神能够忍受最高的矛盾，而那软弱的肉体便不能忍受矛

① “非利布”篇，第二五—二六页（柏克尔本第一六〇——六三页）。

② 同上书，第二六—二七页（柏克尔本第一六三——六五页）。

盾，只要有一个别的东西〔对方〕接触它，它便消逝了。这里所说的原因就是心灵（νοῦς），心灵主宰这世界；表现在空气、火、水以及一切有生命之物的世界中的美都是由心灵产生出来的。[①] 因此绝对就是有限与无限之统一于一体。

但是真正辩证法的详细发挥，则包含在“巴门尼德”篇中，这是柏拉图辩证法最著名的杰作。在这里巴门尼德和芝诺被表述为与苏格拉底在雅典相会。这篇对话的主题是借巴门尼德和芝诺之口
241 所说出来的辩证法。一开始辩证法的性质就以如下的方式详细地提出了。柏拉图让巴门尼德这样称赞苏格拉底：“我注意到你同亚里士多德”——一个在场参加谈话的人；这如果是指那位哲学家倒很适合，不过他出生于苏格拉底死后十六年——“谈话，你努力想规定美、正义、善以及每一个这样的理念的性质是什么。你的这种工作”（任务）“是美的、神圣的。但是我希望你在年轻的时候，对于这种好像无用，而为众人称为”形而上的“无聊的空谈，多多学习，多多锻炼；不然，你就求不到真理。——苏格拉底问道，这门学问的本质在哪里？——我很高兴你曾经说过，我们必定不要停留在考察感性事物及其骗人的假象上面，而必须考察那只有思维能把握的并且唯一真实的东西”。前些时候，我已经指出，人自来就相信真理只有通过反思才可发现；通过反思我们可以得到思想，把我们由表象和信仰的方式所得来的东西转变成思想。现在苏格拉底答复巴门尼德道：“这样我相信我可以更好地洞见相等与不相等以及事物其他的普遍的规定。——巴门尼德答道：很好！不过当你

① “菲利布”篇，第二九—三〇页（柏克尔本第一六九——七二页）。

从那样一个规定”（相似、相等）“开始的时候，你必须不要仅仅考察从那一个前提推出的东西，而还必须考察，如果你假定了那样一个规定的反面，将可以推出什么样的结论。例如，先假定了‘多’存在，则你必须研究：‘多’与‘多’自身的关系和‘多’与‘一’的关系会产生什么样的后果。”（这样一来，每一个规定就会恰好把它自身倒转过来，“多”会转化为“一”，〔“一”会转化为“多”〕[①]，因为它是在它应被考察的规定中得到考察的；这乃是一个人于思维时可以遇 242
着的奇异的现象，如果他单就那个规定自身来看的话。）“同样，‘一’与‘一’自身的关系和‘一’与‘多’的关系会产生什么样的后果”，这是必须研究的。“但是还必须研究，假定‘多’不存在，那么对于‘一’和对于‘多’，两者自身和两者相互间会产生什么样的后果。同样，对于‘同’与‘异’、‘静’与‘动’、‘生’与‘灭’，甚至对于‘有’与‘非有’本身也必须加以这样的考察，必须问：每一个范畴就其本身来看是怎样，于承认了这一或那一范畴时，其关系又是怎样。对于这点有了完善的训练之后，你就可以认识本质的真理了。”[②]由此足见柏拉图对于辩证法的考察估价很高的。这并不是对于外表事物的考察，而乃只是对于被认作规定或范畴的考察。这些规定乃是纯思想，它们即是内容；对于它们的考察是活生生的，它们不是死的，它们是运动着的。而这些纯思想的运动在于使得它们自身成为它们的对方，因而表明，只有这些纯思想的统一才是真正的真理。

① 据米希勒本，第二版，英译本，第二卷，第五七页增补。——译者

② “巴门尼德”篇，第一三五——一三六页（柏克尔本第二一——二三页）。

关于“一”与“多”的统一的意义，柏拉图让苏格拉底说：“假如有人证明给我看，说我是‘一’又是‘多’，则他并不会令我惊异。因为他指明了我是‘多’，并指出我有左右两边，上面和下面、前面和后面：所以‘多’是内在于我。再则，我是‘一’，因为我是我们七人中的一人。同样，石头、木头等等也是‘一’和‘多’的统一体。但是如果有人首先单就这些理念本身如‘等’与‘不等’、‘多’与‘一’、
243 ‘静’与‘动’等等各个予以规定，然后又指出这些理念的本身如何可以既是同一的，又可以是有区别的，那我就会感到惊异了。”①

“巴门尼德”篇中对辩证法研究的整个结果最后是这样总括的：“‘一’不论存在或不存在，不论‘一’自身以及别的理念”(“有”、“表现”、“生成”、“静”、“动”、“生”、“灭”等等)，“不论就它自身或就它与别的理念的关系而言，——总之，一切理念既存在又不存在，既表现又不表现。”②这个结论看来好像很奇特。我们依照通常的表象，很难把这些十分抽象的规定“一”、“有”、“非有”、“表现”、“静”、“动”等等认作理念。但是这些共相柏拉图却认作理念。真正讲来这个对话才是柏拉图纯粹的理念论。柏拉图指出，关于“一”，不论这“一”存在或不存在、自身相同或自身不相同，不论它指“一”在运动或静止中、在生成或毁灭中，它都是既存在又不存在。换言之，统一以及所有这些纯理念既存在又不存在，“一”既是“一”也是“多”。在“‘一’是‘一’”这一命题里也包含“‘一’不是‘一’而是‘多’”的意思。反之，在“‘多’是‘多’”这一命题里也说出

① “巴门尼德”篇，第一二九页(柏尔克本第九——一〇页)。

② “巴门尼德”篇，第一六六页(柏克尔本第八四页)。

了"'多'不是'多'而是'一'"。这些理念被表明为辩证的，本质上是与其对方同一。这就是真理的所在。以生成为例：在生成中包含着"有"和"非有"，两者的真理就是生成。生成是"有"和"非有"这两个不可分却又有区别的理念的统一。因为"有"不是生成，而"非有"亦不是生成。

这里所得到的结果似乎有否定的性质，因为结果——同时应
该是真正的第一、在先者——并没有被认作肯定的，并不是否定之 244
否定，这样的肯定在这里还没有发挥出来。"巴门尼德"篇所达到的这样的结果或者还不能令我们满意。不过新柏拉图派，特别是普罗克洛，正好把"巴门尼德"篇的这些发挥认作真正的神学，认作上帝的一切秘密之启示。而这个看法是再正确没有了。（虽说表面上看来，好像并不是那样。提德曼[①]说，这并不是那样说的，只是新柏拉图派的一些狂诞呓语罢了。）因为我们把上帝了解为一切事物的绝对本质；这个绝对本质的单纯概念正是这些纯本质、"一"与"多"等理念的统一和运动。上帝的本质就是一般的理念，无论这理念表现在感性意识中也好，或抽象理智中、思维中也好。就理念之为绝对的自我思维者而言，它就是思维自身的活动。辩证法并不是别的，只是自我思维在自身中的活动。新柏拉图派把这种联系仅仅看作形而上学的联系，并且从这里面认识到神学，上帝的秘密之发展。

但是对于刚才所提到的歧义，现在必须加以明确的解释，即：关于上帝和事物的本质，可以有两种不同的了解。（甲）如果我们

① "柏拉图的论证"，第三四〇页。

这样说:事物的本质,并把事物的本质当作"一",而这个"一"同样又直接是"多",当作"有"而这个"有"同样又直接是"非有"、变化、运动等:这样似乎仅仅规定了直接的客观事物的直接本质,而这种本质论或本体论还不同于我们所了解的神学或关于上帝的知识。
245 这些单纯的本质以及它们的关联和运动似乎只表示客观事物的诸环节(这些环节本身是单纯的直接的),而不表示精神。因此关于本质的这种想法就缺乏我们借以思维上帝的一个重要成分。但是精神、真正绝对的本质并不仅仅是单纯的直接的东西,而乃是自己反映自己的东西,对于它,在它的对立里存在着它自身和它的反面的统一。但那些环节和它们的运动并没有表现出这种自身反映[①]的精神特性,——它们显得是没有这种反映作用的抽象概念。

(乙)如果一方面把这些单纯的抽象概念当作单纯的本质,直接的、缺乏自身反映的本质,另一方面它们便也可以被当作纯粹的概念,纯粹地属于自身反映。它们缺乏实在性。于是它们的运动也只是在空洞的抽象概念中空洞地推来推去,这些抽象概念只是属于反省;而没有实在性。〔为了解除这一矛盾,〕[②]我们必须研究认识和知识的本性,以便对其中所包含的一切获得概念。不过我们必须了解,这里所谓概念真正讲来并不仅仅是直接的东西,——

① 按"自身反映"(das sich in sich Reflektierende 或 die Reflektion in sich)此处及以下出现多次,这是黑格尔客观唯心论特有的名词,意思是指绝对的本质、精神或自我没有外在于它的东西,其对方只是它自身的映现,亦即它在相反于它的对方里正是表现或映现其自身。换句话说,对方只是绝对本质的外化的映现,精神的自由即在于借对方而映现自己并回复到自己。上面紧接着的一句话:"在它(精神)的对立里存在着它自身和它的反面的统一",就是"自身反映"这一概念的确切的解释。——译者

② 据米希勒本,第二版,英译本,第二卷,第六一页增补。——译者

虽说它是单纯的，而乃是精神的单纯性，本质上是回复到自身的思想（只有当前的红色、白色等等才是直接的）——亦不仅仅是自身反映的东西、意识的东西，而乃是自身存在，亦即客观的存在。单纯性就是直接性，自身存在因此就是一切实在。柏拉图关于概念的本性的这种了解这里还没有十分明确表达出来，因而也就还没有确认，事物的本质即相同于神的本质。对于神的本质，我们正要求本质或存在具有这种自身反映，自身反映具有本质或存在。不过关于这种思想，柏拉图只是没有在字面上说出来罢了，因为无疑
地他是具有这种思想的实质的。所谓字句上的区别，也只是用表 246
象的方式和用概念的方式来表达的区别罢了。

现在，一方面，这种自身反映、精神性、概念是出现在柏拉图的思想中的。因为“多”与“一”等等的统一也正是这种殊异中的个体性，这种在对方中的自身回复，这种在自身中的对方。世界的本质在本质上就是这种自身回复者回复到自身的运动。

但是另一方面，正因为如此，在柏拉图那里，这种自身反映的存在只是按表象方式被认作神，因而仍然是与神分离的。在“蒂迈欧”篇中，在他对于自然的生成的阐述里，神和事物的本质就显得是区分开了的。关于世界的本质，在柏拉图的自然哲学里我们将要进一步加以认识。

因此柏拉图的辩证法从任何观点看来都还不能认作完备的。他的辩证法特别着重于揭示：例如，当我们只假定“一”时，“一”中便包含着“多”的规定，或者当我们考察“多”时，“多”中也包含着“一”的规定。我们不能说，在柏拉图所有的辩证运动里都包含着这种严格的方式；反之，一些外表的看法却常常影响着他的辩证

法。例如,巴门尼德说:"'一'存在,由此推知,'一'和'存在'的意义是不同的,因此'一'与'存在'是有区别的。于是在'一'存在这一个命题里就有差别存在;所以'一'里面就包含着'多',所以我说,有了'一'即有了'多'。"[1]这种辩证法诚然是正确的,不过不是十分纯粹的,因为它开始于两个规定的这样结合。

247 当柏拉图说到善、美时,善、美都是具体的理念。但是只有一个理念。当我们从这样的抽象概念如"有"、"非有"、"一"、"多"开始时,离那些具体理念〔如善、美〕还遥远得很。柏拉图没有把这些抽象思想推进到美、真理、伦理方面;他的辩证法缺乏这种发展、提高。不过即在这些抽象概念的知识本身里,至少已包含有具体事物的标准和源泉。在"菲利布"篇中,他已经那样去考察感觉和快乐的原则了;这原则已经是具体的了。古代哲学家都十分知道,在抽象的思想里也包含着具体的东西。譬如在原子论的"一"、"多"的原则里我们就看见了国家结构的源泉。在这种国家原则的最后的思想范畴也正是逻辑的原则。古代哲学家于作这样的纯哲学思考时一般都没有像我们所有的那样的目的,——他们一般都没有提出形而上学结论的目的,不但没有提出这样的目的,也没有提出这样的问题。我们有具体的形式、质料,我们愿意把这质料加以正当的处理。在柏拉图看来,哲学给予个人以他所需遵循的方向,以便认识个别事物;但是柏拉图一般地把对于神圣对象的考察(在生活中)当作绝对幸福或幸福生活的本身。[2] 这种生活是静观的,仿

① "巴门尼德"篇,第一四二页(柏克尔本第三五—三六页)。

② "菲利布"篇,第三三页(柏克尔本第一七八页)。

佛是无目的的，一切实际利益都消除了的。在思想的王国里自由地生活，在古代希腊哲学家看来，是绝对目的的本身。他们认识到，只有在思想里才有自由。柏拉图也开始进一步努力去认识比较确定的东西；开始对于认识的一般性的材料予以区分。有些对话涉及纯粹的思想；在"蒂迈欧"篇中所讨论的是自然哲学，在"国家"篇中所讨论的是伦理学。

二　自然哲学 248

在"**蒂迈欧**"篇中，理念的特殊性得到较详细的阐述。柏拉图的自然哲学的基本思想都包含在"蒂迈欧"篇中。不过篇中的细节和特殊的地方我们不能详加讨论，即使讨论也没有多少意义。从毕泰戈拉派那里，柏拉图吸纳了不少东西；究竟有多少是属于毕泰戈拉派，也无法确切判明。无疑地，"蒂迈欧"篇是根据原来由一个毕泰戈拉派所写的著作加工改造而成的。也有人说，这篇对话只是一个毕泰戈拉派从柏拉图一篇较大的著作中所作出来的摘要。不过，前一个说法的可能性比较大些。"蒂迈欧"篇自来就被当作柏拉图对话中最困难、最晦涩的对话。（特别是当他讨论到生理学时，他所说的话和我们现在的知识完全不相符合，虽说其中柏拉图有不少中肯而很被近代人所误解的思想，使我们感到惊奇。）这种困难一部分是由于我们在上面已提到过的概念知识与表象知识的外在混合，正如我们立刻就可以看见的混杂于其中的毕泰戈拉派的数。但主要的是由于内容题材的哲学性质本身，对于这种性质柏拉图本人也还没有意识到。另一困难在于整个对话的结构组织。关于这点最显著的是柏拉图自己多次打断他论证的线索，常

常掉转过来，好像又重新从最初开始。这就使得许多不知道对这篇对话从哲学来认识的批评家，如哈勒大学的伏尔夫[①]及其他的人，不知道把“蒂迈欧”篇当作哲学著作来处理，而把它当作许多残篇的结集和凑合，或者把它只当作几个著作被外在地编排在一起，或者认为其中除柏拉图原有部分外又掺杂了许多外来材料。(伏
249 尔夫以为这篇对话最初是基于口头谈话，并没有写下来，如同荷马诗歌一样、后来是由不同的篇章凑合拢来的。)这种联系诚然显得缺乏方法，对于这种紊乱柏拉图本人也作过不少的辩解，不过整个讲来，我们可以看出，这篇对话是有其必然的次序的，而篇中之重回到开始，也是有其必要的，因为对于多次重回到开始的写作方式，我们也可以找得出较深刻的理由的。

于阐明自然的本质或世界的生成时，柏拉图是以如下的方式开始的：“神就是善”(τὸ ἀγαθόν，善是柏拉图理念世界的顶点，正如亚里士多德于讨论柏拉图学说时关于理念和关于善所写的那样)，“但是善本身在任何方式下均不带有任何嫉妒，因此神愿意使得这世界和它最相似。”[②]神在这里还没有得到明确规定，〔还只是一个对于思想没有什么意义的名字，〕不过在“蒂迈欧”篇中，柏拉图一再重新回到篇首的话，〔于是我们就看见他对于神有了更明确的概念。〕[③]说神没有嫉妒，无疑地是一个伟大的、美的、真实的、朴素的思想。在古代希腊人那里则相反，奈美西、狄凯，亦即命运、嫉妒，乃是神灵们的唯一特性，因此神灵们把伟大的贬抑成渺小的，他们

---

① 一八〇五—一八〇六年的讲演录。

② “蒂迈欧”篇，第二九页(柏克尔本第二五页)。

③ 据米希勒本，第二版，英译本，第二卷，第七三页增补。——译者

不能容忍有价值的、崇高的事物。后世的高尚的哲学家们反对这种观点。在奈美西的单纯观念中，最初还不包含道德的特性。惩罚最初还不是尊重道德反对不道德，而只是贬抑那越出限度的事情；但是这个限度还没有被认作道德。柏拉图的思想比多数近代的观点高得多，当他们说神是一个隐藏着的神，不曾启示其自身，因而人们不认识神时，他们是把嫉妒算作神性。因为为什么神不启示其自身，如果我们对神严肃虔敬的话？一个火炬如果点燃了 250 别的火炬，并不失掉它的光明。因此在雅典对于那不让人接火的人要予以处罚。如果不准许我们对于神有知识，那么我们便只能认识有限事物而不能达到无限，则神就是一个有嫉妒心的神，若不然它便只是一个空名。因为近代这种看法只是意谓着：我们自愿把神的高尚方面抛在一边，而去追求那渺小的利益和意见等等。这种谦卑是渎神，是对于圣灵的一种罪恶。

所以照柏拉图看来，神是没有嫉妒的。他继续说道："神发现那看得见的东西（παραλαβών）"——一个神秘的词句，这是由于必须从直接当下的东西起始而提出来的，不过这种直接当下的东西就它所呈现的那样，我们是不能认作有效准的，——"看得见的东西不是静止的，而是无规律、无秩序地运动着；神把可见者从无秩序带进秩序，因为神认为秩序较优美于无秩序。"由此可见柏拉图似乎是把神只当作 δημιοῦργος，即物质的整理者，而把物质认作永恒的、独立的、为神所发现的一团混沌。但是这种看法不是柏拉图的哲学理论、原则，他对于这种说法也不太认真。这只是按照表象说出来的，这些语言是缺乏哲学内容的。这只是对于研究题材〔按即自然哲学〕的一个导言，目的在导入像物质这样的一些范畴。必

须知道，假如我们于讨论哲学时从神、存在、时间、空间等范畴开始，我们也只能用直接方式谈到这些概念，——这些概念按其性质说也是一个直接的内容，而且首先仅仅是直接的内容。并且必须知道，这些范畴既是直接的，同时也就是不确定的了。所以这样意义的神也还是不确定的，对于思想是空洞的。于是柏拉图进展到较高的范畴。这些范畴就是理念。我们必须注意柏拉图的思辨的
251 理念，〔而不要太重视前面提到的按照表象的说法〕。[①] 他说，神认为秩序较优美；这是一种朴素的表达方式。在现时，我们会立刻要求首先证明神；同样地，我们也不默认那看得见的东西。在柏拉图那里，他首先用朴素的方式肯定了看得见的东西；由此才进而证明那真实的范畴，那出现得较晚的理念。他继续说，神“考虑到，关于看得见的东西(感性的东西)，无理智的东西不可能比理性的东西更美丽，但是理智(νοῦς)没有灵魂就不能存在于事物中，基于这个理由，神遂把理念放进灵魂之中，而把灵魂放进肉体之中”，因为理智不能存在于没有肉体的看得见的事物中；“并且使灵魂与肉体结合在一起，于是世界就成为一个有灵魂〔有生命〕的世界、一个有理智的生物。”[②](在“斐德罗”篇中，也有类似的说法。)我们有了实在性和理智(νοῦς)，——灵魂就是这两个极端的联结；这就是整个真理或实在。

“但是，世界只是唯一的这样的生物。因为如果有了两个或更多的话，这些生物便只是那唯一生物的一部分。”[③]

---

① 据米希勒本，第二版，英译本，第二卷，第七四页增补。——译者

② “蒂迈欧”篇，第三〇页(柏克尔本第二五—二六页)。

③ “蒂迈欧”篇，第三一页(柏克尔本第二七页)。

于是柏拉图便立即进而规定那有形体的存在的理念："因为世界应该是有形体的、看得见的、摸得着的，但是没有火就看不见任何东西，没有坚实性的东西、没有土就摸不着任何东西，所以神在太初时立即造成了火同土。"柏拉图就以这样天真的方式作出了他的自然哲学的导言。"但是两个东西如果没有第三者就不可能被联结起来，而必须有一个结合双方的纽带作为中项"——这是柏拉图的一个简单的说法——，"但最美丽的纽带是那把它自身和它所联结者形成最高的'一'的东西"。这话很深刻；因为里面包含有概 252

念、理念。这纽带是主体、是个体、是力量。它统摄着它的对方，使它自身和对方合而为一。"比例（固定的关系）极好地实现了这种结合。"因为比例是这样的："假如有三个数目或体积或力量，其中的中项与后项的关系相当于前项与中项的关系，并且中项与前项的关系相当于后项与中项的关系"（a∶b＝b∶c），"那么当中项变成前项和后项，并且反过来，当后项和前项两者变成中项时，其结果所有各项便都按照必然性成为同一的东西"（这就是说，没有差异）；"但当它们成为同一之物时，则一切合而为一"。[①] 这个思想很好，这个思想至今还保持在哲学里面。

柏拉图据以出发的这种分裂，就是我们所熟知的逻辑中的推论。这个推论保留着通常三段论法的形式，但是在这里却具有理性的内容。差异就是两极端，同一就是这两极端之结合为一。在思辨性的推论里，这思辨的理念在两极端中自身与自身相结合，并且贯穿在它的各项或各阶段。在推论中包含着——至少外在

① "蒂迈欧"篇，第三一—三二页（柏克尔本第二七—二八页）。

地——整个合理性、理念。因此把推论说得太坏,不承认推论是最高的绝对形式,那是不正确的。反之,对于抽象的理智推论加以排斥,这又是应该的。这种形式的推论没有那样的〔按即结合两极端的〕中项;每一个差异都是独立的,各自有其不同的形式,有其与对方相反对的特殊的规定。这种推论在柏拉图哲学里是被扬弃了;
253 思辨的理念在其中构成了特有的、真正的推论形式。中项使两极端得到最高的统一;两极端相互间和对于中项都不是独立的。中项可以转化为两极端,两极端可以转化为中项;于是从而推出:所有各项皆按照必然性是同一的,因而形成了统一体。反之,在理智的推论里,这种统一只是本质上不同内容的东西的统一,这些不同内容的东西老是保持其差异性。在这里,一个主体、一个范畴通过中项和另一个,或简单地"一个概念和另一个概念"凑合在一起。但推论中的主要问题是同一性,亦即是说,一个主体在中项里和它自己结合在一起,而不是和另外一个东西结合在一起。所以在理性推论里,假定着一个主体、一个内容通过对方,即在对方中自己和自己结合起来;这乃是由于两个极端变成了同一的,——其一和其他结合起来,而把对方当作和它自身同一。换句话说,这就是上帝的本性。如果把上帝〔按即圣父〕认作主体,那么就会这样:上帝产生了它的儿子〔按即圣子〕、世界,它自己实现它自身于这个好像是它的对方的现实世界,——但是就在这现实世界中它保持和它自身的同一,否定了它的堕落,使自身在对方里只是和自身相结合;这样,上帝才是精神〔按即圣灵〕。假如一个人把直接性提高到高于间接性,并因而说,上帝的效果是直接的:当然他也有其很好的理由;不过具体的真理是:上帝是一个自己和自己相结合的推论

〔按即推移、发展的过程〕。因此在柏拉图哲学里包含了最高的思想。诚然那只是纯粹的思想，不过这些思想包含着一切于其自身之中；而且一切具体的形式皆单独依赖于思想范畴。但是这些形式自柏拉图以来已被忽视了两千年了；它们并没有以思想的形式传入基督教里，它们甚至被认作错误地采取过来的观念，直到近代，人们才开始理解，这些范畴里包含着概念、自然和精神。 254

柏拉图又继续说：在看得见的事物这一范围内就以土和火为两极端，一是坚实的，一是有生命的。“因为坚固的东西〔按即土〕需要两个中项”（这是重要的思想，在自然事物里，我们所有的，不是三而是四，中项应是双重），“它不仅有宽度，而且也有深度”（真正讲来是四度，因为点通过线和平面与固体相结合）：“所以上帝在火与土之间建立了空气和水”（这也是具有逻辑深度的一个规定，因为这个中项，作为相异者，在它的差异中转向那两极端，必须在自身中区分为二）；“并且还按照一定的比例，使得火与空气相当于空气与水的关系，再则空气与水相当于水与土的关系。”[①]这样我们就发现一个分裂为二的中项；而这里出现的四这个数在自然里是一个基本数。其所以在理性的推论里只有三，而在自然里便发展为四，原因在于自然事物的性质，因为在思想里是一的，在自然里便相互外在分裂为二了。这作为对立物的中项是双重的。第一是上帝，第二是中介者、圣子，第三是圣灵；这里的中项是很简单的。但是在自然里，这作为对立者而存在的对立者本身就是双重的；所以计算一下我们就得到四。这种推论的过程也发生在我们

① “蒂迈欧”篇，第三二页（柏克尔本第二八页）。

对于上帝的看法里。当我们应用这个推论于世界时，则我们便以自然作为中项，而以存在着的精神作为由自然回复到理念的道路；
255 这种回复的过程就是精神。这种活生生的过程——这种分化、由分化而与自身同一的过程——就是活生生的上帝。

柏拉图进一步说："通过这种统一那看得见摸得着的世界就被造成了。由于上帝给予这世界以完整而不可分的元素"——火、土等等在这里其实已没有什么意义——所以"这世界是完善的、不老的并且是不病的。因为老和病只是起源于这些元素以过多的分量从外部去影响一个物体。但是世界的情形却并不如此；因为世界包含着这些元素的整体于自身之内，没有事物可以从外部去影响它。世界的形状是球形的"，(正如巴门尼德和毕泰戈拉所说的那样)，"而球形是包含一切别的东西于其自身的最完善的形状；球形是完全平滑的，因为在它之外更无任何事物，它与对方没有差别，它不需要肢体。"任何对象的有限性都在于它有差异和外在性。在理念中诚然也有规定、限度、差异、他在性，不过这些特性又同时在一中被消除了、被包含了、被保持了。所以在理念中有了差异并不因而就产生有限性，而有限性乃是被扬弃了的。有限性因此便包含在无限性自身内，——这乃是一个伟大的思想。"上帝给予世界以七种运动中最适合的一种运动，即是最足以与理智和意识相谐和的圆周运动；上帝把其他六种运动从这世界分离开，使它得以免除这些运动的不规则的本质"[①](向前和向后的运动)。这只是一般的说法。

① "蒂迈欧"篇，第三二—三四页(柏克尔本第二八—三一页)。

再则："神既然愿意把这世界造得和它相似，使世界也成为神，所以它赋予世界以灵魂，并且把灵魂放在中间，使灵魂弥漫于全世界"（世界灵魂），"并使整个世界为灵魂所围绕"（由于这样所以世 256
界是一个整体）；"这样一来，它就使得这世界成为自身满足、不需求任何别的东西、自己认识自己、自己与自己相友好的存在。通过这一切，于是神就把这世界造成为一个有福祉的神。"[①]我们可以说：这里柏拉图对上帝有了一个确定的观念，这里我们第一次有了关于理念的真理和知识。但是那第一个上帝还是不确定的。我们必须有意识地采取这个道路，有意识地承认，那第一个，不论是存在或上帝，乃是不确定的。这个被创造的上帝才是真理；那第一个上帝只是一个名词，——由于开始按照表象的方式说话，只是被当作一个假设、一个表象的前提。当上帝仅仅是善时，则它便仅仅是一个名词，还不是自身规定的、确定的存在。因此中项便是真理。由此看来，当我们首先从物质开始，倘有人因而便以为柏拉图是把物质认作独立自存的东西，那么，依照刚才所引证的看来，这乃是错误的。只有这个上帝、这个同一性才是自在自为的存在，才是幸福的。

柏拉图又说："我们现在虽然最后才说到灵魂，却不能因此便认灵魂是最后的，我们这样做只是由于我们说话的方式。灵魂乃是主宰者、统治者，那服从它的有形体的事物"并不是独立的、永恒的。这只是由于柏拉图天真的想法才把这种先后的次序归之于说话的方式。这里表面上好像是偶然的次序，而其实也是必然的次

① "蒂迈欧"篇，第三四页（柏克尔本第三一页）。

序:即先从直接的东西开始,然后才进入具体的东西。因此我们可以像已经提到过那样,在柏拉图的那些阐述里揭示出矛盾;不过这完全要看他所提出的真理的标准是什么。我们将进一步在下面看
257 出柏拉图的理念的性质。柏拉图这样说:"灵魂的本质是按照如下的方式创造成的。"这里所说的和关于有形体的事物的本质所说的,其实是同一思想。以下所引证的乃是柏拉图对话中最著名、最深刻的一段:"从不可分的和永远自身同一的存在,也从可分的亦即有形体的存在,神创造了第三种存在作为联合两者的中介,它具有自身同一的性质和他物或对方的性质。"柏拉图又把可分的叫作对方、非某物。"于是神就把它造成不可分的和可分的东西之共同的中介。"这里就来到了这些抽象范畴:一是同一,对方是多或非同一、对立者、差异。假如我们说,"神、绝对是同一者与非同一者的同一",人们是会说我们野蛮和烦琐的。这样说的人们也可以很高地称赞柏拉图;不过他乃是这样规定真理的。"被当作差异的这三种存在,全部为神所联合为一个理念"(它们不是三个东西;那第三者对其余两个说来不是第三者),"因为神用力量迫使那具有严重的混杂性质的对方适合那自我同一者。"无疑地这就是概念的力量,概念能够理想化那么多的、彼此外在的东西,把它设定为理想的东西。这也同样是理性的概念施诸抽象理智的力量,当人们把某种东西放在理智前面时。在单纯的自身反省里,在单纯地回复到它们还在分离着的开端时,这三个环节:自身同一者(本身作为一环节)、对立、第三者,亦即似乎是可以分解的,它并不回复到最初统一的联合。用不着问物质(对方)是不是永恒的。"把自身同一者与对方和本质(οὐσία)混合,使三者成为一体,神又把这个整体分

为适合它自身的许多部分。”①我们如果试把这个灵魂的实体与看 258
得见的世界的实体相比较，便可见得，后者和前者是相同的。而这个唯一的整体现在才是系统化的实体、真正的物质或本质、绝对的质料，这质料自身是有着区分的（是“一”与“多”之持久的不可分的统一）；——我们必不可以再去追问别的本质了。

柏拉图于是又把这种主观性加以区分，他根据数的规定来表明这种区分的方式和种类。这里就掺杂有毕泰戈拉派的观念了。（教父们曾经在柏拉图这里发现三位一体；他们想要在思想里把握、证明三位一体，从思想里产生三位一体。真理在柏拉图那里诚然具有着和三位一体相同的特性。不过我们必不可停留在柏拉图的表象阶段，认神是可以发现的、可以假想的；反之我们必须达到概念。柏拉图这里所说的神不是思想，而是表象。）这种区分包含着有名的柏拉图式的数（正如对数毫无所知的西塞罗所说的那样），这些数无疑地是起源于毕泰戈拉派的，对于数，古代人和近代人，还有刻卜勒在他的“世界的和谐”（Harmonia Mundi）里都曾费了很多力气去探讨，但是没有人对它有真正的了解。了解数，这意味着两方面：一方面是认识数的思辨的意义、数的概念。不过，正如已提及的那样，在毕泰戈拉派那里，只给予数的区别一个不确定的区别的概念，而且只是在最初的一些数里才作出了区别。但一到了较复杂的数的关系时，他们一般就不能进一步指明其区别。另一方面，由于它们是数，所以它们仅可以表达体积的区别、感性事物的区别。现象界的体积系统——这一部分是天体的系统，在

① “蒂迈欧”篇，第三四—三五页（柏克尔本第三一—三二页）。

259 这系统里体积显得最纯粹、最自由，不受质的束缚，而在所有别的系统里，体积大都是必然定在，——必须符合于数。不过这些有生命的数的区域本身也是许多环节构成的系统：距离的远近、速度和尺寸的大小。这些环节中没有任何一个环节，作为一系列的简单的数，可以和天体区域的系统相比拟；因为这个系列只能包含所有这些环节的系统作为它的部分。假如柏拉图的数也是每一个那样的系统的环节，则需考虑的将不仅是这一环节，而且需对在运动中有着区别的各环节间的关系，作为一个全体——真正有意义的、合理性的全体加以把握。我们必须简短地对主要的内容加以历史性的揭示。关于这个问题最彻底的研究是波克所著的论文〔“论柏拉图‘蒂迈欧’篇中世界灵魂的结构”〕，见道卜与克罗依采尔的研究〔第三卷(二六页以下)〕①。

那基本的系列是很简单的。“最初神从全体中取出一部分；然后取出第二部分，是第一部分的两倍；第三部分是第二部分的一又二分之一，是第一部分的三倍；其次的一部分是第二部分的两倍；第五部分是第三部分的三倍；第六部分是第一部分的八倍；第七部分比第一部分大二十六倍。”因此这系列是这样的：1；2；3；$4=2^2$；$9=3^2$；$8=2^3$；$27=3^3$。“于是神填满了二倍(1∶2)和三倍(1∶3)的间隙(比例)，由于它又从全体里面割下了一些部分。它把这些部分放进那些间隙里面，以使得每一间隙里面有两个中项(或中介)，一个中项以同一倍数大于和小于每一个极端，但另一个中项以同样多的数目大于和小于两极端”；——前者是一个不变的几何关

① 据米希勒本，第二版，英译本，第二卷，第八一页增补。——译者

系，后者是算术关系。第一个中项是通过方根而产生$(1:\sqrt{2}:2)$；另一个中项例如$1\frac{1}{2}$是介于一和二之间的中项。由此就产生了新的 260
比例关系；而这些比例关系又是以某一特殊的更困难的方式插入最初那些比例关系之间的，但这样一来，“到处都有某种东西省略了。——而最后一个数对数的比例是256∶243”，或者$2^8:3^5$。

凭借这些数的关系我们是不会有多大进展的；它们不能提供什么内容给概念或理念。自然的关系或法则是不能够用这些枯燥的数来表明的。这些数的关系是经验的关系，不能构成自然的尺度之基本特性。现在柏拉图说：“神把这一整个系列按其长度分割为两部分，并把这两部分交叉着放成X形，使其两端弯曲成为一个圆形，并用齐一匀称的运动去包围它们，——这样就形成一个内部圆形和一个外部圆形，它〔指神〕叫外部圆形的运动为自我同一者的转动，而叫内部圆形的运动为他在者〔即对方〕或自身不同一者的转动，而认前者为主宰者、不可分者。但是它又按照同样的比例把内部转动分成七个圆形，就中三个以同一的速度转动，四个以不相同的速度（四个彼此之间与前三个的速度并不同）转动。这就是灵魂的系统，一切有形体的东西都是在灵魂之内形成的。灵魂是中心，浸透着全体，并且从外面去包围那全体，自己在自身中运动。这样它〔指灵魂〕就具有着一个永不停息的、合理的生活之神圣的根据在它自身内。”①

这种说法并不是完全没有紊乱。柏拉图于谈到有形体的宇宙

① “蒂迈欧”篇，第三五—三六页（柏克尔本第三二—三四页）。

的理念时，即引进了认灵魂为无所不包的简单的东西的看法。现在仅就那一般的来看。(一)灵魂和形体的本质是差异中的统一。(二)这种本质又有两方面：第一，这本质本身自在自为地被假定为
261 在差异中，在"一"之内，它系统化自身为许多环节，而这些环节即是运动；第二，这本质即是实在性；——本质和实在性两者均属于灵魂和形体在对立中的全体，而这全体也还是一。精神是穿透一切者、圆球的中心、广大无垠、无所不包者；有形体的事物是在精神之内，——这就是说，有形体的事物既与精神相反对，是和精神有差异的，又是精神自身。

这就是那被建立在世界中并主宰着世界的灵魂的一般规定。就作为物质的实质看起来和灵魂相似而言，则灵魂便肯定了它自身的同一性。灵魂与看得见的宇宙是同一的本质。构成灵魂的实在性的就是这些环节。(那作为绝对实体的神除了它自身外是不看见任何其他事物的。)于是柏拉图便这样描述灵魂与客观存在的关系道："如果灵魂接触到客观存在的任何一个环节，无论这环节是可分的或不可分的实体，它就会借此自己反思着自己，说出什么东西和它相同或不相同这两方面的差异，以及个别事物如何、在何地、在何时彼此间的关系和对于共相的关系。当感性事物的圆周运动循正轨运行，并把自己显示给整个灵魂去认识时，就产生了真的意见和正确的信念"(这时世界行程的"不同的"轨道就表明和精神的内在本质相谐和)。"但当灵魂转向理性的对象时，则这自身同一者的周行运动就被认识到，于是思想便愈趋完善而达到科学知识。"①

① "蒂迈欧"篇，第三七页(柏克尔本第三五页)。

这就是世界的理念、本质，亦即本身幸福的神的理念、本质。在这里，遵循着这个理念，世界才第一次出现，在这里，全体的理念才第一次得到完成。前此所讨论的只是感性事物的本质，还没有讨论到作为可感觉的世界。他在前面诚然谈到火、水等等，他说的 262
只是本质。在这里柏拉图好像又从以前已经讨论过的开始，但他前面曾经讨论过的只是本质；像火、水等等名词他最好是略去不用。

现在柏拉图更继续讨论下去。他又把这神性的世界叫作“那单是在思想中并永远自身同一的模范”。他又提出一个与这个全体相对立的“第二个世界，这是那原始模范的摹本，这是一个有生灭并看得见的世界”。[①] 后者是天体运动的系统，前者是“永恒的生命。那有生成变化的世界是不可能模仿得和它完全相似的”(和那最初的理念、永恒的生命相似)。“但是它是被造成为保持在统一中的永恒之运动着的图像；这个按照数的关系而运动着的永恒图像，就是我们所谓时间。”关于时间，柏拉图说：“我们习惯于把过去和将来叫作时间的一部分，并且把区别那在时间中运动着的变化的段落转变为绝对的存在。但真正的时间是永恒的，或者说，它是现在。因为本体既不会年老些，也不会年轻些；这作为永恒之直接图像的时间同样也不是以将来和过去作为它的部分”。[②] 时间是理想性的，正如空间一样，两者皆是精神的客观形式；时间、空间没有什么感性的成分，它们是精神表现为客观存在的直接形式，是感

① “蒂迈欧”篇，第四八页(柏克尔本第五七页)。

② 同上书，第三七—三八页(第三六—三七页)。

性的非感性的形式。

时间——绝对存在在时间性事物内运动的原则——的真实环
263 节乃是变化出现在其中的东西:“太阳、月亮和别的五个星球;它们之被上帝创造,为的是用来规定和保持时间的数的关系”[1]——在这些星球里面时间的数量便实现了。因此天体的运动(真正的时间)才是保持在统一中的永恒者的图像,或者在天体的运动中永恒者保持其自身同一的特性。因为一切事物都在时间中,亦即在一种否定性的统一中,这种统一不容许任何事物随便在自己里面生根,因而不使任何事物按照偶然性而运动或被推动。

但是这种永恒者又是在**别的**实在的特性里,在自身变化和自身迷误的原则(这个原则的普遍概念为物质)的理念中。属于时间的世界是永恒的世界摹本;但是与这时间的世界相对立,另外有一个世界,变化本质上内在于此世界。自身同一者和它的对方是我们前面所有的抽象对立。那永恒的世界表现在时间里,于是就有了两个形式,自身同一的形式和自身异化、自身迷误的形式。[2] 表现在最后这一原则(领域)的三个环节为:(甲)那单纯的被创造的存在,“产生的东西”(确定的物质);(乙)“这种存在被产生的”地方;(丙)“被创造的东西的原始模型”。[3] 柏拉图又加以这样的列举:“本质、地方和产生”,——其中本质是产生的养料、实质。[4] 我们便有了这样一个推论:(甲)本质、共相,(乙)地方(空间),中项,

---

① “蒂迈欧”篇,第三八页(柏克尔本第三七页)。

② 同上书,第四八—四九页(第五六—五七页)。

③ 同上书,第五〇页(第六〇—六一页)。

④ 同上书,第五二页(第六三—六五页)。

（丙）个体，个别的产生。假如我们试把这个原则和具有否定性的 264
时间相对立，则本质（ὄν）这一单纯的环节——亦即作为一个普遍原则的异化原则——乃是“一个容纳的”媒介，“像一个‘乳母’似的”，保持一切，使一切独立自存，让一切为所欲为。这一原则是没有形式的，但又能接受任何形式，是一切有差异的现象的普遍本质〔按即材料〕。这就是坏的被动的物质，当我们说到物质时，我们所了解的物质就是这样。物质在这里是相对地有实体性的东西、是一般的自存、是外部的定在，——是抽象的孤立的存在。在我们的反思里，我们是把形式和这种物质区别开的。据柏拉图看来，唯有首先通过“乳母”形式才取得自存。我们所谓现象都是基于这一原则；因为物质正是这种个别产生的支持者，在这个别产生的过程中二元化便建立起来了。不过这里所谓现象不可以被当作个别的地上的存在，必须认作本身有其特殊性的普遍性的东西。作为有普遍性的物质既是一切个别事物的本质，于是柏拉图首先要我们记着，我们不可以把物质说成火、水、土、空气等（这里他又提到火等等）感性的东西；因为这样一来就会把物质说成一个固定的特定的东西了，但是这些特定的东西却有其保持不变的特性，这种特性也只是它们的共性，或者只有火性、土性等等才是共相。[①]

现在柏拉图[②]进一步阐述事物的确定的本质或事物的简单的特性。在这个变化的世界里，形式是空间的图形。正如在那个作为永恒性的直接摹本的世界中，时间是绝对的原则，所以在这里那

① “蒂迈欧”篇，第四九—五〇页（柏克尔本第五八—六〇页）。

② 同上书，第五三页（第六六页）以下。

绝对的观念性的原则或纯物质本身是空间的存在。(甲)物质,
265 (乙)空间,(丙)产生:空间是这个现象世界的观念性的本质,是联
合肯定性与否定性的中项;而空间的特性就是图形。诚如在空间的各度里,必须把平面认作真的本质,因为平面是空间里线和点的中项,并且在它的最初真实的限度里它是三;所以三角形也是空间各种图形中之第一个图形,而圆形本身却是没有限度的。于是柏拉图于发挥其图形学说时,便以三角形为基本原则。因此感性事物的本质就是三角形。他以毕泰戈拉派的方式这样说:这些三角形按照原始的数的关系之聚集或联合便构成感性的成分。这些三角形的联合就是它们的理念(属于中项)。这就是基本原则。至于他如何规定这些成分的图形和三角形的联合,我现在就省略了。

柏拉图[①]从这里又进而讨论到物理学和生理学,这我们不想跟着他讲下去了。这只可以看作一个开端,一个在杂多里面去把握感性的现象的幼稚尝试,而且这种尝试也还是很肤浅和混乱的。——只是考察感性现象,例如身体的各部分和四肢等,并且在对这些现象的说明中混杂着接近于我们所谓形式解释的思想,而这些思想事实上是缺乏概念的。我们应当坚持理念的崇高性,这是优越的东西;至于说到理念的实现,柏拉图只是感觉到并表达出这种要求罢了。我们也常常在他那里看见思辨的思想,但他对这些思想的研究又大半是很表面的,例如目的性等等。他于处理物
266 理学时,情况与我们不同,他在这一方面还缺乏经验知识。现代的
物理学却与他相反,所缺乏的乃是理念。柏拉图虽说与忽视生命

① “蒂迈欧”篇,第五七页(柏克尔本第七四页)以下。

这一概念的近代物理学不相一致，虽说以幼稚的态度用外在的比喻来谈自然，但是如果按照生命的观念来考察自然有其一定的地位的话，那么柏拉图的自然哲学在个别地方还有很深刻的、令我们重视的识见。同样，他讨论生理现象和心理现象的联系部分也值得我们重视。其中有些部分包含某些普遍性的成分，例如他关于颜色的说法；[①]由此出发，他又过渡到比较一般的考察。值得注意的是在这里他常常是重新从以前的地方开始；这并非由于“蒂迈欧”篇是一篇杂凑的东西，这是有着内在必然性的著作。我们必须从抽象的概念开始，借以达到真理、达到具体的东西，——后者较晚才出现；当人们得到具体的东西时，在外貌和形式上好像又有了一个开始，在柏拉图这种欠谨严的风格里，特别显得好像是从具体的东西开始。

当柏拉图谈到颜色时，他说到区别和认识个别事物的困难，认为在观察自然时“应区别开两个原因：必然的原因和神圣的原因。在一切事物里我们必须寻求神圣的原因，以便达到我们本性所能容许的幸福的生活”（这种寻求本身就是目的，它里面就包含着幸福）；“必然的原因只是为了神圣事物才去寻求的，因为没有必然的原因”（知识的条件）“我们就不能认识神圣的事物。”寻求必然的原因是指对于对象、对象的联系、关系等等的外部考察。“神圣事物的创造者就是神本身。”神圣事物属于那最初的神圣〔永恒〕世界，
并不是远在彼岸，而是即在当前的东西。“对于有死的事物的创造 267
和管理，神是交给它的助手来担任的。”这是由神圣事物过渡到有

① “蒂迈欧”篇，第六七—六八页（柏克尔本第九三—九五页）。

限的、地上的事物的一个简便容易的办法。“这些助手模仿那神圣的事物,因为它们自身秉受着灵魂的不死的原则:所以它们造成了一个有死的躯体,并且放进另一个有死的灵魂(这有死的灵魂是灵魂的理念的肖像)到这躯体里面。这个有死的灵魂包含着强烈的和必然的激情:快感、痛苦(忧愁)、勇气、恐惧、愤怒、希望等等。这些情绪全都属于有死的灵魂。为了不要无必要地玷污了神圣的事物,所以这些低级的神灵把有死的灵魂和那神圣事物的住所分离开,让它住在躯体的另一部位。所以就在头与胸之间设置了颈子作为地峡和界限。”情感、激情等在他看来是居住在胸内、在心内(而我们认为不死的东西在心内);而认为精神性的东西居住在头脑内。但是为了使得情感尽可能地完善,“这些助手们”譬如说“在为愤怒燃烧着的心的两边,又设置了两叶肺以作救济,而肺是柔和的、无血的,并且里面充满了像海绵似的孔穴,以便吸取空气和饮料,借以使得心脏凉爽、呼吸顺畅、热气减轻。”①

特别值得注意的是柏拉图关于肝所说的话:“由于饮食的欲求
268 是灵魂的无理性的部分,不听从理性,所以神创造了肝,以便由理性而来的思想力量下降于肝中,好像在一面镜子里一样,接受原始的形象”,对它们(无理性部分)“也反映鬼影和恐怖的形象,可以震慑灵魂。因此,当灵魂的这一部分宁静时,在睡梦中时,它就可能想见着一些〔理性的〕形象。因为创造我们的那些神灵,谨记着天父要把人类造就得尽可能地好这一永恒命令,它们于安排人体中较低劣的部分时,也要使得这些部分可以分享一定程度的真理、领

① “蒂迈欧”篇,第六八—七〇页(柏克尔本第九六—九九页)。

悟一些圣言（τὸ μαντειον）。”所以柏拉图把领悟圣言的能力归在人的无理性的肉体方面。虽说人们常常以为柏拉图给予理性以接受启示、圣言等等的能力，这乃是错误的。他说，启示、圣言乃是在无理性中的理性。“神把领悟圣言的能力给予人的无理性部分，这一点可由这事得到充分证明，即：没有人当他理性清明时会得到圣言或灵感。只有或者当一个人在睡梦之中，他的理智受阻碍之时，或者当一个人在病态或狂热中他忘其所以之时，他才会得到圣言或灵感。”因此柏拉图认为通灵比起有意识的知识来是较低级的知识。“只有当人于神志清明时才能回忆并说明他所得到的圣言灵感等，因为当他还在狂热状态中，他是不能判断的。古人说得好：只有神志清明的人才能够认识他自己并做他自己的事。”[①]因此人们把柏拉图当作单纯狂热的护卫者乃是完全错误的。这些就是柏 269
拉图自然哲学的主要环节。

三　精神哲学

一方面，我们已经看见了柏拉图哲学的思辨本质（不是精神的意义，亦即没有在精神和自然中实现的思辨的理念）；但另一方面我们发现在柏拉图那里对于理论精神的有机性还没有明确的了解。他虽然区别了感觉、记忆与理性，但对于精神的这些环节既没有严密的规定，也没有说明它们的联系、它们相互间的必然关系。（对认识的种类作出区别诚然很重要，但是这已经引证过了。）然而意识的实际的、实践的方面乃是柏拉图的非常辉煌的方面。而柏

① “蒂迈欧”篇，第七〇—七二页（柏克尔本第九九—一〇二页）。

拉图精神哲学中最令人感兴趣的是他关于人的道德本性的思想。(他的思想没有采取这样的形式：即他没有大费力气去建立一个像现时所谓最高的道德原则，这种原则虽被相信为无所不包，其实是空无内容；他也没有大费力气去讨论自然权利，这种自然权利只不过是对现实的实践存在、对法律的一种琐屑的抽象。)在他的“国家”篇的各卷里，他阐明了这种道德本性。在我们看来人的道德本性和国家似乎距离很远。但是在柏拉图看来，精神——就精神之与自然正相反对而言——的实在性是表现在它的最高真理里作为一个国家的组织。他并且认识到道德的本性(合理性的自由意志)只有在一个真正的民族里才得到它的权利，得到实现。

270 必须进一步指出，柏拉图在“国家”篇一书里，于导言部分指出研究的对象应该是什么是正义。于许多反复论辩之后，并且于考察了几个关于正义的定义而加以否定之后，柏拉图最后以简单的方式说道：“这个研究的情况很有点像要一个人从远距离去读小字，如果有人指出，说同样的字也在较近的地方以较大的字体写着，则他无疑地将宁愿先读那写得较大的字，然后就可以更容易去读较小的字。我们现在将用同样的办法去研究正义。正义不仅是在个人里，而且也在国家里，而国家大于个人。因此正义是用较大的字体写在国家上面，而且更容易辨认。”这和斯多葛派关于贤人所说的话是不相同的。“因此我们宁肯考察表现在国家中的正义。”[①]——这是一个素朴而可爱的导言。柏拉图就是这样用比喻由关于正义的问题转移到对于国家的考察。这是一个很素朴的过

① “国家”篇，第二卷，第三六八—三六九页(柏克尔本第七八页)。

渡，虽说好像是武断一点。但是这个伟大的见解把古代哲学家引导到了真理。柏拉图在这里说得好像平淡无奇，实际上已接触到事情的本性了。因为正义的实在性和真理性只表现在国家里。法律是自由的具体表现，是自我意识的实现，是精神的实在的一面和实在的形式。国家是法律的客观实现。法律是精神之自在的和自如的存在，是有其确定的存在的，是能动的。法律是自己实现其自身的自由。譬如，这财物是我的，这就是说，我在这外在的财物里建立起我的自由。精神一方面是能认识的，另一方面它又是有意欲的，这就是说，它要使它自己成为现实。全部精神浸透在其中的实 271
在性就是国家，国家不仅是对于我这个个人的知识。因为由于自由合理的意志规定其自身，所以就有自由的法律；不过这些法律也正是国家的法律，因为合理的意志存在和实际出现的地方正是国家。在国家里这些法律是有效力的，它们是国家的习俗、国家的伦理。因为在国家内武断任性仍然直接地存在着，所以这些法律不仅仅是伦理，而且必须同时又是反对武断任性的威力，有如法律之表现在法庭上和政府内一样。这就是国家的本质。凭借这种理性的本能，柏拉图特别注意这些特征以及国家如何表达正义的这些特征。

自在的正义通常被我们用自然权利的形式来表明。说到自然权利，在一种自然状态中的权利，我们立刻知道，这样一种自然状态乃是一个道德上不可能的事情。凡是自在的东西就会被那些没有达到共相的人认作自然事物，正如心灵的一些必然环节被他们认作天赋观念一样。自然也就是应该被精神加以扬弃的东西，自然状态有了权利，那只意味着精神绝对没有权利。国家是现实的精神。精神在它的简单的还没有实现的概念里就是那抽象的自

在。自在这一概念无疑地必须先行于它的现实性的构造；而人们所了解的自然状态却正是这构造。我们习惯于从虚构一个自然状态出发，而这种自然状态实际上并不是精神的状态、合理的意志的状态，而乃是动物与动物之间的状态。一切人对一切人作战，正如霍布士很正确地指出的那样，就是真正的自然状态。这种自在状态或不现实的精神概念同时是个别的人；他作为一个个别的人而
272 生存。因为在一般的表象里共相和个体是分割开的，仿佛只要个体一有了存在，它就可以独立自存，仿佛共相并不把个体造成它所确实是的东西，共相也不是个体的本质，而且仿佛个体的特殊性本身就是最重要的东西。自然状态的虚构，是从人的个别性、人的自由意志以及依照他的自由意志去对待别人开始。在自然状态中，所谓权利，都是指个人所有的、为着个人的权利而言。人们把社会和国家的状态仅仅认作个人的工具，而个人才是主要的目的。反之，柏拉图以实体性的、普遍性的东西作为基础，甚至认为个人本人必须以普遍性的东西为他的目的、为他的伦理、为他的精神，并且认为个人的意志、行为、生活、享受都是为了国家，而国家便是他的第二天性、他的习惯、他的伦理。这个伦理的实体构成个体的精神、生命和本质，是个体的基础，它把自身系统化在一个活生生的有机的全体里，并且同时把自身分化在它的各个组成部分中，而这些组成部分的活动正是为了产生全体。这种概念和它的现实性的关系，柏拉图当然还没有明确意识到。我们在他那里没有看见这样的哲学的构造，即首先提出自在自为的理念，然后在理念自身中揭示出实现其自身的必然性，并揭示出这种必然实现的过程。

因此，柏拉图在他的“国家”篇里提出了一个国家制度的理想，

这理想已经是有口皆碑地被了解为一个幻想。换言之，人们对于
柏拉图的理想国有这样的意见，即认为像柏拉图所描写的那样的
国家无疑地是卓越的，意思是说，在头脑里这是想得很好，这种国
家观念在思想中本身是真的，而且这个理想国也是可以实行的，不
过唯一的条件仅在于要有卓越的人，也许要像月亮里那样的人；但 273
是一说到地球上的人，那么他的理想就不可能实现了（我们必须正
视人的本来面目，由于人的邪恶，理想是不能得到实现的），因此这
样一个理想完全是虚幻的。

（一）说到这里，首先必须指出，在基督教世界内一般流行着一个完善的人的理想，这理想肯定地是不能够在众人里、在一个国家的群众里实现出来的。假如我们发现这理想在僧侣那里，或在教友派教徒那里，或类似的虔诚信教的人们那里得到实现，这样一小撮忧郁愁苦的生灵也是绝不能形成一个国家的，正如虱子（或寄生植物）只能生存于一个有机的躯体内，不能单独生存一样。假如这样的一批人要构成一个国家的话，那么他们的羔羊式的善良、他们那种只知关切自己个人、自己爱护自己、自己永远看到和意识到自己的优点的虚荣心就必须全部扫除干净。因为那在公众中的生活和为了公众的生活并不需要那种软弱的怯懦的善良，而正需要一种强毅的善良，——不要求只关心自己和自己的功罪，而要求关心公众和怎样为公众服务。而一个怀有那种坏理想的人，自然会老是觉得人类充满了弱点和堕落，理想永远不能实现。因为他们把稍有理性的人都不会重视的微疵小瑕看得无比重要，并且以为这些弱点和缺点即使被他们忽视了，也仍然存在。不过我们不要太尊重他们的豪迈，反之我们必须于他们所谓的弱点和缺点里看出

他们自己的堕落。一个有了弱点和缺点的人,只要他丝毫不珍视
274 它们,他就会立刻自己把自己从这些弱点和缺点里解脱出来了。
罪恶之所以是罪恶,只是因为人们把它当作本质的东西,堕落之所
以是堕落,亦只是因为人们把它当作本质的东西。

真理绝不是幻想。怀抱愿望当然是完全可以容许的。不过假如人们对于伟大而真实的东西也仅仅怀抱着虔诚的愿望,那就是不信神的。一个人如果不能有所作为,也同样是不信神的,因为一切事物都是神圣的、完美的,而他不能欲求任何确定的东西,是因为一切确定的东西都有其缺陷。所以,那样的理想,无论其形式如何美妙,都不应阻挡我们的路,就是僧侣和教友派教徒也不能阻挡我们的路,——不过像这种弃绝感性事物和否定行动的精力的原则就会把许多在别的情形下认为有价值的东西抛弃于地。要想保持所有一切关系,是矛盾的;在别的情况下,有价值的东西总会有一方面遭受着反对。我前面已经提到过的关于哲学与国家的关系就足以表明,柏拉图的理想绝不可以当作这种意义的理想。当一个理想由于理念、由于概念而有其本身的真理性时,它便不是幻想,而是真实的。这样的理想也不是空虚的、软弱无力的,而是现实的。真实的理想并非**应该**是现实的,而乃**是**现实的,并且是唯一现实的东西。——人们是首先这样相信的。如果一个理想太美妙了,以致在现实中并不存在,那么这个理想本身就必定有缺陷。因此,如果柏拉图的理想国是一个幻想的话,那并不是因为人类缺乏他所描述的那些卓越的东西,而是因为这个卓越的东西对于人类来说还不够好。现实性是很好的;凡是现实的东西就是合理的东西。但人们必须知道并区别开什么是真正地现实的东西;在日常

生活里一切都是现实的，但现象界与现实性之间却存在着区别。现实的东西也有其外部的存在；这表现出武断性和偶然性，如像在自然界中树木、房屋、植物杂凑在一起那样。伦理生活中的表面现象，人的行为有着很多坏东西，在许多情形下这些东西本来可以更 275
好一些。如果我们要认识实体的话，那就必须透过表面深入去观察。世间老是有邪恶的、堕落的人，但那不是理念。在表面上各种情欲斗来斗去；这却不是实体的现实性。时间性的、暂时性的东西的确存在着，甚至能给人造成不少的苦恼，但是尽管如此，那绝不是真正的现实性，正如一个主体的特殊性、愿望、嗜好等不是他的真正的现实性一样。

和这个说法相联系，必须回想一下上面讨论到柏拉图的自然哲学时所作的区别：那作为幸福的神自身的永恒世界便是现实性，不在上界、不在彼岸，而即是就其真理性看来的当前的现实世界，并不是像它呈现在听觉、视觉等里面那样。所以如果我们考察柏拉图理念的内容，便可看出，事实上柏拉图已经表达出希腊人伦理生活的实质了。希腊人的政治生活构成了柏拉图的理想国的真实内容。柏拉图并不是一个玩弄抽象理论和抽象原则的人，他的真实精神曾经认识了并表述了真实的事物。这不能是别的，而只能是他生活于其中的世界的真实事物，也只能是那唯一很好地活在他本人和希腊里面的〔时代〕精神的真实事物。没有人能够跳出他的时代，他的时代的精神也就是他的精神；但问题在于认识到时代精神的具体内容。

（二）另一方面，对于一个国家说来可以认作完善的法制，却并不见得适用于每一个国家。这样看来，假如有人说，一个真正的法

制是不适合于现在这样的人们的，那么(1)我们必须谨记，一个国
276 家的法制愈优良，也就会使得那个国家更加优良；但反之，(2)由于伦理〔按即风俗礼教〕是活生生的法制，同样也就没有独立自存的抽象的法制，而法制必然要与伦理相联系，并且必然洋溢着一个民族的活生生的精神。因此绝不可以说一种真正的法制可以适合于每一个国家。例如对于伊洛克人、俄罗斯人、法兰西人这样的人，情形便是如此，并不是每一种法制都适用。因为一个民族是存在于历史中的。但是正如每一个个人在国家中得到教养，就是说，他是由个体性提高到共性、由孩童成为成人的；同样地，每一个民族也是受到教养的，例如从野蛮状态亦即从一个民族的孩提状态过渡到一个合理的状态。而且人们不只是老像他们现在那样，他们是在变化着；同样他们的法制也在变化着。这里的问题是：什么是国家所必须走向的真正法制；正如问题是在于什么是真正的数学科学，或什么是真正的别的任何一门科学，而不是在于儿童或小孩应不应在现时掌握这门科学，但是他却应该受教育，以便能够掌握这门科学。同样，一种真正的法制乃是出现在一个历史的民族前面，以便作为它趋赴的目标。每一个国家在时间进展的过程中必须对于它现存的法制作如许的改变，以便可以愈来愈接近那真正的法制。一个民族的精神自身达到了成年，法制就是对它自在的本性的意识，——是真理的形式、对于自身的理解的形式。如果一个国家的法制所表示的真理已经不符合于它的自在本性，那么它的意识或概念与它的现实性就存在着差别，它的民族精神也就是一个分裂了的存在。有两种情况可以发生：这民族或者由于一个内部的强力的爆破，粉碎了那现行有效的法律制度，或者较平静地、

较缓慢地改变那现行有效的、但却已不复是真的伦理、已不能表现 277
民族精神的法律制度。或者一个民族缺乏理智和力量来作这种改变,因而停留在较低劣的法律制度上;或者另一个民族完成了它的较高级的法制,因而就成为一个较卓越的民族,而前一种民族必定会不再为一个民族,并受制于这较卓越的民族。

因此最重要的是知道什么是真的法制;因为凡是与真法制抵触的法制就不能持久,就没有真理性,就必然要被推翻。这样的法制有其一时的存在,但不能保持很久;有其效力,但不能长久有效。它之必然要被抛弃即包含在法制的理念之中。关于法制的理念的见解,只有通过哲学才达得到。如果有了这样的普遍性的见解,则国家虽发生变革,也不致有剧烈的革命。在不知不觉中〔旧的〕制度被取消了、放弃了,——每个人都同意放弃他的权利。但是政府必须能知道这种变革的时间是否已经成熟。假如一个政府不知道什么是真理,死抱住那暂时性的制度,把非本质的东西当作有效而加以维护来反对那本质的东西——而本质的东西是包含在理念内的——则这个政府本身就在那急迫前进的精神前面被推翻,政府的解体也就是国家本身的解体;一个新政府兴起了,——或者是政府和那非本质的东西占了上风。

作为柏拉图理想国的根据的**主要思想**,就是可以认作希腊伦理生活的原则的那个原则:即伦理生活具有实体性的关系,可以被奉为神圣的。所以每一个别的主体皆以精神、共相为它的目的,为它的精神和习惯。只有在这个精神中欲求、行动、生活和享受,使得这个精神成为它的天性,亦即第二个精神的天性,那主体才能以有实体性的风俗习惯作为天性的方式而存在。这无疑地就是一般 278

的基本特性、实体。与这实体——个人对风俗的实体性的关系——正相反对的特性是个人的主观任性,道德;个人的行为并不是基于对国家、祖国的制度之尊重和敬畏,而是基于自己的信心,按照道德的考虑而作出决定,并依据这决定来规定自身。这种主观自由的原则是一种晚出的原则,是近代开明的时期的原则。这种主观自由的原则也出现在希腊社会里,但却是作为败坏希腊国家、希腊生活的原则而出现。这个原则之所以被认作败坏的原则,是因为希腊的精神、政治制度、法律不打算也不可能打算容许这种主观自由的原则出现在它们之内。两者是太不协调了;所以希腊人的风俗习惯必然要瓦解。柏拉图认识了并理解了他的时代的真精神,并且给以确切的规定和发挥,因而他排斥了这个新的原则,并使之在他的理想国里成为不可能。所以柏拉图是采取了一个实体性的观点,因为他是以他的时代的实体性作为基础;不过这观点也只是相对地如此,因为那只是希腊人的观点,而他是有意识地排斥了新近的原则。这就是柏拉图关于国家的理想的一般概念;我们必须从这个观点出发去考察它。从近代观点出发去探究这样一个理想的国家是否可能或是否最好的国家,只会陷入谬误的见解。在近代国家里人们有了良心的自由,每一个人有权利要求顺从他自己的兴趣;但这在柏拉图国家的理念里却被排斥了。

279 **第一**,现在我愿意对有哲学意义的主要环节加以进一步的发挥。柏拉图阐明了国家的本质和什么是真正的国家。不过我们将会知道这个国家有一个限度:即个人并不在形式的权利上和这种共性相对立,像在法治国家的死板宪法里那样。内容只能是全体,个人的本性,——不过是反映其自身于共相中,并不是固定的、绝对有效的。前面已经指出,出发点是正义,柏拉图说过,在国家中来考察正义是很方便的。但是引导他作这种研究的却并不是方便，而乃是由于只有这样做才有可能发挥正义，因为人是国家的一个成员，人之为人本质上是伦理的。正义意味着那合乎正义的人只是作为国家一个伦理的成员而生存着。照柏拉图看来，正义就是实体性的精神之成为现实性。至于这种现实性是怎样产生的，柏拉图首先揭示出国家中的实践本质〔或伦理的实质〕，其次又揭示出个人的实践本质。理念是具体的，同样伦理生活也是具体的。于是他以较细密的研究方式分析了这个伦理共同体[①]的有机性，这就是说，他分析了存在于这伦理的实体中的种种差异，这个伦理的实体生活并生存于这些差异中。他揭示了存在于〔国家〕这个概念中的诸环节。这些环节不是独立的，而是保持在统一体中。柏拉图从三方面来考察这伦理有机体的诸环节：第一，把它们当作国家中的各个等级来考察；第二，把它们当作伦理生活的各种德性、各种因素来考察；第三，把它们当作个别主体的各个环节或意志的经验活动的各个环节来考察。柏拉图并不是在作道德说教，他只是揭示出，那伦理的实体如何活生生地在自身中活跃着，并展示这伦理实体的功能及其内部结构。它具有像有机体那样的内在的系统性，而不是像金属那样的凝固的死的统一体，它有其自身的生命，自身运动着，它正是通过构成它自身的那些差异（内部结构的 280
各种功能）而出现。

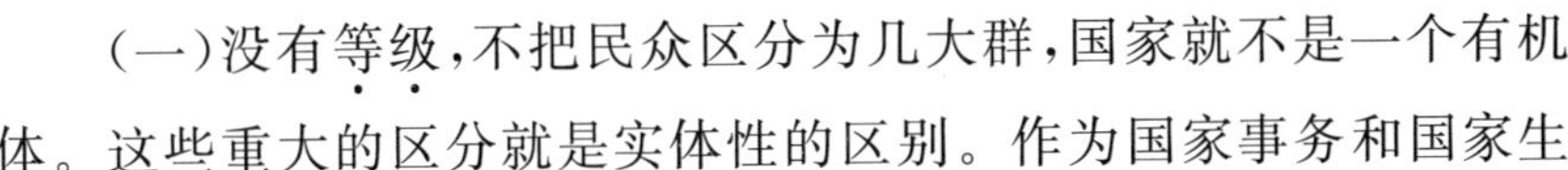

（一）没有等级，不把民众区分为几大群，国家就不是一个有机体。这些重大的区分就是实体性的区别。作为国家事务和国家生

① 按共同体（Gemeinwesen）一词此后多次出现，指国家、民族、社会而言，有“集体”的意思。这样的共同体黑格尔也叫作“共相”。英译本作 Commonwealth。——译者

活的共相〔按即共同体〕与为个人而生活而工作的个体之间的对立便立刻发生了。这两种事务是这样区分的，即一个阶级或等级从事于一种事务，而另一个阶级或等级便从事另一种事务。于是柏拉图陈述了实现这伦理实体的三个体系：(甲)立法、谋划的任务，一般讲来，为了公共、为了全体的利益而行动、而预为筹划的任务。(乙)保卫共同体的安全，抵抗外来敌人的进攻。(丙)照顾个人，满足个人的需要：农业、畜牧、房屋的建筑，衣服、器具的制造等等。大致说来，这是很对的，不过这似乎太按照外在的必然性、按照所发现的某些需要来区分了，而没有从精神本身的理念中发展出来。再则这些不同的功能被分配给不同的体系，被分配给一群特殊担任此项事务的个人。这样就产生了国家中不同的等级，因为柏拉图也反对一个人兼管一切的那种肤浅的想法。柏拉图提出了三个等级：(甲)统治者、有学问有智慧的人；(乙)战士；(丙)供应必需品的人：农人、手工匠人。第一类人他又叫作监护者，主要的是指具有真正科学知识富有哲学教养的政治家。[1] 柏拉图这种等级的区分并不是演绎出来的，这些差异是有其必然性的。每一个国家必
281 然是把这些体系包括在自身之内的一个体系。在这样的方式下，等级的区分就形成了柏拉图的国家的法制。由此柏拉图更进而讨论到一些个别的规定，未免失之琐屑，最好不去管它。例如他甚至对第一等级的人规定了一些特殊的称号，[2]并说到保姆应该担负些什么样的任务等等。[3]

① “国家”篇，第二卷，第三六九—三七六页(柏克尔本第七九—九三页)。

② 同上书，第五卷，第四六三页(柏克尔本第二四一页)。

③ 同上书，第四六〇页(柏克尔本第二三六页)。

（二）接着柏拉图指出，在这些等级中实现的各环节，乃是个人所具有的一些特质，可以叫作伦理的本质，是简单的伦理概念之区分为各种特性，是有普遍性的。柏拉图由于用这种方式来区分等级，便得出这样的结果，即通过这样一种有机体，一切美德都活生生地表现在共同体里。他列举了四种美德；人们曾称之为主德。

甲、第一种美德是“智慧和知识。这样一个国家将必是有智慧有谋略的。其所以有智慧有谋略，并不是因为它具有关于个别业务的一般的杂多知识，这乃是群众所特有的，如炼铁、耕地等知识（简言之，技术和财政方面的知识），而是真正的知识，那对内对外能够最好地知道普遍原则、能够统筹全局的领袖和统治者的知识，这种知识真正说来只是绝小部分人所具有的。这种识见在有谋略的（统治者）这一等级得到实现”。[①]

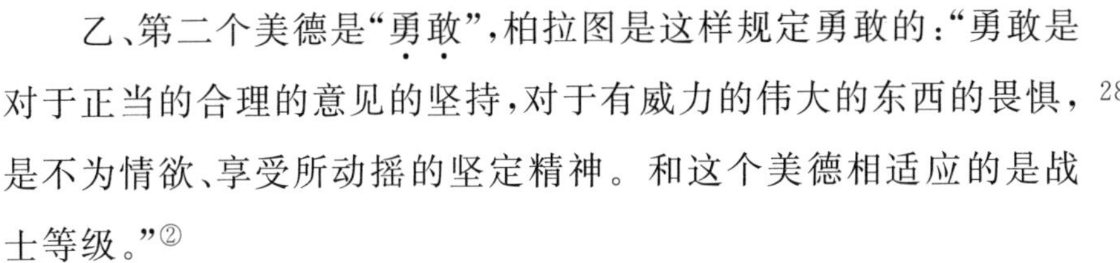

乙、第二个美德是“勇敢”，柏拉图是这样规定勇敢的：“勇敢是对于正当的合理的意见的坚持，对于有威力的伟大的东西的畏惧， 282
是不为情欲、享受所动摇的坚定精神。和这个美德相适应的是战士等级。”[②]

丙、第三个美德是“节制，节制是对于情感欲望的克制，节制有如和谐，其力量周遍到全体，能使得柔弱的人和坚强的人，不论理智高下、力气大小、人数多寡、财产贫富，以及其他方面情形如何不同，都要一起调协起来向着同一目标，并且要彼此相互一致。这一

---

① “国家”篇，第四卷，第四二七—四二九页（柏克尔本第一七九——八二页）。

② 同上书，第四二九—四三〇页（柏克尔本第一八二——八五页）。

美德不像智慧和勇敢只限于一部分人(第一等级),而是统治者与被统治者共同分享的谐和,是一切人应具的美德”。① 其实节制乃是第三等级的人的美德。这使得所有的人向同一目标努力的和谐初看起来似乎并不完全适合于第三等级的人(供应必需品和从事劳动)。但是所谓节制正是指没有任何环节、任何特性、任何个体被孤立起来而言(在道德方面,没有任何需要被提高到绝对的地位,因而成为过恶)。劳动正好是局限在个别事物上面的一种活动,而个别事物是要回复到普遍的,是为了普遍而存在的。这个美德是有普遍性的;不过它特别适合于第三等级,因为第三等级不像别的等级那样,自身内没有存在着绝对调协,而是首先应当促其调协的。

丁、最后,第四个美德是“**正义**,这是最初就曾提出来讨论过的”。正义就是在国家中做正当的事,“当每一个个人只做一种对

283 国家有关的工作,而这个工作又是最适合于他的天性时,这个国家就有了正义。所以这样一来,每个人不必兼操多种职业,而是各人做其特殊适合的工作,不论老幼、男女、自由人、奴隶、手工人、统治者和被统治者都是这样”。这里必须指出:(甲)柏拉图这里把正义和其他的环节〔美德〕平列在一起;正义似乎是第四个美德,是四个规定中的一个。但是他又作了保留,他认为“正义能给予那些属于国家法制的其他的美德——节制、勇敢、智慧——以及那些被统摄在这一普遍的观点之下的德性以存在和继续存在的力量”。因此他又说:“无论何处,只要你发现了其他的美德,你必然会碰见正义本

① “国家”篇,第四卷,第四三〇—四三二页(柏克尔本第一八五——八八页)。

身也已经在那里。”[1]说得更明确一点，正义这一概念是全体的基础、理念，而这全体本身有着有机的分化，每一部分只是全体中的一个环节，而全体又通过部分而取得存在。所以各个等级和特质都只是全体中的一些环节。正义就只是这普遍的、浸透一切的美德，——但是每一部分有其独立性，而且国家也容许每一部分有其独立性。（乙）由此可以明了，柏拉图所了解的正义并不是指财产的权利，像一般的法律学所了解的那样，而是指精神在它的全体性里享有其应分的权利，得到实现。我的人格、我的十分抽象的自由高度抽象地表现在财产里。这种法律学上的种种规定，柏拉图[2] 284
认为完全是多余的。甚至在“法律”篇里，他主要地也是在考察伦理的问题；不过他也多少涉及了一点财产的权利。由此可见，在柏拉图看来，正义是整个本质，就个人说来，正义就是每个人做适合于他的天性的工作，并做得很好。只有这样他才有正当权利成为确定的个体性，他是在国家的集体中，他属于普遍〔即集体〕精神之中，投入他自己的集体中作为一个个体。法律是有确定内容的共相，——是一个形式的共相。它的内容是整个确定的个体性，不是这个或那个东西、偶然的财产。而一个人真正的“财产”乃是有教养地保有和发挥他的天性。正义容许每一特殊规定享有它的权利，同时又导使每一特殊规定回复到全体。（一个个人的特殊性必须予以发展，使它得到实现，享有其应分的权利。这样，每个人便站在他自己的岗位上，每个人就完成了他自己的使命。所以每个

① “国家”篇，第四卷，第四三二—四三三页（柏克尔本第一八八——九一页）。

② “国家”篇，第四卷，第四二五页（第一七六页）。

人都享受他应分的权利。)正义的真正概念就是我们所谓主观意义的自由。在正义里,合理的得到了实现,保持其存在。自由成为现实的这种合法权利,乃是有普遍性的。因此,柏拉图把正义当作全体的特性,并认为合理的自由只有通过国家这一有机体才能取得存在,——这种存在是必然的,是自然的一种形态。

(三)那特殊的主体,作为主体,也同样具有这些特性。**主体的**这些**环节**相应于国家的三个真实环节。柏拉图以如下的方式规定了这些环节在其中得到说明的第三个形式。(理念在国家中是一
285 个节奏、一个典型,——这是柏拉图式的国家的一个伟大而美丽的基础。)"首先,在主体中表现出需要、欲望(ἐπιθυμία),如饥渴等,每一个欲望指向着某种确定的东西,并且只是指向这个东西。为了满足欲望而劳动,相当于第三等级的使命。其次,但是同时在个人的意识里也存在着一种足以停止或阻碍欲望的满足的某种别的东西,对于欲望的引诱有克制之力。这就是逻各斯(λόγος)、理性。与理性相应的就是统治者等级、国家的智慧。再其次,除了灵魂的这两个理念之外还有一个第三者,愤怒(θυμός 激情),愤怒一方面是和欲望相关联,但是也同样可以同欲望作斗争,站在理性这一边。有时一个人做了一件对不起别人的事,那人便使得他遭受饥饿和寒冷,而他又觉得那人是应分地使得他遭受痛苦的,那么在这样情形下,他愈是高尚,他就愈少对那人表示愤怒。有时,他遭受了无理的待遇,于是他就勃然大怒,坚持正义,愿意忍受违反欲望的饥饿、风霜以及别的艰难困苦,并努力克服这些困苦,不愿放弃正义,直至他贯彻了他的意志,或者死了,或者为理性所说服,如像牧羊人制服他的猎犬那样,因而平静下来。愤怒相当于国家中勇

敢的保卫者那一等级。一如勇士为了国家的理性目的而拿起武器，同样，愤怒如果没有为坏的教育所败坏的话，它就能支持理性。"①

"所以国家的智慧和个人的智慧是相同的；同样，国家的勇敢和个人的勇敢也是相同的。其余的美德也都是这样：节制是天性中的个别环节的调协；正如在外在行为方面，正义是每个人做他应
分做的事，同样，在内心生活方面，正义就是精神中的每一个环节 286
享有它应分的权利，不让别的成分干涉它的事务，——让它们各如其分，各安其所。"②这样我们就得到了三个环节的论式：(甲)普遍性；(乙)中项，主观的愤怒反对那客观的事物，它是一种回复到自身的消极的自由，或者可以说，是消极地自身活动的自由。(丙)特殊性。柏拉图在这里也还是没有意识到他的抽象理念，一如在"蒂迈欧"篇里一样，而理念的真理性却内在地表现在他那里，而且一切都是按照理念范成的。这就是柏拉图怎样布置全局的方式。对于这全部结构的发挥只是些细节，本身没有更多的兴趣。

第二，柏拉图然后提出了保持国家的**方法**。这方法就是教育、文化。一般讲来整个共同体建筑在风俗礼教上面，而以风俗礼教成为个人精神的天性，表现在每个人方面作为伦理的行为和意志。现在要问：柏拉图究竟怎样做到使得个人的使命实际上能够成为他们自己的存在和意志并且怎样使得每个人(遵守节制)令他的生

① "国家"篇，第四卷，第四三七—四四一页(柏克尔本第一九八—二〇六页)。

② 同上书，第四四一—四四三页(柏克尔本第二〇六—二一〇页)。

活和意志从属于他的岗位或任务呢？——主要的事情就是教育个人使达到这目的。他要把这种风俗礼教直接在个人中间培养起来，首先是并且特别是在监护人之中培养起来。既然监护人有责任培养这种风俗礼教，所以必须特别注重对于他们的教育。其次就需注重对于战士们的教育。至于对工商业阶层的教育，国家并不很关心。“因为如果鞋匠变得很坏和堕落，没有真正成为他们应
287 该的那样，这对于国家并不是很大的不幸。”①对于统治者的教育才是全体中最重要的部分，才是教育的基础。但是这种教育应该是科学的教育，关于哲学知识、关于共相和绝对存在的知识，而关于共相和绝对存在的科学就是哲学。于是柏拉图就列举了特殊的教育手段：宗教、艺术、科学。柏拉图又很详细地谈到，在什么情况下必须容许音乐和体操作为教育手段。但是他把诗人、荷马及赫西阿德从他的理想国中排斥出去，因为他发现他们对于神灵的表象是没有价值的。因为从那时起已开始对于宙斯和荷马故事的信仰作认真的考察，把个别的叙述当作普遍的通则和神圣的法则。在教育的一定阶段上，儿童故事是没有什么害处的。但是如果把这些故事当成伦理生活的真理性的根据，当作当前有效的法则，——如以色列人的著作、“旧约”中所载的诸民族的殄灭被当作民族权利——如大卫这个上帝的人所干出的不可胜数的下流行为，以及祭司撒母尔对扫罗所干出的并且得到认可的种种暴行。——那么现在该是把它们贬降到一个过去了的、仅只是历史上的东西的时候了。柏拉图讨论了体育和音

① “国家”篇，第四卷，第四二一页(柏克尔本第一六七——一六八页)。

乐，而且特别着重地谈到哲学。[①] 再则他认为国家颁布的劝诫公民各尽职守的法律必须附以序言，以便增强公民对法律的信心。[②] 教育，选择最好的东西，简言之，伦理，乃是柏拉图所特别强调的。

（因此监护者是警卫法律的，而法律又是特别和他们相关联的。在柏拉图那里我们诚然也看见关于财产、警察等等的法律，但是他说，“对于高尚和优秀的人物是用不着费神去给他们制定法律 288
的。”[③]其实，当质料本身仅包含着偶然性时，人们如何可以发现神圣的法律呢？）

但是这里就出现了一个循环：公共的国家生活靠风俗礼教来维系，而反之，风俗礼教又靠机构制度来维系。风俗礼教是不应该独立于机构制度的，换言之，机构制度只是通过教育设施和宗教才影响风俗礼教。机构制度正必须被看作使风俗礼教成立的第一个条件，而风俗礼教又是使得机构制度具有主观性的方式。柏拉图本身就使我们明白他会碰到多少责难。直到现在还有人常常说柏拉图的缺点在于他太理想了；毋宁可以说，他的真正缺点乃在于他太不够理想了。因为如果理性是一普遍的力量，而这力量本质上是精神的，则精神的事物必然具有主观的自由。这种主观的自由，乃是业已出现在苏格拉底那里并被他大加提倡的那个原则，它是作为一个造成希腊的堕落的原则而活动着。希腊奠立在一个实体

① “国家”篇，第二卷，第三七六页至第三卷，第四一二页（柏克尔本第九三—一五五页）；第五卷，第四七二页至第七卷末（柏克尔本第二五八—七二三页）。

② “法律”篇，第四卷，第七二二—七二三页（柏克尔本第三六七—三六九页）。

③ “国家”篇，第四卷，第四二五页（柏克尔本第一七六页）。

性的伦理的自由上面,它不能够忍受主观自由的繁荣滋长。所以理性应该是法律的基础,并且整个讲来也确是如此。但另一方面,良心、自信,——简言之,一切形态的主观自由——本质上是包含在理性之内。主观性与法律、国家有机体诚然是正相反对的。法律、国家之中的那种理性是一绝对的力量,这种力量通过需求的外在的必然性——这里面有着自在自为的理性——,要求同化家庭中的个人。个人是从自由任性的主观性出发,和全体相联系,选择
289 一个岗位,把它提高到伦理的使命。但是这一环节,个人的这种行动,主观自由的这一原则,却不为柏拉图所重视,有时甚至被他有意地抹杀了。他只是考虑到什么样的国家组织是最好的,而没有考虑到什么样的主观个体性是最好的。柏拉图哲学即在超出了希腊伦理生活的原则之中,同时又掌握了这个原则,并且甚至更把它向前推进一步。

至于说到**另一**观点,即排斥主观自由原则的观点,乃是柏拉图的理想国中之主要特征。国家的基本精神在于从各方面使固定了的个性消融于共性之中,把所有的人仅仅当作一般的人。

(一)也就是依据排斥主观性原则这一规定,所以柏拉图(特别地)不容许个人**选择他的等级**,而我们则认为这乃是自由所必不可少的。不过个人等级的划分并不是一生下来就决定了的。每一个人需受国家执政者的考试,这些执政者是第一等级的元老,掌握着教育个人的权力。按照每个人天然的才能和禀赋,这些元老们加以选择,作出决定,并且分配给每个人一个确定的职务。[①] (第一

① “国家”篇,第三卷,第四一二—四一五页(柏克尔本第一五五——六一页)。

等级是执政者，国家的智慧，并且把战士联合在他们这边作为支持。但这并不是说文职等级与武职等级彼此分裂开，而是两者联合着的，——所以元老们就是监护者。）[①]这好像完全和我们的原则相矛盾。因为即使可以正当地说，有某种特殊才能和技巧的人应该属于某一等级，不过究竟一个人属于哪一等级仍然要看他个 290
人的倾向，有了这种倾向——显然是一种自由的选择——才使得各个等级有其独立自为性。这不容许由另一个人用命令的方式说："因为你没有别的更好的用处，所以你应该做一个工人。"每个人自己都可以作尝试。必须容许他作为一个主体，凭主观的方式，凭他自己的意志并考虑到外部的环境，作出决定说："我愿意献身于学术研究。"

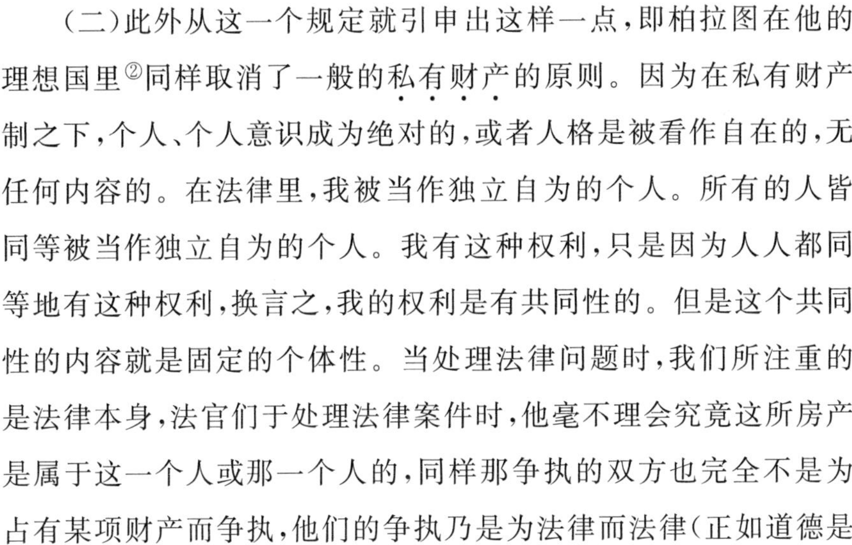

（二）此外从这一个规定就引申出这样一点，即柏拉图在他的理想国里[②]同样取消了一般的**私有财产**的原则。因为在私有财产制之下，个人、个人意识成为绝对的，或者人格是被看作自在的，无任何内容的。在法律里，我被当作独立自为的个人。所有的人皆同等被当作独立自为的个人。我有这种权利，只是因为人人都同等地有这种权利，换言之，我的权利是有共同性的。但是这个共同性的内容就是固定的个体性。当处理法律问题时，我们所注重的是法律本身，法官们于处理法律案件时，他毫不理会究竟这所房产是属于这一个人或那一个人的，同样那争执的双方也完全不是为占有某项财产而争执，他们的争执乃是为法律而法律（正如道德是

① 参看黑格尔："论研究自然权利的科学方式"（全集，第一卷，第三八〇页以下）。

② "国家"篇，第三卷，第四一六—四一七页（柏克尔本第一六二——一六四页）。

为义务而义务一样):这样他们就坚持着这一抽象概念,并且是从现实性的内容里面抽象出来的。但是哲学中的共相却不是抽象,而乃是共相和现实性或内容的统一的本质。因此,只有经共相予以否定才建立起来的内容,以及在回复到共相的过程中的内容,才是有效准的内容,单独孤立起来的内容,自身是没有真实性的。只有当我使用事物时——不是当我享有事物,事物对我只是一个存
291 在着的、对我只是一个固定不动的东西时,——事物才会成为我的财产和所有物。但是(另外一个)即第三等级的人[①]进行手工业、商业、农业,供应公共的必需品,而自己却不能从他的劳动中赢得财产;而整个国家乃是一个大家庭,每个人在里面都有其指定的职务,但是劳动的产品是公有的,从他自己的以及所有的人的产品中,他可以得到他所需要的东西。财产是属于我这个个人的所有物,由于有了财产,我这个个人本身才取得存在,取得现实性。根据这种理由,柏拉图便取消了财产。但是他没有说明,在发展工商业的过程里如果没有获得财产的希望,如何会产生对于生产积极性的刺激。我之能够占有财产,即在于我是一个个人。柏拉图[②]以为,私有财产废除之后,一切争端、倾轧、仇恨、贪婪等都可以消除,这是大体上可以想象的。但与那较高的和合理的财产所有权的原则比较起来,这只是一个次要的结果。唯有个人有了财产,他才有自由。这样我们就看见,柏拉图本人有意识地把主观自由从他的理想国中排斥出去了。

---

① 参看黑格尔:“论研究自然权利的科学方式”(全集,第一卷,第三八一页)。

② “国家”篇,第五卷,第四六四页(柏克尔本第二四三—二四四页)。

（三）根据同样的理由，柏拉图又取消了婚姻，因为婚姻是不同性别的两个人之间的结合，这种结合在单纯的自然关系——也可以称之为“相互利用”——之外，还保持双方相互的依属。柏拉图不容许他的理想国中有家庭生活，——即是不容许使家庭成为一个独立的整体的那种特性。家庭是扩大了的个人，家庭是自然伦理之内的一种排斥其他关系的伦理关系。这诚然是一种伦理关 292
系，不过乃是属于个体的个人的伦理关系。按照主观自由的概念，家庭也同财产一样，对于个人是必不可少的，甚至是神圣的。正与此相反，柏拉图主张婴儿于出生之后立刻就从他们的母亲那里带走，把他们一起放在一个特别的机构（羊圈）中，让另外一些生了小孩的母亲做乳母去养育他们。这样一来，没有一个母亲可以认得她所生的小孩。这些小孩受着共同的教育。同样地妻子也由公家分配。他也赞成举行婚礼，给予每个男人以自己的妻子；不过夫妻同居并不建筑在个人的意向上，决定夫与妇的相互恩爱并不以个人的特殊爱好为准。女人从二十到四十岁期间应该生育，男人从三十岁到五十五岁期间应该有妻子。为了避免血属通奸，凡是一个男子为夫期间所生的子女，都应叫作他的子女。[①] 那本来以家庭生活为主要任务的妇女，在这里解除了她们这方面的工作。因此在柏拉图的理想国里，由于家庭解散了，女人不再管理家务，于是她们也不是私人了，也采取男人的生活方式作为国家中的一般的个人。因而柏拉图让女人也和男人一样做男人所做的一切工作，[②]甚

① “国家”篇，第五卷，第四五七—四六一页（柏克尔本第二三〇—二三九页）。

② 同上书，第四五一—四五七页（柏克尔本第二一九—二三〇页）。

至参加战争的工作。这样他便把女人和男人放在差不多平等的地位上，不过他对于女人的勇敢并没有什么信心，于是主张把她们放在后方，但并不是作为后备军，而是“作为后卫，以便由于人数
293 的众多，至少可以引起敌人的恐惧，而且于必要时也可以赶快增援”。①

这就是柏拉图的理想国的基本特征，其主要之点在于压制个性。表面上看来，好像理念要求提高共性压抑个性，而哲学之所以和一般的表象方式相对立，仿佛也正在于此，——一般的表象方式过于重视个人的地位，并且在国家中和在现实的精神〔按即社会意识〕中，竟认为财产权、个人和个人财产的保护是一切国家的基础。柏拉图理念的局限性即在于它只是一种抽象的理念。但是事实上真正的理念是这样的，即其中每一环节都充分是实现出来的、得到具体体现的、自身独立的，而每一环节的独立性对于精神来说同时又是被扬弃了的。照这样看来，个性必须按照理念充分实现出来，个人必须以国家为他活动的范围和领域，但却又必须消融其自身在国家之中。家庭是国家的元素，这就是说，家庭是自然的、无理性的国家。这元素本身是必须存在的。其次，理性国家的理念必须把它的概念的各个环节实现出来，以便每一环节成为一等级，伦理的实体区分成许多部分，正如人的身体区分成脏腑和器官一样，其中的每一个器官都过着自己独特的生活，但全体合在一起又只构成一个生活。国家、全体必须浸透一切。同样，正义的形式原则作为人格的抽象的共性，而以个人的权利作为现存的内容，亦必须

① “国家”篇，第五卷，第四七一页(柏克尔本第二五七页)。

浸透全体。而一个等级特别属于一个全体。所以必然也有一等级，在其中直接的财产就是永久的财产，一块土地的占有也正如身 294
体的占有一样。其次，另有一等级则不断地在寻求财产之中，而没有那样的直接的财产，而只有一种老是在转移变化的财富。民族让个性的原则在这作为它自身的一部分的两个等级里支配，并让法律在这里统治，在这个可以说是在变动性的原则中去寻求经常性、共相、自在性。这原则必须获得它完全充分的现实性，且必须表现为财产。这才是真的现实精神，这个现实精神的每一环节都有其充分的独立性，并且它完全可以在无论任何存在中获得它的外在化。——自然界，除非在大的体系中，是不能发挥出它的诸多部分的独立生活的。[①]

正如我们在别的地方可以看见的那样，这就是近代世界大大地超出于古代世界的地方，在古代世界里客体获得较大的绝对的独立性，但因而就愈难于回复到理念的统一性。

缺乏主观性也就是希腊伦理观念本身的缺点。在苏格拉底那里开始的〔主观自由〕原则，到此为止只是以次要的地位出现。现在它也必须成为绝对的原则、理念本身的一个必然的环节。

由于废除了财产和家庭生活，由于取消了对于职业的任意选择，简言之，由于排斥了一切与主观自由这一原则相关联的这些规定，柏拉图相信他可以关闭一切通向情欲、仇恨、争执等等的大门了。他很好地认识到，希腊人生活的堕落是由于个人本身开始坚持其目的、倾向、利益，并使得个人的利益支配了公共精神。但是

---

① 参考黑格尔："论研究自然权利的科学方式"（全集，第一卷，第三八一页，三八三—三八六页）。

295 既然这主观自由的原则通过基督教成为一必要的原则,——在基督教里个人的灵魂是绝对目的,因而被当作在精神的概念里必要的东西而进入这世界。——所以我们看出柏拉图的国家法制是次要的,不能够满足一个伦理有机体所需要的较高要求。柏拉图不曾承认个人的自立、知识、意志、决定,不知道把它们和他的理念联合起来。正义既要求这些个人的特性有其正当权利,同样也要求把这些特性消解在较高的理念里与共相相谐和。与柏拉图的原则正相反对的是个人的自觉的自由意志原则,这原则近来特别被卢梭提到很高的地位:认为个人本身的意志、个人的表现是必然的。于是卢梭这一原则便走到正相反对的极端,以极其片面性的姿态出现。与卢梭这种自由意志和教育相反对,我们必须有自在自为的共相和被思维的原则,却并不把它当作贤明的统治者、伦理,而是把它当作法律,并且同时又是我的本质和我的思想,换言之,我的主观性和个体性。人们必须从他们自身里按照自己的利益和情欲产生出合理的事物来,正如理性必须通过急迫的需要、偶然的机会和外在的环境方成为现实性一样。

我们还没有引证“克里底亚”篇,这是一个残篇,和“蒂迈欧”篇有联系,“蒂迈欧”篇研究人和自然的思辨的起源,而“克里底亚”篇则阐述人类文化的历史(有哲学意味的历史)作为雅典人的远古的历史,像埃及人所保存下来的那样。[①]

296 我们还可以简短地考察一下柏拉图哲学中一个著名的方面:

① “蒂迈欧”篇,第二〇页以下(柏克尔本第一〇页以下);“克里底亚”篇,第一〇八页以下(柏克尔本第一四九页以下)。

即**美学**，关于什么是**美**的知识。关于这点，柏拉图也同样抓住了唯一的真的思想，认为美的本质是理智的、是理性的理念。当他谈到精神的美时，我们应该这样去理解他，即：美之为美即是感性的美，并不是在人所不知的无何有之乡；不过在感性上是美的东西，也正是精神性的。美的理念一般也是这样的情形。正如现象界的事物的本质和真理是理念，同样现象界的美的事物的真理也是这个理念。[①] 对于肉体的关系，就其为各种欲望间的关系，或者舒适的事物或有用的事物间的关系而言，并不是美的关系；这仅只是感性的关系，或个别与个别之间的关系。[②] 而美的本质只是在感性形态下作为一个事物而出现的简单的理性的理念，这个美的事物除了理念外没有别的内容。[③] 美的事物本质上是精神性的。（一）它不仅仅是感性的东西，而是从属于共相、真理的形式的现实性。不过（二）这共相也没有保持普遍性的形式，而共相乃是内容，其形式乃是感性的形态，——一种美的特性。在科学里面共相又复有普遍性或概念的形式。但是美表现为一个现实的事物，或者在语言里表现为表象，在这种表象的形态下，那现实的事物便存在于心灵中。美的本性、本质等等以及美的内容只有通过理性才可以被认
识，——美的内容与哲学的内容是同一的；美，就其本质来说，只有 297
理性才可以下判断。因为理性在美里面是以物质的形态表现出来的，所以美便是一种知识；正因为如此柏拉图才把美的真正表现认作是精神性的（在这种美的表现里理性是在精神的形态中），认作

---

① “大希比亚”篇，第二九二页（柏克尔本第四三三页）。

② 同上书，第二九五页以下（第四三九页以下）。

③ 同上书，第三〇二页（第四五五—四五六页）。

是在知识里。

这就是柏拉图哲学的主要内容。他的观点是:(甲)偶然的形式,——谈话的形式,有高尚精神的人们、自由的人们的谈话,这些人除了理论和精神生活外没有别的兴趣;(乙)人们来到这里,被内容所吸引,进入最深刻的概念,——美丽的段落,深刻的思想,正像碰着宝石一样,不是在沙漠里,当然是在干燥的途径、在长满了花的原野里,但是需通过辛苦的道路(宝石、花以及明朗的自然);(丙)没有系统的联系,但有着一个一贯的意义;(丁)一般讲来缺乏概念的主观性,但是(戊)有着实体性的理念。

柏拉图的哲学有着两个阶段,循着这两个阶段它必然会发挥和发展到较高的原则。第一,那在理性中的共相必须二元化成坚强的无限的对立,在孤立自为的个人意识的独立性里。于是在新学园派那里,自我意识回复到自身,而成为一种怀疑论;——一种一般地反对一切共相的消极的理性,不懂得去发现自我意识和共相的统一,因此老停留在自我意识里。第二,新柏拉图学派却完成了这种回复,这种自我意识和绝对本质的统一。对于他们,神是直接呈现在理性中,——理性的认识本身就是神性的心灵,而理性认识的内容就是神的本质。往后我们将要考察这两派。

298
乙、亚里士多德

关于柏拉图,我们就谈到此为止;我们很舍不得离开他。当我们进而叙述他的学生亚里士多德的时候,恐怕我们还得更加详细些;因为亚里士多德乃是从来最多才最渊博(最深刻)的科学天才之一，——他是一个在历史上无与伦比的人。而且由于我们拥有那么一大堆他的著作，所以关于他的材料也就更丰富。但是亚里士多德所应该得到的详尽的叙述，可惜我却不能保证给予他。对于亚里士多德，我们将要限于对他的哲学作一般的陈述（柏拉图和亚里士多德应当称为人类的导师，如果世界上有这种人的话）；我们只将特别注意亚里士多德在他的哲学中，在理念的深度及广度这两方面，如何把柏拉图的原理所开始了的东西向前推进一步。亚里士多德深入到了现实宇宙的整个范围和各个方面，并把它们的森罗万象隶属于概念之下；大部分哲学科学的划分和产生，都应当归功于他。当他把科学这样地分成为一定概念的一系列理智范畴的时候，亚里士多德的哲学同时也包含着最深刻的思辨的概念。没有人像他那样渊博而富于思辨。但总的看起来，他的哲学却不像是一个次序及联系皆属于概念的有系统的整体，而是各个组成部分都从经验取来，被搁在一起；部分单独被认为一定的概念，但概念却不是起联系作用的运动。不过，虽然他的系统似乎没有在
它的各部分中被发展出来，而各部分只是彼此并列着：但这些部分 299
仍然是真正思辨的哲学的全部总和。

其所以必须详细地讲亚里士多德，有一个理由就在于：虽然他许多世纪以来乃是一切哲学家的老师，但却从没有一个哲学家曾被完全没有思想的传统这样多地歪曲过，这些关于他的哲学的传统说法，过去一直被保持着，到今天情形还是如此。人们把与他的哲学完全相反的观点归之于他。柏拉图的著作被广泛地阅读；亚里士多德则直到最近几乎还未被认识，所流行的乃是关于他的一些最错误的偏见。他的思辨的、逻辑的著作差不多没有人认识；他

的关于自然史的著作,最近曾得到较多的公平待遇,但他的哲学的观点便不然了。有一个极普遍流行的(很习见的)意见,认为亚里士多德和柏拉图的哲学乃是正相对立的,后者是唯心论,前者是实在论,而且是最不足道的实在论。柏拉图以理念、理想为原理,使内在的理念从自己创造自己;而依照亚里士多德,则灵魂乃是一个白板,它的一切规定是完全被动地从外界接收过来的,他的哲学乃是经验论,而且是最坏的洛克式的经验论等等。但我们将要看见,事实丝毫不是这样。实际上,亚里士多德在思辨的深度上超过了柏拉图,因为亚里士多德是熟识最深刻的思辨、唯心论的,而他的思辨的唯心论又是建立在广博的经验的材料上的。就是在现在,在法国还存在着关于亚里士多德的完全错误的见解。传统如何盲目地重复一些关于他的说法,而不去在他的著作中观察是否如此,这一点可以举这一个例子来说明:——在旧的美学中,戏剧的三种统一——行为、时间和地点的统一——被当作亚里士多德的规则、
300 健康的学说来赞扬。但亚里士多德却只谈到行为的统一,①并偶尔谈到时间的统一,②——而关于第三种统一,即地点的统一,他一点也没有提到。

生平。　亚里士多德生于斯塔吉拉,这是一座临斯特吕摩尼亚海湾的色雷斯城市,也是一个希腊殖民地;——所以他虽则出生于色雷斯,却是一个希腊人。这个希腊殖民地和色雷斯其他地方一样,落到马其顿王腓立的统治之下。亚里士多德的生年是第九

① 亚里士多德:“诗学”,第八章(柏克尔本)。

② 同上书,第五章。

十九届奥林比亚赛会的第一年（公元前三八四年）。柏拉图生于第八十七届奥林比亚赛会的第三年（公元前四三〇年）；这样，亚里士多德比柏拉图年轻四十六岁，也就是生于苏格拉底死（第九十五届奥林比亚赛会的第一年，即公元前四〇〇年）后的第十六年。他的父亲尼各马可是一个医师，为腓立的父亲马其顿王阿明塔的御医。[①] 亚里士多德很早就失去双亲，在他们死后，他就由普罗克塞那（他的亲戚）所抚养，他对此人永远感激不尽，并终身以最大的敬意怀念着他，并且立像来纪念他。亚里士多德后来又将普罗克塞那的儿子尼加诺尔抚养，并收为己子，并且立他为自己的遗产继承人，以报答普罗克塞那对自己的抚养教育之恩。十七岁时亚里士多德来到了雅典，在该地停留了二十年，与柏拉图相处。[②] 他因此有机会完全确切地认识柏拉图的哲学；这样，如果有人说他不了解柏拉图的哲学，这种说法，单就显然的事实来说，就显出是任意的毫无根据的假定了。

关于柏拉图与亚里士多德之间的关系，特别是关于柏拉图不
选择亚里士多德而选择一个近亲斯彪西波为他的学园的继承人这 301
件事，第欧根尼[③]曾给我们留下一大堆无稽的互相矛盾的传说。如果柏拉图的学派的继续，是企望能在其中把柏拉图自己所主张的哲学更确切地维持下去，那么，柏拉图当然不能任命亚里士多德

① “第欧根尼·拉尔修”，第五卷，第一、九节；布勒：“亚里士多德传”（“亚里士多德全集”第一册）第八一—八二页。

② 安莫纽·萨加：“亚里士多德传”（布勒：“亚里士多德全集”，第一册）第四三—四四页；“第欧根尼·拉尔修”，第五卷，第九、一二、一五节。

③ 第五卷，第二节。

为其继承人,而斯彪西波才是最适宜的人选。但是,事实上柏拉图却是得到亚里士多德为他的继承者,因为亚里士多德是以柏拉图的意义理解哲学的,不过亚里士多德的哲学是更深刻、更完善的,——因之也就是同时把它推进了一步。据说,由于不满这次继承问题上的被忽略,亚里士多德于柏拉图死后(第一〇八届奥林比亚赛会第一年,即公元前三四八年)就离开雅典,而到米西亚的阿塔尔尼亚的统治者赫尔米亚那里住了几年。赫尔米亚曾在柏拉图那里和亚里士多德同学,并且当时与亚里士多德有很亲密的友谊。亚里士多德在他那里度过了三年。赫尔米亚,一个独立的君主,和小亚细亚其他的许多专制的希腊君主国和共和国一同被一个波斯的总督所征服了;赫尔米亚被擒解到波斯王阿塔泽尔士那里,阿塔泽尔士立刻命人将他钉上了十字架。为了避免遭到相同的命运,亚里士多德就和他的妻即赫尔米亚的女儿比提娅逃往米底勒尼,并在该地居住。他为赫尔米亚在德尔斐立了一个纪念像,并刻有铭文,此铭文至今尚存。从这铭文我们得知赫尔米亚是被奸计和叛逆所害才落于波斯人之手的。亚里士多德并在一首歌颂美德的美丽颂诗里面赞扬赫尔米亚的名字,此诗也传到今日。①

从米底勒尼,他(第一〇九届奥林比亚赛会的第二年,即公元
302 前三四三年)被马其顿王腓立召去当亚历山大的教师,当时亚历山大是十五岁。腓立有封著名的信邀请他去任教,这封信至今还保存着。腓立写道:“我有一个儿子,但我感谢神灵赐我此子,还不若

① “第欧根尼·拉尔修”,第五卷,第三—四、七—八节;布勒:“亚里士多德传”,第九〇—九二页。

我感谢他们让他生于你的时代。我希望你的关怀和智慧将使他配得上我，并无负于他未来的王国。”[①]在人类历史里，当一个亚历山大的教师，显然是一种光辉的命运；在这个宫廷里，亚里士多德充分享受了腓立及其王后奥林比娅的恩宠和尊敬。亚里士多德的这个学生后来如何，已是众所熟知的事；至于他的教育的结果怎样，则亚历山大的精神和事业的伟大以及他对他的先生的持久的友谊，就是亚里士多德的最好的鉴定——如果亚里士多德需要这样的鉴定书的话；这些事实为他的教育的精神作了见证。亚里士多德在亚历山大身上，比柏拉图在狄奥尼修身上，找到了一个不同的、更有价值的学生。柏拉图所关心的是他的共和国，所关心的是一个理想的国家，至于那个个人只不过是手段而已；他和这样一个人建立关系，只想通过他来实现自己的理想国，那个个人乃是无足重轻的。相反地，在亚里士多德就没有这个目的；他面前只有一个个人，他的目标就是把这个人的人格培养和发展起来。亚里士多德是以一个深刻的、精通的、有抽象思维能力的形而上学家见称的；他之很认真地来对待亚历山大，乃是很显然的事。亚历山大的教养，有力地驳斥了关于思辨哲学对于实践无用的那种流行说法。对于亚历山大，亚里士多德不采用近代一般的浅薄的教育王子的方法来教育他，关于这一点，只要看看亚里士多德的诚恳认真，就
可以很自然地意料到；亚里士多德是知道什么是真理，什么是真的 303
文化教养的。此外，从另一件事实也可以显然看到这个，那件事实

① “亚里士多德全集”（一六〇七年 Pac.，Aurel. Alobrog. 版）第一册，末尾：亚里士多德残篇（参看施塔尔：“亚里士多德”，第一部，第八五一九一页）。

就是：当亚历山大深入亚细亚在征战过程中听到了亚里士多德把他的哲学中的奥秘的部分在一些(形而上学的、思辨的)著作中发表出来时，他就写给他一封责备的信，信里说，他不应该把他们两个人一起工作而获得的东西，向一般普通人披露。亚里士多德这样答复亚历山大："虽然发表了，但它还是和未发表时一样不被人认识的。"①

我们不能在这里把亚历山大作为历史人物来加以评价。在亚历山大的教育里面，那能够归功于亚里士多德的哲学教化的是：亚历山大的精神秉赋的特有的伟大、那自然的本性，得到了内在的解放，被提高到完满的、自觉的独立，而这乃是我们在他的目的和事业中所看到的。他达到了这种对自己的完满的确信，这种确信是只有思想的无限勇敢才能给予的；他达到了不为特殊的、狭隘的计划所限，并将这些计划提高到一个完全普遍的目的，去将世界建设成一个普遍地互相往来的社会生活，建立一些不受偶发的个性所控制的国度。亚历山大实现了他的父亲所考虑过的计划，领导希腊人的欧罗巴来对亚细亚复仇，使亚细亚臣服于希腊，正如唯有在特罗亚之战时希腊才团结一致一样，〔他团结了整个希腊世界〕——那一次是在真正的希腊世界的开端而这一次是在其终局。这样他就同时报复了波斯人加在亚里士多德的朋友赫尔米亚身上的背信和残酷。亚历山大把希腊的文化传布到亚细亚，为了把这
304 个粗野的、专事破坏的、本身是一个四分五裂的极端野蛮的混合体，而且深陷在完全的委靡、否定和精神堕落里面的亚细亚，提高

① 奥拉·格利乌："雅典纪事"，第二〇卷，第五章。

到一个希腊的文化世界。而如果人们说，亚历山大不过是一个征服者，他并不懂得怎样建立一个持久的国家，因为他的帝国在他死后立刻又分裂了，这个说法也是对的，假如只是浅薄地来看这件事，即是他的家族没有能够维持这个统治，——但是，希腊的统治却继续下去了。亚历山大没有为自己的家族建立一个帝国，而是在亚细亚建立了一个希腊民族的广大的帝国；希腊的文化，希腊的科学在那里生了根。小亚细亚的希腊国家，特别是埃及的希腊国家，变成了许多世纪期间科学的中心；它们的影响可能一直到达了印度和中国。我们不知道，是否印度人由此获得了他们科学知识中最好的部分；很可能印度人的天文学中较精确的部分是由希腊人那里得来的。而那深入了亚洲远至巴克特里亚（希腊人的巴克特里亚国〔按即大夏〕）的叙利亚王国，无疑地是这么一个地方，从这个地方再通过了屯殖在那里的希腊殖民地，那极少量的科学知识就被传到亚洲内地，传到中国，这点科学知识在那里就带着一个传统的外貌维持下去，不过在中国却没有繁荣起来。中国人是笨拙到不能创造一个历法的，他们自己好像是不能运用概念来思维的；他们也显示出他们有些古老的仪器，而这些东西是与他们的日常作业配合不上的，——所以，最自然的猜测就是：这些东西乃是来自巴克特里亚。对印度人和中国人的科学知识估计太高乃是错误的。

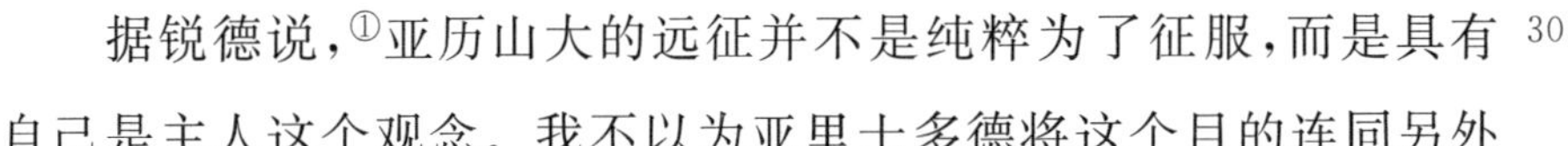

据锐德说，[①]亚历山大的远征并不是纯粹为了征服，而是具有 305
自己是主人这个观念。我不以为亚里士多德将这个目的连同另外

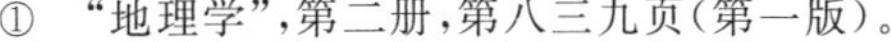

① “地理学”，第二册，第八三九页（第一版）。

一个东方式的概念灌输在亚历山大的脑子里面;(这个东方式的概念就是:在东方,亚历山大的名字是作为伊斯班德,并作为杜尔克-阿尔纳因,双角的人,尤比德·阿蒙,古代东方英雄的形象而流行着);我也不以为马其顿诸王自命为古代印度诸英雄家族的后裔(狄奥尼修)并应有统治权;我也不能同意这样一段话:"这个知识乃是那占有了这个青年英雄的灵魂的真正的宗教的基本观念,当他在出发远征亚洲之前,在依斯特河〔按即多瑙河〕下游找到了一些印度的为巫师所统治的国家,在这些国家里面灵魂不朽的学说是被宣扬着的,并且他**无疑地不是**没有接受那曾在毕泰戈拉和柏拉图那里学得了印度人的智慧的亚里士多德所劝说,而开始了对亚洲的远征,而且,先在阿蒙(现在是湿婆)教的神谕那里问卜,然后击破波斯帝国,烧毁印度宗教的老敌人波斯波里,为对大留士所加于佛教徒及他们的同宗信徒们身上的暴行复仇。"这是一个由于透彻熟知东方和印度的观念之间的联系而来的天才理论,并且是从更高的历史观点而来的;但它却是不适当的。第一,我是根据历史事实的;第二,亚历山大的远征有着一种完全与此不同的历史的、军事的、政治的性质,此外,它与印度人并无多少牵涉,——它完全是一种通常的征战。亚里士多德的形而上学和哲学是绝不承认这种愚蠢的荒诞幻想的。第一,亚历山大在东方人的想象中被捧成一个公认的英雄、一个神,这是不足为奇的。达赖喇嘛现在还是这样;神与人一般地并不是相去很远。第二,希腊本身亦趋向于一种神变成了人的观念,——这种神不是一个遥远的、生疏的雕
306 像,而是在这无神的世界里面的一位活生生的神。德梅特留·法来留和别的一些人,在雅典往后不久也就被当作神来尊敬和崇拜。

第三，此外，无限也存在于意识里面。第四，佛教徒并未引起亚历山大的兴趣，在他的印度远征中，看不出有什么东西和佛教徒有关。至于波斯波里的焚毁，当作希腊人对泽尔士毁坏雅典及希腊的神庙的报复，便已有充分理由。

当亚历山大这个站在希腊顶峰上的最伟大的人完成着这个伟大的工作时，他同时还经常地记住艺术和科学。正如我们在现代也看到军人在他们的战斗中也记挂着科学和艺术一样，亚历山大当时命令人作这样的安排：凡在亚细亚发现了什么有关新的动物和植物的材料，便必须把原物或该物的绘图或详细的描述寄送给亚里士多德。亚历山大的这种关怀使得亚里士多德有了一个很好的条件，来收集他对自然研究的宝贵资料。普里尼[①]记述说："亚历山大命令近一千个以打猎、捕鱼、捕鸟为生的人，波斯帝国境内动物园、禽鸟园、鱼塘的监督者，经常供给亚里士多德以每个地方值得注意的东西。"这样，亚历山大在亚洲的征战对于亚里士多德有了进一步的作用，使得他能够成为博物学的始祖，而且据普里尼说，他著了五十部博物学的书。

亚历山大开始了他对亚洲的远征之后，亚里士多德回到了雅典成为公众的教师，在一个叫作吕克昂的公共场所讲学。这个地方是柏里克勒原来为训练新兵而建造的游乐场；它包括一座为吕 307
克欧（Λύκειος）的阿波罗而建的神庙、许多林荫路（περίπατοι），有树木、喷泉和柱廊装点着。也许就是由于这些供散步的林荫路之故，他的学派获得了逍遥学派这个名称，而并非由于亚里士多德本人

① "自然史"，第八卷，第一七章（Bip. 版）。

喜欢走来走去,如人们所说的那样,特别喜欢一边走一边讲学。他就在雅典这样住下讲学十三年。亚历山大死后,一个以前大概由于惧怕亚历山大而未发作的风暴爆发了。亚里士多德被控以不敬神之罪。关于详细内容,各人所传不同;就中并有一项,即他给赫尔米亚的献诗以及那刻在赫尔米亚纪念像上的铭文也被当作他的罪过。当他看到风暴将要爆发时,他就逃到优卑亚的加尔西斯去(此地今名尼格罗班特),以免如他自己所说的让雅典人有机会再一次对哲学犯罪。他于次年死在那里,死时年六十三岁,即第一百一十四届奥林比亚赛会的第三年(公元前三二二年)。[①]

研究亚里士多德的哲学的原料,是他的**著作**;不过,如果我们考虑到这些著作在外面遭遇的命运及它们的情况,那么似乎要从它们来认识他的哲学,就会困难重重。关于他的著作,此地我不能详细加以探讨。第欧根尼·拉尔修[②]提及很多的这些著作,但从它们的题目看来,我们却不能确定地知道,现在我们所有的亚里士多德著作中哪些乃是他所指的,因为题目很不相同。第欧根尼所给出的行数,是四十四万五千二百七十行;如果以一个字母代表一
308 万行,则可以得四十四个字母,——而我们现在所有的他的著作,大概等于十个字母,这样,就差不多只是原来的四分之一。至于亚里士多德的原稿的命运,从传说看来,似乎我们实在不可能或极少

① “第欧根尼·拉尔修”,第五卷,第五—六节;苏以达,参考“亚里士多德”题目下,布勒:前引书,第一〇〇页;安莫纽·萨加,“亚里士多德传”,第四七—四八页;梅纳鸠注“第欧根尼·拉尔修”,第五卷,第二节;施塔尔,前引书,第一〇八—一〇九页,布鲁克尔,“批判的哲学史”,第七八八—七八九页。

② 同上书,第五卷,第二一—二七节。

希望得到了他真正的不被损坏的著作；对于它们的真实性的怀疑一定会发生，而且我们还应该很惊奇，看到它们还很像现在这样流传到我们这时。据传说，亚里士多德在活着的时候很少让他的著作被人知道，他把他的著作连同他的丰富的藏书遗留给他的继承人德奥弗拉斯特。他的藏书可以说是第一个颇有可观的藏书，是由于他自己的财力和亚历山大的帮助而收集来的；由此可见亚里士多德的博学。后来这些藏书(一部分书籍或抄本)被带往亚历山大里亚，成了托勒密王朝图书馆的基础，这个图书馆在恺撒大帝占领亚历山大里亚时被付之一炬。至于亚里士多德的原稿，则传说德奥弗拉斯特在遗嘱中把它们传给一个叫奈勒乌的人，从此人手中又流入一些无知识的人手里，这些人既是全不关心又毫不懂得它们的价值而把它们搁置着；又据说(据另外一些人说)是奈勒乌的后裔为了使它们不落于酷爱搜集藏书的柏加孟诸王之手，而把它们埋藏在一个地窖里，在那里它们被忘记了，竟被搁置了一百三十年，因此变成一塌糊涂。经过了这一段时期之后，德奥弗拉斯特的后裔们在多次找寻之后终于再把它们发现，并将它们卖给德约斯地方一个叫阿柏康利的人，此人把虫蛀的和腐烂的地方补上了，但对于这件工作这个人实在是没有足够的学识和本领来做的。因此，又有别人来做此事，按照他们的心意填在空白上，把被破坏的弥补起来；这样，这些著作就被改变得很够了。但这还不算数。阿
柏利康刚一死，罗马人苏拉就侵占了雅典，而在他送往罗马的虏获 309
物中，亚里士多德的著作也是其一。那些罗马人刚刚开始晓得希腊的科学和艺术，对于希腊的哲学却还没有加以重视，他们不懂得去从这些著作中吸收教益。以后一个叫提兰尼奥的希腊人在罗马

获得允许去利用亚里士多德的这些原稿，并把它们发表，他编了一个本子，但这个本子也被指责为不够准确；在这里这些作品又遭到这样命运，被书商们交到一些无知识的抄写人手中，这些人又加进了一大堆讹误。[①]

这就是关于亚里士多德哲学的原料的情况。亚里士多德于他活着的时候曾让他的许多著作问世，——如亚历山大里亚图书馆的那些原稿；但看来它们并不曾被广泛传诵。事实上亚里士多德的许多著作都颇有讹误、遗漏、不完全之处。有些著作(如关于形而上学的著作)某些部分像是由许多著作拼凑而成的；这样一来，那高级的批评〔按即考证校勘〕就能尽量卖弄它的聪明，因而照某人看来，很可能事情能够这样来解释，——而另外一个聪明人则又能用不同的解释来反对这个解释。有一点是很清楚的，就是：它们都有讹误损坏，常常在个别著作里(如"诗学")，而且在大部分别的著作里不相连贯契合；更常见的是，有时整段文章几乎一字不改地重复出现。既然祸害由来已久，当然也就不能希望有什么根本解救的办法。不过事情也不完全像上面的描写所透露的那样糟糕。有很多重要著作可以视为完整无恙的；某些别的作品虽然个别地
310 方受了损坏，并且次序布置得不很好，——但这对于他的哲学的主体，并没有像表面看来那样大的损害。我们现有的资料已经足够使我们对于亚里士多德的哲学全貌以及它的许多细节能够获得一定程度的了解。

① "斯特拉波"，第一三卷，第四一九页(卡骚滂一五八七年版)；普鲁泰克："苏拉传"，第二七章；布鲁克尔："批判的哲学史"，第一册，第七九八—八〇〇页。

但还有一个有历史性的区别要注意。有这么一个古代的传统，认为亚里士多德的学说是有双重性质的，并且写了两类的著作——一类是奥秘的或深奥的，一类是通俗的，这是在毕泰戈拉派那里也发生过的一种区别。他在吕克昂每天上午讲授奥秘的学说；〔晚间讲授通俗的学说〕[①]；那通俗的学说是关于修辞学、辩论术的训练和公民事务的知识的：另外一种即奥秘的学说则是关于内在的更深刻的哲学、自然的考察和辩证法本身的。[②] 这种情况是不关重要的。人们自己立刻看出来哪些作品是真正思辨的和哲学的，另外哪些作品只是经验性质的；就内容来说，它们不应被认为是互相对立的，好像有些是为人民大众的，有些则是为自己人的似的。

第一，首先应指出，**亚里士多德哲学**这个**名称**是有多种意义的，——就是，人们所称为亚里士多德哲学的东西，曾有**各种不同的形式**，在不同的时代很不相同。它首先是指亚里士多德本来的哲学。至于亚里士多德哲学的其他形式，则：(一)在西塞罗的时候，宁可说它是一种通俗的哲学，特别注意博物学方面和道德方面；它似乎对于亚里士多德的真正思辨的哲学并不发生兴趣，在西塞罗那里，对于亚里士多德哲学的思辨的方面，毫无理解。(二)它 311
的次一个形式乃是那个最高度思辨的亚历山大里亚哲学的形式，——也就是那被称为新毕泰戈拉派、新柏拉图派哲学的东西，它也同样可以称为新亚里士多德派哲学——；即是亚历山大里亚

① 据米希勒本，第二版，英译本，第二卷，第一二九页增补。——译者

② 格利乌："雅典纪事"，第二〇卷，第五章；施塔尔：同上引书，第一一〇——一二页。

的学者们当作与柏拉图哲学等同、并这样来探讨的形式。(三)另外一个重要的意义是指得名于中世纪的那个形式,当时人们由于知识不足,把经院哲学称为亚里士多德哲学。经院学者曾对亚里士多德哲学有过很多钻研;但是,亚里士多德哲学在他们那里获得的形式,我们却不能把它当作亚里士多德哲学的真正的形式。我们在他们那里所见到的一切发挥以及全部的理智形而上学和形式逻辑,并不属于亚里士多德。经院哲学不过是从亚里士多德的学说的传统引申出来的。(四)只有当亚里士多德的作品在西方被认识了之后,一种与经院哲学部分地对立着的亚里士多德哲学才被形成——它出现在经院哲学时代行将告终之时,即文艺复兴时代。只有在宗教改革之后,人们才回到了亚里士多德的本源去。(五)最近出现的一些对亚里士多德哲学的错误的看法和理解。那个伟大的邓尼曼过于缺乏哲学的才能,无法把握亚里士多德的哲学;在他的译文里面,原作的意义常被弄错,直到与原意正相反。

人们所有的关于亚里士多德哲学的一般想法,是以为它乃是建立在经验之上,以为亚里士多德把人们所称为经验的作为知识、认识的原理。虽然这个观点在一方面说来是很错误的,但发生这种错误的原因也可以在亚里士多德的哲学思考方式中找寻到。有
312 一些在这方面被提出来而差不多也是人们所唯一懂得的特别章句,被利用来证明这个看法。

上面已对亚里士多德的哲学思考方式的一般性质作了说明。我们不必去在亚里士多德那里找寻一个哲学系统。亚里士多德详述了全部的人类概念,把它们加以思考;他的哲学是包罗万象的。在整体的某些特殊部分中,亚里士多德很少以演绎和推论迈步前

进；相反地他却显出是从经验着手，他也论证，但却是关于经验的。他的方式常是习见的论证方式；但有一点却是他所独具的，就是当他在这样做的时候，他是始终极为深刻地思辨的。

第二，**首先**得谈谈**亚里士多德方式的特性**。这个方式是这样的：对于他，最重要的是处处去关心确定的概念，将精神和自然的个别方面的本质，以一种简单的方式，即概念形式加以把握。由此有了最丰富最完全的各个方面，这就表示这个方式拥有整个现象世界在自己面前，即使是最普通的东西也不摒弃。知识的一切方面都进入了他的精神，所有的东西都使他发生兴趣，而他也深刻而详尽地处理了一切。抽象工作在处理一种现象的经验内容时，很容易陷入困境，无从施展；它可能只是片面地进行，而不能穷尽其一切细节。亚里士多德最多地把握了现象；他确实地表现出自己只是一个思想着的观察者，他考虑了宇宙的一切方面。但他主要是以一个思辨哲学家的态度来对待那些个别细节，并这样来研究它们，使最深刻的思辨概念由之产生。此外，我们看见过，思想最初是由感性的东西出来的，而在诡辩术里，它通常仍然直接在现象 313
上下工夫。在知觉、表象里面，出现了范畴；那绝对的本质，那对这些环节的思辨观点，是常常在表述知觉时被表达出来的。亚里士多德考察了知觉的这个纯粹的本质。当亚里士多德相反地从普遍、从简单者出发而予以规定时，他同样也好像是在把普遍、简单者的各种意义一一列举出来，并且在这堆意义中，他又通过所有的方式，甚至是最平常和最感性的方式，一一予以考察。亚里士多德就是这样对他所处理的对象进行考察，看看其中出现着什么个别的规定。例如他考察了本质、ἀρχὴ（原理）、αἰτία（原因）、同时（ὁμοῦ）等

等;他说:本质是在这个意义上、在那个意义上、在许多意义上被述说,于是就出现了这些规定。他考察了每一个观念:思想;考察了物理学中的观念:运动、时间、地点、暖、冷。这些对象以经验的方式被列举出来;他并考察了哲学家们所曾有过的各种思想,常常用经验的方式反驳他们或拥护他们,以许多种方式加以论证;然后,他达到了那真正的思辨的规定。逐一去跟踪他这种无必然性的单纯的列举,在某种程度上的确常常使人发生厌倦。而有时一系列的意义,仅就其本质看来,似乎是有共同性的,但又没有依照其特殊性,它们显得只是外在地被把握而已。但是这个方式一方面也完备地提供了各个环节,一方面也刺激人去自己找寻并发现必然性。从这种罗列,他又进一步去把它们思辨地加以考察;而这种就各方面来规定对象,使得概念,即思辨的概念,简单的规定由之产生,——亚里士多德之具有真正的哲学思想而同时又有最高的思辨思想,就在于此。

314　亚里士多德所从事的,不是去把一切还原为一个统一体,或是把诸多规定归结到一种对立的统一上;正相反,他却是要紧紧抓住每个东西的特殊性,而且这样去跟踪它。第一,前一种方法从一方面说可以是浅薄的,譬如易怒和敏感、强壮和虚弱都只是空洞的特性;但第二,也有必要在那简单的特性中来把握实在;——但当然不以这种方式作为出发点。在另外一个范围里,亚里士多德放弃了这个规定,在那里,它不再有这个形式;不过他指出来它在这里是怎样的,或者它曾发生了什么运动、变化。在他的真正的思辨里面,亚里士多德是和柏拉图一样深刻的,而且比他发展得更远、更自觉;对立也获得了更高的明确性。当然,在亚里士多德这里,缺

乏柏拉图那种形式之美，那种语言（像谈天一样）的可爱，那种对话的艺术，它是那样生动，又是那样文雅而近人情。不过，在我们看见柏拉图把他的理念思辨地（以论题的形式）表现出来的地方（在“蒂迈欧”篇里），我们也同样看见了缺点和不纯，纯粹的东西离弃了它，而亚里士多德的表达则既纯粹而又清楚。我们明确地知道了那对象，并认识了这个对象的确定的概念。他竭力把每个对象加以规定（ὁρίζειν，阐明 ὅρος）；但他更进而思辨地深入到对象的本性里面去。这个对象却停留在它的更具体的规定里；他甚少把它归结到抽象的范畴上面。对亚里士多德的研究，是无穷无尽的。要把它陈述出来是困难的，因为他不追溯到更一般的原则。为了阐明亚里士多德的哲学，我们应该详述每种事物的特殊内容。假使一个人真想从事哲学工作，那就没有什么比讲述亚里士多德这件事更值得去做的了。

这种将诸多规定归结为一个概念，以及论证进程的简明，和将 315
判断用极少的话说出——这乃是亚里士多德的伟大和巨匠风度之所在。这是一种很有效能的哲学思考方法，它在我们这个时代亦曾被应用，例如在法国人那里。它值得更广泛地应用；因为将对一个对象的通常看法的诸规定导向思想，然后将它们在一个统一里、在概念里结合起来，这方法乃是很好的。但是这个方法从某一方面看来就显得是经验的，——其所以是经验的，乃是就这一点而言：对象在表象中是怎样，就照样接纳过来；在那里，必然性是没有的。

正如他处理个别事物一样，亚里士多德也用这种方式来处理整体。宇宙的整体、精神世界和感性世界的整体，他就是这样处理的;但是这一大堆东西只是被当作一系列的对象列举出来,这里没有定义、结构等等;我们不能要求当时的哲学概念去指出必然性。这里所有的是把对象逐一加以考察,这是一种经验方面的考察;但这宁是属于外表的方式,此外还有极深刻的思辨。亚里士多德不是系统地进行的,亦即不是从概念自身发展出来的;他的进行方式却是基于上述的方式,这同样是从外面开始的。因此就发生了这样的情形,即他常常是一个又一个地讨论每个规定,而没有指出它们之间的联系。

第三,**其次**是关于他对理念的规定。首先,要把那一般的理念连同那些特殊的重要环节指出来。大体上,可以这样说,亚里士多德乃是一般地从哲学开始,并在“形而上学”第一卷第二章首先就谈到**哲学的价值**:“哲学的对象是那最可认识的”,即是“那最初的
316 和原因。因为通过了这个和由这个,其他的一切就被认识”,那就是最合理的;“原理并不是借基质(主体 ὑποκείμενα)而被认识的”,这里面就存在着与通常相反的观点。亚里士多德更宣称“研究的首要主题,那最主要的知识,乃是对目的的认识;而目的乃是每种事物的善,而一般说来,是整个自然中的至善。”这一点是和柏拉图与苏格拉底一样的;但目的却是那真实的、具体的,与那抽象的柏拉图的理念正相反。接着他谈到哲学的价值:“既然人是为了免于无知而开始哲学的思考,很显然,人乃是为了知识而追求知识,而不是为了一种功用或用途(χρήσεως)。这也可以从全部外表的进程(κατὰ τὸ συμβεβηκός)看得到。因为,只有当人们已经具备了一切必需(需要)的东西以及能使生活安适的东西之后,人们才开始去寻求这样一种(哲学的)认识。因此,我们不是为了另外的效

用而去找寻它。因此，正如我们说，那个为了自己而不是为了别人
的人乃是一个自由的人，同样地也只有哲学才是科学中真正自由
的科学，因为只有它才是为了自己”，才是为认识而认识。“因此，
人们就不能很公正地把它当作人的一种所有物”；它并不属于一个
人所有。“因为人的本性在许多方面说来乃是不独立的（δούλη）”；
而哲学却是自由的。“所以，照西蒙尼德说，只有神才拥有这个奖
品（γέρας）；但是，不去寻求那适合于他（赋予给他）的知识，也是人
所不应为的。但如果诗人所说的是对的，妒忌乃是神灵的本性，则
一切企望崇高事物的人们，就一定会遭到不幸。”复仇女神惩罚那 317
高出平常之上的任何事物，而使一切归于平等。“但神灵不能是妒
忌成性的”，就是说，不愿把他们所有的分给人类共享（正如光并不
因点火而消失一样），以致科学不来到人间；“而且，俗语说，诗人多
说谎；也不能以为还有什么比哲学更值得尊敬（更应被崇敬）的了。
因为凡是最神圣的东西，就是最可敬的”；凡是具有和分享最优越
的东西的，就被尊敬，——因此神灵应被尊敬，因为他们有这种
知识。“神被当作一切的原因和原理；因此只有神具有这种知识，或
具有得最多。”但正因为这样，想去寻求这适合于他的最高的
善——这属于神的知识——，也不是人所不应为的。“其他的知识
可能是比哲学更为需要的，但没有一种是比哲学更优越的。”

详述亚里士多德哲学的**细节**，是困难的；理解他比理解柏拉图要难得多。柏拉图作品中有些神话，但人们能够越过他的辩证法而仍然能说自己已经读了柏拉图；在亚里士多德那里，人们一开始就立刻进入思辨的东西。亚里士多德看来常常只是在个别的、特殊的东西上面作哲学思考，而不谈说绝对者、普遍者、神是什么；他

总是从个别进到个别。他列举了表象世界的全部,逐一检查:灵魂、运动、感觉、记忆、思想——这是他的日常工作,正如一个教授处理他的半年的课程那样;他好像只认识了特殊里面的真理,认识了特殊的东西,一系列特殊的真理,——他没有把那普遍的提取出来。这就没有什么辉煌的东西;他好像没有升高到理念、共相上
318 面,——如像柏拉图那样谈及理念、谈及它们的高贵——;他没有把个别事物归结到理念、共相。(一)他没有把那普遍的理念逻辑地提升出来,——他的所谓逻辑学乃是另外一种东西——否则他也许就会把那作为一切概念中的概念的普遍概念当作方法来认识了;(二)没有什么被当作唯一绝对者,——它(神的理念)却像也是在自己位置上的一个特殊事物,在其他的特殊事物旁边,不过它是全部真理。"有植物、动物、人,也有神,那最优越的。"如上所说,亚里士多德详论了整个系列的概念;从这些概念中,我们只想挑出个别的、特殊的一些来加以进一步的论述。

我将**首先**谈谈他的**形而上学**及其诸规定;然后,指出**自然**的基本概念在亚里士多德那里是怎样构成的;**第三**,我将谈谈关于**精神**、灵魂的一些东西;**最后**,还将特别谈谈他的**逻辑的**概念。

一　形而上学

现在来谈谈他的概念的总的方面。他的思辨的理念,首先得在他的"形而上学"一书中去找寻。不过,这本书包含着一个特殊的困难,就是它乃是编纂起来的;它可能是由几篇东西合成一书的;就算从它的前后贯穿的联系看来书的主要部分是统一的,但依然不能说,这部书行文清楚,有条不紊。"形而上学"一名不是亚里

士多德自己所起的名称，古代人也没有把他这部作品称为“形而上学”；我们称之为“形而上学”的，亚里士多德叫它做 πρώτη φιλοσοφία（“第一哲学”）。[①]

亚里士多德毫不含糊地把纯粹哲学或形而上学与其他的科学区别开来，认为它是一种“研究存在之为存在以及存在的自在自为 319
的性质的科学。”[②]亚里士多德所最注意的，就是规定这个存在是什么，——就是认识**实体**（οὐσία）。[③] 在这个本体论或者用我们的话来说这个逻辑学里面，他详细地研究和区分了四个原则：（一）一物之为一物的特性或质的本身；（二）质料（ὕλη）；（三）运动的原则；（四）目的或善的原则。[④]

亚里士多德的理念〔按即形式〕是和柏拉图的理念不同的。虽然柏拉图把理念规定为善、目的、最普遍的共相，亚里士多德却更进一步。我们曾经说过，柏拉图的理念本质上是具体的、确定的。既然理念本身是确定了的，则它里面的各个环节间的关系，就应该较详细地加以确定并指出；环节间的这种彼此相互的关系，现在就被理解为**活动性**。我们惯于意识到理念、共相、思想、概念这一类仅仅自在地存在着的东西的缺点。共相就其为共相而言，还没有实在性；实现的活动还没有被设定，自在的东西只是惰性的东西。所以理性、法则等等是抽象的；但那自己实现着自己的合理的东西，我们则认为是必然的，——为了对这种共相、这种理性、这种法

① “形而上学”，第六卷，第一章。“物理学”，第二卷，第二章；第一卷，第九章。

② 同上书，第四卷，第一章。

③ 同上书，第七卷，第一章。

④ 同上书，第一卷，第三章。

则表示重视。柏拉图的理念一般地是客观的东西,但其中缺乏生命的原则、主观性的原则;而这种生命的原则、主观性的原则(不是
320 那种偶然的,只是特殊的主观性,而是纯粹的主观性),却是亚里士多德所特有的。

亚里士多德也同样把善、目的、共相作为基础,作为实体;他主张这个共相、目的,坚持着它去反对赫拉克利特和爱利亚学派。赫拉克利特的生成是一个正确的、重要的规定;但变化还缺乏那自身同一性、确定性、普遍性的规定。河流永远在变化,但它仍是同一条河流,——是同一的样子,是一个普遍的存在;由此可见,亚里士多德显然主要地是为了反对赫拉克利特和其他一些人而说了这句话的:"'有'与'无'并不是同一的。"或者以这句话来证明那著名的矛盾律:"一个人不能同时是一只船。"[①]显然,亚里士多德所指的并不是那纯粹的"有"或"无",这种抽象的东西不过是一物向其对方的转化;他所谓**存在**或者**有**,主要地是指实体、理念。亚里士多德只寻求什么是推动者;而这,他说是 λόγος(理性)、目的。正像他坚持着共相来反对单纯的变化一样,他又用活动性来反对毕泰戈拉派和柏拉图,反对数。活动性也是变化,但却是维持自身等同的一种变化,——它是变化,但却是在共相里面作为自身等同的变化而被设定的:它是一种自己规定自己的规定。反之,在单纯的变化里面,就没有包含着在变化中维持自身。那共相是积极活动的,它规定自己;目的就是体现出来的自身规定。这就是亚里士多德所最关切的**主要思想**。

① "形而上学",第四卷,第三—六章。

其次，就是那两个主要的范畴，他把它们规定为（一）可能性 321
（δύναμις，potentia）和（二）现实性（ἐνέργεια，actus），后者更确定地说就是隐德来希（ἐντελέχεια），它自己就是目的和目的的实现。这就是那贯穿在亚里士多德全部思想中的诸范畴，[①]要理解亚里士多德，就得认识这些范畴。关于实体的主要思想是：实体并不只是质料。[②] 一切存在的东西都包含着原料，一切变化都需要一个基质（ὑποκείμενον），变化就在这个基质上进行。质料自身只是潜在性，是一种可能性，它只是潜能——不是现实性，形式才是现实性；质料之成为真实的，要归功于形式、活动性。[③] 潜能在亚里士多德那里不是指力量（力量毋宁说是形式的未完成的状态），而却是一种可能性、能力，不是那种不确定的可能性；能力或现实性则是那种从自身产生出来的纯粹实效性。对于整个中世纪，这几个概念具有重要的意义。在亚里士多德那里潜能是基础，是自在之物，是那客观的东西；然而抽象的共相、理念，则仅是潜在性。只有能力、形式才是活动性，才是那实现者，那自己对自己发生关系的否定性。反之，当我们说存在时，这里也还没有设定活动性；存在只是自在的，只是可能性，没有无限的形式。质料只是那自在的东西；即使它能够采取一切的形式，它自身还不能就是那赋予形式的原理。这样，那本质上绝对的实体就有着不互相分开的可能性和现实性、形式和质料。质料只是可能性，形式给它以现实性；但是形式不能

① “形而上学”，第九卷，第一—七章；等等。

② 同上书，第七卷，第三章。

③ 同上书，第八卷，第一—二章。

322 没有质料或可能性，——质料在日常生活中一般地被看作是实体性的东西。能力更具体地说是主观性，可能性就是那客观的东西；但真正客观的东西本身当然也含有活动性，正如真正的主观的东西也含有可能性一样。

从这种规定就可以看出亚里士多德的理念和柏拉图的理念之间的一种对立。亚里士多德常常攻击“数”和“理念”。柏拉图把存在表达为共相，这样，在他那里就缺少了实在性的环节，或者说，实在性的环节至少也是被置在脑后。而事实上，这个否定的原则〔按即实在性的环节〕也没有被直接地表达出来，而它主要地只是被包含在这一点之中，即当它被当作对立的统一的时候；因为这个统一主要地是对这些对立面的否定；它消除了它们的各自存在和对立，把它们引回自身。被称为现实性、能力的东西，正是这种否定性、活动性、积极的作用；它自己击破了这种自为的存在，取消了统一性，而建立了分裂，——不再是自为的存在，而是变为“为他的存在”，因此也就是对统一的否定。理念则不仅如此：它是对立面的取消，而对立面之一本身却是统一。如果说在柏拉图那里，最主要的东西是那肯定的原理、那抽象地自身等同的理念，那么，在亚里士多德这里，所增加的和强调的乃是否定性的环节——不是作为变化也不是作为虚无，而是作为区分、规定的否定性的环节。[①]

亚里士多德用来反对柏拉图的理念的理由很多。[②] 他发现这个原理是不能令人满意的。（我们在上面已经看见亚里士多德也

① 参看“形而上学”，第七卷，第十三章。

② 同上书，第一卷，第七、九章。

提出了共相、目的,但主要还是个体化的原理。)在柏拉图的理念里 323
面,不能找到活动性、现实性;说现实的东西“分有”(παραδεί γματα)理念,只是一句空洞的话,一种诗意的比喻。有多少事物,就有多少规定性。假定有独立的类,这种说法就包含着矛盾:譬如苏格拉底既是人,也是两足的,也是动物。

在实体方面,当活动性和可能性这两个环节还显得不是同一而是分开的时候,亚里士多德区别出若干多样的环节。更进一步规定形式对质料、能力对可能性的关系和这种矛盾的运动,就给出了**实体的**各种不同的**方式**。在这里亚里士多德逐一考察各种实体;他显然只是把各种不同的实体一一列举出来加以考察,而不是把它们组织在一个系统里。这些实体里面主要的有下列三种:

一、“感性的可感觉的实体”[①]按照那个具有一种质料的形式,这只是有限的实体;这里形式是与其质料有别的。而且是在质料之外的。一般地这就构成了有限的实体的本性:形式、外在的东西与质料的分离,对于质料,形式也是作用者,活动性属于形式,——不过此处它乃是外在的,是与质料区分开来的。“感性的实体,”亚里士多德说,“是具有变化的;不过这变化乃是使它转化为对方。对立面之一存留着,另外一个则消灭了;这两个对立面之外的第三者,那保持不变、在变化中继续存在着的就是质料。”他所说的“主要范畴分为四种,即:(甲)本质上的(κατὰ τὸ τί)”——即 εἶδος(理念)、目的、简单的规定;(乙)“性质上的(ποιόν)”,更进一步的特质;(丙)“或者量上的(ποσόν);(丁)或者地点上的(ποῦ)”。这样就有 324

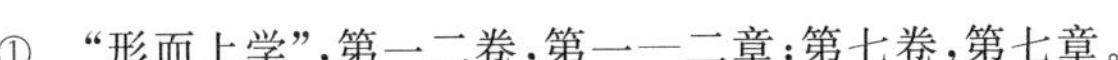

① “形而上学”,第一二卷,第一——二章;第七卷,第七章。

了这几个范畴:(甲)"本质上的发生和消灭",即一定的存在的发生和消灭;(乙)"量上的增加和减少;(丙)性质上的变化"——即 ποιόν 方面的变化;(丁)"空间的运动。质料乃是"僵死的基质、主体、"基础,变化就发生在它上面,"质料承受变化。"变化乃是自己从可能性变为现实性;可能的白色变为实在的白色。不是事物偶然地从无中产生;而却是一切都是从一种存在物产生,"——这就是同一性。"因此可能者本身就是存在者;"它既然本身是普遍存在着的东西,就带来了这些规定,而不是其一规定产生自其他规定。"质料是简单的东西,——可能性",更确切点说,"仍是同一东西,不过作为对立面;质料在现实性中成为某物,此物也不过是质料按照可能性说原来已经就是它的那个东西。"因此,就设定了:(甲)质料,普遍的存在,变化的基质,它对于各个对立面是中立的;(乙)规定性,相互的否定;(丙)推动者,纯粹的活动性。这样,感性的实体的各环节就显出不同,不过还没有向自身的回归,而活动性则是否定者,它在其自身里以观念的形式包含着对立面(其一被扬弃),——同时也包含着那将要生成的东西。

二、**较高的一种**①**实体**是包含有活动性在其中的东西,有能力、一般的活动性(actus)、抽象的否定者,不过这否定者乃是包含着那将生成的东西;它的感性的形态只不过是它的变化方面。因
325 此就活动性包含着那将生成的东西来说,它就是**理性**(νοῦς);理性的内容就是目的(εἶδος),而目的则是由活动性、能力设定来加以实现的。如果把这些环节进一步加以规定,则质料就是变化的主

① "形而上学",第九卷,第二章;第七卷,第七章;第一二卷,第三章。

体，——这样我们就有了质料、δύναμις（可能性）。两个极端就是质料（可能性）和思想（效果、作用），——一个是消极的共相，另一个则是积极的共相。在这两个环节本身里面，没有变化发生；因为它们是自在的存在、在对立形式中的共相。“被变化的是某物”（规定性），“它从一物转化为他物”（为对立物），“为他物所推动；在其中”（场所），“即在质料里面变化：而所变成的某物——理念”，目的，共相。（这个共相就其为推动者而言，就称为原因、ἀρχή〔原理〕，但就其为目的而言，就称为根据、αἰτία〔因由〕。）①——但形式乃是这两者的统一，由质料或基质和活动性所构成；亚里士多德没有进一步说明它们如何统一于活动性，——它们乃是作为将被扬弃的东西和将被确立的东西而对立着的。那积极活动者把它的内容实现出来，内容是前后一样的。但此处还有质料，它是与活动性不同的，虽则两者是联结着的。在感性的实体那里，那积极活动者还是完全与质料不同的。但 νοῦς（理智）却是自在自为地规定了的，这个内容将变为 actus（实在）；但理智仍然需要质料，虽然它和质料还不是同一的，——它却把质料当作前提。在亚里士多德那里通常称为能力的，也被称为“隐德来希”。这个“隐德来希”其实就是和能力相同的范畴，不过是就其为自由的活动性而言，就其具有目的于自身之中、为自己设定目的，并积极为自己确立目的，——就其为规定、目的的规定、目的的实现而言，就叫“隐德来希”。灵魂本质上就是“隐德来希”，“逻各斯”，——普遍的规定，自己设定自己并 326
自己运动的东西。

① “形而上学”，第五卷，第一—二章。

三、**最高**之点却是可能性、现实性和“隐德来希”都被统一了的地方。**绝对的实体**、真理、自在自为的存在，在亚里士多德[①]那里进一步被规定为“**不被推动的**”、不动的“和永恒的”，而同时都又是“**推动者**”、纯粹的“活动性”、actus purus。这就是普遍的环节。要是说在近代，将规定绝对的存在为纯粹的活动性看成很**新鲜**，我们可以知道那乃是出于对亚里士多德思想的无知。经院哲学家把这个视为神的定义，乃是对的；神是纯粹的活动性，是那自在自为的东西；神不需要任何质料，——再没有比这个更高的唯心论了。或者另外一种说法：他乃是那在自己的可能性中就具有实在性的实体，实体的本质(可能性)就是活动性自身，在这活动性中，可能性和实在性不是分开的；在它之中可能性不是与形式不同的，它乃是自己产生自己的内容和自己的规定的。在这里，亚里士多德就不同于柏拉图，他从这个理由出发来进行论战，以攻击数、理念和共相，因为“如果这东西”是不动的，是自在自为的，“不是被规定为活动性、实效性的，就没有什么运动了”；它不是被理解为与纯粹的活动性同一，而却是被理解为静止的。柏拉图的静止的理念、数不能实现什么东西；绝对者在它的静止中同时也是绝对的活动性。亚里士多德也把能力称为“隐德来希”；它自身有一个目的，而不仅是形式的活动性，在形式的活动性里面，内容是从别的地方来的。“很可能，具有可能性的东西”(就可能性说存在着的东西，自在之物，——亚里士多德完全不谈这些空洞的抽象物)，“不是活动的
327 (实在的)；所以，将实体永恒化，像柏拉图的理念”和毕泰戈拉派的

① “形而上学”，第一二卷，第六章(参看第九卷，第八章)；第一二卷，第七章。

数，“乃是无补于事的，如果没有一个能推动的（能规定的）原理包含在里面。如果 ἀρχὴ（原理）是不动的，它就不是活动的，它的实质就只是一种可能性；那就可能性说是存在的东西，也可能不是实有的。因此，必须有这样一个原理，它的实质必须被理解为活动性（运动）”，实效性就是它自身所具备的；所以在精神那里，能力就是实体自身。

“这个最高的实体并且是**没有质料**的；”因为质料作为质料乃是被设定为被动者，变化就发生在它身上，因此它并非直接地（简直）就是与纯粹的、本质的活动性相同。在这里正像在别的地方一样，又是另一个“否认一个谓语”的例子，但他认为是真理的，却没有说出来；质料是不动的存在的那个环节。“但这里好像就发生了一种疑问。因为一切活动的都是可能的，但并不是一切可能的都能积极实现出来；因此，好像可能性才是第一性的”，——可能性才是普遍的。一切有能力的都有可能性，但却有些可能性并不具有能力；这样，人们就会认为可能性的地位比较高些。“但如果是这样，那么就没有什么东西能够存在；因为很可能一件东西虽有存在的可能，却并未存在过。能力较之可能性是更高的，在先的”（prius），关于这点亚里士多德这样说：“因此就不应该像神学家一样，说在无限长的时间里最初是一片混沌”（Kronos）“或者黑夜”，——质料是最初的存在物——“或者像那些自然哲学家一样，说最初一切的东西都同时混在一起。因为如果没有什么东西就现
实性说是原因，怎能够有某种东西存在？因为质料自己并不能运 328
动，而是匠师使它运动。留基波和柏拉图都说，运动是一向存在着的，但他们没有说明理由。纯粹的活动性先于可能性，不是就时间

来说的,而是按本质来说的。”——时间是一个从属的、远离那普遍者的环节;因为绝对的最初的存在乃是“那个在相同的实效性中永远同一的东西。”假定一个混沌等等为前提,就会设定了一种作用于他物而不是作用于自身的实效性;但混沌只是可能性。

因此,就必须把那自己在自己中、“圆圈中运动的”,设定为本质、真理;“而这不单在思维的理性中显得如此,而且在事实上也是如此”,——也就是,它在可见的自然界里面存在着、实存着。把绝对的存在规定为活动者、实现者、客观化者,就必然达到这个结论。作为可见的自身等同的东西,这个绝对的存在就是“**永恒的天**”;表述绝对者的两种方式,就是思维的理性和永恒的天。天被推动,但自身又是推动者。因为球体乃是“推动者和被推动者,因此它是一个中点,它推动,但却不被推动,——它同时是实体和能力”;这个中点,亚里士多德认为规定了那自身回归于自身的理性的圆圈,——这和近代的规定在意义上是相同的。不动的推动者,——这是一个伟大的规定;那永远自身等同者、理念,推动着而自己却只对自己发生关系。他以下面的话来说明这点:“它的推动是以下面这种方式来规定的:被渴望和想念的,就是推动者;这个被渴望和想念的东西,自己却是不动的”,静止的。它就是目的;这个内
329 容或者目的却就是渴望和想念本身;这种目的就是美、善。“被渴望的,是那显得是美的东西”(令人喜欢的),“第一性的东西”或目的,“意志所欲求的东西,乃是美的东西。”它是被设定为客观的存在,“我们因为它显得美而渴望它,而不是因为我们渴望它,它就显得美。”因为,如果是这样,则它简直就是活动性所设定的;但它乃是自身独立的,我们的渴望只不过是被它所唤醒。但“那个”真的

“原则”在这里却是“思维；因为思想只是被那被思维的东西所推动”。思想有对象；它的对象是不动的推动者。但是这个内容自身却又是一个被思维的东西，因此它自身乃是思想的产物；它是不动的，因此完全与思维的活动性相同。这里在思维中就有这种统一存在；被推动者和推动者乃是同一的东西。“不过这个被思维的东西”（人们极不相信自己的眼睛）“自身却是另外一个自在自为的系列，自身是它自己的因素”，——那个作为客观地被设定的自在自为的思想；“而这个另外的因素的实体乃是最初的：最初的原因是单纯的，——不是‘一’，——是纯粹的活动性。”这思想的 οὐσία（本质）就是思维；因此，这个被思维的东西就是那绝对的原因，它本身是不动的，但却与那为它推动的思想同一。“美和至善”（义务、自在自为的存在者、最终目的）“正就是这个”，——不动的推动者。“概念指出来，目的因是属于不动者的。”——“那被推动的东西也可以有不同的状态。推动（φορά）一般是最初的变化；最初的运动 330
则是圆圈式运动，而后者是为前者推动的。”前者，即概念，认识上的原理（principium cognoscendi），亦即是推动者，存在上的原理（principium essendi）；亚里士多德称之为神，并指出了它和个别意识的关系。

“第一因是必然的。必然一词有三种意义：（一）为强力所迫，违反事物自然的倾向去加以强制；（二）第二种是这样的：缺乏了它，善就不存在；（三）不能以其他方式存在，而绝对要这样存在。天和整个自然界就依赖着不动者这样一种原理”，——天是那可见而永恒的，自然界是那可见而变化着的。这个系统永远继续着而且永远这样。“对于我们”，作为个体，“只被允许在这个系统中作

一短时间的逗留，过一种美好的生活。而那整个系统则永远如此；对于我们这却是不可能的。而因为它的”(天的)“活动自身也就是一种欢乐，因此警醒、感觉和思维就是富于欢乐的。”——与睡眠正相反；“因为这个缘故，希望和记忆”(才是欢乐)，因为它们乃是活动。“但纯粹的自为的思维，乃是关于那绝对美好的东西的思维”，——绝对的最终目的本身。这个最终目的就是思想自身；因此，理论是最美好的。“思想由接受被思维的东西而思维着自己，”将被思维的东西作为对象，因此思想只是接受：“思想被思维，只是当思想接触和思维着的时候；这样，思想和被思维的东西，乃是同一物。”对象转变为活动性、能力。

亚里士多德哲学中的主要环节，是思维与思维的对象的同
331 一，——客观的东西和思维(能力)乃是同一个东西。“因为思想能接受思维的对象和本质。”思维乃是思维的思维。关于思维，亚里士多德说：“思维活动着，只当它占有的时候，”(或者说：它的占有和它的实效是同一的)；“因此前者”(动作、活动性)“比起那自以为占有了神圣事物的思维理性(νοῦς)，是更为神圣的”(νοητόν 理智的)。那较优越的并非是思维的对象而却是思维的能力自身。“因此思辨是最使人愉快的”(最幸福的 ἥδιστον)，“也是至善的”(最高的)。“如果神永远在思辨之中，而我们则只偶尔思辨”，——对于我们思辨只是个别的情况，而神则是这个永恒的思维自身——：“则神就是值得赞美的；越多思辨，——就越值得赞美。”(人类是经由赞美——预感、直观、认识一种更高的存在——而走到哲学的。)[①]“而

① “形而上学”，第一卷，第二章。

神就是以思维而存在的。但神也具有生命。因为，思想的实效就是生命。”还不如说：因为思想的生命就是实效性。“但神是实效性；指向自身的实效性就是他的最好的和永恒的生命。而我们却说，神是一个永恒的和最好的生命。——这个实体并且是没有大小的。”

照概念说来：真理乃是主观和客观的统一，因此既不是这一个也不是那一个，同时又是这一个也是那一个。亚里士多德曾在这种深刻的思辨形式里面反复工作着。自在者、对象，只不过是 δύναμις、可能者；对于亚里士多德，真理乃是这个统一自身。“统一”一词不 332
太好；它是一种抽象，单纯的理智抽象。哲学不是“同一哲学”〔按指像谢林的哲学〕；那是非哲学的。在亚里士多德那里，不是枯燥的同一性；这枯燥的同一性不是那 τιμιώτατον（尊贵者）、神，能力才是神。能力是活动性、运动、斥力，——因此不是死的同一性；能力在差别中同时也与自身等同。假使亚里士多德是把无生气的理智的同一性或经验（思想中没有什么东西不是原先曾在感觉中存在过的——nihil est in intellectu，quod non fuerit in sensu）作为原理，那么他就绝对不能够达到这样富于思辨性的理念（νοῦς 和 νοητόν）。可能性和实在性是同一的；νοῦς（理性）也就是 δύναμις（可能性），但是可能性不是那个更普遍者——因之也就是更高者——，个体，活动性才是更高者。他区别两方面的 νοῦς，主动的和被动的。作为被动的 νοῦς 不外就是那自在之物，被认作自在性的绝对理念、天父；但只有作为积极活动的东西时它才被设定。不过这个最初者、不动者，当从活动性区别开时，虽是被动的，但作为

绝对者时，却是活动性自身。这个 νοῦς 本身乃是自在的一切；但它只有通过活动性才具有真理性。

思维对于亚里士多德乃是一种对象，正像其他的对象一样，——是一种情况。他没有说唯有思维才是真理，一切都是思想；但是他说，它是第一性的、精力最充沛的、最受尊敬的。我们说，思想，作为对自己发生关系的东西，乃是**存在**的，是真理。我们还说，思想是**一切**的真理；亚里士多德并不这样说。同样，我们的看法是把感觉等等也和思维一样当作是实在的。亚里士多德没有用现代哲学的语言来表达他的思想；但根本上，观点是一致的。这正是亚里士多德的思辨的哲学：思辨地去考察一切，把一切转变为思想。亚里士多德思维着对象，而当对象是以思想的姿态存在时，
333 它们就是真实的；这就是它们的 οὐσία（本质）。这并不是说，因此自然界的对象自身就是能思维的。对象是被我主观地思维着；于是我的思想也就是事物的概念，而事物的概念就是事物的实质。在自然界里面，概念不是作为具有这种自由性的思想存在着，而是有血有肉的；但它有一个灵魂，而这灵魂就是它的概念。亚里士多德认识到自在自为的事物是什么；那就是事物的本质。概念不是独立自为的；它乃是受到外在性的限制的。真理的通常定义是：“真理是观念和对象的符合。”但观念自身只是一个观念，我和我的观念（它的内容）还不是完全相符的。我表象房子、屋梁，但那还不就是我，——我和房子的观念还是彼此不同的。只有在思维里面，才有客观和主观的真正的相符；**那就是我**。这就是亚里士多德哲学中的最高点；人们不能希望认识比这更深刻的东西了。但亚里士多德使人常常得到这个印象，好像他乃是从观念谈起的，从思维

的各种经验情况谈起的，例如，从睡眠、疲倦；然后他从这些经验的事实把思维分离出来。亚里士多德只谈 νοῦς（理性）而不是谈理性的一个特殊的性质。

这里亚里士多德[①]还解决了许多疑难，例如思想是否是复合的，知识是否就是知识的对象自身。“关于理性，还产生了一些疑难（ἀπορίαι），因为理性似乎是一切里面最神圣的；但要想象在什么条件或情况之下（理性在什么状况下，使得）它是最神圣的——那是有些困难的。（一）如果它不思维什么，而是像一个睡眠者一样，那么，它怎么会更优越呢？（二）如果它思维，而同时有另外一个东 334
西统治着它；那么，它的实质就不是一个思想，而却是一种思想的能力（可能性、力）了。”如果一切都是思维，一个永远不停息的思维；我们就不能发现任何思维了。“这样，理性就不是那最好的实体；因为只是由于思维，”“理性才有那样高的地位。（三）究竟理性的实质是思想（νοῦς）呢还是思维（νόησις）呢？他怎么看法呢？理性的实质是它自己本身还是别的东西呢？如果是别的东西，是永远同样的东西呢还是另外的东西呢？思维美的东西或者思维偶然的东西，是否有分别呢？”

“（一）如果 νοῦς（理性）不是思想（νόησις），而只是能力（δύναμις），那么持续的思维就会使理性困倦”；力是自行消耗的。“（二）其次”，如果思想不是这个真理，则“就有另一个东西会比理性更优越，——那被思维者（νοούμενον）；而思维和思想就会存在于那思维

① “形而上学”，第一二卷，第九章（拉丁文题词是 de mente divina〔论神的心灵〕）。

着最坏的东西者之中,——这是应该避免的。因为有些东西是不看比看还好;这样思想就不是那最好的东西了。因此,理性乃是思维着自身的,因为它是最优越的(最有威力的);理性是思想,是思想的思想。因为知识、感觉、意见和深思熟虑,**好像**经常有一个不同于自己的对象,或者只是偶尔以自己为对象。(三)再次,如果思维和被思维是不同的,那么,善应属于其中的哪一个呢?因为善对于思维和被思维的东西并不是同一的。或者,对于一些东西,关于事物的知识就是事物本身吗?——在实践方面,善是实质和目的的
335 的规定性,在理论方面,善则是根据(λόγος)和思想(νόησις)。因此,既然被思维者和理性在没有任何 ὕλη(质料)这一点上并无不同,所以被思维者和理性乃是同一物;这样,就只有**一个被思维者的思想**。"

"此外还有一个疑难,就是思维者是否是一个复合体。因为,思维者在整体的各部分中可能有变化。善(目的)却并不是在这一部分或那一部分里面,而是整体中的至善,并且与它不同",——与整体不同。"思想就这样永恒地和自己处在这种关系中"——正如宇宙中的至善。

亚里士多德[①]还驳斥一些别的思想:例如,他指出很难以为一切乃是由互相对立的东西产生出来的。——在"形而上学"一书中他进而更详细地讨论理念是什么,原理是什么,等等;不过看起来这些东西只是很散漫地一个跟着一个被讨论,虽则后来被一个完全思辨的概念所统一起来。

① "形而上学",第一二卷,第一〇章。

这个思辨的理念却是至善的和最自由的。这个理念在自然（作为天）中以及在思维的理性中皆可以看得到。亚里士多德就从这里转到可见的神即天方面来。神作为有生命的神，就是宇宙；在宇宙里面，神作为有生命的神，显现出他自身。在这里他以体现自己者或推动者的姿态出现。而只有在这种体现中，才出现了运动的原因和受推动者之间的区别。"原理"、原因、天，"本身是不动的，但却是推动者，——在永恒和均一的运动中"；这就是恒星天。"在宇宙的单纯的运行、不动的第一实体的运动（天的运行）之外，我们还看见别的永恒的运动，——行星的运动。"[①]接着亚里士多 336
德就谈到行星；但我们不能在这上面更多谈了。

关于整个**宇宙的组织**形式，亚里士多德[②]这样说："必须考察宇宙的性质是以哪种方式包含着善和最高的善的；是否它乃是外在于宇宙并自在自为的，抑或是作为一种秩序；抑或是两种都对，像军队的情形一样。因为一个军队的善在于它的秩序也在于它的领袖，并且领袖更为主要；因为领袖不依赖于秩序，而秩序却依赖于他。"领袖一般地就代表秩序；——正如他乃是执行秩序者又是遵守秩序者。"所有的东西都是以某一种方式安排好的，但却不是以同一方式安排好的。"——（不同类的器官）——，"例如，能游水的动物和能飞的动物和植物；它们并不是互不相干的，而是发生一定的关系的。因为一切的东西都被安排在一个体系里面，正如在一个家庭里面，自由的公民最不能随意做什么（干偶然的事），而却

① "形而上学"，第一二卷，第八章。

② 同上书，第一〇章开端。

是，凡他们所做或他们所做的大部分的事情”，“乃是服从于一定的法则的。(受法则所支配的)，——反之，奴隶和家畜则甚少做有益于公众的事，而是做了许多许多随意的事情”(任意和偶然性)，所以，按照普遍的规律、思想、理性行事，才是最优越的。“因为每一事物的原理就是它的本性。同样地，一切都获得有差别的地位(判断、裁判)，也是必然的；但有些东西却是这样构造的：它
337 们和其他一切共同形成了一个整体。”——亚里士多德这样反对数和理念：

“多头的统治是不善的，只让一个人统治罢。”[①]

亚里士多德所从事的各种专门科学。以后谈到灵魂时，我们还会再回到关于思维的问题。亚里士多德有许多关于物理学的著作，又有关于灵魂(精神)和它的属性的著作。这以后我们将谈到他的逻辑学的著作。至此为止所引的亚里士多德的话，都出自“形而上学”一书(在第十一卷和第十二卷的最后几章里面)。在关于灵魂的学说中，亚里士多德的思辨的原则又出现了。

二　自然哲学

亚里士多德的物理学或自然哲学，包含在整整一系列的**著作**里面，这些著作形成一个相当完整的系统，包括自然哲学的内容(整个范围)。我们将先说一说它们的大概。他的第一部著作是他的“**物理学**”，共八卷：Φυσικὴ ἀκρόασις，或称“论原理”(περὶ ἀρχῶν)。在这书里面，他讨论关于自然的一般概念，关于运动、空间和时间

① 见“伊利亚德”，第二卷，第二〇四行。

的学说；这是很恰当的。绝对实体的最初显现是运动和它的诸环节，即空间和时间，——实体的显现的概念首先在物体中实现出来，是共相，共相首先在有形的世界里转化为个体化的原理。（亚里士多德的物理学在现在的物理学家看起来，应该说是关于自然的形而上学；现在的物理学家只说出他们看见了什么，他们制造了什么精巧的极佳的仪器，——而不是说出他们所**思维的**。）因此，跟 338
着这部著作之后就是他那几卷“**论天**”的著作。此书讨论一般物体的性质，讨论那最初的真实的物体、地球和一般的天体，讨论有形的物体彼此之间经由机械的重轻所发生的一般的抽象关系（引力），和抽象的真实物体或原素的规定。接着的是他的“论生灭”一书，讨论物理的过程，——正和以前所讨论的观念上的过程、运动相对应。在这里，除物理的原素之外，还出现了只有在过程本身中才被设定的环节：热、冷等等；那些物理的原素乃是实存的真实的成分，维持不变的，——而这些则是只存在于运动之中的有生有灭的环节。接着是他的“**气象学**”；此书讨论在最真实的形式中表现出来的一般的物理的过程。这里出现了特殊的规定：雨、海的盐性、云、露、霰、雪、霜、风、虹、沸腾、烹煮、烤、颜色等等。关于有些东西，例如**颜色**，他写了专门的文章。什么都没有被遗漏，但是表述方式则是经验的罗列。“**论宇宙**”是此书的最后一篇，据说是伪造的，是为献给亚历山大而写的一篇独立论文，部分地包含着已经包含在其他各篇中的关于事物的共相的学说，可见它并不属于这组作品。——最后，亚里士多德转到有机界方面。他这方面的著作中包含生理学，不仅有自然史〔按或译博物学〕，而且有解剖学；例如，他的作品“**论动物的行动**”、“**论动物的部分**”，乃

是解剖学著作。他谈及“动物的产生”,——这是一种生理学,“论动物的一般的运动”;之后,他讨论“青春和老年”的区别,“睡和醒”
339 的区别;他又有“论呼吸”,“论梦”,“论长寿和短命”等等。他的这种论述有一部分是经验的,有一部分是比较有思辨性的。最后来了他的“动物的历史”,却不只是一般的自然史,而是关于动物的概要,——也许可以说是一种兼有生理学和解剖学性质的解剖学。还有一部“论植物”的生理(περὶ φυτῶν)的植物学著作也被认为是他写的。这样,这些著作就包含了自然哲学的外在的内容的整个领域。

关于亚里士多德哲学的大体情形,我们曾经说过,它那不同的部分乃是按照一系列各自独立的确定的概念而划分的。在他的自然哲学这里,情形也是一样,所以我们只能挑出其中一部分来谈谈;其中有些东西并没有一般性,不足以包括另外的一些:因为它们是各自独立的。但下面所谈的,在很大程度上只是关于个别的东西,已不再在概念的统治之下:正相反,只是肤浅地说出一些理由,和用最接近的原因来加以解释,正如我们在我们的物理学中所见到的一样。

就大体的计划而言,我们不是说像这样的次序不是考察自然哲学或物理学所必需的次序。物理学久已接受了亚里士多德所遗留下来的这种概念形式和倾向,——这种物理学乃是一种从整体推论出它的各部分的科学,——以致那还不是思辨的东西也保持这种联系作为外表的次序。这当然比我们的物理学教科书里面的次序更可取,这些教科书只是许多偶然凑合起来的学说的完全不合理的联接;——当然,它是更适合这种完全不管概念和理性而去把握自然的感性现象的考察自然的方式的。在这以前,物理学还包含着一些形而上学,但是由于不能成功地解决形而上学问题所得来的教训,就使得物理学尽可能地避开了它,而去专心对付他们 340
称为经验的东西,因为他们以为在经验这里有正确的真理,不受思想的腐蚀,而是从自然的手里刚刚出来的,刚刚到达了他们手边和眼前的。他们当然不能绝对不要一些概念;不过,由于一种默契,他们就承认了某些概念,如由部分组成、力等等,并且加以利用,但却完全不知道这些概念是否有真理性,以及如何有真理性。就内容来说,他们却绝少谈出事情的真理,而只是谈出感性现象。

亚里士多德和古代哲学家们一般地把物理学理解为对自然的理解,——寻求自然的一般概念;物理学被称为关于原理的学说。因为在自然现象里面所出现的,正是原理和它的后果、现象的差别,这种差别只有在真正的思辨中才被扬弃。

亚里士多德的**自然哲学**。　亚里士多德的物理学著作主要地是哲学的,而不是实验的,——他一个一个地探求每个对象的一定的概念,列举出许多关于它们的思想,指出为什么这些思想是不能令人满意的,以及什么才是每个**对象**的单纯的理智规定。亚里士多德在他的物理学里面好像是采用了经验的方式。他考察一个对象的各方面情况,——如时间、空间、运动、热度,——各种经验,各种现象;而其结果刚好变成思辨的研究,——仿佛是表象里面诸环节的一种统摄。人们可以说,亚里士多德是一个**完全的经验主义者**,并且是一个有思想的经验主义者。他是一个**经验主义者**,因为他采纳了所考察的对象的许多规定,如我们在通常意识里面关于

341 这对象所认识到的(如时间的概念)；[①]他反驳那些经验的表象和以前的哲学理论，他紧紧抓住经验里面必须保留下来的东西。而因为他紧紧地把所有这些规定联结、结合起来，他就形成了概念，他就是高度思辨的，虽则看起来他好像是遵循经验的方式。这完全是亚里士多德哲学的特点。他的经验是**全面的**；就是说，他没有漏掉任何细节，他不是抓住一个规定，然后又抓住另外一个规定，而是把它们同时把握在一起；——他不像普通理智思维那样，以同一性为规律，只能借它之助来思维，常常由于注重一个规定就忘掉和拒绝另外一个规定。如果我们从“空间”抽出了那些经验的规定，这就变成为高度思辨的；**经验的东西，在它的综合里面被把握时，就是思辨的概念**。

甲、**自然的规定**，普遍概念。从他的物理学里面，我至少要举出主要的概念。关于自然的理解，我们应该说，自然是被亚里士多德以一种最高最真实的方式表述了的，——这种方式只有到了近代，才由康德重新提起，虽然是以主观的形式，这种主观的形式构成了康德哲学的本质，但却也是完全真实的。

按照亚里士多德[②]，在自然的理念里面，主要有两个规定：(一)“目的的概念”和(二)“必然性的概念”。亚里士多德立刻在原则上把握住它们的实质。这就成了从那时起传留下来的必然性(causae efficientes，作用因)和目的性(causae finales，目的因)之间的古老的对立和不同观点。必须注意，在关于自然事物的概念

---

① 见本书，第三二二—三二七页。

② “物理学”，第二卷，第八章。

的考察方式中，有着两个环节：第一种方式是按照外在的必然性来 342
考察，其实这等于按照偶然的机缘，——即是：自然事物通常是被认为受外界规定，根据自然的原因来考察。另外一种考察方式是目的论的；但目的性有双重的意义，内在目的和外在目的。在近代的教育中，谈到目的时，首先是外在目的性占上风；自然久已被以这样的方式来考察。人们在这两种考察方式之间摆来摆去，找寻外在的原因，找寻这个规定那个关系等等有什么目的，又和外在的目的论周旋，这种目的论是把目的放置在自然事物之外的。这些规定亚里士多德是熟悉的，他并且透彻地考究了它们是怎么样的，有什么意义。亚里士多德的自然的概念，比起现在的这种概念要来得优越；因为在他那里，主要的事情是把目的规定为自然事物本身的内在决定性。在这个问题上面，最近以来，又提出了这种合理的看法，这个事实恰好足以他人再一次记起亚里士多德的思想，证明它的正确。

亚里士多德把自然规定为一种必须与机缘和偶然区别开来的原因：**首先**是必须把它视为这样一种原因，这类原因乃是为了某种东西而活动的，有一个目的和倾向的（由此它就显得与必然性相反，但它本身也包含着必然性）；**然后**，他讨论在自然事物里面必然性是怎么样的。考察自然时，人们通常总是首先想到必然性，而且认为凡是不受目的规定的，就是本质上是自然的。长久以来，人们总以为把自然限制于必然性上面，就是在哲学上真正地规定了它。
现在，一个污点从对自然的看法上面擦掉了，因为借着这个目的 343
性，它超出了常识的见解。既然在实体那里基本上有两个环节，其中理念的环节是活动性（εἶδος），所以在这里也先得考察活动性。

亚里士多德的主要思想是:他把自然理解为生命,把某物的自然〔或本性〕理解为这样一种东西,其自身即是目的,是与自身的统一,是它自己的活动性的原理,不转化为别物,而是按照它自己特有的内容,规定变化以适合它自己,并在变化中保持自己;在这里他是注意那存在于事物本身里面的内在目的性,并把必然性视为这种目的性的一种外在的条件。

(一)**目的性的概念**。　亚里士多德从这一点着手,即自然保持着自己;在自然中,有一种自我保持。所有的困难就在这上面。"**首先就**发生了这样的疑难(ἀπορία):什么东西阻止自然依照一个目的行事,依照那较好的行事。"而却是如我们所说的,自然行事"犹如宙斯大神降雨;降雨并非为了使谷物生长,而是出于必然性。上升了的水蒸气冷却了,被冷却的水就成为雨落下来"。下雨根本是它本身的事;"谷物因此而茂盛起来,那乃是偶然的。正如假定谷物因此受害,也不是雨点为了使它们受害而落下,雨点不过是无意地造成灾害而已。"这是偶然的事;就是说,它有一种必然性的联系,但这种联系乃是外部的关系,——而这就是偶然性。既然原因是偶然的,结果也就是偶然的。亚里士多德问道,"但如果是这样的话,那又是什么阻止我们去认为那些作为部分而出现的东西",例如动物或植物的各部分,"就其本性说也可能是"偶然的呢?——认为它们彼此之间的关系乃是偶然的,那合目的性的东西也是偶然碰在一起的呢?"例如,门齿锐利而宜于咬断食物,臼
344 齿宽阔而适于磨碎食物,——这样的事也是能够通过外部的必然性而产生的;它们是偶然碰在一起的,并非由于有一个共同的目的而必然产生的。关于其他各部分也是如此;所以,在这里那个由

于在它身上这一切偶然地结合而成为合乎目的性的东西(生物)”,因为一旦曾是这样,“现在就这样保持下来,虽则最初乃是偶然地按照必然性而产生出来的。恩培多克勒特别有这种思想”,并且把最早产生的东西表述为一个充满各种奇形怪状的东西的世界;“兽身人面”,——形形色色的兽形混在一起,“但这些东西不能自己保持下来而都消灭了”(因为最初没有配合得宜于保持下来),直至合目的性的都凑在一起;且不必说这些古代人的神话性的怪物,我们自己也知道有些动物的种类现在都已经绝迹了,正是因为它们不能自己保持自己。因此,在现在的自然哲学里面,人们用发展(无意识的进化)这个名词。自然哲学很容易达到这样一个观念,以为最初产生出来的东西乃是自然的尝试品,其中显出不合目的性的,就不能保留下来。自然是“隐德来希”,——自己产生自己的东西。

亚里士多德答复说:第一,“不可能持这样的见解。因按照自然而发生的东西,将永久那样发生,或者至少常常那样发生”,它是经常不变的(外在的一般性,乃是经常的重复出现;——真正的存在里面的一般性乃是那消失了的东西的重新出现);“但是由机缘和偶然而发生的东西却没有一件是这样的”。第二,“凡其中具有一个目的(τέλος)的东西,那先前的和以后的都会服从于这个目的”,
原因和产品都服从于这个目的,——所有个别的效果都是合乎目 345
的的,和这个统一性相关联的;“因此,当它”(当某物按照一个目的)“被造成时,目的就是它的本性”,——内在的普遍性和目的性。所以称为本性,即由于当某物生成时,它即已在开始时存在;——这就是目的性;那实现了的目的,正是它的本性。“每件东西的本性是怎么样,它就怎么样生成;它就变成为怎么样的东西”,其中所包含的部分,例如四肢、牙齿等等,情形也一样;“因此,都是为了”目的。相反地,“谁如果承认那种偶然的形状,就是取消了自然和自然物;因为自然物具有原理在它自己里面并且运动着,——自然就是那达到自己的目的的东西。”在这些规定里面,包含着真正的概念。每一事物的本性乃是一个普遍的东西,一个自己和自己等同的东西,它从它自己出发,实现自己,产生自己(再产生);但那被产生出来的,本身正是根据,就是说,是目的、自在的类,在它成为现实之前它同样又作为可能性而存在。人生产人;被生产的,也就是那生产者,——产品就是那生产者。真理就是在外化中它的现实性和它的概念的同一;它的概念就是现实性的产生者。自然事物本身必须被视为是自身目的;被假定为思想上的一定统一性的理念自身实现着。生物的本性是:本身具备着最初的特性,依照它们去活动;由之产生产品、后裔,但后裔也就是祖先、开始者,——生物只产生它自己。化学的产品就并不是在反应之前已有了和自己相似的东西,——例如酸和盐基;在化学作用中就会出现第三者;

346 但是,在这里,这两者的本质、共相,乃是这个关系(联系),而这个关系就是产品;这个关系也是早已存在的,不过在这里产品只是一件物品,而此物的概念,在反应之前乃是作为可能性而存在的。而那种保持自己的活动,就是说,那仅仅产生自己的活动却是在一切方面、一切关系中都是这样做的。生命是能力,是保持自己的“隐德来希”。这里所说的其实也已包含在某些这样了解自然的人的话里面,这些人是这样说的:凡是构造得好像合乎目的的东西,就会保持下来。因为这种能保持自己的东西正是一种自己产生自己的活动,——正是自然。所以,亚里士多德对自然是有真正的理解的。

亚里士多德并指出这种目的和媒介、**手段**的关系。关于手段，他说道：“如果燕子筑巢，蜘蛛织网，树木植根在泥土里以便从土里吸取养料，这乃是因为在它们里面”——（在它们骨子里）——“有这样一种保持自己的原因或目的。”因为这种行为的本能产生了一种保持自己的动作，一种手段，并回归到自己里面去（它是使得自然的本质把自己保藏起来的媒介），因此，在自然里就有这个“隐德来希”，——一种自己产生自己的一定的内容。手段是目的所固有的一个观念，是一种活动性或可能性对现实性的关系，——也可以说是纯粹现实性的产品。在亚里士多德的这个名词里，包含着生命的概念；但亚里士多德对自然、对生命的这个概念，在近代对自然和生命的看法中，已经消失而不复存在了，在这方面，人们把压力、冲动、化学关系——一般地即把外在的关系当作原理。只有在康德哲学里，亚里士多德的概念才重新出现：生物本身就是目的，必须被认作自身目的。诚然，在康德那里，它是带有主观形式的，好像所以如此，乃是为了我们主观的思考的缘故；但是，其中也有 347
真理，即认自身目的是产生者，产生自己，取得自己，而这就是有机体的自己保持。——因此，这就是“隐德来希”，就是亚里士多德所称的能力。

此处所说的与上面那些一般观念的**关系**。亚里士多德早已说过，“自然本身是两重的”（或者说有两个环节），“一个是质料，另外一个是形式；形式是目的，是某物为了它或向着它生成的东西”，是自己推动自己的东西，——可能性则是质料、基质（它和活动性的统一就是现实性）。不过现实性有一个内容，这个内容正是可能性的内容；或者说，可能的东西就是活动性作为活动性的内容，这

就是说,它正是目的,——不是一种空洞的抽象的行动。人们现在很冷酷地对待这个目的,——(现代人对它有反感)——,这就是说,反对目的这个概念,反对视行为带有目的性,这就是说,反对视行为为这种一定的概念的手段,使诸环节通过概念而建立起来。目的乃是作为使自己在别个里面得到复生的概念。植物、动物的起因,其所以是这样构造,是因为它们生活在水里、在空气中;它们之所以是这样构造,是为了能生存在空气中、在水里。这样,鱼之有鳃,就可以用生活在水中来解释,反过来,就可说因为它一度在水中变成有鳃,所以它以后就老是有鳃。这种改变形状的活动,在生物身上不是偶然地发生的;这种活动乃是由外界的力量所引起的,但只有当适合于动物的灵魂时,它才发生。

亚里士多德更提醒我们,“在这里,情形也”(常常)“和在技艺中一样;文法家在写作时也”(常常)“出错误,医生也配错药剂”(医生们写了错误的药方,药剂师取错了药盒和药瓶)。“同样地,在自然界也有同样的情形,它有时不会达到它所企图达到的;它的**错误**
348 的结果就是畸形的东西,——但是这些错误乃是这样的错误,它们还是按照目的而行动的。动物和植物生产时,并不是有一个动物立刻产生,而却是先有胚种,在这个尚未独立的胚种里面,可能发生腐败”,——它是一个媒介,它还不是那坚固的、独立的、不受他物左右的、自由的现实性。

亚里士多德顺便**比较**了自然和技艺(τέχνη),后者是按照目的而使结果和原因联系起来的。在这里,人们所注意的是外在的目的性、目的论的看法。亚里士多德反对这种看法,他再次提醒我们说,如果自然正是按照一个目的去活动,或者说它就是那本身普遍的东西："那么，因为看不见那推动者本身曾有过思索和考虑，就不愿认为是一种有目的的行动，就会是一种荒谬的看法。"理智带着目的的规定和它的工具来到质料上并对它加工；而我们就把这种外在的目的性的看法带到对自然的看法上面去。"但是即使技艺，"他说，"也并不思索。假如雕像的形式是石头的内在的原理，那么它也就会是石头的本性了"；——它会是与那**按照**目的的动作、那种外在的目的性相反。"自然的行为最像一个动物恢复健康时那样应用技艺。"由于内在的本能，一个动物避开有害的事物而做有益于它自己的事；但健康本质上乃是这样存在于它里面的，——不是一个有意识的目的，却是一种不自觉的成就的过程。理智不只是有意识的思维。这个见解里面，包含着对自然、生命的完全的、真正而深刻的理解。

对自然的这种真正的理解，从两方面说已经不存在了：第一，由于机械论哲学，这种哲学永远只看到外在的原因（和外在的必然性），这些原因本身也仍是事物。天、冲击、力等等看来诚然像是内 349
在的，但却不是出自自然本身，——不是出自物体的本性，而是一种添加上去的异己的附属品，如像液体里面的颜色。第二，神学的物理学把原因看作是理智，——自然之外的思想。至少在关于有机体方面，康德已把这个概念在我们中间重新唤起了。自然产物乃是本身就具有的目的，以本身为目的的目的，是一种自己对自己发生关系的行为，一种这样的原因，它有一个效果，这个效果却又是那个原因的原因，——如像植物。叶、花、根这些东西产生了植物，回到植物里面；它们所实现的，是早已作为普遍者、作为个别的种子这样的东西而存在的，——前后两者是相同的。自然本身就

具有它的工具,这个工具也是目的。自然里面的这个目的就是它的 λόγος(理性),真正合理的东西。

第二,同样正确的是另一方面,即自然里面的必然性。对于纯粹外在的必然性,亚里士多德还有另一点批评。[①] 他这样说:“人们设想必然性是以这样的方式产生的,犹如人们以为一间房子之存在由于必然性,因为重的东西向下面,轻的东西向上面,各依其本性如此,因此基础和石头因为它们的重量就位于泥土下面,而泥土因为较轻,就位置较高,而木头因为最轻,就位置最高。”亚里士多德把这个关系这样规定:“房子诚然非有这些”(材料)“不能筑成,但却不是为了这个”(关系)“的缘故”它才这样筑成。“在所有要成为某物(自身有一个目的)的东西那里,情形也是一样;它如果没有那依其本性乃是有必然性的东西,就不能存在,但它却不是由

350 于这种东西才存在,相反地,这种有必然性的东西只是一种质料。

必然的东西之所以是必然的,只是因为它是被假定的,而不是因为它是目的;必然性在质料那里,但目的却是在根据(λόγῳ)里面。”或者:“必然性存在于自然物那里,因为自然物是质料及其运动;两者”——目的和质料(必然的东西)——“都必须视为原理,但目的是较高的原理”,高于质料。目的是真正的根据,是推动者,它无疑地必须要有那有必然性的东西,但却把它统治着,不让它为所欲为,就是说,把外在的必然性控制住。质料的原理在根据里面被转变了;目的就是这种必然性的颠覆,借着它自然物就在目的里面保持自己。必然性乃是它的被分开的诸环节的行为的客观表现;盐

① “物理学”,第二卷,第九章。

基和酸乃是两个极端，它们的本质在这里乃是它们的关系的必然性。这是关于自然物的基本概念。

乙、另外所论述发挥的是关于自然的各种对象的概念——思辨的哲学的材料——：首先是关于运动，然后是关于空间，在这方面，亚里士多德驳斥了那种空虚的空间的假定，又驳斥了关于时间、变化、原素的过程的假定，他既不把这些原素看成是从同一种东西产生出来的，也不把它们看作固定不变的，而是认为它们乃是互相从对方产生出来，又转化为对方的，等等。关于这些问题，他的考察是很难懂而深刻的。他耐心地一一讨论所有的见解、问题，例如关于空虚的空间，关于空间是否有形等等。从对这些规定的研究中，就得出了那巩固的、回归到本身的规定性，那思辨的概念。对运动、原素，他都是这样耐心地考察；他经常把经验的东西引回到思辨的水平上。

(一)然后亚里士多德[①]就转到**运动**的问题上面来；他说："需 351
要有一种讨论运动的自然哲学。"关于运动他这样说："理解运动是困难的"，——最困难的概念之一。于是他着手去做这件难事；他一般地来把握运动，不单单是那在空间和时间中的运动，而且是那真实的运动。第一，他这样来规定运动，(1)"它是活动性，实效性('隐德来希')。"这是一个熟知的字眼，在谈灵魂时已经提到，就是它乃是能力，是从可能性转化为实在性；(2)但却不是作为实在的东西的一种实效性，而是"作为一种可能性的东西的实效性。"他这样来解释这一点。"按照可能性，铜是一个雕像，但那使它成

① "物理学"，第三卷，第一—二章。

为雕像的运动,却不是铜本身的运动,而是具有可能成为雕像的铜的运动。”第二,“因此这种活动性是一种不完全的(无目的的)活动性;因为那仅属可能的东西的活动性即是运动,这种东西乃是不完全的(ἀτελές〔无目的的〕)。”绝对实体则是活动性本身,是它的活动性的内容和对象。亚里士多德在这上面加以区别,他认为“推动者也被推动”,——这就是自然运动;“它被推动,这是它的作为运动的可能性的那方面。”它作为推动者,里面却并没有一个不动者,像我们在目的那里所见到的那样,——〔目的〕是作为存在者,亦即天的根据的;〔反之,在这里却〕有着这种对立的形式。但是他对这种对立作了更详细的规定;这两个规定是在形式上互相对立的。第三,“运动在其中发生的东西,它的不动性是静止;因为,加于静止的东西本身上面的活动性就是运动”,——因为静止乃是被推动的可能性。“但是运动乃是在接触中发生的,所以它就同时被设定

352 为被动的。”第四,“运动同时常常具有一种自在的目的”,(内容)〔就是要变成〕“一个东西,或一种质,或一个量,当它运动的时候,这乃是运动的原理和原因;正像那按活动性说是人的人,从那按可能性说是人的人,造出一个人来”。

“因此,运动是在被推动者里面,它是被推动者的活动性,从可动者(κινητικοῦ)那里取得的;但可动者也并不是有另外一个活动性,活动性是属于两者的。按可能性说,是可动的;按活动性说,却是推动者:但活动性乃是被推动者的活动性,所以只有一个两者所共同有的活动性:正如一对二的关系也就是二对一的关系,正如向上倾斜和向下倾斜乃是同一个关系,或者说,从特拜到雅典的道路也就是从雅典到特拜的道路”,——活动性。——“活动性和被动

性原来并不是同一的，但在它们存在于其中的东西、在运动里面，它们乃是同一的。”（它是观念中的环节。）“活动性既然是这个东西里面的这个东西的活动性，并且也是这个东西从这个东西取得的活动性，所以按照概念说乃是不同的。”[①]——在这个东西里面，就是说在被推动者里面；从这个东西，也就是说从那被推动者本身，这个规定是永远转换着的。——然后亚里士多德[②]谈到“无限”。

（二）亚里士多德[③]说：“物理学家讨论**场所**（τόπος，空间），也同样是有必要的”，——在此处也出现许多的规定，其中有一般的空间，和作为场所的特定空间。“场所是不是一个物体呢？——它不能够是一个物体，否则，在同一场所就会有两个物体。它也不能够是**这个**物体的场所和所在地（χώρα），因为如果是这样，同样的情形就会发生，即在同一场所就会有两个物体。作为这个物体的场所，

它包含这个物体的边缘；现在，那被当作水的边缘的东西同时也就 353
是空气的边缘。点作为这个物体的界限，与这个点的场所是无分别的；所以如果它不是点的场所，它也就不是界限的其他形式的场所，它也不属于一个个体（物体）。它绝不是什么原素，”普遍的物体性，“不是有体积的，也不是无体积的；因为它有大小，但却不是任何有体积的原素。物体的诸原素本身就是有体积的，但那没有体积的思想上的原素却没有大小。空间不是事物的质料，因为没有什么东西用它构成；空间也不是概念，不是目的，因为空间并不

① “物理学”，第三卷，第三章。

② 同上书，第四—八章。

③ 同上书，第一—二章。

推动事物;……但空间却又是某种东西。”

亚里士多德[1]这样规定 τόπος(空间):“空间是包容者的第一个不动的界限,作为第一个不动者……它包含着物体,但它却不能仅仅被规定为物体的界限;因为场所不单属于这个物体所有,而且也属于那包容者所有……界限作为界限乃是否定者,是能够有变化的;但场所却同时是不变的。”或者说,在思想上被设定的界限,当被扬弃时,——就是分立、差别,这就是界限。每个物体都在一个不同的场所,这就是它的差别;但同时也完全没有差别存在,而是不动的连续性。

亚里士多德在讨论空间时只谈到上下,——而没有谈到三度性,——这种上下之分是与作为包容者的天和作为最低下的地有关的。在一个物体外面有一个包容它的东西存在,则这个物体就是在空间中:“某物的包含者(περιέχον),就是此物的场所,而没有此物的内容。第一个场所(ὁ πρῶτος τόπος)既不是”(ὁ πρῶτος 以前
354 是 ἴδιος,与天,即普遍的空间,是有区别的)“较大,也不是较小”——空间、场所、形状是不是——“可以与内容分开”?[2]

从这里,亚里士多德转到关于空虚的空间的问题上面来,——这是一个古老的问题,关于这个问题,现在的物理学家们也还不能正确解决;其实,如果他们研究一下亚里士多德,他们可能就会有办法,可是,对于他们,正好像世界上根本就没有这种思想和什么亚里士多德存在似的。“空虚,按照人们普通的看法,乃是一个不

① “物理学”,第四卷,第四章。

② 同上书,第四—五章,第二章。

包含物体的空间；又因为他们认为物体才是实存的东西，因此他们就称那其中什么也没有的为空虚的空间。空虚的空间的假定，特别根据：(一)人们认为它"——否定者——"乃是运动所必需的(因为一个物体不能在充实的空间里面运动"，物体运动所向的地方，一定要什么东西都没有)；(二)特别也在于："物体受压缩时，物体的成分向着空虚的小孔挤进去"，[①]——这是一个关于不同的密度及其变化的概念，按照这个概念，相等的重量具有数目相等的部分，但是为空虚所分开的，则有更大的容积。

亚里士多德很中肯地反驳这些理由。首先他指出："充实的空间里面能够有变化，并且，即使在物体之间没有空虚把它们分开，它们也能彼此掉换位置。物体、液体和固体都一样，是由于那本来包含在他们之内的东西被赶掉而增加了密度的，正如当水被压缩的时候，其中的空气就被赶掉。"[②]

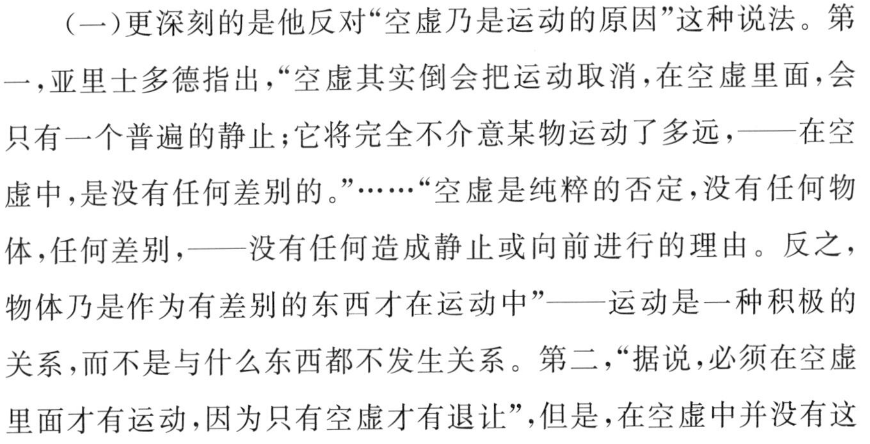

(一)更深刻的是他反对"空虚乃是运动的原因"这种说法。第一，亚里士多德指出，"空虚其实倒会把运动取消，在空虚里面，会只有一个普遍的静止；它将完全不介意某物运动了多远，——在空虚中，是没有任何差别的。"……"空虚是纯粹的否定，没有任何物 355
体，任何差别，——没有任何造成静止或向前进行的理由。反之，物体乃是作为有差别的东西才在运动中"——运动是一种积极的关系，而不是与什么东西都不发生关系。第二，"据说，必须在空虚里面才有运动，因为只有空虚才有退让"，但是，在空虚中并没有这

① "物理学"，第四卷，第六章。

② 同上书，第七章。

样的事情;“由此,被设定的就”不是一个运动,而是“一种向一切方向的运动”,——这将是全盘的毁灭,绝对的屈服,将没有什么东西留给物体,没有半点联系。——“再者,一个重量或物体由于两种原因,就运动得或快或慢”,即有一定的速度:“或者是因为它所通过的媒介(空气、水、土)是不同的,或者是因为运动着的东西本身由于较重或较轻而有差别。”(1)由于媒介密度的不同而运动的速度不同。“物体所通过的媒介,当其阻碍着物体时,乃是〔使速度不同的〕原因,——阻力最大的是当媒介向着物体相反的方向运动时(静止时阻碍便少些),那不易被分开的媒介,阻力也最大。速度的大小,与媒介例如空气和水的比重,成一定的比例;如果比重小二倍,速度就增加二倍。但是空虚对于物体却没有这样的比重关系。物体不能比空虚大若干,正如线不能比点大若干,除非线乃是由点**集合**构成的。空虚和充实是不成比例的。”(2)“至于那应该认为是物体本身所有的重和轻之间的差别,则是:经过相等的空间,重的东西比轻的东西运动得快些。但是这个差别只在充实的媒介中发生;因为那个较重的物体用它的力量把充实的媒介分开得快
356 些。”[①](重的东西和轻的东西运动速度相等,纯粹的重、重量、物质——乃是一种抽象的观念,仿佛这些东西本身就是相同的,只是由于空气的偶然的抗阻才不同。)这个见解是极为正确的,并且特别足以纠正我们的物理学里面盛行的许多观念。

(二)亚里士多德[②]现在来到第二个问题,即关于比重的差别

① “物理学”,第四卷,第八章。

② 同上书,第九章。

的关系。“很多人以为，因为有稀薄和浓厚，所以有空虚”，——稀薄和浓厚就是比重小和比重大；前者被认为是一个空疏的物体，后者是一个充实的连续体；——或者可以说两者的区别是由于密度的大小不同。“当气从水蒸发出来时，等量的水必定变成大小相同的气，否则就必定是因为有空虚的空间存在其间；因为只有借空虚的空间的假定，压缩和稀化才是可理解的。较为稀薄的东西就是那包含许多被分开的空虚的空间的东西。”——(1)“但是如果空虚是不能被分开的，”——它确是不能被分开的，因为如果能被分开那它身上就会有一种差别——，“也像空间是不能被分开的一样”（否则就有纯粹的空间，在纯粹的连续性里面，普遍的否定者，确实的否定者）：“那么，稀薄的东西就不能发生。”(2)“如果他们承认空虚的空间是不能分开的，但却以为物体里面有些空虚的东西”（渗透着空虚的空间）：“那么，就会有两个结果，（甲）只能承认向上的运动；因此轻的就是较稀薄的”，“所以火”，那永远向上运动的东西，“因此就是稀薄的（$\mu\alpha\nu\acute{o}\nu$）”。（乙）“其次，空虚不能够是运动的原因，不能够有东西在它里面运动，而却是像革囊一样，把那贴近囊口的东西带上去。但怎么能够有一个会运动的空虚，或者会有一个空虚所处的场所呢？因为这个空虚的运动所指向的地方，就
会是空虚的空虚了。……一般地说，正如在空虚里面不会有运动 357
一样，空虚自己也不会运动。”

亚里士多德反对这种看法，提出了问题的真正的实质，一种大体上是想象中的对自然的看法。认为“对立物，如热和冷，以及其他的物理的对立，都具有同一种质料，并且从那个按照可能性”——（即以和今天所说的意义不一样的动能的方式，今天所指

的是一种深度、程度)——“而存在的东西，生成了一种按照实在性而存在的东西；质料(是不可分开的，并且)不会变成别的东西，而是在数目上(量上)保持同一的东西，尽管它取得了一种颜色、热度、冷度。同样地，一个小的和一个大的物体的质料是同样的，当气从水生成时”(动态的、性质的变化)，“质料是保持同一的；质料变成这个，不是因为它取得些别的东西，而是按照可能性它所是的东西，现在变成了现实性的东西。同样地，它从一个较小的变成一个较大的，或从一个较大的变成一个较小的。许多空气被压缩，由一个较大的容积变成为一个较小的容积，或是反过来，它被扩大了；——这单纯是可能性的变化，质料是保持不变的。热度的增加或减少以及热之变为冷，都是一样的(没有什么“热素”增加或减少)。所以同一的东西是既浓厚又稀薄”，——这是完全与一些物理学的概念不同的，这些概念认为在较密或较疏的东西里面，有较多或较少的质料，把比重的不同看作是质料的外在的加多；亚里士多德却是完全动态地来看这问题，不过不是像现在的动力学那样以较大的强度来解释，而是以作为普遍概念的真正的强度、可能性来解释。差别当然必须认为是大小的差别，但却不是增加或减
358 少，不是质料的绝对量的变化。强度就是指力而言，指可能性而言；说“这是有强度的”；就等于说这现在是有动力的，有一个更大的可能性，它的现实性已被减少，——按亚里士多德说，是一个可能的 ὄν(存在)。力量如果与质料离开，可能性就是一个思想物。强度再次向外面与别的东西比较时，就成为力、程度；因此大小就出现了。不论称为强度或广度，都是一样的：用较大的强度的热，不论较多或较少的空气都能够被加热到相同的程度，——或者

说,同样多的空气,用较大的强度就能热得更厉害。

(三)**时间**。在研究时间的时候,亚里士多德[①]说:“如果人们外在地来考察时间,就可能会引起人怀疑时间是否真的存在,或者会认为它差不多并不存在,而只是一种仿佛存在的东西。”——换言之,时间只是可能的。“因为时间的一部分已过去了,现在并不存在,另外一部分将要到来,现在也并不存在;但是由这些部分,却又构成了那无限的和永远存在的(真正的)时间。但是时间不可能由这样不存在的部分构成。而且,就一切可分的东西说,如果它存在,那么,它的一些部分或所有的部分也必须存在。而时间正是可分的东西;但它的一些部分却已经过去了,另外的部分将要到来而还没有存在。因为‘现在’并不是部分。因为部分有度量”,即量的规定;但“现在”却是不可度量的。“整体必须由部分构成;但看起来”“现在”“和时间都不是由部分构成的”,——“现在”是不可分的,不是量的。“并且也不容易断定,‘现在’是停留着的呢,还是总在变成另外一个东西又另外一个东西的呢?”等等。“再者,时间不

是运动,不是变化。因为运动和变化是发生在一个运动着和变化 359
着的东西里面的,或者是发生在运动和变化所在的地方的,但时间却是到处一样存在的。此外,变化和运动是可以或快或慢的,但时间却不是这样。”

“但时间却又不是没有变化和运动的”,——时间是运动的环节,是运动的纯粹否定性;“在我们感觉不到变化的地方,好像就没有时间,如在睡眠时。时间是在运动里面的,但却不是运动本身。”

---

① “物理学”,第四卷,第十章。

亚里士多德这样来规定时间:"当我们在运动里面注意到前前后后时,我们就说有时间;因此它这样显示出自己来,使得我们总把它当作另外一个又另外一个……,而且在这些之间,又再有另外一个作为中项。当我们设想到推论的两端与中项不同,而且灵魂把'现在'认为包含两个环节,一先一后的时候,我们就说,这就是时间。用'现在'来加以规定,并且被视为根据的,我们就称为时间。反之,当我们感觉到'现在'只是'一'"(同时),"而不是在运动里面的'先'和'后'时,或者感觉到它本身,不把它当作早于或晚于某物时,对于我们就好像没有什么时间存在;没有运动,就没有时间。"(这是值得注意的,我们部分地感到"现在",部分地想到先后。)无聊的感觉就是永远同一。"因此,时间乃是按照先后得出的运动的数目;它不是运动本身,只是当运动有数目时才有它。多量或少量是用数目来判定,大的或小的运动则是用时间来计算。但是我们把被计数的东西和用来计数的东西,都同样称为数目;但时间却不是用来计数的数目,而是被计数的数目,——是统一,是同一的,只当我们想着它是另外一个又另外一个时,才是不同的。……'现
360 在'正像数目的单位。此外,时间是由'现在'而有连接(连续性)和区别(分离性)的。……'现在'和将来是同一的(它们全是时间);但就其为实存而言,则它又是不同于将来的。"①"一",作为普遍者,乃是僵化了的"现在";它永远是同一的,——普遍性。

"'现在'是时间的连续性,并且是它的分割,或者说是先后两个环节的划分。由此,它和点相同"(因为点也是线的连续性和它

① "物理学",第四卷,第一一章。

的划分，它的原理和界限）；“但‘现在’却不是像一个常存的点。因为‘现在’是按可能性划分时间的”，——“现在”乃是可分性，各环节只是思想上的环节；“就其可分性来说，它永远是另外一个。但同时它又永远是同一的；当我们把线加以划分时，对于我们的思想，永远产生了另外一个点，再另外一个点；但就其为‘一’而言，就只有一个点。因此，‘现在’按照可能性说，既是时间的划分，又是先后两者之间的界限和统一”，——作为一个划分的一般的点，而这个一般的“一”当其为实在时，它只是“一”；但这个实在不是一个静止的“一”，而却永远永远是另外一个，——所以个别性包含着普遍性在自己里面，作为自己的否定性。“但它却又是同一的，而且在同一意义上又是划分和联结”，[①]——在同一关系里面，被设定者的绝对反面直接地存在着；相反地，在空间那里各环节不是被设定为**实存的**，而是在**它里面**才出现这个存在及其运动和矛盾。因此，依照亚里士多德，理智的同一性丝毫不是原理；同一性和非同一性对于他乃是相同的。时间乃是：第一，“现在”只是现在；第二，过去和将来是与“现在”不同的，但它们也必然地联接着，“现在”不 361
是没有先和后的，先后乃是知觉；第三，因此，先后联接为‘一’，即“现在”，它乃是它们的界限，就是说，是它们的结合和划分。

丙、接着，亚里士多德转到关于实现了的运动或变化，即**物理的过程**这个问题上面来。

（一）在亚里士多德[②]所探讨的另外许多细节中，我将只提出

① “物理学”，第四卷，第一三章。

② 同上书，第五卷，第一章。

他关于推移和关于变化与运动的区别这几点。“在运动里面首先有一个推动者，再有一个被推动者、一个时间、运动的所在地；此外，有运动所要去的东西，所自来的东西。因为一切的运动都是从一物来向一物去；因为第一个被推动者，和运动所向着去的，和运动所自来的，并不相同：例如，木材、温暖、寒冷。”前边所谈的是纯粹的运动，这里所谈的乃是事物里面的运动。“运动是在木材里面，不是在形式里面，因为形式、场所和大小既不运动也不被推动；但”(依它们出现的次序)，“却有被推动者、推动者和运动所向着去的东西。**变化**(μεταβολή)的名称是按照终点而不是按照起点来定的。因此，‘消灭’(φθορὰ)乃是变为无，虽则那消灭的东西是从实有的东西开始变化的；发生则是从无到有的变化。”这个见解的意思是：变化乃是在真正实在的东西身上的运动；因此那最初的、观念性的变化，乃是本然的运动，只有那种正在成为实在的东西的运动才称为变化；这就是说，正是以终点的关系，而不是以起点的关系，才称为变化，——因为这个起点正是变化还没有实存，而仍然只是运动的地方。

（二）此外，运动和变化的区别还有另一种形式。亚里士多德把
362 **变化**区分为**四种**：“或是从主体变为另一个主体；或是从非主体变成非主体；或是从非主体变成主体；或是从主体变成非主体。第一，从非主体变为非主体的那种变化”，在作全面的分类时，虽然可以有它，但它“绝不是变化，”它纯粹是思想中的东西；“因为它不包含任何对立”，但却是臆想的东西、思想、非主体的环节，而亚里士多德所考虑的则是真实的现象。第二，“从主体到主体的变化，乃是本然的运动；”在那里推移着的东西仍然保持同一不变，——没有什么真实

的东西变为别的东西，变化纯粹是形式上的。第三，“从非主体变为主体乃是产生。第四，从主体变为非主体乃是消灭”。现实化的运动（变化）和纯粹形式上的运动之间的区别，是值得注意的。

（三）从这里他（“物理学”，第四卷）转而考察芝诺关于运动和变化的辩证法——关于无限可分性——，这是上面我们已谈到过的。亚里士多德提出共相来解决这问题：运动和变化正是这个矛盾，正是那个自己与自己对立的共相；使运动和变化的环节得以解除的那个统一性，不是一个无。不是没有运动和变化；而却是一个具有否定性的共相，否定者本身又再被设定为肯定者，——这就是可分性。

（四）为了反对原子及其运动，亚里士多德[①]又说道，“不可分的东西是没有运动和变化的”；他以与芝诺相反的方式来论证。〔芝诺从原子的不可分性来反对运动，亚里士多德从运动来反对原子。〕[②]芝诺说，只有简单的、不可分的存在，没有运动。亚里士多德说了同样的话来反对原子：原子是单纯的、不可分的存在，因此，原子不能有变化，要是有变化，原子的假设就绝不是真理。变化不能发生于原子本身，也不能从外面的冲击得来；原子本身自在自为 363
的运动是没有真理性的。

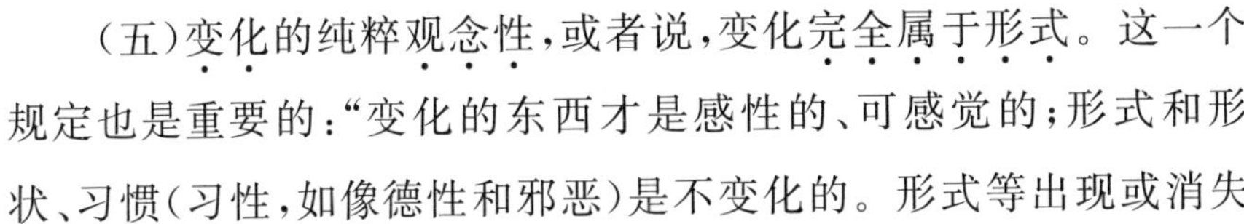

（五）变化的纯粹观念性，或者说，变化完全属于形式。这一个规定也是重要的：“变化的东西才是感性的、可感觉的；形式和形状、习惯（习性，如像德性和邪恶）是不变化的。形式等出现或消失

① “物理学”，第六卷，第一〇章。

② 据米希勒本，第二版，英译本，第二卷，第一七四页增补。——译者

于一物之上;但出现和消失的东西并不变化。”或者说,变化的内容是不变的;变化作为变化只是在于纯粹形式上面。“习惯或为德性,或为邪恶。德性乃是某物实现其本性时的一种完成(τελείωσις)、一种目的的达到;邪恶却是此物的消灭或挫折。德性和邪恶并不是变化,它们只是出现或消失。”[①]或者说,区别成为存在和不存在的区别,——感性的区别。

(六)第一个**真实的**或**物理的实存的运动**。从这些概念,亚里士多德现在进而讨论实在。第一,“运动的第一个实体本身是不运动的;”[②]第二,“绝对的运动是**圆周运动**。这种运动是不包含对立的。(一个无限的直线运动乃是一个空洞的幻象,因为运动必然是向某物,——向一个目的。)因为从乙向甲和从甲向乙乃是一样的;而运动是必须按照其起点和终点来考察的。”[③]有一种看法,认为天体如果不是偶然走进了太阳的吸力范围,本来会自由地以直线

364 向前继续运动:这是一种空洞的想法。亚里士多德[④]指出,“整个天既不是产生出来的,也不会消灭,而是永远是一个天:在永恒的时间里面,是既无开始也无终止的,正相反,它是把无限的时间包含在自己本身里面的。”所有其他的见解都是感性的,这些见解以为是在谈论本质的东西,但却只看见感性的表象;在这些表象里面永远存在着它们以为已经排除了的那些东西。第一,产生的发端——以前是空虚——正是那静止的、自身等同的东西;这就是

① “物理学”,第七卷,第三章。

② 同上书,第八卷,第六章。

③ 同上书,第八—九章;“论天”,第一卷,第四章。

④ “论天”,第二卷,第一章。

说，是永恒的质料，不是产生出来的，是被设定为存在于产生之前的。第二，在产生之前没有什么东西存在（这一点他们绝对愿意承认），只有在产生时才有某种东西；这就是说，运动是和某物联系在一起的，——有现实的地方，才有运动；但他们不把那个空虚的、自身等同的、永恒的物质和这个“无”集合在一起。

（七）“那具有这种”绝对的“圆周运动的东西，既不是重，也不是轻。因为所谓重的东西乃是向下运动的东西，所谓轻的东西乃是向上运动的东西。”在现在的物理学里面，天体却是具有重量的，而且本来会投奔到太阳上面，不过因为有一种别的力量影响它，才没有这样做。如上所述，“天乃是不会消灭的和不被产生的，没有增大和减小的，没有任何变化的；……天与土、火、空气和水不同；天乃是古代人所称为**以太**的东西，是最高的地方，在无限的时间里做永恒的运动。”[①]但亚里士多德这种经验的罗列开始愈来愈显著了。

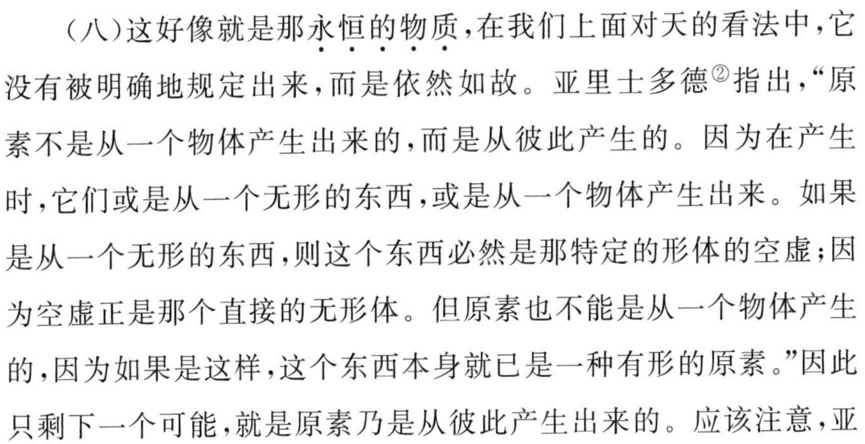

（八）这好像就是那**永恒的物质**，在我们上面对天的看法中，它没有被明确地规定出来，而是依然如故。亚里士多德[②]指出，“原素不是从一个物体产生出来的，而是从彼此产生的。因为在产生  365
时，它们或是从一个无形的东西，或是从一个物体产生出来。如果是从一个无形的东西，则这个东西必然是那特定的形体的空虚；因为空虚正是那个直接的无形体。但原素也不能是从一个物体产生的，因为如果是这样，这个东西本身就已是一种有形的原素。”因此只剩下一个可能，就是原素乃是从彼此产生出来的。应该注意，亚

① “论天”，第一卷，第三章。

② 同上书，第三卷，第六章。

里士多德所理解的发生乃是实在的产生,而不是从普遍到个别性的推移(他根本不考虑普遍者如何本身就包含着否定者;否则普遍者就会正是绝对的质料,它的普遍性作为否定性就被设定,或者就是实在的):正相反,他所说的产生乃是从一个一定的物体的产生,不是从它的根据产生,而是从它的对立物本身的产生。

(九)**四种原素的演绎**。从这里,他来到原素的问题上面,作了一种关于它们的产生的演绎。这是值得注意的。亚里士多德用下列的方式证明应该只有四种原素。他从重和轻(吸引力和离心力)出发,这两者乃是根本的规定。“物体在运动中或是向上,或是向下,——或是轻,或是重,并且不是在关系中(相对的)才如此,而却是绝对的轻和绝对的重,——前者向上往天的极限,后者向下往中心。”[①]“在这两者中间,还有中间的、它们以外的别的东西,其相互间的关系也如它们一样。前面那一种的两端为**土**和**火**,后面这一种是**空气**和**水**”;[②]“空气和水两者一重一轻。”[③]“水浮动于除土以外的一切东西之下,空气浮动于除火以外的一切之上。因此,现在

366 就有了四种物质,不过是四种具有共通之点的物质;特别是因为它们乃是从彼此产生出来的,但却有其各别的存在”,[④]——此地他没有提到那种以太。第一,应该注意,亚里士多德完全没有现在所流行的那种关于原素的概念,即以为原素必定是简单的;因此,当人们指摘我们把水、火等作为原素时,他们实在是太聪明了。存在

① “论天”,第四卷,第一章。

② 同上书,第三章。

③ 同上书,第四章。

④ 同上书,第五章。

物的这种简单性、这种简单的规定性乃是一个抽象，是没有实在的；红色，——不是什么真实的东西，——在这个意义上就是简单的，是一种抽象。可是环节必须本身就具有实在性，作为对立物的统一，它必须是可分解的。因此亚里士多德以为原素（像在我们所已见过的亚里士多德以前的哲学家那里一样）是从彼此产生出来的，却不把原素当作有不可破坏的简单性；因为简单的东西是不能有什么运动和变化的。在这里，他完全不知道由部分所构成这个贫乏的概念，他大力地反对这种概念，譬如，当他谈到阿那克萨戈拉[①]时。当氧被认为已不再作为氧存在于中和物里的时候，〔按指近代物理学中〕“中性”这个概念并不是被理解为作为统一性的普遍性。在这里却是一种原素到另一种原素的转化，和我们那种把火、空气等等当作只是绝对地和本身同一的物理学，是完全对立的。第二，这些根本规定并不是详尽无遗的。

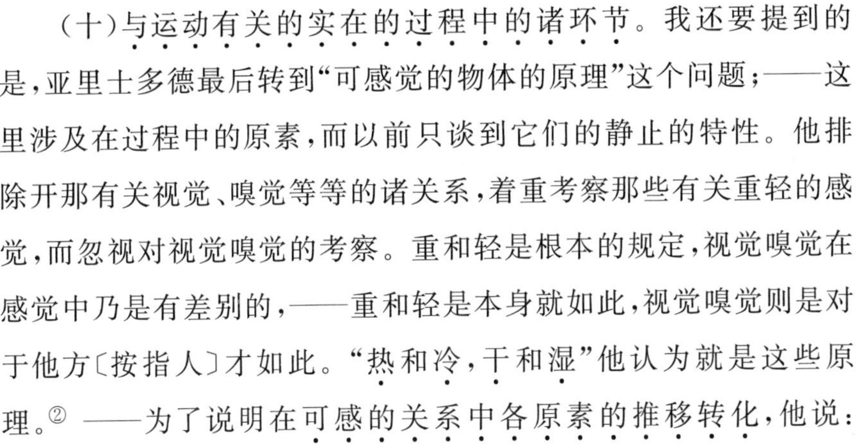

（十）与运动有关的实在的过程中的诸环节。我还要提到的是，亚里士多德最后转到“可感觉的物体的原理”这个问题；——这里涉及在过程中的原素，而以前只谈到它们的静止的特性。他排除开那有关视觉、嗅觉等等的诸关系，着重考察那些有关重轻的感觉，而忽视对视觉嗅觉的考察。重和轻是根本的规定，视觉嗅觉在感觉中乃是有差别的，——重和轻是本身就如此，视觉嗅觉则是对 367
于他方〔按指人〕才如此。“热和冷，干和湿”他认为就是这些原理。[②] ——为了说明在可感的关系中各原素的推移转化，他说：

① “论天”，第三卷，第四章。

② “论生灭”，第二卷，第二章。

“四种东西，四种原素(原理)之间原来能够有六种关系，——但在这里，对立的东西不能够被结合，——湿不能和干结合，冷不能和热结合。因此，就得到四种关系：(1)热而干；(2)热而湿；(3)湿而冷；(4)干而冷。而这些结合就依次成为那些最初的原素；因此，火就是热而干的，空气就是热而湿的(水蒸气)，水是冷而湿的，土是冷而干的。”[①]从这里，他就使得“原素之间的互相推移”变成如此可理解了。“产生和消灭乃是从对立面中来，到对立面中去。所有的东西彼此之间都有一种对立；”一切的东西，对它的对方的存在来说，就是非有，其一和其他乃是实在性和可能性的关系。“在这几种原素里面，有些原素包含着相同的成分。从火生出空气，因为它们共同有热的成分；而当空气里面的湿被克服，则火就生出来。反之，在那些彼此之间没有共同的成分的原素那里，如像在土(它是冷而干的)和空气(它是热而湿的)那里，变化就要来得慢些。”原素彼此之间的整个推移、自然的过程形成一个圆圈式的变化过程。[②] 这种说法是不能令人满意的；既不能说明所有的个别事物，又不能把其余的东西概括成一个整体。

事实上，亚里士多德现在已经转到“气象学”上面，在考察着一般的自然过程了。不过，这里我们已经到达他的止境了。这里在
368 自然的过程里面，简单的规定本身：——这样的逐一进行规定的方式——再没有什么效用了，完全失去了意义了。因为正是在实在的过程里面，这些特性、这些一定的概念，总是失去它们的意义而

① “论生灭”，第二卷，第三章。

② 同上书，第四章。

变成它们的反面，——在这里正是这些无关紧要的系列总被凑拢在一起并结合起来。在规定时间和运动时，我们确实看到亚里士多德自己把对立的规定这样结合起来。但是，运动的真正的性质应该把时间和空间包括在自身之内，应该表示出它怎样是它这些实在的环节的统一，怎样通过时间空间来表达运动，——即观念的东西如何达到现在性。而现在下面这些环节如湿、热等等，则更应该归结到过程的概念之中。但是，感性的现象在这里倒开始占上风；经验正有这种孤立方式的性质，使彼此脱离关系。经验现象超过了思维，思维虽仍把所有权的印记烙在经验现象上面，但却再不能渗透经验现象，因为经验现象已退出思想的领域，而时间、空间和运动当时则还在〔思维的领域中〕。

亚里士多德的宝藏，许多世纪以来，差不多完全不被人知悉。

三　精神哲学

另一方面是他的精神哲学。这里，在一系列我将举出来的著作里，亚里士多德把精神哲学也区分为一些特殊的科学加以发挥。首先，他那三卷“论灵魂”部分地是考察灵魂的抽象的一般性质，不过只着重在反驳他人的见解，但以很艰深而思辨的方式讨论灵魂自身的本性；不是谈灵魂的存在，而是它的活动的特定方式和可能性——对于他，这才是灵魂的存在和本质。这样，我们就有了他的 369
这些关于特殊问题的著作：“论感觉和可感觉的东西”、“论记忆和回忆”、“论睡眠和醒”、“论梦”、“论占梦术”，还有一部“相面学”；正如在自然现象那里一样，在精神现象这方面，亚里士多德也没有轻视任何经验事实和现象的考察。——关于实践方面，他同样关心地为家长们写了一部“经济学”的著作;然后,对于一般人他写了一部关于道德的著作“伦理学”,其中一部分是讨论最高的善、绝对的目的,一部分是关于个别的美德的学说,——几乎总是很思辨的,并且带着健全的常识。最后,在他的“政治学”中,他从经验方面陈述了主要的国家的法制和各种不同的国家的法制,并对这些不同的法制一一讨论;在他的关于政制的理论中,他举出那些最重要的国家;不过我们没有得到他这方面的所有著作。

在另一方面,还有他的抽象思维的科学,一部被称为 Ὄργανον(“工具论”)的“逻辑学”,它包含几篇著作,——它们是各个时代逻辑学著作的源泉和教科书,这些著作部分地只是亚里士多德著作的特殊的发挥,因而就变成为无生气、无味、不完全而且纯粹形式化的;——关于这些作品,最近康德也曾说过,自从亚里士多德以来的逻辑学,正如欧几里得以后的几何学一样,乃是一种完成了的科学,它再没有获得什么改进和变化。

1. 心理学

刚才已说过,他的关于灵魂的学说,不是讨论所谓形而上学方面,而是讨论灵魂的活动的方式。在关于灵魂的学说这方面,我们不应该期待从亚里士多德那里找到一种灵魂的形而上学。因为那
370 种所谓形而上学的考察,乃是把灵魂真正假定为一个东西,并考察它究竟是一种什么东西,它是否是一个简单的东西,等等。亚里士多德的具体的思辨的精神,是不花费在这样抽象的问题上面的;他和这些东西是离得很远的。大体上说,亚里士多德这里也同样是提出一系列陆续出现的规定,它们也不是按照必然性被结合成为

一个整体;但是,每一个规定在它自己的范围内,却是被又正确又深刻地把握了的。

首先,亚里士多德[①]提出一般性的说法:“从一方面看来,灵魂好像应该被认为是可以脱离躯体而独立的”,这就是说,它是能够有自由的,“因为在思维中,它是独立的;但从另一方面看来,它也好像是不能脱离躯体的,因为在感情中,它是如此不可分地和躯体联在一起;感情显得是物质化了的思维或概念”,——是精神的物质形态。在这上面,亚里士多德所认识的关于灵魂的双重观点就结合起来了,这两种观点是:纯粹理性的或逻辑的观点和物理的或生理的观点,这两种观点,直到今天,我们还能看见它们齐头并进。“按照一个观点,例如‘愤怒’就会被认作渴望报复或类似的东西;按照另一观点,愤怒就会被当作人的心血上升或热度上升;前者就是对愤怒的理性的观点,后者则是对它的物质的观点。正如有人把房子规定为遮蔽风雨的东西或其他的东西,另外的人则把它认作由木石所构成的东西;其一是举出了该物的规定和形式(目的),另一则是举出它的质料和必然性。”

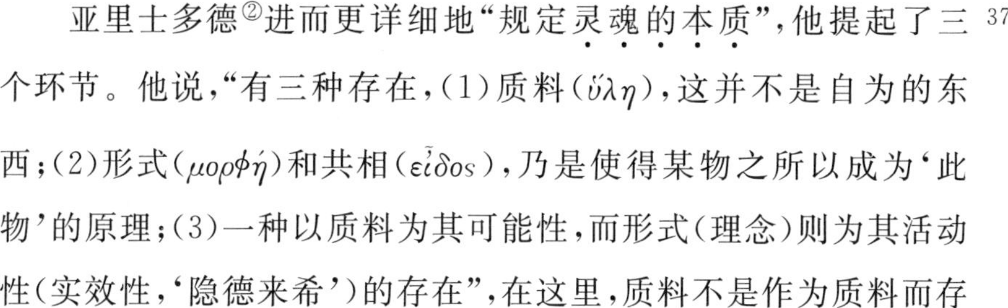

亚里士多德[②]进而更详细地“规定**灵魂的本质**”,他提起了三 371
个环节。他说,“有三种存在,(1)质料(ὕλη),这并不是自为的东西;(2)形式(μορφή)和共相(εἶδος),乃是使得某物之所以成为‘此物’的原理;(3)一种以质料为其可能性,而形式(理念)则为其活动性(实效性,‘隐德来希’)的存在”,在这里,质料不是作为质料而存

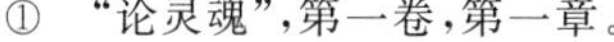

① “论灵魂”,第一卷,第一章。

② 同上书,第二卷,第一章。

在,而只是潜在的。“灵魂作为物理的有机的形式,乃是实体,这种有机体按其可能性是具有生命的;它的 εῖδos(理念)是‘隐德来希’,由于这个,它是一个具有灵魂的物体。这个活动性以两重的方式出现:或是像知识,或是像直观(理论)。灵魂在它存在时,或者是醒着,或者是睡着;醒相应于直观,睡却相应于占有和不活动。就产生说,第一性的东西乃是知识,”即意识,它是属于形式的,其最高的方式即是思维;——“因此,灵魂乃是物理的然而有机的物体的第一性的活动性。”就是在这方面,亚里士多德把“隐德来希”作为灵魂的定义。

然后,他来到**肉体和灵魂的**互相**关系**这个问题上面。“因此(因为灵魂是形式),我们就不应该问灵魂和肉体是否是同一的”(我们不应该说它们是同一的);“正如我们不应该问蜡和它的形式是否是同一的,即根本上就不应该问质料及其形式是否是同一的”,——这里不是同一与否的问题,那是唯物论。“因为同一和存在这两个词,是被用在许多种意义上面的”;事物及其各种属性,主词和谓词;例如,房子是一个东西,是由许多部分组成的。同一性是一个完全抽象的,因此是肤浅而空洞的规定;“但本质的存在却是活动性(‘隐德来希’)。”就其存在方面来说,它们的地位不是相
372 等的,那真正有价值的存在只有“隐德来希”才具有;同一性只能作为这种“隐德来希”来理解,——这是我们的理念。前一个问题乃是一个肤浅的问题,在其中质料和形式被认作两个东西;这样就失掉了问题的本质,应该问的却是:活动性和它的机构是不是同一的?

这个关系的更明确的**解释**。“灵魂是实质,但只是按概念来说的实质;或者说,形式、概念在这里是存在本身、实质本身。例如,

如果一个物体，像一把斧头，有作为斧头这样一个形式做它的实质，那么，它的这个形式就会是它的灵魂；而如果它不再具有这个形式，那么它就再也不是一个斧头，而只是留下一个虚名。但像斧头这样一个物体的形式和概念，却不是灵魂；灵魂乃是另外一种物体的形式，这种物体在本身里面具有运动和静止的原理。”斧头不具有自己的形式的原理在它自身里面，它不把自己做成一把斧头；或者说，它的形式、概念不是它的实质本身，——它不是由于自己而活动的。“如果眼睛是一个独立的生物，那么，视觉就会是它的灵魂；因为视觉按照眼睛的概念说就是眼睛的本质（οὐσία）。而眼睛作为眼睛，却只是视觉的质料；如果失去了视觉，眼睛就只留下一个虚名，像一个石头刻的眼睛或画的眼睛那样。”如果我们问：眼睛的实质是什么？人们会说它是神经、眼液、组织等等；亚里士多德却正相反，说视觉是它的实质，神经等物不过是空名而已。“在部分，情形是如此，在全体，情形也如此。不是那失去了灵魂的东西，而是那具有生命的东西，才有生存的可能性。因此，种子和果实按其可能性乃是一种物体。正像劈削”（斧头）“视觉一样，醒乃是基本的活动性（实效性）；有形体的东西却只是可能性”，不是现实 373
性，——灵魂乃是它的存在，它的“隐德来希”，它的实质。“但是按照这个关系，那”（活的）“眼睛乃是视觉和眼珠”（后者只是可能性）的统一，“同样情形，生物也是灵魂和肉体，两者也是不可分离的。（因此，有一点还是不明确的，就是灵魂之为物体的活动性，是否如舵手之于一只船那样。）”实质是活动的形式；ὕλη（质料）只按照可能性才是实质，并不是真正的实质。这是一个真正思辨的概念。

“因此灵魂作为运动的原理，作为生物的目的和存在（实质），

乃是原因,"乃是产生者;——目的因,即是自己规定自己的普遍性。"生命是生物的存在;生物就是这个存在。再次,灵魂乃是依照可能性而存在的东西的实存的概念,"——正因为概念是那依可能性而存在的东西的"隐德来希";"隐德来希"的关系是:它按概念说乃是实质,是活动性。"也是目的;自然正像思想一样,是为了某种目的而活动的,〔在生物中这个目的就是灵魂。〕[1]因此躯体的所有各部分都是灵魂的工具,"[2]〔是为了灵魂而存在的。亚里士多德就这样指出灵魂是运动的原因。〕可能性、质料只是潜在的,——无机世界。

亚里士多德[3]现在进而指出,"要按**三个**方面来规定灵魂,即**营养**的灵魂、**感觉的**灵魂和**理性的**(思维的)灵魂,相应于植物的、动物的和人的生命。营养的灵魂,当单独存在时,是属于植物的,——植物性的灵魂;如果它同时还能感觉,就是动物的灵魂;如
374 果既是营养的,又是感觉的,并且也是理性的,那就是人的灵魂。"因此,人把植物的性质和感觉的性质都结合在自己里面;这个思想已被近代自然哲学用这样的话来表达了,即:人也是动物和植物。这个思想是针对着那种把这些之间的差别形式互相割裂分开的倾向的。在近代对于有机物的考察中,这种差别又被提出;把这两方面加以区别,是很重要的。"问题在于:作为部分,它们能够分离开到如何的程度?"

至于**这三种灵魂的关系**怎样的问题,——姑且称它们为三种,

---

[1] 据米希勒本,第二版,英译本,第二卷,第一八四页增补。——译者

[2] "论灵魂",第二卷,第四章。

[3] 同上书,第二—三章。

虽然这样区别是不正确的,——关于这一点亚里士多德完全正确地说道:“不能够找到一个这样的灵魂,可以具有这三种灵魂的**共同性质**,并能够在一定的简单的形式中适合于这些灵魂中的任何一种”,作为不同的存在的部分。这是一个深刻的意见,它使得真正思辨的思维与纯粹逻辑的形式思维区别开来。“正如在几何图形里面,只有三角形和其他的特定的图形”,如正方形、平行四边形等等,“才是实有的。因为,共同的东西只是图形:但是这个有共同性的普遍的图形,却是不存在的”,不是什么真实的东西,而是无,是空的思想物,且是一个抽象。“反之,三角形是第一个几何图形,是那个真实的、普遍的东西,它也出现在四边形等等里面”,——几何图形都可归结到最简单的规定上面。从一方面说,三角形是作为一个特殊的图形而与正方形、五边形处于同样位置的;但是,——这是亚里士多德的中心思想,——它是那真正的几何图形,那真正普遍的图形。“具有灵魂的东西的情形也如此。营养的、感觉的灵魂也在理性的灵魂里面”,——并且人们绝不可去找寻一个抽象的灵魂。“营养的灵魂是植物的本性;这个植物性灵 375
魂——最初是作为活动性的形式——却也是在感觉的灵魂里面的,不过在那里它只是按照可能性而存在的”,——在那里它只是潜在的,只是一般的。植物性的灵魂对于感觉的灵魂的关系只是作为 *potentiâ*(潜在性),只是作为一个观念性的东西,附居在感觉的灵魂里面,正如谓语之于主语。同样地,感觉的灵魂对于思维的灵魂的关系也只是像谓语对于主语的关系。“理性的灵魂里面,又包含着其他两者”,不过只是作为它的对象,或者作为它的可能性,——只是作为潜在。不应把这个潜在放得太高,像在形式的思

维中所遇见的那样:它只是潜在性、一般性、可能性;反之,那自为者本身则是那向自身的不断的回归,能力和“隐德来希”便是它所具有的。也许我们还可以更详细点来把这个名词加以规定。例如,当我们谈到客观的东西,谈到实在的东西、灵魂和物体、能感觉的有机体和植物性时,我们就称有形体为客观的东西,灵魂为主观的东西。因此客观的东西只是可能性,只是作为潜在的东西;自然之不幸就在于只是潜在的概念而不是自为的概念。在自然物里面,在植物里面,也仍有“隐德来希”;但整个植物界的范围只是一个客观的东西,在更高的范围里它只是一个潜在。这个潜在又显出是理念发展中的实在,它有两个方面,两条道路;共相本身已经是一个实在的东西。亚里士多德的意思是说,那一个本身不存在,或者说本身不是一个类的东西,乃是一个空洞的共相。事实上,所有的共相都是作为特殊的东西,作为个别的东西,作为为他物而存在的时候,才是真实的。那一个共相[1]却是这样真实,以致它自己
376 不必进一步变化就已经是该共相的第一个类;当它得到进一步发展的时候,它已经不属于这第一个类,而根本就是实现的原理了。这就是亚里士多德的一般的规定,是很重要的,如果加以发挥,就会导致对于有机体等等的真正的见解。

甲 “营养的灵魂就是灵魂的概念”,或者说就是有机体的概念;这个概念,就它本来的样子,不带进一步的规定,“这个普遍概念就是植物的生命。”因此,依照亚里士多德[2],植物性灵魂就是灵

① 指三角形。——译者

② “论灵魂”,第二卷,第四章。

魂本身的普遍的概念。——亚里士多德谈到**营养**时所说的话，即“是不是相同的东西吸收相同的东西作营养，或者吸收对立的东西，”这是无关紧要的。

乙　他关于**感觉**所作的规定，是更饶兴味的，关于这一点我将引他的一些话来谈一谈。“感觉一般地乃是一种可能性，”——我们会说它是一种接受的能力；“但是这种可能性，”或者说接受的能力，是不应当理解为一种被动性的，“它也是主动性。被动性和主动性是同一东西；”或者说“被动性本身有两种方式。被动性或者是指被对立物所毁坏、消灭；另一种意义则是指通过那依现实性而存在的东西，接受了那依可能性而存在的东西。这样，在知识的获得中，就有一种被动性，因为有一种向着相反的习性的变化发生；但却另有一种被动性，在其中那只作为可能性而被设定的东西被接受了。有一种剥夺性的变化，和一种影响到本性和持久的活动性（力和习惯性）的变化。因此，前一种的感觉主体中的变化乃是由于感觉的产生者引起来的”（在感觉里面，人们把变化和所发生的事，与产生感觉的东西区别开来，这样，在感觉里面就有一种被动性）；“但一旦感觉被产生之后，感觉就像知识一样被占有了，”——所以同样有一种主动性。因此，有两个方面：一方面为被 377
动性，而另外一方面就是感觉为灵魂所拥有；“而且按照”这个方面，“按照主动性，感觉就成为像认识那样的东西。”从外面来的影响，被动性，乃是在先的；但这以后就出现了主动性。“但差别在于，那引起感觉的是在外边，其原因是：感觉的活动总是指向个别事物的，相反地，知识活动则是指向共相的；但共相在某种程度上乃是作为实体而存在于灵魂本身中的。因此每一个人只要自己愿

意,就能够思维,"而正因为如此,思维就是自由的。"感觉却不能由他做主,感觉时必须有被感觉的东西存在才成。"①

这是一种完全正确的对待感觉的观点。(1)感觉是有它的被动的一面的,不管人们如何由此进一步发展到主观唯心论或别的什么。我们发觉我们被决定,——我发觉我受了决定,或者说,为外界所决定;至于是主观地或是客观地被决定,这是没有分别的,——在两种情形中,都包含有被动性这一环节。莱布尼茨的单子是一个与此相反的观念;单子是一,是一个原子、一个个体,在本身里面发展出一切;每个单子、我的手指的每一点,都是一个完整的宇宙,在其中一切自身发展其自身,——不与其他的单子发生任何关系。这看起来是主张最高的唯心论的自由。但以为我之中的一切都是从我自己发展出来,这种设想是没有什么用处的;因为就是这样,那在我自己之中发展出来的东西,也仍是一种被动的东西、不自由的东西。亚里士多德承认了这个被动性的环节,并不就因此落后于唯心论;感觉,就一方面来说,永远是被动的。最坏的是那种唯心论,它认为精神的被动性或主动性系于所与的特定内
378 容是内在的抑是外在的。——仿佛感觉里面也有自由似的;其实感觉乃是局限性的范围。(2)当感觉、光、颜色、视、听等等东西是从理念的立场被把握时,那又是另一回事了;因为此时就会表明,它们乃是由理念的自身规定所建立的。但是,当我作为个别的主体而存在时,又是另一回事,此时,理念在我之中只是对我这个个别的人而存在;其中就有有限性、被动性的观点。

① "论灵魂",第二卷,第五章。

亚里士多德继续谈下去说："一般说来，区别就在于可能性有双重意义；例如，我们会说一个孩子能够成为一个战士，又说一个成人能够成为战士"（后者具有成为战士的有效的能力）；"感觉者的性质是这样的：被感觉者"（不是事物）"实际上是怎样，感觉者就在可能性上是怎样。因此感觉者乃是被动的，因为它不是〔与其对象〕相同的"（和它自身不处于统一中）；"但是在获得了印象之后"，即感觉了之后，"就成为相同的，而且和对象变成同一。"在感觉之后，感觉的对象变成相同，而成为和感觉者一样。这是反作用，是主动的采纳，——是接受性中的主动性，这是把感觉里面的被动性扬弃的主动性。这样，它就成为和自己一样；虽然它好像是受到一种影响才成为那样，它却建立了这种和自己的等同性。主观唯心论说：没有什么外物，它们只是我们自身的规定物。就感觉的情形来说，这是应该承认的。在感觉活动中，我是被动的，感觉是主观的；它是我自身里面的存在、情况、规定性，而不是自由。不论感觉是外在的，还是在我之中的，都没有什么关系，总之，感觉存在着；活动只是在于把这个被动的内容变成为它自己的东西。

在讨论感觉时，亚里士多德[①]用了那一个著名的比喻，这个比
喻常常引起许多误解，因为人们把它理解错了。他是这样说的： 379
"感觉是采纳被感觉的东西的形式而不要它的质料。在感觉里面，只有形式达到我们而没有质料。当我们做实际活动时，例如当我们饮食的时候，情形就不一样。在实践里面，一般地我们是作为个别的个体而活动的，而且是作为在一定的存在里面的个体，本身就

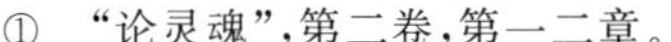

① "论灵魂"，第二卷，第一二章。

是一个物质的一定的存在,——我们与物质发生关系,而且是以一种物质的方式发生关系。只有当我们是物质的时候,我们才能够这样做;这就是说,我们的物质的存在进入活动中。在理论活动中,我们却不是作为个体、作为感性的东西、作为物质来对付物质的。影响作用则正是假定物质的接触;反之在采纳形式时,物质则是被除开了的,不再是一种对物质的积极的关系,物质不再是一种积极的、能够作出反抗的东西。形式是作为共相的对象;因此,在感觉中我们只对形式发生关系,把它采纳过来而不要物质,正如蜡块只把带印的金戒指的印记接纳到自己身上,不取黄金本身,而只纯粹取其形式。"因此我们一般地把感觉称为感性印象,在这个比喻后面,一方面隐藏着一种粗糙的表象,一方面很不确定,缺乏任何概念。我们不应该死抓住这种比喻。这不外是一个形象化的例子,企图用它来说明在被动性里面感觉的被动性只是相对于纯形式而言,企图说明这个形式在灵魂里面找到了一个位置,——而且,它之如此,并不像带印戒指的形式对于蜡块的关系那样;也不是像在化学反应里面那样,"在质料上,一物为他物所渗透,"——或者说,亚里士多德又指出,"因此,植物就不会感觉。"

人们老是粗野地停留在比喻的粗糙状态中。当人们单纯抓住这个比喻并拿它转而应用于灵魂上面时,人们就说:灵魂的情形和
380 蜡块一样,——表象、感觉,一切都只是印进灵魂里面去的;灵魂是一块白板(*tabula rasa*),它是空白的,外物在它上面加上一个印象,正像带印戒指的质料作用于蜡块的质料一样。于是人们说:这就是亚里士多德的哲学。同样的情形也发生在其他大部分哲学家那里。当他们举出一个感性的例子想说明某种东西时,每个人都

懂得这个例子，把那个比喻的内容的所有各方面都接受过来，——好像这个感性的关系中所包含的一切都同样适用于那种精神的关系似的。第一，在蜡块的比喻中，有关系的只是这一方面：在感觉中只有形式被采纳，只有形式对于感觉的主体才存在，只有这个形式达到了主体；比喻只在这一点上。构成这个例子和灵魂的情形之间的区别的**主要情况**，却被忽略了。没有人想到：在那个例子中，刚好是事实上蜡块并没有采纳带印戒指的形式；这个印记仍然是一个外在的图形，是蜡块上的一个形状，却绝不是它的本质的形式。要是这个形式是它的本质的形式，那么它就会不再是蜡块了。反之，在灵魂那里，灵魂是把形式本身吸进了灵魂自己的实质之中，消化了它，以致灵魂本身在某种程度上乃是所有感觉对象的总和；正如上面所说过的，如果斧头是一个自然物而斧性是其规定中的形式，那么这个形式就会是斧头的灵魂了。蜡块的例子中所表现的相似之点不过是：**只有**形式达到灵魂。第二，但是这个比喻却是毫不牵涉到这一点，即带印戒指的形式对于蜡块是而且仍然是外在的，灵魂和蜡块一样，本身没有什么形式。灵魂无论如何也不应该是被动的蜡块而从外面获得种种规定。灵魂是形式，形式是普遍的东西，而普遍的东西的采纳，是和蜡块采纳他物的形式不一样的。采纳同样是灵魂的一种活动；感觉者被烙上印象之后，它就扬弃了被动性，同时脱离被动性。——亚里士多德[①]说，“精神保持自身以对抗质料，”——并不是像化学物品一样；就是说，它抗拒 381
属于质料的东西，排开它，而只与形式发生关系。在感觉里面，灵

① “论灵魂”，第三卷，第四章。

魂当然是被动的;但是它把外面的物体的形式变成它自己的东西,——它与这一抽象的环节相同一,只因为它本身就是共相。

(绝不应该恭维感觉,并在下面这一点上建立一种唯心论的思想,即没有什么东西从外面来到我们这里,如像费希特那样,认为当他穿起外衣或者仅只看看外衣时,他是部分地制作了这外衣。个别事物在感觉中乃是意识的个别性的范围;个别性在其中可以以一个事物的方式而存在着,也可以以其他事物的方式而存在着,而它的个别性乃在于其他的东西乃是对它而存在的。)

感觉活动的这种性质,他[①]以下面的话来进一步加以**解释**,对于感觉活动的这种统一性及其矛盾,他信口说出了许多深刻而有启发性的对意识的本性的见解。"每一个感觉器官采纳了感觉对象而抛弃其质料。因此,如果感觉对象被移去了,感觉和表象还是在器官里面。被感觉和感觉,两者的效果是同一的;不过它们的存在却不是同一的。例如,实在的声音和实在的听觉就是如此;那能够听的不是永远听见,那具有声音的不是永远在发出声音。当那具有听的可能性的东西作用着,而那会发出声音的东西也同样在作用着,即两者同时在活动时,就发生了听觉;"这里,并不是有两种效果。"运动、作用和被动性都是在那受动作的东西里面"(——
382 活动——在那感觉产生于其中的东西之中);"所以这也是必然的:听见和声音的效果都在那具有这种可能性的东西里面",即是在感觉主体里面。"因为活动者和推动者的效果是在那被动者里面。"就实存而言,听见和声音是两回事;但它们的根据是同一的。"活

① "论灵魂",第三卷,第二章。

动性和被动性倒是在那被动的东西里面，而不是在那活动者里面；所以被感觉的东西的效能，乃是在感觉者里面。对于听见和发声，有两个词，对于‘看见’，则没有。看见是看见者的活动，而颜色的活动则没有一个名称。既然只有一个效果”——不是相同的效果，而是一个效果，不是加烙印那样的活动——，“只有被感觉者和感觉者的同一效果，只就其存在而言才不同；所以，所谓发声和听见，就必须同时停止。”只有当两者的效果被设定为同一时，才有感觉。看、听等等，只是一个效果，但就存在而言，听的和被听的则是不同的：发出声音的是一个物体，听的是一个主体；存在是两方面的，但听的本身，则确实是一个，是一个效果。我有硬的感觉，那就是说，我的感觉是硬；我发觉我自己被这样规定了。反省宣称：在外边，有一个硬的东西，这个东西和我的手指是两回事。我所见的是红的，反省就说，那边有一个红的东西；但实际只是一回事：——我的眼睛、我所见的就是红色和那个东西。这个区别和这个统一性是问题的中心；对于这一点，亚里士多德以最有力的方式予以指出，而且坚定地把握住它。意识的反省乃是事后对主观和客观的区分；感觉活动则正是同一性的形式，是这个割裂的消除，是超越主观和客观之分的，——主观和客观是一种后来的反省。

那简单者，真正的灵魂或自我，在感觉活动里面，乃是差别的统一性。“再者，感觉者是在器官里面，感觉者区分每个感觉的对 383
象，如白、黑等等。但那分开的东西，白和甜，作为分开的、漠不相干的环节，却不可能予以区别，”——不可能这样去表象：那是甜的、单独存在的、没有对立的；“而却是：两者都必须呈现于同一主体，被它所认知。因此，这个主体就必须规定其一和其他是有所不

同的。这个被区分的东西并且不能够是在不同的地方或时间，而必须是不被分开的，并且在不分开的时间里面的。但当一个东西是不可分开”(僵化了的一)，“并在不可分的时间里面时，却不可能把相反的运动归属给这同一个东西。尽管甜的性质是这样影响感觉，苦则以正相反的方式影响感觉，白又以另一种方式，但区分者就数目说并不是断开的，并且就时间说也是不可分的，不过就存在说，则是有区别的。因此同一个东西就可能性而言乃是可分的，也是不可分的，并且是正相反对的；但就实存而言，就不能如此，因为就其效果而言，它是可分的，〔因此不能同时是白又是黑〕。① 感觉和思维正像某些人称为点的东西一样；点就其为一而言，〔乃是不可分的〕，① 而就其为二而言，却也是可分的。”理性(λόγος)是同一灵魂的理性。“就其为不可分的而言，判断的主体乃是一；而同时，就其为可分的而言，它又不是一；因为它同时把同一个记号使用了两次。就其使用两次而言，它就以界限来区别二者，它们就被分开；但就其为一而言，它乃是在同一时间里面下一个判断的。”一定的感觉、内容乃是属于意识的本性的。感觉是一个一定的感觉，虽则感觉主体是在一种统一性里面拥有不同的感觉在自己面前的，——是可分又不可分的。同样地，关于时间方面，我们也谈到不同的时间的点。从一方面说，“现在”相当于空间的点；但它同时
384 也是一个分割，包含着未来和过去，同时是别一个又是同一个。它是同一个，在同一关系里面同时是分割又是结合；在时间的点里面，这两者是同一的。同样地，感觉也是一，同时又是分割。另外

① 据米希勒本，第二版，英译本，第二卷，第一九三页增补。——译者

一个例子是数目：一和二是不同的，而同时，在两者里面，一也是作为一而被使用和设定的。

丙　从感觉问题，亚里士多德转到**思维**方面来，在这里，他变成真正思辨的。他说，“思维不是被动的，”它简直就是主动的，[1]“它采纳形式，而且按其可能性而言，它就是形式。”被思维的东西，当其被思维时，乃是对象，但却不像感觉对象那样；它是思想，而且思想正是被剥去了一个客观东西的形式的。思维也是潜力（δύναμις）。(1)“但是它对于思维对象的关系却不像感觉对于感觉对象那样；”在感觉这里，有一个对方、存在，以与活动性对抗。“理性；因为它思维着一切，所以它是不与他物混杂的，”没有一个对方，完全没有共通之处，“以便它能够克服，像阿那克萨戈拉所说的那样，这就是说，能够认识；因为，在它的作用中突然冲出来抗拒对方以保卫自己（筑一道障碍物，围篱）。因此，思维的**本性**不外就是可能的东西；”这个可能性本身不是质料，理性是没有质料的，可能性属于理性的实质本身，——思维就不是自在之物。或者说，由于它的纯粹性，它的现实性就不是为了一个对方而存在，它的可能性就是一个自为的存在。一个事物是实在的，因为它是一个特定的东西；对立的特性，它的可能性，例如烟、灰等等，是没有被设定在它里面的。在有形的物体里面，则有质料和外在的形式；质料乃是与形式对立 385
的可能性；但与此相反，灵魂乃是可能性本身，不带质料。它的本性乃是它的活动性。“而灵魂的理性，作为具有意识者，在它思维之前，是毫无实在性的（actus），”它只是由于思维的活动才存在；

① “论灵魂”，第三卷，第四章。

理性本身乃是一切,但它若不进行思维,就不存在,——它是绝对的活动性,只有当他活动的时候,它才存在,才是理性。“因此,它乃是不与躯体混合着的。因为,它究竟应该是怎么样的呢,是热的呢还是冷的,如果它是一个器官的话?但它绝不是像这样的东西。”(2)“理性与感觉活动的”第二种“差别。感觉不能感到太强烈的感觉对象,不能忍受太强烈的气味、颜色。但是对于思维,就没有这种分别。因为感觉没有躯体就不存在,理性却是可以与躯体分离的。当理性在某个个人的场合,像在那作为自觉的灵魂而真正拥有知识能力的人那里成为这样可以分离的时候,它之所以如此,乃是因为它由于自己本身”(在对自己的关系中)“而活动着”。

思维使自己成为被动的理性,就是说,成为客观的东西,成为它的对象:intellectus passivus(被动的理智)。由此可以很清楚地看到,“理智中没有什么东西不是早先已在感觉中的”这个命题,在什么程度上是亚里士多德的意思。亚里士多德现在提出问题,并进而谈到“这问题的困难。如果思维是简单的,不是被动的,和别的东西毫无共同之处,”而只是自为的,因为它把别的东西变成为自己的东西(别的东西只是假象):“如果是这样,那么,怎么能够有被思维这回事,既然思维本身显然有被动性在其中?”——即是说,既然理性触及某些东西,接受一个对象?“因为,当某些东西是两方面所共有时,其中之一就像是作用着,其他一方面就像是处于被动。”因此,立刻就好像有一种被动性在理性里面;由此,就有一种与它不同的东西在它里面,而同时它却又必须是纯粹的、不与他物混合的。“再者,当它本身是被思维、是可被思维的时候,则它就是
386 属于别的东西的,就是在它本身之外的,或者说,就会有某些混合

的东西在它里面，这东西把它变成了一个被思维的东西”（对象），“像其他的东西一样，”——它显得像是对象、对方。“因此，前面曾经加以区别：按可能性说，思维乃是所有的被思维的东西，”按其自在性说，它乃是对象，乃是思维对象的内容，——它在客观的东西（被思维的东西）里面，只是和自己本身吻合。理性思维着一切，因此它在自己那里就是一切，它本身在自己那里就是一切；这种说法是唯心论的，但人们却把亚里士多德说成一个经验主义者。“但是理性按实在性来说，则在有实在的思维以前，它乃是不存在的；”就是说，自觉的理性不仅是自在的，而且主要地是自为的，——它只有作为活动性才存在，理性的实质就是能力。被动性是在现实性之前的可能性。被燃烧的东西是灰烬的可能性，然后是它的现实性灰烬、烟；现在存在着的东西，早已作为可能性而存在，——这是那实在的东西。

这就是亚里士多德的伟大原理；这里他又举出另外一个臭名昭著的例子，它也同样被人误解。“理性正如一本其中实际上没有写着什么东西的书；”——那是纸张，却不是一本书。人们忽略了所有的亚里士多德的思想，而只抓住这一类外表的比喻。一本其中什么也没有写上的书，任何人都能明白。因此，那个“白板”（tabula rasa）的术语，就出现在所有谈到亚里士多德的地方：亚里士多德说，精神是一块白板，由外面的对象首先在它上面写上些什么东西云云。这个刚刚是与亚里士多德所说的完全相反。这些偶然的比喻特别易于为表象所理解，人们不去牢牢捉住概念的意义，而却以为这些类比就能表述事情的本质。但是亚里士多德完全不是要人把这个比喻的一切微末细节都加以接受；理性当然绝对不

387 是一个事物,绝对没有写字板那种被动性(否则我们会忘掉一切概念)。它是能力本身;能力不是在它之外,像在写字板之外一样。这个比喻却只是限于这一点,即只当有实际的思维活动时,灵魂才有一个内容。灵魂是这本未被写成的书,就是说,灵魂潜在地具有一切的东西,灵魂本身却不是这个总和;正如按可能性说,一本书包含一切的东西,但按实在性说,则在被写成之前,它什么也没有。实在的活动才是真实的东西;或者说,"理性本身也是可被思维的,也是思维的对象。因为在没有质料的东西"(在精神)"里面,思维者"(主观)"和思维的对象"(客观)"乃是同一个东西;理论的知识和被认识的东西是同一的。在有质料的东西里面,思维只是按可能性而存在着的,因此理性本身不属于它;因为理性是没有质料的可能性;"——因为理性是一切的 νοητά(知识),不过它只是潜在地如此。自然包含着理念,只潜在地是理性,潜在的理性并不实存,在这样的情况之下它并不是自为的;因此,理性不属于有物质的东西。理性不是物质的东西,而是普遍者,不具有质料的普遍可能性,并且只有当它思维的时候,它才是实在的。所以,很明显,刚才那个例子,当它被人们在那种意义下加以理解时,乃是完全被理解错误而与原意相反的。

亚里士多德①在那里区别了**主动的**和**被动的**理性(νοῦς);被动的理性是自然,也是灵魂里面感觉的和表象的潜在理性。"但是既然在整个自然里面,一方面总必有存在于每类东西里面的质料,因为一切的东西就其可能性而言乃是一切实在的东西,——而另一

① "论灵魂",第三卷,第五章。

方面，又有原因和那制作一切的主动者，像技艺对于质料的关系一样：所以，在灵魂里面，也必须有这种区别。因此就有一种这样的 388
理性，它能成为一切：但却又有另外一种理性，它能够制作一切，像一种有效的力量所能做的一样，"——这种力量并不是一种个人的作为——，"正像光线一样；因为，在某种意义下，是光线把那些按可能性而存在的颜色变为实在的颜色。这个"（主动的）"理性是自在自为的，不与他物混合的，并且不是被动的，因为按其实质而言，它就是活动性。因为作用者永远比被作用者更可贵，——原理比质料更可贵。知识在实际活动时乃是与所认识的事物同一的；潜在的理性"——即外在理性、表象作用、感觉等——"就时间而言，在"绝对"同一个人里面，其存在乃是较早的；但作为自在之物，则它在时间上也不是在先的：主动的理性并不是有时候思维，有时候不思维。当（主动的）理性是自在自为的时候，它就是唯一实在的东西；而且只有这才是永恒的和不朽的。但是，我们却不能记起这个过程，因为这个理性不是被动的；那被动的理性是会消逝的，而且没有那主动的理性它就绝不能思维"。——而邓尼曼则说：思维是从外面来的。[①]〔这和亚里士多德所说的正好相反。〕[②]

以下是他的**解释**。[③] 亚里士多德说，[④]"灵魂"，思维，"在某种意义下就是全部存在"，并且这就是作为被动的理性的那个理性；但是这样作为对象，作为自己的对象，或者说，就其为自在的时候，

① 第三册，第五三—五四页，一九七—一九八页。

② 据米希勒本，第二版，英译本，第二卷，第一九六页增补。——译者

③ 第七、八章乃是第四、五章中命题的解释。这两章从前面两章所包含的命题开始，看来好像是出于一个评注者之手。

④ "论灵魂"，第三卷，第八章。

理性只是可能性,——只有作为“隐德来希”时,它才是**实存的**。“存在的东西或者是感觉的对象,或者是知识的对象。知识本身在某种意义下乃是被认识的东西,感觉也是感觉的对象。被认识的和被感觉的东西或者是它们本身,或者是它们的形式。知识和感
389 觉不是事物本身(石头不是在灵魂里面),而是事物的形式;这样,灵魂就正像人的手一样。手是工具的工具,所以理性乃是形式的形式,而感觉是感觉对象的形式。”——“人们说得对,灵魂是理念的所在地;但不是整个灵魂,而只是那思维的灵魂”,只有那思维的灵魂才包含着理念。“而思维的灵魂之为”形式的形式,“不是按‘隐德来希’说,而只是按可能性说,它才是理念”;①就是说,理念最初只是静止的形式,而不是活动性。因此,亚里士多德并不是实在论者。他说:感觉是必需的;如果一个东西被思维,则它也就必定要被感觉。——“但是既然没有东西能够离开被感觉的内容,因此在那些被感觉的形式里面,既有思维的对象和抽象的概念,也有感觉对象的各种性质和特性”,——于是这些不同的能力便得到统一。“因此,谁没有感觉,谁就不能认识什么,也不能理解什么;如果他认识什么东西,那他就必须也对该物有一个表象,因为表象和感觉是相同的,不过没有质料而已。”②理性把这些形式,如外界自

---

① “论灵魂”,第三卷,第四章。

② 此处结尾时提出了这样的问题:“那么,对我们最初的概念,是怎样来区别,以便它们不致与概念弄混呢?或者,是否事实上也许有些其他的思想,甚至并非是表象,不过它们从来没有和这种表象不联结在一起?”下面的话完全不是对这种问题的回答。这个问题看来好像是再一次表示这段文章乃是后来加上去的。——布勒说:“理智如果离开了物质,它所想的是不是真正的对象,这是还应该特别研究的。”“(在‘最高的哲学’里去研究)”——他是注意到第七章结尾的这段话:“一般地说,理智(νοῦς)所思维的是真正活动着的事物。不过,除非它本身脱离了感性的环节,它是否能思维绝对,关于这一点我们以后还要加以研究。”

然的那些形式，作为自己的对象，作为思维的对象，作为可能性。有限的事物和精神的状况乃是这些形式，在那里，这种主观和客观的同一性是不存在的。在那里，它们是彼此外在的。理性只是可 390
能性，不是作为“隐德来希”而存在。

我们今天所谓主观和客观的统一，在这里是最明确地说出来了。理性是主动者、思维和思维对象，——前者是主观，后者是客观；他诚然区别了两者，但他也同样严格而坚定地说出了两者的同一性。用我们的话来说，绝对者、真实者只是那主观性与客观性是同一物的东西；这一点也同样包含在亚里士多德的思想里面。绝对的思维（他称它为神的理性），具有绝对性的精神，这个思维乃是对于绝对目的或至善的思维；这就正是那思维着自身的理性。关于这个对立、活动性中的这个区别以及这个区别的扬弃，他是这样表达的：理性由于收纳了思想以及思维对象而思维自身；理性由于收纳了可思维的东西而思维自身。可思维的东西只有当被触及时，才变得能接触、能思维，才被产生，——所以它只有在思维里面，在思维的活动中才存在。这种思维活动同样是一种产生，一种把思想分割出去作为对象的过程，——这一过程正如接触活动一样，对于思维的实在性是同样必需的；分离和关联是同一件事，因此理性和知识（νοητόν）是同一的。因为理性乃是本质、οὐσία（实体）的收纳者。理性所收纳的乃是实体、思想；理性的收纳活动是它的活动性，它的收纳活动产生了那显出是收纳的对象的东西，——理性之所以成为理性，是因为它有内容。如果我们把思想的内容、客观的内容认为是属于神的，这乃是一种不正确的态度；整个思维的活动作用才是属于神的。亚里士多德说，理论活动是最有作用和

391 最幸福的;理论就是从事思想,从事那由于活动性而被收纳了的东西。因此神永远从事思维活动,而我们则只是偶尔思维。

从这里,他转到更详细的规定上面,转到那些在此处可能遇见的困难上面。如果理性只是被理解为能力,而不是被理解为活动性,则延续不停的思维将会是充满疲劳的,而对象就会比理性更优越;思维活动和思想也存在于那思维着最恶劣的东西的人那里,——这种人也可能会有些思想,会有思维的活动等等。但是这却是不正确的;因为理性只思维它自身,因为它就是那最优越的东西。它乃是思想的思想,乃是对思想加以思维的活动;这中间就表达出了主观和客观的统一,而这就是那最优越的。绝对的最终目的,思维着自身的理性,——这就是至善;至善是只在自己本身、只为自己而存在的。

这就是亚里士多德的形而上学的顶点,就是在他那里所能找到的最富于思辨的东西。从外表看来,好像思维只是与别的东西并列起来加以讨论的;这种逐一讨论的方式,在亚里士多德那里当然是不免要出现的。但是他关于思维所说的话,却显然是绝对富于思辨的,并且不是和别的东西例如感觉平列的,因为感觉对于思维只是可能性。这一点还包含在下面这层意思里:理性乃是一切,它潜在地是一个总体,是真理一般,——按其潜在性而言,乃是思想,而当其为真实时,则又是自在自为的思维,这个既是自在的存在又是自为的存在的活动性,乃是思维的思维,它虽是抽象地被规定,但本身却构成绝对精神的本性。

这就是亚里士多德哲学中关于他的思辨的理念所必须注意的主要之点,但关于它们,我们不可能再详细讨论了。

下面谈的是关于实践的哲学：关于欲望。“知识的对象和主动 392
的知识是同一的；可能的东西，在个人里面，就时间说乃是在先的，但就其本身而言，却不是在时间上在先的。因为一切发生的东西，都是从具有活动性的东西发展出来的。在那按可能性而言乃是感觉者的东西里面，感觉的对象是作为现实性的作用者而出现；因为它是不受影响的，也是不发生变化的。因此，它是另外的一种运动，——因为运动乃是未完成的目的的活动——：而纯粹的活动性则是完成了的目的的活动，”达到了实在性。[①] ——“灵魂所思维的简单的思想，是这样一种东西，关于它并无所谓错误的问题发生；那在其中有错或真发生的，乃是那构成了一个完整概念的思想的一种结合。但这也可以是一种分离；使每个概念成为一个概念的是理性。就理念说是不可分的单一的东西（ἀδιαίϕετον），乃是在一个不可分的时间里面并在灵魂的不可分的单一动作之中被思维的。”[②]——“感觉与简单的断言和简单的思维相似；但愉快或不愉快的感觉的情形却像肯定与否定，”——思维的肯定和否定的规定。“去感觉愉快或不愉快的东西，意思就是以感觉的中介去活动”（活动性），“以判定善或恶，当它们是善或恶的时候。然而对该物的欲望或厌恶，按活动性而言，乃是同样的；只是按存在而言，它们才不同。对于思维的灵魂，表象代替了（〔在感性灵魂〕那里的）感觉；而当它断定或否认某物为好或坏时，它就渴望或避开那个东西。它就是统一性和界限。对立的东西的规定者（思维者）从表象中认识形式；并且对 393

① “论灵魂”，第三卷，第七章。

② 同上书，第六章。

立的东西在表象中被规定的情形也正如在感觉中一样",——这是对于对象自身的规定,与对实存的感觉对象的规定相反。"当灵魂处理着表象或思想,就像看见它们在自己面前,把未来与现在作比较并加以判断,借以规定什么是愉快的、什么是不愉快的那个时候,灵魂就渴望它或者避开它,而且一般地说,这时就有实践的行为发生。但是离开了行动,真理和谬误与善和恶就是同类的东西了。当灵魂思维抽象的概念,例如'塌鼻性'的时候,它并不是思维一个塌鼻,而却是思维一个中空的东西。思维本身(一般地说来)乃是主动地对事物的思维。"[①]思维转变为它的否定面,于是就有了实践的行为发生,但这在抽象的思维里是找不到的。

2.实践哲学

然而实践的哲学应该也算属于精神哲学。在这里,实践哲学的概念——意志的一般概念——就已经得到阐明。亚里士多德在几部著作里面讨论这个问题,这些著作都保存下来了。

(1)伦理学　我们保有三种大的伦理学著作:(一)"尼各马可伦理学",共十卷;(二)"大伦理学",共二卷;(三)"欧德米伦理学",共七卷。最后的一种大部分是讨论各种个别的美德,在前二种里面,则大半是对于道德原理的研究。在心理学的领域里面,直到现在为止,我们所有的最好的东西乃是来自亚里士多德的;——同样地,他关于意志、自由、归罪、蓄意等等的思想,也是我们到现在为止所有的最好的东西。我们只是应该大力钻研它们,并且用我们

---

① "论灵魂",第三卷,第七章。

自己说话的方式、观念和思维的方式把它们翻译出来；——这个工作当然是艰巨的。亚里士多德在这里所采用的方式，也正如他在物理学里一样，是把许多出现于欲望里面的环节逐一加以深刻而 394 精确的规定：目的、决断、自主的或被迫的行为、无知的行为、过失、责任等等。这种比较偏于心理学的叙述，我不能加以讨论，从亚里士多德的规定中，我将只提出如下几点来说说。

(1)对一般地作为道德原理的真正意志的规定。在实践里面，亚里士多德[①]把幸福规定为最高的善；——最高的善并不是抽象的理念，而是其中具有实现其自身的环节的那种理念。亚里士多德不满足于柏拉图那种善的理念，因为善的理念只是共相，而问题在于善的特性。亚里士多德说，善乃是以自身为目的的东西，——(τέλειον)如果把这个字翻译成完满，那是太坏的译法——，就是那不是为了别的缘故而是为了自身的缘故而被渴望的东西。这就是εὐδαιμονία，即幸福。绝对自在自为的实在的目的，他规定为幸福。幸福的定义是："按照自在自为的实在的(完善的)美德，以本身为目的的实在的(完善的)生命的活动能力。"他同时更把理性的远见当作美德的条件。他把善和目的规定为合理的活动(幸福在本质上必然属于它)，——至少他是从反面来加以规定，即没有远见就不是美德。一切出于感性的冲动的行为，或一般地由于缺乏自由而发生的行为，都表明缺乏一种远见，不是一种合乎理性的行为，或者说，是一种并非由思维决定的行为。唯有这个在自身里面满

① "尼各马可伦理学"，第一卷，第二—七章(四—七)；第十卷，第六—八章；"欧德米伦理学"，第一卷，第四章；第二卷，第一章，等处。

足着自己的绝对的行为，才是知识，——神性的幸福；在别的美德
395 里面，只有人的、有限的幸福，正如理论活动中感觉的情形一样。

(2)关于**美德**的概念，我还要再说几句。亚里士多德[①]进而这样来规定美德的概念，在实践方面，他一般地将灵魂区分出理性的和非理性的两方面；在后者，理性只是潜能；属于这方面的有感觉、意向、激情、感情等。在灵魂的理性的一方面，则有理性、智慧、识别力、知识等等；但是理性、智慧这些东西还不构成美德，只有在理性的和非理性的双方的统一中，美德才存在。当热情(意向)和理性发生关系并服从理性的命令而行动时，我们就称此行为为美德。当识见很坏或根本没有，而热情(意向、心地)可嘉的时候，便只能够有好意存在，而没有美德，因为缺乏根据(理性)，缺乏为美德所必需的理性；他就是这样认为美德在知识中，——欲望和理性两者都是美德的必要环节。因此，谈到美德时，就不能说误用美德这样的话；因为美德本身就是运用者。美德的原理并不像许多人所想的那样，是自在的纯粹的理性，而却是热情(意向)。他责难苏格拉底，因为苏格拉底认为美德**只**存在于远见之中。在善里面，应该有一种非理性的冲动，而理性则另外出来判断和规定这个冲动。当美德的行为有一个开端之后，热情并不一定协同一致地跟随在后面，情形却常常与此相反。因此，在美德中，因为它的目的是实现，
396 并且它是属于个人的，所以善并不是唯一的原理，灵魂的非理性的一面也是一个环节。冲动、意向乃是推动者、特殊者，在主体的实

① “大伦理学”，第一卷，第五、三五章；“尼各马可伦理学”，第一卷，第一三章；“欧德米伦理学”，第二卷，第一章。

践行为方面，它乃是向实现迈进者；主体在其活动性中乃是特殊化了的，同时它在活动中也必须与共相一致。这个理性在其中占统治地位的统一性，就是美德；这是一个正确的定义。一方面，它包含着对热情、意向的抑制；另一方面，这定义也既反对把一个人从小就按照一种理想来严格教育的做法，又反对认为意向本身就是善的那种见解。这两种极端的意见，近来非常流行。有这样的说法：生来就美而高贵的人，要比义务更高贵，更有价值；而另一方面，又有这样的说法：义务应该纯粹作为义务来履行，不必考虑个人的特殊情况，不必把特殊的方面作为整体的一个环节来考虑。

(3)亚里士多德然后逐一详细讨论**个别的美德**。美德既然像这样被认为欲望、实现的意向和理性的识见两方面的统一，具有一个非理性的环节在自身之内，因此他就把美德的原理看成是一种**中庸之道**；这样一来，美德就成为两个极端之间的中项，例如，在贪婪与浪费之间有慷慨；在激情与麻木之间有温和；在鲁莽与怯懦之间有勇敢；在自私自利与自我否定之间有友谊等等，——其所以要有一种中项，例如在与感官有关的那种美德那里，完全是因为其中有一个环节或因素是感性，①〔感性如果受到极端强烈的刺激就会发生痛苦。〕②这好像并不是一个确定的定义，它会成一个纯粹数量上的规定，正因为不单纯是概念在作规定，而且经验的一面也包含在其中。美德并不是绝对自身确定的东西，却也是一种物质性 397
的东西，这东西由于其物质性的本性，乃是可多可少的。这个原理

① “尼各马可伦理学”，第二卷，第五—七章（六—七）；“大伦理学”，第一卷，第五—九章；“欧德米伦理学”，第二卷，第三章。

② 据米希勒本，第二版，英译本，第二卷，第二〇六页增补。——译者

把美德规定为只是两极端之间的一个尺度(或者毋宁说一种程度之差),现在人们当然会责难它不能令人满意和不确定,不过这也是事情的本质所决定的。美德以及所有特定的美德,都处于一个数量上的东西也有其地位的范围之内。在这里,思想已不再像在自己的范围内那样自在自如,因为数量上的界限是不确定的。个别的美德的本质正是属于这一类的东西,它们是不能更精确的规定的;人们在这个问题上面只能有这样的一般的说法,对于它们,不能有比这个不确定的规定更详细的规定。① 按照我考察事物的方法,义务乃是绝对独立的东西,但是这样一个普遍的东西乃是空的东西;一定的内容是存在的一个环节,它使我们被牵连在各种义务的冲突之中。义务是自在自为的,——不是两个实存的极端之间的中项,它由于这两个极端而被规定,——或者毋宁说成为不确定。但是确定的内容产生了冲突,在其中哪一种是义务,依然不能确定。

幸福的问题后来成了一个重要的问题。按照亚里士多德,幸福乃是最终目的,乃是善;不过它也是这样的东西,生存是应当与它相适合的。

关于美德、善以及一般的幸福,亚里士多德继续说出了很多很好很美的东西,并且说幸福、善的东西是不能没有美德而存在的,等等,这一切就思辨方面而言,毫无深刻的识见。只有在实践里面,人才在作为个体的人中间寻找一种必然性并企图把它表达出来;但这种必然性或者是形式的,或者是一种确定的内容,或者是美德,——仍然同样是在经验范围之内的。

① “尼各马可伦理学”,第一卷,第一章(三)。

(2)政治学　还必须谈一谈亚里士多德的政治学。必需的实 398
践方面和积极性的东西，实践精神的组织和实现，它的实施和实质，乃是那普遍的国家。亚里士多德是多少意识到这一点的；他把政治哲学看成普遍的、全部的实践哲学。国家的目的是一般的普遍幸福。对于道德，他认为固然也是属于个人的，但是它的完成只能够在全体人民里面才能达到；——即在国家里面。[①] 真的，他是那样重视国家，以致他的出发点乃是把“人”的定义规定为“政治的动物，具有理性的动物。因此，只有人才具有善恶的意识、正义及非正义的意识，而动物则没有，”因为动物没有思维；今天人们倒是把这些规定之间的区别搁在感觉方面，而其实，动物也是有感觉的。当然，对于善恶等等的感觉也是有的，但是使这种感觉成为不是动物的感觉的，乃是思维。这一方面亚里士多德也是认识到的。在幸福里面，有理性的识见，它乃是人的美德的主要条件；因此感觉与理性这两方面的和谐，乃是主要的环节。当他把人这样规定了之后，他说：“这些人的结合就形成了家庭和国家，”不过在这里应该有这样的理解，即“国家按其本性”（就是说在本质上、实质上、按其概念、理性和真理性而言，而不是按时间而言）“乃是先于家庭”（家庭是自然的而不是理性的结合）“和先于我们任何一个人
的。”亚里士多德不把个人及其权利认为第一性的，而却是把国家 399
认为按其本质而言是比个人和家庭为高的，并且构成了这两者的实体性。就善、正义方面来说，国家是本质的存在。“因为整体对于部分来说，乃是第一性的”（本质），“如果整个身体被取消”（整个

① 参看“尼各马可伦理学”，第一卷，第一章（二）。

的人)，“那么，除了空名之外，就既没有脚也没有手，例如，也有人把一只石刻的手叫作手；因为一只被破坏了的手乃是和石刻的一样的手”，(如果人死了的话，所有各部分也就完了。)“因为一切的东西都是‘隐德来希’和可能性所规定的；因此，当‘隐德来希’再也不存在的时候，也就不能再说某件东西仍然是这件东西，而只是一个空名而已。所以国家乃是”“隐德来希”，“乃是个人的本质；个人如果离开全体，就正像一个有机体的部分脱离了有机体一样，不就是什么自在自为的东西。”这与近代的原理正相反，近代的原理是以个人为出发点，使每一个人都有一个投票权，从而才产生了国家。在亚里士多德那里，国家是实质，是根本的东西；最优越的东西是政治权力，[①]由主观的活动来加以实现，因而主观的活动在政治里面获得了自己的使命、自己的本质。因此，政治是最高的东西；因为它的目的在实践方面来说乃是最高的目的。“但是谁如果不能参加这个结合，或者由于自己的独立性而不需要这个结合，那么这个人就或者是一个野兽，或者是神。”[②]因此，正像在柏拉图那里那样，政治乃是首要的(das Prius)。而今天则是把个人的特殊意志(任意)当作第一性的东西，当作绝对的；据说，法律应该是所有的人同意制定的。

400 从这几点看来，很显然，亚里士多德不会有所谓自然权利那种思想(如果需要一种自然权利的话)；就是说，他没有把人当作真实的结合之外的抽象的人来考察的观念。

---

① “大伦理学”，第一卷，第一章：“一切知识和权力(δύναμις)都有一个目的，这就是善，——知识和权力愈优越，其目的也愈优越。最优越的权力则是政治权力；因此它的目的也是善。”

② “政治学”，第一卷，第二章。

此外，他的政治学还包含着一些富于启发性的观点，像关于国家的内在环节的知识，[①]以及各种不同的法制的描述等等。[②] 没有一个国家像希腊那样同时既富于各种不同类型的法制，又屡屡在同一城邦中变动法制；（由于古代的和近代的国家的原理不同，这些法制已失去意义。）但是同时希腊也不认识我们近代国家的抽象的权利，这种权利把个人孤立起来，准许他按个人的选择去行动（使得他主要地是作为个人而存在），但它又像一种不可见的精神，把一切人结合起来，——使得在任何一个人里面，真正说来，既没有那种为了整体的意识，也没有那种为了整体的活动；他为整体而工作，但是却不知道他在怎么样为它工作，他只是关心于保存自己。这乃是一种分工的活动，在这种分工活动中每个人只占一份；正如在一个工厂里面，没有什么人自己单独制造一件完整的产品，每个人只是制造产品的一部分，不懂得制造其他各部分的技能，只有少数几个人才把各部分装配成一件产品。只有自由的民族才意识到整体并为它而活动；在近代，一个人如果作为独立的个人，就会感到不自由，——市民的自由就是等于不需要普遍的原则，就是孤立的原理。但是市民的自由（我们没有两个不同的字眼来代表bourgeois〔市民〕和 citoyen〔公民〕）[③]是一个必要的环节，那是古代的国家所不熟悉的：或者说，古代国家不认识这种点的完全独立，以及整体的更大的独立，——更高级的有机生命。国家接受了这个原理之后，就能够有更高级的自由产生出来；前面所讲的那些

① “政治学”，第三卷，第一章；第四卷，第一四——六章。

② 同上书，第三卷，第七章（五）；第四卷，第一三章。

③ 按此二字是法文，德文表示这两个概念的只有 Bürger 一个字。——译者

401 国家只是自然的玩意儿、自然的产物、偶然的结果和个人的任意作品，——而这里所说的国家才有那种内在的生存和不可摧毁的普遍性，这种普遍性在其各个部分中成为真实，获得了巩固。

除此以外，亚里士多德没有柏拉图那样企图描写一个理想的国家。关于国家制度，他只是规定说，最好的人应该统治国家(不管人们要怎样干，事实上也老是最好的人在统治国家)：因此，他并没有那么关心于规定国家制度的形式。“因为如果将最好的人同美德及政治能力都远不及他们的人一样平等看待，那对于最好的人是不公道的。因为一个这样卓越的人，就等于人中之神。”此处无疑地亚里士多德是想到了他的亚历山大，以为他应该像神一样来统治人，而没有任何人能够统治他，甚至法律也不能。“对于他，法律是不存在的，因为他自身就是法律。人们也许可以把他赶出国外，但是却不能制御他，正如不能制御宙斯一样。所以一切人自然只有服服帖帖听从这样一个人的指挥；这样，这种人就永远(绝对独立地)成为国中之王。”[①]希腊的民主政治当时已经完全破产，所以他再不能认为它有什么价值了。

四　逻辑学

此外，还必须考察亚里士多德的逻辑学，它千百年以来备受尊崇，正如它今天极受轻蔑一样。虽然逻辑在这里才初次被提到，而且在以后整个哲学史里面也说不上有另外一种逻辑(除非我们把
402 怀疑论的否定算作逻辑，否则就完全没有别的了)：这里仍然不能

① “政治学”，第三卷，第一三章(八一九)。

对它的详细内容加以讨论，而只能够谈一谈它的一般的特性。他是被人称为逻辑学之父的；从亚里士多德以来，逻辑学未曾有过任何进展。亚里士多德所给予我们的这些形式，一部分是关于概念的，一部分是关于判断的，一部分是关于推理的，——它是一种至今还被维持着的学说，并且以后也并没有获得什么科学的发挥，——这些形式被后人加以引申，因而变得更加形式化。对于思维的有限的应用，亚里士多德是把握到了的，并且也明确地表达了出来。在处理思维的这些形式的时候，亚里士多德像一个博物学家，逐一加以论述，但是在把一个形式从另外一个形式推断出来的时候，他却只是提出其有限的形式；这只是一种有限的思维的自然史。

由于逻辑是对于纯粹理智的抽象活动的一种意识（而不是对这个或那个具体的东西的知识），是纯粹的形式，所以这种意识事实上是值得惊叹的，并且更值得惊叹的是这种意识的这个发挥，——这个逻辑学乃是一部给予它的创立人的深刻思想和抽象能力以最高荣誉的作品。因为对思维、表象的最大的统摄能力乃是：把思维与质料性的东西分开来并且加以把握，这种能力几乎表现得还要更高，如果当思维是这样与质料混合在一起，并且变化多端、能够有无数的用途的时候，竟然能够把握它的话。亚里士多德不但考察思维的运动，而且考察通常表象中的思维。

亚里士多德的逻辑学包含在他的一些逻辑学著作中，这些著作被集结在“工具论”的名目之下，其中共有**五种**著作。

甲　〔第一种著作所讨论的是〕[①]各种范畴（κατηγορίαι）或简单

① 据下文增补。——译者

的本质性、普遍的规定、可以用来述说存在物者；——既包括我们
403 称为理智概念者，也包括事物的本质性。这可以说是一种本体论，属于形而上学范围之内；因此这些规定也出现在亚里士多德的“形而上学”里面。

〔“范畴篇”〕第二章是：论语言的形式(*περὶ τῶν λεγομένων*)。*Λέγειν*(述说)一字是由 *λόγος*(定义)而来的，由此可以看出它不只是指单纯的“说话”；它又是与第一章所谈及的“歧义语”(*ὁμώνυμα*)等等相对立的。*Τὰ λεγομὲνα*(语言的形式)一般地是用来表达一定的概念的。第一段开始是谈语言的形式〔之区分为复合的和非复合的〕，①第二段谈语言所指的东西即事物本身中有一些(*τῶν ὄντων τὰ μέν*)〔可以用来述说一个主体而绝不存在于主体里面。〕①——这两者是互相对立的。但语言的形式纯粹作为语言的形式时，即作为主观的关系时，亚里士多德仅仅这样提到：“〔语言的形式〕①或者是简单的，或者是复合的；〔复合的语言形式如〕①‘人奔跑’，〔简单的语言形式〕①如‘人’、‘奔跑’。”事物本身中的这一些，乃是属于第一类的(*κατὰ συμπλοκήν*〔复合的形式〕)，并且无疑地只是那些独立自存者之间的关系；因此，这种关系并不是在这些东西自身里面的，而只是主观所加的，或者是在它们之外的。虽然关于 *οὖσι*(存在的东西)他立刻又说 *τῶν ὄντων τὰ μέν λέγεται καθ᾽ ὑποκειμένου τινός*(事物本身中有一些可以用来述说一个主体)，但他以后也常常把 *λέγεται*(述说)用来谈 *οὖσι*(存在的东西)，并且把它和 *ἐστί*(存在于……之中)

① 据亚里士多德“范畴篇”原书增补。——译者

对立起来,以致 λέγεται(述说)被用来说“种”对其个体的关系,反之 ἐστί(存在于……之中)则被用来说普遍者,而这里普遍者并不是指理念,而是指一种简单的东西。

“第二节(一)事物本身(ὄντα)有一些可以用来与一个主体联结起来(用来述说一个主体),但是绝不存在于任何东西里面;例如人可以用来述说一个个别的人,但却不是存在于一个个别的人里面。”

(二)“另外一些东西是存在于一个主体里面的,但是绝不能用来和一个主体联结起来(不能用来述说一个主体);(‘存在于一个主体里面’的意思,并不是指像主体的部分存在于主体里面那样的存在,而是指离开了主体就不能存在),例如一点语法知识(τὶς γραμματική)或一种颜色乃是存在于一个主体(灵魂)里面的,但却
不能用来述说一个主体,”或者说,不能当作主体所归属的“种”与 404
主体联结起来。

(三)“另外一些东西既可以与主体联结起来,又存在于一个主体里面;例如知识”(语法知识)“就是存在于灵魂里面,并且可以用来与语法联结起来。”①

(四)“另外有一些东西是既不存在于一个主体里面,也不能用来与一个主体联结起来:例如某一个人、一个个体、一个在数目上具有不可分的单一性的东西;——不过这一类的东西之中也有一些是存在于一个主体里面的,例如一点语法知识。”

主体(ὑποκείμενον),或者不如说基体:它乃是概念与之发生关系的东西,乃是在抽象中被省略去的东西;——一个概念必然与之

① 指“知识”可以用来述说“语法”,例如说:语法是知识。——译者

发生对立关系的东西：个体。

我们可以看出亚里士多德注意到种、共相和个体之间的区别。

(1)**种**被用来述说一个人，却**不是**存在于一个人里面，或者说，不是作为一种个别的性质；——那个勇敢的人乃是一个实在物，但是却被一般化地表达了。在逻辑及其概念中，永远有那种与实在者的对立；逻辑的实在者本身就是一种被思维的东西。这种逻辑企图在它自己的三个阶段里面模仿绝对者的范畴。**概念**是逻辑的实在者，本身只是一种被思维的东西、可能性的东西。在**判断**里面，逻辑把一个概念甲当作一个实在者(主体)，并以另一个实在者作为概念乙与它联结起来；乙被称为概念，而甲则是联系到乙而存在，——但是乙却不过是更普遍的概念而已。在三段论式里面，据说必然性已被模仿了；在一个判断里面，已经有一个概念与被设定的实存物之间的一种综合，在三段论式里面，这种综合应该带上必然性的形式，因为两者在一个第三者里面被等同起来，在 medium terminus(中项)里面，按照必然性，正像在伦理学中那样，把两个对立的东西在 μεσότης(中庸)里面等同起来。大词表达逻辑上的
405 实存；小词表达逻辑上的可能性(卡猷士在逻辑家看来单纯地只是一种可能性)；结论把两者联结起来。那勇敢的人只是一个被思维的东西，被设定具有存在的形式，它乃是抽象之纯粹形式，纯粹被思维的东西的纯粹的设定。从理性看来，美德是具有生命的东西；它就是真的实在。

(2)那不是种的**最普遍者**(就是说，它本身不就是普遍和特殊的统一，——或绝对的个体性、无限性)，这诚然是一个主体里面的环节或宾词，但它却不是独立的，οὐ λέγεται(不可用来述说主体

的），它本身是不能自存的；因为 ὃ λέγεται（可用来述说主体的）乃是能够作为普遍者而独立的，或者说，在自身之中同时就是无限的。

（3）**特殊者**，它是可以用来述说的，例如知识〔科学〕在自身里面乃是无限的，因此它乃是像语法这样东西的种；而同时它也是普遍的东西，或者说，不是个别的，而是主体的一个环节。

（4）亚里士多德所说第四种东西，是那种可以称为直接的观念的东西：个体，个别的东西（他所说的那个例外，即有些个别的东西——例如某一点语法知识——也可以是存在于一个主体里面，在这里是不适当的，因为这点语法知识本身并不真正是一个个别的东西）。

"第三节　如果某物用来述说作为它的主体的另一物，则凡用来述说这个宾词的，"即凡可以作为普遍者和这个宾词联结起来的，"也可以用来述说这个主体"（这是通常的三段论式；从这里面我们能看得出，既然这一点在这里被处理得这样简短，在亚里士多德那里，真正的三段论式是有更大的意义的）。

"第四节　彼此不相隶属的不同的种，具有不同的属差；（第五节）反之，有隶属关系的种则能够有相同的属差：因为可以适用于上级的种的，也可以适用于主体"（此处主体 ὑποκείμενον 意思不是 406
指作为主体的主体，或者真正作为个体的一定的东西，而是指一般的下级的种）。

"第六节　**不带联结而被述说的**。"[①]前面所谈的是那被联结起来的，如种等等。在第二章里面亚里士多德把概念从根本上区分为

① 按即非复合的语言形式。——译者

简单的和复合的;前面所谈的都是后一种,下面要谈的乃是简单的概念,这些简单的概念乃是真正的**范畴**。“第八节 任何一个范畴本身都既不是一种肯定,也不是一种否定,既不是真,也不是假。”

这些范畴在这里被列举出来;但是不可以把这篇作品当作是完全的。亚里士多德[①]一共举出十种:(1)实体,存在(οὐσία);(2)质(ποιόν);(3)量(ποσόν)——ὕλη(质料)——;(4)关系(πρός τι);(5)场所或空间(ποῦ);(6)时间(ποτέ);(7)姿态(κεῖσθαι);(8)具有(ἔχειν);(9)动作(ποιεῖν);(10)遭受(πάσχειν)。这些东西他称为“可作宾词的”;此外,他还举出五种“副范畴”,[②]但他只是把它们彼此平列在一起而已。

第五章(布勒本第三章):“论**本质**(οὐσία 实体)。”第一节:实体,就其最初的和主要的意义而言,在亚里士多德看来乃是个体,个别的东西(参看第二章的第四种);“可是也有第二实体,第二实体作为‘属’包含第一实体,这些‘属’以及这些‘属’的‘种’,乃是第二实体。”

关系范畴是质和量的综合,因此它们乃是属于理性的;但就其被当作关系而言,则是属于理智的,并且是有限性的形式。在它们里面,存在、本质占第一位;其次是可能的东西(偶性、效果),不过后面这些东西乃是被分开来的。在实体里面,甲是存在,乙是可能
407 性;在因果关系里面,甲和乙都是存在,但是甲是甲在乙里面被设

① “范畴篇”,第四章(二)。

② 同上书,第一〇——四章(八———);参看康德:“纯粹理性批判”,第七九页(第六版)。

定，乙是甲的一种前提。实体的甲是逻辑的存在，它是与它的实存对立的本质；这个实存在逻辑里面只是单纯的可能性。在因果范畴里面，甲在乙之中的存在单纯是一种反射的存在；独立的乙本身是另外一个存在。但在理性里面，甲既是乙的存在，也是甲的存在；并且甲是甲的整个存在，正如是乙的整个存在一样。

"第三节：所有可以用来述说一个主体的东西，其名称及定义（λόγος，'种'）都可以用来述说其主体；第四节：反之，那些存在于一个主体里面的声西的'种'[①]，则不能用来述说主体（ὑποκειμένον，下级的'种'）：白（色）的定义不能用来述说那个它存在于其中的物体。"

"第五节：个体以外的东西（一般地除了它们的定义，有时也除了它们的名称以外）都或是用来述说主体"（个别的东西）"或是存在于主体里面；因此，没有第一实体（个别的东西）就没有别的东西能存在，——（第七节）因为第一实体乃是一切别的东西的基础。"

照亚里士多德看来，"种"比"属"较少实体性："第六节：在第二实体之中，'属'比'种'较多实体性；因为'属'更接近第一实体，更是第一实体的特性，——（第七节）并且'种'可以用来述说'属'，而'属'不可以用来述说'种'，'属'乃是主体。第八节：但是各个'属'乃是同等的实体，（第九节）正如在第一实体之中没有一个比其他的更多实体性一样。"

"第十节：但是'属'和'种'比起其他东西"（特质、偶性）来，"应该称为第二实体；人这个概念，比起他是白的或者他在奔跑来，更为重要。"因此，抽象有两种：例如"人"和"有学问"，两者都是某一

① 按即定义。——译者

个人的性质;前者只是除去个别性所得的抽象,因此,乃是将个体提升到理性的概念,——并没有什么东西损失掉,所失掉的只是那种抗拒反射的东西,而不是全部东西。

408 "第十二节:第二(和第一)实体的名称和定义,都可以用来述说一个特定的人(用人和动物来述说一个特定的人),但它们并不存在于一个特定的人里面;反之,那些存在于一个基体里面的东西,其名称固然可以用来述说这基体,但其定义却不可以。"

(布勒本第四五八页)"第十五节:适用于实体的,也适用于属差,名称和定义都可以用来述说主体。"

乙　"工具论"的第二种作品是"论解释",它乃是关于**判断**和**命题**的学说。命题存在于有肯定和否定、有真和假发生的地方[①]——不是在纯粹的思维中,当理性思维它自身的时候——;不是一般的,而是个别的。

丙　第三种作品是他的"分析篇",共有**前后**二篇;它们特别详尽地讨论了**证明和理智的三段论式**——论证。"三段论式是一个根据(ἐστί λόγος 理由),在其中如果作了某些假定,就有被假定者以外的东西必然被推出来。"[②]亚里士多德的逻辑学基本上很精确地讨论了三段论式的一般的理论;但是它们并不是真理的一般形式。他的形而上学、物理学、心理学等等之中,他并没有以三段论式推理,而是以自在自为的概念为思维的对象。

丁　第四种作品是"正位篇",或者论"场所"。这是能够用来

① "范畴篇",第四章(二);"论解释",第四—六章。

② "分析前篇",卷一,第一章。

考察事物的各种观点，亚里士多德一一把它们列举出来。西塞罗和布鲁诺曾经更充分地研究过它们。亚里士多德提出很多在考察 409 一个对象、命题或问题的时候可能被采取的观点。每一个问题都能立即被引导到这些不同的观点上面，这些观点是一定会在所有的地方出现的。这样，这些“场所”就好像是一个包含许多方面的格式，以便依照它们来考察和研究对象；——这是一种对于培养演说家和养成谈话能力很有帮助的作品：要训练成为一个演说家，就需要这个，因为知道了许多观点，就能够立刻达到对象的许多方面，而依照这些方面来发挥它。

这是一种**辩证术**，——外表的反省形式。亚里士多德说：“这乃是一种从或然性之中去寻求命题和结论的工具。”[①]——这些“场所”乃是一般性的：(1)差别；(2)相似；(3)对立；(4)关系；(5)比较。[②]“用来证明某物更佳或更可欲的场所有：(1)历时较长；(2)选择此物的人有权威，或更多人选择它；(3)‘种’之对‘属’；(4)本身就更可欲；(5)因为它存在于一个更好者那里；(6)因为它是目的；(7)目的和结果的比较；(8)更美或更值得赞美”等等，[③]亚里士多德说，[④]“人们必须用三段论式来对付辩证术者，用归纳法来对付一般群众。”同样地，亚里士多德[⑤]把辩证的和证明的三段论式与修辞的和每种想说服人的方法区别开来；亚里士多德把归纳法算

① “正位篇”，第一卷，第一三章（一一）及第一章。

② 同上书，第一六——八章（一四——一六）；第二卷，第七—八章、第一〇章。

③ 同上书，第三卷，第一章；布勒：“论证”，第一八页。

④ 同上书，第八卷，第二章。

⑤ “分析前篇”，第二卷，第二三章（二五）。

作修辞方面。

410 戊　最后,第五种著作是“智者的论辩”(σοφιστικοί ἔλεγχοι);或者论**转向**,即论普通观念中如何产生了矛盾,——在具有实质内容的思想的不自觉的进行中(在范畴里面),思想如何经常自己陷于矛盾。智者的诡辩把不自觉的观念引入这种矛盾,使它注意到这种矛盾。在讨论芝诺时,我们已提到它们。麦加拉学派特别善于此道。亚里士多德逐一检查它们的种类和方式,一面解决这些矛盾。他指出,这些矛盾的解除,在乎加以区别和规定。他考察了智者特别是麦加拉派所曾探求用来使不自觉的观念陷入迷途而不能自拔的那些诡辩。亚里士多德在解决这些矛盾时,是很镇定、很细心的,不怕麻烦地逐一检查和解决一大堆这种东西,虽然这件事本来可以较为简洁地加以处理。上面[①]我们已经在麦加拉派那里看到过这类例子了。

这几种著作就构成了他的“工具论”;在我们的普通逻辑学书籍里面,那来自“工具论”的东西,事实上只是那极少而且极不重要的一部分,——常常只是波尔费留的导言。这个亚里士多德逻辑学,特别是在上半部分,在“论解释”和“分析前篇”、“分析后篇”里面,已经包含着对于通常的逻辑学所讨论的各种形式的叙述,就是那些一般的思维的形式,它们乃是那直到现在仍被称为逻辑学的东西的基础。

(1)亚里士多德的不朽的**功绩**,在于他认识了抽象的理智的活动——认识并且规定了我们的思维所采取的这些形式。因为,原

---

① 见上文第一一九——一二五页。

来使我们感兴趣的，乃是具体的思维，沉没在外界的直观里面的思 411
维：那些形式沉没在它里面，成为一个不断的运动的网；而把思维的这个贯穿一切的线索——思维的形式——加以确定并提到意识里来，这乃是一种经验的杰作，并且这种知识是绝对有价值的。单单这个考察本身，作为一种关于这个活动的诸多形式及变化的知识，已经就够重要和有趣了。因为，虽则对于我们，把这些不同种类的判断和论式及其多方面的局限性逐一列举出来，可能显得很枯燥而无内容，并且也不能用以发现真理，但是，至少比较起来，没有别的一种知识能高出于它。例如，既然研究认识无数种类的动物、昆虫、一百六十七种布谷鸟，其中有一种顶毛与别一种顶毛形式不同，认识苔藓（苔藓是一种地垢）、昆虫、毒虫、虱子的某一低贱的种中的一个新的低贱的类，（博学的昆虫学）——既然研究认识这些东西，就被人们认为是一种可贵的工作；那么研究认识许多种类的思维活动，比起研究这些古怪的生物来，应该重要得多。在通常的逻辑学中所有关于判断、推理等等的形式所说的最好的东西，乃是自亚里士多德的这些著作里面得来的；人们曾在它们上面加以详细的发挥，但其中所包含的真的东西早已在亚里士多德那里存在着。

（2）亚里士多德逻辑学的真正的哲学**价值**。这种逻辑学在我们的教科书里面所获得的地位和意义是：它只表达和包含着作为意识的理智活动；它指导人正确地去思维，因此看起来思维的运动好像是一种独立的东西，与被思维的对象无关，——只是我们的理智的规律，我们借以取得知识，不过是借一种不是事物本身的运动的媒介、运动。人们会以为这样的结果就是真理，并以为我们依照 412

这样的思维规律把事物的性质说成怎么样，它们就是怎么样。但是这种认识的方式，仅仅有主观的意义；其判断、推论也不是事物本身的判断、推论。

然而，要是按照这个观点思维是独立的，那么，它本身就不能是认识，或本身没有任何自在自为的内容；——它只是一种形式的活动，这种活动诚然可以进行得很正确，但它的内容对它说来却是给予的。在这个意义上，它会成为一种主观的东西；这些推论本身绝对是正确的，但因为它们缺乏内容，这些判断和推论就不足以得到真理的认识。这样，逻辑学家就揭示它们的形式；而接着就对他们所揭示的加以谴责，说它们纯是形式。这两个步骤都承认这一点，即它们是正确的。不过在这个观点和这种谴责里面，真理本身却找不到了；错误一般地是：主体和客观相对立的形式，它们的不统一。——问题不在于：某种东西本身是否绝对的真。因此所谓推理的思维规律就被认为是真的，或者毋宁说就是本身正确的；在这一点上还没有人怀疑过。用以诽谤它们的最坏的话，就是说它们是形式的，其错误只在于此：——思维的规律作为思维的规律，作为思维的规定、范畴，或者只是判断的规定，或者只是具有理智的主观形式，物自体还是一种与它们不同的东西。

但是，(1)即使说它们没有经验的内容，但它们本身就是内容；真的科学、思维的科学：不是什么纯形式的东西，而是有内容的。思维及其运动就是内容；——它是一种饶有兴味的内容，不下于任何其他内容，它本身就是真的。但是在这里，整个亚里士多德方式
413 的短处又出现了，而且是最严重的。在亚里士多德的方式和一切后来的逻辑学里面，在思维及真正的思维运动里面，各个个别的环

节陷于彼此分离的地步；它们是许多种类的判断和推理，其中每一种都被认为是独立的，而且就这样被认为有绝对的真理性。因此它们也就是内容不相干的不同的存在：著名的矛盾律等等，三段论式等等；这样孤立起来，它们恰恰就得不到真理。只有它们的总体才是思维的真理；这个总体是主观，同时又是客观的。它们只是真理的材料，是无形式的内容；——它们的缺点不在于它们只是形式，正相反，乃在于没有形式。正如一个东西的许多个别方面，例如红、硬等等，独立时不是一个物，只有它们的统一才是一个物，同样地，只有判断和推理的许多形式的统一才是真理，单独时它们正如红、硬这样的性质一样缺乏真理，或者如节奏、旋律那样。一个推论的形式以及它的内容可能完全是正确的，但它的结论却没有真理性，因为这个形式，作为这个形式，本身是没有真理性的。不过对于这些形式，从来没有人由这方面来加以考察过，而对于逻辑的轻蔑，乃是基于这种把它视为缺乏内容的错误的看法。它们的缺点正在于内容太多。(2)这个内容不是别的，就是思辨的理念。理智或理性的诸概念是事物的本质，当然，不是从刚才那种观点看来是如此，而是在真理中是如此；对于亚里士多德，理智的概念——范畴——乃是存在的本质。如果它们本身就绝对是真的，那么它们本身就是自己的内容，而且是最高的内容；但是，〔在普通逻辑学里面，〕情形却不是这样。

亚里士多德的书里面所陈述的这些形式，却只是理智思维形式；是抽象的理智所区别出来的一般的思维的规定。这不是思辨 414
思维的逻辑，不是作为与理智有别的理性逻辑；理智的同一性，即任何东西都不应该自相矛盾，是它的基础。这种逻辑，按其本性来

说就不是思辨的。这个逻辑只是有限的东西的逻辑，但人们却也必须熟识它，因为在有限的东西里面，到处有它的存在。例如，数学就是一系列连续进行的推论，而法学就是将特殊统摄于一般之下，就是这两者之间的结合。正是这些形式贯串在有限的关系里面，并且有许多种科学、知识等等，除了有限思维的这些形式之外，就不知道也不运用任何其他的思维形式；它们构成了有限科学的一般方法。然而它们只是有限规定的关系；而三段论式乃是这些规定的整体、总和。因此三段论式是理性的推论，因为它乃是理性的理智形式。一个三段论式具有三项，而这三项就构成三段论式的总和。理智式的三段论式，例如普通逻辑形式里面的三段论式，便具有这种意义，即一个内容和另外一个内容结合起来。反之，理性的三段论式则具有这样的内容，即主体等等和自身联结起来；理性的三段论式是：某一个内容、神等等，通过与自己的区别，把自己和自己联结起来。这种同一性构成了思辨的内容的主要环节，理性的三段论式的本性的主要环节。因此，亚里士多德乃是理智的普通逻辑学的创立者；他的形式所触及的只是有限的东西彼此之间的关系，真理在这种形式中是不能被把握到的。但必须指出，他自己的逻辑学不是建立在这些形式之上的，他的逻辑学不是以这些理智关系为基础的，——就是说，亚里士多德并不是依照这些三
415 段论的形式来进行思维的。如果亚里士多德是这样做的话，那他就不会是我们所认识的这个思辨的哲学家了；如果他是依据这些普通逻辑的形式的话，他的命题、观念就没有一个能够被建立、被断言、被主张。我们不应该以为，亚里士多德所以是思辨的哲学家，乃是因为他依照“工具论”中的这些形式进行了思维和论证；如

果他是这样的话，他就不能前进一步，因为他可能连一个思辨的命题也达不到。

正像整个亚里士多德哲学一样，他的逻辑学（它好像是精神的形式的自然史，正如在自然史里面他考察了动物、独角兽、一种称为猛犸象的兽、甲虫类、软体动物一样）也需要一种改造，以便把他所有的规定纳入一个有必然性的系统的整体；——不是把它改造成为一个分类正确、没有一部分被遗忘，并且依正确秩序表达出来的一个系统的整体，而是要使它成为一个有生命的有机整体，在其中每个部分被视为部分，而只有整体作为整体才具有真理。例如亚里士多德在他的政治学里就常常表达这个真理。正是因为如此，个别的逻辑形式本身并不带有真理；——不是因为它是形式或思维，而是因为它是特定的形式，特定的思维；它是个别的形式，并且必须被这样看待。但是，作为体系、作为统治着这个内容的绝对的形式，则思维就在自身具有内容，那就是从自己区别开的自己；它就是思辨的哲学，是那直接为主观和客观的内容，——概念和普遍者是事物的本质。它们被认为是形式，内容和它们是相对立的，因为它们本身不具备内容那种形态。正如义务当然表示一种自在自为的存在，思维也表示一种自在的存在；但是一个特定的自在自为的存在、一个特定的自在的存在，本身只是一个环节；必须规定自己，但也必须知道再扬弃它这个规定。作为这个特定形式的逻 416
辑形式把自己扬弃了，因而也就放弃了它作为自在自为者的那个权利要求。此时，逻辑才是一种理性的科学；它是绝对存在的纯粹理念的思辨哲学，没有主观和客观的对立，而只留下思维本身里面的对立。〔在普通逻辑里面，〕有许多只是不相干的形式。

*　　　*　　　*

在陈述亚里士多德哲学的主要内容时，我说得比较详细些，一部分是因为这个内容本身的重要性(它是一种独特的内容)，一部分是因为事实上近代人在他的哲学上犯的错误，要比在任何哲学上犯得更多，并且在古代哲学家里面，没有一个人比亚里士多德更需要这样多的辩护。如果真有所谓人类导师的话，就应该认为亚里士多德是这样一个人；他的概念深入意识的一切领域：而通过概念所作的详细特殊的阐述，由于同样也是必需的，就在每一个领域里面包含了最深刻的正确的思想。为了大体上预见**他的哲学的外在的历史**，我们可以说，亚里士多德就因此在许多世纪中不断地成为思维教养的主要负荷者。当科学在基督教的西方，在基督教徒中间消失了的时候，他的声名在阿拉伯人中间却正是那样光辉灿烂，他的哲学后来从阿拉伯人那里再流传到西方。亚里士多德的哲学从经院、科学，特别是从神学(讨论绝对的存在的哲学)中被赶出去这个事实，曾被人们当作一个**胜利**来庆祝；这件事包含有两方面的意义：**一方面**，事实上并不是亚里士多德的哲学被赶走，被赶走的毋宁是这种科学的特别是神学的科学的原理，就是那个认为第一真理乃是被给予的、天启的原理，——它乃是一个一下就永远
417 成为一切的基础的假设，按照这个假设，理性和思维只有权利和能力去作一些浅薄的往复推论。以这个形态，那在中世纪苏醒起来的思维，特别地建立了它的神学，并且建立起一个巨大的机构，在其中那被给予的材料只是被浅薄地加工、安排和保存下来。对于这个体系的胜利乃是对于这个原理的胜利，并且是独立的自由思维的胜利。但**另一方面**，这个胜利却是常识观点的胜利，这种常识

观点从概念里面解放出来,并且摆脱了思维的羁轭。以前,甚至是现在,关于亚里士多德的烦琐的分析,我们已听说得很多;人们以为一用这样一个名义就可以给自己一种不需要再从事抽象工作的权利,——而可以名正言顺地依靠所看见、所听见的,可以逃避到所谓健康的常识里面去,而不要概念。在科学里面,同样地,细致的观察也起来代替了细致的思想;一种甲虫或鸟类,被人们这样细致地加以区分,正如以前人们对于概念和思想所做的一样。某种鸟究竟是红色的抑或是绿色的,是否有一个较完善或较差的尾巴等等——像这样的细致的分别,人们发现比思想的区别来得容易些;而同时,在一个民族还没有把自己训练得能够坚持对思维、对共相进行工作的时候,那种细致的观察分析也是一个有用的准备阶段,或者不如说,它乃是这个文化路程里面的一个环节。

亚里士多德哲学的**缺点**在于:在各式各样现象被他的哲学提高到概念里面之后,这个概念却又分解为一系列彼此外在的特定的概念,那个统一性、那个绝对地把它们结合起来的概念却没有被强调。这正是后来的时代所必须完成的工作。事情看来是:所需要的是概念的统一性。这个统一性就是绝对的存在。这个统一性首先表现为自我意识和意识的统一性、纯粹思维的统一性。418
作为存在的存在的统一性,乃是客观的统一性,乃是被思维的思想。但作为概念的统一性、那本身普遍的否定的统一性、作为绝对地充满了的时间,并且在时间充满之中作为统一性,这乃是纯粹的自我意识。因此我们就看见这件事情出现了,即是:纯粹的自我意识得到了实现;但是却同时首先是带着自我意识的主观

意义，因此也就被确定为自我意识，并且使自己从客观的存在分开来，因此首先就受到一种异己的东西的苦恼，而这个异己的东西是它所不能克服的。

问题的这个必然性产生了斯多葛派、伊壁鸠鲁派，然后是新学园派、怀疑派的哲学；这些派别是我们现在要加以考察的。

亚里士多德的直接后继者是德奥弗拉斯特，生于第一百零二届奥林比亚赛会的第二年(公元前三七一年)，他是著名的，但却只能看作亚里士多德的一个评注者[①](亚里士多德是一个这样丰富的哲学概念的宝库，其中有许多材料，容许作进一步的加工，更抽象的说明和个别命题的详细发挥)；但是关于德奥弗拉斯特，正如关于许多其他的人，例如墨西拿[②]的第开亚尔可[③]以及兰普萨克的斯特拉陀[④]那位德奥弗拉斯特最著名的后继人一样，我们不能谈得很多，——关于斯特拉陀我们只有一些大概的传说：他是作为一

419 个**物理学家**而著名的，他的自然概念是循着机械论的方向，不过不是追随留基波和德谟克里特的机械论，也不是其后的伊壁鸠鲁的机械论，而是一种从热和冷出发的机械论，[⑤]并且，(如果这种关于

① 邓尼曼，第三册，第三三三页。

② 布鲁克尔，“批判的哲学史”，第一册，第八五四页；邓尼曼，第三册，第三三六页。

③ 西塞罗：“杜斯古里问题”，第一卷，第一〇章，(参阅第一三章)：“灵魂不外是一个空名，我们用于行动和感觉的全部能力，是平均分布在整个活着的身体里面的，而且和躯体是分不开的；因为灵魂不外是如此构造的身体：通过躯体内的某种对称和比例，它便能生活和感觉。”——斯托拜欧：“自然的牧歌”，第七九六页：〔第开亚尔可认为灵魂是〕“四种原素的一种和谐。”——西塞罗就历史上说出了一种他自己弄得懂的结果，全没有什么思辨的概念。

④ “第欧根尼·拉尔修”，第五卷，第五八节。

⑤ 斯托拜欧：“自然的牧歌”，第二九八页。

他的传说是真的话，）他很不忠实于亚里士多德的思想，把一切归结于机械性和偶然，不采取目的论的目的[①]——不是近代那种糟透的目的。其他的逍遥派学者们多从事于发挥亚里士多德的个别学说，从事缕述他的作品，内容相同，只是带上或多或少修辞的评注的形式。已经说过，亚里士多德的著作早就散佚了，所以亚里士多德的哲学不是通过原作保存下来，而是通过经院中的传统保存下来的；通过经院，亚里士多德的学说不久就遭受一些重要的改变，引起一些对他的学说的缕述，我们不知道这些后人的发挥是否有一部分渗进了那些被认为属于亚里士多德的著作里面去。

逍遥学派把幸福作为原理；美德是理性（λόγος）和意向的结合。

到这里，关于亚里士多德的哲学我们就不再谈下去了。我很舍不得离开这个哲学；我们越深入这个哲学，它就越变得有味，并且我们就越发现对象之间的联系。亚里士多德哲学又被称为逍遥派哲学；这个哲学在西塞罗的时代多变为一种通俗哲学，亚里士多德的深刻的、思辨的方式却没有被发挥，没有被认识。

亚里士多德是古代哲学家中最值得研究的。420

我们已经结束了希腊哲学的第一个时期，要**过渡**到第二个时期了。希腊哲学的第一个时期至亚里士多德为止，至科学的这种形式的形成为止。柏拉图和亚里士多德所得到的成果是理念；认识赢得了自由思维的这个基地。在柏拉图那里，我们得到了抽象

① 西塞罗："神性论"，第一卷，第一章，〔关于〕斯特拉陀是这样说的："他认为神的力量全在自然里面，自然本身就具有发生、发展和衰亡的原因，但缺乏感觉及形体。"

得很的共相作为原理;基础是被把握到了的。在亚里士多德那里,思维成为具体的了;它已不是那不动的抽象理念,而是具体化在作用里面的理念。紧接着的一种直接地有必然性的**需要**应该要出现,应该要被包含在柏拉图和亚里士多德所发展了的哲学里面。这个需要不是别的,就是共相现在要作为共相、作为原理的普遍性来理解,就是一个原理要以一种普遍的方式被提升出来,或者说被强调起来,使得特殊能够通过一般而被认识;——或者说,一种系统的哲学的需要立刻出现了。人们能够说柏拉图的体系、亚里士多德的体系,但它们却不是有体系的形式的;作为一个体系,需要有一个原理被提出并且贯串在特殊的东西里面。亚里士多德的哲学是一种完全而复杂的对宇宙的理解,在亚里士多德那里,我们看见了所有的东西都被引导到思辨思维,看到了一种最高的科学方式。但是他在进行工作时,乃是采取经验的方式的。在亚里士多德那里,诚然有一个原理,并且是思辨的原理,但是它没有被当作一个原理强调起来。思辨的原理的本性没有被当作一个绝对的概念带进意识里面,没有被当作在自身里面包含着自然的和精神的宇宙的多样性的发展,——更不用说被当作共相来阐述,使得从它
421 里面能够发展出特殊的东西来(他的逻辑学毋宁说刚刚和这个相反)。亚里士多德毋宁是逐一检查所有活的和死的东西,把它们放在他的客观的即是说理解着的思维面前,而加以理解把握。每一个对象本身就是概念;他说,这就是对象,我们在这些规定里面找到了它。不过他把这些思想结合在一起,这样他就成为思辨的。柏拉图和亚里士多德一般地都是采用经验的方式,抓住这个那个观念,然后逐一加以考察;这种欠谨严的方式特别出现在亚里士多德

德那里。在亚里士多德的科学里面，那自身思维着自身的思维的理念是被认作最高的真理的；但是它的实现，对于宇宙中自然的和精神的东西的知识，却在这个理念以外构成了很长一系列彼此分开的特殊概念。所缺少的，正是一个原理，一个贯串在特殊的东西里面的原理。全部被认识的东西必须也是作为一种统一性、作为概念的一种有机组织而出现。因此，现在哲学中的次一需要，就是一般者要被作为绝对自由来把握，就是需要一个适用于一切特殊性的原理，——要这样来理解那个理念，使得多种多样的现实，能被引导到这个作为共相的理念上面，并且通过它而被规定，在这个统一性里面被认识。这就是我们在这个第二个时期里面所要有的观点。

这种系统的哲学首先会变成一种独断论，因此，怀疑论就立刻出现来和它对抗；法国人称“独断的”为“系统的”(systématique)——(系统〔système〕：一个被一贯地采用在一切里面的原理，所有的观念都必须从一个规定流出来)——，因此，系统的就和片面的有同一意义。在亚里士多德那里，我们看见了最高的理念，那个自己思维着自己的思维；——而这本身又只是一个特殊者，它不是他全部
哲学的原理。这个自己思维着自己的思维是完全具体的：思维自 422
己是客观的，思维则是主观的，——那个既是客观又是主观的理性是统一性的意识；它作为思维的思维，便是具体的。进一步的发展本来应该是要：(一)从理念自己发展出理念，把共相作为真实的共相来理解，——就是这样来认识世界，使得其内容只是被认作自己思维着自己的思维的规定。这本来也不是不可以自在自为地发生的，但事实上，被承认了的却只有一个原理的必然性。(二)其次，这个原理只是形式地、抽象地存在着，而特殊者并不是从它推引出

来的;相反地,共相只是被应用在特殊者上面,被研究的只是这种应用所遵守的规则。如果理念是具体的,则特殊者就会是从它发展出来的;在亚里士多德那里,理念本身是具体的。另外一种关系会只是一种特殊包摄于普遍里面;这样普遍与特殊就彼此有别,结合只是一种包摄的结合,共相在其中只是形式上的原理。物理世界和精神世界的现象,从它们那方面也应该被准备、被提炼为概念(规律),——使两方面的工作彼此结合起来。其他各门科学独立地把现象提升为一定的思想——有必要形成完全普遍的,但是特定的原理——;这样,思辨的理性才能够在特定的思维里面,把自己以及那种内在的同一联系完全地呈现出来。

因此,普遍的原理一定出现,但是特殊者却不是从它发展出来;这样,原理就是抽象的,因而这种哲学就是片面的。因为只有那本身具体的、那本身具有两方面的,才不是片面的。由此可见,这些哲学乃是更独断的,是只断言而不证明的。因为以这个方式,原理是被断定了,却不是以真正的方式被证明。因为人们要求有一个原理来把一切包摄在它下面,它只是第一个原理,因此没有得到证明,而只是被断言。

认识的这个需要从此以后就存在着。通过了精神的内在必然性,——不是外在的,而是适合着概念的必然性——那适应这个需要的哲学现在就出现在世界上了。这个要求产生了斯多葛派、伊壁鸠鲁派和怀疑派的哲学。

如果我们在第一个时期中耽搁得太久,现在我们可以补偿它了,因为在下一个时期里面,我们可以简略一些了。

译者后记

这一册黑格尔的“哲学史讲演录”第二卷，是根据格洛克纳本德文版“黑格尔全集”第十八卷（亦即米希勒第一版本第十四卷）译出的。这一册译本的内容只到德文本第十八卷第423页亚里士多德为止。德文本第十八卷中所包含的其余部分，归入中文译本的第三卷。

我们译这第二卷时，也还是认真地参考了原书第二版的霍尔丹英译本。我们曾根据英译本作了一些校订和补充的工夫，读者可于本书中译者的小注里看得出来。

这一卷涉及希腊哲学的中坚部分，这一部分是充满了辩证法的内容的。关于小苏格拉底学派三家的叙述，黑格尔比西方任何其他资产阶级哲学史家都给以较多的篇幅，较多的注重。这里面包含了许多生动有趣、有关实际道德生活的论述，同时也具体地谈到了诡辩与辩证法的差异。关于智者派，黑格尔对普罗泰戈拉有相当同情而肯定的叙述，他强调智者派传播文化的功绩和从各种不同的观点看问题的理智教养，他特别对高尔吉亚思想中的辩证法因素有所揭示。

书中对苏格拉底的死，曾作了深刻的、辩证法的、历史的分析，指出苏格拉底突出地强调个人内心理智的确信，违反了当时的风俗、伦理或宗教，其被处死实有其必然性。对苏格拉底用来教导道德的辩证法，黑格尔亦有着重的论述。

黑格尔对柏拉图和亚里士多德哲学的阐述，曾用了很长的篇幅，很多的力量。他特别强调评述柏拉图辩证法的消极一面，亦即使个别的、特殊的东西解体的一面。在论述柏拉图的逻辑学时，他集中阐述柏拉图"巴门尼德"篇的辩证法思想；在论述柏拉图的自然哲学时，他特别注重柏拉图的"蒂迈欧"篇。关于柏拉图的精神哲学，他着重阐述"国家"篇和"菲利布"篇中的思想。他指出柏拉图的理想国的缺点固然一方面在于不很现实，但另一方面也在于不够理想，因为真正的理想性是与现实性统一的。关于柏拉图为叙拉古城邦制定宪法一事，黑格尔批评说，宪法是时代的产物，意思是说，凭哲学家空想出来的宪法是不会起现实作用的。

黑格尔对于亚里士多德的评价高于柏拉图。他说："在他的真正的思辨里面，亚里士多德是和柏拉图一样深刻的，而且比他〔指柏拉图〕发展得更远、更自觉；对立也获得了更高的明确性。"黑格尔对亚里士多德的思辨和辩证法给予这样高的评价，这与列宁强调亚里士多德的"客观逻辑"，并称"亚里士多德的逻辑学是寻求、探索，它接近于黑格尔的逻辑学"（"哲学笔记"）的话，意思基本上是相同的。不过黑格尔在论述亚里士多德时，一贯地抹杀他的唯物论方面的特征，尽量把他解释成一个客观唯心论者。从他以亚里士多德的继承者和完成者自许这一点看来，这是可以理解的。对于黑格尔这种企图把哲学史解释成唯心论发展史的手法，列宁在他的"哲学笔记"中曾作了着重而尖锐的批判。

在叙述亚里士多德的生平时，黑格尔特别着重指出亚里士多德的教育对亚历山大的影响，以及两人间的师生情谊。这些材料是别的西方哲学史著作中所没有的。他的目的在于表明思辨哲学对实际政治的影响。在论述亚里士多德的形而上学或本体论时，他指出柏拉图的理念虽是具体的，但与亚里士多德的理念（形式）比较起来，却缺乏能动性、生命、主观性以及理念各环节的规定。他对亚里士多德哲学中可能性和现实性两个范畴作了较详的阐述。关于认识问题，他指出亚里士多德是最注重经验的，也是最思辨的，经验与思辨有很好的结合。黑格尔用很长的篇幅论述亚里士多德的自然哲学，强调亚里士多德的自然哲学中注重内在运动、“隐德来希”和目的论、必然性。实质上这都是指客观辩证法，是研究自然辩证法可以参考的重要材料。关于亚里士多德的精神哲学，黑格尔特别叙述了身体与灵魂的关系，尤其着重阐述理性灵魂，以及亚里士多德的伦理学和政治哲学。最后他才叙述亚里士多德的逻辑学。他认为形式逻辑没有内容，它的内容是由外面给予的。他一再强调形式逻辑的“认识的方式仅仅有主观的意义；其判断、推论也不是事物本身的判断、推论”，“只是具有理智的主观形式，物自体还是一种与它们不同的东西。”黑格尔关于亚里士多德逻辑学的论述，可以供研究辩证法与形式逻辑的关系时参考。

* * *

本卷的翻译工作是由北京大学哲学系外国哲学史教研室组织的。智者派哲学部分是王维诚从英译本转译，由王太庆根据德文原本整理出来的。苏格拉底哲学部分是由黄枬森、王太庆合译的。小苏格拉底学派三家是颜健从英译本转译，由王太庆根据德文原本整理出来的。柏拉图部分是贺麟译的，亚里士多德部分是方书春译的。全书各章均曾经宗白华校阅一遍。贺麟、方书春、王太庆除自己所译的部分以外,并曾校阅了其他同志的全部译稿。专名索引是王太庆指导两位资料员编制的。最后编排整理主要由王太庆负责。

专有名词中外文对照表

A

阿柏利康 Apellikon
阿波罗 Apollon
阿布德拉 Abdera
阿尔基塔 Archytas
阿尔刻劳 Archelaus
阿尔其比亚德 Alkibiades
阿基里斯 Achilles
阿加德摩 Akademos
阿嘉通 Agathon
阿金努色 Arginuse
阿卡底 Arkadien
阿拉伯 Arabische
阿里斯底波 Aristipp
阿里斯多芬 Aristophanes
阿里斯同 Ariston
阿里斯托吉顿 Aristgiton
阿蒙 Ammon Jupiter
阿蒙教 Ammonier
阿明塔 Amyntas
阿那克萨戈拉 Anaxagoras
阿斯巴西娅 Aspasia
阿斯特 Ast
阿斯特尔 Aster
阿塔尔尼亚 Atarnea
阿塔泽尔士 Artaxerxes
阿提卡 Attica
埃多尼 Edonis
埃及 Ägypten
艾斯其纳 Aeschines
爱庇米修 Epimetheus
爱伯哈尔特 Eberhardt
爱勒克特拉 Elektra
爱利亚 Elea
爱琴拿 Aegina
爱神 Aphrodite
爱斯基勒 Aeschyles
安底斯泰纳 Antisthenes
安费波利 Amphipolis
安尼克里 Annikeris
安尼托 Anytos
安提贡 Antigon
"奥德赛" *Odysee*
奥尔斐 Ozpheus
奥勒留,马尔可 Aurelius,Marcus
奥勒斯特 Orest
奥林比娅 Olympia

B

巴克特里亚 Baktrien
巴拉塔里亚 Barataria
巴里斯 Paris
巴门尼德 Parmenides
柏加孟 Pergama
柏克尔 Bekker

柏拉图 Platon
柏里克勒 Perikles
邦札 Panza,Sancho
包萨尼亚 Pausanias
贝西斯特拉德 Pisistratos
比提娅 Pythia
毕莱乌 Piräus
毕泰戈拉 Pythagoras
毕提亚 Pythia
波奥底亚 Böotien
波尔费留 Porphyrius
波流尔克底 Poliorcetes,Demetrius
波斯 Persisch
波斯波里 Perspolis
波提代亚 Potidäa
伯里克条尼 Periktione
伯罗奔尼撒 Peloponnesos
布兰狄斯 Brandis
布勒 Buhle
布鲁克尔 Brucker
布鲁诺 Bruno

C

"纯粹理性批判" *Kritik der reinen Vernunft*

D

达赖喇嘛 Dalai Lama
大留士 Darius
"大伦理学" *Magna moralia*
大卫 David
"大希比亚"篇 *Hippias major*
大希腊 Gro Be Griechenland
大夏 Baktrien
道卜 Daub
德奥多罗 Theodorus
德奥多罗,数学家 Theodorus
德奥弗拉斯特 Theophrastus
德尔斐 Delphi
德国 Deutschland
德利欧 Delium
德洛 Delos
德米斯多克勒 Themistokles
德谟克里特 Demokrit
德约斯 Tejos
邓尼曼 Tennemann
狄奥尼修 Dionysius
狄凯 Dike
狄翁 Dion
"地理学" *Erdkunde*
第开亚尔可 Dicäarchos
第欧多罗 Diodorus
第欧根尼,西诺卜的 Diogenes von Sinope
第欧尼修多罗 Dionysiodoros
第亚戈拉 Diagoras
蒂迈欧 Timäeus
杜尔-克-阿尔-纳因 Dul-k-ar-nein
多德威尔 Dodwell
多瑙河 Donau

E

俄罗斯 Russland
恩培多克勒 Empedokles
恩披里可 Empiricus,Sextus

F

法国 Frankreich
法来留 Phalereus,Demetrius
"范畴论" *Categoriae*
非洲 Afrika
"菲利布"篇 *Philebos*
腓立 Philip
腓特烈 Friedrich
斐德罗 Phaidros
斐多 Phaidon
斐勒塔 Philetas

斐讷洛佩 Penelope
费罗劳 Philolaus
费娜雷特 Phänarete
费希特 Fichte
“分析篇” *Analytica*
佛教 Buddhismus
伏尔夫 Wolf
伏尔康 Vulkan
福布斯 Phöbus
福里斯 Fries

G

盖斯福 Gaisford
高德鲁 Kodrus
高尔吉亚 Gorgias
哥白尼 Kopernikus
哥林特 Korinthos
格劳孔 Glaukon
格利乌 Gellius, Aulus
“工具论” *Organon*
诡辩派 Eristiker
“国家”篇 *Staat*

H

哈尔谟第乌 Harmodius
哈勒 Halle
荷马 Homer
贺拉西 Horaz
赫尔库勒 Herkules
赫尔米亚 Hermias
赫格西亚 Hegesias
赫拉克利特 Heraklit
赫罗第科 Herodikus
赫罗多德 Herodotus
赫西阿德 Hesiod
黑格尔 Hegel
黑梅斯 Hermes
胡顿 Hutten

怀疑派 Skeptiker
“会饮”篇 *Symposion*
火神 Vulkan
霍布士 Hobbes

J

基督 Christus
基督教 Christian
加尔西斯 Chalcis
教友派 Quäker
“经济学” *Oeconomica*
经院哲学 Scholastik
居勒尼 Cyrene
居诺萨格 Cynosarges

K

卡利奥斯特罗 Cagliostro
卡吕布狄 Charybdis
卡骚滂 Casaubonus
恺撒 Cäsar
康德 Kant
柯斯 Kos
克拉底 Krates
克里底亚 Kritias
克里多 Krito
克里特 Kreta
克吕西波 Chrysippos
克罗依采尔 Kreutzer
克塞尼亚德 Xeniades
克塞诺封 Xenophon
克须兰 Xyland
刻卜勒 Kepler

L

拉尔修 Laertius, Diogenes
拉里萨 Larissa
兰普萨克 Lampsakus
雷昂丘 Leontium

留基波 Leukipp
卢梭 Rousseau
吕古尔各 Lykurg
吕克昂 Lykeon
吕克欧 Lykeios
“吕锡斯”篇 *Lysis*
“伦理学” *Ethica*
“论动物” *De animalis*
“论解释” *De interpretatione*
“论灵魂” *De anima*
“论塞诺芬尼、芝诺和高尔吉亚” *De Xenophane, Zenone et Gorgia*
“论生灭” *De generatione et corruptione*
“论天” *De caelo*
“论友爱” *De fraterno amore*
“论植物” *De plantis*
罗马 Rom
罗密欧 Romeo
洛克 Locke

M

马其顿 Macedonien
麦加拉 Megara
麦里梭 Melissos
梅菲斯特菲勒斯 Mephistopheles
梅利托 Melitos
梅罗 Melos
梅纳鸠 Menagius
梅内德谟 Menedemos
美兰窦 Melantho
美诺 Menon
美神 Grazien
美洲 Amerika
孟德尔森 Mendelssohn
米底勒尼 Mithylene
米利都 Miletos
米内瓦 Minerva
米西亚 Mysien
缪塞 Musäus
墨西拿 Messina

N

奈勒乌 Neleus
奈美西 Nemesis
尼格罗班特 Negropont
尼各马可 Nikomachos
尼加诺尔 Nikanor

O

欧布里德 Eubulides
“欧德米伦理学” *Ethica Eudemia*
欧蒂德谟 Euthydemos
欧几里得 Euklid
欧洲 Europa

P

皮罗 Pyrrhon
品达 Pindar
普里尼 Plinius
普鲁泰克 Plutarch
普罗第科 Prodikus
普罗克洛 Proklus
普罗克塞那 Proxenus
普罗米修 Prometheus
普罗泰戈拉 Protagoras

Q

“气象学” *Meteorologia*
犬儒派 Cyniker

R

锐德 Ritter

S

撒母尔 Samuel
萨加 Saccas Ammonius

塞林布里亚 Selymbrien
塞诺芬尼 Xenophanes
色雷斯 Thracien
莎士比亚 Shakespeare
“圣经” *Bibel*
施雷格尔 Schlegel, Friedrich von
施塔尔 Stahl
湿婆 Siwa
“诗学” *Poetica*
史莱尔马赫 Schleiermacher
斯巴达 Sparta
斯彪西波 Speusippos
斯底尔波 Stilpo
斯多葛派 Stoiker
斯居拉 Scylla
斯塔吉拉 Stagira
斯特方 Stephanus
斯特拉波 Strabo
斯特拉陀 Strato
斯特雷普夏德 Strepsiades
斯特吕摩尼亚 Strymonien
斯托拜欧 Stobäus
苏格拉底 Sokrates
苏拉 Sulla
苏以达 Suidas
梭伦 Solon
所罗门 Salomon
索夫罗尼斯库 Sophroniskus
索福克勒 Sophokles

T

塔仑丁 Tarentin
“泰阿泰德”篇 *Theätet*
“堂吉诃德” *Don Quixote*
特拜 Thebes
特罗亚 Troja
提德曼 Tiedemann
提兰尼奥 Tyrannio
天后 Juno
帖撒利 Thessalien
图居第德 Thukydides
托勒密 Ptolemäus Soter
托勒密王朝 Ptolemäer

W

文艺复兴 Renaissance
乌尔夫 Wolf
“物理学” *Physica*

X

希巴尔其娅 Hipparchia
希比亚 Hippias
希波格拉底 Hippokrates
希腊 Griechenland
西古鲁 Sikulus, Diodorus
西门 Simon
西蒙尼德 Simonides
西塞罗 Ciceron
西西里 Sicilien
逍遥派 Peripetatiker
小亚细亚
谢林 Schelling
新柏拉图派 Neuplatoniker
新毕泰戈拉派 Neupythagoräer
新教 Protestant
新学园派 Neuakademiker
新亚里士多德派 Neuaristotelianer
辛普里丘 Simplicius
“形而上学” *Metaphysica*
叙拉古 Syrakus
叙利亚 Syrien

Y

雅典 Athenes
“雅典纪事” *Noctes atticae*
亚里士多德 Aristoteles

亚里士多克勒 Aristokles
亚里斯底德 Aristides
亚历山大 Alexander
亚历山大里亚 Alexandrien
亚洲 Asien
伊奥尼亚派 Ionier
伊壁鸠鲁 Epikur
伊各 Ikkos
“伊利亚德” *Iliad*
伊洛克人 Irokesen
伊斯班德 Ispander
依斯特 Ister
印度 Indien
英国 Vereinigtes
优比亚 Euböa
优利披德 Euripides
原子论 Atomismus

Z

再洗礼派 Wiedertäufer
泽尔士 Xerxes
战神 Mars
“正位篇” *Topica*
“政治学” *Politica*
芝诺 Zenon
智者 Sophisten
“智者的论辩” *De sophistic. elenchis*
中国 China
宙斯 Zeus
朱丽叶 Juliet
宗教改革 Reformation

珍藏本
纪念版

汉译世界学术名著丛书

哲学史讲演录

第一卷

〔德〕黑格尔 著

贺麟 王太庆 等译

2017 年 · 北京

G. W. F. Hegel
VORLESUNGEN ÜBER
DIE GESCHICHTE DER PHILOSOPHIE
Herausgegeben von Hermann Glockner
Fr. Frommanns Verlag (H. Kurtz)
Stuttgart 1928
本书主要根据德国斯图加特弗罗曼斯出版社
1928年全集本译出

汉译世界学术名著丛书
（120年纪念版·珍藏本）
出 版 说 明

2017年2月11日，商务印书馆迎来120岁的生日。120年前，商务印书馆前贤怀揣文化救国的理想，抱持“昌明教育，开启民智”的使命，立足本土，放眼寰宇，以出版为津梁，沟通中西，为中国、为世界提供最富智慧的思想文化成果。无论世事白云苍狗，潮流左右激荡，甚至战火硝烟弥漫，始终践行学术报国之志，无改初心。

逐译世界各国学术名著，即其一端。早在20世纪初年便出版《原富》《天演论》等影响至今的代表性著作，1950年代后更致力于外国哲学和社会科学经典的译介，及至1980年代，辑为“汉译世界学术名著丛书”，汇涓为流，蔚为大观。丛书自1981年开始出版，历时三十余年，迄今已推出七百种，是我国现代出版史上规模最大、最为重要的学术翻译工程。

丛书所选之书，立场观点不囿于一派，学科领域不限于一门，皆为文明开启以来，各时代、各国家、各民族的思想与文化精粹，代表着人类已经到达过的精神境界。丛书系统译介世界学术经典，引领时代思想，为本土原创学术的发展提供丰富的文化滋养，为推动中国现代学术和现代化进程做出了突出的贡献。

为纪念商务印书馆成立120周年，我们整体推出“汉译世界学术名著丛书”120年纪念版的珍藏本，寄望既利于文化积累，又便于研读查考，同时向长期支持丛书出版的译者、编者和读者致以敬意。

两甲子后的今天，商务印书馆又站在了一个新的历史时间节点上。我们不仅要铭记先辈的身影和足迹，更须让我们的步伐充满新的时代精神。这是商务人代代相传的事业，更是与国家和民族的命运始终紧密相连的事业。我们责无旁贷，必须做好我们这代人的传承与创造，让我们的努力和成果不仅凝聚成民族文化的记忆，还能成为后来人可以接续的事业。唯此，才能不负前贤，无愧来者。

商务印书馆编辑部

2017年10月

目　　次

第一部　希腊哲学

第一篇

第一期:从泰利士到亚里士多德

开 讲 辞

——一八一六年十月二十八日在海得堡大学讲—— 3

诸位先生：

我所讲授的对象既是哲学史，而今天我又是初次来到本大学，所以请诸位让我首先说几句话，就是我特别感到愉快，恰好在这个时候我能够在大学里面重新恢复我讲授哲学的生涯。因为这样的时机似乎业已到来，即可以期望哲学重新受到注意和爱好，这门几乎消沉的科学可以重新扬起它的呼声，并且可以希望这个对哲学久已不闻不问的世界又将倾听它的声响。时代的艰苦使人对于日常生活中平凡的琐屑兴趣予以太大的重视，现实上很高的利益和为了这些利益而作的斗争，曾经大大地占据了精神上一切的能力和力量以及外在的手段，因而使得人们没有自由的心情去理会那较高的内心生活和较纯洁的精神活动，以致许多较优秀的人才都为这种艰苦环境所束缚，并且部分地被牺牲在里面。因为世界精神太忙碌于现实，所以它不能转向内心，回复到自身。现在现实的 4
这股潮流既然已经打破，日耳曼民族既然已经从最恶劣的情况下开辟出道路，且把它自己的民族性——一切有生命的生活的本源——拯救过来了：所以我们可以希望，除了那吞并一切兴趣的国家之外，教会也要上升起来，除了那为一切思想和努力所集中的现实世界之外，天国也要重新被思维到，换句话说，除了政治的和其

他与日常现实相联系的兴趣之外，科学、自由合理的精神世界也要重新兴盛起来。

我们将在哲学史里看到，在其他欧洲国家内，科学和理智的教养都有人以热烈和敬重的态度在从事钻研，唯有哲学，除了空名字外，却衰落了，甚至到了没有人记起，没有人想到的情况，只有在日耳曼民族里，哲学才被当作特殊的财产保持着。我们曾接受自然的较高的号召去作这个神圣火炬的保持者，如同雅典的优摩尔披德族是爱留西的神秘信仰的保持者，又如萨摩特拉克岛上的居民是一种较高的崇拜仪式的保存者与维持者，又如更早一些，世界精神把它自己最高的意识保留给犹太民族，俾使它自己作为一个新精神从犹太民族里产生出来。〔我们现在一般地已经达到这样一种较大的热忱和较高的需要，即对于我们只有理念以及经过我们的理性证明了的事物才有效准。——确切点说，普鲁士国家就是这种建筑在理智上的国家。〕[①]但是像前面所提到的时代的艰苦和
5 对于重大的世界事变的兴趣也曾经阻遏了我们深澈地和热诚地去从事哲学工作，分散了我们对于哲学的普遍注意。这样一来坚强的人才都转向实践方面，而浅薄空疏就支配了哲学，并在哲学里盛行一时。我们很可以说，德国自有哲学以来，哲学这门科学的情况看起来从来没有像现在这样坏过。空洞的词句，虚骄的气焰从来没有这样漂浮在表面上，而且以那样自高自大的态度在这门科学

① 括弧内这一段话据荷夫麦斯特考证，是黑格尔后来在柏林大学任教时期加在底稿边上的，是海得堡大学开讲词原稿所没有的。米希勒本第一版将这段话附在脚注里，而且放在一个不适宜的地方。兹据米希勒第二版英译本，把这段话加在正文里面。——译者

里说出来作出来，就好像掌握了一切的统治权一样。为了反对这种浅薄思想而工作，以日耳曼人的严肃性和诚实性来工作，把哲学从它所陷入的孤寂境地中拯救出来，——去从事这样的工作，我们可以认为是接受我们时代的较深精神的号召。让我们共同来欢迎这一个更美丽的时代的黎明。在这时代里，那前此向外驰逐的精神将回复到它自身，得到自觉，为它自己固有的王国赢得空间和基地，在那里人的性灵将超脱日常的兴趣，而虚心接受那真的、永恒的和神圣的事物，并以虚心接受的态度去观察并把握那最高的东西。

我们老一辈的人是从时代的暴风雨中长成的，我们应该赞羡
诸君的幸福，因为你们的青春正是落在这样一些日子里，你们可以
不受扰乱地专心从事于真理和科学的探讨。我曾经把我的一生贡
献给科学，现在我感到愉快，因为我得到这样一个地方，可以在较
高的水准，在较广的范围内，与大家一起工作，使较高的科学兴趣
能够活跃起来，并帮助引导大家走进这个领域。我希望我能够值
得并赢得诸君的信赖。但我首先要求诸君只须信赖科学，信赖自 6
己。追求真理的勇气和对于精神力量的信仰是研究哲学的第一个
条件。人既然是精神，则他必须而且应该自视为配得上最高尚的
东西，切不可低估或小视他本身精神的伟大和力量。人有了这样
的信心，没有什么东西会坚硬顽固到不对他展开。那最初隐蔽蕴
藏着的宇宙本质，并没有力量可以抵抗求知的勇气；它必然会向勇
毅的求知者揭开它的秘密，而将它的财富和宝藏公开给他，让他
享受。

7 # 哲学史讲演录

在哲学史里，我们立刻可以看到，如果从一个恰当的观点去看它的题材，它自然会引起我们很大的兴趣，但是即使它的目的被了解错了，它仍然具有它的兴趣。甚且一般人对于哲学和哲学史的目的愈是看错，这种兴趣的程度好像反而愈益增加。因为从哲学史里人们特别可以推出一个足以证明哲学这门科学无用的理由。

我们必须承认这是一个正当的要求，即对于一种历史，不论它的题材是什么，都应该毫无偏见地陈述事实，不要把它作为工具去达到任何特殊的利益或目的。但是像这样一种空泛的要求对我们并没有多大帮助。因为一门学问的历史必然与我们对于它的概念密切地联系着。根据这概念就可以决定那些对它是最重要最适合
8 目的的材料，并且根据事变对于这概念的关系就可以选择那必须记述的事实，以及把握这些事实的方式和处理这些事实的观点。很可能一个读者依据他所形成的什么是一个真正国家的观念去读某一个国家的政治史，会在这历史里面找不到他所要寻找的东西。在哲学史里尤其是这样，我们可以举出许多哲学史的著述，在那里面我们什么东西都可以找得到，就是找不到我们所了解的哲学。

在别种历史里，我们对于它们的题材有一个确定的概念，至少对于它们的主要特性我们是有确定概念的。我们知道它们是关于

一个特殊国家、特殊民族或人类一般的历史，或知道它们的题材是数学、物理学或艺术、绘画等。但是哲学有一个显著的特点，与别的科学比较起来，也可说是一个缺点，就是我们对于它的本质，对于它应该完成和能够完成的任务，有许多大不相同的看法。如果这个最初的前提，对于历史题材的看法，没有确立起来，那么，历史本身就必然会成为一个游移不定的东西。只有当我们能够提出一个确定的史观时，历史才能得到一贯性，不过由于人们对它的题材有许多不同的看法，这样就很容易引起片面性的责难。

这个缺点只是由于从外面去考察历史的叙述才产生的。但是却另有一个较大的缺点与它相联结。如果对于哲学有了不同的概念，那就只有真的哲学概念，才能使我们理解那些根据哲学的真概念从事工作的哲学家的著作。因为在思想里，特别在思辨的思想 9
里，把握哲学内容是与仅仅了解文字的文法意义，和仅仅了解它们在表象或感性范围里的意义很不相同的。因此我们可以知道许多哲学家的论断、命题或意见，我们可以很辛勤地去寻求这些意见的根据，或是去推究这些意见的后果，然而我们这样辛勤地所做的一切也许还没有得到主要之点——没有透彻理解那些命题的哲学意义。因此我们并不缺乏卷帙繁多，甚至学问广博的哲学史，在这些哲学史里，他们所费力寻求的关于哲学实质的知识反而没有。这样的哲学史家有点像某些动物，它们听见了音乐中一切的音调，但这些音调的一致性与谐和性，却没有透进它们的头脑。

上面所说的这些情况，使得在哲学史里，比在任何别的科学里，更必须先有一个导言，把需要讲述的哲学史的对象首先正确地加以规定。因为假如我们对于一个对象的名字虽很熟悉，但还不

知道它的性质，我们怎能开始去研究它呢？像这样搞不清楚哲学的性质就来研究哲学史，除了在任何时候任何地方，凡是遇着有哲学这个名字的东西就去寻求并采取材料外，便没有别的指导原则了。但是事实上如果我们不采取武断的方式，而采取科学的方式去规定哲学的概念，那么，这样一种研究也就是哲学这门科学本身了。因为哲学有这样一种特性，即它的概念只在表面上形成它的
10 开端，只有对于这门科学的整个研究才是它的概念的证明，我们甚至可以说，才是它的概念的发现，而这概念本质上乃是哲学研究的整个过程的结果。

所以在这个导言里，我们同样地陈述了哲学的概念和哲学史的对象的概念。同时这个导言虽只涉及哲学史，但所说的话也同样适用于哲学本身。在导言里所说的并不是一些已经完成的定论，而只是必须通过研究哲学史本身才可以得到辩护和证明的原则。只有根据这样的看法，这些序言式的说明才可以不被放在武断假定的范畴之内。但是一开始就说出须经长篇证明才可达到的结论，其意义只能在于事先说出这个科学里面最一般性的内容的纲要。这种办法可以帮助我们撇开许多由于人们对哲学史的通常成见所引起的问题和要求。

导　言 11

关于哲学史的意义，可以有多方面的看法。如果我们要想把握哲学史的中心意义，我们必须在似乎是过去了的哲学与哲学所达到的现阶段之间的本质上的联系里去寻求。这种联系并不是哲学史里面需要加以考虑的一种外在的观点，而真正是表示了它的内在本性。哲学史里面的事实，和一切别的事实一样，仍继续保持在它们的结果里，但却各在一种特定的方式下产生它们的结果。——这些就是我们在这里需要加以详细讨论的。

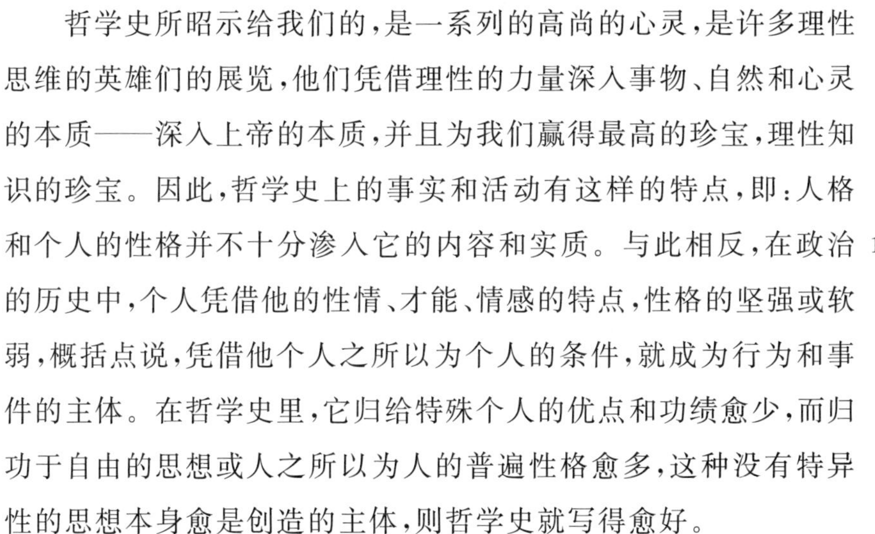

哲学史所昭示给我们的，是一系列的高尚的心灵，是许多理性思维的英雄们的展览，他们凭借理性的力量深入事物、自然和心灵的本质——深入上帝的本质，并且为我们赢得最高的珍宝，理性知识的珍宝。因此，哲学史上的事实和活动有这样的特点，即：人格
和个人的性格并不十分渗入它的内容和实质。与此相反，在政治 12
的历史中，个人凭借他的性情、才能、情感的特点，性格的坚强或软弱，概括点说，凭借他个人之所以为个人的条件，就成为行为和事件的主体。在哲学史里，它归给特殊个人的优点和功绩愈少，而归功于自由的思想或人之所以为人的普遍性格愈多，这种没有特异性的思想本身愈是创造的主体，则哲学史就写得愈好。

这些思想的活动，最初表现为历史的事实，过去的东西，并且好像是在我们的现实以外。但事实上，我们之所以是我们，乃是由于我们有历史，或者说得更确切些，正如在思想史的领域里，过去的东西只是一方面，所以构成我们现在的，那个有共同性和永久性的成分，与我们的历史性也是不可分离地结合着的。我们在现世界所具有的自觉的理性，并不是一下子得来的，也不只是从现在的基础上生长起来的，而是本质上原来就具有的一种遗产，确切点说，乃是一种工作的成果，——人类所有过去各时代工作的成果。一如外在生活的技术、技巧与发明的积累，社会团结和政治生活的组织与习惯，乃是思想、发明、需要、困难、不幸、聪明、意志的成果，和过去历史上走在我们前面的先驱者所创获的成果，所以同样在科学里，特别在哲学里，我们必须感谢过去的传统，这传统有如赫
13 尔德[①]所说，通过一切变化的因而过去了的东西，结成一条神圣的链子，把前代的创获给我们保存下来，并传给我们。

但这种传统并不仅仅是一个管家婆，只是把她所接受过来的忠实地保存着，然后毫不改变地保持着并传给后代。它也不像自然的过程那样，在它的形态和形式的无限变化与活动里，仍然永远保持其原始的规律，没有进步。这种传统并不是一尊不动的石像，而是生命洋溢的，有如一道洪流，离开它的源头愈远，它就膨胀得愈大。

这个传统的内容是精神的世界所产生出来的，而这普遍的精神并不是老站着不动的。但我们这里所须研究的，主要的也正是

① “论哲学与历史”，载“赫尔德全集”，第五部，第一八四——一八六页。（一八二八年施图加特和图宾根版）

这普遍的精神。在个别的国家里，确乎有这样的情形，即：它的文化、艺术、科学，简言之，它的整个理智的活动是停滞不进的；譬如中国人也许就是这样，他们两千年以前在各方面就已达到和现在一样的水平。但世界精神并不沉陷在这种没有进展的静止中。单就它的本质看来，它就不是静止的。它的生命就是活动。它的活动以一个现成的材料为前提，它针对着这材料而活动，并且它并不仅是增加一些琐碎的材料，而主要的是予以加工和改造。所以每一世代对科学和对精神方面的创造所产生的成绩，都是全部过去的世代所积累起来的遗产——一个神圣的庙宇，在这里面，人类的各民族带着感谢的心情，很乐意地把曾经增进他们生活的东西，和他们在自然和心灵的深处所赢得的东西保存起来。接受这份遗 14
产，同时就是掌握这份遗产。它就构成了每个下一代的灵魂，亦即构成下一代习以为常的实质、原则、成见和财产。同时这样接受来的传统，复被降为一种现成的材料，由精神加以转化。那接受过来的遗产就这样地改变了，而且那经过加工的材料因而就更为丰富，同时也就保存下来了。

这是我们时代的使命和工作，同样也是每一个时代的使命和工作：对于已有的科学加以把握，使它成为我们自己所有，然后进一步予以发展，并提高到一个更高的水平。当我们去吸收它，并使它成为我们所有时，我们就使它有了某种不同于它从前所有的特性。在这种吸收转化的过程里，我们假定一个已有的精神世界，并把它转变成为我们自己的一部分，因此足见：我们的哲学，只有在本质上与前此的哲学有了联系，才能够有其存在，而且必然地从前此的哲学产生出来。因此，哲学史的过程并不昭示给我们外在于

我们的事物的生成（Werden），而乃是昭示我们自身的生成和我们的知识或科学的生成。

对于哲学史的任务所存在着的一些观念和问题的说明与解答，皆依赖于刚才所提示的这种关系的性质。明了这种关系，同时就足以更确切地说明这样一个主观目的，即通过哲学史的研究以便引导我们了解哲学的本身。明了这种关系，更可以给我们以处理哲学史的一些原则，因此对于这种关系的更详细的讨论，就是本篇导言的主要目的。当然我们必须对于哲学的目的有一个概念，因为这是很基本的。像前面所提到的那样，这里尚不能对这个概念加以科学的发挥：我们目前的讨论，目的不在于详细说明哲学概念的生成，而只在于提出一个初步的观念。

哲学的活动并不仅只是一个机械的运动，像我们所想象的太阳、月亮的运动那样，——只是一种在无阻碍的时空中的运动。而在哲学史里，我们所了解的运动乃是自由思想的活动，它是思想世界理智世界如何兴起如何产生的历史。认为人之所以异于禽兽在于人能思想，乃是一个古老的看法，我们赞成这种看法。人之所以比禽兽高尚的地方，在于他有思想。由此看来，人的一切文化之所以是人的文化，乃是由于思想在里面活动并曾经活动。但是思想虽说是那样基本的、实质的和有实效的东西，它却具有多方面的活动。我们必须认为，唯有当思想不去追寻别的东西而只是以它自己——也就是最高尚的东西——为思考的对象时，即当它寻求并发现它自身时，那才是它的最优秀的活动。我们目前所研究的这种历史，就是思想自己发现自己的历史；而思想的情形是这样，即：它只能于产生自己的过程中发现自己；也可以说，只有当它发现它

自己时,它才存在并且才是真实的。这样的产物就是各种哲学系统。思想借以出发去发现它自己的这一系列的产生或发现,乃是一种有二千五百年历史的工作。

思想本质上既是思想,它就是自在自为和永恒的。凡是真的,只包含在思想里面,它并不仅今天或明天为真,而乃是超出一切时 16
间之外,即就它在时间之内来说,它也是永远真,无时不真的。然而思想的世界如何会有一个历史呢?在历史里所叙述的都是变化的、消逝了的,消失在过去之黑夜中,已经不复存在了的。但是真的、必然的思想——只有这才是我们这里所要研究的对象——是不能有变化的。这里所提出的问题,是我们首先想要加以考察的。其次,哲学之外还有很多重要的产物,这些产物也是思想的作品,但我们却必须排斥在我们的考察之外。这些作品就是宗教、政治史、法制、艺术与科学。问题是:这些作品如何区别于作为我们研究的对象的这种作品?同时也是:它们彼此间在历史中的关系是怎样?就这两个观点而论,为了使得我们获得一个正确的出发点起见,指出我们这里所说的哲学史是什么意义,是对我们有益的。第三,在进入个别的事实以前,我们首先必须有一个一般的概观,不然,我们就会只见部分而不见全体,只见树木而不见森林,只见许多个别的哲学系统,而不见哲学本身。我们愿意知道个别哲学与普遍哲学的联系。我们要求,对于全体的性质和目的有一个概括的观念,庶几我们可以知道,我们所期待的是什么。犹如我们首先要对于一个地方的风景加以概观,如果我们只流连于这风景的个别地方,我们就会看不到它的全景。事实上个别部分之所以有其优良的价值,即由于它们对全体的关系。这种情形在哲学里更

是如此:在哲学史里也是如此。在历史里面,一般原则性的建立,
17 比起在个别科学部门里面,好像没有那样的需要。因为历史最初好像只是一系列的偶然事变之相续。每一事实孤立着在那里,只有依时间才表示出它们的联系。但是,即使在政治史里面,我们对于这种外在联系,也就感觉到不满。我们要知道并预见它们的必然联系,在这种联系里,个别的事实取得它们对于一个目的或目标的特殊地位和关系,并因而获得它们的意义。因为历史里面有意义的成分,就是对“普遍”的关系和联系。看见了这个“普遍”,也就是认识了它的意义。

所以在这个导言里,我只想对下列几点加以讨论:

第一,将考察哲学史的性质:它的意义、概念和目的,从这里面就可以推究出如何处理哲学史。我们将要特别借此对于哲学史同哲学这门科学本身的关系有所认识,这将是最有兴趣的一点。这就是说,哲学史将不只是表示它内容的外在的偶然的事实,而乃是昭示这内容——那看来好像只属于历史的内容——本身就属于哲学这门科学。换言之,哲学史的本身就是科学的,因而本质上它就是哲学这门科学。

第二,哲学的概念必须加以严密规定,从哲学概念里,就可以规定各个民族精神文明的无限材料和诸多方面中什么是必须排斥于哲学史之外的。例如宗教与宗教中所包含的思想和关于宗教的思想,特别是神话形式的宗教思想,由于它们的内容这样地接近哲
18 学,又如别的科学(如关于国家、义务、法律的思想),由于它们的形式,也这样地接近哲学,以致哲学的历史显得似乎完全没有确定的范围。也许有人会以为,哲学史对于所有这些思想都必须加以考

虑；——人们不是把任何东西都称为哲学和哲学思想了吗？一方面必须详细考察哲学和与它相关的领域，如宗教、艺术和别的科学以及政治史的密切联系，另一方面当哲学的领域已予以明确的规定时，我们就达到了什么是哲学的定义，和什么属于哲学的范围，这也就是**哲学史的起始点**，这个起始点必须与宗教观念和有思想意味的预感的起始区别开来。

从对象的概念本身（这概念已包含在上面两个观点之内），就会引导我们到**第三点**，即对于哲学史的概观，并将这种历史发展的过程，区分为若干必然的时期——这种区分将哲学史认作一个有机的进展的全体，一个理性的联系，唯有这样，哲学史才会达到科学的尊严。〔哲学是理性的知识，它的发展史本身应当是合理的，哲学史本身就应当是哲学的。〕[①]这里我将不多费篇幅去考虑哲学史的用途和处理哲学史的其他方法。它的用途是很显明的。最后我愿意讲一下哲学史的**史料来源**，因为这是惯例。

*　　*　　*

甲、哲学史的概念 19

一提到哲学史，我们首先就会想到，这个对象本身就包含着一个内在的矛盾。因为哲学的目的在于认识那不变的、永恒的、自在自为的。它的目的是真理。但是历史所讲述的，乃是在一个时代存在，而到另一时代就消逝了，就为别的东西所代替了的事物。如果我们以“真理是永恒的”为出发点，则真理就不会落到变化无常

① 据荷夫麦斯特本，第二十四页增补。——译者

的范围，也就不会有历史。但是如果哲学有一个历史，而且这历史只是一系列过去了的知识形态的陈述，那么在这历史里就不能够发现真理，因为真理并不是消逝了的东西。

我们可以说："这种一般的论证，将不仅适用于别的科学，也同样适用于基督教"，同时也会发现一个与此相矛盾的说法，认为"基督教史和别的科学的历史是应该有的，但进一步去研究这种论证却是多余的，因为这种论证业已被这些历史的存在直接推翻了"。为了对这种矛盾的意义加以较细密的考察，我们必须分别开一种宗教或一门科学的外在命运的历史与这种对象自身的历史。所以我们必须考虑到：哲学史由于它的题材的特殊性质，是与别种科学的历史不同的。我们立刻就可以明白看到，刚才所提到的这种矛盾，不能涉及外在的历史，而只能涉及内在的亦即内容自身的历
20 史。譬如基督教便有它的传播史或它的信徒之命运的历史；因为它曾经把它的存在建筑在教会上面，而教会本身便是这一类的外在的存在，这种外在存在与多样的时间性的事物相接触，有了多样不同的命运，所以本质上具有一个历史。即就基督教教义本身而论，它诚然还是具有它的历史，但是它必然地不久便达到它的充分发展，而获得它的确定的解释。这种旧的信条，曾经被每个时代承认为权威，而且现在仍然将会被承认为不变的真理，——虽说这种承认只是虚假的，这些信条的文字只是口头上的空虚的公式。但是，基督教教义的历史，就广义来说，只包含着两方面：一方面是对于那原来的固定真理的多样性的附加和歪曲，另一方面是对于这些错误的斗争，和把所遗留下来的原则从附加的成分中净化出来，并回复到原来的单纯信条。

像宗教所有的这种外在历史，别的科学，包括哲学在内，也是有的。哲学有它的起源、传布、成熟、衰落、复兴的历史，它的教师、推进者和反对者的历史——这历史常常又与宗教、有时又与政治有外在关系。哲学这一方面的历史，同时引起了一些很有趣味的问题。譬如，有人问：哲学既是关于绝对真理的学说，为什么大体上它只是启示给少数的个人，给特殊的民族，并且只限于特殊的时代呢？同样，就基督教看来，——在这里面，真理比它在哲学的形式内表现得更为普遍，——我们曾遇着一个困难问题：这个宗教在时间上出现得这样晚，并且那样久甚至到现在还仍然只限于一些 21

特殊的民族里，——这里面是不是包含一种矛盾呢？但这一类的问题是属于更特殊的细节的问题，而不仅属于刚才所提到的那个较一般的冲突。只有等到我们进一步讨论哲学知识的特有性质时，我们才可以更进而讨论关于哲学的外在存在和外在历史这一方面的问题。

但是我们试把宗教史和哲学史的内在内容比较一下，便可以知道，在哲学里并不像在宗教里那样，自始就承认一个固定的基本的真理作为内容，这真理由于是不变的，因而就是独立于历史之外的。基督教的内容就是真理，它本身是保持不变的，因此它就没有或者等于没有历史。[①] 因此在宗教里面，由于基督教的基本性质，刚才所提到的那种冲突是没有的。后人的附加和错误，并没有引起什么困难。因为它们是变化无常的，而且性质完全是历史性的。

① 参看马海内克：“基督教的信仰和生活”，一八二三年柏林版，第一三三——一三四节。

别的科学，依内容而论，诚然也有历史。这历史诚然也有一部分是关于内容的改变和前此所公认为有效准的原则的放弃，但另一部分，也许是它的内容的较大部分，则是关于有永久性的成分；而新兴的成分并不是从前所赢得的原则的改变，而只是对于固有的原则的增加或补充。这些科学通过一种增补过程而进步。诚然，植物学、矿物学之类的进步有许多地方是基于校正前此的成
22 就，但绝大部分是保持原状的，这些科学只是由于新材料的增加而丰富其自身，却没有引起内在的变化。像数学这种科学，它的历史在内容方面大体上只是一种记载或列举新贡献的愉快工作而已。例如初等几何学自欧几里得创立以来，可以说是没有历史。

相反地，哲学的历史所昭示的，既不是毫无增加的简单内容的停滞不前，也不只是新的珍宝平静地增加到已有的基础上面的过程；因而有人会以为哲学史所提供给我们的，颇像是一些不断地全部更新和变化的戏剧，而这些变化最后又不复有一个单纯的目的作为共同的联系。在这样的哲学史里抽象对象本身、理性知识既消失不见，则这个科学的建筑最后必成为空的架子，徒然分享着哲学的虚名和伪号罢了。

一　关于哲学史的普通观念

说到这里，立刻就会发生关于哲学史的普通肤浅的观念，必须提出来谈一谈并予以纠正。关于这些很流行的看法，诸位无疑地是很熟知的，——因为事实上这些看法乃是当人们最初对于哲学史加以粗率的思想时，就会浮现在头脑里的最直接的想法，——我将要简单地说明那需要说明的，而对于哲学派别之分歧的说明，将

会更进一步引导我们到哲学的实质本身。

(一)哲学史作为分歧意见之堆积

历史初看起来似乎只应该叙述各个时代、民族和个人的偶然 23
事件，——这些事件是偶然的，一部分是就时间的次序来说，而一部分是就它们的内容来说。关于时间次序的偶然性，将在以后讨论。现在我们首先要讨论的乃是关于内容的偶然性的观念，亦即关于偶然的行为的观念。但是，哲学所有的内容不是行为，也不是外在的快乐和悲痛的事情，而是思想。偶然的思想不是别的，只是意见，而哲学意见也就是关于较为特殊的内容和哲学特有的对象的意见，——关于上帝、自然和精神的意见。

所以我们就常碰到对于哲学史的很普通的看法，认为它应当是对于一大堆在时间中产生和表现出来的哲学意见的罗列和陈述。像这类的材料，我们客气一点可以称之为意见；而在那些自信可以下比较彻底的判断的人，也许会干脆叫这种哲学史为无意识的东西的展览，或者至少是单纯沉溺在思想和概念中的人们所犯的许多错误的展览。这种说法我们不只是在那些自己承认不懂哲学的人那里可以听到(他们自己承认不懂哲学，因为在一般人看来对于哲学的无知并不妨害他们对哲学随便下判断；正相反，他们每个人都自信能够对哲学的价值和性质下判断，虽说他们对于哲学毫无所知)；而且从那些自己在写哲学史和曾经写过哲学史的人那里也同样可以听到。哲学史照这样说来，既是各式各样的意见的罗列，那么，它将变成一个无聊的好奇的东西，或者我们也可以说只是一种博学的兴趣。因为所谓博学，主要地只是知道一大堆无

24 用的东西，这就是说，除了对那些无用的东西具有一些知识之外，本身没有任何别的内在意义和价值。

然而有人却以为像这样学习别人的不同意见和思想也是有用的：有刺激思维能力、引起许多好的思想的好处，这就是说，有可以引起另一些意见的好处，于是哲学史这门学问的功用，就在于从一些意见引起另一些意见。

如果哲学史只是一些意见的展览——即使是关于上帝或关于自然事物和精神事物的本质的意见——，则它将是一种多余的无聊的学问，无论我们从这类的博学和思想活动里能够得到多少益处。还有什么东西能够比学习一系列的单纯意见更为无用吗？还有什么东西比这更为无聊吗？有许多著作就是这样意义下的哲学史，它们把哲学的理念只是当作意见一样来罗列、来处理，对于这些东西我们只须随便翻阅一下，就可以发现其中的一切是如何地空疏无聊，缺乏兴味。

一个意见是一个主观的观念，一个任意的思想，一个想象，我可以这样想，别人可以那样想；——一个意见是我私有的，它本身不是一个有普遍性的自在自为地存在着的思想。但哲学是不包含意见的，——所谓哲学的意见是没有的。一个人即使他本人是个哲学史的作家，当他说哲学的意见时，我们立刻就可以看得出，他缺乏对于哲学的基本修养。哲学是关于真理的客观科学，是对于真理之必然性的科学，是概念式的认识；它不是意见，也不是意见的产物。

25 对于哲学史的这种看法，还有一个特有的意义，即：我们所知道的只是一些意见。着重点是在意见上面。与意见正相反对的是真理。在真理面前，一切意见都褪色了。但是，只在哲学史里面去寻求意见或以为在哲学史里面只能发现意见的人们，对于真理这个字是会掉头不顾的。哲学在这里曾经受到从两方面来的反对。一方面，如所熟知，注重虔诚信仰的人会公开宣称，理性或思维不能够认识真理：正相反，理性只会引导到怀疑的深渊，于是我们必须放弃理性和独立思想，必须使理性和思想屈服于盲目信仰的权威之下，才能达到真理。关于哲学和哲学史与宗教间的关系，下面还要讨论。另一方面，也是人所熟知的，所谓“理性”又只图坚持其自身的效准，否认信仰的权威，努力使基督教合理化；所以它认为要承认任何东西，只有完全信赖个人自己的见解和个人的信念。但这种对于理性的权利的肯定，却得出这样令人惊异的结果：理性不能认识真理。这种所谓理性，一方面用思维理性的名义和力量向宗教信仰斗争，而同时它也同样转而反对理性，是理性的敌人。它坚持本能和情感以反对理性，因而就把主观的东西当作真理的标准，——像每个人纯从主观出发任意独断所形成的个人信念那样。这类的个人信念不是别的，而只是一种意见，不过这种意见却被当作人们的至高无上的标准罢了。

如果我们从首先碰到的观念开始，则不得不提一下对于哲学 26
史的这种见解。这种见解浸透了一般文化生活的信念，同时也是我们时代的成见，是人们借以彼此互相了解互相认识的基本原则，——是一个被认为确定无疑的，作为一切其他科学研究的基础的前提。这一基本原则也就是时代的真正的标志。在神学里，教会的教条并不怎么代表基督教的教养，而是每一个人依照他自己的信念，或多或少地有他自己的基督教教义，而另一个人则依照他另一个信念也有他另一种基督教教义。我们常常看见，在历史上神学被迫使去寻求各种不同的意见，以便引起对于神学的兴趣。而最初的结果之一，就是尊崇所有一切的信念，把它们认作只是每一个人必须自己解决的问题，——它的目的当然不在认识真理。

个人的信念，事实上就是理性或理性的哲学从主观性出发在知识方面所要求的最后的、绝对本质的东西。但是，我们必须区别开：什么是基于感情、愿望和直观等主观的根据，一般地说，即基于主体之特殊性的信念，与什么是基于思想的信念，即由于洞见事物的概念和性质而产生的思想的信念。前一种形态的信念，只是意见。

意见与真理的对立，像这里所明确划分的，即在苏格拉底和柏拉图时代（希腊生活之堕落的时代）的文化生活里，我们已经可以看到，——柏拉图曾经把意见（δόξα）和知识（ἐπιστήμη）对立起来。同样的对立，我们在奥古斯都和其后的罗马社会政治生活衰落的
27 时代里也可以看到。在这时，伊壁鸠鲁学派以传播一种无所谓的态度来反对哲学。当基督说："我是来到世间为真理作见证的。"彼拉多以蔑视真理的态度答道："真理是什么东西？"[①]这话是说得很高傲的，意思是说："真理这个观念已经是一个口头禅，我们已经对它很厌烦了。我们已经看穿了它是什么东西，现在已经说不上认识真理了。我们已经超出它了。"谁说这样的话，才真可算是"超出真理"——被摒于真理之外了。

① 见新约"约翰福音"，第十八章，第三十七、三十八节。——译者

如果一个人从这种观点出发来研究哲学史，则它的全部意义只在于知道别人的特殊意见，而每一个意见又不同于另一意见。但这些个别的特殊的意见，对于我是生疏外在的，在这里面，我的思维理性是不自由的，也是没有活动于其中的：它们对于我只是一堆外在的僵死的历史材料，一堆本身空疏的内容。只有自己主观空疏的人，才会满足于这些空疏的东西。

对于天真淳朴的人，真理永远是一个伟大的名词，可以激动他的心灵。对于认为真理不可知的说法，我们在哲学史里适当的地方还要加以详细的考察，现在只消提一句：如果我们承认真理不可知这个前提，像邓尼曼那样，那真是无法了解，为什么我们还要耗费精神来研究哲学。因为每一个意见都错误地自诩为具有真理。这就立即令我回忆起一个旧的信念：真理是在知识里，但我们只有在反省时，不是在走来走去时，才能认识真理；真理既不能在直接的知觉、直观里，亦不能在外在的感觉直观或理智的直观里（因为每一个直观作为直观，就是感性的）被认识，而只能通过思维的劳作才能被认识。

（二）通过哲学史本身去证明哲学知识的无用 28

上面这种对于哲学史的看法，从另一方面看来也可以有另一种结果，这结果，如果我们愿意，也可以把它看作或者有害，或者有利。我们看见如此分歧的意见和如此繁多的哲学系统，于是就感觉到一种困惑，不知道应该接受哪一个。我们知道，许多伟大的人物都曾对于那些足以令人向往——而哲学也声言要将关于它们的知识给予人们——的伟大事物，犯过错误，因而他们都曾遭受过别人的反对。“既然这样伟大的人物都曾走错了路，像我这样一个个人物，如何能够去下决定性的判断呢？”从哲学系统之分歧里面推出来的这个结论，就是我们认为有害的一方面，但同时也有一种主观的用处。因为这种分歧通常被许多人用作遁词，——这些人装出很内行的样子，表示他们对于哲学很有兴趣——来掩饰他们对于哲学的忽视，即他们虽然好像是抱着一番善意，并且也承认有努力研究这门学问的必要，但事实上他们却完全忽视了这门学问。然而哲学系统的分歧，却远不只是一种被这些人用作忽视哲学的借口。它还更可以被当作一种严肃的真实的论据，用来反对从事哲学研究所需的热忱，——用来作为忽略哲学的理由，并作为一个无可辩驳的例证，以表明努力达到对于真理的哲学认识，是徒劳无益之事。但假如我们承认，哲学应当是一种真正的科学，而且真的哲学只有一个，于是就发生了这个问题：哪一个哲学是真的哲学？
29 我们如何可以认识这个真的哲学？既然每一个哲学自认为真的哲学，既然每一个哲学各自提出一些不同的标志和标准，作为认识真理的指针；——那么，一个头脑清醒的人于下判断时必会徘徊迟疑。

这一点，据说就是哲学史可以提供的进一步的意义。西塞罗（“谕神的性质”第一章第十节以下）曾经杂乱地列举出关于上帝的许多哲学思想的历史。他假借一个伊壁鸠鲁派的学者的口气来说话，但他自认他不知道有比那更好的说法，所以那就代表他自己的见解。那个伊壁鸠鲁派的学者说，我们尚没有达到确定的知识。对于哲学努力之为无用的证明，可以直接从这种对于哲学史通常的肤浅看法引申出来：即认为哲学史的结果所昭示的，不过只是分歧的思想、多样的哲学的发生过程，这些思想和哲学彼此互相反对、互相矛盾、互相推翻。这个不可否认的事实，似乎包含有可以把耶稣基督下面的一句话应用到哲学上面来的理由和必要："让那死了的人去埋葬他们的死人；跟着我来。"[①]全部哲学史这样就成了一个战场，堆满着死人的骨骼。它是一个死人的王国，这王国不仅充满着肉体死亡了的个人，而且充满着已经推翻了的和精神上死亡了的系统，在这里面，每一个杀死了另一个，并且埋葬了另一个。这里不是"跟着我走"，按照这里的意思倒必须说，"跟着自己走"。这就是说，坚持你自己的信念，不要改变你自己的意见。何必采纳别人的意见呢？

这样的情形当然就发生了：一种新的哲学出现了。这哲学断言所有别的哲学都是毫无价值的。诚然，每一个哲学出现时，都自诩为：有了它，前此的一切哲学不仅是被驳倒了，而且它们的缺点也被补救了，正确的哲学最后被发现了。但根据以前的许多经验，倒足以表明新约里的另一些话同样地可以用来说这样的哲学，——使徒彼得对安那尼亚说："看吧！将要抬你出去的人的脚， 30
已经站在门口。"[②]且看那要驳倒你并且代替你的哲学也不会很久不来，正如它对于其他的哲学也并不曾很久不去一样。

（三）关于哲学之分歧的解释

无疑地，现在有着并且曾经有过许多不同的哲学，乃是一个有

① 见新约"路加福音"，第九章，第五十九、六十节。——译者

② 见新约"使徒行传"，第五章，第九节。——译者

充分根据的事实。但真理只有一个，——这乃是理性的本能所具有的根深蒂固的直觉和信念。于是有人便因此推论说：“只能有一个哲学是真的，但由于有如此之多不同的哲学，所以其余的哲学都只能是错误的。但每一种哲学都确信、保证并证明它自身是那唯一的真的哲学。”这是通常的形式推论，而且从冷静思想看来，好像也是正确的见解。至于谈到思想之冷静——这个好听的名词，从日常的经验我们就可以知道冷静这个名词的意义，即当我们是冷静或空乏时，我们立刻或不久就会感觉饥饿。（译者按：“冷静的”——德文原作 nüchtern，此字有指饥饿时腹中枵然或空乏之意，复有冷静、空疏、抽象、枯燥的意思。黑格尔此处兼用这两层意义。）但冷静的思想却有一种本领和技巧，可以不让自己由于冷静或空乏而变成饥饿和渴求，而能使自己感到满足并安于满足。因此，用这种字眼所表示的这种思想，就是那僵死的抽象理智；因为只有僵死的东西才是冷静的，并且同时才是满足的、安于满足的。但无论物质生活或精神生活皆不会停留在满足于冷静或空疏中，而乃是一种冲力，它是饥渴地追求真理，追求对真理的知识，迫切要求对这种求真和求知的冲力的满足，它绝不会对这样的抽象思想加以饱餐并感到满足的。

但是，对于上面这种思想，有一点尚需更确切地说明一下，即无论哲学派别是如何地分歧，却至少有一个共同点，即它们同是哲
31 学。所以，如果任何人研究过或熟悉过任何一种哲学（只要它在任何意义下是一种哲学），则他就可以说是具有“哲学”。那提出一些抽象的论证或借口、一味坚持哲学的分歧性的人，由于他厌恶或害怕特殊性，不知道特殊性也包含普遍性在内，他是不愿意理解或承

认这普遍性的，——在别的地方[①]我曾经把他比做一个患病的学究，医生劝他吃水果，于是有人把樱桃或杏子或葡萄放在他前面，但他由于抽象理智的学究气，却不伸手去拿，因为摆在他面前的，只是一个一个的樱桃、杏子或葡萄，而不是水果。

但重要的是对于哲学系统之分歧性的意义，去进一步获得一个更深刻的见解。对于真理和哲学的性质，加以哲学的理解，这样我们就可以认识到，这种哲学系统的分歧，绝不意味着真理与错误是抽象地对立着的。说明这点，就会使我们明了全部哲学史的意义。

我们必须讲明白：哲学系统的分歧和多样性，不仅对哲学本身或哲学的可能性没有妨碍，而且对于哲学这门科学的存在，在过去和现在都是绝对必要的，并且是本质的。

由于这番讨论，就可以帮助我们认识，哲学的目的即在于用思维和概念去把握真理，并不是去发现没有东西可以被认识，也不是去发现我们不能认识真正的真理，而只能认识暂时的、有限的真理
(这就是说，一种真理同时又是不真的真理)。此外并可以帮助我 32
们认识，在哲学史里我们所研究的就是哲学本身。

我们可以在这里把重要之点单用“发展”这一概念来加以概括。如果我们明白了发展的意义，则所有其余部分都自会产生并引申出来。哲学史的事实并不是一些冒险的行为，一如世界的历史并不只是一些浪漫的活动，换言之，它们并不只是一些偶然的事实，迷途骑士漫游事迹之聚集：这些骑士各自为战，作无目的的挣

① “哲学全书”，第十三节附释(三联书店版中译本“小逻辑”，第六十七页)。

扎，在他们的一切努力里，看不出任何效果。哲学史同样也不是在这里异想天开地想出一个东西，在那里又主观任性地想出另一个东西，而是在思维精神的运动里有本质上的联系的。精神的进展是合乎理性的。我们必须本着对于世界精神这样的信心去从事历史，特别是哲学史的研究。

二　关于哲学史的定义的解释

上面所提到的“真理只有一个”那句话，还是很抽象很形式的。在较深的意义下，这话就是我们的出发点。哲学的目的就在于认识这唯一的真理，而同时把它当作源泉，一切其他事物，自然的一切规律，生活和意识的一切现象，都只是从这源泉里面流出，它们只是它的反映，——或者把所有这些规律和现象，依照着表面上似乎相反的路线，引回到那唯一的源泉，但为的是根据它来把握它们，这就是说，认识它们是从它派生出来的。所以，最要紧的倒是要去认识那唯一的真理并不只是一个单纯的、空虚的思想，而乃是一个自身规定的思想。

33 要得到这种知识，我们必须进入一些抽象的概念，这些概念是异常概括和枯燥的：这就是“发展”和“具体”这两个原则。思维的产物一般地就是思想；但思想是形式的，思想更进一步加以规定就成为概念，而理念就是思想的全体——一个自在自为的范畴。因此，理念也就是真理，并且唯有理念才是真理。本质上，理念的本性就在于发展它自身，并且唯有通过发展才能把握它自身，才能成为理念。

(一)发展的概念

发展是一个熟知的观念。但哲学的特点,就在于研究一般人平时所自以为很熟悉的东西。一般人在日常生活中,不知不觉间曾经运用并应用来帮助他生活的东西,恰好就是他所不真知的,如果他没有哲学的修养的话。对于这个概念的进一步讨论,属于逻辑学的范围。说理念是发展的,并且说它首先必须使它自己成为它自身,从理智看来,似乎是一个矛盾,但哲学的本质正在于消除理智的对立。①

为了理解发展的意义,我们必须分别开两种不同的情况。第一,就是大家所知道的潜能、能力或我所谓的"潜在"(Ansichsein,拉丁文作 potentia,希腊文作 δύναμις)。发展的第二个意义,就是"自为自在",亦即真在或"实在"(Fürsichsein,拉丁文作 actus,希腊文作ἐνέργεια)。我们说:人是有理性的,人的本性具有理性;是指人之理性,只是在潜能里、在胚胎里。在这个意义下,人一生下来,甚至在娘胎中,就具有理性、理智、想象、意志。小孩也是一个人,但是他只有理性的能力,只有理性的真实可能性;他有理性简直和无理性几乎没有什么差别,理性还没有存在在他里面,因为他还不能够做理性的事情,也还没有理性的意识。首先由于人是由自在(即潜在——译者)而成为自为(即实在——译者),因此,也就
成为自为的理性。所以人如果从任何一方面看来具有实在性,就 34

① 这句话米希勒本意思不全,兹据荷夫麦斯特本第一〇一页译出。这里所谓"理念首先必须使它自己成为它自身",意指理念必须实现其自身的意思。——译者

是说，他真实地具有理性，这样他就是为理性而存在。

这究竟是什么意义呢？凡是自在的东西必定要成为人的对象，必定要进入人的意识，因而成为“为人”的存在。一个东西是人的对象，这就等于说它是人的潜在性；所以人由于有了对象，他才由自在成为自为，这样他就双重化了，他就保持着他自身，而没有变成另外一个东西。人是能思维的，他就思维着思想。在思维里，只有思想才是对象；同样，理性产生合理的东西，理性也就是理性的对象。（思想也可以堕入非理性，这还须进一步去考察。）一个自在的有理性的人，当他成为自为地有理性时，好像只是依然保持着他固有的潜在理性，并没有什么增加。但是这区别却非常大，虽说没有出现新的内容，但由自在而取得自为的形式，却有一个非常大的区别。世界历史的整个区别都建筑在这个区别上面。所有的人都是有理性的，由于具有理性，所以就形式方面说，人是自由的，自由是人的本性。然而，在许多民族里，曾经有过奴隶制度，甚至现在还有部分存在；而且这些民族还自安于这种制度。非洲人、亚洲人与希腊人、罗马人及近代人之间，唯一的区别只在于后者意识到他们是自由的，而前者虽说潜在地也一样是自由的，但他们却没有意识到，因而他们就不是自由地生存着。这一点便构成他们生活情况的重大区别。一切知识、学问、科学甚至于行为，除了把内在的潜在的性能加以发挥，并使它客观化其自身以外，就没有别的目的了。

潜在变成存在，是一个变化的过程，在这变化的过程里，它仍保持为同一物。它的潜在性支配着全部过程。譬如，植物并不消失其自身于单纯无规范的变化里。植物的种子也是如此。在种子

里，最初什么也看不出来。种子有发展它自身的冲力，它不能忍受 35
只处于自在的情况。这冲力就是这样的矛盾：即它只是自在的而又不应只是自在的。这冲力发挥其自身为存在。它可以产生出许多东西，但是这一切都早已潜伏在种子里，——当然尚未发展出来，而只是含蕴着并在抽象观念中。在完成这种发展过程之中，它趋向着一个目的。它的最高的外在化（即实现——译者）和先在的目的，就是果实，——这就是说，种子的长成或回复到最初的状况。种子要发展它自身，回复到它自身。它里面所含蕴的将要发挥出来，再回复到它所从出发的统一体。在自然事物里，情形诚然是这样的：一个东西借以开始的主体和构成结果的存在——果实和种子——两者都是个体。这种两重性似乎会引起分裂为两个个体的结果；但就内容说，它们是同一之物。同样，在动物的生活里，母与子是不同的个体，然而，它们的本性是同一的。

在精神里，情形便不同。它是意识，因此它是自由的，在它里面，开端与终结是结合着的。在自然里，当种子变化成另一物之后，又回复到它自身的统一。同样，在精神里，凡是潜在的，当发展成为**为**精神时，它也就成为自**为**了。水果和种子就不会发展成**为**最初的种子，但只是**为**我们；在精神里，自在和自为这两个阶段不只是本身同一的性质，而且是互为的存在，同时即是自为的存在。凡是**为**对方之物，即与对方是同一之物。唯有由于这样，精神才在它的对方里回复其自身。精神的发展是自身超出、自身分离，并且同时是自身回复的过程。

精神的这种内在性或自身回复，也可以说是它的最高的、绝对的目的。它所追求的只是这一点，没有别的。举凡一切在天上或 36

地上发生的——永恒地发生的，——上帝的生活以及一切在时间之内的事物，都只是力求精神认识其自身，使自己成为自己的对象，发现自己，达到自为，自己与自己相结合。精神自己二元化自己，自己乖离自己，但却是为了能够发现自己，为了能够回复自己。只有这才是自由；〔因为即使从外在的看法，我们也说：〕[①]自由乃是不依赖他物，〔不受外力压迫〕[②]，不牵连在他物里面。当精神回复到它自己时，它就达到了更自由的地步。只有在这里才有真正的自性，只有在这里才有真正的自信。只有在思想里，而不在任何别的东西里，精神才能达到这种自由。譬如在直观里，在感觉里，我发现我自己是被决定的而不是自由的，但只要我对于我的感觉有了意识，那么我便是自由的。在意志里，人有一定的目的、一定的兴趣，一方面我诚然是自由的，因为这是属于我的，但这种目的或兴趣总是包含有另一个东西，或者对于我说，是我的对方，如欲望，嗜好之类。只有在思想里，一切的外在性都透明了、消失了；精神在这里是绝对自由的。由此，理念和哲学的兴趣都同时表达出来了。

(二)具体的概念

关于发展，我们可以问：什么东西发展着？什么是它的绝对内容？人们总以为，发展只是一种形式的活动，没有内容。不过行为除了活动以外，没有别的性质，通过这种活动，那内容的普遍性格

① 据荷夫麦斯特本，第一一〇页增补。——译者

② 同上。

便被规定了。自在和自为(即潜在和实现——译者)就是活动的两个环节。行为就是包含这些不同的环节在内的活动。因此,行为本质上是一个整体,而整体就是具体的,不只行为是具体的,而且
潜在,那开始活动的主体,也是具体的,那活动的产物,一如活动和 37
开始活动,也同样是具体的。发展的过程亦即是内容、理念的本身。它是其一,也是其他,二者合一,构成其三。因为其一在其他里面乃是回复其自身,并非外在于其自身。

普通成见总以为:哲学只从事研究抽象的东西和空洞的共性,并以为直观我们经验的自我意识、我们的自我感觉、生活感觉,反而是属于自身具体的和自身决定的领域。其实哲学属于思想的领域,因而从事研究的是共性,它的内容是抽象的,但只是就形式、就表面说才如此,而理念自身本质上是具体的,是不同的规定之统一。就在这里,便可看出理性知识与单纯理智知识的区别;而哲学的任务与理智相反,是在于指出:真理、理念不是由空洞的普遍所构成的,而乃包含在一种普遍里,这种普遍自身就是特殊,自身就是有决定性的。如果真理是抽象的,则它就是不真的。健康的人类理性趋向于具体的东西。理智的反省才是抽象的理论,不是真的,只是在头脑里是正确的,而且没有实践性。哲学是最敌视抽象的,它引导我们回复到具体。

所以理念就内容而论,是自身具体的,也是**自在**的,而它的兴趣(即目的——译者)即在于由自在发展为**自为**。把自在和自为两个观念结合起来,我们就得到具体事物的运动。因为自在的自身已经是具体的,我们只是发挥出已经潜伏在那里的成分,所以新形式的增加,那现在好像是有分别的,只不过是从前包含在原始的统

一里面的。具体的必须变成自为的。它是自身分化的，——作
38 为潜在、可能性，它是尚未分化的，尚在原始的统一里（这种统一是与分化、殊异相矛盾的）；它是简单的，却是有区别的。具体的东西，这种内在的矛盾本身，就是促进发展的推动力。因而就产生了区别。但同样给予这区别应得的权利。它这权利就是扬弃它自身的区别，再回复到统一；它的真理唯有在统一里。这种统一就是生命，既是自然的生命，又是包含在理念、精神里面的生命。理念不是抽象的、不可言说的最高本质；这样的上帝是近代抽象理智的产物。理念是运动、过程，但里面也有静止；它也有区别，但这区别只是行将消失的，通过消除区别的过程才可达到充分的具体的统一。

我们可以举出一些感性事物为例，对于“具体”这概念作一较详的说明。花虽说具有多样的性质，如香、味、形状、颜色等，但它却是一个整体。在这一朵花里，这些性质中的任何一种都不可缺少，这朵花的每一个别部分，都具有整个花所有的特性。同样，金子在它每一小粒里，完整不可分地包含着它的一切特性。在感性事物里我们可以承认这些殊异的性质是凑合在一起，但在精神现象里，有区别的被认为是对立的。花的色和香虽然是相反的，却仍同在一个对象里，我们不把两者彼此对立起来，我们并不觉得这是矛盾或违反事实。但是理智和理智性的思想，却认为不同的东西摆在一起是不能容忍的。譬如物质是复合的，空间是连续不断的；但我们又可以把空间分成点。物质是联结着的，但人们也可以把
39 它加以分裂，并分割至无穷。于是，人们又说，物质既是原子和积点所构成，因此不是连续的。于是这里我们就有了连续性和

点积性两种特性的结合。但这两者理智却认为是不相容的，它以为“物质不是连续的，就是点积成的”。但事实上物质兼有两种特性。

或者我们说，人是有自由的，而他的另一特性却是必然。“如果精神是自由的，则它必不受必然性的支配。”反过来说：“它的意志、思想为必然性所决定，则它就是不自由的。”人们说“这两个性质是互相排斥的”。这里我们便认为这种区别，这种作为互相排斥的区别，是不能构成具体事物的。但是真理、精神是具体的，它的特性是自由和必然。所以较高的观点是：精神在它的必然性里是自由的，也只有在必然性里才可以寻得它的自由，一如它的必然性只是建筑在它的自由上面。但要说明精神的这种统一性，在这里较为困难。也有许多存在，片面地属于必然性；这就是自然事物。因此自然是抽象的，尚未达到真实的存在；——这倒并不是说抽象的东西根本不存在。譬如红色便是一个抽象的感性观念，当常识说到红色时，并不意味着它所指谓的是抽象物。但是一朵红色的玫瑰花，却是一种具体的红物，对这个具体的红物，我们是可以区别和孤立出许多抽象物的。同样，自由也可以是没有必然性的抽象自由。这种假自由就是任性，因而它就是真自由的反面，是不自觉地被束缚的、主观空想的自由，——仅仅是形式的自由。

发展的果实，那第三者，乃是运动的一个结果。就它只是一个阶段的结果而言，它是这个阶段的最后者，但同时它又是另一发展 40
阶段的出发点和最先者。所以歌德在某处曾经很正确地说过：“已受陶铸者自身不断地又将成为材料。”受了陶铸的材料有它的形式，它又成为另一个新形式的材料。精神向内反省，以自身为对

象，它的思维的方向因此便给它以形式和思想的范畴。精神据以反省的概念也就是它自身，它的形式，它的存在；它重新把它自己与它的概念范畴分离开，把这概念作为对象，重新加以思考。这样，这种思维活动更加陶铸了前此业已陶铸过的材料，予以更多的范畴，使它更确定更发挥更深邃。这种具体的运动，乃是一系列的发展，并非像一条直线抽象地向着无穷发展，必须认作像一个圆圈那样，乃是回复到自身的发展，这个圆圈又是许多圆圈所构成；而那整体乃是许多自己回复到自己的发展过程所构成的。

（三）哲学是认识具体事物发展的科学

既已一般地说明了具体的东西的性质，关于它的意义，现在我愿补充几句，即：那自身决定的真理有一种冲力去发展它自身。只有那有生命的和精神的事物，才有自身冲动，自身发展，所以作为自身具体、自身发展的理念，乃是一个有机的系统，一个全体，包含很多的阶段和环节在它自身内。

而哲学就是对于这种发展的认识，并且作为概念的思维，哲学就是这种思维的发展。这种发展愈增进，则哲学便愈完善。

41 再者，哲学的发展并不是向外追逐，失掉其自身于外界，而它之向外发展同样也是向内深入。这就是说，普遍的理念始终是内在的根本，是无所不包的和永恒不变的。

哲学理念之向外发展并不是一种变化，从一物变成他物，而同样是一种进入自身的向内深入，所以哲学的进步在于使前此的一般的、不明确的理念，更加自身明确。理念的较高发展与它的更大的明确性乃是同一意义。在这里，外延最广也就是内包最深。〔精神的内涵愈深，则它的外延亦愈广，因此它的领域也愈大。〕[1]发展意义的外延，并不是各自分散，彼此外在，而乃是一种结合，发展的外延愈广、内容愈丰富，则这种结合也就愈深而有力。

这就是关于理念的性质和它的发展的一些抽象的命题。高度发展的哲学便是这样的理念构成的；——哲学系统是一个理念的全体和它的一切部分之发挥，好像在一个有生命的个体里，一个生命、一个脉搏跳动贯穿着所有肢体一样。在理念中出现的一切的部分和所有这些部分的系统结合，均由此唯一理念产生。一切特殊部分都只是这唯一生命的反映和摹本。它们只有在理念的统一里，才得到它们的实在性，而它们的区别或不同的特性，也只是理念的表现和包含在理念里的形式。所以理念是中心，同时也是边缘，是光明的泉源，在它的一切向外发展里并不走出它自身，而只是内在并现在于它自身。所以理念是必然性和它自身的必然性的系统，而理念的这种必然性同样又是它的自由。

三　哲学史的概念所产生的后果 42

由此可见，哲学是在发展中的系统，哲学史也是在发展中的系统；这就是哲学史的研究所须阐明的主要之点或基本概念。

要说明这点，首先必须指出理念在表现的方式上可以发生的差异。在思想的进展里，不同阶段的出现，可以具有必然性的意识，每一继起阶段的派生及其所以仅具**这种**特性和形式，皆依此必然性而出；或者也可以没有必然性的意识，而只是采取一种自然

[1] 据米希勒本，第二版，英译本增补。——译者

的、好像是偶然出现的方式，在这种方式下，概念诚然仍内在地依规律产生效果，但这种规律却没有被明白表现出来：像在自然里，枝、叶、花、果的发展阶段，皆各自出现，而内在理念才是这种依次开展的过程之主导的决定的力量；又如儿童的体力，特别是他的精神活动依次出现，那样单纯而且自然，所以有些做父母的人，初次得着这种经验，会异常惊异，不知道这些原来内在而现在发展出来的能力是从哪里来的，因为这些现象的整个系列只是采取在时间中相续的形式。

揭示出理念发展的一种方式，亦即揭示出理念各种形态的推演和各种范畴在思想中的、被认识了的必然性，这就是哲学自身的课题和任务。但因为在哲学里所涉及的乃是纯粹理念，尚不是理念特殊化的形态——自然和精神，所以对于这些进展过程的发挥，

43 主要地乃是逻辑哲学的课题和任务。然而理念发展的另一种方式，亦即理念的不同阶段和不同发展环节之出现在时间中，在变化的形态中，在某些特殊的地域中，在这个或那个民族里，在某些政治环境里，或在由政治环境而引起的错综复杂的关系里，——简言之，出现在经验的形式内——这就是哲学史所要揭示给我们的一幕一幕的戏剧。这种观点才是唯一配得上这门科学的观点。由于这门科学的性质，即可证明这观点本身就是真的，通过哲学史的研究，即可实际地表明这个观点的正确。

根据这种观点，我认为：历史上的那些哲学系统的次序，与理念里的那些概念规定的逻辑推演的次序是相同的。我认为：如果我们能够对哲学史里面出现的各个系统的基本概念，完全剥掉它们的外在形态和特殊应用，我们就可以得到理念自身发展的各个

不同的阶段的逻辑概念了。反之，如果掌握了逻辑的进程，我们亦可从它里面的各主要环节得到历史现象的进程。不过我们当然必须善于从历史形态所包含的内容里去认识这些纯粹概念。〔也许有人会以为，哲学在理念里发展的阶段与在时间里发展的阶段，其次序应该是不相同的；但大体上两者的次序是同一的。〕[①]此外一方面是历史里面的时间次序，另一方面是概念发展的次序，两者当然是有区别的。但是现在要充分地说明此点，就会离开我们的目的太远了。

我只须指出从上面所说的，即已昭示哲学史的研究就是哲学本身的研究，不会是别的。一个人研究物理学、数学的历史，当然 44
也就是熟悉了物理学、数学本身。但是为了从哲学出现在历史上时所取的经验的形态和外在形式里，去认识哲学的发展乃是理念的发展，我们必须具有理念的知识，犹如当我们判断人的行为是否正当和适宜时，我们必须具有“正当”和“适宜”的概念〔作为标准〕一样。不然，就像我们所看见的许多哲学史一样，只是把一堆毫无秩序的意见罗列在不知理念的人的眼前。给诸位阐明这种理念，并因而说明它的现象，就是讲授哲学史的人的任务。因为观察者必定业已具有他所观察的事物的概念，才可以看见这概念在它的现象里，并且才能够真实地说明这对象，所以我们用不着感觉奇怪，何以会有这样多浅薄的哲学史，将一系列的哲学系统表现成一系列的单纯的意见、错误和思想游戏——这些思想游戏诚然炫耀了很大的聪明和理智的努力，并且就哲学系统的形式说来，也设计

① 据米希勒本，第二版，英译本增补。——译者

得尽美尽善，值得恭维。像这类缺乏哲学头脑的历史家，他们如何会有能力把握并表现理性思维的内容呢？

从上面所论理念的形式性质，足见只有能够掌握理念系统发展的那一种哲学史，才够得上科学的名称（也只有因为这样，我才愿意从事哲学史的演讲）；一堆知识的聚集，并不能构成科学。哲学史只有作为以理性为基础的现象的连续，本身以理性为内容，并
45 且揭示出这内容，才能表明它是一个理性的历史，并表明它所记载的事实是合理性的。那一切通过理性而发生的事实，自身如何会不是合理性的呢？相信人世间的事变不是受“偶然”所支配，应该已经是一个理性的信仰，而哲学的任务，就在于认识哲学自己的表现虽这样的是历史，而它却只为理念所规定。

通过这些初步阐明的一般的概念，我们现在就规定了哲学史的范畴了。我们必须考察这些范畴在哲学史上进一步的应用，这种应用，将可以使我们得到哲学史上最有意义的观点。

（一）各种哲学在时间上的发展

关于哲学史的第一个问题，涉及刚才所提及的理念在表现上的差异。这问题是：哲学如何会表现为在时间上有发展而且有一个历史？对这问题的回答，就会牵涉到时间的形而上学。而我们现在的目的，只在于指出几个要点，以解答这个问题，我们不愿意离题太远，说得太多。

上面已经提到，精神的本质在于它的存在就是它的活动。反之，自然就它本身说来，它的变化因此只是些重复，它的运动只是一个循环的过程。更确切点说，精神的事业就是认识自己。我是

一个直接的存在,但这只是就我是活的有机体而言;只有当我认识我自己时,我才是精神。"认识你自己",这个在德尔斐的智慧神庙上的箴言,表达了精神本性的绝对命令。意识在本质上包含着这 46
样的意义:我是自为的,我是我自己的对象。根据这一绝对的判断,"我的"与我自身有了区别,精神使自身成为定在(或译"限有"——译者),把自身当作自身以外的东西;它建立其自身于外在性里,而外在性正是自然的、一般的有区别的存在方式。但是外在性的一种形式就是时间,这种形式在自然哲学和精神哲学里,将要予以详细的讨论。

这种"定在"(Dasein)因此亦即在时间中的存在,不只是一般个人意识的一个环节(个人意识本质上是有限的),而且也是哲学理念在思维领域内的发展。因为理念,若在它的静止中去思维它,当然是没有时间性的。在静止中去思维理念或在直接性的形象里去执著它,这意思即等于在内在的直观中去认识它。但有如上面所说,理念乃是具体的,乃是相异者的统一,本质上并不是静止的,它的定在本质上也不是直观。反之,理念是自身区别,因而是自身发展的,它实现它自身,外在化它自身于思维领域内。因此纯粹哲学表现其自身于思维中作为在时间中进展着的存在。但是这种思想成分本身是抽象的,是个人意识的活动。但精神并不仅只是个人的有限的意识,而它自身乃是普遍的具体的精神。这种具体的普遍性包括着它自身一切发展出来的形态和方面,在这些形态和方面里,精神是并且将成为符合理念的对象。所以精神对于它自身的思维的认识,同时就是那充满了发展的全部实在的进展。这种进展并不是通过个人思想,表现在个人意识里面的进展,而乃是

具有丰富形态，揭示其自身于世界史中的普遍精神的进展。在这
47 种发展的过程里，理念的某一形式某一阶段在某一民族里得到自觉；而**这一**民族在**这一**时间内，只表现**这一**形式，即在这一形式内它造成它的世界，它造成它的情况。反之，那较高的阶段，在许多世纪以后，又发现在另一民族里。

如果我们掌握住“具体”和“发展”的原理，那么“多样性”的性质就具有大不相同的意义了。而关于哲学派别的分歧性的说法，就好像那多样性的学说是固定的、死板的、彼此互相排斥的，一下子就被打倒，而被安置在它应有的地位似的。这说法乃是有些轻视哲学的人自信为他们所拥有的用来反对哲学的不可征服的武器，而他们对于这些可怜的看法，还感到骄傲——真是一种乞丐式的骄傲——，正足见他们对所具有的这一小点知识，如关于哲学学说之分歧和多样性的知识，他们还完全不知道其意义。但多样性或分歧乃是人人都了解的范畴，这范畴乃是人人所熟知的，谁也不会感觉到了解它有什么困难。他们总以为他们充分了解它，可以随便运用它——它是一个自身明白，为他们明确知道的概念。但那些把“多样性”认作绝对固定的概念的人，对于它的性质和辩证发展却毫无所知。多样性是在流动中，本质上必须认作在发展运动中，是一个暂时的过渡的环节。哲学的具体理念是揭示出它所包含的区别或多样性之发展的活动。这些区别概指思想而言。因为我们这里是在说思想的发展。包含在理念里面的区别是被建立为思想的。这是第一点。第二点是：这些区别必取得存在，其一在这里，其他在那里。这些区别为了取得存在，它们必须成为整个、
48 全体，必须包含理念的全体在内。唯有包含有区别在内的具体的

东西才是实在的。所以区别须当作全体的形式来看。

像这样包括了多样性、区别于其中的完整思想，就是一种哲学。但这些区别各在其特定形式下包含了理念。也许有人说：形式是不相干的，唯有内容、理念才是主要的。当他承认不同的哲学仅在不同的形式中包含了理念，因而便说这些形式是偶然的时，他也许还自以为他这种看法相当公正。但须知形式是很关重要的。因为这些形式不是别的，只是理念自身的原始的区别。理念之所以为理念，只是因它在它的区别中；区别对于理念仍是本质的，并构成理念的内容。内容展开出来成为多，它就有了形式。但这种形式或范畴的多样性却并不是无规定的，而是有必然性的。这些多样的形式结合起来构成一个总的形式。它们就是那原始的理念的各个范畴，它们结合起来构成全体的形象。所以当它们彼此是外在的时，它们便没有结合在自身之内，而只是结合在我们、在观察者之内。

每一个哲学系统即是一个范畴，但它并不因此就与别的范畴互相排斥（或译“互相外在”——译者）。这些范畴有不可逃避的命运，这就是它们必然要被结合在一起，并被降为一个整体中的诸环节。每一系统所采取的独立的形态又须被扬弃。在扩张为多之后，接着就会紧缩为一，——回复到“多”最初所自出的“统一”。而这第三个环节自身又可以仅是另一较高发展的开端。这种进展的步骤似乎可以延至无穷。但它却有一绝对的目的。关于这点以后我们将有更多的认识。在精神解放自身达到自我意识的途中，须有许多曲折的道路。唯有这种观点才值得为哲学史所依据来观察 49
那自觉的理性之庙宇。这座庙宇是那样合理地为一个内在的建筑

师所造成，而并不是像犹太人或共济会员（Freimaurer）那样建造所罗门的庙宇。

使得哲学史令人感到有真实兴趣的伟大前提，即是认为在我们这边，在世界里所发生的一切都是符合理性的，——这种看法不是别的，实不过是相信“天道”之另一方式。世界上最有价值的东西，都是理性产生出来的，因此相信理性只在自然里，不在精神里，是很不适当的。一个人如果认为精神领域内的业绩——如各个哲学系统——仅仅是偶然性的，则他便是并非不真诚地信仰神圣的世界规律，而他对于“天道”的信仰也只是空话。

无疑地，精神曾经费了很长的时间去发挥出哲学来，而这时间之长初看起来是可惊异的，有点像天文学上所说的空间那样辽阔。就世界精神进展之缓慢而论，我们须知它有充分时间，用不着紧张忙迫。“在神的面前，千年如一日。”它有充分时间，即因它在时间之外，即因它是永恒的。那飘忽即逝的当日事变却没有充分时间去完成许多目的。（谁不是在他的目的没有完成以前就死去了？）它不只是有充分的时间，——要想达到一个目的，实现一个理想，所需的不只是时间，还需要许多别的东西。说它利用了许多民族，许多世代的人类来完成它寻求自我意识的工作，说它造成了万物
50 生生灭灭的庞大展览，也还不够。它有充分富足的资源来作无限的展览，它大规模地进行它的工作，它有无数的国家，无数的个人供它使用。有一句流行的话：“自然采取最短的道路以达到它的目的”，这话是不错的，但殊不知精神的道路是间接的，是曲折的。凡有限生活里所须考虑的问题，如时间、劳力、费用，它都不在意。我们也不可太性急，以为某些见解直至现在还没有发挥出来，或这一

真理、那一真理还不是业已在那里。在世界历史里，进步是很迟缓的。

(二)上节的理论之应用于哲学史的研究

从上面所说推出来的**第一条**结论就是：全部哲学史是一有必然性的、有次序的进程。这进程本身是合理性的，为理念所规定的。偶然性必须于进入哲学领域时立即排除掉。概念的发展在哲学里面是必然的，同样概念发展的历史也是必然的。这种发展的主导力量是各种多样性的形态之内在的辩证法则。有限的事物不是真的，尚没有达到它的“应如此”。它既有了存在(即成为“定在”——译者)，因而也就有了它的局限性。但内在的理念摧毁了这些有限的形态。一个哲学若没有与它的内容相一致的绝对的形式，它必须消逝，因为它的形式并不是真的。〔在哲学史里，理念的这种辩证〕[1]进展先验地是有必然性的。这点就是哲学史可作为范例予以证明的。

从前此所说可以推出的**第二条**原则就是：每一哲学曾经是，而且仍是必然的，因此没有任何哲学曾消灭了，而所有各派哲学作为全体的诸环节都肯定地保存在哲学里。但我们必须将这些哲学的特殊原则作为特殊原则，和这原则之通过整个世界观的发挥区别开。各派哲学的原则是被保持着的，那最新的哲学就是所有各先  51
行原则的结果，所以没有任何哲学是完全被推翻了的。那被推翻了的并不是这个哲学的原则，而只不过是这个原则的绝对性、究竟

① 据荷夫麦斯特本，第一二六页增补。——译者

至上性。例如，原子论的哲学曾经达到这样的原则，即原子是绝对者，原子是不可分的“单位”，这不可分的“单位”，深一层说，就是个体、主体。那单纯的单位仅只是抽象的“自为之有”，于是便认绝对为无限多的单位。这种原子论的原则是被推翻了；我们都不是原子论者。照原子论说来，精神也是一“自为之有”的单位，原子。但这乃是一个空疏的说法，不能表达出绝对者的性格。但这个原则仍然是保持着的，不过它并不是绝对者的整个定义罢了。这样的否定表现在一切发展过程中。树的发展就是种子的否定，花的发展就是叶的否定，即由于它们都不是树的最高和最真的存在。最后花又被果实所否定。但如果没有一切较早的先行的阶段，就没有一个阶段可以得到真实存在。因此我们对于哲学的态度，必包含一个肯定的和一个否定的方面。我们必须对于一个哲学的这两方面有了正确的认识，态度才算公正。肯定的方面在生活和科学里是较迟才被认识的。因此否定比证明（即肯定——译者）更容易。

第三：我们特别限制于对原则的讨论。每一原则在一定时间内都曾经是主导原则。当整个世界观皆据此唯一原则来解释时，——这就叫做哲学系统。我们自然必须了解这全部解释。但如果这原则还是抽象的，不充分的，则它就不能充分地解释属于我们世界观内的各种形态。例如，空疏的“单一”（即原子——译者）
52 这范畴便不能表达出精神的深度。譬如，笛卡尔的原则就只能很好地适用于解释机械性，而不适宜于解释别的东西。他对于别的界域的看法（譬如，对于植物性和动物性的解释），就很不充分，因此也就没有趣味。所以我们只讨论这些哲学的原则，但讨论到更具体的哲学系统时，我们又必须注意到这些原则的主要发展和应用。那些从低级原则出发的哲学每每是不连贯的；它们虽不无深刻的识见，但这些深刻的识见每每超出所据以出发的原则之外。譬如，柏拉图的对话“蒂迈欧”篇所讨论的是自然哲学，他对这个自然哲学的发挥，从经验来说，仍然是很贫乏的，因为他的原则尚未得到充分发挥。这篇对话所包含的深刻识见，我们并不是从他所根据的原则得到的。

第四：由此对于哲学史我们得到这样的见解，即：虽说它是历史，但它所研究的却并不是业已过去的东西。哲学史的内容是理性的科学成果。而科学的成果是不能消灭的东西。在哲学领域内劳作所得的成就乃是真理，而真理是永恒的，它不是这时存在，他时就不复存在的东西。伟大的灵魂——哲学史上的英雄们的身体，他们在时间里的生活（哲学家的外在命运），诚然是一去不复返了，但他们的著作（他们的思想，原则）却并不随着他们而俱逝。因为他们著作的理性内容并不是纯从幻想、梦想、揣想得来。哲学不是梦游者的呓语，而乃是清醒的意识。哲学家的工作只在于把潜伏在精神深处的理性，（这理性最初只是潜伏在那里的内在本质或内心本性）揭示出来，提到意识前面，成为知识——哲学的工作实在是一种连续不断的觉醒。因此哲学工作的产物并不是寄存在记忆的庙宇里，作为过去年代的古董，而它们现在仍同样地新鲜，同 53
样地生动，如它们初产生时一样。哲学的著作和效果是不会为后继者所推翻和摧毁的，因为其中的原则不是业已过去了的；我们自己也是出现在其中的。它们不是以帆布，不是以大理石，不是以纸张，不是以图像和纪念碑作媒介以资保存。这些媒介本身就是变

灭的，或者是变灭事物的基础。它们乃是用思想（概念），精神中不变灭的本质，作为媒介，这媒介是虫所不能蛀蚀的，贼所不能偷窃的。思维所创获的成果，就其为思想而言，构成了精神自身的存在。这种哲学的知识因此也并不是博闻强记——一种对于已死去了的、埋葬在地下的、腐朽了的事物的知识。哲学史所研究的是不老的、现在活生生的东西。

（三）哲学史与哲学本身的进一步比较

我们可以把那分布在时间内的全部财富变成自己所有，并指出一系列的哲学如何就是哲学这门学问之自身的系统化。我们也许会以为，哲学在理念阶段上发展的次序与它在时间上出现的次序是不一致的。但大体上这次序是相同的。在这里只须指出一个区别：那初期开始的哲学思想是潜在的、直接的、抽象的、一般的，亦即尚未高度发展的思想。而那较具体较丰富的总是较晚出现；最初的也就是内容最贫乏的。这种看法似乎与我们最通常的观念相违反。但哲学的观念常常正是通常观念的反面；而我们通常所假想的观念每每发现与事实不符。我们可以这样想：那最初出现
54 的是具体的。譬如，当一个儿童的本性尚在原始的完整状态时，我们可以说他是较成人更具体的。成人受了限制，已不复有这种浑朴的完整性，我们会以为他过的生活较儿童生活更为抽象。成人的行为有一定的目的，没有全心全意去做一件事，而分裂成一些抽象的个别目标。反之，儿童、青年人却用全部心情去行动。在他们，情感、直观是第一的，思想是最后的。看起来似乎情感较之思想，较之抽象的、普遍性的活动又更为具体。但事实上恰好与此相

反。感性意识一般地诚然是较为具体，虽说在思想方面最贫乏，但在内容方面却最丰富。因此我们必须把自然的具体性与思想的具体性加以区别，而思想的具体性方面却又最缺乏感性。儿童也可说是最抽象、最缺乏思想的人。与自然的具体性相比较，成人是抽象的。但就思想的具体性言，他却较儿童更为具体。成人的目的在处理一般事务时无疑的是抽象的，譬如维持他的家庭，履行他的职务，但他却在贡献他的力量于一个客观的有机的全体，应付这全体，推进这全体。而在儿童的行为里却只有一个幼稚的、一时的“自我”，所以在少年人的行为里，主要的原则只是主观的天性和散漫无目标。由此足见，科学〔的思想〕较〔感性的〕[①]直观更为具体。

应用这种说法来看各种形态的哲学，第一个结论是：最初期的哲学是最贫乏最抽象的哲学。在这些哲学里面，理念得着最少的规定，它们只停滞在一般的看法上，没有充实起来。我们必须认清这点，才可不至于在古代哲学里面去寻找较多于所应找得到的东西。因此我们无须乎要求古代哲学具有一些属于较深刻意识的概
念。譬如，有人提出这样的问题：究竟泰利士的哲学是有神论还是 55
无神论呢？[②] 究竟他相信有人格的神，还只是持一个无人格的普遍的本质之说呢？这问题就涉及了最高理念之主观性格，上帝之人格性的概念。像我们所了解的这样的主观性，乃是个远为丰富，远为集中，也就是很晚出的一个概念，这在古代一般是找不到的。

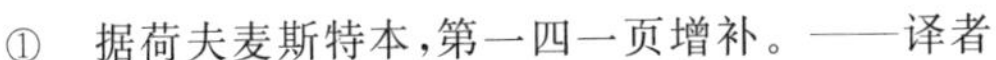

① 据荷夫麦斯特本，第一四一页增补。——译者

② 弗拉特：“论米利都人泰利士的有神论”，一七八五年图宾根版，第四页。

在幻想和表象里、希腊的诸神诚然是有人格的，一如犹太教所信奉的一神是有人格的。但是，想象里的表象是很不同于纯粹思想和概念的理解的。如果我们以较深的观念作为衡量基础，那么，无疑地古代哲学可以正确地说是无神论。但这种说法同时也是错误的，因为初期的思想还没有发展到我们现在所达到的阶段。深度似乎是指内涵而言。但精神的内涵愈丰，则它外延愈广，愈能发挥其自身于外。所谓“较大的”这里是指对立、分离的强度而言。较大的力量方可克服较大的分离。

从上面这种结论就可看到，既然发展的推进即是更进一步的规定，而更进一步的规定即是深入理念本身，所以最晚出的、最年轻的、最新近的哲学就是最发展、最丰富、最深刻的哲学。在这里面，凡是初看起来好像是已经过去了的东西，被保存着，被包括着，——它必须是整个历史的一面镜子。开始的即是最抽象的，即因为它只是一种萌芽，它自身尚没有向前进展。由这种向前进展的过程所达到的最后的形态，作为一种进一步的规定而出现，当然
56 是最具体的。首先须指明，这不是狂妄地对我们自己时代的哲学引为骄傲，因为这全部陈述的精神，就在于认识到：时间较晚的进一步发挥出来的哲学乃是思维精神的先行工作所获得的主要结果；它为较早的观点驱迫着前进，并不是孤立地自己生长起来的。

还有一点须记得的，即我们用不着迟疑去说出，这个看法的本质所包含的意思，即在最新的哲学里所把握着的和所发挥出来的理念将是最发展的、最丰富的、最深邃的。我提出这点来说，因为新哲学、最新的哲学、全新的哲学已经成为很流行的徽号。那些以为使用这些徽号能够表示某种意义的人，就随他们的高兴，可以很

容易地，在许多哲学中，要贬斥谁就贬斥谁，要推崇谁就推崇谁，不仅把每一个流星，甚至把每一支烛光都当作太阳来看待，或者把每一个通俗的空论，也高叫作哲学，因而以此为根据来证明：这里有这样多的哲学，每天都有一个哲学挤掉昨天的哲学。这样他们就同时寻得了一个范畴，可以把一个似将获得重要性的哲学放进去，——凭借这个范畴他们立刻就把它处理了，他们把它叫做“时髦哲学”，而轻蔑地一概不予理会。

> 当人们的精神在不断地更新地严肃地追求更高的形式，
> 你却轻蔑地叫它做“时髦”。

第二条结论关涉对于古代哲学的研究。上面这种对于哲学史
的发展的看法，还可以使我们不要动辄去责备过去的一些哲学家，
假如我们在他们的哲学里面找不着在他们的文化水平里尚没有出
现的思想。同时复可以使我们不致妄加一些结论和论断给过去的
哲学家，这些结论和论断他们从没有做过，也从没有想到过，虽说
我们可以很正确地从他们的哲学思想里面推演出来。我们只须忠 57
于历史去进行工作，对于过去的哲学我们只应归给它那些直接给
予我们的材料。大多数的哲学史都在这一点上犯了错误。我们常
看见有些哲学史家把一连串的形而上学命题归给一个哲学家，并
当作历史事实引证出来，说是那位哲学家所作的论断，而其实对于
这些论断，他从来没有想到过，也不知道一个字，在历史上也寻不
出丝毫痕迹。譬如在布鲁克尔的巨著“哲学史”里面，关于泰利
士[①]及别的哲学家就列举了一系列的，三十，四十，甚或一百条哲

① 布鲁克尔：“批评的哲学史”，第一部，第四六五—四七八页。

学命题，其实在历史上谁也找不出这些哲学家曾有过关于这些命题的思想。他又从许多与他同类的著者的论证里面，提出了许多命题并引用许多话来支持他的解释，对于这些论证我们也实在没有那么多时间去研究。布鲁克尔的方法是这样的：他在一个古代哲学家的简单原则上面，附会进去这原则所可能有的一些结论和前提，这依照乌尔夫的形而上学的观念应该是那个原则的前提和结论，这样就天真地建造一种纯粹的、空虚的幻象，而以为这是真实的历史事实。我们太容易倾向于拿我们的思想方式去改铸古代哲学家。但构成思想发展的进程的关键乃在这里，即：时间上、文化上、哲学上的区别正在于某些观念、某些思想范畴和某些概念的联系出现在意识里面与否，正在于一种意识是否已经发展到了某种阶段。哲学史所研究的只是这些思想之发展和发挥出来的次
58 序。某些范畴是很正确地自某一原则推出的，但是这些范畴是否已经很明白地发挥出来，乃完全是另一问题。但把一个哲学所内在包含的内容发挥出来却是至关重要的。

因此我们只须引用哲学家自己的字句，至于原字句之发展或引申乃是进一步的思想范畴，尚不属于原哲学家本人的意识。譬如，亚里士多德说过，泰利士曾提出：一切事物的原则（ἀρχή）是水。但阿那克西曼德才是第一个用ἀρχή这字。所以足见泰利士还没有这一思想范畴。他认为ἀρχή是时间上的起始，但并不是内在的根据。泰利士哲学里还没有提出“原理”这一思想范畴，“第一原理”乃是更进一步的规定。有许多民族一直还没有“第一原理”这个概念。要具有这个概念还需很大一个阶段的发展。既然文化上的区别一般地基于思想范畴的区别，则哲学上的区别更是基于

思想范畴的区别。所以，依布鲁克尔，泰利士曾经说过，“无中不能生有”，因为泰利士说过，水是永恒的，因此他也应算在否认从无中创造有的哲学家之内。但关于这点，泰利士——至少就历史事实看来——是无所知的。又如锐德教授（Ritter）很辛勤地写出的一部“伊奥尼亚哲学史”，大体上他很小心，避免掺杂外在材料进去，但他附会给泰利士的材料比历史上所证明的要多。他说：[①]“因此，我们必须认为泰利士始终把自然看作是生动的。他认世界为一无所不包的有生命的动物，这动物与一切别的动物一样是从一个种子里发展出来的，这种子也与一切别的动物的种子一样是湿的，或水。所以泰利士的基本观点是认世界为一有生命的全体，是 59
从种子里面发展出来的，依照动物的方式靠一种合于它的生存的养料继续生活下去”。[②] 这个说法是与亚里士多德的话完全不同的。所有这些关于泰利士的话，古代的人都不曾报道过。他这结论是易于引出的，但在历史上却得不到证据。我们不应该用这样的推论方法把一种古代哲学造成一些与原来不同的东西。

第三：一如在思想的逻辑系统里，每一思想的形态有它独自有效准的地位，并且通过进一步向前的发展而被贬降为附从的环节，同样每一个哲学在全部过程里是一特殊的发展阶段，有它一定的地位，在这地位上有它的真实意义和价值。必须依照这样的规定去认识它的特殊性格，必须承认它的地位，对于它才有正确合理的处理。也就因为这样，我们对于它的成就，不可要求并希望得过

① “伊奥尼亚哲学史”，第十二至十三页。

② 参看该书第十六页。

多。我们不要在它里面去寻求须于较高发展的知识里才可提供的满足。我们不必相信，我们思想上的问题，或现代世界感兴趣的问题，可以在古代哲学家那里去找到答案。我们现代的问题有了某些思想上的教养作为先在的条件。因此每一哲学属于它的时代，受它的时代的局限性的限制，即因为它是某一特殊的发展阶段的表现。个人是他的民族，他的世界的产儿。〔他的民族和世界的结构和性格都表现在他的形体里。〕[①]个人无论怎样为所欲为地飞扬伸张——他也不能超越他的时代、世界。因为他属于那唯一的普遍精神，这普遍精神就是他的实质和本质，他如何会从它里面超
60 越出来呢？这同一的普遍精神就是哲学要用思维去加以把握的。哲学就是这普遍精神对它自身的思维，因此也就是它的确定的实质的内容。每一哲学都是它的时代的哲学，它是精神发展的全部锁链里面的一环，因此它只能满足那适合于它的时代的要求或兴趣。

因此一个较早时期的哲学现在不能令一个有较深邃较明确的概念活跃于其中的精神感到满意。这个概念已构成精神的存在之根底和内在性格。精神在哲学里所要作的，就是寻求这个概念，把它作为思维的对象来把握。这样，精神所要求的实即是认识它自己。但理念在早期哲学里还没有很明确地出现。因此柏拉图、亚里士多德的哲学，和一切哲学，就它们的原理来说，尽管直到现在还存在着，但哲学已不复是在柏拉图和亚里士多德哲学的形式和阶段中了。我们不能够停留在他们那儿，他们已不能复兴了。因

① 据米希勒本，第二版，英译本增补。——译者

此我们今天不复有柏拉图派、亚里士多德派、斯多葛派、伊壁鸠鲁派。要复兴他们即无异于把更完善，更深入自身的精神带回到一个较早的阶段。但这样的事是没有的。这也是不可能的，甚至是极愚蠢的事，就好像一个成年人费尽气力要想退回到青年，青年要想回复到童年或婴儿时期一样，虽说成人，青年，孩童是那同一的个人。十五和十六世纪所展开的文艺复兴时期、求知的新时代，其起始不只是复兴了古典文艺，而又是古典哲学之获得新生命。玛西留·费其诺(Marsilius Ficinus)是一个柏拉图派，科斯谟·美第奇(Kosmos Medicis)聘请了许多教授，建立了一个专门研究柏拉图哲学的学院，而以费其诺为领袖。于是也有纯粹的亚里士多德 61
派，如滂波那齐(Pomponatius)。稍后，伽桑第(Gassendi)提倡伊壁鸠鲁哲学，用伊壁鸠鲁的观点来研究物理学。李普修(Lipsius)想要作一个斯多葛派，诸如此类的例子甚多。这时，对立的观点异常普遍。古代哲学与基督教(这时还没有真正的哲学从基督教中发展出来)如此对立，以致从基督教中不可能发挥出真正的哲学。这时的哲学，无论顺从或反对基督教，都只是某一派的古代哲学之重新恢复。但是把木乃伊带到活人里面去是不能在那里支持很久的。精神早就有其更充实的生活，早就对它自己具有一个更深邃的观念，因此它的思想也就有了较高的需要，而不会满足于那种袭取来的哲学。因此像这样的复兴只能被认作借那有限的先行的形态以深入认识自身的过渡，或者被认作通过必要的文化进展的阶段把那业已过去了的东西重新经历一遍罢了。像这样的模仿并复习那对于精神很生疏的原则的作风，只能作为一个转瞬即逝的阶段出现在历史上，而且也只是借一种死文字作出来。这种模仿复

习的成果只是些译品，而非原本；而精神只能于认识它自己的原始性里得到满足。

如果我们在近代，同样地想要提倡回复到古代哲学的观点，（特别是像我们竭力推崇柏拉图的哲学那样，）为了想要寻得一个工具，以拯救我们逃出这时代中的一切麻烦和困难，则这种回复也已经不像初次那样天真淳朴的景象了。这个谦逊的劝告，其来源
62 颇有点像文明社会中人要求到北美洲森林里去回复那些野人的风俗习惯和相应的观念形态一样，也有点像费希特①有一次推荐麦尔其塞德克的宗教，认之为最纯洁最简单而为我们所必将达到的境界。一方面，无可否认，在这种回复里所追求的乃是在获得一原始开端和坚定的出发点，但这只能在思想理念本身内去寻求，而不能从外在的权威里去寻求。另一方面，那已经发展了丰富了的精神要想回复到淳朴的境界——亦即回复到一种孤寂的、抽象的境界或思想，也只能被认作无可奈何的逃避；这表示着精神的无能，——无能去享受那摆在面前的高度发展了的丰富的材料（这材料要求我们的思想去克服它，并深入掌握它），因而对它（即材料——译者）采取逃避的方式而逃避到荒漠之野。

从上面所说，即可明白，何以有许多人，或者受了这种浪漫想法的特殊引诱，或者一般地受了柏拉图和古代的哲学的名声的吸引，去钻研古典哲学，为了从源头上去为创立自己的哲学找基础，而结果他们对于这种研究皆不感到满意，反而很不应该地索性就

① “现代的基本特点”，第二一一、二一二页，比较“幸福生活的指针”，第一七八、三四八页。（这个小注据米希勒本，第二版，英译本增补。——译者）

把它丢掉了。我们在古典哲学里只能得到某种程度的满足。我们必须知道我们要在古代哲学或每一特定时期的哲学中所要寻求的东西，或者至少必须知道，每一种哲学都代表一特定的发展阶段，在它里面只有在它那一阶段范围内的精神的形式和需要才被揭示出来。在近代精神里，沉睡着更深的理念，为促使这些理念得到明 63
晰的意识，需要在古代的抽象的不明晰的晦暗的思想以外，去另觅一种环境和现状。例如，在柏拉图那里，关于自由的性质、罪恶的起源、神的意旨等问题均找不到哲学的解答。关于这些问题，我们当然一部分可以采纳通常的虔诚信仰的人的看法，或者一部分采取哲学的观点，决心把这些通俗的看法完全抛在一边，或者把罪恶、自由都仅认作一种消极的东西。但当这些问题，一旦成为精神研究的对象时，当自我意识的对立达到了一种强度，有了深入去解答这些问题的兴趣时，精神对于两种办法都不会感到满意。同样，关于知识限度，关于主体与客体对立的问题，在柏拉图时期也还没有提出。自我本身的独立性或自为性，对于柏拉图也是生疏的。人尚没有回复到他自己，尚没有建立他自己为一独立自主的人。主体诚然被认作一自由的个体，但他意识到自己的自由只在于与他的本质的合一里。雅典人知道他是自由的，正如一个罗马公民，一个出身贵胄的人也是自由的。至于说到一个人本身就是自由的，依照他的本质，作为一个人生来就是自由的，——这点柏拉图不知道，亚里士多德也不知道，西塞罗不知道，罗马的立法者也不知道，虽说唯有自由这一概念才是法律的泉源。只有在基督教的教义里，个人的人格和精神才第一次被认作有无限的绝对的价值。一切的人都能得救是上帝的意旨。基督教里有这样的教义：在上

帝面前所有的人都是自由的，所有的人都是平等的，耶稣基督解救了世人，使他们得到基督教的自由。这些原则使人的自由不依赖
64 于出身、地位和文化程度。这的确已经跨进了一大步，但仍然还没有达到认自由构成人之所以为人的概念的看法。多少世纪，多少千年以来，这种自由之感曾经是一个推动的力量，产生了最伟大的革命运动。但是关于人本性上是自由的这个概念或知识，乃是人对于他自身的知识，这却并不古老。

*　　*　　*

乙、哲学与其他知识部门的关系

讲哲学史这门科学，必须依时间次序对个别人物逐一加以陈述，因为哲学史的外表形象是由个别人物构成的。但这种陈述必须排除时间方面的外在历史，而只须揭示民族和时代的一般性格和一般情况。而事实上哲学史的确陈述了这种一般的性格，并且还陈述了它的最高点。哲学史和这一般的性格有着最密切的关系，而属于某一时代的一定的哲学形态，本身只是那个时代一般性格的一个方面、一个环节。由于这种密切的关系，一方面，我们必须详细考察一种哲学与它的历史环境有什么样的关系，而另一方面，也是主要的一方面，我们必须研究哲学史所特有的内容，当我们既已区分开一切与它有密切关系的东西之后，唯有这种特有的内容才是我们应该集中注意力去从事研究的。这种不仅只是外在的而是内在的联系，因此就有了两方面，我们必须予以考察。第一方面是纯属历史的联系，第二方面是实质的联系，如哲学与宗教的

联系。通过对于哲学与宗教的联系的研究，我们对于哲学同时亦可得到一较深切的概念。

一　历史方面的联系 65

人们惯常说，我们必须考察政治局势和宗教等，因为它们对于哲学有很大的影响，而哲学亦同样对于政治、宗教有影响。如果我们满足于像“很大影响”这类的范畴，那么我们就是把两者放在一种外在的关系里面，并且以承认两者各自独立为出发点。但这里我们却必须用另一种范畴来考察，而不可用互相影响或相互作用等说法。主要的范畴乃是所有这些不同的形态之统一，即认为：只有一个精神显现于或表示在各个不同的环节里。

（一）支配哲学思想的外在的历史条件

首先必须指出的，即一个民族的精神文明必须达到某种阶段，一般地才会有哲学。亚里士多德曾说过：“首先要生活上的需要得到了满足，人们才开始有哲学思想。”①因为哲学既是自由的与私人利益无关的工作，所以首先必俟欲求的逼迫消散了，精神的壮健、提高和坚定出现了，欲望驱走了，意识也高度地前进了，我们才能思维那些普遍性的对象。因此我们可以把哲学叫做一种奢侈品，如果奢侈品是指那不属于外在必需品的享受或事业而言。就这点看来无疑地哲学不是必需的。但这又要看“必需”是什么意义。从精神方面说来，我们正可以把哲学当作是最必需的东西。

① “形而上学”，第一卷，第二章。

66 (二)哲学研究的精神需要在历史上的起始

哲学作为一个时代的精神的思维和认识,无论是怎样先验的东西,本质上却也是一种产物;思想是一种结果,是被产生出来的,思想同时是生命力、自身产生其自身的活动力。这种活动力包含有否定性这一主要环节,因为产生也是消灭。当哲学自身产生出来时,是以自然的阶段作为它加以否定的出发点的。哲学是在这样一个时候出发:即当一个民族的精神已经从原始自然生活的蒙昧混沌境界中挣扎出来了,并同样当它超出了欲望私利的观点,离开了追求个人目的的时候。精神超出了它的自然形态,超出了它的伦理风俗,它的生命饱满的力量,而过渡到反省和理解。其结果就是它攻击并摇动了现实的生活方式、伦理风俗和传统信仰。因而出现了一段破坏的时期。再进一步于是思想又集中向内。我们可以说,当一个民族脱离了它的具体生活,当阶级地位发生了分化和区别,而整个民族快要接近于没落,内心的要求与外在的现实发生了裂痕,而旧有的宗教形式已不复令人满足,精神对它的现实生活表示漠不关心,或表示厌烦与不满,共同的伦理生活因而解体时,——哲学思想就会开始出现。精神逃避在思想的空旷领域里,它建立一个思想的王国以反抗现实的世界。

所以哲学对于思想所开始破坏的世界要予以调和。哲学开始
67 于一个现实世界的没落。当哲学带着它的抽象概念出现,用灰色的颜料绘灰色的图画时,青年人有生命力的新鲜朝气已经消逝了。因此哲学所做的调和工作不是现实的调和而只是在理想世界里的调和。所以希腊哲学家大都逃避了国家的事务,而成为一般人民

所称的偷闲者，因为他们退避到自己的思想世界里面。

这是保持在整个哲学史里的主要特点。当小亚细亚的伊奥尼亚城邦没落时，伊奥尼亚的哲学反而随之兴起。苏格拉底与柏拉图对于走向没落的雅典的政治生活再也不感兴趣。柏拉图很想在狄奥尼修那里实现一个较好的国家。于是在雅典，由于雅典民众生活的败坏，哲学兴盛的时期反而到来。在罗马，哲学之开始传播，乃在原来的罗马生活和共和国没落，罗马皇帝专制统治之时——在这段社会灾难严重政治生活没落时期内，传统宗教生活摇动，一切解体，而向往于新的生活。亚历山大里亚的新柏拉图派哲学家对于希腊古典哲学之高度辉煌的发挥，是与罗马帝国的没落——这样伟大、富庶、光荣，但灵魂已死的罗马帝国的没落——密切联系着的。同样在十五、十六世纪，当中世纪日耳曼人的生活获得了一种新的形式时，（因为在前些时候，政治生活仍然与宗教没有分开，或者国家虽在不断地与教会作斗争，但教会仍居于统治的地位）而且到了这时，国家与教会才正式分裂：因此，也开始学习哲学，虽说直到近代，哲学才达到独立的境地。所以哲学的出现只 68
在于全部文化发展过程的某一时期内。

（三）哲学作为时代的思想

但人们在某一时代内并不只是作一般的哲学思考，而某一特定哲学之出现，是出现于某一特定的民族里面的。而这种哲学思想或观点所具有的特性，亦即是那贯穿在民族精神一切其他历史方面的同一特性，这种特性与其他方面有很紧密的联系并构成它们的基础。因此一定的哲学形态与它所基以出现的一定的民族形态是同时并存的：它与这个民族的法制和政体、伦理生活、社会生活、社会生活中的技术、风俗习惯和物质享受是同时并存的。而且哲学的形态与它所隶属的民族在艺术和科学方面的努力与创作，与这个民族的宗教、战争胜败和外在境遇——一般讲来，与受这一特定原则支配之旧国家的没落和新国家的兴起（在这新国家中一个较高的原则得到了诞生和发展）也是同时并存的。精神对它所达到的自我意识每一特定阶段的原则，每一次都把它多方面的全部丰富内容发挥出来，宣扬出来。一个民族的这种丰富的精神是一个有机的结构——一个大教堂，这教堂有它的拱门、走道、多排圆柱和多间厅房以及许多部门，这一切都出于一个整体、一个目的。在这多方面中，哲学是这样一个形式：什么样的形式呢？它是最盛开的花朵。它是精神的整个形态的概念，它是整个客观环境的自觉和精神本质，它是时代的精神、作为自己正在思维的精神。这多方面的全体都反映在哲学里面，以哲学作为它们单一的焦点，并作为这全体认知其自身的概念。

69 那在基督教内必然出现的哲学是不能在罗马找到的，因为全体的各方面都只是同一特性的表现。因此政治史、国家的法制、艺术、宗教对于哲学的关系，并不在于它们是哲学的原因，也不在于相反地哲学是它们存在的根据。毋宁应该这样说，它们有一个共同的根源——时代精神。时代精神是一个贯穿着所有各个文化部门的特定的本质或性格，它表现它自身在政治里面以及别的活动里面，把这些方面作为它的不同的成分。它是一个客观状态，这状态的一切部分都结合在它里面，而它的不同的方面无论表面看起来是如何地具有多样性和偶然性，并且是如何地互相矛盾，但基本上它绝没有包含着任何不一致的成分在内。这个特定的阶段是由一个先行的阶段产生出来的。但揭示出一个时代的精神如何依据它自己的原则去铸造它的整个实在和时代的命运，——用概念的方式去说明这整个结构，这却不在我们的范围之内——这乃是一般的哲学的世界史(按即历史哲学——译者)所须处理的对象。我们这里所关切的只在于指出，其他各种文化形态如何在一个与哲学有内在联系的精神领域内去表现那同一的精神原则。

这就是哲学在各个文化形态中的地位。由此可以推知哲学与它的时代是不可分的。所以哲学并不站在它的时代以外，它就是对它的时代的实质的知识。同样，个人作为时代的产儿，更不是站在他的时代以外，他只在他自己的特殊形式下表现这时代的实质，——这也就是他自己的本质。没有人能够真正地超出他的时代，正如没有人能够超出他的皮肤。但另一方面从形式看来，哲学也可以说是超出它的时代，即哲学是对时代精神的实质的思维，并将此实质作为它的对象。就哲学是在它的时代精神之内来说，则 70 这精神就是哲学的特定的内容，但同时哲学作为知识又超出了这内容，而与这内容处于对立的地位。但这种超出只是形式的，因为哲学除此以外更没有别的内容。这种哲学知识的本身无疑地就是精神的实现、精神的自我认识。所以这种形式的区别也就是一种真正的实际的区别。这种知识于是就成为产生一种发展的新形式的媒介。这些新形式只是知识的不同形态。通过这种知识，精神建立了知识与对象间的区别。这又包含着一个新的区别，因而就产生了新的哲学。这新的哲学已经是精神的一种较广的性格。它是此后即将实现出来的精神的内在诞生之地。关于这一点的具体

情形，以下即将讨论到。于是我们将会看出：在希腊还只是哲学，而在基督教世界里就进入现实了。

二　哲学与其他相关部门的区别

其他部门的科学和文化的历史，特别是艺术和宗教的历史，部分地就它们所包含的成分，部分地就它们特有的对象说，都是与哲学的历史密切联系着的。也就是由于这种联系特别使得哲学史的研究有些麻烦。如果哲学史要包括进去一般的文化财产，特别是科学文化的财产，或甚至于要包括民间的神话，神话中所包含的哲学思想，或更进而要包括宗教思想（这些宗教思想是已经有思辨成分出现在内的思想），这样一来，则哲学史就没有边界，——一部分由于材料的繁多和搜集整理的烦难，一部分由于这些材料又与其
71 他的部门有直接的联系，牵涉太广。但我们划分界限却不可任意随便，而须依据根本的性质予以规定。如果我们单看“哲学”这个名词，则所有这些材料都会属于它的历史。

关于这些材料我将从三个观点来说：即三个有关的方面均须确切地提出来，并与哲学分别开。第一方面为人们一般算作科学知识的材料；这乃是理智思维的开端。第二部门为神话与宗教；这两者对于哲学的关系常常表现为敌对的，在希腊如此，在基督教时代亦如此。第三部门为抽象理智的哲学，即理智的形而上学。

（一）哲学与科学知识的关系

说到特殊科学，知识和思维诚然是它们的要素，正如是哲学的要素一样。但特殊科学的对象只是有限的对象和现象。把关于这

种内容的知识聚积起来本身就不是哲学的任务。这种内容以及它的形式均与哲学不相干。如果它们是系统的科学，包含有普遍性的原则和定律，并根据这些原则和定律进行研究，则它们涉及的也只是有限范围的一些对象。它们所出发的根本原则正如它们所研究的对象一样都是假定的。外在的经验或内心的情感，出于自然或基于教育的法律观念和义务观念，就是构成这些科学的源泉。它们的方法假定了逻辑和一般思维的范围和原则。

通行于各种特殊科学之中、并构成其材料的最后支柱的思维 72
形式，以及观点和原则，并不是它们所特有的，而乃是一个时代和一个民族的文化一般所共同具有的。这文化一般是由共同的观念和目的以及支配意识和生活的特定的精神力量所构成。我们的意识就以这些观念作为它的最后准则，并运用它们作为指导和联系的原则，但它却并不知道这些观念，也没有把它们作为考察的对象。试举一个抽象的例子：每一个意识都具有并运用那极其抽象的范畴——"有"（或译"是"〔Sein〕——译者），譬如说：太阳是在天上，这葡萄是成熟的，等等以至无穷。或者在较高的学术领域里，我们的意识进而又有了因与果的关系，力量与它的表现的关系等等，所有我们意识内的知识和观念都为这类的形而上学的观念所意识着，所支配着。这样的形而上学是一个网，网罗着或把握着人在实践和活动中所从事的一切具体材料。但这个网和它的结在我们通常意识里是沉没在多层性的材料之中，这材料包含着我们意识着的当前的兴趣和对象。但我们对于这些普遍的线索却没有抽引出来，明白地作为我们反省的对象。

我们德国人很少把一般的科学知识算作哲学。但也并不是没

有这样的迹象。譬如大学中的哲学院，就包含有不是直接为了教会和国家目的的一切科学。联系到哲学这一名词的意义的问题，现在在英国尚引起重要的讨论。在英国一个为汤姆生编的“哲学
73 杂志”讨论到化学、农业（肥料）、农业经济、技术知识，有点像“黑尔谟布施泰特杂志”，并且报道与这些科目有关的许多发明。英国人并称物理学的仪器，如风雨表和寒暑表，为哲学的仪器。又如许多理论，特别是关于道德或伦理学的理论，一些从人心的情感和经验得来的理论也被称为哲学，最后关于政治经济学的理论和原则亦被称为哲学。所以至少在英国，“哲学”这一名字是受到尊重的。前些时利物浦举行的欢宴财政大臣康宁的宴会上——在他的答谢词里，他祝贺英国，因为在英国管理政府的哲学原则业已付诸实施。在这里，至少哲学不仅是一个开玩笑的名词。

在文明初启的时代，我们更常会碰见哲学与一般文化生活混杂在一起的情形。但是一个民族会进入一个时代，在这时精神指向着普遍的对象，用普遍的理智概念去理解自然事物，譬如说，去要求认识事物的原因。于是我们可以说，这个民族开始作哲学思考了。因为寻求因果与研究哲学一样，皆以思维为其共同内容。或者就精神方面看来，当关于伦理、意志（义务、人的主要关系）的普遍原则被说出来了，而说出这些原则的人就被称为贤人或哲学家。所以在希腊哲学起始的时候，我们就遇见了七贤和伊奥尼亚的哲学家。从他们那里传递给我们许多接近哲学命题的观念和发现。所以据说泰利士（据别的人说，不是泰利士，而是另一人）解释日食由于月亮或地球在中间隔开。这类的说法人们也叫做哲学思
74 想。毕泰戈拉发现了音调谐和的原则。别的哲学家对于天体有一

些观念：认苍穹是为有孔隙的金属所构成，通过这孔隙我们可以看见那最高天，那围绕世界的永恒之火。像这一类的命题乃是理智的产物，不属于哲学史范围，虽说这些科学的命题业已超出了单纯感觉的直观，并同样超出了只是凭想象去表象那些对象。在这种方式下天和地都没有神灵居住了；理智把事物外在的自然的特性与精神对立起来。在这时期我们又发现具有一般伦理内容的伦理训条和道德箴言，有如七贤所说的许多话。此外还有一些关于一般自然事变的一些命题。

在稍晚一些时候，文艺复兴时代，就这方面而论，亦值得注意。关于政治等等方面的一些普遍原则是说出来了，这些原则里面有其哲学的一面，霍布士和笛卡尔的哲学就是如此。笛卡尔的著作包含有哲学原则，但他的自然哲学和他的伦理学却只是经验的，反之斯宾诺莎的伦理学却包含有普遍的理念，关于神和自然的知识。虽然从前医学只是一些孤立的个别事实堆集，而且掺杂有通神论的成分，与占星术等相混合（而且即在不久以前，还有用神灵的遗物来治疗疾病的事），但与此甚相反，现在出现了一种考察自然的方式，人们根据这种方式去发现自然的规律和力量。依据宗教或经院哲学的形而上学、借先验推理来观察自然事物的办法，这时人们已经放弃了。牛顿的哲学所包含的没有别的东西，只是自然哲学，亦即从经验、从知觉所产生的关于自然定律、力量、普遍性质的知识。这种知识虽显得与哲学的原则有些违反，但是两者有其共
同之点，即两种知识的基本原则都是普遍性，再则，这经验是我所 75
具有的，它存在于我的意识之内，因此它是属于我的。

这种形式的知识大体讲来是与权威相反对的，而它的出现特

别是与宗教相对立，与宗教中的权威成分相对立。如果说在中世纪教会坚持它的教条作为普遍真理，那么现在恰好与此相反，人们是以自己的思想[①]、情感、观念为凭据，引起了对于教条的不相信。同样，这种主观的原则曾经转而反对当时公认的政治制度，进而寻求别的新原则，校正那旧的制度，因而普遍的政治原理也就建立起来了。又由于同样的观点，正如宗教是权威的，所以平民之服从权威，服从封建侯王的根据也同样是基于权威的。国王的即位是经过主的传油仪式的，有如犹太的国君那样，他的权力据说是从上帝那里得来的，但只须对上帝负责，他的权威是上帝所赋予的。在这意义下，神学和法律学大体上皆是固定的权威的科学，姑不论这权威是从那里来的。反思的作用就在于反对这种外在的权威。这样，特别在英国，国家法和民法的来源已不复仅来自上帝的权威，像摩西的法律那样。例如胡果·格罗丘曾著了一本关于国际法的书，把各民族历史上的东西，当作法律，把大众的公意看作法律中的主要环节。于是只能从别的方面去为国王的权威寻找根据，譬如国家的内在目的或人民的幸福等。这完全是真理的另一种来
76 源，与那天启的，给予的和权威的真理来源，正相反对。这种于权威之外另寻别的根据来代替的活动，人们便叫做哲学思想。

所以这种知识就是关于有限事物的知识，这世界只被认作知识的内容。这内容既是通过了自我的反省，来自人的理性，所以人就是主动的。这样的自己思维甚受尊重，会被称为人的智慧或世

① “我自己的思想”其实乃是重复的语句。因为每人必须为他自己思想，没有人可以替别人思想。

界的智慧，因为它是以地上的事物作为对象，而且又是从世界本身之内涌现出来的。这就是哲学的意义。人们所以正确地称哲学为世界的智慧。哲学诚然研究有限事物，但依斯宾诺莎，是长存于神圣理念中的有限事物。而哲学与宗教还有着同一的目的。希雷格尔曾经使得哲学是世界智慧这徽号又活跃起来，他意在指出哲学必须脱离那些较高的领域，譬如说宗教。他这种说法得到很多赞同者。精神的主动活动在这里是属于哲学的完全正确的环节，虽说哲学的本质由于这种形式的定义，把它只限于有限的对象，尚没有充分发挥出来。对于这些现在与哲学也有区别的有限科学，教会早就加以排斥，认为他们足以引导人离开上帝，即因为它们只是以有限事物作为研究的对象。这些科学在内容方面的缺点，可以引导我们到与哲学相关联的第二个部门——宗教。

（二）哲学与宗教的关系

科学是通过形式的独立的知识一般地与哲学有关联，而宗教虽由于内容与科学相反，却通过内容与哲学相关联。宗教的对象
不是地上的、世间的，而是无限的。哲学与艺术，尤其是与宗教，皆 77
共同具有完全普遍的对象作为内容。艺术和宗教是最高的理念出现在非哲学的意识——感觉的、直观的、表象的意识中的方式。由于在文化发展的过程中，依时间次序，宗教的现象总是先行于哲学的出现，所以主要地必须对这种关系加以讨论。而且这与决定哲学的起始是密切关联着的，——因为哲学史必须指出那些属于宗教的成分，并把这些成分从它里面排除开，而哲学切不可从宗教开始。

在宗教里各民族无疑地业已表示出他们对于世界的本质，对于自然的和精神的实体，以及人与这本质的关系的看法。这里，绝对本质就是他们的意识的对象。这对象是外在于他们的，是超越于他们的，是或近或远、或友或仇甚或可畏的。在默祷或崇拜的仪式中，人就取消了这种对立，进而意识到他与这绝对存在——他的绝对本质——的统一，提高到对神的依赖之感或对神恩的感谢之忱，并感觉到神是可以接受人同它相和合的。像这种对神的观念，例如像古希腊人那样，这种绝对的本质已经是对人非常友好，所以崇拜神灵的仪节愈成为对于这种神人合一的狂欢与享乐。这个绝对本质一般说来就是那独立自存的理性，那普遍具体的实体，那客观地意识到它自己的根源的精神。因此绝对本质不仅是对于一般合理性的观念，而又是对于普遍无限的合理性的观念。正如上面提到过的，我们首先必须认识宗教，像认识哲学一样，这就是说，必
78 须确认并承认宗教是合理性的。因为宗教是理性自身启示的作品，是理性最高和最合理的作品。认为宗教只是教士们虚构出来以欺骗人民，图谋私利的东西，乃是可笑的说法。同样认宗教为出于主观愿望和虚幻错觉也是浅薄和颠倒事实的看法。教士们诚然常有滥用宗教的事实，——这种可能性乃是宗教的外在关系和时间存在的一个后果。由于它是宗教，它诚不免这儿那儿受这些外在联系的牵制。但本质上它是坚决地反对有限的目的和与之相关的纠纷，并形成一崇高的领域超出世俗目的之上。这种精神领域就是真理的圣地，在这圣地里，所有一切感官世界的幻觉，有限的观念和目的——意见和任性的场所皆消失了。

这种理性的成分既是宗教的主要内容，似乎可以抽引出来，并

依历史次序排列成一系列的哲学命题。哲学与宗教站在同一基础上,有一共同的对象:普遍的独立自存的理性。但精神要使这对象成为自己的一体,譬如在宗教里就有默祷和礼拜的仪式以期达此目的。但宗教与哲学内容虽同,而形式却异,因此哲学的历史必然与宗教的历史有区别。默祷只是虔诚地默念着那对象,而哲学便要通过思维的知识实现这种神人和合(Versöhnung),因为精神要求回复到它自己的本质。哲学通过思维意识的形式与它的对象相联系。宗教便不采取这种形式。但两个领域的区别又不可抽象地去看,好像只有哲学里才有思想,而宗教里却没有。殊不知宗教亦 79
有表象和一般的思想。由于宗教与哲学是如此密切关联着,所以哲学史里有一个旧传统,常常列举出一个波斯哲学,印度哲学之类,——这个惯例一直尚部分地保持在整个哲学史里。因此有一个很流行的传说,说毕泰戈拉的哲学是从印度和埃及传授过来的。这些民族的智慧是有古老的声誉的,而这智慧据了解是包括有哲学在内。又如在罗马帝国时期浸透了西方的东方思想和宗教仪式也得到东方哲学的名称。在基督教世界内,基督教与哲学是更明确地分别开的,反之,在古代东方,宗教与哲学是没有分开的,宗教的内容仍然保持着哲学的形式。由于宗教与哲学不分的看法流行,为了要使哲学史与宗教观念的关系有一更明确的界限,对于足以区别宗教观念与哲学思想的形式略加以确切考察,应该是很适合的。

宗教不仅有一般的思想作为它的内在内容,潜伏在它的神话、虚幻的想象、传统的历史里,对于这种内容,我们首先必须从神话里加以发掘,形成哲学思想;而且宗教又具有显明的思想的形式作

为它的内容。在波斯和印度的宗教里有许多很深邃、崇高、思辨的思想被说出了。我们甚至在宗教中还遇见显明昭著的哲学，譬如
80 教父的哲学。经院哲学基本上是神学，在这里我们发现神学与哲学的结合，或者也可以说是混合，这很使我们烦难。现在我们的问题是：一方面，如何区别哲学与神学（作为对宗教的知识）或宗教（作为意识）？其次：在什么程度内我们在哲学史里面必须讨论到有关宗致的问题？要解答这后一问题须分三层来说，第一，须讨论宗教的神话和历史方面，及其与哲学的关系；第二，须讨论哲学的和思辨的思想之明白表示在宗教里面的；〔第三，须讨论在神学中的哲学。〕[①]

第一：〔哲学与宗教的区别〕[②]

考察宗教的神话方面，其中包括一般历史的传统的方面，是很有趣味的，因为从形式方面的区别看来即可以表明它的内容是与哲学相对立的。的确，就两者的关系看来，它们的对立简直到了好像不相容的地步。这种对立并不仅在我们的认识里面，而且甚至构成了历史的一特定阶段。哲学达到了与宗教相对立的阶段，反之宗教和教会亦仇视哲学、排斥哲学。因此我们不只要问，哲学史里面是否要涉及宗教，而这乃是既成的事实：哲学曾涉及宗教，宗教也曾涉及哲学。既然在历史上两者不是互不相干涉，所以我们也不能置两者的关系于不问。

哲学自然必须证明它的起始和它的认识方式的正确性。即在

① 据米希勒本，第二版，英译本，第六十四页增补。——译者

② 同上。

希腊，民众的宗教已驱逐了好几位哲学家，但宗教与哲学的对立在基督教教会里尤其剧烈。对于两者的关系，我们必须明确地、公开 81
地、诚实地加以说明，像法国人称为“aborder la question”[①]那样。我们用不着顾虑，好像这问题太微妙，亦用不着说空话塞责，更用不着规避躲闪，致使得到后来别人不知所云。我们不可以装出对宗教不闻不问的样子。这种伪装没有别的，只不过想掩盖哲学曾经反对宗教这一事实罢了。宗教或神学家也装出不理会哲学的样子，但也不过是为了当他们作主观任性的抽象推论时，不致遭到哲学的反驳罢了。

这显得好像是宗教要求人放弃对于普遍对象的思维，放弃哲学，因为哲学的思维仅只是世间的智慧、人间的工作。这样人的理性就与神的智慧相反对了。在这里我们真是听惯了关于神圣的教训和法则与人的制作和智巧的区别，意思是说后者包括了一切从人的意识、理智和意志产生出来的现象，以及一切与神的知识和神圣事物（神的启示）相违反的东西。由这种对立所表示出来的对于人的一切贬抑，尚有更进一步的趋向，即包含在这样的看法中：认人的使命在于赞美上帝在自然中的智慧，——植物的种子、高山的雄壮、黎巴嫩的柏树的荣茂、枝头雀鸟的歌唱、动物神奇的技巧和自保的本能，皆可赞美为出于上帝的神功与擘划。不用说关于人生方面许多事物，也须归功于上帝之大智、大仁和大公，但人的建树、法律以及通过人的意志而创造出来的事业和世界进程方面却 82
认作与上帝无关，反而说它所主宰的主要的乃在于人的命运，亦即

① 有“接触问题”或“针对问题”的意思。——译者

外在于人的知识和自由意志的活动，换言之，偶然的事变方面，——所以这外在的偶然的方面却主要地被认作上帝的作为，而那本质的一方面，即根源于意志和良心而产生的活动，乃被认作人的作为。外在的关系、环境和事变与人的一般目的之谐和诚然是很高的境界，但这也只是因为这里所讲的谐和是指符合人的目的而言，而不是符合自然的目的，如一个麻雀寻觅食物而生活等等。如果认为上帝是自然界的主宰，为一切事物的顶峰，那么，什么是自由意志呢？难道它不是超出于精神世界的主宰，或者既然它自身是精神性的，难道它不是内在于精神世界的主宰吗？那种从自然事物本身，从树木、动物出发，而不从人生方面出发去赞美上帝，与古代埃及宗教，在崇拜红鹤，或在崇拜貓、狗中去寻求神灵有什么很大的区别呢？这又与那古代和近代印度人的可悲状况，有什么很大的区别呢？他们现在仍然崇拜母牛和猿猴，他们很虔诚和小心翼翼地去饲养并保护这些牲畜，而让人去挨饿，人若由于避免饥饿而杀戮牲畜甚或分享牲畜的食物，就会犯罪！

这些贬抑人性的看法似乎认为人的行为与自然相比是渎神的，自然的产物是神的作品，而人的作品却是渎神的。但人的理性所产生的东西至少与自然有同等的贵重。不过像这样说来，我们
83 还没有给予理性以应有的地位。如果动物的生活和作为都是神圣的，那么人的作为应远为较高，应在无限较高的意义下更为神圣。人的思维的优越性必须立即予以承认。关于这点，基督曾说过（“马太福音”，第六章，二十六五三十节）：“你们看那天上的飞鸟”——（这里面当然包括有红鹤和蜂鸟）——“……**你们不比飞鸟贵重得多吗**？……野地里的草，今天还在，明天就丢在炉里，上帝

还给它这样的妆饰，**何况你们呢**？”作为上帝的肖像，人之优越于动物和植物是谁也承认的，但一问到在什么地方去寻求神性，去看见神性，于是像前面那些说法，却不从优越方面而从低级方面去求。同样，即就关于上帝的知识而论，最值得注意的，即基督不把对于上帝的知识和信仰放在对于自然产物的赞美上面，亦不放在所谓对自然的主宰的惊叹或对预兆与奇迹的惊叹上面，而乃放在精神的证验上面。精神是无限地高于自然；神性表现在精神里较多于在自然里。

但那自在自为的普遍内容借以初次成为哲学的形式乃是思想的形式，亦即普遍者自身的形式。在宗教里这内容却通过艺术成为直接的外在的直观、表象和感觉的对象。它的意义是供性灵体味的，这意义是精神的见证，唯有精神才能理解那个内容。说得更明白一点，我们必须谨记着这一区别：我们的所是和所有，是区别于我们如何知道我们所是和所有的，这就是说，区别于在什么方式下我知道我之所是所有，并把它作为对象。这个区别有无限的
重要性，它特别关涉民族和个人的文化陶冶，并且也包含着上面 84
所说的文化发展阶段的区别。我们是人，并且有理性。凡是人的和理性的事物都在我们这里，在我们的情感、性灵、内心——一般地在我们的主观性里激起一种共鸣。通过这种共鸣，这种特定的激动，一个内容一般地便成为我们的并为我们所有了。这内容所包含的多样性就在内心里集中起来并蕴蓄起来了，——这是精神的一种不知不觉地在它自身中、在普遍的精神本质中交织的过程。所以这内容与我们自身的单纯抽象的确定性或自我意识是直接地相同一的。但精神由于它是精神，它本质上亦同样是一

个意识。那单纯地潜蕴在自身内的内容必须成为自己的对象，必须成为知识。就在精神的这种客观化的方式和形态里——亦即在意识的方式和形态里，存在着意识和文化在发展阶段上的整个区别。

这种方式和形态由蒙昧的感觉之单纯的表现伸张到最客观，或自在自为的客观，思想、精神。最单纯最形式的客观化表现在用一个名字或一句话来表示某种情绪或某种情调，譬如说："默祷"，"祈祷"等等，或"让我们祈祷"，"让我们虔心默祷"等等，就只是单纯地令人回忆起某种感觉。但譬如说："让我们思维上帝"，那就进了一大步。这就表示出那一充实的情感之绝对广包的内容了，也就表示出主观自觉活动形式的内容。但这对象虽说包括了整个充实的内容，它自身仍然是没有发挥出来的，完全没有确定性的。但发挥出它的内容，并把包含的各种关系掌握住、表示出、提到意识
85 前面——这也就是宗教的起始、创造和启示了。这种发展了的内容，主观化其自身最初所采取的形式乃是当下的直观，感觉的表象的形式，或者从自然的、物理的或精神的现象和关系中得来的较为明确的表象的形式。

艺术是表现这种意识的媒介，由于它能将这内容之客观化在感觉里的飘忽即逝的假象把捉住，并予以固定永久的形式。那没有形式的圣石，那单纯的地点，或任何与客观性的需要有密切联系的东西，都从艺术那里得到了形式、色彩、性格和确定的内容，这内容是可被意识到的，而且现在是作为对象呈现在意识前面。这样，艺术就成为人民的教师，譬如，"荷马和赫西阿德，他们是为希腊人

制定神谱的人”[①]，因为他们把所得来的（不管是从什么地方得来的）现成的混乱的与民族精神一致的观念和传说加以提高，加以固定，使之得到明确的意象和观念。他们所代表的不是那样的艺术，这艺术只是把一个在思想、观念和文字方面已经发挥完成了的宗教内容现在又弄到石头上、画布上或文字上去，像近代的艺术那样。当近代的艺术家处理一个宗教题材，或处理一个历史题材时，都有了现成的观念和思想作为根据。他们所作的，只是把那已经完善地表现了的题材，再依他们自己的方式重新表现一番。这种宗教的意识是思维的想象产物，或者是思维的产物，这种思维只有通过想象的机能才能把握对象，也只有通过想象的形式才能得到它自身的表现。

如果无限思想、绝对精神曾启示其自身或正启示其自身于真 86
正的宗教里，则它所借以启示其自身的媒介就是内心、能表象的意识和有限个人的理智。宗教并不仅是一般地向着每一形态的文化而传播的——“福音是向着贫穷的人宣说的”——；但宗教既是宗教，必须明白地指向内心和性灵，打进主观性的范围，因而进入有限的表象方式的领域。在知觉的和对知觉加以反省的意识里，人对于绝对者的思辨的关系，他所能凭借的只是一些有限的关系，唯有通过这些有限关系，他才能够（无论在完全真实的意义下或仅在象征的意义下）认识并表示出无限者的本性和关系。

在作为最切近地最直接地启示上帝的宗教里，表象的形式和反省的有限思维的形式并不是上帝存在于意识内的唯一形式，但

① “赫罗多德”，第二卷，第五十三节。

是它却必须显示其自身于这种形式内,因为只有这种形式对于宗教意识才是可理解的。为了讲明白这点,必须说明一下什么叫做“理解”(Verstehen)。一方面,如上面所说,理解主要地就是内容的实质的基础,这基础出现在精神里就成为精神的绝对本质,激动了精神的最深处,即在这最深处引起了共鸣,而且即在这里面得到了关于精神的证明。这就是理解的第一个绝对条件。凡不是潜在于(即自在——译者)精神自身之内的对象,即不能自外进入到它里面,也不能使它实现出来(即自为——译者),换言之,这种内容就是无限的和永恒的。因为实体之所以为无限,即由于不受与它相关联的对象的限制,——因为若不然它就会是被限制的而不是
87 真正的实体了。精神不只是潜在的东西,不只是有限的、外在的东西。即因为凡有限的和外在的东西便不复是潜在的东西,而乃是对方,为他物而存在,与他物相关联。但另一方面,既然真的和永恒的东西必应是被意识到的,换言之,必应进入有限意识,作为精神的对象:所以,为这真的永恒的事物所寄托的精神乃是有限的,而精神之意识到它的方式也只包含在对有限事物和关系的观念和形式里。这些形式是意识内最流行熟习的东西,也就是表达有限性的一般方式;意识掌握这些方式并运用这些方式使成为它表象有限事物的一般媒介,它必须把任何进入意识的事物,均归结到这种媒介,以便借此保持它自身,并认识它自身。

宗教的态度是这样的:通过宗教而达到我们的真理,只是外在地给予的。人们说:真理的启示是给予人的,他只须谦卑地加以接受就得了,因为人的理性是不能掌握真理的。宗教的真理是存在着的,但我们不知道它是从哪里来的。所以这给予的内容是高于

理性、超越理性的。——这就是传统宗教的看法。真理的启示是
通过不知什么地方来的先知或神圣的使者。他是一个个人;究竟
这个个人是谁,对于宗教内容的本身是无关轻重的。譬如,塞雷
斯[①]和特里普托勒谟[②]曾经介绍了农业和婚姻,他们就受到了希腊
人的尊众。民众对摩西和穆罕默德的感谢,也由于类似的情况。
真理通过那一个个人启示出来,这乃是外在的历史事实,与绝对的
内容不甚相干的。人身不是教义内容的本身。但基督却没有这样
的特异之处:即这个人身,基督本人,他的作为上帝的儿子的使命,
是属于神性的本身的。如耶稣基督对于基督徒只是一个教师,像
毕泰戈拉、苏格拉底——甚或哥伦布那样,那么,这就不是普遍的 88
神圣内容,不是神的启示,不是对于神性的教义了,而唯有这点才
是我们在宗教里面所要寻得的教训。

真理无论在什么阶段,它进入人的意识首先必须在外在方式下作为感觉表象的、现前的对象;像摩西在烈火的丛林中瞥见了上帝,和希腊人用大理石雕像或别的具体表现使神显示在意识面前那样。不过另外一个事实就是,真理是不能停留,也不应停留在这种外在形式里的。——在宗教如此,在哲学亦是如此。这样的想象形态或历史内容(如基督)必应是为精神而存在的精神性的对象。这样他就停止其为一外在的存在了,因为外在的形态是没有灵性的。我们应当“在精神内并在真理内”认识上帝。上帝就是那普遍的、绝对的、本质的精神。人的精神与这绝对精神的关系,有

① 司谷女神。——译者

② 希腊爱留西国王,传播农业。——译者

下面这些特点。

人是要信奉一个宗教的。他信仰宗教的根据何在呢？基督教说：精神自身就是这种内容的见证。基督斥责那想要看奇迹的法利赛人；只有精神才可了解精神，奇迹只是精神的预感，奇迹是自然律的中断，只有精神才是逆着自然过程的奇迹。精神也就只是对于它自身的了解。天地间只有一个精神，普遍神圣的精神，——这并非仅因为它是无所不在。它不是散漫杂凑的多数独立个体之外在的全体或共同性，而是浸透一切事物，是它自身和它对方的假象的统一，它是主观性和特殊性的统一。作为普遍者，精神自己以
89 自己为对象，作为特殊者，精神就是一个个体。但作伪普遍者，它又超出了这个体性，统摄了它的对方，是它的对方和它自身的统一。真正的普遍者，用通俗的话说来，表现为普遍者自身和特殊者的结合。在精神理解其自身的过程中产生二元化，精神就是了解者与被了解者的统一。被了解的对象是神圣的精神；主观的精神即是能了解者。但精神不是被动的，被动性对于精神只能是暂时的；精神是一实质的统一。主观精神是能动的，但客观精神本身就是这种能动性。那能了解神圣精神的能动的主观精神，就其了解神圣精神而言，就是神圣精神的自身。精神的这种只是自己与自己发生关系就是绝对的使命。神圣的精神是生活于并显示于它的教团里。这样的了解就叫做信仰。这却不是历史的信仰。我们路德宗的人——我个人是属于路德宗并愿意继续属于这宗——只有那种本源性的信仰。这种统一性并不是斯宾诺莎式的本体，乃是在自我意识内能知的本体，这自我意识无限化其自身，并与普遍性相关联。侈谈人类思维的限制是浅薄无聊的；认识上帝是宗教的

唯一目的。精神对宗教内容的证验就是宗教性本身。精神的证验是证明同时又是证明者。精神首先在证验中证明其自身。精神之被证明,只在于它自己证验、自己表示、自己显现其自身。

还有一点就是:这种精神的证验,亦即它自己内在的自我意识、它自身的交织、它在内心虔祷中的生活,乃是一种本身混沌蒙眬的意识,这种意识还没有达到它真正的意识,因而也就没有达到客观化,因为规定主体与对象的区别还没有建立起来。[①] 但那自身浸透着并浸透了的精神现在便进入到表象里,上帝过渡到它的对方,而以它自身为对象。于是举凡给予了的和接受了的一切宗 90
教上的观念,皆出现在神话里,宗教的一切历史方面和传统方面皆在这里有其适当地位。更确切点说,我们这时有了基督,他约略在两千年前就来到世界了。但他说:“我与你们在一起,直到世界的边缘,只要什么地方有两个人用我的名义,聚会在一处,我就与你们在一起。”如果我的肉身不复在你们前面,则“我的精神将会引导你们达到一切真理”。——外在的关系不是真正的关系,它将会被扬弃。

这里就指明了宗教的两个阶段:第一,默祷、崇拜的阶段,譬如圣餐的仪式。这就是在教团中倾听着神圣的精神,在教团中现在那亲临的、内在的、活的基督,作为自我意识,得到了实在性。第二为发展了的意识的阶段,在这阶段里宗教的内容成为对象。在这里亲临的内在的基督退回到二千年前,回到巴勒斯坦的一个小角

① 从这段起始到这里,米希勒本第一版似有错落,意思不明白,这里是根据荷夫麦斯特本,第一七九页,第十四—二十一行译出。——译者

落,他是远在拏撒勒或耶路撒冷历史上的一个个人。同样在希腊宗教里,在默祷中的神变成了现实化的雕像和大理石或在画图中变成了画布和木片;——宗教达到了外在化的形式。圣餐在路德宗只是在信仰中、在神圣的欣赏中,并不当作圣饼来崇拜。所以对于我们一个圣灵的图像除了被当作一块石头、一件物品外没有别的。这第二个观点当然必须认作我们据以得到意识的开始。意识必须从这种形态的外在认识出发,被动地接受启示,保留所接受的于记忆中。如果只停留在这一阶段,则这种观点就是非精神的观点。停留在这第二观点——在这历史的死去了的遥远之处——就
91 叫做摒弃精神。一个人欺骗了圣灵,他的罪恶是不能赎的。这种对圣灵的欺骗无异于说,圣灵不是普遍的,不是圣洁的,亦即认基督只是一分离的或孤立的,只是另一个人,只在犹太地方,或者他虽然现在还存在,但是在他界,在天上,在无何有之乡,而不是真实地亲临在会众里。一个只是说人的理性、只是说理性的限度的人,他是欺骗了圣灵。因为圣灵或精神作为无限的、普遍的、自己认识自己的存在,绝不认识其自身于仅只有限的事物里,它与有限的东西不相涉,它只在它的无限性中自己认识自己。

有人说:哲学认识本质。这里主要之点在于本质并不是外在于现象。我的精神的本质即在我的精神之内,不在外面。同样,一本书的本质、内容也就没有了,如果我们抽掉了它的封皮、纸张、油墨、语言和千千万万的字母等。单纯普遍的内容,作为本质,并不在书之外。同样,定律并不在个体之外,反之,它是构成个体的真实存在。我的心灵的本质是我的真实存在、我的实质,不然我就会是没有本质的东西。这种本质,我们可以说,是可以烧燃的材料,

它是可以为那客观的普遍本质所引燃、所照明的。只要这种燐质或火种在人心内，则认识、着火、照明就是可能的。只有人心中对于神的情绪、预感、知识才是这样的火种。没有这一点，即使那神圣的精神也就不是自在自为的普遍性了。本质本身就是一有内容的实质，不是无内容的、不确定的。一如一本书尚有别的内容，同样在个人的心灵里尚有一大堆别的东西，只属于这个本质的现象。92
宗教就是认识到这本质的一种境界，而那为许多外在事物所围绕着的个人必须与这本质区别开。本质是精神，不是抽象的东西。“上帝不是死人的上帝，乃是活人的上帝。”①真正讲来，是活生生的精神的上帝。

伟大的造物主感到孤独无友是它的缺陷，
于是它就创造出众多的精神，
作为它的圣洁性的圣洁表现。
那最高的本质是无对无双的，
从整个精神世界的盃中，
涌现出它本性的无限。②

就知识形态在宗教和哲学中的不同而论，则哲学显得是对宗教的知识形态起了摧毁的作用，因为在宗教里这普遍的精神只是最初表现于外在的、客观形式的意识里。——从外在的仪式开始的宗教的崇拜，如前面所说那样，它就转而扬弃这种外在的形式，所以通过默祷与崇拜更可以证明哲学的作用了，因为哲学所作的，

① 这是从新约“马太福音”，第二十二章，第三十二节引用来的。——译者

② 这几行诗句是从德国大诗人席勒(Schiller)的一首有名的叫做“友谊”的诗中摘录出来的。——译者

也就同崇拜一样，在于扬弃这种外在性。哲学所处理的约有两点：第一，哲学与宗教的崇拜一样，所要把握的同是实质的内容、精神的灵魂；第二，把这种内容提到意识前面作为对象，但具有思维的形式。被宗教所表象为意识的对象的东西，不论是想象的作品，或是历史的存在，哲学均加以思维、加以把握。在宗教意识里，对于对象的知识是属于表象的形式，多少包含有一些感性成分。在哲学里面我们不会说，上帝生下一个儿子，——这类从自然生活中借
93 来作譬喻的关系。这种关系中的实质，当然在哲学里要予以承认。哲学既然思维它的对象，它便有了一种优点，即在宗教中两个不同的环节，在哲学中便是统一着的。在宗教的崇拜里，意识沉没在绝对本质里面。这两个阶段的宗教意识，在哲学思维里均合而为一了。

这两种形式，〔表象和思想〕[①]是彼此不同的，因而好像是互相反对，彼此冲突似的。这是很自然而且也是必然的现象，即当它们以较明确的形式出现，且仅意识到两者间的区别时，则它们最初是会显得彼此互相敌对的。在现象里，那前一形式是一有规定性的自为的存在，与另一形式相反对。但只有在后一形式里，思维才具体地认识它自身，深入它自身，而精神之所以为精神才得到自觉。具体者就是有规定性的普遍者，因此包含有它的对方在内。在前一阶段里，精神是抽象的；受了抽象性的拘束，它只意识到它自己是相异于并相反于它的对方。当精神具体地把握住它自身时，则它便不复拘束在规定性里面，只自知其区别并自安于区别了。但

① 据荷夫麦斯特本，第一一八页增补。——译者

作为具体的理智，精神在与它相异的形态里面同样能把握实体，精神只有把握住实体的现象，并转而反对这现象，它才能在实体的真实内容里，在实体的内在核心里，认识它自身，而且才算把握它的对方，使对方受到公正的处理。

一般说来，这就是这种对立在历史上的过程：第一，思维之最初出现在宗教内是不自由的，是在个别的外在表现中。第二，思维坚强起来，感觉到自己是建筑在自己的基础之上，对于与它不同的形式，采取敌对的态度，而不能在对方中认识自己。第三，于是这 94
过程就完成于即在对方之内认识到自己，〔把对方认作它自己的一个环节。〕①

因此哲学必须从自己独立处理自己的事务开始，必须将思维从一切民间信仰里孤立出来，寻找完全另外的一个领域，把表象世界丢在一边。这样思维与表象便安静地彼此并列着，或者亦可以说，哲学一般地尚未达到反省它的对立者的阶段，也同样没有想到要把两者加以调解，因而对民间信仰予以解释和合理化，（因为民间信仰所表现的乃是同一内容，不过只通过另一外在形式而不是通过概念罢了。）——因而能反过来用民间宗教的形式以表示自由思维的概念。

所以我们看见，哲学最初受了束缚并局限在希腊的异教信仰范围内。等到它自己站稳了脚跟，它乃起来反对民间信仰，并对它取敌对态度，直到哲学把握住民间信仰的内在核心，并在其中认识到它自身时为止。所以最早的古代希腊哲学家大都尊崇民间宗

① 据荷夫麦斯特本，第一八九页增补。——译者

教，至少他们不反对它，或不去反省它。后来，自塞诺芬尼起始，即已猛烈地攻击民间幻想，于是就出现了许多号称为无神论者。一如民间信仰与抽象思想之彼此对立，相安无事，我们还看到稍后一点的许多有教养的希腊哲学家，他们的思辨活动与崇拜的仪式，虔敬地祈求神灵，献祭等尚一起共存着，而没有丝毫虚伪勉强之感。苏格拉底被控诉，说他教导民间宗教以外的神灵，——无疑地，他的“精灵”是与当时希腊的伦理和宗教原则相违反的。但同时他却
95 很忠诚地遵守他的宗教习俗，我们知道他最后的一句话，尚在嘱托他的朋友，请他们替他对爱斯库拉普（希腊药神——译者）献祭一只雄鸡。这个遗志是与苏格拉底对神的本质之一贯的思想，特别是与他的道德思想很不一致的。柏拉圆剧烈攻击诗人和诗人所歌颂的神灵。等到后来，新柏拉图派才认识到为前期哲学所抛弃的民间神话中所包含的普遍内容，于是他们把这些神话改造成、翻译成思想所能够掌握的意义，于是神话就被用来象征地表示他们哲学思想的形象化的语言。

同样在基督教里，我们看见，思维没有独立性地与这种宗教形态相结合，并且只在宗教范围以内活动；这就是说，思维以宗教作为根据，且自基督教教义的绝对前提出发。后来我们看见所谓信仰与所谓理性的对立，及当思维的翅膀长得强而有力时，这个少年之鹰便独自飞向真理的太阳，但也像一个鸷鸟，它反对宗教，向宗教斗争。最后，哲学对于宗教内容通过思辨的概念予以合理的解释，亦即在思想面前予以正确公平的处理。由于这样，概念必须得到具体的掌握，并浸透在具体的精神活动里。这应是现时的哲学观点，这哲学是在基督教之内成长起来的，它除了以世界精神作为

它的内容外，更没有别的内容。当世界精神在哲学中认识它自身时，则它也复是在前此与哲学相敌对的形态——宗教——中认识它自身。

因此宗教和哲学有一共同的内容，只是形式不同罢了。主要问题只在于概念的形式须完善到相当高的程度才能够把握住宗教的内容。真理正是人们所谓宗教的神秘；真理也就是宗教的思辨 96
成分。新柏拉图派把这种思辨成分叫做 μυεῖν，μυεῖθαι“进入秘奥”或从事于思辨概念的体认。粗浅地讲，一般人所了解的神秘是神奇不可知的意思。但在爱留西的神秘信仰里[①]却没有不可知的东西，（在这意义下，所有的雅典人都已进入神秘的境界，唯苏格拉底没有进入。）说到这里，我要顺便提一下，那些考据家先生们也是这样，因为在考据学里也流行着这种保守秘密的观念。在生人面前公开使人知道秘密乃是唯一被禁止的事。在有些情形下泄露秘密乃是犯罪的事。〔宗教的神秘既然是神圣的，就不应该随便说出来。赫罗多德常常明白宣称（例如第二卷四十五至四十七节），他也愿意说出埃及的神灵和神秘信仰，除非这样说出是虔敬的。他知道很多东西，但完全说出来却是不虔敬的。〕[②]基督教的教条是被称为神秘的。这些教条就是人所知道的关于上帝的本性的东西。但教条也不是什么神秘的东西，而是为这个宗教的所有信徒都知道的，其所以与别的宗教的信徒的区别就在这点。既然所有的基督徒都知道基督教的信条——神秘，足见神秘并不是什么不

① 希腊北部民间信仰的一派，注重在群众性的狂欢里与神和合。开讲词中也曾提到这派，请参看。——译者

② 据米希勒本，第二版，英译本，第七十九页增补。——译者

可知的东西。神秘作为思辨的内容，就它的性质说来，只是对于理智是不可知的秘密，而不是对于理性；从思辨的意义看来，神秘的正是那合理性的。理智不能把握思辨原则，思辨原则是具体的，而理智总是执著区别，认之为完全分离开的；神秘却又包含了理智的矛盾，但同时又解除了理智的矛盾。

因此哲学对于新近神学中的所谓理性主义是持反对态度的。理性主义者口头上老是挂着理性，但实际上那只是枯燥的理智、抽象的思维，从它里面一点也认识不到具有自我思维成分的理性。这种理性主义，在内容与形式两方面，都是与哲学相反对的。它使得内容、使得天国空疏化，一切的一切都被它降低成有限的关系。即单就形式而论，它也是与哲学相反对的。因为它的形式只是抽

97 象推理，不自由的抽象推理，而不是把握本质。宗教中的超自然主义是反对理性主义的，但就真实内容看来，它却与哲学很亲近，不过形式不同罢了。但当它变成麻木不仁毫无精神意味时，它便只知接受外在的权威以作支持。经院哲学家却还不是这类的超自然主义者。他们曾用思维、概念去认识教会的教条。当宗教以僵化了的抽象权威去反对思维，宣称“地狱的大门将不能战胜它”时，则理性的大门较地狱的大门更坚强，不过其目的不在战胜教会，而在与教会相调和。哲学作为把握宗教内容的思维，与宗教的表象比较起来，有一优点，即它能理解双方。哲学能理解宗教，它又能理解理性主义和超自然主义，它又能理解它自己，但反过来，宗教却不能这样。宗教从表象的观点只能理解与它处于同等地位的东西，却不能理解哲学、概念、普遍的思想范畴。所以我们从哲学出发去责备哲学之反对宗教，对于哲学常常还算不得不公平；但如果

我们从宗教观点出发去责备哲学之反对宗教，对于哲学则常常是很不公平的事。

宗教的形态对于自在自为的精神是必要的。宗教是对任何人，对任何形态的意识皆真的真理形式。这种人类的普遍教化最初采取感性意识的形式，其次为普遍形式之渗入感性的现象，这就是反省。表象的意识，神秘的、传统的、权威的形式都属于理智的形式。那包含在精神的见证内的本质，只有当它表现在理智的形式内时，才能成为意识的对象。我们的意识必早已从生活中、从经 98
验中熟习了这些形式。因此宗教必具有真理或精神性的意识，——必具有理性的形式。或换言之，真理的意识必具有宗教的形式。这就是宗教之所以有存在价值的一般理由；但这种〔思辨性的〕思维的意识并不是一切人〔都共有的〕[①]外在的一般的思维形式。

现在我们已说明了哲学与宗教的区别。此外尚有几点与研究哲学史有关，拟部分地根据上面所说过的，略说一说。

第二：〔宗教成分之必须从哲学史的内容里排出去〕[②]

对于其他与宗教有关的材料，我们在哲学史里应如何处理呢？我们**首先**碰见神话。它似乎也可以被引入哲学史里面。神话是想象的产物，但不是任性（Willkür）的产物，虽说在这里任性也有其一定的地位。但神话的主要内容是想象化的理性的作品，这种理性以本质作为对象，但除了凭借感性的表象方式外，尚没有别的机

① 据荷夫麦斯特本，第一九二页增补。——译者

② 据米希勒本，第二版，英译本，第八十一页增补。——译者

能去把握它;因此神灵便被想象成人的形状。神话可以为了艺术、诗歌等而被研究。但思维的精神必须寻求那潜伏在神话里面的实质的内容、思想、哲学原则,一如我们须在自然里面去寻求理性一样。新柏拉图主义者便是采取这种方式来处理神话的。近年来这主要地就是我的朋友克罗伊采尔[1]所研究的象征学的任务。这种处理方式曾遭到许多人反对和指责:我们只须切实地去做历史工作,而这种掺杂哲理进入神话或从神话中绌绎出哲理——这哲理是古代的人想也没有想到过的——的作风是反历史的。这话一方面是完全正确的,因为这只是克罗伊采尔的研究方式,也是古代亚
99 历山大里亚的新柏拉图派所从事过的工作。在有意识的思维里古代人的确没有想到过那些哲理。也没有人这样肯定过;但说那些哲理的内容没有潜伏在神话中,却未免有些可笑。民间的宗教,以及神话,无论表面上如何简单甚或笨拙,作为理性的产物(但不是思维的产物),无疑地它们同真正的艺术一样包含有思想、普遍的原则、真理。理性的本能是它们所自出的基础。也就由于这样,当神话过渡到感性的认识方式时,总是掺杂有不少偶然、外在的材料。因为用感性的方式去表达概念总是包含有不相适合的成分的,在想象的基础上是不能很真实地表达理念的。这种基于历史的或自然的情况产生出来的感性形式,必须从各方面去予以规定。这种外在的特性必是或多或少地不能与理念相符合的。这些解释里面也可能包含许多错误,特别是从个别事例出发。在一大堆习

① 克罗伊采尔(Friedrich Kreuzer)著有“古代民族,特别是希腊人的象征和神话”一书,第二版改订本共四册,于一八一九年在海得堡出版。——译者

俗、行为、工具、衣饰、祭品等等之中，总包含有一些与思想相类似和与思想有关系的东西；不过距离理念还很远，而且里面必夹杂有很多偶然的成分。但这里面包含有理性，本质上是我们必须承认的。而且采取这种方式去了解神话乃是一种必要的研究方法。

不过神话仍然必须从我们的哲学史内排除出去。其理由是：哲学史所研究的不是潜伏在某些表现里的一般哲理和思想，而是明白表示出来的思想，而且只研究明白表示出来的思想，——只研究这样的、已经进入意识取得了思想的形式的宗教内容。这表明 100
了一种巨大的区别[①]。譬如，小孩也具有理性，但理性在小孩中仅是一种潜在的禀赋。哲学所研究的是形式，是内容发挥成为思想的形式。只有思想才是理念的绝对形式。潜伏地包含在宗教中的哲理与我们无关，必须这哲理取得思想的形式时，才是我们研究的对象。

在许多神话里面，诚然是有形象的，并且同时有关于形象的意义，或者形象自身就带有意义。古代波斯人崇拜太阳或火作为最高的存在。波斯宗教的本源为泽尔万·阿克仑（Zervane Akerene按即无限的时间或永恒）。这个单纯的无限的存在具有“两个原则：奥尔牟兹德（'Ωρομάσδος）和阿利曼（'Αρειμάνιος），主宰善恶之神”[②]。普鲁泰克[③]说：“它不是一个保持并主宰全体的存在，而是夹杂有恶在内的善，自然一般地绝不产生任何纯洁的和单纯的东西。所以它并不是一个授予者，像一个主人从两个瓶子中取出饮

① 指潜在与实在的区别。——译者

② “第欧根尼·拉尔修”，第一卷，第八节。

③ “论伊西斯和奥西里斯”，第二卷，第三六九页（克须兰本）。

料来加以分配与混合。反之它乃是通过两个相反的敌对的原则,其中之一遵循正当的方向,而另一原则向着相反的方向进行,如果不是整个世界,至少这地球是在不平衡的情形下运动着。琐罗亚斯德曾经很好地把其一原则(奥尔牟兹德)解释为光明,而把另一原则(阿利曼)解释为黑暗;在两者的中间为米特拉,因此波斯人称米特拉为调解者。"于是米特拉又是本体、普遍的存在,也就是提高到全体的太阳。它不是奥尔牟兹德与阿利曼间的调解者,好像它要维持和平以便两者各自独立存在,而它乃是站在奥尔牟兹德一
101 边,同它一起向恶斗争。米特拉并不是分有或兼有善恶的一种不吉祥的中间物。

阿利曼有时被称为光明所产生的第一个儿子,但只有奥尔牟兹德才长住在光明里。在创造这可见的世界时,奥尔牟兹德在地球上面,在它的不可把捉的光明王国内,放置那坚固的苍穹,这苍穹高在天上,尚完全为那最初的原始光明所围绕着。在地的中间有一高山名阿尔波第,这山的山顶直达到原始光明。奥尔牟兹德的光明王国一直扩张到天上坚固的苍穹,到阿尔波第山上,且又到地上直至第三时代。这时前此只局限在地下的黑暗世界的阿利曼才冲进奥尔牟兹德的形体世界,与他共同主宰这世界。于是那介于天与地的中间才分割为光明黑暗两半。正如奥尔牟兹德前此只是一精神的王国,所以阿利曼也只是一黑暗的王国,但为了混合起来,他于创造地上的光明时复建立一地上的黑暗与它对立。从这时起这两个形体世界就彼此对立,一是纯洁而善的,一是不纯洁而恶的。这种对立贯穿了整个自然界。在阿尔波第山上奥尔牟兹德曾经创造了米特拉作为地上的调解者。创造形体世界的目的没有

别的，只在于使从它的创造主那里堕落下来了的存在，回复其地位，补偿其缺陷，因而使得恶永远消失。形体世界是善与恶斗争的舞台或战场。但光明与黑暗的斗争本身并不是一个绝对不可解决的对立，而是一过渡的阶段，奥尔牟兹德，光明的原则，将最后取得胜利。

我要指出，从哲学看来，这种二元论特别值得注意。有了这种二元，于是〔统一这对立的〕概念就成为必要了。概念在二元里乃 102
直接是它自身的反面，但它在它的对方（即反面——译者）里复与它自身相统一。因此，就两者而论，只有光明的原则是本质，而黑暗的原则乃是虚无。因此光明的原则就与前此被称为最高存在的米特拉合而为一了。如果我们用这些和哲学有比较密切关系的观念来看这些对立的成分，我们就会发现这种看法中有一普遍的原则最有兴趣：一个单纯的存在，它的绝对的对立表现为它自身内在的对立和这对立的扬弃。这种对立表面上的偶然性因而被取消了。但精神原则与物质原则又不是分离的，因为善与恶同时被规定为光明与黑暗。这里我们就看见思想与现实的分裂，而同时又不是一种分裂，像只是在宗教里所发生的那样，把超感官的东西重新表象为感性的、非概念的、分散的状态。而在这里感官世界之完全分散的状态已经集中为单纯的对立，而对立的运动过程亦同样单纯地表象出来了。这些看法很接近思想，它们已不仅是形象了。但这类的神话仍不属于哲学范围。因为在神话里，思想并不占第一位，主要的是神话的形式。在一切宗教里，都有摇摆于形象化的想象与思想之间的情形；这种夹杂不纯的东西仍属于哲学范围以外。

在腓尼基人中,桑柯尼亚顿[1]的天地开辟说里也同样地说:
103 "万物起源于混沌,在混沌中各种元素混同一起,没有发展出来,形成一种洪濛之气。这洪濛之气弥漫于混沌中,逐渐形成一种流质的泥浆,这泥浆包含有生命力及动物的种子在内。由于泥浆与混沌的材料之混合和由此发生的发酵作用,于是就化分为许多元素。火的元素高飞天空,形成了星球。由于星球对空气的影响,而产生了云,地球也因而能生长万物了。由于泥浆凝固过程中水与土的混合而产生动物,——不完全和没有感官。这种动物又产生别的较完全的有感官的动物。暴风雨中巨雷的震撼唤醒了最初沉睡在胎膜中的动物的生命。"

在迦勒底人中,倍洛苏[2]说:"原始的神是贝耳和女神奥摩洛伽(海洋之神),在它们之外尚有许多别的神灵。贝耳把奥摩洛伽分割成两半,为了要从这两部分里构造成天与地。于是他砍下他自己的头,从他这神圣的血液的点滴里便产生了人类。创造了人之后,贝耳扫除了黑暗,分开了天地,形成了这自然形状的世界。他觉得地上个别的地区尚没有足够的人居住,他强迫另一个神打

① "桑柯尼亚顿残篇",昆伯兰本,一七二〇——一七二八年伦敦版;德文本是卡塞尔(J. P. Kassel)所译,一七七五、一七七八年马德堡版(第一——四页)。——欧瑟比(Eusebius)的书("福音之准备",第一卷,第十节)中所载的这些残篇,是从一个文法学家比布罗人斐洛(Philo aus Biblus)由腓尼基文译成希腊文的"桑柯尼亚顿"里来的,斐洛生于卫斯巴先朝,他把桑柯尼亚顿归之于一个远古的时代。

② "迦勒底人倍洛苏",约瑟夫(Josephus)、辛采罗(Syncellus)与欧瑟比编辑的残篇;斯卡利格尔(Scaliger)所集录的残篇附在"论时代的改进"中,全载于"法布里丘(Fabricius)希腊文库"第十四卷,第一七五—二一一页(第一八五——九〇页)。——倍洛苏生于亚历山大时代,据说是贝耳神的祭司,从巴比伦的神庙藏书中取得了材料。

伤他自己,从他的血液中又产生了更多的人和更多种类的动物。最初人生活得野蛮而没有文化,直到一个巨灵产生(这个巨灵倍洛 104
苏叫做奥安尼),把人们联合起来成一个国家,并教导他们艺术和科学和一般人的文化。这巨灵当太阳自海洋中升起时开始为这目的而工作,及日落后,他又隐藏在波涛里了。"

神话也可以自诩为一种哲学。也有许多哲学家利用神话的形式以使得哲理更接近想象;神话的内容是思想。但在古代神话中,神话并不仅是外衣;人们不仅是先有了思想,然后才用神话把思想掩盖起来。在我们反省的方式下,可以是这样;但原始的诗却不是从诗与散文的分离出发。如果哲学家运用神话,那大半由于他先有了思想,然后才寻求形象以表达思想。譬如,柏拉图有了不少美丽的神话,许多别的哲学家也常用神话的语言说话。又如耶可比用基督教的形式来处理哲学,也用宗教的方式来谈思辨的问题。但宗教形式并不是研究哲学的适当形式。思想既以自身为对象,则它的这种对象亦必须具有思想的形式,它自身亦必须提高到它自己的形式。柏拉图由于他的神话曾得到好评。这种诗的或神话的成分曾证明了他比别的哲学家有更高的天才。人们以为柏拉图的神话比抽象的表现方式较为美好。无疑神话是柏拉图对话中很美的表现。但细究起来,一部分由于他不能够用纯粹的思想方式来表现他自己,一部分柏拉图只在导言中使用神话,及谈到中心问题时,他就采用别的方式来表达了。譬如,在"巴门尼德"篇里,只
是单纯的思想范畴,而没有采用神话的语言。从表面看来,这些神 105
话诚有用处:从思辨的高度降低一点,用较容易的形象化的语言来表达。但柏拉图的价值并不在于他的神话。如果思维一经加强

了，要求用自己的要素以表达自己的存在时，就会觉得神话乃是一种多余的装饰品，并不能借以推进哲学。人们常常只呆执着这种神话。所以亚里士多德被误解，由于他这儿那儿掺杂了不少的比喻。比喻不能完全适当地表达思想，它总附加有别的成分。由于缺乏能力把思想表达成思想，于是乃借助于感性的形式来表达。思想是不应为神话所掩蔽的。因为神话的目的乃在于表达、揭示思想。这种表达的方式和象征当然是有缺点的。谁把思想掩蔽在象征中，谁就没有思想。思想是自己显示其自身的，神话并不是表达思想的正确方式。亚里士多德①说过："对于那用神话的方式来谈哲学的人，我们是不值得予以认真看待的。"神话并不是传达思想的主要形式，只是次要的方式。

与神话相关联，另有一表现普遍内容的方式：即用数、线条、几何图形来表现。数、几何图形等是形象的，但又不像神话那样具体地形象化。譬如，我们可以说：永恒是一圆形，——一条自己咬着自己尾巴的长蛇，这是一个形象。但精神不需要这类的象征。它有语言作为它的表现工具。有许多民族仍停留在这种象征的表现方式里。但这类的表现方式并不能达到好远。许多极抽象的概念
106 诚然可以用这种工具来表示，但进一步就会引起混乱。譬如，共济会会员们（中世纪的秘密结社——译者）有一些象征性的东西，被认为是深邃的智慧，——所谓深邃就好像一个不能看透底的深潭那样——，所以凡是掩蔽着的东西很容易被人们当作深邃，以为掩蔽在后面的东西就是深邃的。但须知，也很有可能那掩蔽着的后

① "形而上学"，第三卷，第四章。

面却没有东西。共济会就是这样，不论对会外或对会内的人，一切都掩藏着，它里面实在没有东西，既没有特殊的智慧，也没有科学。反之，思想之所以为思想即在于它的表现。清楚明晰就是它的本性、它的自身。表现并不是一种可以存在，也同样可以不存在的情况，因而思想即使不表现出来仍然是思想。须知思想的表现就是它的存在。

从上面所说，毕泰戈拉学派所谓“数”，并不是把握思想的适合工具。试就毕泰戈拉所说的 μονάs，δυάs，τριάs（一、二、三、）而论。μονάs 是统一（或单一——译者）δυάs 是区别，τριάs 是单一与区别的统一。三等于一加二。但这类的相加已是很坏的结合。前两个数通过加法结合在一起。但这类的结合实在是最坏形式的统一。“三”以较深刻的形式表现在宗教里为三位一体，表现在哲学里为概念。但数乃是〔表现思想的〕坏的方式。〔再则、如果以衡量空间的方式作为表示绝对的媒介，也应受到同样的反对。〕[①]

有人提到中国的哲学，伏羲哲学，说其中也是用数来表达思想。但中国人对于他们的符号也还是加了解释的，因此也还是把它们所象征的意义说明白了的。普遍、单纯的抽象概念是浮现于一切多少有一些文化的民族里的。

其次，必须指出，即在宗教本身，以及在诗歌里实包含有思想。宗教不只是表现在艺术形式内，却包含有真正的思想、哲理。在诗
歌里（诗歌是艺术，以语言为表现的要素）也还是要进一步而去表 107

① 据米希勒本，第二版，英译本，第八十九页增补。——译者

达思想，所以在诗人那里我们也发现深刻、普遍的思想。关于实在的普遍的思想，在各民族里[①]都可找到。特别是在印度宗教里普遍的思想曾经被明白地表达出来。所以人们说，这个民族也有真正的哲学。但我们在印度的书籍里所遇见的有趣的普遍的思想，却局限在最抽象的观念里——局限在生灭的观念和生灭循环往复的观念里。譬如，长生鸟（Phönix）[②]的故事是大家所熟知的。这故事一般是来自东方。同样我们在古代人中也可发现关于生与死、由有到无这样的思想：死出于生，生出于死；在肯定的存在里已包含有否定在内。否定的亦同样地包含在肯定的之内；一切变化和生命过程都以此为基础。但这类思想只是有时偶然出现，还不可当作真正的哲理。只有当思想本身被认作基础、绝对、一切其他事物的根本时，才算得有了哲学。但在上述那些表达方式里却不是这样。

哲学并不是对业已存在于背后作为基质（Substrat）的某一对象的思想。哲学的内容即是思想，普遍的思想。唯有思想才是第一义；哲学里的绝对必是思想。在希腊宗教里我们发现有“永恒的必然性”这一绝对的、普遍的关系或思想范畴。但这种永恒必然性的思想只表示一种相对的关系，除了必然性外还有〔自由的〕主体。这种必然性不能当作真实的、无所不包的存在。所以这样的方式
108 也不是我们须加研究的对象。我们可以这样说，有优利披德哲学、

① 米希勒本作“在各地”，兹据荷夫麦斯特本，第二一七页改为“在各民族里”。——译者

② 东方神话中的一种神鸟，有人译作“凤凰”。相传这鸟活了五百年便积香木自焚，化为灰烬，从灰烬中跃出成为一个年轻的鸟，如是往复，永远不死。——译者

有席勒哲学、有歌德哲学。但所有这些诗人的思想——对于真理、人的使命、道德等普遍的观念，一方面只是偶然顺便提出来的，一方面这些观念尚没有取得真正的思想形式，因为凡是根据真正的思想形式表达出来的，必应是最后的，构成绝对基础的东西。〔在印度人那里，一切与思想相关联的东西互相贯穿在一起。〕[①]

第三：〔宗教内的特殊理论〕[②]

我们在宗教里面发现的哲学亦与哲学史无关。不仅在印度宗教里，即在教父和经院哲学家那里，我们均可见得关于上帝性质的深刻的思辨的思想，熟悉这些思想，是研究教条历史的主要兴趣，但却不属于哲学史的范围。不过对于经院哲学家比起对于教父又须更加注意。教父们诚然是伟大的哲学家，基督教文明的形成，许多地方应该归功于他们。他们的思辨思想一部分应属于别的哲学，譬如柏拉图哲学。〔这哲学自身有其独立的存在，在适当的地方将对它的最初形态予以考察。〕[③]这些思辨思想的另一部分系出自宗教的思维内容，这内容作为教会的教义是他们思想的基础，首先是属于教会信仰的范围。因此这些思想是建筑在一个前提上面的。它们算不得真正的哲学，这就是说，算不得建筑在自身上的思想，而是为了一个固定的观念或前提而活动，——或是反驳别的观

① 此句与上文不相连属，荷夫麦斯特本及米希勒本，第二版，英译本均没有，似是衍文。——译者

② 据米希勒本，第二版，英译本，第九十一页增补。——译者

③ 米希勒本关于这句话意思欠明确，这里是根据荷夫麦斯特本，第二一八页译出。——译者

念和哲理，或借攻击别的观念和哲理去为自己的宗教教义作哲学的辩护。因此这种思想并未认识并发挥其自身为内容之最后的、绝对的顶点，亦未认识并发挥其自身为内在地自身规定的思想。内容本身业已被当作真理，但它不是建筑在思想自身上面。理智
109 不能把握宗教的真理；当理智自称为理性（像启蒙思想那样），〔要去讨论宗教和宗教的思辨内容〕，并自己宣称为〔这种内容的〕主人和统治者时，则它就〔把这内容弄成浅薄平庸〕了[①]。基督教的内容只有借思辨的方法才能把握。因此当教父们在教会的教义范围内思想的时候，他们的思想本来是很有思辨意味的，但它的内容却没有通过思想本身予以证明，而这种宗教内容的最后的辩护亦只是依赖教会的教义。于是哲学就局限于固定的教条之内，而不是自由地从自身出发的思想。同样在经院哲学里，思想并不是凭借自身形成的，而是依靠于一些前提。在经院哲学里，思想已愈趋于自己建筑在自己上面，但并不与教会的教义对立。教义与思想二者*应*一致，也*是*一致的，但教会已经证明为真的真理、思想应该从自身出发予以证明。

这样我们就划分开那些与哲学相关联的部门了。但我们同时又要注意这些相关联的部门所包含的成分，哪些是属于哲学的概念，哪些是与哲学分开。这样我们才能够认识哲学的概念。

（三）哲学与通俗哲学的区别

就上述两个与哲学相关联的领域而论：其一，那些特殊的科

---

① 这三个括号内的译文，都是根据荷夫麦斯特本，第二一九页增补的，米希勒本语意不够明白充足。——译者

学，如果要算作哲学，就有了这样的缺点：它们是沉陷在有限的材料中的自己观察、自己思想，是主观能动地去认识有限事物，但缺乏内容（指无限的普遍的内容——译者），只代表形式的主观的那一环节。其二，宗教的领域：它与哲学有了共同的内容，代表客观的那一环节，其缺点在于自己思想不是中心环节，而其对象或内容也只是通过形象的形式或历史的形式表现出来。哲学所要求的是两个环节的统一与贯穿，它结合这两方面为一体：它结合了生活的休沐日和工作日，在休沐日，人谦卑地否定他自身于庄严神圣的上 110
帝之前，在工作日，人立定脚跟，自己是自己的主人，为自己的利益而奋斗。另外有一领域似乎想兼备这两个方面，那就是"通俗哲学"。通俗哲学也研究普遍的对象，也对上帝与世界加以哲学思考。在这里思想也是能动地去认识这些对象。但这类的哲学我们仍须把它抛在一边。西塞罗的著作就可以算作这样的通俗哲学。那也是一种哲学思想，有它一定的地位，而且里面说了很多很好的话。他有了多方面的生活体验和性灵体验，及他观察了世事的变化后，他便体会到真理。他以教化人群的精神，去说出人生的重大问题，所以很为众人所喜爱。从另一方面看来，狂热者、神秘主义者也可以算作通俗哲学家。他们道出了他们深刻的宗教信念，他们在高尚神圣的领域里有了体验，他们能够说出最高的内容，而他们的文字表达也是很感人的。像巴斯喀尔的著作就是这样。他的"沉思录"（Pensées）一书中有最深刻的见解。

从哲学观点看来，这种哲学还有一个缺点。它所诉求的究竟至极的东西是植根于人的自然本性中的（近代的人也是这样看法）。这种看法，西塞罗也是很常有的。现在大家常说到"道德的

本能”，但人们却称之为一种情绪。据说，现在宗教不应建筑在客观内容上而应建筑在宗教情绪上：人对于上帝的直接意识就是最后的根据。西塞罗常用“众心一致”（consensus gentium）这名词。这种诉诸众心的办法在近代是或多或少被摈弃了，因为主体是应
111 该建筑在自身上面的。他们首先抬高感情的地位，然后再为感情找根据，说理由。但这种根据和理由也只能在当下的直接性里去寻求。诚然这里所要求的是自己思想，思想的内容也是从自身出发的。但这种思想形态我们也同样应予以排斥。因为思想内容所自出的本源仍与前面所讨论的第一领域（指科学——译者）是相同的。在第一领域里本源是自然。但在第二种领域（指宗教——译者）内，本源却是精神，不过在这里本源只是权威、外在给予的内容、只有在默祷中才暂时取消了这种外在性。〔而在第三领域（通俗哲学）里，其权威的本源却是自然的内心的权威〕[1]。这本源是心情、冲动、天性、我们的自然存在、我对正义、上帝的感情。这内容只是在自然的形式中。在情感中〔诚然〕[2]我有了一切，但神话的内容也包含一切。但无论情感或神话的内容都不是在真正的形式里。在〔国家的〕[3]法律和宗教的教义里，这种无限的内容在一较确定的形式下达到了意识；而在感情里，主观的任性尚混杂在内容里面。

① 据荷夫麦斯特本，第二二二页增补。——译者

② 同上。

③ 同上，第二二三页增补。——译者

三　哲学和哲学史的起始

哲学以思想、普遍者为内容，而内容就是整个的存在。这个普遍的内容我们必须予以规定。我们即将指出，对这内容种种不同的规定如何逐渐在哲学史里面出现。最初这些规定是直接的，进一步，这个普遍者就会被认作自己无限地规定着自己的存在。我们既已这样说明了哲学的性质，就可以问哲学和哲学史是从哪里起始的了。

（一）思想的自由是哲学和哲学史起始的条件

一般的答复即根据前面所说：什么地方普遍者被认作无所不包的存在，或什么地方存在者在普遍的方式下被把握或思想之思 112
想出现时，则哲学便从那里开始。这事何时发生？这事何时起始？这就是历史所要解答的问题。思想必须独立，必须达到自由的存在，必须从自然事物里摆脱出来，并且必须从感性直观里超拔出来。思想既是自由的，则它必须深入自身，因而达到自由的意识。哲学真正的起始是从这里出发：即绝对已不复是表象，自由思想不仅思维那绝对，而是把握住绝对的理念了：这就是说，思想认识思想这样的存在是事物的本质，是绝对的全体，是一切事物的内在本质。这本质一方面好像是一外在的存在，但另一方面却被认作思想。因此那为犹太人所当作思维对象的上帝（因为一切宗教均包含思维）的单纯的超感官的本质不是哲学的对象。但反之，譬如这样的命题：事物的本质是水、或火、或思想，则是哲学的命题。

这种普遍的规定，那自己建立自己的思想，是抽象性的。它却

是哲学的起始，这起始同时是历史性的，是一个民族的具体的思想形态，这个思想形态的原则构成我们所说的哲学的起始。一个有了这种自由意识的民族，就会以这种自由原则作为它存在的根据。一个民族的法律的制定，和这民族的整个情况，只是以它的精神所制定的概念和所具有的范畴为根据。如果我们说，哲学的出现属于自由的意识，则在哲学业已起始的民族里必以这自由原则作为它的根据。从实践方面看来，则现实的自由和政治的自由之发苞开花，必与自由的意识相联系着。现实的政治的自由仅开始于当
113 个人自知其作为一个独立的人，是一个有普遍性的有本质性的，也是有无限价值的时候，或者当主体达到了人格的意识，因而要求本身得到单纯的尊重的时候。这样，对于对象的自由思维就包含了对绝对的、普遍的、本质的对象的思维。所谓思维就是把一个对象提高到普遍性的形式。所谓自己思维或自由思维就是自己知道自己具有普遍性、自己给予自己以普遍的特性、自己与自己相关联。自由思维里即包含有实践的自由的成分。哲学的思想因此是两方面的结合：第一，就哲学思想之为思维能力言，它有一普遍的对象在它前面，它以那普遍者为它的对象，或者它把对象规定为一有普遍性的概念。在感觉意识内的个别的自然事物，它规定为一普遍者、为一思想、为一客观的思想——为一作为思想的客观东西。第二，在哲学思想里，我认识、规定、知道这个普遍者。只有当我保持或保存我自己的自为性或独立性时，我才会与普遍者有能知的认识的关系。一个对象尽管保持其为对象，并与我相反对，同时只要我在思维它，则它就成为我的了：虽说它是我的思维，但它对于我仍是一绝对的普遍者；我在它里面发现我自己，我保持我自身于这

客观的无限的对象中，我对它有了意识，我仍然站在客观对象的立场。

这就是政治自由与思想自由出现的一般联系。所以在历史上哲学的发生，只有当自由的政治制度已经形成了的时候。精神必须与它的自然意欲，与它沉陷于外在材料的情况分离开。世界精神开始时所取的形式是在这种分离之先，是在精神与自然合一的阶段，这种合一是直接的，还不是真正的统一。这种直接合一的境 114
界就是东方人一般的存在方式；故哲学实自希腊起始。

（二）东方及东方的哲学之不属于哲学史

关于上面这种东方意识的形态尚需有一些解释。精神是有意识的、有意志的、有欲求的。如果自我意识停留在这第一阶段，则它的表象和意志的范围是有限的。由于在这里理智既是有限的，则那种精神与自然的合一也不是完美的境界。它的目的也还不是一个具有普遍性的东西。如果我志在求正义、求道德，则我的意志是以普遍性为对象，且必以普遍性为根据。如果一个民族有了一个合乎正义的法律，则它的对象便是有普遍性的；这又以精神的坚强为前提。当它以普遍性为意志的对象时，则它便开始有了自由。普遍的意志包含着思维（主体的思维）与思维（普遍性）的关系，这也就是思维在自身之中。民族的意志要求自由，它调整它的欲望，使遵从法律；在未遵从法律以前，它所欲求的对象只是一特殊的东西。意志的有限性是东方人的性格，因为他们意志活动是被认作有限的，尚没有认识到意志的普遍性。在东方只有主人与奴隶的关系，这是专制的阶段。在这阶段里，恐惧一般的是主要的范畴。

意志还没有从这种有限性里解放出来,因为思维本身也还不是自由的;因此意志可被认作是有限的,而有限的就可被假定为否定的。这种否定之感——感觉着某种东西不能长久支持下去——就是恐惧。反之自由却不是有限的,而是独立自在的,而独立自在的东西是不能被打倒的。人或是在恐惧中,或是用恐怖来统治人;二者是处在同一阶段。这差别只在于一方有了较坚强有力的意志,它能够走向前去奴役一切有限的意志使为一个特殊的目的而牺牲。

宗教也必然有同样的特性。宗教的主要环节是对于主的畏
115 惧,更不能超出这点。"对主的畏惧是智慧的开始"[①],这话是正确的。所以人必须从畏惧起始——必须认识到有限目的具有否定的特性。但人必须扬弃有限目的以克服畏惧。只要宗教所给予我们的是满足,而这满足又是局限于有限事物里,则它所寻求的主要的与神和合的方式只是对于自然物象的人格化和敬畏。东方人的意识诚然超出自然的内容,提高它自身到一无限的对象。但它的主要的特性就是对于一个大力之畏惧,个人自知其在这大力面前只是一偶然无力的东西。这种个人对于无限大力的依赖可采取两个不同的形式,而且必然从一个极端过渡到另一个极端。其一极端为:意识的有限对象只能采取有限者的形式〔而与无限相隔绝〕;另一极端则为:意识的对象成为无限的,但这无限只是一个抽象的东西。由意志的极端被动——奴役,过渡到(在实际上)意志力的极端主动,但这只是武断任性。同样,在宗教里我们发现有人以沉陷

① 见旧约"诗篇",第一一一章,第十节。——译者

在最深的感性本身里为敬事上帝，也有人以逃避到最空虚的抽象里当作达到了无限。这就是出现在东方人，特别是印度人里面的，屏绝一切的崇高境界；他们自己折磨自己，走进了最深的抽象。譬如有的印度人费十年的长时间专事直视着自己的鼻尖，须赖周围的人养活他，不做别的事，更无别的精神内容。他们就只知道这样的抽象，其内容当然完全是有限的东西。这并不是自由的基地。这样一来，专制霸王可以随意所之，为所欲为了，——即使他做一点好事，也不是从法律出发，而是依据他的武断任性。

在东方精神诚然是在上升，不过在这阶段里，主体还不是人
格，而只是作为消极的毁灭的东西、沉陷在客观的实体里，这实体 116
一部分被表象为超感官的，一部分，甚至大部分，被表象为物质的。个人所能达到的最高境界——永恒的福祉，被表象为沉浸在实体中，为意识之消逝，因此实体与个体间就漫无区别了。既然最高的境界是没有意识的，于是一个毫无精神意味的境界就出现了。于是作为个体存在的人就与这实体对立着：实体是普遍的，个人是个别的。因此只要人没有达到永恒福祉的境界，则他便是与实体分离的，他就在天人一体的境界之外，他就没有价值，他就只是一个偶然的、无权利的、有限的存在。他认为他是为自然所决定了的——譬如印度的等级制。他的意志并不是实体的意志，而只是任性任意，受制于外在的和内在的偶然性，——只有实体才是肯定的。

这种东方人的境界，诚然并不是没有品格的高尚、伟大、崇高，但仅表现为自然的特性或主观的任性——而没有伦理和法律的客观规定：为全体所尊重，通行有效于全体，并且为全体所承认。这样，由于没有确定不移的准则，东方的主体或个人似乎有了〔完

全〕[1]独立的优点。对于他们没有任何固定的东西。东方人的实体是那样的不确定，所以他们性格也可以是那样不确定、自由、独立。我们所有的法律和伦理，在东方国家内也还是有的——不过是采取实体的、自然的、家长政治的形式，而不是建筑在主观的自由上。既没有良心，也没有内心道德，只是一种〔僵化了的〕[1]自然秩序，让最高尚的东西与最恶劣的东西并存着。

由此得到结论：我们在这里尚找不到哲学知识。属于哲学的
117 应是关于实体、普遍的东西、客观的东西的知识，——这种对象只要我思维它、发展它，它就保持其自身的客观性。所以，在实体中我同时仍保有我的特性，我仍肯定地保持着我自己。所以我对实体的知识不只是我主观的规定、思想或意见，而且即由于它是我的思想，它同样是关于客观对象的思想、实体的思想。

所以这种东方的思想必须排除在哲学史以外；但大体上我将对于东方哲学附带说几句，特别是关于印度和中国的哲学。在别处我曾经讨论过这点[2]；因为新近有了一些材料，使得我们可以对这方面下判断。前些时我们对于印度的智慧曾大加惊叹赞美，其实并不知道它的底细。现在我们初步知道它了，才很自然地发现它并没有什么特异之处。

（三）哲学在希腊的开始

真正的哲学是自西方开始。唯有在西方这种自我意识的自由

---

① 据荷夫麦斯特本，第二二八页增补。——译者

② 一八二五—一八二六年的演讲。——原注

才首先得到发展，因而自然的意识，以及潜在的精神就被贬斥于低级地位。在东方的黎明里，个体性消失了，光明在西方才首先达到灿烂的思想，思想在自身内发光，从思想出发开创它自己的世界。西方的福祉有了这样的特性：即主体〔在对象中仍〕维持其为主体，并坚持其自身于实体中。个体的精神认识到它自己的存在是有普遍性的，这种普遍性就是自己与自己相关联。自我的自在性、人格性和无限性构成精神的存在。精神的本质就是这样，它不能是别的样子。一个民族之所以存在即在于它自己知道自己是自由的，是有普遍性的；自由和普遍性就是一个民族整个伦理生活和其余
生活的原则。这一点我们很容易用一个例子来表明：只有当个人 118
的自由是我们的根本条件时，我们才知道我们本质的存在。这时如果有一个王侯想要把他的武断的意志作为法律，并且要施行奴隶制时，则我们便有了这样的意识，说这是不行的。每个人都知道他不能做奴隶。睡觉、生活、做官，——都不是我们本质的存在，当然更不用说做奴隶了。只有自然存在才意味着那些东西。所以在西方我们业已进到真正哲学的基地上了。

当我在欲求时，我是依赖于另一个人或物，我的存在是特殊性的，我就是我存在着的这样，我与普遍性的我不一致。因为我就是我，完全是普遍性的，但为欲望所束缚。欲望是任性或形式的自由，以冲动为内容。而真实意志的目的乃是善、公正，在这里面，我是自由的、普遍的，而别的人也是自由的，别人与我同等，我也与普遍的我一致，这样就是自由人与自由人的关系，因而这就建立了基本的法则，普遍意志的规定和合乎正义的政治制度，——我们第一次在希腊人里面发现这种自由，所以哲学应自希腊开始。

在希腊我们看见了真正的自由在开花，但同时尚局限在一定的形式下，因为有了奴隶制，国家也受奴隶制的支配。自由在东方、希腊、日耳曼世界的不同，可用下面的抽象看法粗浅地予以表明：在东方只是一个人自由（专制君主），在希腊只有少数人自由，在日耳曼人的生活里，我们可以说，所有的人皆自由，这就是人作为人是自由的。但在东方那唯一专制的人也不能自由，因为自由包含别的人也是自由的。而在东方只看见私欲、任性、形式的自由、自我意识之抽象的相等，我就是我。在希腊，自由仅属于少数
119 人，所以雅典人、斯巴达人是自由的，而麦森尼亚人和黑罗德人是没有自由的。于是就要去为这少数人的自由寻找根据。这里就包含着希腊人世界观的特殊形态，对于这一点我们要联系着哲学史予以考察。当我们作这种区别时，这就无异于说，我们进入对哲学史的分期了。

丙、哲学史的分期、史料来源、论述方法

一　哲学史的分期

当我们科学地来进行哲学史的工作时，必须把这种时期的划分看成是有必然性的。一般说来，我们本来只应当把哲学史分成两个时期：希腊哲学和日耳曼哲学，像艺术〔史〕[①]分为古代艺术和近代艺术一样。就日耳曼诸民族都信仰基督教而言，日耳曼哲学

① 据荷夫麦斯特本，第二三七页增补。——译者

是基督教国家的哲学。信基督教的欧洲诸民族，就他们属于科学的世界而言，一般地都有着日耳曼文化；因为意大利、西班牙、法国、英国等国家都曾因日耳曼诸民族而得到一个新的面目。希腊文化也透入到罗马世界里面，我们应当来讲罗马世界基地上的哲学[①]；但是〔那介于希腊人和日耳曼人之间的〕[②]罗马人并没有产生过真正的哲学，正如他们没有产生过真正的诗人一样。他们只不过是接受，只不过是模仿，虽然常常模仿得很入神。甚至连他们的宗教也是从希腊宗教而来的。罗马宗教的特色，是和哲学与艺术 120
并不接近，是比较非哲学非艺术的。如果现在哲学史的出发点可以说是：把上帝了解成直接的、尚未发展的普遍性，〔像我们看见泰利士对"绝对"的规定那样〕[③]——而哲学史的目的（我们现代〔这门科学〕[④]的目的），是要通过如此迂缓的世界精神二千五百年的工作，把绝对了解为精神，那么，从一个范畴，通过缺点的指出，推进到另一个范畴，在我们是很容易的[⑤]，——但是在历史的历程中，这却是很困难的。〔世界精神从一个范畴到另一个范畴，常常

① 据荷本，第二三七页作："但是希腊文化透入到日耳曼世界里面；罗马人形成两者之间的联结点。我们应当来讲罗马世界基地上的希腊哲学；罗马世界里是接受了希腊文化。"语气比较明确。（重点译者所加）——译者

② 据荷本，第二三七—二三八页增补。——译者

③ 据荷本，第二三八页增补。——译者

④ 据荷本，第二三八页增补。——译者

⑤ 据荷本，第二三八页作："……世界精神在它由一个范畴进展到另一个范畴，以达到对于它自身的意识这件工作里，未免太迂缓了。由于现在这些范畴都已经摆在我们面前，所以从一个范畴（通过缺点的指出）推进到另一个范畴，是很容易的。"语气较明确。（重点译者所加）——译者

需要好几百年。〕[①]

对于这两个主要的对立物，我们要作一些进一步的规定。希腊世界曾将思想发展到理念，而信基督教的日耳曼世界则将思想了解为精神；理念和精神是有区别的。这一个进程的进一步说明如下：由于那尚未规定的、直接的普遍者（上帝），“有”，那妒忌地不容许任何东西和它并立的客观思想[②]，乃是一切哲学的实质基础，而这基础并不改变，只是向自身深入，并且凭借着发展一系列的范畴表现自身，达到对自身的意识：所以我们可以对这个发展的特性在哲学的第一期中作这样的描写，即：这个发展就是范畴、象征、抽象性质从简单根源中的自发的产生；这个简单的根源，本身就已经包含着一切。

在这个普遍基础上的第二个阶段，是把这些如此建立起来的范畴以主观的方式结合在思想的、具体的统一中。初期的那些范畴乃是一些抽象物，现在绝对被了解成为自身规定的普遍者，成为能动的思想，不再被了解为具有这种特定性的普遍者了。因此绝对便被规定为一切特定性[③]的总体，成为具体的单一性了。在阿那克萨戈拉的 νοῦς（心灵）里，尤其在苏格拉底那里，便开始有一种

① 据同上处增补。——译者

② 据荷本，第二四〇页作：“最初的普遍者就是直接的普遍者，也就是‘有’。因此内容、对象就是客观的思想，存在着的思想。思想是一个妒忌的神灵，只宣称它自己是本质的，不容许任何东西和它并立。”（重点译者所加）——译者

③ 据荷本，第二四一页作：“在这个阶段里，‘全体’、‘绝对’被了解成为自身规定的（它初次成为具体的概念），不再被了解成为在这个或那个范畴中的普遍者，而被了解成为自身规定（Sichselbstbestimmen）的总体，——具体的单一性。”辞意比较明白。（重点译者所加）——译者

主观的总体,在这个主观的总体中,思维把握到自身,这里思维的 121
活动乃是基础[①]。

第三阶段是:这个起初是抽象的总体,由于凭借着能动的、作规定的、作分别的思想而得到实现,便表现其自身于它的那些有分别的范畴中,这些范畴是作为思想范畴而属于这个总体。由于这些范畴不可分地包含在统一里,因此其中每一个范畴也就是其他范畴,于是这些对立的环节也就提高到总体了。这种对立的最一般的形式是普遍与个别;另一种形式则是思维本身与外界的实在,感觉,知觉。概念是普遍和特殊的同一。这两者都在自身中表现为具体的,所以普遍在自身之内便是普遍与特殊的统一,特殊也是这样。这样,统一就建立在两个形式里了。因此,完全具体的普遍就是精神,完全具体的个别就是自然。抽象的环节只有通过它们的统一才能够实现其自身。于是现在便进入一个新的阶段:这些分别中的每一个都提高为一个总体的系统,彼此对立,像斯多葛派和伊壁鸠鲁派的哲学那样。在斯多葛派哲学里,纯思维便发展成为总体。如果把精神的对方,把自然存在、感性发挥成为总体,那么我们便得到伊壁鸠鲁派哲学。每一个范畴都发展成思维的总体,都发展成一个哲学系统。从自发的方式看来,这些原则在这个阶段好像本身都是独立的,是两种彼此冲突的哲学似的。真正说来这两者本是同一的,只不过自己做出彼此对立的模样;至于在这个阶段被认识到的理念,也只是存在于一个片面的规定中的。

① 据荷本,第二三九页作:"……思维把握到自身;νοῦς的定义就是作思维活动。"辞意比较明白。——译者

122 更高的阶段乃是这些分别的联合。在怀疑派那里，这种联合是发生在这些分别的取消中；但这更高的阶段是肯定的，理念是与概念关联着的。概念是普遍者，普遍者是自身决定自身的，不过也在自身中保持其统一，并且存在于它那些不能独立的范畴的理想与透明性中。更进一步是概念的实在性，各种分别自身就发展成为总体。第四个阶段是理念的联合，这一切作为总体的分别也都同时融合在一个概念的具体统一中。这种总括，只是以一种一般的方式出现在普遍性的自发的环节中；这种普遍的理想是以自发的方式被把握的。

希腊世界曾经进展到了这种理念。它曾经培养出一个理智的世界，这便是亚历山大里亚派的哲学；在这一派哲学里，希腊哲学得到了充分的发展，达成了它的使命。如果我们要想用譬喻的方式表达出这个进程，那便是：甲、思维（一）一般地抽象的思维，如像普遍的空间；因此常将真空的空间当作绝对的空间。（二）其次出现了最简单的空间范畴；我们从“点”出发，进到“线”与“角”。（三）第三步是“点”、“线”、“角”结合在三角形中，三角形虽然是具体的，不过还是包含在这种“面”的抽象成分中，——“面”还是最初的形式的总体，还是有限制的总体；这个阶段与 *νοῦς*（心灵）相当。乙、进一步是：由于我们使包围三角形的每一条线都再成为一个面，都发展成整个三角形，发展成它所属的那个完整的图形，——这便是整体在各个方面的实现，像怀疑派、斯多葛派那样。丙、最后一步是：这些面，亦即三边上的三个三角形，结合成一个体，一个总体。
123 “体”才是完全的空间范畴，这是三角形的重叠；但若就三角形存在于“体”以外这一点来说，则这个例子并不合适。

希腊哲学在新柏拉图派那里所达到的结论，是一个完备的思想王国、福祉王国，是一个自在的理想世界，不过这个世界并不是实际上的，因为全体一般地只存在于普遍性的成分里。这个世界尚缺少真正的个别性，真正的个别性是概念的一个基本环节。实在包含着理念的两个方面的合一，那独立的总体也必须认为是具有否定性的。通过这个自为地存在的否定——这否定便是主观性、绝对的“自为之有”，——理念才提高到精神。精神是自己认识自己的主观性，不过也只是因为它知道它的对象——就是它自己——是总体，并且知道它本身也是总体，它才是精神。也就是说，三棱柱内的上下两个三角形不能是两个重复的三角形，而应该是存在于交互贯穿的统一中，——或者试以刚才所提到的“体”或物体为例，分别就发生于“中心”与其余的周围部分之间。真正的“物体性”对“中心”的这种对立，现在作为自发的对立而出现；而总体却是“中心”与“实质性”的结合，——不过并不是自发的结合，而是自觉地与“客观”对立，“主观性”与“实质性”对立。因此理念就是这种总体，而这种自觉的理念本质上是与主观性有分别的。主观性是被认作独立存在着，不过是如此地独立存在着，令人想到主观性本身就是自为的实质物。主观性起初只是形式的；不过它具有成为实质物和自身普遍者的真实可能性，它有实现自己、使自己与实体合一的使命。通过这个主观性，否定的统一、绝对的否定性、理想便不再只是我们的对象，而是它自己的对象了。这个原则 124
在基督教世界里已经萌芽了。因此在近代哲学的原则里，主体本身是自由的，人作为人是自由的；与这个定义相关联，就发生了这样一个观念，认为人有使其自身成为实质物的无限天职，由于人的

本性，人就是精神。上帝被了解成精神，这个精神自为地自己二元化自己，不过它同样要扬弃这个分别，自为地、自在地存在于这个分别中。整个世界的责任，是使它自身与精神取得协调，并在精神中认识自己。这种责任是日耳曼世界所要担负的。

这种责任最初开始出现在宗教中；宗教是对于这个原则的直观与信仰，早在进到认识这个原则之前，就把它当作一个实际存在的东西。在基督教里，这个原则多半是情感，多半是想象；在基督教里，人作为人是被规定为以永恒的福祉为目的，是天恩、天眷和神庥的对象，——也就是说，人是具有绝对无限的价值的。这个原则更呈现在基督教的教义里，包含在基督启示给人的神性与人性的统一这一教条之中：人与上帝、客观理念与主观理念在这里是合一的。这个原则以另一个形式出现在关于原始堕落的古老故事里，照这个故事说，蛇并没有欺骗人，因为上帝说："看哪，亚当也成为像我们之中的一个了，他知道什么是善，什么是恶。"这个故事所提示的也是主观原则与实质性的统一。精神的过程即在于单一的主体取消其直接方式，把自己提高到与实质物合一。人的这样的目的被宣称为最高的圆满。由此足见，宗教观念与思辨并不是彼
125 此距离得那么远，像人们通常所以为的那样。我引述这些宗教观念，为的是使我们不要以之为可耻，纵然我们还有着这些观念；我们在基督教前期的祖先们曾经对这些观念怀着高度的敬意，当我们超过了这些观念时，我们也不要以祖先为可耻。

第一个原则是：有两个总体，——这乃是本体的一种两重化，这种两重化有这样一种品性，就是两个总体不再彼此孤立，而是绝对地互相需要，处在不可分的关联中。如果早期的斯多葛派哲学

与伊壁鸠鲁派哲学是独立发生的,——它们的否定是怀疑论,——而最后两者也都各自具有潜在的普遍性:那么,现在这些环节便被认作不同的总体,并应当在它们的对立中被建立为一了。我们现在有了真正的思辨理念,亦即有了具有各个范畴的概念;其中的每一个范畴都实现为总体,都在不可分的关联中。因此我们真正地具有两个理念,一个是作为认知的主观理念,另一个是实质的、具体的理念;这个原则的发展、发育、进到为思想所意识,便是近代哲学的意义所在。因为这些范畴比起古代的是更为具体。这种双方尖锐化的对立,这种被认为有无比普遍重要性的对立,便是思维与存在的对立,个体性与实质性的对立,——在主体本身中,主体的自由性重新套在必然性的圈子里,——主体与客体的对立,自然与精神的对立,就精神之为有限精神说,它才是与自然对立的。需要的是在它们的对立中认识它们的统一;这便是基督教中所兴起的哲学的基础。

希腊的哲学思想是朴素的,因为还没有注意到思维与存在的对立,这种对立还不是它所考察的对象。〔在希腊哲学里,通过思想,作了哲学论证、思维和推理,但是在这种思维和推理里,却有一个不自觉的假定,认为被思维的也是存在的,并且是像被思想所认识到的那样存在着,因此便假定了思维与存在不是分离的。〕[①]我们也遇到希腊哲学的某些阶段,这些阶段似乎站在与基督教哲学同样的观点上面。我们在希腊不仅将会看到智者派的哲学,而且会看见新学园派与怀疑派的哲学,它们大都提出了真理不可知的 126

① 这一段话米希勒本很不清楚,兹据荷本,第二四七页译出。——译者

学说。这几派哲学以为一切思想范畴都是主观的，凭借这些主观范畴，我们对客观性不能得到什么结论，就这一点说，它们可能与近代哲学是一样的。不过本质上是有区别的。古代哲学说，我们只认识现象，因此一切都是包括在现象之内的，背后并不存在一个可以有所认知，但是不能以理智的、认识的方式认知的自在物，彼岸物。至于一般实践生活方面，新学园派与怀疑派都承认应该依照现象行事。然而把现象当作生活的规范、准绳，并依此来作正当的、道德的、理智的行为(例如按照医术治病那样)，并不是一种对本质的认识；这只不过是拿现象作基础罢了。所以并不可因此就肯定这也是对真理的一种认识。而现代有些纯粹主观唯心论者还有另外一种知识，——一种不通过思维，亦即不通过概念的知识，一种直接的知识、信仰、直观，对于一个“他界”的仰慕(如耶可比)。古代哲学家并没有这样的仰慕，而是在确信“只有现象可知”这一点上得到完全的满足与宁静。就这点看来，我们必须严密地把这两种不同的观点弄明确，否则人们会因为结论相似，便以为古代哲
127 学中不折不扣地有着近代主观性的特质。因为古代哲学有朴素的性质，认为现象本身就是一个完备的范围，所以对于那面向客观的思想是不存有怀疑的[①]。

近代是一个总合：一方面有着一定的对立，一方面有着双方本质上的结合。因此我们有理性与信仰的对立，有自己的见解与客观真理的对立，客观真理是没有自己的理性的，甚至于应该抛开理

① 按这句话荷本第二四九页作“思想对于客观世界的怀疑还没有出现”。两者颇有出入，似以荷本较切当。——译者

性加以接受,——用教会意义的信仰,或者近代意义的信仰[①],——也就是说,抛开与内心启示、直接确定性、直观、本能、自发的情感相对立的理性,加以接受。这种应该首先予以发展的知识有一种特殊的意义,因为这样一来它自身与那种自己在自己内发展出来的知识的对立,就形成了。两方面都肯定了思维、主观性与真理、客观性的统一;只是在第一种形式下,我们说自然人也认识真理,是像他所直接相信的那样,而在第二种形式下,诚然也是知识与真理的统一,但是同时主体却超出了感性意识的直接形式,而是通过思维才获得真理的。

〔近代哲学的〕[②]目的是把绝对理解为精神,理解为〔自身决定的〕[③]普遍;普遍是概念的无穷财产,在它的实在性中[④]把它的诸范畴自由地揭示出来,把自己完全印入及渗进它们里面,致使这些范畴一方面彼此外在漠不相关,或者彼此冲突斗争;而另一方面,由于这样,这些总体便是同一的,不仅是潜在地同一(这只是我们的抽象反思),而且是真实地同一,至于由它们的分别而产生的各个范畴,本身只是在观念里的〔抽象的〕东西。

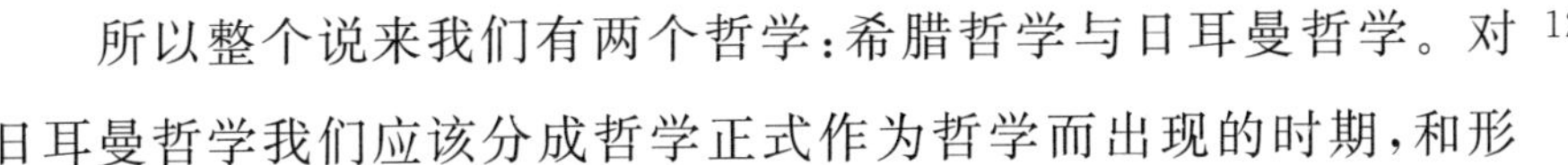

所以整个说来我们有两个哲学:希腊哲学与日耳曼哲学。对 128
日耳曼哲学我们应该分成哲学正式作为哲学而出现的时期,和形

① 按这句话据荷夫麦斯特本第二五〇页应作“不是教会意义的信仰,而是近代意义的信仰”,似较符合黑格尔的原意,所谓近代意义的信仰乃指耶可比、谢林等人强调直觉的神秘思想而言。——译者

② 据荷本,第二五〇页增补。——译者

③ 同上。

④ 按“在它的实在性中”意即“在它实现其自身的过程中”。这是黑格尔常有的用法。——译者

成与准备近代思想的时期。日耳曼哲学我们可以首先从它取得真正哲学形式的时候开始。在第一个时期与近代之间，有一个酝酿近代哲学的中间时期，这时期一方面只注重实质而没有达到形式，另一方面把思想发挥成一种假定的真理的单纯形式，直到思想重新认识其自身为真理的自由基础和来源。于是哲学史分为三个时期：希腊哲学，中古哲学，近代哲学；其中第一期是由一般思想规定的，第二期分裂为本质与形式的反思，第三期中则以概念为基础。[①] 这种分法不能了解为第一期只包含着思想；它也含有总体与理念，——而最后一期也是从抽象思想开始，不过是从二元论开始。

第一期：从泰利士的时代（约基督降生前六〇〇年）到新柏拉图派哲学（三世纪的柏罗丁）及其进一步的进展发挥（通过五世纪的普罗克洛），到哲学全部消失（这种哲学以后传进了基督教，基督教里有许多哲学系统是以新柏拉图派哲学为基础的）；——为时约一千年，它的结果与民族大迁移和罗马帝国衰亡同时。

129 第二期：是中古时期，包括经院派，从历史上说还要提到阿拉伯人与犹太人，不过这一期哲学主要是发生在基督教会之内；——为时约一千余年。

第三期：近代哲学，首先出现于三十年战争开始的时候，由培

① 黑格尔的逻辑学分有论（一般的抽象思想），本质论（抽象的对立的反思），概念论（具体的普遍性的思想）三部分，他此处对于哲学史三个时期思想内容的发展看法，是与他的逻辑学三部分的发展看法平行联系着的。这是了解他的哲学史与逻辑学的关键。——译者

根，雅各·波墨，笛卡尔开始（笛卡尔从“我思故我在”这个分析出发）；——为时二百年，这种哲学还算是近代的哲学。

二　哲学史的史料来源

哲学史的史料来源和政治史不同。在政治史里，史料的来源是历史家，这些史料又以各个个人的言论事迹为其来源；——不从原始史料研究的历史家当然是从第二手史料中去汲取的。历史家业已把事迹写进历史，写成想象的形式；历史这个名词有这么一种双重意义：它一方面指事迹与事象本身，另一方面又指那些通过想象为了想象而写出来的东西。在哲学史中史料来源并不是历史家，而是我们面前的那些史迹；这就是哲学著作本身。这些著作本身就是真实的来源，如果我们要想真诚地研究哲学史，就应该去接触这些史料。若只是从原始史料去研究哲学史，这些著作确是一个极丰富的宝藏。有许多哲学家，我们研究他们时绝对需要借重作者本人。不过有许多时候，原始史料已经不复存在，譬如古代希腊哲学便是如此，这时我们就必须借重历史家，借重另一些作家 130
了。还有一些时代，可以希望有一些人读过哲学家本人的著作，并且为我们作下一些摘要。有很多经院学者曾经留下了十六、二十四以至二十六巨册的著作，在这种场合就必须借重别人的作品了。有许多哲学著作很少见，非常难得。也有许多哲学家写的书大半是历史性质、文学性质的，我们搜集材料的时候就可以限于包含哲学的部分。最值得注意的关于哲学史的著作有下面几种，关于详细书目，请参考文德从邓尼曼的哲学史所作的摘要，因为我不想列

出详尽的文献。

(1)早期的哲学史中,只有一本可以读一读,就是斯丹雷的“哲学史”(History of Philosophy by Thom. Stanley。一六五五年伦敦版,对开本;一七〇一年第三版,四开本;奥勒阿留译为拉丁文,一七一一年莱比锡版,四开本)。这本书已经没有什么人用了,只包含着古代的那些宗教式的哲学派别,——好像没有近代哲学存在似的。这本书以当时的流行观念为根据,认为只有古代哲学存在,哲学的时代到基督教便完结了。好像哲学只是个异教的东西,而真理只存在于基督教里面似的。他对真理作一种分别,把从自然理性里创获来的真理(古代哲学)与启示的真理(基督教里的)分开,于是在基督教里就不复有哲学了。在文艺复兴时代,还没有真正的哲学。斯丹雷的时代不用说也没有;不过真正的哲学还太年轻,老一辈的人还不能对新的哲学表示尊敬,承认它有其相当的价值。

(2)布鲁克尔的“批评的哲学史”(Jo. Jac. Bruckeri Historia
131 critica philosophiae 一七四二—一七四四年莱比锡版);分四部分,或五册,四开本;因第四部分占有两册。第二版未加改订,但是加了一个附录,一七六六—一七六七年出版,四部分,四开本六册(第四部分订为两册,第六册是附录)。这是一部大规模的编纂书,所根据的材料并不纯是原始史料,而是依照当时的流行方式夹杂着议论编成的,叙述得非常不精确(参看本书第四十六页)。这种方法是彻底非历史的;而运用历史方法的重要,莫过于哲学史。所以这部著作是一个笨重庞大的无用物。从这部书作出的一篇摘要是:“布鲁克尔哲学史概要”(Jo. Jac. Bruckeri Institutiones Histo-

riae philosophicae，usui academicae juventutis adornatae 一七四七年莱比锡版，八开本)；一七五六年莱比锡第二版；第二版波恩编，一七九〇年莱比锡出版，八开本。

(3)提德曼“思辨哲学的精神”(Dietrich Tiedemann’s Geist der Spekulativen Philosophie 一七九一——一七九七年马尔堡版)；七册，八开本。他在这书里把政治史讲得很冗长，但是一点生气也没有；文字僵硬而不自然。全书是个可悲的例子，说明如何一位终身从事研究思辨哲学的教授，却对思辨一点认识都没有(他对茨威布鲁克版柏拉图对话所作的撮要也是这个样子)。他从哲学家的著作里作提要，只要是遇见有抽象的形式论证的材料，他就摘抄下来；但是一到有了思辨的哲学思想，他就发脾气不抄了，说这都是些空洞烦琐的东西：“我们知道得更好些。”他的功劳是从一些罕见的中古著作里——从中古的卡巴拉派和神秘主义著作里——作出了一些珍贵的摘要。

(4)布勒：“哲学史教程”和一篇哲学史的批评的文献。(Joh. Gottl. Buhle：Lehrbuch der Geschichte der Philosophie 一七九六——八〇四年葛廷根版)；共分为八部分，八开本。古代哲学史是论述得很不相称地简短；布勒越到后面，写得越详细。他从罕见的著作里，例如布鲁诺的书里，作出了许多很好的摘要，这些书是 132
葛廷根图书馆的藏书。

(5)邓尼曼的“哲学史”(Wilh. Gottl. Tennemann’s Geschichte der Philosophie 一七八九——八一九年莱比锡版)；共十一部分，八开本(第八部分经院哲学占两册)。各个哲学系统都写得很详细，近代哲学写得比古代好。近代各家的哲学是比较容易讲的，因为我们只消作一个提要，——翻译一下就行；近代的哲学思想是离我们很近的。古代哲学家情形便不同，他们站在概念的另外一个观点，因此比较难以把握。人们总是很容易把我们所熟悉的东西加到古人身上去，改变了古人；邓尼曼遇到这种地方，便简直要不得。譬如邓尼曼对亚里士多德便讲错得很厉害，他恰好把亚里士多德思想的反面说成是亚里士多德的思想。如果把邓尼曼认为与亚里士多德相反的那些思想加以接受，倒可以对亚里士多德的哲学有一个比较正确的观念。邓尼曼的态度忠实到把引用亚里士多德的许多句子或段落都一一注出原文，弄的原文常常与译文矛盾。邓尼曼认为重要的是历史家不应当有哲学。他自夸没有系统，但是骨子里他却有一个，——他是批判主义的哲学家。他赞扬哲学家，赞扬他们的研究与天才；但是在赞美歌的结尾处他却把他们都谴责了，说他们都有一个缺点，就是他们还不是康德派哲学家，还没有研究知识的来源，而这种研究的结论却是真理不可知。

关于编纂的书可以举出三种：（一）阿斯特的“哲学史纲要”(Friedrich Ast's Grundriss einer Geschichte der Philosophie 一八〇七年兰兹沪版，八开本；一八二五年二版）。这部书写得比较
133 精心，大部分是谢林哲学，只是有点紊乱。他以一种有点形式主义的方式把哲学分成理想的与实在的两种。（二）文德教授（葛廷根大学）的“邓尼曼摘要”(Prof. Wendt's Auszug aus Tennemann 一八二九年莱比锡第五版，八开本）。我们觉得很奇怪，这部书里把什么东西都说成了哲学，毫无分别，不管有意义没有。天下最容易的事，莫过于随意依照一个原则去乱抓材料；因此人们总觉得自己讲出了一点新的、深刻的道理。这种所谓新哲学，简直像菌子似

的，不断地从地里往外长。(三)李克斯纳："哲学史手册"(Rixner：Handbuch der Geschichte der Philosophie 苏尔茨巴赫版)三册，一八二二——一八二三年初版，八开本，一八二九年增补再版是最应该介绍的；然而我还不想说他这书已适合了一部哲学史的一切要求。有许多方面是不应该称赞的，不过每一册后面的附录却特别有用，里面引用了许多主要的原始材料。文选是需要的，尤其是古代哲学家的文选；在柏拉图以前的哲学家方面，可供选录的材料并不很多。

三　这部哲学史的论述方法

关于外在的历史，我将只提到那些关乎通史的事情，只提到各个时代的精神、原则；同样，我也要讲一讲大哲学家们的生活情形。而在哲学方面所要提到名字的，只限于有推动性原则的系统，以及将哲学推进了一步的系统。因此有许多在博学的论著中可以列入，而在哲学方面价值却很小的名字，我将不在本书中提及。至于一种学说传播的历史，所遭遇的命运，以及那些只讲授别人的学说的人，以及如何从一个一定的原则发挥出整个的世界观的详情，我都略过了。

要求一个哲学史家没有系统，不把自己的意思加进历史，也不 134
把自己的判断暗放进去，这是很对的。哲学史正应该表现出这种公正不倚的态度；单就只是从哲学家著作中作摘要这一点而论，似乎也是相当成功的。一个人如果对于对象毫无了解，没有系统，只有历史知识，当然是会不偏不倚的。不过政治史与哲学史是应该分开的。写政治史我们虽不能只限于按照时间一年一年地去叙述事象,但也还是可以完全客观地去表达历史,像荷马的史诗那样;赫罗多德和图居第德也是如此。他们以自由人的态度,一任客观世界自由发展,丝毫不加进自己的意见,对于他们所叙述的行为,他们也不曾把它们拖到他们的审判案前面来受审判。

然而即使在政治史里,也还是有着它本身的目的。在李维的书中主要的东西便是罗马霸权。我们在他写的历史中看见罗马兴起,自卫,称霸;总目的是罗马,是罗马霸权的扩张,是罗马法制的建立等等。因此哲学史当然以自行发展的理性为目的,这并不是我们加进去的外来目的;这就是它本身的实质;这实质是个普遍的本源,表现为目的,各个个别的发展与形态都自动地与它相适应。因此如果哲学史也应该叙述历史事迹,第一个问题便是:什么是哲学中的事迹?是不是有哲学的事迹?在外在的历史中一切都是事迹,——当然有重要的有不重要的——而事迹却是直接呈现在表象里面的;在哲学中却不是这样。因此,论述哲学史是绝不能没有历史家的判断的。

东 方 哲 学 135

首先要讲的是所谓东方哲学。然而东方哲学本不属于我们现在所讲的题材和范围之内；我们只是附带先提到它一下。我们所以要提到它，只是为了表明何以我们不多讲它，以及它对于思想，对于真正的哲学有何种关系。当我们讲到东方哲学时，我们应该要讲到哲学；不过在这一点上应该注意到，我们所叫做东方哲学的，更适当地说，是一种一般东方人的宗教思想方式——一种宗教的世界观，这种世界观我们是很可以把它认作哲学的。在导言里，我们曾经区别开两种形态：一是真理保持在宗教形式里面，一是真理通过思想保持在哲学里面。东方哲学是宗教哲学，这里我们需要说出理由：为什么我们要把东方宗教观念也看作哲学。

罗马的宗教、希腊的宗教和基督教，我们并不把它们当作哲学，它们与哲学没有什么相似的地方。希腊的神和罗马的神，以及犹太人的基督和上帝，都是明显的人格化的形象。因此我们大体上还是说它们是宗教，不立即把它们当作哲学原则看待；要把这种
神话式的或是基督教的人格化形象解释成、转化成哲学原则，乃是 136
一种特殊的工作。在东方的宗教里，却正好相反，我们非常直接地感觉到哲学的概念，它是与哲学很接近的。其不同的理由是在于：个体性自由的原则进入了希腊人心中，尤其是进入了基督教徒心

中。因此希腊的神灵立刻个体化而表现为人格的形态。反之，在东方那种主观性精神的因素并没有得到充分发挥[①]，宗教的观念并没有个体（即人格——译者）化，而是具有着普遍观念的性格，因而这种普遍的观念，就表现为哲学的观念、哲学的思想。因为印度人[②]的宗教观念是在普遍性的因素中，并且普遍性占着优势。当然印度人的宗教也有个体化的形象，如梵天（Brahma）、毗湿拏（Viśnu）和湿婆（Śiva）三个神。但是这种人格化的个性只是表面的，而且表面到当我们以为我们必须讲到一个人格神的时候，人格化的形象便立刻又消失，扩张到无边无际去了。这种人格化的个性，因为缺乏自由，是不坚固的；并且在东方即使当普遍的观念也形成个别形象时，却仍只是表面的形式。

我们之所以觉得印度人[③]的观念与哲学的思想相似，主要的根据便在此。我们从希腊人听到的乌拉诺（Uranos）神和克罗诺（Chronos）神是时间，不过已经个性化了，而我们从波斯人所见到的泽尔万·阿克仑（Zervane Akerene）神，却是无限的时间。我们看到奥尔牟兹德（Ormuzd）〔光明、善〕[④]和阿利曼（Ahriman）〔黑暗和恶〕[⑤]，总不外是普遍的本质[⑥]和观念，它们都表现为普遍的原则，这些原则与哲学有很密切的关系，甚至可以说本身就是哲学的

① 米希勒本作“并没有出现”，兹据荷夫麦斯特本，第二六六页，改为“并没有得到充分发挥”，似较切当。——译者

② 据荷夫麦斯特本将“东方人”改成“印度人”，似更为切当。——译者

③ 同上。

④ 括弧内的字据荷夫麦斯特本增补。——译者

⑤ 同上。

⑥ 米希勒本作 Weise（方式或形式），兹据荷夫麦斯特本改成本质（Wesen）。——译者

原则。东方哲学这个名词，是特别用来指一个一定的时代的，在这个时代，这伟大普遍的东方观念曾激动了西方——那主观性的精神占优势，注重限度和节制的地方。特别是在基督教的最初几个 137
世纪——一个重要的时代——那些伟大的东方观念曾经深入西方，到了意大利，并且在知神派(Gnostik)哲学中，开始把那渺茫无限的观念纳入西方精神。一直到教会成立，西方精神才重新占了上风，并且对神性予以明确的规定。

因此第一点是："普遍"的这个固定性格，是东方特性中的基本特性。第二点则是东方宗教的较详内容。上帝、自在自为者、永恒者，在东方大体上是在普遍性的意义下被理解，同样，个体对上帝的关系也是被理解为掩埋在普遍性里面的。在东方宗教中主要的情形就是，只有那唯一自在的本体才是真实的，个体若与自在自为者对立，则本身既不能有任何价值，也无法获得任何价值。只有与这个本体合而为一，它才有真正的价值。但与本体合而为一时，个体就停止其为主体〔主体就停止其为意识〕[①]，而消逝于无意识之中了。这就是东方宗教中的主要情形。正相反地，在希腊的宗教和基督教中，主体知道自身是自由的，并且必须保持自身的自由。在这样的情形下，个体既然独立自主，思想要想从个体性中解脱出来，建立起它的普遍性，当然是远较困难。希腊人这种重个人自由的本身较高的观点，和这种更快乐更优美的生活，加重了思想工作的困难，思想工作在于使普遍性有真实效准。在东方，正相反地，在宗教中实体本身就是最主要的最本质的内容(个人的无权利和

① 括弧内的字据荷本增补。——译者

无意识是与此直接相结合的）；这个实体无疑是一个哲学的理念。对于有限个体的否定也是得到表现的，但那是在这样的情形之下，
138 只有个体与实体合而为一时才能达到它的自由。在东方精神中，当反省和意识通过思想的作用而达到清晰的分辨和原则的规定时，这些范畴和明确的观念与实体即不能相结合。或者是取消一切特殊性而得到一个渺茫的无限——东方的崇高境界。或者是当认识到确定地自身建立的东西时，所得到的只是一个枯燥的、形式理智的、没有灵性的知解，这种知解并不能进而取得思辨的概念。这种有限的事物要达到真实的本体，只有没入本体才可能。若和本体分离，有限的就成为僵死的、干枯的。在东方人那里我们只看到枯燥的理智，像旧式的乌尔夫逻辑一样，单是范畴的罗列。这也像他们的祀神礼拜，只是完全没入于虔敬之中，此外便是无数的宗教仪式和宗教行为，而另一方面则是那渺茫无限的崇高境界，在这境界中一切事物都消逝于无形了。

我现在想要讲到的有两个东方民族，即中国和印度。

甲、中国哲学

中国人和印度人一样，在文化方面有很高的声名，但无论他们文化上的声名如何大、典籍的数量如何多，在进一步的认识之下，就都大为减低了。这两个民族的广大文化，都是关于宗教，科学，国家的治理、国家的制度、诗歌、技术与艺术[①]和商业等方面的。

① 米希勒本作 das Technische von Künsten，显然不对，荷夫麦斯特本（二六九页）作 das Technische und Künste，兹据荷氏本改正。——译者

但如果我们把中国政治制度拿来和欧洲的相比较，则这种比较只
能是关于形式方面的；两者的内容是很不和同的。把印度的诗歌
和欧洲的相比较，也有同样的情形。它的确和任何民族的诗歌同
样光辉、丰富和有文化。古代东方诗歌的内容，如果只看成一种单 139
纯幻想的游戏，似乎在这方面最为光辉，但在诗歌中重要的是内
容，内容要严肃。甚至荷马的诗歌对于我们也是不够严肃的，因此
那样的诗歌在我们里面是不会发生的。东方的诗歌中并不是没有
天才，天才的伟大是一样的，但内容却与我们的内容不同。所以印
度的、东方的诗歌，就形式论，可能是发展得很成熟的，但内容却局
限在一定的限度内，不能令我们满足。我们也感觉到无论他们的
法律机构、国家制度等在形式方面是发挥得如何有条理，但在我们
这里是不会发生的，也是不能令我们满意的，它们不是法律，反倒
简直是压制法律的东西。当人们让他们自己为形式所迷惑，把东
方的形式和我们的平行并列，或者还更爱好东方的形式时，内容不
同这一点，在作这类的比较时，是值得普遍注意的。

一 孔 子[①]

关于中国哲学**首先**要注意的是在基督降生五百年前的孔子的教训。孔子的教训在莱布尼茨的时代曾轰动一时。它是一种道德哲学。他的著作在中国是最受尊重的。他曾经注释了经籍，特别是历史方面的〔他还著了一种历史〕[②]。他的其他作品是哲学方面

① 译者增补。

② 据荷夫麦斯特本，第二七三页增补。——译者

的，也是对传统典籍的注释。他的道德教训给他带来最大的名誉。他的教训是最受中国人尊重的权威。孔子的传记曾经法团传教士们由中文原著翻译过来。从这传记看，他似乎差不多是和泰利士同时代的人。他曾做过一个时期的大臣，以后不受信任，失掉官职，便在他自己的朋友中过讨论哲学的生活，但是仍旧常常接受咨
140 询。我们看到孔子和他的弟子们的谈话〔按即“论语”——译者〕，里面所讲的是一种常识道德，这种常识道德我们在哪里都找得到，在哪一个民族里都找得到，可能还要好些，这是毫无出色之点的东西。孔子只是一个实际的世间智者，在他那里思辨的哲学是一点也没有的——只有一些善良的、老练的、道德的教训，从里面我们不能获得什么特殊的东西。西塞罗留下给我们的“政治义务论”便是一本道德教训的书，比孔子所有的书内容丰富，而且更好。我们根据他的原著可以断言：为了保持孔子的名声，假使他的书从来不曾有过翻译，那倒是更好的事[①]。

二　易经哲学[②]

第二件须要注意的事情是，中国人也曾注意到抽象的思想和纯粹的范畴。古代的易经（论原则的书是）这类思想的基础。易经包含着中国人的智慧〔是有绝对权威的〕[③]。易经的起源据说是出自伏羲。关于伏羲的传说完全是神话的、虚构的、无意义的。这个

---

① “中国哲学家孔子或中国的学问”，耶稣会神父普罗斯配利·若内塔，赫尔特利希，卢热孟，古布累等译述为拉丁文并注释，一六八七年巴黎出版。讲解多于翻译。

② 译者增补。

③ 据荷夫麦斯特本，第二七三页增补。——译者

传说的要点是说伏羲发现了一个有一些符号和图形的图表(河图),这是他在一只从河中跃起的龙马背上所看到的[①]。〔这龙马是一个奇异的兽,具有龙的身子,马的头。此外另有一些图形(洛书),是从龟背上得来的,与伏羲的河图联在一起。〕[②]这个图表包含着一些上下排列的平行直线,这些直线是一种符号,具有一定的意义。中国人说那些直线是他们文字的基础,也是他们哲学的基础。那些图形的意义是极抽象的范畴,是最纯粹的理智规定。〔中国人不仅停留在感性的或象征的阶段〕[③],我们必须注意——他们也达到了对于纯粹思想的意识,但并不深入,只停留在最浅薄的思 141
想里面。这些规定诚然也是具体的,但是这种具体没有概念化,没有被思辨地思考,而只是从通常的观念中取来,按照直观的形式和通常感觉的形式表现出来的。因此在这一套具体原则中,找不到对于自然力量或精神力量有意义的认识。为了满足好奇心,我将详述那些原则。那两个基本的形象〔按即两仪——译者〕是一条直线(一,阳)和一条平分作二段的直线(--,阴):第一个形象表示完善,父,男,一元,和毕泰戈拉派所表示的相同,表示肯定。第二个形象的意义是不完善,母,女,二元,否定。这些符号被高度尊敬,它们是一切事物的原则。再把它们重叠起来,先是两个一叠,便产生四个形象〔按即四象——译者〕:⚌、⚎、⚍、⚏,即太阳、少阳、少阴、太阴。这四个图像的意义是完善的和不完善的物质。那两个

① “关于中国人的追述”(巴黎一七七六年版),第二册,第一—三六四页,阿米欧神父“论中国的古代”(第二十、五十四页)。

② 据荷夫麦斯特本,第二七三页增补。——译者

③ 据荷夫麦斯特本,第二七四页增补。——译者

阳是完善的物质，并且第一个阳是属于青年和壮健的范畴；第二个阳虽是同样的物质，但属于老年和衰弱的范畴。第三个图像与第四个图像都以阴为基础，都是不完善的物质。它们也有老年和少年，壮健和衰弱的规定。

这些图形曾得到多方面的说明和注释，因而产生了易经。易经就是这些基本符号的发挥。易经的一个主要的注释者就是文王，生于基督前第十二世纪。他同他的儿子周公把易经弄成孔子所读到的那样情况。后来孔子曾经把这些注释加以综合和扩充。这一经书当秦始皇帝在基督前二一三年焚毁那一切与以前朝代有关的书籍时，显然是受到例外。始皇帝仅保留与他自己的统治与农、医等科学有关的书籍，不予焚毁，而易经却因其为中国人一切智慧的基础，也未被焚掉。他特别要消灭书经；但在很奇异的方式下，书经却仍被保存着[①]。

这些基本的图形又被拿来作卜筮之用。因此易经又被叫做“定数的书”，“命运或命数的书”。在这样情况下，中国人也把他们的圣书作为普通卜筮之用，于是我们就可看出一个特点，即在中国人那里存在着在最深邃的、最普遍的东西与极其外在、完全偶然的东西之间的对比。这些图形是思辨的基础，但同时又被用来作卜筮。所以那最外在最偶然的东西与最内在的东西便有了直接的结合。[②]

① 据荷本，第二七四页增补。——译者

② 据荷本，第二七五页增补。——译者

把那些直线再组合起来，三个一叠，便得到八个形象，这些叫作八卦：☰、☱、☲、☳、☴、☵、☶、☷。（再将这些直线六个[①]一叠，便成了六十四个形象，中国人把这些形象当作他们一切文字的来源，因为人们在这些横线上加上了一些直线和各种方向的曲线。）我将举出这些卦的解释以表示它们是如何的肤浅。第一个符号包含着太阳与阳本身，乃是天（干）或是弥漫一切的气。（中国人所谓天是 142
指最高无上者，在传教士中，对于应否把基督教的上帝称为“干”，曾因此引起分歧的意见。）第二卦为泽（兑）、第三为火（离）、第四为雷（震）、第五为风（巽）、第六为水（坎）、第七为山（艮）、第八为地（坤）。我们是不会把天、雷、风、山放在平等的地位上的。于是从这些绝对一元和二元的抽象思想中，人们就可为一切事物获得一个有哲学意义的起源。所有这些符号都有表示思想和唤起意义的便利，因此，这些符号本身也都是存在的。所以他们是从思想开始，然后流入空虚，而哲学也同样沦于空虚[②]。

> 从那第一个符号的意义里，我们即可看出，从抽象过渡到物质是如何的迅速。这充分表现在那些三个一组的卦里，这已经进到完全感性的东西了。没有一个欧洲人会想到把抽象的东西放在这样接近感性的对象里。这些图形是放在圆形里面的。需要注意观察的是，哪些圆形与哪些别的图形相对立。譬如，三条不断的直线可以与三条中断的直线相对立；这就表

---

① 米希勒本误作“四个”，据荷本，第二七五页改正。——译者

② 温地士曼（Windischmann）（“哲学在世界史上之进展”，第一卷，第一五七页。）说：“所有封与卦之间的一切内部联系，发展为一个整体的循环，关于这一点，孔子说的很明白（在他的‘易系辞’中）”，——里面一点概念也没有。

示纯气，天与地对立，气在上，地在下，而它们彼此并不相妨害。同样，山与泽也是对立的，这是认为水、湿气蒸腾上山，而又从山上流出来成为泉源和河流。没有人会有兴趣把这些东西当作思想观察来看待。这是从最抽象的范畴一下就过渡到最感性的范畴[①]。

在书经中也有一篇讲到中国人的智慧。那里说到五行，一切东西都是由五行做成。这就是火、水、木、金、土，它们都是在混合着存在的。书经中论法则的第一个规条〔按即“洪范”篇——译者〕，举出五行的名字，第二个规条是关于前者的说明〔按即“敬用五事”——译者〕[②]。这些东西我们不能认为是原则。在中国人普遍的抽象于是继续变成为具体的东西，虽然这只是符合一种外在的次序，并没有包含任何有意义的东西。这就是所有中国人的智慧的原则，也是一切中国学问的基础。

于是我们就进到不完善的物质的观念。八卦一般地是涉及外界的自然。从对八卦的解释里表示出一种对自然事物加以分类的努力，但这种分类的方式是不适合于我们的。中国人的基本质料还远不如恩培多克勒的元素——风、火、水、土。这四个元素是处于同一等级的质料而有基本的区别。而相反地，在这里不同等的东西彼此混杂在一起。在易经这部经书里，这些图形的意义和进一步的发展得到了说明。

那是就外在的直观来说的。那里面并没有内在的秩序。

① 据荷本，第二七七页增补。——译者

② “哲学在世界史上之进展”，第一卷，第一二五页。——原注

于是又罗列了人的五种活动或事务：第一是身体的容貌，第二是言语，第三是视觉，第四是听闻，第五是思想[1]。同样又讨论了五个时期：一、年，二、月，三、日，四、星，五、有方法的计算[2]。这些对象显然没有包含有任何令思想感兴趣的东西。这些概念不是从直接视察自然得来的。在这些概念的罗列里我们找不到经过思想的必然性证明了的原则[3]。

三　道　家[4]

还有另外一个宗派即“道家”。这一宗派的信徒不是官员，不 143
与国家宗教有关，他们也不是佛教徒，也不是喇嘛教徒。这一派的哲学和与哲学密切相关的生活方式的创始人是老子（生在基督前七世纪末年），比孔子老，因为孔子曾经以颇有政治意味的派头往见老子，向他请教。老子的书，“道德经”，并不包括在正式经书之内，也没有经书的权威。但在道士中（遵从道理的人；他们的生活方式称为“道道”〔Tao－Tao，译者按：可能是“道德”之误。〕，意思即是遵从道的命令或法则），它却是一部重要的著作。他们献身于“道”的研究，并且肯定人若明白道的本原就掌握了全部的普遍科学，普遍的良药，以及道德；——也获得了一种超自然的能力，能飞

① 按这是指“书经”“洪范”篇所说的：“五事：一曰貌、二曰言、三曰视、四曰听、五曰思。”——译者

② 按这是指“书经”“洪范”篇所说的：“五纪：一曰岁、二曰月、三曰日、四曰星辰、五曰历数。”——译者

③ 据荷本，第二七八页增补。——译者

④ 译者增补。

升天上，和长生不死[①]。

另外还有需要提及的，就是中国哲学中另有一个特异的宗派，这派是以思辨作为它的特性，我们也可以把它叫做一种特殊的宗教。中国人有一个国家的宗教，这就是皇帝的宗教，士大夫的宗教。这个宗教尊敬天为最高的力量，特别与以隆重的仪式庆祝一年的季节的典礼相联系。我们可以说，这种自然宗教的特点是这样的：皇帝居最高的地位，为自然的主宰，举凡一切与自然力量有关联的事物，都是从他出发。与这种自然宗教相结合，就是从孔子那里发挥出来的道德教训。孔子的道德教训所包含的义务都是在古代就已经说出来的，孔子不过加以综合。道德在中国人看来，是一种很高的修养。但在我们这里，法律的制定以及公民法律的体系即包含有道德的本质的规定，所以道德即表现并发挥在法律的领域里，道德并不是单纯地独立自存的东西，但在中国人那里，道德义务的本身就是法律、规律、命令的规定。所以中国人既没有我们所谓法律，也没有我们所谓道德。那乃是一个国家的道德。当我们说中国哲学，说孔子的哲学，并加以夸羡时，则我们须了解所说的和所夸羡的只是这种道德。这道德包含有臣对君的义务，子对父、父对子的义务以及兄弟姊妹间的义务。这里面有很多优良的东西，但当中国人如此重视的义务得到实践时，这种义务的实践只是形式的，不是自由的内心的情感，不

① “关于老子生平与意见的追述”，雷缪萨著（巴黎一八二三年版），十八页以下；“阿米欧先生一七八七年十月十六日自北京发的一封信中的选录”（“关于中国人的追述”，第十五册）第二〇八页以下。

是主观的自由。所以学者们也受皇帝的命令的支配。凡是要想当士大夫、做国家官吏的人，必须研究孔子的哲学而且须经过各样的考试。这样，孔子的哲学就是国家哲学，构成中国人教育、文化和实际活动的基础。但中国人尚另有一特异的宗派，这派叫做道家。属于这一派的人大都不是官员，与国家宗教没有联系，也不属于佛教。这派的主要概念是“道”，这就是“理性”。这派哲学和与哲学密切联系的生活方式的发挥者（不能说是真正的创始者）是老子，他生于基督前第七世纪末，曾在周朝的宫廷内作过史官。他比孔子要年长些，孔子生于基督前五五一年，但孔子还认识他，并曾同他有过来往。据说孔子为了向他领教曾去拜访过他。老子的著作也是很受中国人尊敬的；但他的书却不很切实际，而孔子却更为实际，在一段时间内曾做过大臣。他的书也叫做“经”，但却没有上面所提到的那些官方的经典那样有权威。这书包含有两部分，道经和德经，但通常叫做道德经，这就是说，关于理性和道德的书。究竟这书当始皇帝大焚古书之时是否得到特许免焚，大家的意见尚不一致，不过人们揣想，始皇帝本人是属于道家的宗派的。“道德经”是这一宗派的主要著作①。

据雷缪萨说，“道”在中文是“道路，从一处到另一处的交通媒介”，因此就有“理性”、本体、原理的意思。综合这点在比喻的形而上的意义下，所以道就是指一般的道路。道就是道路、方向、事物的进程、一切事物存在的理性与基础。“道”（理

① 据荷本，第二七九—二八〇页增补。——译者

性)的成立是由于两个原则的结合,像易经所指出的那样。天之道或天的理性是宇宙的两个创造性的原则所构成。地之道或物质的理性也有两个对立的原则"刚与柔"(了解得很不确定)。"人之道或人的理性包含有(有这一对立)爱邻居和正义"[①]。所以道就是"原始的理性,νοῦs(l'intelligence),产生宇宙,主宰宇宙,就像精神支配身体那样"。雷缪萨说,道这个字最好用λόγos来表示。但它的意思是很不明确的。中国人的文字,由于它的文法结构,有许多的困难,特别这些对象,由于它们本身抽象和不确定的性质,更是难于表达,中文的文法结构有许多不确定的地方,洪波尔特先生在最近给雷缪萨的一封信里曾有所说明。[②]

老子的信徒们说老子本人曾化为佛,即是以人身而永远存在的上帝。老子的主要著作我们现在还有,它曾流传到维也纳,我曾亲自在那里看到过。老子书中特别有一段重要的话常被引用:"道没有名字便是天与地的根源;它有名字便是宇宙的母亲,人们带着情欲只从它的不完全的状况考察它;谁要想认识它,应该不带情欲。"雷缪萨说,从它的最好的意义说,这段话可以用希腊人的λόγos来表示。但是我们从这个教训里得到什么呢?

老子书中有很重要的一段常被引用。这就是第一章的开始。照法文的译本是这样的:"那可以理论的(或可以用言语表达的)原始的理性,却是超自然的理性。我们可以给它一个

① 按黑格尔这段话是引用易经说卦传"立天之道曰阴与阳,立地之道曰柔与刚,立人之道曰仁与义",一段话的意思,而附会来解释老子的道。——译者

② 据荷本,第二八〇—二八一页增补。——译者

名字，但它是不可名言的。没有名字，它便是天与地的根源，但有了名字，它便是宇宙的母亲。人们必须没有欲望，才能观察它的庄严性；带着情欲，人们就只能看见它的不完善的状态，”（它的限度，它的边极。）“这些（它的完善性和不完善性）只是标志同一泉源的两个方式；而这个泉源可以叫做不可钻入的幽深；这个不可钻入的幽深包含着一切事物在它自身。”①这整个说来是不能给我们很多教训的，——这里说到了某种普遍的东西，也有点像我们在西方哲学开始时那样的情形。②

那常被古人引用的有名的一段话是：“理性产生了一，一产生 144
了二，二产生了三，三产生了整个世界。”③（有人曾想在这段话里去找一个对于“三位一体”的观念的暗合）“宇宙背靠着黑暗的原则，宇宙拥抱着光明的原则。”④（因为中文没有格位的变化，只是一个个的字并列着，所以也可以倒转译为“宇宙为以太所包围”。）⑤

但为传教士们弄得很熟习的最有名的一段话是：“理性产生了一，一产生了二，二产生了三，三产生了整个世界”，宇宙。

① 按老子这一段的原文如下：“道可道，非常道；名可名，非常名。无名，天地之始；有名，万物之母。故常无欲以观其妙；常有欲以观其徼。此两者同出而异名，同谓之玄。玄之又玄，众妙之门。”——译者

② 据荷本，第二八二页增补。——译者

③ 老子原文作：“道生一，一生二，二生三，三生万物。”——译者

④ 老子原文作：“万物负阴而抱阳。”——译者

⑤ 雷缪萨，三十一页以下；“论中国人的性格书”（“关于中国人的追述”，第一册）第二九九页以下。

基督教的传教士曾在这里看出一个与基督教的“三位一体”观念相谐和的地方。这以下就很不确定了；下文是这样的：“宇宙背靠着黑暗的原则”，而黑暗的原则据法文译本的解释是当作物质的。老子的信徒究竟是否唯物论者是不能决定的。黑暗的原则又是地；这是与前面所提到的卦相关联的，在那里地是属于阴的。“宇宙拥抱着光明的原则”，气或天。但这话又可解释为“宇宙为光明的原则所拥抱”。所以我们可以颠倒过来，作相反的解释，因为中国的语言是那样的不确定，没有连接词，没有格位的变化，只是一个一个的字并列着。所以中文里面的规定〔或概念〕停留在无规定〔或无确定性〕之中。

这段话下面说：“温暖之气是由于谐和造成的”；或者“温暖之气使得它们谐和”；或者“温暖之气使它们结合起来，保持它们(事物)间的谐和”，[①]这里就提出了一个第三者，结合者。“人们所畏惧的大都是作孤寡和忍受一切缺陷，而王公反以自称孤寡为荣”，这话是这样注释的，“他我是孤寡由于他们不知道事物的原始和他们自己的原始。因此事物的成长在于牺牲对方”(这又被解释成“世界灵魂”)；较好是这样，“它们增长由于减少，反之它们减少由于增加”，——这也是说得很笨拙的。[②]

另外一段话是：[③]“你看了看不见的名叫夷，你听了听不到的

① 按这一句和下面所引的都是对老子第四十二章这几句话的了解：“冲气以为和。人之所恶，唯孤寡不谷，而王公以为称。故物，或损之而益，或益之而损。”——译者

② 据荷本，第二八二—二八三页增补。——译者

③ 同上。

名叫希，你握了握不着的名叫微。你迎着它走上去看不见它的头；你跟着它走上去看不见它的背。”①这些分别被称为“道的连环”〔按即道纪——译者〕。当引用这些话时，很自然地人就会想到יהוה和非洲人的王名Juba（尤巴）以及Jovis（约维斯）。“夷”“希”“微”三个字，或I—H—W②还被用以表示一种绝对的空虚和“无”。什么是至高至上的和一切事物的起源就是虚，无，惚恍不定（抽象的普遍）。这也就名为“道”或理。当希腊人说绝对是一，或当近代人说绝对是最高的本质的时候，一切的规定都被取消了。在纯粹抽象的本质中，除了只在一个肯定的形式下表示那同一的否定外，即毫无表示。假若哲学不能超出上面那样的表现，哲学仍是停在初级的阶段。

> 下面这一段也是从雷缪萨引来的：“你看了看不见的名叫夷，你听了听不到的名叫希，你握了握不着的名叫微。”下面又说，“这三个东西我们不能把捉住；它们合拢来只构成一个东西。在它们上面的较高者并不比它们更优美，在它们下面的东西并不比它们更低小（更暗昧）。那是一条没有折断的锁链，这个锁链人们是不能称说的；而这条锁链的根源是在那无存在者里面。”关于这三个东西在一起还说了许多：“那是没有形式的形式，没有形象的形象，”这个绝对的形式、绝对的形象就是“不可描述的本质。如果我们从它那里出发，则我们认识

① 按老子原文作：“视之不见名曰夷，听之不闻名曰希，搏之不得名曰微。近之不见其首，随之不见其后。”——译者

② 雷缪萨自以为他在这三个字的音中就发现了耶和华（Jehowah）这个字。（米希勒本，第二版，英译者注）

不到什么原则；没有什么东西是在它的外面”。或者这样说：“你当面遇着它，你看不见它的头；你走在它后面，你看不见它的背。一个人能够把捉原始的（古代的）理性，并且能够认识（把握）现在存在着的东西（现在围绕着他的东西），则我们就可以说，他具有理性的锁链。”[①]所以就用一条锁链来譬喻这个观念，借以表达理性的联系[②]。

到了这里现在还有两点需要提说一下。

第一：我曾引证了“三”，因为在那里面我们想要看出别的类似这种形式的发生和起源。那三个符号 I—hi—wei 或 IHV 据雷缪萨的陈述并不是中文原有的字形，在中国人的文学语言里也没有意义（这在他们是很显然的）；它们是从别的地方来的。一个注释者说，这三个符号 IHV 合起来是空或无的意思；但这乃是后来才出现的说法。而现在看来，这三个符号也出现在希腊文的'Iαῶ（雅威）里，是知神派称上帝的一个名字，在非洲人的“尤巴”里，是毛里丹尼亚[③]一个国王的名字，在非洲中部也许就是一个神的意思；此外在希伯来文里叫做“耶和华”而罗马人又叫做“约维斯”。这诚然是一种联系的标志，像我们在这类原始的概念里所常常见得那样。而对于

① 按本段所讨论的是老子第十四章的全文。除了开首三句原文如前注外，其余的是：“……此三者不可致诘，故混而为一。其上不皦，其下不昧，绳绳不可名，复归于无物。是谓无状之状，无物之象。是谓惚恍。迎之不见其首，随之不见其后，执古之道以御今之有，能知古始，是谓道纪。”又括弧内的字，都是黑格尔的原文。——译者

② 据荷本，第二八三—二八四页增补。——译者

③ 毛里丹尼亚在非洲西部，现在是法国的殖民地。——译者

这些符号加以博学的假定却是多余的[①]。

第二点需要说明的，这个 IHV 是绝对的来源，是“无”。由此我们就可以说，在道家以及中国的佛教徒看来，绝对的原则，一切事物的起源、最后者、最高者乃是“无”，并可以说，他们否认世界的存在。而这本来不过是说，统一在这里是完全无规定的，是自在之有，因此表现在“无”的方式里。这种“无”并不是人们通常所说的无或无物，而乃是被认作远离一切观念、一切对象，——也就是单纯的、自身同一的、无规定的、抽象的统一。因此这“无”同时也是肯定的；这就是我们所叫做的本质[②]。

如果我们停留在否定的规定里，这“无”亦有某些意义。那起源的东西事实上是“无”。但“无”如果不扬弃一切规定，它就没有意义。同样，当希腊人说：绝对、上帝是一，或者当近代的人说：上帝是最高的本质，则那里也是排除了一切规定的。最高的本质是最抽象的、最无规定的；在这里人们完全没有任何规定。这话乃同样是一种否定，不过只是在肯定的方式下说出来的。同样，当我们说：上帝是一，这对于一与多的关系，对于多，对于殊异的本身乃毫无所说。这种肯定方式的说法，因此与“无”比较起来并没有更丰富的内容。如果哲学思想不超出这种抽象的开始，则它和中国人的哲学便处在同样的阶段。

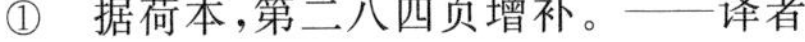

① 据荷本，第二八四页增补。——译者

② 据荷本，第二八五页增补。——译者

近来我们又知道一些关于另外一个哲学家孟子的著作。孟子比孔子较晚，生于基督前第四世纪。他的著作的内容也是道德性的。孔子才是中国人的主要的哲学家。但他的哲学也是抽象的。

中国是停留在抽象里面的；当他们过渡到具体者时，他们所谓具体者在理论方面乃是感性对象的外在联结；那是没有〔逻辑的、必然的〕秩序的，也没有根本的直观在内的。再进一步的具体者就是道德。

从起始进展到的进一步的具体者就是道德、治国之术、历史等。但这类的具体者本身并不是哲学性的。这里，在中国，在中国的宗教和哲学里，我们遇见一种十分特别的完全散文式的理智。——人们也知道了一些中国人的诗歌。私人的情感构成这些诗歌的内容。中国人想象力的表现是异样的：国家宗教就是他们的想象的表现。但那与宗教相关联而发挥出来的哲学便是抽象的，因为他们的宗教的内容本身就是枯燥的。那内容没有能力给思想创造一个范畴〔规定〕的王国[①]。

乙、印度哲学

145 若是我们从前曾经满足于相信并尊重印度智慧的古老，但是我们现在由于熟悉了印度人更伟大的天文历法著作，才知道所有这些被引用的印度年历的庞大数字皆不正确。没有比印度人的年

① 据荷本，第二八五—二八六页增补。——译者

代记载更纷乱、更不完全的。没有一种民族在天文学、数学等方面已经如此发达而对于历史学却如此之无能。在他们的历史中，年代既没有确定，也没有联系。大家曾经相信确定的年代在维诃罗摩提耶王时才有，他大概应该活在纪元前五十年左右。在他的统治时期，有"莎恭达拉"诗篇的作者诗人迦利达莎生存着。但是仔细的研究竟发现有六个维诃罗摩提耶，审慎的考察就把这个时代移后到我们的第十一世纪。印度人保存有帝王的世系——大量的人名，但一切都是不确定的。

我们知遗印度的古代光荣如何受到希腊人高度的尊敬，以及希腊人关于裸形智者如何熟悉。这些智者都是虔诚的人物，虽然一般人并不如此称呼他们——他们献身于沉思的生活，与尘世隔离，成群地游行度日，和希腊犬儒派相同，禁绝一切世俗的欲望。犬儒派因为是哲学家，也特别为希腊人所熟知，因为哲学也被认为是这种抛弃一切世俗生活关系的逊世。这样的遁世是一种基本特点。我们要特别加以注意和考察。

印度文化是很发达、很宏大的，但是它的哲学是和它的宗教
合一的；所以他们在宗教中注意力所集中的对象和我们在哲学中 146
所发现的对象相同。神话采取了化身的形式或个体化的形式，由此人们会以为这是与哲学的普遍性或理念方式是相反对的。然而化身的观念在这里并没有怎样确定的意义，因为几乎一切东西〔神灵、著名的国王、婆罗门、瑜伽师甚至动物〕[①]都被假定为〔梵天的〕[②]化身，于是那似乎要规定自身为个体性的东西立刻就又消失

① 据荷本，第二八九页增补。——译者

② 同上。

在普遍性的云雾中了。印度人的宗教观念几乎与哲学有同样的普遍基础，因此吠陀圣典也成为哲学的一般基础。我们对于吠陀书知道颇多，它的内容主要是对于上帝的诸多形象的祈祷和关于祭祀仪式的规则之类。它们是由极不相同的时代产生出来的。许多部分出于古代，有的部分起源较晚，如祭祀毗湿拿神的诗篇就是一例。吠陀书是印度哲学的基础，甚至是无神论的印度哲学的基础；但印度的无神论哲学却并不缺少神灵，它们极其重视吠陀书。因此印度哲学存在于宗教里面，正如经院派哲学存在于基督教教义里面一样，以教会的信仰为基础，为前提。

确切点说，印度观念是这样的：他们认为有一个普遍的本体存在，它可以较抽象或较具体地被把握，一切东西都产生于本体。本体的产物一方面是神灵〔英雄、普遍的势力、形态、现象〕[1]，另一方面是畜生、〔植物〕[2]与无机的自然。人处在两者之间；人所获得的最高境界在宗教上和哲学上一样，都是在意识中使自己与本体合一，是通过礼拜献祭和严格的赎罪行为以及通过哲学，通过从事纯粹思想而获得。

147 直到近时我们才开始对于印度哲学获得一些确切的知识。大体上我们是把它了解为宗教的观念，不过在现代我们已经认识到真正的哲学著作了。特别是柯耳布鲁克[3]给我们介绍了两部印度

---

① 据荷本，第二九〇页增补。——译者

② 同上。

③ “英国皇家亚细亚学会会议记录”，第一卷，第一部分，一八二四年伦敦出版，第十九—四十三页；（二、柯耳布鲁克著“论印度哲学”第一部分，一八二三年六月二十一日宣读。）——原注

哲学著作的节要，这部书成为我们关于印度哲学的第一部著作。施雷格尔〔在他的“关于印度人语言和智慧”一书中〕所说到的印度人的智慧，只是取材于他们的宗教观念而已。他是第一批研究印度哲学的德国学者之一，但因他自己只不过看了看“拉玛衍拿”〔按这是一部印度古代史诗——译者〕的内容目录，他的工作并没有产生什么结果。按照前面所说的节要，“印度人保有若干古代的哲学系统。其中有一部分他们认为是正统的，特别是那些与吠陀契合的部分；其他部分则被认为外道，认为与圣典的教训不相合。”“真正是正统的一部分，唯一的目的只在于把吠陀经典解释明白，”加以注解，或者“从这些主要著作原本中推演出一种细心制作的心理学”。这一系统“名为弥曼差派哲学，从它又再分为两个学派”。和这些不同的还有其他的系统，其中二个主要的系统是“僧佉”和“尼耶也”。“僧佉（旧译为‘数论’——译者）又分成二部分”，但只是形式上的不同。“尼耶也（旧译为‘正理论’——译者）以乔达摩（或译‘瞿昙’——译者）为始祖，”是最发达的系统，“它特别举出推理的法则，可与亚里士多德的逻辑学相比。”柯耳布鲁克曾给这两个系统都作了节要，据他说：“有许多论述这两个系统的古代著作，并且从这些著作中所引下来可供记诵的名句是流布甚广的。”

一　僧佉哲学[①]

“僧佉”的创始人是迦毗罗。他是一位古代哲人。有人说他是 148

① 译者增补。

梵天的儿子，是七位大圣人之一。又有人说，他和他的弟子阿修利一样都是毗湿拏的化身〔又另有人说他是阿耆尼的化身，因而说〕他就是火。关于“迦毗罗经（Sūvra des Kapila〔即真谛译‘金七十论’〕）的年代”，柯耳布鲁克没有提说到。他只说到“在其他”很古的书中“曾提到迦毗罗经”，在这件事上他没有把握说任何确切的话。

僧佉又分为不同的二派或三派，但他们只是在少数细节上彼此不同而已。它被认为“有一部分是外道的，有一部分是正统的”。“一切印度学派和哲学系统的真正目的，不论其为无神论或有神论，都是要指示人在生前和死后能获得永恒快乐的方法。吠陀经说，‘需要知道的是灵魂（按指 purusa，旧译作“神我”——译者），灵魂必须超出自然（按指 prakiti 旧译作“自性”——译者），从此永远不再回来。’”“这个意思是说，灵魂解脱了轮回”，也同样解脱了肉身，所以它在死后即不再出现于其他的身体中。“这种解脱是一切无神论与有神论系统中所共有的根本目的。”僧佉经说，“智慧是真谛，由智慧才能得到这种解脱，世间求快乐的方法与舍离精神或肉体罪恶的方法却是不够的，即使是吠陀所提示的方法，——在举行吠陀规定的宗教仪式中所启示的方法，也不能为这个目的而达到有效的结果。”在这方面，僧佉是不承认吠陀的。以献祭为求解脱的方法“主要地必须牺牲动物”，在这方面，僧佉是反对吠陀的，“因为这要杀死动物，但僧佉的教义是不要杀死任何动物的。”“因此这种献祭是不清净的。”

149 其他解脱烦恼的方法是印度人所作的极端的苦行，苦行与一种禅定结合为一。梵天大体上是一个绝对不可感觉的最高本质，

亦称理智。当印度人在虔敬时，他回返到他自己的思想中，精神凝聚，这种纯粹的精神集中的契机名为“梵”(Brahma)〔在这种集中里，在这种虔敬地沉浸在自身里，在这种意识的单纯化和无知里，只作为无意识的境界而存在时，〕[①]于是他就是“梵”。印度人的宗教和哲学中都有这种方法。哲学通过思维达到幸福，宗教则通过虔敬。关于这种幸福，他们说这是最高的，即便诸天神也较低于这个境界。譬如因陀罗(Indra)是看得见的天上的天神，它的地位比较现世修行禅定的灵魂还低。“几千个因陀罗都灭尽了”，但是灵魂却离开一切的变化而长存。因此“幸福乃是一种免除一切烦恼的完全而永久的解脱”；照僧佉说，“达到这种解脱要通过真正的智慧。”所以僧佉与宗教不同的地方只是在于它有一个详明的思想学说，它的抽象作用不是归结到空虚，而是提高到一种确定的思想。正如他们说，“这种科学包含对于物质世界和非物质世界的各项原则的正确知识，不论各项原则可以外在地感觉到或不可以外在地感觉到。”

僧佉系统分为三部分，即(一)认识的方法，(二)认识的对象，(三)认识原则时所用的一定形式。

(一)关于获得知识的方法，僧佉说“有三种确定的证明(按旧译作‘三量’)：第一是感觉的证明(指 pratyakṣa，旧译‘证量’)；第二是推理的证明(指 anumāṇa，旧译‘比量’)；第三是肯定的证明(指 āptāgama，旧译‘圣言量’)，这是一切其他证明的根源，如尊重权威、谦虚的品性和传统，都是由肯定的证明而得”。感觉是无须

① 据荷本，第二九九页增补。——译者

150 乎说明的。推理是运用因果法则的一种推论，由于因果法则的运用，第一个概念就简单地转变为第二个概念。“这有三种形式：一、或是由因推果，二、或是由果推因，三、或是据因果的许多不同关系推得[①]。例如人见黑云聚集，当知必有雨。如见山上冒烟，当知必有火。或者当人们看见月亮在不同的时间即在不同的地方时，就可推知月亮的运行。”这些都是由理智所产生的简单的、枯燥的关系。第三种是“肯定，包含传统、启示，例如正统的吠陀经典；由广义说，这还包含直接的确定，”或我的意识中的肯定。由狭义说，“经由口头传授或经由传统而得的确信也名为肯定。”这些是第三种认识方法。

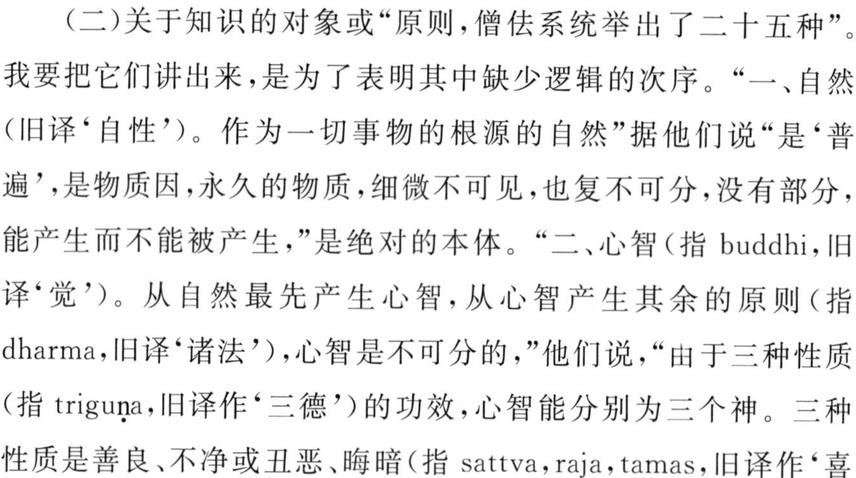

（二）关于知识的对象或“原则，僧佉系统举出了二十五种”。我要把它们讲出来，是为了表明其中缺少逻辑的次序。“一、自然（旧译‘自性’）。作为一切事物的根源的自然”据他们说“是‘普遍’，是物质因，永久的物质，细微不可见，也复不可分，没有部分，能产生而不能被产生，”是绝对的本体。“二、心智（指 buddhi，旧译‘觉’）。从自然最先产生心智，从心智产生其余的原则（指 dharma，旧译‘诸法’），心智是不可分的，”他们说，“由于三种性质（指 triguṇa，旧译作‘三德’）的功效，心智能分别为三个神。三种性质是善良、不净或丑恶、晦暗（指 sattva，raja，tamas，旧译作‘喜

① 据荷本（第三〇一页）论推理的第三种形式为“类比的推理”，与这里所讲的略有出入，似较正确。（参看下面所谈到的乔达摩论比量或推论。）特附译出来以资参考：“第三根据一种关系、联系来推论，而这种关系又不同于因果的关系。譬如，根据某一次的经验来作类比（nach Analogie）。……例如，当人们嗅着一朵花的香味时，就推知那花的颜色，或当人们看见月亮在不同的时间即在不同的地方时，就推知月亮的运行；或从一部分海水就推知海洋的水全是咸的。”——译者

乐’、‘忧苦’、‘暗痴’），这三种性质形成一身与三神”，——亦称“三头”，——“三神为梵天（Brahma）、毗湿拿（Viśnu）和摩诃首罗（Māheśvara）。三、意识、自我、信念（指 ahaṅkāra 旧译‘我慢’）。相信在一切知觉与沉思中皆有我存在，相信感觉的和知觉的对象”和心智的对象一样，“皆与我有关，简单地说，相信有我存在。意识是心智所产生，从意识又产生以下诸原则。四至八、意识的五种基 151
素（指 tānmātra 旧译‘五唯’），即五种细微质，原质或原子。这些细质不是人的感官所能知觉，只有一种更高级的存在才能知觉到，五种基素由意识产生，它们自身又产生五种元素（旧译‘五大’）——即地、水、火、风与空。九至十九、其次十一个原则（指 indriyāni，旧译‘十一根’），即感觉器官，皆由自我所生。此中有十个外在感觉器官，包括五个感觉器官（旧译‘五知根’，即耳、皮、眼、舌、鼻）与五个行为器官（旧译‘五作根’）。五作根为嗓子（旧译‘口’）、手、足、肛门（旧译‘人根’）、生殖器（旧译‘大遗’）。第十一器官为内在的心。二十至二十四、空间里的气、风、火、水与地，是由前面所说的五种细微原质所产生的。第二十五是灵魂（旧译‘神我’）。”在这样极无秩序的形式中，我们只看见一切反思的开端，它们似乎被罗列在一起而作为普遍。但是这样的排列当然说不上有系统，乃是毫无意义的。

起初这些原则是彼此相分离和相先后的，后来在灵魂中才得到它们的统一。据他们说，“灵魂不是被产生的，也不是能产生的，它是个体的，所以有很多的灵魂；它是有感觉（旧译‘有情’）的，永恒的，非物质的，不变的。”柯耳布鲁克在这里把僧佉中的无神论与有神论分开，因为“有神论派不但承认有许多个体的灵魂，而且还

承认上帝(Īśvara 旧译‘自在天’)为世界的统治者”。灵魂的认识仍为主要的目标。“从观察自然和超脱自然于是达到灵魂与自然合一,正如跛人与盲人为行动和引路的目的而合作——盲人是作为背负者和不识路者”(自然?),“跛人是作为被背负者和引路者”(灵魂?)。“由于灵魂与自然的合一,于是万有得创生,这是基于理智及其余诸原则的发展。”这种合一是宇宙万有的自在自为的依
152 靠,也是宇宙万有赖以保持的依靠。这是一个伟大的思想。为了理解对象,思维中必须包含着对象的否定,这种否定的活动是必需的。这样的否定比那关于精神与自然的直接合一的许多话远较深刻。有一种见解以为东方人生活在与自然的合一中,这是浅薄而歪曲的话。因为灵魂的活动,精神,当然是与自然相关联的,并且是与自然的真理合一的。但这种真正的合一本质上是包含着否定直接合一的那个环节。那一种直接的合一只是动物的生活,只是感官的生活与知觉。但只有当精神独自存在于本身之内,同时把自然物予以否定的时候,精神乃与自然合而为一。

印度人所提出的观念是灵魂与自然的合一,这种合一便是创造。〔论及万有创生,这种否定的作用还有进一步的意义。〕[①]他们说:“灵魂的欲望与目的是满足与解脱。为了这个目的,意识就被赋予一个精神的形体(按指 sukṣma,旧译‘细身’),其中包含着所有上述诸原则,但只在这些原则的初步发展之中。”在这个观念中有某种我们所说的抽象性或潜在性的观念存在着,正如花朵已潜在于花蕾中,但还不是现实的和真实的。这种潜在性的名称为“棱

① 据米希勒本,第二版,英译本,第一三二页增补。——译者

迦”(Liṅgam 旧译“相身”),表示自然物的创生力与活动力,在一切印度人的观念中占着很高的地位。“这精细的形体(按即‘细身’)然后变化为一个粗的形体,化装为多种形象”,哲学与思考被推荐为防止堕落为粗的形体的一个方法。

以上我们已考察了那些抽象的原则,以下将提到关于宇宙万有的具体现实性的创生。“形体的创造存在于灵魂中,被着粗身,包括高级的东西的八个等级(旧译‘天道八分’),和较低级的东西的五个等级(旧译‘兽道五分’),还有人单独一级(旧译‘人道一分’)。合共十四个等级,分为三个世界三个阶层。(旧译‘三界’,按即天道、兽道、人道。)第一组八个等级在印度神话中各有名称,即一、梵王(Brahma),二、世主(Prajāpatis),三、因陀罗(Indra)等等;他们是神也是半神。”在这里梵王自身被表象为被产生的。“低级的五等都是动物,即第一第二为四足动物(旧译‘四足生’),第三为鸟类(旧译‘飞行生’),第四为爬虫、鱼、昆虫(旧译‘傍行生’),第五为植物与无机物(旧译‘不行生’)。高级的八等住在天上,享有善行和德行,所以是幸福的(旧译‘喜乐’),不过还是不完善的,在转变中的。低级的五等住在黑暗糊涂(旧译‘痴暗’)的下界。人住在两者之间,在那里〔永恒的烦恼〕[①],不洁与情欲(旧译‘忧苦’)支配着。”

“僧佉论更在这三个属于物质创造的世界以外,设置了另一个心智的创造与它们对立,心智的创造包含理智能力与感觉在内。理智能力与感觉又分别为四类:为阻碍者(指 viparyaya,旧译‘疑

① 据荷本,第三〇九页增补。——译者

倒’），令人无力者（指 aśakti，旧译‘无能’），令人满足者（指 tuṣṭi 旧译‘欢喜’），令心智完善者（指 siddhi，旧译‘成就’）。一、为阻碍者中又分为六十二种：乃是八种错误（指 tamas，旧译‘八分暗’），八种意见（幻觉）（指 moha，旧译‘八分痴’），十种情欲（极端的幻觉）（指 mahāmoha，旧译‘十分大痴’），十八种怨恨（郁闷）（指 tamiśra，旧译‘十八分重暗’），十八种烦忧（指 andhatamiśra，旧译‘十八分盲暗’）。”这些多少表示了一种经验的、心理学的和观察的方法。“二、心智的无力又分别为二十八种，乃指〔上面提到过的十一种〕[①]器官的残废与缺陷等等。三、满足又分为内在的（旧译‘依内’）与外在的（旧译‘依外’）两种。内在的满足有四种（旧译‘四喜’）：第一是关于自然的（指 prakṛtituṣṭi，旧译‘自性喜’）”即关于整个普遍与实体的，“因为僧佉有一种意见，以为知识就是自然原则本身的一种变形，由于这种知识就引起期望通过自然的动作而产生一种解脱”，——认为在哲学知识中可以解脱自然。但真正的解脱不能希望是自然的动作，因为必须由灵魂通过其自身与其思想活动才能产生解脱。第二种满足（指 upādāntuṣṭi，旧译“取喜”）是相信各种苦行足以获得解脱（通过忍受苦难与悔罪受罚）。“第三种是关于时间的（指 kālatuṣṭi，旧译‘时节喜’），以为解脱按时来到，不用修学。第四种满足（指 bhāgatuṣṭi，旧译‘感得喜’），是借运气观念而得的满足，以为解脱依靠命运。这些外在的满足（旧译‘依外喜’）是关于世间享乐的节制，不过只是节制出自世间肉欲的动机的享乐，如对贪得不止（财富方面的）的厌恶”，“和对世间享乐

① 据荷本，第三一〇页增补。——译者

所生恶果的恐惧"等。四、令心智完善者(旧译"成就")中又分为数种。此外还有一些使精神完善的"直接"心理的"方法,例如通过推理,通过友谊的谈论"等等,这些是在我们的实用逻辑中很容易找得到的。

关于僧佉的要义,还有一些须要讲到的。"僧佉与其他印度哲学系统一样,特别注重"绝对理念的"三种性质(guṇa,旧译'三德'),三德被想象成三种本质,并被想象为自然的三种变形"。我们要注意,印度人在他们的观察意识中认识到凡是真实的与自在自为的就包含三个范畴,并且理念的总念是在三个环节中得到完成的。这个对于三位一体的高卓的意识,我们在柏拉图和其他人的思想中也再度看到。但这种三位一体的辩证思想,后来在抽象的思想领域中却失掉了,只有在宗教里面尚保存着,但是被认为属于一个超越的世界。以后抽象的理智跟着抬头了,宣布它(按指三位一体的思想)是无意义的。直到康德才重新打开理解它的道路。一切事物的总念之真实性与全体性,从其本质来看,都为三体合一的范畴所摄入。重新意识到这一真理,乃是我们时代的任务。 155

在印度人:这种三位一体的意识仅从感性的观察产生,他们把这三种性质定义如下:"第一和最高的性质是'善'(指 sattva,旧译'萨埵'亦为'喜乐'),是崇高的,光辉的,与快乐和幸福相联结,德行在它里面支配着。在它里面火占优势,所以火焰上升,火花飞扬。假若它在人中旺盛,如在高级的八等(旧译'天道八分')那样,便是德行的本源。"它彻底是并且在各方面都是抽象形式的肯定的普遍性。"第三种亦即中间的性质是丑恶或情欲(指 rajas,tejas,旧译为'罗阇'、'忧苦'),"它是绝对盲目的,是不净的,有害的。

“它是造作、暴烈和变动的，与罪恶和不幸相联系，在它里面风占优势，因为风纵横地吹动；它在生物里面，便是罪恶的原因。第三种即最低一种性质是昏暗（指 tamas，旧译为‘多磨’、‘痴暗’）是沉重的，阻碍的，与忧虑、钝拙和虚妄相联系，地和水在它里面占优势，这是就水是下坠的和往下流来说；它在生物里面，便是愚笨的根本。”因此第一种性质（旧译“喜德”）是自身合一。第二种性质（旧译“忧德”）是坏意义的相异、欲望、相离的表现与原则。第三种性质（旧译“暗德”）则仅是否定，如在神话中具体表现为湿婆（Śiva）、摩诃提婆（Mahādeva）或摩诃首罗（Maheśvara）。即是破坏或变化
156 的神。在我们看来，重要的分别在于第三种性质并不回复到第一种性质，像精神，理念所要求的那样，借着否定的“扬弃”与自身协调，并且回到自身。在印度人看来，第三种性质仍然是变化和生灭。

“三种性质被表象为自然的本质。僧佉说：‘我们说到三种性质，如同我们说到一个树林中的树一样。’”这是一个不恰当的譬喻。因为树林只是一个抽象的普遍，在普遍中各个个体是独立的。“在吠陀的宗教观念中”，——其中三种性质也表现为 trimṛti（三头）——，“好像是三个连续的变形；所以说：‘一切首先都是黑暗，然后接受命令变异自身，于是取得冲动与活动的形象’——（但这是一个较劣的变形）——‘最后在梵天的再度命令之下，终获得善的形象’。”

心智在这三种性质方面，还有其他的规定，详述如下：“据说心智有八种，其中四种属于善，第一是德性（旧译‘法’）；第二是知识与学问（旧译‘智慧’）；第三是脱解情欲（旧译‘离欲’），或者出自外

在的感性的动机，如喜静恶动、厌离劳作，或者基于精神的根据，起于觉悟到自然是梦幻，只是虚妄与欺骗；第四是力量（旧译‘自在’）。力量有八方面，”因此有八种特殊的力量存在（旧译“神通”）：“一、把自己缩成一个可以穿过任何物件的极小形礼（旧译‘微细极邻虚’）；二、能将自己变成一个巨大的躯体（旧译‘偏满极虚空’）；三、能变得轻到可以乘日光而飞上太阳（旧译‘轻妙极心神’）；四、具有无限的官能行动能力，所以用指尖可以触及月亮（旧译‘至得如所意得’）；五、具有不可抵抗的意志力，可以潜入地中易如潜入水中（旧译‘随欲尘一时能用’）；六、君临一切有生命无生命的事物（旧译‘三世间之本主一切处胜他故’）；七、能改变自然的过程（旧译‘不系属他能令三世间众生随我运役’）；八、能随心所欲无事不成（旧译‘随意往’）。”

柯耳布鲁克说，“相信这种超凡的能力在人的生命中可以达到，并不是僧佉的特点，而是一切印度哲学系统及宗教观念的共同信仰。在印度人的戏剧和说部中，许多圣人和婆罗门教士都被认为享有此种能力。”感官的证明不足以反对此种信仰，因为在印度人看来，一般地说感官的知觉是不存在的，一切事物都采取想象的形式，一切梦境都被当成真理与现实。僧佉以为人只有当他借着他的思想修养把自己提高到内心时，才有这种能力。“瑜伽经（Yogasūtra）四卷中的一卷曾列举许多修证的方法”，可以借以获得这种能力：例如“深深的沉思（旧译‘禅定’），保持一个固定的位置，调整呼吸，使感官漠然不动。由此种修行，瑜伽行者能知道过去未来，能预测他人的心思，能得如象之力，如狮之勇，如风之速，能飞升入空，能游泳于水，能潜入地中，能于一时遍见一切世界，并

能成就其他神异之事。但由甚深禅定而达到至乐的最捷方法乃是对于上帝的礼拜，礼拜时须口中常念上帝的密名‘唵’”。这个观念是一个最普遍的观念。

158 柯耳布鲁克进一步把僧佉系统中的有神论与无神论两派分开来说。在有神论中，“自在天（Īśvara）是世界的主宰，被认为是与其他的灵魂有别的一个灵魂或精神。”在无神论的僧佉中，“迦毗罗不承认自在天是世界的创造主，凭自由意志而创造世界，因为他以为无法证明上帝的存在。感觉不能证明上帝存在，推论亦不能推出上帝存在。他只承认一个由自然产生的实体，这实体，就是绝对的心智，它是一切个别心智的泉源，也是一切其他存在的本源。一切其他存在皆由心智中一一发展而出。迦毗罗〔把绝对的心智了解为万有的创造，于是关于世界创造主的问题他〕①极力指示说：‘这样一个“自在天”的真理已经证明。’”——“世界创造主的真理便在这个意义的创造中——，但是”他说，“结果的存在依靠心智，依靠意识，并不是依靠自在天；一切事物皆由那个伟大原则产生，那便是心智。”个体的灵魂属于这个心智，由这个心智产生。

（三）关于僧佉的第三部分，特别考察到关于原则的知识的各种形式，所以我再说明一二，或者也有趣味。在以上所述各种知识中，推理的知识，由因果关系而推得结论的知识，始终是主要的知识，我将说明印度人是如何了解此种关系的。“理智和一切其他推出的原则都是结果，他们又由结果去推论它们的原因”；从一方面看，这与我们的推论很相似，但是从另一方面看却很不同。他们认

① 据米希勒本，第二版，英译本增补。——译者

为:“结果在原因发生作用之前就已经存在;因为本来不存在的东西不能由因果关系而变为存在。”(由此推出的结论是世界永远存在;因为这里包含有“无中不能生有”这个命题,柯耳布鲁克在这里也提起这个命题,这是与我们由无中创造世界的宗教形式矛盾 159
的。)柯耳布鲁克说,“这个意思是,与其说结果是产生出的东西,不如说是抽出的东西。”问题正是:什么是产生出的东西呢?印度人认为结果已经先包含在原因之内。譬如“压芝麻出油之先,油已在芝麻内,从谷取米之先,米已在壳内,从母牛取奶之先,奶已在母牛乳房中。”“因与果的内容(本质或本性)是同一的”;“裁布为衣,衣与布本质上是没有区别的”,印度人就是这样了解因果的关系的。如果我们说:无中不能生有,便同时应该说:上帝不是从无中创造世界,而是从他自身中创造世界;他自己的本性就是使世界存在。因和果的分别只是一个形式上的分别;这是理智把因果两者分开,并不是理性把因果两者分开。湿与雨是相同的。我们在力学中说到有不同的运动,然而运动在冲击以前和以后有同样的速度;——这个关系,常识上是把它完全分开的。因果之间并没有真实的区别。

印度人推论出“一个不能有分别的普遍原因。确定的事物都是有限的”。“因此必须有一个贯彻一切有限事物的原因。”甚至心智也是这个原因的结果;这个原因就是灵魂,当灵魂从自然分离而又在与自然合一中进行创造的时候。结果从原因产生。但是反过来说,结果并不是独立的,它要回到普遍的原因上去。三界的创立因而出现。随着所谓三界的创立就同时建立了普遍的毁灭。“正
如乌龟伸出四足,然后再把四足缩回它的壳内,那构成三界的地、 160

水、火、风、气五个元素也随着一定时间所发生的万有的普遍毁灭和解体，在相反的程序中又再化为它们从最初原则中所产生出来的东西，因为它们一步一步回到它们的第一因，——那最高的不可分的原因，亦即自然。”所以善、情欲、黑暗这三种性质都归结到自然。这些范畴的详细情形也许很有趣味，不过是很肤浅地被了解的：“因为自然据说是由三种性质的混合而起作用；每一事物自身中都包含有三种性质，有如三条河水合流为一。自然也由变形而起作用，正如水由树根吸收而被引入果实之中，获得一种特别的香味。”因此只有“混合”与“变形”的范畴。印度人说：“自然在其本身权力内有这三种性质作为它的形式与特性；其他事物之有这三种性质只是因为它们是这三种性质的结果。”

我们还要考察自然与精神的关系：“自然，虽然是没有灵魂的”，——（灵魂是本身并不是满足的对象，也不产生满足的对象）——因此“自然为灵魂的解脱执行准备的职务，正如牛奶——一种无感觉的物质——的功用是为养育小犊。”僧佉举出以下的譬喻：“自然好像一个乐妓，她向灵魂现身，有如向观众表演。她因为屡屡在观众粗鲁的眼前表现她的无耻而挨骂。但是等她表演够了，她就退场了；她退场了，因为她已经给人看够了；观众也退场
161 了，因为已经看过她了。她对于世界没有更多的用处了。可是尽管如此，自然与灵魂的结合却仍然永远存在。”——〔灵魂寻求对于自然的知识，只是为了从自然里解脱出来；灵魂需要自然，为了进而否定自然。〕[①]“由于对原则的研究获得精神的认识，于是那最后

① 据荷本，第三二二页增补。——译者

的、不可辩驳的、唯一的真理就被知道了”，便是：“既没有我（旧译‘无执’），也没有属于我的东西（旧译‘无我所执’），我也不存在（旧译‘无我执’）”。“亦即在印度人自我与灵魂尚未分别开来，而最后自我与自我意识一齐消灭”：“一切呈现于理智中、意识中的事物，都反映在灵魂里，不过它只是一个影像，并不蒙蔽灵魂的明澈，也不属于灵魂。有了这样的认识”，——（无自我性的）——“灵魂即能够静观自然，因而远离一切层出不穷的变化，解脱了理智的一切其他形式与作用，只保留着这个精神的认识。”这是对于间接的、精神化的内容的一种间接的、精神的认知，一种没有自我与意识的认知。“灵魂虽然有一个时期还住在身体里，但是这只像陶匠作瓶，当瓶已成时，由于以前所予动力的结果，他的模轮仍然在转动。”照印度人说，灵魂与肉体从此不再发生关系，因此它这种与肉体的联系乃是外表的结合。“但是当受了教育的灵魂最后脱离身体而自然与灵魂断绝时，那绝对的和最后的解脱就完成了。”这就是僧佉哲学中的主要环节。

二　乔达摩与羯那陀的哲学[①]

乔达摩（Gotama）的哲学和羯那陀（Kaṇada）的哲学彼此有密切的关系[②]。“乔达摩的哲学名为‘尼耶也’（Nyāya，即推理，旧译‘正理论’），羯那陀的哲学名为‘吠世师迦’（Vaiśeṣka，即特殊者，旧译‘胜论’）。前者是一种特别发达的辩证法，后者”则相反地“研 162

① 译者增补。

② “英国皇家亚细亚学会会讲记录”，第一卷，第一部分，第九十二——一一八页（柯耳布鲁克著“论印度哲学”第二部分）。

究物理学，亦即研究特殊对象或感觉对象。”柯耳布鲁克说：“印度人最注意的学科无过于尼耶也的哲学；尼耶也的研究产生了无数的著作，其中包括很著名的学者的作品。”

“乔逵摩与羯那陀所考察的秩序在吠陀的一部分中曾有提示，认为那是寻求教育和学问的必由之路，便是：表达（旧译‘声义’）、定义（旧译‘诠义’）和研究（旧译‘思择’）。‘表达’是用一个事物的名字去指称这事物，立即用一个名词去标明这事物；而名词是由神的启示给予的；因为印度人认为语言是神所启示于人的。‘定义’是把构成一个事物的本质的特殊性质举出。‘研究’是研究定义是否适当和充分。依照这个方法，哲学大师们就提出科学的名词，再由名词进到定义，并由定义进到所提主题的研究。”用名字以指示观念。再把定义中所定的观念放在研究中，加以比较。

其次要论到的就是所要静观的对象。“乔达摩在这里引用了十六点（指 padārtha 旧译‘句义’），其中证明（旧译‘证量’）——（形式的）——和所证明者（旧译‘所量’）是主要点；其余诸点对于认识真理和确定真理都只有辅助的作用。尼耶也在这里与其他心
163 理学派是一致的，它预期快乐、优胜、解脱烦恼为充分认识他所讲的原则的果报。这些原则即是真理；意指相信那与身体分离的灵魂永久存在”，——即是自为的精神。所以灵魂本身是所要知道的和所要证明的对象。这需要更加详细说明。

第一个主要点是“证明的证据（旧译‘量’），分为四种：第一种是感觉（旧译‘现量’）；第二种是推论（旧译‘比量’），推论又分为三种方式，即由果推因，由因推果，以及由类比推论。第三种证据是比较（旧译‘譬喻量’）；第四种是确信（旧译‘圣言量’），包含传统和

启示在内”。此四种证明在被认为是乔达摩作的古论中和在无数的注疏中，都同样有过许多的发挥。

第二个重要点是所证明的对象（旧译“所量”），亦即所要确证的对象，一共分为十二种。“第一种并且最重要的对象是灵魂，乃是感觉与知识所寓的处所，是与身体和感官不同的，是个体的、无限的、永恒的；——它的存在”〔——它有实在性、它是现实的东西，——“是可由内心的官能去觉察，并可〕由〔它的诸特性〕[1]喜爱、厌恶、意志（旧译‘贪、瞋、痴’）去证明。灵魂有十四种性质，即是：数、量、特殊、结合、分离、理智、享受、痛苦、愿望、厌恶、意志、功绩、罪过与想象力。”我们在这里看到反思的开始，但只是罗列在一起，没有逻辑的次序，既没有彼此联系，也没有范畴的全面性。“第二个认识的对象是身体；第三个是感觉器官（旧译‘根’），这里就举出了五个外感官〔眼、耳、鼻、舌、身〕[2]。它们并不是意识的变形（如僧佉所说），而是由地、水、光、风、气五种元素（旧译‘五大’）所构成的物质。眼球并不是（他们说）视觉器官，耳朵也不是听觉器官；视觉器官是由眼发出到对象的一种光线，听觉器官是耳朵里的 164
一种气，经过中间存在着的气的媒介与所听到的对象联结起来。这种光线平常是看不见的，正如光在中午时看不见一样，仅在某种环境中才可看见。味觉器官是一种液体（有如唾液）器官”诸如此类。我们在柏拉图的“蒂迈欧”篇[3]中，也发现有些东西与这里关于视觉所说的相似。在歌德的形态学中，有舒尔兹的一篇文字，也

① 据荷本，第三二六—三二七页增补。——译者

② 同上。

③ 第四十五—四十六页（斯特方本）；第五十—五十三页（柏克尔本）。

对于眼的燐质作了很有趣味的提示。譬如说，有些人在黑夜能看见东西，所以说是他们的眼睛照见了所见的对象，这种例子举得很多；但是这种现象必须要有特别的环境才行。“第四种对象是感觉的对象。在这里羯萨吠（Keśava，一位注解者）援用了羯那陀的范畴，这些范畴分为六种：第一种是实体（旧译‘实’），复分为九种，即地、水、光、风、气、时间、空间、灵魂、理智。”“羯那陀把物质实体”的基本因素“看作原始的原子（旧译‘极微’），然后是原子的集合物。他认为原子是永恒不灭的”；并且讲到许多关于原子所结合的话，日光中的尘埃他认为也是由原子结合而产生的。“第二个范畴是性质，性质中又分为二十四种：(1)色、(2)味、(3)香、(4)触、(5)数、(6)量、(7)个体性、(8)结合、(9)分离、(10)前、(11)后、(12)重、(13)流动性、(14)黏性、(15)声、(16)理智、(17)享乐、(18)痛苦、(19)愿望、(20)厌恶、(21)意志、(22)德行、(23)过恶、(24)是一种能力，这能力又包含三种：即速度、弹性与想象力。第三个范
165 畴是动作。第四种是共同性。第五种是区别。第六种是聚积。依照羯那陀的说法，聚积是最后的范畴。其他著作家还加上否定或缺陷为第七种”。这就是哲学在印度人那里所表现的形态和方式。

乔达摩的哲学在说明了证明与所证明者两个主要点之后，把“怀疑”（此即旧译之“似”，据荷夫麦斯特本三二九页，指“对于同一事物的不同观点”——译者）作为第三个主要点。另外一个要点是“合乎规则的证明”（旧译“因明”），即是形式的推理“或完全的三段论法（旧译‘五支论式’）（尼耶也），包括五个命题，即：(1)命题（pratijn̄a 旧译‘宗’），(2)理由（betu 旧译‘因’），(3)例证（udhaharaṇam 旧译‘喻’)，(4)应用(upanaya 旧译‘合’)，(5)结论(nigamana 旧译‘结’)。举例来说，(1)此山有火；(2)因为山上冒烟；(3)凡是冒烟的东西都有火，如灶；(4)而现在此山冒烟；(5)所以此山有火。”这里所提出的论式有如我们的三段论法。但是在这里所采取的论式中，所以如此推论的论据是预先假定了的。我们则与此相反，要从普遍者开始。这就是一般所用的形式，我们举出这几个例已经足够了，不过我们现在还想把它总起来说一说。

我们已经看到印度人的〔最后目的和〕主要注重点是灵魂的自返，灵魂上升到解脱境界，是为自身而提高其自身达到解脱或建立的思考。灵魂在极抽象的形式中的这种“自身回复”我们可以名之为“心智实体化”(intellectuelle Substantialität)。但是这里并不是精神与自然的合一，而恰好是反面。对于精神说，观察自然只是一种手段，只是思想的练习，这种练习以心灵的自由为目的。“心智实体化”在印度人看来，是最后的目的，但在哲学中一般说来它是真正的基础、开端；哲学的思考就是这种唯心论：真理的基础〔不是自然，不是物质，不是人的特殊主观性，而〕[①]是自为的思想。而印
度人的“心智实体化”是与欧洲人的反思、理智、主观个性相反的东 166
西。对于我们重要的是，我之所以有这样的愿望，有这样的认识，有这样的信仰，这样的意见，理由是我应该如此做，是根据我的意志；这一点是被认为有无限价值的。“心智实体化”是与此相反的另一极端，在这里面“自我”的一切主观性，〔一切特殊性、一切主观

① 据荷本，第三三三页增补。——译者

的虚妄,〕[1]都消失了;对于自我的主观性,一切客观的事物都变成了虚妄,对于它根本就没有客观的真理、义务、权利,因此唯一剩下的只是主观的虚妄。重要的是寻求“心智实体化”的效用正在于把那种主观虚妄性和它的一切聪明计较与反思消融在其中。这就是这一个观点的优点了。

由于精神在这里是自为的,但它仅完全是抽象的自为。因此我们可以把东方式的思想叫做直观。这种有普遍性的直观有它一定的重要性,因为这种直观是那样的单纯、自我同一、独立不动(因而也还是不完全的)。但达到这种基地对于哲学却是很重要的。而在欧洲人思想里占主导地位的却是完全不同的东西,是东方人这种实体的直观的反面;即反思的主观性。这种反思的主观性在我们这里占很高的地位。对于我们重要的是**我**有这样的意志,是**我**有这样的了解、信仰、知识,是**我**依据我所具有的某种理由、某种目的而有这样的行为。这就是欧洲人的主观性,这在宗教方面也曾被认为有无限价值。“心智实体化”是与此正相反对的另一极端,在这里面,“自我”的一切主观性、一切特殊性、一切主观的虚妄,都消失了;对于自我的主观性一切客观事物都是虚妄的,在这里一切客观事物仅仅依据我的反思是真的,仅仅依据我的任性是有效准的。这种主观的虚妄性固然也运用普遍性、实体性这类概念,但关于这些只有一些偶然的意见,抽象的理由,形式的反思;而这些都只是系于个体事物的特殊性的。自在自为的真理、义务、

[1] 据荷本,第三三三页增补。——译者

权利这些普遍规定都完全归结到主观性上面，而没有主观的活动就不尊重任何东西、不接受任何东西。因为我对它有这样的意志、这样的意见，所以它就应该这样。因此唯一剩下的只是主观的虚妄。因此对于欧洲人的这种理智，东方人的心智实体化的重要之处是有一种效用，即把那种主观虚妄性和它的一切聪明计较一概消融在其中。——这就是东方观点的优点。但我们也须进一步看到它的缺点[①]。

这种观点的缺点，在于当心智实体化被想象成主体的目标与目的时，一般地缺少客观性，而只是为了主体的利益，〔只是为了个人的福祉〕[②]所必需而产生出来的一种境界。这种心智实体化虽然是最客观的，却仍然只是极抽象的客观；因此客观性的真正的形式在它是缺乏的。像这种停留在抽象中的心智实体化，只是以主观的灵魂为其存在；在这种心智实体化中，应该是一切都归消灭。正如在那仅仅剩下主观的否定能力的虚妄之中，一切都归消灭；同样情形，这种心智实体化只不过是一个遁入空虚无定的逋逃薮而已。这种心智实体化缺乏那种在自身之内范型一切的客观性；因此要做的事乃是迫使这个基础、这个范畴前进，——亦即推进我们称之为思想的那个无限形式，那种规定自身的客观性。这个思想首先是主观的，是属于“我”的（我，我的灵魂在思想）；但是第二步，它又成了包含着心智实体化的普遍性；到第三步思想便成了范型一切的活动，成了规定一切的原则。因此我们又有了第二种方式 167

① 据荷本，第三三三—三三四页增补。——译者

② 据荷本，第三三四页增补。——译者

的客观性，这种客观性本身就是无限的形式。只有这种客观性才是真正的基础，必须准备的基础，这个基础范型自己，规定自己，并且以这种方式给予特殊内容一个地位，让它自由活动，把它保持在自己的范围之内。

在东方人的眼中，特殊事物是动摇不定的，是注定要消灭的；但是相反地，在西方人思想的基地上特殊事物却有它的地位。在思想里，特殊事物能植下根基，能固定下来；这就是欧洲人的坚硬的理智。这些东方的观念，目的是要取消这种理智的坚执性。但理智在思想的基地上却是流动的，它不应是独立自为的，而只应是整个系统中一个环节。在东方哲学中，我们也曾发现被考察过的确定内容〔如地、水、风等，感觉、推论、启示、理智、意识、感官等皆被一一考察〕[①]；但是这种考察是缺乏思想的，没有系统的，因为这种考察是站立在对象之上的，是存在于统一之外的。天上站立着心智实体化，于是地上就变得干燥而荒凉。对特殊事物的考察因此就只有死板的推理形式和推论形式，正如经院派哲学中所表现的一样。相反地，在思想的基地上，特殊事物可以得到它应有的权利；它可以被看为并且被理解为全部组织中的一个环节。在印度哲学中理念没有成为对象；所以外在的、客观的东西没有按照理念加以理解。这是东方思想的弱点。

真正客观的思想基础植根于主体的真实自由之中。普遍性、本体本身必须具有客观性。因为思想就是这个普遍性，就是本体的基础，并且同时也就是“我”，——思想是自在的，是作为自由的

① 据荷本，第三三五页增补。——译者

主体而存在着——:因此普遍性是有直接的存在的;它不仅是一个
应该达到的目的或境界,它的绝对性是客观的。这个特点,是我们 168
在希腊世界中所发现的,这个原则的发挥将是我们以后所要考察
的对象。普遍性起初是很抽象的,因此与具体的世界是对立的。
但是它之所以有价值,乃在于它是两个方面的基础:一方面为具体
的世界作基础,一方面又为自在者作基础。普遍性并不是一个超
越的东西,现实的价值就在于“普遍”在“自在”之内,换句话说,“自
在”、“普遍”乃是对象的真理。

译者附记:本篇所引“旧译”系根据中文大藏经中“金七十论”、“胜宗十句义论”二书。

第一部

希腊哲学

〔引　　言〕[①]

一提到希腊这个名字，在有教养的欧洲人心中，尤其在我们德 171
国人心中，自然会引起一种家园之感。欧洲人远从希腊之外，从东
方，特别是从叙里亚获得他们的宗教，来世，与超世间的生活。然
而今生，现世，科学与艺术，凡是满足我们精神生活，使精神生活有
价值、有光辉的东西，我们知道都是从希腊直接或间接传来
的，——间接地绕道通过罗马。后一种途径，是希腊文化传给我们
所取的较早的形式。此外它又通过昔时的普遍教会传来，这个教
会本身也是导源于罗马的，就在今天它还保持着罗马人的语言。
宗教的教训以及拉丁文的福音，来源都是教会神父。我们的法律，
也以自罗马取得最完善的形式自夸。日耳曼人的粗犷性格，必须
通过来自罗马的教会与法律的严格训练，受到磨炼。通过这种训
练，欧洲人的性格才成为柔韧，担当得起自由。所以当欧洲的人类
返回自己的家中，正视了现在之后，他在历史中所受的外来成分才
得以扬弃。人既已回到自己家中，享受自己的家园，也就转向了希
腊人。我们且把拉丁经典让给教会，把罗马法让给法学，不去谈 172
它。那更高的、更自由的科学（哲学），和我们的优美自由的艺术一

① 译者增补。

样，我们知道，我们对于它的兴趣与爱好都根植于希腊生活，从希腊生活中我们吸取了希腊的精神。如果我们可以心神向往一个东西，那便是向往这样的国度，这样的光景。

我们所以对希腊人有家园之感，乃是因为我们感到希腊人把他们的世界化作家园；这种化外在世界为家园的共同精神把希腊人和我们结合在一起。在日常生活中，我们喜欢那些安于家室、自身满足而无求于外无求于上的人们与家庭，希腊人便是这样。他们当然多多少少从亚细亚、叙里亚、埃及取得了他们宗教、文化、社会组织的实质来源，但是他们把这个来源的外来成分大大地消融了，大大地改变了，加工改造了，转化了，造成了另外一个东西，所以他们和我们一样，所珍视、所认识、所爱好的那些东西，本质上正是他们自己的东西。

因此，在希腊生活的历史中，当我们进一步追溯时，以及有追溯之必要时，我们可以不必远溯到东方和埃及，即在希腊世界与希腊生活方式之内，就可以追寻出：科学与艺术的发生、萌芽、发达直到最盛的历程，以至衰落的根源，都纯粹在希腊人自己的范围里面。因为希腊精神的发展只需要外来的东西当作材料，当作刺激。他们在这些材料中自己意识到自己是自由的，并且有了自由的活动。他们加在外来的材料基础上的形式，是一种特有的精神气息——自由与美的精神；这个精神：从一方面看，可以说是形式，但是从另一方面看，事实上却正是更高的实质内容。

173 但是他们不仅像这样自己创造了他们的文化实质（并且毫不感激地忘掉了外来的来源，把它置于背后——也许是埋藏在他们自己也模糊不清的神秘仪式的蒙昧中），不仅使他们的生活畅适自足,而且珍视他们这个精神的再生,——这种精神的再生才是他们真正的诞生。他们不仅是曾经使用过享受过自己所产生所创造的文化的主人;而且对他们整个生活的这种畅适自足,对他们自身的根本和本源,是自己意识到的,并且是感觉到感激和愉快的,——并不是**为了**存在,**为了**占有,**为了**使用。因为希腊人的精神——作为从精神的再生中生出来的精神——正是自己意识到自己是属于他们自己的:(一)希腊人的精神就活动在希腊人的生活里,并且(二)意识到这种生活,知道这种生活是精神自身的实现。他们把他们的生活想象成一个与他们分离的对象,这个对象独立地产生出来,独立地对他们有价值。他们认识到根本与本源之为根本与本源——不过这根本与本源是内在于他们的。因此他们给自己编造出一个他们所经历和体验过的一切事物的历史。他们不仅想象世界——亦即诸神与人类、地、天、风、山、河等等——的发生,而且想象他们的生活的一切方面——譬如火的发明,与火相关联的祭祀牺牲,种子,农业,橄榄树,马,婚姻,财产,法律,艺术,崇拜神灵,科学,城市,贵族等等,——他们在一些美好的故事中,想象这一切事物的来源,并且说明这些事物与他们的关系。从这外在的方面,他们把一切事物历史的起源,都看作他们自己的事业和功绩。

在这种实际生活中的畅适自足中,或者更可以说,在这种畅适自足的精神中,在这种表现为怡然自得的精神中,在物质、社会、法律、道德、政治各方面生活上都怡然自得的精神中,在这个自由优 174
美的历史性品质中,在“追忆女神”的品质中——(希腊人的历史经历,在希腊人看来也就是“追忆女神”)——也就存在着自由思想的

萌芽，也就存在着哲学发生于希腊人中间的特色。

正如希腊人在生活上安于家园一样，哲学也是畅适自足，哲学上的畅适自足，亦即人在精神上畅适自足，怡然如在家园。如果我们对希腊人有家园之感，就应该对他们的哲学特别有家园之感，——不过哲学并不只是在希腊人那里有如故乡，因为哲学本身正是人的精神的故乡；我们在哲学里所从事的，乃是思想，乃是我们内在的东西，乃是摆脱一切特殊性的自由精神。思想的发展，在希腊人那里，是从他们最原始的素质中启发出来，发展出来的；我们不必远求于外在的机缘，便可研讨希腊哲学。要了解希腊哲学，我们必须亲身流连于希腊人的精神生活之中。

但是我们必须对希腊人的性格与观点作更详细一点的规定。希腊人固然是从他们自身出发的，但是同时他们也有一个前提。这前提是历史性的。从思想讲来，这前提是精神与自然合一的东方式的“实体化”。这是自然的合一。而只是从自身出发，处在自身之中，则是那另一个极端的抽象主观性（纯形式主义）。当这主观性尚是空的，或者变成了空的时候，便是近代世界的抽象原则了。希腊人站在这两极端之间，处于一个美好的中介地位，所以这个中介是“美”的中介，因为它既是自然的，也是精神的，不过精神性依然是主导的、决定的主体。沉没于自然之中的精神，与自然共处在实质的合一里面，当它是意识的时候，则它主要是直观——是一般的没有尺度的东西；就精神之作为一个主观意识而言，它确乎是有范型作用的——不过没有尺度。希腊人以自然与精神的实质
175 合一为基础，为他们的本质；并且以这种合一为对象而保有着它、认识着它，——不过并非沉没在对象之中，而是回复到自身之

内，——他们并没有退回到形式主观性的极端：而是与自身为一体，因此是自由的主体，仍以那最初的合一为内容、本质、与基质，——作为自由的主体，将其对象陶铸为“美”。希腊人的意识所达到的阶段，就是“美”的阶段。因为“美”是理想，是从精神里涌出来的思想；不过，虽是这样，精神的个性还没有独立自为，成为抽象的主观性，在自身中发挥其自身成为一个思想世界。然而希腊人的这种主观性本身还带着自然的、感性的色彩、不过这种自然的色彩是和东方的不同等级，不同价值，而且也不占优越地位。在希腊，精神的原则居于首位，自然事物的存在形态不复有独立的效准，只不过是那照澈一切的精神的表现，并被降为精神存在的工具与外形。然而精神却尚未将自己当作媒介，在自身中表象自己，在自身中建立它的世界。

因此自由的道德能够在希腊得到地位，也必然在希腊得到地位，因为自由的精神实质是希腊人的道德、法律、制度的基础。因为其中还依然包含自然因素，所以国家的道德形式也还染有自然成分。国家是一些小的自然个体，这些个体并不能团结为一个整体。“普遍”不是独立自由地存在，精神也就依然有限制。在希腊世界中，自在自为地存在着的永恒事物由思想发挥出来，得到自觉；不过虽然如此，主观性依然具有偶然的性质与它相对立，因为基本上它还是与自然性有关联的。〔在这里面，我们就可以解释上面所提到的事实，即在希腊只有少数人是自由的。〕[①] 176

东方无尺度的实体的力量，通过了希腊精神，才达到了有尺度

① 据米希勒本，第二版，英译本，第一册，第一五三页增补。——译者

有限度的阶段。希腊精神就是尺度、明晰、目的，就在于给予各种形形色色的材料以限制，就在于把不可度量者与无限华美丰富者化为规定性与个体性。希腊世界的丰富，只是寄托在无数的美丽、可爱、动人的个体上，——寄托在一切存在物中的清晰明朗上。希腊人中最伟大的便是那些个体性：艺术上、诗歌上、科学上、义气上、道德上的那些杰出人物。如果和东方人想象中的华美壮丽宏大相比，和埃及的建筑、东方诸国的宏富相比，希腊人的清妙作品（美丽的神、雕像、庙宇）以及他们的严肃作品（制度与事迹），可能都像是一些渺小的儿童的游戏：希腊所发展的思想，尤其是这个样子。这种思想对于个体性的丰富内容予以限度，和对东方的伟大予以限度一样，并且将这丰富内容追溯到它的单纯的灵魂，而这个灵魂本身却是一个更高的理想世界——思想世界——的丰富财产的源泉。

有一个古人曾说："人啊，你从你的情欲中取得了你的神灵的材料"，——譬如东方人（特别是印度人）便从自然原素、自然力、自然形相中取得他们的神灵；——我们可以补充一句："你从**思想**中取得了构成上帝的元素与材料。"在这里思想乃是产生上帝的基地。并不是开始的思想便足以构成了解全部文化的基本原则。正好相反。开始的思想看起来非常贫乏，高度抽象，它的内容和东方人加在他们的对象上的内容对比起来，是很少的。思想的开始本身是直接的，是在自然性和直接性的形式之下的。希腊思想和东
177 方思想都同有着这种自然性和直接性。但是希腊思想把东方的内容化成了一些完全贫乏的范畴，所以这些思想在我们看来，是不大值得注意的，因为它们还不是真正的思想，尚未具备思想的形式与

范畴，而还存在着自然性。因此他们以思想为“绝对”，而又不是作为思想的绝对。这就是说，我们永远应当分开两个东西：“普遍”或“概念”，和这个“普遍”的“实在”，因为问题在于“实在”本身究竟是思想还是自然。起初的时候，“实在”还带着直接性的形式，只是潜在的思想：我们讲希腊哲学从伊奥尼亚学派的自然哲学讲起，理由便在于此。

从这个时代希腊的外在历史情况说来，希腊哲学开始于基督降生前六世纪，亦即居鲁士的时代，当小亚细亚伊奥尼亚诸自由邦衰落的时期。因为这个进入高度文化的美丽世界衰落了，所以发生了哲学。克娄苏〔按系吕底亚王〕与吕底亚人首先威胁了伊奥尼亚的自由，以后波斯的侵略更把它整个摧毁了，因此多数居民另觅安居之所，建立了殖民地，特别是在西方。与这一次伊奥尼亚诸城邦衰落同时，希腊的另一部分脱离了旧贵族的统治。柏洛比德族(Pelopiden)与大部分别的外来王族衰替了。希腊与外界发生了多方面的接触，希腊人也部分地在他们自己中间寻求一种社交联系。宗法生活过去了，多数城邦开始需要法规与制度——要求建立自己的自由。我们看见有许多伟大人物崛起，他们作了他们同胞的统治者，并不是凭着他们的门第，而是由于才能、想象、学识出 178
人头地，受人尊敬。这些人物与他们的同胞们发生着种种不同的关系。他们中间有一部分是忠告者，——但良好的忠告每每是不为人所采纳遵行的；有一部人为他们的同胞憎恨与蔑视，——这些人就放弃公共事业而退隐了。另一些人则很桀骜强悍，几乎变成了他们同胞的残暴的统治者。另外一些人则是为了自由而创立法律的人。

〔七　　贤〕[①]

近代人从哲学史上排除出去的所谓“七贤”，便是上面所描述的那些人。因为他们可算作接近哲学史开始期的纪念碑，所以在哲学史的开端要把他们的性格简述一下。他们之所以这样著名，一部分是因为他们参加了伊奥尼亚诸城邦的战役，一部分是因为流寓域外，一部分也是因为他们是希腊最有声望的人。这七个人的名字有各种不同的说法，通常是：泰利士，梭仑，柏连德，克娄布鲁，奇仑，比亚士，毕大各（Thales，Solon，Periander，Kleobulos，Chilon，Bias，Pittakos）。第欧根尼・拉尔修（Diogenes Laërtius）[②]说：“赫尔米波（Hermippos）提到十七个人，不同的人从这十七人里面以不同的方式选出七个人。”照第欧根尼・拉尔修说，有一个较早的人“第开亚尔可（Dicäarchos）只举出四个人，这四个人大家一致认为在七贤之列，便是：泰利士，比亚士，毕大各与梭仑”。[③] 此外常说的还有：弥孙，阿那卡尔锡，阿古西劳，艾比美尼德，费雷居德等人（Myson，Anacharsis，Akusilaos，Epimenides，Pherecydes）。根据第欧根尼书中记载，第开亚尔可说：“他们既不是智慧的人（σοφοὺς），

---

① 译者增补。

② “第欧根尼・拉尔修”，第一卷，第四十二节。

③ “第欧根尼・拉尔修”，第一卷，第四十一节。

也不是爱智者，而是一些理智的人(σινετοὺς)，一些立法者，”[①]—— 179
有天才的人。这个判断成了普遍的判断，应该认为正确。他们生活在希腊社会的一个过渡时代——从王公的宗法制度过渡到一个法治的或武力统治的制度。这一些人之所以获得智慧之名，一方面是因为他们掌握了意识的实践本质，亦即掌握了自在自为的普遍道德的意识，把它当作道德格言，并且部分地当作社会法规说了出来，更使这些法规在国家中见诸实施；另一方面是因为他们用意义丰富的语句表示出了理论性的东西。这些话语里面，有一些不但可以看作有深义的或卓越的思想，而且尽可以看作哲学的和思辨的思想；我们可以看出这些话语具有一种赅括的普遍意义，不过这意义在这些话语自身内还没有发挥出来罢了。这些人基本上并没有把科学或哲学研究当成他们的目的；关于泰利士，人们明明说，他是到晚年才献身于哲学研究的。与政治有关系的事才是最常见最多的事。他们都是实践的人，都是事业家，不过这里所谓事业，其意义不同于我们现时所了解的，我们今天所谓实际事务，是指专门从事政务、商业、经济等特殊部门的工作而言，而他们则生在民主的国家里，是要分担一般性的管理和治理国家的劳烦的。他们也不是像米耳底亚德、泰米斯朵克勒、柏里克勒、德谟斯泰尼(Miltiades, Themistokles, Perikles, Demosthenes)等伟大的希腊人那样的政治家；而是另一个时代的政治家，在这个时代里，重要的事情是救济、保安、维持秩序与建立制度，——几乎全是关涉到国家生活基础的奠定工作，至少是典章制度的树立工作。

---

① 同上，第四十节。(译者按：希腊文“爱智者”(φιλοσόφος)即哲学家之意。)

180 泰利士与比亚士对于伊奥尼亚诸城邦特别显得是像上面所描述的那样的人物。赫罗多德[①]讲到过这两个人。他对于泰利士曾说："他早在伊奥尼亚人被征服之前(显系指为克娄苏所征服)，就已经忠告过他们，教他们在伊奥尼亚诸邦的中心点德欧(Teos)建立一个最高议会(ἓν βουλευτήριον)，"——就是设立一个有联合首都的联邦；但在这个联邦里面"各邦应当仍然保持其为个别的邦国(δῆμοι)"。然而他们并没有听从这个劝告。因为不听忠告，他们分化了，衰弱了，结果被征服了。对于希腊人，放弃个体性永远是一件很难的事。伊奥尼亚人也同样没有听从"普列尼(Priene)人比亚士的忠告"，"比亚士"后来——(当居鲁士的大将"哈尔巴古〔Harpagus〕——完成了征服伊奥尼亚人的工作——进迫他们的时候")——"曾在他们集议于巴纽宁的紧急开头，给他们最有益的忠告说：他们应该组织一个联合舰队开往萨尔地尼亚岛(Sardinien)，在那里建立一个伊奥尼亚邦。这样他们可以免做奴隶，可以幸福，而且住在这个最大的岛上他们还可以征服别人；如果他们还留在伊奥尼亚，则他就认为他们不会有自由的希望。"赫罗多德很赞成这个谋略，他说："如果他们听从了这个忠告，他们是会成为最幸福的希腊人的。"所以在这种情况下，一件事情的发生只是出于暴力，而不是出于自由意志。

我们在类似的情形中也见到另一些贤者。梭仑是雅典的立法者，因此特别著名。很少有人得到立法者这个崇高的地位的。只有摩西、吕古尔各、札留古、努马(Moses，Lykurgos，Zaleukus，Nu-

① "第欧根尼·拉尔修"，第一卷，第一六九——七一节。

ma)等人和他同享立法者之名。在日耳曼各族中,是没有人享有本族立法者的名誉的。在今日,是不可能再有立法者的了;典章制 181
度在近代早已规模大备。再要做的事非常之少,立法家与立法会议所还能做的,只不过是增订一些细节,作一些很不重要的补充。它所从事的只是编纂、修订与补充个别的条目。而梭仑和吕古尔各所做过的,也只限于前者把伊奥尼亚的精神,后者把多里亚(Dorien)的性格提高到意识,提高到另一形式,把一时的混乱状况加以结束,又凭借有效的法律将这种不良状况加以排除。

因此梭仑并不是一个完善的政治家;这一点可以见之于他的历史后果。一个宪法可以容许贝西斯特拉德(Pisistratus)即在梭仑自己的时代,自立为僭主。这个宪法简直是毫无力量,毫无有机性,以致不能防止自身的颠覆,——但是,凭借什么力量〔可以防止自身的颠覆〕呢?——这表现出里面包含着一个内在的缺点。看起来这是很奇怪的;一个宪法应该能够抵抗这样一种打击才是。可是,仔细看来,贝西斯特拉德到底是怎么办的呢?所谓僭主的实情,由梭仑与贝西斯特拉德的关系可以看得最清楚。当维护秩序的宪法与法律在希腊人中成为必要的时候,我们便看见立法者和摄国政者纷纷兴起,给人民立下法律,并根据法律来治理人民。法律是普遍的,但是当个人尚未认识法律、理解法律时,法律在个人看来便是暴力;——直到如今,法律还是被当作暴力的。首先是对整个民族如此,然后只是对个别的人如此。法律在最初的时候,必须是强制性的暴力,等到人们认识了法律,等到法律变成了人们自己的法律时,它才不是一个外来的东西。多数的立法者和治国者 182

都自己担当起这种用暴力来强制人民的责任，做了人民的僭主。如果一个国家里的立法者和治国者不这样做，另一些有野心的个人还是要这样做的；这事本身是必然的。

我们发现，梭仑的朋友们曾劝他本人夺取政权，"因为如果他做僭主的话，人民是很喜欢的，"[①]——"他拒绝了他们，并且尽力阻止这事，因为这时候他已经对贝西斯特拉德的居心发生怀疑。当他发觉贝西斯特拉德的企图时，他便披着甲带着盾跑到人民议会去，"——这在当时是很不常见的事情[②]——"向人民报告贝西斯特拉德的图谋。他说：'雅典的人们！我比有些人智慧，比另一些人勇敢；我比那些看不出贝西斯特拉德的阴谋的人智慧，比那些虽然看出了却不敢说的人勇敢。'"[③]"但是他的话一点效果也没有，他就离开雅典了。"[④]依据第欧根尼的记载[⑤]，当时贝西斯特拉德并且曾在梭仑在外的时候写了一封很有敬意的信给梭仑，请他回雅典来，和他住在一起，做一个自由的公民。这封信第欧根尼给我们保存了下来。信上说："我并不是唯一自立为主的希腊人，自立为主于我亦无不当；因为我系出哥德鲁(Kodrus)贵族。雅典人曾有过盟誓，承认永保哥德鲁与其子孙的地位，但他们却背弃了这种盟誓，剥夺了这一项特权，因此，我只不过取回盟誓所许给我的

① "第欧根尼"，第一卷，第四十九节：人民属意于他，很愿意他做僭主统治他们。

② 图居第德指出希腊人与蛮夷不同的一点，在于希腊人——其中最早的是雅典人——在和平的时候不着武装。

③ "第欧根尼"，第一卷，第四十九节。

④ 同上，第五十节。

⑤ 同上，第五十三—五十四节。

权利罢了。我没有做过什么对不起神明，对不起人民的不义之事， 183
你给雅典人立了法，我就努力使你所立的法在公民生活里实行；”——（他的儿子也是这样做的）——“这个情况比民主制度还更好些，因为我不许任何人做坏事。作为僭主，我并不因此向人民多取一分权威、荣誉和固定的贡赋（进项）像他们所贡献给前代的国王那样。每一个雅典人纳其什一之赋，并不是给我，而是供公共祭典的费用，此外并供公共事务和战争发生时的费用。我并不怨你揭发了我的企图，因为你这样做动机出于爱民，并非恨我；同时你那时还不知道我如何进行治理国家。如果你那时已经知道了这点，你就会满意这个政府，就不会逃走了。”梭仑复信说[1]他“对贝西斯特拉德并无个人仇恨，而且应该说他是僭主中最好的一个；不过回来对他是不合宜的。因为他曾使人人平权成为雅典宪法的本质，他本人是不承认僭主制度的。他如果回来就等于承认贝西斯特拉德所做的事了”。

贝西斯特拉德的统治使雅典人习惯了梭仑的法律，使它成为风俗；由于法律完全成了习惯，权威也就成为多余，当贝西斯特拉德的儿子们被驱逐出雅典之后，梭仑的宪法才站稳了。梭仑诚然
立了法，但要使这个法制成为习惯，成为风俗，深入一个民族的生 184
活，却是另外一回事。

立法与行法的工作在梭仑与贝西斯特拉德两人那里是分离的，我们发现，在哥林特人柏连德与米底勒尼人毕大各那里两者却结合为一了。

① “第欧根尼”，第一卷，第六十六—六十七节。

关于七贤的外在生活，上面已经说得很够了。此外他们更以留存下来的格言的智慧著名；不过这些格言在我们看来有一部分是很肤浅陈腐的。其所以如此，是因为在我们的思想中，普遍的命题是非常平常的；同样情形，所罗门的箴言中有许多对于我们也很肤浅平庸。不过，第一次将这种普遍的话语放在普遍性的形式之下使人知晓，却是一件很不同的事情。今天还保存着的双行诗中，有许多被指为梭仑所作；这些诗句的特点，在于以箴言的方式表示出人对神灵、对家庭、对祖国的一般普遍义务。第欧根尼[①]说，梭仑"曾说：法律有如蛛网，小的被它捉住，大的把它扯破"；……"语言是行为的影像"等语。这些言辞并不是哲学，而是一般的思想，道德义务的宣示，格言，基本论断。他们的智慧的格言，就是这一类的，多数无甚意义，而且有许多似乎比这些还更无意义。譬如奇仑就这样说过："替人担保，灾祸不远。"从一方面说，这句话是一个很普通的生活谨慎的规条；可是怀疑派却给这句话一种很高的普遍意义，深信奇仑有这样一个意义，即："把你紧系在一个特定的东
185 西上，便会陷入不幸。"怀疑派孤立地引证这一句话，以为其中有着怀疑论的根据；怀疑派的原则是：没有一件有限的确定的东西是自在自为的，一切只是一个幻象，一个流转物，并不是常住不变的。克娄布鲁说："节制是最好的，"另一个人说[②]："不必过度。"这类的话，在"限度"一概念里有着更普遍的意义。限度，亦即柏拉图用来与"无限度"(ἄπειρον)相对立的限度(πέρας)，有限者乃是最好者，

① "第欧根尼"，第一卷，第五十八节。

② 指梭仑，见"第欧根尼"，第一卷，第五十三节。——译者

亦即与无规定者相反的自身规定者。所以在“有”中限度或尺度是最高的范畴。

在这些最著名的格言中，有一条是梭仑与克娄苏谈话中所说的，赫罗多德[1]曾用他自己的话将它很完全地给我们传述下来。这格言的结论是：“没有一个人在死前可以被称颂为幸福。”这一段记载值得注意的地方，是我们可以从其中对梭仑时代的希腊人的反思观点认识得更清楚一点。我们知道，幸福或快乐是被假定为值得追求的最高目的，是被假定为人的目标的；在康德哲学以前，道德——快乐主义（Eudämonismus）的道德——是建立在幸福这个范畴上的。在梭仑的话里，可以看出，幸福已经提高了一层，超过了只是满足感官享受的感官快乐。我们若问幸福是什么，对于反省的思想幸福包含着何种意义，即可见幸福无论如何总带有一种个人的满足，不管是哪种方式的满足，是由外在或内心的（身体上的或精神上的）享受而来的满足，达到这种满足的方法，是掌握在人手中的。不过进一步看来，并不是每一种感性的、直接的享受都可以拿来当作幸福，因为幸福里包含着一种对于环境之全部的反思；其中所包含的并不只是满足、愉快的原则，唯有全体才是原则，个别的享受应该看轻。快乐主义所谓幸福是为着全部生活的
一个条件，它所提出的享受，是全体性的享受。全体性的享受是有 186
普遍性的，是为个别享受作规范的，它不听任人沉溺在暂时的享乐里，只是约束欲望，在我们眼前树立一个普遍性的尺度。试把快乐主义拿来与印度哲学比较，便可见二者是相对立的。在印度哲学

① 第一卷，第三十一三十三节。

里，灵魂从肉体中解放出来乃是人的目的，灵魂是纯然自在的，是个完全抽象的东西。希腊正好与此相反，他们所讲的快乐也是灵魂的满足，不过并不由逃避、抽象、遁归自身而获得，而是由享受当前的事物，由具体享受周围一切事物中取得。我们在幸福中所见到的反思阶段，是处在一个中间地位，一方面是单纯的肉欲，另一方面是为公正而公正、为义务而义务。在幸福之中，内容是享受，是主体的满足，不过形式是普遍的，个别的享受是消失不见了；普遍性的形式存在于幸福之中，不过普遍者还并不是自为地出现。这就是克娄苏与梭仑的谈话所提出的问题。作为思维者的人不仅为当下的享受而努力，而且为将来的享受准备手段。克娄苏给梭仑指出这些手段，然而梭仑拒绝对克娄苏的这个问题予以肯定的答复。因为我们要赞许一个人是幸福的要等到他的死时，要看他的幸福是否维持到死时，并且还要看他死得是否虔诚，是否合乎较高的目的。因为克娄苏的生命还没有完结，所以梭仑不能称赞他幸福。克娄苏一生的历史，证明了没有任何一个一时的情况可以当幸福之名。这个动人的故事完全刻画出了当时的反思观点。

〔分　　期〕[①]

我们研究希腊哲学，现在应该进一步划分三个主要的时期：(一)从泰利士到亚里士多德；(二)罗马世界中的希腊哲学；(三)新柏拉图派哲学。 187

(一)我们从思想开始，不过是从完全抽象的、在自然形式或感性形式之下的思想开始，一直进到规定的理念为止。这一个时期表现着哲学思想的开始，直到哲学的发展，以及哲学之完成为一个自足的科学整体。这就是亚里士多德；这就是以前一切哲学的统一。柏拉图已经做了这个统一古代哲学的工作，不过并未完成；他的理念是一般性的。新柏拉图派曾被称作折中派，而柏拉图则被认为曾完成了统一工作；但他们并不是折中派，而是有意识地见到了统贯各派哲学的必然性与真理。

(二)具体的理念既已经达到了；于是这个理念就在对立中自行发展，自行完成。所以，第二个时期就是哲学进而为各种不同系统的时期。一个片面的原则被发挥成为一整个的世界观。每一方面对于另一方面都是一个极端，都自成一个全体，这便是斯多葛派与伊壁鸠鲁派的哲学系统；怀疑派则形成了对以上二派独断论的

① 译者增补。

否定。其他的哲学都消逝了。

（三）第三个时期是肯定的，它撤除对立而入于一个理想的思想世界、神圣世界。在这里理念发展为全体，但缺乏主观性或无限的自为性。

*　　*　　*

第一篇

第一期:从泰利士到亚里士多德 188

在这第一期里,我们将再分为三个段落:

(一)第一个段落是从泰利士到阿那克萨戈拉,——从直接被规定的抽象思想到自身规定的思想。本阶段的哲学是从绝对者和单纯者开始;这些最初的规定或范畴,在本阶段里一直到阿那克萨戈拉为止,显示出它们自己乃是规定的一些尝试,一些方式。阿那克萨戈拉把实在定义为 νοῦς(心灵),当作是一种能动的思想;思想不再是被规定的,而是一种自身规定的思想。

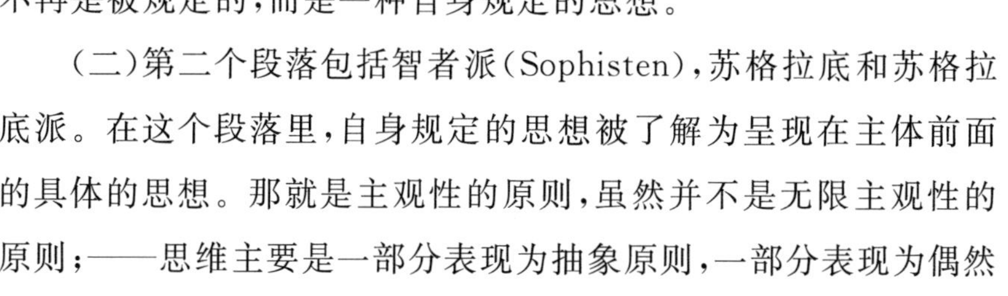

(二)第二个段落包括智者派(Sophisten),苏格拉底和苏格拉底派。在这个段落里,自身规定的思想被了解为呈现在主体前面的具体的思想。那就是主观性的原则,虽然并不是无限主观性的原则;——思维主要是一部分表现为抽象原则,一部分表现为偶然的主观性。

(三)第三个段落是柏拉图和亚里士多德——希腊科学,在这里客观思想、理念自己形成为整体。在柏拉图哲学中,具体的、自身规定的思想还是抽象的理念,只是在普遍性的形式中;在亚里士多德哲学中,理念才被了解成为自身规定的,有它自己的实效性和能动性的思想。

第一章
第一期第一阶段：从泰利士到阿那克萨戈拉

因为我们对于这一期只保存有一些传说和残篇，所以我们可以先在这里说一说史料的来源：

189 （一）第一个来源是柏拉图。他常常提到他以前的那些哲学家。因为他把以前各自独立出现过的各派哲学，都解释为一个理念的许多具体环节，而一旦把这些哲学的概念比较确定地掌握了，它们相互之间的距离也就并不那样远，所以柏拉图的哲学看起来往往像是各派古代哲学家学说的进一步发挥，因而招致了抄袭的责难。他曾经花了许多金钱去搜集古代哲学家的著述，由于他的精深研究，他的引证是相当重要的。不过在他的著述中，他自己从不以教师的姿态出现，而总是在对话中写出另一些人来谈哲学：所以他的文章里分不清哪些思想在历史上真正属于那些哲学家，哪些地方是柏拉图给他们的思想所加的发展。例如“巴门尼德”篇里讲的是爱利亚学派的哲学，但这学说的进一步的发挥却是属于柏拉图自己的。

（二）亚里士多德是最丰富的来源。他曾经专心而彻底地研究过古代的哲学家们，并且特别在他的“形而上学”开首，同样也在别处按照历史次序谈到过这些人。他是很博学的，哲学见地也非常高。我们对他是可以信赖的。要研究希腊哲学，最好是去读他的“形而上学”第一卷。虽然有些自诩博学的聪明人诋毁亚里士多德，说他没有正确地了解柏拉图，我们可以反驳道：他和柏拉图本人相处甚久，以他的深邃而透彻的思想，大概没有人能够比他更好地认识柏拉图。

（三）我们在这里也可以想到西塞罗，虽然他只是一个模糊的史料来源。他的书里固然包含着许多资料，但是，因为他一般缺乏哲学头脑，所以他就只知道把哲学当作历史来讲。他好像并没有研究过原著，譬如他自己便承认：他并不曾了解赫拉克利特，同时 190
因为他对古而且深的哲学不感兴趣，他也就没有多费力气去作深入的研究。他的报道主要是关于与他的时代相近的哲学家的，如斯多葛派、伊壁鸠鲁派、新学园派、逍遥派等。他把这些学派的哲学家当作媒介，通过他们去了解古代哲学家，特别是通过抽象推理的媒介，而不是通过思辨的媒介。

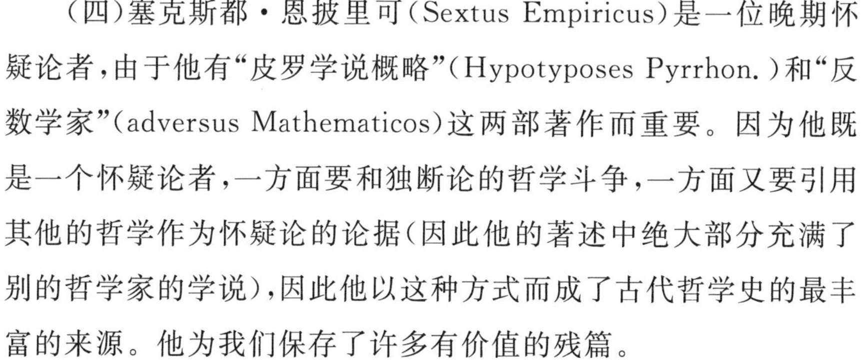

（四）塞克斯都·恩披里可（Sextus Empiricus）是一位晚期怀疑论者，由于他有“皮罗学说概略”（Hypotyposes Pyrrhon.）和“反数学家”（adversus Mathematicos）这两部著作而重要。因为他既是一个怀疑论者，一方面要和独断论的哲学斗争，一方面又要引用其他的哲学作为怀疑论的论据（因此他的著述中绝大部分充满了别的哲学家的学说），因此他以这种方式而成了古代哲学史的最丰富的来源。他为我们保存了许多有价值的残篇。

（五）第欧根尼·拉尔修。他的“名哲言行录”十卷（De vitisetc. Philos. lib. X，ed. Meibom. c. notis Menagii Amstel. 1692）是

一部重要的编纂作品；他常常无甚批判地引用他的论据。我们是不能说他有哲学头脑的。他只是在一些外在的无价值的轶事里漫游。但是哲学家的生活处处都可以当作哲学问题看，所以他也很重要。

（六）辛普里丘（Simplicius）是一个晚期的希腊学者，生于六世纪中叶犹斯底年皇帝（Justinian）治下的西里西亚，在亚里士多德的希腊注释家中，他是最锐敏最博学的一个。他的多数著述都尚未刊行出来；我们应该感谢他的功劳。

对于史料来源，我不想再多陈述，因为可以毫不费力地在任何一本提纲里找得到。在叙述希腊哲学的发展过程时，人们从前总是依照一定的次序讲，犹如按照日常观念来表示一种外在联系一样，认为一个哲学家应当师承另一个哲学家；——这种师承联系便
191 曾被表明为一支是从泰利士传下来的，另一支是从毕泰戈拉传下来的。然而这种联系一方面本身有缺点，另一方面也只是一种外在的联系。在这两大哲学派别中，人们把某一些哲学家归成一列，视为一系，——他们从泰利士传下来——在时间方面和精神方面都流传得甚为久远，与另一派分道扬镳。但是事实上没有任何一派是这样孤立进行的（甚至也没有只具有连续关系和师徒相承之外在联系的派别）；精神却另有一套程序。这些派系不仅在精神方面互相渗入，而且在确定的内容方面也是互相渗入的。

首先，我们从伊奥尼亚族的泰利士开始，雅典人便是属于伊奥尼亚族的；——也可能小亚细亚的伊奥尼亚人全是从雅典移殖来的。伊奥尼亚族很早就在伯罗奔尼撒出现了，似乎后来又从那里被排挤了出去；不知道究竟是哪些民族属于伊奥尼亚族，因为别的

伊奥尼亚人甚至雅典人都把这个名字抛弃了[①]。按照图居第德的说法，小亚细亚的伊奥尼亚殖民者，绝大多数都是来自雅典的[②]。在小亚细亚沿海一带和希腊诸岛上，我们看到了希腊生活的最伟大的激动，与西方的希腊人的意大利（大希腊）遥遥相对，在这个民族里，通过内部的政治活动和与外族的商业贸易，我们看到它的环境的复杂性和多样性的形成，在这里面局限性去掉了，普遍性提高了。伊奥尼亚和大希腊这两个地点，是初期哲学史演出的两个场所，一直到这一时期的末了，哲学才在希腊本土树立成家。这两个 192
地方也是早期的商业中心和文化中心，希腊本土成为商业中心和文化中心为时较晚。

因此，我们必须注意希腊有东西两方，哲学便以此分别为二派：一派是小亚细亚的各家哲学，另一派是西方的希腊人的意大利的各家哲学。从地理上，哲学分为伊奥尼亚哲学和意大利哲学；哲学的特性（内容）具有地域的特性。生长在小亚细亚以及附近诸岛这一边的有：泰利士、阿那克西曼德、阿那克西美尼、赫拉克利特、留基波、德谟克里特、阿那克萨戈拉和克里特的第欧根尼。另一方面是意大利人，有：生于萨摩斯而长于意大利的毕泰戈拉，和塞诺芬尼、巴门尼德、芝诺、恩培多克勒；以及一些大部分生活于意大利的智者。阿那克萨戈拉是第一个来到雅典的哲学家；他综合两极端成为一门合乎中道的科学，并使雅典成为这门学问的中心。这是地理上的区分；其次则是思想的叙述。在东方，是感觉的物质的

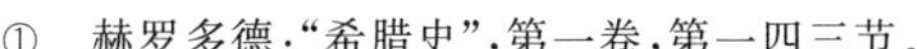

① 赫罗多德："希腊史"，第一卷，第一四三节。

② 第一卷，第二章、第十二章。

一面占优势；而西方则是思想占优势，因为思想在思想形式里被当作原则。那些回到了东方的哲学家，都已经在一个自然范畴里认识了绝对；绝对之实在的规定便属于这一边。绝对之理想的规定则属于意大利那一边。在这时候，人们是能够满足于这些规定的。但西西里的恩培多克勒却更富于自然哲学家的色彩；而西西里的“智者”高尔吉亚则属于哲学的理想的一面。

这里我们要详细考究：(一)伊奥尼亚派的泰利士、阿那克西曼德、阿那克西美尼；(二)毕泰戈拉及其门人；(三)爱利亚派的塞诺芬尼、巴门尼德等；(四)赫拉克利特；(五)恩培多克勒、留基波和德谟克里特；(六)阿那克萨戈拉。

193 在这种哲学里，可以发现并显示出一个发展过程。最初的完全抽象的规定，是泰利士和其他伊奥尼亚学者所作的；他们曾经以自然范畴的形式，以水、空气来理解普遍。以后的发展必须是扬弃这种单纯而直接的自然范畴。我们在毕泰戈拉派里便遇到这种扬弃，他们说“数”是本体，是事物的本质。数不是感性的东西，也不是纯粹的思想，——而是一种非感性的感性事物。“一”是范畴的形式，但是它更分化为一、二、三等；对自在自为者的规定，就这样走向具体了。在爱利亚学派里，思想与感觉形式以及数的形式被勉强地、纯粹地分割开了；出现了纯粹的思想。从他们那里出现了思维的辩证运动，这个运动否定了有限的分别，以表示“多”不是真实的，只有“一”才真实。赫拉克利特指出：“绝对”就是这个过程本身，——按照爱利亚学派的说法，“绝对”只是一种主观的过程。赫拉克利特已经达到了客观的意识；在这里，“绝对”是运动着、变化着的东西。相反地，恩培多克勒、留基波和德谟克里特又走向另一极端，走向单纯的、物质的、静止的原则，——因此运动、过程与原则便区别开了——走向过程的基质。到了阿那克萨戈拉，绝对才成为运动的和自身规定的思想，才把这种思想认作本质；这是一个很大的进步。

甲、伊奥尼亚哲学

这里要提到古代的伊奥尼亚哲学。我们愿意尽可能简单地来讨论它：因为这些思想是很抽象很贫乏的，所以我们不难简单地说明。泰利士、阿那克西曼德、阿那克西美尼以外的人，只能在文献上略提一下。整个古伊奥尼亚哲学都是易于研究的，因为总共不 194
过五六段材料。博学的考据对古代的材料固然可以大显身手；但是在人们知道得最少的地方，人们往往最可以卖弄博学。

一　泰　利　士

从泰利士起，我们才真正开始了我们的哲学史。泰利士的一生，是在克娄苏征服伊奥尼亚诸城邦的年代里度过的；由于克娄苏的覆亡（第五十八届奥林比亚赛会的第一年；即纪元前五四八年），表面上的自由曾经一度出现，但大多数的城邦，随即又被波斯人征服。在这个灾变之后，泰利士还活了几年。他是米利都人，他的家世据说是出于腓尼基的特利德族[①]。他的出生日期，按照最可靠的推断是第三十五届奥林比亚赛会的第一年（纪元前六四

① “第欧根尼”，第一卷，第二十二节。

〇年)[①];但是按照迈纳斯的说法,却晚两届奥林比亚赛会(第三十八届奥林比亚赛会,纪元前六二九年)。

他是一个政治家,在克娄苏宫廷里,在米利都,都曾有过政治生活。赫罗多德曾经多次提到他,据他说[②],依照希腊的传统,当克娄苏为对抗居鲁士而前往战场,渡哈吕斯河(Halys)遭受困厄时,随军的泰利士就在阵营后面挖了一道半月形的渠,通过这道渠道旁流,因此那道河就可以涉水而过了。第欧根尼更进而谈到他和他的祖国的关系,说他当克娄苏对抗居鲁士时,曾阻止米利都人
195 与克娄苏联盟。因此,在克娄苏战败之后,其他伊奥尼亚城邦都被波斯人征服了,只有米利都人未受骚扰。[③]

但是另外也有一种说法,认为他早就摆脱政治事务而专力从事科学了。[④]

据说他曾旅行到腓尼基,但这只是根据一种不足信的传说[⑤]。不过他晚年曾到过埃及似乎是无疑的[⑥]。据说他在埃及精通了几何学[⑦];但是按照第欧根尼根据一个叫希罗尼摩(Hieronymus)的人转述的轶事看来[⑧],似乎多半不确;这轶事说:泰利士曾经教埃及人按照人身高度与人影高度的比率,由金字塔的影子去测量金

---

① "第欧根尼",第一卷,第三十七节。
② "希腊史",第一卷,第七十五章。
③ "第欧根尼",第一卷,第二十五节。
④ "第欧根尼",第一卷,第二十三节。
⑤ 布鲁克尔:"批评的哲学史",第一册,第四六〇页。
⑥ 普鲁泰克:"诸哲学案"(de placit. philos.),第一卷,第三节。
⑦ "第欧根尼",第一卷,第二十四节。
⑧ 同上,第二十七节。

字塔的高度。这个比例的事实是：塔影与塔高之比，等于人影与人高之比。如果这种知识对于埃及人还是一种陌生的东西，则他们在理论几何学方面将甚为落后。此外，据赫罗多德说[①]，泰利士曾经预言过日蚀，这日蚀刚好在美迪人(Meder)和吕底亚人要交战的一天发生。另外还有一个关于他的天文学知识和工作的轶事被谈道[②]："他在仰望和注视星辰时，曾经跌到一个坑里，因此人们就嘲笑他说，当他能够认识天上的事物的时候，他就再也看不见他脚面前的东西了。"人们嘲笑这样的事只有这样一个好处，就是哲学 196
家们不能使他们知道天上的事物，他们不知道哲学家也在嘲笑他们不能自由地跌入坑内，因为他们已永远躺在坑里出不来了，——因为他们不能观看那更高远的东西。他又表示，一个哲人如果愿意的话，是很容易得到财富的[③]。更重要的是他定三百六十五日为一太阳年。第欧根尼[④]所述的关于金鼎(应给予最聪明者)的轶事，是很重要的，因为他曾把关于这事的各种不同的说法搜集起来；金鼎先是给予泰利士或比亚士的，泰利士又把它给了另外一个人；金鼎这样循环一周，最后又回到泰利士手里；他(或是梭仑)判定阿波罗是最聪明的，应当把它送到狄底梅(或德尔斐)去。根据第欧根尼[⑤]，泰利士死年七十八岁或九十岁，在第五十八届奥林比亚赛会时，根据邓尼曼[⑥]，则在第五十九届奥林比亚赛会的第二年

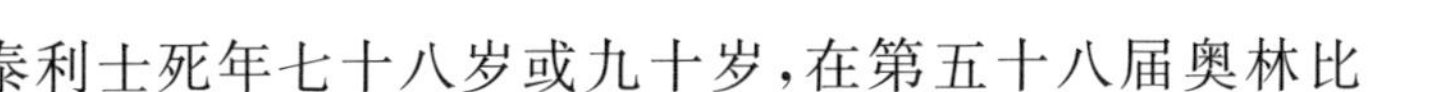

① "希腊史"，第一卷，第七十四章。

② "第欧根尼"，第一卷，第三十四节及梅纳鸠(Menagius)对这本书的注。

③ 同上，第二十六节。

④ 同上，第二十七—三十三节。

⑤ "第欧根尼"，第一卷，第三十八节。

⑥ 第一册，第四一四页。

（纪元前五四三年），正值毕泰戈拉来到克罗顿的时候；据说①，他是由于在赛会里因为又热又渴不支而死。

谈到他的**哲学**，大家一致公认他是第一个自然哲学家。但是我们关于这一点知道得很少，而我们却好像知道得很多。因为对于他的命题本身所能有的进一步的哲学发展和了解，我们知道都是来自后人的东西，却都被加到他身上了。虽然他的其他许多思想都散失了，但这些散失了的也并不是有什么哲学思辨意义的东
197 西。例如我们便听到赫罗多德说②，他把尼罗河的泛滥归之于与河流方向相反的季候风将水吹回的缘故。这样的思想当然不是哲学的思想。我们从哲学上知道，他的思辨思想能有何等的哲学进展；但是，正如上面所说，这种进展是并不存在的。更进一步的哲学发展，在继起的哲学家们手里，造成了一个特殊的时代。这些哲学家正是以具有这种特性而著称的。因此〔如果他还有另一些思想失传了，〕③也可以说实际上我们并没有失掉任何〔有思辨价值的〕④东西。他的哲学并不表现为一个完成了的系统，这并不是由于缺少资料，而是因为最初的哲学还不能有系统。

我们没有泰利士本人的著作，也不知道他究竟是否曾经著述过。第欧根尼·拉尔修说他有两百节关于天文学的诗句和一些零星的格言，例如："多言并不就表示理智的判断。"⑤

---

① "第欧根尼"，第一卷，第三十九节。

② "赫罗多德"，第二卷，第二十节；塞内卡："自然问题"，第四卷，第二节；"第欧根尼"，第一卷，第三十七节。

③ 据米希勒本，第二版，英译本，第一七三页增补。——译者

④ 据米希勒本，第二版，英译本，第一七三页增补。——译者

⑤ "第欧根尼"，第一卷，第二十三、三十四—三十五节。

关于这些古代哲学家，我们必须听取亚里士多德的意见，他对他们曾有过最综合的叙述。他在主要的一段里说[①]："在早期的哲学家中，大多数是把一切事物的原则认为是有物质性的东西（ἑνΰλης ε'ίδει）——"（亚里士多德列举了四种基本原因：（一）本质和形式，（二）物质或基质，（三）致动因，（四）目的）[②]"一切事物赖 198
以存在者，一切事物所自出的最初根源，一切事物所灭入的最后归宿，乃是始终如一的本体（ο'σία），它只在它的各种变形中变化；这便是元素，这便是一切存在的原则（άρχή）。"那就是绝对的"在先者"（Prius）。"因此他们认为没有一个事物发生或消灭，因为事物总是永远保持其同一本性的。"譬如，"我们说，当苏格拉底变成美丽的或文雅的时，他是绝对没有变化，当他失去这些特性时，他也绝对没有消灭，因为这个苏格拉底的主体总是永远同一的。其他一切事物亦均与此相同。因为必须有一个或几个本体，由其中生成出一切其他事物，而它本身常住不变"；——这就是说，它的变化是没有真实性的。"对于这样一个原则的数量和性质（ειδοs），各个

---

① "形而上学"，第一卷，第三章。

② 同上，第三节：显然我们是应该求得关于根本原因的知识的（因为只有当我们知道一个东西的根本原因时，我们才说我们知道它），这些原因可以从四种意义去讲。其中有一种我们认为是本体，亦即本质（因为"为什么"最后是可以归结为定义的，最后的"为什么"便是一个原因与原则）；另一种是物质或基质，第三种是变化的来源，第四种是与此相反的原因，便是目的与"善"（因为这是一切产生与变化的目的）。——我们现在再来求助于那些在我们以前曾经从事过对"有"的研究并对"真实"作过哲学讨论的人。因为他们显然也说过一些原则与原因；把他们的看法检视一遍，对于我们现在的研究是会有益处的，因为我们一方面是要找出另一种原因，一方面是要肯定我们现在所持的说法是正确的。

哲学家的说法并不相同。这种哲学”(即认定一种物质性的东西作为一切存在的原则和本质的哲学)“的创始人泰利士说:那原则是水。因此他又宣称,地球是浮在水上的”;因此,水就是基质,就是根源。按照塞内卡[①]的解释,泰利士似乎认为水倒并不纯粹在地球内部,而乃是包围着地球、无所不在的普遍本质。

199 详细去说明这些原则的性质,对我们是没有兴趣的。唯一的兴趣就在于追问:说水是原则的这种哲学究竟到了什么样的思辨程度。这种说法在我们看来还不是哲学的,而是物理学的;不过这种物质原则却有哲学的意义。首先我们可以从这里期待着说明:水是一切的本质,这一命题是怎样发挥出来的,是怎样证明的?在什么方式下,各种特殊形态可以从这个原则里推演出来?可是关于这一点我们要注意,尤其是对泰利士,我们除了熟知他把水当作原则,当作一切事物的神这一点以外,是别无所知的;同样,我们对阿那克西曼德、阿那克西美尼和第欧根尼等,也是除了他们的原则以外一无所知。

对于泰利士如何恰好得到水为万物的根本这一结论,亚里士多德曾提出一个推测:“泰利士之所以产生这种思想,**也许**是因为他看到一切的养料都是湿润的,而温度本身也由这种(湿润的)东西生成,生物皆借湿润以维持其生存。但是为一切事物所从出的那种东西,就是一切事物的原则。因为这个缘故,同时也因为一切种子都具有湿润的本性,而水又是一切湿润物的本源,所以他得到了这种思想。”

---

① “自然问题”,第六卷,第六节:他认为整个地球由水支持着,浸在水里。

亚里士多德继续写道："也有一些人支持古代原始神学化的全部旧说，他们就是这样的了解自然。他们把奥克安诺（按系希腊神话中海洋之神）和德谛斯（按系奥克安诺之妻）作成为一切存在之创造者，并且把被诗人称为斯底克斯（按系希腊神话中之冥河）的河，作为宣誓时的见证神灵。因为最古老的是最受尊敬的，而宣誓时作见证的神也是最受尊敬的。"人们在这种绝对坚定的神祇面前才宣誓。

（一）**本质是无形式的**。这是关于泰利士的原则的要点。但必须注意，亚里士多德用一个"也许"所提到的那个促使泰利士把水 200
当作一切事物的绝对本质的情况，——并未被当作属于泰利士本人所持的根据，而这种说法也并不能当作根据；亚里士多德所曾说明的，也不过如我们所谓"从实际看来"，湿润性与水的普遍概念相符合罢了。**比他较晚一点的人**，如"**伪普鲁泰克**"[①]**就把它当作是泰利士的根据，并且是肯定的而不是"也许"**。提德曼[②]说得很好，普鲁泰克是把"也许"省略了。因为普鲁泰克这样说："泰利士揣想，一切事物均由水发生而又复归于水，一、因为像一切生物的种子均以湿润为其原则一样，其他一切动物也同样以湿润为其原则；二、因为一切植物均由水而得其养料，由水而结果实，如果缺乏水，它们就要枯萎；三、因为甚至太阳与星辰的火，以及世界本身也都是由于水的蒸发而得到滋养的。"亚里士多德满足于"至少到处都有湿气"这种表面的说明。而普鲁泰克竟更确定地把它当作根据

① "诸哲学案"，第一卷，第三章。

② "思辨哲学的精神"，第一册，第三十六页。

来引用，肯定水就是事物的单纯本质。这样就要看就事物之为单纯本质而论究竟是不是水了。一、动物；动物是单纯的实在物，或者是实际上的本质，未发展的实在性是动物的精液，——精液当然具有湿润的性质。二、说到植物，前面曾提到过植物的养料，水是可以被认作植物的养料的。但是养料之为事物的本质，乃是一种无形式的本质，要通过个性才得到个体化，也就这样，植物才获得
201 它的形式；——植物的没有形式是客观的，正如动物的没有形式是主观的一样。三、日、月和整个世界像植物的养料一样，也要通过蒸发才能生成，这的确接近了古人的观念，古人还不承认日、月已达到这种独立性和存在，像我们的看法那样。

客观本质、“实在”应该提高为自身反映自身的概念，甚至建立为概念——（因为任何一个事物的感觉确定性都是在它的个体性中有效准）。因此哲学的开端便在于把世界认作水——一种有单纯的普遍性或一般的流动性的东西。在所谓根源里，具有存在的普遍形式。我们承认水的这种普遍效力，并因而称之为一种元素，但是当我们发现它是这种有效力的普遍者时，我们也同样发现这种“实在”并非到处都在，——此外尚有他种元素（如土、空气、火等）[①]。因此，水并没有感觉的普遍性，却只有一种思辨的普遍性。然而思辨的普遍性必然要扬弃掉感觉性而使它自己成为概念。流动性的概念就是生命，——思辨的水是按照精神方式建立起来的，不是作为感觉的实在性而揭示出来的。于是就发生了水究竟是感觉的普遍性还是概念的普遍性的争执。要解决这问题，必须确定

① 据米希勒本，第二版，英译本，第一七七页增补。——译者

自然的本质，亦即把自然认作思想的单纯本质。这种单纯的本质正好是无形式的本质，这样的水是普遍（无形式的）概念和它的存在的矛盾。因为水不管怎样仍有其确定性或形式；在我们心目中仍浮现着水的观念。水被规定为与土、空气、火对立，被规定为没有形式的、单纯的本质，——土是没有连续性的，空气是一切变化的元素，火则是绝对自身变化的东西。但是水从直觉中消失而变为概念，也就不再是一个物体；有如我们说氢气、氧气时，坚持总有 202
这么一个事物存在，——亦即消灭不了的观念中的物体性或物质原则。对象是：一、对我们是分离为二的，二、在其自身是自在的。在形式中，事物不复是作为感性对象的事物；在这个形式中，如果它不是像现在这样，只是表面的，它便是概念中的普遍。自然哲学必须放弃这种感性的方式。我们习惯于说物质不是感性事物：物质是存在的，有客观的存在，但却是作为概念而存在；电气的、磁性的物质便是没有形象的，与感性物质相反的。

古代的传统是：一切都从水中产生，水便是誓言，——这一句话含有思辨的意义。最好东西是被当作证明的。有一个大家熟知的观念，认为诸神都凭着斯底克斯河发誓。誓言是：把确认的事、把我自己所确信的事当作对象说出来。如果有什么东西不能证明，那就是缺乏客观的方式，——如果我们确信的并不是客观真理，那它就对于证明没有帮助。付钱时确认的便是收条、凭据；行为要变成对象，——在众目睽睽之下的实践。然而，如果行为没有成为对象，而只是确认，那就必须发誓，宣称我所确认的是绝对真理。客观方式中的思想的本质，乃是最内在的东西，真理、实在便是水。意识在对象上有它的真理，这个对象、真理便是地下的水；

我仿佛把我自己的这个纯粹的确认当作对象说了出来，——把上帝、纯思维当作对象。

泰利士的简单命题因此有两层意义：一、它是哲学，因为在这个命题里，感性的水并不是被当作与其他自然元素和自然事物相
203 对待的特殊事物，而是被当作融合和包含一切实际事物在内的思想，——因此水被了解为普遍的本质；二、它是自然哲学，因为这样"普遍"被认定为"实在"，——因而"绝对"被认定为思维与存在的统一。

"水是原则"这句话，是泰利士的全部哲学。它的重要性、思辨性究竟有多大呢？我们必须要能忘掉，我们已经习惯于一个丰富具体的思想世界。在我们这里小孩听见说："有一个上帝，住在天上，是看不见的。"这样一些范畴在这里〔按指泰利士的时代〕还是不存在的；思想的世界还待建立，纯粹的统一还不存在。人面临着自然：水、空气、星辰、天宇；人的观念水平就局限在这里面。想象之中虽然也有神灵，但是这些神灵的内容也是自然界的：即是太阳、土地、海洋。此外的东西（例如荷马的那些观念），也是思想所不能从其中得到满足的。在这种还没有意识到理智世界的阶段，我们当然必须说，必须具有一种很大的精神勇气，才能不承认自然界的这种丰满，而把它们还原到一个长存不变的单纯本体。说出这个不生不灭常存不变的本体（连诸神也有神谱，也是活动的、多样的、变化的）[①]，是勇敢的；这个本体，泰利士说，就是水。水因为

① 按"诸神也有神谱"意指诸神也有生灭，而常住不变的本体则高于有生灭的神。——译者

有中立性，所以被当作“一”提了出来；同时它也有比空气更强的物质性。

泰利士说水是“绝对”，——或照古希腊人的说法，是“原则”；他这个命题，是哲学命题，哲学是从这个命题开始的，因为借着这个命题，才意识到“一”是本质、真实、唯一自在自为的存在体。在这里发生了一种对我们感官知觉的离弃，一种对直接存在者的离弃，——一种从这种直接存在的退却。希腊人曾把太阳、山岳、河 204
流等等看成独立的权威，当作神灵崇拜，凭着想象把它们提高到能够活动、运动，具有意识、意志。这种想法使我们想象到一种仅属幻想的影像，——无限地、普遍地予以生命和形象，却并无单纯的统一性。有了那个命题，这种狂放的、无限纷纭的荷马式的幻想便安定了，——无限多的原则彼此之间的这种冲突，这一切认定某一特殊对象为自为地存在的真实体、为独立自为高于其他一切的力量的种种观念，都取消了；因此确定了只有一个“普遍”，亦即普遍的自在自为的存在体，——这是单纯的没有幻想的直观，亦即洞见到只有“一”的那种思想。这个“普遍”立刻与“特殊”、与现象界、与存在界处于直接的关系。

刚才所说过的话，其中所包含的第一种关系就是：特殊的存在没有独立性，不是自在自为的真实体，而只是一种偶然事物，一种变形。而肯定的关系则是：一切其他事物均由这个“一”产出，因而“一”永远是一切其他事物的本体，特殊的存在只是由一种偶然的外在的规定而产生；同样地，一切特殊的存在都是变灭的，就是说，要失去“特殊”的形式而再变成“普遍”，再变成水。以“一”为真实，乃是哲学的看法。这就是假定了“绝对”与有限事物的分离，但是

这种分离不可认为是说“一”在天上，有限世界在地上。有如通常对于上帝的看法那样；因为在那种看法里，世界被认为是固定的，——在那种看法里，人们常常假想有两重实在，有一个感觉世界，还有一个超感觉的世界，两者有同样的地位。哲学的看法是认为只有“一”才是真实的实在；并且这里所谓实在乃是就其较高的
205 意义而言，——在日常生活中，我们是把一切都叫做实在的。

第二种关系是：古代哲学家所讲的原则首先具有一定的特别是物理性的形式。我们知道，水是一种元素，是万有中的一个环节，是一种物理上的普遍力量；然而说水也同样是一种特殊的存在，和其他一切自然物一样，这却是另外一回事。我们有这种意识，——统一的需要迫使得我们这样，——承认各种特殊事物中有一种普遍性；但是水也同样是一种特殊事物。这是一个缺点；作为真实原则的东西，绝不能有片面的、特殊的形式，而它的特点必须本身是有普遍性的。形式必须是形式的全体；精神原则的活动和高度的自觉，就是形式努力向上，以求达到绝对的形式，——这就是精神事物的原则。这是最深刻的原则，因而也就是最后的原则。以上所举的那些原则都是一些特殊的形态，而这就同时是有缺点的。从“普遍”过渡到“特殊”，乃是一个根本要点，这种过渡进入了活动的范畴；于是就有了对于这个范畴的需要。

（二）如果我们把这种无差别的东西放在第一位，则紧接着的问题，就是关于最初者〔按即第一原理〕的规定是什么的**问题**。“绝对”是一个自身决定者，这已经是比较具体了；其次就只是依据这规定一般地来看一看。

泰利士的水是没有**形式**的。形式是怎样建立在水上的呢？据

说（据亚里士多德所说的，但是并非是直接讲泰利士）是由于见到
一些特殊形体由水中发生：那种转变是由于**凝聚**和**稀薄**（πυκνό
τητι καὶ μανότητι）①；说得更好一点就是：由于浓与淡，密度的大或 206
小。更确定地说，稀薄了的水变成空气，稀薄了的空气变成火的以
太，凝聚了的水变成泥，然后变成土。这种稀薄了的水或空气是原
来的水的蒸发，以太是空气的蒸发，土、泥是水的沉淀。

> 因此变化有双重意义：一种是关于存在方面的，另一种是关于概念方面的。古人考察变化的时候，所研究的常常总是存在物里面的变化，例如便会研究水是否可以通过化学作用如热、蒸发等而变为土；有限的化学就局限在这一方面。但是一切古代哲学中所讲的则是关于概念方面的变化。这就是说，水并不变成空气或蒸馏器里的空间和时间等。而是，在每一种哲学思想中，这种由一个质到另一个质的过渡，亦即这种内在的联系，乃是呈现在概念里的，根据概念，没有一件东西能够独立地存在下去，不依靠别的东西，因为自然界的生命之所以存在，是由于一件东西必然与别的东西关联这一事实。我们诚然在习惯上总是以为，如果把水去掉了，对于动植物当然会是不好的，但是对于石头并无影响；或者以为说到颜色，把蓝色去掉了，至少对于黄色或红色是无害的。只就经验中

① 邓尼曼（第一卷，第五十九页）引证“亚里士多德论生灭”，第一卷，第一节，那里既未说到凝聚和稀薄，也未说到泰利士；他又引证“论天体”第三卷第五章，那里只说到，那些承认有水或空气，或一种细于水和粗于水的东西的人，把差别规定为 πυκνότης（浓）和 μανάης（淡）：但是并没有说到说出这种差别的人是泰利士。提德曼（第一卷，第三八页）还引证了另一些证人的话。后来的人才认为是泰利士作了这种分别。（锐德：伊奥尼亚哲学，第十五页。）

的存在物来说，可以很容易地指出，每一种性质都是独立存在的，但是在概念里，各种性质则是互相依存，依靠内在的必然性而存在。我们确乎在生物体中也见到这种情形，在生物体中事情是以另一种方式出现的，因为在那里概念是进到存在了；例如我们如果把心脏、肺脏去掉，其余的部分就通统瓦解了。同样情形，整个自然界只存在于其一切部分的统一中，正如脑子只能存在于与其他器官的统一中一样。[①]

关于概念方面的变化是单纯的二元化，是形式按照其对立的方面而二元化；这些对立的方面在概念中是有其共同的统一的。关于存在方面的变化是感性的变化，不是概念方面的变化；这是概念的二元化表现在意识里的现象。

在这种自然哲学里首先是：一、一般量的差别。这种差别从概念说是没有物理意义的（没有在实际中的证实），内在的灵魂经常由这里面构成一种感性以外的东西；因此也不能说那些质料，亦即那些特质，具有感性的意义。这些差别正应该了解为概念中的“普遍”。我们应该把这种感觉的同一性加以凝聚和稀薄化，——近代人就是这样实验的；拉瓦谢做过许多试验，看看是否水中生出土来。氧气和氮气是空气，但是氢气也是空气，而我们在空气中却找不到它；那是形式、特质的绝对转变，亦即一种感性以外的东西；感觉的同一性被寻找着。原则也不能说成是感觉事物；如果我说本质是氧气，我就需要加以证明。

① 这一段是根据米西勒本第二版英译本第一八二页增补的，以补足下段文意不足之处。——译者

(二)形式的本质是同一存在的量的差别。近代自然哲学里也 207
是同样的说法。只是这差别并不是事物本身的差别，绝对的差别，本质的差别，而是说成非本质的，通过另一个东西而建立的。如果一种东西被假定为无差别的，存在的东西，它便是与另一个东西有了差别：这是表现着量的差别，而非概念自身的内在差别。

水的凝聚和稀薄是造成水的差别的唯一形式。凝聚和稀薄是绝对差别的外在表现；不值得在这上面多费工夫。这种差别没有更大的意义，是完全不确定的，后面是没有东西的；这种差别是不重要的。

(三)这样就说出了形式的两方面，形式就不是自在自为的了。形式不可认作本质，而必须**认作形式**，**绝对概念**，无限者、形成者，统一；正如现在是过去与未来的单纯统一，或思维是单纯的形式。关于这一点，在亚里士多德[①]是这样的，他说："根据人们对于泰利士所讲述的话，泰利士好像是把灵魂当作一种运动的东西，因为他说到石头(磁石)时说，它有一个灵魂，因为它推动着铁。"第欧根尼·拉尔修[②]更补上琥珀[③]。这一点首先被大大地歪曲了，他说，"泰利士也认为无生命的东西有一个灵魂，"——在无生命的东西里有一个我们称之为灵魂的东西。但是问题不在这一点上，而在于他 208
对绝对形式是怎样想的，他是否说出了这样一个思想，即绝对本质

① "论灵魂"，第一卷，第二章、第五章。

② 第一卷，第二十四节。

③ 我们知道，泰利士已经认识了电气。另一种解释是：琥珀(Elektrum)通常是一种矿物。阿尔多布朗地尼(Aldobrandini)(注"第欧根尼·拉尔修"，第一卷，第二十四节)说，这是一种石头，与毒物极其敌对，因而一触毒物，便发出嘶嘶之声。

是单纯本质与形式的统一，——他是否说出了灵魂的普遍意义。第欧根尼更进而引证了泰利士这句话："世界是有生气的，并且充满着精灵；"[①]以及普鲁泰克的话[②]："他曾把上帝称作世界的心灵(νοῦς)。"但是所有的古代人——(特别是亚里士多德)——都一致把这句话首先归之于阿那克萨戈拉；他第一个说，万物的原则是νοῦς(心灵)。

这些早一点和晚一点的主张，都不能证明可以认为泰利士曾经在确定的方式下把形式了解为"绝对"；相反地，以后哲学发展的历史与这一点是矛盾的。

我们看到，形式似乎的确被建立在本质上了，但是这种统一并没有得到进一步的发展。说磁石有灵魂，比起说磁石有吸引力要好一些；力量是一种性质，性质是被认为一种可以与物质分离的宾词的，——而灵魂则是磁石的这种运动，是与物质的本性同一的。泰利士的这种观念、偶然的妙悟孤立在那里，对他的绝对思想没有更进一步的密切关系；这种妙悟不愿说出进一步的话，它没有规定出什么有普遍性的东西。

事实上泰利士的哲学就包含在这几个简单的环节里：(一)他曾作出了这样一种抽象：把自然概括为单纯感性的实体，(二)建立了"根据"这一概念；一方面把它当作感觉的单纯物，另一方面又把它当作思维的单纯物，原则，——他所建立的这个概念，是无限的概念，没有比较明确的规定。思想的本质被认作实在的本质，被规

---

① 第一卷，第二十七节。

② "诸哲学案"，第一卷，第七章。

定为水；而对于水的思想或概念只是量的差别，——未涉及对象的 209
概念的差别。

这就是泰利士这个原则一定的局限性的意义。如果我们找出西塞罗[①]的那句话“米利都人泰利士……说水是万物的根源，上帝就是那使一切由水造成的心灵”，对于确定泰利士的形式，是没有什么进一步的帮助的。泰利士很可能说到过上帝，但是说他把上帝了解为那个使一切由水造成的 νοῦς（心灵），这是西塞罗加上去的[②]。对于那些专门在到处发现上帝创造世界的观念的人，西塞罗这句话会使得他们很喜悦；而泰利士究竟算不算是一个承认上帝存在的人，这一点却是争论很多的。普鲁格（Plouquet）、弗拉特（Flatt）主张泰利士特有神论；也有人主张他是无神论者或多神论者，因为他曾经说，一切都充满着精灵。然而泰利士究竟此外是否还相信上帝，我们在这里不去管它；这里的问题不是假定、信仰、民间宗教。要研究的只是：——对绝对本质的哲学规定。至于他是否把上帝说成从那种水里造出万物的创造者，我们凭着这一点并不能对这个本质有更多的认识；我们对泰利士将会说许多非哲学的话。这些话将是没有意义的空话；因此我们只能提出思辨概念的问题。同样地，世界灵魂这个名词也是无用的；他还没有说出世

---

① “神性论”，第一章，第十节。提德曼（第一卷，第四十二页）说，这段话也许错乱了，例如西塞罗在后面（第十一节）也认为下面这句话是阿那克萨戈拉说的：他认为……万物根源是……心灵的无限力量。

② 西塞罗曾使得那个伊壁鸠鲁派人“有信心地”这样说，“只是害怕他会表现出有令人怀疑的地方”。（第八节）——这话与以前和以后别的哲学家比起来是很笨拙的；所以这只是一个开玩笑的说法。——亚里士多德对这一点知道得很清楚（我们必须听从他）（据米希勒本第一八四页增补——译者）。

界灵魂的存在。

210　二　阿那克西曼德

他也是米利都人，并且是泰利士的朋友①。他的父亲名叫普拉克夏德。阿那克西曼德的生年不十分确定；他的生年被定为第四十二届奥林比亚赛会的第三年（纪元前六一〇年）②，因为第欧根尼·拉尔修根据一个雅典人阿波罗多洛的记载说："他在第五十八届奥林比亚赛会的第二年（纪元前五四七年）已经有六十四岁，而且以后不久就死了"，——那就是说，他大约死在泰利士死的时候，泰利士如果是九十岁死的，那么就应该比阿那克西曼德大约年长二十八岁。阿那克西曼德据说曾在萨摩斯住在僭主波吕格拉底家里，毕泰戈拉与阿那克雷恩也都聚集在那里。据说他曾经第一个③把他的哲学思想用文字写下：论自然，论恒星、地球，——及其他；他做成了一种像地图那样的东西，表达出陆地和海洋的轮廓；他并且作了另一些数学发明，例如他在拉栖代孟所造的日晷，他便以它作为仪器，测定了太阳的轨道和昼夜平分点，并且测定了一个天体④。

他的哲学思想范围很小，没有达到明确的规定。"他以'无限'（无定者）为原则和元素"；"他把'无限'既不当作空气，也不当作

---

① 西塞罗："学院问题"，第四卷，第三十七节说："泰利士……不能使阿那克西曼德信服……一切事物都由水构成。"

② "邓尼曼"，第一卷，第四一三页。

③ 布鲁克尔引证泰米斯丘（Themistius）（第一卷，第四七八页）；但又有另一资料说，比他老的费雷居德才是第一个有文字著作的人。

④ "第欧根尼·拉尔修"，第二卷，第一—二节。

水，也不当作与此类似的东西。”[①]但是他对这个“无限”所作的规定是很少的：一、“它是一切生与灭的原则；无限个世界（神灵）由它而生，又消灭成为它。”这种说法，具有十足的东方情调。“他提出理由，认为原则应规定为‘无限’：因为‘无限’在继续产生方面绝不会缺乏材料；”[②]“它包含一切于其中，并且支配着一切，它是神圣的，不死的和不灭的；”[③]二、“阿那克西曼德从‘一’中分出一些对立来，这些对立都是包含在‘一’中的，”[④]像阿那克萨戈拉所做的那样：但是很不相同，照阿那克西曼德说，一切虽然都在‘一’中，却是不定的（ἄπειρον）；“它的部分变化着，但是它自身是不变的。”[⑤]三、他说“它从量上说是无限”[⑥]，并不是从数上说；由于这一点，阿那克西曼德不同于阿那克萨戈拉、恩培多克勒及其他原子论者，他们认为“无限”是绝对分离的，——而阿那克西曼德则认为“无限”是绝对连续的。 211

① “第欧根尼·拉尔修”，第二卷，第一节。

② 普鲁泰克：“诸哲学案”，第一卷，第三章，西塞罗：“论神的性质”，第一卷，第十节。

③ 亚里士多德：“物理学”，第三卷，第四章。

④ 同上，第一卷，第四章：“另一批人则认为对立者包含在‘一’里，通过分离作用而从‘一’中涌现出来，例如阿那克西曼德便是如此；凡是认为本体是‘一’和‘多’的人，例如恩培多克勒和阿那克萨戈拉，也是这样的；因为他们也是认为万物从‘混合’中借分离作用而产生。”“形而上学”，第十二卷，第二章：“这就是阿那克萨戈拉的‘一’（一切都结合在一起）和恩培多克勒与阿那克西曼德的‘混合’。”就是说，一切都是潜在（δυνάμει）于“一”中；亚里士多德说：“不仅单一的事物可以从‘非有’中以偶然的方式产生出来，而且一切事物都是从‘有’中产生，不过是以潜在的方式而非以实在的方式。”

⑤ “第欧根尼·拉尔修”，第二卷，第一节。

⑥ 辛普里丘注亚里士多德“物理学”，第一卷，第二节，第五页，b。

212 亚里士多德[1]在引证中也屡次说到一个原则，这原则既不是水，也不是空气，而是"比空气浓厚又比水稀薄"的东西。许多人都把这个规定归之于阿那克西曼德；很可能这是他的规定。

把原则规定为"无限"，所造成的进步，在于绝对本质不再是一个单纯的东西，而是一个否定的东西、普遍性，一种对有限者的否定。无限的"全"比我所说的"原则是'一'或'单纯者'"更广。同时，从物质方面看来，阿那克西曼德取消了水这一元素的个别性。他的客观原则看来并不是物质的，我们可以把它当作思想看待。不过显然他所指的不是别的，就是一般的物质[2]，普遍的物质。普鲁泰克对阿那克西曼德作了一种谴责，说"他没有讲出他的'无限'是什么，究竟是空气，是水，还是土"。因为只要他的原则是物质的，他就马上从原则里去掉了性质了，"物贸既不能存在，也不能有现实性"，除非它有一种性质。但是性质正是那种变灭的东西；被规定为"无限"的物质，就是建立各种确定的性质，并扬弃各种确定的性质的对立的那种运动。真正的、无限的"有"应当建立在这种运动中，——而不应当建立在否定的漫无界限里。然而这种普遍性、对有限者的否定，只不过是我们的运动。他在把物质描述成"无限"时，似乎并未曾说过这就是物质的无限性。

此外他还说过，相同的是由"无限"中分出来的。因此"无定者"是一个混沌，而在这混沌中，"有定者"——即规定——只是混

213 为一团。分离的过程是这样发生的，即：相同的结合在一起与不相

① "形而上学"，第一卷，第八章。

② 斯托拜欧(Stobäus)："自然的牧歌"，第十三章，第二九四页；黑伦(Heeren)本。

同的分开[①]。然而这是一些贫乏的规定，只表示需要从无定者过渡到有定者而已；但是这种需要是以不能令人满足的方式在这里出现的。

至于进一步的规定，即无限如何在其分离过程中发展出对立，似乎阿那克西曼德也与泰利士一样，同持凝聚和稀薄这种量的差别的理论。后来的人们把这种从无限里分离出来的过程描述成“产生”：阿那克西曼德认为人类是由鱼变成的[②]，从水中产生而到了陆地上。近来发生说又流行了。这种发生是一种时间上的先后连续，是一种单纯的公式，人们在采用这种公式的时候，常常以为自己是在讲一种了不起的东西；但是这里面并没有必然性，也没有包含思想，尤其是没有概念。

但是斯托拜欧[③]在后来的记载里，把热(形态的分解)和冷的规定也归之于阿那克西曼德，到亚里士多德[④]才把它归之于巴门尼德。欧瑟比[⑤]曾从普鲁泰克一部已佚的著作中，给我们尽力辑出了一些关于阿那克西曼德宇宙构成论的材料，这些材料很晦涩，欧瑟比自己也许没有正确了解。意思大约是这样的：“从‘无限’中分出无限个天体和无限个世界，但是它们自身中却带着它们的毁 214

① 辛普里丘注亚里士多德物理学，第六页，b。“在无限者里面，相同者与相异者分离开，而与相同者结合；因此，在全体中的金变成金，在全体中的土成为土，因此一切都已具备于全体‘无限者’中，严格讲来，没有东西产生”。

② 普鲁泰克：“宴会问题”，第八卷，第八节。

③ “自然的牧歌”，第二十四章，第五〇〇页。

④ “形而上学”，第一卷，第五章。

⑤ “论福音之准备”，第一卷，第八章；布鲁克尔：“批判的哲学史”，第一卷，第四八七页。

灭，因为它们只是借着不断的分离而存在。”因为“无限”是本质，所以分离就是建立一种差别，也就是建立一种规定或一种有限者。“大地的形式是一个圆柱体，它的高是宽的三分之一。热与冷这两个永恒地孕育的原则，在地球产生时分裂了开来；以后一个火球形成了，包围着围绕地球的空气，正如树皮包围着树一样。当这火球爆裂时，它的破片结成一些圆圈，日、月、星辰就是这样生成的。”因此阿那克西曼德也把星辰称为“轮形的、充满着火的空气的包裹物”。①

这个宇宙构成论简直就是地质学上关于地壳爆裂的假设，或者是毕封的太阳爆裂说，毕封倒转过来由太阳开始，认为行星都是由太阳迸裂出来的块片。古人把星辰都放在我们的大气范围之内，而我们与之相反，把星辰与地球分开，而且把太阳说成是地球的本质和产生地，因为古人是反转过来认为星辰是从地球发生的。星辰对于我们是静止的，好像伊壁鸠鲁派所崇奉的神灵一样，对于我们完全没有比较密切的关系。在发生的过程里，太阳诚然下降为“普遍”，但是在性质上说，它却是一个较后的东西；地球是总体，而太阳是一个抽象的环节。

三　阿那克西美尼

剩下的还有阿那克西美尼。他生于第五十五届和第五十八届奥林比亚赛会之间（纪元前五六〇—前五四八年），也是一个米利
215 都人，是阿那克西曼德的同时代人和朋友。他没有什么特出之处，

① 斯托拜欧：“自然的牧歌”，第二十五章，第五一〇页。

我们对他知道得很少。第欧根尼·拉尔修很不经心而且矛盾地说[①]："据阿波罗多洛说，他生于第六十三届奥林比亚赛会时，死于萨尔地被征服之年"（于第五十八届奥林比亚赛会时被居鲁士征服）。

"他使用了简单朴质的伊奥尼亚方言。"

他以一个确定的自然元素（具有一个实在形式的"绝对"），来代替阿那克西曼德的无定的物质；——不过不是泰利士的水，而是空气。他深知物质必须要有一种感性的存在，而同时空气却有一个优点，就是更加不具形式；它比水更加不具形体；我们看不见它，只有在它的运动中我们才感觉到它。"一切均由空气中产生，一切又都消失于空气之中。"[②]他也规定空气是无限的。[③] 第欧根尼·拉尔修说："原则是空气和'无限'"[④]，好像是有两个原则似的。只有辛普里丘[⑤]明白地说："他认为根本本质是'一'，是一个无限的自然，正和阿那克西曼德的看法是一样的，所不同的只是阿那克西曼德的是一个不定的自然，而他的是一个有定的自然，即是空气"，不过他似乎把空气理解成一种有灵魂的东西。普鲁泰克把阿那克西美尼的想法，即一切事物由空气产生而又消失于空气中的想法（这空气后来的人叫以太），更进一步规定如下："正如我们的灵

① 第二卷，第三节。

② 普鲁泰克："诸哲学案"，第一卷，第三章。

③ 西塞罗："论神的性质"，第一卷，第十节：阿那克西美尼把空气……规定……为不可量的、无限的、常在运勤中的。

④ οὖτος ἀρχ ὴν ἀέρα εἶπε καὶ τὸ ἄπειρον.——然而可以把ἀρχήν καὶ ἄπειρσν 连起来当作主词，把ἀέρα 当作宾词。

⑤ 亚里士多德："物理学"，第六页，a。

216 魂——灵魂就是空气——与我们结合在一起一样，整个世界也与一种精神（πνεῦμα〔按即嘘气〕）和空气结合在一起；精神和空气是具有同等意义的。”

阿那克西美尼很明白地指出他的本质具有灵魂的性质；他仿佛标志着自然哲学之过渡到意识哲学，或原始本质之放弃客观形式。这个原始本质的性质，以前是以一种外在的、与意识相悖的方式加以规定的；一、不论它的实在性是水，还是空气，二、还是“无限”，都是与意识不相干的东西。但是灵魂（空气亦然）却是一种普遍的中介，它是一大堆观念，是观念的生灭，但是统一性和连续性是不中断的；灵魂既是主动的，也是被动的，它把观念从它的统一中彼此分开，加以扬弃，并且在它的无限性里呈现于自身，——这是否定中的肯定意义。

说得更确切一点——不只是为了比较——，原始本质的这种性质，乃是阿那克西美尼的学生阿那克萨戈拉的学说。

我们且放下这些，进而讨论毕泰戈拉。毕泰戈拉是一个与阿那克西曼德同时的人；但是自然哲学的发展中的联系却需要把阿那克西曼德与阿那克西美尼放在一起讲。

我们见到，他们像亚里士多德所说的那样，把原始本质放在一种物质的形式里：先是空气和水，然后是（如果阿那克西曼德的物质可以定义成这样的话）一种比水细而比空气粗的本质。不久就要讲到的赫拉克利特，第一个把原始本质规定为火；但是，像亚里
217 士多德①所说的那样，“从来没有人称土为原则，因为土好像是最

① “形而上学”，第一卷，第八章。

粗糙的混合元素”。因为土看起来很像是许多个别元素的集合体。水则与土相反，是统一体，是透明体；我们很明显地看得出它表现着统一的形式，空气、火、物质等也是这个样子。原则应该是一个，所以必须在自身中具有统一性；如果它像土一样显示出多样性，那就不是自身同一体，而是杂多的了。

这便是我们对古代的伊奥尼亚哲学所要说的[1]。这些贫乏的抽象思想的重要性就在于：一、理解到一切事物中有一个普遍本体；二、这普遍本体是无形的，不带着感性的观念。

对这一类哲学的缺点，没有人比亚里士多德知道得更清楚了。他对于这三种规定“绝对”的方式，提出了两点批评：[2]“这些把原则规定为物质的人，是有多方面缺点的。一、他们所指的只是有形体的元素，不是无形体的元素，虽则事实上也有无形体的事物。”在研讨自然的时候，要指明自然的本质，研讨是需要周详的，并且所有的方面都必须注意。这是经验的阶段。亚里士多德认为无形体的是相反于有形体的另一类事物：那些哲学家的原则只是物质的，“绝对”绝不能这样片面地加以规定。换句话说：他们没有把
“无形体性”、把对象当成概念建立起来，而把物质性的东西与非物 218
质性的东西对立起来了。物质本身诚然是物质的，——是进入意

① 毕泰戈拉的老师费雷居德也应在这里略提一下。赫尔米亚(Hermias)在他的irrisione gentilium第十二章中(引法布里修引自塞克斯都·恩披里可著：“皮罗学说概略”，第三卷，第四章，第三十节)说道：“费雷居德断言宙斯或火、土和时间是世界的原则——他认为火是主动的，土是被动的原则，而时间是万物所赖以产生的原则。”阿波罗尼亚的第欧根尼、希巴索(Hippasus)和阿尔克劳(Archelaus)也都被称为伊奥尼亚的哲学家，但我们对于他们除了名字以外别无所知，他们只是附和这一个或那一个原则。

② “形而上学”，第一卷，第八章。

识的一种反映；然而他们并不知道他们所说出来的原则乃是一个意识的本质。所以第一个缺点是："普遍"被表示在一个特殊形态里。

亚里士多德所说的第二点是[①]："由这一切可以看到，原因（原始本质）只是被他们表示在物质的形式里。但是当他们这样继续进行时，他们的工作本身就为他们打开了更远的道路，使他们不得不往前探索。因为不管生和灭是从'一'还是从'多'而来的，都会发生这样的问题：这个东西是怎样发生的？它的原因是什么？因为本体（作为基础者）是不能使它自身变化的。"按照变化的原则，人们立即发生了问题。"我说，木头既不是木头变化的原因，铜块也不是铜块变化的原因，既不是木材做成一张床，也不是铜块做成一尊雕像，而是有另外一个东西作为变化的原因。然而去追求这个东西，也就是追求另一个原则，这个原则就是我们将要讲的运动的原则。"[②]

亚里士多德说，从物质自身，从不能推动自身的水，是不能理解这样的变化的；因此他认为泰利士和别人一样，没有对绝对的本质作更进一步的规定，因为他只把它当作水或另一种无形式的原则。亚里士多德谴责古代哲学家们，说他们没有探究、没有揭示这个运动的原则。因为他们没有提出推动的原则，并且也完全没有目的的概念；总之，他们一般地缺乏活动的范畴。亚里士多德在别
219 的地方说："当他们从事说明生灭的原因时，他们事实上是取消了

① "形而上学"，第一卷，第三章。

② 这个批判现在还是有价值的，因为现在"绝对"被表象为唯一固定的本体。

运动的原因。他们不把这种单纯本质说成是运动的原因[①]。因为他们把一种单纯的物体（土除外）当作原则，他们就不了解物与物之间的相互发生和变化：这里我是指水、空气、火（赫拉克利特所说的）、土而言。”他们不知道发生的本性。作为量的差别的凝聚和稀薄，是重复性的形式，并不是单纯性的形式。“这种发生应该认作分或合。”如果是一般地来谈发生，我们就进入了这样一个对立，即是“一个在先，另一个在后”，——不过并不是依时间的先后，而是依概念的先后。一个是单纯的“普遍”，另一个是“多”，是“个体”；“普遍”下降通过特殊而达到个体。发生的这种性质，是它们所采取的过程，——作为客观方式的概念的运动，“有”中的运动的发生与本性：个体是在后的，——在它自身中回到自身的概念——即“类”。“普遍”是水、空气、火。火似乎最适合于作这种元素，因为它最精细。“因此那些把火当作原则的人，最宜于表现这种发生的本性”（认识的、逻各斯的本性，他们是采取这条道路的）；“其余的人也是这样想的。因为若不如此，怎样会从来没有人把土当作元素，和普通人的想法一样呢？赫西阿德说，土是最原始的有形体的东西，所以这种想法是非常古老而普遍的。〔但是按生成说出现最后的东西，按性质说却是最先的〕[②]。”然而他们并没有把“按生成说较后的”当作“按本性说最先的”。生成这一过程完全支配了他们，以致他们不能再进一步扬弃生成；换句话说，他们不能认识那 220
最初的、形式的“普遍”本身，也不了解那第三者，那作为本质的总

① 阿弗罗狄人亚历山大对这本书的注。

② 据米希勒本，第二版，英译本，第一三九页增补。——译者

体——物质与形式的统一。

亚里士多德说[①]，根本原则，他们大都了解为物质、存在物，近代人则大都了解为“类”。本质与绝对没有被了解为自身规定者；它只是僵死的抽象物。

我们可以追寻出三个环节：一、原始本质是水；二、阿那克西曼德的“无限”，和把运动描述为简单地发生和回复到形式的两个简单、普遍的方面——凝聚和稀薄；三、与灵魂相似的空气。

现在需要的是：实在的一方面——在这里是水——要变成概念；并且“分离”的两个环节——凝聚和稀薄——，不要在概念上对立起来。这个进到毕泰戈拉的过渡，就是把实在的一面建立成思想的一面，就是把思想与感性的东西分开，就是思想上的东西与实在的东西的分离。

221 乙、毕泰戈拉与毕泰戈拉派

关于毕泰戈拉的生平的那些报道，是被许多后人的虚构歪曲了的。晚期的新毕泰戈拉派曾经给他作了许多大部的传记，特别是关于毕泰戈拉社团的报道写得格外详细。但是我们必须留意，不要把这些报道当作历史看待。

毕泰戈拉的生平，首先是凭借着基督降生后最初几个世纪的想象方式的记载为媒介，在历史中出现在我们面前，在气味上多少有点像传说中的耶稣生平，是在通常现实的基础上，不是在一个诗

① “形而上学”，第一卷，第六章；第三卷，第三章。

的境界里；毕泰戈拉的生平表现为一些离奇古怪的故事的混合物，表现为东方观念和西方观念的混血儿。由于他的天才和他的生活方式，以及他教导给学生们的那种生活方式，是很特异的，所以人们才把他当成一个不做正当事情的人，一个魔术师，一个与一种道门里的鬼神往来的人。举凡对于巫术家的观念，非自然的东西的杂糅，令人作阴惨之想的神秘事迹，头脑紊乱的狂热，都结合在他身上。

他的哲学也和他的生平历史一样被损害了（柏拉图所受到的待遇便完全不同）；举凡基督教的悲观心情和寓言所想出的一切，都与他的生平和哲学结合了起来。把数目当作理念的表现，这种办法常被他采用；这种看法一方面似有深意，因为除了直接包含的意义之外，其中还含有另一种意义，这是一望而知的——（一就是二，三造成四：〔有如歌德的“浮士德”中的〕[①]魔女的小九九）；但是其中究竟有好多意义，说出它的人既不知道，试求了解它的人也不知道。思想越昏乱，显得越深奥；主要的是，正好是把那最根本，然而最困难的一点——即用明确的概念表达——省略掉了。因此，他的哲学，由于是在这样的报道中流传而来的，也就只能显得好像是昏乱浅陋的头脑所产生的模糊不清的产物。

幸而关于他的哲学，我们从亚里士多德和塞克斯都·恩披里可那里很好地知道其理论的思辨的方面，这两个人在这上面花了不少工夫。虽然晚期的毕泰戈拉派因亚里士多德的阐述而诽谤亚里士多德，他是不因这种诽谤而有损分毫的；因此我们根本不必去

① 据米希勒本，第二版，英译本，第一九五页增补。——译者

管它。

222　后世有大批托名于他的伪书被制造出来。第欧根尼·拉尔修[①]引用了他的许多著作以及一些托名于他借以取得权威的著作。但是，第一点，我们并没有毕泰戈拉的著作，第二点，究竟毕泰戈拉的著作是否存在过，也是可疑的。我们有从他的著作中引证来的话，一些不完全的残篇；但是这并不是毕泰戈拉的，而是毕泰戈拉派的。哪些发挥和阐明属于古人，哪些属于近人，是不能确定地分开的。在毕泰戈拉和早期毕泰戈拉派手里，各个范畴还没有像以后那样得到具体的陈述。

关于毕泰戈拉的**生活情形**[②]，根据第欧根尼·拉尔修[③]，他的全盛时期[④]大约是在第六十届奥林比亚赛会时（纪元前五四〇年）。他的生日通常被定于第四十九或第五十届奥林比亚赛会时（纪元前五八四年），拉尔歇（Larcher）定得最早，在第四十三届奥林比亚赛会时（第四十三届第一年即纪元前六〇八年）[⑤]。因此他是和泰利士与阿那克西曼德同时的人。如果泰利士生于第三十八届奥林比亚赛会时，而毕泰戈拉生于第四十三届奥林比亚赛会时，那么毕泰戈拉只小二十一岁。他比阿那克西曼德（生于第四十二届奥林比亚赛会后三年）或者只差两岁，或者小二十六岁。阿那克西美尼大约比毕泰戈拉小二十岁至二十五岁。他的母邦是萨摩

---

① 第八卷，第六—七节。

② "第欧根尼·拉尔修"，第八卷，第一—三节。

③ 第八卷，第四十五节。

④ 希腊历史家说明一个哲学家生平时所用的术语，约指四十岁左右。——译者

⑤ "邓尼曼"，第一卷，第四一三—四一四页。

斯，因此他也是小亚细亚的希腊人，我们迄今把那里看作哲学的故乡。据赫罗多德[①]说，毕泰戈拉是姆讷萨尔科的儿子，札摩尔克锡在萨摩斯曾经给他做过奴隶。札摩尔克锡获得了自由，得到了财富，做了格登（Geten）的君主，曾经宣称他和他的部属是不死的。223
他建造了一所地下住宅，在那里躲避臣民的眼睛，四年后重新出现[②]。但是赫罗多德以为，札摩尔克锡多半要比毕泰戈拉老许多。

他的青年时代在波吕格拉底的宫廷里度过，在波吕格拉底的治下，当时萨摩斯不仅在财富上有成就，而且在文化和艺术上有成就；它在这个灿烂的时期中拥有一个有一百条船的舰队[③]。他的父亲姆讷萨尔科是一个艺术家（石刻家），然而各种说法所述互异，一如关于他的母邦的报道一样，有认为他的家庭原来在底仑（Tyrrhen），毕泰戈拉生后才迁到萨摩斯。不管怎样，他的青年时代既在萨摩斯度过，他就是那里的土著，就是萨摩斯人。

费雷居德，一个叙鲁人，据说是毕泰戈拉的老师；这个人并不是生在叙里亚大陆上，而是生在居克拉德群岛之一的叙鲁岛上。传说他曾从一个泉水中汲水，便知三天之内将有地震；他又预言一只满帆的船要沉，那船立刻就沉了。关于这个费雷居德，泰奥邦波（Theopompus）说，他第一次给希腊人写下了关于自然和诸神（原文如此）的书。[④] 这话以前也曾加在阿那克西曼德身上；这书据说

---

① 第四卷，第九十四—九十六章。

② 参阅马尔可（Malchus）："论毕泰戈拉的生活"，第十四—十五节，及里特斯胡斯（Riltershus）的注释。

③ "赫罗多德"，第三卷，第三十九节。

④ "第欧根尼·拉尔修"，第一卷，第一一六节。

是用散文写的。从关于这件事的记载看来，这书显然是一个神谱，开头的几句话还保存到现在：“尤比德和时间与大地是同一的；”他
224 也把爱神称作这个统一的最初推动者。[1] 下文如何，我们不得而知，不过没有多大重要，——没有多大损失。关于他是怎样死法的，有多种说法。有些人说他自杀了，另一些人说他死于虱病。[2]

毕泰戈拉早年旅行小亚细亚的大陆，据说他并且在那里认识了泰利士。然后他又从那里旅行到腓尼基和埃及。[3] 小亚细亚的希腊人与这两个国家有许多商业上和政治上的联系，据说他曾经由波吕格拉底介绍给阿马西王。阿马西曾把许多希腊人引进他的国家；他拥有希腊人的军队和殖民地。[4] 那些说他还曾旅行到亚细亚内地去见波斯僧侣和印度人的说法，则似乎完全是无稽之谈。像现在一样，旅行是一种教育方法。因为他是抱着科学的目的去旅行，所以据说他几乎领教了一切希腊人和外邦人的宗教秘法；同样地他也加入了埃及祭司的僧团或教派。

我们在希腊人中间所遇见的这些被当作大智慧所寄托的宗教秘法，在他们的宗教中对于宗教的关系，似乎正如宗教中教义对崇拜的关系一样。崇拜只存在于牺牲献祭和迎神赛会中。但是要达到宗教观念，要进而意识到这些观念，我们知道在献祭和赛会中是找不到任何契机的。这些观念是在颂歌中保存而为传统。然而教

---

① “第欧根尼·拉尔修”，第一卷，第一一九节：宙斯和时间与大地都是不死的。大地当宙斯使它呈现时，便得名为地。梅纳鸠对该书的注。

② 同上，第一一八节。

③ 扬布利可：“论毕泰戈拉的生活”，第三章，第十三—十四节。

④ “赫罗多德”，第二卷，第一五四节。

训本身或现实的说教,则似乎是保存在宗教秘法里;因此不是像在 225
我们说教时那样,只求对观念有所影响,而是要求对身体也有影响,——它使得人消失在整个环境里,因而使得他自以为他自身离弃了感性意识,他的身体也得到了净化与圣化。但是关于其中的哲学思想,却显然没有什么可说的。他们并没有什么秘密[①],就像我们所知道的这些共济会徒一样,他们在知识上、科学上,——尤其在哲学上,并没有什么特出的地方。

毕泰戈拉与埃及祭司等级的联系,曾给予他最重大的影响,这并不是说他从那里汲取了什么高深的思辨智慧,而是说他在那里获得了实现道德意识、发挥和实现人类道德生活的观念[②];实现道德生活,就是他以后所实行的计划,这个计划,和他的思辨哲学同样是一种有趣的现象。祭司们组成一种特殊的阶层,受着特殊的训练,于是将一种独特的东西作为规范,通过整体保持道德生活。毕泰戈拉无疑地从埃及带回一种教派的观念,度一种为求知识修养和道德修养的集体生活,终身进行着这种修养。

当时人们把埃及看成一个有高度文化的国家,这是与希腊对比起来说的。这一点已经表现在等级的区分中;等级的区分建筑在人们重要职业部门的分工,——技术、科学、宗教等等方面的分 226
工上面。此外人们就不必从埃及去寻找科学知识,也不必相信毕

① 神圣的东西就不能讲。赫罗多德屡次很明白地说,他愿意讲埃及的神灵和宗教秘法,只要讲它们时,还不亵渎它们的神圣性;此外他还知道许多东西,但是一讲它们,它们就不神圣了。

② 个人应当特别注意自己,看看自己在内外两方面是不是一个有价值的人,——是不是一个道德艺术品。

泰戈拉是从那里获得他的科学了。[①]

毕泰戈拉在埃及曾作长期居留；他是从那里回到萨摩斯的。但是他发现他的母邦内政紊乱，立刻又离开了。波吕格拉底曾经——并非以僭主身份[②]——放逐了许多从萨摩斯来的公民，这些公民求助于拉栖代孟人，并且得到了支持，于是引起了一场内战。[③] 最初斯巴达人给予了他们帮助；于是人们便将废除独夫统治和恢复人民政权的功劳归之于他们。以后他们的行为适得其反，废除了民主政治而采纳了贵族政治。毕泰戈拉的家庭也必然牵涉在这种麻烦的关系中；这样一种内战的局面对毕泰戈拉是不利的，他对政治生活不再感兴趣，而把政治生活看成对他的计划不利的场所。他曾遍游希腊，并且从希腊到了意大利；在意大利的南部，曾由各个民族和由于各种机缘建立了许多希腊殖民地，兴起一些从事商业的、有力量的、人民众多物产丰富的城市。

他定居于克罗顿，进行独立自为的活动：——他之进行活动，从外在生活看来，既不是作为一个政治家或战士，也不是作为一个
227 政治上的为民立法者；——而是作为一个以教师为业的公众教师，他的学说不仅以说服人为满足，而且要安排个人的整个道德生活。他可以被认作第一个民众教师。据说是他第一个用 φιλόσοφος（爱

① 参阅亚里士多德："形而上学"，第一卷，第一章：数学第一次出现在埃及，因为这个祭司的国度里有足够的闲暇。马尔可："论毕泰戈拉的生活"，第六节；扬布利可："论毕泰戈拉的生活"，第二十九章，第一五八节。

② "第欧根尼·拉尔修"，第三卷，第三节。

③ "赫罗多德"，第三卷，第四十五—四十七节。

智者)这个名词来代替 σοφός(智慧者)[1]；人们说这是谦虚，好像他的意思只是说，他并不是有了智慧，而只是努力追求智慧，把它当作一个达不到的目标来追求。[2] 然而智慧者同时也就是指一个既实际而又不只是为己的贤人，——要做到这一点并不需要智慧，每一个正直的、有道德的人都是做着适合自己的情况的事；所以爱智者特别和参与实际事务，亦即和参加公共的政治事务，有着相反的意味，——爱智慧不同于爱一件从事占有的东西，对于智慧的爱并不是对于可以占有的事物的那种尚未得到满足的欲望。爱智者的意思就是说：他对智慧的关系是把智慧当作对象；这种关系是反思，而不只是存在，——并且他还对智慧从事思想的工作。一个爱酒的人，要与一个喝足了酒的人、一个醉汉区别开来。"爱酒的人"难道只是对酒作无谓的追求？

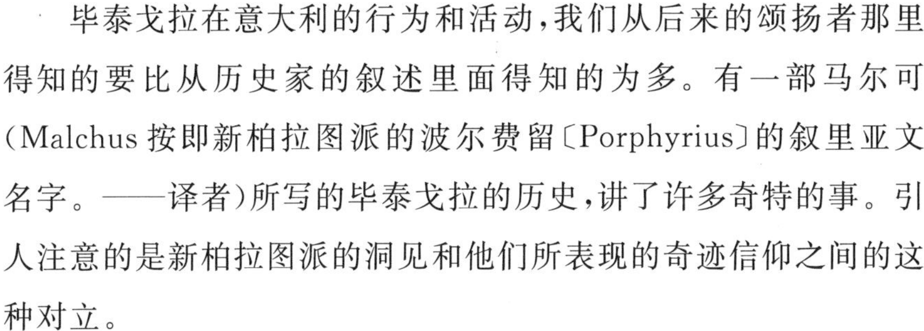

毕泰戈拉在意大利的行为和活动，我们从后来的颂扬者那里得知的要比从历史家的叙述里面得知的为多。有一部马尔可(Malchus 按即新柏拉图派的波尔费留〔Porphyrius〕的叙里亚文名字。——译者)所写的毕泰戈拉的历史，讲了许多奇特的事。引人注意的是新柏拉图派的洞见和他们所表现的奇迹信仰之间的这种对立。

如果说较晚的毕泰戈拉传记作者们对前期的毕泰戈拉已经讲了一大堆奇事，那么他们对他在意大利的奇事搜罗得更多。他们 228
似乎和以后对待底亚纳的阿波罗纽(Apollonius von Tyane)一样，

---

① "第欧根尼・拉尔修"，第八卷，第八节；"扬布利可"，第八章，第四十四节；第十二章，第五十八节。(译者按："爱智者"即哲学家，"智慧者"即贤者。)

② 同上，第一卷，第十二节。

努力把他拿来和基督对比。他们所讲的关于他的奇迹，一部分和新约里的奇迹同一个味道，看来好像是对新约里的奇迹的一个改进；一部分则完全是胡说八道。例如他们便说他在意大利行了一件奇迹。这件奇迹的大略是：当他在克罗顿由塔仑丁海湾登陆时，在进城的路上遇到一些一条鱼也没捕到的渔夫。他叫他们重新撒一次网，预言网里将会有多少鱼。渔夫们对这个预言很惊异，便答应他如果预言证实了，他要他们做什么他们便做什么。预言是证实了，于是毕泰戈拉便要他们把这些鱼趁活着的时候再抛到海里去；因为毕泰戈拉派是不吃鱼的。附带还有一件事也被当作奇迹讲说着，就是这些鱼出水以后，当过数的时候，竟没有一条死去[①]。

给他作传记的人们附会在他的生活里的那些故事，就是这一类不近情理的事。他们认为他曾经对意大利的人心造成这样一种普遍的印象，就是所有的城市都改掉了它们放纵和腐败的风气，僭主们有一部分自动放弃了他们的权力，有一部分被驱逐了。[②] 但是他们在这些叙述中又弄出了这样一些历史事实方面的错误，例如把生活在毕泰戈拉以前很久的卡隆达和札留古说成是他的学生；同样地，又把僭主法拉里(Phalaris)的驱逐和死去归之于他和
229 他的影响，[③]诸如此类。除了这些寓言之外，还有一件他所作出的大事情是历史事实，就是他建立了一个学派，或者可以说是建立了

① 波尔费留："论毕泰戈拉的生活"，第二十五节。扬布利可："论毕泰戈拉的生活"，第八章，第三十六节。

② "波尔费留"，第二十一—二十二节；"扬布利可"，第七章，第三十三—三十四节。

③ "扬布利可"，第三十二章，第二二〇—二二二节。

一种教派，这个教派对意大利的多数希腊城市有巨大的影响，甚至可以说这些城市是由这个教派来统治的，这种统治保持了很久。

据说他是一个很美的人，并且仪表庄严，既令人喜爱，同时又令人敬畏。[①] 由于这种天生的威仪、高尚的道德、规矩的仪注，再加上他一些外在的特质，使他成为一个独特的，充满着秘密的人：在衣着方面，他穿着一件白麻布衣服，[②]——并且禁忌某些食物。[③]附加在这个外在的个性[④]之上的还有伟大的辩才和深刻的见解，他不仅着手把这些见解传授给他的个别的朋友们；他还进而对公共的文化作出一种普遍的影响，在见解方面和在整个生活方式和伦理风化方面都发生了影响。他不仅教导他的朋友们，而且把他们结合在一种特殊生活里，为的是把他们培养成特殊的人，培养成

干才和道德的人。毕泰戈拉的学说发展成一个包容了全部的生活 230
的**盟会**。毕泰戈拉本人就是一件制成了的艺术品，一个了不起的陶铸的天性。

关于他的社团的制度，我们从以后的人，特别是从新柏拉图派那里得到一些记载；他们详细地记载了这个社团的各项规则。这社团大体说来带着近代僧团的性质。志愿加入的人，要通过文化

① “第欧根尼·拉尔修”，第八卷，第十一节；“波尔费留”，第十八—二十节；“扬布利可”，第二章，第九—十节。

② 梅纳鸠与卡骚滂(Casaubonus)合注“第欧根尼·拉尔修”，第八卷，第十九节。

③ “扬布利可”，第二十四章，第一〇八—一〇九节。

④ 一般的特殊个性，以及外在的服装之类，在近代不再是如此重要了。人们都听任一般的习惯(时尚)来规定自己，因为这彻底是外在的，不相干的，这里面并无自己的意志；人们对于生活上的偶然细节，总是听其方便，只是顺随着外表的合理性。——如齐一性、共同性。

方面的测验，并且要受服从的训练。对他的行为、他的喜好和职业，都要加以调查。[①] 在这个盟会里，是过着一种完全合乎规律的生活，因此衣服、食品、工作、睡眠、起床等等都有规定；每一个钟点都有它的工作。

会员必须受一种特殊的教育。对于入会者的教育，是有一种区别的。他们被分为外围分子和核心分子。核心分子被教以最高的科学，[②]因为政治对于这个教团也不是疏远的，所以他们也作政治活动。[③] 外围分子有五年的修炼。每一个人必须把自己的财产交给教团，但是在退出时即行发还。在这个学习时期，严令保持沉默（ἐχεμυθὶα，制止多言的义务）；[④]这一点，一般地可以说是一切教育的基本条件。人们必须从此着手，才能够把握别人的思想；这就是抛弃自己的观念，一般说来，这也就是学习、研究的前提。人们

231 惯于说，理智是通过问题、辩论和解答等培养起来的；但是事实上这样做并不能使理智培养好，而只是使它表面化。人的内心生活是在教育中扩充、获得的；通过教育，人才能有涵养，通过沉默，人在思想上、在精神活动上才不致贫乏。更可以说，通过沉默，人才学得理解的能力，才洞察到自己的主观想法、论辩才智之一无是处；——由于洞察这种主观想法一无是处的洞见的增长，人就弃绝这些主观想法了。

---

① “扬布利可”，第十七章，第七十一—七十二节。

② “波尔费留”，第三十七节；“扬布利可”，第十八章，第八十一八十二节。

③ “扬布利可”，第二十八章，第一五〇节。

④ “扬布利可”，第十七章，第七十二—七十四节；第二十章，第九十四—九十五节；“第欧根尼·拉尔修”，第八章，第十节。

毕泰戈拉特别指出：(一)要把预备阶段的人与已入门的人分别开来，(二)要保持沉默。这很确定地表明：在他的盟会里，这两方面是比较正式的规定；如果没有一个特殊的法律，大家共同遵守，徒众们是不会自然地就分为两等的，每个个别分子是不会自发地保持沉默的。然而还有一点，把它指出来也是重要的，就是毕泰戈拉是希腊第一个教师，或第一个在希腊传授科学学说的人。比他早的泰利士及其同时人阿那克西曼德，都没有做科学的讲授，而是把自己的思想传給朋友们。一般说来，在他们那里科学还不存在，既没有一种哲学，也没有数学，也没有法学，任何一种科学都没有；他们的学说里，只是一些个别的命题，个别的认识。他们所讲的是：使用武器，定理，音乐，荷马或赫西阿德的歌曲的唱法，关于三足几[①]之类的歌或其他艺术；这是以完全另外一种方式教授的。毕泰戈拉应该看成是第一个公共教师。如果像传说的那样，毕泰戈拉把科学学说传给了一个未受科学教育，但是并不鲁钝，倒是非

常敏感，有自然素养而且天生善谈如希腊人这样的民族，那么，就 232
这种学说的外部情况之应当说明的来说，以下二点是不可少的：一、他把那些丝毫不知道如何走向一门科学学说的人加以区别，使初学的人区别于业已入门而仍须传授的人。二、他们必须放弃那种谈论这类对象(他们的空谈)的非科学的方式，而首先接受科学。

但是，这种办法一方面固然显得比较形式，另一方面也必须把它弄得比较形式。正是因为这种办法不习惯，所以是必要的；因为

① 希腊巫者高踞在三足几上说出忏语和预言。——译者

毕泰戈拉的听众不仅是一大群人，而且是在一起过共同生活的，——团体生活便使一定的形式和纪律成为必要。

这种集体生活不但有课业的一面，而且还有实践的人生教育的一面。这种教育并不就是一种技巧，一种技能的训练，技能只是在人们不自由的客观生活中有其地位。而在这一方面所表现的，则是道德、行动；凡是与此有关的，就其在这一方面是有意识地思想到的而言，都是形式的。形式的就是普遍的，而普遍的东西对于个体说，是表面的或者正相反对的。不过，只是对于那种将普遍与个别加以对比，并对此二者作有意识的反思的人，才是这样的；对于过集体生活的人，这种分别是消失了，他们认为这就是习俗。

关于毕泰戈拉派在集体生活中所遵守的生活方式，以及他们的训练之类，是有足够而且详尽的记载的，但是其中有许多被认为出于后人的想象。首先我们所得到的这一方面的报道，是说他们
233 因穿同样的衣服——一件白麻布的毕泰戈拉式服装——而与众不同。[①] 他们有一种很有定规的日常生活秩序。早上起身之后，就要回忆过去一天的历史，因为今天所要做的事情是与昨天所做的事情密切联系着的。[②] 真正的教育并不是把注意力贯注在自己身上，作为个人而从事工作，——这是虚荣心；而是忘掉自己，潜心事业，潜心普遍，——这是忘我精神。他们也要记诵荷马和赫西阿德的诗句。在早上，常常整天工夫也是如此，他们从事音乐，音乐是希腊一般教育的主要对象。角力、赛跑、投掷等等体育运动，也同

① “扬布利可”，第二十一章，第一〇〇节。

② “扬布利可”，第二十九章，第一六五节；“第欧根尼·拉尔修”，第八卷，第二十二节。

样有规律地进行着。[1] 他们在一块吃饭，并且在吃饭的方面他们也有特别的地方；可是在这一方面的说法是不同的。据说蜂蜜和面包是他们的主食，水是最主要的，甚至是唯一的饮料。他们同样也必须禁绝肉食，他们禁绝肉食是与相信灵魂轮回联系在一起的；就是在蔬菜食料中他们也有所分别，豆类是禁食的。[2] 由于他们崇敬豆类，常常被人嘲笑；当后来政治集团被解散时，许多毕泰戈拉派徒众宁死不让一块种豆子的地受到损害[3]。

有两种情况：（一）当成了义务的频频反省自己（已经提到了， 234
这是早课，也是晚课：省察一整天所做的事是对还是不对），[4]——由于危险的、无益的张皇失措（对事情本身的冷静态度是更加必要的）会夺去自由，因此一切与道德有关的事便成为严肃的事；（二）庙宇中的多次聚会，献祭，一大堆的宗教仪式，——过着一种庄严的宗教生活。这是属于整个实践的方面的。

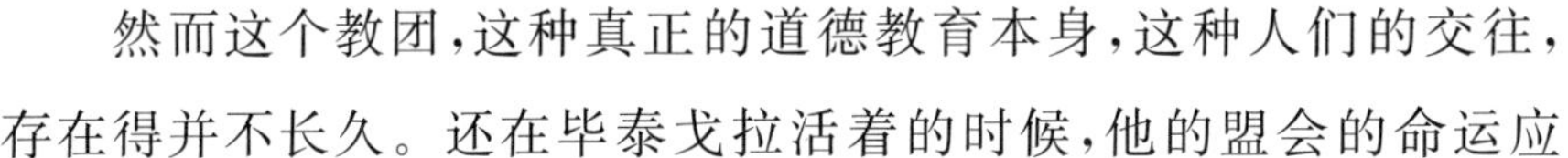

然而这个教团，这种真正的道德教育本身，这种人们的交往，存在得并不长久。还在毕泰戈拉活着的时候，他的盟会的命运应

① “波尔费留”，第三十二—三十三节；“扬布利可”，第二十九章，第一六三——一六四节，第二十章，第九十六节，第二十一章，第九十七节。

② “第欧根尼·拉尔修”，第八卷，第十九、二十节；“波尔费留”，第三十四节；“扬布利可”，第二十四章，第一〇七节。

③ 同上，第三十九节。（译者按：第欧根尼这一段原文作：毕泰戈拉就是这样死去的：他和他的徒众们逗留在米隆〔按：米隆是克罗顿的贵族首领。——译者〕家里，那时有一个人因为这位哲学家没有收他做学生而心怀妒忌，放火把这所房子烧了。人们往往责备克罗顿人，说他们怕毕泰戈拉会做他们的城邦的僭主。那时这位哲学家逃跑了，跑到了一块种着豆子的地附近。他不肯从豆子地里穿过，宣称他宁愿被杀死也不愿把豆子踩在脚底下，并且说死掉比说话还要好些。“追他的人们把他和他的绝大多数同伴约四十人都统统打死了。”）

④ “波尔费留”，第四十节。

该就已经注定了；这个盟会树立了一些敌人，他们强暴地破坏了它。据说它招人妒忌。它被指控为“别有用心”(arrière-pensée)；这句话的实质就是说它不是完全属于本城邦的，——还属于另一个城邦。毕泰戈拉据说死在第六十九届奥林比亚赛会时(纪元前五〇四年)[①]一次人民反对这些贵族的起义的灾难中。他的死是不确定的，一说死在克罗顿；一说死在梅大邦；一说死于叙拉古人与阿格里根特人的一次战争中，——豆子给它带来了死。[②] 此外，毕泰戈拉学派的团结和成员之间的友谊还维持了一个时候；但是已经没有盟会的正式组织了。大希腊的历史一般说来我们知道甚
235 少；但是到了柏拉图的时代，我们还遇到毕泰戈拉派分子居国家的高位，或作为一个政治势力出现。[③]

毕泰戈拉社团，——不仅是志愿的僧团、讲学与教育的机构，而且有长期持续的团体生活，——这种分立的团体与希腊的政治公共生活和宗教生活并无联系，是不能在希腊人的生活中长期存在的。在埃及，在亚细亚，僧侣之另成集团，影响社会，是很自然的；但是在自由的希腊，则不容许有这种东方式的等级的分立。在希腊，自由是国家生活的原则，然而自由并未被规定为合法的，私人关系的原则。在我们，个人是自由的，因为个人在法律面前是平等的；因此，风俗习惯，政治关系，见解是可以存在的，而且必须在

---

① “邓尼曼”，第一卷，第四一四页。

② “第欧根尼·拉尔修”，第八卷，第三十九—四十节；“扬布利可”，第三十五章，第二四八—二六四节；“波尔费留”，第五十四—五十九节。(参看第二三七页注③——译者)

③ 柏拉图：“蒂迈欧”篇，斯特方(Stephanus)本，第二十页(柏克尔〔Bekker〕本，第八页)。

各个有机的国家中有所不同。在民主的希腊则相反，风俗习惯，外在的生活方式是保持在相同中的。相同的印记必须印在这些广大的阶层上。这些毕泰戈拉派分子不能参加自由公民的生活，都服从一个特殊组织的计划、目的〔过一种排斥一切的宗教生活〕[①]，像他们的这种例外情形，在希腊是得不到地位的。这个团体的教育的结合诚然还保持到以后的时代，但是外在的形式必须消灭。

宗教秘法的保存，虽然属于优摩尔披德族，天生的专门侍奉神灵的家族：——但是这个家族并不是一个在政治意义上的固定等级，而是和别人一样的政治上的人，公民；祭司和女祭司也是一样，——一般讲来，那些主持祭祀的人，也就是昔时的酋长、王公、英雄。也不像基督教徒那样，宗教生活与政治分离隔绝，趋于极 236
端。在没有毕泰戈拉的教育时，希腊人不是片面的，——而是政治上的人。他们有共同的国家生活。在希腊没有人能起来标新立异，持一些特殊的原则，以至宗教秘密，在外在的生活方式与服装上与众不同；而是有一种公开的结合和特征存在于原则和生活方式的共同性中。无论是有益于公益的事还是违背公益的事，都要共同地公开地与他们商量。希腊人已经超出了这些细节，如：特别的衣服，固定的盥洗和起身的习惯，音乐的练习，洁净食物与不净食物的分别。而在毕泰戈拉，这样一种特殊的形式是很自然的，因为他是希腊破天荒第一次的一个教师，他着意于一个整体，包括了整个的人与人生，提出一个新的原则，以教育理智、心情和意志。但是关于生活细节，有一部分是特殊的个人的事，是他个人的自由

① 据米希勒本，第二版，英译本，第二〇六页增补。——译者

的事，并无共同目的，有一部分乃是一般的共同的风俗习惯，对于每一个人都是一样的。

毕泰戈拉的年龄据说是八十岁或一百岁[①]；关于这一点有许多争论。

〔一　数的系统〕[②]

对于我们，主要的东西是**毕泰戈拉哲学**，但这不仅是毕泰戈拉个人的哲学，而且尤其是毕泰戈拉派的哲学。亚里士多德和塞克斯都都是这样说。试把归之于毕泰戈拉个人的学说和毕泰戈拉派的学说拿来比较一下，我们将可看到很多差别和不同之处。人们曾归罪于柏拉图，说他弄糟了毕泰戈拉学说，——他的哲学里吸收了毕泰戈拉的学说；但是毕泰戈拉哲学的力量正是在于进一步的发展，——它并不能老是保持它原来的状况。

237 这里首先要注意，必须一般地分别开毕泰戈拉本人的哲学，和他的门徒们进一步所达到的发展。这种工作有一部分是历史工作。据说有许多他的门徒，如：阿尔克迈恩、费罗劳作出了这一个或那一个结论。在许多别的叙述中，人们认为单纯的、没有发展出来的东西是与进一步的发展相对立的，而在进一步的发展中，思想是以有力的、更确定的方式出现。然而对于这种分别的历史考据，我们用不着深究，我们只能一般地来考察毕泰戈拉哲学。同样地，显然属于新柏拉图派和新毕泰戈拉派的东西也必须分开；关于这

① 无名氏论毕泰戈拉的生平（福千〔Photium〕编），第二节。

② 译者增补。

一点，我们有比这一个时期更早的史料来源，——我们在亚里士多德和塞克斯都那里找到了详细叙述。

毕泰戈拉派的哲学形成了实在论哲学到理智哲学的过渡。伊奥尼亚学派说，本质、原则是一种确定的物质性的东西。跟着来的规定便是：一、不以自然的形式来了解“绝对”，而把它了解为一种思想范畴；二、于是现在必须建立起各种范畴，——最初者是完全不确定者（ἄπειρον）。毕泰戈拉派哲学作了这两点。

因此，毕泰戈拉派哲学原始的简单的命题就是：“**数**是一切事物的本质，整个有规定的宇宙的组织，就是数以及数的关系的和谐系统。”[①]在这里，我们首先觉得这样一些话说得大胆得惊人，它把一般观念认为存在或真实的一切，都一下打倒了，把感性的实体取消了，把它造成了思想的实体。本质被描述成非感性的东西，于是 238
一种与感性、与旧观念完全不同的东西被提升和说成本体和真实的存在。

而同时按照思维运动的必然过程，就要问：“什么是数”这句话应如何了解；——也就是说，既把数本身认作概念，又用数来表达它本身和存在的统一的运动。因为数对于我们并不直接是“一”；而且数在我们看来也不是概念。要理解一个事物的意义并加以证明，就在于理解事物自身的运动；理解并不是从我们主观目的出发的、在事物外面的偶然运动。

这个原则虽然在我们看来有奇怪和令人惶惑的成分，却包含着这个意思：数并不单纯是感性事物；于是数就立刻带来了规定，

① 亚里士多德：“形而上学”，第一卷，第五章。

普遍的分别、对立。关于这一点，古人已经很好地意识到了。亚里士多德[1]引证柏拉图说："他已经指出，事物的数学性质存在于单纯的感性事物与理念之外，存在于二者之间。它与感性事物有别，因为它(数)是无限的(一种非感性的东西)和不动的(不变的)。它与理念有别，因为它包含着多，因而彼此能够相似；每一个理念(普遍，类)对于自己都只是一"，——但是数是可以重复的。因此数不是感性的，但是也还不是思想。

239 在马尔可(波尔费留的名字)的毕泰戈拉传中对这一点有更详细的叙述：[2]"毕泰戈拉以一种方式来讲哲学，以便把思想从它的桎梏中解放出来。没有思想，就不能认识和知道任何真实事物。思想在它自身中听见和看见一切；别的(感觉)是跛而且盲的。毕泰戈拉用数学观念来达到他的目的，因为数学观念是介于感性事物与思想(普遍，超感觉的存在)之间的中介，是自在自为者的预备形式。"马尔可更引用一个更早的人(谟德拉特)的一段话：[3]"因为毕泰戈拉派不能清楚地通过思想表达'绝对'和第一原则，所以他们求助于数、数学观念，因为这样范畴就容易表达了；"例如，用"一"来表达统一，相等，原则，——用"二"来表达不相等。"这种凭借数的讲法，因为它是最初的哲学，由于其中捉摸不定的性质，所以已经消灭了。以后柏拉图、斯彪西波、亚里士多德等人用轻易的

---

① 亚里士多德："形而上学"，第一卷，第六章：再者，在感性事物和形式之外，他说还有一些数学的对象，占据一个中介地位：它们与感性事物不同，因为它们是永恒的、不动的；它们又与形式不同，因为它们是多数的、相似的，而形式则在任何情形之下都是唯一的。

② 第四十六—四十七节。

③ "论毕泰戈拉的生活"，第四十八节，第五十三节。

手法窃取了毕泰戈拉派的果实，”——建立便利的范畴、思想范畴来代替数。这一段话里有对于数的充分了解。

用数来作规定，是具有捉摸不定的性质的，这是症结所在。我们必须分别开：(一)纯思想，作为概念的概念；(二)然后是实在性及由概念到实在性的过渡。算术的数一、二、三等是和思想范畴相应的。但数是：(一)一种以“一”为元素和原则的思想。“一”是一个质的存在的范畴，而且是自为存在的范畴，因此是自身同一的，240
排斥一切其他，——自身决定，对其他不相关；至于进一步的规定，则只是“一”的组合与重复，其中“一”的成分永远是固定的，而且永远是一个外在的东西。数是最死板的、无思想性的、漠不相干的、无对立的连续性。我们数着一、二，把每个一上加上一，——完全是一种外在的，无关紧要的过程(和接合)，这过程在什么地方中断，是没有必然性的，并且没有关联。因此数不是直接的概念，而是思想、概念的另一极端，是思想、概念在高度外在性中，在量的方式中，在不相干的区别方式中的表现。“一”是一个普遍的思想，然而是排斥性的，自我外化的思想；因此它包含着：(二)直观的外在性的范畴，就此而论(有如康德的图式)，它既有思想的原则，也有物质性在其中，——具有感性事物的性质。数是固定的，自身外化的；所以一与二、三等一切形式都沾染了这种内在的外在性。它是思想的开端，不过是最坏的方式，它还不是思想，不是自为的普遍。有概念形式的东西，必须既是直接自在的，而又与其对方相关联，一个概念必须包含着这种简单的运动。例如正与反便各自直接联系在其对方上面。数不是如此，它是确定的，但是没有对方，是漠不相关的。在思想、在概念中则相反，其中有不同者的统一、

同一，其中独立者的否定是主要范畴。反之，例如在三中永远是三个个体，每一个都是独立的，这就是它的缺点，就是捉摸不定之
241 处，——三应该开始意味着一个思想。思想必须自行提高；但在数里面，许多关系都是可能的，不过完全不确定，依然是任意的、偶然的。

因此毕泰戈拉派并不以这种漠不相关的方式来讲数，而是把数当作概念。“毕泰戈拉派证明，原则必须是一种非物体性的东西。”[①]但是他们把数当成原始本质或绝对概念。他们如何达到了这一点，从亚里士多德[②]的叙述中，可以得到详细的说明：“他们曾经相信，在数中比在火、水、土中见到更多与现象界事物相似之点；因为公平就是一种一定的数的性质（τοιονδὶ πάθος），亦即一种非物质、非感性的东西，”灵魂、理智以及时间等等也是如此（τοιονδὶ）。因为他们更在和谐者中见到了数的性质和关系，——并且因为数，即尺度，“乃是一切自然物中的最先者：因此他们把数看成一切事物的元素，把整个天宇当作一个和谐与数。”

这就表明毕泰戈拉派要求两点：（一）数是不变的普遍理念；（二）数是思想范畴。亚里士多德[③]谈到理念时说：“按照赫拉克利特，一切感性事物都在流动，因此不能有一种关于感性事物的科

---

① 塞克斯都：“皮罗学说概略”，第三卷，第十八章，第一五二节：他们说，可以看见的东西，是由某种元素构成的，这种元素必须是单纯的，因而不但是看下见的，而且是非物体性的。“反数学家”第十卷，第二五〇—二五一节：说整体的原则是可以看见的东西，这话是不合理的。因此他们认为整体的原则是看不见的。

② “形而上学”，第一卷，第五章——亚里士多德说得比较简短，关于这一点他在别处已经说到过。（见下二四七页注②）

③ 同上，第十三卷，第四章。

学；基于这种思想，所以就提出了理念。苏格拉底是第一个用归纳法来规定普遍的人；在他以前，毕泰戈拉派只接触到少数事物，他 242
们将少数事物的概念还原为数：例如什么是时间，正义或婚姻。”我们必须知道，我们所须做的，乃是在他们的学说中，认识到理念的迹象，并且要知道他们有什么进步；在内容本身方面，我们看不出它可以有什么兴趣。

这就是毕泰戈拉派哲学的整个一般情况。在表达思想方面，这种原则的缺点已经说得很明显了。“一”只是完全抽象的“自为之有”，乃是对于自身的外在性；而其他的数则完全是这个“一”的外在的、机械的拼合。因为概念的本性是内在的，所以数最不适于表示概念的范畴。说数、空间图形能够表达绝对，乃是一种成见。

进一步要讲的是数的意义。数和尺度是基本范畴。数本身是事物的本质，并不是说好像一切之中都有数和尺度。如果我们说，一切都有量的规定和质的规定，那么量和尺度就只是事物的一种性质，一个方面了。这里的意义是：数本身是事物的本质；它不是形式，而是本体。

我们还要考察范畴、普遍的意义。在毕泰戈拉的体系中，一部分是数表现为思想范畴：首先就是统一、对立的范畴，以及这两个环节统一的范畴；一部分则是毕泰戈拉派把数的一般普遍的理想范畴认作原则：“他们认作事物的绝对原则的”，并不是有算术差别的直接的数，而是“数的原则”，亦即数的概念的差别。[1] 243

第一个范畴是一般的统一，另一个范畴是二元；我们见到对立

① 亚里士多德：“形而上学”，第一卷，第五章。

是出现了。因此应该把(极其重要)形式与有限性的范畴的无限繁多还原成它们的普遍思想，作为一切范畴的原则(最简单的范畴)。这并不是事物彼此间的差别，而本身是普遍的本质差别。经验的对象因其外在形象彼此有别，这张纸与另一张纸有别，在于颜色的差异，人与人的不同，在于气质、个性的差别。但是这些使它们有别的范畴不是本质的，——虽然对它们的一定的特性说是本质的，然而并不是自在自为的：这整个的一定的特性，墨水瓶，这张纸并不是本质的存在——；只有普遍是本质的、自存的、实体的。最先的是普遍的对立，进一步是引申的范畴，变形，不同的形象，——本身只是那对立自身的一种凝聚。例如一与多，以及一与多的统一，就是量；量本身是位于一与多之下的，——量又有两种形式：广度的量和深度的量。光的强度，一方面可以认作照明的深度，但同时也是广度性的，因为它使得广大的面积照亮。

毕泰戈拉就是从一、多、对立等概念出发。他把这些范畴大都认为是数；但是毕泰戈拉派并未始终保持这个立场，他们给数以更
244 具体的规定：这些规定尤其是晚期的毕泰戈拉派所作的。在这里发展的必然性和证明是找不到的；对于二元之由统一中发展出来的理解是缺少的。普遍的范畴只是以完全独断的方式得到和固定下来的；所以都是枯燥的，没有过程的，不辩证的，静止的范畴。

(甲)毕泰戈拉派说，第一个单纯的概念是**统一**；不是算术的一，——不是绝对隔绝的、排斥性的、消极的一：而是有连续性、积极性的一，——不是多数的，它只是一。它是整个的普遍本质。他们更说：每一个事物都是一，以及“事物由于分有了一而成为这个一；”一个事物的最后本质，或对一个事物的“自为之有”的纯粹考

察，就是一。[①] 那就是说，就它〔指一〕对一切其他事物来说，它却不是自在的，而是与他物相关联的；自在的有恰恰只是自身同一的有，换句话说，就是自身同一性本身，就是无形式者。这是一种值得注意的情况。一是枯燥的、抽象的一，事物比一有多得多的确定性。那么，整个抽象的一与事物的具体存在之间彼此的关系是什么呢？毕泰戈拉派用“模仿”（μίμησις）表达了普遍范畴对具体存在的这种关系。我们在这里所遇到的同一困难，也存在于柏拉图的理念里。理念是类，与理念对立的是具体事物；跟着来的次一个范畴，自然就是具体对普遍的关系，这是重要的一点。亚里士多德[②]把“分有”（μέθεξις）这一名词归之于柏拉图，柏拉图便是用“分有”“替换了”毕泰戈拉派的“模仿这一名词”。模仿是一个形象化的、幼稚的、粗糙的表达这种关系的名词；分有当然已经比较确定。但是亚里士多德说得对，这两个名词都是不够的：柏拉图在这一点上并没有进一步的发展，而只是建立了另一个名词；“这是一句空话。”[③]模仿和分有只不过是同一关系的异名；起一个名字是容易的，了解却是另一回事。 245

（乙）其次是对立。一是同一，普遍性；第二个是二元（δυάς），分别，特殊。这些范畴今天在哲学中还有价值；毕泰戈拉派第一个把它们带到了意识中。毕泰戈拉派也不能总是停留在起点上，把

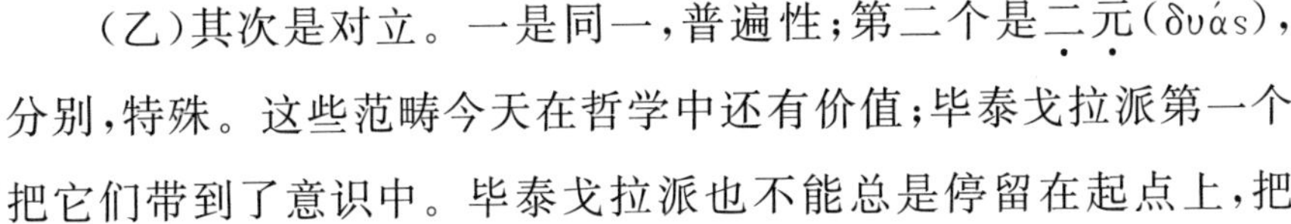

① 塞克斯都·恩披里可：“反数学家”，第十卷，第二六〇—二六一节：一切数都归属于一；因为二是一个二，三也是一个三，连十也是一个最高的数。因此毕泰戈拉断言万有的原则是一，因为每一个事物之称为一，是由于它有了一。

② “形而上学”，第一卷，第六章。

③ 亚里士多德：“形而上学”，第十三卷，第五章。

一、二、三说成原则；他们必须把它联系到进一步的范畴上，进一步的思想范畴上。于是随着二元便出现了对立。至于这个一对多，或自身同一性对“他在”是什么样的关系，可能有各种不同的说法；关于这一点，毕泰戈拉派也有过各种不同的表示，——即关于这最初的对立所采取的各种形式。二就是一的对立物。亚里士多德[①]讲述过毕泰戈拉派对这一与二的对立是如何理解的。数的元素，统一与二元，还不是数。“毕泰戈拉派曾说过：数的元素是奇和
246 偶，”对立在算术形式中更多，——“奇数是有限的”（或有限的原则），“偶数是无限的，”思想则是直接数的元素；“所以一本身由奇偶二者而来，而数则由一而来，”例如三就是三个一，三也是一。而一虽是原则，它本身还不是数，亦即不是总数。这完全是对的，因为属于数的是：（一）单元，（二）总数，（三）在一中此二者是同一的，因此在一中总数只有一种消极的意义。在这里，“一就是奇与偶。”因为他们说：“一加到偶数上便成奇数（2＋1＝3），加到奇数上便成偶数”（3＋1＝4）；——它〔指一〕有造成偶数的性质，所以它本身必须是偶数。[②] 因此单元本身包含着不同的范畴。无限（不确定）和有限（确定）不是别的，就是单元与一的对立；一是绝对的隔绝，亦即纯粹的消极，——单元则是自身同一性。

① 亚里士多德：“形而上学”，第一卷，第五章。

② 斯密尔那的德昂（Theon Smyrnaeus）：“数学”，第五章，第三十页，布利亚尔第本：亚里士多德在他讲毕泰戈拉派的著作中，指出了为什么一兼有奇数和偶数的性质；这就是因为：一加上偶数便成奇敷，加上奇数便成偶数。如果它不是兼有这两种性质，它便作不到这一点；因为这个道理，所以他们称一为“奇偶数”（ἀρτιοπέριττον）。〔参阅阿里斯多克森〔Aristoxenus〕编斯托拜欧：“自然的牧歌”，第二卷，第十六页，更可以说：因为一（一）是算术的一，奇数，（二）是单元，自同一者，总之是数的原则。〕

如果我们用第一种方式来追索绝对理念：则对立就是不确定的二元（ἀόριστος δυὰς）。Μονάς 或ἑνάς 还不表示一之为一；所以δυάς也还不表示二之为二。它只是一个二元，由于分有这个二元，一切可以数的数便产生出来。塞克斯都对这一点进一步规定如下："在自身同一这一意义下的单元（κατ' αὐτότητα ἑαυτῆς νοουμένη 自在），就是单元（μονάς）。如果它把自己当作一个不同的东西附 247
加在自己身上（抽象的多），那么就会变成不确定的二元；因为确定的或有限的数没有一个是这种二元，但是一切数要靠分有二元才能被认识，正如我们关于单元所说的那样。因此有两个事物的原则，"神灵，"最初的单元，由于分有这个最初的单元，一切数的单元才成为单元；以及不确定的二元，由于分有这个不确定的二元，一切确定的二元才成为二元。"这就说明了：（一）二元同样是本质的一环，或普遍的概念；（二）在对立中，如果用其他的范畴来了解，就可以把单元或二元都了解为形式和质料，——这两点都出现在毕泰戈拉派的学说中。（甲）单元是自身同一者，无形式者；但是二元是不相等者，分离与形式都属于二元。关于二元，他们说：一切由于分有二元而被确定，被限制；因此二元是确定者，有限者，是多。然而这个说法又转入别的叙述中去了。（乙）如果我们反过来把形式当成单纯的，——活动是绝对的形式——那么，一就是形式，活动者，决定者，二元就是多的可能性，未定的多（因此二元是单纯的未分别的思想，是质料）①；于是二元就进到了最初的单元

① 法布里丘注塞克斯都·恩披里可："皮罗学说概略"，第三卷，第十八章，第一五三节。

的地位。这是亚里士多德说的，他说这个说法属于柏拉图。亚里士多德[1]把这个说法归之于柏拉图，说他把二元当作不确定者，把一当作确定者；然而这并不是我们所了解的限度，这里的意思是指
248 限定者。一于是具有不同的意义：统一性（ἄπειρον）与主观性。主观性、个体性的原则，当然要高于不确定者，无限者；相反地，不确定者乃是无规定的，抽象的，——主体，νοῦς（心灵）是确定者，形式。因此柏拉图似乎把无限者，不确定者当作二元；所以二元被毕泰戈拉派称为不确定的二元。

这个对立的进一步的规定，毕泰戈拉派是彼此不一致的，它表示出范畴的一个不完满的开始；然而对立之被认作"绝对"的主要的一环，一般说来，是起源于毕泰戈拉派。正如亚里士多德后来那样，他们早就建立了一个范畴表（因此有人谴责亚里士多德从毕泰戈拉派那里剽窃了他的思想范畴），——把抽象的和单纯的概念加以进一步规定，虽然是以一种不合适的方式规定的；——表象与概念的各种对立的一种混合物，没有进一步的演绎或运动系统。亚里士多德[2]把这些规定既归之于毕泰戈拉本人，又归之于阿尔克迈恩，"他还见到过毕泰戈拉；"所以"或者是他从毕泰戈拉的门徒们那里取得了一些规定，或者是他们从他那里取得了这些规定。"这些对立被定为十个（十在毕泰戈拉派也是重要的数目），一切事物都可还原为十个对立：

1　限度与无限　6　静与动

① "形而上学"，第一卷，第六章：但是他不把无限当作一，而建立了一个二元，从大和小中引出无限，这是他的特点。

② 同上，第五章。

2　奇与偶　　7　直与曲

3　一与多　　8　明与暗

4　右与左　　9　善与恶

5　男与女　　10　正方形与平行四边形

这是对思辨哲学观念在其自身中、在概念中作一个进一步发 249
展的尝试。但是这个尝试似乎只是止于这种（一）混杂的解答，（二）简单的列举，而没有进一步。首先只要对普遍的思想范畴作了一番搜集的工作（像亚里士多德所做的那样），这是很重要的。这是对于对立的详细规定的一个粗率的开始，没有秩序，没有深义，和印度人对原则和实体所作的列举近似。

我们在塞克斯都那里找到了这些范畴的进一步进展。他是针对属于晚期毕泰戈拉派的一个说法而说的。这是对毕泰戈拉派范畴的一个很好的、比较高明的说明，比较富于思想性。“毕泰戈拉派以各种各样的方式表示出，那两个原则就是全体的原则。”①——就是说，普遍的范畴都应该还原成那两个用数来表示的单纯原则（单元与二元）。这个说法有下列的进程，——首先是内容本身，其次是对内容的反思。

第一：“事物有三种方式（基本规定）：第一是按照殊异，第二是按照封立，第三是按照关系。”这已经表示出一种比较高明的反思；这三种形式更有如下的详细说明。（一）“仅由单纯的殊异而被观察者，即是自为地被观察者；这便是主体，每一个都与自身相联系：如马、植物、土、空气、水、火。这种东西被孤立了起来（ἀπολύτως），

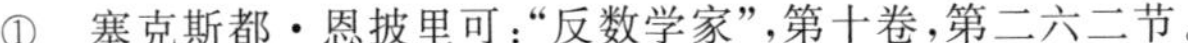

① 塞克斯都·恩披里可：“反数学家”，第十卷，第二六二节。

不被设想成与他物相联系；”这就是同一性，独立性的范畴。（二）“按照对立，一个东西被规定为与另一个东西完全相反：例如善与
250 恶、公正与不公正、神圣与不神圣、静与动等等。（三）按照关系（πρός τί），对象”“是被规定为”独立于其对方，同时又与“其对方”发生“关系”，被规定为相对物；“如右与左，上与下，倍与半。其一只有从另一得到了解，——我如果不同时想到右，就不能想象左，”——但是每一个都被认作是各自独立的。[①]

“关系与对立的分别是：（一）在对立中，其一的发生即另一的消灭，反之亦然。当运动消失时，静止即产生；当运动产生时，静止即消灭。如果健康消失了，疾病便产生，反之亦然；”那就是说，如果一个作为对立面的对立面被取消了，——这就意味着建立了它的反面。“在关系中则相反，二方面同时生，同时灭。如果右取消了，左也就取消了；”如果有了其一，也就有了另一。倍与它的半是同时存在的；“倍如果消失了，半亦即消灭。”这里消失的不仅是对立，而且是存在；然而存在是不分的，无分别的，是元素。（二）“第二种分别是：在对立里，没有中介；例如健康与疾病之间，生与死之间，”恶与善之间，“静与动之间便没有第三者。在关系中则相反，是有一个中介的：在较大与较小之间便有相等，在太大与太小之间便有足够（充分）为中介。”[②]纯粹的对立从无进到对立，正相反对的两极端则存在于一个第三者中；纯粹的对立在中介里有它的实
251 在性，统一性，——但是这样就不再是对立了。在这个说明里表示

① 塞克斯都·恩披里可：“反数学家”，第十卷，第二六三—二六五节。

② 同上，第二六六—二六八节。

出注意到了普遍的逻辑范畴，这些范畴现在并且永远有最高的重要性；而且在一切观念中，在一切存在者中，它们都是重要的环节。这些对立的本性在这里虽然尚未加以考察，但是把它带到意识中来是重要的。

第二："因为现在这些范畴就是三个类，主体和双重的对立，所以必须有一个类在每一个对立上面，作为最先者，因为类是先于种的；"它是统治的、普遍的。"如果普遍消灭了，那么种也就消灭了，反之，如果种消灭了，类并不消灭；因为种依靠类，而类并不依靠种。（一）最高的类"（transeendens），最普遍者，或"一切被视为自在自为地存在者"（主体，特异者）的本质，"毕泰戈拉派以之为一"（τόἕν）。真正说来，这不是别的。只是将概念转化为数罢了。（二）"他们说，在对立中的东西，就属于相等与不相等这一个种。静是相等，因为它不能够多也不能够少；而动则是不相等。因此顺乎本性的东西是自身相等的，——一个不能再加强的顶点：违反本性的，则是不相等的；健康是相等的，疾病是不相等的。（三）在无关紧要的关系中的东西，属于过多与不足，多与少这一个种；"——量的差别，而在（二）项中所说的等与不等则是质的差别。①

第三：我们进而讨论两个对立。"这三个类：有为者的类，在对 252
立中的类，在关系中的类，本身都必须归属于"一些更单纯的、更高的"类"（思想范畴）。"相等即归属于统一的范畴；"主体的类则本身就已经是这个统一的范畴。"但是不相等存在于过多与不足之

① 塞克斯都·恩披里可："反数学家"，第十卷，第二七四—二七七节。

中，而此二者又归属于不确定的二元；”这些便是不确定的对立，一般的对立。首先似乎有两个原则，统一和二元；而对立，多乃是单纯者，——纯活动，否定或界限乃是单纯的。不确定的二元是：不固定的对立，一般的纯活动。“于是从这一切关系中产生了最初的统一和不确定的二元。”我们发现毕泰戈拉派说，这些便是事物的普遍方式。“从这中间首先产生的是数目的一和数目的二；由原始的单元产生一，由单元和不确定的二元产生二；因为一的二倍是二。”因此一、二、三等都被认作从属的。“这样便产生了其余的数，因为单元向前运动，而不确定的二元则产生二。”这个由质的对立到量的对立的过渡是不明显的。“因此在这些原则之中，单元是活动的原则，”——形式，如以上所说（第二四七页）；“但是二元是被动的质料。这些原则既使二元中产生出数，也就产生了世界系统

和世界上的一切。”[①]过渡和运动正是这些范畴的本性。把普遍的思想范畴与一、二、三结合起来，把它们当作从属的数，并且反过来把普遍的类当作最先者，乃是更高明的反思。

253 当我略谈对这些数的进一步追索以前，必须指出，这些数，像我们见到它们被表象的那样，乃是纯粹概念：统一、二元，以及作为限度的一与不确定的二元之间的对立；——普遍性只有与对立发生联系才具有本质性，换句话说，具有特殊性的普遍性才是本质性。就数之为数来说，三诚然只是三，但是无论它停留为数的范畴或向前发展为概念，对它都是一样的。统一和二元本身是一个东

① 塞克斯都·恩披里可：“反数学家”，第十卷，第二七四—二七七节。

西；因为就二元之为二元、为多来说，它是单一的。我们知道有：(一)殊异的或质的对立，将单元(阴阳同体物)分解为二元，统一与纯粹多元的对立，亦即一扬弃其对方而同时在对立中有其本质的绝对的对立；以及(二)量的对立，存在者的无差别性；(三)甲、由量的对立而得到个体的单元，主体，乙、由个体的单元而得到普遍的单元。无差别的事物或自为地存在的事物的多元，属于量的差异；它的最纯粹的特性或确定的本质是数。无机物的基本特性是比重；植物、动物由数而有单纯的特性。绝对单纯的本质分裂为单元与多元，分裂为殊异的对立，这种对立是同时存在的，因为纯粹的殊异是消极性的；而绝对单纯本质之回复到自身，也同样是消极的统一，个别的主体和普遍者或积极者两者的统一。

事实上这就是绝对本质的纯粹思辨理念，这就是纯粹思辨理念的运动；这也就是柏拉图所谓理念。思辨的理念在这里作为思辨的理念出现了。不认识思辨理念的人，不会明白用这种单纯的概念作为记号就可以表达绝对本质。一、多、相等、不相等、多、少都是琐屑的、空洞的、枯燥的环节。说在这些环节所组成的关系中 254
就包含了绝对本质，就包含了自然世界与精神世界的丰富内容和组织：这在习惯于表象而不能从感性事物回归到思想中去的人看来，是不可能的。——这样的人看不出，用这些环节就能表达出思辨意义的上帝，在这些平凡的文字中就能表达出最庄严的东西，在这些熟知的平淡无奇的文字中就能表达出最深刻的东西，在这些贫乏的抽象概念中就能表达出最丰富的东西。

与普遍的实在(一般说来即是类)、与全部实在的普遍概念相对立的，首先就是单纯本质的分裂、构成和多元化，它的对立和对立的持续，就是量的差别。因此这个理念在其自身中便具有实在性；它是实在的本质的、单纯的概念，——是提高到思想，但不是逃避实在事物，而是在本质上表示出实在事物的本身。我们在这里发现了理性，它表示出了它的本质；绝对的实在直接就是统一自身。

关于这种实在，特出的一点是：没有思辨思想的人们感到各式各样的困难；——换句话说：这种实在对平凡的实在的关系是什么呢？这种情况，和柏拉图的理念的情况相似，柏拉图的理念是很接近这些数或纯粹概念的。随之而来的问题就是："数在什么地方？它们是否离开空间居留在理念之天上？它们并不直接就是事物本身；因为一个事物，一个实体还是一个异于数的东西，——一个物体是与数毫无相似之处的。"（一）毕泰戈拉派所了解的数根本不是

255 我们所了解的原型，[①]好像事物的理念、法则与关系存在于一个创造的理智中，作为一个意识体的思想，神圣理智中的理念，与事物分离，犹如一个艺术家的思想与他们的作品分离一样。（二）他们所了解的数，更不是指我们意识中的思想，因为我们把绝对对立的概念当作说明事物性质的根据，数在我们只是主观的东西，只是在我们的思想中是如此的：——然而他们却把数规定为存在事物的真正本体，因此每一个事物其所以是最近的最好的存在物，本质上只是由于它的存在（一）是一，（二）它里面具有单元与二元及两者的对立与联系；因此每一个事物之所以是如此，正是由于它的存在

① 亚里士多德反对那些把理念说成原型的人，说得很好（"形而上学"，第一卷，第九章）：说理念是原型，并且说事物分有理念，乃是说空话和用诗意的比喻。

是数的关系所构成。

这一点亚里士多德[1]说得很明白，“毕泰戈拉派的特点，就在于认为有限和无限以及一不是另外的自然体，像火之类，一切事物都由这些自然体中出现、产生，而又回到其中，”——他们并没有给予这些自然体以一种独立于事物之外的实在性，“而是把无限和一之类的东西看成事物本身的本体，由无限和一等数来说明事物；数就是一切的本质。”……“他们并不把数从事物中分离出来；他们却把数当成事物本身。”[2]……“数是事物的原则（ἀρχή）与原料（ὕλη），也是事物的性质与力量，”[3]——因此它是作为本体的思想，或具有思想本质的事物。

后来这些抽象的范畴通过宗教观念（算术式的神学观念）比较 256
具体地被规定了，——特别是由后来的人，扬布利可，波尔费留，尼各马可在其对于上帝的思辨中加以规定。他们企图提高民族宗教的特性，因为他们把这样一些思想范畴放了进去。他们所了解的单元就是上帝。他们把单元称作上帝，精神，阴阳同体物（本身包含两个范畴，如奇与偶），也称作本体，也称作理性，混沌（因为它是不确定的），塔尔塔鲁（Tartarus），尤比德（Jupiter），形式。他们也把二元称为：质料，不相等的原则，冲突，生殖者，伊西斯（Isis）[4]等等。

① 亚里士多德：“形而上学”，第一卷，第五章。

② 同上，第六章。

③ 同上，第五章。

④ 伊西斯是埃及的女神之一，即月神，希腊人，特别罗马人亦多信奉此神。——译者

(丙)于是三元特别成了一个很重要的数。在三元这个数中，单元达到了实在与圆满。单元通过二元向前进展，更在统一中与这个不确定的多相结合，就成为三元。一元与多元以最坏的方式在三元里面作为外在的结合而存在着。在这里三元虽然被如此抽象地加以处理，究竟还是一个最高的重要范畴。因而一般说来，三被认为是第一个圆满者。亚里士多德论到三元时说：[①]“有形体的东西离开了三就没有体积了”——(也就是三度，有质的必然性的体积，体积是由三度空间决定的)；——“因此毕泰戈拉派更说，一切的一切都是由三元决定的”(这就是说，它有绝对的形式)。“因为全体的数有终点，中点和起点；这个数就是三元。”把一切都放在三之下，是浅薄的，正如近代自然哲学中的图式一样。“因此我们

257 也从自然中采取这个法则(规定)，把它应用在对神灵的崇拜中，”在对神灵的呼唤中；所以我们才相信，当我们在祷告中三呼神灵时，——神圣的三次——便把神灵完全感动了。“我们称二为‘双’而不为‘全’；说到三我们才说全。三所规定是全体”(或全 πάν)。这才是全体性。三分的东西，是圆满地划分的东西，“在一里面只是有一些”(抽象的同一)，“在二中只是有另一个”(只是对立)，“但是三是全体。”换句话说，三元是圆满的；是持续的，自身同一的；可分为不相等的，其中包含有对立；并且有对立的统一，有这个区别的总体；一般的数都是如此，不过在三元中，这些特性是现实的。三是深刻的形式。

现在可以了解，为什么基督教徒曾经在这个三元中寻找而且

① “论天体”，第一卷，第一章。

找到了他们的三位一体。人们很肤浅地有时极不满意三位一体，好像三位一体超越了理性，是一个秘密似的，而有时又把它看得太高，像古人所做的那样，有时又看得太不值一文，——由于某种理由总不愿使它接近理性。如果三位一体是有某种意义的，那么我们就必须了解它。如果二千年来基督教徒所认为最神圣的观念是空洞无意义的，如果这观念是太神圣了，以致不能把它拉下〔到理性范围〕[①]，——或者它早已经完全被抛弃了，因而要在其中寻找一个意义是违背好的生活方式的，那么，事情是很糟糕的。我们所能讲的，也只是这个三元的概念，而不是关于圣父圣子等观念；——这种自然的关系，我们是并不涉及的。

这种三元是什么，亚里士多德说得非常确定；凡是圆满的，或具有实在性的，都是在三元中：开始，中间和终了。开始是单纯者； 258
中间是它的变易（二元、对立）；统一（精神）是终了：终了是从开始的对方回到统一。每一事物都是：（一）有，单纯者；（二）殊异性，杂多性；（三）二者的统一，在它的对方中的统一。如果我们从它拿掉这个统一，我们便毁灭了它，把它弄成一个思想物，一个抽象的东西。

（丁）随着三而来的是四。因此四在毕泰戈拉派的学说中是有很高的位分的，因为它是三，然而是更加发展的方式下的三。认为四具有这种完满性，一般说来，是很浅薄的，它在这里令人想到四种元素，化学元素，四个方位（自然中存在着四，四弥漫一切）；四就

① 据米希勒本，第二版，英译本，第二二二页增补。——译者

是在现在〔的自然哲学中〕[①]也是同样被重视的。四之为数，乃是二的完成，乃是回到自身的统一，乃是二、对立的产物。二或对立自乘起来，回到自身同一性就是四。二只消进展到使自身得到规定，使自己与自己相等(即自乘)，把自己放到统一中，就是四，四就是二的平方。至于四对三的关系，——是四包含在三中，三是(一)统一，(二)统一的对方，和(三)这两者的统一。殊异者，否定者，点，界限只算是一的环节；而它的实在性则是二，规定了的差异便是二，一个重复。第三者是单元与两个相异者的统一；如果我们数一数这个，那就已经是四了，因此四随着三。

四是更确定地被了解为**四元**(Tetraktys)，活跃的、活动的四(由 τέττρα 和ἄγω 二字合成)；以后在晚期毕泰戈拉派的学说中四成为最著名的数。恩培多克勒原来是毕泰戈拉派，他的一首诗的残篇中说明了这个四元被看得多么高：[②]

259 ……“如果你这样做了，

便会引你走上神圣德行的道路；

他[③]把四元给予了我们的精神：我们凭着他起誓，

四元本身中有永恒自然的泉源和根蒂。”

(戊)毕泰戈拉派由此便进到十，进到四的另一形式。正如四是三的完满形式一样，这个四元更是完满的、发展的，——四元的

① 据米希勒本，第二版，英译本，第二二三页增补。——译者

② “格言诗人集”，第一卷，毕泰戈拉派金言，编者格兰道夫：残篇一，第四十五—四十八行；塞克斯都·恩披里可；“反数学家”，第四卷，第二节，及法布里丘对这本书的注。

③ 按指毕泰戈拉。

一切环节都被认作实在的区别，每一个环节被认作一个完整的数（以前每一个环节都只是一个）——十乃是实在的四。“四元叫做完满的数，由于其中包含着最初的四个数；1＋2＋3＋4＝10。”这些范畴是从实在性中取得的，但是实在性在这里却只是数的外在的、表面的实在性，并不是概念。在四中只有四个单元；不把四当作四个一，〔而当作四个完整的数〕[①]，乃是一个伟大的思想。“因为十之为数又是最完满的数。”四元是就其为理念而言，并不是就其为数而言。“当我们进到了十的时候，我们便又把它看成单元，并且重新开始。四元，据说本身之中是具有永恒自然的根源与根蒂的，因为它是宇宙、精神界与物体界的道（Logos）。”[②]一个较晚的哲学家普罗克洛在一首毕泰戈拉赞诗里面说：“神圣的数前进着”，

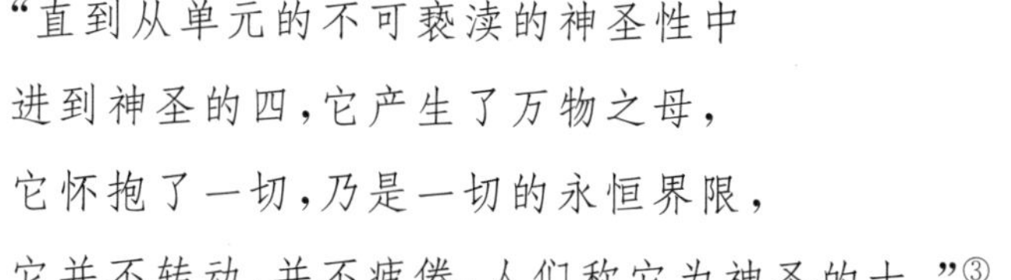

“直到从单元的不可亵渎的神圣性中
进到神圣的四，它产生了万物之母，
它怀抱了一切，乃是一切的永恒界限，
它并不转动，并不疲倦，人们称它为神圣的十。”[③] 260

他们关于数的进一步进展的讨论是不能令人满意的。从其余的数中所找到的东西，是更不确定的，而且在这些数中是没有概念的。在数中，一直到五，还能是一种思想，但是从六起，就纯然是任意的规定了。

---

① 据米希勒本，第二版，英译本，第二二五页增补。——译者

② 塞克斯都·恩披里可：“反数学家”，第四卷，第三节；第七卷，第九十四—九十五节。

③ 法布里丘注塞克斯都·恩披里可：“反数学家”，第四卷，第三节。

〔二　数之应用于宇宙〕[1]

然而这个单纯的理念及其中的单纯实在性是需要进一步加以发展的，这样才能达到更加结合、更加发展的实在性。毕泰戈拉派在这种情形之下，是怎样从抽象的逻辑范畴过渡到表明数的具体应用的形式的呢？具体对象的规定，通过毕泰戈拉派所作成的数，对于空间性的事物和音乐性的事物还有更密切的联系；但是对于自然界和精神界的具体对象，数却成了一种纯粹形式的空洞的东西。

(甲)关于毕泰戈拉派如何“从数中建立宇宙机体”，塞克斯都[2]给我们举了一个空间关系方面的例子，当然在这里必须与这些理想的原则相合。因为抽象的空间范畴是容易得到的；数事实上就是完满的空间范畴。如果我们在空间方面从点、从对于虚空的第一个否定开始：那么“点就与一相应；点是一个不可分的东西，是线的原则，正如一是数的原则一样”。由于点就是单元，所以线就表示二元；因为二者均借过渡而得到理解，——线是两点之间的纯粹关系，是没有宽度的。面是由三元而来的。而立体图形、体则
261 属于四元，其中包含了三度空间。另一些人说，体由一个点(就是说，它的本质是一个点)而成立；“因为点动成线，而线动则成面，面动则成体。这些人不同于前面那些人的地方是：前面那些人以为首先从单元和不确定的二元中产生数，然后从数中产生点、线、面

① 译者增补。

② “反数学家”，第十卷，第二七七—二八三节。

和体。而这一些人则从一个点建立其余的一切。”一种人认为区别是固定的对立，固定的形式，是二元；另一种人则把形式当作活动看。“因此有形事物是在数的指导之下形成的，而确定的形体，水、空气、火，总之整个宇宙都由数形成，关于宇宙，他们说是按照和谐而形成，——按照一种和谐，这和谐又只存在于数的关系中，数的关系构成绝对和谐的各种不同的和音”。

关于这一点我们必须注意，从点进展到实际空间（实在的空间，因为线、面都只是环节，抽象物）同时有充实空间的意义。因为一是本质、本体、质料[1]。只是有空间与充实的空间的区别。构造过程是简单地进行的；它是运动或关系。线的概念是纯粹的点的关系；点是纯粹的一，——作为纯粹活动、纯粹关系的一就是线。面也是一样，面就是线的关系，自乘，产生，活动，连续性，普遍性；有形的空间亦复如是。它多半采取事变的形式，而发展就是采取运动或外在构造的形式。但是这样进行得还很好；相反地，由一般 262
的充实空间过渡到确定：水、土等，——情形就不同，就比较困难了。或者也可以说毕泰戈拉派并未作这种过渡，而是在他们看来，宇宙本身就具有这种思辨的单纯形式：亦即被表现为一个数的关系的系统。但是这样物理性的东西还是没有规定出来。

（乙）作为本质的数的范畴的另一种应用或表示，便是音乐关系，——在音乐关系中，数主要地构成了决定性的成分。在音乐中，音调的差别表现为不同的数的关系；数的关系是唯一规定音乐

① 亚里士多德：“形而上学”，第一卷，第八章：按照他们的基本信条和学说看来，他们说到感官可见的物体和说到数学的对象时并没有什么区别。

的方式。音调之间的相互关系，是建立在量的不同上，量的不同可以造成和谐，反之也可以造成种种不和谐。因此毕泰戈拉派把音乐当作教化精神的、教育性的东西。[①] 毕泰戈拉是第一个洞察到音乐关系的人，他洞察到这些可以听见的差别是可以用数学来说明的，——洞察到我们对于协调和不协调的听觉乃是一个数学的比较。那主观的、在听觉中的简单的感觉，本身却是在关系中的东西，毕泰戈拉把它划归理智的范围，并且凭借确定的范畴加以理智的说明。和谐的基本音调的发现，是属于他的，这些音调是建立在最简单的数的关系上。据说[②]毕泰戈拉走过一个铁匠的工场，打铁时所发出的一种特别的和声引起了他的注意。于是他比较了发
263 出一个一定谐音的锤子的重量，从而用数学确定了音调的关系；最后应用这个关系，在弦上做了试验。这个试验向他提供了以下的关系：八度音程，五度音程，四度音程。我们都知道，一根弦（或与此相似的东西，管乐器中一根管中的气柱）的音调为三种情况所决定：它的长度、直径与紧张的程度。如果现在有两根同样粗同样长的弦，则紧张程度的不同便产生音调的不同。所以我们只比较它的紧张程度；紧张程度可以由一个重量去测量，把一个重量挂在弦上，弦便紧张起来了。毕泰戈拉发现，如果一根弦负有十二磅的重量，另一根负有六磅的重量，（λόγος διπλάσιος，1∶2），便发出八音度的（διὰ πασῶν）音乐谐音来，8∶12或2∶3的比例，发出五音度的（διὰ πέντε）谐音；9∶12或3∶4的比例（λόγος ἐπίτριτος），发出四音度

① 波尔费留：“论毕泰戈拉的生活”，第三十节。

② 扬布利可：“论毕泰戈拉的生活”，第二十六章，第一一五节。

(διὰ τεσσαρῶν)。[①] 在相等的时间内，振动数目的不同决定着音调的高低；这个数目是与重量成比例的，如果弦的直径与长度不变的话。在第一种比例中，更紧张的那根弦振数比另一根弦大一倍；在第二种比例中，更紧张的一根当另一根振动二次时振动三次，依此类推。这里数就是决定差异的真实因素。音调只是一种振动，运动。诚然也有质的差别；但是一种乐器的各个音调彼此之间的真正的音乐关系——和谐便建立在这上面——乃是一种数的关系。音调只不过是一个物体的振动，——一个通过空间与时间的 264
规定；因为除了数——一堆在时间中的振动——以外，不能有决定音调的差别的别的东西。可以借数来作恰当的规定的，无过于音乐了。

从这里起，毕泰戈拉派便对音乐理论进行进一步的陈述，我不跟着他们讲了。在数目关系中进展的先天规律和运动的必然性，是完全暧昧不明的东西，头脑不清的人会在其中弄得颠颠倒倒，因为处处都表现着对概念的暗示，与表面的彼此谐和，但是随即又归消失。

说到作为数的系统的宇宙的进一步发展，晚期毕泰戈拉派思想的混乱与模糊就大大地表现出来了。他们费了说不出的气力，用数的系统来表达哲学思想，并且去了解他们用来表达的那些观念的意义，这些观念是他们从别人那里找到的，并且赋予以一切可能的意义；——如果抛弃了概念的话，数就成为种种无聊肤浅的关

① 塞克斯都·恩披里可："皮罗学说概略"，第三卷，十八，第一五五节；"反数学家"，第四卷，第六一七节；第七卷，第九十五—九十七节；第十卷，第二八三节。

系。但是关于这一方面我们从早期毕泰戈拉派那里只知道一些主要的环节。柏拉图给我们作了一个以宇宙为数的系统这种观念的试验；但是西塞罗和古人们总是把这些数称作柏拉图的数，好像这些数不属于毕泰戈拉派似的。关于这一点以后还要讲到的。数在西塞罗的时代已经成为谚语，成为模糊不清的东西了；其中只有少数是古老的成分。

（丙）毕泰戈拉派更用数建立了可见宇宙的各个**天体**。如果进
265 一步应该过渡到更具体的东西上去的话，那么便立即可以看出数的范畴的贫乏与抽象。亚里士多德说：[①]“由于他们把数规定为整个自然界的原则：所以他们把天和整个自然界的一切范畴和部分都放在数以及数的关系之下。如果有些地方有不完全相合之处，他们便”以另一种方式“来弥补这些缺点，好造出一种一贯性来。

266 例如因为他们认为十是完满的，包括整个数的本性：于是他们说，在天上运行的星球也是十个；然而他们只有九个可以看见，所以就捏造出一个第十个，即‘对地’（τήν αντίχθονα）。”这九个星球是：当时已知的五（七）个行星，（1）水星，（2）金星，（3）火星，（4）木星，（5）土星，——以及（6）太阳，（7）月亮，（8）地球，与（9）银河（恒星）。因此第十个是“对地”，至于“对地”，还不能决定他们究竟把它想成地球的反面，还是想成完全另外一个地球。

关于这些天体的更详尽的物理的规定，亚里士多德叙述道：[②]“毕泰戈拉派把火放在当中，而把地球当作一个环绕这个中心体旋

① “形而上学”，第一卷，第五章。

② 亚里士多德：“论天体”，第二卷，第十三章。

转的星；”因此地球是一个星球，并且是符合十数——圆形的对——的形体中之最圆满者。“并且他们安置了另一个地球与它相对。”这是合乎我们的观念的。这种说法里有某种与我们的太阳系相似的地方。不过他们并不把太阳当作那个火。亚里士多德说：因此“他们在这一方面是不依靠感觉现象而依靠根据的；”正如
我们按照根据反对感觉现象一样。这一点也是我们用来说明物自 266
身异于其现象的第一个例子。“这个在当中的火，他们称为宙斯的卫士。”……“这十个星球和一切运动体一样，造成一种声音，而每一个星球各按其大小与速度的不同，发出一种不同的音调。这是由不同的距离决定的，这些距离按照音乐上的音程，彼此之间有一种和谐的关系；由于这和谐关系，便产生运动着的各个星球（世界）的和谐的声音（音乐），”——一个和谐的世界合唱。[①]

我们必须承认这种思想的庄严，——一种有必然性的思想。其内容便是：天上的星球系统是一个这样的系统，其中一切均为数的关系所规定，这些数的关系本身具有必然性，也必须了解为必然性，——它也是一个关系的系统，这个系统必须构成听得见的东西、音乐的基础与本质。这里所了解的是一种世界构造系统——太阳系——的思想；只有这个思想对我们说是合理的，——相反地，其他的星辰并无位分。说星球唱歌，把这些运动看作音调，在我们看来，理解这一点，正有如理解太阳静止地球运动是一样的——这是与感官的报告相反的；我们听不见星球唱歌，而我们也看不见地球运动。在空间里设想一种普遍的沉寂，是很容易的，直

① 亚里士多德：“论天体”，第二卷，第九章。

接的反驳是：——因为我们听不见这个合唱；而举出理由来说明何以我们听不见这个音乐是很难的。他们说："我们听不见这个音乐，因为我们本身生活在其中，"因为它属于我们的本体，与我们同一，"而不是与我们处于相反地位的别的东西；"因为我们是完全包
267 括在这个运动之内。这个运动变得没有声音，因为①天体间的关
系并不像物体间彼此间的关系一样，因为纯粹的空间和时间（运动的环节）在有灵魂的物体中才发出独特的、并非弹奏出来的嗓声，而运动在特殊的动物中才达到这种固定的、特有的个体性；声音则需要有一种物体的外部接触，弹奏（摩擦），——而一种暂时的个体性，即特殊性的否定，亦即否定真正的个体性的弹性，也同样发出声音：但是天体却是彼此独立的，——只有着一种一般的、非个体的、自由的运动。

我们可以把声音抛开，星球的音乐是一个伟大的幻想的观念，——对于我们并无真正的兴趣。但是把理念、运动说成尺度，说成数和数的关系的必然系统，则是必要的。因为差别、关系在这里只被规定为数、量，——这是存在的方式；因为范畴是在时间与空间的这种理想成分之中。这个思想就是认为：范畴是存在于必然的关系中，而这些关系是和谐的，——是合理的；但是一直到现在并无更进一步的发展。我们在某一方面是比毕泰戈拉进了一步。我们由开普勒知道偏心率等于距离与周行时间的比这一定律；但是借以规定距离的和谐，——全部数学还不能给出一个理由来（进展的定律）说明。人们对经验的数目有足够的认识；但是一

① 见同上处（"论天体"，第二卷，第九章）亚里士多德所提出的理由。

切看来都是偶然的，不是必然的。人们知道距离的一种大致的规则性，因而侥幸预见了火星与木星之间还有一些行星，以后便在这地方发现了谷神星、灶神星、武女星等；但是天文学还没有在其中 268 找出包含着理性、理智的前后一贯的推理过程。天文学甚至用轻视的态度来看这种推理过程的合乎规则性的叙述；但是这当然是一个最重要之点，是不应该忽视的。

（丁）毕泰戈拉派也曾把他们的原则应用在灵魂上；并且把精神事物规定为数。亚里士多德①更告诉我们说："他们曾以为灵魂是太阳光中的微尘；另一些人认为：灵魂是这些太阳光中的微尘的推动者。他们之所以达到这个结论，是因为这些微尘永远在运动，即使在完全没有风的时候也是如此；"因此它们必须有独特的运动。这并无多大意义；但是我们却从中看出，他们曾经寻求"灵魂中自动的范畴"。他们把数的概念进一步应用在灵魂上，〔亚里士多德曾以〕②另一种方式叙述如下："理智、思想（νοῦς）是一，"是自为的，是自同一者；认识或科学是二，因为只有二（μονοχῶς，自为地）"是指着一的。平面的数则是观念，意见"（三），"感官感觉则是有形体的事物的数"（四），就是幂，如现在所称。"判断一切事物，或由理智，或由科学，或由意见，或由感觉。"这些规定仍须归之于晚期毕泰戈拉派，在这些规定中，可以找到合适的东西，因为思想是纯粹的普遍性，认识必须处理一些别的东西（知识进得更远，它给予自己一个规定，一个内容），感觉是根据其规定性而高度发展

① "论灵魂"，第一卷，第二章。

② 据米希勒本，第二版，英译本，第二三二页增补。——译者

269 了的东西。“因为灵魂同时推动自己：所以它是自己推动自己的数。”我们发现他们并未把灵魂与单元结合起来讲。

这是一个对于数的范畴的简单关系。亚里士多德[1]从“蒂迈欧”篇中引用了一个较复杂的说法（在柏拉图的“蒂迈欧”篇中，详细说出了这个概念）：“灵魂推动自己，因此也推动身体，因为它与身体结合在一起。”它由元素（数）构成，“并且按照和谐的数区分，因此它有感觉和一种直接内在的和谐。”他又说：“因此全体”有“一致的动力”（运动，方向）：“所以他”（蒂迈欧）“曾把直线”（和谐的线）“弯成一个圈，更由整个的圈再分出两个，在两方面”（在两点上）“结合的圈；并且”最后“再把这两个圈中的一个分成七个圈，因此，天的运动是怎样的，灵魂的运动也是怎样的。”这个意义可惜亚里士多德没有再详细说明。这些观念对全体的和谐有了深刻的理解。但是这些观念却依然是模糊不清的，因为它们是笨拙和不合适的；但它们总是包含着一种深刻的直观和有力的颖思，在差异和分别中，仍然坚持和表现着联合，——这里包含着一场与表象的材料的斗争，犹如神话形式须和各种歪曲的材料斗争一样。除了思想本身以外，没有任何东西具有思想的柔韧性。值得注意的是他们把灵魂了解为一个系统，这系统是天体系统的一个摹本。在柏
270 拉图的数中，也有这样一个观念，即认为一系列的数的关系围成一个圈等等。柏拉图也述说了一些更详细的数的关系（但不是他们的意义）；直到今天为止，人们还不能从其中得出任何特别有意义的东西来。因此数目的排列是容易的；但是深刻地说出其意义则

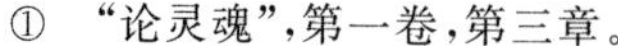

① “论灵魂”，第一卷，第三章。

是很难的，而且勉强去说出意义又始终是任意武断的。“他说灵魂是有体积的，这却说得不好。因为心灵（νοῦς）是一，而且是同一的，正如思维一样，而思维则是思想。”

毕泰戈拉派关于灵魂还有一个说法也是值得注意的；这就是灵魂的轮回。西塞罗说[①]：“毕泰戈拉的老师费雷居德最初曾经说过，人们的灵魂是不死的。”灵魂轮回的学说也远播于印度，无疑地这是毕泰戈拉从埃及人那里汲取来的；这一点赫罗多德[②]说得很明白。他说了埃及人关于地下世界的神话之后，又补充道：“埃及人最先说人的灵魂是不死的，并且”在死后“身体入土时转变成另一个有生命的东西。当它”（不是作为惩罚）“遍历陆生动物、海生动物和鸟类之后”（轮回的总体）：“又占有一个人的身体；这样一个周期要在三千年内完成。[③] 这些观念也存在于希腊人中。[④] 有一 271
些或早或晚地服膺这个学说的人，把这个学说说得好像是他们自己的一样。我完全知道他们的名字，不过我不愿写出来。”他的意思无疑是指毕泰戈拉及其门徒。

关于轮回，以后还有许多传说寓言，——愚蠢的故事[⑤]：“毕泰戈拉本人据说曾断言过他还知道他前生是谁，黑梅斯使他对他生前的状况有所意识。（一）他曾经投生为黑梅斯的儿子爱塔利德；

---

① “杜思古朗问题”，第一卷，第十六章。

② 第二卷，第一、二、三章。

③ “灵魂的轮回”，参看：“第欧根尼·拉尔修”，第八卷，第十四节。

④ 格登人也有灵魂不死的信仰，——赫罗多德称之为ἀθανατίζοντας（第四卷，第九十三章）——因此勇敢。

⑤ “第欧根尼·拉尔修”，第八卷，第四—五节；“波尔费留”，第二十六—二十七节；“扬布利可”，第十四章，第六十三节。

(二)后来在特罗亚战争中投生为班妥斯的儿子欧弗尔布，他曾杀死巴特罗克鲁，而为梅讷劳所杀[①]；(三)投生为赫尔摩底谟；(四)投生为狄洛的渔夫毕洛斯；——这一共二百零七年。梅讷劳曾把他的盾牌献给阿波罗神，毕泰戈拉来到神庙中，指出这破旧盾牌的一些标志，这些标志以前是没有人识破的，经他指出，人们就把这盾牌的来历认出来了。”对这些各式各样的寓言我们不想再多费时间。

关于毕泰戈拉从埃及祭司处采取了他的盟会的组织形式这一点，上面已经说过。我们也同样必须分别开这些东方的、从外国取来的、非希腊的观念；这些观念与希腊精神相去甚远，是站不住的，不能有发展的。灵魂轮回说在希腊是暂时的，并无哲学意义。在

272 希腊人中，高度自由个性的意识太强，因而不能容许轮回观念将自由的人、独立存在的自在体转变到动物的形态中去。希腊人虽然也有人变成泉水、树木、动物等等的观念；但是这是以贬谪的观念为基础，这是一种惩罚，是犯罪的结果。

亚里士多德[②]对所谓毕泰戈拉的轮回说偶尔提到以下的话：“他们虽然认为灵魂住在身体里面，但是丝毫没有指出，这是出于什么原因，灵魂与身体有什么关系。因为两者结合在一起，一方活动，一方即承受；灵魂运动，肉体即被推动；在这一点上，彼此之间毫无偶然的事件出现。”亚里士多德按照他自己的方式，以简捷的方式把轮回的观念取消了。他说：“按照毕泰戈拉派的神秘说法，

① “伊利亚德”，第十六卷，第八〇六—八〇八节；第十七卷，第四十五节以下。

② “论灵魂”，第一卷，第二章。

偶然的灵魂占据偶然的身体;”因此身体的机体对于灵魂是偶然的东西。“他们的意思似乎是说,灵魂之占据身体,一如建筑技术之于泥斗,因为技术必须使用工具,所以灵魂必须使用身体。”但是每种技术都有它自己的工具;“每一工具必须有它自己的形式。”肉体的形式对于灵魂的形式不是偶然的,反之亦然。轮回说中却包含有这种偶然性:人的灵魂也是动物的灵魂。亚里士多德对轮回说的驳斥是很充分的。

轮回的观念应该是一个全体性的观念,是一个内在的概念浸
透在它的多种形式里,——这就是永恒的轮回,东方式的“统一”的
观念,这种统一性在一切事物中形成其自身;正因为如此,这观念
才是哲学的。但在毕泰戈拉派这里却并没有这个意义的轮 273
回,——至多只能说在他们这里隐约闪烁着这样意义的轮回,然而
是理智的、确定的必然性。他们所了解的灵魂乃是确定的灵魂,一
个事物,遍历一切的东西。灵魂应该是有自我意识的、能思维的,
像这样的一个东西却不是我们所了解的灵魂。灵魂也不是一个像
莱布尼茨的单元那样的事物,按照单元说,即是咖啡杯中的泡沫,
也许会变成一个有感觉有思想的灵魂。这乃是一种抽象的、空洞
的同一性。它对于灵魂不朽并无意义。

〔三 实践哲学〕[①]

说到毕泰戈拉的**实践哲学**,这是与上面所讨论过的那些东西密切联系着的:关于这一方面的哲学思想我们所知甚少。亚里士

① 译者增补。

多德[①]谈到他时说:“他第一个试图讲道德,但是并不以正确的方式讲;因为他由于把道德还原为数,所以不能建立真正的道德理论。”毕泰戈拉派和采取十个天体一样,也采取了十种道德。其中正义被认作“同次相等的数”(羃,ἰσάκις ἴσος),——认作同样方式下自相等者。因此正义是一种数的规定:一个偶数,它自乘之后永远还是偶数(相等)。这种正义当然是自身同一的东西,——这乃是一个可以适合许多东西的完全抽象的规定;但是这种抽象的规定并不能充分说明具体的东西。

他们便是这样用数来规定自然的、伦理的东西;但是这里一切都是不确定的和表面的,因此也就没有达到概念。

在金言的名目之下,我们有一系列的六韵诗,这是一串道德格
274 言,不过是可以把它们归之于晚期毕泰戈拉派的。这些格言是没有重要性的、一般的、熟知的道德规则;但是似乎却很古老。这些诗句开始是:必须“尊敬那些不朽的神灵,因为他们是按照法律而受到崇奉的;”并须“尊敬誓言,以及光辉的英雄们,”一个对于民族信仰的不朽神灵的对立物;“在上者”和“在下者”都结合在誓言中。此外更进到“尊敬祖先和血亲”[②]等等,——毫无出色之处。在这些道德学说里面,道德的、本质的东西是以一种很庄严的方式说出的;但是这一类的学说是不能视为哲学的,虽然在文化发展过程中有它的重要性。

更重要的是从习俗伦理的形式到个人生活的内心道德的过

---

① “大伦理学”,第一卷,第一章。

② “格言诗人集”,第一卷,毕泰戈拉派金言,格兰道夫编:残篇一,第一至四行。

渡。正如在泰利士的时代，国家的立法者和领导者同时出色地有着自然哲学，我们在毕泰戈拉的学说里发现也存在着实践哲学，作为一种道德生活的准备。在泰利士的时代，思辨的理念，绝对的本质，就其实在性说，乃是一个一定的感性存在；同样，道德生活中也存在着作为普遍的，作为一个民族的实际精神，一个民族的法律和政治，——道德也同样沉没在实际生活之中。反之，在毕泰戈拉的学说中，我们看到绝对本质的实在性在思辨中从感觉的实在性向上提升，本身被当作思想的本质说出，——不过还不是完满的；同样，道德本质也被他从实际生活中提了出来，——对于整个实际生活加上一个道德的规则，不过并不是对一个民族的生活，而是对一个社团的生活给予道德的规则。

一般说来，一直到最近，我们所见到的还不是真正的思辨性的 275
实践哲学。毕泰戈拉盟会是任意的存在，任意的产生，并不像祭司 ***275***
制度那样是法制的一部分，为全体所批准、所承认。毕泰戈拉个人作为一个教师，和学者们一样，是孤立的。他的那些道德诫命，和十诫一样，和希腊的贤者的言语一样，和毕泰戈拉在其金言中及其他被作为他的象征的话中所说的言语一样，是不能当作思辨哲学或真正哲学看待的；另一方面，他所提出的那些自然概念和对因果关系之类的看法，也不是真正的哲学。同样地，他所提出的那些普遍的生活规则也不能当作思辨的东西看待，他并没有从歧异的东西中揭示出其绝对的对立，他所讲的道德中并不包含道德的对方，同时他也没有说出道德与其对立面的统一性。纯粹思辨的东西〔按即理念〕既不是一个纯粹在意识之中的结合，片面地与对象对立，也不是在自然中片面地与意识对立的东西，——后者乃是物理科学，前者乃是实践道德知识[①]；——而是意识成分内部一个意识的行为对另一意识行为，不过已经是作为本体的统一了，——因此纯粹思辨的东西不是无关紧要的形式，不是尚须加以结合的独立的对方。道德意识就其是意识来说，基本上是存在意识之内的，从而也就与自然、存在相对立；但是在意识内部，作为意识的道德意识又有其实在性或存在。民族、普遍的意识，一个民族的精神，乃
276 是本体，本体的偶性就是个别的意识；——不过个别意识也是片面的。思辨的思想就在于认识到个别意识的本质是民族的精神，纯粹普遍的法则就是绝对个别的意识，——民族的精神在意识本身中有其本质；在思辨思想里两种不同质的、互相外在的东西被建立为一了。但是这两方面并不以对立的形式呈现于我们，像意识与自然那样，因为二者在我们都已经包括在意识范围之内。在道德中，我们才真正有意识的绝对个体性这一概念，自为地作一切行为。

但是毕泰戈拉基本上的确具有“道德的本体是普遍”这一思想，——关于这一点，我们可以从下面的话中见到一个例子，即“一个毕泰戈拉派分子回答一个父亲所提出的问题：怎样方能给他的儿子最好的教育？他答道：‘除非他成为一个治理良好的国家的公民。’”[②]这是一个伟大的、真实的答复。个人在家庭里受教育，然后在他的祖国里受教育，——通过建立在真正的法律上面的祖国的情况受到教育。在他的民族的精神中生活，一切其他情况都必

---

① 至于理论的知识是另一回事。作为本质的思辨是思想；真理存在于普遍意识与个别意识的这种抽象的对立之中。

② “第欧根尼·拉尔修”，第八卷，第十六节。

须从属于这个大原则。相反地，现在的人们则要想教育与时代精神分离。孤立隔离的盟会在好的国家是不能存在的。人在国家中受教养；它是最高的权力。人不能脱离国家，虽然他想脱离，他仍然不知不觉地存在于这个普遍中。

便是在这个意义之下，毕泰戈拉的实践哲学的思辨成分，正在
于道德理念应该实现为这个盟会。正如自然过渡到概念，上升到 277
思想：思想，作为有意识的现实的思想，也进到实在，——思想作为一个团体的精神而存在，而个别的意识，并不作为实在的意识，只是在一个盟会中保有其实在性；所以他的生长或营养、自保正是在于在这样的本体里，并且与这本体相联系，然后它在本体里才成为普遍的意识。

我们看到，在泰利士的时代，伦理习惯变成为普遍的宪法，而伦理习惯的普遍原则也同样是一个普遍的实在的东西；在毕泰戈拉，理论原则部分地从现实生活中提高到思想，——数是一个中间物：伦理也同样地从普遍的有意识的现实生活中提了出来，变成一个盟会，一个社团，——普遍的现实的伦理习惯与个人自身为了他的伦理习惯而必须遵守者（道德）之间的中介，个人的道德是化为普遍精神了。当我们见到实践哲学出现时，将发现它是如此的。

为了对毕泰戈拉派的系统形成一个大概的观念，我们可以满足这一点。然而我还要简短地讲一讲亚里士多德[①]对毕泰戈拉派的数的形式所作的批判的要点。亚里士多德说得很对："如果只把"（数或）"限度和无限、奇与偶作为基础，他们便说不出运动是怎

① "形而上学"，第一卷，第八章。

样生成的，以及没有运动和变化怎样会有生和灭，或天体的情况和活动。”这个缺点是很重要的。一、二、三是僵死的、枯燥的形式；然
278 而活动性、运动却是其中所缺少的另一种特质。因此这是一个完全抽象的贫乏的原则。其次，他说：“从数中不能了解物体的其他特质，如重和轻，”或作为完全不同的概念的范畴，——具体。用这种方式是不能作出从一个数到具体规定的过渡的。“他们说在天体的数以外是没有数的；”例如，一个天体和一种美德、伦理的品性或地球上的一种自然现象，便被规定为同一个数目。每一个最初的数都被用来表示每一事物或特性；数表示了事物的各个环节。但是就数应该表示一个更详尽的规定而言，这种十分抽象的量的差别完全是形式的；正如因为一种植物有五根雄蕊，便说它是五一样。至于用元素、氧气等，或用方位而建立的规定，也同样是形式的；一种形式的系统，正如我们现在想把电学、磁学、电流、凝缩和膨胀、男性和女性的图表和格式用到一切事物上是一样的，——数乃是一种纯粹空洞的规定方式，在哲学里应该讲的是实在。

此外有许多**科学**思想和**发现**被归之于毕泰戈拉及其学派，但是与我们不相干。据说他认识了“晓星和昏星是同一颗星；”[①]“月亮自太阳取得它的光。”[②]关于音乐方面的，我们已经讲过了。然而最有名的是毕泰戈拉定理；实际上这是几何学上的主要命题，不
279 可与任何一个别的命题等量齐观。据说毕泰戈拉发现这个命题时

① “第欧根尼·拉尔修”，第八卷，第十四节。

② 同上，第二十七节。

举行了一次百牛大祭；[①]他已经看出了这个命题的重要性。他高兴极了，因而安排了一个大宴会，邀请了富人和全体人民参加，这件事也许是值得注意的；这辛劳是值得的。这是精神（知识）的欢庆和祝典，——值得大宰其牛。

另外有一些观念，是毕泰戈拉派以偶然的方式毫无联系地提了出来的，并没有哲学意义（没有比人们所存的意见更不相干的了），稍微提一提就行了。例如"毕泰戈拉派假定有一个空的空间，为天所吸入，以及一个把自然体彼此隔开的空的空间，造成连续体与不连续体的分别；它首先存在于数中，分别数的性质。"[②]第欧根尼·拉尔修[③]枯燥无味地（正如以后的人一般地接受外在的没有精神实质的东西一样）还讲了许多："围绕地球的空气（άερα）是不动的（ἄσειστον，不是自动的），和有病的，其中的一切都是有死的；但是最高层的东西则在永恒的运动中，是纯粹的、健康的"，——（换句话说，就是一团围绕着的火）——"其中的一切都是不死的、神圣的。太阳、月亮和其余的星球都是神灵；因为它们中间热占优势，是生命的原因。人与神灵是有关联的，因为人分有温热。因此神保佑我们……。从太阳里发出光芒，穿过厚的和冷的以太，使一切得到生命；他们称气为冷的以太，称海和潮湿为厚的以太。灵魂 280
是以太的一个片断，一个屑片。"

① "第欧根尼·拉尔修"，第八卷，第十二节。

② 亚里士多德："物理学"，第四卷，第六章。

③ 同上，第八卷，第二十六—二十八节。

丙、爱利亚学派

毕泰戈拉派哲学还没有达到用思辨的形式来表现概念。数虽是概念，但只是在表象、直观方式内的概念，——在量的形式内的区别，没有被表现为纯粹概念，而只是两者的混合体。把绝对本质表现为纯粹概念或被思维者，表现为概念或思维的运动，乃是我们所看见的必然要到来的次一阶段；而这就是我们在爱利亚学派里所见到的。在这个学派里，我们看见思想本身成为独立自由的了；在爱利亚学派所说的绝对本质里，我们看见思想纯粹地掌握其自身，并且看见思想在概念里的运动了。我们在这里发见辩证法的起始，这就是说，思想在概念里的纯粹运动的起始；因而我们就发见思维与现象或感性存在的对立，自在物与这一自在物之为他物而存在之间的对立，并且我们发见客观存在本身所具有的矛盾（真正的辩证法）。如果我们试预先反省一下纯粹思想形成的过程应该是什么样子，则我们就会得到：（一）纯思（纯有、太一、作为νοούμενον〔本体〕）直接地建立其自身在它的固定的单纯性和自身同一性里，而把其他一切当作空无；（二）那最初怯弱的思想，——当它后来变为坚强时，承认他物的存在并向它接近，——表明它那时还同样在他物的单纯性里理解他物，而即在这物的自身指出它的空无性；（三）它建立他物在他物的一般的规定之复多
281 性里。这样我们就看到爱利亚派在历史里的形成了。爱利亚学派的这些命题对于哲学现在还有兴趣，是在哲学里面必须出现的必然的环节。

塞诺芬尼、巴门尼德、麦里梭和芝诺算是属于爱利亚学派。塞诺芬尼可看作这个学派的创始人，巴门尼德被称为他的学生，而麦里梭，特别是芝诺，又被称为巴门尼德的学生。事实上他们一起被认作爱利亚学派。后来爱利亚学派失掉其名称，叫做智者派，而讲学的地点也转移到希腊本土。塞诺芬尼所开始的思想，巴门尼德和麦里梭曾予以进一步发展，同样这两人的学说芝诺又加以完成。亚里士多德[①]曾这样地述说前三人的特点："巴门尼德似乎是把太一了解为概念，麦里梭把太一了解为物质；因此前者便说太一是有限的，后者则说太一是无限的。但塞诺芬尼在它们之中首先说出太一的命题（因为巴门尼德被称为他的学生），但没有明白的陈述"，关于太一也没有进一步的规定，"并且没有讨论到这些规定；而只是凝视着整个天空，"——（像我们说的，漫无目的地望着）——"说，神是太一。塞诺芬尼和麦里梭一般地似较为粗朴；巴门尼德较有深入的见解。"——并且他达到了较明确的概念。关于塞诺芬尼和麦里梭我们可以说的比较少；特别是关于后者我们只有一些片段和从别人那里得来的材料，尚在模糊不明的情况，对于他的概念我们有很少的知识。一般讲来哲学的语言和概念还很贫 282
乏，在芝诺那里哲学才达到它自身的一个较纯粹的表现。

一 塞诺芬尼

他生活[②]于什么时代是相当确定的，而这也就足够了，至于他

① "形而上学"，第一卷，第五章。

② "第欧根尼·拉尔修"，第九卷，第十八——二十节。

生于哪年死于哪年是不确定的，那是无关重要的。他大概是阿那克西曼德和毕泰戈拉的同时代的人。关于他较详的命运只有这点是熟知的，即他从他出生的城市小亚细亚的科罗封（Kolophon）；逃避到大希腊（但不知道是什么缘故），主要的居住在西西里的仓克勒（现在的墨西拿）和加丹纳（现在还叫此名）。至于说他曾经在爱利亚居住过，我在古代人的著作里找不到任何材料，虽说所有近代的哲学历史家都彼此那样抄袭着。譬如邓尼曼[①]说的在第六十一届奥林比亚赛会（纪元前五三六）时他曾由科罗封转到爱利亚。但第欧根尼·拉尔修只引证说，他最盛的时期约在第六十届奥林比亚赛会时，并且曾作了二千句诗讲爱利亚的殖民地的开拓（历史）；由此人们就自然推想到，他也曾到过爱利亚。斯特拉波（Strabo）[②]只是对于巴门尼德和芝诺才明白地这样说，而他把这两人叫做毕泰戈拉派的人。因此爱利亚学派之得名[③]最初是从这两
283 人而来。塞诺芬尼活了差不多一百岁，他还经历过美迪战争（第七十二、七十三届奥林比亚赛会，纪元前四九〇年马拉松战役）。他曾是很贫穷的，没有资力埋葬他的小孩，只得亲手去加以埋葬。据一些人说，他没有老师，另一些人说他的老师是阿尔克劳，这就会与年代不合。

他写了一本书论自然（περί φύσεως），这是那时哲学的一般的题材和书名；关于论自然的一些个别的诗句保存下来了给我们，这些诗句还没有表示出论证的形式。波恩大学的布兰狄斯教授

① 第一册，第一五一、四一四页。

② 第六卷，开首。

③ 西塞罗："学园问题"，第四卷，第四十二节。

(Brandis)[①]曾经把他这些诗句和巴门尼德及麦里梭的残篇搜集在一起。古代的哲学家们一般用诗句来写书；用散文则要晚得多了。辛普里丘所说的关于塞诺芬尼的话，都是从德奥弗拉斯特(Theophrastus)那里引证来的。由于塞诺芬尼的诗的语言之笨拙与含混，西塞罗[②]称之为 minus boni versus(不很好的诗)。

就他的哲学而论，则塞诺芬尼首先规定绝对本质为太一："一切是一"。他又称这一为神："而神深植于一切事物内，并且它是"超感官的，"不变的"[③]……"无起始、无中间、无终结"，是不动的[④]。在塞诺芬尼的一些诗句里，有这样的话："一个神在神灵和人们中是最伟大者，它与有死者既不在形体上相同，也不在精神上相同；"[⑤]又："它看见一切、它思维一切、它听闻一切；"——对这些话，第欧根尼·拉尔修还加上一句说："一切是思维和理性。"[⑥]我 284

们曾看见，在自然哲学里运动被表象为客观的运动，为发生和消灭。毕泰戈拉同样很少反思到这些概念，但也惯于把概念的本质、数、当作流动的来使用。但现在由于变化在它的最高抽象里被认作虚无，所以这种客观的运动被转变成为一种主观的运动，走到意识这方面来了，而本质则成为不变者了。

① "爱利亚派注释"，第一部分。(一八一三年阿尔顿版)

② "学园问题"，第四卷，二十三节。

③ 塞克斯都·恩披里可："皮罗学说概略"，第一卷，第三十三章，第二二五节。

④ 辛普里丘注亚里士多德："物理学"：第五——六页；普鲁泰克："诸哲学案"，第二卷，第四章。

⑤ 亚历山大里亚的克雷门："基本问题"，第五卷，第十四章，第七一四页，坡特本。

⑥ 塞克斯都·恩披里可："反数学家"，第九卷，第一四四节；"第欧根尼·拉尔修"，第九卷，第十九节。

这样一来，塞诺芬尼便否认了生灭、变化、运动等观念的真理性；这些规定只属于感性的表象。他的原则是：只有“一”，只有“有”。“一”在这里是纯粹思想的直接产物；在它的直接性里就是“有”。“有”这个范畴对于我们是熟悉的，平常的；“有”是文法里面的一个助动词；但当我知道了“有”和“一”，则我们便把它放在别的范畴旁边，作为一个特殊的范畴。反之，在这里它却包含有这样的意思：即一切别的东西都没有实在性，完全没有存在，只是幻象。在这里我们必须忘记我们的表象；我们知道，上帝是精神。但希腊人只有感觉世界在他们前面，只有这些在想象中的神灵；所以他们在感觉世界内没有较高的东西在他们前面，他们孤立地站立着。由于他们在那里面找不到满足，他们便把感觉世界的一切抛弃开，而认之为不真的，因而达到了纯粹的思想。这是一个巨大的进步；而思想在爱利亚学派里才这样真正地第一次达到了本身的自由。

285 一如这种纯粹思想是最初的，而它也是理智最后所回复到的，——如在最近的时代，把上帝只认作最高本质，认作抽象的同一所证明的那样。关于上帝，如果我们说这最高的本质是在我们之外，在我们之上，除了说它存在外，我们对它一点也不能认识，那么它就是没有规定的东西。如果我们知道了规定，则这就是一种认识；但这样一来我们必须使一切规定都消失净尽。于是真理就只是：神是一，——这意思不是说，只有一个神（这是另一个规定），而是说，神只是自己与自己等同者。因为这里面除了爱利亚学派所说的外，没有包含别的规定。近代的反思诚然走过了较远的途程，不仅通过感性的认识，而且又通过对于神之哲学的观念和称

谓，——才达到这个否定一切的抽象，但内容、结果是一样的。

爱利亚派的辩证法的论证是与他们那种抽象思维密切联系着的。他们这样进一步证明了无物发生和死灭。（这点的发挥主要的属于芝诺。）他们用下列方式去指明变化是不存在的或是自相矛盾的，这方式据说是塞诺芬尼提出的。这个论证出现在亚里士多德[①]的关于塞诺芬尼、芝诺和高尔吉亚的残缺的而且个别地方损坏得很厉害的著作里。但由于这一著作的篇首所说及的，谁的论证那一部分散佚了，于是就只有一些推测说是指塞诺芬尼。必须注意的是：究竟亚里士多德是不是讲的塞诺芬尼的哲学，唯有以这篇著作的题目来决定。这篇文字开首说："他说；"并没有提名字。别的手抄本又有别的题目。根据这篇文字里提到塞诺芬尼时所采取的那种方式（一种对他的意见）看来[②]似乎前面那个为亚里士多 286
德所引证的"他"如果是指塞诺芬尼，那么他〔亚里士多德〕就会用另外一种方式来讲的。也可能"他"是指麦里梭或芝诺，像那篇著作里的题词所常表示的那样。那是一种较精致的辩证法，里面包含有较多的反思，从塞诺芬尼的诗句看来，他是不大可能有这种辩证法的。亚里士多德既然明白说过，塞诺芬尼还没有明晰地规定什么，所以这包括在亚里士多德著作内的精致的论证，很可以不认为是塞诺芬尼的[③]。至少我们可以确知这么多，即塞诺芬尼本人

① "论塞诺芬尼、芝诺和高尔吉亚"，第一章。

② 同上，第二章。

③ 按黑格尔指出下面几段精致的辩证法论证不应属于塞诺芬尼，据后来的材料证明，是不错的。米希勒本第二版已将下面的论证，移植在讲麦里梭哲学一节内了。——译者

还不知道把他的思想如此有条理地明确地表达出来，像这里所陈述的那样。现在试看那里所说的：

“如果有某物存在，则它就是永恒的”(超感觉的，无变化的，不变的，ἀΐδιον)“永恒的”是不适宜的语词，因为这字立刻就令我们想到时间，把过去与将来搀入里面，把永恒当作一个无限长久的时间：但这里所说的这种ἀΐδιον或永恒乃是自身同一，纯粹现在，没有加进时间观念。它存在——发生和生成是被排除开的；如果它发生，则它或生于无，或生于有。“不可能有物自无发生。无论一切都是发生的，或仅仅并非一切都是永恒的，——在这两种情形下，皆是有物自无发生。因为如果一切都是发生的，则前此就会没有东西存在过。如果只有一些东西存在，其余的东西都是从这些东西里面发生出来的：则这个”作为其余的东西(现象)的起源的“一，将会多于和大于其余的东西。但这较多和较大者将会从它自身的无里发生；因为在较少者里既不包含多于它的东西，在较小者里也同样不包含大于它的东西。”……“也同样不可能有物从存在
287 者发生；因为存在者本来就存在，它并不是从存在者发生的”，[①]——我已经假定了存在者；这就没有法子过渡到不同者。“存在者既是永恒的，也就是无限制的，因为它没有所自出的起始，也没有它停止的终枯。”[②]邓尼曼[③]说：“因为他发现发生是不可理解的；”——发生是没有真实性的，是不存在的。“那无限的全体是一；因为如果是二或多于二，则它们彼此将会互相限制，”因此就会

① 比较辛普里丘注亚里士多德：“物理学”，第二二页，b。

② 比较“第欧根尼·拉尔修”，第九卷，第十九节。

③ 第一册，第一五六页。

有起始与终结；其一将会是另一之无，是从这个无来的。“这‘一’是自身同一的；因为如果不同的话，则它将不复是‘一’，而是多了。这‘一’同样是无运动的；因为它既然不过渡到什么东西里面，也就不运动。——但如果要过渡的话，它将必须进入充满者或空虚者里面：它不会进入充满者里，这是不可能的，——同样它也不会进入空虚者里，因为空虚者就是无。因此这‘一’是无痛苦的和健全的，没有地位或形态变化，也不与他物相混合。因为所有这些规定本身包含着不存在者发生，存在者死灭的说法；而这是不可能的。”因此这就揭示出了发生和死灭的说法的矛盾。

现在塞诺芬尼提出“意见”来与这个真实者和真理（指“一”——译者）相对立。那在本质上幻灭的变化和“多”出现在另一方面，在意识里，作为意见。我们有必要这样说，塞诺芬尼所坚持的——虽说只是消极的一方面，就是这些环节的扬弃，那无指谓的绝对。“在感性的直观里，〔真实者的〕反面出现在我们面前，——即是一堆的事物，和这堆事物的变化，生灭和混合。这样 288
一来现在除了那第一种知识之外，有了第二种知识，这第二种知识在常识看来与第一种知识有同样多的确定性。”塞诺芬尼好像没有决定究竟赞成其一或其他；但是——游移于两者之间——他把真理的认识只限制于这上面，即一般说来在两个相反的知识之间宁选取那比较近似的意见，本身亦仅被看作较强的意见，而不被看作真理。亚里士多德[①]是这样传述他的。

从这些话里面怀疑论者就得出一切事物皆无确定性的看法。

① “论塞诺芬尼、芝诺和高尔吉亚”，第一章。

并且像这样意义的诗句，塞克斯都[①]引证了好几次：

“从来没有人清楚地知道过，也绝没有人会
知道关于神灵的，我说，以及关于宇宙的事。
因为即使有人幸而能够说出那最完满的东西，
他自己也并不会知道；因为‘意见’沾染了一切。”

塞克斯都对这些话加以这样普遍化的解释说：“我们试想象，在一间房子里，存在着许多宝贵的东西，有很多人在夜间去寻找黄
289 金：这样每个人都会自己以为找到了黄金，但即使他真正得到了黄金，他也还是不能确定地知道。同样，哲学家走进这世界，如像走进一间大房子一样，去寻求真理；即使他们获得了真理，他们也还是不能〔确定〕知道他们获得了真理。”

塞诺芬尼的不确定的言辞也只能意味着谁也不知道他（塞诺芬尼）在这里所要说明的是什么。塞克斯都在反逻辑家卷一第一一〇节里这样解释说：“塞诺芬尼并不扬弃一切的知识，而只是扬弃科学的和正确无误的知识；但留下意见的知识。在‘意见沾染了一切’这话里，他说出了这点。所以依他看来〔知识的〕标准是意见，这就是说，是近似的，不是固定的和确定的知识。而他的朋友巴门尼德则诅咒这‘意见’”但是按照他关于“一”的学说推论，他在上面那些话里辩证地说出的乃是扬弃表象的知识，不过显然谁也不知道他这里所说的真理是什么；即使这种思想从一个人的头脑里走过，这人也不知道这就是真理，——意见沾染上了一切，对于

① “反数学家”，第七卷，第四十七——五十二节、第一一〇节、第一一一节，第八卷，第三六二节；“皮罗学说概略”，第二卷，第四章，第十八节。

这种人真的知识也只是一种意见。

这里我们看见塞诺芬尼有一个双重的意识：一个纯粹的意识或本质的意识与一个意见的意识；前者对于他是神的意识，并且这就是纯粹的辩证法，这种辩证法对于一切规定的东西取否定的态度，并予以扬弃。因此像他在反对感觉世界和有限的思想范畴时所解释的那样，他所说出的也是极其坚强地反对希腊人关于神灵的神话观念。在他所说过的话里，有这样的话："如果牡牛和狮子都生得有手，也像人那样能作成艺术品，则它们也同样会描画神灵，并且也会给神灵一个像它们自己的形象一样的身体。"[①]他又 290
责斥荷马和赫西阿德关于神灵的观念道："荷马和赫西阿德曾经赋予神灵以一些在人都感得羞耻和污辱的东西，偷窃，通奸和互相欺骗。"[②]

一方面他把绝对本质规定为单纯者、存在者、浸透一切者、直接呈现于自身之内者，而另一方面他又对现象加以哲学思考，关于这方面留下给我们的一部分只是些片断，一部分关于物理的意见，对我们也没有多大兴趣；这些意见也本应没有更多思辨的意义，像我们的物理学家关于这方面的意见一样。关于这方面当他说："一切出于土，一切归于土"[③]时，他这话里并没有说"土"是本质（物理的原理）的意思，像泰利斯的"水"那样；因为亚里士多德曾明白说过：没有人把土看作绝对的原理。

① 布兰狄斯：爱利亚派注释第一部分，第六十八页。

② 塞克斯都·恩披里可："反数学家"，第九卷，第一九三节。

③ 同上，第十卷，第三一三、三一四节；辛普里丘注亚里士多德："物理学"，第四十一页。

二　巴门尼德

巴门尼德在爱利亚学派中是一个出色的人物。据第欧根尼说，他生在爱利亚一个被尊敬的和富裕的家族里。不过关于他的
291 生平我们知道得很少。亚里士多德（“形而上学”卷一、第五章）只是作为一种传说提到过，他曾作过塞诺芬尼的学生。塞克斯都·恩披里可[1]称他为塞诺芬尼的一个朋友。第欧根尼·拉尔修[2]有较详的报道，“他曾经听过阿那克西曼德以及塞诺芬尼的言论，但他似乎没有追随后者。（这意思似乎只是说他没有到他住的地方去。）但曾与阿米尼亚（Aminas）和毕泰戈拉派的第奥开特（Diochätes）居住过，他追随后者比较多些，又受前者（不是受塞诺芬尼）的感动要过一个宁静的生活。”至于他生活的年代一般讲来是介于塞诺芬尼与芝诺之间，因而他与他们是同时代的，只不过是比前者年轻，此后者年长，这乃是确定了的，据第欧根尼说[3]，他最活动的时候是在第六十九届奥林比亚赛会（纪元前五〇四——前五〇一）期间。最重要的是他同芝诺往雅典的旅行，柏拉图描写过他们在雅典与苏格拉底进行谈话。大概讲来，这是可以接受的，不过历史的事实是否那样，却不能证实。在“泰阿泰德”篇[4]里，柏拉图让苏格拉底对于人请求他考查爱利亚派的系统时说：“对于麦里

① “反数学家”，第七卷，第一一一节。

② 第九卷，第二十一节。

③ 第八卷，第二十三节。

④ “泰阿泰德”篇，斯特方本，第一八三页（柏克尔本，第二三六页）；“智者”篇，第二一七页（柏克尔本，第一二七页）。

梭和其他主张‘大全’是静止的‘一’的人，我都相当尊敬，但对于巴门尼德我更特别尊敬。因为就我看来，试用荷马的话来说，他乃同时是可敬和可畏的人，因为我曾经与这人有过接触，并且曾经听到过他的美好的演说，当时我还十分年轻，而他已经是很老的人。”并且在柏拉图的对话“巴门尼德”篇里，大家都知道，两个参加谈话的人物是巴门尼德和苏格拉底，在这篇对话里，关于他们聚会的历史
情况还叙述得更为详细[①]：“巴门尼德已经很老了，有了异常灰白 292
的头发，美丽的仪表，大约六十五岁，芝诺约近四十岁。”人们设定这个旅行是在第八十届奥林比亚赛会（纪元前四六〇——前四五七）。[②] 因为苏格拉底生于第七十七届奥林比亚赛会之第四年（纪元前四六九年），这样看来，他那时还太年轻，还不能进行像柏拉图所报道的那样的对话；——并且这个以爱利亚学派的精神写成的对话，其主要内容也是属于柏拉图本人。此外我们还知道一些关于巴门尼德的生活情形，即他在爱利亚受到他本邦的同胞的高度尊敬，他们的幸福生活主要地应归功于巴门尼德为他们制定的法律[③]。我们又在克贝斯所著的 πίναξ[④] 一书里（在篇首）看见，“一个巴门尼德式的生活”在习惯语里已被用来表示一种道德的生活了。

须注意的是，柏拉图在那里明确地说到爱利亚学派，却没有提

① “巴门尼德”篇，斯特方本，第一二七页（柏克尔本，第四页）。

② “邓尼曼”，第一册，第四一五页。

③ “第欧根尼·拉尔修”，第九卷，第二十三节；及卡骚滂对该书的注。

④ 按 πίναξ 是木简或表册之意，克贝斯是苏格拉底的学生，他这书是对人生作一寓言式的描述。——译者

到塞诺芬尼，而只是提到巴门尼德和麦里梭。如果我们再将这种情况与已经引证过的一切材料加在一起，则那些附会给塞诺芬尼的东西，似乎实际上是应该归之于巴门尼德的。至于柏拉图在他的一个对话里给巴门尼德以主角的地位，借他口中说出从来没有说过的最崇高的辩证法，——这问题还不属于这里。当塞诺芬尼凭借无不能生有这一命题，一般地否定了发生以及与发生相联系的或可以归结到发生上面的东西时——则有与非有的对立在巴门
293 尼德那里就来得更为明确了，虽说还不是自觉的。

塞克斯都·恩披里可和辛普里丘曾经给我们保存下来巴门尼德的诗中最有意义的一些残篇；因为巴门尼德也用诗来讲述哲学。那第一个长的残篇[①]是他的论自然一诗的寓言式的导言。这个导言是雄伟的，揭示给我们当时的风俗，全篇中体现出一个坚强有力的灵魂，这灵魂在与本质搏斗，力求掌握它并说出它。我们最好是用巴门尼德自己的话来表达他的哲学。这导言说：

“载着我的驷马，这样为它们的勇敢所驱使，把我带到女神的著名的大道上，这女神指引求知的人去面对着真理的王国。少女们（指诸感官）[②]指出路径。那火热的车轴在车轮的毂臼中〔旋转着〕[③]，发出〔笛啸似的〕[④]声音，当太阳的女儿（这应指眼睛）[⑤]迅速地走过，离去了黑夜之居宅；向着光明迈进，她用手揭去了面纱，因

① 恩披里可，“反数学家”第七卷，第一一一节。

② 同上，第一一二节。

③ 据伯奈特（Burnett）著：“早期希腊哲学”，第二七二页所译原诗补足。——译者

④ 同上。

⑤ 恩披里可：“反数学家”，第七卷，第一一三节。

为那里就是白日和黑夜的大门。这些天上的少女们走近这两扇大门，这门的双副的钥匙是为司赏罚的公正之神所保管。她们用友好的言辞和她说话，并且劝诱她立刻把大门的橡木横闩推开。于是这门就像打呵欠似地大开了；这些少女就把马匹和车辆由这打开了的大门赶进去。女神很亲切地接待我，用手握住我的右手，对我说了这番话：啊，你被不朽的向导和马儿引到这里我的住宅，是很受欢迎的；因为把你带到这条路径来的绝不是坏运气（真的，这路径离开人们常走的大道是很遥远的），而乃是公正和正义之女 294
神。你应该探究一切事物，既须探究那坚贞之心的感人的真理，又须了解那内中没有真知的、变幻无常的意见。但你必须保持你探究的思想使之远离意见的道路，不要让那外骛甚多的习惯逼使你顺从这条道路，顺从那轻率马虎的眼睛，和声音嘈杂的耳朵和舌头。你必须单用理性去考量我要对你宣示的多经证验的学说。光是欲望会使你迷失道路。”

于是女神就发挥了全部学说：把两方面的知识（一）思想的、真理的知识，（二）意见的知识作为这诗的两部分。在另一残篇[①]里，曾经给我们保存下来这番教诲的主要部分。女神说：“听着罢，什么是知识的两条道路。一条路是，只有‘有’存在：‘非有’不存在，——这是确证的路径，真理是在这条路上。另一条路是，‘有’不存在，‘有’必然是‘非有’，——关于这，我对你说，这是完全非理性的道路；因为‘非有’你既不能认识，也不能达到，也不能

① 普罗克洛注“蒂迈欧”篇第二十九页，b，（上引布兰狄斯书，第一〇三页以下）；辛普里丘注亚里士多德：“物理学”，第二十五页，a。

说出。”事实上，“无”转变成某种东西，当它是被思维、被言说时，当我们想要思维“无”、言说“无”时，我们就是思维某物，言说某物了。

“这样说是必要的，即：言说和思想是存在者；因为‘有’是存在的，而‘无’是毫不存在的。”这就是简短的规定，而且在这个“无”里包含着一般的否定性，在较具体的形式内，限度、有限、限制，“一切
295 决定皆是否定”是斯宾诺莎的伟大命题。巴门尼德说，无论否定的东西将取什么形式，它是毫不存在的。把“无”当作真的东西就是“错误的道路，在这条道路上那无知的二心的有死者徘徊着。他们心情上的困惑支配着那彷徨的感官。那把有与非有当作同一之物，而又不当作同一之物的人，是被驱赶着，像聋人和惊骇的盲人，像混乱的群众一样。”错误在于把它们〔有与非有〕混淆起来，给予它们以同等的价值，——或者对两者加以区别，好像非有是一般有限度者似的。“因此他们的一切道路都〔引导他们〕转回他们自身。”[①]非有是一个永远自身矛盾、自身分解的运动，在人的表象里它时而被认作本质，时而被认作本质的反面，并且时而又被认作两者的混合，——这乃是一个经常的矛盾。

“但真理只是‘有’。这个‘有’不是被产生的，是不消逝的，完全的，自成一类的，不动的和无终结的。它无所谓过去、也无所谓将来，而只是现在，同时是全体，——一个结合体。因为你想要去为它寻求什么样的诞生呢？它如何并且从何处可以加多呢？如果说从非有来，我将不容许你那样言说，那样思维；因为说没有‘有’，

① 辛普里丘注亚里士多德：“物理学”，第十九页，a；第二十五页，a和b。

是既不可言说也不可思议的。是什么必然性使得它在较迟或较早的时候从‘无’起始呢？因此它必须彻底地有，或者没有。也从来不会有什么信心的力量可以使得从‘无’中产生出某种别的东西来。”[①]“所以产生是没有的，而死灭是不可信的。‘有’是不可分离
的；因为它完全是自身同一的。它不在任何一处加多，不然它不会 296
联系在一起；——它也不减少，因为全体充满了‘有’。全体是结合体；因为有与有是合流的。‘有’是不变的，自倚的，长住的，——它被保持在强大的必然性之坚固锁链的限度内。因此我们不能说它是无限的；因为它是没有缺陷的，但‘非有’就没有这一切。”[②]这“有”既然被保持在必然性的限度内，故不是“无规定者”（ἄπειρυν按亦可译作无限或无限度）。所以亚里士多德把“限度”归给巴门尼德。究竟他所采取的是哪一个意义的限度却不很确定。但巴门尼德的这种绝对的限度乃是纯粹自身规定的绝对必然性。重要的是他已经超出了关于无限者的空疏概念了。

“思想与思想为了它而存在的东西[③]是同一之物。因为没有存在者并对之有所言说（或表现），你将寻找不[④]到思想。因此在存在者之外，它〔思想〕是无物，也将是无物。”[⑤]这是主要的思想。思想产生它自身，被产生出来的东西是一个思想；思想与它的存在

① 辛普里丘注亚里士多德：“物理学”，第十七页，a；第三十一页，a。

② 同上，第三十一页，b。

③ “思想为了它而存在的东西”即指“有”或“存在”而言。——译者

④ 德文原本缺“不”字，英译本亦误译作“你将寻找得到思想”，显有缺漏，兹据伯奈特著“早期希腊哲学”第一七六页加一“不”字。——译者

⑤ 辛普里丘注亚里士多德：“物理学”，第十九页。

是同一的，因为在存在之外，在这伟大的肯定之外，思想是无物。柏罗丁[1]于引证这话时说，“巴门尼德掌握这个见解，只在于他并不把存在者认作感性事物。”

智者派由此推出：“一切是真理，没有错误；因为错误是非有，
297 非有是不可思议的。”真正的哲学思想从巴门尼德起始了，在这里面可以看见哲学被提高到思想的领域。一个人使得他自己从一切的表象和意见里解放出来，否认它们有任何真理，并且宣称，只有必然性，只有“有”才是真的东西。这个起始诚然还朦胧不明确；它里面所包含的尚不能加以进一步的证明；但把这点加以说明恰好就是哲学发展的本身，这种发展在这里还没有出现。与这点相联结，就引起了这样的辩证法，即：变化的东西没有真理；因为当人们把这些规定当作有效准时，他们就会遇着矛盾。

此外我们还有巴门尼德的形象化的阐述。如说到“有”的全体时，也就会出现这样的形象：“因为‘有’之最极端的限度是完全的，所以从各方面看来，它类似一个圆球，从这个圆球的中心到各处均保持着平衡；因为它不可以这里大一点那里小一点。因为没有‘非有’阻止它进入到均等，”——达到和它自身的统一；“没有空无存在的存在者，没有这里多一点，那里少一点〔的存在者〕。因为全体是没有缺陷的，所以它的规定在各处是同样地均等的”[2]。柏罗丁[3]说，“他把‘有’此作一球形，因为它包括一切在自身内，思想亦不在‘有’之外，而是包含在它里面；”球形是自己均等地负荷自己

① “九章集”，第五卷，第一篇，第八章。

② 辛普里丘注亚里士多德：“物理学”，第三十一页，b。

③ “普罗丁九章集”，第五卷，第一篇，第八章。

的形状。并且辛普里丘说："我们必须不要感觉奇异：由于诗的态 298
度，他又采取了一种神话式的虚构。"这样一来立刻就会使人以为，球形是有限制的，（是在空间内的），因此必定有另一个东西在它上面。但球形的概念乃是保持不同的诸多方面的等同性，虽说这种无区别性〔等同性〕也应该表达出来。因此球形不是一个无矛盾的形象。

除了真理的学说外，巴门尼德还加上一个关于"人类意见"的学说，世界的虚幻系统。[①] "人们在他们的意见里建立了两个形式，其中有一个形式是不应该存在的，他们在这个形式里迷失了〔真理〕[②]。他们把这两个形式彼此对立起来，用彼此分离的形态和符号去区别它们。一方面是天空的火焰，这是十分精微的，完全自身同一的，但是不与他物同一，因为他物也是自为的。另一方面与此正相反对，是黑夜的或紧密的沉重的存在。"前者表示温暖、柔和、轻松，后者表示寒冷。"但是既然一切事物都叫做光明和黑夜，它们的各种特性属于这些事物，也属于其他事物；所以一切事物皆同时为光明和黑夜所充满，两者是均等的，因为没有东西不包含两者。"亚里士多德[③]和别的历史家皆一致说，巴门尼德提出了两个原则来说明现象事物的系统，即热与冷，由于两者的联合，一切事物才有其存在。光明、火被规定为主动的、鼓舞生命的原则，黑夜、寒冷被规定为被动的原则。

① 辛普里丘注亚里士多德："物理学"，第七页，b；第三十九页，a。

② 据伯奈特"早期希腊哲学"第一七六页增补。——译者

③ "形而上学"，第一篇，第三章及第五章。

巴门尼德又以毕泰戈拉的方式用下面的表象[①]说话——如斯
299 特拉波便曾称他为一个毕泰戈拉派的人："有许多环相互缠绕着，这些环里面总是有些是为稀薄的质料构成，有些是为浓厚的质料构成；介于两者之间还有其他的环是为光明与黑暗混合而成。"……（"那些狭小的〔地带〕充满了纯粹的[②]火，但在它们之外却充满了黑夜，火焰的力量向这黑夜放射。"）……"但把它们〔这些环〕维系在一起的是一个坚固的东西，像一道墙，在它下面有一个火的环。稀薄〔地带〕的中心又是一个火的环。但混合地带的中心是女神"（自然），"这女神统治一切，她是分配者（χληρούχος）[③]，正义之神和必然性。……因为她是地上一切的创造和混合的原理（创始者）；这原理驱使看男性与女性混合，女性与男性混合。"……"她曾经接受'爱'的帮助，"由"爱"产生了一切神灵。[④] 又说，"空气是地球的分泌物，太阳和银河是火的嘘气，月亮是空气和火混合而成"等等。

现在还剩下的就是指出巴门尼德如何解释感觉与思维的方法和方式；这初看起来无疑地似乎是唯物论。德奥弗拉斯特[⑤]曾就这一点评论过："关于这一点巴门尼德没有作任何较确切的规定，

---

① 普鲁泰克："诸哲学案"，第二卷，第七章；欧瑟比，第十五卷，第三十八章；斯托拜欧："自然的牧歌"，第二十三章，第四八二——四八四页；辛普里丘，同上，第九页，a；第七页，b。

② 按德文本原作"不纯粹的火"（aus unreinem Feuer）有误，英译本亦误译作 impure fire，上下文意思显然不连贯。兹据伯奈特著"早期希腊哲学"第一七七页"不混杂的火"（unmixed fire）的正确译文，改正为"纯粹的火"。——译者

③ "分配者"据希腊字原意，含有"决定命运者"的意思。——译者

④ 比较前引布兰狄斯书，第一六二页。

⑤ "论感觉"，第一页，斯特方本，一五五七年版（引自富勒博恩本第九十二页）。

而只是说，既然有两个元素，知识的性质便依照这一元素或那一元素占优势而决定；因为思想的不同，每依热或冷占优势为转移；由于热思想可成为较好，较纯，但这也还需要某种程度的平衡。” 300

“因为在每个人的易陷迷误的[①]肢体中都存在着混合体，
而人的理智也是如此；因为
在人里面思维的，同时就是他的肢体的本性，
在个人和所有的人都是这样；因为那最多的[②]乃是思想。”

“因此他就把感觉和思维当作同一的东西；并且他认为由感觉和思维方面来的记忆与遗忘起源于混合体。但当它们在混合体中是同等时，究竟这〔均衡状态〕是不是思想，以及这是什么样的状况，——他都没有明确地规定。至于他又把对立者本身归入感觉，乃是很明显的，因为他说过：死人感觉不到光，热和声音，因为他缺乏火；但死人却感觉得到冷、静和对立者，并且一般讲来，每一存在者都有某种知识。”其实，巴门尼德这种见解正是唯物论的反面；因为唯物论在于认灵魂为诸多部分、诸多独立的力量，——（感官的木马）——和合而成。

三　麦　里　梭

关于他很少可以说的。亚里士多德每提到他时，总是把他与

---

① “易陷迷误的”希腊文原字为 πολυπλάγκτων。

② “最多的”在这里颇费解，注家有不同的解释。据我们了解“最多的”是指包含火的元素最多的或在混合体中火最占优势的东西而言。——译者

巴门尼德一起提到，认为他的思想和后者相同。他被称为[①]巴门尼德的学生，不过是否真的做过他的学生，还不很确定。也有人说他与赫拉克利特有过接触。他和毕泰戈拉一样，是萨摩斯人；此
301 外，在本国人民中，他是一个受尊敬的政治家。普鲁泰克[②]曾经引证到他，说他曾作过萨摩斯人的海军大将，在一次对雅典人的战役中曾获得胜利。他大约活跃于第八十四届奥林比亚赛会时期（纪元前四四四年）。就他的哲学看来，可以说的很少。关于他论自然的散文著作，辛普里丘[③]曾保存了一些片段，其思想和论证与巴门尼德相同，只是部分地有一些发挥。这里有一个问题，就是在亚里士多德的著作里所归给塞诺芬尼的论证，是否应属于麦里梭；在形式方面，那些论证看来是太精致了，不仅对于塞诺芬尼，甚至对于巴门尼德也是如此。

关于麦里梭与巴门尼德两人哲学上的区别，亚里士多德仅明确指出两三点；第一，“巴门尼德似乎是把太一了解为概念，麦里梭则把太一了解为物质。”——前者把本质认作思想的本质，后者把本质认作物质。然而正是在纯本质、有、太一里，这个区别就消失了。纯思想和纯物质的区别（如果我要说这种区别的话），对于巴门尼德和麦里梭本人是不存在的，是被扬弃了的。区别只是在于他们的表达方式，因为其中的一人——用词较笨拙一些[④]——才会显得好像有不同的看法。

① “第欧根尼·拉尔修”，第九卷，第二十四节。

② “论柏里克勒”，第二十六章。

③ 同前引辛普里丘书，第七页以下。

④ 亚里士多德：“物理学”，第一卷，第二章。

其次区别在于"巴门尼德认太一为有限，而麦里梭认太一为无限。"如果巴门尼德真的把太一认作有限，则这种看法将会直接和他的哲学相矛盾；因为限度就是有之非有，这样，他就建立了"非有"。但是当巴门尼德说到限度时，我们一般地可以看出，他的诗 302
意的语言是不完全确切的，而且限度，作为纯粹的限度，本身就是单纯的、绝对的否定性。"有"，作为单纯的有，乃是所说的和所建立的别的一切东西之绝对的限制，这就是说，在"有"内，一切别的东西都被扬弃了。必然性也同样是这种纯粹的否定性，纯粹的自身运动（虽说作为思想的运动是不动的）——绝对地是它的反面，束缚在它的反面上。

第三，区别在于巴门尼德同时提出了关于意见（或关于现实）的科学，因而作为思想的本质的"有"与意见处于更为反对的地位。

四　芝　诺

芝诺的出色之点是辩证法。他是爱利亚学派的大师，在他那里，爱利亚学派的纯思维成为概念自身的运动，成为科学的纯灵魂，——他是辩证法的创始者。就是说，在前此的爱利亚派人中，我们仅看见这样的命题："'无'是没有实在性的，完全不存在的，于是一切有生灭的东西也就因而消失了。"反之，在芝诺这里，我们看见的也诚然还是这一类的肯定论断——扬弃一切与这种论断矛盾的东西；但我们同时看见，并不是从这个肯定开始，乃是从理性开始，——理性自身从容不迫地对于那已建立为存在的东西，揭示出它的毁灭。巴门尼德肯定说："一切是不变的，因为在变化里便肯定了存在者的非有；但是只有‘有’存在，在‘非有存在’这句话里，主词与宾词是矛盾的。”另一方面，芝诺说：“假如你肯定变化；则在变化里就包含着变化的否定，或变化不存在。”这足见，对于前者变化是确定的、充实的运动；芝诺一说话就转而反对运动本身，或纯运动。

303 芝诺同样是一个爱利亚派人；他是最年轻的一个，他特别是与巴门尼德一起生活过。后者很喜爱他，收他为义子。他的亲生父叫做德娄泰戈拉。他不仅在为人方面在城邦内受到尊敬，而且他又是一般地很知名，特别是被尊为教师。[①] 柏拉图[②]提到他，许多人从雅典和别的地方去见他，为了向他求教。有人说他有点骄傲自满，说他长久住在爱利亚（除了到雅典的旅行外），没有长时间生活在伟大和强盛的雅典，以便在那里获致声誉。[③] 有许多很不同的记载，叙述他灵魂的坚强使得他的死特别有名；据称，他曾经在下述的情形下牺牲他的生命：他曾去把一个城邦（我们不知道是他的祖国爱利亚还是一个在西西里的城邦）从它的僭主（僭主的名字也有不同的说法，但一般讲来，详细的历史联系是没有得到报道的）的统治下解放出来[④]。即是说，他曾经参加一个密谋去推翻僭主，但这密谋泄漏了。当僭主在民众面前用尽一切方法折磨他，要逼他供出同谋的人，并问他谁是国家的敌人时，芝诺最初指出僭主

① “第歌根尼·拉尔修”，第九卷，第二十五节。

② 比较柏拉图：“巴门尼德”篇，第一二六——二七页，斯特方本（第三—五页，柏克尔本）。

③ “第欧根尼·拉尔修”，第九卷，第二十八节。

④ 同上，第二十六——二十七节。

所有的朋友作为同谋者，后来并称僭主本人为国家的瘟疫。于是，他的强有力的抗辩以及所遭受的酷刑和他的惨死激起了市民，提高了他们的勇气去冲击那僭主，把他杀死，并解放了他们自己。对 304
最末一幕的情况——那猛烈愤怒的心情——特别有不同的叙述。据说他假装着对僭主还有几句话要靠近耳边说，于是他就咬下僭主的耳朵，并那样地紧紧地抱住僭主，一直到他被别人打死。另有人报称：他用牙齿咬了僭主的鼻子。又另外的人说：当他由于他的答复遭受着重大的酷刑时，他自己咬断他的舌头，将舌头唾到僭主的脸上，为了表示给僭主看，他再也不能从他那里逼出什么口供；于是他就被放在一个石臼里捣碎而死。

(一)芝诺哲学的**论旨**，就内容说，完全与我们在塞诺芬尼和巴门尼德那里所看见的相同。只有这点区别，即芝诺把理论中的各环节和对立更多地作为概念和思想表达出来。在他的论旨里①，我们已经看见进步；在对于各个对立和规定的扬弃里，他更进了一步。

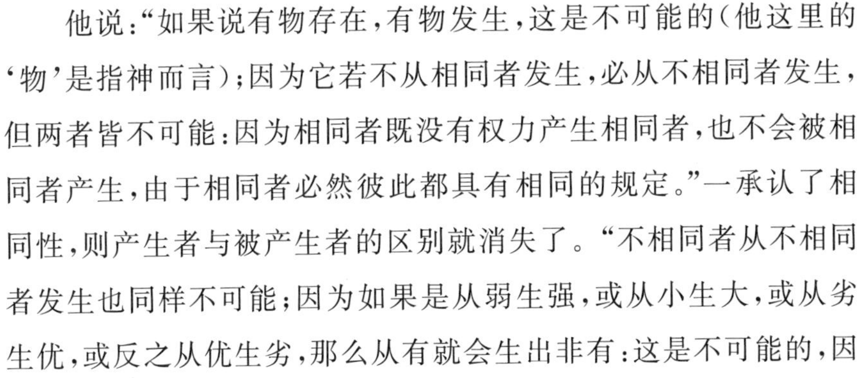

他说："如果说有物存在，有物发生，这是不可能的(他这里的'物'是指神而言)；因为它若不从相同者发生，必从不相同者发生，但两者皆不可能：因为相同者既没有权力产生相同者，也不会被相同者产生，由于相同者必然彼此都具有相同的规定。"一承认了相同性，则产生者与被产生者的区别就消失了。"不相同者从不相同者发生也同样不可能；因为如果是从弱生强，或从小生大，或从劣
生优，或反之从优生劣，那么从有就会生出非有：这是不可能的，因 305

① 亚里士多德："论塞诺芬尼、芝诺和高尔吉亚"，第三章。

此神是永恒的。”这种说法后来被说成泛神论（斯宾诺莎主义），泛神论是建筑在“无不能生有”这一命题上面的。在塞诺芬尼和巴门尼德那里，我们得到了“有”与“无”的范畴。无就直接是无，有就是有；本来就是如此。“有”就是直接地说出来的“相同性”；反之，相同性，作为相同性，是以思想的运动和间接性、自身反思为前提。有与非有这样地彼此并立着，而没有把握到两者不同中的统一。这些不同的东西并不是作为不同的东西表达出来。在芝诺这里“不同”是与“相同”反对的另一环。

进一步他又证明神的统一性：“如果神是万物中最强有力者，则它应该是一；因为若是有了两个或更多的神，则神将会没有力量支配万物；而只要它缺乏力量支配其他的东西，则它就不会是神。因此假如有很多的神，则它们之间必会有一些较强，有一些较弱，那么它们就不是神；因为神的本性在于没有东西比它更强有力。假如它们是相同的，则神就不复具有最强有力者的性质了；因为相同者既不较坏也不较好于相同者”，——换言之，相同者与相同者是没有区别的。“因此如果神存在，而且是一个真正的神，则神便只有一个；假如有了许多的神，则神将不能为所欲为。”

“既然神是一，则它便处处相同，它能听一切，看一切，并感觉一切，因为假如不这样，则神的各部分中，这一部分将会较另一部分更强有力”（这一部分所在的那里，另一部分不在，这部分挤走了那部分，——这一部分有某种性质，而另一部分则没有）。“这是不可能的。神既然是一切方面相同，所以它是球形。因为它不是这
306 里如此，那里不如此，而是到处如此。”再则：“神既然是永恒的，是一，是球形的，所以它既不是无限的（无限制的），也不是有限的。

因为（一）无限制就是非有；因为非有既无中间，也无起始，无终结，无部分，——这样的东西就是无限制者。但如果‘非有’存在，则‘有’就不存在。”无限制者就是不确定者，否定者；它是非有，是“有”的扬弃，而这样一来，它自身便被规定为一个片面的东西。（二）“假如有许多神，则它们就会互相限制；今既然只有一个，则它便是没有限制的。”芝诺又这样指出：“这太一是不动的，也不是不动的。因为不动的是（一）非有”——（在非有里没有运动发生，非有是被认作静止不动或空虚，不动者是否定的）；——“因为没有别的东西进入不动者里面，不动者也不进入别的东西里面。（二）但是只有多物才运动；因为一物必须进入他物，才有运动。”只有异于他物的东西才是运动的；这就假定了时间、空间的复多性。“太一因此既不静，也不是动的。因为它既不同于非有，也不同于多。在这一切里，神的情况就是这样；因为它是永恒的，是一，自身同一，是球形，既非无限制亦非有限制，既不静也不动。”由于没有东西可以从相同者或不相同者发生，亚里士多德[①]便推出这一结论：“或者是在神之外没有东西，或者是一切其余的东西都是永恒的。”

在这种抽象论证的方式里我们看见了一种辩证法，这种辩证法我们可以叫做形而上学的抽象论证。同一律就是这种抽象论证的根据：“无就等于无，不能过渡到有，反过来也不行；因此没有东
西可以从相同者产生。”爱利亚学派的“有”、“太一”只是这种的抽 307
象，这种沉没在理智同一性的深渊里。这种最古老的论证方式直

① “论塞诺芬尼、芝诺和高尔吉亚”，第四章。

至今天都还是很通行；例如在对于所谓上帝的统一性的证明里，便是这样。与这种证明相联系，我们看见另一样式的形而上学的抽象论证：先做出前提，例如由上帝的权力这一前提，加以形式的推论，就否认上帝有宾词。这就是我们的抽象论证的最通常的方式。就它的特性看来，可以说，这种论证作为一个否定的论证是与一切肯定的真实的存在相距很远的。

我们从另外一条路走到这种抽象思想，用不着像爱利亚学派那样的辩证法；我们的途程是琐屑而细密的。我们说，上帝是不变的，只有有限事物才有变化——（这话同样可作为经验的原则）；于是在这种抽象的绝对统一性里，一方面是有限事物和变化，另一方面是不变性。也就由于这种分割，我们才只把有限者当作“有”；而这是爱利亚派已经驳斥了的。或者我们从有限事物出发到种、类，逐渐抛开那否定的〔论证〕；而认最高的类为上帝，上帝作为最高的本质，只是肯定的，但又没有任何规定。或者我们由无限过渡到有限，于是我们说，有限事物既是有限制的，它的根据必然是在无限者里面。在所有这些我们熟习的形式里，包含着在爱利亚思想中即已发生的问题的同一困难：规定是从哪里来的？在那把有限事物搁置一边的太一里，如何去了解规定？以及无限者如何展开其
308 自身为有限事物？爱利亚派的思想与我们这种通常的反省思维的区别，在于他们是思辨地进行思维，——即思辨地认为，变化完全不存在。——并且他们曾这样指出，只要我们一假定了“有”，则变化就是自身矛盾的，不可理解的；因为从“一”，从“有”就排除了否定和“多”的规定。因此当我们在我们的表象里也承认有限世界的真实性时，爱利亚派则是很一贯地往前推论下去，说：只有太一存

在，否定者完全不存在；——这种一贯性虽说使我们感到佩服，却仍是一个很大的抽象。

特别值得注意的，是我们在芝诺这里看见那较高的意识，即一个规定被否定，而这个否定本身又是一个规定，于是在那绝对的否定里，不是一个规定而必然是两个对立的规定被否定。最初，运动是被否定了，于是绝对本质被认作静止的；或者，有限的被否定了，所以绝对本质是纯粹无限的：但我们即将看到，这个无限者本身是一个规定，本身是有限的。“有”与非有相对，同样是一规定；我们立刻即可见到这一规定亦同样被扬弃。

绝对本质被建立为“一”或“有”，它是通过否定而那样建立起来的；它将被规定为否定者，因而被规定为无，同一的宾词既可归给“无”，亦可归给“有”：纯有不是运动，它是运动的“无”。这点芝诺是预感到的；因为他预先看见“有”是“无”的对立者，所以他否认太一具有一切必然可以对“无”说的宾词。但同样的情形也必然会发生于其余的范畴。太一是最强有力者，由此即真正地可被规定为绝对的消灭者；因为它的力量正是对他物的绝对否定、空无。“一”同样是“多”之“无”；在“无”内，正如在“一”内，“多”是被扬弃 309
了的。我们在柏拉图的“巴门尼德”篇中看到这种较高的辩证法。在这里，这种辩证法只在一些规定里透露了一点，还没有出现在“一”和“有”这些规定的本身。

这较高的意识就是关于“有”之空无性的意识，即把“有”认作一个被规定者，与“无”相反对，这种意识部分地出现在赫拉克利特那里，后来又出现在智者派那里；在他们看来，“有”并没有真理，并不是自身存在者，而只是为他者，或者只是个人意识的确信和作为辩证法的反对方面或消极方面的确信。

（二）前面已经提到过，我们在芝诺这里同样看到真的**客观的辩证法**。

芝诺很重要的方面就是作为辩证法的创始人，究竟他之为辩证法的创始人，是在我们上面所说的那个意义下的呢，还是只不过是初步有那个意义，这一点是不确定的——因为他否定了正相反对的宾词。塞诺芬尼、巴门尼德、芝诺皆以下面这一原则为根据：无就是无，无完全没有存在，或相同者（如麦里梭）是本质；这就是说，他们肯定对立的宾词中的一个作为本质。他们坚执这一点；当他们碰见了一个规定中有对立者时，他们便扬弃这一规定。但这一规定之被扬弃只是通过别一规定，通过我的坚执，通过我所作的区别，即认为一方面是真理，另一方面是空无，——（这是从一个规定的命题出发）；一个规定的空无性并不表现在它本身，并不是它自己扬弃它自己，这就是说，并非它有了一个矛盾**在它里面**。例如运动：我坚执某物，说它是空无，我又按照前提指出它是在运动；因此就推出说，运动是空无者。但另一个人并不坚执这种说法。我宣称一个东西是直接地真的，另一个人也有权利坚执某种别的东西是直接地真的，例如运动。当一个哲学系统反驳另一个系统时，

310 就常是这样的情形。人们每每是以前一个系统为根据，从这个系统出发，去向另一个系统作斗争。这样，事情似乎就容易办了：“别的系统没有真理，因为它同我的不相符合”；而别的系统也有同样的权利这样说。我不可通过别的东西去指出它的不真，而需即从**它自身**去指出它的不真。如果我只是证明我自己的系统或我自己的命题是真的，便从而推论说：所以那相反的命题是错的，——这

种办法是无济于事的；前一命题对于这另一命题总是表现为一种生疏的外在的东西。错误的思想之所以错误，绝不能说是因为与它相反的思想是真的，而乃是由于它自身即是错误的。

我们看见这种理性的识见在芝诺这里觉醒了。在柏拉图的"巴门尼德"篇[1]里这种辩证法得到很好的描述。柏拉图在这篇对话里讲了这种辩证法。他让苏格拉底说："芝诺所主张的基本上与巴门尼德相同，即一切是一，但由于绕了一个弯子就想欺骗我们，好像他是说了一些新的东西。譬如说，巴门尼德在他的诗里指出，一切是一，而芝诺便指出，多不存在。"芝诺答复道："他写这篇论文的目的乃在于反对那些力求使得巴门尼德的命题成为可笑的人，因为他们指出即从他的主张的自身就可表明其如何矛盾可笑，自己反对其自身。因此他是在向那些肯定'多'是'有'的人作斗争，借以指出，从'多'出发也会推出许多比起从巴门尼德的命题出发更加不通的结论。"

这就是客观辩证法的进一步的规定。在这个辩证法里，我们看见单纯的思想已不再独立地坚持其自身，而乃坚强到能在敌人的领土内作战了。辩证法在芝诺的意识里有着这个〔消极的〕[2]方 311
面；——但是我们也可以来观察辩证法的积极的方面。按照对于科学的通常观念，命题总是被认作由于证明而得的结果，证明就是理智的运动，就是通过媒介而达到的结合。这种辩证法一般是：(一)外在的辩证法，即运动的过程〔内容〕与对于这个运动过程的

---

① 第一二六——一二七页，斯特方本(第六——七页，柏克尔本)。

② 据米希勒本，第二版，英译本，第二六四页增补。——译者

整个掌握〔形式〕是区别开的；(二)不仅是我们的理智的一种运动，而乃是从事实自身的本质出发，这就是说，从内容的纯概念的运动出发去证明。前者是一种考察对象的方法：提出一些理由，指出一些方面，加以反驳，借此使得通常当作固定不移的对象，都摇动起来。这些理由也可能是十分外在的，在智者派那里我们对于这种的辩证法将有更多的要说。但那另一种辩证法则是对于对象的内在考察；这是就对象本身来考察，没有前提、理念、应当，不依照外在的关系、法则和理由。我们使自己完全钻进事实里面，即就对象本身而加以考察，即依它自己所具有的那些特性去了解它。在这样的考察里，于是对象自身便显示出其自身〔的矛盾〕：即自身便包含有正相反的规定，因而自己扬弃自己；这种辩证法我们主要地在古代哲学家那里见到。那种从外在的理由去论证的主观辩证法是没有多大价值的，因为人们〔只是〕承认："在正当的里面也有不正当的，在错的里面也有真的。"真的辩证法却不让它的对象有任何剩余，以致可以说，它只是就一方面看来好像有缺陷；而乃是就对象的整个性质看来，它陷于解体。这种辩证法的结果是空无，是否定；它里面所包含的肯定方面还没有出现。这种真的辩证法是与
312 爱利亚派的工作分不开的。不过在他们那里〔哲学〕理解的意义和本质还没有得到广大的发展；而他们只是停留在那里，说：由于矛盾，所以对象是一个空无的东西。

芝诺关于物质的辩证法，直到今天还没有被反驳掉；我们还没有超出他的论证，而仍让这问题处在不确定的状况中。据辛普里丘说："芝诺证明，如果'多'存在，则它会又是大，又是小：如果多是大的，那么它在体积上(在一般的量上)就会大到无限"，——超出

那作为无差别的限制的多，进而成为无限，而无限者即不复是大，不复是多，无限就是“多”的否定；“如果多是小的，那么它就会小到没有体积”；——而成为一个原子，非有者。“这里他指出，凡是既无体积，又无厚度，又无质量的东西，也就是完全不存在的东西。因为如果把它加在另一物上，而此物并不因之增多；因为它既没有体积，加上去，也丝毫不能增加他物的体积，因此所加者，将是‘无’。同样，如果把它减去，则他物亦不因而有所减少；因此它将是‘无’。”①

“如果存在者是存在的，则它必然有体积和厚度（广袤），是彼此外在的，是彼此离开的。并且同样的道理也适用于其他的东西；因为这个东西也有体积，并且在它里面也有相互不同的东西。但对于**某种东西说一次**，和**老是说它**，乃是一样的；在它里面没有什么东西是最后者，也没有一个东西比另一个东西更不存在。如果‘多物’存在，则它们既是小又是大：是小则它就会小到没有体积；是大则它就会大到无限。”②

这个辩证法的较详部分亚里士多德③曾经给我们保存下来； 313
芝诺对运动曾特别作了客观辩证法的研究。但像我们在柏拉图的“巴门尼德”篇所看见的那种详尽性，他还没有达到。我们看见在芝诺的意识里，那单纯的不动的思想消失了，而成为自身思维的运动。当他排斥感性的运动时，他承认了思维的运动。辩证法之所以首先向运动攻击，其原因即在于辩证法本身就是这种运动，或者

① 辛普里丘注亚里士多德：“物理学”，第三十页，a。

② 同上，第三十页，b。

③ 亚里士多德：“物理学”，第四卷，第九章。

运动本身就是一切存在者的辩证法。一个东西，作为自身运动者，具有辩证法于自身内，而运动就是：自己成为对方，扬弃自己。亚里士多德引证这点说，芝诺否定了运动，因为运动存在着内在矛盾。但这话不可以了解为运动完全不存在；像我们说“有象，没有犀牛”那样。至于说有运动，说运动的现象是存在的，——芝诺完全不反对这话；感官确信有运动，正如确信有象一样。在这个意义下，芝诺可以说是从未想到过要否认运动。问题乃在于考察运动的真理性；但运动是不真的，因为它是矛盾的。因此他想要说的乃是：运动不能享有真正的存在。于是芝诺就指出，运动的观念里即包含有矛盾；他并且提出四个证明来反驳运动。这些证明建筑在空间和时间可无限分割上面。

(一)芝诺的证明的第一个形式是这样的，他说：“运动没有真理性，因为运动者在达到目标以前必须走到空间的一半。”亚里士多德对这点陈述得这样简短，因为他前此曾经详尽地研究并发挥
314 这问题了。这话应当一般地来了解，这是预先假定了空间的连续性。运动者必须达到某一目的地；这一途程是一个全体。为了要走完这全部途程，运动者首先必须走完一半。现在这一半途程的终点就是他的目的地。但这一半又是一个全体，这一段空间〔或途程〕也还是有它的一半；因此这运动者首先又须达到这一半的一半，如此递进，以至无穷。芝诺在这里提出了空间可无限分割的问题。因为空间和时间是绝对连续的，所以可以没有停顿地分割下去。每一个量——每一时间和空间总是有量的——又可以分割为两半；这种一半是必须走过的，并且无论我们假定怎样小的空间，总逃不了这种关系。运动将会是走过这种无穷的时点，没有终极；

因此运动者不能达到他的目的地。

人们都知道，犬儒派人西诺卜的第欧根尼对这种关于运动的矛盾的证明曾如何用十分简单的方法去反驳；——他一语不发地站起来，走来走去——他用行为反驳了论证[①]。但这个轶事又继续说，当一个学生对他这种反驳感得满意时，第欧根尼又责斥他，理由是：教师既然用理由来辩争，他也只有用理由去反驳才有效。同样，人们是不能满足于感官确信的，而必须用理解。

这里我们看见〔坏的〕[②]无限〔或纯现象〕初次出现了，在它的矛盾里发展了，——达到了对它自己的意识。运动，纯现象自身是对象，并且作为一个被思维的、就它的本质说是被假定的东西而出现：即（我们试从时点的形式来考察）在它的纯自身同一和纯否定 315
性的区别里，——在它的点的区别里，与连续性相反。对于我们，在表象里假定空间中的点，或假定在连续性的时间中的时点，或假定时间的现在作为一个连续性、长度（日、年），并没有什么矛盾；但它的概念是自相矛盾的。自身同一性、连续性是绝对的联系，消除了一切的区别，一切的否定，一切的自为性。反之，点乃是纯粹的自为之有、绝对的自身区别，并与他物没有任何相同性和联系。不过这两方面在空间和时间里被假定为一了；因此空间和时间就有了矛盾。首先就要揭示出运动中的矛盾；因为在运动中那从表象看来相反的东西也被建立了。运动正是时间和空间的本质和实在性；并且由于时空的实在性表现出来了，被建立了，则同样那表现

① “第欧根尼·拉尔修”，第六卷，第三十九节；塞克斯都·恩披里可：“皮罗学说概略”，第三卷，第八章，第六十六节。

② 据米希勒本，第二版，英译本，第二六八页增补。——译者

的矛盾也被建立了。而芝诺促使人注意的就是这种矛盾。

空间的连续性，以及由二分空间而得的限度，均被假定为肯定的东西。但那由二分得来的限度，并不是绝对的极限或自在自为的东西，它是一个有限度的东西，而又是连续性。但这种连续性亦复不是什么绝对的东西，而乃是建立反对者于其内，——二分的限度；但这样一来，连续性的限度又没有建立起来，那一半还是连续性，如此递进，以至无穷。一提到“进到无穷”，我们就想象着一个“他界”，这是不能企及的，外在于表象，而为表象所达不到。那是一个无穷的向外驰逐，但却呈现在概念里——一种向外驰逐，由一个相反的规定到另一相反的规定，由连续性到否定性，由否定性到
316 连续性；两者皆呈现在我们前面。这种无穷进程的两个环节中的一个环节，可以被肯定为主要的一面。现在芝诺首先这样假定了这种连续的无穷进程，以致有限的空间终究是不能达到的，既然有限的空间不能达到，因此就只有连续性了；换句话说，芝诺肯定了有限空间中的无穷进程。

对芝诺的矛盾，亚里士多德的一般的解答是：空间与时间并不是无穷分割了的，而只是可以分割的。但是既然时空是（潜在地，不是实在地）可分割的，似乎它们也就应该是实际上无穷分割了的；因为若不然，它们就不能被分割至无穷；——这是表象的看法〔于反驳亚里士多德的解答时〕[①]的一般的答复。因此贝尔（Bayle）[②]说亚里士多德的解答是“可怜的”：

① 据米希勒本，第二版，英译本，第二六九页增补。——译者

② 见贝尔著：“历史的和批评的辞典”，第四卷，芝诺条，附注E。

“承认这个学说是正确的实无异于对世界开玩笑；因为如果物质是可以无限分割的，则它必包含有无限数目的部分。那么它就不是一种潜在的无限，而是一种实在地、实际地存在的无限。但是即使承认这种潜在的无限会由于它的各部分之实际地被分割而变成无限，也不会失掉什么好处；因为运动是和分割具有同样性质的东西。运动接触空间的这一部分时，并不接触其另一部分，它是一部分跟着一部分地接触所有各部分的。这不就是把这些部分实际上区别开来了吗？一位几何学家在一块石板上画出一些线，把每半寸每半寸都一一指示出来，不就是这样做的吗？他并不把石版打碎成半寸半寸的，但他却是在上面做了一种分割，指出了各部分的实际区别；我相信亚里士多德不会否认：如果在一寸长的物质上画了无数条线，也就是作出了一种分割，把那种照他所说只是潜在 317
的无限变成实际的无限。”这个“如果”真好！

从哲学看来，单纯的概念、普遍，乃是无限性的或纯粹现象的单纯本质，——无限性就是纯概念的运动。可分性、可能性〔即潜在性〕是普遍；它既是连续性也是否定性，“点”便在这里面假定了，但只是作为其中的环节，而不是作为自在有为的存在。我能对物质作无限分割，但也只是“我能”罢了；我并不实际地对物质作无限分割。正因为无限者的性质是这样，所以它的环节没有一个是具有实在性的。不会有这样的情形，即一个环节是潜在的，或实际地发生，——既不是绝对限度，亦不是绝对连续性，以致另一环节却老是没有发生。这是两种绝对相反的东西，但作为环节，这就是说，它们是在单纯的概念里或在普遍里，——也可以说，在思维里；因为在思维（一般的表象）里那被假定的东西同时存在而又不存

在。那被表象的东西本身，或就它之为表象中的形象而言，并不是实物：它不是“有”，也不是“无”，所以普遍，不论在意识内或意识外，乃是一中立的〔即非有非无的〕单纯统一。空间和时间是限量，有限度的量，因此是可以经过〔衡量〕的。一如我既没有真实地无限地分割空间，同样在运动中的物体也没有真实地经过无限的空间；那一定的空间作为有限的东西呈现在那里，为那运动的物体而存在着。所以在运动中空间是作为一个普遍的东西为那运动者而呈现着。那被分割的空间并不是绝对的点积性〔即非连续性〕，而那纯粹的连续性也不是未被分割的和不可分割的；同样时间也是普遍的东西，不是纯粹的否定性、点积性，而也是连续性。两者皆表现在运动里：纯否定性表现为时间，连续性表现为空间。运动本身正是这对立中的实际的统一，这两个概念〔即否定性和连续性〕
318 在运动里从表象看来得到了实在性，而且普遍在这运动里得到这两个概念的统一、作为统一的普遍性的环节，和两者在统一中的相互分离，以及两者在相互分离中的统一。

时间和空间的本质就是运动，因为本质是普遍；理解运动即是在概念的形式内表达它的本质。运动作为否定性和连续性的统一，是被表达为概念、为思想；但在时空里，连续性以及点积性均不能单纯地认为本质。从表象看来这两个环节本身都是不可分离的。假如我们把空间或时间表象为可以无限分割，则我们因而就会得到无限数的点，但里面也同样存在着连续性，——这就是包括无限数的点的空间。但这种连续性作为概念即意谓着所有这些点都是相同的；因此正确讲来，它们不是被当作点，被当作相互外在的“一”。

运动是作为时空对立之统一的无限者。这两个环节〔时空〕也同样表现为存在的东西；它们是那样的无区别，以致我们不假定它们为概念，而假定它们为存在。在作为存在的时空里否定性就是有限度的量，它们是作为有限度的空间和时间而存在着。而实际的运动就是通过一个有限度的空间和时间，并不是通过无限的空间和时间。

芝诺的其余的命题也可以从同样的观点去了解，不要把它们了解为反对运动的实在性的辩驳，像最初看来那样，而需把它们了解为如何规定运动的必然方式，但同时又须指出规定运动的方法应如何进行。推翻对方的反驳即意谓着指出这些反驳的空无性，好像彊些反驳必然会站不住，根本不须提出来一样。但我们必须像芝诺对于运动所曾思维过那样去思维运动，而使得运动的假定本身进一步向前运动。

说运动者必须达到一半，是从连续性，亦即分割的可能 319
性，——单纯的可能性——出发而得到的肯定；因为这种分割的可能性无论在怎样可以想象的每一细小的空间里都永远是可能的。人们很自然地就承认必须达到一半：这样一来就必须承认一切，——承认达不到一半；一次那样说就等于说了无数次。反之，人们总以为，在一个较大的空间里是可以承认〔达到〕一半；但人们设想着必须来到这样的一点，在这里分割成两半已不复可能（亦即在我们不可能），——即必然会达到这样细小的一个空间，对它已不复能说一半：这就是说，来到一个不可分的，不连续的，没有〔余地的〕空间。但这个想法是错的，——连续性本质上是一个规定。当然空间内有最小的东西，这里面包含有连续性的否定，——但这

是抽象的否定；但抽象地坚执着那假想的一半一半地分割，也同样是错的。当接受一半一半的分割时，就已经接受时空连续性的中断性了。我们必须说：没有一半一半的空间，空间是连续的；一本书，一块木头，我们可以把它劈成两半，但对于空间我们却不能这样做，——因为空间只有在于运动中。人们马上可以这样说：空间是无限多的点、亦即无限多的限度所组成，——因此是不能通过的。人们假想着可以从这样一个不可分割的点过渡到另一个点；但是这样他们便不能前进一步了，因为不可分的点是无限的多。连续性被分裂成它的对方，不确定的多，——这就是说，不承认有连续性，也就没有运动。人们错误地主张，以为达到一个没有连续性的东西时运动是可能的；殊不知运动就是联系。

因此当我们以前说，连续性是无限分割的可能性的根据时，则
320 意思是说，连续性只是假定，不过对这种连续性所**假定**的，乃是无限多的、抽象地绝对的限度之存在。

（二）“第二个证明”（这个证明同样以连续性为前提并假定了可分割性）叫做“阿基里斯”，那行走如飞的人。古代的哲学家喜欢使思想上的困难穿上一层感官表象的外衣。有两个往同一方向运动的物体，其中的一个走在前面，另一个与它有一定的距离，比它运动得更快，在追赶它，——我们知道，第二个是可以追得上头一个的。但芝诺说：“那走得慢一点的永远不会为那走得较快的所追赶上。”这一点他是这样证明的。追赶者需要（一定的）时间，才能“达到被追赶者于这一个时间开始时出发之处”。当第二个达到第一个动身的地方时，第一个已前进了一步，留下一段新的空间，这又需要第二个费一部分时间才能走过；依此递推，以至无穷。例如，乙在一小时内走两里，甲在同样时间内走一里。如果他们彼此相距两里，则乙在一小时内就达到甲在这一小时的开始所在的地方。而甲所留下的这一段空间（一里），乙于半小时内就可以走过，如此以至无穷。较快的运动对于第二个物体为了走过那中间相距的一段空间毫无帮助；所需的那一点时间，那走得较慢者也永远可以利用，并且“因此他永远占先”。

当亚里士多德讨论这点时，他简略地这样说：“这个证明还是假定了同样的无限分割”，或假定了通过运动的无限分割。“这是不真的；因为走得快者将赶上那走得慢者，如果容许他超过那局限他的限度。”[①]这个答复是不错的，包含了一切。就是说，在这种看 321
法里承认了两个彼此分离的不同的时点和两个彼此分离的不同的空间，换句话说，它们是有限度的，它们彼此互为限制。反之，当人们承认时间和空间是连续的，则这两个时间点或两个空间点便是连续的、互相联系的：则它们同样是两个，也不是两个，而是同一的。（一）就空间而论：在同一段时间里甲走完距离 bc，而乙走完距离 $ab+bc$。在表象里我们最容易解决这问题：即因为乙走得较快些，他在同一段时间内此起那走得慢的人可以通过较长的距离；

所以他可以走到甲出发的地方，并且还可走得更远。（二）但这应该有的一段完整的时间，却可分为乙走过 ab 的一段时间和乙走过 bc 的一段时间。甲先有第一段时间以走过 bc；所以甲到了 c 的时

① 亚里士多德：“物理学”，第六卷，第九章。

点，就是乙到了 b 的时点。照亚里士多德说，必须超出的那个限度，那必须通过的，就是时间；既然时间是连续的，所以要解除这困难就必须说：必须把那被区分为两个时段的时间认作是一段时间，在这段时间里，乙由 a 走到 b，又由 b 走到 c。在运动中，这两个时
322 点当然是一个时点。当我们一般地说到运动时，我们总是这样说：物体在这一个地点，然后走向另一个地点。由于它在运动，它已不复在第一个地点，但是也还不在第二个地点；如果它在两个地点中的一个地点，则它就是静止的。人们说，它是介于两个地点之间，但这并没有说明什么；因为介于两个地点之间它还是在一个地点，因此这里还是存在着同样的困难。但运动的意思是说：在这个地点而同时又不在这个地点；这就是空间和时间的连续性，——并且这才是使得运动可能的条件。芝诺在他一贯的推理里把这两点弄得严格地相互反对了。我们也使空间和时间成为点积性的；但同样也必须容许它们超出限制，这就是说，建立这限制作为没有限制，——作为分割了的时点，但又是没有被分割的。

在我们通常的表象里，也有芝诺的辩证法所依据的同样的规定。我们很可以这样说——虽然并不愿意——：在一个时段里可以走过两个空间的量〔即距离〕；——但不说：那走得较快者把两个时段合成一个时段，而是假定一个确定的空间去说它。因此就那走得较慢者丧失他的优先而论，我们必须说：他失掉了一段时间的优先，也就是间接地失掉了一段空间的优先。

芝诺认为只是限度、分割、时间和空间的点积性的环节就其整个〔抽象孤立的〕特定性而言是有效准的；因此就发生了矛盾。造成困难的永远是思维，因为思维把一个对象在实际里紧密联系着

的诸环节彼此区分开来。思维引起了由于人吃了善恶知识之树的果子而来的堕落罪恶，但它又能医治这不幸。这是一种克服思维的困难；但造成这困难的，也只有思维。

（三）据亚里士多德说："第三个形式就是'飞矢不动'"，这是因 323
为"那自身运动的东西永远在"自身同一的"此刻"，在自身同一的"此处"，是在"不可区分的东西内"。它是在此处，此处，此处。所以我们说，它永远是一样的；但我们不把这叫做运动，而叫做静止：凡是永远在此处在此刻的东西就是静止的。换言之，关于飞矢也同样可以这样说：它是永远在同一空间和同一时间内；它不能超出它的空间，它不能占据一个别的，亦即较大的或较小的空间。在这里变成他物的可能就被取消了；限度一般地建立起来了，但限度也同样只是环节。在此处、此刻本身内是没有区别的。在空间内，这一点和那一点同样是一个此处，这个是此处，这个是此处，而另一个又是此处……；而这个"此处"永远是同一的"此处"，它们彼此间完全没有区别。所以，在这里，"此处"的连续性，相同性就有效准地建立起来以与复多的"意见"相反对了。每一个地点都是不同的地点，——因此也是同一的。复多性〔不同性〕只是意想的。真的客观的区别不出现在这些感性的关系里，而只出现在精神的关系里。

这种关系也出现在力学里；即关于两个物体中哪一个在运动的问题。这不止需要两个地点，至少三个地点，才能决定哪一个物体在运动。但至少这是不错的，即运动完全是相对的；在绝对空间里（例如眼睛）不论是静止的或运动的，都是完全一样的。或者按照牛顿的命题，当两个物体相互环绕运动时：于是就发生这样一个

问题：究竟是一个还是两个在运动。牛顿想要用一个外在情况，用线的紧张情况来决定这点。当我在一个船上向着与船行的方向相
324 反的方向走时，则我的这种行走，对船说是运动，对别的东西说是静止。

在前两个证明里，在前进中的连续性是占优势：没有绝对的限度，也没有被限制的空间，而是绝对的连续性，超出一切限度。而现在这里所坚持的恰好相反：即绝对的限度，连续性的中断，没有到对方的过渡。关于这第三个证明，亚里士多德说："它起源于假定时间是此刻所构成；因为如果我们不承认这点，则这结论就站不住。"①

（四）"第四个证明是采取两个相等的物体，在一个场所，在一个相等的物体旁边，以相等的速度，彼此向着相反的方向运动，一个从这场所的一端出发，另一个从中间出发。由此就可以得出结论说，一半的时间是相等于它的两倍。这个结论的错误基于芝诺假定了在运动的物体之旁和在静止的物体之旁的东西在相等的时间内以相等的速度走过相等的距离；但这是错的。"②

```
                c′
          C|—|—|—|—|c
     N       C     M
     B|—|—|—|—|b
       m      n
A|—|—|—|—|a
```

假如在一定的空间上，例如在一块平板上（Aa），有两个与它

① 亚里士多德："物理学"，第六卷，第九章。

② 同上。

同长度并彼此同长度的物体，其一（Bb）以它的末端（B）放在平板 325
的中心（m），另一（Cc）向着同一方向，只是接触平板的一端（n），——并且它们向着相反的方向运动，而前者（Bb）假定在一小时内就达到平板的一端（n）：于是就得到这样的结果，即其一（Cc）在一半的时间通过同一的空间（CN），而另一要在双倍的时间内才通过这空间（mn）；因此一半相等于双倍。这就是说，“这第二者（c'）经过了那整个第一者（Bb）。”在第一个半小时内 c' 从 M 走到 C：

```
                  c'
          C|—|—|—|—|c
            N A C    M
          B|—|—|—|—|b
        m     n
A|—|—|—|—|a
```

在第二个半小时内经过了 A 到 N，——整个讲来由 M 到 N；因此是双倍：

```
            c'
    C|—|—|—|—|c
          N A C    M
        B|—|—|—|—|b
      m       n
A|—|—|—|—|a
```

这第四个形式讨论的是存在于相反的运动中的矛盾。对立在这里具有另一种形式：（一）但普遍者作为共同的东西又是完全属于每一部分，而每一部分单独只作它一部分的工作。（二）只有每一部分单独为自己所做的工作，才被认为是真实的（存在的）。这里一个物体所走的距离是两个物体所走过的距离的总和；犹如当

326 我向东走两尺，从同一出发点的另一人向西走两尺，于是我们就有了四尺的距离，——这就是把两人所走的距离加起来，在两人的距离里，两者都是积极的。或者我向前走两步，向后退两步，我仍在同一地方，虽说我已经走了四尺远，但我却仍没有离开那地方。因此运动也是空无；因为由于向前走和向后走在这里是相反的〔矛盾的〕，而相反的东西必自己扬弃自己。

这就是芝诺的辩证法。他曾经掌握了我们空间和时间观念所包含的诸规定；他曾经把它们〔即时空的诸规定〕提到意识前面，并且在意识里揭露出它们的矛盾。康德的“理性矛盾”比起芝诺这里所业已完成的并没有超出多远。

芝诺的辩证法的普遍原则，爱利亚学派的普遍命题因此是这样的：“真理只是太一，一切其他的东西都不是真的”；正如康德哲学得到的结果：“我们只认识现象。”大体上他们的原则是相同的，即：“意识的内容只是一个现象，没有真的东西”；但两者也有一个区别。即芝诺和爱利亚派人是在这样的意义下说出它们的命题的：“感性世界以及它无限复多的形象本身只是现象；——这一方面本身没有真理。”康德的意思与此不同。他主张：“由于我们面向着世界，应用我们的思维活动去规定外在世界”（对于思维，那内心给予的世界也是一个外在的世界），——“由于我们面向着它：我们把它造成现象；那是我们的思维的活动，它把如许多的范畴——感性的、反思的范畴等等——给予外界事物。因此只有我们的认识是现象，世界自身是绝对真实的。只是我们范畴的使用，我们的行为给我们摧毁了外在世界：凡我们所作的这一切，都毫无用处。外在世界成为一个不真实的东西，即由于我们投给它一套的范畴。”

这是一个很大的区别。这种内容在芝诺看来也是空无的；但在康 327
德看来，乃是因为它是我们的制作品。在康德看来，乃是精神的东西摧毁了这世界。照芝诺看来，这世界、现象界本身就是不真的。照康德看来，我们的思维，我们的精神活动是不好的东西；——这乃是精神的一种过度卑谦，把知识当作没有价值。在新约内基督说："难道你们不比麻雀更好些吗？"作为能思维者的我们就是这样；作为有感性者的我们是与麻雀差不多好或坏。芝诺的辩证法的意义比起这种近代的辩证法还有较大的客观性。芝诺的辩证法还只限于形而上学；后来在智者派那里便得到一般的应用了。

我们现在结束了爱利亚派。爱利亚学派继续传播下去，一方面在留基波那里，一方面在智者派那里：——后者把爱利亚派的概念扩展到一切现实和意识对现实的关系上面；前者是爱利亚学派的学生，在时间上说较晚，进一步发挥了概念的抽象性，但是转向于与意识相对立的物理学问题。此外据称还有一些别的爱利亚派人，但是对我们已没有什么兴趣。邓尼曼[①]说："那样地**出乎意料以外**，爱利亚派系统会得到许多赞成者，而塞克斯都还提到一个叫做塞尼亚德的。"

丁、赫拉克利特

如果我们抛开那些尚未把"绝对"理解为思想的伊奥尼亚派，同时也抛开那些毕泰戈拉派，那么，我们就得到爱利亚派的"纯有"

① 第一册，第一九〇页。

和否定一切有限关系的辩证法。〔在爱利亚派看来〕[①]，思维便是〔作出〕这样一些现象的过程："有"〔疑误，似应作"变化"。——译者〕、世界本身也不过是现象，只有纯有是真实的。芝诺的辩证法
328 抓住了存在于内容本身中的那些范畴。这种辩证法也还只能称为主观的辩证法，因为辩证法只限于静观的主体一边，而那"一"是没有这种辩证法的，是没有这种运动的，是〔孤立的〕一，是抽象的同一。芝诺的主观辩证法更进一步的发展，就必然是主观辩证法变成客观辩证法，亦即把这种运动本身了解为客观的东西。亚里士多德谴责毕泰戈拉的数和柏拉图的理念，因为它们是事物的本体，事物分享它们——这是一种空谈，哪里有什么现实的东西呢？亚里士多德也谴责泰利士，说他抛弃了运动；在巴门尼德那里，我们看到"有"和当作在主体中的运动的辩证法。现在，赫拉克利特把绝对本身了解为这种过程——了解为辩证法本身。〔于是〕辩证法〔就有了三方面〕[②]：(一)外在的辩证法，即达不到事物内在本质的反复推论；(二)关于对象的内在的辩证法，但陷于主体的静观；(三)赫拉克利特的客观性，亦即认辩证法本身为原理。这是必然的进步，这也就是赫拉克利特所作出的进步。"有"是"一"，是第一者；第二者是"变"——赫拉克利特进到了"变"这个范畴。这是第一个具体者，是统一对立者在自身中的"绝对"。因此在赫拉克利特那里，哲学的理念第一次以它的思辨形式出现了：巴门尼德和芝诺的形式推理只是抽象的理智；所以赫拉克利特普遍地被认作深

① 据米希勒本，第二版，英译本，第二七八页增补。——译者

② 同上。

思的哲学家，虽说他也被诽谤。〔像在茫茫大海里航行〕，这里我们看见了陆地；没有一个赫拉克利特的命题，我没有纳入我的逻辑学中。

赫拉克利特在第七十届奥林匹亚赛会（纪元前五百年）时就有声誉了，他是爱菲索人[1]，有一段时间是和巴门尼德同时的。从他起始，哲学家才从公共事务和祖国的利益分离，或撤退。我们看 329
见：（一）希腊“七贤”都是政治家、统治者、立法者；（二）毕泰戈拉派的贵族联盟；（三）哲学——为学术而学术的兴趣。赫拉克利特则献身于学术，完全为了哲学而生活在孤寂之中。关于他的生平，除去他与他的家乡人——爱菲索人——的关系外，所知甚少。他与家乡人的关系，主要是下面这一点：他们都轻视他[2]，但也更深刻地为他所轻蔑[3]——这个关系，正如现今社会中每一个人都独自生活而轻视一切其他的人一样。我们知道赫拉克利特是远离群众的。在这个高贵的精神里其所以产生这种轻蔑，是由于他对于他的家乡人们的观念和日常生活之违反真理有着深刻的感觉；在不同际遇中所发出的有关这一点的个别词句还保存了下来。第欧根尼·拉尔修[4]讲到，赫拉克利特曾说过这样的话：“爱菲索人中一切成年人都应该绞死，城邦应交给尚未成丁的人去管理。”——（正如现在人们想的，只有青年人善于统治），——“因为他的家乡人曾驱逐了他的朋友赫尔谟多罗——他们当中最杰出的人物，至于他

① “第欧根尼·拉尔修”，第九卷，第一节。

② 同上，第十五节。

③ 同上，第三节。

④ 同上，第九卷，第二节；西塞罗：“杜斯古朗问题”，第五卷，第三十六。

们这样做的理由是：在我们当中不应当有最杰出的人，谁若是这样杰出的人，就让他到别处去和别人居住。”在雅典的民主政治之下，也由于同样的原因，人们放逐了伟大的人物。普罗克洛[①]说：“高贵的赫拉克利特骂他的人民愚蠢无知、没有思想。他说，他们有什么
330 理智和深识远见呢？多数人是坏的，少数人是好的。”……“他的家乡人曾请求他参加公共事务的管理；但是他拒绝了，因为他不赞成他们的宪法、法律及国家机关。”第欧根尼·拉尔修继续说道[②]：“安底斯泰尼引用一件事作为赫拉克利特心灵之伟大的证明，说：他把王位让给了他的兄弟。”

波斯国王大留士·希斯大斯比曾邀请赫拉克利特到他那里去，使他分享希腊的智慧，因为他（赫拉克利特）的著作“论自然”包含着世界理论的巨大力量，但是很多地方是晦涩的；请他去为国王解释那些需要阐明的地方。[③]（这自然是不太可能的，虽然赫拉克利特具有东方的情调）——据说赫拉克利特在他的回信中，强烈地表现了他对人们当作真理和正义的东西的轻蔑。他写道[④]：“那样多的世人生活着，对于真理与正义都是陌生的，他们由于可恶的愚昧而保持着无节制的和虚妄的意见。但是我呢，由于我已遗忘了一切罪恶，遗弃了跟随我的无度的嫉妒和居高位的傲慢，我将不来波斯，而满足于我的卑微并保持我的素质。”

---

① 法布里修注塞克斯都·恩披里可：“反数学家”，第七卷，第一二七节；“普克罗洛文集”，古桑（Cousin）编，第三册，第一一五——一一六页。

② “第欧根尼·拉尔修”，第九卷，第六节。

③ 同上，第十三节。

④ 同上，第十四节。

他将他的著作（仅仅一种）放在爱菲索的第安娜（月神）庙里，这部著作有些人名之为“缪斯”（即艺术之神），有些人叫它作“论自然”[①]。这部著作似乎在近代还存在着；我们所得到的残篇是收集在斯特方版的“哲学诗篇”（Poësis philosophica）一书中[②]。史莱尔 331
马赫也曾收集过这些残篇，并依独特的计划加以编排，名为“爱菲索人赫拉克利特——晦涩的人，按他著作的片段及古人的记述整理而成”，这本书收在伏尔夫和布特曼的“古代学术文库”第一卷第三一五至五三二页（一八〇七年柏林出版）；计有七十三段。克罗依采尔曾企图以更多的批判和语言学知识来整理它。他作了更为全面的收集（特别是从语法学者那里）。但是由于缺少时间，他把这个收集交给一位青年学者来整理，但这人已经死了，所以这个收集没有问世。这一类收集一般都是很冗长的。它们包含着大量的博学材料，这些东西写起来比读起来还更容易。

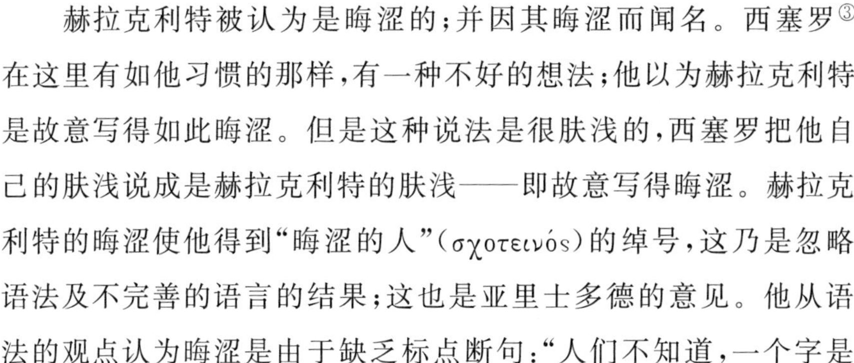

赫拉克利特被认为是晦涩的；并因其晦涩而闻名。西塞罗[③]在这里有如他习惯的那样，有一种不好的想法；他以为赫拉克利特是故意写得如此晦涩。但是这种说法是很肤浅的，西塞罗把他自己的肤浅说成是赫拉克利特的肤浅——即故意写得晦涩。赫拉克利特的晦涩使他得到“晦涩的人”（σχοτεινός）的绰号，这乃是忽略语法及不完善的语言的结果；这也是亚里士多德的意见。他从语法的观点认为晦涩是由于缺乏标点断句：“人们不知道，一个字是

① “第欧根尼·拉尔修”，第九卷，第十二节、第六节。

② 第一二九页以下。

③ “论神的性质”，第一卷，第二十六章；第三卷，第十四章；“论目的”〔或论至善〕，第二卷，第五章；“第欧根尼·拉尔修”，第九卷，第六节。

属于前面呢，抑或是后面。”[1]德梅特留(Demetrius)[2]也是这样说。苏格拉底谈到这本书时说：“他〔赫拉克利特〕所了解的是深邃的，他所不了解而为他所信仰者，也同样是深邃的；但是，为了钻透它，
332 就需要一个勇敢的游泳者。”[3]但是这个哲学之所以晦涩，主要由于在它里面表现了一个深奥的、思辨的思想；这种思想对于理智永远是艰深的、晦涩的：反之对于理智，数学倒是很容易的。概念、理念对于理智则是格格不入的，是不能为它所把握的。

柏拉图曾经特别勤勉地研究过赫拉克利特的哲学。在他的著作中我们看见很多地方引用它，并且无可争辩地他是通过赫拉克利特的哲学而获得他的早期哲学素养的，所以赫拉克利特能够称作柏拉图的老师。同样，希波格拉底也是赫拉克利特学派的哲学家。

赫拉克利特的**哲学**所报道给我们的，初看起来似乎是很矛盾的，但是可以用概念来打通它，我们发现了他是一个有深刻思想的人，他是前此〔一切〕意识[4]的完成——一个从理念到全体性的完成，而这个全体性就是哲学的开始，或者说，这个全体性说出了理念的本质、无限的性质〔作为对立的统一〕。[5]

〔一　逻辑原理〕[6]

这个勇敢的精神第一次说出了这样深刻的话：“有不比无多”，

---

[1] 亚里士多德，“修辞学”，第三篇，第五章。

[2] “论演说术”，第一九二节，第七十八页，史奈德(Schneider)编。

[3] “第欧根尼·拉尔修”，第二卷，第二十二节；第九章，第十一——十二节。

[4] 按“意识”，米希勒本，第二版，英译本，第二八二页作“知识”。——译者

[5] 依米希勒本，第二版，英译本，第二八二页增补。——译者

[6] 译者增补。

它是同样的少[①]；或者："有与无是同样的"[②]，本质是变。真理只有被认作对立物的统一；我们看见在爱利亚派那里的抽象理智：唯有"有"存在。用我们的话来表达赫拉克利特的意思应说：绝对是有与无的统一。当我们听到"有不比无多"这个命题时，似乎它并没有产生多少意义，而只是一般的否定，毫无思想性。但是，我们还有另一种说法，它更确切地表明了他的原理的意义。赫拉克利特 333
说："万物皆流转，无物常住、亦无物永为同一之物。"关于赫拉克利特，柏拉图继续说道："他把事物和一条河中的水流相比——人不能两次涉入同一水流"[③]；因为水流动着；而人触到的是别的水了。他的后继者甚至说："人一次也不能涉入"[④]，因为水流当下变异着；它是什么，而马上已非什么。亚里士多德[⑤]继续说，赫拉克利特提出"只有'一'是常住的；一切别的都从这里面改造出来"，变异出来，形成出来。"除此'一'外，一切别的都流转着，无物是巩固的"，无物是持久的；这即是说，真理是"变"〔即生成〕，不是"有"——对于这个一般的内容，加以进一步的规定即是"变"。爱利亚学派认为，只有"有"是存在的，是真实的；"有"的真理是"变"——"有"是第一个思想，是直接的。赫拉克利特说，一切皆变；这个"变"就是原则。这个思想包含在这句话里：有不比无多；"变"存在而也不存在。绝对对立的范畴连成了一个东西；在里面

① 亚里士多德，"形而上学"，第四卷，第七章（又"形而上学"，第一篇，第四章）。

② 同上，第三章。

③ 柏拉图，"克拉底鲁"篇，斯特方本，第四〇二页（柏克尔本，第四十二页）；亚里士多德："形而上学"，第一卷，第六章；第十三卷，第四章。

④ 亚里士多德："形而上学"，第四卷，第五章。

⑤ "论天体"，第三卷，第一章。

我们发现了有,也发现了无。不仅发生属于变,而且消灭也属于变;二者不是孤立的,而是同一的。这些都为赫拉克利特所道出。有不存在,无亦不存在;无不存在,有亦不存在;这就是二者同一的真理。

334 这是关于从有过渡到变的伟大思想;它还是抽象的,但同时它也是第一个具体的思想,是相反的范畴的第一个统一。所以在这种关系里这些〔相反的〕范畴是不安宁的,因为生命的原则存在其中。因此亚里士多德指出的早期哲学所缺乏的就补偿起来——缺乏运动;现在这种运动在这里本身就是原理。这样,这个哲学就不是过去了的哲学,它的原理是基本的,并且出现在我的"逻辑学"的开端中——紧接在讨论有与无之后。

人们能认识到:有与无都只是没有真理的抽象物,第一个真理只是变——这是人们在认识方面所得到的一个伟大的洞见。理智把二者孤立起来,认为单是一方即是真的和有效准的;与此相反,理性在他物中认识到此物,认识到在此物中包含着此物的对方——所以全、绝对应规定为变。

赫拉克利特又说:"对立物存在于同一东西中",例如"蜂蜜是甜的也是苦的"[①],——这样,有与无是在同一物中。塞克斯都解释道:"和怀疑论者一样,赫拉克利特是从人的通常观念出发的;没有人会否认:健康的人说蜂蜜是甜的,害黄疸病的人说它是苦的",——如果它仅仅是甜的,那么它就不能因他物而改变它的性

① "皮罗学说概略"第一卷,第二十九章,第二一〇——二一一节;第二卷,第六章,第六十三节。

质，它就会无论何处甚至在害黄疸病的人那里都是甜的。芝诺开始废除对立的宾词，而在运动上指出对立物来——运动是界限的设立，也是界限的废除；芝诺只是从无限的消极面（由于它的矛盾）来说无限是不真实的。在赫拉克利特那里我们看见说出了无限本身，或说出了无限的概念、本质：无限或绝对的存在是对立的统 335
一——即一般对立的统一，纯粹对立的统一，有与无的统一。如果我们不把存在本身的观念认作充满内容的观念，那么，纯有不过是个简单的思想（在它里面否定了一切确定的东西），这就是绝对的否定；但是没有什么东西是同样的，或者说，没有什么东西恰恰是自身相同的；像这种绝对的过渡到对立物，芝诺还没有达到，因为他还停留在"无不能生有"这个命题上。在赫拉克利特那里，否定的环节是内在的；因而这里所处理的是整个哲学的概念。

首先我们看见的是有与无的抽象，即在完全直接一般的形式中的有与无；但是进一步我们看见赫拉克利特以较为确定的方式去把握这个对立。这个统一是实在的东西与思想的东西的统一，是客观的东西与主观的东西的统一；主观的东西只能是过渡到客观的东西的变化过程，否则它就没有真理性；客观的东西乃是过渡到主观的东西的变化过程。真实的东西是这种变化的过程；赫拉克利特曾经用确定的形式说出了这些不同的〔对立的〕东西变为自身合一的过程。例如，亚里士多德说[①]，赫拉克利特一般地把"全体与非全体（部分）结合起来"——全体把自己变作部分，而部分的意义是变成全体——把"一致与冲突结合起来"，同样把"和谐与不

① "论宇宙"，第五章。

和谐结合起来；从一切（对立物）产生一，而从一产生一切”。这个“一”不是抽象的东西，而是自我分化的活动；与我们在赫拉克利特这里看见的深度相对比，那种僵死的无限是一种坏的抽象。塞克
336 斯都·恩披里可[①]引证道：“赫拉克利特曾说过：部分是与全体不同的东西，而它也是与全体同一的东西；本体是全体和部分。”上帝创造世界，分化其自身，产生了圣子等等——这一切具体的东西都包含在这个范畴里。柏拉图在“会饮”篇[②]对话中说到赫拉克利特的原理：“一与自身离异，复与自身合一”，——这就是生命的过程——“正如弓与琴的和谐一样”。然后他让“会饮”篇中的发言者爱吕克西马可（Eryximachus）批判这一点：“即和谐产生不和谐，或和谐从对立的东西中产生：因为和谐并不是从高音与低音（只要它们是不同的）中产生，而是由于音乐的艺术把它们统一起来。”但是这对于赫拉克利特并不是个矛盾，他正是这样想的。简单的东西、一种音调的重复并不是和谐。差别是属于和谐的；它必须在本质上、绝对的意义上是一种差别。和谐正是绝对的变或变化——不是变成他物，现在是这个，然后变成别的东西。本质的东西是：每一不同的、特殊的东西之与他物不同——不是抽象的与任何他物不同，而是与它的对方不同：它们每个只在它的对方本身被包含在它的概念中时才是存在的。变化是统一，是两个东西联系于一，是一个有，是这物和他物。在和谐中或在思想中我们承认是如此的；我们看到、思维到这个变化——本质上的统一。精神在意识中

① “反数学家”，第九卷，第三三七节。

② 斯特方本，第一八七页（柏克尔本，第三九七页）。

与感性的东西相关联，而这个感性的东西就是精神的对方。音调也是这样；各种音调必须互相不同，因为是这样地不同，所以它们仍能统一起来——而这就是音调本身。属于和谐的是确定的对立 337
及它的相互对立面，正如颜色的和谐一样。主观性是客观性的对方，不是一张纸的对方——如果是后一种情形，那就完全是无意义的事；它必须是**它的**对方，而在这当中恰恰有着它们的同一性：这样，每一个都是对方的对方，也就是它的对方的对方。这就是赫拉克利特的伟大原理，它可能显得晦涩，但它是思辨的；而思辨的真理对于理智永远是晦涩的，理智坚执着有与无、主观与客观、实在与理想的分离。

〔二　实在的形态〕[1]

赫拉克利特在他的阐述中并不停留在概念的说明，即纯粹逻辑的说明；而是在他用以论述他的原理的一般形式之外，赫拉克利特给了他的理念一个较富实在性的说明。这种实在的形态主要是自然哲学的，或者说，它的形式更加是自然的形式；因而他也被算作伊奥尼亚学派，并因此而使自然哲学活泼了。可是历史家们关于他的原理的实在形态有着不一致的说法。大多数说，他把存在着的本质认为是火[2]，但另外一些人说是空气[3]，还有些人说是蒸

① 译者增补。

② 亚里士多德："形而上学"，第一卷，第三章、第八章。

③ 塞克斯都·恩披里可："反数学家"，第九卷，第三十六节；第十卷，第二三三节。

汽，而不是空气；在塞克斯都[①]那里甚至时间被称为最初存在的本质。问题是：如何来理解这种不同的说法？人们不能完全相信这些报道都是由于作者们的疏忽；因为这些见证人都是最优秀的见证人，如亚里士多德和塞克斯都·恩披里可。他们都不是偶尔提到而是确定地论及这些形式，但是没有注意到这些差异与矛盾。
338 似乎我们在赫拉克利特文章的晦涩上可以找到一个较为接近的原因，这种晦涩由于表达的混乱是能够引起误解的，但是进一步考察，这种困难就没有了，这种困难只在人们仅仅表面地观察时才会出现。在赫拉克利特的具深刻意义的概念里就存在着超越这种障碍的真正出路。一般说来，赫拉克利特不能再像泰利士一样把水或空气之类的东西认作绝对的本质——不能再用从一个最初的东西产生出其他东西的方式——因为他所思想的是有与无的同一或无限的概念。所以在赫拉克利特那里，**存在着**的绝对的本质不能作为一种现存的特质（如水）而出现，反之水是作为自身变化着的东西而出现，换句话说，水只是过程。

（甲）抽象的过程——**时间**。如塞克斯都所表明[②]，赫拉克利特曾说："时间是第一个有形体的本质。""有形体的"是一个笨拙的词语。怀疑派常常选择粗糙的词语，也可以说，他们首先把思想弄得粗糙些，是为了可以对思想不去深加理会。有形体的，意即抽象的感性；时间是对于过程的抽象的直观，它是第一个感性的本质。因而时间是真正的本质。当赫拉克利特不停留在对"变"加以逻辑

① "反数学家"，第十卷，第二六一节。

② "反数学家"，第十卷，第二三一——二三二节。

的说明，而要给他的原则以存在的形态时，那么，时间的形式必然首先呈现；因为正是在感性和直观中时间是最初作为变而呈现的东西，时间就是变的第一种形式。时间在直观中是纯粹的变。时间是纯粹的变化，是纯粹的概念，是从绝对的对立中和谐地产生的单纯之物。它的本质既是“有”又不是“有”，除此而外别无特性；——纯粹抽象的有和抽象的无直接在一个统一之中，而又有分 339
别。不是说时间究竟存在或不存在；而是说时间是这样的东西：它在有中直接地不存在，在非有中直接地存在，时间是这种从有到非有的转变，是这种抽象的概念，但是就其对我们的关系而言，这种概念是在客观的形式中（即被直观的）。在时间中没有过去与未来，只有现在；现在存在是为了不存在，马上就消灭了，过去了，——这非有也同样转变为有，因为它是存在的。时间就是对于这种〔由有到无，由无到有〕的转变的抽象直观。假如我们要述说赫拉克利特认作本质的东西在纯粹形式中（他在这种形式中认识到本质）对于意识是如何存在的，那么，除去时间以外我们就不能指出别的东西了。因而，说时间是变的第一形式，乃是完全正确的；这是和赫拉克利特的思想原理一致的。

（乙）作为过程的实在的形态——火。但是这种纯客观的概念必然进一步实现它自己。在时间中有与无只是被认作消极地或直接地消失的两个环节。除此而外，赫拉克利特更以较详的物理的方式来规定过程。时间是直观，然而是完全抽象的直观。假如我们要以实在的方式来表象时间是什么，即是说，假如我们要说明这两个环节是作为一个独立的全体，作为一个现存的东西，那么，问题就是：什么样的物理的东西是相应于这个范畴的？带着这样的

环节的时间就是过程；了解自然，就是说把自然当作过程来阐明。这就是赫拉克利特的真理，这就是真正的概念。因而对于我们是很明显的，赫拉克利特不能说本质是空气或水之类的东西；因为它们自身（这是首要的）不是过程。而火则是过程；因此他把火认作最初的本质，——这就是赫拉克利特的原理的实在形式，自然过程的灵魂和本质。正好在过程中诸环节区分开来，如在运动中：（一）
340 纯粹消极的环节；（二）现存对立的环节——水和空气；和（三）静止的全体——土。自然的生命就是这些环节的过程：静止的全体——土——分裂为对立，这些环节的对立的建立——消极的统一，回复到统一，现存对立的燃烧。火是物理的时间；它是绝对的不静止，是长存性的绝对消失，——火是其他东西的消失，但也是它自身的消失，它是不停留的。因而我们了解（即是完全一贯的）赫拉克利特是可以把火称作过程的概念的，——这是从他的基本范畴出发的。

（丙）现在他进一步规定了火，继续发挥它，把它作为实在的过程；火自身就是实在的过程，它的实在性就是全过程，于是在这全过程中更进一步、更具体地规定了诸环节。作为有形体事物的变形者，火就是变化、确定东西的变易、气化、蒸发；因为在过程中它是那种东西的抽象的环节，而空气和蒸汽却不是。赫拉克利特用一个完全特殊的字眼来称呼这个过程——气化（因太阳而产生的烟、雾）；这里气化只是表面的意义，——它更多的意义是：过渡。亚里士多德[①]关于赫拉克利特的这方面说道："灵魂是原理，因为灵魂

① "论心灵"，第一篇，第二章。

是气化，是万物的源起”，而这个气化、变“是最无形体的东西，并且是永远流转的”。这也是适合赫拉克利特的基本原理的。[①]

赫拉克利特进一步规定了实在过程的抽象环节，他把这过程 341
区别出两方面来，“向上的路和向下的路”，——一条是分裂的路，一条是合一的路。它们必须这样本质地来理解：分裂是实现，是对立面的建立；另一面是：统一自身的反映，是这个现存对立的扬弃。与此相应，赫拉克利特提出下面这些进一步的特性：“敌对、仇恨、斗争和友谊、和谐”，——分割与合而为一（用神话的方式来说就是：爱[②]等等）。“在这两方面中，敌对、斗争是差别发生的原理，——但导向燃烧的是统一及和平”[③]。就人与人的敌对而论，就是一个人自认为独立，敌视另一人，或各人自为，——一般说这就是分裂、实现；而团结与和平就是从自为存在沉落到无区别性或非实在性。任何东西都是一个三合体，是本质的统一；自然就是这种绝不静止的东西，万有都是从这个到那个，从分裂到统一，从统一到分裂的过渡。

他对这个现实过程的较详细的规定，有一部分是有缺陷的和矛盾的。在这方面，现在我们从关于赫拉克利特的记载中征引一些材料，据说他曾如此规定这个过程：“火首先转化（变化）为海；海的一半转化为地，另一半为闪电”[④]——闪电就是跃出的火。这种说法是很一般性的，而且是很晦涩的。第欧根尼·拉

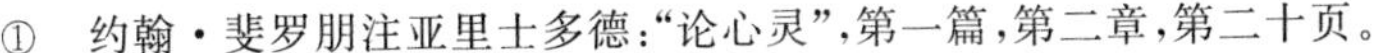

① 约翰·斐罗朋注亚里士多德：“论心灵”，第一篇，第二章，第二十页。

② 参看亚里士多德，“形而上学”，第一卷，第四章。

③ “第欧根尼·拉尔修”，第九卷，第八节。

④ 亚历山大里亚的克雷门：“基本问题”第五卷，第十四章，波特本，第七一二页（斯特方“哲学诗篇”，第一三一页）。

342 尔修[1]说："火凝缩变为潮湿，到固定时它就变成水"，熄灭的（烧尽的）火就是水，就是过渡到冷淡的火，"但干硬的水变成土；而这就是下降的路。接着土又变成流质（被熔化），从它又产生潮湿（海）：从此潮湿又产生海的气化，从此气化而发生万物"，气化之物再变成火，火作为火焰冒出来；"这就是上升的路"。因此这一切都是火的一般变形。"水自身分裂为黑暗的气化之物，变成为土——纯粹的、发光的变成火，在太阳系里它发起火来；火花变成陨星、行星和星辰。"它们并不被视为静止的、死的星体，而被视为在变中、在永恒的产生中的东西。这些东方式的、形象化的词句是不能以粗糙的感性的意义来了解的，亦即不能说这些变化是在外在知觉中出现的，反之，它们是这些原素的本性；土永恒地给自己制造着太阳和行星。

自然就是这样的圆圈。在这个意义上我们听见赫拉克利特说道："宇宙并不是上帝造的也不是人造成的，它过去是、现在是，而将来也是一团永远活生生的火，它按照它自己的规律燃烧和熄灭[2]。"我们可以理解亚里士多德所引用的话了，原理是灵魂，因为灵魂是气化——是世界的自己运动的过程；火就是灵魂。与此相
343 联系的亚历山大里亚的克雷门还有另一种说明[3]："对于灵魂（有生命的东西）说来，死就是变成水；对于水说来，死就是变成土；反过来从土里产生出水，而从水中产生灵魂。"因此一般讲来这个过程就是熄灭的过程，对立回复到统一的过程，熄灭者重新苏醒的过

① 第九卷，第九节。

② 亚历山大里亚的克雷门，第五卷，第十四章，第七一一页。

③ "基本问题"，第六卷，第二章，第七四六页（斯特方"哲学诗篇"，第一三一页）。

程，从"一"中发生的过程。有几个人[1]错误地把灵魂的熄灭、火的熄灭于水和最后产生的燃烧叙述成世界的燃烧。说赫拉克利特曾讲到世界的燃烧，即在某一时间（有如我们观念中的世界末日）之后世界将在火里毁灭，这不过是幻想的表象而已。但是立刻我们从最确切的段落[2]中看到，世界的燃烧并不是像他们所意谓的那样，而是持久的燃烧、友谊的生成，——宇宙的普遍的生命、普遍的过程。"赫拉克利特说，生命既像死亡一样交织在我们生活中，同样也交织在我们的死尸中；因为当我们生活时，我们的灵魂业已死亡并埋葬在我们身中：但当我们去世时，我们的灵魂又复活并生活起来。"[3]

关于赫拉克利特说火是有生命的，是灵魂，这话还有一种可能显得很奇怪的说明，即："最干燥的灵魂是最优良的灵魂。"[4]诚然我们不致把最湿润的灵魂认作最好的，但却可从另一方面说，最生动的灵魂是最好的；在这里干燥的意思即是火热的，所以最干燥的灵魂就是纯粹的火，而这个东西不是不生动的，它就是生动性自身。

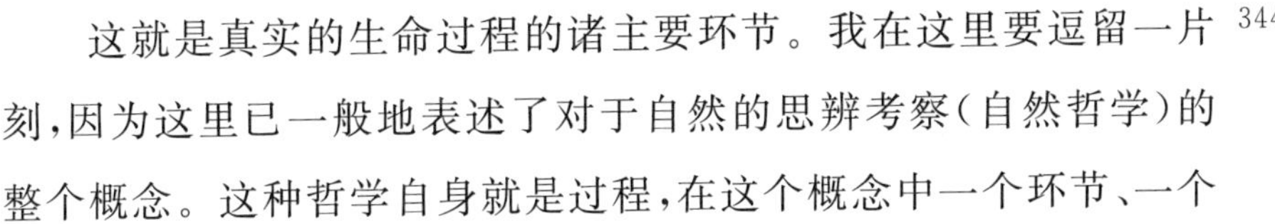

这就是真实的生命过程的诸主要环节。我在这里要逗留一片 344
刻，因为这里已一般地表述了对于自然的思辨考察（自然哲学）的整个概念。这种哲学自身就是过程，在这个概念中一个环节、一个

① "邓尼曼"，第一卷，第二一八页；"第欧根尼·拉尔修"，第九章，第八节。欧瑟比由："福音之准备"，第十四卷，第三章。

② 参看斯托拜欧："自然的牧歌"，第二十二章，第四五四页。

③ 塞克斯都："皮罗学说概略"，第三卷，第二十四章，第二三〇节。

④ "普鲁泰克"，de esu carnium，第一卷，第九九五页。克须兰版。

原素过渡为另一环节、另一原素：火变为水，水变为土和火，关于原素的变化及与不可变性的争论是早已有的争论。在这个概念里分别开普通的感性的自然探究与自然哲学。从思辨的观点看来，单纯的本体自在地变形为火及其他原素；而从另一种观点看来，所有过渡都被取消了，水就正是水，火就是火，如此等等——没有概念，没有绝对的运动，仅有发生，即仅有业已存在的事物之一种外在的分离。如果说前一种观点主张变化，那么后一种观点就相信能够指出相反的一面来；诚然它也主张水、火等等不再是简单的元素，而是把它们分碎为氢气、氧气等等——但是仍主张它们的不可变性。它同时也公正地主张，从思辨的观点看来，自身应该是什么的东西，也必然还是具有实在的真理性；因为如果思辨的概念就是自然及其环节的本质的话，那么它也必然是现存的了。（人们想象思辨的概念只存在于思想或内心之中——这就是说，人们不知它在何处。）思辨的概念也是**现存**的；但是自然科学家由于他们狭隘的概念而闭眼不见它。

我们常听到他们〔自然科学家〕说，他们只是观察并说出他们所见的；这话并不是真实的，而〔事实上〕是：他们不自觉地通过他们〔有限和呆板〕的概念直接改变着所见之物。而这个争论也就不是观察与绝对的概念之间的对立，而是褊狭的固定呆板的概念与
345 绝对的概念间的对立。他们认为变化，例如水变为土的变化，是不存在的。直到最近这种观点还被主张着，因为当水蒸发的时候，曾留下一点土的残余。拉瓦谢曾经作了一个正确的实验，把所有的盛水器都称过；他得到一点土的残余，但是他从比较中得出结果，说这点残余是从盛水器来的。他们承认有一种表面的〔变化〕过

程，这过程并不能克服〔或改变〕实体的性质："水并不变成空气，而只变成蒸汽，同时蒸汽又永远凝缩成水。"但是在那里也跟在这里一样，他们只把片面的有缺陷的过程固定起来，并把它当成绝对的过程。当我说："自然过程是各种条件的全体"时，意即如果这些条件缺少了几个，就要产生与具备所有条件时不同的东西。铁变成磁铁，并不是当我烧红它的时候，而是用某种方式使它们相互摩擦的时候；诚然也有这种情形，摩擦之后，铁还是一样的铁。机械的分割永远仅仅是可能的；——一座房子能分割成石与砖，这些东西是作为石与砖而存在着的。牠们只是在这个意义上说及全体与部分的关系，而没有说及思想的环节；——他们得到这些环节，然而这些环节对于他们是自在的，不可见的，潜伏的，而不是积极的（作为环节），但是在这里这些环节还是被当作表象。但在实在的过程中，在自然过程中，他们有这种经验：溶解了的结晶体成为水，而在结晶体中水则消失了，变硬了——成为"结晶水"；土的气化并不以蒸汽的形式（就外表状态而言）出现在空气中，而是：空气始终是完全纯洁的，亦即氢气在纯洁的空气中完全消失了。他们曾完全白费气力地在空气中去寻找氢气。他们同样又有这种经验：在完全干燥的空气中，他们既不见潮湿，又不见氢气，而这种空气却转化为云雾和雨等等。这就是他们的观察，但是他们由于凝固的概念 346
而败坏了对于变化的一切知觉；——这就是说，他们带来了关于全体与部分的固定概念，带来了从部分构成一件事物的概念，带来了关于一种表现正在发生的东西的已经预先存在的概念。结晶体分解产生水，他们就说："那并不是发生了水，水在以前已经存在其中了"；水在过程中分解，产生了氢气和氧气：——"这些不是发生的，

而是在以前就作为部分而存在了，水就是这些部分构成的。”但是他们既不能在结晶体里指示出水，也不能在水里指示出氢气和氧气来。他们对待“潜热”也是同样的。正如对于知觉和经验的一切表达一样，当一个人说话时，在他的话里就有一个概念，他是不能制止这概念在意识里再行产生的——因为在这一切里都常包含着普遍性和真理的微波。因为概念正是本质；但是只有对于有教养的理性，它才成为绝对的概念，而不像在这里一样限于规定性中。他们必然地达到他们的界限，这样，他们的苦恼就是在水里找不到氢气。温度计，从高地用气球带来的充满空气的瓶子，都不能给他们指示出氢气是存在的。结晶水不再是水了——变化了，变成土了。

回到赫拉克利特吧，他就是第一次说出了无限的性质的人，亦即第一次把自然了解为自身无限的，即把自然的本质了解为过程的人。哲学存在的开端必须自他始——这开端便是长存的理念，这个理念在所有哲学家中一直到今天还是同一的理念，正如它过去是柏拉图和亚里士多德的理念一样。

〔三　过程之为普遍及其对意识的关系〕①

在他所讲的理念〔过程〕方面还缺少这点：即把理念〔过程〕的本质、理念〔过程〕的单纯性当作概念、当作普遍性来认识。人们可能觉得这里找不到亚里士多德所说的不变的静止的东西。**过程**尚
347 未当作**普遍**来理解。赫拉克利特诚然说过：一切皆流转，无物常

① 译者增补。

住，仅“一”常存。但这还没有表达出真理和普遍性；这是在对立中存在着的统一的概念，而不是自身反省的抽象的概念。这个与运动、与诸个体的过程相统一的“一”就是普遍、类、理智，或者就其无限性说，即作为思想的单纯的概念。作为这样性质的理念是尚待规定的——即阿那克萨戈拉的“心灵”。普遍是在对立中的直接的单纯的统一，是不同的东西回归到自身的过程。但是这在赫拉克利特那里也有了。赫拉克利特把这个普遍、这个在对立中的统一——有和无是同样的东西——叫做“命运、必然性”[1]。必然性的概念正是这种概念：存在者作为被规定者，具有这样的性质（这性质构成它作为一个个体事物的本质），即它是什么，正由于它与它的对立物相联系；——这就是“贯穿在全体的存在中的绝对关系（λόγος）”。他把这绝对关系叫做“以太的躯体，万有变化的种子”[2]。在赫拉克利特看来这就是理念，就是普遍本身，就是本质。这就是静止的过程，——如兽类是不变的东西，是接受自己的（回归自身的）单纯的过程。

除此以外，我们现在还必须来观察，赫拉克利特给本质（即世界，存在的东西）对意识、思想什么样的关系。就全体而言，他的哲学有一种自然哲学的形态；原理虽然是逻辑的，但是就其自然形态 348
说它是被理解作一般的自然过程的。Λόγος（法则）如何进入意识？它与个体的灵魂关系如何？这里我要详细加以说明；这是一种美丽的、天真的、淳朴的真实地谈论真理的方式——这儿谈到普遍、

[1] “第欧根尼·拉尔修”，第九卷，第七节；辛普里丘注亚里士多德：“物理学”，第六页；斯托拜欧：“自然的牧歌”，第三卷，第五十八——六十页。

[2] 普鲁泰克：“诸哲学案”，第一卷，第二十八章。

意识的本质和对象的本质的统一及客观界的必然性。

赫拉克利特关于认识所说的话现在保存有很多段落。从他的原理——万物存在，同时又不存在——直接出发，他解释道：感觉的确信是没有真理的。因为感觉的确信正是这样的东西，对于它那存在的东西好像是存在的、确定的——这就是说：这种感觉确信是这样的确信，对于它存在的东西实际上并不存在。这种直接的存在并不是真正的存在，而绝对的间接性、被思维的存在、思想才是真正的存在，在这里存在得到统一的形式。“我们在清醒时所看见的是死的东西，在睡眠中却是一个梦”①，因为，只要是我们看见的东西，就是一个顽固的东西，就是固定的形象。赫拉克利特在这方面论及感性知觉道：“人的眼和耳是最坏的证人，如果它们有着粗野的灵魂的话。理性（λóγos）是真理的裁判者，但不是任意武断的，而是唯一神圣的、普遍的裁判者”②，是尺度、是贯穿宇宙的实体的韵律。绝对必然性正是这种在意识中的真理；但是，这种东西并不是每一种关涉到个别东西的思想，也并不是每一种在其中仅有形式或表象的内容的关系。而是普遍的理智，对于必然性的已发展了的意识，主体与客体的统一。“广博的知识并不能教导人的

349 心灵；否则它就已经教导赫西阿德、塞诺芬尼和毕泰戈拉了。唯一的智慧是：认识统治万有时理性。”③

塞克斯都进一步叙述了主观意识即特殊理性对普遍理性、对自然过程的关系。这种关系带着高度的物理形态；它有点像我们

① 亚历山大里亚的克雷门：“基本原理”，第三卷，第三章，第五二〇页。

② 塞克斯都·恩披里可：“反数学家”，第七卷，第一二六——一二七节。

③ “第欧根尼·拉尔修”，第九卷，第一节。

所了解的做梦的或疯了的人与清明意识状态的关系。清醒的人是以一般的方式，即适合于事物的方式，也即是其他的人用以对待事物的那种方式来对待事物。塞克斯都像这样告诉我们有关这点的规定[1]："所有我们周围的东西都是合逻辑的、理性的"，——这就是必然性的普遍实质。普遍性有着清明意识的形式；客观的存在、客观性是合理的，但并不因此就是伴有意识的。如果而且只要我们是在这种清明意识状态和意识的客观性的客观合理的联系中，那么，虽然我是在有限中——作为一个有限者我是在外在的联系中，那么，不管在睡梦中和清醒时都是在这种联系的范围内；——但是只有当我们有了理解、清明意识和自觉，而不是在睡梦中时，我们才意识到这种联系的必然方式、客观性的形式——在有限性中的理念。

“如果我们经由呼吸而吸入这种普遍的本质，那么我们就变得
理智；但只有清醒时我才是如此，在睡眠中我们就忘记了。”这种理
解的形式就是我们叫做“觉醒”的东西。这种觉醒、这种对外在世
界的意识是属于理智的范围的，不过是一种情况；而在这里却被当 350
作理性意识的全体了。“因为在睡眠中”（据说）“感觉的通路关闭
了，在我们之内的理智和周围的联系隔断了。而只有呼吸的联系
保存着，就仿佛”（只是）这种联系（即清明意识的情况）的“一条
根”，它在睡眠中也存留着——这并不是特殊化的，而是抽象的成
分；因此这种呼吸和一般的呼吸是有别的，即与他物对我们之存在
是有别的。人的理性就是这个与客观事物相联系的过程。因为我

① “反数学家”，第七卷，第一二七节。

们不是与全体联系，所以我们只有做梦。“这样一隔离，理智就失去了它从前曾有过的意识的力量。”[①]仅仅作为孤立的个别性的精神就失去了客观性；它不是在个别性中的普遍思想，也就不是那种把自身作为对象的思想。

“但是它（理智）在觉醒的人中，通过感觉的道路，像从窗户向外瞧一样，便与外界建立联系而获得逻辑的力量”——这是朴素的唯心论。“正如炭近火则燃烧，离火即熄灭一样，部分也是这样”——必然（见上）——“当部分〔理智〕与在我们身体中的环境相隔绝时，由于这种隔离，它差不多变成非理性的了”；——这种思想正与以为智慧是上帝在睡眠中、在梦游中给予的那些人们的意见相反。“但是在与无数通路的联系中必然性就同样与全体联系起
351 来”[②]。觉醒是实际的客观的意识，是对普遍、对存在的认识；虽然里面还有自为的存在。[③]

“这个全体、这个普遍而神圣的理智——和它相结合，我们就是逻辑的〔有理性的〕——，在赫拉克利特看来，就是真理的本质。因而那种对一切人显现为普遍的东西，就有信念，因为它分享了普遍而神圣的逻各斯；但是那种属于个别人的东西，由于相反的原因，自身是没有信念的。赫拉克利特在论自然一书的开端说道：

---

① 塞克斯都·恩披里可：“反数学家”，第七卷，第一二九节：μνημονιτή δύναμις，指使观念成为自己所有的力量；Mnemosyne（追忆女神），Mneme 并不就是我们的记忆力（Mnemosyne 是文艺女神之母），一般地是指一切的观念和意识。

② 塞克斯都·恩披里可：“反数学家”，第七卷，第一三〇节。

③ 值得注意的是邓尼曼（第一卷，第二三三页）说，赫拉克利特说过：“思想的根据、思想力是在人之外。”这点他是引用塞克斯都·恩披里可：“反数学家”，第七卷，第三四九节。

‘因为环境是理性（Vernunft，λόγος），所以人们在他们听见以前和他们刚听之初都是无理性的。因为一切事物之发生既均系按理性而发生：当他们来研究我所指出（解说、叙述、阐明）的言论和作品时（这些言论和作品是我依照每一事件的性质去区别并解说其真实关系而指出——解说、叙述、阐明的），他们还是无经验的。但是其他的人并不知道他们清醒时所行的，亦如他们遗忘了在梦中他们所行的一样’。”①

赫拉克利特继续说：“我们依照对神圣理智（Verstand，λόγος）的分享而做一切事，想一切事。所以我们必须”仅只“遵从这个普遍的理性。但是许多人生活着，好像他们有一种自己的理智；但是，理性不是别的，只是对于宇宙的安排（结构）的方式（ἐξήγησις τοῦ τρόπου，转折、变化，τῆς τοῦ παντὸς διοιχήσεως）之阐明——（意
识、阐述、洞见）。所以，只要我们分享关于它的知识，我们就是在 352
真理中；但是，只要我们有着特殊的东西”——（个人特有的东 349
西）——“我们就是在错误中。”②多么伟大而重要的字句啊！人们不能比这更为真实、更为朴素地来表现真理了。意识只有作为普遍性的意识才是真理的意识；但是，个别性的意识和个别的行为，一种在内容或形式方面特别异样的创新，是非真理的，是坏的。因此错误只在于思想个别化——罪恶与错误是由于与普遍分离。人们通常认为，当他们思想某物时，则他们所想的必须是特殊的东西；这是一种错觉。

赫拉克利特尽管主张感觉知识中没有真理，因为一切存在的

① 塞克斯都：“反数学家”，第七卷，第一三一——一三二节。

② 塞克斯都：“反数学家”，第七卷，第一三三节。

都流转着，感觉确信的存在当其存在时是不存在的；但他也同样认定在知识中客观的方法仍然是必要的。我所知道的合理的与真实的东西是既从对象性中，亦从感性中，从个别中，从确定和存在着的东西中回归〔到普遍性〕。而理性自身所知道的也同样是必然性或存在的普遍性。这就是思想的本质，亦即世界的本质。斯宾诺莎[①]的真理观与此相同："在永恒的形式下观看事物。"理性之自为存在并不是一个没有对象的意识、一个梦，而是一种自为的知识；但是这种自为存在是觉醒的，或者说是客观而普遍的，是对一切人都是同一的。梦是对某种唯我所知的东西的一种知识。幻想和幻
353 想一类的东西正是如此的梦。同样，感觉是这种方式，即某物仅为我而存在，我有某物在我——作为主体——之中；感觉无论被说成如何高尚，但实际上它对于我——作为主体——乃是我所感觉到的，而不是离我独立的对象。而真正说来这个对象对于我是作为自身独立存在的东西，而我对于我自己说，是没有主观性的；同样，这个对象并不是一个幻想的对象，不是仅为我所造成的对象，而是本身普遍的对象。

除此以外赫拉克利特还有许多另外的残篇和个别的语句等等。例如："人是有死的神，神是不死的人；对于前者死亡就是生，而生活就是死。"[②]神之死是生，神之生是死。神圣是那种通过思

① "伦理学"，第二部分，命题四十四，绎理二（保罗本，第一一八页）。

② 法布里修注塞克斯都·恩披里可："皮罗学说概略"，第三卷，第二十四章，第一八五页，附注 C（赫拉克利特："荷马寓言"〔Heraclides，allegoriae Homericae〕，第四四二——四四三页，加尔本；亚历山大里亚的克雷门："教育论"，第三卷，第一章，第二五一页，波特本）。

想而超越了单纯的自然性的提高；单纯自然性是属于死亡的。〔在塞克斯都（“皮罗学说概略”，第三卷，第二十四章，第二三〇节）那里我们又读道：“赫拉克利特说，生与死都结合在我们的生活以及死亡里；因为当我们活着时，我们的灵魂是死的，并埋葬在我们里面，但当我们死时，我们的灵魂超升并活着。”〕[①]

关于赫拉克利特，在事实上我们可以说，苏格拉底曾说过的同样的话：赫拉克利特的还残留给我们的东西是优越的；但已遗失了的，我们必然设想，大概也是同样优越的。或者，如果我们希望命运是公正的，我们的后代永远保存最好的东西；那么关于赫拉克利特的残篇我们至少必须说：它是值得保存的。

戊、恩培多克勒、留基波、德谟克里特

在研究恩培多克勒时，我们同时研究留基波和德谟克里特。在他们那里出现了感性事物的理想性，同时也出现了普遍的规定性或到普遍的过渡。恩培多克勒是一个毕泰戈拉派的意大利人， 354
他倾向于伊奥尼亚派，留基波倾向于意大利派。

一　恩培多克勒

恩培多克勒的残篇曾多次收集起来。（一）莱比锡的施图尔兹收集了四百余首诗歌：“阿格里根特的恩培多克勒；他的生平和哲学阐述，从古代纂述家搜集来的残余诗篇，施图尔兹整理、解说、并

① 据米希勒本，第二版，英译本，第二九七页增补。——译者

著导言和索引。一八〇五年莱比锡（谷申版）出版，共七〇四页。”（二）派朗曾收集了恩培多克勒和巴门尼德的残篇：“恩培多克勒和巴门尼德残篇，派朗纂释。”一八一〇年在莱比锡出版。在伏尔夫的“文录”（Analecta）有一篇锐德论恩培多克勒的论文。

恩培多克勒生于西西里岛的阿格里根特，而赫拉克利特则是小亚细亚人。于是我们又回到意大利，历史在这两个地方交替着，在作为中心的希腊本土，哲学还未出现。恩培多克勒大约在第七十届奥林比亚赛会诞生；成名于第八十届奥林比亚赛会（纪元前四六〇年）[①]。据施图尔兹[②]引多德威尔（Dodwell）[③]的话：在第八十五届奥林比亚赛会的第二年巴门尼德已六十五岁，因之芝诺是生于七十五届奥林比亚赛会的第二年，因而他比他的同学恩培多克勒大六岁。恩培多克勒当毕泰戈拉在七十七届奥林比亚赛会的第一年或第二年死时只有一岁。按多德威尔的说法，恩培多克勒生于七十七届奥林比亚赛会的第一年（纪元前四七二年）。亚里士多

355 德[④]说：“按年龄他在阿那克萨戈拉之后，但按事业是在他以前。”他是否在时间上更早从事哲学思维是不确定的；但是他的哲学就概念的阶段说比阿那克萨戈拉的概念是早些，不成熟些。

在关于他的**生活情况**的记载中，看来他与毕泰戈拉一样是一个有异行的人和魔术家[⑤]。当他活着的时候，他在国人中享有极

① “邓尼曼”，第一卷，第四一五页（“第欧根尼·拉尔修”，第八卷，第五十九节）。

② 施图尔兹原著，第九——十页。

③ “论毕泰戈拉年代”，第二二〇页。

④ “形而上学”，第一卷，第三章。

⑤ “第欧极尼·拉尔修”，第八卷，第五十九节。

大的名誉和光荣；他的声誉传播甚广[①]。他死后人们在他故乡中为他建立了一座雕像。他并不像赫拉克利特那样离群索居；而是像巴门尼德之于爱利亚一样，对其国人及阿格里根特国家事务的管理有很大的影响。他有这样的功绩：在阿格里根特国王麦顿(Meton)死后，使阿格里根特有一部自由宪法，并使所有的公民皆有同等权利[②]。同样他也摧毁了阿格里根特公民多次图谋夺取他的祖国政权的企图；——而当国人对他的尊敬到达要他做国王的高度时，他拒绝了他们，继续做一个受人尊敬的老百姓[③]。

正如关于他生活中别的情况一样，关于他的死也有许多神话[④]。在他的生活中，他的行动很出色，同样他也想通过他的死而得到尊重，要死得不平凡，证明他是一个不会死的人，他只是遁去了。一说在一次宴会之后他突然消失；一说他与朋友一道在艾特纳(Aetna)火山上，转眼他们就不见他了。他到底成了什么，由下 356
面的事实泄露了出来：他的一只鞋从艾特纳火山中抛出来而为他的一个朋友发现，由此就可清楚地说明，他已跳入火山，他以此方式逃避人们的视线，同时引起这种意见：他不是死了，而是超升于神灵之列了。这个虚构的起源和原因似乎单就在一首诗的一些诗句中便可说明他的佞妄。他说道[⑤]："啊！你们居住在黄色的阿克拉伽大城内的朋友们，你们忙于崇高工作的朋友们，我向你们致

① "第欧根尼・拉尔修"，第八卷，第七十三、七十六节。

② 同上，第七十二节。

③ 同上，第六十三——六十六节。

④ 同上，第六十七——七十一节。

⑤ 施图尔兹，上面引证过的书，第五三〇页。又见第三六四——三七六页。

敬！对于你们我是不死的神，不再是有死之人。我四处周游，万人尊敬，献我以钻石之冕和绿色的花冠。当我来到繁荣的城市，同样为男女所尊敬。千万人追随着我，询问着解救之道，有些人需要预言，有些人索求着医治许多病症的福音。但是我何必絮絮叨叨于这些东西呢，好像我做了什么了不起的事情，我这样在这有死的终归毁灭的人群中逗留。"但是与这种自己夸赞相关的是：我为人高度尊敬，但这有什么价值呢。这诉说出他对于人们给他的光荣的厌烦。

恩培多克勒曾以毕泰戈拉派为师，并和他们交游，因而有时他也如巴门尼德和芝诺一样被算作毕泰戈拉派；但是除上面所指出的以外，是没有其他理由的。他是否属于毕泰戈拉盟会是可疑的；他的哲学并无毕泰戈拉派的模样。他也被认为是芝诺的同学[①]。

357 关于他的**哲学**，对于我们说来诚然还保留了许多片段的自然哲学的思想和教训的言论；在他那里似乎思想更深入了实在性，而对于自然的认识有了更多的展开和广度。但是我们在他那里比起在赫拉克利特那里更少发现思辨的深度；而是愈益沉没在实在的观点的概念——一种来自自然哲学的训练或对自然的观察。说到支配他的哲学并主要是在他的哲学中开始出现的确定的概念，那就是化合或综合。作为化合来说，就第一次呈现了对立物的统一。在这个思想（化合）把握住普遍以前，静止的对立物的统一（这个在赫拉克利特那里出现的概念）从表象看来，是被认作化合的。他是

① "第欧根尼・拉尔修"，第八卷，第五十四——五十六节。

那些流传至今的通俗观念：火、空气、水、土四种物理元素的创始人。化学家把元素了解成一种化学上单纯之物；那么这四种元素也不再是元素了。

现在我想简短地说明他的思想；他的哲学并没有很多东西。我把所报道的许多个别之点综贯为一个有联系的全体。

亚里士多德[1]简短地把他的思想这样总结起来："恩培多克勒"在三种元素：火、空气、水（这些中的每一个在从前被这个或那个哲学家认作原理）之外"加上作为第四个原理的土"；并且说："这些东西永远常在，并不变易，只是按多少不同而化合、而分离，总合为一，而又从一出来。"碳素、金属等等都不是那种常在而不变的独 358
立存在物；所以它们并不意味着什么形而上的东西。依恩培多克勒看来情形是这样的：每一个东西之发生是由于四种元素的某种化合。如果我们把这四种元素当作普遍的元素来观察，那么对于我们的普通观念说，它们就不是那些感性的东西。因为从感性看来：还有许多别的不同的感性东西。例如，一切有机物都是属于另一类；再如，土作为简单的纯粹的土，是不存在的，而只有复杂的特殊性的土。当我们听到四种元素时，这里面就包含着由感性的观念提高到思想。

关于它们相互关系的抽象概念，亚里士多德继续说道[2]，恩培多克勒（与赫拉克利特一样）"最初"并不只把四种元素作为原理使用，而且还有"友谊和仇恨"。仇恨〔即敌对〕我们在赫拉克利特那

① "形而上学"，第一卷，第三章；"论生灭"，第一卷，第一章。

② 同上，第四章。

儿已见过了；不过马上我们可以看见，它们〔即友谊与仇恨〕是属于另一类的：因为正确地说它们是某种普遍的东西。在恩培多克勒看来，四种自然元素是实在的，而友谊与仇恨是思想的原则。我在这里引用亚里士多德所作的注解来说明。

（甲）“假如人们不只像恩培多克勒那样讷讷不清地说到这一点，而是在它应有的结论中并以理智为准绳来理解这点，那么人们就会看到，友谊是善的原则，而仇恨是恶的原则。以致人们在某种程度上能够说恩培多克勒第一次把善与恶建立为绝对的原则；因为这个善是一切善的原理，这个恶是一切恶的原理。”亚里士多德在这里指出了“普遍”的痕迹，因为研讨自在而且自为的原理这个

359 概念，对于亚里士多德是必要的。但是这只能是这样一种概念或思想，它自身直接是自为的（自在的并不自为，而是为他，如有与无的形式统一）；这样的原理从前我们还未曾看见，而是在阿那克萨戈拉那里我们才第一次发现。亚里士多德在赫拉克利特那里找不到善的原理，因而他想在恩培多克勒这里去发现它。我们了解的善是指自在而且自为的目的，是指自身完全巩固的东西。我们曾多次表示，亚里士多德在以前的哲学家那里找不到运动这一原理；他说，人们不能从“有”去理解变化。现在我们在赫拉克利特那里在“变”〔即生成〕的运动中发现了这个原理。但是亚里士多德把一种更为深到的原理叫做“为谁”、“目的”；善是那种为自身而存在的东西。目的是一种内在自为地稳固存在着、自己规定自己的概念；所以它是绝对自为的真理，一切其他的东西由于它而有其存在。如果我们把目的（善）作为真理来说明，那么它就还有行动的特征，自我实现的特征，自身目的的特征，自在自为的概念的特征——目

的自为地规定着自己，并且同时就是产生自己的行为；这样，目的就是理念、概念，这个概念使自己客观化，而在它的客观性中与自己同一起来。亚里士多德在赫拉克利特那里找不到目的的原理、自我保持等同的原理、坚定不移的原理；所以他强烈地攻击赫拉克利特，因为在后者那里只有变异，没有回复，没有目的。他相信现在在恩培多克勒这里找到了它；但同时他说，恩培多克勒仅仅讷讷不清地说到它。

（乙）联合与分离这两个普遍的原理是十分重要的思想范畴。但是亚里士多德进而论及这两个原理的更进一步的关系和特征时，谴责“恩培多克勒既没彻底使用这些原理”，——友谊和仇
恨——“也没有牢牢把握住它们内部的特性；因为在他那里友谊每 360
每实行分离，而仇恨则实行联合。因为，如果宇宙的全体由于仇恨而分离为诸元素，那么由于这样火就联合为一，同样每一其他元素也是如此”。分离也同样必然是联合。被分离的东西，被分离而站在一边的东西，它自身就是一个内部联合的东西——由于这样，被分离物就得到它的独立性。在“大全”中联合起来的诸元素的分离，就是每一元素诸部分自身间的联合。“但是，如果所有的东西由于友谊而再聚集为一，那么，必然从每一”独立物中“再分离出它的诸部分”。因为每一独立的东西都有多种（四种）元素，因此这些元素都是在不同的关系中；化而为一的东西本身就是一个复合体、被分离的东西〔是四种不同的元素在不同的关系中〕[①]，因而聚集同时也是分离，这是一般地一切特性的情形：它是它自身的对立

① 据米希勒本，第二版，英译本，第三一七页增补。——译者

物，而且它必然表现其自身为这样的对立物。一般说来没有分离的联合与没有联合的分离是不存在的——这是一个深刻的看法；同一性与非同一性就是这样的彼此不能分离的思想范畴。亚里士多德的谴责是抓住事物的内核的。亚里士多德注释说："恩培多克勒是第一个"（其实恩培多克勒比赫拉克利特晚些）"提出了这样原则的人，因为他不把运动的原理认为是一，而认为是殊异的互相对立的。"

（丙）我们已经说过，实在的环节是熟知的四种元素。但亚里士多德又说："他"同样"不把它们当作四种"并列而不相干的东西——像我们所说四个相互没有关系的东西一样——"来使用，而是把它们分为两个对立面；他把火单独放在一面，而把其他的土、空气、水认作同一性质，〔另放在一面〕。"这种对于它们之间的关系的规定，恐怕是最有趣味的了。

361 （丁）关于两个观念性的环节——友谊与仇恨——的关系和四种实在的元素的关系（这是观念性的东西的自我实现），恩培多克勒正如亚里士多德所说的那样，是不清不楚地论及它们。他没有适当地区分它们，而是把它们并列起来[①]——就是说，不是一种理性的关系；以致在他的诗中出现了六种元素（如塞克斯都[②]常常所说：恩培多克勒的六种元素）。亚里士多德和塞克斯都保存下来了这几行诗[③]：

① 亚里士多德："形而上学"，第一卷，第八章；第三卷，第一章；第十二卷，第十章。

② "反数学家"，第七卷，第一二〇节；第九卷，第十节；第十卷，第三一七节。

③ 亚里士多德："形而上学"，第三卷，第四章；塞克斯都："反数学家"，第一卷，第三〇三节；第七卷，第九十二、一二一节。

我们以土见土，以水见水，

以空气见神圣的空氧，以火见永恒的火，

以爱见爱，以可悲的斗争见斗争。

于是我们就常常看见它们被认为是并列的，有着同等价值的；但是恩培多克勒显然也分别出两种方式——实在的和理想的——并且曾说出以思想作为它们之间的联系。

由于我们分享了它们，它们就变得是为我们的了。这里我们有了这个观念：精神、灵魂，它们本身就是这些元素的统一和这些元素的同一的整体[①]，——灵魂自身，按土的原则与土相关联，按水的原则与水相关联，按爱的原则与爱相关联。[②] 当我们见火时，这个火就在我们之中，客观的火是为这个火而存在的，诸如此类。

我们已经说过，在这些实在的环节的关系方面，他把火放在一边，而把其他三个作为对立物放在另一边。他也提到这些元素的过程，但他并没有进一步去把握它；特出的是他把它们的统一表象 362
为一种化合。在这个综合的化合中——这是一种没有概念的表面的关系，一部分是相关的存在，一部分是不相关的存在——现在必然出现这个矛盾，一方面建立诸元素的统一，另一方面同样要建立它们的分离：这种化合不是普遍的统一，在这个统一中诸元素作为环节而存在，在它们的殊异性自身中直接为一，并且在它们的统一中直接相异；而是这两个环节——统一与殊异性——陷于彼此分离外在[③]。联合与分离是完全不确定的关系。

① 亚里士多德："论灵魂"，第一卷，第二章。

② 塞克斯都："反数学家"，第一卷，第三〇三节；第七卷，第一二一节。

③ 亚里士多德："物理学"，第一卷，第四章。

亚里士多德引证道：(一)“它并不是一种性质，而只是混合与分离。它只是被人称作性质。”[①]那就是说，组成某物(它由它的元素和部分组成)的那种东西，我们还不能叫做性质，而叫做这些元素、部分的确定的统一；例如：一种动物的性质是其常住的基本的特性、它的类、它的普遍性——是一种单纯的东西。但是恩培多克勒扬弃了这种意义的性质。因为在他看来每一个东西都是简单元素的化合；因此它就不是普遍、简单、自在的真理——并不像当我们叫它做性质时所要表示的东西[②]。亚里士多德所谓性质，是指某种按自我目的而自己运动的东西；——自然在近代这个观念已经消失了。

(二)因为诸元素如此简单地是自在之物，所以真正讲来，在它
363 们中就不能有过程；因为在过程中它们仅仅是变灭的环节，而不是自在之物。如果是这样孤立自在，那么它们就是不变异的，换句话说，它们不能组成为一〔或一物〕；因为在一中恰恰扬弃了它们的存在(或它们的自在存在)。但是，这种一又恰恰为恩培多克勒所建立：事物由诸元素**组成**；——这里**同时**建立了诸元素的统一。亚里士多德正确地说道[③]：“恩培多克勒和自己并和现象界矛盾。因为有时他主张没有一种元素是导源于他物的，而是一切他物均导源于诸元素；但同时他”又通过友谊“让它们变成一个全体”，通过斗争“再从此一中分裂”。“所以由于一定的差别与性质，这个变成

① 亚里士多德：“论生灭”，第一卷，第一章。恩培多克勒的自然哲学残篇，第一卷，第一〇五——一〇八页(施图尔兹本，第五一七页)。

② 参看亚里士多德：“形而上学”，第三卷，第三章。

③ 亚里士多德：“论生灭”，第一卷，第一章。

水，另一个变成火，等等。如果现在把这些一定的差别抽去（这些差别是可以抽去的，因为它们是发生的即非自在的）：则显然是水产生自土，反之亦然。”因为诸元素所由产生的东西就其统一性说恰恰是水；而从此统一性中所产生的土就是从水中产生的。就这样说来，一不是一，而是水加土加空气加火；但这是不应有的，只有一存在。因为它们变为一，那么它们的特殊性——水因此特殊性而为水——就不是自在的，但这和主张它们是绝对的元素或者是自在的，是矛盾的。它们不是自在的；这就是说，它们是在过渡为他物；“因此恩培多克勒究竟是以一还是以多为本质，这点是不清楚的。”他把实在之物当作诸元素的一种化合来观察，但关于它们的起源，他又以为万物是由于友谊与仇恨而发源于一。一般说来这是综合的表象能力的本性；这种时而执著统一性、时而又执著复 364
杂性，而不能把这两个思想聚在一起的情形，正是通常缺乏思想性的情形；——一被扬弃了，**因而**不是一。

这就是恩培多克勒的主要思想。恩培多克勒的诗人气质甚于一定的哲学家气质；关于他，我们并无大的兴趣。恩培多克勒的综合，是作为相互关系的一种补充而属于赫拉克利特的。赫拉克利特的思辨理念（作为过程）一般说来是有实在性的；但是个别的环节并不一一是概念——并没有实在性。恩培多克勒关于综合的概念至今还有影响。

二　留基波与德谟克里特

留基波和德谟克里特更令人有兴趣些；他们继续了爱利亚学派。这两位哲学家是属于同一哲学系统的；说到他们的哲学思想时，我们应当把他们一起提出来，加以考察。留基波较年长。德谟克里特是留基波的学生和朋友[①]；他完成了留基波所开始的工作；但是在这些工作中到底哪些是属于他的，则很难分辨——在历史上是不能指明的。

在恩培多克勒那里，我们见到特殊性这个原理——分离的原理——的出现。差异性被提到意识前面，乃是一个重要的环节；但是这些原理一方面有着物理存在的特征，诚然另一方面也有着观念存在的特征，但其形式还不是思想的形式。反之在留基波和德谟克里特那里，我们发现了更为观念化的原理——原子与虚空；思想的范畴更进一步地深入客观界——这就是关于物体的形而上学
365 的开始；或者说，纯粹概念获得了物体性的意义，思想过渡到对象的形式。这个学说就全体而论是不成熟的，是不能令人满意的。

关于留基波的**生活情况**[②]我们完全无所知，甚至他生于何处也不知道。有些人说他是爱利亚人，另外一些人说他是阿布德拉人（因为他和德谟克里特在一起过；阿布德拉在爱琴海岸的色雷斯），一说是梅罗人（梅罗是离伯罗奔尼撒海岸不远的一个海岛），或者如辛普里丘所说甚至是米利都人[③]。关于他曾听过芝诺讲学，是芝诺的朋友这一说法较为确定；似乎他和芝诺以及赫拉克利特几乎是同时的。

留基波是那个受到恶评的**原子论**系统的建立者，在近代这个系统得到复兴，被认作理性地研究自然的原理。就这个系统本身

---

① 亚里士多德："形而上学"，第一卷，第四章。

② "第欧根尼・拉尔修"，第九卷，第三十节。

③ 参看亚里士多德："物理学"，第七页。

而论，当然它是贫乏的，在其中找不出多少东西。但是留基波的伟大功绩在于他区分了物体的普遍性质和感觉性质，如在普通物理学中所说明的。从思辨的意义上说，普遍的性质是指他把物体凭借概念加以规定，或实际上把物体的本质加以普遍的规定；留基波不是用肤浅的方式而是以思辨的方式来理解存在的特性。如果说物体有这种普遍的特性，例如形态、不可入性、重量，那么人们就以为这不确定的观念——物体——是本质，物体的本质是与这些特性不同的某种东西。但是从思辨的意义上说，本质正是这普遍的特性；换句话说，普遍的特性是本质的抽象内容和它的实在性。对于物体本身说，它的本质永远是纯粹的个别性——这就是本质的 366
特性。但是物体是对立物的统一，而此统一——作为这些宾词的统一——组成了物体的存在；也就是说，这些谓语是普遍性的本质——普遍的概念是本质，或普遍的概念是自在的东西。

让我们回想一下，在爱利亚派的哲学里，“有”与“非有”是对立的，只有“有”存在，“非有”是不存在的；一切消极的东西都出现在“非有”这一边，如运动、变化、思想等；——这些规定都被扬弃了，因为只有“有”存在。“有”还不是正在回复到自身的和已回复到自身的统一，如赫拉克利特的运动和“普遍”。从区别、变化、运动之属于感性直接的知觉中这点看来，我们可以说，“只有‘有’存在”这个论断，是既与眼见的现象、又与思想相矛盾的。因为爱利亚派所扬弃了的“非有”是存在的；爱利亚派提出了“有”与“非有”这两个环节，两者是各不相干的。但是在赫拉克利特的理念中，“有”与“非有”便是同一的，由此表明（如果我们从这个统一中分解出这种意义的话）：“有”存在，但是“非有”也是同样存在，因为“非

有”既然与“有”相同一，则它也同样是存在的。或者说，“有”既是“有”的宾词，也是“非有”的宾词。留基波说出了这一点；在爱利亚派那里实际上已经包含着的道理，留基波把它当作存在的说了出来。

但是“有”与“非有”二者是以具有对象性的规定来说明的，或者说，是以它们对于感性的直观的情况来说明的：这就是充实与虚空的对立。虚空是作为被建立的存在着的“非有”；但是与之相反，充实一般是被建立为对象（实在）的“有”。这就是万物的基本实质
367 及产生①——“为他之有”和“自身反射”〔即自在之有〕是仅仅感性地、而不是自在地被规定出来；因为和虚空一样，充实是自身相等的。

“充实”是不确定的，以原子为它的原理。绝对者是原子和虚空；这是一个很重要的规定，虽说是贫乏一点。因此这个原理是说，原子和虚空是真实者，是自在自为的存在。不是像我们所说的那样，只是单独原子这一个东西，譬如像我们想象的那样在风中浮游着，——在原子之间还同样必然地有“虚无”，他们把虚无规定为消极的东西，为“虚空”。所以这里就是原子论系统的第一次的出现。

关于原子这个原则本身，现在可以进一步指出下面的这些规定和意义。

（一）首先就是“一”、“自为之有”的规定；这样的规定我们还不曾有过。巴门尼德的主要规定是“有”，抽象的普遍；赫拉克利特的

① 亚里士多德：“形而上学”，第一卷，第四章。

规定是过程；“一”、“自为之有”的规定则应归诸留基波。巴门尼德说，“无”是完全不存在的；在赫拉克利特那里，有与无是在过程中；留基波则把积极者认作自为存在的“一”，而把消极者规定为“虚空”。

自为之有是一个基本的必然的思想范畴。原子论的原则并不是已经过时了，从这方面看来，它应当是永远存在的。“一”现在存在，永远存在，并且必然出现在每一逻辑的哲学[①]里作为一基本的环节，但不是作为最后的环节。对于“一”、“统一”、“有”的较具体的规定，现在就达到这样的阶段，即“一”就是“自为之有”。“自为之有”就是“有”之作为单纯的自我关联的“有”。但是重要的是，自为之有也可加以较丰富的规定；“自为之有”是通过否定“其他之有”而达到的自我关联。当我说，我是自己为自己时，这并不是说 368
只是我存在，而是在我里面否定一切他物，把只要显得是外在的他物从我里面排除开。自为之有就是对于其他之有的否定，——而其他之有又是对我的否定，所以自为之有就是否定之否定；而否定之否定我尝称之为绝对的否定性。我是自为的存在，因为我否定了其他之有，否定了那否定者；而这种否定之否定因此也就是肯定。所以这种在自为之有中的自我关联是肯定的，是“有”，这“有”又同样是结果，是通过他物作媒介而达到的结果，——但这也就是通过对于他物的否定；“自为之有”里面是包含着间接性〔即媒介〕的，但这种间接性也同样是被扬弃了的。

“自为之有”是一个伟大的原则。“生成”是从有到无和从无到

---

① 黑格尔：“逻辑学”，第一卷，第二篇，第三章。

有的转化，在这转化过程里，每一个都被否定了；但是建立一种理论，说两者〔即有与无〕都存在着，单纯地在自身内，这就是“自为之有”的原则，这原则在留基波这里得到自觉，并成为绝对的规定。“自为之有”是从“有”“生成”的进程。在逻辑发展进程里，诚然首先出现“限有”〔或译“定在”〕。[1] 但“限有”是表现着的，是映象。它属于现象界范围，因此不能成为哲学的原则。哲学在历史上的发展必须与逻辑哲学的发展相一致。但在这里我们必须指出，有些概念乃是在逻辑上有而在哲学史上却没有的。譬如，“限有”就是这样，假使我们把“限有”作为原则，于是我们在意识里将会具有这样一些想法：有许多东西，这些东西是相对的，它们是在那里，是有限的，并且它们相互间存在着某种关系；——这就是我们的无思想的意识的范畴。

在留基波那里我们现在看见了“一”、“自为之有”的原则；这是主要之点。“一”在留基波那里还是抽象的“一”。这个原则实际上还是很抽象的，虽说它是努力在使它自身具体化；但在这里还是很
369 贫乏的。这个原则的主要的规定就是“一”与统一、“有”相对立；在另一形式中，单一性（原子是个体的、不可分割的、主观性的规定），——普遍性与个体性、主观性相对立。这原则是在一切事物中都涉及的，此其所以是伟大的规定；我们首先知道，在这些贫乏的规定里，我们所得到的是什么东西，即使在具体事物中，我们也认识到这些规定是主要实质。譬如，在自由、权利、法律和意志里，所涉及的便只是关于普遍性与个别性的对立。心灵也是原子，

① 黑格尔：“逻辑学”，第一卷，第一篇，第二章。

"一"；但作为自在之"一"，无限充实之"一"。

在留基波和德谟克里特那里，原子的原则（后来在伊壁鸠鲁那里出现）仍然还是物理的，但也可以出现在心灵方面。在意志范围内，我们可以提出这样的看法，说在国家内个人的意志可当作原子、绝对。这就是近代关于国家的理论，这些理论也有其实际的效准。国家必须建筑在普遍意志上面，——人们说普遍意志是自在自为地存在着的意志——或者建筑在个人意志上面；后者是原子式的，卢梭的社会契约论就是这样，所有这些说法都是从"一"这个思想范畴来的。

"一"的原则完全是观念性的，完全属于思想，即使我们也愿意说：原子存在。原子可以被当作是物质的，但它是非感觉的、纯粹理智的；留基波的原子并不是物理学上的"分子"（molécules）、细小部分。所以在留基波那里出现了这样的观念，即"原子是看不见的"，我们不能够看见原子，"由于原子体积的细小"①，——像人们
在近代关于分子所说那样。但这只不过是一种方便的说法；我们 370
不能看见"一"，因为它是思想的一种抽象，——我们不能用玻璃管和量尺指示出原子（同样也不能指示出原子在视和听方面的感觉性质），人们可以指出的，聚集而成的物质是永远存在的。所以，在近代，人们想要凭借显微镜去研究有机体的内心——灵魂——想要进入，特别是看见或感觉到有机体的最深处。因此，"一"的原则完全是观念性的，但并不是说它好像只是在思想里、在头脑里；而是说，思想是事物的真实本质。留基波所了解的也是如此，所以他

① 亚里士多德："论生灭"，第一卷，第八章。

的哲学完全不是经验的。与此相反，邓尼曼[①]是说错了："留基波的系统是爱利亚学派的反面；他认为经验世界是唯一客观实在的世界，物体是唯一种类的存在。"但原子和虚空并不是经验中的事物。留基波说过，我们借以认识真理的，并不是感官；——这是较高意义的唯心论，不是主观唯心论。

（二）原子的译义是"个体"，只是一提到原子我们便立刻表象出一个具体的个体罢了。这些原则须加以高度注意，因为它们是一种进步；但只要我们进一步去探究，它们的不充分之处也就立刻出现了。〔据亚里士多德所述〕[②]，留基波关于一切具体的，实在的东西的观念是这样的："不过充实者不是单纯的东西，而是无限的多。这种无限的多，在虚空中运动；因为虚空是存在的。它们的联合"（聚集）"造成事物的产生"，——这就是说，造成一个为感官所能见的存在着的事物，——"它们的解散和分离，造成事物的灭亡。"一切其他进一步的范畴均包括在这里面。"原子的主动和被

371 动在于它们的接触：但是它们相接触，并不使它们成为'一'；因为真正的"（抽象的）"一，不能变成多，真正的"（抽象的）"多，不能变成一。"或者说："原子事实上既不主动也不被动"，它们永远是为虚空所分离开的。因为如果原子能主动和被动，则它们将会有相互关系；——这就是说，它们是有相互关系的"一"，而不是绝对的"多"，换言之，不是自在自为地存在着的"多"。而在留基波那里，关联和分离、主动和被动的关系只有"虚空"，——一个本身纯粹否

---

① 第一册，第二六一页。

② 据米希勒本，第二版，英译本，第三〇四页增补。——译者

定的东西，亦即外在于原子的东西；它们的关系是它们以外的某种东西。譬如，当我数金钱，一块，二块，三块……，对这些块金钱来说，既不是主动，也不是被动；它们保持着它们的原样，它们之间并没有关联。因此，原子表面上好像联合在我们所谓“事物”里，但由于虚空而彼此分离开。这虚空也是运动的原则，因为原子在虚空中运动；而这虚空对于原子同样是一种引诱，引诱它们来充实这虚空，否定这虚空。这就是他们〔原子论者〕的一些原则。[①]

我们看见，我们直接来到了原子论思想的极限；因为当我们一谈到关系时，我们便超出了这种思想。(一)第一，像已经提到过那样，有与非有是**思维的**对象，而从**表象**看来，作为在相互关系中的不同的东西(因为两者本身是没有差别的)，就是充实与虚空，——亦即是为着意识而建立起来的有与非有。(二)但充实体亦同样具有否定性在自身内，作为自在自为的东西，它是一个自身排斥对方的对方；它是“一”，并且是无限多的“一”。而虚空是不排斥对方的，乃是纯粹的连续性；——“一”与连续性是对立的。(三)今两者既是如此固定，所以从表象看来，让原子浮游于存在着的连续性 372
〔即虚空〕之中，——它们时而分离开，时而又合拢来——是最自然不过的了；所以原子的联合只是一种表面的联系，虽是一种综合，但这种综合却不是由被联合的东西的本性所规定，反之，在这种综合里，基本上这些自在自为的东西还是分离开的，——它们本身是没有联系的，它们是特殊化的。

但是这种关系乃是完全外在的关系，独立的东西与独立的东

① 亚里士多德：“论生灭”，第一卷，第八章。

西相结合，彼此仍然是独立的；所以这只是一种机械的联合。照这种看法，一切有生命的、精神的……东西只是凑合起来的；变化、发生、创造因此也仅仅是一种联合。这里立刻就表明了整个学说的空疏性。又在近代，特别是通过伽桑第，这种原子论的观念又得到复兴。但主要的问题是，只要人们把原子、分子、细小部分等等认作是独立自存的东西，则它们的联合就只是机械的；被联合者总是彼此外在，它们的结合只是外在的，——一种凑合。

这个观念是如此地空疏，所以我们无需加上近代对于这个观念所部分地加上的东西，如说，在某一时间内曾经有这样一团混沌，一个为原子所充满了的虚空，这些原子后来就得到如此的联合和调整，由于这样，这个世界就从此产生出来了；因而现在还是如此，并且永远如此，那自在自为地存在着的东西就是虚空与充实。自然科学在这样的思想里所寻得的令人满意的方面也正在于这点，即在原子学说里，存在者是存在于它的作为被思想的对象和与它相反对的被思想的对象的对立中，由此便可以作为自在自为的存在者了。因此原子论者一般地总是反对认为世界的创造和保持是由于一个外来的本质的看法。自然科学在原子论里首先感觉到
373 可以从世界没有本源的那个说法里解放出来。因为如果自然被表象为被另一个东西所创造和保存，则自然就会被表象为不是自在之物，它的概念在它自身之外；这就是说，它有一个外在于它的本源，它本身没有本源，它只有从另外一个东西的意志里才可得到理解，——就它本身来说，它是偶然的，没有必然性的，没有对自身的理解的。但是在原子论的观念里我们有了自然之自在性的观念，这就是说，思想发现它自身在自然之内；而这就是令概念感到愉快

的事：恰好即在把握自然之时，就把自然建立为概念。自然在它的抽象本质中，只以其自身为根据，是单纯的、自为的。确定的感性存在，——与“一”相反对或者作为与意识相反对的确定的〔有限的〕感性存在，必定有一个根据：它的原因就是它的对立物；它的根据就是这对立物的统一，——它自己的规定。原子与虚空正是这种单纯的概念。但我们也就不能在这个形式的说法里，——即提出一个极其一般性的简单原则：“一”与连续性的对立；思想在自然里发现其自身；或本质本身是一个被思维之物，——看见或发现更多的东西了。

如果我们从一个较广大较丰富的自然观出发，而要求根据原子论来说明自然，则人们立刻就会得不着满足，且立刻会看到原子论不彻底、不充分的地方，因而不能更有所进。但我们必须立刻超出这些思想。连续性与非连续性的对立就是〔必须超出的〕第一点。它们是纯粹思想的两个环节，是必须立刻超出的。因为这些否定的概念、“一”恰恰不是自在自为的；原子是不可分割的，自身等同的，换言之，原子的本质是被认作纯粹连续的，——它们可说
是直接地结成一团。人们的表象当然可以把它们分离开，给它们 374
一个感性的表象的存在；但它们是等同的，所以它们是纯粹的连续性，——还是仍然与虚空一样。

但凡是存在的都是具体的，有特质的。试问这些特质如颜色，形状是从哪里来的呢？〔原子的联合〕完全是某种外在的和偶然的东西。在这里面我们找不到质的差别；“一”，作为自在自为的存在，失掉了任何特质。我们试假定不同的物质，电、磁、光，其分子是在做机械的旋转：则我们（甲）完全没有涉及统一；（乙）关于现象

的推移我们也没有说出一个理性的字句，——只是字句的往复循环。

（三）留基波和德谟克里特曾想要更进一步；所以才提出“联系”来，亦即扬弃原子的独立性和自在自为的存在。要解释一根植物，就得问：它的特性是从哪里来的？我们如何用原子论的原则去把握殊异性呢？（在政治方面，殊异性来自个人意志。）在留基波那里就有了比原子表面的联合与分离更为**确切的区别**的需要；他是这样去寻求解答的，即他给予原子以更多的规定。因此原子也就被规定为非等同的，当然原子的差别也是无限的。留基波曾试图把“这种差别”更详细地规定为“三个方式”。亚里士多德[①]引证说：“他曾经说过，原子是不同的，（甲）形状不同，如 A 别于 N；（乙）次序（地位）不同，如 A N 别于 N A；（丙）位置不同”，是直立的或躺着的，“如 Z 别于 N。一切的区别都应是从这里来的”。我们看见，这些仍同样是外在关系、不相干的规定。形状、次序和位

375 置乃非本质的关系，——是不涉及事物性质本身的关系，而它们的统一和联系只是在另一个东西里面；——这种联系是无质的差别的，不是通过概念、通过本质而联系起来的，仍是事物的无质的差别的存在。就本身而论，这种区别已经是有矛盾的。原子既然是完全单纯的“一”，便说不上有什么形状、次序；它们相互间完全是等同的，是不能够有这样的差别的，因此它们的位置也是没有区别的。这些规定本身是很贫乏的。这就是把感性的东西归结为少数的规定；但感性的东西是被认作独立的，——在物质中的。

---

① “形而上学”，第一卷，第四章。

关于留基波,亚里士多德[①]说过:“他想要把对于现象和感官知觉的思想弄得更细致一些”,由于他断言“无”与“有”一样,同是存在着的,而这种“有”与“无”同一的看法必然是在概念中的;“所以他认为运动、产生和消灭是自身存在的”,——生成,作为感性直观的对象,由于是原子的分离与联合,本身也是单纯的,自在自为的存在。不过这种分离与联合事实上并不在原子本身内,而乃是外在于原子的;因为原子是纯粹独立的东西,它们的本质不是过程。但是如果他现在更进一步,把原子认作是自身形成的东西,则他诚然是把原子的本质弄得如此地更接近感性直观了,却还是不接近概念。原子形成的过程还须向前进展,而从连续性与分离性的规定向前推进,还有一段很长的途程。

留基波把一切进一步的规定都限制在一点,即一切其他的区别都须从原子的这些规定去理解。所以我们看到他引用了形状这
个规定。亚里士多德[②]说:“德谟克里特和大多数别的古代哲学 376
家,当谈到感性事物时,是很笨拙的,由于他们想要把一切可感觉的东西都弄成一种可以捉摸的东西;因为他们把一切东西归结到触觉。”一切感性的特质都“归结到形状”,归结到分子的不同联合,这种分子的联合使得某一东西成为“有味的”,有香臭的东西。白与黑是如此地不同,他们说是这样形成的:“黑色是粗糙的,白色是平顺的〔原子形成的〕”;——这种尝试也是近代原子论所作的。这种尝试表示理性的冲力,只是它的方式是错误的。这样一种分子

① “论生灭”,第一卷,第八章。

② “论感觉”,第四章。

的排列乃是毫无意义的、不确定的普遍性。这种物质的原则是机械的；从笛卡尔出发的法国哲学家是站在这一方面的。一切具体的东西只是外在的凑合，没有内在的性质，进一步到非机械规定的过渡也是没有的，即或有，这过渡也显得是贫乏的，浅薄的，空疏的。在这种哲学的这些规定里包含有本质的和非本质的——第一性和第二性——的性质的区别；与本质的性质相联系，就得出这样的结论：物贸是独立的和物质是有重量的。

我们更进一步看到，留基波企图根据原子和虚空的原则来构造世界，这看起来好像很奇特。至于留基波如何用这些贫乏的规定进一步向前走，以及由于他把这些思想当作是绝对的东西，因而不能从这些规定里超越出来，而他却想借这些规定来表象世界的全体，——一个同样空虚的表象，——关于这点，第欧根尼·拉尔修[①]曾给我们一个报道，这个报道看起来似乎十分没有意义，但事

377 情的性质不容许有更好的说法了。它除了让我们确见留基波对于世界的表象的贫乏性外，再没有什么可作的了。

他的报道是这样的："原子由于无限者的分离以不同的形状驱使其自身"（这里出现了原子的抗击）"进入太空"——"由于相互的抵抗和一个震撼的摇摆的运动"[②]——；"在这里聚集起来，它们形成了一个旋涡，在旋涡中它们互相冲击，以多样的方式旋转着，于是相同的与相同的就分离开了。但假如它们处在平衡状态，由于它们的数量众多，他们便不能向着什么方向运动：所以那较精微的

---

① 第九卷，第三十一——三十三节。

② 普鲁泰克："诸哲学案"，第一卷，第二十六章。斯托拜欧："自然的牧歌"，第二十章，第三九四页。"邓尼曼"，第一册，第二七八页。

原子走入虚空的外层，有点像跳跃了出来，其余的原子彼此仍留在那里，它们纠缠在一起，互相冲撞，并构成第一个圆的系统。但这个圆的系统停留在那里好像一个壳，这个壳包着所有各种物体在它里面；由于这些物体向着中心逼近，形成一个旋涡运动：于是这个外包的壳变得很细薄，因为按照旋转的倾向，它们不断地聚集在一起。由于这样，地球便产生了，因为这些导向中心的物质停留在一起。这种如像一层壳那样的外围由于外面的物体结成一起又得到增加；由于它（外围）同样在做旋涡运动，它吸引一切与它接触的东西到它自身。一些物体的联合又形成一个系统，最初是润湿的和泥泞的，后来成为干的，并且在全体的旋涡中旋转；后来成为燃烧的，这样就完成了星球的性质。那最外的圈子是太阳，内圈是月亮"等等。

这是一个空洞的陈述。在这些对于圆周运动的沉闷的、混乱 378
的表象里，和在后来叫做引力与抗力的观念里，是没有多大兴趣的，也不能从此更走多远。不同的运动在这里被假定为物质的本质；原子所借以运动的原则是虚空，与肯定相反对的否定。这原则和它的进程是值得高度重视的；但一进到具体事物时，则对这些具体事物更进一步的规定便显得贫乏了。

*　　　*　　　*

德谟克里特可确定是阿布德拉人（在爱琴海岸的色雷斯），这个城市后来由于它的市民的愚蠢行为而有不好的名声。他大概是生于第八十届奥林比亚赛会（纪元前四六〇年），或第七十七届赛会后第三年（纪元前四七〇年）；有一些人说他是生于第七十一届赛会(纪元前四九四年)左右。[①] 第欧根尼·拉尔修[②]指出,他比阿那克萨戈拉年轻四十岁(依这说法,他不生于第七十届赛会,而是生于第八十届赛会);在苏格拉底的年代,他还活着,甚至比苏格拉底还年轻些。他与阿布德拉人的关系传说得很多;关于这点第欧根尼·拉尔修讲述了许多很坏的轶事。他是很知名的,因为他离群索居。他是很富的;他的父亲当泽尔士在希腊行军的时候曾做东招待过他。[③] 有人说他把他的大量财富都耗费在往埃及和深入东方的旅行方面;但后一点却不值得相信。他的财富据称有一百塔仑特[④]之多;如果一个古希腊币塔仑特值一千到一千二百块德国银元的话,那么无疑地他将会有足够余裕的金钱作旅行费用。
379 至于他是留基波的朋友和学生这一点,是一致的报道;但他们在何处聚会过,却没有报道。"当他结束旅行回到祖国之后,他过的是隐遁的生活"(他受到阿布德拉人尊重),"由于他的全部资财都消耗尽了,而他就接受他的兄弟的照拂。他在他的本国人中受到很高的尊敬"——并不是由于他的哲学,而是——"由于一些预言。按照法律,一个用尽父亲财产的人"死后得不到光荣的安葬,这就是说,"不得葬在祖宗的墓场。于是为了使得这种污辱和恶言"——好像他是由于放荡不检而浪费他的财产——"无存在余地,他在阿布德拉人面前宣读他的著作 Διάκοσμος("宇宙秩序论")。于是阿布德拉人赠送给了他五百塔仑特,并且公开给他修

① "第欧根尼·拉尔修",第九卷,第四十一节;"邓尼曼",第一册,第四一五页。
② 同上,第三十四节。
③ Valer. Maxim. Ⅷ. 7;exterm. 4.
④ "第欧根尼·拉尔修",第九卷,第三十五——三十六节。

造了一个雕像，当他大约活了一百岁而死以后，又很隆重地安葬了他。”[①]至于要说这也是一种阿布德拉人的愚行，但就把这段故事传布给我们的人来说，至少他们是没有这种看法的。

我们已经提到过，德谟克里特整个接受了留基波的系统。他说过：“按照意见有热，按照意见有冷，按照意见有颜色、甜和苦；按照真理只有不可分割的〔原子〕和虚空。”[②]无疑地，根据报道，他曾更多地发挥了留基波的思想；我们诚然还保存着一些他的思想，但这些思想没有值得引证的。

“灵魂是圆形的原子”[③]。我们进一步看见，他已涉及意识的 380
关系：就中他涉及对于感觉的起源的解释；据他看来，表象起始于与事物相似的细微表面原子脱离出来，流入眼睛和耳朵等等。[④]此外，——由于形状、次序和位置（一般的形态）既是自在之物的唯一的规定，——究竟这些环节是怎样作为颜色、不同的颜色等等而被感觉到的，——这一点他却并没有给予说明。在这里面，我们看不见什么别的东西，除了：（甲）实在在这里保持它的权利，不像别的人只谈说幻象；（乙）理性的努力真正地趋向于理解现象和知觉的事物。

由此我们看见，德谟克里特曾经对于自在和自为两个环节较明确地说出来了。因为在他看来，只有虚空、原子和它们的规定是自在的，而无关重轻的、不同的存在如热、冷等等，乃是为他物而存

---

① “第欧根尼·拉尔修”，第九卷，第三十九节。

② 塞克斯都·恩披里可：“反数学家”，第七卷，第一三五节。

③ 亚里士多德：“论灵魂”，第一卷，第二章。

④ 普鲁泰克：“诸哲学案”，第四卷，第八章。

在的。但这样一来又同时为坏的唯心论打开了大门，这种唯心论对于与意识相联系的对象，便以为只消说一声那是**我的**感觉，那是**我的**，于是一切就完事了。照这样看法，感性的个别性诚然被扬弃为存在的形式，但个别性仍停留其为同一之多样性；这乃是建立一感性的无思想性的感觉的多样性，在这种多样性里没有理性，而这种唯心论更不能与理性有何关涉。

己、阿那克萨戈拉[①]

这里有一道光芒开始放射出来（诚然它还是很微弱的）：心智
381 被认为是原理。关于阿那克萨戈拉，亚里士多德这样说道：[②]“那一个说生物和自然里面的理性乃是世界和一切秩序的原因的人，与前此那些胡乱说话的人比较起来，乃是一个头脑清醒的人。”亚里士多德说[③]，阿那克萨戈拉以前的哲学家，“可以比作那一类击剑者（我们称他们为自然哲学家），他们在舞剑时虽亦常有些好的击刺，但却非出于他们的技术，这些哲学家也好像对于他们自己所说的话并无自觉的意识。”阿那克萨戈拉才初次具有这种自觉的意识，因为他说，思想是那自在自为地存在的普遍者，纯粹的思想就是真理。阿那克萨戈拉就像醉汉中间一个清醒的人；但是他的击刺有时也还是落空的。

---

① “克拉左美尼人阿那克萨戈拉残篇”，邵巴赫（E. Schaubach）编，一八二七年莱比锡版。

② “形而上学”，第一卷，第三章。

③ 同上，第四章。

我们已看到，曾经有人把“有”、“变”、“一”当作原理，这些乃是思想，是普遍的，非感性的，并不是幻想的表象；但是它们的内容，以及内容的各部分，却是取自感性事物的，所以这些乃是有某种规定的思想。现在阿那克萨戈拉说，普遍者并不是神灵、感性的原理、原素，也不是各种在本质上有定的思想（各种反思的规定），而是思想自身，是自在自为的，是没有对立的普遍者，在自身中包含着一切，这就是实体。这里我们不可把思想本身想象成主观的思想；我们想到思想活动时，总是立刻想到那种在我们自己意识里面那样的思维。反之，这里所指的却是完全客观的思想、普遍者、主动的心智；有如我们说宇宙中以及自然中有心智、理性，——又如我们谈到自然里面的类，这些类就是普遍者。犬是兽，兽就是犬的 382
类，犬的实质；——犬本身就是兽。这个法则、这个心智、这个理性本身是内在于自然中，是自然的本质；自然不是从外面形成的，像人们制造椅子一样。桌子也是按照理性造成的，不过这是一个外在于木材的心智。而当我们一谈到心智时，我们就立刻想到这个外在的形式，仿佛这就是心智。在这里，心智所指的却是普遍者，普遍者就是客体自身的内在本性。这就是原理。在此以前，我们只见过各种思想，现在才见到思想自身被当作原理。

Noῦs（心灵）并不是从外面安排世界的思维实体；如果是这样，阿那克萨戈拉的思想就会完全被破坏了，就会失掉它的全部哲学意义了。因为如果“心灵”是一个外来的个体，一个个别的东西，则它就会完全陷于表象的地位，而二元论也就会产生出来。一个所谓思维**实体**，就不再是思想，而是一个主体。真正的普遍者并不是抽象的，普遍者（善、美、目的）正是这种在自身中而且从自身中

自在自为地规定特殊者的东西，——不是外在的目的。

在谈他的哲学之前，我们必须先考察一下他的**生平**。随着他，哲学才出现于希腊本部，在他之前，希腊本部是没有哲学的，随着他，哲学才来到雅典；在此以前，小亚细亚和意大利是哲学的所在地。阿那克萨戈拉本人是一个小亚细亚人，大半时间却住在雅典。雅典是希腊最强大的城邦，同时也是艺术和科学的所在地和中心。

阿那克萨戈拉生活在希波战争和柏里克勒时期之间的伟大年代。他恰逢那希腊的雅典生活的最美丽的年代，并接触到它的衰落，——或毋宁说接触到它的衰落的开始，美丽的雅典生活死亡的
383 开始。马拉松之役是在第七十二届奥林比亚赛会时；萨拉米之役是在第七十五届奥林比亚赛会时；在第八十一届奥林比亚赛会时（纪元前四五六年）阿那克萨戈拉来到雅典。

阿那克萨戈拉生于第七十届奥林比亚赛会时（纪元前五〇〇年），较德谟克里特为早，就年纪说，也比恩培多克勒年长，但大体上他与他们及巴门尼德是同代的人；他和芝诺年纪相等。他的故乡是吕底亚的克拉左美尼，离科罗封和爱菲索不远，位于一条联结一个大的半岛和大陆的地峡上①。

阿那克萨戈拉结束了我们所讲的这个时期，在他之后，开始了一个新的时期。依照那个被人喜爱的谱系递嬗的见解，即原理总是师徒相传这个见解，因为他是一个伊奥尼亚人，他就被当作伊奥尼亚学派的继续者，当作一个伊奥尼亚派哲学家；因为克拉左美尼

① “第欧根尼·拉尔修”，第二卷，第六—七节。

的赫尔摩底谟是他的先生[①]。为了支持上面这个见解,他还被弄成阿那克西美尼的学生,可是阿那克西美尼的生年却被放在第五十五——五十八届奥林比亚赛会之间,因此比他早了十五次奥林比亚赛会(即是早了六十年)。

他的生平可用下列的话来简述:他献身于科学的研究,避开社会政治生活,作了许多次旅行,而最后,有的说,在他三十岁时,但更可能是在四十五岁时,来到了雅典[②]。他来得最合时,在这个城邦最灿烂的时候来了;柏里克勒正统治着雅典,把它提高到了最光辉的境地,当时可说是雅典生命中的黄金时代。柏里克勒结识了阿那克萨戈拉,并和他交往甚密[③]。当时雅典已达到了它的美丽
伟大的最高峰;特别是此时雅典与拉栖代孟〔按即斯巴达〕的对立 384
最饶兴趣。雅典与拉栖代孟是两个竞争着执希腊牛耳的希腊国家。我们说到雅典就要注意到它与拉栖代孟的对立,——这两个有名国家的原则的对立。拉栖代孟人没有什么艺术和科学。而雅典之成为科学和美术的所在地,必须归功于它的制度和它的整个精神的特质。

拉栖代孟就它的制度来说,也值得给以很高的评价。拉栖代孟人以他们的一贯的制度统制了他们的严峻的多里亚精神〔按即斯巴达精神〕;——一个这样的制度,其主要的特点就是:个性、一切个人的特性都从属于普遍者,从属于国家的目的、国家的生命,或更确切点说,都为这些而牺牲:即是说,个人只有在意识到活动、

① 亚里士多德:“形而上学”,第一卷,第三章。

② “第欧根尼·拉尔修”,第二卷,第七节;“邓尼曼”,第一册,第三〇〇页。

③ 普鲁泰克:“柏里克勒传”,第四章。

生命、行为都是为了国家时，才意识到他自己的荣誉和价值等等。一个具有这样高度统一性的民族，在其中个人的意志真可以说完全消失了，于是形成了一种不可战胜的团结一致；因此拉栖代孟占据了希腊人的首位，执希腊的牛耳，正如我们看到特罗亚时代阿该亚人的情形一样。

这是一个伟大的原则，一个每个真正的国家必须有的原则，不过它在拉栖代孟人那里却停留在片面性中；这种片面性为雅典人所避免，因而雅典人就变得更伟大。在拉栖代孟，特性、个性是被轻视的，因此个人不能够有独立的自由发展和表现；——个性没有得到认可，因此也就没有获得与国家的共同目的契合一致，互相统
385 一。这种共同的生活，这种特殊性、主观性的权利的摒弃，在拉栖代孟人那里发展得很厉害；我们发现这同一个原则在柏拉图的理想国里面也以其特有的形式出现。

但是普遍者之成为一种有生命的精神，却只有当个别意识作为个别意识而存在于其中的时候，——普遍者并不是构成个人的直接的生命和存在，单纯的实体，而是构成那有意识的生命。正如脱离普遍者的个体性是毫无能力的、会趋于毁灭的一样，片面共同的、现行的伦理习惯也同样不能抗拒个体性。拉栖代孟精神不考虑意识的自由，而它的普遍者又与意识的自由相隔绝，因此这种自由必然会迸发出来，而与普遍者相对立。虽则斯巴达人最初乃是作为使希腊摆脱其僭主的解放者而出现，连雅典也靠他们来驱逐贝西斯特拉德的后裔，但他们对其同盟者的关系，不久就变成为一种庸俗的、卑鄙的武力压迫，而在内部，在本国中，也形成了一种暴戾的贵族政治，——同时固定的财产平等（或财产规定，即每个家

族永远保持自己的遗产，并借禁止私有货币、贸易和商业以防止发生财产不均的可能）也变成了一种贪婪，这种贪婪与普遍者相对抗，是残暴而卑鄙的。

特殊性这一重要环节，由于没有被吸取到国家里面，因此没有得到合法化，伦理化（首先是道德化），而是作为罪恶出现。理念的一切环节是存在于一个合理的有机组织中的；如果肝脏被孤立成为胆汁，它并不会因此而增多活动或减少活动，而会作为敌对的东西，表现为与身体、与身体组织相隔绝的东西。

反之，梭仑不仅使法律上的平等、精神的统一成为雅典人的制度，而且他也给予个体性以充分发挥的机会，把政权付托给人民 386
（而非给民政官），雅典人民驱逐了他们的僭主之后，就自己掌握起政权，于是真正地成了一个自由的民族。个人自身之内有着全体，而个人的意识和行为又在全体之中；自由意识的发展，必须在全体里面才能找到。

在雅典人那里，也有民主，并且是比斯巴达更纯粹的民主。每个公民都感到实质上与法律、与国家处于和谐中；但同时却允许个体性、精神、个人的思想去自由选择、表现、发展。这样我们就看到，在这个原则里面，个体性的自由得到了伟大的表现。这个主观自由的原则，最初显得与希腊道德的一般基础、与法律的一般基础，甚至与神话还是相联结的；因而这个原则在它的发展之中，由于精神、天才能够自由产生自己的灵感，于是就产生出那些造型美术的伟大艺术品，和那些诗歌和历史的不朽作品。主观性的原则，至此为止，还没有采取这样的形式，即认为特殊性本身应该得到自由，而其内容亦应是一个主观的特殊内容，——至少要与一般的基

础、一般的伦理、一般的宗教、一般的法律有所区别。因此我们并看不到特殊化观念的表现，而看到伟大的、伦理的、坚实的、神圣的内容在这些作品中成为意识的对象，普遍地被提到意识前面。以后我们将看到主观性的形式将自由地实现出来，并进而与实体、伦理、宗教、法律相对立。

我们在阿那克萨戈拉那里看到了主观性这个原则的基
387 础，——虽则还是完全一般性的基础。他生活于比苏格拉底稍早的时期，但他们还是相互认识的。他来到雅典的时候，雅典的原则就是上面所讲的那样。

在希波战争之后，雅典征服了希腊诸岛的大部分，以及色雷斯一群海权城邦，势力远达黑海。在这个高贵的，自由的，有教养的人民里面，作为国内第一人，——这幸运是属于柏里克勒的；这种情况在个性的评价方面，使柏里克勒的地位提高到很少有人能够与他匹敌。在人类的大事里面最伟大的事，莫遇于统治具有一个共同意志的人们的意志，因为这个统治着的个性必须是最有普遍性而又最富有生命力的；——对于凡人，不会有比这更好的命运了。他的伟大个性，是既深刻又完整，既严肃（他从来不大笑）又勇毅而沉着。[①] 雅典占据了他全部的时间。图居第德为我们保存了一些柏里克勒对人民的演说词，没有比这些演说词更好的了。在柏里克勒的统治之下，出现了伦理社会最高度的文化，这是一个交错点，在这里，个体性尚服从于共同性，并包含于共同性之中，不久个体性就要飞扬跋扈，它的活动就要走到极端，因为国家之为国家

① 普鲁泰克，“柏里克勒传”，第五章。

还没有独立地组织好。由于雅典国家的本质是共同的精神，而个人对共同精神的宗教式的信仰是他们的本质，所以当这种信仰消失了的时候，民族的内在本质也就消失了，因为对于他们，精神并不就是概念，和我们的国家中不一样。到概念的最速的过渡就是"心灵"，就是作为本质而折回自身的主观性，——而非抽象的东西。

雅典是艺术和科学的杰出人才荟萃之地。当最伟大的艺术家 388
云集雅典的时候，最著名的哲学家和智者们也居住在那里：有爱斯基勒，索福克勒，阿里斯托芬，图居第德，亚波罗尼亚的第欧根尼，普罗泰戈拉，阿那克萨戈拉和其他小亚细亚人。小亚细亚本身则落于波斯人之手，而随同它的自由的丧失，他们的哲学也逐渐死去。

阿那克萨戈拉这个时期住在雅典，在柏里克勒从事政治之前，他是柏里克勒的朋友。但也有人说，他后来弄得很窘迫，因为柏里克勒怠慢了他，——没有油供给阿那克萨戈拉点灯[①]。

更重要的是，阿那克萨戈拉如同以后苏格拉底和其他一些哲学家一样，被控告为蔑视人民所信奉的神。理智的散文与诗意的宗教观点发生了冲突。有人确定地说[②]，阿那克萨戈拉把太阳和星辰看作燃烧着的石块（另外还有人说[③]，他还犯了用自然的方式解释先知们认作奇迹——预兆——的事物的过失）；下列的事与这个说法亦很吻合，就是他曾预言在爱戈斯·波大莫之战那天，在雅典人对吕桑德交战而丧失他们最后的舰队的地方，有一块石头会

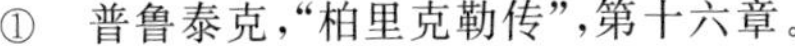

① 普鲁泰克，"柏里克勒传"，第十六章。

② "第欧根尼·拉尔修"，第二卷，第十二节。

③ 普鲁泰克："柏里克勒传"，第六章。

从天上坠下来。①

一般说来，泰利士、阿那克西曼德等人，可以说是把太阳、月亮、大地和星辰当作物体，用各种不同的方式来表象它们——对这
389 些表象是不值得再作更多的考虑的；因为这一方面是属于一般知识的。所有他们关于这类对象的表象中，都包含着这样一个共同点，就是神被他们逐出了自然界。他们破坏了关于自然的那个诗意的观点，这个观点赋予一切本来被视为无生命的东西以一种独特的生命，以及一些感觉，并且人们还可以说，赋予它们以一种大体上犹如意识一样的存在。他们使这种诗意的观点降到散文的观点。太阳被当作是物质的东西，正如我们现在所认为的一样，不再是一个活的神；对于我们，这些东西只是单纯的物体，外在于精神，是没有精神的对象。人们可以从思维引申出事物来；思维所作的主要地就是：把这一类的对象，以及关于这些对象的可以称之为神圣的、诗意的观念，连同所有的迷信都一起驱除掉，——把它们降为可以称之为自然事物的东西。因为在思维里面，精神认识它自己是真正的存在、现实。思维就是它自身与存在的统一；对于精神，那非精神的、外在的东西在思维里面就自己降为物体，降为精神的否定物。

我们不必为这种观点的丧失引起悲伤，好像随着这种观点的丧失，那种与自然的合一，美丽的信仰，无邪的纯洁和精神的天真都消失了。这种观点很可能是无邪而天真的；但理性正是从天真和与自然的统一中走出来的。当精神把握了自己，实现了自己的

① “第欧根尼·拉尔修”，第二卷，第十节；普鲁泰克：“吕桑德传”，第十二章。

时候，它就必须因此立刻把它自己的对方作为意识的否定物与自己对立起来，——就是说，把对方规定为非精神的、无意识无生命的东西，——然后才由这个对象折回自身。我们在古代人的神话里所遇见的，就是这种把运动的东西固定下来的办法。譬如他们就说，阿尔戈船上的水手把赫勒斯滂海峡的石岩固定了下来，这些
石岩在以前是像剪刀一样运动着的。同样地，进步的文化也把以 390
前被认为本身具有运动与生命的东西固定下来，并把它变成静止的东西。

这种神话观点向散文式观点的转变，在这里进入了雅典人的意识中。这种散文式观点的前提，即是人们在内心中有了不同于以前所有的要求出现。在这种要求里面，就有着那种有力的、必然的转变的迹象。这些转变是由于思想能力的增强，由于自我的觉识，由于哲学而在人们的观念中引起的。

用主张无神论的罪名来加以控告，这种事情我们在苏格拉底那里还会更详细地来谈。在阿那克萨戈拉这里，这件事表面上是由于特殊的原因，很容易理解，这原因就是雅典人妒忌柏里克勒；就是那些人与柏里克勒争夺雅典的最高位置，而又不敢直接地（公开地）反对他，于是便在法律上攻击他的朋友；由于妒忌他，就企图通过控告他的朋友来伤害他。由于这个原因，有人还控告了他的女友阿斯巴西娅；而可敬的柏里克勒，为了救她免于判刑，就必须带着眼泪恳求某些雅典公民把她释放[①]。雅典人民享有自由，可以要求自己授之以大权的那些大人物这样做，他们这样做了，也就

① 普鲁泰克："柏里克勒传"，第三十二章。

承认了自己对人民的屈从；由于大人物拥有权势，于是人民就要向他们进行报复，使自己成为复仇女神，把自己放在与大人物平等的地位上：而这些大人物就必须表白自己对人民的依赖、臣服与无力之感。

391 关于阿那克萨戈拉被控诉的结果如何，传说互相矛盾而不确定；——至少柏里克勒是救了他免于被判处死。或者照有些人所说的，当柏里克勒把他带到人民面前，替他求情，而他自己也以他的老迈、憔悴和衰弱引起了他们的同情之后，仅被判处流放。另一些人又说，他借柏里克勒的帮助选出了雅典，被缺席判处死刑，但这个判决并没有执行。还有人说，他被免刑释放；但由于因这件控案感到烦闷，并且恐惧会再度被控，所以他就自愿离开了雅典。大约当他六十岁或七十岁的时候，在第八十八届奥林比亚赛会时（纪元前四二八年），他在兰普萨克死去[①]。

〔一　普遍的思想原理〕[②]

他的哲学和以前的哲学的联系是这样的：在赫拉克利特的作为运动的理念中，一切环节都是绝对变灭无常的；恩培多克勒把这种运动集拢到统一里，但却是一种综合的统一，留基波和德谟克里特也同样是如此的，——不过，在恩培多克勒那里，这个统一的诸环节是火、水等实际存在的原素，而在他们那里，这些环节则是纯粹的抽象，自在地存在的本质、思想；但这样普遍性就直接地被设

① “第欧根尼·拉尔修”，第二卷，第十二、十四节；普鲁泰克：“柏里克勒传”，第三十二章；梅纳鸠注“第欧根尼·拉尔修”，第二卷，第七节。

② 译者增补。

定了，因为那些对立的原素再不以感性为依据了；统一从对立中回到它自身，成为有普遍性的统一（在恩培多克勒的综合里，对立者仍然与统一相隔离而孤立，思想自身并不就是存在）。——作为纯粹、自由的过程自身的思想，乃是自身规定的普遍者，与有意识的思想是没有分别的。在阿那克萨戈拉这里，则展开了一个完全不同的天地。

亚里士多德[①]说："阿那克萨戈拉首先开始了这些规定"，—— 392
因此他第一个把绝对本质表达为"心灵"或普遍者表达为思维（并非理性）。亚里士多德和其后的另外一些人[②]引述了一件枯燥无味的事实，说是有一个叫赫尔摩底谟的，也是克拉左美尼人，首先提供了这个概念；但是"清楚地"规定了这个概念的，却是阿那克萨戈拉。这件事实对这问题的解决很少帮助，因为我们关于这个赫尔摩底谟的哲学再没有听到什么别的；他的哲学思想不可能是很多的。另外有些人曾对这个赫尔摩底谟作了许多历史的研究。这个名字另外还出现过一次：（一）据传说，毕泰戈拉在投生为毕泰戈拉之前，曾经投生为另外一些人，这个赫尔摩底谟就是那些人中之一。（二）我们还听到一个关于赫尔摩底谟的故事，说他具有一种特殊的禀赋，他的灵魂能离开他自己的肉体[③]。但这件事最后弄得很糟糕；因为他和他的妻子发生了口角，而他的妻子很清楚这件事的实况，于是就对他们所认识的人们指出，这个为他的灵魂所离

① "形而上学"，第一卷，第三章。

② 塞克斯都·恩披里可："反数学家"，第九卷，第七节。

③ 普里尼(Plinius)："自然史"，第七卷，第五十三章；"布鲁克尔"，第一册，第四九三、四九四页注。

弃的肉体是死了，于是在灵魂回来之前，肉体就被焚化了，这一定会使灵魂大吃一惊。这个古代的故事究竟有什么根据，就是说，我们究竟应怎样看待这个故事，是不值得费神研究的；我们可以把它设想成一种出神的状态。我们还有一堆像这样的关于古代哲学家的故事，如关于费雷居德，艾比美尼德等人的；例如便说艾比美尼德——（一个懒虫）——曾睡了五十七年之久[①]。

阿那克萨戈拉的原则，是他把 νοῦς（心灵）、思想或一般的心智认作世界的单纯本质，认作绝对。“心灵”的单纯性并不是一种存
393 在，而是普遍性（统一性）。普遍者是单纯的，与自身有别的，——不过这种差别立刻就被扬弃了，同一性就被建立起来，自为地存在了；本质并不是一个自在的假象、个别性，——并不是自在自为地规定了的反思。这个自为的普遍者，如果被隔离开来，就只是作为思维纯粹地存在着。普遍者也作为自然、作为客观的本质而存在着，——但是这样就不再是纯粹自为的，而是具有作为直接物的特殊性在它里面了；譬如空间和时间就是自然本身中最有观念性、最有普遍性的东西。但是并没有纯粹的空间、时间和运动，而是这个普遍者本身内便直接具有特殊性，——一定的空间、空气、土等；我们不能指出纯粹的空间，正如我们不能指出纯粹的物质一样。因此思维就是普遍者，不过是纯粹自为的：我是我，我等于我。我把一些东西与我区别开来，但我却保持着纯粹的同一性；——没有运动，但有一种没有区别开来的差别，一种为我的存在。在所有我所想的东西里面，如果思维有一定的内容，则这内容就是我的思

① “第欧根尼·拉尔修”，第一卷，第一〇九节。

想，——我就是在这个对象中为我所意识到。

但是这个自为地存在的普遍者也同样与个体发生一定的对立，换言之，思想与存在相对立。这里，本来应该考察这个普遍与个体的思辨的统一，看看这统一是如何被建立为绝对统一的；但是这一点——即理解概念自身，——在古代人那里当然是找不到的。我们不应当希望他们有这个纯粹的概念，即那个实现自身为一个系统、被组织为宇宙的心智。关于阿那克萨戈拉如何说明“心灵”，如何提出“心灵”的概念，亚里士多德[①]进一步说道：普遍者有两方面：(一)作为纯粹的运动，和(二)作为静止的、单纯的普遍者。因 394
此必须做的就是把运动的原理指示出来，指示出这就是那自身推动者，就是思维(独立地存在的思维)。因而亚里士多德说：“‘心灵’对于他”(阿那克萨戈拉)“是与灵魂同一的”。因此我们把灵魂区别为自身推动者，直接个别者；但是作为单纯者的“心灵”就是普遍者。思想是为了某物而运动的，目的就是那最初的单纯者(类就是目的)，而实现自己为结果的，就是最初者；——在古代哲学家那里，善与恶就是作为肯定和否定的目的。

这个规定是一个很重要的规定，不过在阿那克萨戈拉那里，它还没有得到很详细的发挥。前此的一切原理(亚里士多德首先区别性质，ποιόν〔按指形式原理〕，然后是物质和质料〔按指物质原理〕)，除了赫拉克利特的过程是第三种原理即运动原理之外，都是物质性的：现在阿那克萨戈拉这里，出现了第四种原理，即理由、目的范畴以及“心灵”。目的就是那自身具体的东西。亚里士多德在

① “论灵魂”，第一卷，第二章。

上面(二二一页)所引的一段后面补充道:“照这些人的意见”(伊奥尼亚派等)“和照这一类的原因”(水、火等),“因为它们不足以产生(γενῆσαι)出事物的本性,因此哲学家们就如上面所说的那样,为真理自身所迫,不得不进一步去寻求次一原理。因为,一方面一切都是善和美的,而一方面又有别的东西产生出来,——这一点土或其他的原理都不足以说明,而那些哲学家也似乎没有想到这一点,似乎也不宜把这种事情委之于机会和偶然。”善与美表达了单纯的、静止的概念,变则表达了运动中的概念。

395 随同这个原理,现在出现了下列的规定:(一)一般的心智乃是自身规定的活动性;在此以前,是没有这个规定的。赫拉克利特的“变化”只是过程,还不是独立自存的规定者。在自身规定的活动性中,同时也就包含着一个事实,就是:因为活动性造成过程,所以活动性保持自身为普遍者、自我等同者。火(依照赫拉克利特即是过程)是变灭的;它是到别的东西的过渡,不是有独立性的东西。火也是循环,复归于火;但火的原理并没有保持在它的规定里面。在这里被设定的,只是向对立物的过渡,——而不是那在两种形式中仍保持自身的普遍者。(二)在“心灵”里面存在着普遍性的规定,虽则这个规定还没有正式地表达出来;在这规定里面,普遍者保持在对自身的关系中。在“心灵”中有着(三)目的、善。

我刚才在上面(三五九页——译本三五五页)曾谈到目的的概念。但我们却不可把目的设想成在我们里面、在意识里面的那种形式的〔主观〕目的。我们有一个目的;它是我的观念,它是自为的,可以实现出来,也可以不实现。在目的里面便包含有实现的活动：我们完成这个规定；产品必须合乎目的，——如果一个人不是笨拙的，则他所制造出来的东西里面必定不会不包含目的。这是一种从主观性向客观性的推移；我不满足于我的目的仅仅是一个主观的东西；我的活动就是要除掉目的中的主观性这个缺点，把它变成客观的。目的必须在客观性中保持其自身，譬如我有建造一座房子的目的，因此我就活动起来；房子就产生了，目的就在其中实现了。

但是我们不可停留在这种主观目的的观念上面，——在主观目的中，我和目的两者彼此独立地存在着，——像我们平常惯于做
的那样。譬如说，作为智慧实体的神，乃是依照目的来统治世界 396
的；这样一种看法就是认为目的独立存在于一个有表象能力、有智慧的实体中。目的的普遍者却在于：目的是一个自为的固定规定，然后这规定又为活动性的规定所设定，再向前活动以实现目的，给予目的以实际存在；但这实际存在是为目的所统治的，而目的又在这实际存在中保持着自己。这就是说，目的是真实的东西，是一个事物的灵魂。善给予自身以内容；因为善作用于这个内容，而这个内容又转向别的东西，所以在实在里面最初的规定仍保持着自己，没有什么别的内容产生。先前已经存在的，和以后在内容外在化之后存在的，两者乃是同一的东西；而这就是目的。

这方面最好的例子是生物；生物就是这样保持着自己，因为它本身就是目的。生物存在着，工作着，有欲求，这些欲求就是它的目的；它对于这些目的毫无所知，而只是单纯地生活着，——但这些目的乃是最初的规定，这些规定是固定的。动物工作着去满足这些欲求，就是说，去达到目的；它与外物发生的关系，一部分是机

械的，一部分是化学的。但是他的活动的关系，却不是停留于机械的、化学的境地。产物、结果毋宁说就是动物自身，它乃是自身的目的，它只是在它的活动中产生出它自身；那些机械的以及其他的关系在它的活动里面是被消灭、被推翻了。反之，在机械的和化学的关系中，结果乃是另外的东西；化学的东西是保持不住自己的。在目的里面则结果是开端，——开端和结局是相同的。自我保持乃是不断的产生，在这过程里没有什么新的东西发生，——活动由复归自身以产生自身，——永远只是那原有的东西。

397 因此，目的的性质就是这样。“心灵”就是这种活动，它把一个最初的规定作为主观的东西建立起来，却又把这个主观的东西变成客观的；这样一来，这个主观的东西就变成了它的对方，但这个对立又再被扬弃，致使那客观的不是别的而就是原来那个主观的东西。最普通的例子就能表明这一点。当我们满足我们的欲求时，我们是把主观的变为客观的，而后我们又把它取回来。这样，这个最初自己规定自己、既而又对对方动作的活动，便陷于对立中（自己建立对立），却又消灭了这对立，统治着这对立，在对立里面折回自身——这个活动就是目的，“心灵”，思维。心智是在自身规定中保持自身的东西。从这时开始，这些环节的发展就是哲学的任务。

如果我们更精确地考察这个思维的发展在阿那克萨戈拉那里达到了怎样的程度，——如果我们寻找“心灵”的进一步的具体意义，则我们就会发现，除了这个自身规定自身的活动，这个建立了一个尺度、一个规定的活动之外，就没有别的东西了；他的发展并没有超过尺度这一规定。关于“心灵”，阿那克萨戈拉并没有给我

们作出什么发展，作出什么更具体的规定；这还是待做的工作。所以，除了关于自身具体的东西的抽象规定之外，我们还没有得到什么更进一步的东西。

关于阿那克萨戈拉对"心灵"的更详细的规定，亚里士多德[①]说道："他并不是经常很明确地区别灵魂和'心灵'。他虽然屡屡说到'心灵'是美与公正的原因，——有某些美的和公正的东西存在着；但'心灵'对于他常常不是别的，而就是灵魂。既然他或别的人说，'心灵'推动一切，那么'心灵'就只是推动者。"往后亚里士多 398
德[②]又引述阿那克萨戈拉的规定说："'心灵'是纯粹的，单纯的，没有痛苦的"，亦即不被什么别的东西从外面规定的，"不与他物混杂的，不与任何其他东西共处的。"这些乃是简单的、自身规定自身的活动的规定，这个活动只对自己发生关系，与自己等同，不与他物相同，它是那个在它的动作中保持与自身相同的活动；——这些宾词，也许说得不错，但就其本身说来，仍不免是片面的。

〔二　种子〕[③]

以上是阿那克萨戈拉的原理的一方面。我们现在必须考察"心灵"进一步的发挥与发展。阿那克萨戈拉的哲学的这一部分，初看起来，会使我们为这个原理所引起的希望近于消失。另一方面，与这个普遍者对立的是"有"，物质（一般的"多"），——是可能

① "论灵魂"，第一卷，第二节。

② 同上处；又"物理学"第八卷，第五节；参看"形而上学"，第十二卷，第十节。

③ 译者增补。

性（δύναμις），与前者之作为ἐνέργεια（现实性）相对。因为既然善、目的也被规定为可能性，则普遍者也是可能性；不过普遍者作为自身推动自身者，也可以说就是自在地现实的，——自为的存在是与自在的存在、可能性、被动性相对立的[①]。亚里士多德在一段重要的文章里说[②]："如果有人说阿那克萨戈拉采取了两个原理"，则这人乃是从阿那克萨戈拉自己的话推论出来的，虽然阿那克萨戈拉"自己在这方面并未清楚确定地说明过。"——这话听起来好像自相矛盾，因为一般人的见解都认为"心灵"就是阿那克萨戈拉的原理；但其实这话也完全正确。"阿那克萨戈拉说，最初一切都是混
399 合的。在还没有什么东西被分开来的地方，也就不会有什么不同的东西存在；既没有什么白的，黑的，灰的，也没有其他的颜色，而是无色的；没有质，也没有量，也没有规定性。除了'心灵'，一切都是混合的；因为'心灵'是不混合和纯粹的。"[③]

这另外一个原理是以"种子"（ὁμοιομερῆ）这个名字著称的；这就是说，存在的东西、个别的物质（如骨、金属、肉之类的东西）本身是由许多自身相同的部分组成的，这些部分同时都是非感性的。亚里士多德的表述中所用的名词ὁμοιομερές，即相同的部分，以后就成为它的通行的名字（李美尔把ἡὁμοιομέρεια翻译成："个别部分与整体的相似。"把 αἱὁμοιομέρειαι 译成："原素，原料。"作为部分的

① 亚里士多德："形而上学"，第四卷，第四节；第十二卷，第六节。

② "形而上学"，第一卷，第八节。

③ 参看亚里士多德："形而上学"，第一卷，第八章：由此便可推定，他必定是说原则是一（因为一是单纯而不混合的）以及另外的东西，这另外的东西具有这样一种性质，即当它被规定而分有某种形式之前，是无规定的。

ὁμοιομέρειαι 似乎是较晚的名词）[①]。如果我们把它拿来跟留基波和德谟克里特的观念加以比较，就会显得更确定些。作为客观实体的这种物质或绝对者，我们在留基波和德谟克里特那里，以及在恩培多克勒那里，已经看得很确定，即是，单纯的原子——在后者是四个原素，在前二者是无限多——只是被认为在形态上有所不同，原子综合、结集起来就是存在的万物。亚里士多德[②]关于这一点更详细地说："阿那克萨戈拉关于原素的说法，与恩培多克勒相反。"（但在别一段却说，跟恩培多克勒一样，在物质问题方面，阿那 400
克萨戈拉"采取了许多原理"，而且可以说是"无限多的原理"）[③]。在这方面他是和恩培多克勒相反的，就是："恩培多克勒取火、空气、土、水为最基本的原素"，即四种单纯的、最基本的存在物，是不混合的，不变的，自在和自为地永存的。"通过它们的结合，就产生了万物。相反地，阿那克萨戈拉则这样来了解原素（实体底基本规定），认为"那存在的、多样的、性质上有定的、个体化的东西，"例如肉，乃是单纯的，最基本的东西；反之，如水、火"之类的东西（存在物的自在，或一般的原素），则完全是"这些最基本的原素的混合"，

① 塞克斯都："皮罗学说概略"，第三卷，第四章，第三十三节。

② "论天体"，第三卷，第三章：阿那克萨戈拉反对恩培多克勒关于原素的看法。恩培多克勒说火、土之类的物体是组成万物的最基本的物体；但是阿那克萨戈拉反对这个看法。他的原素是一些有相同部分的东西，如肉、骨之类。土和火是混合物，是由这些种子和其他一切种子组成的，每一种子包含着一堆有相同部分的物体，分开来是看不见的；这就说明了为什么一切其他物体均由这两种物体而生。

③ "形而上学"，第一卷，第三章：克拉左美尼的阿那克萨戈拉虽然年纪比恩培多克勒大，哲学活动却比较晚，他说原理在数目上是无限的；因为他说几乎一切由有着相同部分的东西组成的事物，都采取水或火的方式，只是由于结合与分离而产生与消灭，并不在别的意义下生和灭，而是永恒的。"形而上学"，第一卷，第七章。

一切存在物的无限混合，这混合包含着无穷小的部分。肉是由许多小的肉的部分组成的，黄金是由许多小的黄金的部分组成的，诸如此类。

如同对于爱利亚派一样，这个原则对于他也是有效的：相同的东西是从相同的东西产生出来的；任何向对立的东西的推移是不可能的，任何相对立的东西的联结是不可能的："无中不能生有。"因此对于他，一切变化只是相同的东西的分离和结合；真正意义的变化，应该是从自身之无中产生出来的一种生成过程。"生成的东西，早已存在"，不过是不可见的、自在的。因此发生只不过是"从已经有和早已存在的东西出来的生成，不过这早已存在
401 的东西因为它的微小而不被我们觉察到而已"[①]。那些原素也只是从这混合的混沌中出来的；它们的一致性只是表面的。具体的东西的发生是这样的，即无限多的原素开始分离，——相同的东西从这混沌中分离出来，相同的东西找到了相同的东西。而这样也就等于从不同的东西分离出来。"没有什么发生和消灭；发生只是聚合，消灭只是分离。"（亚里士多德："形而上学"，第一卷，第三章，前注引处）他在其作品的开端这样说："一切都会是混同的（ὁμοῦ）"——混同的当然是不确定的，——像在一个混沌中那样无区别；"然后'心灵'把它分离开，从而造成了各种不同的形体。"[②]"心灵"是推动者，把相同的结合在一起，而后又把它们

① 亚里士多德："物理学"，第一卷，第四章："认无中不能生有……"以下。

② "第欧根尼·拉尔修"，第二卷，第六节；塞克斯都·恩披里可："反数学家"，第九卷，第六节。

分开。[①] 关于恩培多克勒和阿那克萨戈拉之间的不同，亚里士多德（“物理学”，第一卷，第四章）更补充说道：“前者认为这些情况有一种更替，后者则认为只有一种一次性的出现。”

阿那克萨戈拉的概念和德谟克里特的概念在这样的范围内是相似的，即两人皆认为一种无限的“多”是最基本的东西；但是在阿那克萨戈拉这里，最基本的原理的规定看来是：它包含着那种我们看作组合成的而完全不是自为地单纯者的东西。例如肉的部分和黄金的部分便被认作最基本的原理，——完全个体化了的原子，这些原子结集起来而形成看来是组合的东西。这比较接近普通的看法。人们便是认为食物包含着与血、肉同类的部分。[②] 消化不外 402
就是分开同类的东西，予以吸取，并把不同类的东西抛开。营养只不过是增多；死亡就是与相同的东西分离，并与不同类的东西相混合。那把同类的东西从混沌中分开，把同类的东西集合起来，并且又把同类的东西再分解开的，就是“心灵”。“心灵”的这种活动是单纯的，是自己对自己发生关系的，纯粹的，形式的；因此本身是无内容的。

这就是阿那克萨戈拉的一般看法，它完全和在近代（譬如说在化学里面）占统治地位的看法相同。化学元素是：氧、氢、碳、相对单纯的金属等等。化学宣称：如果人们想知道肉、木、石等等真正

① 亚里士多德：“物理学”，第八卷，第一章：“万物在一个无限的时期中是混在一起而静止不动的，然后‘心灵’把运动加到上面并把它们分离开来”以下；“形而上学”，第一卷，第三章，结尾。

② 亚里士多德：“论动物的发生”，第一卷，第十八章：阿那克萨戈拉很合理地说，食物中的肉的部分加到肉上。

是什么东西，人们就必须提出它们的单纯的组成部分；而这就是最后的东西。化学还补充说，许多东西只是相对单纯的，例如白金就是由三四种金属组成的。人们从来把水和空气看作是单纯的东西，但现在化学已把它们拆开了。在这个化学的观点中，自然物的原理被视作性质上有定的东西，因此就是不变的，不移的。依照这种见解，人只是一大堆碳、氢、一些土、氧化物、磷等等。物理学家所喜欢的观念，是认水和空气为真正实有的氧、碳所组成，只消用分离方法就可以把它们弄出来。一切消化和生长都不是真正的同化作用，每一个内脏器官只是吸取它自己的特殊成分；肝脏等都有一种嗅觉，使得这个动物能从各种植物、物体等等中把它自己的成分吸取过来。

403 这完全是阿那克萨戈拉的哲学观点，即是认为那无限多性质上有定的东西乃是单纯的东西（肉我们当然已不再视为单纯的，而是由氢等所组成的），并且又假定其他的东西仅是由这些单纯的东西聚合而成的。当然，阿那克萨戈拉的这种看法与近代化学的看法还是不同的；我们认为是具体的东西，对于他乃是一种性质上有定的东西（最基本的东西）。不过，关于肉，他也还承认它的各部分并不全是相同的：它之被称为肉，乃是由于那些与别的东西混在一起的某种在数目上占优势的部分。是的，每种东西都包含着其他一切东西：水、空气、骨、果实……等等；反之，水也包含着真正的肉、骨……等等。因此，阿那克萨戈拉回到了无限多的原理。感性的东西首先是由所有的那些小部分堆积而发生的，这堆积中有一种小部分占了优势；因此在无论什么东西里面，都有其他的一切东西。在某种种子结集得最多的地方，就使得那个整体对我们显出是这种特定的东西。[①]

这个见解是与泰利士和赫拉克利特的看法完全不同的，在他们那里，不单有那种从一物变为他物的可能性，而且根本上就有那种现实性。赫拉克利特的“过程”根本就是肯定这些同等的、性质上的差异能够互相转变为对方；这种变化乃是一个有意义的规定。
变化应在两种意义下来理解，即就存在来说的变化和就概念来说 404
的变化。如果谈到的是古代哲学家那里的变化，则人们通常总是惯于把所指的变化理解成就存在来说的变化，并且就去研究，是否像水这样的东西能通过化学的处理，通过加热、过滤等，被变成为土；在这里，有限的化学是有它的限度的。另外一种却是就概念来说的变化；而这就是赫拉克利特的意义，和一切古代哲学里面所用的意义。譬如说，水是在时间空间本身里面，而不是在曲颈瓶中进行转变，但这种从一种性质到另一种性质的推移，却就是在这些哲学里所指谓的。在每一种哲学里面都出现这样的意见，即认为水变成了空气，——就是说，概念中有这种内在联系：一种东西如果没有它的对方就不能存在，对方对于它是必要的，没有什么东西能够在这种联系之外独立地存在，——自然的生命就在于一物对他物发生关系。人们诚然习惯了这种看法：认为如果我们把水取掉，植物和动物就会很糟，——但石头却能依然存在；同样在颜色方面

① 亚里士多德：“物理学”，第一卷，第四章：因此他们（但不仅限于阿那克萨戈拉一人）主张每一个东西都曾经混合在每一个东西里面，因为他们把每一个东西都看成从每一个东西里面出来的。但是，据他们说，事物看起来是彼此不同的，并且根据混合物内无数组成分子中在数目上占优势的小部分的性质而获得不同的名字。他们说，这是因为没有一个东西纯粹全部是白的、黑的或甜的，是骨或肉，一件东西的性质是因其中所包含的多数成分性质而定的。“形而上学”，第四卷，第五章。

人们能够这样作，譬如说把蓝色拿掉，——绿色和红色却仍然存在。这种事人们可以在经验上很容易地指出来；人们说，每件东西在性质上都是独立的。但这只不过是就存在来说；就概念来说它们只是通过彼此才存在；这就是内在的必然性。在生物那里，人们一定已注意到这点；在那里情形是不同的，在那里概念已经存在：如果我们把心割去，则肺……等等也就会完结。自然只能在统一性中存在。正如脑子只能在与其他器官的统一中存在一样。

在阿那克萨戈拉把绝对的实体规定为普遍者的同时，我们看见，在这里，在客观的实体或物质中，普遍性和思想却离开了阿那
405 克萨戈拉。自在的不是真正的感性存在。超出感性的东西的第一步上升乃是感性事物的否定，乃是非感性的东西，亦即看不见、听不见的东西，——这就是一般的自然哲学家所达到的最高的、非感性的东西，那对我们而存在的东西的单纯否定物。但那积极的方面却是：存在的实体自身乃是普遍者。那客观的是“心灵”，但是心灵的对方却是那些单纯的东西的一种混合，既非肉也非鱼，既非红也非蓝；但这个单纯的东西却并不是绝对单纯的，——就它的本质来说却是由种子组成的，不过这些种子是这样细小，以致不能被感觉到。然而它们的细小并不取消它们的存在，它们乃是被保持着的；所谓存在的东西，却正是那种可见、可闻……的东西。这些无限小的种子，在更精确的考察之下，却完全消失了；譬如肉是肉，但也是一切东西的一种混合，即是说，它不是单纯的。进一步的分析同样指出了这个观念的混乱；如肉，如果我们取掉了不是肉的东西，那么或者肉是变了，或者肉还是肉，而是不会变的。这样的一个观念必然会多多少少自身搞得很混乱：从一方面说，每一个组成

的东西就其主要因素而言，是最基本的，而这些部分合起来又造成一个有形体的整体，——这个整体本身却必须包含一切。“心灵”则只是联结者和分隔者，只是划分者或安排者。这对我们来说就够了。我们很容易被阿那克萨戈拉的种子弄得混乱起来；但我们必须紧紧把握住这个主要的规定。

种子是一个特出的观念。这个观念和阿那克萨戈拉的另外一个原理是怎样联系的呢？如果我们拿这个观念跟“心灵”的原理参照着来看，则那些关于个体的观念，比它们初看起来的时候会更为一贯。因为“心灵”是自身规定自身的东西，所以目的就是内 406
容——在与对方的关系里面保持自身；它不生也不灭，虽则它是在活动中。因此阿那克萨戈拉认为具体的原理永存着并且保持着自己，这个看法乃是一贯的。他取消了发生和消灭；只有变化，只有结合体的结集和分解。这些原理是具体的，充满内容的，它们是许多的目的；在所发生的变化中，原理是保持着自身的。变化只是外表的，——结合和分离；相同的东西和相同的东西走在一起。那混沌的混合当然也是不同的东西的共同存在；但那只是结集，不是一个不可分的有生命的组成的东西，——这后者却保持着自己，把相同的东西跟相同的东西联结起来。尽管这些看法还是粗糙的，但它们仍然真正与“心灵”相配合。

〔三　两方面的关系〕①

至于“心灵”对这种物质的单纯思辨的**关系**，可以说两者都没

① 译者增补。

有被思辨地设定为“一”。因为物质并没有被设定为“一”，概念并没有渗透在物质自身里。这里概念部分地成为浅薄的，“心灵”是一切东西里面的推动的灵魂；“它在动物中是作为灵魂，——无论在大的或在小的动物里，在较好的或在较坏的动物里面，都是一样。”[①]但是作为世界的灵魂，作为整体的有机的系统，——在阿那克萨戈拉那里，“心灵”对于现实的东西仍是一个空名。对于真正的生物，因为灵魂被理解为原理，所以古代哲学家就不再要求别的原理（因为灵魂是自己推动自己的），——但是，对于那作为整个系统的一个环节的动物的规定性，他们却又要求寻出这些规定性的普遍者。阿那克萨戈拉就称“心灵”为这样一种原理；——而事实
407 上，作为单纯本质、作为在差异中自身相同者、分割自身者、建立现实者的绝对概念，也必须被认作这样的原理。但是，如果说阿那克萨戈拉曾在宇宙里面指出了“心灵”，或是曾把宇宙理解为一个合理的系统，——关于这些，不但找不出什么痕迹，而且古代哲学家们还明白地说过，他是不理会这些方面的；正如当我们说，世界、自然乃是一个伟大的系统，世界是被很聪明地安排了的，或世界是普遍合理的时，从这些话里，我们一点也看不出这个理性是如何实现的，也看不出这世界如何是可理解的。

阿那克萨戈拉的“心灵”还是形式的，虽则他已看见了原理和它的实现的同一性。亚里士多德就认识到了阿那克萨戈拉的“心灵”之不足之处[②]：“阿那克萨戈拉在建立世界系统（κοσμοποιΐαν）时诚

① 亚里士多德：“论灵魂”，第一卷，第二章。

② 亚里士多德：“形而上学”，第一卷，第四章。

然需要‘心灵’：当他要证明一件事情的必然性（即需要提出这种必然性的根据）而感到困难时，他就拉出了‘心灵’来；在别的时候，他就宁用‘心灵’以外的一切其他东西来说明。”

阿那克萨戈拉的“心灵”仍然是个形式的东西，这一点没有比柏拉图的“斐多”篇[①]中那著名的一段表示得更清楚的了，——这一段之所以值得注意，是因为它陈述了阿那克萨戈拉的哲学。柏拉图作品中的苏格拉底很确定地指出，苏格拉底和柏拉图所关心的，是在他们看来绝对者是什么，以及何以阿那克萨戈拉不能使他们满足。我引述这个，是因为它最能引导我们认识古代哲学家们的哲学意识中的主要概念。苏格拉底对“心灵”有更密切的关系；“心灵”的规定是属于他的。柏拉图让苏格拉底在这里叙述出（这同时也是苏格拉底的雄辩的一个例子，因而是相当长的），他与阿

那克萨戈拉所发生的关系是怎样的。在这里面，我们还看到那些 408 405
出现在苏格拉底哲学里面的主要形式。“当我初次听见人家宣读阿那克萨戈拉的一个作品，说他说‘心灵’是世界的安排者和原因”，即那个自在自为的规定者，现实的实现者，“那时我就为这个原因而高兴；并且我就认为，如果事情真是这样，即概念果然支配全部实在，则它必会把每件东西都安排得最好”，——目的会被表现出来。“现在，如果有人想要知道个体的原因，知道它如何生成，如何消灭，或者它是怎样的；那么他就必须去研求：每件东西如何在对它最好的状态中存在，或在某种方式上被动地或主动地存

① 斯特方本，第九十七—九十九页（柏克尔本，第八十五—八十九页）。

在。”“心灵”是原因，或一切都是被做得最好，这两者是同义的；如果拿它和相反的情形比较，就会显得更清楚。还有：“基于这个理由，一个人只要去考虑”（寻求，σκοπεῖν）“什么东西对他自己和对别人都是最好的和最完全的，这个人也就必然会知道什么是较坏的，因为关于这两方面的知识其实是同一种知识。我像这样思索着（论证着），感到很高兴，以为我可以相信自己已在阿那克萨戈拉身上找到了一位老师，可以依照我所认为对的意义，指出存在的原因”，——善的原因——因此“我相信他会告诉我，地究竟是平的还是圆的，而当他告诉我这个时，他又会对我说明这事情的原因和必然性，他会对我指出这个或那个乃是更好的；而如果他们对我说，地是在中心，他就会对我说明，地处于中心是更好的”。——就是说，指出地的自在自为地规定的目的，而不是把“地在中心是有用的”指出来作为外在地被规定的目的。“而当他对我指出了这个之后，我就意料到，他不会再提出什么别种的原因了（那时我也不要另外的原因）；我也会以同样方式指出太阳、月亮和其他星体的原
409 因，指出它们相互间的速度和运转以及其他情况的原因了。因为他给个别的东西指出了其原因，并且给一切的东西指出了共同的原因，所以我想，他会给个别的东西提出对它最好的东西为原因，为一切东西提出对一切都是最好的东西为原因。”——即自由的、自在自为地存在的理念，绝对的最终目的，——“这个希望是无论用多少东西来跟我交换我也不肯放弃的，我非常迫切地抓住了他的著作，尽可能早点来加以阅读，以便尽早学会善和恶。但这最美好的希望现在消失了，因为我发现他根本不用思想（νοῦς），也不用任何理由来构成万物，而是求助于空气、火、水和另外许多胡想出

来的东西”。在这里我们看到，我们称为自然原因的那个东西，如何与最好者、依据“心灵”而存在者（对最终目的的关系）对立起来，如像莱布尼茨的哲学中作用因和目的因相对立一样。

苏格拉底临死前一小时，在监狱里又用下面这个方式解释了这点：“阿那克萨戈拉在我看来好像是这样：正如有人说苏格拉底做任何事都是出于理智，然后他进一步来对我所做的每一件事说明理由时却首先说，我之所以现在坐在这里，是因为我的身体是由骨头和肌肉组成的，骨头是结实的（坚固的）”，足以支持我的身体，“有接头”（关节）“把骨头联结起来，肌肉则是能够伸缩的，并且有皮和肉包住骨头（借这种能力，即借骨头可以在有能伸能缩的肌肉的关节的地方举起来运动我们的四肢，所以我现在坐在这里）：然后，如果他更进一步为我现在和你们在此谈话找寻相似的原因，他便提出声音、空气、听觉和一千种其他的东西；而那真正的原因”
（自己的自由的决定，单纯机械的外在的东西所从属的决定）“则漏 410
掉不谈，那就是：雅典人认为把我判罪是较好的，而因此我也认为在这里坐着是较好的，认为留下来受雅典人所给我的处罚是较公正的”（我们必须记得，苏格拉底的一个朋友曾为他的逃走安排了一切，但他却拒绝了）：“因为，要不然的话，天晓得，这些骨头和肌肉早就已在麦加拉或波奥底亚了，要是它们听从那些人认为最好的劝告，要是我不认为不逃跑避开而受国家加于我的处罚要比较公道和美丽的话。”柏拉图在这里正确地把两种理由和原因对立了起来：即指出出于目的的原因和外在的原因（化学作用，机械作用等等）相对立，以证明此处由一个有意识的人的例子所表现出来的那种乖谬。阿那克萨戈拉好像要规定一个目的，并从它出发去说

明事物；但他立刻又放弃了它，而走到完全外在的原因方面去。“但是称那种东西”(这样一些骨头和肌肉)“为原因，是不妥当的”(错误的)。“如果一个人说，没有这种骨头和肌肉以及我所有的其他东西，我就不能做出我认为最好的事：那他是完全对的。但是，如果说我由于这种原因就做了我所做的事，并且做了我理智地做的事；如果说我不是出于选择最好的才做它们，——如果这样断言，这人就是表现了很缺乏脑筋；这就等于说：不了解怎样去区别出一个是真正的原因，而另一个则仅是若没有它原因就不能起作用的东西”——只是条件。柏拉图评论阿那克萨戈拉的话，就是：“心灵”仅仅是形式的，而且始终是形式的。

411 这是一个很好的例子，它向我们指明：在这种说明方式中，我们感到看不见目的。而另一方面，这又不是一个好例子，因为它是从有意识的任意选择的范围内取来的，——这里是深思熟虑，而不是无意识的目的。(一)在这个对阿那克萨戈拉的“心灵”的批评中，我们大体上可以看到，它指出了阿那克萨戈拉未曾把他的“心灵”应用到实在里面。但是(二)苏格拉底的批评的积极的方面，从另一方面看来，我们认为也是同样不能令人满意的，因为它走到了另一个极端，即要求自然有一种好像不在自然之中，而在自然之外，落在一般意识之中的原因。因为善和美的东西，有一部分是意识本身的思想；目的和合乎目的的行为，首先就是意识的行为，而非自然的行为。或者说，当目的在自然里面被设定时，作为目的的目的却落在自然之外；作为目的的目的并不在自然本身中(它只是在我们的判断中)，——在自然之中，只有我们称之为自然原因的东西，要理解自然，我们只需找寻并说出自然的内在的原因。依照这个见解，譬如说在苏格拉底这个例子中，我们就区别开了他的有意识的行为的目的和理由，与他的实际行为的那些原因；后者我们当然会在他的骨头、肌肉、神经……等等里面去找寻。既然我们驱除了那个依照目的——作为我们的思想，而非一种自然的存在——去考察自然的看法，我们也就从自然观中驱除了其他一些被人喜爱的目的论的看法；例如说，草生长是为了给动物吃，——而动物存在并吃草，是为了我们能够吃动物。树的目的是长出果子来给人吃，并供给我们木材来取暖；许多兽类有皮毛以供制作温暖的衣服；北方的海把木材冲到岸边，是因为在这些岸上没有木材
生长，这样一来，居民就得到了木材……等等。像这样来理解，412
目的、善就在事物本身之外。一件东西的本性就被视为不是自在自为的，而是在与另外的东西所发生的关系中，而后者对于前者其实却是不相干的。树、草作为自然的存在物，乃是自为的；而这种目的性，如草之被吃，对于草本身乃是不相干的，——正如人们用动物的皮来给自己制作衣着这件事对于动物也是不相干的一样。

因此，苏格拉底就很可能在阿那克萨戈拉身上感到看不见这种自然观。不过我们很熟悉的这种善和目的性的意义，从一方面说，并不是唯一的意义，也不是柏拉图的意义，从另一方面说，却也是必要的。我们必须(甲)不要这样片面地来看善或目的，不要把它只放在能知觉的实体本身中，与存在对立起来；而要把它从这个形式中解放出来，就它的本质来看它，这样它就是普遍者、类、整个存在的理念了。理念是真正的原因，但却是复归自身的原因：目的，作为普遍者的目的，乃是自在地存在的最初者，运动是从它发

生出来的，而它又变成结果，——目的不仅在实现之前先行存在于意想之中，而且也存在于实在里面。生成是运动，通过运动便生成一个实在和总体；在动物、植物里面，本质就是类，——类是使动植物开始运动和使动植物产生的东西。这个总体就是整体（植物，动物等），但这个整体并不是外面的东西的产物，而是它自己的产物，它是一起头就存在的，是最初者、自身产生自身的东西；因此它叫做目的，它之为普遍者，正如它在它的生成中之为存在者。理念并不是一个特殊的事物，它除了以实在为内容外，不能有别的内容或显出别种样子。这个普遍者，（一）作为尚待实现的东西，普遍者，乃是目的：胚胎或种子、婴孩，乃是尚未实现的目的，——是作为普
413 遍者的普遍者；（二）那产生出运动的东西和实现过程乃是同一物：那本来已经自在地存在的东西变成了——植物，动物。对立只是可能性与现实性的纯粹形式的对立；活动的、冲动的实质和产物是同一的。实现过程、运动一直贯穿着这个对立；普遍者中的否定者就是这个过程，运动自身。类、普遍者把自己建立为个体，而与个别和普遍相对立；在生物里面，类是在互相对立的两性的矛盾中实现它自己，而它的本质却是那普遍的类。作为个体，它们就寻求自我保存、吃、喝等等；但它们由此带来的却是类。个体消灭了，只有类才是永远被产生出来的；植物只产生了同样的植物，——普遍者是根据。

（乙）依照这点，就要把那被胡乱称为自然原因者与目的因区别开来。如果我现在把个别性孤立起来，只把它看成运动和运动的诸环节，则我就指出了所谓自然原因；例如，**这个**生物是如何产生的？——是由于它的父母的生殖。这些果子的原因是什么——

是树，树的液汁如此分泌，恰好使果子产生出来。像这类的回答给出了原因；亦即与一种个别性相对立的个别性，——但它们的本质却是类。但自然不能把本质作为本质表现出来。生殖的目的就是扬弃存在的个体性；但是自然虽然在存在中带来个体性的扬弃，却并不是用普遍者来代替个体性，而是代之以另外一个个体。骨头、肌肉等等产生出一种运动；它们是原因，但它们自身又是别的原因 414
所引起的，如此以至无穷。而普遍者却把这些原因包含在它自身里面作为环节，这些环节在运动中确实是作为原因而出现的，——虽则这些部分自身的基础乃是那个整体。最初者并非是那些原因，倒是植物的液汁等等所变成的那个结果。正如在发生中这最初者只是作为产物、作为那构成开端和终点的种子而出现，——不过这些产物乃是不同的个体，而本质则是同一的。

（丙）这样一个类本身却仍不过是一个特定的类，本质上要与别个类发生关系，譬如植物的理念与动物的理念发生关系。普遍者是向前运动的。植物为动物所吃……等等，乃是外在的目的性；这是对于植物之为类的限制性。植物的类之实现绝对总体，是在动物里面，动物的类之实现绝对总体，是在有意识的实体里面，正如土之在植物里面实现绝对总体一样。这就是整体的系统；——每一个环节都是过渡的。这是双重的看法：（一）每一个理念自身就是一个圆圈，——植物，动物乃是它的种的“善”；（二）那普遍的“善”，——这就是说，每一个理念都是那普遍的“善”的一个环节。如果我把动物只看成外在地合乎目的性、为别的东西而被创造，这就是片面的；动物乃是本质，乃是自在自为的普遍者。但是如果这样来考察也是片面的：即认为植物只是自在自为地存在的、自然的

产物，自身的目的，禁锢在自身里面，只回归到自身，——不是在这种被吃、被当作衣服穿的个体性中……等等。它是一个本身完整的圆圈，但它的完成同样又是到另一个圆圈的推移；——它是一个旋涡，它向着这个旋涡的中心回归，而这中心又是在一个更高的、吞没了它的圆圈的周线上。

因此那个普遍者就是目的（善）；它是善的，它的普遍者（那个共同的善）也同样是善的。苏格拉底总是讲至善、目的。目的这个
415 形式，在苏格拉底那里，正就是我们这里所谓"心灵"的表现。如果我们说，事物的本性必须依照它的概念去认识，则概念就是那自立的、独立的对事物的看法。概念就是事物自在自为的本质。它实现它自己，它变化；但却在这种与他物错综缠结中保持它自己。它控制着各种自然原因之间的关系，这个概念就是目的。目的（依照一般想法）首先就是存在于事物外面的规定，于是就认为事物是有用的，认为它们是为了一个目的而存在。但是这个规定却不是事物自身所有的，而是外在于事物的。我们不应该用外在于目的的东西来表象目的。我们对世界的最终目的的说法，就是这样。最终目的乃是内在于世界的。不过人们也同样可能把这种目的想作是外在的。

这些说明在这里是必需的。因为，从这里起我们就看见思辨的理念更加推进到普遍，——而以前它只是被当作"有"，理念的诸环节和理念的运动只是被说成存在的。在谈及这一过渡时所必须避免的是：我们不要以为由于这一过渡，"有"就被扬弃了，我们就过渡到那与"有"相对立的意识中去了——如果是这样，普遍就会完全失去它的思辨的意义——须知普遍乃是内在于自然的。普遍

之所以会有意识的意义，乃是由于我们以为理智、思想（νοῦς）创造世界，安排世界……——，犹如个人意识的活动一样，在个人意识的活动里“我”站在这一边，有一个实在、物质与我对立，我则〔可以任意〕[①]制作它，如此这般地分配和安排它；可是普遍、思想在哲学中必须没有这种对立。存在、纯粹的存在本身就是普遍者，如果我们记得存在是绝对抽象、纯粹思想的话。但是当存在被这样设定为存在时，它就有这种与“折回自身的存在”相对立、与思想相对立的意义；我们不能同意这种看法。其实普遍者是直接具有这种折 416
回在自身之内的。

古代哲学家们真正只达到这一点；看起来成就好像并不太多。普遍者是一个贫乏的规定，每个人都知道普遍者；但是却不认识普遍者之为本质。思想诚然已达到了感性事物的不可见性（达到了超感性的东西），但没有达到积极的规定性，而只达到了一个没有宾词的绝对者或单纯的否定者，只是达到了今天一般的见解的地步，而没有达到把绝对设想为有积极内容的普遍者。这样，在阿那克萨戈拉这里我们就看到“心灵”之为普遍者、绝对者，自身设定了内容，并在内容中保持它自己。我们以这个思想的发现结束第一篇。我们带着这个原理进入第二个时期。第一个时期的收益不很大。诚然有些人会以为其中有些特殊的智慧，但是思维还是幼稚的，规定还是贫乏、抽象而干燥的；思维在这里还只有少许的规定，而这些规定还是站不住的。如水、“有”、数等等原理，都是站不住

① 据米希勒本，第二版，英译本，第三四七页增补。——译者

的；普遍必须再向前进行。只有在阿那克萨戈拉这里，我们才看到普遍者被规定为自身规定的活动性。

我们还必须考察普遍者与存在相对立时的关系或与**存在发生关系的意识**本身。他规定这种意识的关系是以他对于本质的规定为依据的。在这上面就不能发现什么令人满意的东西，因为他(一)一方面把思想认为是本质，而却没有把这个思想实现在实在里面；以致(二)这个实在自身因此就只是无思想性的，只是一大堆
417 种子，就是说，只是一大堆感性的自在的存在，这些自在的存在只不过是感性的存在，因为实存的存在是种子的一种堆积。意识对本质的关系同样也可以是多方面的。因此阿那克萨戈拉既能够说，真理只存在于思想中，存在于合理性的认识中；而同样地又能够说，真理复存在于感性的知觉中，因为在感性的知觉中有种子，而种子是自在的。

于是我们就见到他认为：(一)如塞克斯都所报道，[①]“理智(λόγος)是真理的标准”。“感官由于微弱而不能判别真理”——感官微弱，因为种子是无限小的；感官不能把捉它们，不知道它们应当是观念的东西，思想的东西。关于这一点，他的一个著名的例子是这样的：他断言“雪是黑的，因为雪是水，而水是黑的；”这里他是以论证的方式来说出真理。[②]

(二)“阿那克萨戈拉曾说过，在对立者之间有一个中介；因此一切都是不真的，因为对立的双方都是混合的，所以那混合体既非

① “反数学家”，第七卷，第八十九——九十一节。

② 塞克斯都·恩披里可：“皮罗学说概略”，第一卷，第十三章，第三十三节。

善又非不善，因此就没有什么东西是真的。”[①]亚里士多德[②]另外有一次引述了他说，“他给他的学生的警句之一是：他们把事物当作怎样，事物（对他们）就是怎样。”（就是它们对他们显得是怎样。）这可能是指这个事实，即既然存在的东西是种子的一种堆积，而种子又是存在的本质，因此感性的知觉就感知到了事物的真理。

从这里还不能得到更多的东西。但是在这里意识对存在的关
系开始有了一种更确定的发展，认识的性质开始发展为对真理的
认识。精神在这要是前进了一步，把本质宣称为思想。因此本质 418
存 在于意识本身之中；——本质是自在的，但是也同样在意识中。只有当意识认识了存在时，存在才成为存在；只有当意识知道本质时，本质才成为本质。精神不再在一个外物里面寻求本质，而是在自身中寻求；因为以前看来是外在的东西其实是思想，这就是说，意识具有这个本质在它自身里面。但是这个对立的意识乃是一个个别的意识。这样一来，事实上自在的存在就被扬弃了；因为自在的存在正是那没有对立的东西，不是个别的，而是普遍的。自在的存在固然是被认识了；但存在者是仅仅存在于认识中，换言之，除了那在意识的认识中的存在以外，没有别的存在。我们在那饱受斥责的智者派的处世哲学里面，看到普遍者的这一发展，在这一发展中本质完全走到意识方面去了。我们可以这样来看这个问题，就是：普遍者的消极的性质现在是在发展中。

*　　*　　*

① 亚里士多德：“形而上学”，第四卷，第七章。

② 同上，第五章。

译者后记

黑格尔的“哲学史讲演录”(一般简称“哲学史”)是一部重要的古典哲学著作。马克思列宁主义的奠基人都很重视此书。马克思很早就仔细读过黑格尔的“哲学史”,对这书作了很高的评价,并曾在“德意志思想体系”中多次加以引证,特别是引证了第三卷的内容。恩格斯在许多著作和通讯里也提到黑格尔的哲学史,特别在“自然辩证法”里,对黑格尔“哲学史”中论述希腊哲学部分,作了摘要和评述。一九一五年列宁在瑞士期间于百忙中抽暇读了黑格尔三大巨册“哲学史”,并且还作了笔记。马克思主义经典作家对黑格尔“哲学史”所作的摘要和评述,提供了批判改造黑格尔哲学史观点的典范:吸收改造了其中的辩证法观点,同时也无情地揭露并驳斥了黑格尔对哲学史的唯心主义的解释。

这个译本是根据格洛克纳(Hermann Glockner)为了纪念黑格尔逝世一百周年在一九二八年重新刊行的德文本“黑格尔全集”(以后简称格洛克纳本)第十七卷译出的。而格洛克纳本又是根据米希勒本重印的。米希勒(Karl Luldwig Michelet)本是整理黑格尔对哲学史的三种演讲手稿和提纲,以及三种学生笔记编纂而成,在一八三三年出版,其第一卷亦即德文本“黑格尔全集”第一版第十三卷,以后简称米希勒第一版本。

此外我们还参考了黑格尔“哲学史”的英译本，英译者霍尔丹(E. S. Haldane)，一八九二年出版。而霍尔丹的英译本乃是根据米希勒改订的一八四〇年出版的德文本第二版译成的。但是我们没有得到米希勒第二版德文本原本。

格洛克纳根据米希勒第一版本重印，而不根据米希勒第二版本重印，我们根据格洛克纳本翻译，只以英译本作参考，乃是因为第一版较第二版确有一些优点。第一版较第二版篇幅稍多，材料更充实些，而且更接近黑格尔当时讲课的原语句，因为第一版中把他当时在课堂临时随口插入的题外的话也都笔记下来并保存下来了。第二版经过编者米希勒加工太多，编排或较好，文字或稍顺畅，但距黑格尔讲课原状稍远。而且尤其重要的是，恩格斯、列宁所读的、有过摘要和笔记的黑格尔“哲学生”，乃是米希勒第一版本而不是第二版本。不过两个版本在编排方面虽然出入很大，内容基本上是相同的。我们根据格洛克纳本翻译，发现有脱漏或意思欠明白之处，参照英译本也得到一些帮助。必须指出，英译本错误很多，关于东方哲学部分和关于哲学意义较深的地方，译错的地方特别多。中文译本书边上所印的米希勒第一版德文原本(全集十三卷)的页数，就是列宁“哲学笔记”中所引用的页数。

此外我们还参考了荷夫麦斯特(Johannes Hoffmeister)于一九四〇年出版的根据原始材料完全重新编排的黑格尔“哲学史”第一卷。荷夫麦斯特本除分别印出了黑格尔在海得堡时期和柏林时期的手稿(主要是导言部分)与提纲外，又广泛搜集了各国图书舘所收藏的黑格尔“哲学史”学生笔记共十二种(有一种得自列宁格勒图书馆，有一种得自波兰图书舘，有一个提纲的手稿是从美国哈

佛大学图书馆抄来的），加以编排而成，而且还标出时间先后。因为黑格尔一生到一八三〇年止共讲了九次哲学史（一八三一年十一月开始讲第十次哲学史，只讲了两个钟头就逝世了）。不过荷夫麦斯特只是供给深入参考研究的原料，不能作为翻译的底本。而且直到现在，我们也只看到第一册，讲完东方哲学为止。本译本中凡根据荷夫麦斯特本有所增补的，均用〔〕号补入，并由译者加以说明。我们采纳荷夫麦斯特本关于东方哲学，特别关于中国哲学的材料增补入中文译本的特别多。

由于我们参考了并酌量采用了英译本和荷夫麦斯特本的材料来充实并校正了格洛克纳本，因此可以说，这个中文译本的内容，比德文第一版本和第二版英译本都更要丰富些。

黑格尔"哲学史"的翻译工作是由北京大学哲学系外国哲学史教研室组织的。本书中导言甲、乙两部分是由贺麟译出，丙部分由王太庆译出。东方哲学是由王维诚从英文译本译出，又经王太庆根据德文本整理，贺麟根据荷夫麦斯特本增补的。希腊哲学中导言、七贤、伊奥尼亚哲学及毕泰戈拉派哲学是王太庆翻译或整理别的同志的译稿而成。爱利亚学派及留基波和德谟克里特是贺麟译出，赫拉克利特及恩培多克勒是杨祖陶译出，阿那克萨戈拉哲学是方书春译出。全书均经宗白华及方书春根据德文本校阅一遍。贺麟与王太庆除校阅了其他同志译稿外，并负最后编排整理的责任。依照德文第一版标出原版页数于书边上，以及编制重要人名地名索引，皆是王太庆的工作。在本书中我们力求名词统一，其中有少数名词含义较丰，在不同的地方用不同的中文名词翻译，也是经过集体商讨的。此外汤用彤同志曾阅读过东方哲学部分的译稿，冯

友兰同志曾阅读过中国哲学部分的译稿，陈修斋同志曾阅读过哲学史导言部分的译稿，苗力田同志曾阅读过大部分译稿，他们都曾经提过有益的意见。

用集体的力量翻译哲学史上的经典著作这还是初步试作。译文方面有不妥当的地方，还希望读者同志们多提意见。

专有名词中外文对照

（按汉语拼音为序）

A

阿波罗　Apollon
阿波罗多洛　Apollodoros
阿波罗纽，底亚纳的　Apollonius von Tyane
阿布德拉　Abdera
阿尔波第山　Albordi
阿尔多布朗地尼　Aldobrandini
阿尔戈　Argos
阿尔克劳　Archelaus
阿尔克迈恩　Alkmäon
阿该亚人　Argiver
阿格里根特　Agrigentin
阿古西劳　Akusilaus
阿基里斯　Achilles
阿克拉伽　Akragas
阿克仑　Akerene，Zervan
阿拉伯　Arabische
阿里斯多克森　Aristoxenus
阿里斯托芬　Aristophanes
阿利曼　Ahriman
阿马西　Amasis
阿米尼亚　Aminias
阿米欧　Amiot
阿那卡尔锡　Anacharsis
阿那克雷恩　Anakreon
阿那克萨戈拉　Anaxagoras
阿那克西曼德　Anaximander
阿那克西美尼　Anaximenes
阿耆尼　Agnī
阿斯巴西娅　Aspasia
阿斯特　Ast
阿修利　Āśuri
埃及　Ägypten
艾比美尼德　Epimenides
艾特纳　Aetua
爱菲索　Ephesos
爱利亚派　Eleatische Schule
爱留西　Eleusis
爱吕克西马可　Eryximachus
爱神　Amor
爱斯基勒　Aeschyles
爱斯库拉普　Aeskulap
爱塔利德　Aethalides
安那尼亚　Ananias

奥安尼　Oannes
奥尔牟兹德　Ormuzd
奥古斯都　Augustus
奥克安诺　Oceanus
奥勒阿留　Olearius
奥摩洛伽　Omoroka
奥西里斯　Osiris

B

巴比伦　Babylon
巴勒斯坦　Palästina
巴黎　Paris
巴门尼德　Parmenides
巴纽宁　Panionium
巴斯喀尔　Pascal
巴特罗克鲁　Patroklus
柏拉图　Platon
柏里克勒　Perikles
柏连德　Periander
柏林　Berlin
柏罗丁　Plotin
柏洛比德族　Pelopiden
班妥斯　Panthoos
北京　Peking
北美洲　Nordamerika
贝尔　Pierre Bayle
贝耳　Bel
贝西斯特拉德　Pisistratos
倍洛苏　Berosus
比布罗人斐洛　Philos aua Biblus
比亚士　Bias
彼得　Peter
彼拉多　Pilatus
毕大各　Pittakos
毕封　Buffon
毕洛斯　Pyrrhos
毕泰戈拉　Pythagoras
波奥底亚　Pöotien
波大谟　Potamos,Aegos
波恩　Bonn
波尔费留　Porphyrius
波吕格拉底　Polykrates
波墨　Böhme,Jakob
波斯　Persisch
伯罗奔尼撒　Peloponisus
伯奈特　Burnett
布兰狄斯　Brandis
布勒　Buhle
布鲁克尔　Brucker
布鲁诺　Bruno
布特曼　Buttmann

C

仓克勒　Zankle
茨威布鲁克　Zweibrücker

D

大希腊　Gro Be Griechenland
“道德经”　*Dao De Jing*
道家　Taoismus

德奥弗拉斯特　Theophrastus
德谛斯　Tethys
德尔斐　Delphi
德国　Deutschland
德娄泰戈拉　Teleutagoras
德昂，斯密尔那的　Theon Smyrnaeus
德梅特留　Demetrius
德谟克里特　Demokrit
德谟斯泰尼　Demosthenes
德欧　Teos
邓尼曼　Tennemann
狄奥尼修　Dionysius
狄底梅　Didyme
狄洛　Delos
笛卡尔　Descartes, René
底仑　Tyrrhen
第安娜　Diana
第奥开特　Diochätes
第开亚尔可　Dicäarchos
第欧根尼，阿波罗尼亚的　Diogenes von Apollonia
第欧根尼，克里特的　Diogenes von Kreta
第欧根尼・拉尔修　Diogenes Laertius
第欧根尼，西诺卜的　Diogenes von Sinope
“蒂迈欧”篇　Timäeus
多德威尔　Dodwell
多里亚　Dorien

E

恩培多克勒　Empedokles
恩披里可　Empiricus

F

法布里丘　Fabricius
法国　Frankreich；～哲学家 Französische Philosoph
法利赛人　Pharisäer
梵　Brahma
非洲　Afrika
腓尼基　Phönizisch
吠世师迦　Vaiśesika
吠陀　Vedas
“斐多”篇　*Phaidon*
费雷居德　Pherecydes
费罗劳　Philolaus
费其诺，玛西留　Ficino, Marsilius
费希特　Fichte
佛　Buddha
佛教　Buddhismus
弗拉特　Flatt
伏尔夫　Wolf
伏羲　Fuxi
福千　Photium
“浮士德”　Faust
富勒博恩　Fulleborn

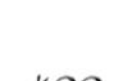

G

伽桑第　Pierre Gassendi
高尔吉亚　Gorgias
高德鲁　Kodrus
哥林特　Korinth
哥伦布　Kolumbus
歌德　Goethe
格登　Geten
格兰道夫　Glandorf
格罗丘，胡果　Hugo Grotius
葛廷根　Göttingen
共济会　Freimauer
古布累　Couplet
古桑　Cousin
谷申　Göschen

H

哈尔巴古　Haroagus
哈吕斯　Halys
海得堡　Heidelburg
海勒斯滂　Hellespont
“河图”　*Hetu* (*River-Karte*)
荷夫麦斯特　Hoffmeister
荷马　Homer
赫尔德　Herder
赫尔米波　Hermippos
赫尔米亚　Hermias
赫尔谟多罗　Hermodoros
赫尔摩底谟　Hermotimos
赫尔特利希　Herdtrich
赫拉克利德　Heraclides
赫拉克利特　Heraklit
赫罗多德　Herodotus
赫西阿德　Hesiod
“黑尔谟布施泰特”杂志　*Hermobstädt's Journal*
黑格尔　Hegel
黑海　Schwarzes Meer
黑伦　Heeren
黑罗德人　Heloten
黑梅斯　Hermes
洪波尔特　Humbolt
“洪范”　*Hongfan*
怀疑派　Skeptiker
霍布士　Hobbes

J

基督　Christus
基督教 Christian
加丹纳　Catana
迦勒底　Chaldäen
迦利达莎　Kālidāsa
迦毗罗　Kapila
羯那陀　Kanāda
羯萨吠　Keśava
“金七十论”　*Auf die 70 Gold*
居克拉德　Cykladen
居鲁士　Cyrus

K

卡巴拉派　Kabbalische Schule
卡隆达　Charondas
卡塞尔　Kassel
卡骚滂　Casaubonus
康德　Kant
康宁　Canning
柯尔布鲁克　Colebrook
科罗封　Kolophon
克贝斯　Cebes
“克拉底鲁”篇　*Kratylus*
克拉左美尼　Klazomene
克雷门，亚历山大里亚的　Clemens Alexandriensis
克娄布鲁　Kleobulos
克娄苏　Krösus
克罗顿　Krotɔn
克罗诺　Chronos
克罗依采尔　Kreuzer
克须兰　Xyland
刻卜勒　Kepler
孔子　Konfuzius
昆伯兰　Cumberland

L

“拉玛衍拿”　*Rāmāyaṇa*
拉栖代孟　Lacedämon
拉瓦谢　Lavoisier
喇嘛教　Lamaismus
莱比锡　Leipzig
莱布尼茨　Leibniz
兰普萨克　Lampsakus
兰兹沪　Landshut
老子　Lao Tzu
雷缪萨　Rémusat
棱迦　Lingam
黎巴嫩　Lebanon
李克斯纳　Rixer
李美尔　Riemer
李普修　Lipsius
李维　Livius
里特斯胡斯　Riltershus
利物浦　Liverpool
留基波　Leukipp
卢热孟　Rougemont
路德　Luther
吕底亚　Lydien
吕古尔各　Lykurg
吕桑德　Lysander
伦敦　Londan
“论语”　*Die Analects von Konfuzius*
罗马　Rom
裸形智者　Gymnosophisten
“洛书”　*Luoshu*

M

马德堡　Magdeburg
马尔堡　Marburg

马尔可　Malchus
马海内克　Marheinecke
马拉松　Marathon
迈纳斯　Meiners
麦顿　Meton
麦尔其塞德克　Melchisedek
麦加拉　Megara
麦里梭　Melissos
麦森尼亚　Messenien
毛里丹尼亚　Mauretanien
梅大邦　Metapont
梅罗　Melos
梅纳鸠　Menagius
梅讷劳　Menelaus
美迪人　Meder
美第奇科　Medicis, Kosmus
孟子　Menzius
弥曼差　Mīmāṁsa
弥孙　Myson
米底勒尼　Mitylene
米耳底亚德　Miltiades
米利都　Milet
米隆　Milon
米特拉　Mithra
米希勒　Michelet
“缪斯”　*Musen*
谟德拉特　Moderatus
摩诃首罗　Māheśvara
摩诃提婆　Mahādeva
摩西　Moses
墨西拿　Messina
姆讷萨尔科　Mnesarchus
穆罕默德　Muhamed

N

拏撒勒　Nazareth
尼各马可　Nicomachus
尼罗河　Nil
尼耶也　Nyāya
牛顿　Newton
努马　Numa

O

欧弗尔布　Euphorbus
欧几里得　Euklid
欧瑟比　Eusebius
欧洲　Europa

P

派朗　Peyron
滂波那齐　Pomponazzi
培根　Bacon, Francis
皮罗　Pyrrhon
毗湿拏　Visnu
婆罗门　Brāhmana
普拉克夏德　Praxiades
普里尼　Plinius
普列尼　Priene
普鲁士　Preu Ben
普鲁泰克　Plutarch

普罗克洛　Proklus
普鲁格　Plouquet
普罗泰戈拉　Protagoras

Q

七贤　Sieben
奇仑　Chilon
乔达摩　Gotama
秦始皇帝　Kaiser Qin
犬儒派　Cyniker

R

日耳曼　Germanisch
锐德　Ritter
若内塔，普罗斯配利　Juonetta, Prosperi

S

萨尔地　Sardis
萨尔地尼亚　Sardinien
萨拉米　Salamis
萨摩斯　Samos
萨摩特拉克　Samothrake
塞雷斯　Ceres
塞内卡　Seneca
塞尼亚德　Xeniades
塞诺芬尼　Xenophanes
桑柯尼亚顿　Sanchuniathon
色雷斯　Thracien
僧佉　Samkhya
“莎恭达拉”　*Śakontala*
邵巴赫　Schaubach
胜论　Vaisesika
“胜宗十句义论”　*Sheng-Yi von 10 Fällen*
施图尔兹　Sturz
湿婆　Śiva
史莱尔马赫　Schleiermacher
史奈德　Schneider
世主　Praápatis
“书经”　*Buch von*
舒尔兹　Schultz
数论　Number Theory
斯巴达　Sparta
斯彪西波　Speusippos
斯宾诺莎　Spinoza
斯丹雷　Stanley
斯底克斯河　Styx
斯多葛派　Stoiker
斯卡利格尔　Scaliger
斯特拉波　Strabo
斯托拜欧　Stobäus
苏格拉底　Sokrates
梭仑　Solon
所罗门　Salomon
索福克勒　Sophokles
琐罗亚斯德　Zoroaster

T

塔尔塔鲁　Tartarus

塔仑丁 Tarentin
"泰阿泰德"篇 *Theatet*
泰奥邦波 Theopompus
泰利士 Thales
泰米斯朵克勒 Themistokles
泰米斯丘 Themistius
汤姆生 Thomson
特里普托勒谟 Triptolemos
特利德 Thelide
特罗亚 Troja
提德曼 Tiedemann
图居第德 Thukydides

W

维诃罗摩提耶 Vikramāditya
卫斯巴先 Vespasian
温地士曼 Windischmann
文德 Wendt
文艺复兴 Renaissance
乌尔夫 Wolf
乌拉诺 Uranos

X

西班牙 Spanien
西里西亚 Cilicien
西塞罗 Ciceron
西西里 Sicilien
希巴索 Hippasus
希波格拉底 Hippokrates
希波战争 Persian War
希伯来 Hebräisch
希腊 Griechenland;～本部 Teil von ～;～宗教 Griechische Religion;～哲学 Griechische Philosophie
希雷格尔 Friedrich von Schlegel
希罗尼摩 Heronymus
希斯大斯比 Histaspis,Darius
席勒 Schiller
逍遥派 Peripetatiker
小亚细亚 Kleinasien
谢林 Schelling
辛采罗 Syncellus
辛普里丘 Simplicius
新柏拉图派 Neuplatoniker
新毕泰戈拉派 Neupythagoräer
新学园派 Neuakademiker
叙里亚 Syrien
叙鲁 Syros

Y

雅典 Athens
亚当 Adam
亚里士多德 Aristoteles
亚历山大 Alexander
亚历山大,阿弗罗狄人 Alexander Aphrodisiensis
亚历山大里亚 Alexandria
亚细亚 Asien
扬布利可 Jamblicus

耶和华　Jehowa
耶可比　Jacobi
耶路撒冷　Jerusalem
耶稣　Jesus
伊奥尼亚　Ionien
伊壁鸠鲁　Epikur
"伊利亚德"　*Iliad*
伊西斯　Isis
"易经"　*Buch der Wandlungen*
意大利　Italien
因陀罗　Indra
印度　Indien;～宗教　Indische Religion;～哲学　Indische Philosophie;～人　Indianer
英国　Vereinigtes Königreich
优利披德　Euripides
优摩尔披德族　Eumolpidische Familie
尤巴　Juba
尤比德　Jupiter
犹斯底年　Justinian
犹太　Jüdische
瑜伽　Yoga;～师　Yoga-Lehrer;～行者　～Abgeflogen
约瑟夫　Josephus
约维斯　Jovis

Z

泽尔士　Xerxes
札留古　Zaleukus
札摩尔克锡　Zamolxis
正理论　sind theoretische
芝诺　Zenon
知神派　Gnostik
智者　Sophisten
中国　China
周公　Herzog
宙斯　Zeus
追忆女神　Mnemosyne
自在天　īśvara